GÜNTER BARTOSCH

DAS GROSSE HEYNE MUSICAL-LEXIKON

ORIGINALAUSGABE

WILHELM HEYNE VERLAG
MÜNCHEN

HEYNE SACHBUCH
NR. 19/234

ISBN 3-453-06022-9

INHALTSVERZEICHNIS

Vorwort

Zum ersten Mal im deutschsprachigen Raum stellt dieses Lexikon eine Vielzahl erfolgreicher Werke des amerikanischen, britischen und auch des französischen Musiktheaters vor und gibt damit einen umfassenden Überblick über das breitgefächerte Gebiet des Musicals. Dargestellt werden auch solche Werke, die hierzulande noch nicht einschlägig bekannt geworden sind. Neben der geschichtlichen Entwicklung (siehe Zeittafel) werden dabei Variantenreichtum und die Ideenvielfalt des amerikanischen und britischen Musicals in der Einheit von Inhalt und Musik, von Gesang und Tanz deutlich – markante Eigenschaften dieser Bühnengattung, die bei den weitaus meisten Versuchen, deutsche Musicals zu erschaffen, bedauerlicherweise nicht zur Geltung kamen. Immerhin ist es bemerkenswert und wohl auch überraschend, feststellen zu können, daß weit über hundert der hier dargestellten internationalen Musicals bereits an hiesigen Bühnen in deutschsprachigen Fassungen aufgeführt wurden (siehe Liste der deutschsprachigen Erstaufführungen). Hinzu kommen in gesteigertem Maße Vorführungen ausländischer Tournee-Ensembles mit Musicals in Originalsprache, wie zum Beispiel »42nd Street«, »West Side Story« oder »Porgy and Bess«. Darüber hinaus sind die meisten Musicals als Verfilmungen durch Kino und Fernsehen bekanntgeworden.

Internationale Musicals gehören inzwischen zum Repertoire der deutschsprachigen Bühnen, sind Bestandteil der sich vermehrenden Fernsehprogramme und erscheinen auf Videokassetten oder Bildplatten. Dieses Lexikon soll allen Freunden des Musicals als Handbuch dienen.

Günter Bartosch

Das Musical – eine Einführung

Das Musical ist eine Kunstform unserer Zeit. Dennoch ist diese Kunstform so alt wie das Theater selbst. Eigentlich handelt es sich beim Musical um eine Rückbesinnung auf den Ursprung des künstlerischen Schauspiels. Das Theater ist aus dem Dionysos-Kult der Griechen hervorgegangen. Zu Ehren dieses Gottes des Frohsinns und der Fruchtbarkeit wurden Feste veranstaltet mit Tänzen, Wechselreden, Trink- und Kultgesängen. In den sich daraus entwickelnden Theaterspielen standen ein oder mehrere Schauspieler einem Chor gegenüber, der mit Sprechgesang und Tanz die Handlung kommentierte. In der Weiterentwicklung wurde die Wechselrede zum rhythmisch gesprochenen Dialog, die Schauspieler traten in Masken und Kostümen auf, und Musik, Gesang und Ausdruckstanz – dieser meist in Form der Pantomime – kamen hinzu.

All dies sind auch die Elemente des Musicals, ebenso, wie es sich als Komödie oder Tragödie darstellen kann. Man muß sich nicht bemühen, den Begriff Musical definieren zu wollen. »Das Musical ist das Ding an sich«, hat Leonard Bernstein einmal gesagt, und ein anderer Großer des Musicals, der Autor, Songtexter und Produzent Oscar Hammerstein II., meinte: »Ein Musical kann alles sein, was es will, es muß nur eines haben: Musik!« Ein gutes Werk der Kunstform Musical braucht allerdings neben der Musik auch ein gutes Buch, gute Liedtexte oder andere herausragende Merkmale. Nur dann prägt es sich ein, nur dann setzt es sich durch.

Auch das Musical hat eine Entwicklung durchlebt. Erstaunlicherweise setzte es schon ein markantes Zeichen, als an die kleine leichtbeschwingte Form der Oper, nämlich die Operette, noch gar nicht zu denken war. Das erste Musical war eine Opern-Parodie: »The Beggar's Opera«, die am 29. Januar 1729 in London aufgeführt wurde. Neben dem Bestreben, sich musikalisch über den damals bedeutendsten Londoner Opernkomponisten, Georg-Friedrich Händel, lustig zu machen, besaß es bereits andere Elemente des Musicals: Satire und Gesellschaftskritik. Zu Zeiten, als Zensur regierte, war das ein kühnes Unterfangen. Ähnlich erging es dem Spötter Johann Nestroy in Wien, der sich nur unter Ausnutzung seiner großen Beliebtheit als Volkskünstler um die Klippen der Zensur herumlavieren konnte. Unter den rund achtzig Bühnenwerken, die er verfaßte, sind viele Volksstücke, Possen, Parodien mit scharfzüngigen Gesangseinlagen – auch so etwas wie Musicals. Damit machte Nestroy das noch heute existierende »Theater an der Wien«, in dem er von 1831 bis 1845 in eigenen Werken auftrat, zur ältesten Musical-Bühne der Welt.

Ist das Musical vielleicht gar nicht amerikanischer Herkunft, wie wir immer glauben? Ja und nein. In seinem Ursprung ist es englisch. Schon bei Shakespeare lassen sich Elemente des Musicals entdecken, und Shakespeare hat bekanntlich sehr viele Anregungen von anderen übernommen. Auch das erste typische Musical in Deutschland war englischer Herkunft, denn die »Dreigroschenoper« von 1928 ist ja nur eine adaptierte, mit zeitkritischen Elementen und neuen Songs versehene Version von »The Beggar's Opera«. Immerhin gab es zuvor schon – etwa seit der Jahrhundertwende – in Deutschland die Kabarett-Revue, und diese war, um beim Ausspruch von Leonard Bernstein zu bleiben, ein Ding an sich.

Amerikanisch ist das Musical, weil es sich in der Neuen Welt, in der es Theatertradition nicht gab, kulturell herausgebildet hat. Seine markantesten Wurzeln fand es hier im Showbusiness und sog andere Stilelemente in sich auf.

Das Wort »Show« wird im deutschen Sprachgebiet anders verstanden, als es seinem eigentlichen Sinn nach ist. Es bezieht sich ursprünglich nur auf ein schauspielerisch dargestelltes oder künstlerisch vorgeführtes Ereignis. Bei uns hat es sich in seiner allgemeingültigen Form noch in den Begriffen »Eine Schau abziehen« oder »Etwas zur Schau stellen« erhalten. Eine Schau zieht man ab zur Unterhaltung der Zuschauer, sei es im kleinen Kreis oder vor einem versammelten Publikum. Possenreißer, Harlekine und Fastnachtsnarren waren die Vorgänger der weltlichen Commedia dell'arte, einer Grundlage des Musicals. Die Bemühungen der Kirchen, unter Verwendung uralter antiker Traditionen durch Schau-Spiele Bibelinhalte zu vermitteln, wandelten sich zum Liturgischen Drama und zu den Mysterienspielen. Diesen Kirchendarbietungen und den Oratorien entsprangen Singspiel und Oper, die sich verweltlichten und aus denen im 19. Jahrhundert die Opéra comique und die leichtgeschürzte Operette wurden – andere Wurzeln des Musicals.

In Amerika war es die »Show«, die eine kulturelle Bewegung einleitete. Aus den Saloons, die das Amüsierbedürfnis der rauhen Westmänner mit primitivem Tingeltangel befriedigten, entwickelten sich mit zunehmender Verstädterung die Music-Halls mit soliden Programmangeboten. Doch auch die Music-Halls hatten ihren Ursprung im englischen Mutterland. Sie wurden zur Spielstätte der »Minstrels«, herumziehender Musikanten und Unterhaltungskünstler, die ein festgefügtes Programm darboten. Daneben etablierte sich, durch den französischen Einfluß in der Neuen Welt, die Spielform des »Vaudeville«, eine Unterhaltungsveranstaltung mit Sketchen, Couplets, Chansons, Tanz und Akrobatik. Das Varieté – Zirkus, der sich in die Music-Halls verlagert hatte – wandelte sich in teils verfeinerter, teils vergröberter Form zur Burleske, immer darauf bedacht, dem Publikum zu gefallen. Dadurch war es, wie schon bei der Commedia dell'arte, offen für Anzüglichkeiten, ja Obszönitäten. Im Rahmen der Burleske entwickelte sich auch die Entkleidungsschau, die sich heute zum »Striptease« gewandelt hat. Der Hang zum aufwendigen Spektakel, der sich zuerst in Zirkus-Shows bemerkbar machte, führte zur »Extravaganza«, zum großen Ausstattungsstück. Extravaganzas lebten von Massenszenen und einem Riesenaufgebot an Mitwirkenden. Die großen Wild-West-Shows der beiden »Bills«, die sich gegenseitig Konkurrenz machten – Pawnee Bill und Buffalo Bill –, gehörten zu dieser Kategorie.

Schließlich gesellte sich – neben der Operette – noch die »Revue« zu den Quellen des Musicals, ja die Revue ist eine Form dieses Genres. Der bedeutende Theaterproduzent Florenz Ziegfeld bot alljährlich von 1907 bis 1925 und dann noch zweimal in den Jahren 1927 und 1931 seine »Follies«-Revuen, »Gloryfying the American Girl« – zum Ruhm des amerikanischen Girls.

Das Musical gehört zum Showbusiness. Wie jedes andere künstlerische Werk braucht es den Erfolg. Es geht dabei nicht mehr allein um den Ruhm, sondern in vordringlicher Weise um das Geschäft. Die Produktion von Musicals ist ein kommerzielles Unternehmen, in das von unterschiedlichsten Seiten investiert wird, gewissermaßen mit dem Erwerb von Gewinnanteilen. Die Produzenten sind also Geschäftsleute, die, schon im eigenen Interesse, dafür zu sorgen haben, daß eine Produktion zu einem Erfolg wird. Neu ist das nicht, genausowenig, wie es ein Effekt der modernen Zeit oder gar etwas typisch amerikanisches ist. Geschäftstüchtige Unternehmer waren schon Jacques Offenbach, Gilbert und Sullivan mit ihrem Impresario Richard D'Oyly Carte, die Strauß-Dynastie, Paul Lincke und viele andere. Die Kunst der Vermarktung des musikalischen Schaffens war international und gleichermaßen üblich für Oper, Operette und Schlager. Doch Amerika steuerte etwas Unverwechselbares bei, ohne das das Musical nicht die Bedeutung hätte gewinnen können, die es heute hat: den Jazz. Elemente des Jazz sind in erster Linie die Zutaten, die das Musical amerikanisch machen! Jazz beeinflußt auch die Tänze, die zum wesentlichen Bestandteil des Musicals geworden sind. Aber auch das Ballett im Musical ist europäischen Ursprungs. Diejenigen, die das Musical damit veredelten, waren Mitglieder und Schüler des berühmten Russischen Balletts, mit dem Sergei Diaghilew zwischen 1910 und 1930 in Europa und in den USA Erfolge feierte. Insbesondere ist es dem in St. Petersburg geborenen George Balanchine zu verdanken, daß dem Genre Musical das Ballett als handlungstragendes Element beigefügt wurde. Insofern ist seine Choreographie des Musicals »On Your Toes« (1936) ein Markstein in der Geschichte dieser Theaterform.

Das Musical entsteht in besonderen Spielstätten. Naturgemäß sind dies die Metropolen Europas und der USA. Die weitaus meisten Musicals sind amerikanische Produkte. England, das Ursprungsland dieser Kunstform, hat immer wieder wesentliche Impulse beigegeben. Nicht nur, daß der Erfolg eines Werkes daran gemessen werden kann, ob es in England ähnliche Begeisterung erweckt wie in den USA, England lieferte regelmäßig bemerkenswerte Werke in die Neue Welt, und nicht selten wurde das Musical dadurch neu belebt. Das jüngste Beispiel: Andrew Lloyd Webber, der gebürtige Londoner mit dem Hang zur Kirchenmusik, der in unermüdlichem Schaffen und als sein eigener genialer Vermarkter dem stagnierenden amerikanischen Musiktheater gezeigt hat, was Sache ist.

Die Zentren des englischen und amerikanischen Theaters sind London und New York. Alles andere ist Provinz! Ein Musical findet nur dann öffentliche Aufmerksamkeit, wenn es in London oder New York auf der Bühne erscheint. Bis dahin hat es eine Art »Fertigungsprozeß« durchlaufen, eine Vorbereitungsphase, die in Voraufführungen besteht. Insofern ist die Premiere in der jeweiligen Metropole – die offizielle Präsentation des Werkes – durchaus nicht identisch mit einer Uraufführung und weicht somit von unseren deutschen Vorstellungen ab.

Von den großen, aufwendigen Produktionen wird erwartet, daß sie in den traditionellen Theaterbezirken »am Broadway« in New York oder im »West End« Londons zur Aufführung kommen. In New York gesellen sich zum »Broadway« noch die Begriffe »Off-Broadway« und »Off-Off-Broadway«, für London erscheint neuerdings auch noch die Bezeichnung »Non West End«.

Neben den aufwendigen, finanziell gut ausgestatteten Musicals entstehen immer wieder andere, die dem Elan kleiner engagierter Gruppen bzw. Ensembles zu verdanken sind. All jene, die sich ein teures Theater nicht leisten können, suchen eine Spielstätte in alternativen Theaterräumen. Dabei wird in New York das Künstlerviertel Greenwich Village bevorzugt; Theaterwerke, die dort zur Aufführung kommen, bezeichnet man gemeinhin mit »Off-Broadway«, »außerhalb vom Broadway«. Befindet sich die Spielstätte fernab von Bereichen mit einer gewissen Theatertradition, findet sich die Bezeichnung »Off-Off-Broadway« – der Berliner sagt dafür: »Jott-We-De« = Janz weit draußen.

Der erwähnte »Fertigungsprozeß« von Musical-Produktionen besteht in einer Serie von öffentlichen Voraufführungen, bei denen am Werk noch gefeilt und ausprobiert wird, wie das Publikum reagiert. Während dieser

Zeit werden Veränderungen vorgenommen, und vielfach erfolgen auch Umbesetzungen. Diese sogenannten »Try Outs« werden in Theatern der Provinz, meist in einer Art Tourneeunternehmen, durchgeführt. Es folgen »Previews« vor ausgesuchtem Publikum, das dem repräsentativen Querschnitt – in diesem Falle der Theaterbesucher – entsprechen soll.

Erfolg oder Mißerfolg dieser Versuchsaufführungen entscheiden darüber, ob die Produktion zur offiziellen Premiere gelangt oder sang- und klanglos eingestellt wird. Jede Produktion auf den Bühnen in den Theatermetropolen New York oder London verursacht naturgemäß einen hohen Kostenaufwand. Wenn das Stück durchfällt, ist der finanzielle Verlust groß. Oft bedarf es mehrerer hundert ausverkaufter Vorstellungen, um mit einem Musical in die Gewinnzone zu gelangen.

Beachtung findet eine Musical-Produktion in der Öffentlichkeit und in der Theatergeschichte erst nach ihrer offiziellen Premiere, dann also, wenn die Produzenten der Meinung sind, sie habe die größtmögliche Reife erreicht. Oft genug erweist sich diese Ansicht als Trugschluß – Erfolg beruht zwar zum größten Teil auf Perfektion und Können, doch die Unwägbarkeiten, ob der Funke von der Bühne zum Parkett überspringt und das Publikum begeistert, ob die Musik zündet und die Künstler mitreißen, machen jedes Musical-Unternehmen zu einem unkalkulierbaren Risiko.

Ein Sonderfall ist das alljährlich stattfindende »New York Shakespeare Festival Public Theatre«, eine Sommeraktivität im Central Park während der allgemeinen Theaterferien. Von Produzent Joseph Papp (1991 verstorben) in hervorragender Weise initiiert, wurde es zum Ursprung vieler erfolgreicher Musicals (z. B. »Hair«, »Two Gentlemen of Verona«, »A Chorus Line«), speziell durch die Förderung spielfreudiger und theaterbesessener junger Ensembles, denen im Rahmen des Festivals die Möglichkeit gegeben wurde, sich und ihr Werk vorzustellen. Ob man die Aufführungen des Festivals als »Off-Broadway«-Veranstaltungen ansehen will oder nicht, bleibt der eigenen Betrachtungsweise überlassen. In wesentlichen Fällen ist der Ursprung derartiger Musicals mit ergänzenden Daten im Lexikon erwähnt.

Zwei Faktoren bestimmen das Schicksal eines Werkes: die Pressestimmen und das Interesse der Theaterbesucher. Schlechte Kritiken sind oft allein schon die Ursache für den Mißerfolg einer Produktion, gelegentlich aber hat sich ein Werk auch gegen negative Pressebeurteilung in der Gunst des Publikums durchgesetzt. Gemessen wird ein Werk weniger an seinem finanziellen Erfolg – der interessiert letztlich nur die Investoren –, sondern an der Anzahl der Aufführungen, die das Stück nach seiner offiziellen Premiere en suite erzielen kann. Nach diesem Prinzip werden Erfolgsstatistiken geführt, die jedoch ein falsches Bild vermitteln und in sich nicht gerecht sind. Viele bewährte Musicals touren jahrelang durch die USA und Kanada, erscheinen immer wieder in Neuinszenierungen über Jahrzehnte hinweg, bringen fremdsprachige Fassungen hervor und sind, so gesehen, erfolgreicher als andere, die zwar nach der Premiere eine lange Laufzeit erzielen konnten, danach aber in Vergessenheit gerieten. Aus diesem Grunde wurde im vorliegenden Lexikon darauf verzichtet, die im englisch-amerikanischen Raum üblichen Laufzeiten der Musicals, gemessen in der Zahl der Aufführungen nach der Premiere, zu übernehmen.

Besonderes Augenmerk wurde in diesem Lexikon auf die eingehende Darlegung literarischer oder anderer Quellen gelegt, sofern die Musicals auf Vorlagen beruhen. Denn das Musical hat nicht nur in sich aufgesogen, was traditionelles Bühnenspiel mit Musik war. Es holte und holt sich seine Themen auch aus anderen Bereichen, aus der Literatur zum Beispiel, dem Schauspiel oder dem Film. Im »Book Musical« hat es seine feste Form gefunden, im Werk, das auf einem Buch beruht, also eine dramaturgisch gefügte Handlung besitzt.

Im allgemeinen wird das Musical »Show Boat« von 1927 als ein erstes »Book Musical« und ein Markstein in der Entwicklungsgeschichte des Genres angesehen. Ein Markstein war es sicherlich, ein erstes »Book Musical« hingegen nicht.

Sowenig es feste Kriterien für das Musical im allgemeinen gibt, sowenig läßt es sich auf einzelne Werke fixieren. Bewußt ist deshalb in diesem Lexikon darauf verzichtet worden, deutsche »Genauigkeit« zur Grundlage der Auswahl zu machen. »Operettas« von Gilbert und Sullivan, von Victor Herbert und Rudolf Friml stehen neben Vaudeville-Stücken, Burlesken, Revuen, Klamaukstücken; ja auch Gershwins »Porgy and Bess«, ein Werk, das hierzulande oft als Oper eingestuft wird, kann und darf nicht fehlen, denn es ist »das Ding an sich«.

Abgesehen von Hinweisen auf »The Beggar's Opera« aus dem Jahre 1729 nennt dieses Lexikon in der »Zeittafel« als frühe Musicals (neben den »Operettas« »The Pirates of Penzance« und »The Mikado«) die Werke »Adonis« und »A Trip to Chinatown«. Das erste ist eine klassische »Pygmalion«-Geschichte; sein Erfolg beruhte auf dem Können und der Ausstrahlung des Hauptdarstellers Henry E. Dixey. Auch das ist ein immer wiederkehrendes Merkmal des Musicals, daß das eine oder andere Werk untrennbar mit einer überragenden Schauspielerpersönlichkeit verbunden sein kann. Das zweite (»A Trip to Chinatown«) ist nach deutschen Einordnungsprinzipien sicherlich ein »Musikalisches Lustspiel«, was allerdings auch nichts anderes ist als ein Musical, welches man natürlich noch präziser als »Musical Comedy« bezeichnen kann. Doch gerade »A Trip to Chinatown« hat Musical-Geschichte geschrieben wie kein anderes Werk. Es bildet nämlich die Brücke vom Nestroyschen Volksstück, das auf einer älteren englischen (!) Vorlage beruht, über zahlreiche Erscheinungsformen des Theaters bis zum modernen »Book Musical«. Das uralte, bühnenwirksame Verwechslungsspiel, die Mißverständnisse, die daraus entstehen, daß die handelnden Personen immer unerkannt und zufällig aneinander vorbeilaufen, dieser allzeit bewährte Spaß hatte schon Shakespeare gereizt. Über eineinhalb Jahrhunderte nachvollziehbar sind sie in gleichartigen Szenen zu finden, die sich von John Oxenfords »A Day Well Spent« (1835/36) über Nestroys »Einen Jux will er sich machen«, »A Trip to Chinatown«, die Theaterstücke »The Merchant of Yonkers« und »The Matchmaker« von Thornton Wilder bis zum Musical-Welterfolg »Hello, Dolly!« erstrecken (die Anmerkungen bei den Werken im Lexikon geben die entsprechenden Erläuterungen).

In allen Bereichen der Literatur, des Theaters, der Kunst und der Geschichte hat das Musical seine Themen gesucht, von der Antike bis in die moderne Zeit. »One Touch of Venus« und »My Fair Lady« (das letztere auf dem »Umweg« über George Bernard Shaw) haben die altgriechische Sage von »Pygmalion« als Vorlage, »A Funny Thing Happened on the Way to the Forum« basiert auf Komödien von Plautus, Jesus Christus wird zum Superstar, ebenso wie Joseph in Ägypten aus dem Alten Testament in Erscheinung tritt. Wir begegnen König Arthur und den Rittern seiner Tafelrunde sowie Pippin, dem Sohn Karls des Großen. Das Musical vermittelt uns geschichtliche Ereignisse wie das Zustandekommen der amerikanischen Unabhängigkeitserklärung 1776 und führt uns mit »Hair« und »Miss Saigon« bis zum Vietnam-Krieg. Es nimmt sich bedeutender Personen ebenso an, wie es um eine Modernisierung altehrwürdiger Stoffe, z. B. »Carmen«, bemüht ist. Es ehrt diejenigen, die ihm nahestehen – als Komponisten oder als Künstler im Showbusiness. Genannt seien in diesem Zusammenhang Franz Schubert (»Blossom Time«) und Edward Grieg (»Song of Norway«), die Zirkuskünstlerin Annie Oakley (»Annie Get Your Gun«) und der Impresario, Sensations- und Zirkusmanager Phineas T. Barnum (»Barnum«). Viele andere reihen sich ein, wie die Western-Lady »Calamity Jane« und George M. Cohan, der hier Erwähnung finden soll, weil *sein* Musical im Lexikon nicht enthalten ist, denn es ist sehr persönlichkeitsbezogen, nationalistisch und bedarf patriotischen Verständnisses. Die Rede ist vom Musical »George M!«, einer Hommage des Broadway an einen seiner großen Entertainer. George M. Cohan war ein Multitalent der Showbühne, Autor, Komponist, Songtexter, Regisseur, Produzent und sein eigener Darsteller. Er entstammte einer Artistenfamilie und stand schon als Kind auf den Brettern des Vaudeville-Theaters. Cohan entdeckte die Wirksamkeit patriotischen Gehabes und benutzte das Sternenbanner als bevorzugtes Requisit. Viele große Musical-Erfolge konnte er mit seinen Revuen zwischen 1901 und 1929 erzielen, also in einer Periode, die auch die große Zeit des Florenz Ziegfeld war. Im Jahre seines Todes, 1942, widmete sich bereits der Film dem bekannten und legendären Theatermann mit der Biographie »Yankee Doodle Dandy«. 1968 erschien dann das Musical »George M!« am Broadway.

Damit war eine Form des Musicals entstanden, die inzwischen zu weiteren Produktionen geführt hat. Die Nostalgie-Show, der Rückblick auf bedeutende Jahre und Erfolge des amerikanischen Musiktheaters, wird immer beliebter. Gerade in jüngster Zeit mehren sich solche Retrospektiven. Die Rekonstruktion hervorragender Ballettnummern des Choreographen Jerome Robbins fand 1989 begeistertes Publikum in »Jerome Robbins' Broadway«, ähnlich wie 1991 eine Show zur Erinnerung an den Musical-Star Will Rogers (1879–1935) in »The Will Rogers Follies«. Duke Ellington (»Sophisticated Ladies«/1981), Fats Waller (»Ain't Misbehavin'«/1978) und Jelly Roll Morton, ein Mitbegründer des Jazz, (»Jelly's Last Jam«/1992), fanden mit ihren Kompositionen Ehrung im Musical, wie auch die Künstlerinnen Fanny Brice (»Funny Girl«/ 1964), Sophie Tucker (»Sophie«/1963) und Gypsy Rose Lee (»Gypsy«/1959). Doch auch der legendäre Bürgermeister von New York, Fiorello La Guardia (1882 –1947), erhielt ein Musical, »Fiorello!« (1959). Überall dort, wo im Lexikon aufgeführte Musicals von Personen handeln, die gelebt haben, oder wenn der Inhalt sich um ein geschichtliches Ereignis dreht, werden in den Anmerkungen die notwendigen Erläuterungen gegeben.

Neben Anleihen bei Shakespeare, u. a. »Othello« im wenig erfolgreichen Werk »Catch My Soul« (London/1971), holten sich Musicals viele Themen aus der Literatur, wobei allerdings dem kühnsten Unterfangen, der Adaption des Weltbestsellers »Gone With the Wind – Vom Winde verweht«, der Erfolg versagt blieb – 1970 (»Scarlett«) in Tokio und 1972 (Originaltitel) in London. »Carmen« und »Madame Butterfly« erscheinen auf der Musical-Bühne, ebenso »Candide« von Voltaire und die allzeit bewährten »Drei Musketiere«. Die »Practical Cats« aus »Old Possums Katzenbuch« von T. S. Eliot schleichen herum, die »Elenden« von Victor Hugo ereilt ihr Schicksal, und Gaston Lerouxs »Phantom der Oper« spukt auf der Musical-Bühne – um nur ein paar Beispiele zu nennen.

Mit der Auswahl der Musicals für dieses Lexikon wurden verschiedene Absichten verfolgt. Naturgemäß fanden die Erfolgsmusicals bevorzugt Aufnahme. Darüber hinaus soll das Lexikon dazu dienen, einen Gesamtüberblick über die Kunstform »Musical« zu vermitteln. Vornehmlich treten die Werke aus dem englischsprachigen Raum hervor, denn erstens gibt es nur wenige bemerkenswerte andere, und zweitens prägen sie die Kunstform und geben ihr die notwendigen Impulse. Deutsche Musicals haben sich international bislang nicht durchsetzen können; die wenigen Fälle, bei denen englisch-amerikanische Werke deutschen Ursprungs sind, werden im Lexikon hervorgehoben. Alles, was sonst als »Deutsches Musical« bezeichnet wird, reiht sich ein in die hierzulande traditionelle Abfolge: Operette / Posse mit Musik / Musikalische Komödie / Deutsches Musical.

Grundsätzlich war weniger der Erfolg des Musicals ausschlaggebend für die Auswahl, als vielmehr seine Eigenart und sein Stellenwert in der Entwicklung der Kunstform. So ist das erfolglos gebliebene Werk »Shangri-La« ebenso zu finden wie das eigenwillige Musical »Pacific Ouvertures« (ein Stück japanisch-amerikanischer Geschichte), das eine spezielle asiatische Besetzung benötigt. Besonderes Augenmerk wurde auf jenes Genre gelegt, das sich inzwischen als »Kult-Musical« etabliert hat. Die »Rocky Horror Show«, »Little Shop of Horrors« und ihre »Ableger« sind ausführlich dargestellt. Liebhaber der Werke von Andrew Lloyd Webber werden eingehende Angaben auch über »Joseph and the Amazing Technicolor Dreamcoat« entdecken. Das inzwischen aufgekommene Interesse am Schaffen des Deutschen Kurt Weill wurde weitgehend berücksichtigt, wie ebenfalls die Freunde von Stephen Sondheim und die der Marx-Brothers informiert werden. Zum Ungewöhnlichen fügen sich das Gewerkschafts-Musical »Pins and Needles« oder die verrückten Shows des Komikerpaares Olsen und Johnson (siehe »Hellzapoppin'«). Die Darstellung der ungewöhnlichen Werke im Lexikon ist teilweise ausführlicher vorgenommen worden als die der Stücke, die bekannter und dadurch auch in anderen Büchern zu finden sind. Das glaubte der Autor den Lexikon-Benutzern zur Information schuldig zu sein.

Darüber hinaus weicht das Lexikon in einer weiteren entscheidenden Hinsicht von anderen Veröffentlichungen ab. Es verdeutlicht die starke Wechselbeziehung zwischen Bühne und Film, zwischen Broadway und Hollywood. In diesem Zusammenwirken ist das Musical wirklich amerikanisch!

Überall auf der Welt konzentriert sich das Theatergeschehen auf eine Metropole. Sie bündelt das künstlerische Schaffen, bindet die künstlerischen Kräfte. So war es auch in New York – bis der Film kam. Plötzlich begann der Zug von Künstlern, Autoren, Regisseuren, Bühnenpersonal nach Westen. Sie folgten dem Drang, der einst ihre Vorfahren beseelt hatte: Going West. Warum siedelte sich der Film, das neue Medium, in Los Angeles an, genauer gesagt, in seinem recht unwirtlichen Vorort Hollywood? Einzig und allein wegen der Sonne! Der Film brauchte Licht, und das natürliche Licht der Sonne gab es in Hollywood im Überfluß. Wenn auch alles neu war in Hollywood, inklusive des perforierten Zelluloids, etwas brachte das Künstlervolk aus dem Osten mit: die Erfolgsrezepte! Und als der Film den Ton bekam, reichte es nicht, daß er sprechen konnte, nein, er mußte singen können. Und tanzen! Hollywood inszenierte das Film-Musical und füllte damit nicht nur die Kassen, sondern öffnete mit den Filmstreifen dem Musical auch den Weg in die ganze Welt.

Es war ein Geben und Nehmen zwischen dem, was in Hollywood, und dem, was in New York am Broadway geschah. Mal wurden Broadway-Erfolge verfilmt, mal dienten Hollywood-Filme als Vorlage für Bühnenstücke und Musicals am Broadway. Dies war – und ist noch heute – ein fruchtbares Wechselspiel. Allerdings mit Schönheitsfehlern. Diese liegen darin, daß die Bosse in Hollywood eigene Vorstellungen von dem hatten, was zugkräftig sei. So erhielten nur selten die großen Bühnenstars des Musicals Gelegenheit, ihre Kunst im Film zeigen zu können. Das ist bedauerlich, weil nur der Film es der Nachwelt ermöglicht, dem Mimen Kränze zu flechten. Die großen Darsteller des Musicals vom Broadway, nehmen wir stellvertretend für alle die Damen Mary Martin und Ethel Merman – nur selten konnten sie Filmrollen spielen, kaum ist uns ihre Kunst, die ganze Generationen von Theaterbesuchern in helle Begeisterung versetzte, erhalten geblieben. Jene raffinierte Dolly Levi, die so wirkungsvoll mit »Hello, Dolly!« begrüßt wird, ist in der filmischen Darstellung von Barbra Streisand gegenüber der grandiosen Carol Channing der Bühnenaufführung glatt eine Fehlbesetzung. Annie Oakley mit der Flinte ist in der Filmrolle (hervorragend) Betty Hutton, doch leider nicht Ethel Merman von der Bühne; als Maria von Trapp erscheint auf der Leinwand Julie Andrews und nicht Mary Martin. Dafür ist Audrey Hepburn (mit der Gesangsstimme von Marnie Nixon) im Film jene Eliza Doolittle, die Julie Andrews auf der Bühne dargestellt hatte – sie mit ihrer eigenen herrlichen Gesangsstimme. Hollywood hat einiges durcheinandergewirbelt und es nicht immer besser gemacht. Wer von den vielen, die Gene Kelly und sein außerordentliches Können verehren, weiß, daß die Choreographie, die Jerome Robbins für die Bühnenversion von »Hello, Dolly!« schuf, wesentlich besser war als das, was der Film uns vermittelt? »Andererseits«, wie Tewje zu sagen pflegt: Hätte es ein Bühnen-Musical »Sugar« gegeben ohne die nachhaltige Ausstrahlung der einmaligen Hollywood-Schönheit Marilyn Monroe? Und haben nicht zwei der bedeutendsten Film-Musicals auch auf der Bühne Furore gemacht – »42nd Street« und »Gigi«? »Andererseits« verloren zwei der erfolgreichsten Musicals ihre Lieder, als sie verfilmt wurden: »Fanny« (Joshua Logan) und »Irma la Douce« (Billy Wilder). Daß der Wilder-Film ein Meisterwerk wurde, kann den Musical-Freund nur schwer über den Verlust der Lieder hinwegtrösten.

Alles hat seine Zusammenhänge – darauf will dieses Lexikon besonders aufmerksam machen. Deshalb verweist es auf Parallelwerke des Musiktheaters und des Films. Erst in der hier veröffentlichten Zusammenstellung wird z. B. deutlich, in welch vielfältiger Form der »Romeo und Julia«-Stoff seit 1524 zum Thema des Musiktheaters und des Films wurde, mit zahlreichen Opern, Balletten, Verfilmungen bis hin in die moderne Zeit zu den Musicals von Leonard Bernstein (»West Side Story«) und Ephraim Kishon (»Es war die Nachtigall«). Auch die Darstellung der sehr umfangreichen Verwandlungen des Manns von La Mancha, Don Quixote, oder die Gegenüberstellung von »Miss Saigon« mit »Madame Butterfly« machen die Wechselbeziehungen deutlich. Das Lexikon stellt informativ mehr als 500 Filme vor, von der Stummfilmzeit bis zu TV-Produktionen (siehe Filmliste), darunter 170 ausführlich aufgeführte Musical-Verfilmungen, Film-Musicals, Opern- oder Ballettfilme.

Es wird nicht ausbleiben, daß der eine oder andere Musical-Freund gerade sein bevorzugtes Werk vermißt. Er mag bedenken, daß mit über 200 ausführlich dargestellten Werken dieses Lexikon wesentlich mehr bietet, als gemeinhin in anderen Veröffentlichungen üblich ist. Die Zeittafel weist über einen Zeitraum von mehr als hundert Jahren für beinahe jedes Jahr die markantesten Werke aus.

Beabsichtigt ist, das weite Umfeld aufzuzeigen, das dem Musical als Kunstform unserer Zeit zu eigen ist. Darin liegt die Stärke des Musicals, daß es Literatur, Geschichte, Theater, Musik, Posse, Tanz, Zirkus, Film in sich vereint und alles zum neuen Werk verdichtet. So ist es universell und variantenreich. Deshalb ist es attraktiv und verblüfft immer wieder mit neuen Themen. Doch nur das setzt sich durch, was gut ist. Dabei muß es sich bei dem Guten nicht immer um Buch, Musik oder Songtexte handeln. Die Fälle mehren sich, in denen die Choreographie oder eine rasante Inszenierung den Erfolg des Stückes ausmachen. Und natürlich sind letzten Endes immer die Leistung und die Ausstrahlung der Künstler ausschlaggebend. Sie müssen jene Begeisterung erwecken, die das Theater braucht seit den Tagen der alten Griechen! Auch in der Fülle der Begabungen, die singen, tanzen, spielen und das Publikum mitreißen können, ist das Musical amerikanisch! Bis zu den Boys und Girls in der hintersten Reihe der Chorus Line verlangt das Musical Können und Perfektion. Daß es immer wieder zündet, obwohl es, wie jede Kunstform, schon mehrfach totgesagt wurde, zeigt, welche Kraft in ihm steckt.

Das Musical, seit Beginn dieses Jahrhunderts Bestandteil des englisch-amerikanischen Lebens in Theater, Film, Funk, Fernsehen und Schallplatte – Showbusiness reinsten Wassers –, hat längst auch in Deutschland seine Freunde gefunden und sich durchgesetzt. Ein mir vorliegender Theater-Spielplan verzeichnet für Ende 1992 an sage und schreibe 90 (!) deutschsprachigen Bühnen Musical-Aufführungen. Demgegenüber vernachlässigt das Fernsehen dieses Genre sträflich!

Wer aber hierzulande den Variantenreichtum der Kunstform Musical kennenlernen will, dem bleibt neben dem, was die Theater bieten, leider nur das Programmangebot des Fernsehens, denn das Kino, das in den 50er und 60er Jahren viele (doch längst nicht alle!) der großen und eindrucksvollen Musical-Filme aufführte, bringt heute nichts mehr davon.

Neben seiner Aufgabe als Nachschlage- und Informationswerk ist dieses Lexikon zugleich ein Handbuch für jeden Freund des Musicals, für alle, die an dieser Kunstform unserer Zeit interessiert oder so von ihr begeistert sind, daß sie all das sammeln, was damit zusammenhängt. Wertvoll mag in diesem Zusammenhang auch der Hinweis in der Filmliste auf über 200 Filme sein, die als Heim-Videokassetten und Bildplatten international im Handel sind, darunter der computercolorierte (!) Musical-Klassiker »42nd Street«.

Nicht zuletzt soll die Darstellung von mehr als 200 Werken mit ihren Nebenbeziehungen dazu dienen, die Kunstform Musical sowohl in die Theater- als auch in die Filmgeschichte einzuordnen.

Wegweiser durch das Lexikon

Grundsätzlich war der Autor bemüht, die Werke mit Inhalt und Songs soweit wie möglich anhand der Originalversion darzustellen. Durch Neufassungen können sich musikalisch und inhaltlich Veränderungen ergeben. Neufassungen sind dann erwähnt, wenn sie dem Werk einen besonderen Akzent verleihen. Übertragungen ins Deutsche können auf Neufassungen beruhen und vom Original erheblich abweichen.

Alphabetische Reihenfolge

Alle aufgeführten Werke wurden streng alphabetisch eingeordnet ohne Berücksichtigung des bestimmten oder unbestimmten Artikels und ohne Rücksicht darauf, ob es sich um mehrere Worte handelt. Das System unterscheidet sich dadurch von der Praxis vieler englisch-amerikanischer und teilweise auch deutscher Lexika.

Beispiel: I Do! I Do!
> Illya Darling
> I'm Getting My Act Together ...
> Im Weissen Rössl
> Into the Woods

Schema

Es sei vorausgeschickt, daß Begriffe wie Komponist, Autor, Produzent, Quelle, Anmerkung, Auszeichnung, Vorlage usw. auch für die grammatikalische Mehrzahl stehen und, sofern sie Personen betreffen, geschlechtsneutral gemeint sind.

Titel
ggf. Deutscher Titel
Urheber
  Musik   = Komponist
  Songtexte = Autor der Liedtexte
  Buch   = Autor der Handlung
  Quelle
Premiere / Ort – Theater – Datum
Personen und die Darsteller der Premiere

Produzent und künstlerische Leitung
  Produzent
  Choreographie
  Regie
Ort und Zeit der Handlung
Inhalt – beginnend mit Kurzcharakterisierung
ggf. Anmerkung
ggf. Auszeichnung
ggf. Deutschsprachige Erstaufführung
  Datum – Theater – Ort – Autor
Film (Verfilmung des Musicals)
Vorlage (sofern Film-Musical)
Songs und Musiknummern
  Bühne
  Film
Schallplatte
Vorlage
  Literatur – Bühne – Film – TV
Hinweis
Parallelwerke zum Stoff, zu Personen oder zur Vorlage:
Bühne – Theaterstücke und Musiktheater/Oper, Ballett, Musical
Film / Fernsehen
ggf. Anmerkung und/oder ergänzende Hinweise

Urheber

Bei den Urhebern wird unterschieden in »Musik« = Komponist, »Songtexte« (bei einem deutschen Werk »Liedtexte«) = Autor der Liedtexte und »Buch« = Autor der dramaturgisch gefügten Handlung. Bei der »Deutschsprachigen Erstaufführung« und bei Hinweisen auf musikalische Bühnenwerke (Opern) wird die Bezeichnung »Autor« verwendet, wenn davon auszugehen ist, daß vom Urheber sowohl Song-/Liedtexte als auch das Buch verfaßt worden sind. Bei Balletten, deren Handlungen eher auf einem Konzept als auf einem Buch beruhen, wurde das Wort »Libretto« benutzt. »Drehbuch« steht sowohl für Filme als auch für TV-Produktionen, obwohl im englisch-amerikanischen Sprachraum unterschieden wird in »Screenplay« und »Teleplay«.

Quellen

Besonderes Augenmerk wurde auf die eingehende Darstellung der Quellen gelegt, sofern ein Musical auf einer Vorlage basiert. Sie wird ggf. in Anmerkungen eingehender erläutert oder ausführlich im Abschnitt »Vorlage« behandelt. Jahreszahlen zu Quellenangaben bei Literatur und Bühnenwerken beziehen sich nicht auf die Entstehungszeit, sondern auf das Jahr der Erstveröffentlichung. Entsprechend ist bei Filmen nicht das Produktionsjahr genannt, sondern das Jahr der Erstaufführung.

Premieren

Die angegebenen Daten sind die offiziellen Premieren! Um zu verdeutlichen, daß es sich nicht um »Uraufführungen« im Sinne unserer deutschen Theatergepflogenheit handelt, wurde die Formulierung »Premiere in …« gewählt. Sofern für einzelne Werke auch andere Daten von Wichtigkeit sind, werden sie erwähnt – in der »Zeittafel« kenntlich durch die Hinzufügung A). Die tatsächliche Uraufführung eines Musicals, wobei es sich um ein durchaus unfertiges Werk handeln kann, ist in der Regel nicht feststellbar. Es mangelt an entsprechenden Daten, zumal den Produzenten an zu großem öffentlichen Interesse in der Erprobungsphase nicht gelegen ist. In einzelnen eindeutigen Fällen, insbesondere dann, wenn ein Werk nicht in New York oder London zur Premiere kam, ist die Uraufführung genannt, wie z. B. bei »Calamity Jane«: Uraufführung in Fort Worth, Texas. Ferner sind teilweise Premieren sowohl in New York als auch in London aufgeführt, vornehmlich dann, wenn ein Musical in einer der beiden Metropolen erfolgreicher war als in der anderen.

Das spezielle, von der üblichen Theaterpraxis abweichende »Premieren-System« der Musicals hat dazu geführt, daß alle übrigen im Lexikon genannten Ur- und Erstaufführungsdaten, so z. B. die von Opern oder Theaterstücken, nur mit Ort und Datum oder aber mit dem Zusatz »Uraufführung« angegeben sind, um Irritationen zu vermeiden.

Personen und ihre Darsteller

Rollenbezeichnungen und die Namen der Darsteller beruhen auf den Angaben der Urheber und Produzenten und beziehen sich auf die jeweils genannte Bühnenpremiere oder auf die Originalfassung der Filme. Sie wurden, sofern notwendig, ergänzt oder, wenn fehlerhaft, berichtigt.

Anmerkungen

Anmerkungen geben ergänzende Informationen zum Werk, zur Entstehung, zur Besetzung sowie lexikalische Hinweise, sofern die Handlung auf geschichtlichen Ereignissen beruht oder sich auf Persönlichkeiten bezieht, die real gelebt haben.

Auszeichnungen

Aus der Fülle der Lobpreisungen und Preisverleihungen durch die unterschiedlichsten Gruppierungen und Organisationen sind nur die international bekanntesten genannt:

Bühne – Pulitzer Prize (für Bühnenwerke)
(Verleihung ab 1917)
Antoinette Perry Award (Tony)
(Verleihung ab 1947)
Film – Academy Award (Oscar)
(Verleihung ab 1927/1928)

Deutschsprachige Erstaufführungen

In den wenigsten Fällen handelt es sich bei den deutschen Fassungen um dauerhafte Autorisierungen. Vielfach sind Lizenzvergaben zeitlich begrenzt oder werden gesondert für Deutschland, die Schweiz und/oder Österreich vergeben. In der Vergangenheit entstanden zuweilen auch eigene deutsche Fassungen in der ehemaligen DDR. Es kann also (und vielfach ist das der Fall) mehrere unterschiedliche deutsche Versionen geben! Genannt sind deshalb (mit geringen Ausnahmen) nur die wirklichen Erstaufführungen in deutscher Sprache, nicht zu verwechseln mit gelegentlich als »Deutsche Erstaufführungen« bezeichnete Vorführungen ausländischer Ensembles in Originalsprache. Auch wird im Lexikon nicht unterschieden zwischen deutscher, österreichischer oder Schweizer Erstaufführung. Ein deutscher Titel ist nur dann am Anfang des Werks dem Originaltitel beigefügt, wenn er sich durchgesetzt hat und das Werk ins deutsche Theatergeschehen einordnet. Nur in Einzelfällen entstandene deutsche Titel finden sich als Ergänzung zur Zeile »Deutschsprachige Erstaufführung«, wie anderenfalls dort darauf hingewiesen wird, wenn das Werk in deutsch mit seinem Originaltitel erstaufgeführt wurde.

Film

Alle Filme – sowohl Verfilmungen als auch Vorlagen oder die unter »Hinweis« genannten – sind mit ausführlichen Produktionsangaben versehen und enthalten, wie beim Bühnenwerk, Angaben über Urheber, Quellen, Besetzung und das kreative Personal, ferner Auszeichnungen und ggf. ergänzende Anmerkungen. Die aufgeführten Filme beinhalten auch die Stummfilmzeit, wobei zu bedenken ist, daß bis zur Mitte der 1920er Jahre die Quellen lückenhaft und nicht sehr ergiebig sind. Jede ergründete Information jedoch wurde ins Lexikon aufgenommen. Ausgeschlossen wurden Zweifelsfälle, wenn zu vermuten war, daß Filmproduktionen zwar geplant und die Drehabsicht veröffentlicht wurden, die Realisierung aber unterblieb. Auch wenn durch die Jahresangabe klar ist, daß es sich nur um einen Stummfilm handeln kann, ist das Wort »Stummfilm« zur Verdeutlichung hinzugefügt worden, zumal es (auch das ist im Einzelfall erwähnt) in der Frühzeit des Films auch »Tonbilder« gab. Von einigen Filmen, speziell aus der Zeit des Stummfilms, ist anzunehmen, daß Kopien nicht mehr verfügbar sind.

Bei den angegebenen *Filmlängen* handelt es sich um Kino-Laufzeiten mit 24 Bildern/Sek. Fernseh-Laufzeiten sind durch die Geschwindigkeit von 25 Bildern/Sek. naturgemäß etwas kürzer. Beispielsweise ergibt sich bei 60 Minuten eine Verkürzung von zweieinhalb Minuten. Laufzeiten für Stummfilme können nur Ca.-Zeiten sein, da eine exakte Laufgeschwindigkeit bei Filmen eigentlich erst durch die Synchronisierung von Bild und Ton, also seit Tonfilm-Zeiten, notwendig wurde. Angaben in foot/Mehrzahl: feet (ft) wurden in Meter (m) umgerechnet nach der Formel 1 foot = 30,48 cm = 0,3048 m. Hierbei wurden Abrundungen vorgenommen, wie ebenfalls bei den in Klammern zur Verdeutlichung hinzugefügten, zwangsläufig ungenauen Zeitangaben in Minuten. (Laufzeit-Formel für Filmformat 35 mm: 100 m bei 24 Bildern/Sek. = 3 Min. 39,3 Sek.)

TV-Filme

In einigen Fällen sind TV-Produktionen genannt. Hierbei handelt es sich um Ausnahmen. Filmproduktionen sind eine kommerzielle Handelsware. Sie können im Verleihverfahren vertrieben werden und immer wieder zur Vorführung gelangen. Fernsehproduktionen hingegen sind nicht dauerhaft. Sie basieren meist auf Lizenzrechten, die nur für eine begrenzte Zeit gelten. Danach darf die Produktion nicht mehr gesendet werden, oder die Lizenzrechte müssen neu erworben werden. Auch ist es in der Regel so, daß Lizenzrechte nur für ein bestimmtes Sendeunternehmen gewährt werden, also nicht allgemeingültig sind. Bei den genannten Ausnahmen handelt es sich um zum jeweiligen Thema passende exemplarische Fernsehproduktionen, die offensichtlich den für den Verleih von Filmen geltenden Kriterien entsprechen. Die Laufzeiten (Längen) sind Fernseh-Laufzeiten, weichen also von den Angaben der Kino-Laufzeiten ab. Zur Verdeutlichung ist jeweils (TV) hinzugefügt.

Verfilmungen / Filmvorlagen

Sofern Verfilmungen oder Filmvorlagen in wesentlichen Punkten vom Bühnenwerk abweichen, findet sich eine Anmerkung dazu. Auch die Musiktitel (aufgelistet unter »Songs und Musiknummern«) verdeutlichen Abweichungen und Veränderungen.

Musik / Songs und Musiknummern

Songs und Musiknummern sind gewissenhaft recherchiert und basieren zum größten Teil auf den Klavierauszügen, den Angaben in Programmheften oder auf den Schallplattenhüllen bzw. den -beilagen. Dennoch können sich gegenüber anderen Veröffentlichungen Abweichungen ergeben. *Beispiel:* Ein Titel, der im Lexikon »What Is Love?« heißt, kann in einem anderen Werk als »Tell Me, What Is Love?« verzeichnet sein. Hinzu kommen Veränderungen durch Neufassungen mit neu hinzukomponierten oder aus anderen Werken übernommenen Songs. Sofern feststellbar, sind derartige Veränderungen erwähnt. Songs und Musiknummern der Filme sind offiziellen Angaben der Filmfirmen entnommen und konnten nur sporadisch anhand der Filme nachgeprüft werden. Oft sind Songs verkürzt, verstümmelt, durch Dialoge übersprochen oder nur als Background-Musik verwendet. Soweit letzteres feststellbar, ist ein entsprechender Hinweis gegeben. Teilweise findet sich die Bemerkung »Nicht verwendet«. Dies deshalb, weil die betreffenden Titel in Klavierauszügen oder auf Schallplatten erscheinen können, obwohl sie bei der Bühnenaufführung nicht dargeboten oder bei einer Filmfassung vor Veröffentlichung (before released) herausgeschnitten wurden.

Musiktitel von deutschsprachigen Fassungen sind nur in Ausnahmefällen angegeben. Wie bereits erwähnt, gibt es leider nur wenige dauerhaft autorisierte Übertragungen ins Deutsche. Lizenzrechte sind zeitlich begrenzt und laufen aus. Nach Jahren entstehen neue Fassungen mit neuen Texten, so in der Vergangenheit in verschiedener Weise für West und Ost. Deutsche Texte haben also weder Endgültigkeit noch dauerhafte Autorisierung. Meist entsprechen sie leider ohnehin nicht der Qualität des englischsprachigen Originals. So wurden deutsche Musiktitel nur dann ins Lexikon aufgenommen, wenn sie sich durchgesetzt haben und allgemeingültig geworden sind, wie z. B.»Wenn ich einmal reich wär'« aus »Fiddler on the Roof/Anatevka«.

Schallplatten

Die Angaben zu den Schallplatten können nur unter Vorbehalt gemacht werden. Die Schallplattenbranche kennt kein einheitliches System der Numerierung bzw. Katalogisierung. Eine gleiche Produktion kann – allein schon durch Editionen in verschiedenen Ländern – unterschiedliche Kennzeichnungen haben. Die Originalbesetzung einer Premiere erscheint auf Schallplatte als »Original Cast« und gliedert sich wiederum in »Broadway Cast« oder »London Cast« oder anderes. Hinzu kommen die »Revival Casts«, das sind Neuaufführungen/Neuinszenierungen. Sofern feststellbar, sind dazu im Lexikon die Jahreszahlen genannt. Beim Film ist es der »Original Sound Track«, also die Übernahme des Filmtons auf die Schallplatte. Ferner erwähnt sind bemerkenswerte Studioaufnahmen (St), teilweise mit ergänzenden Hinweisen (Künstler/Jahr). Die Angaben basieren zum überwiegenden Teil auf Schallplatten, die dem Autor persönlich zugänglich waren, oder sie stammen aus spezieller Fachliteratur, die als zuverlässig angesehen werden kann. Sie bieten zwar genauere Informationen, als gemeinhin in Veröffentlichungen zu finden sind, können aber keinesfalls als vollständig angesehen werden. Auch ist der Markt an CD-Platten völlig unübersichtlich und ohne jedes System. Deshalb wurden nur verläßliche Informationen aufgenommen. – Die für die Angabe der Schallplatten verwendeten Abkürzungen sind im Abschnitt »Abkürzungen« erläutert.

Videokassetten (VC) / Laser-Bildplatten (LD)

In der *Filmliste* sind über 200 Filme mit VC kenntlich gemacht, die auf Videokassetten international im Handel sind. Fast ausschließlich sind dies englischsprachige Originale oder englische Fassungen. Der Videomarkt ist noch weit unübersichtlicher als der Schallplattenmarkt. Außerdem vergrößert sich das Angebot kurzfristig immer weiter und umfaßt nun auch schon Laser-Bildplatten (LD = Laserdisc). Die Angaben beruhen auf dem Stand von Ende 1992; inzwischen können weitere Filme in den Handel gekommen sein. Ein verläßlicher Anbieter in Deutschland, der in der Lage wäre, die genannten Videokassetten oder Bildplatten zu liefern, ist nicht bekannt.

Werktitel / Übersetzungen

Wie bereits erwähnt, beziehen sich alle zum Werk gehörenden Angaben, speziell die Rollenbezeichnungen und die Songtitel, mit wenigen Ausnahmen auf die Originalfassung. Gern würde der Autor dem deutschen Benutzer zum besseren Verständnis eine Übersetzung der Werktitel bieten, sofern Musicals nicht schon einen deutschen Titel haben, doch stößt diese Absicht auf Schwierigkeiten. Übersetzungsprobleme hatten schon die Verleihfirmen der Filme, so daß zum Beispiel Werke wie »My Fair Lady« und »A Chorus Line« mit ihren Originaltiteln herausgebracht wurden.

Zweimal habe ich, um mögliche Mißverständnisse auszuschließen, Titel erläutert, so im Falle »Carnival«, weil das »Wanderunternehmen im Schaustellergewerbe« (a travelling enterprise offering amusements) kaum in deutschen Englisch-Wörterbüchern zu finden ist. Zum weiteren hielt ich es für notwendig, darauf hinzuweisen, daß »The Band Wagon« nicht ein Eisenbahnwaggon sei, in dem sich eine Musicband befindet, sondern daß es sich um die »Woge der Begeisterung« handelt, die jeder auf der Bühne agierende Künstler gern im Publikum auslösen möchte. So konnten doch noch einige Titel ihre Erklärung finden. Kapitulieren aber muß ich, wenn der »bunte Rock«, den Bibelpatriarch Jakob seinem jüngsten Sohn Joseph machte, bei Andrew Lloyd Webber zum »Amazing Technicolor Dreamcoat« wird. Sorry!

Abkürzungen

Filme betreffende Abkürzungen sind vor der *Filmliste* gesondert genannt. Verwendet wurden ansonsten übliche Abkürzungen wie

u. = und / bzw. = beziehungsweise / d. i. = das ist / ggf. = gegebenenfalls / v. = von / a. d. = aus dem/aus der / ca. = circa / spez. = speziell / div. = diverse / bearb. = bearbeitet / gen. = genannt / urspr. = ursprünglich / instr. = instrumental / M. = Monsieur / Jr. = Junior / Sr. = Senior / R = Regie/Regisseur / K = Komponist / T = Textdichter / © = Copyright

Im Werkteil, spez. bei Filmen, Songs und den Schallplatten, gibt es folgende Abkürzungen:

ft	= foot/feet	F	= Film	D/F	= Deutsche
m	= Meter	TV	= Fernsehen		Filmversion
Min.	= Minuten	B	= Bühnenversion	St	= Studio-
NY	= New York	D	= Deutsche		produktion
L	= London		Version		
		D/B	= Deutsche		
			Bühnenversion		

Werke von A–Z

ADONIS

Musik: Edward E. Rice
Songtexte: William F. Gill, Henry E. Dixey
Buch: William F. Gill, Henry E. Dixey, unter Verwendung von Motiven der altgriechischen Sage von Pygmalion
Premiere in New York, Bijou Opera House: 4. September 1884

Personen und ihre Darsteller:

Adonis	Henry E. Dixey
Talamea	Lillie Grubb
Artea	Carrie Godfrey [nach anderen Angaben: Louise V. Essing]
Rosetta	Amelia Summerville
Duchess	Jennie Reiffarth
Marquis de Baccarat	Herbert Gresham
Bunion Turke	George Howard
Weitere Rollen:	
Lady Nattie	
Miss Doolittle	

Produzent: William F. Gill
Regie: Henry E. Dixey
Ort: In einem »altgriechischen« New York
Zeit: »Archaean Time« in der »Gegenwart« (1884)

Handlung: Burleske in altgriechischer Manier – umgekehrte »Pygmalion«-Geschichte. Die Bildhauerin Talamea hat sich in die von ihr geschaffene Marmorstatue des Adonis verliebt und überredet die Göttin Artea dazu, die Steinfigur zum Leben zu erwecken. Der nun leibhaftige, bezaubernd schöne Adonis gefällt aber nicht nur seiner Schöpferin, sondern weckt auch das Interesse vieler anderer Frauen, so auch der Förderin von Talamea, einer Herzogin. Doch der Jüngling mit dem buchstäblich versteinerten Her-zen mißachtet seine Verehrerinnen und hat nur Augen für das schlichte, wenn auch außergewöhnlich dralle Bauernmädchen Rosetta. Rosetta will sich gern in Sachen Liebe belehren lassen, doch verwirrt Adonis sie mit den artigen Avancen, die er ihr macht. Zudem zieht er sich den Unwillen des Marquis de Baccarat zu, der niederträchtig diese Liebe zu verhindern gedenkt, weil er selbst Rosetta begehrt. Adonis ist gezwungen, vor den Nachstellungen seiner Schöpferin Talamea und den anderen Frauen zu flüchten, und gleichzeitig versucht er, den Marquis zu überlisten. In seiner Verschlagenheit macht er es ähnlich wie Göttervater Zeus und verwandelt sich in die unterschiedlichsten Gestalten, einerseits, um die Verfolgerinnen zu täuschen, andererseits, um sich unerkannt Rosetta nähern zu können. Obwohl er sich eine clevere Verwandlung nach der anderen ausdenkt, bleiben ihm die Verfolgerinnen und Verfolger auf den Fersen. Als er sich der Hoffnungslosigkeit bewußt wird, ein Leben führen zu können, wie er es sich wünscht, hat er keine Lust mehr, ein Sterblicher zu bleiben, und kehrt mit Unterstützung der Göttin Artea wieder auf seinen Sockel zurück.

Anmerkung: Mit 603 Aufführungen in New York war »Adonis« das erfolgreichste Stück in der Frühzeit des Musicals, bis es von »A Trip to Chinatown« (1891) überboten wurde. Die adaptierte altgriechische Geschichte gab den Rahmen ab für die zahlreichen grotesken Verwandlungen des Hauptdarstellers Henry E. Dixey. In immer neuen Verkleidungen präsentierte er sich, zum Beispiel als Astronom, Preisboxer, Postmeister, Figaro, Quacksalber, Lumpenmann, und schlüpfte – parodierend – in Rollen des beliebten Theatermimen Henry Irving, u. a. als »Hamlet«. Während der langen Laufzeit wurden aktuelle Ereignisse in die Handlung einbezogen und glossiert; so erschien Dixey auch als Klaviervirtuose Paderewski, der durch seine Konzertreisen in den USA bekannt war. Auch improvisierte Dixey ständig neue Aktionen und Texte für sich aus der Laune des Augenblicks heraus.

Der Erfolg des Stückes beruhte hauptsächlich auf der einzigartigen persönlichen Ausstrahlung und der komödiantischen Begabung von Henry E. Dixey. Der knabenhaft hübsche, anmutige, 1859 geborene Dixey debütierte mit »Adonis« am 6. Juli 1884 im Hooley's Theatre in Chicago und konnte dann in New York Triumphe feiern. Als Adonis trat er in enganliegenden Seidentrikots auf und bewegte sich auf der Bühne mit solch eleganter Lässigkeit, daß die Damen scharenweise seine Vorstellungen besuchten, um ihn zu bewundern. Seine attraktive Erscheinung, seine spezielle Art zu singen und zu tanzen, sein humorvolles Spiel sowie seine Schlagfertigkeit trugen zu der langen Laufzeit des Musicals bei und verschafften ihm den Ehrennamen »Adonis Dixey«. Er unternahm mit diesem Stück ausgedehnte Tourneen durch die USA und brachte es schließlich 1886 im Gaiety Theatre, London, zur Aufführung.

Hauptmusiknummern / Bühne
The Invocation; We Are the Duchess' Daughters; I'm a Merry Little Mountain Maid; The Susceptible Statuette; A Most Romantic Meeting; He Would Away; The Blushing Bride; It's English, You Know (H. S. Hewitt/T)

→ Amerikanisches Musical ONE TOUCH OF VENUS und Operette → DIE SCHÖNE GALATHEE

ALLEGRO

Musik: Richard Rodgers
Songtexte: Oscar Hammerstein II.
Buch: Oscar Hammerstein II.
Premiere in New York, Majestic Theatre: 10. Oktober 1947

Personen und die Darsteller der Premiere:

Joseph Taylor Jr.	John Battles
His Parents:	
Marjorie Taylor	Annamary Dickey
Dr. Joseph Taylor	William Ching
Grandma Taylor	Muriel O'Malley
Jennie Brinker	Roberta Jonay
Emily West	Lisa Kirk
Charlie Townsend	John Conte
Mabel	Evelyn Taylor
Georgie	Harrison Muller
Hazel	Kathryn Lee
Miss Lipscomb	Susan Svetlik
Ned Brinker	Paul Parks
Bertram Woolhaven	Ray Harrison
Molly	Katrina Van Oss
Beulah	Gloria Wills
Millie	Julie Humphries
Dot	Sylvia Karlton
Addie	Patricia Bybell
Dr. Bigby Denby	Lawrence Fletcher
Mrs. Mulhouse	Frances Rainer
Mrs. Lansdale	Lily Paget
Brook Lansdale	Stephen Chase
Jarman, a Butler	Bill Bradley
Buckley	Wilson Smith
Major	Edward Platt
Principal	Robert Byrn
Bicycle Boy	Stanley Simmons
Coach	Wilson Smith
Minister	Edward Platt
English Professor	David Collyer
Chemistry Professor	William McCully
Greek Professor	Raymond Keast
Biology Professor	Robert Byrn
Philosophy Professor	Blake Ritter
Shakespeare	Susan Svetlik
Student	
Maid	Jean Houloose
Doorman	Tom Perkins
Friends of Joey	Ray Harrison
	Frank Westbrook
Cheer Leaders	Charles Tate
	Sam Steen

Produzent: The Theatre Guild
Choreographie: Agnes de Mille
Regie: Agnes de Mille

Ort: Kleinstadt im Mittelwesten der USA und Chicago
Zeit: 1905–1940

Handlung: Lebensbild und Psychogramm eines Arztes mit Karriereknick – kommentiert von einem griechischen Chor. Joseph Taylor Jr., 1905 geboren als Sohn eines einfachen Arztes, wächst in einer kleinen Stadt im amerikanischen Mittelwesten auf. Der scheue junge Mann absolviert in einer anderen Stadt seine Ausbildung und hält Kontakt zu seiner Jugendfreundin Jennie Brinker daheim. Als er vom College nach Hause zurückkehrt, tritt er als Arzt in die kleine Praxis seines Vaters ein und heiratet Jennie. Die schweren Jahre der Wirtschaftskrise bieten dem Kleinstadtarzt kaum die Möglichkeit für ein gutes Auskommen. Jennie ist unzufrieden, beklagt die Engstirnigkeit ihres Daseins in der Provinz und drängt ihren Mann, an seine Karriere zu denken. Dessen Eltern sind enttäuscht, als er die Stadt verläßt und mit seiner Frau nach Chicago zieht. In einem Hospital, das sich auf die Behandlung reicher Neurotiker und Hypochonder spezialisiert hat, kann er auf der Erfolgsleiter aufsteigen, wird wohlhabend und findet Aufnahme in die gesellschaftliche Elite. Zur Verwunderung seiner Assistentin Emily bemerkt Joseph nicht, daß Jennie ihm untreu geworden ist. Der gesellschaftliche und berufliche Erfolg täuscht; die ertragreiche, aber unehrliche und deshalb desillusionierende Tätigkeit frustriert ihn. Schließlich entscheidet er sich, sein Leben zu ändern. Neu erwachter Idealismus bewegt ihn und spornt ihn an, die Scheinwelt zu überwinden. Mit Emily, die ihn immer bewundert und geschätzt hat, kehrt er – nun 35jährig – in seine Heimatstadt zurück, um jene bescheidene kleine Praxis weiterzuführen, bei der er weiß, daß er echte Kranke zu heilen hat und denjenigen dienen kann, die seine Hilfe nötig haben.

Songs und Musiknummern

Bühne:
Joseph Taylor Junior!; I Know It Can Happen Again; Pudgy Legs; One Foot, Other Foot; Children's Dance (instr.); The Winters Go By; Poor Joe; A Fellow Needs a Girl; Freshmen Get Together (instr.); Dream Sequence (instr.); Annabelle Solo (instr.); Wildcats; It's a Darn Nice Campus / Jennie Reads Letter; Scene of Professor's (Rotunda); So Far; You Are Never Away; What a Lovely Day for a Wedding; It May Be a Good Idea; Let the Church Light Up With the Glory; To Have and to Hold; Wish Them Well; Money Isn't Everything; You're the Smile on My Face; Ya-Ta-Ta; The Gentleman Is a Dope; Allegro; Come Home

Schallplatte:
NY – RCA Victor LOC/LSO 1099

ANIMAL CRACKERS

Musik und Songtexte: Bert Kalmar, Harry Ruby
Buch: George S. Kaufman, Morrie Ryskind
Premiere in New York, Forty-Fourth Street Theatre: 23. Oktober 1928

Personen und die Darsteller der Premiere:

	Die Marx Brothers:
Captain Spalding	Groucho Marx
Jamison,	Zeppo Marx
his Secretary	
Emanuel Ravelli	Chico Marx
The Professor	Harpo Marx
Mrs. Rittenhouse	Margaret Dumont
Hives	Robert Greig
M. Doucet	Arthur Lipson
Arabella	Alice Wood
Rittenhouse	
Mrs. Whitehead	Margaret Irving
Grace Carpenter	Bobby Perkins
Wally Winston	Bert Mathews
John Parker	Milton Watson
Roscoe W.	Louis Sorin
Chandler	
Mary Stewart	Bernice
	Ackermann

Produzent: Sam H. Harris
Choreographie: Russell E. Markert
Regie: Oscar Eagle

Ort: Long Island, New York/USA
Zeit: »Gegenwart« (1928)

Handlung: Nonsens-Posse der Marx Brothers in ihrem typischen Stil. In der Villa von Mrs. Rittenhouse vertauscht ein erfolgloser junger Maler heimlich ein wertvolles Gemälde, das den Gästen eines Festes vorgestellt werden soll, mit einer Reproduktion, in der Hoffnung, sich damit selbst ins Gespräch bringen zu können. Plötzlich jedoch ist nicht nur das Original verschwunden, sondern auch die Nachahmung. Der berühmte Afrikaforscher Captain Spalding, bevorzugter Ehrengast von Mrs. Rittenhouse, übernimmt es, den rätselhaften Fall zu klären, und geht, unterstützt von Emanuel Ravelli, einem anderen Gast des Hauses, daran, mit irrwitziger Logik und grotesken Methoden unter den Anwesenden und Nichtanwesenden den Dieb ausfindig zu machen. Die Polizei verdächtigt zwar den jungen Maler, doch finden sich die beiden verschwundenen Bilder schließlich, zusammengerollt, bei einem weiteren Gast, dem Professor, der die Angewohnheit hat, alles einzustecken, was ihm in die Finger kommt.

Anmerkung: Den Marx-Brothers gewidmet ist ein Musical von 1970: »Minnie's Boys«. → THE COCOANUTS

Film:

Animal Crackers
1930, USA – Paramount, 98 Min.
Deutsche Erstaufführung (Originaltitel / mit Untertiteln): 1986 (TV)
Reduzierte Songs
Musik und Songtexte: Bert Kalmar, Harry Ruby
Drehbuch: Morrie Ryskind, Pierre Collings, nach dem gleichnamigen Musical

Personen und ihre Darsteller:

	Die Marx Brothers:
Captain Geoffrey T. Spalding	Groucho Marx
The Professor	Harpo Marx
Emanuel Ravelli	Chico Marx
Horatio W. Jamison	Zeppo Marx
Mrs. Rittenhouse	Margaret Dumont
Arabella Rittenhouse	Lillian Roth
Roscoe W. Chandler	Louis Sorin
John Parker	Hal Thompson
Mrs. Whitehead	Margaret Irving
Grace Carpenter	Kathryn Reece
Hives, Butler	Robert Greig
Inspector Hennessey	Edward Metcalf
Girl	Ann Roth
Guest	Donald McBride
6 Footmen	The Music Masters

Regie: Victor Heerman

Songs und Musiknummern

Bühne:
News; Hooray for Captain Spalding; Who's Been Listening to My Heart?; The Long Island Low-Down; Go Places and Do Things; Watching the Clouds Roll By; Piano Specialty (instr./Chico Marx); When Things Are Bright and Rosy; Cool Off; The Royal Filipino Band (instr.); The Court of Louis the 57th (instr.); Harp Specialty (instr./Harpo Marx); Musketeers

Film:
Hooray for Captain Spaulding (Bert Kalmar, Harry Ruby/K. u. T.); Why Am I So Romantic? (Bert Kalmar, Harry Ruby/ K. u. T.); Collegiate (Nat Bronx, Moe Jaffe); Some of These Days (Shelton Brooks/K. u. T.); Piano and Harp Specialties (instr./Harpo Marx)

ANNIE

Musik: Charles Strouse
Songtexte: Martin Charnin
Buch: Thomas Meehan, nach der Comicstrip-Serie »Little Orphan Annie« von Harold Gray und Al Löwenthal (Ersterscheinung: 1924 in der Zeitung »New York Daily News« und noch im gleichen Jahr in »Chicago Tribune«)
Premiere in New York, Alvin Theatre: 21. April 1977

Personen und die Darsteller der Premiere:

Annie	Andrea McArdle
Oliver Warbucks	Reid Shelton
Miss Hannigan	Dorothy Loudon
Grace Farrell	Sandy Faison
Rooster Hannigan	Robert Fitch
Franklin Delano	Raymond Thorne
Roosevelt/FDR	
Lily	Barbara Erwin
Orphans:	
Tessie	Diana Barrows
Molly	Danielle Brisebois
Kate	Shelley Bruce
Pepper	Robyn Finn
Duffy	Donna Graham
July	Janine Ruane
Lieutenant Ward	Richard Ensslen
Drake	Edwin Bordo
Bert Healy	Donald Craig
Justice Brandeis	Richard Ensslen
Bundles McClos-	James Hosbein
key, Laundryman	
Sophie, the Kettle	Laurie Beechman
Mrs. Pugh	Edie Cowan
Cecille	LaurieBeechman
Annette	Penny Worth
Fred McCracken	Bob Freschi
Jimmy Johnson	Steven Boockvor
Ickes	James Hosbein
Howe	Bob Freschi
Morgenthau	Richard Ensslen
Perkins	Laurie Beechman
Hull	Donald Craig
Bonnie Boylan	Laurie Beechman
Connie Boylan	Edie Cowan
Ronnie Boylan	Penny Worth
Sound Effects Man	James Hosbein
NBC Page	Mari McMinn
Honor Guard	Steven Boockvor
Kaltenborn's Voice	Donald Craig
A Star to Be	Laurie Beechman
Dog Catchers	Steven Boockvor
	Donald Craig

und der Hund Sandy

Produzenten: Mike Nichols, Irwin Meyer, Stephen R. Friedman, Lewis Allen
Choreographie: Peter Gennaro
Regie: Martin Charnin
Ort: New York und Washington
Zeit: 1933

Handlung: Märchengeschichte um ein kleines Mädchen – entsprechend der Vorlage. Annie, ein Waisenkind, flüchtet aus dem trostlosen Heim der garstigen Miss Hannigan und macht sich im großen New York auf die Suche nach ihren verschollenen Eltern. Der kleine Hund Sandy, der den städtischen Hundefängern entkommen kann, wird ihr bester Freund, und beide geraten in abenteuerliche Situationen. Der Zufall führt sie in das Haus des reichen, mürrischen, unbarmherzigen Geschäftsmanns Oliver Warbucks. Er läßt sich aber dazu bewegen, für die kleine Annie eine Suchaktion in die Wege zu leiten. Seine Bemühungen, die Eltern des Mädchens zu finden, und eine dazu ausgesetzte hohe Belohnung fördern betrügerische Absichten, in die auch Miss Hannigan verwickelt ist, die ihren Bruder Rooster und dessen Freundin Lily darin unterstützt, sich als Annies Eltern auszugeben. Warbucks Verbindungen zum Präsidenten der USA führen zu Nachforschungen des FBI nach Annies Eltern und zu der Erkenntnis, daß diese schon vor Jahren verstorben sind. Inzwischen aber hat Annies liebe und natürliche Art das Herz des hartgesottenen Warbucks so sehr gerührt, daß er sich völlig gewandelt hat, wovon alle Menschen in seiner Umgebung profitieren. Schließlich wird Annie durch Adoption seine Tochter.

Anmerkung: Franklin Delano Roosevelt (1882–1945), Präsident der Vereinigten Staaten von Amerika 1933–1945.

Auszeichnungen: 7 Antoinette Perry Awards (Tonys) 1977: Bestes Musical / Weibliche Hauptrolle–Musical: Dorothy Loudon / Buch–Musical: Thomas Meehan / Musikgesamtwerk (Komposition u. Songtexte): Charles Strouse, Martin Charnin / Choreographie: Peter Gennaro / Bühnenbild: David Mitchell / Kostüme: Theoni V. Aldredge

Deutschsprachige Erstaufführung unter dem Titel ANNIE – NENN' MICH DADDY: 20. Dezember 1980, Landestheater Detmold. Autoren: Danny Brees, Fritz Wolter

Film:

Annie
1981, USA – Columbia/Rastar –
Panavision / Metrocolor, 127 Min.
Deutsche Erstaufführung (Originaltitel):
1982
Musik: Charles Strouse
Songtexte: Martin Charnin
Drehbuch: Carol Sobieski, nach dem
gleichnamigen Musical

Personen und ihre Darsteller:

Annie/Little Orphan Annie	Aileen Quinn
Oliver »Daddy« Warbucks	Albert Finney
Miss Hannigan	Carol Burnett
Lily St. Regis	Bernadette Peters
Grace Farrell	Ann Reinking
Rooster	Tim Curry
Punjab	Geoffrey Holder
Franklin D. Roosevelt	Edward Herrmann
Bert Healy	Peter Marshall
Asp	Roger Minami
Eleanor Roosevelt	Lois deBanzie
Drake	I. M. Hobson
Mrs. Pugh	Lu Leonard
Mrs. Greer	Mavis Ray
Annette	Pam Blair
Colette	Colleen Zenk
Saunders	Victor Griffin
Frick	Jerome Callamore
Frack	Jon Richards
Photographer	Wayne Cilento
Weasel	Ken Swofford
Pound Man	Larry Hankin
Bundles	Irving Metzman
Mrs. McKracky	Angela Martin
Spike	Kurtis Epper Sanders

Orphans:

Molly	Toni Ann Gisondi
Pepper	Rosanne Sorrentino
Tessie	Lara Berk
Kate	April Lerman
Duffy	Robin Ignico
July	Lucie Stewart

Boylan Sisters: Loni Ackerman, Murphy
Cross, Nancy Sinclair

Dancers: Liz Marsh, Danielle Miller, Lisa
Kieldrup, Angela Lee, Tina Maria Cas-
pary, Julie Whitman, Jan Mackie, Shaw-
nee Smith, Mandy Peterson, Jamie
Flowers, Cherie Michan, Janet Marie
Jones, Linda Saputo, Sonja Haney, Kari
Baca, Victoria Hartman
und der Hund Sandy
Zirkusszenen: The Big Apple Circus

Produzent: Ray Stark
Choreographie: Arlene Phillips, Peter
Howard (Musicalszenen entworfen von
Joe Layton)
Regie: John Huston

Anmerkung: Bei dem während der Handlung in einer Kinovorführung gezeigten
Streifen handelt es sich um einen Ausschnitt aus dem amerikanischen MGM-
Film »Camille« von 1936.

Songs und Musiknummern

Bühne:
Maybe; It's the Hard-knock Life; Tomor-
row; We'd Like to Thank You, Herbert
Hoover/Hooverville; Little Girls; I Think
I'm Gonna Like It Here; N.Y.C. – New
York City; Easy Street; You Won't Be an
Orphan for Long; You're Never Fully
Dressed Without a Smile; Something
Was Missing; I Don't Need Anything But
You; Annie; A New Deal for Christmas

Film:
Tomorrow; It's the Hard-knock Life;
Maybe; Dumb Dog; Sandy; I Think I'm
Gonna Like It Here; Little Girls; We Got
Annie; Let's Go to the Movies; Sign;
You're Never Fully Dressed Without a
Smile; Easy Street; Tomorrow (White
House Version); I Don't Need Anything
But You

Schallplatten:
NY – Columbia PS 34712
F   – CBS 70219
D/F – CBS 25192

Hinweis/Film:
Nach der Comic-strip-Serie »Little Orphan Annie« entstanden auch die nachfolgend genannten Filme:

Little Orphan Annie
1932, USA – RKO, 66 Min.
Drehbuch: Wanda Tuchock, Tom McNa-
mara, nach der gleichnamigen Comic-
strip-Serie von Harold Gray und Al
Löwenthal
Darsteller: Mitzi Green (Annie), Edgar
Kennedy (Daddy Warbucks), Buster
Phelps (Mickey), May Robson (Mrs.
Stewart), Kate Lawson (Mrs. Burgin),
Matt Moore (Dr. Griffith), Sidney Bracey
(Butler)
Regie: John Robertson

Little Orphan Annie
1938, USA – Paramount, 57 Min.
Drehbuch: Bud Wilson Schulberg, Sa-
muel Ornitz, nach einer Erzählung von
Samuel Ornitz und Endre Bohem, auf
der Basis der Comic-strip-Serie »Little
Orphan Annie« von Harold Gray und
Al Löwenthal
Darsteller: Ann Gillis (Annie), Robert
Kent (Johnny Adams), June Travis
(Mary Ellen), J. Farrell MacDonald (Pop
Corrigan), J. M. Kerrigan (Tom Jen-
nings), Sarah Padden (Mrs. Moriarity),
James Burke (Mr. Moriarity), Ian
MacLaren (Soo Long), Margaret Arm-
strong (Mrs. Jennings), Dorothy Vaughn
(Mrs. Milligan), Ben Weldon (Spot Mc-
Gee)
Produzent: John Speaks
Regie: Ben Holmes

Hinweis: Ein ähnliches Thema wie das
Musical ANNIE, jedoch ohne Bezug zur
Comic-strip-Serie »Little Orphan Annie«, behandelt die amerikanische Film-
komödie »The Underpup« (Univer-
sal/1939), ebenfalls mit Ann Gillis als
Waisenkind.
Der amerikanische Stummfilm »Little
Orphant Annie« (Pioneer/1918) erzählt
die Geschichte des träumerisch veranlagten Waisenkindes Annie (Colleen
Moore), das erlebnisreiche Zeiten in einem Farmhaus verbringt, bevor es krank
wird und stirbt, voller Hoffnung, in einer
schönen neuen Welt endlich die Mutter
zu finden.

ANNIE GET YOUR GUN
(Deutscher Titel: ANNIE, SCHIESS LOS!)

Musik und Songtexte: Irving Berlin
Buch: Dorothy Fields, Herbert Fields
Premiere in New York, Imperial Theatre:
16. Mai 1946

Personen und Darsteller der Premiere:

Annie Oakley	Ethel Merman
Frank Butler	Ray Middleton
Charlie Davenport	Marty May
Dolly Tate	Lea Penman
Colonel William F. Cody/Buffalo Bill	William O'Neal
Chief Sitting Bull	Harry Bellaver
Minnie Oakley	Nancy Jean Rabb
Jessie Oakley	Camilla De Witt
Nellie Oakley	Marlene Cameron
Little Jake Oakley	Clifford Sales
Iron Tail	Daniel Nagrin
Yellow Foot	Walter John
Mac, Property Man	Cliff Dunstan
Foster Wilson	Art Barnett
Winnie Tate	Betty Anne Nyman
Tommy Keeler	Kenny Bowers
Harry	Don Liberto
Mary	Ellen Hanley
Little Boy	Warren Berlinger
Little Girl	Mary Ellen Glass
Coolie	Beau Tilden
Mrs. Little Horse	Alma Ross
Mrs. Black Tooth	Elizabeth Malone
Mrs. Yellow Foot	Nellie Ransom
Major Gordon Lil- lie, gen. Pawnee Bill	George Lipton
Mabel	Mary Woodley
Louise	Ostrid Lind
Nancy	Dorothy Richards
Timothy Gardner	Jack Byron
Andy Turner	Earl Sauvain
Clyde Smith	Victor Clarke
John	Rob Taylor
Freddie	Robert Dixon
The Wild Horse Dancer	Daniel Nagrin
Riding Mistress	Lubov Roudenko
Pawnee's Messenger	Milton Watson
Major Domo	John Gart III
Sylvia Potter-Porter	Marjorie Crossland

Mr. Schuyler Adams	Don Liberto
Mrs. Schuyler Adams	Dorothy Richards
Dr. Percy Ferguson	Bernard Griffin
Mrs. Percy Ferguson	Marietta Vore
Mr. Ernest Henderson	Art Barnett
Mrs. Ernest Henderson	Truly Barbara
Mr. Clay	Rob Taylor
Mr. Lockwood	Fred Rivett
Girl with Bouquet	Katrina Van Oss
Trainman	John Gart III
Porter	Clyde Turner
Debutante	Ruth Vrana
Girl in Pink	Jet MacDonald
Girl in White	Mary Grey

Waiters: Leon Bibb, Clyde Turner
Cowgirls: Evelyn Giles, Mary Grey
Cowboys: Rob Taylor, Bernard Griffin, Jack Pierce

Produzenten: Richard Rodgers, Oscar Hammerstein II.
Choreographie: Helen Tamiris
Regie: Joshua Logan
Ort: USA – Cincinatti, Minneapolis, New York
Zeit: Ca. zwischen 1880 und 1890

Handlung: Zirkus- und Westernmilieu. Gestörte Liebe durch berufliche Rivalität. Episoden aus dem Leben der amerikanischen Zirkuskünstlerin Annie Oakley – teilweise verändert. Das ebenso schießfreudige wie treffsichere Western-Girl Annie Oakley, ein Kind des Wilden Westens, besiegt bei einem Wettschießen den Meisterschützen Frank Butler und wird als Kunstschützin zum Star von Buffalo Bills reisender Zirkus-Show. Zwischen ihr und dem ebenfalls zur Truppe gehörenden Frank Butler kommt es zu Rivalitäten. Zwar fühlen sich beide zueinander hingezogen, doch ist Frank in seinem männlichen Stolz nicht geneigt, anzuerkennen, daß Annie besser schießt als er. Frank wechselt zur Konkurrenz von Shanghai Bill über. Annie unternimmt mit Buffalo Bill eine ausgedehnte Europatournee, in der sie persönlich große Erfolge erzielen kann. Aber für Buffalo Bill zahlt sich die Tournee nicht aus. Zurück in den USA, erhofft er sich Rettung für sein Unternehmen durch eine Fusion mit der konkurrierenden Show von Shanghai Bill. Der aber hat ebenfalls finanzielle Probleme. Annie sorgt dafür, daß dennoch ein gemeinsames Programm zustande kommt. Als sie bei der neuen Show wieder mit Frank zusammentrifft und der alte Streit, wer von beiden besser sei, abermals beginnt, erhält Annie von ihrem väterlichen Freund, dem Indianerhäuptling Sitting Bull, den Rat, das verabredete Wettschießen zu verlieren und dafür Frank zu gewinnen.

Anmerkung: Annie Oakley, eigentlich Phoebe Anne Oakley Mozee (1860–1926), amerikanischer Zirkusstar, Kunstschützin. Sie besiegte im Alter von 15 Jahren bei einem öffentlichen Wettschießen den renommierten Kunstschützen Frank E. Butler. Ein Jahr später heirateten die beiden und begannen als »Butler und Oakley« ein gemeinsames Zirkusleben. 1885 wurden sie Mitglieder von »Buffalo Bill's Wild West Show«, mit der sie jahrzehntelang durch Amerika und auch nach Europa reisten.

Buffalo Bill, eigentlich William Frederick Cody (1846–1917), Jäger, Soldat (Colonel/Oberst) und Showman. Der Schriftsteller Ned Buntline machte ihn zum Helden einer Romanserie in der Zeitschrift »New York Weekly«. Nach Buntlines Erzählungen entstand 1872 das Theaterstück »Scout of the Plains«, in dem Cody selbst auftrat. Geschickt nutzte er den gewonnen Ruhm, indem er die »Buffalo Bill's Wild West Show« zusammenstellte und mit ihr 30 Jahre lang erfolgreich Tourneen durch Amerika und Europa unternahm.

Sitting Bull (indianischer Name: Tatanka Iyotake) (ca. 1831–1890), Stammeshäuptling und Anführer der Sioux-Indianer in den Freiheitskämpfen um 1876. Er gehörte ab 1885 für einige Jahre zu »Buffalo Bill's Wild West Show«.

Während der erfolgreichen Laufzeit des Musicals mit zahlreichen Neuinszenierungen wurde die Rolle der Annie Oakley auf den Bühnen Amerikas auch gespielt von Dolores Gray, Mary Martin, Billie Worth, Martha Raye, Betty Jane Watson, Ginger Rogers, Barbara Eden und Debbie Reynolds. Die Fernsehgesellschaft NBC produzierte das Musical zweimal: 1957 mit Mary Martin und 1967 mit Ethel Merman.

Deutschsprachige Erstaufführungen:
A) 27. Februar 1957, Volksoper, Wien. Autor : Marcel Prawy
B) 5. September 1963, Theater des Westens, Berlin. Autor: Robert Gilbert

Anmerkung: Neben »Kiss Me, Kate« (Deutschsprachige Erstaufführung 1955/ Frankfurt am Main), »Fanny« (1955/ München) und »My Fair Lady« (1961/ Berlin) gehörte »Annie Get Your Gun« zu den ersten Stücken, mit denen das amerikanische Musical die deutschen Bühnen zu erobern begann. Da sich die Fassung von Robert Gilbert durchgesetzt hat, noch heute zum Repertoire der deutschen Theater gehört und die Hauptdarsteller der Premiere 1963 in Berlin in Erinnerung geblieben sind (Heidi Brühl und Robert Trehy als Annie und Frank, Walter Süsseguth als Buffalo Bill), seien hier die Hauptrollen der früheren Fassung von Marcel Prawy (1957/Wien) erwähnt: Brenda Lewis (Annie Oakley), Eberhard Wächter (Frank Butler), Max Lorenz (Buffalo Bill) / Regie: Heinz Rosen.

Film:
Annie Get Your Gun
(Deutscher Titel: DUELL IN DER MANEGE, auch: ANNIE, SCHIESS LOS!)
1950, USA – Metro-Goldwyn-Mayer – Technicolor, 107 Min.
Deutsche Erstaufführung: 1950
Musik und Songtexte: Irving Berlin
Drehbuch: Sidney Sheldon, nach dem gleichnamigen Musical

Personen und ihre Darsteller:

Annie Oakley	Betty Hutton
Frank Butler	Howard Keel
Colonel Buffalo Bill Cody	Louis Calhern
Charlie Davenport	Keenan Wynn
Sitting Bull	J. Carrol Naish
Pawnee Bill	Edward Arnold
Dolly Tate	Benay Venuta
Nellie	Diane Dick
Jessie	Susan Odin
Little Jake	Bradley Mora
Foster Wilson	Clinton Sundberg
Mac	James H. Harrison
Minnie	Eleanor Brown
Little Horse	Chief Yowlachie
Barker	William Tannen
Queen Victoria	Evelyn Beresford
President Loubet of France	Andre Charlot
King Victor Emanuel of Italy	Nino Pipitone
Kaiser Wilhelm II.	John Mylong
Helen	Elizabeth Flournoy
Captain	John Hamilton
Constance	Marjorie Wood
Mrs. Adams	Mae Clarke
Little Boy	Tony Taylor
Guest	Ed Kilroy
Waiter	Lee Tung Fo

Immigration Officers: Nolan Leary, Budd Fine
Indian Braves: W. P. Wilkerson, Shooting Star, Charles Mauu, Riley Sunrise, Tom Humphreys, John War Eagle
Squaws: Dorothy Skyeagle, Edith Mills
Cowgirls: Sue Casey, Mary Ellen Gleason, Mary Jane French, Meredith Leeds, Helen Kimball, Dorinda Clifton, Mariette Elliott, Judy Landon
Cowboys: Jack Trent, Michael Dugan, Carl Sepulveds, Warren Macgregor, Carol Henry, Archie Butler, Fred Gilman
Barkers: Al Rhein, Charles Regan

Produzent: Arthur Freed
Choreographie: Robert Alton
Regie: George Sidney

Auszeichnung: 1 Academy Award (Oscar) 1950: Musikgesamtwerk-Instrumentierung (Original-Filmmusik/Musical): Adolph Deutsch, Roger Edens

Anmerkung: Für die Rolle der Annie Oakley war ursprünglich Judy Garland vorgesehen, die aber durch Krankheit ausfiel. Musikaufnahmen mit ihr waren bereits produziert. Louis Calhern erhielt die Rolle des Buffalo Bill Cody anstelle des vorgesehenen, aber 1949 verstorbenen Frank Morgan.

Songs und Musiknummern

Bühne (Deutsche Texte: Robert Gilbert): Colonel Buffalo Bill; I'm a Bad, Bad Man; Doin' What Comes Natur'lly; The Girl That I Marry (Die Frau meiner Träume); You Cant't Get a Man With a Gun (Am Schießeisen beißt keiner an); There's No Business Like Showbusiness; They Say It's Wonderful (Man sagt, Verliebtsein, das wäre wundervoll); Moonshine Lullaby; I'll Share It All With You; Ballyhoo / Circus Dance (instr.); My Defences Are Down; Drum Dance (instr.); Ceremonial Chant; I'm an Indian Too; I Got Lost in His Arms; Who Do You Love, I Hope?; I'll Share It All With You (Tanz/instr.); I Got the Sun in the Morning (Ich hab' die goldene Sonne und den Silbermond); Anything You Can Do (Alles, was du kannst, das kann ich viel besser)
In der New Yorker Premiere nicht verwendet: Let's Go West Again
Hinzugefügt bei Neuinszenierung (Revival) 1966: An Old-Fashioned Wedding

Film:
Colonel Buffalo Bill; Doin' What Comes Natur'lly; The Girl That I Marry; You Can't Get a Man With a Gun; There's No Business Like Showbusiness; They Say It's Wonderful; My Defences Are Down; I'm an Indian Too; I Got the Sun in the Morning; Anything You Can Do
Nicht verwendet:
Let's Go West Again; Moonshine Lullaby

Schallplatten:
NY – Decca DL 7-9018, Brunswick 87 101, MCA 2031, (1966) RCA Victor LOC/LOS 1124
L – Columbia SEG 7711, (1986) First Night FNC 34004
F – MGM E 3768, MGM 2428601, MGM S 548 E, MGM SES 42, MGM 2353032 B

(Soundtrack mit Judy Garland/ 1949) Sandy Hook 2053
D/B – (1963) Philips 838900 PY
St – (Mary Martin, JohnRaitt/TV 1958) Capitol W 913, (Doris Day, Robert Goulet) Columbia OL 5960/OS 2360

Hinweis/Film:
Annie Oakley und Colonel William F. Cody (Buffalo Bill) erschienen persönlich in einem der ersten Filmstreifen 1893 auf Edison Kinetoscope. Szenen aus dem Leben der Zirkuskünstlerin behandelt auch der nachfolgend genannte Spielfilm:

Annie Oakley
1935, USA - RKO, 90 Min.
Drehbuch: Joel Sayre, John Twist, nach einer Story von Joseph A. Fields und Ewart Adamson
Darsteller: Barbara Stanwyck (Annie Oakley), Preston Foster (Toby Walker), Melvyn Douglas (Jeff Hogarth), Moroni Olsen (Buffalo Bill), Pert Kelton (Vera Delmar), Andy Clyde (MacIvor), Chief Thunderbird (Sitting Bull), Margaret Armstrong (Mrs. Oakley), Delmar Watson (Wesley Oakley), Dick Elliott (Ned Buntline), Philo McCullough (Officer), Eddie Dunn (Wrangler), Ernie S. Adams (Wrangler), Harry Bowen (Father), Theodore Lorch (Announcer), Sammy McKim (Boy at Shooting Gallery), Adeline Craig.
Produzent: Cliff Reid
Regie: George Stevens

Annie Oakley wird ferner dargestellt in den Filmen:
Alias Jesse James / Ein Schuß und 50 Tote, USA/1959, von Gail Davis
The Outlaws Is Coming, USA/1965, von Nancy Kovack
Carry On Cowboy / Rumpo Kid bittet zum Duell, Großbrit./1966, von Angela Douglas
Buffalo Bill and the Indians – or – Sitting Bull's History Lesson / Buffalo Bill und die Indianer, USA/1976, von Geraldine Chaplin

William F. Cody (Buffalo Bill) wird ferner dargestellt in den Filmen:
The Iron Horse / Das Feuerroß, USA/1924, von George Waggner
The Pony Express, USA/1925, von John Fox Jr.
Buffalo Bill on the U. P. Trail, USA/1926, von Roy Stewart
The Last Frontier / Bedrohte Grenzen, USA/1926, von Jack Hoxie
Wyoming, USA/1928, von William Fairbanks
The World Changes, USA/1933, von Douglas Dumbrille
The Plainsman / Verrat, USA/1937, von James Ellison
Outlaw Express, USA/1938, von Carlyle Moore
Young Buffalo Bill, USA/1940, von Roy Rogers
Buffalo Bill / Buffalo Bill, der weiße Indianer, USA/1944, von Joel McCrea
Buffalo Bill Rides Again / Buffalo Bill greift ein, USA/1947, von Richard Arlen
Law of the Golden West, USA/1949, von Monte Hale
King of the Bullwhip / Die Todespeitsche, USA/1950, von Tex Cooper
Buffalo Bill in Tomahawk Territory, USA/1952, von Clayton Moore
Pony Express, USA/1953, von Charlton Heston
Badman's Country / Der Teufel holt sie alle, USA/1958, von Malcolm Atterbury
The Raiders / Die rauhen Reiter von Texas, USA/1963, von James McMullan
Die letzte Kugel traf den Besten / Sette ore di fuoco, Deutschl. – Spanien – Ital./1964, von Rik van Nutter (deutsche Fassung: Bill Hogan)
Das war Buffalo Bill, Deutschl. – Frankr. – Ital./1965, von Gordon Scott
The Plainsman / Tausend Gewehre für Golden Hill, USA/1966, von Guy Stockwell
Touche pas la femme blanche, Frankr./1974, von Michel Piccoli
(TV) *This Is the West That Was*, USA/1974, von Matt Clark
*Buffalo Bill and the Indians – or – Sitting Bull's History Lesson / Buffalo Bill und

die Indianer*, USA/1976, von Paul Newman
(TV) *The Legend of the Golden Gun*, USA/1979, von R. L. Tolbert
The Legend of the Lone Ranger, USA/1981, von Ted Flicker
(TV) *Calamity Jane*, USA/1984, von Ken Kercheval

Der Indianerhäuptling *Sitting Bull* wird ferner dargestellt in den Filmen:
The Flaming Frontier / Der Todesritt von Little Big Horn (Die Zone des Grauens), USA/1926, von Noble Johnson
Custer's Last Stand (Serie), USA/1936, von Howling Wolf
Fort Vengeance / Fort der Rache, USA/1953, von Michael Granger
Sitting Bull / Das letzte Gefecht, USA/1954, von J. Carrol Naish
Tonka, USA/1958, von John War Eagle
The Great Sioux Massacre / Entscheidung am Big Horn, USA/1965, von Michael Pate
Buffalo Bill and the Indians – or – Sitting Bull's History Lesson / Buffalo Bill und die Indianer, USA/1976, von Frank Kaquitts

ANYTHING GOES
(Deutscher Titel: ALLES OKAY)

Musik und Songtexte: Cole Porter
Buch: Guy Bolton, P. G. Wodehouse, überarbeitet von Howard Lindsay, Russel Crouse
Premiere in New York, Alvin Theatre: 21. November 1934

Personen und die Darsteller der Premiere:

Reno Sweeney	Ethel Merman
Billy Crocker	William Gaxton
Reverend Dr. Moon	Victor Moore
Hope Harcourt	Bettina Hall
Bonnie Latour	Vera Dunn
Babe	Vivian Vance
Sir Evelyn Oakleigh	Leslie Barrie
Elisha J. Whitney	Paul Everton
Mrs. Wadsworth T. Harcourt	Helen Raymond

Bishop Dodson	Pacie Ripple
Captain	John C. King
Mr. Swift	Maurice Elliott
Ching	Richard Wang
Ling	Charlie Fang
Snooks	Drucilla Strain
Mrs. Wentworth	May Abbey
Mrs. Frick	Florence Earle
Bartender	George E. Mack
Bellboy	Irving Pincus
Reporter	Edward Delbridge
Steward	William Stamm
Assistant Purser	Val Vestoff
Chief Officer	Houston Richards
Ship's Drunk	William Barry
Little Boy	Billy Curtis

Cameramen: Chet Bree, Neal Evans
Federal Men: Harry Wilson, Arthur Imperato
The Foursome: Marshall Smith, Ray Johnson, Dwight Snyder, Del Porter
The Ritz Quartette: Chet Bree, Bill Stamm, Neal Evans, Ed Delbridge
The Alvin Quartette: Arthur Imperato, David Glidden, Richard Nealy, Stuart Fraser
Reno's Angels: Ruth Bond, Normal Butler, Enes Early, Marjorie Fisher, Ruth Gomley, Irene Hamlin, Renee Johnson, Irene Kelly, Leoda Knapp, Doris Maye, Lillian Ostrom, Jackie Paige, Mary Phillips, Cornelia Rogers, Frances Stewart, Ruth Shaw, Eleanore Sheridan
Passengers: Kay Adams, Lola Dexter, Maurine Holmes, Helen Folsom, Marquita Nicholai, Ethel Sommerville, Finette Walker, Evelyn Kelly
Ship's Orchestra: The Stylists

Produzent: Vinton Freedley
Choreographie: Robert Alton
Regie: Howard Lindsay
Ort: New York und an Bord eines Ozeandampfers auf dem Atlantik
Zeit: »Gegenwart« (1934)

Handlung: Verwechslungskomödie – Verwirrspiel während einer Seereise. Die Nightclub-Sängerin Reno Sweeney begibt sich mit ihrer Girl-Truppe, den »Reno Angels«, auf eine Schiffsreise zu einem Engagement nach Europa. Sie verehrt Billy Crocker, den jungen Sekretär eines Wallstreet-Managers, doch Billy seinerseits träumt noch immer von seiner großen Liebe, der Millionenerbin Hope Harcourt. Diese verläßt ebenfalls New York, in Begleitung des britischen Edelmanns Sir Evelyn Oakleigh, mit dem sie in England eine Vernunftehe eingehen will. Der liebeskranke Billy folgt ihr auf das Schiff, das auch Reno Sweeney benutzt, und bleibt Hopes wegen an Bord, ohne Paß und Schiffskarte. Er vertraut sich einem Geistlichen an, der als Reverend Dr. Moon reist. Dieser jedoch ist ein verkleideter Sträfling, den das FBI sucht und der im stillen stolz darauf ist, als Staatsfeind Nr. 13 zu gelten. Von Dr. Moon erhält Billy den Paß und das Ticket eines Gefährten, der zur Reise nicht erschienen war. Billy muß sich aber verkleiden, um der zu sein, dessen Papiere er hat. Es bleibt nicht aus, daß er in Liebeskonflikte mit der temperamentvollen Reno und der nüchtern veranlagten Hope gerät, die er nur meistern kann, indem er mal als Billy und mal in Verkleidung erscheint. Schwierigkeiten mit der Obrigkeit kommen hinzu, als die Identität von Dr. Moon bekannt wird und der Kapitän ihn in Haft nimmt. Doch Moon gibt sich als reuiger Sünder und spielt seine Priesterrolle weiter. In England, am Ende der Reise, haben sich die Verwirrungen geklärt, da Billy die Liebe von Hope gewonnen hat, Sir Evelyn in die Fänge von Reno geraten ist, die außerdem einem erfolgversprechenden Auftritt in Europa entgegensehen kann, und Dr. Moon zu seinem Ärger feststellen muß, daß er für das FBI uninteressant geworden ist.

Neuinszenierung (Revival): New York, Orpheum Theatre: 15. Mai 1962

Auszeichnungen: 3 Antoinette Perry Awards (Tonys) 1988: Beste Neuproduktion eines Musicals (Revival) – Produzenten: Lincoln Center Theatre, Gregory Mosher, Bernard Gersten / Männliche Nebenrolle–Musical: Bill McCutcheson / Choreographie: Michael Smuin

Deutschsprachige Erstaufführung:
10. Februar 1981, Theater im Pfalzbau, Ludwigshafen (Produktion des Pfalztheaters Kaiserslautern). Autoren: Rolf Merz, Gerhard Hagen

Film:
Anything Goes
1936, USA – Paramount, 92 Min.
Veränderte Handlung – veränderte Songs!
Drehbuch: Howard Lindsay, Russel Crouse, Guy Bolton (unter Mitarbeit von Walter DeLeon, Sidney Salkow, John C. Moffit, Francis Martin), nach dem gleichnamigen Musical

Personen und ihre Darsteller:

Billy Crocker	Bing Crosby
Reno Sweeney	Ethel Merman
Reverend Dr. Moon/Moonface Martin	Charles Ruggles
Hope Harcourt	Ida Lupino
Bonnie LaTour	Grace Bradley
Sir Evelyn Oakleigh	Arthur Treacher
Bishop Dodson	Richard Carle
Elisha J. Whitney	Robert McWade
Mrs. Wentworth	Margaret Dumont
Ship's Captain	Matt Moore
Detective	Edward Gargan
Middleaged Lady	Laura Treadwell
Junior	Jerry Tucker
Steward	Edward Borden
Drunk	Jack Norton
Still Cameraman	J. Gunnis Davis
Sound Man	Neil Fitzgerald
Sound Truck Driver	Snub Pollard
Plumper	Ben Erway
Page Boy	Oscar Randolph
Deck Officer	Jack Mulhall
Deck Steward	Monty Collins
Lady on Deck	Bess Flowers
Girl at Table	Louise Bennett
Ship's Photographer	Billy Dooley
Bearded Man	Rolfe Sedan
Ringsider	Dennis O'Keefe
Gaylord	George Andre Beranger
Woman	Jane Buckingham
Ballet Master	John Carradine
Chinese Dancer	Lotus Liu

Chinese Boys: Keye Luke, Philip Ahn
Stewards: Sam Ash, George Cooper
Federal Men: Guy Usher, Jack Adaire
Cameramen: Phil Tead, Monte Carter, Frank Baker, Tammany Young, James Aubrey
Reporters: Frederic Santly, Heinie Conklin, Franklin Parker
Pug-Uglies: Matt McHugh, Harry Wilson, Bud Fine
Sailors: Chill Wills, The Avalon Boys

Produzent: Benjamin Glazer
Regie: Lewis Milestone

Anmerkung: Im amerikanischen Fernsehen auch unter dem Titel TOPS IS THE LIMIT.

Anything Goes
(Deutscher Titel: BROADWAY-ZAUBER)
1956, USA – Paramount / Vistavision – Technicolor, 106 Min.
Deutsche Erstaufführung: 1956
Veränderte Handlung – veränderte Songs!
Drehbuch: Sidney Sheldon, frei nach Motiven des gleichnamigen Musicals

Personen und ihre Darsteller:

Bill Benson	Bing Crosby
Patsy Blair	Mitzi Gaynor
Ted Adams	Donald O'Connor
Gaby Duval	Zizi Jeanmaire
Steve Blair	Phil Harris
Victor Lawrence	Kurt Kaznar
Ed Brent	Richard Erdman
Alex Todd	Walter Sande
Suzanne	Argentina Brunetti
Otto	Archer MacDonald
Paul Holiday	James Griffith
Blanche	Tracey Roberts
Captain	Marcel Dalio
French Baroness	Alma Macrorie
Ann	Linda Bennett
Henri	Don Megowan
Marty	Craig Hill
Head Waiter	Alberto Morin
Waiter	Torben Meyer
German Woman	Dorothy Neumann
English Woman	Doris Packer
English Usherette	Virginia McDowall
American Girl	Emily Heath

Frenchman   Tom Hernandez
French Luggage   Jean Del Val
  Man
Assistant Purser   Albert Carrier
Choreographers: Ernest Platt, Dick Humphries
Specialty Dancers: Buzz Miller, Marc Wilder
Bobby Soxers: Nancy Kulp, Paul Wexler, Alma Ann Holguin, Dee Pollock, Mary Ann Harmon, Betty Rhodes, John Erman
Girls, Men: Nancy Lee Davis, Lucille Knox, Autumn Russell, Ruta Lee, Jann Darlyn, Jack Pepper, John Benson
French Sailors: Edward Manouk, Tony Russo

Produzent: Robert Emmett Dolan
Choreographie: Nick Castle (mit Ernest Platt, Roland Petit)
Regie: Robert Lewis

Songs und Musiknummern

Bühne:
You're the Top; Bon Voyage; I Get a Kick Out of You; There'll Always Be a Lady Fair/Sailor's Chanty; Where Are the Men?; Anything Goes; Public Enemy Number One; Blow, Gabriel Blow; All Through the Night; Be Like the Bluebird; The Gypsy in Me; Buddie Beware (nicht in der Broadway-Produktion)

Bei der Neuproduktion des Musicals 1962 wurden Songs aus anderen Werken von Cole Porter hinzugefügt bzw. im Austausch verwendet:
It's De-Lovely (aus »Red, Hot and Blue«, 1936); Heaven Hop (aus »Paris«, 1928); Friendship (aus »DuBarry Was a Lady«, 1939); Let's Step Out (aus »Fifty Million Frenchmen«, 1929); Let's Misbehave (aus »Paris«, 1928/jedoch nicht in der Broadway-Produktion); Take Me Back to Manhattan (aus »The New Yorkers«, 1930)

Filme (1936/1956):
You're the Top (1935, 1956); Anything Goes (1936, 1956); All Through the Night (1936 nur Hintergrundmusik, 1956); Blow, Gabriel, Blow (1936, 1956); I Get a Kick Out of You (1936, 1956); There'll Always Be a Lady Fair (1936); Dream Ballet – Let's Do It (1956); It's De-Lovely (1956); Sailor Beware (1936, Richard A. Whiting/K, Leo Robin/T); Moonburn (1936, Hoagy Carmichael/K, Edward Heyman/T); My Heart and I (1936, Frederick Hollander/K, Leo Robin/T); Am I Awake (1936, Frederick Hollander/K, Leo Robin/T); Hopelessly in Love (1936, Frederick Hollander/K, Leo Robin/T); Shanghai De-Ho (1936, Frederick Hollander/K, Leo Robin/T); You Gotta Give the People Hoke (1956, Jimmy Van Heusen/K, Sammy Cahn/T); A Second-Hand Turban and a Crystal Ball (1956, Jimmy Van Heusen/K, Sammy Cahn/T); You Can Bounce Right Back (1956, Jimmy Van Heusen/K, Sammy Cahn/T)
Anmerkung: Frederick Hollander/d. i. Friedrich Holländer

Schallplatten:
NY – (1962) Epic FLM 13100/FLS 15100, (1987) RCA Victor 7769, (Ethel Merman, Frank Sinatra, Bert Lahr/TV 1954) Sandy Hook SH 2043
L – World Records SHB 26, (1969) That's Entertainment TER 1080, (1989) First Night FNC 018
F – (1936) Decca DL 4251, (1956) Decca 8318/DRG Stet DS 15025
ST – (Ethel Merman) JJC 3004, (Mary Martin) Columbia ML 4751, (Version v. 1934/neu) EMI 7-49848

APPLAUSE
(Deutscher Titel: APPLAUS)

Musik: Charles Strouse
Songtexte: Lee Adams
Buch: Betty Comden, Adolph Green, nach dem amerikanischen Spielfilm »All About Eve« (1950) (deutsch: »Alles über Eva«), nach der Kurzgeschichte »The Wisdom of Eve« (1947) (erschienen im Magazin »Cosmopolitan«), von Mary Orr

Premiere in New York, Palace Theatre:
30. März 1970

Personen und die Darsteller der Premiere:

Margo Channing	Lauren Bacall
Eve Harrington	Penny Fuller
Bill Sampson	Len Cariou
Howard Benedict	Robert Mandan
Bert	Tom Urich
Buzz Richards	Brandon Maggart
Karen Richards	Ann Williams
Duane Fox	Lee Roy Reams
Tony Host	Alan King
Tony Award Announcer	John Anania
Bartender	Jerry Wyatt
Peter	John Anania
Bob	Howard Kahl
Piano Player	Orrin Reiley
Stan Harding	Ray Becker
Danny	Bill Allsbrook
Bonnie	Bonnie Franklin
Carol	Carol Petri
Joey	Mike Misita
TV Director	Orrin Reiley
Autograph Seeker	Carol Petri
Dancer in Bar	Sammy Williams

Musicians: Gene Kelton, Nat Horne, David Anderson

Produzenten: Joseph Kipness, Lawrence Kasha (mit Nederlander Productions und George M. Steinbrenner III)
Choreographie: Ron Field
Regie: Ron Field
Ort: New York
Zeit: »Gegenwart« (1970)

Handlung: Melodram um eine alternde Schauspielerin. Die junge, ehrgeizige und karrieresüchtige Anfängerin Eve Harrington erschleicht sich das Vertrauen der erfolgreichen und gefeierten Broadway-Künstlerin Margo Channing. Die bekannte Schauspielerin fördert das junge Mädchen und erschließt ihr auch den eigenen Bekanntenkreis. Eve versucht zielstrebig, einflußreiche Männer für sich zu gewinnen, und beeindruckt auch Bill Sampson, den Verlobten von Margo. Schließlich gelingt es Eve, als Margos Zweitbesetzung in die Broadway-Show aufgenommen zu werden. Viele von Margos Freunden halten Eve für sehr begabt und sind entschlossen, die Karriere der jungen Frau zu unterstützen. So auch Buzz Richards und seine Frau Karen, ein Autorenpaar. Karen benutzt einen Besuch Margos bei ihnen im abgelegenen Landhaus, um eine Autopanne zu inszenieren, durch die Margo nicht rechtzeitig zu ihrem Auftritt nach New York gelangen kann. Dies ist für Eve die Chance, einzuspringen. Ihr Auftritt wird ein voller Erfolg. Die ins Abseits gedrängte Margo Channing wehrt sich, merkt jedoch bald, daß sie der Jugendlichkeit ihrer Konkurrentin nichts entgegenzusetzen hat. Ihre Lebenserfahrung läßt sie aber erkennen, daß Eve selbst schon in einen Strudel von persönlichen Problemen und Abhängigkeiten geraten ist, die ihren Weg begleiten und erschweren werden. Inzwischen hat Margo auch begriffen, daß es wichtigere Dinge gibt als die Karriere, und sie widmet sich nun aufmerksamer ihrem Freund Bill Sampson, der zu ihr steht und dessen Beistand ihr hilft, die seelischen Probleme zu meistern.

Auszeichnungen: 4 Antoinette Perry Awards (Tonys) 1970: Bestes Musical / Weibliche Hauptrolle–Musical: Lauren Bacall / Regie: Ron Field / Choreographie: Ron Field

Deutschsprachige Erstaufführung:
26. April 1975 (offiziell 4. Mai), Bühnen der Hansestadt Lübeck. Autoren: Klaus-Peter Bauer, Karl Vibach

Fernsehen:
Das Musical APPLAUSE ist nicht verfilmt worden. Es wurde jedoch in einer Fernsehproduktion aufgezeichnet.

Applause
1973, CBS Special, 120 Min. (TV)
Erstsendung: 15. März 1973
Darsteller: Lauren Bacall (Margo Channing), Penny Fuller (Eve Harrington), Larry Hagman (Bill Sampson), Robert Mandan (Howard Benedict), Rod McClennan (Buzz Richards), Sarah Marshall (Karen Richards), Harvey Evans (Duane Fox), Debbie Bowen (Bonnie), Bob

Sherman, David Knight, James Berwick
Produzenten: Richard Rosenbloom, Lawrence Kasha, Joseph Kipness
Choreographie und Regie: Ron Field, Bill Foster

Songs und Musiknummern

Bühne:
Backstage Babble; Think How It's Gonna Be; But Alive; The Best Night of My Life; Who's That Girl?; Applause; Hurry Back; Tarantella (instr.); Fasten Your Seat Belts; Welcome to the Theatre; Inner Thoughts; Good Friends; She's No Longer a Gypsy; One of a Kind; One Hallowe'en; Something Greater

Schallplatte:
NY – ABC OCS 11

Vorlage des Musicals:
Film:
All About Eve
(Deutscher Titel: ALLES ÜBER EVA)
1950, USA – 20th Century-Fox, 138 Min.
Deutsche Erstaufführung: 1952
Drehbuch: Joseph L. Mankiewicz, nach der Kurzgeschichte »The Wisdom of Eve« von Mary Orr
Darsteller: Bette Davis (Margo Channing), Anne Baxter (Eve Harrington), Gary Merrill (Bill Sampson), George Sanders (Addison DeWitt), Thelma Ritter (Birdie), Celeste Holm (Karen Richards), Hugh Marlowe (Lloyd Richards), Gregory Ratoff (Max Fabian), Marilyn Monroe (Miss Caswell), Barbara Bates (Phoebe), Walter Hampden (Speaker at Dinner), Craig Hill (Leading Man), Randy Stuart (Girl), Leland Harris (Doormann), Eddie Fisher (Stage Manager), Claude Stroud (Pianist), Barbara White (Autograph Seeker), William Pullen (Clerk), Eugene Borden (Frenchman), Helen Mowery (Reporter), Steven Geray (Captain of Waiters), Bess Flowers (Well-Wisher)

Produzent: Darryl F. Zanuck
Regie: Joseph L. Mankiewicz
Auszeichnungen: 6 Academy Awards (Oscars) 1950: Bester Film / Männliche

Nebenrolle: George Sanders / Drehbuch: Joseph L. Mankiewicz / Kostüme schwarzweiß: Edith Head, Charles LeMaire / Ton: 20th Century-Fox Sound Department, W. D. Flick, Roger Heman

Hinweis/Film:
Ein ähnliches Thema – das Schicksal einer alternden Varieté-Königin – behandelt der 1929 von Rouben Mamoulian gedrehte Tonfilm *Applause* – inzwischen ein Filmklassiker. Zweifellos dienten nicht nur der Titel, sondern auch die Handlungsmotive dem Musical *Applause* als Vorlage.

Applause
Tonfilm/1929, USA – Paramount/Famous Players–Lasky Corp., 78 Min.
Drehbuch: Garrett Fort, nach dem gleichnamigen Roman (1928) von Beth Brown
Darsteller: Helen Morgan (Kitty Darling), Joan Peers (April Darling, her Daughter), Fuller Mellish Jr. (Hitch Nelson), Henry Wadsworth (Tony), Jack Cameron (Joe King), Dorothy Cumming (Mother Superior), Jack Singer, Paul Barrett
Produzenten: Jesse L. Lasky, Monta Bell
Regie: Rouben Mamoulian
Songs:
What Wouldn't I Do for That Man (Jay Gorney, E. Y. Harburg), gesungen von Helen Morgan; Yaka Hula Hickey Dula (Pete Wendling, Joe Young, E. Ray Goetz), gesungen von Helen Morgan; Give Your Little Baby Lots of Lovin' (Joe Burke, Dolly Morse), gesungen von Helen Morgan; I've Got a Feelin' I'm Fallin' (Fats Waller, Bill Rose, Harry Link), gesungen von Helen Morgan; Pretty Baby (Tony Jackson, Gus Kahn, Egbert Van Alstyne); Turkey Trot (Edgar Smith, Robin Hood Bowers); Waiting for the Robert E. Lee (L. Wolfe Gilbert, Lewis F. Muir); Doin' the New Racoon (Joe Burke, Dolly Morse); Sweetheart of All My Dreams (Bert Lowe, Art Fitch, Kay Fitch); That's My Weakness Now (Sammy Stept, Bud Green); Everybody's Doing It (Joe Burke, Dolly Morse)

ASPECTS OF LOVE

Musik: Andrew Lloyd Webber
Songtexte: Don Black, Charles Hart
Buch: Andrew Lloyd Webber, nach dem
gleichnamigen Roman (1955) (deutsch:
»Liebe – ganz irdisch«) von David Gar-
nett
Premiere in London, Prince of Wales
Theatre: 17. April 1989
Premiere in New York, Broadway Thea-
tre: 8. April 1990

*Personen und die Darsteller der Premie-
ren London (L), New York (NY):*

Rose Vilbert, an Actress	Ann Crumb (L/NY)
Alex Dillingham, Young Englishman	Michael Ball (L/NY)
George Dillingham, an English Painter	Kevin Colson (L/NY)
Giulietta Trapani, an Italian Sculptress	Kathleen Rowe McAllen (L/NY)
Marcel Richard, an Actor Manager	Paul Bentley (L) Walter Charles (NY)
Jenny Dillingham, Daughter of Rose and George (Age 12)	Zoe Hart (L) Deanna Du Clos (NY)
Jenny Dilingham (Age 14)	Diana Morrison (L) Danielle Du Clos (NY)
Elizabeth, George's Housekeeper	Laurel Ford (L) Suzanne Briar (NY)
Hugo le Meunier, Rose's Admirer	David Greer (L) Don Goodspeed (NY)
A Circus Chanteuse	Sally Smith (L)

ferner bei der Premiere in London:
Geoffrey Abbott, John Barr, Tim Nils-
son-Page, Michael Sadler, Sandy Strallen,
Carol Duffy, Susie Fenwick, David
Oakley, Trilby Harris, Peter Reeves, Pa-
trick Clancy, Linda Jarvis

ferner bei Premiere in New York:
Eric Johnson, Kurt Johns, Philip Clayton,
Elinore O'Connell, Lisa Vroman, Jane

Todd Baird, John Dewar, Marcus Lovett,
Gregory Mitchell, Wysandria Woolsey
Produzenten: Really Useful Theater
(L/NY)
Choreographie: Gillian Lynne (L/NY)
Regie: Trevor Nunn (L/NY)
Ort: Frankreich (Pau, Montpellier, Paris),
Venedig, Malaysia
Zeit: 1947–1949/1962/1964

Handlung: Lyrisch-sentimentale Kolpor-
tage über Liebe und Mehrecksverhältnis-
se zwischen fünf Personen aus drei Generationen. Der junge englische Student
Alex ist verliebt in die etwas ältere französische Schauspielerin Rose. Sein reicher Onkel, George Dillingham, aber heiratet sie und fördert ihre Karriere. Der
Lebemann Dillingham hat jedoch noch
eine Affäre mit der venezianischen Bildhauerin Giulietta. Auch Rose fühlt sich
zu dieser Frau hingezogen, und es entwickelt sich ein Liebesverhältnis, das Dillingham begrüßt. Fünfzehn Jahre später
ist Rose ein Star auf französischen Bühnen, wird von Verehrern umschwärmt
und hat mit Billigung ihres Gatten einen
Liebhaber. Alex, der für einige Jahre
beim Militärdienst in Malaysia war, ist
wieder nach Frankreich zurückgekom-
men. Der altgewordene Dillingham hat
sich auf sein Weingut zurückgezogen und
lebt nur noch für seine jetzt vierzehn-
jährige Tochter Jenny. Diese aber verliebt sich in jenen Alex, mit dessen Liebe
zu ihrer Mutter Rose die ganze Geschichte begann. Dillingham ist mit der frührei-
fen Zuneigung seiner Tochter zu dem wesentlich älteren Mann, seinem Neffen,
nicht einverstanden, und auch Alex
scheut sich vor einer engen Bindung. Als
Dillingham, gebrochen aus Angst, seine
Tochter zu verlieren, stirbt, finden anläßlich der Begräbnisfeier Alex und die Bildhauerin Giulietta zueinander.

Anmerkung: Die Vorlage, der Gesell-
schaftsroman »Aspects of Love« von David Garnett (1892–1981), trägt autobiographische Züge. Garnett gehörte zur
»Bloomsbury-Gruppe« (benannt nach
dem Londoner Stadtteil Bloomsbury),

die sich um den englischen Verleger Leonard Woolf, dessen Frau Virginia und ihre Schwester, die Malerin Vanessa Bell, gebildet hatte und von 1907 bis etwa 1930 bestand. Die Gruppe machte durch ihr Bekenntnis zur Frauenemanzipation, zur Kriegsdienstverweigerung und zur freien Liebe von sich reden und verstand sich als Wegbereiter modernistischer Literatur. Garnett soll intime Beziehungen sowohl zu Vanessa Bell als auch zu deren Liebhaber, dem Maler Duncan Grant, gehabt haben. Schließlich heiratete er Angelica, die Tochter der beiden, der selbst ein ungewöhnliches Verhältnis zu ihrem Vater nachgesagt wurde.

Songs und Musiknummern

Bühne:
Love Changes Everything; Parlez Vous Français?; Seeing Is Believing; A Memory of a Happy Moment; Chanson d'enfance; Everybody Loves a Hero; She'd Be Far Better Off With You; Stop. Wait. Please; Leading Lady; Other Pleasures; With Other Men/*für New York verändert:* There Is More to Love; Mermaid Song; The Very First Man You Remember; The Journey of a Lifetime; Falling; Hand Me the Wine and the Dice; Anything But Lonely

Schallplatte:
L – Really Useful 841126

AT THE GRAND → GRAND HOTEL

BABES IN ARMS

Musik: Richard Rodgers
Songtexte: Lorenz Hart
Buch: Richard Rodgers, Lorenz Hart
Premiere in New York, Shubert Theatre: 14. April 1937

Personen und die Darsteller der Premiere:

Billie Smith	Mitzi Green
Val Lamar	Ray Heatherton
Peter	Duke McHale
Baby Rose	Wynn Murray
Ivor De Quincy	Harold Nicholas
Irving De Quincy	Fayard Nicholas
Gus Fielding	Rolly Pickert
Dolores Reynolds	Grace McDonald
Sam Reynolds	Ray McDonald
Marshall Blackstone	Alfred Drake
Bob	Robert Rounseville
Maizie Lamar	Ethel Intropidi
Dan Lamar	Jere Delaney
Nat Blackstone	George E. Mackay
Emma Blackstone	Aileen Poe
Sheriff Reynolds	George Watts
Booker Vanderpool	Kenneth Wilkins
Pinkie	Bob Fishelson
Lee Calhoun	Dana Hardwick
Beauregard Calhoun	Douglas Perry
Lincoln Vanderpool	LeRoy James
Rene Flambeau, a French Pilot	Aljan de Loville
Phil McCabe	Alvin Kerr
Dr. Snyder	George E. Mackay
Bobby	Bobby Lane
Elenore	Elenore Tennis

Piano-Duo: Edgar Fairchild, Adam Carroll
The »Gang«: Gloria Franklin, Mitzie Dahl, Jean Owens, Ted Gary, Don Liberto, Libby Bennett, Verna Ceders, Mickey Herson, Marjorie Jane, Betty Lee, Connie Leslie, Audrey Palmer, Claire Harvey, Davenie Watson, Stella Clausen, Tania Clell, Eleanore Fiata, Georgia Hiden, Gedda Petry, Ursula Seiler, Roy Adler, Buddy Allen, Mickey Alvarez, Jay Bee, Jack Stanton, Dan Dailey, Bronson Dudley, Alex Courtney, Clifton Darling, James Gillis, Robert Rounseville

Produzent: Dwight Deere Wiman
Choreographie: George Balanchine
Regie: Robert Sinclair
Ort: Eastport, Long Island, N.Y./USA
Zeit: »Gegenwart« (1937)

Handlung: Show in der Show: Jugendliche helfen sich selbst – es sind die in einem Heim lebenden Söhne und Töchter von reisenden Artisten und Künstlern. Der resolute Sheriff des Ortes droht, sie in ein Arbeitslager umzuquartieren, wenn sich ihre Eltern nicht sofort um sie kümmern. Da Geld die Ursache ihrer Probleme ist, beschließen die jungen Leute, eine Show zu inszenieren, die ihnen Einnahmen verschaffen soll. Sie beweisen zwar alle ihr großartiges Können, doch ist ihre Unternehmung ein finanzieller Mißerfolg. Die Rettung kommt buchstäblich vom Himmel. Rene Flambeau, ein bekannter französischer Ozeanflieger, muß auf ihrem Gelände eine Notlandung machen, und die Jugendlichen eilen ihm zu Hilfe. Nicht nur, daß sie durch das spektakuläre Ereignis bekannt werden, der wohlhabende Franzose fördert auch die jungen Leute und unterstützt sie mit Geld für eine neue Show. Als sie sich wiederum in der Öffentlichkeit präsentieren, ist ihnen der Erfolg sicher. Nun sind sie in der Lage, sich dem Einfluß von Sheriff Reynolds zu entziehen, und planen den Aufbau eines eigenen Jugendcenters.

Film:

Babes in Arms
1939, USA – Metro-Goldwyn-Mayer, 96 Min.
Veränderte Handlung, veränderte Songs!
Drehbuch: Jack MacGowan, Kay Van Riper, nach dem gleichnamigen Musical

Personen und ihre Darsteller:

Mickey Moran	Mickey Rooney
Patsy Barton	Judy Garland
Joe Maron	Charles Winninger
Judge Black	Guy Kibbee
Rosalie Essex	June Preisser
Florrie Moran	Grace Hayes
Molly Moran	Betty Jaynes
Don Brice	Douglas McPhail
Jeff Steele	Rand Brooks
Dody Martini	Leni Lynn
Bobs	John Sheffield
Madox	Henry Hull
William	Barnett Parker
Mrs. Barton	Ann Shoemaker
Martha Steele	Margaret Hamilton
Mr. Essex	Joseph Crehan
Brice	George McKay
Shaw	Henry Roquemore
Mrs. Brice	Lelah Tyler
Boy	Lon McCallister
Agent	Robert Emmett Keane
Larry Randall	Charles D. Brown
Sid	Sid Miller
Receptionist	Mary Treen

Produzent: Arthur Freed
Regie: Busby Berkeley

Songs und Musiknummern

Bühne:
Where Or When; Babes in Arms; I Wish I Were in Love Again; All Dark People; Way Out West; My Funny Valentine; Johnny One Note; Imagine; All at Once; The Lady Is a Tramp; You Are So Fair

Film:
Die mit dem Zeichen ⊕ versehenen Titel entstammen dem Bühnenwerk.
Babes in Arms ⊕; The Lady Is a Tramp ⊕; Where Or When ⊕; Broadway Rhythm (Nacio Herb Brown/K, Arthur Freed/T.); Good Morning (Nacio Herb Brown/K, Arthur Freed/T); You Are My Lucky Star (Nacio Herb Brown/K, Arthur Freed/T); I Cried for You (Gus Arnheim/K, Arthur Freed/T, Abe Lyman); God's Country (Roger Edens/K, Harold Arlen/T, E. Y. Harburg/T); Ja-da (Bob Carleton); Rock-a-Bye, Baby (Effie T. Crockett); Silent Night (Franz Gruber/K); Darktown Strutters' Ball (Shelton Brooks); I Like Opera, I Like Swing (Roger Edens); Figaro (Roger Edens); My Daddy Was a Minstrel Man (Roger Edens); Oh! Susanna (Stephen Foster); Ida, Sweet as Apple Cider (Eddie Munson, Eddie Leonard); Moonlight Bay (Percy Wenrich, Edward Madden); I'm Just Wild About Harry (Eubie Blake/K, Noble Sissle/T, aus der Show »Shuffle Along« 1921); The Stars and Stripes Forever (John Philip Sousa/K)

Schallplatten:
F – Curtain Calls 100/6-7
St – (Mary Martin) Columbia OL 7070/OS 2570

BABES IN TOYLAND

Musik: Victor Herbert
Songtexte: Glen MacDonough
Buch: Glen MacDonough
Premiere in New York, Majestic Theatre:
13. Oktober 1903

Personen und die Darsteller der Premiere:

Alan	William Norris
Jane	Mabel Barrison
Uncle Barnaby	George W. Denham
The Widow Piper	Hattie Delaro
Contrary Mary	Amy Ricard
Tom Tom	Bessie Wynn
Jill	Nellie Daly
Bo Peep	Nella Webb
Red Riding Hood	Susie Kelleher
Sallie Waters	Mary Welsh
Curly Locks	Elizabeth Roth
Miss Muffett	Irene Cromwell
Simple Simon	Virginia Foltz
Peter	Bertha Krieghoff
Tommy Tucker	Doris Mitchell
Jack	Mae Naudain
Boy Blue	Stelle Beardsley
Bobby Shaftoe	Myrtle McGrain
Roderigo	Frank Hayes
Gonzorgo	Charles Barry
Hilda	Hulda Halvers
Gertrude	Francis Marie
Master Toymaker	Dore Davidson
Grumio	Charles Guyer
Inspector Marmaduke	Gus Pixley
Max	Margaret Sutherland
Brown Bear	Walter Schrode
Sun Queen	Georgia Baron
Spirit of Maple	Margaret Sutherland
Spirit of Oak	Mae Naudain
Spirit of Pine	Katherine Howland
Spirit of Willow	Mabel Frenyear
Mima	Grace Field
Volcano Queen	Minnie Murray
Giant Spider	Robert Burns
The Moth Queen	Albertina Benson

Produzenten: Fred R. Hamlin, Julian Mitchell
Regie: Julian Mitchell

Ort: USA, sowie im Märchen- und Spielzeugland
Zeit: »Gegenwart« (1903)

Handlung: Abenteuerliche Erlebnisse zweier Kinder im Märchen- und Spielzeugland nach Art von »Alice im Wunderland« und »The Wizard of Oz«. Der skrupellose Onkel Barnaby, unterstützt von seinen Dienern Roderigo und Gonzorgo, will sich durch einen Schiffsuntergang seines Neffen Alan und seiner Nichte Jane entledigen, um ihr Vermögen zu erben. Die Kinder aber können sich retten und gelangen an den Strand des Märchenlandes von Mother Goose (Mutter Gans). Hier schließen sie persönlich Bekanntschaft mit den unterschiedlichsten Märchengestalten, die sie bislang nur aus Büchern kannten: Jack und Jill, Tom Thumb, Bo-Peep, Red Riding Hood, Tommy Tucker und anderen. Der böse Onkel Barnaby hat erfahren, wo sich die Kinder befinden, und läßt sie in den unheimlichen »Wald ohne Wiederkehr« entführen. Dort aber rettet sie eine Gruppe von Zigeunern. Alan und Jane geraten ins Spielzeugland, das von einem tyrannischen Spielzeugmacher beherrscht wird. Durch Zauberkraft kann er das Spielzeug lebendig werden lassen und inszeniert Aufmärsche und Paraden. Die Figuren aber revoltieren gegen ihn und töten ihn. Alan wird angeklagt, ihn umgebracht zu haben, doch läßt sich seine Unschuld beweisen, und er ist wieder frei. Nun entscheiden sich die Kinder, nach Hause zurückzukehren. Der hinterhältige Onkel macht erneut einen Versuch, die beiden zu töten, wird aber selbst Opfer seines Anschlags, weil er versehentlich das vergiftete Getränk zu sich nimmt, das er Alan und Jane zugedacht hat. Befreit von seinen bösen Nachstellungen, können die Kinder nun ein glückliches Leben führen.

Anmerkung: Neufassung des Musicals in einer Rock-Version 1979 (American Shakespeare Theatre, Stratford/Connecticut) mit überwiegend neuer Musik und Songtexten von Shelly Markham und Annette Liesten.

Film:

Babes in Toyland
(Deutscher Titel: BÖSE BUBEN IM WUN-
DERLAND
auch/1961: DICK UND DOOF – RACHE IST
SÜSS)
1934, USA – Metro-Goldwyn-Mayer,
77 Min.
Deutsche Erstaufführung: 1935
Veränderte, auf das Komikerpaar Stan
Laurel/Oliver Hardy (Dick und Doof)
bezogene Handlung
Musik: Victor Herbert
Songtexte: Glen MacDonough
Drehbuch: Nick Grinde, Frank Butler,
nach dem gleichnamigen Musical

Personen und ihre Darsteller:

Stannie Dum	Stan Laurel
Ollie Dee	Oliver Hardy
Little Bo Peep	Charlotte Henry
Tom-Tom	Felix Knight
Little Boy Blue	Johnny Downs
Curly Locks	Jean Darling
Mary Quite Contrary	Marie Wilson
Evil Silas Barnaby	Henry Brandon/d. i. Henry Kleinbach
Mother Goose	Virginia Karns
Widow Peep	Florence Roberts
The Toy Maker	William Burress
Santa Claus	Ferdinand Munier
Justice of the Peace	Frank Austin
Candle Snuffer	Gus Leonard
Little Miss Muffett	Alice Dahl
Cat and the Fiddle	Peter Gordon
Tom Thumb	Sumner Getchell
Chief of Police	Billy Bletcher
Jiggs	Payne Johnson
Elmer	Angelo Rossitto
Fisherman	Charley Rogers
Queen of Hearts	Alice Moore
Mother Hubbard	Alice Cook
Old King Cole	Kewpie Morgan
Barnaby's Minion	John George
Town Crier	Scott Mattraw
Balloon Man	Fred Holmes
Duckers	Stanley »Tiny« Sandford
	Eddie Baker
Demon Bogeymen	Jack Raymond
	Eddie Borden
King's Guards:	Dick Alexander, Richard Powell

Toyland Townspeople: Sam Lufkin,
Jack Hill, Baldwin Cooke, Charlie
Hall
Schoolchildren: Scotty Beckett, Marian-
ne Edwards, Tommy Bupp, Georgie Bil-
lings, Jerry Tucker, Jackie Taylor, Dickie
Jones

Produzent: Hal Roach
Regie: Gus Meins, Charles Rogers

Babes in Toyland
1961, USA – Buena Vista Productions
(Walt Disney) – Technicolor/Teilweise
Zeichentrick, 105 Min.
Veränderte, mit Trickszenen angerei-
cherte Handlung, veränderte Songs
Musik: Victor Herbert, George Burns
Songtexte: Glen MacDonough, Mel Le-
ven
Drehbuch: Ward Kimball, Joe Rinaldi,
Lowell S. Hawley, nach dem gleichnami-
gen Musical

Personen und ihre Darsteller:

Barnaby	Ray Bolger
Tom Piper	Tommy Sands
The Toymaker	Ed Wynn
Mary Contrary	Annette Funicello
Gonzorgo	Henry Calvin
Roderigo	Gene Sheldon
Grumio	Tommy Kirk
Mother Goose	Mary McCarty
Boy Blue	Kevin Corcoran
Willie Winkie	Brian Corcoran
Bo Peep	Ann Jillian
The Twins	Marilee und Melanie Arnold
Simple Simon	Jerry Glenn
Jack-Be-Nimble	John Perri
Bobby Shaftoe	David Pinson
Little Boy	Bryan Russell
Jack	James Martin
Jill	Ilana Dowding
Villager	Bess Flowers

Produzent: Walt Disney
Choreographie: Tommy Mahoney
Regie: Jack Donohue

Babes in Toyland
(Deutscher Titel: ABENTEUER IM SPIEL-
ZEUGLAND)
(TV) 1986, USA/Deutschland – Pinchuk
Company/Pat and Bill Finnegan/Orion
Television/Bavaria – Color, 180 Min. (TV)
Deutsche Erstaufführung: 1987 (Kino/
95 Min.)
Veränderte Handlung, neue Songs
Musik und Songtexte: Leslie Bricusse
Drehbuch: Paul Zindel, Leslie Bricusse,
unter Verwendung von Motiven des
gleichnamigen Musicals

Personen und ihre Darsteller:

Lisa Piper	Drew Barrymore
Toy Master	Pat Morita
Bernie/Barnaby Barnacle	Richard Mulligan
Alex/Jack Be Nimble	Keanu Reeves
Mrs. Piper/Widow Hubbard	Eileen Brennan
Margaret/Mary Contrary	Jill Schoelen
Jim/Georgie Porgie	Googy Gress
Justice Grimm	Walter Buschoff
Zack	Rolf Knie
Mack	Gaston Häni
Jack-in-the-Box	Pipo Sosman
Trollog	Shari Weiser
Joey	Chad Carlson
Raggedy Ann	Elizabeth Schot
Mrs. Goosefoot	Mona Lee Goss
Dr. Foster	Herbert Heldt
Town Crier	Ray Samberg
Newsreader	Jean Moake
Weather Reporter	Bill Marcus

Cookie Factory Workers: Wanda Burke,
Jean Leroy, Veronica Loomis, John Ka-
narowski, Tony Barton

Produzenten: Tony Ford, Neil T. Maffeo,
Günter Rohrbach
Choreographie: Eleanor Fazan
Regie: Clive Donner

Songs und Musiknummern

Bühne:
Don't Cry, Bo Peep; Floretta; Mary,
Mary; Barney O'Flynn; I Can't Do the
Sum; Slumber Deep; Christmas Fair
Waltz; The Legend of the Castle; Rock-a-
Bye Baby; Toy Soldier's March and Mili-
tary Ball; The Toymakers; Toyland; My
Rag Doll Girl; An Old-fashioned Rose;
Before and After; Jane; Maybe the Moon
Will Help You Out

Filme (1934/1961):
I Can't Do the Sum (1934,1961); Just a
Toy (1961); Floretta (1961); Castle in
Spain (1934, 1961); Don't Cry, Bo Peep
(1934); Go to Sleep, Slumber Deep
(1934); Toyland (1934, 1961); March of
the Toys (1934,1961); We Won't Be Happy Till We Get It (1961); Lemonade
(1961); Just a Whisper Away (1961);
Who's Afraid of the Big Bad Woolf?
(1934, Frank Churchill/K, Ann Ronnell);
The Workshop Song (1961, George
Burns, Mel Leven); The Forest of No Re-
turn (1961, George Burns, Mel Leven);
Slowly He Sank into the Sea (1961, George Burns, Mel Leven)
Film 1986 (Deutsche Kinofassung): Ich
komm' aus Cincinnatty (Leslie Bricus-
se/K); Spielzeugland (Leslie Bricusse/K);
Wünschen dir von ganzem Herzen Glück /
Hochzeitslied (Leslie Bricusse/K); Ein
Lied für Lisa (Leslie Bricusse/K); Mein
böses Meisterstück (Leslie Bricusse/K);
Die Wunder der Welt, wie die Kinder sie
seh'n (Leslie Bricusse/K); March of the
Toys (instr./Victor Herbert/K)

Schallplatte:
F – (1961) Buena Vista STER 4022

THE BAND WAGON

Musik: Arthur Schwartz
Songtexte: Howard Dietz
Sketche: George S. Kaufman, Howard
Dietz
Premiere in New York, New Amsterdam
Theatre: 3. Juni 1931

Mitwirkende der Premiere:
Fred Astaire
Adele Astaire
Frank Morgan
Helen Broderick
Tilly Losch

Philip Loeb
John Barker
Roberta Robinson
Francis Pierlot
Jay Wilson
Peter Chambers

Produzent: Max Gordon
Choreographie: Albertina Rasch
Regie: Hassard Short

Handlung: Musical-Revue in Szenen und
Songs ohne verbindende Handlung.
(»Band Wagon« bedeutet: Woge der Be-
geisterung).

Anmerkung: Lose zusammengefügte Revue, die durch niveauvolle, phantasierei-
che, witzige und musikalisch hervorra-
gende Qualität große Beachtung fand
und zur Musical-Geschichte gehört. Besondere Aufmerksamkeit erzielte sie
auch durch o. g. Starbesetzung, wobei es
sich um das zehnte gemeinsame Auftreten von Fred Astaire und seiner Schwester Adele im Rahmen eines Bühnenwerks und um das erste Auftreten von
Frank Morgan in einem Musical handelte. Alle Künstler zeigten ihre Wandlungs-
fähigkeit und erschienen in den unterschiedlichsten Rollen. Auch die effekt-
volle Bühnengestaltung trug zum Erfolg
bei durch einfallsreichen Einsatz zweier
Drehbühnen und einer schräg gestellten,
mit Spiegeln belegten und mit wechselnden Farblichtern bestrahlten Fläche für
den Tanz von Tilly Losch: »Dancing in
the Dark«. Nachhaltig beeindruckend
auch die Nummer »Hoops«, in der Fred
und Adele Astaire zwei französische
Kinder spielten, die sich mit Trudel-
reifen vergnügen, ferner »The Pride of
the Claghornes«, eine Sketch-Parodie auf
einen Südstaaten-Patriarchen (gespielt
von Frank Morgan), und einer Karussell-
nummer im bayerischen Stil mit dem
ganzen Ensemble: »I Love Louisa«.
Mit dieser Revue beendete Adele
Astaire ihre Bühnenlaufbahn und heiratete in eine bürgerliche Zukunft. Für
ihren Bruder Fred begann damit eine ein-
zigartige Solokarriere.

Film:
Bei den nachfolgend genannten Filmen
handelt es sich nicht um Verfilmungen
der Musical-Revue. Beide Produktionen
haben eine dramaturgisch gestaltete
Handlung im Schauspielermilieu –
Beiträge aus der Musical-Revue »The
Band Wagon« sind eingefügt.

Dancing in the Dark
1949, USA/20th Century-Fox – Techni-
color, 92 Min.
Handlung: Ein Talentsucher fördert für
eine Hollywood-Verfilmung der Musical-
Revue »The Band Wagon« anstelle eines
Broadway-Stars eine junge unbekannte
Künstlerin, die, wie sich schließlich her-
ausstellt, seine eigene, ihm bislang unbe-
kannte Tochter ist.
Musik: Arthur Schwarz
Songtexte: Howard Dietz
Drehbuch: Mary C. McCall Jr., Marion
Turk, Jay Dratler

Personen und ihre Darsteller:

Emery Slide	William Powell
Bill Davis	Mark Stevens
Julie	Betsy Drake
Grossman	Adolphe Menjou
Rosalie	Randy Stuart
Barker	Lloyd Corrigan
Mrs. Schlaghammer	Hope Emerson
Joe Brooks	Walter Catlett
Barney Basset	Don Beddoe
Jean Hersholt	Jean Hersholt
Sid Grauman	Sid Grauman
Rubber	Louis Bacigalupi
Projectionist	Syd Saylor
Butler	Milton Parsons
Officer	Bob Adler
Boy	George McDonald
Filipino	Joe Bautista
Sharkey	Frank Ferguson
Jack	Charles Tannen
Master of Ceremonies	Harry Crocker
Costumer	Edward Clark
Sommelier	Max Willenz
Headwaiter	Gregory Gay
Esther	Helen Brown
Cameraman	Sherry Hall
Wes	Dick Cogan

Hula Girl	Jean London
Secretary	Sally Forrest
Neighbor	Erville Alderson
Producer	Grandon Rhodes
Cutter	George E. Stone
June	Helen Westcott
Marshall	Johnny Berke
Stefan	Byron Foulger
Myrna	Marion Marshall
Girl	Elaine Edwards

Board Members: Belle Daube, Larry Keating, Claire Whitney, John Davidson, Joseph Crehan
Waiters: Walter Clinton, George Beranger
Women: Ann Corcoran, Phyllis Planchard, Claire Richards
Men: Fred Fisher, Sammy Finn, Cosmo Sardo, Harry Seymour

Produzent: George Jessel
Choreographie: Seymour Felix
Regie: Irving Reis

The Band Wagon
(Deutscher Titel: VORHANG AUF!)
1953, USA – Metro-Goldwyn-Mayer – Technicolor, 112 Min.
Deutsche Erstaufführung: 1954
Handlung: Ein ehemals erfolgreicher Tänzer und Hollywood-Star erhält durch Freunde eine neue Chance bei einer Broadway-Revue, die jedoch am schlechten Buch scheitert. Die Künstler helfen sich selbst und erringen mit ihrer eigenen Inszenierung »The Band Wagon« einen großen Erfolg. – Veränderte Songs.
Musik: Arthur Schwartz
Songtexte: Howard Dietz
Drehbuch: Betty Comden, Adolph Green

Personen und ihre Darsteller:

Tony Hunter	Fred Astaire
Gabrielle Gerard	Cyd Charisse (Gesangsstimme: India Adams)
Lester Marton	Oscar Levant
Lily Marton	Nanette Fabray
Jeffrey Cordova	Jack Buchanan
Paul Byrd	James Mitchell
Hal Benton	Robert Gist
Colonel Tide	Thurston Hall
The Movie Star	Ava Gardner
Ivan	Jack Tesler
Jack, the Prompter	John Lupton
Bobby, the Dresser	Bobby Watson
Shoe Shine Boy	LeRoy Daniels
Prop Man	Owen McGiveney
Agent	Sam Hearn
Porter	Ernest Anderson
Shooting Gallery Operator	All Hill
Dancer in Park / Waiter	Paul Bradley
Chambermaid	Lotte Stein
Chauffeur	Smoki Whitfield
Fitter	Betty Farrington
Lady on Train in »Girl Hunt«	Bess Flowers

Men on Train: Vigran Parnell, Emory Parnell
Stagehands: Dick Alexander, Al Ferguson
Reporters: Frank Scannell, Stu Wilson, Roy Engel
Girls in Troupe: Dee Turnell, Elynne Ray, Peggy Murray, Judy Landon
Boys in Troupe: Jimmie Thompson, Bert May

Produzent: Arthur Freed
Choreographie: Michael Kidd
Regie: Vincente Minnelli

Anmerkung: Der Titel »Vorhang auf!« fand in Deutschland bereits 1930 Verwendung für den amerikanischen Film »Gold Diggers of Broadway« (1929), einen der ersten großen Revue-Tonfilme.

Songs und Musiknummern

Bühne:
It Better Be Good; Sweet Music; High and Low; Hoops; Confession; New Sun in the Sky; Miserable With You; I Love Louisa; Dancing in the Dark; Where Can He Be?; The Beggar Waltz; Nanette; White Heat

Filme:
Dancing in the Dark (1949), **The Band Wagon** (1953)
Alle Titel: Arthur Schwartz/K, Howard Dietz/T

Die mit Zeichen ⊕ versehenen Titel entstammen dem Bühnenwerk »The Band Wagon«
By Myself (1953, aus der Revue »Between the Devil«, 1937); A Shine on Your Shoes (1953, aus der Revue »Flying Colors«, 1932); That's Entertainment (1953, neu geschrieben für den Film); The Beggar Waltz ⊕ (1953); Dancing in the Dark ⊕ (1949, 1953); You and the Night and the Music (1949, aus dem Musical »Revenge With Music«, 1934 / 1953, nur Background-Musik); Something to Remember You By (1949, aus der Revue »Three's a Crowd«, 1930 / 1953 nur Background-Musik); High and Low ⊕ (1953, nur Background-Musik); I Love Louisa ⊕ (1949, 1953); New Sun in the Sky ⊕ (1949, 1953); I Guess I'll Have to Change My Plan (1953, aus der Revue »The Little Show«, 1929); Louisiana Hayride (1953, aus der Revue »Flying Colors«, 1932); Triplets (1953, aus der Revue »Between the Devil«, 1937); The Girl Hunt (Ballett) (1953, für den Film aus verschiedenen musikalischen Themen von Arthur Schwartz / Arrangement: Roger Edens)
Nicht verwendet: Got a Bran' New Suit; Sweet Music; Two-Faced Woman; You Have Everything; Alone Together; Never Marry a Dancer; The Private Eye

Schallplatten:
F – (1953) MGM E 3051, MGM 2353-091, MGM 2-SES-44
St – (Adele Astaire) Victor L 24003, (Fred und Adele Astaire) RCA International 1037, (Mary Martin) Columbia ML 4751

Hinweis/Film:
Der britische Film »Band Wagon« von 1940 hat mit dem Musical »The Band Wagon« nichts zu tun, sondern ist die Geschichte einer unternehmungslustigen Gruppe von Künstlern, die illegal eine eigene Radio-Show (u. a. mit Jack Hilton) veranstalten und dabei in die Zentrale von Spionen geraten, die ihr Domizil als Spukhaus getarnt haben.

BARNUM

Musik: Cy Coleman
Songtexte: Michael Stewart
Buch: Mark Bramble
Premiere in New York, St. James Theatre: 30. April 1980

Personen und die Darsteller der Premiere:

Phineas Taylor Barnum	Jim Dale
Chairy Barnum	Glenn Close
Jenny Lind	Marianne Tatum
Joice Heth	Terri White
Tom Thumb	Leonard John Crofoot
Ringmaster	William C. Witter
Chester Lyman	Terrence V. Mann
Amos Scudder	Kelly Walters
Lady Plate Balancher	Catherine Carr
Lady Juggler	Barbara Nadel
Chief Bricklayer	Edward T. Jacobs
White-faced Clown	Andy Teirstein
Sherwood Stratton	Dirk Lumbard
Mrs. Stratton	Sophie Schwab
Susan B. Anthony	Karen Trott
Julius Goldschmidt	William C. Witter
One Man Band	Steven Michael Harris
Wilton	Bruce Robertson
Edgar Templeton	Kelly Walters
Humbert Morrissey	Terrence V. Mann
Lady Aerialist	Robbi Morgan
James A. Bailey	William C. Witter

Produzenten: Judy Gordon, Cy Coleman, Maurice und Lois F. Rosenfield (mit Irvin und Kenneth Feld)
Choreographie: Joe Layton
Regie: Joe Layton
Ort: USA und diverse Hauptstädte der Welt
Zeit: 1835 bis 1881

Handlung: Das Schausteller- und Zirkusleben des Phineas Taylor Barnum – aus dramaturgischen Gründen leicht verändert –, umrahmt von zirzensisch-artistischen Darbietungen. Der junge Barnum stellt mit viel Effekthascherei Kuriositäten und Abnormitäten zur Schau, so eine angeblich 160jährige einstige Amme des

Präsidenten George Washington. Ein Kuriositätenmuseum, das Barnum in New York erfolgreich führt, bringt ihm den Spitznamen »The Prince of Humbug« ein , den er mit Stolz selbst annimmt und verbreitet. Als sein Museum abbrennt, schafft er sich eine neue Attraktion und organisiert eine Tournee mit dem »Kleinsten Mann der Welt«, »General Tom Thumb«, einem Liliputaner. Barnums Leben mit den Höhen und Tiefen seiner Laufbahn schwankt zwischen Traum und Wirklichkeit. Seine Ehe mit der gutbürgerlichen Chairy, die den zweifelhaften Aktivitäten ihres Mannes oft skeptisch gegenübersteht, ihn aber dennoch voll und ganz unterstützt, scheint in Gefahr, als Barnum die berühmte Sängerin Jenny Lind, die »Schwedische Nachtigall«, nach Amerika holt und eine umjubelte Tournee für sie managt. Doch Jenny Lind kehrt nach Europa zurück. Der umtriebige Barnum plant nun, ermuntert von seiner Frau, eine Karriere als Politiker. Aber er scheitert, ist enttäuscht und will sich aus der Öffentlichkeit zurückziehen. Da bietet sich ihm die Möglichkeit, mit dem Zirkusunternehmer James A. Bailey zusammenzuarbeiten, was neue Pläne in ihm weckt. Die beiden gründen den Riesenzirkus »Barnum & Bailey«, und der altgewordene Barnum wird erneut zu großen Erfolgen durchstarten mit Mammutprogrammen unter dem Titel »Die größte Schau der Welt«.

Anmerkung: Phineas Taylor Barnum (1810–1891): Zunächst reißerischer Schausteller menschlicher Kuriositäten, dann Show- und Konzertmanager und zuletzt der legendäre amerikanische Zirkusunternehmer. Er erkannte die Wirksamkeit der Werbung und bezog sie in beispielgebender Weise in seine Aktivitäten ein. Gilt als Begründer des modernen amerikanischen Showbusiness. Gründete 1880 mit James A. Bailey (1847–1906) den damals größten Zirkus der Welt, »Barnum & Bailey«.
Jenny Lind, eigentl. Johanna Lindborg, verehelichte Goldsmith (1820–1887), gefeierte schwedische Sängerin (Koloratursopran). Barnum engagierte die »Schwedische Nachtigall« für ein enorm hohes Honorar zu einer Konzerttournee 1849–1851 durch die Vereinigten Staaten von Amerika. Die triumphalen Erfolge der Sängerin verschafften ihm hohe Gewinne und großes Ansehen.

Auszeichnungen: 3 Antoinette Perry Awards (Tonys) 1980: Männliche Hauptrolle–Musical: Jim Dale / Bühnenbild: David Mitchell / Kostüme: Theoni V. Aldredge

Deutschsprachige Erstaufführung (Originaltitel): 27. März 1983, Theater des Westens, Berlin. Autor: Marianne Schubart

Songs und Musiknummern

Bühne:
There Is a Sucker Born Ev'ry Minute; Thank God I'm Old; The Colors of My Life; One Brick at a Time; Museum Song; I Like Your Style; Bigger Isn't Better; Love Makes Such Fools of Us All; Out There ; Come Follow the Band; Black and White; The Prince of Humbug; Join the Circus

Schallplatten:
NY – CBS JS 36576
L – Chrysalis CDL 1348

Hinweis/Film:
Szenen aus dem Leben des amerikanischen Zirkusunternehmers Phineas T. Barnum behandeln auch die nachfolgend genannten Filme.

The Mighty Barnum
1934, USA – 20th Century-Fox, 87 Min.
Drehbuch: Gene Fowler, Bess Meredyth
Darsteller: Wallace Beery (Phineas T. Barnum), Adolphe Menjou (Mr. Bailey Walsh), Virginia Bruce (Jenny Lind), Rochelle Hudson (Ellen, Barnum's Ward), Janet Beecher (Nancy, Barnum's Wife), Tammany Young (Tod, a Publicity Man), Lucille La Verne (Joyce Heth), George Brasno (Gen. Tom Thumb), Olive Brasno (Lavinia Thumb), Richard Brasno (Gilbert), May Boley (Zorro the Bearded

Lady), Herman Bing (Man with Three-headed Frog), John Hyams (Leander P. Skiff), Davison Clark (Horace Greeley), George MacQuarrie (Daniel Webster), Tex Madsen (Cardiff Giant), Ian Wolfe (Swedish Consul), Franklyn Ardell (Sam), E. H. Calvert (House Detective), Charles Judels (Maitre d'), Frank Mc-Glynn Sr. (Barnum's Butler), Christian Rub (Ole the Masseur), Frank Morgan (Joe), Greta Meyer (Jenny Lind's Maid), John Lester Johnson (Black Attendant), Billy McClain (Barnum's Footman) (Matrons): Brenda Fowler, Theresa Maxwell Conover, Ethel Wales (Women in Museum): Gertrude Astor, Maude Ogle, Alice Lake, Naomi Childers
Produzent: Darryl F. Zanuck
Regie: Walter Lang

Barnum *(auch: The Life of Barnum)*
(Deutscher Titel: BARNUM)
(TV) 1986, USA/Kanada – Robert Halmi Productions/Filmline International – Color, 120 Min. (TV)
Deutsche Erstaufführung (Video): 1988
Drehbuch: Michael Norell, Andy Siegel
Darsteller: Burt Lancaster (Phineas T. Barnum), Hanna Schygulla (Jenny Lind), John Roney (Young Barnum), Sandor Raski (Young Tom Thumb), Patty Maloney (Older Tom Thumb), Laura Press (Charity), Kirsten Bishop (Nancy), Lorena Gale (Joyce Heth), Bronwen Mantel (Queen Victoria), Michael Higgins (Phineas Taylor), Deborah Hancock (Caroline), Andrew Bednarski (Little Phineas), Joe Cazalet (James Gordon Bennett), Rob Roy (Horace Greeley), Sean Hewitt (Coley Draper), Shawn Lawrence (R. W. Lindsay), Philip Spensley (Deacon Cox), Chris Wiggins (Olmstead), John McCorkell (Heckler Roberts), Harry Hill (Mr. Fish), Richard Dumont (Hummel), Rummy Bishop (Bank Doorman), Tony Rabinow (Matthew Scott), Michael Sinelnikoff (Lord in Waiting), Joan Heney (Mrs. Stratton), Sam Lemarquand (Chauncey Jerome), Thick Wilson (Museum Passerby), John Stanzil (Tap Dancer)
ferner: The Royal Hanneford Circus

Produzent: Ira Halberstadt, David J. Patterson
Regie: Lee Philips

Phineas Taylor Barnum wird ferner dargestellt in den Filmen:
Broadway Broke, USA/1923, von Maclyn Arbuckle
A Lady's Morals/Jenny Lind, USA/1930, von Wallace Beery
High, Wide and Handsome, USA/1937, von Raymond Brown
Semmelweis, Ungarn/1939, v. Gus Partos
Jules Verne's Rocket to the Moon (auch: **Blast-Off,** oder: *Those Fantastic Fools*), Großbrit./1967, von Burl Ives

Jenny Lind wird ferner dargestellt in den Filmen:
A Lady's Morals/Jenny Lind, USA/1930, von Grace Moore
Die schwedische Nachtigall, Deutschl./1941, von Ilse Werner

BEGGAR'S HOLIDAY →
THE THREEPENNY OPERA

THE BELLE OF NEW YORK
(Deutscher Titel: DIE SCHÖNE VON NEW YORK)

Musik: Gustave Kerker
Buch und Songtexte: Hugh Morton/d. i. C. M. S. McLellan
Premiere in New York, Casino Theatre: 28. September 1897
Premiere in London, Shaftesbury Theatre: 12. April 1898

Personen und die Hauptdarsteller der Premieren New York (NY), London (L):

Violet Gray, a Salvation Lassie	Edna May (NY/L)
Harry Bronson, a Young Spendthrift	Harry Davenport (NY/L)
Ichabod Bronson, his Father, President of the Young Men's Rescue League and Anti-Cigarette Society of Cohoes	Dan Daly (NY/L)

Karl von Pumpernick, a Polite Lunatic	David Warfield (NY) J. E. Sullivan (L)
»Blinky Bill« McGuirk, a Mixed-Ale-Pugilist	William Cameron (NY) Frank Lawton (L)
Cora Angelique, the Queen of Comic Opera	Ada Dare (NY) Helen Dupont (L)
»Doc« Snifkins, her Father	George K. Fortescu (NY/L)

Weitere Rollen:
Kenneth Mugg, Low Comedian of the Cora Angelique Comic Opera Company
Billy Breeze, a Sailor
Mr. Twiddles, Harry Bronson's Private Secretary
Mr. Snooper, a Newspaper Reporter
Mr. Peeper, a Photographer
Twin Portuguese Brothers:
  Count Ratsi Rattatoo,
  Count Patsi Rattatoo
William, a Butler
Fifi Fricot, a Little Parisienne
Kissie Fitzgarter, a Music Hall Dancer
Mamie Clancy, a Pell Street Girl
Pansy Pinns, a Soubrette
Betty »The Bat«
Little Miss Flirt
Cora's Bridesmaids:
  Myrtle Mince
  Queenie Cake
  Birdie Seed
  Gladys Glee
  Dorothy June
  Marjorie May
2 Drummer Boys

Produzent: George W. Lederer
Regie: George W. Lederer
Ort: New York
Zeit: »Gegenwart« (1897)

Handlung: Gesellschaftskomödie. Playboy Harry Bronson wird kurzerhand enterbt, als er gegen den Willen seines Vaters aus einer Laune heraus die lebenslustige Schauspielerin Cora Angelique heiraten will. In seinem Zorn überträgt Bronson Senior, der Vorsitzender mehrerer Vereinigungen gegen lasterhaftes Leben ist, die Erbschaft einer Zufallsbekanntschaft, der jungen, tugendhaften Heilsarmeedame Violet Gray. Harrys Hochzeit ist zwar geplatzt, doch läßt er sich persönlich nicht unterkriegen und versucht es sogar mit ungewohnter ehrlicher Arbeit, wobei er die Bekanntschaft mit so merkwürdigen Zeitgenossen wie Karl von Pumpernick und Blinky Bill macht. Letztendlich entdecken Harry und Violet ihre Liebe füreinander. Zur Freude von Harry und zum großen Erstaunen von Bronson Senior beweist Violet bei einer Party mit dem Gesang eines frechen französischen Chansons, daß sie auch frivol sein kann. Harry ist begeistert. Er sieht einem dauerhaften Glück entgegen, und die Erbschaft ist auch gesichert.

Anmerkung: In London erzielte das Musical größeren Erfolg als nach seiner Premiere in New York,
Neufassung unter dem Titel *The Whirl of New York.* New York, Winter Garden: 13. Juni 1921, mit Harold Murray (Harry), Nancy Gibbs (Violet), John T. Murray (Ichabod Bronson), Joe Smith (I. Ketchum), Charlie Dale (U. Cheatam), Rosie Green (Mamie)
Produzenten: The Messrs. Shubert

Deutschsprachige Erstaufführung:
22. Dezember 1900, Central-Theater, Berlin. Autor: Benno Jacobson

Film:

The Belle of New York
(Deutscher Titel: DIE SCHÖNSTE VON NEW YORK)
1952, USA, – Metro-Goldwyn-Mayer – Technicolor, 82 Min.
Deutsche Erstaufführung: 1992 (TV/ARD)
Veränderte Handlung, neue Songs.
Musik: Harry Warren, Roger Edens
Songtexte: Johnny Mercer, Roger Edens
Drehbuch: Chester Erskine, Robert O'Brien, Irving Elinson, nach dem gleichnamigen Musical

Personen und ihre Darsteller:

Charles Hill	Fred Astaire

Angela Bonfils   Vera-Ellen
                     (Gesangsstimme:
                     Anita Ellis)
Lettie Hill   Marjorie Main
Max Ferris   Keenan Wynn
Elsie Wilkins   Alice Pearce
Gilfred Spivak   Clinton Sundberg
Dixie »Deadshot«
   McCoy   Gale Robbins
Frenchie   Lisa Ferraday
Officer Clancy   Henry Slate
Judkins   Roger Davis
Cab Driver   Buddy Roosevelt
Frenchie's Girls: Carol Brewster, Meredith Leeds, Lyn Wilde
Bowery Bums in Welfare House: Tom Dugan, Percy Helton, Dick Wessel

Produzent: Arthur Freed
Choreographie: Robert Alton
Regie: Charles Walters

Songs und Musiknummern

Bühne:
When a Man Is Twenty-One; When I Was Born, the Stars Stood Still; Little Sister Kissie; Teach Me How to Kiss; We Come This Way; The Anti-Cigarette Society; Wine, Woman and Song; La Belle Parisienne; My Little Baby; Pretty Little China Girl; They All Follow Me; We'll Stand and Die Together; She Is the Belle of New York; Your Life, My Little Girl; Oh! Sonny; When We Are Married; Brass Band (instr.); The Purity Brigade; I Do, So There!; Googan's Fancy Ball: On the Beach at Narragansett; For the Twentieth Time We'll Drink; At ze Naughty Folies Bergere; For in the Field
Zusätzliche Nummern:
You and I; Take Me Down to Coney Island; Maiden of Gentle Grace; Father of the Queen of Comic Opera; Don't You Know –or– The Languid Man; Dinah, de Moon am Shining

Film:
When I'm Out With the Belle of New York (Harry Warren/K, Johnny Mercer/T); Bachelor's Dinner Song/Who Wants to Kiss the Bridegroom (Harry Warren/K, Johnny Mercer/T); Let a Litt-

le Love Come In (Roger Edens); Seeing's Believing (Harry Warren/K, Johnny Mercer/T); Baby Doll (Harry Warren/K, Johnny Mercer/T); Oops! (Harry Warren/K, Johnny Mercer/T); A Bride's Wedding-Day Song/Thank You, Mr. Currier, Thank You, Mr. Ives (Harry Warren/K, Johnny Mercer/T); I Love to Beat a Big Bass Drum (Harry Warren/K, Johnny Mercer/T); Naughty, But Nice (Harry Warren/K, Johnny Mercer/T); I Wanna Be a Dancin' Man (Roger Edens)

Schallplatten:
F – MGM E 108, MCA 39082, DRG
     Stet DS 15004 A

BELLS ARE RINGING
(Deutscher Titel: EIN ENGEL IN DER LEITUNG)

Musik: Jule Styne
Buch und Songtexte: Betty Comden, Adolph Green
Premiere in New York, Shubert Theatre: 29. November 1956

Personen und die Darsteller der Premiere:

Ella Peterson	Judy Holliday
Jeff Moss	Sydney Chaplin
Sue Summers	Jean Stapleton
Sandor	Eddie Lawrence
Inspector Barnes	Dort Clark
Blake Barton	Frank Aletter
Larry Hastings	George S. Irving
Carl	Peter Gennaro
Dr. Kitchell	Bernie West
Gwynne Smith	Pat Wilkes
Carol	Ellen Ray
Francis	Jack Weston
Ludwig Smiley	Frank Milton
Charles Bessemer	Frank Green
Joey	Tom O'Steen
Olga	Norma Doggett
Paul Arnold	Steve Roland
Michelle	Michelle Reiner
Madame Grimaldi	Donna Sanders
Mrs. Mallet	Jeannine Masterson
Telephone Man	Eddie Heim
Master of Ceremonies	Eddie Heim
Nightclub Singer	Frank Green
Waiter	Ed Thompson

Maitre d'Hotel David McDaniel
Police Officer Gordon Woodburn
Mobsters: Kohn Perkins, Kasimir Kokich

Produzent: The Theatre Guild
Choreographie: Jerome Robbins, Bob Fosse
Regie: Jerome Robbins
Ort: New York
Zeit: »Gegenwart« (1956)

Handlung: Liebeskomödie. Ella Peterson versieht ihren Dienst bei einem privaten Telefonservice. Sie ist eine Frau, die sich die Lippen schminkt, bevor sie mit den Kunden am Telefon spricht. Sie gibt fernmündlich Ratschläge, vermittelt Kontakte, wo sie meint, daß es nötig ist, und widmet sich besonders dem Schriftsteller Jeff Moss, in dessen Stimme sie sich verliebt hat, ohne ihn persönlich zu kennen. Sue Summers, die Inhaberin des Telefondienstes, präsentiert ihren neuen Freund, Sandor, der Sues Zuneigung aber hinterlistig ausnutzt. Er benutzt ihren Telefondienst als Geschäftsstelle für seine »Schallplattenfirma«, doch dienen die Namen und Bezeichnungen von Sinfonien als Code für Pferde, Quoten und Rennen eines getarnten Buchmachergeschäfts. Die Polizei wird stutzig; Inspektor Barnes vermutet einen Call-Girl-Ring, scheitert aber mit seinem Versuch, etwas aufzudecken. Ella stellt fest, daß Autor Jeff Moss sich schwertut, sein neues Theaterstück zu schreiben; der Produzent droht, ihm den Auftrag zu entziehen. Kurz entschlossen greift Ella selbst ein. Sie geht in Jeffs Wohnung, gibt sich als Melisande aus, die hellseherisch begabt sei, spornt den verdutzten Autor an und vertreibt nebenbei noch dessen ehemalige Freundin Olga. Jeff freut sich über seine neue »Muse«, die ihm hilft, und verliebt sich in sie. Sein Werk wird fertig und findet Anerkennung. Jeff nimmt Melisande mit zu einer Party von Theaterleuten. Ella will ihm endlich ihre wahre Identität gestehen, findet aber keine Gelegenheit dazu. Zudem fühlt sie sich deplaziert inmitten der eitlen Künstler, meint, daß Jeff und sie in verschiedenen Welten leben und daß er

ohnehin nur jene Melisande liebt, die es nicht gibt. Sie verläßt ihn; Jeff weiß nicht, wie er sie wiederfinden kann. Erneut erscheint Inspektor Barnes beim Telefondienst, will Ella verhaften, entdeckt aber plötzlich Sandors Verstrickungen in einen Wettschwindel. Jeff macht sich auf die Suche nach seiner »Muse« und trifft auf zwei Männer, die dem Telefondienst ebenfalls viel zu verdanken haben. Dem Zahnarzt Dr. Kitchell, der sich nebenbei als Songschreiber betätigt, hatte Ella geholfen, einige Songs unterzubringen, und dem angehenden jungen Schauspieler Blake Barton verschaffte sie seine erste Rolle. Gemeinsam stürmen die Herren den Telefondienst, und Jeff kann seine Melisande in die Arme nehmen, wobei es ihm völlig gleichgültig ist, daß sie eigentlich Ella heißt.

Auszeichnungen: 2 Antoinette Perry Awards (Tonys) 1957: Weibliche Hauptrolle–Musical: Judy Holliday / Männliche Hauptrolle–Musical: Sydney Chaplin

Deutschsprachige Erstaufführung:
30. Dezember 1959, Kleines Haus im Börsensaal, Frankfurt/Main. Autor: Ralf Wolter

Film:

Bells Are Ringing
(Deutscher Titel: ANRUF GENÜGT – KOMME INS HAUS)
1960, USA – Metro-Goldwyn-Mayer – CinemaScope/Metrocolor, 126 Min.
Deutsche Erstaufführung: 1961
Musik: Jules Styne
Drehbuch und Songtexte: Betty Comden, Adolph Green, nach dem gleichnamigen Musical

Personen und ihre Darsteller:

Ella Peterson	Judy Holliday
Jeffrey Moss	Dean Martin
Larry Hastings	Fred Clark
J. Otto Prantz	Eddie Foy Jr.
Sue	Jean Stapleton
Gwynne	Ruth Storey
Inspector Barnes	Dort Clark
Blake Barton	Frank Gorshin

Francis	Ralph Roberts
Olga	Valerie Allen
Dr. Joe Kitchell	Bernie West
First Gangster	Steven Peck
Ella's Blind Date	Gerry Mulligan

Produzent: Arthur Freed
Choreographie: Charles O'Curran
Regie: Vincente Minnelli

Songs und Musiknummern

Bühne:
Bells Are Ringing; It's a Perfect Relationship; On My Own/Independent; You've Got to Do It; It's a Simple Little System; Is It a Crime?; It's Better Than a Dream; Hello, Hello There!; I Met a Girl Long Before I Knew You; Mu-Cha-Cha; Just in Time; Drop That Name; The Party's Over; Salzburg; The Midas Touch; I'm Goin' Back

Film:
Bells Are Ringing; It's a Perfect Relationship; Is It a Crime?; It's a Simple Little System; Do It Yourself; It's Better Than a Dream; Hello; I Met a Girl; Mu-Cha-Cha; Just in Time; Long Before I Knew You; Drop That Name; The Party's Over; The Midas Touch; I'm Goin' Back;

Schallplatten:
NY – Columbia OL 5170/OS 2006
F – Capitol SW-1435, DRG Stet DS 15011

BEST FOOT FORWARD
Musik und Songtexte: Hugh Martin, Ralph Blane
Buch: John Cecil Holm
Premiere in New York, Ethel Barrymore Theatre: 1. Oktober 1941

Personen und die Darsteller der Premiere:

Gale Joy	Rosemary Lane
Bud Hooper	Gil Stratton Jr.
Jack Haggerty	Marty May
Helen Schlessinger	Maureen Cannon
Ethel Hofflinger	Victoria Schools
Minerva Brooks	June Allyson
Blind Date	Nancy Walker
Miss Ferguson	Betty Anne Nyman
Junior	Danny Daniels
Fred Jones	Lou Wills Jr.
Dutch Miller	Jack Jordan Jr.
Hank Hoyt	Kenneth Bowers
Freshman	Richard Dick
Satchel Moyer	Bobby Harrell
Goofy Clark	Lee Roberts
Chuck Green	Tommy Dix
Dr. Reeber	Fleming Ward
Old Grad	Stuart Langley
Professor Lloyd	Roger Hewlett
Chester Billings	Vincent York
Professor Williams	Robert Griffith
Waitress	Norma Lehn

ferner im Ensemble: Danny Daniels, Stanley Donen

Produzent: George Abbott (mit Richard Rodgers)
Choreographie: Gene Kelly
Regie: George Abbott
Ort: Philadelphia, USA
Zeit: »Gegenwart« (1941)

Handlung: High-School-Komödie. Ein junger Mann, der Student Bud Hooper, wendet sich aus einer Laune heraus an die Hollywood-Schauspielerin Gale Joy, sein Leinwandidol, und bittet sie, nach Philadelphia zu kommen, um bei einem Ball seiner Schule seine Partnerin zu sein. Jack Haggerty, der Manager des Hollywood-Stars, sieht darin die Möglichkeit für besondere Publicity und empfiehlt ihr, die Einladung anzunehmen. Das Erscheinen der berühmten Künstlerin an der Winsocki School ruft große Begeisterung hervor. Bud läßt sein eigenes Mädchen, Helen Schlessinger, stehen, um Gale zum Fest zu geleiten. In der ausgelassenen Stimmung des Balles zerstört Helen beim Tanzen vor lauter Eifersucht mutwillig Gales Schärpe. Daraus erwächst unerwartet ein Tumult, denn die anderen Jugendlichen reißen Gale plötzlich ebenfalls Kleidungsstücke vom Leibe, allerdings nur in der Absicht, Souvenirs der berühmten Filmschauspielerin ergattern zu können. Bud ist das Opfer der Ereignisse, die er herbeigerufen hat; für die

Schule ist der Vorfall ein Skandal, und für ihn besteht die Gefahr, hinausgeworfen zu werden. Doch Gale Joy und Jack Haggerty wollen jedes Aufsehen vermeiden und reisen unverzüglich nach Hollywood zurück. Nachdem Bud und Helen wieder versöhnt und die Komplikationen bereinigt sind, ist an der Schule alles wieder wie vordem.

Anmerkung: Broadway-Debüt der später weltberühmten Hollywood-Schauspielerin June Allyson in einer Nebenrolle. Bei einer Wiederaufnahme des Musicals (New York, Stage 73: 2. April 1963) gab Liza Minnelli ihr Broadway-Debüt als Ethel Hofflinger.

Film:

Best Foot Forward
1943, USA – Metro-Goldwyn-Mayer – Technicolor, 94 Min.
Musik und Songtexte: Hugh Martin, Ralph Blane
Drehbuch: Irving Brecher, Fred F. Finklehoffe, nach dem gleichnamigen Musical

Personen und ihre Darsteller:

Lucille Ball	Lucille Ball (Gesangsstimme: Gloria Grafton)
Jack O'Riley	William Gaxton
Helen Schlessenger	Virginia Weidler
Bud/Elwood C. Hooper	Tommy Dix
Blind Date (Nancy)	Nancy Walker
Minerva Pierce	June Allyson
Dutch Miller	Kenny Bowers
Ethel	Gloria DeHaven
Hunk Hoyt	Jack Jordan Jr.
Miss Delaware Water Gap	Beverly Tyler
Chester Short	Chill Wills
Major Reeber	Henry O'Neill
Miss Talbert	Sara Haden
Killer	Darwood Kaye
Greenie	Bobby Stebbins
Captain Bradd	Donald MacBride
Colonel Harkrider	Morris Ankrum
Mrs. Dalyrimple	Nana Bryant
Professor	Harry Hayden
Mrs. Bradd	Bess Flowers
Conductor	Robert Emmet O'Connor
Waxer	Billy Bletcher
Boy	Hugh Sheridan
Wife	Isabel Randolph

Elderly Couple: Art Thompson, Lulu Mae Bohrman
Boys: Jack Wagner, Jack McGee, Hugh Sheridan
ferner: Harry James and His Music Makers

Produzent: Arthur Freed
Choreographie: Charles Walters
Regie: Edward Buzzell

Anmerkung: Hollywood-Debüt von June Allyson und Nancy Walker in der Darstellung ihrer Bühnenrollen.

Songs und Musiknummern

Bühne:
Don't Sell the Night Short; Three Men on a Date; That's How I Love the Blues; The Three B's; Ev'ry Time; The Guy Who Brought Me; I Know You by Heart; Shady Lady Bird; Buckle Down, Winsocki; My First Promise; What Do You Think I Am?; Just a Little Joint With a Juke Box; Where Do You Travel?; I'll Gladly Trade

Hinzugefügt für Liza Minnelli bei Neuinszenierung New York 1963: You Are for Loving. Ferner wurden die mit Zeichen ⊕ versehenen Songs aus dem Film verwendet.

Film:
Wish I May, Wish I Might ⊕; Three Men on a Date; Two O'Clock Jump (instr., Harry James, Count Basie, Benny Goodman); Ev'ry Time; Flight of the Bumble Bee (instr., Nikolai Rimsky-Korssakoff); The Three B's; I Know You by Heart (instr.); Shady Lady Bird (instr.); My First Promise; Alive and Kicking ⊕; You're Lucky ⊕; Buckle Down, Winsocki
Nicht verwendet:
That's How I Love the Blues; What Do You Think I Am?

Schallplatte:
NY – (1963) Cadence CLP 4012

THE BEST LITTLE WHOREHOUSE IN TEXAS

Musik und Songtexte: Carol Hall
Buch: Larry L. King, Peter Masterson
Uraufführung: New York, Actor's Studio:
20. Oktober 1977

Mitwirkende:
Clint Allmon, Barbara Burge, Jan Buttram,
Eric Cowley, Christopher Duncan, Joan
Ellis, Henderson Forsythe, Tex Gibbons,
Carlin Glynn, Gayle Green, Jane Ives,
Mallory Jones, John Kegley, K. C. Kelly,
Liz Kemp, Brad King, Larry L. King, Tom
Kuhl, Jay McCormack, Susan Mansur,
Marcie Mullar, J. J. Quinn, Pamela Reed,
Elaine Rinehardt, Gil Rogers, Marta Sanders, Ed Setrakian, Elliot Swift

Produzent: The Actors' Studio (Artistic
Director: Lee Strasberg)
Choreographie: Christopher »Spider«
Duncan
Regie: Peter Masterson

Premiere in New York (Off-Broadway),
Entermedia Theatre: 17. April 1978

Personen und die Darsteller der Premiere:

Sheriff Ed Earl Dodd	Henderson Forsythe
Mona Stangely	Carlin Glynn
Melvin P. Thorpe	Clint Allmon
Governor	Jay Garner
Senator Wingwoah	J. Frank Lucas
Housekeeper to Mona	Delores Hall
Amber	Pamela Blair
Dawn	Lisa Brown
Edsel Mackey	Don Crabtree
Doatsey Mae	Susan Mansur
Shy	Joan Ellis
Leroy Sliney	Bradley Clayton King
Linda Lou	Donna King
Jewel	Becky Gelke
Beatrice	Jan Merchant
Ginger	Louise Quick-Bowen
Eloise	Marta Sanders
Durla	Debra Zalkind
Taddy Jo	Carol Chambers
Major Rufus Poindexter	J. Frank Lucas
Miss Wulla Jean Scruggs	Edna Milton
Slick Dude	Jay Garner
Shy Kid	Cameron Burket
Imogene Charlene	Gerry Burkhardt
Travelling Salesman	Lisa Brown
Cokeman	Jay Garner
Ukranian Place-kicker	Don Crabtree
Governor's Aide	Cameron Burket
Stage Manager	Jay Bursky
TV Announcer	Tom Cashin
TV Colorman	Larry J. King
Cameraman	Jay Garner
Soundman	Tom Cashin
Specialty Dancer	Cameron Burket
	Tom Cashin

Aggies: Cameron Burket, Gerry Burkhardt, Jay Bursky, Tom Cashin, James
Rich, Paul Ukena Jr., Michael Scott,
Bradley Clayton King
Angelettes: Donna King, Jan Merchant,
Debra Zalkind, Carol Chambers
Dogettes: Gerry Burkhardt, Jay Bursky,
Michael Scott, Paul Ukena Jr.,
Melvin Thorpe Singers: Susan Mansur,
Jan Merchant, Marta Sanders, Bradley
Clayton King, James Rich
Cowboys: Bradley Clayton King, Jay
Bursky, Michael Scott, Paul Ukena Jr.
Reporters: Susan Mansur, Paul Ukena
Jr., Michael Scott
Photographers: Jay Bursky, James Rich,
Michael Scott, Paul Ukena Jr.
Townspersons: Carol Chambers, Edna
Milton, Marta Sanders, Bradley Clayton
King, James Rich
Choir: Becky Gelke, Jan Merchant,
Marta Sanders, Jay Bursky, James Rich
Rio Grande Band: Craig Chambers, Pete
Blue, Ben Brogdon, Lynn Frazier, Chris
Laird, Ernie Reed

Produzent: Universal Pictures
Choreographie: Tommy Tune
Regie: Peter Masterson, Tommy Tune
Ort: In Texas/USA
Zeit: »Gegenwart« (1977)

Handlung: Komödie um Sitte und Moral.
Die kleine »Chicken Ranch« in Texas, ein
attraktives Freudenhaus, hat einen guten

Ruf, wenn man in diesem Zusammenhang davon reden kann. Seit Generationen erfüllt es seinen Zweck. Jetzt leitet die resolute Mona Stangely das Unternehmen und führt die Tradition fort. Unterstützt wird sie von Sheriff Ed Earl Dodd, mit dem sie nicht nur geschäftliche Beziehungen verbinden. Der Frieden des Hauses wird jäh gestört, als Melvin P. Thorpe, ein Fernsehmoderator, auf der Suche nach Themen, mit denen er sich profilieren kann, eine Moralkampagne gegen die »Chicken Ranch« startet. Für Mona und Sheriff Ed wird die Situation unangenehm, denn Verschwiegenheit und Anonymität gehören zu den Prinzipien des Hauses. Ed versucht, einflußreiche Kreise zur Abwehr der Kampagne zu gewinnen, muß aber vom Polizeichef und von Senator Wingwoah hören, daß das Zuschauerinteresse an Thorpes »Wachhund-Report« im Fernsehen zu groß sei, um eine Einmischung wagen zu können. Sheriff Ed verschlimmert die Angelegenheit noch dadurch, daß er Thorpe, als dieser mit einem Kamerateam erscheint, aus der Stadt hinauswirft. Um die Wogen zu glätten, empfiehlt Ed, Mona solle die »Chicken Ranch« für ein paar Monate schließen, bis die Aufregung sich gelegt habe. Mona ist einverstanden, doch Senator Wingwoah erinnert sie daran, daß sie schon vor längerem die Verpflichtung eingegangen sei, in der »Chicken Ranch« seine Jahresfeier für das Football-Team zu veranstalten. Just zu dieser Feier rückt Thorpe mit seinen Kameras wieder an und sichert sich Bilder vom Senator und den Sportlern mit Monas Mädchen. Verzweifelt wendet sich Ed nun an den Gouverneur, der als geschickter Politiker alles abwiegelt. Immerhin ist er von Eds leidenschaftlichem Appell und seinem Einsatz so beeindruckt, daß er ihm nahelegt, selbst Politiker zu werden. Letztlich jedoch entscheidet der Gouverneur, daß die »Chicken Ranch« mit Rücksicht auf die öffentliche Meinung geschlossen werden müsse. Ed läßt seinem Zorn freien Lauf und schlägt den triumphierenden Thorpe nieder, bevor er zu Mona zurückkehrt, um ihr die schlechte Nachricht zu überbringen. Er überdenkt seine Lage. Angesichts der Tatsachen, daß er eine Chance in einer politischen Laufbahn sieht, daß er Mona liebt und sich nicht mehr darum zu kümmern braucht, was die Leute reden, wird er Mona bitten, ihn zu heiraten, damit beide gemeinsam ein neues Leben beginnen können.

Anmerkung: Off-Broadway-Erfolg, der am 19. Juni 1979 an den Broadway in das 46th Street Theatre überwechselte.

Auszeichnungen: 2 Antoinette Perry Awards (Tonys) 1979: Männliche Charakterrolle – Musical: Henderson Forsythe / Weibliche Charakterrolle – Musical: Carlin Glynn

Film:

The Best Little Whorehouse in Texas (Deutscher Titel: DAS SCHÖNSTE FREUDENHAUS IN TEXAS)

1982, USA – Universal/RKO – Panavision/Technicolor, 114 Min.
Deutsche Erstaufführung: 1982
Musik und Songtexte: Carol Hall, zusätzliche Songs von Dolly Parton
Drehbuch: Larry L. King, Peter Masterson, Colin Higgins, nach dem gleichnamigen Musical

Personen und ihre Darsteller:

Sheriff Ed Earl Dodd	Burt Reynolds
Mona Stangely	Dolly Parton
Melvin P. Thorpe	Dom DeLuise
Governor	Charles Durning
Deputy Fred	Jim Nabors
Senator Wingwood	Robert Mandan
Dulcie Mae	Lois Nettleton
Jewel	Theresa Merritt
Edsel	Noah Berry
Mayor	Raleigh Bond
C. J.	Barry Corbin
Mansel	Ken Magee
Rita	Mary Jo Catlett
Modene	Mary Louise Wilson
Old Farmer	Harvey Christiansen

Jeff Gerald — Donald F. Colson
Dora — Helen Kleeb
Henry — Mickey Jones
Dulcie Mae's Son — Bobby Fite
Wulla Jean — Paula Shaw
Howard K. Smith — Howard K. Smith
Sheriff Jack Roy — Kenneth White
Sheriff Chapman — Ted Gehring
TV Station Manager — Wayne Heffley
Football Announcer — Vern Lundquist
Football Color Man — Lee Grosscup
Governor's Aide — Lee Ritchey
Governor's Secretary — Alice Drummond
Senators'Aide — Thomas R. Myers
Washing Girl — Victoria Weels
Chicken Girl — Karyn Harrison
Privates Boy — Randy Bennett
Chicken Ranch Girls: Gail Benedict, Valerie Leigh Bixler, Leslie Cook, Carol Culver, Lorraine Fields, Trish Garland, Sandi Johnson, Lee Lund, Paula Lynn, Lily Mariye, Andrea Pike, Terrie M. Robinson, Jennifer Nairn-Smith, Terri Treas, Melanie Winter
Aggies: Stephen Bray, Brian Bullard, Jeffrey Calhoun, Gary Chapman, John Dolf, David Engel, Ed Forsyth, Mark Fotopoulos, Michael Fullington, David Warren Gibson, Joe Hart, Jeffrey Hornaday, Patrick Maguire, Ted Marriot, Jerry Mitchell, Steven Moore, Douglas Robb, Kevin Ryan, Tim Topper, Marvin Tunney, Randy Val Cupp, Robert Warners
Dogettes: Robin Lynn Funk, Larry Kenton, Edie Lehmann, Mark McGee, Karren McLain, Benjamin Taylor, Arnetia Walker, Ty Whitney
Melvin's Crew: Robert Briscoe, John Walter Davis, Gregory Itzin, Timothy Stack, Larry B.Williams
Nesters: Willie T. Neely, Harold Offer, Kenneth Threadgill
Reporters: Sharon Ammann, John Edson, Claudette Gardner, Robert Ginnaven, Suzi McLaughlin
The Cadence Cloggers of Austin/Texas: Southwest Texas State University Marching Band

Produzenten: Thomas L. Miller, Edward K. Milkis, Robert L. Boyett
Choreographie: Tony Stevens
Regie: Colin Higgins

Songs und Musiknummern

Bühne:
Prologue; Twenty Fans; A Lil' Ole Bitty Pissant Country Place; Girl You're a Woman; Watch Dog Theme; Texas Has a Whorehouse in It; 24 Hours of Lovin'; Doatsey Mae; Angelette March; The Aggie Song; Bus from Amarillo; The Sidestep; No Lies; Good Old Girl; Hard Candy Christmas

Film:
Twenty Fans; A Lil' Ole Bitty Pissant Country Place; Sneakin' Around (Dolly Parton); Watchdog Report/Texas Has a Whorehouse in It; Courtyard Shag; The Aggie Song; The Sidestep; Hard Candy Christmas; I Will Always Love You (Dolly Parton)

Schallplatten:
NY – MCA 3049
F – MCA 6112

BIG RIVER

Musik und Songtexte: Roger Miller
Buch: William Hauptman, nach dem Roman »The Adventures of Huckleberry Finn« (1884) (deutsch:»Huckleberry Finns Abenteuer«) von Mark Twain
Premiere in New York, Eugene O'Neill Theatre: 25. April 1985

Personen und die Darsteller der Premiere:
Mark Twain, Doctor — Gordon Connell
Huckleberry Finn (Huck) — Daniel H. Jenkins
Jim — Ron Richardson
Tom Sawyer — John Short
Mary Jane Wilkes — Patti Cohenour
King — Bob Gunton
Duke — Rene Auberjonois
Pap Finn — John Goodman
Widow Douglas — Susan Browning

Miss Watson	Evalyn Baron
Ben Rogers	William Youmans
Jo Harper	Andi Henig
Simon	Aramis Estevez
Dick	Michael Brian
Judge Thatcher	Ralph Byers
Lafe	Reathel Bean
Bill	Franz Jones
Alice	Carol Dennis
Alice's Daughter	Jennifer Leigh Warren
Sally Phelps	Susan Browning
Silas Phelps	Ralph Byers
Hank	William Youmans
Joanna Wilkes	Andy Henig
Harvey Wilkes	Ralph Byers
Andy	Michael Brian
Sheriff Bell	John Goodman
Counsellor Robinson	Reathel Bean
Woman in Shanty	Evalyn Baron
Young Fool	William Youmans
Man in Crowd	Michael Brian
Harmonia Player	Evalyn Baron

Produzenten: Rocco Landesman, Heidi Landesman, Rick Steiner, M. Anthony Fisher, Dodger Productions
Choreographie: Janet Watson
Regie: Des McAnuff
Ort: USA, mittlerer Mississippi zwischen Hannibal/Missouri und Hillboro/Arkansas
Zeit: 1849

Handlung: Mark Twains weltberühmter Roman von den Abenteuern des jugendlichen Huckleberry Finn als Musical – vor dem Hintergrund der Flußlandschaft des Mississippi und des herrschenden Sklavensystems. Huckleberry Finn entflieht seinem trunksüchtigen und habgierigen Vater und läßt sich abenteuerlustig auf einem Floß den Mississippi hinabtreiben. Zufällig entdeckt er auf einer Insel den Negersklaven Jim, der sich ebenfalls auf der Flucht befindet, da er befürchtet, in die Südstaaten verkauft zu werden. Beide freunden sich an, halten sich meist auf kleinen Inseln oder im Dickicht der Flußufer versteckt und fahren nur heimlich weiter, um in ein Gebiet zu kommen, in dem Jim frei leben kann. Obwohl die zwei sehr vorsichtig sind, gerät Jim durch Verrat in Gefangenschaft und wird auf der Farm von Silas Phelps eingesperrt, um abgeurteilt zu werden. Huck ist entschlossen, Jim zu befreien. Die freundliche Farmersfrau Sally verwechselt Huck mit seinem Freund Tom Sawyer, dessen Besuch sie erwartet. Als der ahnungslose Tom tatsächlich erscheint, informiert ihn Huck schnell über die Lage, und Tom ist sofort bereit, seinem Freund zu helfen. Den Farmersleuten gegenüber gibt er sich als Toms jüngerer Bruder Sid aus. Die Befreiung von Jim gelingt zwar, doch werden die Flüchtenden verfolgt; Tom wird angeschossen und schwer verletzt. Die ganze Angelegenheit läßt sich nun nicht länger verheimlichen, doch findet sie einen glücklichen Ausgang, denn Jims Besitzerin ist inzwischen verstorben und hat in ihrem Testament seine Freilassung verfügt. Auch Hucks Vater ist tot; er ist im Suff in den Fluß gefallen und ertrunken. Huck und Jim steht der Weg offen zur Rückkehr in ihre Heimat.

Auszeichnungen: 7 Antoinette Perry Awards (Tonys) 1985: Bestes Musical / Männliche Nebenrolle–Musical: Ron Richardson / Regie–Musical: Des McAnuff / Buch–Musical: William Hauptman/Musikalisches Werk (Komposition-Songtexte): Roger Miller / Bühnenbild: Heidi Landesman / Lichtgestaltung: Richard Riddell

Anmerkung: Mark Twain, eigentlich Samuel Langhorne Clemens, (1835 –1910), amerikanischer Volksschriftsteller. Sein Roman »The Adventures of Huckleberry Finn« (1884) ist eine Fortsetzung seines Romans »The Adventures of Tom Sawyer« (1876), mit dem der ehemalige Mississippi-Lotse Clemens seinen ersten Welterfolg als Schriftsteller erzielte. Sein Autoren-Pseudonym Mark Twain ist ein der Lotsensprache entnommener Ausruf, der besagt, daß für die Fahrt eines Schifes mit zwei Faden Wassertiefe gerechnet werden kann.

Ein Musical »Huckleberry Finn« war
bereits 1950 in Arbeit mit Kurt Weill als
Komponist und Maxwell Anderson als
Buchautor und Textdichter. Das Werk
blieb durch den Tod von Kurt Weill
(3. April 1950) unvollendet, jedoch exi-
stieren fünf Songs: River Chanty; Come
In, Mornin'; Catfish Song; This Time
Next Year; Apple Jack.

Songs und Musiknummern

Bühne:
Do You Want to Go to Heaven?; The
Boys; Waiting for the Light to Shine;
Guv'ment; Hand for the Hog; I, Huckle-
berry, Me; Muddy Water; Crossing Over;
River in the Rain; When the Sun Goes
Down in the South; The Royal Nonesuch;
Worlds Apart; Arkansas; How Blest We
Are; You Ought to Be Here With Me;
Leaving's Not the Only Way to Go; Free
At Last

Schallplatte:
NY – MCA 6147

Hinweis/Film:
Verfilmungen des Romans »The Adventures of Huckleberry Finn«, der Vorlage
des Musicals.

Huckleberry Finn
Stummfilm/1920, USA – Paramount/
Artcraft – Famous Players–Lasky Corp.
(7 Rollen)
Drehbuch: Julia Crawford Ivers, nach
dem Roman »The Adventures of Huckle-
berry Finn« von Mark Twain
Darsteller: Lewis Sargent (Huckleberry
Finn), George H. Reed (Jim), Gordon
Griffith (Tom Sawyer), Thelma Salter
(Becky Thatcher), Orral Humphrey (The
Duke), Tom D. Bates (The King), Mar-
tha Mattox (Miss Watson), Edythe Chap-
man (Aunt Polly), Frank Lanning
(Huck's Father), Katherine Griffith (Wi-
dow Douglas), L. M. Wells (Judge That-
cher), Harry Rattenbury (Uncle Harvey),
Esther Ralston (Mary Jane Wilks), Fay
Lemport (Johanna), Eunice Van Moore
(Mrs. Sally Phelps), Charles Edler (School-
Teacher)
Regie: William Desmond Taylor

Huckleberry Finn
1931, USA – Paramount, 71 Min.
Drehbuch: Grover Jones, William Sla-
vens McNutt, nach dem Roman »The Ad-
ventures of Huckleberry Finn« von Mark
Twain
Darsteller: Junior Durkin (Huckleberry
Finn), Clarence Muse (Jim), Jackie Coo-
gan (Tom Sawyer), Mitzi Green (Becky
Thatcher), Eugene Palette (Junior),
Jackie Searl/auch: Searle (Sid Sawyer),
Charlotte V. Henry (Mary Jane), Jane
Darwell (Widow Douglas), Oscar Apfel
(Senior), Lillian Harmer (Minnie Wat-
son), Guy Oliver (Judge Thatcher), Clara
Blandick (Aunt Polly), Warner Rich-
mond (Finn, Huck's Father), Doris Short
(Ella), Cecil Weston (Mrs. Thatcher), Ai-
leen Manning (Abigail Prentice), Frank
McGlynn (Teacher)
Produzent: Louis D. Lighton
Regie: Norman Taurog

The Adventures of Huckleberry Finn
(Deutscher Titel: DIE ABENTEUER DES
HUCKLEBERRY FINN)
1939, USA – Metro-Goldwyn-Mayer,
90 Min.
Deutsche Erstaufführung: 1991 (TV/
ARD)
Drehbuch: Hugo Butler, nach dem gleich-
namigen Roman von Mark Twain
Darsteller: Mickey Rooney (Huckleberry
Finn), Rex Ingram (Jim), Walter Connol-
ly (»The King«), William Frawley (»The
Duke«), Lynne Carver (Mary Jane), Jo
Ann Sayers (Susan), Minor Watson (Cap-
tain Brandy), Elizabeth Risdon (Widow
Douglas), Victor Kilian (Pap Finn), Clara
Blandick (Miss Watson)
Produzent: Joseph L. Mankiewicz
Regie: Richard Thorpe

The Adventures of Huckleberry Finn
(Deutscher Titel: ABENTEUER AM MISSIS-
SIPPI)
1960 USA – Metro-Goldwyn-Mayer –
CinemaScope/Metrocolor, 107 Min.
Deutsche Erstaufführung: 1960
Drehbuch: James Lee, nach dem gleich-
namigen Roman von Mark Twain
Darsteller: Eddie Hodges (Huckleberry

Finn), Archie Moore (Jim), Tony Randall (»The King of France«), Mickey Shaughnessy (»The Duke of Bilge-Water«), Patty McCormack (Joanna Wilks), Sherry Jackson (Mary Jane Wilks), Neville Brand (Pap Finn), Buster Keaton (Lion Tamer), Josephine Hutchinson (Widow Douglas), Judy Canova (Sheriff's Wife), Andy Devine (Mr. Carmody), Finlay Currie (Captain Sellers), John Carradine (Slave Catcher), Royal Dano (Sheriff), Sterling Holloway (Barber), Parley Baer (Grangerford Man), Dolores Hawkins (Riverboat Singer), Dean Stanton (Slave Catcher)
Produzent: Samuel Goldwyn Jr.
Regie: Michael Curtiz/d. i. Mihaly Kertéz
Songs (Burton Lane/K, Alan Jay Lerner/T):
Huckleberry Finn; I Ain't Never Felt So Good Before; The World Is Full of Suckers; Pittsburgh Blues

Sowsjom Propaschtschij
(Deutscher Titel: DER UNVERBESSER-LICHE)
1973, Sowjetunion – Mosfilm – Breitwand / Color, 99 Min.
Deutsche Erstaufführung (mit Untertiteln): 1975 (TV)
Drehbuch: Viktoria Tokarewa, Georgi N. Danelija, nach dem Roman »The Adventures of Huckleberry Finn« von Mark Twain
Darsteller: Roman Madjanow (Huckleberry Finn), Felix Imokuede (Jim), Jewgenij Leonow (»King«/»König«), Buba Kikabidse/auch: Vakhtang Kikabidze (»Duke«/»Herzog«), Wladimir P. Bassow (Hucks Vater), Irina Skobzewa (Witwe Douglas)
Regie: Georgi N. Danelija

Huckleberry Finn
1974, USA – United Artists/APJAC/Reader's Digest – Panavision/Color De-Luxe, 118 Min.
Film-Musical
Drehbuch: Richard M. Sherman, Robert B. Sherman, nach dem Roman »The Adventures of Huckleberry Finn« von Mark Twain

Darsteller: Jeff East (Huckleberry Finn), Paul Winfield (Jim), Harvey Korman (»The King«), David Wayne (»The Duke«), Arthur O'Connell (Colonel Grangerford), Gary Merrill (Pap Finn), Natalie Trundy (Mrs. Loftus), Lucille Benson (Widow Douglas), Kim O'Brien (Maryjane Wilks), Jean Fay (Susan Wilks), Ruby Leftwich (Miss Watson), Odessa Cleveland (Jim's Wife), Joe Boris (Jason), Danny Lantrip (Kyle), Van Bennett (Wayne), Linda Watkins (Mrs. Grangerford), Jean Combs (Miss Emmeline), Frances Fawcett (Miss Charlotte), Suzanne Prystup (Miss Maryanne), H. L. Rowley (Horatio), Doris Owens (Marybelle), Frank Mills (Buck), Sherree Sinquefield (Miss Sophia), R. Norwood Smith (1st Hunter), Jack Millstein (2nd Hunter), Morris Denton (Riverboat Captain), Larry Ferney (1st Man at Theatre), Albert Schilling (2nd Man at Theatre), Clayton Starling (Big Man at Theatre), Rex Commack (Bartender), George Prescott (Man at Jackson's Landing), Hoskins Deterly (Lot Hovey), Elliott Trimble (Uncle Harvey), Mrs. James Torrey (1st Woman at Auction), Rose Pansano (2nd Woman at Auction), John Schwartzman (Boy at Auction), Forrest Colebank (Abner Shackleford), Charles C. Burns (Sheriff), Pat O'Connor (1st Guard), Gray Montgomery (2nd Guard), Sam Blackmon (3rd Guard), Ron Wright (1st Roughman), Louis Wentworth III (2nd Roughman), Andrew Knight (3rd Roughman), Orville Meyer (Blacksmith), Ken Wannberg (Piano Player)
Produzent: Arthur P. Jacobs
Musik und Songtexte: Richard M. Sherman, Robert B. Sherman
Choreographie: Marc Breaux
Regie: J. Lee Thompson
Songs:
Freedom; Huckleberry Finn; Someday, Honey Darlin'; Cairo, Illinois; A Rose In a Bible; Royalty; Royal Nonesuch; What's Right, What's Wrong?; Rotten Luck; Into His Hands
Schallplatte:
F   – United Artists LA 229 F

Huckleberry Finn
(TV) 1975 USA – ABC Circle Films –
Color, 90 Min. (TV)
Drehbuch: Jean Holloway, nach dem Roman »The Adventures of Huckleberry Finn« von Mark Twain
Darsteller: Ron Howard (Huckleberry Finn), Donny Most (Tom Sawyer), Royal Dano (Mark Twain), Antonio Fargas (Jim Watson), Jack Elam (The King), Merle Haggard (The Duke), Rance Howard (Pap Finn), Jean Howard (Widow Douglas), Clint Howard (Arch), George »Shug« Fisher (Old Doc), Sarah Selby (Aunt Polly), Bill Erwin (Harvey Wilkes), Frederic Downs (Ben Rucker), James Almanzar (Silas Phelps), Patty Weaver (Mary Jane), Woodrow Chambliss (Auctioneer)
Produzent: Steven North
Regie: Robert Totten
Song (Steven North, Earl Robinson): Mississippi Said the River, I'm Your Friend

The Adventures of Huckleberry Finn
(TV) 1981, USA – Schick Sunn Classics Productions/Taft International Pictures – Color, 120 Min. (TV)
Drehbuch: Tom Chapman, nach dem gleichnamigen Roman von Mark Twain
Darsteller: Kurt Ida (Huckleberry Finn), Dan Monahan (Tom Sawyer), Brock Peters (Jim), Forrest Tucker (The Duke), Larry Storch (Dauphin), Lurene Tuttle (Miss Watson), Jack Kruschen (Judge Thatcher), Elvia Allman (Aunt Sally), James Griffith (Uncle Silas), Helen Kleeb (Widow Douglas), Michele Marsh (Mrs. Loftus), Prentiss Rowe (Constable Burns), Mike Mazurki (Logan), Cliff Osmond (Pap), Bill Zuckert, Don Haggerty, Michael Ruud, John Sterling Arnold, William F. West, John G. Bishop, Richard Blomgren, Tim Winters, Jeff Craggs, H. E. D. Redford, Loren Ewing, Richard Hansen, Robert J. Gallagher, Henry Max Kendrick, Theophil Ross
Produzent: Bill Cornford
Regie: Jack B. Hively

Hinweis: Mark Twains Romanfiguren Huckleberry Finn und Tom Sawyer erschienen auch in den nachfolgend genannten Filmen:

Tom Sawyer
USA/1917, R/William Desmond Taylor
Tom Sawyer: Jack Pickford
Huckleberry Finn: Robert Gordon

Huck and Tom – or – The Further Adventures of Tom Sawyer
USA/1918, R/William Desmond Taylor
Tom Sawyer: Jack Pickford
Huckleberry Finn: Robert Gordon

Tom Sawyer
USA/1930, R/John Cromwell
Tom Sawyer: Jackie Coogan
Huckleberry Finn: Junior Durkin

Tom Sojer
Sowjetunion/1937, R/L. Frenkel
Tom Sawyer: Kostja Koltschitzki
Huckleberry Finn: Kolja Katsowitsch

Tom Sawyer, Detective
USA/1938, R/Louis King
Tom Sawyer: Billy Cook
Huckleberry Finn: Donald O'Connor

The Adventures of Tom Sawyer
USA/1939, R/Norman Taurog
Tom Sawyer: Tommy Kelly
Huckleberry Finn: Jackie Moran

Les adventures de Tom Sawyer/Aventurile lui Tom Sawyer
Frankr. – Rumänien/1969, R/Mihal Iacob
Tom Sawyer: Roland Demongeot
Huckleberry Finn: Marc Dinapoli

Tom Sawyer
USA/1973, (Film-Musical), R/Don Taylor
Tom Sawyer: Johnny Whitaker
Huckleberry Finn: Jeff East

(TV) Tom Sawyer
USA/1973, R/James Neilson
Tom Sawyer: Josh Albee
Huckleberry Finn: Jeff Tyler

Páni kluci (Die Herren Buben)
nach dem Roman »The Adventures of Tom Sawyer« von Mark Twain

Tschechoslowakei/1976, R/Véra Plívová-Šimková
Tomás: Michael Dymek
Hubert: Pĕtr Vorišek

Prikljutschenije Toma Sojera / Tom Sawyer
Sowjetunion/1982, R/Stanislaw Goworuchin
Tom Sawyer: Fjodor Stukow
Huckleberry Finn: Wladik Suchatschjow

Mark Twain (Großbrit.: The Adventures of Mark Twain)
USA/1985 (Figurenfilm), R/Will Vinton
Tom Sawyer (Stimme): Chris Ritchie
Huckleberry Finn (Stimme): Gary Krug

Lebensbilder des Schriftstellers Mark Twain/Samuel Langhorne Clemens vermitteln die Filme:

The Adventures of Mark Twain/Die Abenteuer des Mark Twain
USA/1944, R/Irving Rapper
Mark Twain: Fredric March
Mark Twain (Großbrit.: The Adventures of Mark Twain
USA/1985 (Figurenfilm), R/Will Vinton
Mark Twain (Stimme): James Whitmore

Mark Twain/Samuel Langhorne Clemens wird ferner dargestellt in den Filmen:

A Connecticut Yankee in King Arthur's Court, USA/1921, von Karl Formes
Broadway Broke, USA/1923, von Leslie King
The Pony Express, USA/1925, von Charles Gerson
The Million Pound Note/Sein größter Bluff (USA: **Man With a Million**), Großbrit./1954, von Ronald Adam

BITTER-SWEET

Musik, Buch und Songtexte: Noël Coward
Premiere in London, His Majesty's Theatre: 12. Juli 1929

Personen und die Darsteller der Premiere:

Sarah Millick/Sari Linden/Marchioness of Shayne	Peggy Wood
Carl Linden	Georges Metaxa
Hugh Devon, Sarah's Fiancé	Robert Newton
Mrs. Millick, Sarah's Mother	Elaine Inescourt
Sir Arthur Fenchurch/Herr Schlick, Café-Proprietor in Vienna	Clifford Heatherley
Captain August Lutte, Officer of the Austrian Army	Austin Trevor
Frank/Lieutenant Tranisch	Arthur Alexander
Marquis of Shayne	Alan Napier
Dolly Chamberlain	Dorothy Boyd
Vincent Howard, Bandleader	Billy Milton
Manon, »La Crevette«, Diseuse	Ivy St. Helier
Gussi	Norah Howard
Captain Schenzi	Gerald Nodin
Lord Edgar James	Victor Robson
Lady James (Harriet)	Maie Drage
Marquis of Steere/Duke of Tenderton	Robert Algar
Duchess of Tenderton (Victoria)	Josie Fearon
Lord Sorrel	Gerald Nodin
Nita/Lady Sorrel (Honor)	Isla Bevan
Mr. Vale	Peter Gibson
Mr. Bethel	John Gatrell
Mr. Proutie	Richard Cornish
Vernon Craft	Eric Lauriston
Bertram Sellick	Hugh Cuenod
Lord Henry/Cedric Ballantyne	William Harn
Lady Devon	Winifred Davis
Mrs. Vale (Jane)	Eileen Carey
Mrs. Bethel (Effie)	Mary Pounds
Mrs. Proutie (Gloria)	Rose Hignell
Helen	Nancy Bevill
Jackie	Maureen Moore
Lotte	Millie Sim
Freda	Betty Huntley Wright
Hansi	Marjorie Rogers
Lord Henry Jade	Penryn Bannerman

Fritz	Kenneth Ware
Parker, Butler	Claude Farrow
Burley, Butler	Anthony Brian
Accompanist to	Leonard Pearce
Madame Linden	

Footmen: Robert Sturtivant, Cyril Whittle, R. J. Thurgood

Produzent: Charles B. Cochran
Choreographie: Tilly Losch
Regie: Noël Coward
Ort und Zeit: London (»Gegenwart«-1929 – , sowie 1875 und 1895), Wien (1880)

Handlung: Bitter-süße Liebesgeschichte in Rückblende. Die junge Dolly Chamberlain schwankt in ihrer Liebe zwischen zwei Männern und kann sich nicht entscheiden. Während eines Hausballs wendet sie sich an die verwitwete Gastgeberin, die Marquise of Shayne, und bittet die erfahrene Frau um Rat. Dadurch bringt sie die alte Dame dazu, sich an ihr eigenes Schicksal zurückzuerinnern. – 1875 steht die damalige Sarah Millick kurz vor der Hochzeit mit Hugh Devon, einem ziemlich blasierten, doch gesellschaftlich zu ihr passenden jungen Mann. Plötzlich aber erkennt sie, daß sie Carl Linden, ihren aus Österreich stammenden Musiklehrer, liebt. Kurzentschlossen brennt sie mit ihm nach Wien durch. Fünf Jahre später lebt das Paar in bescheidenen Verhältnissen, aber glücklich, in Wien. Carl hat einen Job als Leiter eines kleinen Caféhaus-Orchesters; Sarah arbeitet dort als Tanzhosteß. Als Hauptmann Lutte, ein österreichischer Offizier, Sarah nachstellt, sie schließlich unverschämt bedrängt und ihr auf der Tanzfläche einen Kuß aufzwingt, greift Carl vom Orchesterpodium aus ein, beschimpft den Offizier und schlägt ihm ins Gesicht. Ein Duell mit Fechtwaffen ist die Folge, bei dem Carl, der gegenüber dem Offizier eindeutig im Nachteil ist, erstochen wird; er stirbt in Sarahs Armen. – 15 Jahre später gibt der Marquis of Shayne in London eine Hausparty. Er hat dazu die berühmte ungarische Primadonna Sari Linden eingeladen. Es handelt sich um Carls Witwe, die inzwischen als Sängerin Karriere gemacht hat. Sie trifft viele alte Freunde wieder und auch ihren ehemaligen Verlobten Hugh Devon. Der Marquis of Shayne gesteht ihr seine Liebe und erinnert sie daran, daß er ihn, der ihr ständig nachreiste, in jeder Stadt Europas abgewiesen habe. Nun versuche er es erneut. Obwohl Sarah meint, daß Carl ihre einzige Liebe war, entscheidet sie sich für den Marquis, ihren treuen Verehrer. Von Carl bleiben ihr die Lieder, die er schrieb. – Zurück in der Gegenwart von 1929 und mit der Reminiszenz des Liedes ihrer Liebe veranlaßt die alte Marquise of Shayne die jungen Leute und besonders die unentschlossene Dolly Chamberlain, über die schicksalhaften Verflechtungen der großen Liebe nachzudenken.

Anmerkung: Die Uraufführung von »Bitter-Sweet« fand am 2. Juli 1929 im Palace Theatre, Manchester/England statt.

Film:

Bitter-Sweet
1933, Großbritannien – British & Dominion/United Artists, 93 Min.
Veränderte Handlung
Musik und Songtexte: Noël Coward
Drehbuch: Lydia Hayward, Herbert Wilcox, Monckton Hoffe, nach Motiven des gleichnamigen Musicals

Personen und ihre Darsteller:

Sari Millick/Sari Linden	Anna Neagle
Carl Linden	Fernand Graavey
Hugh Devon	Esme Percy
Captain Auguste Lutte	Miles Mander
Herr Schlick	Clifford Heatherley
Manon la Crevette	Ivy St. Helier
Lieutenant Tranisch	Stuart Robertson
Vincent Howard	Hugh Williams
Dolly Chamberlain	Pat Paterson
Henry	Patrick Ludlow
Gussi	Kay Hammond

Mrs. Millick	Norma Whalley
Lord Shayne	Allan Napier
Butler	Miles Malleson
Footman	Gibb McLaughlin
ferner: Lew Stone & Monseigneur Band	

Produzent: Herbert Wilcox
Regie: Herbert Wilcox

Bitter-Sweet
1940, USA – Metro-Goldwyn-Mayer-Technicolor, 92 Min.
In Details veränderte Handlung.
Musik und Songtexte: Noël Coward
Drehbuch: Lesser Samuels, nach dem gleichnamigen Musical

Personen und ihre Darsteller:

Sarah Millick	Jeanette Mac-Donald
Carl Linden	Nelson Eddy
Baron von Tranisch	George Sanders
Lord Shayne	Ian Hunter
Max	Felix Bressart
Harry Daventry	Edward Ashley
Dolly	Lynne Carver
Jane	Diana Lewis
Ernst	Curt Bois
Manon	Veda Ann Borg
Mrs. Millick	Fay Holden
Herr Schlick	Sig Rumann
Herr Wyler	Charles Judels
Lady Daventry	Janet Beecher
Mama Luden	Greta Meyer
Market Keeper	Herman Bing

Produzent: Victor Saville
Choreographie: Ernst Matray
Regie: W. S. Van Dyke

Songs und Musiknummern

Bühne:
That Wonderful Melody; The Call of Life; If You Could Only Come With Me; I'll See You Again; Polka; What Is Love?; The Last Dance; Life in the Morning; Ladies of the Town; If Love Were All; Dear Little Café; Bitter-Sweet Waltz; Tokay; Bonne Nuit, Merci; Kiss Me; Ta-ra-ra boom de ay; Alas, the Time Is Past; Green Carnations; Zigeuner

Filme (1933, 1940):
Die 1940 mit ⊕ versehenen Songs mit neuen Texten von Gus Kahn.
If You Could Only Come With Me (1933, 1940); Zigeuner (1933, 1940); Kiss Me (1933, 1940); If Love Were All (1933); Bonne Nuit, Merci (1933); Dear Little Café (1933,1940)⊕; What Is Love? (1933, 1940)⊕; Tokay (1933, 1940)⊕; Ladies of the Town (1940)⊕; Love in Any Language (1940)⊕; I'll See You Again (1940)⊕; The Call of Life (1940, Backgroundmusik)

Schallplatten:
L – (1988) That's Entertainment TER 1160
St – (Vanessa Lee, Roberto Cardinali) Angel 35814, (Adele Leigh, James Pease) Capitol SN 7526

BLOSSOM TIME

Amerikanische Version des Wiener Singspiels DAS DREIMÄDERLHAUS, Operette

Musik: Franz Schubert, posthum adaptiert von Sigmund Romberg
Songtexte: Dorothy Donnelly
Buch: Dorothy Donnelly, nach dem Singspiel »Das Dreimäderlhaus« (1916), Autoren: Alfred Maria Willner, Heinz Reichert, nach dem Roman »Schwammerl« (1912) von Rudolf Hans Bartsch
Premiere in New York, Ambassador Theatre: 29. September 1921

Personen und die Darsteller der Premiere:

Franz Schubert	Bertram Peacock
Mitzi Kranz	Olga Cook
Franz von Schober	Howard Marsh
Kranz	William Danforth
Vogl	Roy Cropper
Bellabruna	Zoe Barrett

Produzent: The Messrs. Shubert
Choreographie: F. M. Gillespie
Regie: J. C. Huffman
Ort: Wien
Zeit: 1826

Handlung: Romantisch-sentimentales Stück in der Alt-Wiener-Biedermeierzeit. Erdichtete Geschichte um eine unglückliche Liebe des Komponisten Franz Schubert unter Verwendung seiner Melodien. Franz Schubert lernt die Töchter seines Förderers Kranz, Mitzi, Kitzi und Fritzi, kennen. Er verliebt sich in Mitzi und schreibt ein Liebeslied für sie. Da er selbst zu schüchtern ist, bittet er seinen Freund, den attraktiven Baron Schober, Mitzi dieses Lied vorzutragen. Mitzi ist bezaubert von Schober, glaubt, daß er sich mit diesem Lied erklären will, und schenkt ihm ihre Zuneigung. Schubert erkennt, daß seine Liebe zu ihr keine Chance hat. Seinen Kummer bekämpft er mit seiner Musik und beginnt, auf der Basis des Liebesliedes eine Symphonie zu komponieren. Bald aber entscheidet er sich dazu, sie unvollendet zu lassen. Als sein Werk zum erstenmal aufgeführt wird, ist Schubert todkrank. Schwach und niedergedrückt schreibt er sein bedeutendstes religiöses Lied:»Ave Maria«.

Anmerkung: Ein ebenso überragender Erfolg wie die Wiener Vorlage.

Franz Schubert (1797–1828), österreichischer Komponist von Orchesterwerken, Bühnenkompositionen, Kammermusik und zahlreichen Liedern (Zyklen).
Franz von Schober (1796–1882), österreichischer Schriftsteller. Freund Schuberts.
Johann Michael Vogl (1768–1840), österreichischer Hofopernsänger. Freund Schuberts.

Songs und Musiknummern

Bühne:
Song of Love (Thema aus dem 1. Satz der Symphonie Nr. 8 »Unvollendete«); Tell Me, Daisy (Thema aus dem 2. Satz der Symphonie Nr. 8 (»Unvollendete«); Only One Love Ever Fills the Heart; My Springtime Thou Art; Three Little Maids (aus Ballettmusik »Rosamunde«); Serenade (nach »Ständchen«); There Is an Old Vienna Town; Peace to My Lonely Heart; Ave Maria

Vorlage des Musicals:

Singspiel: *Das Dreimäderlhaus*
Uraufführung: Wien, Raimund-Theater: 15. Januar 1916
Musik: Franz Schubert, posthum adaptiert und zum Singspiel gestaltet von Heinrich Berté
Autoren: Alfred Maria Willner, Heinz Reichert, nach dem Roman »Schwammerl« (1912) von Rudolf Hans Bartsch
Darsteller: Fritz Schrödter (Franz Schubert), Victor Flemming (Baron Schober, Dichter), Ernst Binder (Moritz von Schwind, Maler), Karl Seitz (Kupelwieser, Zeichner), Otto Langer (Johann Michael Vogl, Hofopernsänger), Anton Matscheg (Graf Scharntorff, dänischer Gesandter), Franz Glawatsch (Christian Tschöll, Hofglasermeister), Lilly Wiska (Maria Tschöll, seine Frau), Anny Rainer (Hannerl Tschöll), Else Lord (Haiderl Tschöll), Vally Ernst (Hederl Tschöll), Therese Tautenhayn (Demoiselle d'Giulitta Grisi, Hoftheatersängerin), Louis Groß (Andreas Bruneder, Sattlermeister), Alexander Netzl (Ferdinand Binder, Posthalter), Josef Egger (Nowotny, ein Vertrauter), Alexander Leichter (Stingl, Bäckermeister), Alexander Ottepp (Krautmayer, Inspektor), Paula Fiedler (Frau Brametzberger, Hausbesorgerin), Irma Foglar (Frau Weber, Nachbarin), Herma Zimmermann (Rosl, Stubenmädchen), Willi Hardi (Sali, Dienstmädel bei Tschöll), Sidi Schäfer (Schani, ein Pikkolo), Franz Wessely (Kellner), Marcel Sponder (Briefträger)

Produzent: Wilhelm Karczag
Regie: Emil Guttmann

Hinweis/Bühne:
Eine englische Version des deutschen Singspiels DAS DREIMÄDERLHAUS erschien in London unter dem Titel

Lilac Time
Musik: Franz Schubert, posthum adaptiert und zum Bühnenwerk gestaltet von Heinrich Berté und George H. Clutsam

Songtexte: Adrian Ross
Buch: Adrian Ross, nach dem deutschen Singspiel DAS DREIMÄDERLHAUS.
Uraufführung: London, Lyric Theatre: 22. Dezember 1922

Hauptdarsteller: Courtice Pounds (Franz Schubert), Clara Butterworth (Lili Veith), Percy Heming (Baron von Schober), Edmund Gwenn (Veit)

Produzent: Chappel & Co., Ltd.
Choreographie: Carlotta Mossetti
Regie: Dion Boucicault

Songs:
Hark, Hark! The Lark; Under the Lilac Bough; The Golden Song; Serenade; My Sweetest Song of All; When the Lilac Bloom Uncloses

Anmerkung: Dieses Werk hat nichts zu tun mit dem amerikanischen Schauspiel »Lilac Time« (New York, Republic Theatre: 6. Februar 1917) von Jane Cowl und Jane Murfin, bei dem es sich um eine Liebesromanze zwischen einem Engländer und einer Französin während des Ersten Weltkriegs handelt. 1928 entstand nach diesem Schauspiel der amerikanische Film »Lilac Time« (First National Pictures).

Eine weitere englische Version des deutschen Singspiels DAS DREIMÄDERLHAUS entstand 1941 in England auf der Basis des später genannten britischen Films »Blossom Time« von 1934 für Richard Tauber mit neubearbeiteter Musik unter dem Titel

Blossom Time
Musik: Franz Schubert, posthum adaptiert und zum Bühnenwerk gestaltet von Heinrich Berté und George H. Clutsam, bearbeitet und mit zwei eigenen Liedern versehen von Richard Tauber
Buch: Rodney Ackland, auf der Basis des Films »Blossom Time« (1934) (siehe Hinweis/Film)
Premiere in London, Lyric Theatre: 17. März 1942 (vorher, seit Oktober 1941, Aufführungen in Oxford, Glasgow, Blackpool, Birmingham)

Hauptdarsteller: Richard Tauber (Franz Schubert), Leueen McGrath (Vicki), Neal Arden (Peter), Hella Kürty (Mitzi), John Deverail, Margaret Yarde, Bertram Wallis
Produzent: Tom Arnold
Regie: Robert Nesbitt

Hinweis/Film:
Auf der Basis der englischen Version LILAC TIME (1922) des Singspiels DAS DREIMÄDERLHAUS entstand 1934 ein britischer Film unter dem Titel

Blossom Time
(Deutscher Titel: DEIN IST MEIN HERZ, amerikanischer Titel: APRIL ROMANCE/ auch: APRIL BLOSSOMS)
1934, Großbritannien – Associated British Picture Corp. (BIP), 90 Min.
Deutsche Erstaufführung: 1949
Drehbuch: John Drinkwater, Roger Burford, Paul Perez, George H. Clutsam, nach einer Vorlage von Franz Schulz, in Anlehnung an die englische Fassung »Lilac Time« des Singspiels »Das Dreimäderlhaus«
Darsteller: Richard Tauber (Franz Schubert), Jane Baxter (Vicki Wimpassinger), Carl Esmond (Rudi), Athene Seyler (Archduchess), Paul Graetz (Alois Wimpassinger), Charles Carson (Lafont), Marguerite Allan (Baroness), Edward Chapman (Meyerhoffer/d.i. Mayrhofer), Lester Matthews (Schwind), Gibb McLaughlin (Bauernfield/d.i. Bauernfeld), Frederick Lloyd (Police Captain), Hugh Dempster (Willi), Bertha Belmore (Madame), Ivan Samson (Hutten Bremmer), Cecil Ramage (Vogl), Spencer Trevor (Colonel), Willy Eichberger
Produzent: Walter C. Mycroft
Musik: Franz Schubert (Bearbeitung: George H. Clutsam)
Regie: Paul Ludwig Stein

Franz Schubert wird ferner dargestellt in den Filmen:
***Das Dreimäderlhaus* (*Schuberts Liebesroman*)**, Deutschl./1918, von Julius Spielmann

Schuberts letzte Liebe, Österr./1926, von Philipp Zeska
Der Musikant von Lichtenthal (Unser Schubert), Österr./1928, von Franz Slaviczek
Schuberts Frühlingstraum, Deutschl./1931, von Carl Jöken
Leise flehen meine Lieder (Schuberts unvollendete Symphonie), Deutschl./ 1933, von Hans Jaray
Drei Mäderl um Schubert, Deutschl./ 1936, von Paul Hörbiger
Sérénade (auch *Sérénade éternelle*), Frankr./ 1939, von Roger Bourdin
New Wine (The Melody Master)/ Die Unvollendete, USA/ 1942, von Alan Curtis
Seine einzige Liebe, Österr./ 1947, von Franz Böheim
La belle meunière, Frankr./1948, von Tino Rossi
Franz Schubert – Ein Leben in zwei Sätzen, Österr./1953, von Heinrich Schweiger
Sinfonia d'Amore/ Dein ist mein Herz – Schuberts große Liebe, Ital./1954, von Claude Laydu
Das Dreimäderlhaus, Österr./1958, von Karlheinz Böhm
Notturno, Frankreich-Österr.-Schweiz / 1987, von Udo Samel

THE BOY FRIEND

Musik, Songtexte, Buch: Sandy Wilson
Premiere in London, Wyndham's Theatre: 14. Januar 1954
Premiere in New York, Royale Theatre: 30. September 1954

Personen und die Darsteller der Premieren London (L), New York (NY):

Polly Browne	Anne Rogers (L) Julie Andrews (NY)
Tony	Anthony Hayes (L) John Hewer (NY)
Percival Browne	Hugh Paddick (L) Eric Berry (NY)
Madame Dubonnet	Joan Sterndale Bennett (L) Ruth Altman (NY)
Bobby Van Husen	Larry Drew (L) Bob Scheerer (NY)
Lord Brockhurst	John Rutland (L) Geoffrey Hibbert (NY)
Lady Brockhurst	Beryl Cooke (L) Moyna MacGill (NY)

Pupils at Madame Dubonnet's Finishing School:

Maisie	Denise Hirst (L) Ann Wakefield (NY)
Dulcie	Maria Charles (L) Dilys Lay (NY)
Nancy	Juliet Hunt (L) Millicent Martin (NY)
Fay	Joan Gadsdon (L) Stella Claire (NY)
Hortense, a French Maid	Violetta (L) Paulette Girard (NY)
Marcel	Stephen Warwick (L) Joe Milan (NY)
Pierre	Jack Thomson (L) Jerry Newby (NY)
Alphonse	Geoffrey Webb (L) Buddy Schwab (NY)
Gendarme	Hugh Forbes (L) Douglas Deane (NY)
Waiter	Alan Dudley (L) Lyn Robert (NY)

Specialty Dancers:

Pépé	Stephan Warwick (L) Joe Milan (NY)
Lolita	Joan Gadsdon (L) Stella Claire (NY)

Guests: Stella Chapman, Eleanor McCready, Robert Hargreaves (L), Phoebe Mackay, Marga Ellis, Mickey Calin (NY)
ferner bei der Premiere New York:

Phillippe	Jimmy Alex

Monica	Berkeley Marsh
Susanne	Lyn Connorty
	Coppola

Produzenten: The Players' Theatre (L), Cy Feuer, Ernest H. Martin (NY)
Choreographie: John Heawood (L/NY)
Regie: Vida Hope (L/NY)
Ort: An der französischen Riviera bei Nizza
Zeit: In der zweiten Hälfte der 1920er Jahre

Handlung: Heiter-ironische Kitsch-Parodie – Gesellschafts- und Verwechslungskomödie im Stil der 1920er Jahre. Polly Browne, eine junge Engländerin aus reichem Hause, sehnt sich in einem vornehmen Mädchenpensionat an der französischen Riviera nach einem Boyfriend, den ihr der Vater untersagt hat, weil er in jedem jungen Mann einen Mitgiftjäger vermutet. Da es unter den Mädchen als schick gilt, einen Boyfriend zu haben, erfindet Polly eine Briefbekanntschaft. Besonders beneidet sie ihre übermütige Freundin Maisie, die Bobby Van Husen, einen amerikanischen Freund, hat, der sie gerade besucht, um zu klären, daß Maisie auch wirklich mit ihm den bevorstehenden Kostümball besuchen wird. Auch Pollys Vater, Percival Browne, trifft ein, um sich nach seiner Tochter zu erkundigen. Als Madame Dubonnet, die Leiterin des Pensionats, mit ihm über Pollys Sorgen reden will, stellen beide fest, daß sie sich aus lebensfrohen Tagen in Paris kennen und einstmals sehr befreundet waren, als Madame Dubonnet noch die flotte »Kiki« war. Polly, die für den Ball einen Begleiter sucht, bittet Tony, den Botenjungen, der ihr das Pierrette-Kleid vom Verleih bringt, sich auch ein Kostüm zu beschaffen und sie als Boyfriend zu begleiten. Gerade sind auch Lord und Lady Brockhurst in Nizza eingetroffen. Sie vermuten hier ihren Sohn Tony, der sein Studium in Oxford abgebrochen hat und davongelaufen ist. Polly trifft sich mit dem Botenjungen. Weil er ihr sagt, daß er sich vor den reichen Mädchen aus dem Pensionat scheut, schwin-

delt sie ihm vor, sie sei nur die Sekretärin. Als Tony plötzlich Lord und Lady Brockhurst entdeckt, ergreift er die Flucht. Polly befürchtet, einem Betrüger aufgesessen zu sein, und ist tief betroffen. Madame Dubonnet muß sie überreden, trotzdem zum Ball zu gehen, was sie widerwillig tut. Das Fest wird zu einem Glückstag für viele Mädchen des Pensionats: Bobby wirbt um Maisie, Alphonse um Dulcie, Pierre um Nancy und Marcel um Fay. Nur Lord Brockhurst, der gern mit Dulcie angebändelt hätte, wird enttäuscht. Das Glück wendet sich auch Polly zu. Ein Pierrot nimmt sich ihrer an und tanzt mit ihr. Es stellt sich heraus, daß es Tony ist, und nun erfährt sie, daß er kein Botenjunge, sondern der Sohn des Lord Brockhurst ist. So kann Polly ihrem Vater endlich einen standesgemäßen Verehrer vorweisen, der selbst einer reichen Familie entstammt. Und ihr Vater ist einverstanden, zumal er durch die wiederbelebte Bekanntschaft mit »Kiki« ohnehin nicht mehr so streng gesinnt ist.

Anmerkung: Sandy Wilsons ironische Musical-Parodie wurde uraufgeführt in einer Kurzfassung als Teil des Programms »Late Joys« im Players' Club (Players' Theatre), London, am 14. April 1953. Da es vom Publikum anerkennend aufgenommen wurde, erweiterte Sandy Wilson das Stück zu einem dreiaktigen Werk, das mit Erfolg im Players' Theatre vom 13. Oktober bis zum 22. November 1953 und im Embassy Theatre, London, vom 1. Dezember 1953 bis zum 11. Januar 1954 aufgeführt wurde, um danach am 14. Januar 1954 als aufwendige Bühnenproduktion im Windham's Theatre herausgebracht zu werden.
In der New Yorker Produktion erzielte die Engländerin Julie Andrews den Durchbruch zum Erfolg.

Deutschsprachige Erstaufführung (Originaltitel): 29. Januar 1960, Nordmark-Landestheater, Schleswig. Autoren: Karl Vibach, Marianne Schubart.

Film:

The Boy Friend
(Deutscher Titel: BOYFRIEND – IHR LIEB-
HABER)
1971, USA – Metro-Goldwyn-Mayer/
EMI – Russflix – Panavision/Metrocolor,
125 Min.
Deutsche Erstaufführung: 1974
Veränderte, ins Bühnenmilieu verlegte
Handlung – zusätzliche Songs.
Musik: Sandy Wilson u. a.
Songtexte: Sandy Wilson u. a.
Drehbuch: Ken Russell, nach dem gleich-
namigen Musical

Personen und ihre Darsteller:

Polly Browne	Twiggy/d. i. Lesley Hornby
Tony Brockhurst	Christopher Gable
Hortense	Barbara Windsor
Madame Dubonnet/ Mrs. Parkhill	Moyra Fraser
Percival Browne/Mr. Mr. Percy Parkhill	Bryan Pringle
Lord Brockhurst/ Max	Max Adrian
Lady Brockhurst/ Catherine	Catherine Wilmer
De Thrill	Vladek Sheybal
Maisie	Antonia Ellis
Dulcie	Caryl Little
Fay	Georgina Hale
Nancy	Sally Bryant
Tommy	Tommy Tune
Alphonse	Murray Melvin
Michael	Graham Armitage
Peter	Brian Murphy
Rita	Glenda Jackson
»Mrs. Peter«	Anna Jameson
Chauffeur	Robet La Bassière
Pianist	Peter Greenwell

Produzent: Ken Russell
Choreographie: Christopher Gable, Gilli-
an Gregory, Terry Gilbert
Regie: Ken Russell

Songs und Musiknummern

Bühne:
Perfect Young Ladies; The Boy Friend;
Won't You Charleston With Me?; Fancy
Forgetting; I Could Be Happy With You;
Sur la Plage; A Room in Bloomsbury; It's
Nicer in Nice; The »You-Don't-Want-to-
Play-With-Me« Blues; Safety in Num-
bers; The Riviera; It's Never too Late to
Fall in Love; Carnival Tango (instr.); Poor
Little Pierrette

Film:
Hinzugefügt: ⊕ aus dem Film »Broadway
Melody of 1936« (USA/1935); ⊕⊕
aus dem Film »Sadie McKee« (USA/
1934)
Perfect Young Ladies; The Boy Friend;
Any Old Iron (Kurzfassung; Charles
Collins, E. A. Shepperd, Fred Terry);
Sur la Plage; Won't You Charleston
With Me?; Fancy Forgetting; I Could
Be Happy With You; The »You-
Don't-Want-to-Play-With-Me« Blues
(nurinstr.); You Are My Lucky Star ⊕
(Nacio Herb Brown/K, Arthur Freed/T);
A Room in Bloomsbury; It's Nicer in
Nice; Safety in Numbers; All I Do Is
Dream of You ⊕⊕ (Nacio Herb Brown/
K, Arthur Freed/T) It's Never too Late
to Fall in Love; Poor Little Pierrette;
The Riviera

Schallplatten:
NY – RCA Victor LOC 1018
L – EMI-MFP 1206, His Master's
       Voice DLP 1078, (1967)
       That's Entertainment TER 1054,
       (1984) That's Entertainment
       TER 1095
F – Columbia SCXA 9251, MGM
       1SE 32

Hinweis/Bühne:
1964 schrieb Sandy Wilson als Fortsetzung eine Parodie auf die Gesellschafts-
manieren und die Musicals der Dreißiger Jahre, betitelt »Divorce Me, Darling!«, in der die Personen aus »The Boy
Friend« zehn Jahre später wiederer-
schienen. Das Stück wurde zunächst
abermals im Players' Club (Players'
Theatre), London, herausgebracht, und
zwar am 15. Dezember 1964. Ab 1. Februar 1965 wurde es im Londoner Globe
Theatre gespielt.

DIVORCE ME, DARLING!

Musik, Songtexte, Buch: Sandy Wilson
Premiere in London, Globe Theatre:
1. Februar 1965

Personen und die Darsteller dieser Premiere:

Hon. Polly Brockhurst	Patricia Michael
Hon. Tony Brockhurst	Philip Gilbert
Madame K	Joan Heal
Bobby van Husen	Cy Young
Maisie van Husen, Bobby's Wife	Anna Sharkey
Hannah van Husen, Bobby's Sister	Irlin Hall
Lord Brockhurst	Geoffrey Hibbert
Fay de la Falaise	Vicky Clayton
Nancy Lebrun	Jenny Wren
Dulcie Dubois	Maria Charles
Hortense	Violetta
Sir Freddy ffotherington-ffitch	Keith Smith
Marcel de la Falaise	Roy Sone
Pierre Lebrun	Charles Yates
Alphonse Dubois	Harry Haythorne
Lady Brockhurst	Margot Boyd
Felicity Bagworth	Angela Easterling
Cecilia Doublewick	Jackie Sands
Prunella Oglethorpe	Sylvia Ellis
Iris	Debbie Young
Mr. Jones	Fred Stone
Solange	Betty Wheeler
Raoul	Nick Norman
President of Monomania	Ken Parry
Teddy	Adele Warren
Hank	Richard Fox
Bud	Freddy Eldret
Spike	Ed Graham
Sam	Ron Tye
Monsieur Gaston	Robert Parvin
Bellboy	Shaun Warner
Gendarme	Ed Graham
Manager of the Café Pataplon	Brian Cullis

Produzenten: Don Gemmeil, Reginald Woolley für Player's Ventures (mit Sandy Wilson)

Choreographie: Buddy Bradley
Regie: Steven Vinaver
Ort: Nizza, Frankreich
Zeit: Gegen Ende der 1930er Jahre

Handlung: Parodie auf Umgangsformen und Unterhaltungsmuster der 1930er Jahre, zum Beispiel Anklänge an die Musik von Cole Porter und den Sound der Big Bands, an die Tänze von Fred Astaire und Ginger Rogers, an den Gesang von Sophie Tucker, an den Kabarettstil der Marlene Dietrich. Nach zehn Jahren tauchen alle wieder auf, denen man am Ende von »The Boy Friend« good bye gesagt hatte. Die drei Ehefrauen Fay de la Falaise, Nancy Lebrun und Dulcie Dubois machen Urlaub, getrennt von ihren Männern. Während diese ihre Frauen in England wähnen, begeben sich die Damen nach Nizza an den Ort ihres einst so sorglosen Pensionatslebens. Sie erscheinen im »Hotel du Paradies«, dessen Empfangschefin Hortense ist. Die Damen plagt eheliche Langeweile, und auch Polly Brockhurst, mit der man hier wieder zusammentrifft, fühlt sich als vernachlässigte Ehefrau, die sich fragt, wohin die Liebe von einst entschwunden sei. Doch verbringt sie den Abend mit ihrem Mann Tony, und sie versichern sich gegenseitig, nicht gekränkt zu sein über all jene Situationen, die die Gefahr der Untreue in sich trugen. Pollys Schwiegervater, Lord Brockhurst, gibt sich noch immer als Lebemann, der aufblüht im Kreise von Ballettmädchen, und Madame K, eine früher berühmte Cabaret-Künstlerin (Madame Dubonnet in einer neuen Rolle als ehemalige »Kiki«) erweckt den Neid der Unzufriedenen, weil sie ein prall erfülltes Leben genossen hat. Genauso wie ihre Frauen zieht es die drei Ehemänner Marcel, Pierre und Alphonse, von denen die Frauen glauben, daß sie in Paris seien, ebenfalls nach Nizza an den Ort ihrer Jugenderlebnisse. Die Herren, die als übermütige junge Burschen im »Boy Friend«-Finale mit großer Begeisterung ihrer Verheiratung entgegensahen, schleppen ebenso zehn Jahre ehelicher Frustration mit sich herum und sind auf Abenteuer aus. Im Sonnenschein der Côte d'Azur und in Champagnerlaune kommt es zu Flirts und An-näherungsversuchen und wird Süßholz geraspelt, doch bleibt alles, in der guten Manier der Dreißiger Jahre, harmlos und konventionell. Da die Beteiligten gleichermaßen in ähnliche »Gefahren« geraten, entspinnen sich verheißungsvolle Bekanntschaften, bis es in bewährter alter Kinotradition für alle Ehepaare ein neuerliches Happy-End gibt.

Songs:
Here We Are in Nice Again; Someone to Dance With; Challenge Dance; Whatever Happend to Love; Lights! Music!; Back to Nature; On the Loose; Maisie; The Paradise Hotel; No Harm Done; Together Again; Divorce Me, Darling!; Here I Am, But Where's the Guy?; Out of Step; Fancy Forgetting; You're Absolutely Me; Back Where We Started; Blondes for Danger; Swing Time Is Here to Stay

Schallplatten:
Decca LK/SKL 4675, That's Entertainment TER 1077

Hinweis/Film:
Die amerikanischen Filme »The Boy Friend« von 1926 und »Boy Friend« von 1933 haben mit dem Musical »The Boy Friend« nichts zu tun. Der erste erzählt, nach einem Drehbuch von Alice Duer Miller, die Liebesgeschichte eines Kleinstadtmädchens, der zweite schildert die Mördersuche eines Pärchens innerhalb einer Gruppe von Gangstern.

THE BOYS FROM SYRACUSE
(Deutscher Titel: DIE BOYS VON SYRAKUS)

Musik: Richard Rodgers
Songtexte: Lorenz Hart
Buch: George Abbott, nach »The Comedy of Errors« (ca. 1592) (deutsch: »Die Komödie der Irrungen«) von William Shakespeare, nach der Komödie »Menaechmi« von Titus Maccius Plautus (um 250–184 v. Chr.)

Premiere in New York, Alwin Theatre: 23. November 1938

Personen und die Darsteller der Premiere:

Dromio of Syracuse	Jimmy Savo
Luce	Wynn Murray
Antipholus of Syracuse	Eddie Albert
Adriana	Muriel Angelus
Dromio of Ephesus	Teddy Hart
Luciana	Marcy Westcott
Antipholus of Ephesus	Roland Graham
Tailor	Clifford Dunstan
Tailor's Apprentice	Burl Ives
Courtezan	Betty Bruce
Secretary to Courtezan	Heidi Vosseler
Assistant Courtezan	Dolores Anderson
Angelo	John Clarke
Duke of Ephesus	Carroll Ashburn
Merchant of Ephesus	Clifford Dunstan
Merchant of Syracuse	Byron Shores
Aegeon	John O'Shaughnessy
Seeress	Florence Fair
Sorcerer	Owen Martin
Singing Policeman	Bob Lawrence
Another Policeman	James Wilkinson
Dancing Policeman	George Church
First Maid	Florine Callahan
Second Maid	Claire Wolf
Third Maid	Alice Craig

Dancers: Libby Bennett, Ruth Brady, Renee Cettel, Stella Clausen, Alice Craig, Bee Farnum, Ruth Gormley, Claire Harvey, Lita Lede, Connie Leslie, Vivien Moore, Florine Callahan, Mildred Solly, Anna Mae Tesslo, Davenie Watson, Betty De Elmo, Claire Wolf, Mickey Alvarez, Sidney Gordon, Dan Karry, Tommy Lynch, Jack Malis, Edwin Mills, Harry Peterson, Joe Harris, Lee Tannen, Beau Tilden, Robert Howard

Produzent: George Abbott
Choreographie: George Balanchine
Regie: George Abbott
Ort: Ephesus, antikes Griechenland
Zeit: Antike

Handlung: Antike Verwirr- und Klamauk-Komödie um zwei Zwillingsbrüderpaare. Der alte Aegeon aus Syrakus sucht seit vielen Jahren seine Frau und einen seiner Söhne, die nach einem Schiffsunglück vermißt sind. Er hatte zwei Söhne, Zwillinge, und diese hatten zwei Diener, ebenfalls Zwillinge. Auch von diesem Brüderpaar ist einer verschwunden. Nun ist Aegeon auf der Suche in der Stadt Ephesus, gerät aber in Bedrängnis, da zwischen Ephesus und Syrakus Zwistigkeiten ausgebrochen sind. Gerade treffen Antipholus von Syrakus und sein Diener Dromio in Ephesus ein und merken, daß sie sich verkleiden müssen, um nicht als Männer aus Syrakus erkannt zu werden. In Ephesus lebt ein zweiter Antipholus mit einem Diener Dromio. Die eingetroffenen Fremden ähneln diesen beiden sehr, zumal sie durch Zufall an die gleiche Kleidung geraten sind. Wie das Komödienschicksal es will, treffen nie die beiden Antipholus und die Dromios zusammen, sondern werden immer nur verwechselt, was bei ihnen und bei anderen zu den größten Verwirrungen führt. Auch die Ehefrau Adriana des Antipholus von Ephesus und Luce, die Frau seines Dieners Dromio, täuschen sich in der Identität ihrer Männer. Der aus Syrakus eingetroffene Antipholus entdeckt seine Zuneigung zu Adrianas Schwester Luciana, die auf seine Annäherungsversuche erschreckt reagiert, da sie meint, sie habe es mit ihrem Schwager zu tun. Die Verwirrungen werden immer größer, wirken sich bei den Frauen auch auf Tisch und Bett aus und beziehen alle Arten amüsanter, ironischer und derber Situationskomik mit ein. Als es auch um Schmuck und Geld geht, die wegen der Doppelgänger verschwinden oder verwechselt werden, steckt man Antipholus von Ephesus und seine Frau Adriana ins Gefängnis, während Antipholus von Syrakus und sein Diener Dromio Zuflucht in einem Tempel finden. Da ist endlich für den alten Aegeon das Ende seiner Suche gekommen: Er entdeckt in dem Antipholus aus Syrakus seinen verlorenen Sohn und in dessen Begleiter Dromio, den gesuchten Diener. Er kann nun die Mißverständnisse aufklären, die richtigen Personen zusammenführen und findet dabei auch noch seine vermißte Frau in der Person der Priesterin des Tempels, die mit Antipholus einen ihrer Söhne aufgenommen hatte.

Deutschsprachige Erstaufführung: 24. November 1971, Stadttheater Pforzheim. Autor: Heiner Bruns

Film:

The Boys from Syracuse
1940, USA – Universal, 74 Min.
Parodistisch veränderte Handlung.
Musik: Richard Rodgers
Songtexte: Lorenz Hart
Drehbuch: Leonard Spigelgass, Charles Grayson, Paul Gerard Smith, nach dem gleichnamigen Musical

Personen und ihre Darsteller:

Antipholus of Ephesus	Allan Jones
Antipholus of Syracuse	Allan Jones
Luce	Martha Raye
Dromio of Ephesus	Joe Penner
Dromio of Syracuse	Joe Penner
Phyllis	Rosemary Lane
Duke of Ephesus	Charles Butterworth
Adriana	Irene Hervey
Angelo	Alan Mowbray
Pinch	Eric Blore
Angeen	Samuel S. Hinds
Oktavius	Tom Dugan
Turnkey	Spencer Charters
Announcer	Larry Blake
Taxi Cab Driver	Eddie Acuff
Bartender	Matt McHugh
Messenger	David Oliver
Secretary	June Wilkins
Guard	Cyril Ring
Girl	Julie Carter
Women	Doris Lloyd
	Bess Flowers

Produzent: Jules Levey
Choreographie: Dave Gould
Regie: Edward Sutherland

Songs und Musiknummern

Bühne:
I Had Twins; Dear Old Syracuse; What Can You Do With a Man?; Falling in Love With Love; The Shortest Day of the Year; This Can't Be Love; Let Antipholus In; Ladies of the Evening; He and She; You Have Cast Your Shadow on the Sea; Come With Me; Big Brother; Sing for Your Supper; Oh, Diogenes!

Film: (⊕ = neu für den Film)
Sing for Your Supper; Falling in Love With Love; Who Are You? ⊕; This Can't Be Love; He and She; The Greeks Have No Word for It ⊕

Schallplatten:
NY – (1963) Capitol TAO 1933
L – (1963) That's Entertainment TER 1078
St – (Jack Cassidy, Portia Nelson, Bibi Osterwald) Columbia OL 7080/ OS 2580

Vorlage des Musicals:
Für sein Werk »The Comedy of Errors« (wahrscheinlich 1591/92 verfaßt) benutzte William Shakespeare die Komödie »Menaechmi« (Die Zwillinge) von Plautus (um 250–184 v. Chr.) als Vorlage, entnahm aber Teile der Handlung auch anderen Quellen. So finden sich gelegentlich Ähnlichkeiten mit Handlungselementen aus der Komödie »Amphitryon« von Plautus, aus den »Canterbury Tales« (Zyklus von Vers- und Prosaerzählungen/erschienen 1478) von Geoffrey Chaucer, aus der Prosaromanze »The Countess of Pembroke's Arcadia« (entstanden um 1580) von Sir Philip Sidney sowie aus einem antiken Stoff um König Apollonius von Tyros, von Shakespeare später auch für sein Werk »Pericles« (ca. 1606) verwendet.

Hinweis/Bühne:
William Shakespeares »The Comedy of Errors« diente auch als Vorlage für die nachfolgend genannten Werke:

Singspiel: *Gli Equivoci*
Musik: Stephen Storace
Autor: Lorenzo da Ponte, nach »The Comedy of Errors« von William Shakespeare
Uraufführung: Wien, Hofburgtheater: 27. Dezember 1786

Musical: *Oh, Brother!*
Musik: Michael Valenti
Songtexte: Donald Driver
Buch: Donald Driver nach »The Comedy of Errors« von William Shakespeare
Premiere: New York, ANTA Theatre: 10. November 1981 (ANTA/d. i. American National Theatre and Academy)
Anmerkung: Das Musical blieb erfolglos.
Schallplatte: Orig. Cast Records OC 8342

BRIGADOON

Musik: Frederick Loewe
Songtexte: Alan Jay Lerner
Buch: Alan Jay Lerner, frei nach der Erzählung »Germelshausen« (1859) von Friedrich Gerstäcker
Premiere in New York, Ziegfeld Theatre: 13. März 1947

Personen und die Darsteller der Premiere:

Tommy Albright	David Brooks
Fiona McLaren	Marion Bell
Jeff Douglas	George Keane
Meg Brockie	Pamela Britton
Charlie Dalrymple	Lee Sullivan
Harry Beaton	James Mitchell
Jean MacLaren	Virginia Bosler
Archie Beaton	Elliott Sullivan
Angus MacGuffie	Walter Scheff
Sandy Dean	Hayes Gordon
Andrew MacLaren	Edward Cullen
Maggie Anderson	Lidija Franklin
Mr. Lundie	William Hansen
Frank	John Paul
Jane Ashton	Frances Charles
Stuart Dalrymple	Delbert Anderson
MacGregor	Earl Redding
Kate MacQueen	Margaret Hunter
Fishmonger	Bunty Kelley
Sword Dancers	Roland Guerard
	George Drake

Bagpipers James MacFadden
Arthur Horn
ferner im Ensemble: Helen Gallagher,
Shirley Robbins, Jeff Warren

Produzent: Cheryl Crawford
Choreographie: Agnes de Mille
Regie: Robert Lewis
Ort: Märchenort »Brigadoon« im schottischen Hochland und New York
Zeit: »Gegenwart« (1947)

Handlung: Märchenmusical und Liebesgeschichte. Bei einem Jagdausflug in Schottland entdecken die Amerikaner Tommy Albright und Jeff Douglas zufällig den Ort Brigadoon, der im Morgennebel vor ihnen auftaucht. Es ist Markttag, und die beiden Amerikaner stellen verwundert fest, daß sie in eine fremde Welt geraten sind. Für den Abend wird eine große Hochzeitsfeier vorbereitet; Jean MacLaren und Charlie Dalrymple werden heiraten. Tommy begegnet der schönen Fiona, Jeans älterer Schwester, und verliebt sich sofort in sie. Tommy und Jeff aber spüren, daß Brigadoon von einem Geheimnis umwittert ist; in diesem Ort scheint die Zeit stehengeblieben zu sein. Der alte Schulmeister, Mr. Lundie, klärt sie schließlich auf: Brigadoon sei ein verwunschener Ort, der nur alle hundert Jahre für einen einzigen Tag aus dem Nebel des schottischen Hochlands erscheine. Alle seien glücklich damit, doch wenn einer von ihnen das Tal verlasse, würde das den Zauber brechen und das Ende von Brigadoon bedeuten. Gerade diese Gefahr jedoch tritt ein, denn der ungehobelte Harry Beaton, der um Jean geworben hatte, aber abgewiesen worden war, verkündet in eifersüchtigem Zorn, daß er davongehen und Brigadoon schaden werde. Er flieht und wird verfolgt. Jeff bringt ihn zum Stolpern; der Flüchtling stürzt so unglücklich, daß er tot liegenbleibt. Das erschütternde Ereignis zwingt die Amerikaner zum Nachdenken über ihre Situation, zumal der Tag zu Ende geht. Tommy möchte bleiben, weil er Fiona liebt, Jeff mahnt, daß er nicht in einem Traum leben könne. Schließlich entscheiden sich die beiden, doch nach New York zurückzukehren. Aber Tommy kann Fiona nicht vergessen. Er trennt sich von seiner exaltierten Verlobten Jane Ashton. Die Sehnsucht treibt ihn nach Brigadoon zurück. Fionas wegen will er das Schicksal der Verwunschenen teilen. Mr. Lundie führt ihn zu ihr in den Nebel des schottischen Hochlands, denn die wahre Liebe macht alles möglich.

Auszeichnung: 1 Antoinette Perry Award (Tony) 1947: Choreographie: Agnes de Mille

Deutschsprachige Erstaufführung (Originaltitel): 10. Mai 1980, Badisches Staatstheater (Großes Haus), Karlsruhe. Autor: Robert Gilbert

Film:

Brigadoon
1954, USA – Metro-Goldwyn-Mayer – CinemaScope/Anscocolor, 108 Min.
Deutsche Erstaufführung: 1955
Musik: Frederick Loewe
Songtexte: Alan Jay Lerner
Drehbuch: Alan Jay Lerner, nach dem gleichnamigen Musical

Personen und ihre Darsteller:

Tommy Albright	Gene Kelly
Jeff Douglas	Van Johnson
Fiona Campbell	Cyd Charisse
	(Gesangsstimme:
	Carol Richards)
Jane Ashton	Elaine Stewart
Mr. Lundie	Barry Jones
Harry Beaton	Hugh Laing
Andrew Campbell	Albert Sharpe
Jean Campbell	Virginia Bosler
Charlie Chisholm	Jimmy Thompson
Dalrymple	(Gesangsstimme:
	John Gustafson)
Archie Beaton	Tudor Owen
Angus	Owen McGivney
Ann	Dee Turnell
Meg Brockie	Dody Heath
Sandy	Eddie Quillan
Mrs. McIntosh	Madge Blake
Mr. McIntosh	Hugh Boswell
Tinker	Warren Macgregor

Toy Booth Man   Hank Man
Herb Woman   Mary Boyd
Woolen Girl   Erin Selwyn
Girl with Milk Pails   Kathleen O'Malley
Poultry Woman   Sarah Taft
Vegetable Woman   Margaret Bert
Baker   Al Ferguson
Ale Man   John Rosser
Bracken Woman   Ann Roberts
Sheep Herder   Charles Morton
Woman with Cart   Betsy Stoddard
Stable Boy   Dennis Ross
Milkmaid   Aileen Carlyle
Man in Town   John Roy
Woman with Bucket   Connie Van
Bartender   Oliver Blake
Waiter   Paul Sryar
Best Man   Richard Landry
Young Boy   Peter Votrain

Girls in Bar: Birgit Neilsen, Bette Arlen
Girls at Wedding: Roxann Delman, Jeanne Shores
Townsmen: Michael Dugan, Vessey O'Davoren, Colin Kenny, Bob Stevenson, Par O'Malley
Townswomen: Dorothy James, Lorna Jordan
Children: Linda Gudat, Frances Karath, Larry Olsen
Men Patrons in Bar: Peter Hansen, Rodney Bell, Peter Adams, George Cooper, Peter Leeds, Steve Wayne, Stuart Whitman, Jimmy Cross, Dick Simons, Archer MacDonald
Specialty Dancers: George Chakiris, Gloria Stone, Joan Larkin, Buddy Ross Bryan, Gregor Modjian, Pepe De Chazza

Produzent: Arthur Freed
Choreographie: Gene Kelly
Regie: Vincente Minnelli

Songs und Musiknummern

Bühne:
Once in the Highlands, the Highlands of Scotland; Brigadoon; Vendors' Calls; Down on MacConnachy Square; Waitin 'for My Dearie; I'll Go Home With Bonnie Jean; Flirtatious Dance (instr.); The Heather on the Hill; The Love of My Live; Jeannie's Packin' Up; Come to Me, Bend to Me; Al-

most Like Being in Love; The Wedding Dance (instr.); The Sword Dance and Reel; The Chase; There But for You Go I; My Mother's Wedding Day; Funeral Dance (Traditional Piobrochead) (instr.); From This Day On

Film:
Once in the Highlands, the Highlands of Scotland; Brigadoon; Down on MacConnachy Square; Waitin' for My Dearie; I'll Go Home With Bonnie Jean; The Heather on the Hill; Almost Like Being in Love; The Gathering of the Clans; The Wedding Day; The Sword Dance; The Chase; There But for You Go I

Nicht verwendet:
Come to Me, Bend to Me

Schallplatten:
NY – RCA Victor LOC/LSO 1001
L – (1988) First Night FNC 16
F – MGM E 3135, MGM 2 SES-50, (TV/1966) Columbia CSM 385
St – (Shirley Jones, Jack Cassidy) Columbia OL 7040/OS 2540, (Jane Powell, Robert Merrill, Jan Peerce) RCA Victor LPM/LSP 2275

BYE BYE BIRDIE

Musik: Charles Strouse
Songtexte: Lee Adams
Buch: Michael Stewart
Premiere in New York, Martin Beck Theatre: 14. April 1960

Personen und die Darsteller der Premiere:
Albert Peterson   Dick Van Dyke
Rose Grant   Chita Rivera
Mae Peterson   Kay Medford
Conrad Birdie   Dick Gautier
Mr. MacAfee   Paul Lynde
Mrs. MacAfee   Marijane Maricle
Kim MacAfee   Susan Watson
Hugo Peabody   Michael J. Pollard
Mr. Henkel   Charles Nelson
                      Reilly
Ursula Merkle   Barbara Doherty
Mrs. Merkle   Pat McEnnis
Randolph MacAfee   Johnny Borden

Gloria Rasputin	Norma Richard-son
Charles F. Maude	George Blackwell
Teenagers:	
Helen	Karin Wolfe
Nancy	Marissa Mason
Alice	Sharon Lerit
Margie Ann	Louise Quick
Penelope Ann	Lada Edmund
Deborah Sue	Jessica Albright
Suzie	Lynn Bowin
Linda	Judy Keirn
Carol	Penny Ann Green
Martha Louise	Vicki Belmonte
Harold	Michael Vita
Karl	Jerry Dodge
Harvey	Dean Stolber
Henry	Ed Kresley
Arthur	Bob Spencer
Freddie	Tracy Everitt
Peyton	Gary Howe
Conductor	Kasimir Kokich
Mayor	Allen Knowles
Mayor's Wife	Amelia Haas
Old Woman	Dori Davis
Ed Sullivan's Voice	Will Jordan
TV Stage Manager	Tony Mordente
Sad Girl	Sharon Lerit
Another Sad Girl	Karin Wolfe
Guitar Man	Kenny Burrell

Cheerleaders: Judy Keirn, Lynn Bowin
Teen Trio: Louise Quick, Jessica Albright, Vicki Belmonte
Reporters: Lee Howard, Jim Sisco, Don Farnworth, John Coyle
Neighbors: Amelia Haas, Jeannine Masterson, Ed Becker, Oran Osburn, George Blackwell, Lee Howard
Shriners: Allen Knowles, John Coyle, Dick Crowley, Don Farnworth, Bud Fleming, Kasimir Kokich, Jim Sisco

Produzent: Edward Padula (mit L. Slade Brown)
Choreographie: Gower Champion
Regie: Gower Champion
Ort: New York und »Sweet Apple«, Ohio/USA
Zeit: »Gegenwart« (1960)

Handlung: Parodie auf die Rock'n' Roll-Ära und ihre Idole – speziell Elvis Pres-ley. Albert Peterson managt das singende Teenager-Idol Conrad Birdie. Als dieser zum Militär einberufen werden soll, hält Alberts Sekretärin Rose den Zeitpunkt für gekommen, vom Showbusiness Abschied zu nehmen. Sie ist der Ansicht, Albert solle weiterstudieren und Englischlehrer werden; dann könnten sie heiraten und ein ruhiges Leben führen. Albert ist damit nicht einverstanden, zumal er mit seiner überbesorgten Mutter zu tun hat, die der Heirat bisher immer Hindernisse in den Weg legte. Zunächst konzentriert er sich deshalb auf einen besonderen Werbegag für Conrad Birdie. Er sieht die Adressen des Birdie-Fanclubs durch und wählt Kim, ein junges Mädchen aus »Sweet Apple« in Ohio, aus. Mit großem Propagandaaufwand soll sie im Rahmen einer Fernsehshow von Ed Sullivan öffentlich Conrad Birdie den Abschiedskuß geben, wenn er zur Armee einrückt. Durch dieses Vorhaben gerät die ganze Stadt »Sweet Apple« in Aufruhr, weil ihre Teenager dem großen Tag und ihrem Abgott entgegenfiebern. Kim ist begeistert, geht aber die Sache dennoch nüchtern an. Erstaunt stellt sie fest, daß das große Idol, als sie es näher kennenlernt, auch nur ein Mensch mit ganz privaten Problemen ist. Doch sieht sie sich plötzlich mit unerwarteten Schwierigkeiten konfrontiert. Ihr eifersüchtiger Freund Hugo greift Birdie tätlich an, und ihr Vater dreht verzweifelt durch. Auch Albert Peterson hat seine liebe Not mit seinem Star und mit Rose sowie mit seiner nörglerischen Mutter. Zu dem Wirbel der Aktion kommen für jeden die persönlichen Aufregungen. Aber alle, die geglaubt hatten, Kim und Birdie hätten sich ineinander verliebt, werden eines Besseren belehrt, denn die beiden langweilen sich gegenseitig. Als das deutlich wird, sind alle, die es angeht, beruhigt: Hugo und Kims Eltern, Albert und Rose. Diese zwei sind nun entschlossen, lieber in einer Kleinstadt ein ruhiges Leben zu führen, als weiterhin das hektische Showbusiness zu betreiben. Birdie meint, nach all den Aufregungen werde die Armee für ihn eine Erholung sein.

Anmerkung: Das Musical parodiert die Hysterie unter Teenagern und Fans, die 1958 in den USA die Einberufung ihres Idols Elvis Presley zum Militärdienst hervorrief. (Elvis Presley verbrachte einen Teil seiner Dienstzeit von Oktober 1958 bis zum Frühjahr 1960 in Deutschland.)

Auszeichnungen: 6 Antoinette Perry Awards (Tonys) 1961: Bestes Musical / Männliche Nebenrolle–Musical: Dick Van Dyke / Autor-Musical: Michael Stewart / Produzent–Musical: Edward Padula / Regie–Musical: Gower Champion / Choreographie: Gower Champion

Film:

Bye Bye Birdie
1963, USA – Columbia – Panavision/ Eastmancolor und Technicolor, 112 Min.
Deutsche Erstaufführung 1964
Musik: Charles Strouse
Songtexte: Lee Adams
Drehbuch: Irving Brecher, nach dem gleichnamigen Musical

Personen und ihre Darsteller:

Rosie DeLeon	Janet Leigh
Albert Peterson	Dick Van Dyke
Kim McAfee	Ann-Margret
Mama Peterson	Maureen Stapleton
Hugo Peabody	Bobby Rydell
Conrad Birdie	Jesse Pearson
Ed Sullivan	Ed Sullivan
Mr. McAfee	Paul Lynde
Mrs. McAfee	Mary LaRoche
Claude Paisley	Michael Evans
Bob Precht	Robert Paige
Borov	Gregory Morton
Randolph	Bryan Russell
Mr. Maude	Milton Frome
Ballet Manager	Ben Astar
Ursula	Trudi Ames
Mr. Nebbitt	Cyril Delevanti
Mayor	Frank Albertson
Mayor's Wife	Beverly Yates
Bartender	Frank Sully
Ursula's Mother	Bo Peep Karlin
Teenager	Melinda Marx
Shriner	Mell Turner
Shriner	Gil Lamb
Leader	Lee Aaker
Prima Ballerina	Karel Shimoff
Russian Consul	Donald Lawton
Telephone Operator	Yvonne White
Debbie	Debbie Stern
Sheila	Sheila Denner
Harvey	Pete Menefree
Tommy	George Spicer
Leader, Fireman's Band	Dick Winslow
Marge, Birdie's Secretary	Hazel Shermet

Produzenten: Fred Kohlmar, George Sidney
Choreographie: Onna White
Regie: George Sidney

Songs und Musiknummern

Bühne:
An English Teacher; The Telephone Hour; How Lovely to Be a Woman; We Love You, Conrad; Put On a Happy Face; A Healthy, Normal, American Boy; One Boy; Honestly Sincere; Hymn for a Sunday Evening; One Hundred Ways/How to Kill a Man (instr./ Ballett); One Last Kiss; The World at Large; What Did I Ever See in Him?; A Lot of Livin' to Do; Kids; Baby, Talk to Me; The Shriner's Ballet (instr./ Ballett); Spanish Rose; Rosie

Film:
Bye Bye Birdie; One Last Kiss; Put On a Happy Face; Honestly Sincere; The Telephone Hour; A Lot of Livin' to Do; Kids; Rosie; One Boy; How Lovely to Be a Woman; We Love You, Conrad; Hymn for a Sunday Evening; The Shriner's Ballet (instr./Ballett)

Schallplatten:
NY – Columbia KOL 5510/KOS 2025
L – Mercury SRW 17000
F – RCA Victor LOC/LSO 1081

CABARET

Musik: John Kander
Songtexte: Fred Ebb
Buch: Joe Masteroff, nach den Berlin-Erzählungen (1935/1939) von Christopher

Isherwood und nach dem Schauspiel »I Am a Camera« (1951) (deutsch: »Ich bin eine Kamera«) von John Van Druten *Premiere* in New York, Broadhurst Theatre: 20. November 1966

Personen und die Darsteller der Premiere:

Sally Bowles	Jill Haworth
Herr Schultz	Jack Gilford
Clifford Bradshaw	Bert Convy
Fräulein Schneider	Lotte Lenya/d. i. Lotte Lenja
Master of Ceremonies	Joel Grey
Fräulein Kost	Peg Murray
Ernst Ludwig	Edward Winter
Frau Wendel	Mara Landi
Herr Wendel	Eugene Morgan
Frau Krüger	Miriam Lehmann-Haupt
Herr Erdmann	Sol Frieder
Bobby	Jere Admire
Victor	Bert Michaels
Greta	Jayme Mylroie
Felix	Robert Sharp
Max	John Herbert
Maitre D'	Frank Bouley
Bartender	Ray Baron
Custom Official	Howard Kahl
Telephone Girl	Tresha Kelly

Kit Kat Girls:

Maria	Pat Gosling
Lulu	Lynn Winn
Rosie	Bonnie Walker
Fritzi	Marianne Selbert
Texas	Kathie Dalton
Frenchie	Barbara Alston

2 Ladies: Mary Ehara, Rita O'Connor
Kit Kat Band: Maryann Burns, Janice Mink, Nancy Powers, Viola Smith
German Sailors: Bruce Becker, Steven Boockvor, Roger Briant, Edward Nolfi

Produzent: Harold Prince (mit Ruth Mitchell)
Choreographie: Ronald Field
Regie: Harold Prince
Ort: Berlin
Zeit: Ende 1930 bis 1932

Handlung: Menschenschicksale in der Vorphase der Naziherrschaft aus der Sicht eines Engländers – eingeleitet und zynisch kommentiert durch einen Conférencier sowie Szenen und Songs im »Kit-Kat-Klub«, einem zwielichtigen Cabaret, musikalisch im Stil der Zeit. Der junge Engländer Clifford Bradshaw reist nach Berlin. An der Grenze hilft er dem Deutschen Ernst Ludwig, eine Brieftasche mit Geld durch den Zoll zu schmuggeln. Ludwig verspricht ihm daraufhin Unterstützung in Berlin und empfiehlt ihm die Privatpension von Fräulein Schneider. Cliff mietet sich bei ihr ein möbliertes Zimmer und geht daran, sich als Englischlehrer sein Geld zu verdienen. Die Bekanntschaften, die er dabei und mit den anderen Bewohnern der Pension macht, konfrontieren ihn mit einem Querschnitt kleinbürgerlicher Ansichten und Verhaltensweisen. In der anspruchslosen »Kit-Kat-Bar« lernt er Sally Bowles kennen, eine Landsmännin, die dort als Kabarettsängerin arbeitet. Sally, ebenso naiv wie exzentrisch, erscheint plötzlich bei Cliff in der Pension, um bei ihm zu bleiben. Ihm ist das recht, denn er mag Sally, und er erträgt es auch, daß sie immer nur von der großen Karriere redet, die sie zu machen gedenkt. Cliff hofft, eine Familie gründen zu können, als Sally ihm gesteht, daß sie ein Kind erwartet. Aus finanziellen Gründen nimmt er daher ein Schmuggelangebot von Ernst Ludwig an, lehnt aber die Provision ab, als er feststellt, daß Ludwig Nazi ist. Fräulein Schneider trägt sich mit Heiratsabsichten, weil der Gemüsehändler Schultz um ihre Hand angehalten hat. Sie macht aber die Verlobung rückgängig, als sie miterleben muß, wie Schultz, der Jude ist, von Nazis angegriffen wird; in dieser Zeit wagt sie es nicht, einen Juden zu heiraten. Cliff, der die Nazis nicht ausstehen kann, gerät in eine Auseinandersetzung mit Ernst Ludwig und wird von dessen politischen Freunden zusammengeschlagen. Sally, die nur ihre Karriere im Sinn hat, lehnt Cliffs Vorschlag ab, mit ihm nach Amerika zu gehen. Sie versetzt ihren Pelzmantel, um zu Geld zu kommen, und läßt das Kind abtreiben, weil es ihrer Karriere im Weg stehen würde. Cliff ist entsetzt. Kurz entschlossen reist er ab, in Gedanken bei den Menschen, die er in Berlin kennengelernt hat zu einem Zeitpunkt, an dem das Gespenst des Nationalsozialismus bereits umgeht.

Auszeichnungen: 8 Antoinette Perry Awards (Tonys) 1967: Bestes Musical / Männliche Nebenrolle–Musical: Joel Grey / Weibliche Nebenrolle–Musical: Peg Murray / Regie–Musical: Harold Prince / Komposition und Songtexte: John Kander, Fred Ebb / Ausstattung: Boris Aronson / Choreographie: Ronald Field / Kostüme: Patricia Zipprodt

Deutschsprachige Erstaufführung (Originaltitel): 14. November 1970, Theater an der Wien, Wien. Autor: Robert Gilbert

Film:

Cabaret
1972, USA – Allied Artists/ABC Pictures – Technicolor, 123 Min.
Deutsche Erstaufführung (Originaltitel): 1972
Wesentlich veränderte Handlung, teilweise neue Songs.
Musik: John Kander
Songtexte: Fred Ebb
Drehbuch: Jay Presson Allen, nach dem gleichnamigen Musical
Personen und ihre Darsteller:

Sally Bowles	Liza Minnelli
Brian Roberts	Michael York
Baron Maximilian von Heune	Helmut Griem
Master of Ceremonies	Joel Grey
Natalia Landauer	Marisa Berenson
Fritz Wendel	Fritz Wepper
Fräulein Schneider	Elisabeth Neumann-Viertel
Fräulein Mayr	Sigrid von Richthofen
Fräulein Kost	Helen Vita
Bobby	Gerd Vespermann
Herr Ludwig	Ralf Wolter
Willi	Georg Hartmann
Elke	Ricky Renee
Cantor	Estrongo Nachama
Young Nazi	Oliver Collignon (Gesangsstimme: Mark Lambert)
Phonograph Voice (Schallplattenstimme)	Greta Keller

Varieté-Künstler: Alois Edenhofer (Gaukler), Annemarie Urban (Schlangenmensch), Gerhard März (Bauchredner), Jutta Waldbrunner und Lieselotte Lingl (Ringkämpferinnen)
Kit Kat Dancers: Louise Quick (Gorilla), Kathryn Doby, Inge Jäger, Angelika Koch, Helen Velkovorska, Gitta Schmidt
Damenkapelle: Christine Pauer (Piano), Angelika Berann (Schlagzeug), Brigitte Steinbrecher (Saxophon), Marianne Flemming (Trompete), Gertrud Antretter (Posaune), Undine Fröhlich (Banjo)

Produzent: Cy Feuer
Choreographie: Bob Fosse
Regie: Bob Fosse

Auszeichnungen: 8 Academy Awards (Oscars) 1972: Weibliche Hauptrolle: Liza Minnelli / Männliche Nebenrolle: Joel Grey / Regie: Bob Fosse / Kamera: Geoffrey Unsworth / Ausstattung–Szenenbild: Rolf Zehetbauer, Jürgen Kiebach, Herbert Strabel / Ton: Robert Knudson, David Hildyard / Schnitt: David Bretherton / Musikgesamtwerk–Instrumentierung (Filmversion): Ralph Burns
Anmerkung: Der Film wurde überwiegend in Deutschland (Bavaria-Ateliers, München) hergestellt. Deshalb zahlreiche deutsche Schauspieler unter den Mitwirkenden und Oscar-Auszeichnungen für deutsche Bavaria-Mitarbeiter.

Songs und Musiknummern

Bühne:
Willkommen, Bienvenue, Welcome; So What?; Don't Tell Mama; Telephone Song and Dance; Perfectly Marvelous; Two Ladies; It Couldn't Please Me More; Tomorrow Belongs to Me; Why Should I Wake Up? (später ersetzt durch: Don't Go, Sally); Sitting Pretty (The Money Song); Married; Fruit Shop Dance (instr.);

Meeskite (später ersetzt durch: I Don't Care Much); Kick Line (instr.); If You Could See Her Through My Eyes; What Would You Do?; Cabaret

Film:
Die mit ⊕ bezeichneten Songs wurden für den Film neu komponiert.
Willkommen, Bienvenue, Welcome; Mein Herr ⊕; Maybe This Time I'll Be Lucky ⊕; Money, Money ⊕; Two Ladies; Tiller Girls (instr.); Tomorrow Belongs to Me; Heiraten (Married); If You Could See Her Through My Eyes; Cabaret; Sitting Pretty (The Money Song) (instr.)

Schallplatten:
NY – Columbia KOL 6640/KOS 3040
L – CBS S 70039, CBS EMB 31026, (1986) First Night HMFN 03005
F – ABC DS 752, ABC S 89623 XOT
D/B – Preiser Records SPR 3220

Vorlage des Musicals:
Der aus England stammende Christopher Isherwood (1904–1986) lebte in Berlin von 1929 bis 1933 und war als Englischlehrer und Mitarbeiter für Zeitungen tätig. Seine Berlin-Erlebnisse schrieb er in der Rolle eines Beobachters nieder: »Ich bin eine Kamera mit offenem Verschluß, nehme nur auf, registriere nur, denke nichts.« Isherwood gelingen eindrucksvolle Milieuschilderungen über das Leben in Berlin beim Ausklang der »wilden Zwanziger Jahre«. Er veranschaulicht die unterschiedlichsten Menschen zwischen der schwülen Atmosphäre niveauloser Tingeltangel-Etablissements und begüterten, doch teilweise dekadenten Schichten der Gesellschaft, allerdings aus der Sicht desjenigen, der Kontakte zu halbseidenen Kreisen der Lebewelt suchte. Er zeichnet das alltägliche Dasein als Mieter eines möblierten Zimmers in jenen Wohngemeinschaften, die dadurch entstanden, daß in Berliner Großwohnungen die Zimmer einzeln vermietet wurden. In seinen Berlin-Erzählungen, die unter dem Titel »Goodbye to Berlin« (1939) (deutsch: »Leb' wohl, Berlin«) zu einem »Roman in Episoden«

zusammengefaßt sind, und in seinem Roman »Mr. Norris Changes Trains« (1935) (deutsch: »Mr. Norris steigt um«) verdeutlicht er die Sorgen, die Hoffnungslosigkeit und die Verzweiflung vieler Berliner – Juden, Kommunisten, Geschäftsleute, Kleinbürger, aber auch Raffkes und Gauner – vor dem Hintergrund des Emporkommens der Nationalsozialisten mit der von ihnen verursachten Brutalisierung des Alltags. Besondere Persönlichkeitsbilder vermittelt er in seinen zwei Erzählungen »Berlin Diary« (»Berliner Tagebuch«) von der Zimmerwirtin Fräulein Schröder (im Musical »Fräulein Schneider«) und in einer weiteren Erzählung, »Sally Bowles«, von jener jungen Engländerin, die er in Berlin kennengelernt hatte. Sally kennt nur ein Ziel: die große Karriere. Sie ist aber nur eine drittklassige Sängerin erotischer Lieder in einem zweifelhaften Vergnügungslokal. Lediglich einmal schildert Isherwood kurz das Auftreten der »Halbweltdame« Sally Bowles im »Lady Windermere«, »einer ›lockeren‹ Künstlerbar in der Nähe der Tauentzienstraße«. Aus dieser knappen Darstellung, den Milieuskizzen und Erlebnisschilderungen Isherwoods entstand 1951 das amerikanische Schauspiel »I Am a Camera« (deutsch: »Ich bin eine Kamera«) von John Van Druten. Für das Musical »Cabaret« wurde das Vergnügungslokal, eine zwielichtige Animierbar mit Tischtelefonen und Kabarettprogramm, als Mittelpunkt des Geschehens in den Vordergrund gerückt; das Cabaret, der »Kit-Kat-Club«, dient mit seinen Darbietungen und der Rolle des Conférenciers zur Kommentierung der Handlung. Die Filmversion basiert mehr als die Bühnenversion auf dem Schauspiel und dem in der Handlung erweiterten Film »I Am a Camera«. Der Schwerpunkt des Films »Cabaret« ist von der Pensionsinhaberin Fräulein Schneider auf die Nachtklub-Sängerin Sally Bowles verlagert, die Rolle des Ernst Ludwig wurde erheblich reduziert und statt des Herrn Schultz die bereits bei »I Am a Camera« erscheinende wohlhabende jüdische Familie Landauer aus der Erzählung »The Landauers« einbezogen. Alles in allem vermittelt das Geschehen in der Endphase der »Weimarer Republik« Einblick in den Abgesang der sogenannten Goldenen Zwanziger Jahre mit einer Mischung von Spießbürgertum, Dekadenz, Halbwelt, aufsprießendem Nationalsozialismus und angefachtem Juden- und Rassenhaß.

Schauspiel: *I Am a Camera*

Buch: John Van Druten, nach den Erzählungen »Goodbye to Berlin« (1939) (deutsch: »Leb' wohl, Berlin«) – speziell den Episoden »Berlin Diary« und »Sally Bowles« von Christopher Isherwood.
Uraufführung: New York, Empire Theatre: 28. November 1951
Darsteller: William Prince (Christopher Isherwood), Julie Harris (Sally Bowles), Olga Fabian (Fräulein Schneider), Martin Brooks (Fritz Wendel), Marian Winters (Natalia Landauer), Edward Andrews (Clive Mortimer), Catherine Willard (Mrs. Watson-Courtneidge)
Produzent: Gertrude Macy (mit Walter Starcke)
Regie: John Van Druten
Auszeichnungen: 2 Antoinette Perry Awards (Tonys) 1951: Weibliche Hauptrolle–Drama: Julie Harris / Weibliche Nebenrolle–Drama: Marian Winters

Hinweis/Film:
Verfilmung des Schauspiels »I Am a Camera«, der Vorlage des Musicals.

I Am a Camera
1955, Großbritannien – Romulus Films, 99 Min.
Drehbuch: John Collier, nach dem gleichnamigen Schauspiel von John Van Druten
Darsteller: Julie Harris (Sally Bowles), Laurence Harvey (Christopher Isherwood), Shelley Winters (Natalia Landauer), Ron Randell (Clive), Lea Seidl (Fräulein Schneider), Anton Diffring (Fritz Wendel), Jean Gargoet (Pierre), Frederick Valk (Doctor), Ian de la Haye (Herr Landauer), Stanley Maxted (American Editor), Alexis Bobrinsky (Café Proprietor), Andre Mikhelson (Head Waiter), Tutte Lemkow (Electro-Therapist), Patrick McGoohan (Swede), Julia Arnall (Model), Zoe Newton (Cigarette Girl), David Kossoff, Paddy Smith, Bill Brandon, Ann Elsdon, Stanley Morrell, Bill Billington, Anita Douglas, Charles Sayner, Vincent Edwards, Henry Purvis, Geoffrey Dunn, Peter Prowse, Harold Siddons, Stan Bernard Trio
Produzent: Jack Clayton
Regie: Henry Cornelius

CABIN IN THE SKY

Musik: Vernon Duke
Songtexte: John Latouche
Buch: Lynn Root
Premiere in New York, Martin Beck Theatre: 25. Oktober 1940

Personen und die Darsteller der Premiere (All Black Ensemble/Ensemble schwarzer Künstler):

Petunia Jackson	Ethel Waters
»Little Joe« Jackson	Dooley Wilson
Lawd's General	Todd Duncan
Lucifer Jr.	Rex Ingram
Georgia Brown	Katherine Dunham
Brother Green	J. Rosamond Johnson
Dr. Jones	Louis Sharp
Lily	Georgia Burke
Fleetfood	Milton Williams
John Henry	J. Louis Johnson
Dude	Al Moore
First Henchman	Earl Sydnor
Second Henchman	Earl Edwards
Third Henchman	Maurice Ellis
Devil's Messenger	Al Stokes
Messenger Boy	Wilson Bradley
Domino Johnson	Dick Campbell

Imps: Archie Savage, Jieno Moxzer, Rajah Chardieno, Alexander McDonald
ferner: J. Rosamond Johnson Singers

Produzent: Albert Lewis (mit Vinton Freedley)
Choreographie: George Balanchine

Regie: George Balanchine, Albert Lewis
Ort: Unter Schwarzen in den Südstaaten der USA
Zeit: »Gegenwart« (1940)

Handlung: Volksstück – Negerlegende. Petunia Jackson bittet den Herrgott, er möge ihrem nichtsnutzigen Ehemann »Little Joe«, der bei einer Straßenschlacht verwundet wurde, gnädig sein. Der Herrgott gewährt Joe sechs Monate, um zur Einkehr zu gelangen. Als Abgesandter soll sich Gottes General um Joe kümmern. Der General aber erhält einen Widersacher, denn aus dem Reich des Bösen erscheint Lucifer Jr., um Joe für sich zu beanspruchen. Im Streit um seine Seele bemüht sich Petunia, ihren Mann für die Seite Gottes zu gewinnen. Doch Lucifer setzt die verführerische Georgia Brown ein, die Joes Widerstand gegen den Teufel schwächt und seine Lüste weckt. Es kommt zu einer Auseinandersetzung mit Petunia, bei der sie von ihrem Mann erschossen wird. Joe hat seine Chance vertan, doch als er mit Petunia vor der Himmelstür steht, erweicht sie durch flehentliches Bitten die Strenge Gottes. Weil sie ihrem Mann Joe alles vergibt, dürfen beide gemeinsam eintreten.

Anmerkung: Erfolgloser Versuch einer Wiederaufführung (New York, Greenwich Mews: 21. Januar 1964), mit zumeist veränderten Songs (siehe Musik).

Film:

Cabin in the Sky
1943, USA – Metro-Goldwyn-Mayer – In Sepia (graubraunschwarz), 99 Min.
In Details veränderte Handlung, veränderte, teils neue Songs.
Musik: (siehe Songs)
Songtexte: (siehe Songs)
Drehbuch: Joseph Schrank (mit Eustace Cocrell, Marc Connelly) nach dem gleichnamigen Musical

Personen und ihre Darsteller:
(All Black Ensemble/Ensemble schwarzer Künstler):

Petunia Jackson	Ethel Waters
Little Joe Jackson	Eddie »Rochester« Anderson
Georgia Brown	Lena Horne
Lucifer Jr./Lucius	Rex Ingram
The General/Rev. Parson Green	Kenneth Spencer
The Trumpeter	Louis Armstrong
Fleetwood/ The Deacon	Oscar Polk
Jim Henry	Ernest Whitman
Dude	Nicodemus
Domino Johnson	»Bubbles« (John W. Sublett)
Lily	Butterfly McQueen
Bill, Washing Machine Salesman	Bill Bailey
Mrs. Kelso	Ruby Dandridge
Dr. Jones	Clinton Rosemond
Doorman	Raymond Turner
Messenger Boy	»Buck« (Ford L. Washington)
First Idea Man/ Trumpeter Imp	Mantan Moreland
Second Idea Man	Willie Best
Third Idea Man	Mode (d. i. Fletcher Rivers)
Fourth Idea Man	Poke (d. i. Leon James)

ferner: Duke Ellington and his Band, Hall Johnson Choir

Produzent: Arthur Freed (mit Albert Lewis)
Choreographie: Busby Berkeley
Regie: Vincente Minnelli
Anmerkung: Vincente Minnellis erste Filmregie.

Songs und Musiknummern

Bühne:
The General's Song; Pay Heed; Takin' a Chance on Love (John Latouche/T, Ted Fetter/T);Cabin in the Sky; Do What You Wanna Do; My Old Virginia Home on the River Nile; Love Me Tomorrow; Love Turned the Light Out; Honey in the Honeycomb; Savannah

Für die Off-Broadway-Produktion von 1964 hinzugefügt:
Wade in the Water; Make Away; The Man Upstairs; We'll Live All Over Again (1940 nicht verwendet); Not So Bad to Be Good; Living It Up (Vernon Duke/K u. T); Not a Care in the World (aus dem Musical »Banjo Eyes« 1941, Vernon Duke/K, John Latouche/T); Great Day (Gospel)

Film:
Die mit Zeichen ⊕ versehenen Songs entstammen dem Bühnenwerk.
Takin' a Chance on Love ⊕; Cabin in the Sky ⊕; My Old Virginia Home on the River Nile ⊕; Love Me Tomorrow ⊕; Honey in the Honeycomb ⊕; Old Ship of Zion (Traditional); Happiness Is Just a Thing Called Joe (Harold Arlen/K, E. Y. Harburg/T); Life's Full o'Consequence (That Old Debbil Consequence) (Harold Arlen/K, E. Y. Harburg/T); Li'l Black Sheep (Harold Arlen/K, E.Y. Harburg/T); Some Folk Work (Harold Arlen/K, E. Y. Harburg/T); Going Up (Duke Ellington/K); Things Ain't What They Used to Be (Mercer Ellington, Ted Persons/T); Shine (Ford Dabney/K, Cecil Mack/T)

Anmerkung: Der Song »Ain't It the Truth« (Harold Arlen/K, E. Y. Harburg/T), gesungen von Lena Horne, wurde vor Veröffentlichung des Films herausgeschnitten. Unverwendet blieb auch vom selben Autorenpaar »I Got a Song«.

Schallplatten:
NY – (1964) Capitol SW 2073
F – Hollywood Soundstage 5003
St – (Ethel Waters) Columbia CL 2792

LA CAGE AUX FOLLES

Musik und Songtexte: Jerry Herman
Buch: Harvey Fierstein, nach der gleichnamigen französischen Filmkomödie (1978) (deutsch: »Ein Käfig voller Narren«), nach der gleichnamigen französischen Bühnenkomödie (1973) von Jean Poiret.
Premiere in New York, Palace Theatre: 21. August 1983

Personen und die Darsteller der Premiere:

Albin/»Zaza«	George Hearn
Georges	Gene Barry
Edouard Dindon	Jay Garner
Jean-Michel	John Weiner
Jacqueline	Elisabeth Parrish
Anne	Leslie Stevens
Jacob	William Thomas Jr.
Mme. Dindon	Merle Louise
M. Renaud	Walter Charles
Francis	Brian Kelly
Les Cagelles:	
Chantal	David Cahn
Monique	Dennis Callahan
Dermah	Frank DiPasquale
Nicole	John Dolf
Hanna	David Engel
Mercedes	David Evans
Bitelle	Linda Haberman
Lo Singh	Eric Lamp
Odette	Dan O'Grady
Angelique	Deborah Phelan
Phaedra	David Scala
Clo-Clo	Sam Singhaus
St. Tropez Townspeople:	
Mme. Renaud	Sydney Anderson
Paulette	Betsy Craig
Hercule	Jack Neubeck
Etienne	Jay Pierce
Babette	Marie Santell
Colette	Jennifer Smith
Tabarro	Mark Waldrop
Pepe	Ken Ward

Swing Performers: Bob Brubach, Drew Geraci, Jan Leigh Herndon, Leslie Simons

Produzent: Allan Carr
Choreographie: Scott Salmon
Regie: Arthur Laurents
Ort: St. Tropez/Frankreich
Zeit: »Gegenwart« (1983)

Handlung: Verkleidungskomödie – Eine Art »Charley's Tunte«. Der exaltierte und extravagante Albin, genannt Zaza, ist Star der Travestie-Show des Nightclubs »La Cage aux Folles« in St. Tropez und seit Jahrzehnten Liebhaber von Georges, dem Mitinhaber und Geschäftsführer des Clubs. Das gute, aber sehr turbulente Verhältnis des alternden Pärchens wird jäh gestört, als Jean-Michel, der erwachsene Sohn aus einer frühen Ehe von Georges, heiraten will und die Eltern der Braut sich anmelden, um die Schwiegereltern kennenzulernen. Weil Edouard Dindon, der Vater der Braut, als Moralapostel bekannt ist, wird Zaza von Georges aus der Wohnung verbannt, worüber er tief gekränkt ist. Dennoch beschließt Zaza, dem jungen Paar zu helfen, und erscheint verkleidet als Frau von Georges, was zu erheblichen Verwicklungen führt. Schließlich läßt sich nicht länger verheimlichen, wer er ist, doch versteht er es geschickt, Dindon in eine kleine Erpressung zu verwickeln, um das Glück des jungen Paares zu sichern.

Auszeichnungen: 6 Antoinette Perry Awards (Tonys) 1984: Bestes Musical / Männliche Hauptrolle–Musical: George Hearn / Regie–Musical: Arthur Laurents / Buch–Musical: Harvey Fierstein / Musikalisches Werk (Komposition–Songtexte): Jerry Herman / Kostüme: Theoni V. Aldredge

Deutschsprachige Erstaufführung (Originaltitel): 19. Oktober 1985, Theater des Westens, Berlin. Autoren: Erika Gesell, Christian Severin

Songs und Musiknummern

Bühne:
We Are What We Are; A Little More Mascara; Whith Anne on My Arm; The Promenade; Song on the Sand; La Cage aux Folles; I Am What I Am; Masculinity; Look Over There; Cocktail Counterpoint; The Best of Times

Schallplatten:
NY – RCA HBC 1–4824
D/B – (Berlin) Polydor 829646

Vorlagen des Musicals

Bühne:

Komödie: *La Cage aux Folles*
Buch: Jean Poiret
Uraufführung: Paris, Théâtre du Palais-Royal: 1. Februar 1973

Darsteller: Michel Serrault (Albin/»Zaza«), Jean Poiret (Georges), Jean-Claude Robbe (Francis), Frédéric Norbert (Salomé), Bennie Luke (Jacob), Maurice Bray (Mercédès), Paul Demange (M. Tabaro), Jacqueline Mille (Simone), Bernard Murat (Zorba), Philippe Lavot (Laurent), Pierre Decazes (M. Languedoc), Marco Perrin (M. Dieulafoi), Marcelle Ranson-Hervé (Mme. Dieulafoi), Danièle Luger (Muriel)
Direktion: Jean-Michel Rouzière
Regie: Pierre Mondy

Film:

La Cage aux Folles
(Deutscher Titel: Ein Käfig voller Narren)
1978, Frankreich/Italien – Les Productions Artistes Associés, Paris/ Da Ma Produzione Spa, Rom – Eastmancolor, 91 Min.
Deutsche Erstaufführung: 1979
Drehbuch: Francis Véber, Edouard Molinaro, Marcello Danon, Jean Poiret, nach der gleichnamigen Komödie von Jean Poiret
Darsteller: Michel Serrault (Albin/»Zaza Napoli«), Ugo Tognazzi (Renato Baldi), Michel Galabru (Simon Charrier), Rémy Laurent (Laurent Baldi), Claire Maurier (Simone, mère de Laurent/Laurents Mutter), Bennie Luke (Jacob), Carmen Scarpitta (Louise Charrier), Luisa Maneri (Andrea Charrier), Venantino Venantini (Chauffeur de Charrier), Peter Boom, Carlo Reali
Produzent: Marcello Danon
Regie: Edouard Molinaro

Hinweis/Film:
Des großen Erfolges wegen entstanden Fortsetzungen des Films.

La Cage aux Folles II
(Deutscher Titel: Noch ein Käfig voller Narren)
1980, Frankreich/Italien – Les Productions Artistes Associés, Paris/Da Ma Produzione Spa, Rom – Panoramique/Technicolor, 103 Min.
Deutsche Erstaufführung: 1980

Drehbuch: Francis Véber, Marcello Danon, Jean Poiret
Darsteller: Michel Serrault (Albin Mougeotte/»Zaza Napoli«), Ugo Tognazzi (Renato Baldi), Marcel Bozzufi (Broca), Michel Galabru (Simon Charrier), Paola Borboni (Mme. Baldi), Giovanni Vettorazzo (Milan), Glauco Onorato (Luigi), Roberto Bisacco (Ralph), Benny Luke (Jacob), Francis Missana (Le beau jeune homme), Marie-Claude Douquet (La jolie fille), Antonio Francioni (Michaux), Mark Bodin (Caramel), Gianrico Tondinelli (Walter)
Produzent: Marcello Danon
Regie: Edouard Molinaro

La Cage aux Folles III – »Elles« se marient
(Deutscher Titel: EIN KÄFIG VOLLER NARREN III/JETZT WIRD GEHEIRATET)
1985, Frankreich/Italien – Columbia Films, Paris/Da Ma Produzione Spa, Rom – Eastmancolor, 91 Min.
Deutsche Erstaufführung: 1986
Drehbuch: Philippe Nicaud, Christine Carere, Marcello Danon, Jacques Audiard, Michel Audiard, Georges Lautner, Gérard Lamballe, unter Verwendung der Personen und frei nach Motiven der Komödie »La Cage aux Folles« von Jean Poiret
Darsteller: Michel Serrault (Albin/»Zaza Napoli«), Ugo Tognazzi (Renato Baldi), Michel Galabru (Simon Charrier), Benny Luke (Jacob), Stephane Audran (Matrimonia), Antonella Interlenghi (Cindy), Saverio Vallone (Mortimer), Gianluca Favilla (Dulac), Umberto Ramo (Kennedy)
Produzent: Marcello Danon
Regie: Georges Lautner

CALAMITY JANE
(Deutscher Titel: PISTOLEN-JENNY)

Musik: Sammy Fain
Songtexte: Paul Francis Webster
Buch: Charles K. Freeman, nach dem gleichnamigen Film-Musical (USA/1953)
Uraufführung: Fort Worth, Texas/USA, Casa Manana Theatre: 28. Mai 1961

Personen und die Darsteller der Uraufführung:

Calamity Jane	Betty O'Neil
Wild Bill Hickok	Danny Scholl
Lieutenant Danny Gilmartin	Robert Simpson
Katie Brown	Preshy Marker
Henry Miller, Saloon-Owner	William Pickett
Susan	Linda Johnson
Francis Fryer	Jim Hampton
Adelaide Adams, a Show-Star	Janan Hart
Rattlesnake, a Stagecoach Driver	Johnny Sullivan
»Doc« Pierce	Vern Taylor
Joe, Bartender at »The Golden Star«	Bud Cruse
Hank, a Scout	Charley James
Pete, a Scout	Dick Hitt
Colorado Charlie	Carl Hoyt
Hugh Kingsley	Ronald Knight
Stage Doorman	Carl Hoyt
Solo Dancer	Ellen Ray

Stagedoor Johnnies: Jim Gurley, Bill Olfekehn, Eric Scott, Michael Waco
Chorus Girls: Carol de Onis, Barbara Ellers, Kay Sutton, Rosemary Webb
Deadwood City Residents: Bill Cook, Jody Cross, Georgia Ehly, Jim Frazier, Jack Hairston, Lorinda Jackson, Jack Stuteville, Tia Lou Taylor, David Worley

Produzent: Casa Manana Musicals
Choreographie: Harding Dorn
Regie: Michael Pollock
Ort: Deadwood und Fort Scully (Dakota Territory) sowie Chicago/USA
Zeit: 1876

Handlung: Liebe im Westernmilieu. Es sind gleich drei Irrtümer, die unerwartet zusammentreffen. Für die Show in seinem Saloon hat Henry Miller versehentlich, weil er sich durch den Vornamen Francis irreführen ließ, einen männlichen Künstler statt der vorgesehenen verführerischen jungen Dame engagiert, was zu heftigen Protesten seiner Stammkunden, einer rauhen, bunt zusammengewürfelten Gesellschaft von Goldsuchern, Abenteurern, Westmännern und Gaunern, führt. Der zweite Irrtum passiert der resoluten Calamity Jane, die den Streit schlichten half, indem sie versprach, die allseits von den Männern begehrte berühmte Künstlerin Adelaide Adams aus dem fernen Chicago herbeizuschaffen. Als Calamity Jane dort nämlich mit rauhen Wildwest-Methoden die Künstlerin in ihrer Garderobe kurzerhand zum Mitkommen auffordert, ahnt sie nicht, daß sie statt Adelaide nur deren junge, hübsche Garderobiere Katie wegführt. Katie sieht der Zukunft in Deadwood mit Spannung entgegen, da sie selbst gern ein Bühnenstar werden möchte. Eine neue Katastrophe im Saloon von Henry Miller bahnt sich an, doch gelingt es Katie immerhin, die Männerwelt von Deadwood in ihren Bann zu ziehen und zu besänftigen. Der dritte Irrtum trifft abermals Calamity Jane, die an die große Liebe zum jungen Leutnant Danny Gilmartin glaubte und nun erleben muß, daß er sich in Katie verliebt. Mit Waffengewalt jagt sie die beiden davon. In ihrem Kummer findet Calamity Jane Trost bei dem Westernhelden Wild Bill Hickok, der erst vor kurzem nach Deadwood kam, und entdeckt in ihm eine verwandte Seele. Zu guter Letzt gibt es nicht nur eine Doppelhochzeit, sondern sogar eine dreifache, da außer Calamity Jane und Wild Bill Hickok sowie Katie und Leutnant Gilmartin nun auch Susan, die Nichte des Saloonbesitzers Henry Miller, den unglücklichen Künstler Francis Fryer heiraten will, mit dessen Engagement alles begonnen hatte.

Deutschsprachige Erstaufführung:
10. Februar 1968, Städtische Bühnen Erfurt. Autoren: Klaus Eidam, Jürgen Degenhardt

Anmerkung: Deadwood City in den Black Hills in Süddakota/USA im Grenzgebiet zu Wyoming entstand 1876 durch einen Goldrausch als eine jener typischen Westernstädte, die heute zum legendären Bild des Wilden Westens gehören. Der Zustrom der Goldsucher und Glücksritter lockte auch Betrüger und Banditen, Desperados, Spieler, leichte Mädchen und Vaudeville-Künstler an, die in den Spielhöllen und Saloons ein ungezügeltes Leben führten. Die Rücksichtslosigkeit der Zugewanderten und die Dezimierung der Büffelherden zur Versorgung der Abenteurer führten zu kriegerischen Auseinandersetzungen mit den ansässigen Stämmen der Krähen- und Dakota-Indianer.

In dieser Situation allgemeiner Gesetzlosigkeit und den Versuchen einzelner, für Recht und Ordnung einzutreten, zeichnen sich einige berühmt-berüchtigte Westerngestalten ab, die durch späteren Nachruhm in Literatur und Film edler, kühner und moralischer dargestellt werden, als sie zweifellos waren. Zur Legende dieser Tage des Goldrauschs gehören u. a. Wyatt Earp, Sam Bass, der als Bandit endete, und Wild Bill Hickok. Als eine der wenigen Frauen zählt zu dieser Gruppe hartgesottener Westernhelden auch Calamity Jane. »Sie trug Männerkleidung, fluchte, trank und kaute Tabak wie die Besten«, gewann im Pokerspiel, ritt wie der Teufel und verstand es, treffsicher mit Pistolen umzugehen. Dennoch blieb sie sich stets ihrer Weiblichkeit bewußt.

Calamity Jane (1852–1903), legendäre Gestalt des Wilden Westens, war an verschiedenen Orten Köchin, Tanzhallen-Girl, Kürschnerin, Marketenderin, Scout, Postreiterin (nach einigen Quellen auch Bordellwirtin, doch wohl eher Saloonchefin), schließlich Kunstschützin zu Pferde und Zirkuskünstlerin. Sie führte ein abenteuerliches Leben in rauher Umgebung und in unruhigen Zeiten. Seit 1876 und zur Zeit des Goldrauschs lebte sie in Deadwood. Die Angaben über sie sind widersprüchlich. Veröffentlicht wurden Briefe, die sie ihrer Tochter geschrieben hatte. Diese Tochter, geboren 1873, war von ihr kurz nach der Geburt einem Ehepaar O'Neil zur Adoption gegeben worden. Die Briefe hatte Calamity Jane nie abgeschickt, um ihrer Tochter die

wahre Herkunft nicht zu offenbaren. Da Calamity Jane gegen Ende des 19. Jahrhunderts als Zirkuskünstlerin gewissen Ruhm erlangt hatte, ist anzunehmen, daß die Briefe authentisch sind und sich in ihrem Nachlaß fanden. Aus ihnen geht folgendes hervor:
Calamity Jane wurde am 1. Mai 1852 in Princeton, Missouri, als Martha Jane Cannary geboren. 1870 lernte sie den bekannten Westmann Wild Bill Hickok kennen und heiratete ihn. Den Namen »Calamity Jane« (Katastrophen-Jane) erhielt sie von ihm. Sie lebten in Abilene, Kansas, doch Hickok verließ seine Frau nach der Geburt der Tochter. Jane gab das Kind zur Adoption und willigte in die Scheidung ein. Obwohl Hickok erneut heiratete, tauchte er auf den Spuren der Goldsucher in Deadwood auf, wo er wieder mit Calamity Jane zusammentraf und mit ihr lebte. Kurz darauf wurde er 1876 in Deadwood erschossen. Das Goldfieber ebbte ab, die Zeiten wurden ruhiger. 1891 heiratete Calamity Jane aus einer Laune heraus Clinton (Charley) Burke, ließ ihn jedoch allein und trat als Reiterin und Kunstschützin in Wildwest-Shows auf, teilweise bei Buffalo Bill. Inzwischen war sie berühmt geworden und wurde herausgestellt als »The Famous Woman Scout of the Wild West – Heroine of a Thousand Thrilling Adventures – The Comrade of Buffalo Bill and Wild Bill«. Krank und müde kehrte sie 1898 nach Deadwood zurück, arbeitete dort als Krankenschwester und trennte sich dann wohl endgültig von Clinton (Charley) Burke. Über ihr letztes Auftreten in der Öffentlichkeit bei der Pan-America-Ausstellung 1901 in Buffalo, Bundesstaat New York, wird berichtet, daß ihr Engagement wegen ihres launenhaften Benehmens und wegen Trunkenheit vorzeitig beendet wurde. Fast erblindet starb Calamity Jane 1903 in Terry bei Deadwood. »Ich nehme viele Geheimnisse mit mir«, schrieb sie im Juni 1902 in ihrem letzten Brief.

Wild Bill Hickok, eigentlich James Butler Hickok (1837–1876), amerikanischer Westmann zweifelhaften Charakters, Army-Scout der Union im Bürgerkrieg, Meisterschütze und Spieler, zeitweise Sheriff von Hays City und Stadtmarschall von Abilene. Er war von 1872 bis 1874 Mitglied von Wildwest-Shows, vermutlich auch bei Buffalo Bill. Begab sich 1876 in die Goldfelder der Black Hills und lebte in Deadwood. Wurde dort am 2. August 1876 am Spieltisch hinterrücks von einem betrunkenen Fremden, Jack McCall, erschossen, der daraufhin verurteilt und gehängt wurde. Nach den Ausführungen von Calamity Jane handelte es sich bei Jack McCall um einen gedungenen Mörder.
Der Schriftsteller Ned Buntline schildert Wild Bill Hickok als den besten Pistolenschützen des Westens.

Vorlage des Musicals

Film:
Calamity Jane
(Deutscher Titel: SCHWERE COLTS IN ZARTER HAND)
1953, USA – Warner Bros. – Technicolor, 101 Min.
Deutsche Erstaufführung: 1963
Film-Musical
Musik: Sammy Fain
Songtexte: Paul Francis Webster
Drehbuch: James O'Hanlon

Personen und ihre Darsteller:

Calamity Jane	Doris Day
Wild Bill Hickok	Howard Keel
Katie Brown	Allyn McLerie
Lieutenant Gilmartin	Philip Carey
Francis Fryer	Dick Wesson
Henry Miller	Paul Harvey
Rattlesnake	Chubby Johnson
Adelaide Adams	Gale Robbins
Buck	Rex Lease
Hank	Francis McDonald
Pete	Monte Montague
MacPherson	Forrest Taylor
Bartender	Lee Shumway
Artist	Emmett Lynn

Prospectors: Lane Chandler, Glenn Strange, Zon Murray, Budd Buster, Terry

Frost, Tom Landon, Billy Bletcher sowie Buddy Roosevelt, Reed Howes, Stanley Blystone, Lee Morgan, Kenne Duncan, Bill Hale, Tom Monroe

Produzent: William Jacobs
Choreographie: Jack Donohue
Regie: David Butler

Auszeichnung: 1 Academy Award (Oscar) 1953: Musik – Song »Secret Love« (Sammy Fain, Paul Francis Webster)

Songs und Musiknummern

Bühne (1961):
Die mit Zeichen ⊕ versehenen Songs entstammen der Vorlage, dem Film von 1953.
The Deadwood Stage ⊕; Careless With the Truth; Adelaide; Ev'ryone Complains About the Weather; Men!; Can-Can (instr.); Hive Full of Honey ⊕; I Can Do Without You ⊕; It's Harry I 'm Planning to Marry ⊕; Windy City ⊕; Keep It Under Your Hat ⊕; A Woman's Touch ⊕; Higher Than a Hawk ⊕; The Black Hills of Dakota ⊕; Love You Dearly; My Secret Love ⊕

Film (1953):
Secret Love (»Oscar-Melodie«); The Deadwood Stage; I've Got a Heart Full of Honey; I Can Do Without You; The Black Hills of Dakota; Just Blew In From the Windy City; Keep It Under Your Hat; A Woman's Touch; Higher Than a Hawk; It's Harry I'm Planning to Marry

Schallplatte:
F   – Columbia CL 6273

Hinweis/Film:
Episoden aus dem Leben der Calamity Jane – in den Details meist erdichtet – werden auch in den nachfolgend genannten Filmen behandelt.

Wild Bill Hickok
Stummfilm 1923, USA – Famous Players – Lasky/Paramount, 6893 ft/2101 m (77 Min.)
Drehbuch: William S. Hart
Darsteller: William S. Hart (Wild Bill Hickok), Ethel Grey Terry (Calamity Jane), Kathleen O'Connor (Elaine Hamilton), James Farley (Jack McQueen), Jack Gardner (Bat Masterson), Carl Gerard (Clayton Hamilton), William Dyer (Colonel Horatio Higginbotham), Bert Sprotte (Bob Wright), Leo Willis (Joe McCord), Naida Carle (Fanny Kate), Herschel Mayall (Gambler)
Produzent: William S. Hart
Regie: Clifford S. Smith

The Plainsman
(Deutscher Titel: VERRAT – EIN AMERIKANISCHES DUELL, später/1950: HELD DER PRÄRIE)
1937, USA – Paramount, 115 Min.
Deutsche Erstaufführung: 1940
Drehbuch: Waldemar Young, Lynn Riggs, Harold Lamb, nach einem unveröffentlichten Drehbuch von Courtney Riley Cooper, nach dem Roman »Wild Bill Hickok« von Frank J. Wilstach und ergänzendem Material, zusammengetragen von Jeanie Macpherson
Darsteller: Gary Cooper (Wild Bill Hickok), Jean Arthur (Calamity Jane), James Ellison (Buffalo Bill Cody), Charles Bickford (John Lattimer), Helen Burgess (Louisa Cody), Porter Hall (Jack McCall), Paul Harvey (Chief Yellow Hand), Victor Varconi (Painted Horse), John Miljan (General George Armstrong Custer), Frank McGlynn Sr. (Abraham Lincoln), Granville Bates (Van Ellyn), Frank Albertson (Young Trooper of the Seventh Cavalry), Purnell Pratt (Captain Wood), Fred Kohler Sr. (Jake, a Teamster), George Hayes (Breezy), Fuzzy Knight (Dave, a Miner), Patrick Moriarty (Sergeant McGinnis), Charles Judels (Tony, the Barber), Harry Woods (Quartermaster Sergeant), Anthony Quinn (Northern Cheyenne Indian), Francis J. McDonald (A River Gambler), George Ernest (Boy on the Dock, an Urchin), George MacQuarrie (General Merritt), John Hyams (Schuyler Colfax), Edgar Dearing (Custer's Messenger), Edwin Maxwell (Stanton, Secretary of War), Bruce Warren (Purser of the »Lizzie Gill«), Charlie Stevens (Injun Charley),

Lona Andre (Southern Belle), Mark Strong (Wells Fargo-Agent), Irving Bacon (Hysterical Trooper), Francis Ford (Old Veteran), William Royle (Corporal Brannigan), Leila McIntyre (Mary Todd Lincoln), Harry Stubbs (John F. Usher), Davison Clark (James Speed), Charles W. Herzinger (William H. Seward), William Humphries (Hugh McCulloch), Sidney Jarvis (Giddeon Wells bzw. Gideon Welles), Wadsworth Harris (William Dennison), Noble Johnson (Indian), Jonathan Hale (Major)
(Van Ellyn's Associates): Arthur Aylesworth, Douglas Wood, George Cleveland sowie Hank Worden, Bud Flanagan/d. i. Dennis O'Keefe
Produzent: Cecil B. DeMille
Regie: Cecil B. DeMille

Young Bill Hickok
1940, USA – Republic, 59 Min.
Drehbuch: Norton S. Parker, Olive Cooper
Darsteller: Roy Rogers (Bill Hickok), George »Gabby« Hayes (»Gabby«), Jacqueline Wells/d. i. Julie Bishop (Louise Mason), John Miljan (Nicholas Tower), Sally Payne (Calamity Jane), Archie Twitchell (Phillip), Monte Blue (Marshal Evans), Hal Taliaferro/d. i. Wally Wales (Morrell), Ethel Wales (Mrs. Stout), Jack Ingram (Red), Monte Montague (Majors), Iron Eyes Cody, Fred Burns, Frank Ellis, Slim Whitaker, Jack Kirk, Hank Bell, Henry Wills, Dick Elliott, William Desmond, John Elliott, Jack Rockwell, Bill Wolfe, Tom Smith, Trigger the Horse
Produzent: Joseph Kane
Regie: Joseph Kane

Badlands of Dakota
1941, USA – Universal, 74 Min.
Drehbuch: Gerald Geraghty, nach einer Story von Harold Shumate
Darsteller: Robert Stack (Jim Holliday), Ann Rutherford (Anne Grayson), Richard Dix (Wild Bill Hickok), Frances Farmer (Calamity Jane), Broderick Crawford (Bob Holliday), Hugh Herbert (Rocky Plumner), Andy Devine (Spearfish), Fuzzy Knight (Hurricane Harry), Lon Chaney Jr. (Jack McCall), Addison Richards (General Custer), Bradley Page (Chapman), Samuel S. Hinds (Uncle Wilbur)
(The Jesters): Dwight Latham, Walter Carlson, Guy Bonham
und Jane Farley, Edward Fielding, Willie Fung, Emmett Vogan, Glenn Strange, Carleton Young
Produzent: George Waggner
Regie: Alfred E. Green

The Paleface
(Deutscher Titel: SEIN ENGEL MIT DEN ZWEI PISTOLEN)
1948, USA – Paramount – Technicolor, 91 Min.
Deutsche Erstaufführung: 1950
Drehbuch: Edmund Hartmann, Frank Tashlin, Jack Rose
Darsteller: Bob Hope (Painless Peter Potter), Jane Russell (Calamity Jane), Robert Armstrong (Terris), Iris Adrian (Pepper), Robert Watson/auch: Bobby Watson (Toby Preston), Jackie Searl (Jasper Martin), Joseph Vitale (Indian Scout), Henry Brandon (Wapato, Medicine Man), Charles Trowbridge (Governor Johnson), Clem Bevans (Hank Billings), Jeff York (Joe), Stanley Andrews (Commissioner Emerson), Wade Crosby (Jeb), Chief Yowlachie (Chief Yellow Feather), Iron Eyes Cody (Chief Iron Eyes), John Maxwell (Village Gossip), Tom Kennedy (Bartender), Francis J. McDonald (Lance), Frank Hagney (Greg), Skelton Knaggs (Pete), Olin Howlin (Undertaker), George Chandler (First Patient), Nestor Paiva (Second Patient), Earle Hodgins (Clem), Arthur Space (Zach), Edgar Dearing (Sheriff), Dorothy Granger (Bath House Attendant), Charles Cooley (Mr. X), Eric Alden (Bob), Jody Gilbert (Woman in Bath House), Al M. Hill (Pioneer), Harry Harvey (Justice of the Peace), Hall Bartlett (Handsome Cowboy), Stanley Blystone (Onlooker), Bob Kortman (Onlooker), Oliver Blake (Character), Lane Chandler (Tough Galoot), Syd Saylor (Cowboy),

Paul E. Burns (Justice of the Peace), Dick Elliott (The Mayor), Sharon McManus (Child)
Produzent: Robert L. Welch
Choreographie: Billy Daniel
Regie: Norman Z. McLeod
Songs: Buttons and Bows (Jay Livingston/K, Ray Evans/T, »Oscar-Melodie«); Meetcha 'Round the Corner (Jay Livingston/K, Ray Evans/T); Get a Man (Joseph L. Lilley)
Auszeichnung: 1 Academy Award (Oscar) 1948: Musik-Song »Buttons and Bows« (Jay Livingston, Ray Evans)
Anmerkung: In der Fortsetzung »Son of Paleface« (Paramount/1952) und im Remake (Neuverfilmung) »The Shakiest Gun in the West« (Universal/1968) sind keine Rollen »Calamity Jane« enthalten.

Calamity Jane and Sam Bass
(Deutscher Titel: REBELLEN DER STEPPE)
1949, USA – Universal-International – Technicolor, 85 Min.
Deutsche Erstaufführung: 1952
Drehbuch: Maurice Geraghty, Melvin Levy, nach einer Story von George Sherman
Darsteller: Yvonne De Carlo (Calamity Jane), Howard Duff (Sam Bass), Dorothy Hart (Katherine Egan), Willard Parker (Sheriff Will Egan), Norman Lloyd (Jim Murphy), Lloyd Bridges (Joel Collins), Marc Lawrence (Dean), Houseley Stevenson (Dakota), Milburn Stone (Abe Jones), John Rodney (Morgan), Roy Roberts (Marshal Peak), Ann Doran (Mrs. Egan), Charles Cane (J. Wells), Walter Baldwin (Doc Purdy), Clifton Young (Link), Paul Maxey (Underwood), George Carleton (Mr. Sherman), Harry Harvey (Station Agent), Jack Ingram (Mayes), Francis McDonald (Starter), Douglas Walton (Bookmaker), Nedrick Young (Parsons), Russ Conway (Baggage Man), Jimmy Ames (Blacksmith), Ezelle Poule (Woman Customer), Anthony Backus (Deputy), Pierce Lyden (Deputy), I. Stanford Jolley (Wilson), Stanley Blystone (Cowboy), Roy Butler,

Frank McCarroll, Charles Sullavan, Bob Perry, James Linn, Bill Sundholm
Produzent: Leonard Goldstein
Regie: George Sherman

The Texan Meets Calamity Jane
1950, USA – Columbia – Cinecolor, 71 Min.
Drehbuch: Andre Lamb
Darsteller: Evelyn Ankers (Calamity Jane), James Ellison (Gordon Hastings), Lee »Lasses« White (Colorado Charley), Ruth Whitney (Cecelia Mullen), Jack Ingram (Matt Baker), Frank Pharr (Sheriff Atwood), Sally Weidman (Emmy Stokes), Ferrell Lester (Rollo), Rudy DeSaxe (Herbert), Paul Barney (Dave), Ronald Marriott (Nick),Walter Strand (Carlos), Hugh Hooker (Sam), Bill Orisman (Shotgun Messenger), Lou W. Pierce (Elmer), Elmer Herzberg (Henry the Whistler), Ray Jones
Produzent: Andre Lamb
Regie: Andre Lamb

The Raiders
(Deutscher Titel: DIE RAUHEN REITER VON TEXAS)
1964, USA – Universal/Revue Productions – Eastmancolor, 75 Min.
Deutsche Erstaufführung: 1964
Drehbuch: Gene L. Coon
Darsteller: Robert Culp (James Butler Hickok – Wild Bill Hickok), Brian Keith (John G. McElroy), Judi Meredith (Martha Jane Cannary – Calamity Jane), James McMullan (William F. Cody – Buffalo Bill), Alfred Ryder (Captain Benton), Simon Oakland (Sergeant Austin Tremaine), Ben Cooper (Tom King), Trevor Bardette (Uncle Otto Strassner), Harry Carey Jr. (Jellicoe), Dick Cutting (Jack Goodnight), Addison Richards (Huntington Lawford), Cliff Osmond (Duchamps), Paul Birch (Paul King), Richard Deacon (Commissioner Mailer), Michael Burns (Jimmy McElroy)
Produzent: Howard Christie
Regie: Herschel Daugherty

The Plainsman
(Deutscher Titel: TAUSEND GEWEHRE
FÜR GOLDEN HILL)
1966, USA – Universal – Eastmancolor,
92 Min.
Deutsche Erstaufführung: 1966
Drehbuch: Michael Blankfort, nach dem
Drehbuch des gleichnamigen Films von
1937.
Darsteller: Don Murray (Wild Bill
Hickok), Guy Stockwell (Buffalo Bill Co-
dy), Abby Dalton (Calamity Jane), Emily
Banks (Louisa Cody), Bradford Dillman
(Lieutenant Stiles), Henry Silva (Crazy
Knife), Simon Oakland (Black Kettle),
Leslie Nielsen (Colonel George Arm-
strong Custer), Edward Binns (Lattimer),
Michael Evans (Estrick), Percy Rodriguez
(Brother John), Terry Wilson (Sergeant
Womack), Walter Burke (Abe Ireland)
Produzent: Richard E. Lyons
Regie: David Lowell Rich

Calamity Jane
(Deutscher Titel: SIE NANNTEN SIE CALA-
MITY JANE)
(TV) 1984, USA – CBS Entertainment –
Color, 120 Min. (TV)
Erstsendung: 6. März 1984
Deutsche Erstaufführung: 1991
(TV, Tele 5)
Drehbuch: Suzanne Clauser
Darsteller: Jane Alexander (Calamity
Jane), Frederic Forrest (Wild Bill
Hickok), Ken Kercheval (Buffalo Bill
Cody), Walter Olkewicz (Will Lull), Talia
Balsam (Jean), Walter Scott (Charlie
Burke), David Hemmings (Captain Ja-
mes O'Neil), Isabell Monk (Nell), Jack
Murdock (Reverend Warren), Larry Ce-
dar (Reverend Sipes), Doug Toby
(Jackie), Laurie O'Brien (Mamie), Sara
Abeles (Jean, Age 7), Gillian Eaton (Mrs.
O'Neil), Don Hepner (Barker), Jessica
Nelson (Patty), Henry Kendrick (Station
Boss), Gloria Henry (Lady), Mavis Neal
Palmer (Lady), Theresa DePaolo (Young
Woman)
Produzenten: Herbert Hirschman, Jane
Alexander
Regie: James Goldstone

Calamity Jane wird ferner dargestellt in
den Filmen:

Caught, USA/1931, von Louise Dresser
*Die letzte Kugel traf den Besten/Sette ore
di fuoco,* Deutschl.–Ital.–Span./1964, von
Gloria Milland
(TV) *This Is The West That Was,*
USA/1974, von Kim Darby

Wild Bill Hickok wird ferner dargestellt
in den Filmen:

The Iron Horse/Das Feuerroß, USA/
1924, von Jack Padjan
The Last Frontier/Bedrohte Grenzen,
USA/1926, von J. Farrell MacDonald
Frontier Scout, USA/1938, von George
Huston
Prairie Schooners, USA/1940, von Bill
Elliott
Wild Bill Hickok Rides/Der wilde Bill,
USA/1942, von Bruce Cabot
Dallas/Todfeindschaft, USA/1950, von
Reed Hadley
The Lawless Breed/Gefährliches Blut,
USA/1953, von Robert Anderson
Son of the Renegade, USA/1953, von
Ewing Brown
*Jack McCall, Desperado / Der letzte
Trumpf,* USA/1953, von Douglas Ken-
nedy
Pony Express, USA/1953, von Forrest
Tucker
I Killed Wild Bill Hickok, USA/1956,
von Tom Brown
*Die letzte Kugel traf den Besten/Sette ore
di fuoco,* Deutschl.–Ital.–Span./1964, von
Adrian Hoven (Deutsche Fassung: Gun
Barret)
The Outlaws Is Coming, USA/1965, von
Paul Shannon
Deadwood '76, USA/1965, von Robert
Dix
Little Big Man, USA/1970, von Jeff
Corey
(TV) *This Is the West That Was,*
USA/1974, von Ben Murphy
The White Buffalo/Der weiße Büffel,
USA/1977, von Charles Bronson
The Legend of the Lone Ranger,
USA/1981, von Richard Farnsworth

CALL ME MADAM

Musik und Songtexte: Irving Berlin
Buch: Howard Lindsay, Russel Crouse
Premiere in New York, Imperial Theatre:
12. Oktober 1950

Personen und die Darsteller der Premiere:

Sally Adams	Ethel Merman
Cosmo Constantine	Paul Lukas
Kenneth Gibson	Russell Nype
Congressman Wilkins	Pat Harrington
Pemberton Maxwell	Alan Hewitt
Sebastian Sebastian	Henry Lascoe
Princess Maria	Galina Talva
Henry Gibson	William David
Senator Gallagher	Ralph Chambers
Senator Brockbank	Jay Velie
Hugo Tantinnin	E. A. Krumschmidt
Grand Duchess Sophie	Lilia Skala
Grand Duke Otto	Owen Coll
Secretary of State	Geoffrey Lumb
Supreme Court Justice	Owen Coll
Secretary to Mrs. Adams	Jeanne Bal
Butler	William Hail
Clerk	Stowe Phelps
Court Chamberlain	William David
Maid	Lily Paget

Principal Dancers: Tommy Rall, Muriel Bentley, Arthur Partington, Norma Kaiser
Ocarina Players: Ollie Engebretson, Richard Fjellman

Produzent: Leland Hayward
Choreographie: Jerome Robbins
Regie: George Abbott
Ort: Washington und europäisches Fantasieland »Lichtenburg«
Zeit: »Gegenwart« (1950)

Handlung: Gesellschaftskomödie – Parodie auf die vom amerikanischen Präsidenten Truman 1949 als Botschafterin nach Luxemburg entsandte Washingtoner Partykönigin Perle Mesta. Miß Sally Adams wird in Washington zur Botschafterin der USA in Lichtenburg ernannt. Sie ist begeistert von der bevorstehenden Aufgabe, weiß aber so gut wie nichts über diesen kleinen Staat in Europa. Deshalb nimmt sie den jungen, talentierten und lebenslustigen Kenneth Gibson als Botschaftssekretär mit. Er erkundigt sich eingehend über Lichtenburg und ist nun gut über die Situation des Landes informiert. Sally hat bald zwei Dinge erkannt. Erstens stellt sie fest, daß der Premierminister Cosmo Constantine ein faszinierender Mann ist, und zweitens kommt sie, nicht zuletzt deshalb, zu dem Schluß, daß Lichtenburg eine kräftige finanzielle Unterstützung der USA gebrauchen kann. Kenneth Gibson hingegen ist von der Prinzessin Maria überaus begeistert und sucht ihre Nähe. Sally, freundlich, aber direkt, benimmt sich nicht gerade diplomatisch, doch sieht man in Lichtenburg mit einem Lächeln über ihre unverblümte Art hinweg. Mit Interesse nimmt man zur Kenntnis, daß sie Geld beschaffen will. Die Nachrichten, die von Lichtenburg nach Washington gelangen, sind nicht unbedingt schmeichelhaft für Sally. Zur Prüfung der Situation schickt man drei Herren des Kongresses nach Lichtenburg. Doch als Gastgeberin ist Sally unschlagbar. Sie arrangiert einen beeindruckenden Botschaftsball mit Lichtenburger Folklore, und der Empfang der Delegation ist so herzlich, daß die Herren aus Washington nicht lange brauchen, um zu der Erkenntnis zu kommen, das liebenswerte kleine Land sei es wert, von den USA finanziell unterstützt zu werden. Sally wird zwar nach Washington zurückgerufen, beendet aber ihre kurze diplomatische Laufbahn mit der befriedigenden Feststellung, daß das Geld bewilligt wird. Kenneth bleibt in Lichtenburg, übernimmt die Verwaltung des amerikanischen Geldes und wird in Kürze die Prinzessin heiraten. Cosmo Constantine kommt nach Washington zur Verleihung eines Ordens, und als er dort wieder mit Sally zusammentrifft, wissen beide, daß sie sich in Liebe verbunden sind.

Auszeichnungen: 2 Antoinette Perry Awards (Tonys) 1951: Weibliche Hauptrolle–Musical: Ethel Merman / Männliche Hauptrolle–Musical: Russel Nype – 1 Antoinette Perry Award (Tony) 1952: Bühnentechnik: Peter Feller (Chef-Zimmermann)

Anmerkung: Perle Mesta, geb. Skirvin, (1890–1974), aufgewachsen in Texas und Oklahoma. Heiratete 1916 in Pittsburgh den Fabrikanten George Mesta. Von Haus aus wohlhabend und seit 1925 reich verwitwet, begann sie sich politisch zu betätigen – speziell engagierte sie sich für die Gleichberechtigung der Frau – und übersiedelte nach Washington. Als Gastgeberin großer Gesellschaftsparties gab ihr hier die Presse den Beinamen »Washington's No. 1 Hostess«. Im Juni 1949 erhielt sie auf Initiative von Präsident Truman ihre Ernennung zur Gesandtin im Großherzogtum Luxemburg, eine Aufgabe, die mit Wirkung vom 13. April 1953 endete, nachdem Eisenhower Präsident geworden war.

Film:

Call Me Madam
(Deutscher Titel: MADAME MACHT GESCHICHTE[N])

1953, USA – 20th Century-Fox – Technicolor, 114 Min.
Deutsche Erstaufführung: 1953
Musik und Songtexte: Irving Berlin
Drehbuch: Arthur Sheekman, nach dem gleichnamigen Musical

Personen und ihre Darsteller:

Sally Adams	Ethel Merman
Cosmo Constantine	George Sanders
Kenneth Gibson	Donald O'Connor
Princess Maria	Vera-Ellen (Gesangsstimme: Carole Richards)
Pemberton Maxwell	Billy DeWolfe
Prince Hugo	Helmut Dantine
Tantinnin	Walter Slezak
Sebastian	Steven Geray
Grand Duke	Ludwig Stossel/d. i. Ludwig Stoessel
Grand Duchess	Lilia Skala
Senator Brockway	Charles Dingle
Senator Gallagher	Emory Parnell
Senator Wilkins	Percy Helton
Secretary of State	Walter Woolf King
Leader	Leon Belasco
Chamberlain	Oscar Beregi
Miccoli	Nestor Paiva
Proprietor	Sidney Marion
Rudolph	Torben Meyer
Supreme Court Justice	Richard Garrick
Clerk	Olan Soule
Ronchin	John Wengraf
Hat Clerk	Fritz Feld
Music Clerk	Erno Verebes/d. i. Ernst Verebes
Switchboard Operator	Hannelore Axman
Minister from Magrador	Lal Chand Mehra

Produzent: Sol C. Siegel
Choreographie: Robert Alton
Regie: Walter Lang

Auszeichnung: 1 Academy Award (Oscar) 1953: Musikgesamtwerk–Instrumentierung (Filmversion): Alfred Newman

Songs und Musiknummern

Bühne:
Mrs. Sally Adams; The Hostess With the Mostes' on the Ball; The Washington Square Dance; Lichtenburg; Can You Use Any Money Today?; Marrying for Love; The Ocarina; Its's a Lovely Day Today; The Best Thing for You Would Be Me; Something to Dance About; Once Upon a Time Today; They Like Ike; You're Just in Love (I Wonder Why You're Just in Love)
Nicht verwendet:
Gypsy Dance; Mr. Monotony; Free

Film:
Mrs. Sally Adams; The Hostess With the Mostes' on the Ball; Welcome to Lichtenburg; Can You Use Any Money Today?; Marrying for Love; It's a Lovely Day Today; That International Rag; The Ocarina; What Chance Have I With Love?;

The Best Thing for You Would Be Me; Something to Dance About; You're Just in Love

Schallplatten:
NY – (Dinah Shore u. Original Cast) RCA Victor LOC 1000
F – Decca DL 5465, DRG Stet DS 25001 A
St – MCA 2055, (1971/Ethel Merman, Dick Haymes, Eileen Wilson) Decca DL 7-9022

CAMELOT

Musik: Frederick Loewe
Songtexte: Alan Jay Lerner
Buch: Alan Jay Lerner, nach dem Romanzyklus »The Once and Future King« (deutsch: »Der König auf Camelot«) von T. H. White
Premiere in New York, Majestic Theatre: 3. Dezember 1960

Personen und die Darsteller der Premiere:

Queen Guenevere	Julie Andrews
King Arthur	Richard Burton
Sir Lancelot	Robert Goulet
Mordred	Roddy McDowall
King Pellinore	Robert Coote
Morgan Le Fey	M'el Dowd
Sir Lionel	Bruce Yarnell
Sir Dinadan	John Cullum
Merlyn	David Hurst
Nimue	Marjorie Smith
Dap	Michael Clarke-Laurence
Clarius	Richard Kuch
Lady Anne	Christina Gillespie
Sir Sagramore	James Gannon
Lady Catherine	Virginia Allen
Sir Ozanna	Michael Kermoyan
Sir Gwilliam	Jack Dabdoub
Tom	Robin Stewart
Herald	John Starkweather
A Lady	Leesa Troy
A Page	Leland Mayforth
A Page	Peter De Vise

ferner: Mary Sue Berry, James Gannon

Produzenten: Frederick Loewe, Alan Jay Lerner, Moss Hart

Choreographie: Hanya Holm
Regie: Moss Hart
Ort: König Arthurs Burg Camelot/Wales, Britannien
Zeit: Im sechsten Jahrhundert

Handlung: Ritter-Spektakel nach der Sage vom König Arthur und den Rittern seiner Tafelrunde – Dreiecksgeschichte vom Scheitern hoher Ideale durch das Allzumenschliche. Zur Hochzeit mit König Arthur trifft die schöne Guenevere in Camelot ein. Beide haben sich noch nie gesehen, empfinden aber schon bei der ersten Begegnung Sympathie füreinander. König Arthur, beeinflußt von seinem Förderer, dem Zauberer Merlin, tritt für Frieden und Verständigung unter den Menschen ein und erläßt einen Aufruf an alle edlen Ritter, mit ihm eine Tafelrunde zu bilden als Forum, um Probleme und Streitigkeiten behandeln und beilegen zu können. Dem Ruf folgt auch der junge Lancelot, der von Frankreich nach Camelot kommt, um die Ideale des Königs zu unterstützen. Guenevere teilt die Abneigung des Hofes gegen den Fremden, beurteilt ihn als arrogant und hält ihn nicht für tapfer. Boshaft fordert sie ihn dazu heraus, beim Maifest gegen drei Ritter der Tafelrunde im Turnier anzutreten. Gelassen stellt sich Lancelot dieser Aufgabe, gewinnt nicht nur im Kampf, sondern zeigt sich auch großmütig gegenüber den Besiegten. Gueneveres Geringschätzung wandelt sich in Interesse für den Edelmann aus Frankreich. Auch Lancelot fühlt sich zur Königin hingezogen. Um Konflikte zu vermeiden und den von ihm verehrten König Arthur nicht zu kränken, entscheidet er sich, Camelot zu verlassen und nach Frankreich zurückzukehren. Zwei Jahre später ist er, nun als ein Ritter der Tafelrunde, wieder in Camelot. Zur Königin entwickelt sich eine tiefe Liebesbeziehung, die König Arthur nicht verborgen bleibt. Er zögert, einzuschreiten, denn er vermag jene nicht zu strafen, an denen sein Herz hängt. Das Unheil naht in Gestalt von Mordred. Als illegitimer Sohn des Königs strebt er selbst nach dem Thron. Mit Hilfe der in Hexenkunst bewanderten Morgan le Fey geht er daran, den König in Schwierigkeiten zu bringen. Es gelingt ihm, Lancelot und Guenevere als Liebespaar bloßzustellen. Guenevere wird verhaftet, Lancelot kann entkommen. Arthur muß es hinnehmen, daß Guenevere zum Tod auf dem Scheiterhaufen verurteilt wird. Der kühne Lancelot jedoch reitet mit einigen Getreuen herbei, rettet Guenevere in letzter Minute und nimmt sie mit nach Frankreich. König Arthur ist gezwungen, gegen Lancelot in den Krieg zu ziehen. Kurz vor der Schlacht trifft er sich noch einmal heimlich mit Lancelot und Guenevere. Voller Schmerz nehmen sie Abschied voneinander. Auf dem Rückweg zu seinem Heer trifft Arthur auf einen Knaben, der sich unter die Krieger gemischt hat, weil es sein Traum ist, einmal in die Tafelrunde aufgenommen zu werden. Der König schlägt ihn zum Ritter, sendet ihn zurück nach England und trägt ihm auf, den Wunsch nach Frieden und die Ideale des Königs an die nachfolgenden Generationen weiterzugeben.

Auszeichnungen: 4 Antoinette Perry Awards (Tonys) 1961: Männliche Hauptrolle–Musical: Richard Burton / Dirigent und Musikalische Leitung: Franz Allers / Bühnenbild: Oliver Smith / Kostüme: Adrian, Tony Duquette

Deutschsprachige Erstaufführung (Originaltitel): 3. Oktober 1981, Badisches Staatstheater Karlsruhe. Autor: Marcel Valmy

→ A Connecticut yankee

Film:

Camelot
(Deutscher Titel / ZDF: Camelot – am Hofe König Arthurs)

1967, USA – Warner Bros./Seven Arts – Panavision/Technicolor, 181 Min.
Deutsche Erstaufführung (Originaltitel): 1968

Musik: Frederick Loewe
Songtexte und Drehbuch: Alan Jay Lerner, nach dem gleichnamigen Musical
Personen und ihre Darsteller:

King Arthur	Richard Harris
Queen Guenevere	Vanessa Redgrave
Lancelot DuLac	Franco Nero
	(Gesangsstimme:
	Gene Merlino)
Mordred	David Hemmings
King Pellinore	Lionel Jeffries
Merlyn	Laurence Naismith
Dap	Pierre Olaf
Lady Clarinda	Estelle Winwood
Sir Lionel	Gary Marshal
Sir Dinadan	Anthony Rogers
Sir Sagramore	Peter Bromilow
Lady Sybil	Sue Casey
Tom of Warwick	Gary Marsh
King Arthur as a Boy	Nicholas Beauvy

Produzenten: Jack L. Warner, Joel Freeman
Choreographie: Buddy Schwab
Regie: Joshua Logan

Auszeichnungen: 3 Academy Awards (Oscars) 1967: Ausstattung–Bühnenbild: John Truscott und Edward Carrere, John W. Brown / Kostüme: John Truscott / Musikgesamtwerk–Instrumentierung (Filmversion): Alfred Newman, Ken Darby

Songs und Musiknummern

Bühne:
I Wonder What the King Is Doing Tonight (Ich wüßt' gern, was der König tut heute nacht); The Simple Joys of Maidenhood (Wo sind die Träume meiner Mädchenzeit?); Camelot; Follow Me; C'est Moi; The Lusty Month of May; Then You May Take Me to the Fair; How to Handle a Woman; The Tumblers (instr.); The Jousts; Before I Gaze at You Again; If Ever I Would Leave You; Parade (instr.); The Seven Deadly Virtues; What Do the Simple Folk Do? (Was mag da wohl das Volk tun?); The Enchanted Forest (instr.); Fie on Goodness!; The Invisible Wall (instr.); I Loved You Once in Silence; Guenevere

Film:
I Wonder What the King Is Doing To-
night; The Simple Joys of Maidenhood;
Camelot; Wedding Ceremony; C'est Moi;
The Lusty Month of May; Follow Me;
Then You May Take Me to the Fair; How
to Handle a Woman; If Ever I Would
Leave You; What Do the Simple Folk
Do?; I Loved You Once in Silence;
Guenevere

Schallplatten:
NY – Columbia KOL 5620/KOS 2031,
     Columbia S 32602, CBS SBRG
     70009
L   – His Master's Voice CSD 1559,
     Stet DS 25001, (1964) First Night
     FN OCR 004, (1982) That's Enter-
     tainment TER 1030
F   – Warner Bros. BSG 1712, Warner
     Bros. K 3102

Vorlage des Musicals:
Das Musical CAMELOT basiert auf der Sage vom König Artus (Arthur) und seiner »Tafelrunde«. Der britische Chronist
Nennius erwähnt in seiner »Historia Bri-
tonum« (um 800) den bretonischen König Artus als Heerführer der Briten, der
um das Jahr 500 die eindringenden Angelsachsen in zwölf Schlachten besiegte.
Er soll 537 in der Schlacht am Camlann
gefallen sein.
Die Sage erhebt König Artus zum mittelalterlichen britischen Helden, der in einer
legendären Tafelrunde die edelsten der
Ritter um sich versammelte und mit ihnen
einen Treuebund bildete. Artus, in Cornwall geboren, vom Zauberer Merlin gefördert und erzogen, durch das Schwert
Excalibur, das er mit Merlins Hilfe aus einem Stein zog, zum König bestimmt und
auf Burg Camelot heimisch, wird zur Ide-
alfigur des ritterlichen Herrschers. Doch
der Schmerz reibt ihn auf, als er von der
Liebe seiner Gemahlin Guenevere (Gua-
nahamara – aus einer vornehmen römischen Familie stammend) zu Lancelot, einem der edelsten Ritter der Tafelrunde,
erfährt. Schließlich wird Artus auch noch
von seinem Neffen Mordred hintergan-
gen, der ihn vom Thron vertreiben will.

Im Kampf um seine Ehre schwer verwundet, wird der sterbende König auf die Feen-
Insel Avalon entrückt, von der er, der Sage nach, eines Tages wiederkehren wird.
Der Artus-Stoff mit seinem geschichtlichen Gehalt, dem edlen König und seiner
Tafelrunde, dem Zauberer Merlin, dem
Schwert Excalibur und der schicksalhaften Liebesbeziehung zwischen der Königin Guenevere und dem Ritter Lancelot
ist durch Jahrhunderte in Literatur, Dichtung und in dramatischen Werken immer
wieder neu behandelt und gestaltet worden. Unter anderem ergab sich auch eine
Verknüpfung mit der Sage vom Gralssu-
cher Parzival, der zu einem Ritter der Tafelrunde wird. In England schuf Sir Thomas Malory zwischen 1451 und 1470
durch Zusammenfassung der verschiedenen Mythen, Sagen und Legenden die
prägnanteste Darstellung des Stoffes mit
seinem Werk »Le Morte Darthur« (ge-
druckt 1485), das auch späteren Bearbei-
tern als Grundlage diente, so dem britischen Autor T. H. (Terence Hanbury)
White (1906 – 1964).

*Romanzyklus »The Once and Future
King«, von T.H. White,* nach den Erzählungen »Le Morte Darthur« von Sir Thomas Malory (21 Bücher umfassende
Sammlung/gedruckt 1485):
1) The Sword in the Stone (1938, deutsch:
   Das Schwert im Stein)
2) The Witch in the Wood (1939, später:
   The Queen of Air and Darkness,
   deutsch: Die Königin von Luft und
   Dunkelheit)
3) The Ill-Made Knight (1941, deutsch:
   Der mißratene Ritter)
4) The Candle in the Wind (1958, deutsch:
   Die Kerze im Wind)

Hinweis:
Die Sage vom König Artus (Arthur), dem
Zauberer Merlin und den anderen Gestalten der Legende ist seit dem Mittelalter immer wieder Thema literarischer
und dramatischer Bearbeitungen gewesen, so auch in den nachfolgend genannten Werken des Musiktheaters und des
Films.

Bühne:

Oper: *King Arthur – The British Worthy*
Musik: Henry Purcell
Autor: John Dryden
London, Queen's Theatre in Dorset Garden: Sommer 1691

Oper: *Merlin*
Musik: Karl Goldmark
Autor: Siegfried Lipiner
Wien, Hofoper: 19. November 1886

Oper: *Merlin*
Musik: Philipp Rüfer
Autor: Ludwig Hoffmann
Berlin, Königliches Theater: 28. Februar 1887

Operette: *Lancelot the Lovely*
Musik: John Crook
Autor: P. Henry
London, Avenue Theatre: 1892

Oper: *König Arthur*
Musik: Max Wogritsch
Autor: Max Wogritsch
Leipzig, Stadttheater: 26. November 1893

Oper: *Merlin*
Musik: Emile Chevé
Autor: Lionel Bonnemère
Brüssel: 11. Februar 1894

Operette: *King Arthur*
Musik: Herbert Longhorst, Georg G. Lewis
Autor: H. Turner
London: 1896

Oper: *King Arthur*
Musik: Colin MacAlpin
Leicester/Großbritannien: 1896 (London 1897)

Oper: *Lancelot*
Musik: Félix Ludger, Victorin Joncières
Autoren: Louis Gallet, Edouard Stan. Blau
Paris, Opéra: 7. Februar 1900

Oper: *Le Roi Arthus*
Musik: Ernest Chausson
Autor: Ernest Chausson
Brüssel, Théâtre de la Monnaie: 30. November 1903

Oper: *Merlin*
Musik: Felix Draeseke
Autor: Felix Draeseke
Gotha, Hoftheater: 18. April 1913

Märchenspiel: *Merlin*
Musik: Roderich Mojsisovich
Autor: Eduard Hoffer
Graz, Schauspielhaus: 19. Februar 1921

Film:

Knights of the Round Table
(Deutscher Titel: DIE RITTER DER TAFELRUNDE)
1953, Großbritannien – Metro-Goldwyn-Mayer – CinemaScope/Eastmancolor, 115 Min.
Deutsche Erstaufführung: 1954
Drehbuch: Talbot Jennings, Jan Lustig, Noel Langley, nach den Erzählungen »Le Morte Darthur« von Sir Thomas Malory
Darsteller: Robert Taylor (Sir Lancelot), Ava Gardner (Queen Guinevere), Mel Ferrer (King Arthur), Anne Crawford (Morgan le Fay), Stanley Baker (Mordred), Felix Aylmer (Merlin), Maureen Swanson (Elaine), Gabriel Woolf (Percival), Anthony Forwood (Gareth), Robert Urquhart (Gawaine), Niall MacGinnis (Green Knight), Ann Hanslip (Nan), Jill Clifford (Bronwyn), Stephen Vercoe (Agravaine), Howard Marion Crawford (Simon), John Brooking (Bedivere), Peter Gawthorne (Bishop), Alan Tilvern (Steward), John Sherman (Lambert), Dagmar Wunter/d. i. Dana Wynter (Vivien), Mary Germaine (Brigid), Martin Wyldeck (John), Barry MacKay (Green Knight's 1st Squire), Derek Tansley (Green Knight's 2nd Squire), Roy Russell (Leogrance), Gwendoline Evans (Enid), Michel De Lutry (Dancer)
Produzent: Pandro S. Berman
Regie: Richard Thorpe
Anmerkung: Der erste britische Film in CinemaScope.

Lancelot and Guinevere
(Deutscher Titel: LANCELOT, DER VERWEGENE RITTER)
(Amerikanischer Titel: SWORD OF LANCELOT)

1963, Großbritannien – Emblem Productions/Universal International Films – Panavision/Eastmancolor, 117 Min.
Deutsche Erstaufführung: 1963
Drehbuch: Richard Schayer, Jefferson Pascal, nach den Erzählungen »Le Morte Darthur« von Sir Thomas Malory
Darsteller: Cornel Wilde (Sir Lancelot), Jean Wallace (Queen Guinevere), Brian Aherne (King Arthur), Michael Meacham (Sir Mordred), Iain Gregory (Sir Tors), Archie Duncan (Sir Lamorak), Adrienne Corri (Lady Vivian), Mark Dignam (Merlin), George Baker (Sir Gawaine), John Barrie (Sir Bedivere), Richard Thorp (Sir Gareth), Reginald Beckwith (Sir Dagonet), Joseph Tomelty (Sir Kaye), Graham Stark (Rian), Geoffrey Dunn (Edric), Walter Gotell (Sir Cedric), Peter Prowse (Brandegorus), Christopher Rhodes (Ulfus), John Longden (King Leodogran), Bob Bryant (Sir Dorjak), Violetta Farjeon (French Serving Maid)
Produzenten: Cornel Wilde, Bernard Luber
Regie: Cornel Wilde

Lancelot du Lac
(Deutscher Titel: LANCELOT, RITTER DER KÖNIGIN)
1974, Frankreich/Italien–Mara/O.R.T.F./Laser/Jericho Sounds – Color, 85 Min.
Deutsche Erstaufführung: 1975 (TV/ARD)
Drehbuch: Robert Bresson
Darsteller: Luc Simon (Lancelot), Laura Duke Condominas (Guenièvre), Vladimir Antolek-Oresek (König Artus), Humbert Balsam (Gauvain), Patrick Bernard (Mordred), Arthur de Montalembert (Lionel)
Produzenten: Jean-Pierre Rassam, Francois Rochas
Regie: Robert Bresson

Excalibur
1981, USA – Orion Pictures – Technicolor, 140 Min.
Deutsche Erstaufführung (Originaltitel): 1981

Drehbuch: Rospo Pallenberg, John Boorman, nach den Erzählungen »Le Morte Darthur« von Sir Thomas Malory
Darsteller: Nigel Terry (King Arthur), Helen Mirren (Morgana), Nicholas Clay (Lancelot), Cherie Lunghi (Guenevere), Paul Geoffrey (Perceval), Nicol Williamson (Merlin), Robert Addie (Mordred), Gabriel Byrne (Uther Pendragon), Keith Buckley (Uryens), Katrine Boorman (Igrayne), Liam Neeson (Gawain), Corin Redgrave (Duke of Cornwall), Niall O'Brien (Kay), Patrick Stewart (Leondegrance), Clive Swift (Ector), Ciarin Hinds (Lot), Liam O'Calloghan (Sadok), Michael Muldoon (Astamor), Charley Boorman (Boy Mordred), Mannix Flynn (Mordred's Lieutenant), Garrett Keogh (Mador), Emmet Bergin (Ulfius), Barbara Byrne (Young Morgana), Brid Brennan (Lady in Waiting), Kay McLaren Eammon Kelly (Abbott)
Produzent: John Boorman
Regie: John Boorman

Arthur the King
(Deutscher Titel: KÖNIG ARTHUR)
(TV) 1985, USA – Martin Poll Productions/Comworld Productions – Color, 180 Min (TV)
Deutsche Erstaufführung: 1988 (TV)
Drehbuch: J. David Wyles, nach den Erzählungen »Le Morte Darthur« von Sir Thomas Malory
Darsteller: Malcolm McDowell (King Arthur), Candice Bergen (Morgan le Fay), Edward Woodward (Merlin), Dyan Cannon (Katherine), Lucy Gutteridge (Niniane), Joseph Blatchley (Mordred), Rupert Everett (Lancelot), Rosalyn Landor (Guinevere), Liam Neeson (Grak), Patrick Ryecart (Gawain), Philip Sayer (Agravain), Ann Thornton (Lady Ragnell), Denis Lill (King Pellinore), John Quarmby (Sir Kai), Michael Gough (Archbishop), Milance Avramovic (Gorgo), Terry Torday (Enchanted Queen), Mary Stavin (Princess), Carole Ashby (Princess), Alison Worth (Princess), Peter Blythe (Guide), Pat Starr (Woman Passenger), Marie Elise (1st Court Lady),

C

Maryam D'Abo (2nd Court Lady), Tina Robinson (3rd Court Lady), Miro Pfeiffer (Undead Knight), Miro Pitenc (Charnel Cart Driver), Vlado Spindler (Boatman), Mise Martinovic (Niniane's Father), Tom Vukusic (Ragnar) (Barge Ladies): Pia Constance-Churcher, Linda Fontana, Christine Hunt, Cia Ford
Produzent: Martin Poll
Regie: Clive Donner
Anmerkung: Teilfassung (93 Min./TV) unter dem Titel MERLIN AND THE SWORD/MERLIN UND DAS SCHWERT. Deutsche Erstaufführung: 1986 (Video).

Hinweis:
Die Gestalten der Sage – König Arthur, Königin Guenevere, der Ritter Lancelot und der Zauberer Merlin – erscheinen auch in den nachfolgenden genannten Filmen, wie angegeben.

A Connecticut Yankee in King Arthur's Court
USA/1921, R/Emmett J. Flynn
Arthur: Charles Clary
Guinevere: Louise Lovely
Lancelot: Wilfred McDonald
Merlin: Willam V. Mony

A Connecticut Yankee/Der Boss
USA/1931, R/David Butler
Arthur: William Farnum
Merlin: Brandon Hurst (nach anderen Angaben: Mitchell Harris)

A Connecticut Yankee in King Arthur's Court
USA/1949, R/Tay Garnett
Arthur: Cedric Hardwicke
Lancelot: Henry Wilcoxon
Merlin: Murvyn Vye

Prince Valiant/Prinz Eisenherz
USA/1954, R/Henry Hathaway
Arthur: Brian Aherne
Guenevere: Jarma Lewis
Lancelot: Don Megowan

The Black Knight/Unter schwarzem Visier
Großbrit./1954, R/Tay Garnett
Arthur: Anthony Bushel
Guenevere: Jean Lodge

Siege of the Saxons/Das Schwert des Königs
Großbrit./1963, R/Nathan Juran
Arthur: Mark Dignam
Merlin: John Laurie

Gawain and the Green Knight
Großbrit./1973, R/Stephen Weeks
Arthur: Anthony Sharp

Monty Python and the Holy Grail/Die Ritter der Kokosnuß
Großbrit./1975, R/Terry Gilliam, Terry Jones
Arthur: Graham Chapman
Lancelot: John Cleese

Perceval le Gallois
Frankr./1978, R/Eric Rohmer
Arthur: Marc Eyraud
Guenevere: Marie-Christine Barrault

The Spaceman and King Arthur/ auch: *The Unidentified Flying Oddball/König Artus und der Astronaut*
USA/1979, R/Russ Mayberry
Arthur: Kenneth More
Merlin: Ron Moody

Stuck on You/Brust oder Schenkel
USA/1983, R/Michael Herz, Samuel Weil
Arthur: Mr. Kent
Guinevere: Pat Tallman

Sword of the Valiant – The Legend of Gawain and the Green King/Camelot – Der Fluch des goldenen Schwertes
Großbrit./1983, R/Stephen Weeks
Arthur: Trevor Howard

Der amerikanische Zeichentrickfilm von Walt Disney *The Sword in the Stone* (1963) (deutsch: *Merlin und Mim/*auch: *Die Hexe und der Zauberer)* schildert – in Form eines Märchen – die erste Begegnung des Knaben Wart, des späteren König Arthur, mit dem Zauberer Merlin. Stimme des Knaben Wart: Ricky Sorenson, Stimme Merlins: Karl Swenson.

Merlin erscheint auch als eine der geheimnisvollen Verwandlungen des Dr. Lao (Tony Randall) in dem Film *Seven Faces of Dr. Lao* (USA/1964) (deutsch: *Der mysteriöse Dr. Lao)*.

Gemäß einem Bericht in der Zeitschrift »Der deutsche Lichtbildtheater-Besitzer« vom 27. Januar 1910 (Nr. 4) gab es seinerzeit einen Stummfilm (»Wundervolles Kunst-Luxus-Drama«) aus der Welt des König Artus in der Länge von 298 m (11 Min.): *Lancelot und Elaine.*

→ A CONNECTICUT YANKEE

CAN-CAN

Musik und Songtexte: Cole Porter
Buch: Abe Burrows
Premiere in New York, Shubert Theatre: 7. Mai 1953

Personen und die Darsteller der Premiere:

La Mome Pistache	Lilo
Aristide Forestier	Peter Cookson
Boris Adzinidzinadze	Hans Conried
Claudine	Gwen Verdon
Hilaire Jussac	Erik Rhodes
Theophile	Phil Leeds
Hercule	Robert Penn
Etienne	Richard Purdy
Judge Barrière	C. K. Alexander
Mimi	Dania Krupska
Gabrielle	Mary Anne Cohan
Marie	Beverly Purvin
Celestine	Jean Kraemer
Bailiff	David Collyer
Registrar	Michael Cavallaro
Court President	David Thomas
Waiter	Clarence Hoffman
Café Customer	Joe Cusanelli
Café Waiter	Jon Silo
Jailer	Deedee Wood
Model	Pat Turner
Doctor	Michael Cavallaro
Second	Arthur Rubin
Prosecutor	Ferdinand Hilt
Customers	Sheila Arnold
	David Thomas

Produzenten: Cy Feuer, Ernest H. Martin
Choreographie: Michael Kidd
Regie: Abe Burrows
Ort: Paris
Zeit: 1893

Handlung: Pariser Milieu der Belle Époque – Temperamentvolles Künstlervolk setzt trotz polizeilicher Verfolgung den lebenslustigen, aber als frivol angesehenen Cancan gegen die sittenstrenge Obrigkeit durch. La Mome Pistache ist die Besitzerin des Tanzlokals »Bal du Paradis« am Montmartre. Sie und ihre Tänzerinnen geraten immer wieder in Konflikt mit der Polizei, weil die Tanzvorführungen als anstößig und unmoralisch gelten, besonders der gerade aufgekommene Cancan. Der tugendhafte Richter Aristide Forestier will sich persönlich von den Ausschweifungen überzeugen und besucht das »Bal du Paradis«. La Mome Pistache hält den Gast für einen neuen Interessenten und erzählt ihm von ihren Tricks, sich gegen die Obrigkeit zur Wehr zu setzen. Als sie von den Mädchen erfährt, wer Forestier ist, umgarnt sie ihn und läßt ihre Verführungskünste spielen. Doch es hilft nichts. Wegen der Vorführung des Cancan wird sie mit ihren Mädchen zu zehn Tagen Haft verurteilt. Ihre Freunde sind empört und beschließen, ihr zu helfen. Der bekannte Kunstkritiker Hilaire Jussac sorgt dafür, daß der jährliche große Ball der Künstler diesmal in ihrem Lokal stattfinden kann. Hilaire selbst möchte dabei der bezaubernden Claudine näherkommen, deren Freund Boris ein erfolgloser Bildhauer ist. Über ihn schreibt er eine vernichtende Kritik, was den ungestümen Boris veranlaßt, ein Duell zu fordern, bei dem Boris jedoch vor lauter Angst unterliegt, bevor es stattgefunden hat. Das Künstlerfest im »Bal du Paradis« wird ein großes Ereignis, doch hatte La Mome Pistache dafür keine Genehmigung erhalten. Richter Forestier erscheint, aber nicht, um einzugreifen, sondern um Pistache zu unterstützen, denn er hat sich in sie verliebt. Sie sieht in ihm aber nur den Gegner und kompromittiert ihn durch einen Kuß, der mit Blitzlicht auf einem Foto festgehalten wird. Forestier wird vom Richteramt suspendiert, Pistache die Lizenz gänzlich entzogen. Doch der Jurist Forestier weiß Rat. Nun davon überzeugt, daß die Tänze Ausdruck froher Lebensbejahung sind, tritt er für die Künstlerschar ein und kämpft auch für Pistache, deren Herz er inzwischen gewonnen hat. Er erreicht durch seine juristischen Kniffe, daß nicht nur die Beteiligten, sondern auch der Cancan freigesprochen werden. Am Ende ist sein Glück mit Pistache gesichert und der Cancan auf dem Weg zu seinem Siegeszug um die Welt.

Auszeichnungen: 2 Antoinette Perry Awards (Tonys) 1954: Weibliche Nebenrolle–Musical: Gwen Verdon / Choreographie: Michael Kidd

Deutschsprachige Erstaufführung unter dem Titel CANCAN: 7. Februar 1959, Stadttheater Basel. Autoren: Paul Baudisch, Robert Gilbert

Film:

Can-Can
1960, USA – 20th Century-Fox – Todd-A-O/CinemaScope/Technicolor, 131 Min.
Deutsche Erstaufführung (Originaltitel): 1960
Veränderte Songs.
Musik und Songtexte: Cole Porter
Drehbuch: Dorothy Kingsley, Charles Lederer, nach dem gleichnamigen Musical

Personen und ihre Darsteller:
François Durnais — Frank Sinatra
Simone Pistache — Shirley MacLaine
Paul Barrière — Maurice Chevalier
Philippe Forrestier — Louis Jourdan
Claudine — Juliet Prowse
André, Headwaiter — Marcel Dalio
Orchestra Leader — Leon Belasco
Bailiff — Nestor Paiva
Photographer — John A. Neris
Judge Merceaux — Jean Del Val
Chevrolet — Eugène Borden
Recorder — Jonathan Kidd
Adam — Marc Wilder
Severe Women — Ann Dodee
— Lili Valenty

Produzent: Jack Cummings
Choreographie: Hermes Pan
Regie: Walter Lang

Songs und Musiknummern

Bühne:
Maidens Typical of France; Never Give Anything Away; C'est Magnifique; Quadrille (instr.); Come Along With Me; Live and Let Live; I Am in Love; If You Loved Me Truly; Montmartre; Garden of Eden Ballet (instr.); Eve's Dance (instr.); Allez-Vous-En; Never, Never Be an Artist; It's All Right With Me; Every Man Is a Stupid Man; Apache Dance (instr.); I Love Paris (Ganz Paris träumt von der Liebe/Kurt Feltz/T); Can-Can

Film (Alle Titel: Cole Porter/K u. T):
Can-Can; It's All Right With Me; Come Along With Me; Live and Let Live; You Do Something to Me (aus dem Musical »Fifty Million Frenchmen«, 1929); Adam and Eve Ballet; Let's Do It (aus dem Musical »Paris«, 1928); Montmartre; C'est Magnifique; Maidens Typical of France; Snake Dance; Just One of Those Things (aus dem Musical »Jubilee«, 1935); I Love Paris; Apache Dance (instr.); I Am in Love (instr.)

Schallplatten:
NY – Capitol W 452/S 452
L – Parlophone PMD 1017, (1988) Virgin V 2570
F – Capitol SW 1301, Capitol C 062-80.566
St – (D) Philips 844313 PY, (Orch. Nelson Riddle/instr.) Capitol CAPS 2400161

CANDIDE

Musik: Leonard Bernstein
Songtexte: Richard Wilbur u. a.
Buch: Lillian Hellman, nach dem satirisch-philosophischen Roman »Candide –ou– L'optimisme« (1759) (deutsch: »Candide – oder – Der Optimismus«) von Voltaire/d. i. François-Marie Arouet
Premiere in New York, Martin Beck Theatre: 1. Dezember 1956

Personen und die Darsteller der Premiere:
Dr. Pangloss/Martin Max Adrian
Candide — Robert Rounseville
Cunegonde — Barbara Cook

Old Lady	Irra Petina
Governor of Buenos Aires	William Olvis
Maximilian	Louis Edmonds
Lawyer	William Chapman
Marquis Milton	Boris Aplon
Sultan Milton	Joseph Bernard
Baron	Robert Mesrobian
King of Hesse	Conrad Bain
Hesse's General	Norman Roland
Atheist	Robert Rue
Arab Conjurer	Robert Barry
Infant Casmira	Maria Novotna
French Lady	Maud Scheerer
Ship's Captain	Conrad Bain
Ferone, Gambling Casino Proprietor	William Chapman
Duchess	Maud Scheerer
Bazzini, Prefect of Police	Norman Roland
Prince Ivan	Robert Mesrobian
Junkman	Robert Cosden
Wine-Seller	Stanley Grover
Alchemist	Charles Aschmann
Madame Sofronia	Irra Petina
Duke of Naples	Charles Aschmann
Grocery Lady	Margaret Roy
Croupier	Robert Barry
Lady Cutely	Dori Davis
Lady Toothly	George Blackwell
Lady Soothly	Fred Jones
Lady Richmond	Thomas Pyle
Bear	Charles Morrell
Bear Man	Robert Rue
Very, Very Old Inquisitor	Conrad Bain
Very Old Inquisitor	Charles Aschmann
Pilgrim Father	Robert Rue
Pilgrim Mother	Dorothy Krebill

Travellers to Lisbon: Boris Aplon, Doris Okerson

Dutch Couple: Tony Drake, Margaret Roy

Beggars: Margaret Roy, Robert Cosden, Thomas Pyle

Officers: George Blackwell, Tony Drake, Thomas Pyle

Produzent: Ethel Linder Reiner (mit Lester Osterman Jr.)
Regie: Tyrone Guthrie

Orte: Westfalen/Lissabon/Paris/Buenos Aires/Venedig
Zeit: Im 18. Jahrhundert

Handlung: Voltaires Satire auf den Philosophen Gottfried Wilhelm Leibniz (1646 – 1716) und dessen These von dieser Welt als der besten aller möglichen Welten, präsentiert als »Komische Operette«. – Die reine, törichte Unschuld siegt über alle Realitäten einer verdorbenen, garstigen, heimtückischen Welt. Die Heirat des einfältigen Candide mit der von ihm verehrten Kunigunde (Cunegonde) wird durch einen Krieg zwischen Westfalen und Hessen unterbrochen, und Kunigunde ist plötzlich verschollen. Candide folgt den Einflüsterungen des ewig optimistischen Dr. Pangloss, der davon redet, daß die Welt gut sei und alles Geschehen unausbleiblich zum guten Ende führe, und sucht daraufhin sein Glück in der weiten Welt. Er übersteht ein verheerendes Erdbeben in Lissabon und findet in Paris seine Kunigunde als Halbweltdame wieder. Im Duell tötet er einen Marquis und einen Sultan, um sie zu befreien, muß aber mit ihr fliehen, schließt sich einer Gruppe von Pilgern an und reist nach Buenos Aires. Dort wird Kunigunde vom Gouverneur umgarnt, und Candide muß erneut fliehen, sucht aber nun sein Glück im Goldland Eldorado. Inzwischen hat der Gouverneur Kunigunde abgeschoben, und sie ist plötzlich in Venedig. Candide reist hinterher, übersteht einen Schiffsuntergang, findet endlich Kunigunde wieder und kehrt mit ihr nach Westfalen zurück. Da taucht der totgeglaubte Dr. Pangloss wieder auf, um ihm erneut von den Glückseligkeiten der Welt zu predigen. Doch Candide will nach den gemachten Erfahrungen davon nichts mehr wissen und sieht sein ganzes Glück nur noch darin, mit Kunigunde seinen Garten zu bebauen.

Anmerkung: Erfolg erzielte das Stück erst 1974 in einer Neufassung mit neuem Buch von Hugh Wheeler und teilweise neuen Texten von Stephen Sondheim. Die hu-

moristischen Stellen wurden hervorgehoben, die Rolle des Dr. Pangloss wesentlich vermindert, der Pessimist Martin gestrichen und »Paquette«, eine neue weibliche Rolle, eingefügt. Die Neufassung erschien zunächst für eine begrenzte Laufzeit am 19. Dezember 1973 im Chelsea Theatre Center der Brooklyn Academy of Music. Infolge der besonderen Aufmerksamkeit, die die Aufführung erweckte, wurde sie kurz darauf in einer aufwendigen Inszenierung am Broadway herausgebracht.
New York, Broadway Theatre: 8. März 1974
Hauptdarsteller: Lewis J. Stadlen (Dr. Pangloss, Governor of Buenos Aires), Mark Baker (Candide), Maureen Brennan (Cunegonde), June Gable (Old Lady), Sam Freed (Maximilian), Deborah St. Darr (Paquette)
Choreographie: Patricia Birch
Regie: Harold Prince

Auszeichnungen: 5 Antoinette Perry Awards (Tonys) 1974: Regie–Musical: Harold Prince / Buch–Musical: Hugh Wheeler / Bühnenbild: Franne Lee, Eugene Lee / Kostüme: Franne Lee / Special Award (Sonderpreis) –
1957: 1 Tony für Bühnenbildner Oliver Smith, u. a. für »Candide«

Deutschsprachige Erstaufführung (Originaltitel): 5. August 1976, Stadthalle Wien. Autor (nach der Neufassung von 1974): Marcel Prawy

Konzertante Aufführung: *Candide*
Neue, revidierte Musical-Fassung/1989 (Nach dem Roman »Candide – ou – L'optimisme« von Voltaire)
Musik: Leonard Bernstein
Zwischentexte: John Wells
Songtexte: Richard Wilbur und John Latouche, Dorothy Parker, Lillian Hellman, Leonard Bernstein, Stephen Sondheim
London, Barbican Centre: 13. Dezember 1989
Personen/Sänger: Jerry Hadley (Candide), June Anderson (Cunegonde), Adolph Green (Dr. Pangloss / Martin),

Christa Ludwig (Alte Lady), Nicolai Gedda (Gouverneur / Vanderdendur / Ragotzkij), Della Jones (Paquette), Kurt Ollmann (Maximilian / Kapitän), Clive Bayley (Bärenführer / Inquisitor / Zar Iwan), Neil Jenkins (Prinz Charles Edward), Lindsay Benson (Doktor / Inquisitor / König Stanislaus), Richard Stuart (Trödler / Inquisitor / König Hermann Augustus), John Treleaven (Alchimist / Inquisitor / Sultan Achmet / Ganove)
London Symphony Orchestra and Chorus, Dirigent: Leonard Bernstein

Songs und Musiknummern

Bühne (1956):
Sofern nicht anders vermerkt, sind die Texte von Richard Wilbur.
Die mit Zeichen ⊕ versehenen Titel sind auch in der Neufassung von 1974 enthalten.
The Best of All Possible Worlds ⊕; Oh, Happy We ⊕; We Subjects of This Barony/Wedding Procession, Chorale and Battle Scene; It Must Be So ⊕; Look at This, Look at That/Entering Lisbon; Paris Waltz Scene (instr.); Glitter and Be Gay ⊕;You Were Dead, You Know ⊕ (John Latouche/Textmitarbeit); Come, Pilgrims, to America! / The Pilgrims' Procession; My Love ⊕; I Am Easily Assimilated ⊕ (Leonard Bernstein/T); Once Again I Must Be Gone; Quiet; The Ballad of Eldorado (Lillian Hellman/T); Bon Voyage ⊕; Money, Money, Money/Venice Gambling Scene; What's the Use?; The Venice Gavotte (Dorothy Parker/T); Return to Westphalia (instr.); Make Our Garden Grow ⊕
(1974) Zusätzliche Texte: Stephen Sondheim.
Life Is Happiness Indeed; O Miserere; Auto Da Fé (What a Day); This World; Alleluia; Sheep's Song
(1956) Nicht verwendet:
Dear Boy

Schallplatten:
NY – Columbia OL 5180/OS 2350, (1974) Columbia S2X-Q2S-32923
St – That's Entertainment TER 1156

Konzertante Fassung/1989:
L – Deutsche Grammophon 429734
Video Deutsche Grammophon 072423
  (147 Min.)

Hinweis/Bühne:
Auf der Basis des Romans »Candide
–ou– L'optimisme« von Voltaire entstand
auch das nachfolgend genannte Bühnenwerk.

Oper: *Candide*
Musik: Reiner Bredemeyer
Autor: Gerhard Müller, nach dem Roman
»Candide –ou– L'optimisme« von Vol-
taire
Halle, Landestheater (Theater des Frie-
dens): 12 Januar 1986

Hinweis/Film:
Verfilmung des Romans »Candide –ou–
L'optimisme« von Voltaire.

Candide – ou – L'optimisme au XXe siècle
(Deutscher Titel: CANDIDE – ODER – DER
OPTIMISMUS IM 20. JAHRHUNDERT)
1960, Frankreich – C.L.M. (Clément Du-
hour)/S.N. Pathé Cinéma, 93 Min.
Deutsche Erstaufführung: 1962
Veränderte, in die Zeit des Zweiten Welt-
kriegs und die Nachkriegszeit verlegte
Handlung.
Drehbuch: Norbert Carbonnaux, Albert
Simonin, frei nach dem Roman »Can-
dide« von Voltaire
Darsteller: Jean-Pierre Cassel (Candide),
Daliah Lavi (Kunigunde), Pierre Bras-
seur (Prof. Pangloss), Nadia Gray (Die
schöne Agentin), Michel Simon (Nanar,
Reserveoberst), Jean Richard (Der
Schwarzmarkthändler), Louis de Funès
(Offizier der französischen Abwehr), Al-
bert Simonin (Major Simpson), Robert
Manuel (Deutscher Offizier), Jean Tis-
sier (Dr. Jacques), Jean Constantin (Kö-
nig Fourak), Jean Poiret (Polizist), Mi-
chel Serrault (Polizist), Jacqueline Mail-
lan (Die Mutter der »Pension«), Don
Ziegler (Amerikaner), John William
(Chef-Gangster)
(Südamerikanische Diktatoren): Tino
Rossi, Dario Moreno, Luis Mariano

sowie Jacques Balutin, Mathilde Casa-
deus, Harold Kay, Michel Garland, Michele Verez, O'Dett
Produzent: Clément Duhour
Regie: Norbert Carbonnaux

CANTERBURY TALES

Musik: Richard Hill, John Hawkins
Songtexte: Nevill Coghill
Buch: Martin Starkie, Nevill Coghill, unter Verwendung von Rahmenhandlung
und Erzählungen der englischen Dichtung »The Canterbury Tales« (entstanden ca. 1387 – 1400) von Geoffrey Chaucer
Premiere in London, Phoenix Theatre:
21. März 1968
Premiere in New York, Eugène O'Neill
Theatre: 3. Februar 1969

*Personen und die Darsteller der Premie-
ren London (L), New York (NY):*
Rahmenhandlung – Pilgrims

Geoffrey Chaucer	James Ottaway (L)
	Martyn Green (NY)
Wife of Bath	Jessie Evans (L)
	Hermione Badde-ley (NY)
Steward	Wilfrid Brambell (L)
	George Rose (NY)
Host	Michael Logan (L)
	Edwin Steffe (NY)
Miller	Kenneth J. Warren (L)
	Roy Cooper (NY)
Merchant	Kevin Brennan (L)
	Leon Shaw (NY)
Cook	John Rutland (L)
	David Thomas (NY)
Knight	Trevor Baxter (L)
	Reid Shelton (NY)
Prioress	Pamela Charles (L)
	Ann Gardner (NY)
Nun	Nancy Nevinson (L)
	Evelyn Page (NY)
Priest	Daniel Thorndike (L)
	Garnett Smith (NY)
Clerk of Oxford	Billy Boyle (L)
	Bruce Hyde (NY)
Squire	Nicky Henson (L)
	Ed Evanko (NY)

Friar	George Raistrick (L)	Proserpina	Pamela Charles (L)
	Richard Enssle (NY)		Ann Gardner (NY)
Pardoner	Daniel Thorndike (L)	Duenna	Nancy Nevinson (L)
	Garnett Smith (NY)		Evelyn Page (NY)
Summoner	John Rutland (L)	Page	Marc Arnall (L)
	Bert Michaels (NY)		Tod Miller (NY)
Sweetheart	Sandy Duncan (NY)		

Erzählung – The Miller's Tale

Erzählung – The Wife of Bath's Tale

Nicholas	Nicky Henson (L)	King	Trevor Baxter (L)
	Ed Evanko (NY)		Reid Shelton (NY)
Alison	Gay Soper (L)	Queen	Pamela Charles (L)
	Sandy Duncan (NY)		Ann Gardner (NY)
The Carpenter	Wilfrid Brambell (L)	Old Woman	Jessie Evans (L)
	George Rose (NY)		Hermione Badde-
Absalom	Billy Boyle (L)		ley (NY)
	Bruce Hyde (NY)	Young Knight	Billy Boyle (L)
Gervase	Kenneth J. Warren (L)		Bruce Hyde (NY)
	Roy Cooper (NY)	Housewife	Mary Jo Catlett (NY)
Robin	Julian Grant (L)	Sweetheart	Sandy Duncan (NY)
	Terry Eno (NY)		
Parishioners	Mary Jo Catlett, Suzan Sidney (NY)		

ferner: Pilgrims, Workmen, Pages, Courtiers, Court Ladies, Village Girls, Bridesmaids, Attendants

London: Bob Appleby, Marc Arnall, Julian Grant, Bob Hogan, Keith Macintosh, Humphrey Taylor, Raewyn Blade, Kay Fraser, Cheryl Groenwald, Delia Lindsay, Pamela Moncur, Judy Monks, Martin Starkie

Erzählung – The Stewart's Tale

Miller	Kenneth J. Warren (L)
	Roy Cooper (NY)
Miller's Wife	Nancy Nevinson (L)
	Evelyn Page (NY)
Molly	Gay Soper (L)
	Sandy Duncan (NY)
Alan	Nicky Henson (L)
	Ed Evanko (NY)
John	Billy Boyle (L)
	Bruce Hyde (NY)

New York: Terry Eno, Jack Fletcher, Tod Miller, Gene Myers, Ron Schwinn, David Thomas, Mary Jo Catlett, Betsy Dickerson, Karen Kristin, Joyce Maret, Patricia Michaels, Marianne Selbert, Suzan Sidney

Produzenten: Chanticleer Productions mit Classics Presentations (L), Management Three Productions Ltd. und Frank Productions Inc. mit Classic Presentations (NY)

Erzählung – The Merchant's Tale

January	Wilfrid Brambell (L)
	George Rose (NY)
Justinus	Daniel Thorndike (L)
	Martyn Green (NY)
Placebo	John Rutland (L)
	Garnett Smith (NY)
May	Gay Soper (L)
	Sandy Duncan (NY)
Damian	Nicky Henson (L)
	Ed Evanko (NY)
Pluto	Kenneth J. Warren (L)
	Roy Cooper (NY)

Choreographie: Davis Drew (L), Sammy Bayes (NY)

Regie: Vlado Habunek, Martin Starkie (L), Martin Starkie (NY)

Ort: Southwark (heute London) und Canterbury sowie auf dem Wege dorthin

Zeit: Gegen Ende des 14. Jahrhunderts

Handlung: Gereimte Geschichten; Rahmenhandlung und vier Erzählungen. Spätmittelalterliche englische Sittenschilderungen nach Art des Italieners Boccaccio, volkstümlich, erotisch, buhlerisch, frivol und deftig. Eine Gruppe von Pilgern befindet sich auf dem Weg von London nach Canterbury, zum Wallfahrtsort des heiligen Märtyrers Thomas Becket. Im Wirtshaus Tabard in Southwark erzählen sie sich zum Zeitvertreib Geschichten. Die erste Erzählung eines Müllers schildert den Zwist zweier Nebenbuhler um die Gunst der Frau eines Zimmermanns, der am Ende nicht nur der Betrogene, sondern auch der Gefoppte ist. Die zweite Erzählung eines Hausmeiers (Verwalters) berichtet von zwei Studenten, die sich an einem betrügerischen Müller rächen, indem sie sich zu dessen Frau und dessen Tochter ins Bett legen; ein amouröses Verwechslungsspiel, das in einer handfesten Schlägerei endet. Die dritte Erzählung eines Kaufmanns handelt von einem alten Ritter und seiner jungen Frau im Stil einer altgriechischen Sage, in der Pluto den erblindeten alten Mann wieder sehend macht, um ihm die Untreue seiner Frau mit seinem Diener Damian vor Augen zu führen, wobei aber die Göttin Proserpina eingreift und die Liebenden errettet. Die vierte Erzählung ist die der fünfmal verheiratet gewesenen Frau von Bath im Stil einer Legende vom Hof des König Artus. Ein zum Tode verurteilter junger Ritter, der sich durch die Lösung einer Aufgabe retten kann, findet die richtige Antwort durch die Unterstützung einer alten Hexe, muß sie notgedrungen dafür heiraten, erlebt aber zu seinem Glück, daß sie sich in ein schönes junges Mädchen verwandelt.

Anmerkung: Geoffrey Chaucer (ca. 1345 – 1400), englischer Dichter, in Themenwahl und Stil beeinflußt durch persönliche Bekanntschaft mit den Italienern Petrarca und Boccaccio. Sein Hauptwerk »The Canterbury Tales« ist in mittelenglischer Sprache verfaßt und besteht aus einer Rahmenhandlung und 23 gereimten Einzelerzählungen; das Werk ist jedoch unvollendet. (Deutsche Titel: »Canterburysche Erzählungen« »Canterbury-Geschichten«, »Canterbury-Erzählungen«.)

Dem Musical liegt eine Übertragung ins moderne Englisch (1951) von Nevill Coghill (geb. 1899), Professor in Oxford und Chaucer-Spezialist, zugrunde.

Deutschsprachige Erstaufführung (Originaltitel): 20. September 1970, Theater der Freien Hansestadt Bremen, Autor: Robert Gilbert

Anmerkung: Die deutsche Fassung enthält *fünf* Erzählungen. Die fünfte Geschichte (im Ablauf der Handlung die zweite) ist die Erzählung eines Priesters im Stil einer Tierfabel. Hahn und Henne werden von einem Fuchs überlistet, doch gelingt es der Henne, ihren Hahn aus dem Maul des Fuchses zu retten, indem sie ihrerseits den Fuchs übertölpelt.

Songs und Musiknummern

Bühne:
Song of Welcome; Good Night Hymn; Canterbury Day; Pilgrim Riding Music (instr.); I Have a Noble Cock; Darling, Let Me Teach You How to Kiss; There's the Moon; It Depends On What You're At; Love Will Conquer All; Beer is Best; Come On and Marry Me, Honey; Mug Dance; Where Are the Girls of Yesterday; Hymen, Hymen; If She Has Never Loved Before; I'll Give My Love a Ring; Pear Tree Quintet; I Am All A-Blaze; Love Pas De Deux (instr.); What Do Women Want?; April Song

Schallplatten:
NY   – Capitol SW 229
L   – Decca LK/SKL 4956, That's Entertainment TER 1076

Hinweis:
Werke des Musiktheaters und des Films unter Verwendung der Geschichten »The Canterbury Tales« von Geoffrey Chaucer.

Bühne:
Oper : *The Canterbury Pilgrims*
Musik: Reginald De Koven
Autor: Percy M. MacKaye, unter Verwendung seiner gleichnamigen Komödie (1903) nach Teilen des Werks »The Canterbury Tales« von Geoffrey Chaucer

New York, Metropolitan Opera: 8. März 1917

Anmerkung: Die gleichnamige Oper von Charles Villiers Stanford (Musik) und Gilbert Arthur A'Beckett (Autor) (28. April 1884, London, Drury Lane Theatre) hat mit der vorgenannten Oper und mit dem Werk »The Canterbury Tales« von Geoffrey Chaucer nichts zu tun, sondern ist ein im Stil nachempfundenes Werk mit Chaucer und seiner Tochter Cicely als handelnde Personen.

Film:

I racconti di Canterbury/Les contes de Canterbury
(Deutscher Titel: PASOLINIS TOLLDREISTE GESCHICHTEN)
(Britisch-amerikanischer Titel: THE CANTERBURY TALES)
1971, Italien/Frankreich – Produzioni Europee Associate Cinematografica, Rom/ Les Productions Artistes Associés, Paris – Technicolor, 111 Min.
Deutsche Erstaufführung: 1972
Drehbuch: Pier Paolo Pasolini, nach Erzählungen aus dem Werk »The Canterbury Tales« von Geoffrey Chaucer
Darsteller: Pier Paolo Pasolini (Geoffrey Chaucer), Laura Betti (Wife of Bath), J. P. Van Dyne (Cook), Derek Deadman (Pardoner), George Bethell Datch (Host of the Tabard), Hugh Griffith (Sir January), Josephine Chaplin (May), Oscar Fochetti (Damian), Giuseppe Arrigo (Pluto), Elizabetta Genovese (Prosperine), Franco Citti (Devil), Daniel Buckler (Summoner), Tony Moore (Spy), Ninetto Davoli (Peterkin), Michael Balfour (John, the Carpenter), Jenny Runacre (Alison), Dan Thomas (Nicholas), Peter Cain (Absalom), Martin Philips (Martin), Reg Stuart (Fourth Husband), Tom Baker (Jenkin), Judy Stewart-Murray (Alice), Eamonn Howell (John), Patrick Duffet (Alan), Albert King (Simkin, the Miller), Eileen King (Miller's, Wife), Heather Johnson (Molly), Robin Asquith (Ruffo), Martin Whelar (Jack, the Justice), John McLaren (Johnny, the Grace), Edward Monteith (Dick, the Sparrow), Alan Webb (Old Man), John Francis Lane (Friar), Hugh McKenzie Baily (Thomas), Settimio Castagna (Angel), Vernon Dobtcheff
Produzent: Alberto Grimaldi
Regie: Pier Paolo Pasolini
Anmerkung: Der Film verwendet aus dem Werk »The Canterbury Tales« von Geoffrey Chaucer die Erzählungen: The Merchant's Tale, The Miller's Tale, The Friar's Tale, The Cook's Tale, The Stewart's Tale, The Pardoner's Tale, The Wife of Bath's Tale, The Summoner's Tale.
Auszeichnung: Filmfestspiele Berlin 1972: Goldener Bär

Weitere Hinweise: Die nachfolgend genannten italienischen Produktionen sind Nachahmungen von Pasolinis Film, benutzen ähnliche Motive frei nach Boccaccio, Chaucer und gleichartigen Autoren, haben aber trotz der verwendeten Titel nichts mit Chaucers Werk »The Canterbury Tales« zu tun.

Gli altri racconti di Canterbury
Ital./1972, R/Mino Guerrini
I racconti di Canterbury N. 2
Ital./1972, R/Lucio Dandolo (Lucio Giouchin)
Canterbury proibito
Ital./1972, R/Italo Alfaro
Canterbury N. 2 – Nuove storie d'amore del '300
Ital./1972, R/John Shadow

Der britische Film »A Canterbury Tale« von 1944 basiert nicht auf Chaucers Werk, sondern behandelt ein amouröses Abenteuer zwischen einem Landmädchen, einem liebestollen Beamten und zwei Soldaten in England während des Zweiten Weltkriegs.

CARMEN JONES

Musik: Georges Bizet (bearbeitet von Robert Russell Bennett)
Buch und Songtexte: Oscar Hammerstein II., frei nach der Oper »Carmen« (1875), nach der Novelle »Carmen« (1845) von Prosper Mérimée

Premiere in New York, Broadway Theatre: 2. Dezember 1943

Personen und die Darsteller der Premiere:

Carmen Jones (»Carmen«)	Muriel Smith / Muriel Rahn (alternierend)
Joe (»Don José«)	Luther Saxon / Napoleon Reed (alternierend)
Cindy Lou (»Micaela«)	Carlotta Franzell / Elton J. Warren (alternierend)
Husky Miller (»Escamillo«)	Glenn Bryant
Frankie (»Frasquita«)	June Hawkins
Myrt	Jessica Russell
Dink	Dick Montgomery
Rum	Edward Lee Tyler
Sergeant Brown	Jack Carr
Sally	Sibol Cain
T-Bone	Edward Roche
Tough Kid	William Jones
Mr. Higgins	P. Jay Sidney
Miss Higgins	Fredye Marshall
Poncho	William Dillard
Corporal Morrell	Napoleon Reed
Foreman	Robert Clarke
Bartender	Melvin Howard
Waiter	Edward Christopher
Photographer	Alford Pierre
Referee	Tony Fleming Jr.
Drummer	Cozy Cole
Dancing Girl	Ruth Crumpton
Ballet Head	Melvin Howard

Dancing Boxers: Sheldon B. Hoskins, Randolph Sawyer
Card Players: Urylee Leonardos, Ethel White, Sibol Cain
Soldiers: Robert Clarke, William Woodfolk, George Willis, Elijah Hodges

Produzent: Billy Rose
Choreographie: Eugene Loring
Regie: Hassard Short, Charles Friedman
Orte: Eine Stadt im Süden der USA und Chicago
Zeit: »Gegenwart« (1943)

Handlung: Eifersuchtsdrama – Die Oper »Carmen« handlungsmäßig verlegt in die Zeit des Zweiten Weltkriegs und in die Welt schwarzer Arbeiter einer Fallschirmfabrik. Der Militärpolizist Joe hofft auf eine Karriere und möchte sehr bald seine Verlobte Cindy Lou heiraten. Von seinem Vorgesetzten erhält er den Auftrag, die festgenommene und sehr aufsässige Carmen Jones mit dem Jeep in ein weit entferntes Gefängnis zu bringen. Sie hatte in einer Fallschirmfabrik, in der sie tätig war, Streit heraufbeschworen und eine Schlägerei verursacht. Die heißblütige Carmen versucht, ihren Bewacher zu umgarnen. Als sie damit bei Joe nichts erreicht, benutzt sie eine Gelegenheit, um aus dem Jeep zu fliehen. Joe jagt ihr nach, und als er sie findet, muß er mit ihr in einem Dorf übernachten. Nun erliegt er doch ihren Verführungskünsten, aber am nächsten Morgen ist Carmen verschwunden. Wegen seines Versagens muß Joe ins Gefängnis. Hier erhält er den Besuch von Cindy Lou, die allerdings mitbekommt, daß er von Carmen ein Päckchen erhält mit einer Rose und dem Versprechen, daß sie auf ihn warte. Enttäuscht wendet sich Cindy von Joe ab. Nach Verbüßung seiner Strafe versucht Joe, mit Carmen zusammenzukommen. Er muß ihr nach Chicago folgen, denn sie hat sich mit zwei Freundinnen dem Boxchampion Husky Miller angeschlossen. Inzwischen ist Joe total in sie verliebt und voller Eifersucht. Seine Karriere ist ihm nicht mehr wichtig, nur noch Carmen. Sie verleitet ihn zu desertieren. Er versteckt sich mit ihr in einem ärmlichen Hotelzimmer. Doch das ist nicht Carmens Welt. Sie wendet sich Husky Miller zu, dem erfolgreichen Boxer, der ihr ein elegantes Leben bieten kann. Joe wird von der Militärpolizei gesucht. Eifersucht und Verzweiflung treiben ihn aus seinem Versteck. Während Husky Miller mitten in einem Meisterschaftskampf ist und die Menge ihn bejubelt, trifft Joe hinter der Arena auf Carmen. Er stellt sie zur Rede, doch sie will nichts mehr mit ihm zu tun haben. Wutentbrannt ersticht er sie und tötet sich selbst, als er gerade entdeckt worden ist und festgenommen werden soll.

Film:

Carmen Jones
1954, USA – 20th Century-Fox – Cinema-
Scope/Color DeLuxe, 105 Min.
Deutsche Erstaufführung (Originaltitel):
1956
Musik: Georges Bizet
Songtexte: Oscar Hammerstein II.
Drehbuch: Harry Kleiner, nach dem
gleichnamigen Musical

Personen und ihre Darsteller:

Carmen Jones   Dorothy
(»Carmen«)   Dandridge
                 (Gesangsstimme:
                 Marilyn Horne)
Joe (»Don José«) Harry Belafonte
                 (Gesangsstimme:
                 Le Vern Hutcherson)
Cindy Lou   Olga James
(»Micaëla«)
Frankie   Pearl Bailey
(»Mercédès«)
Myrt   Diahann Carroll
                 (Gesangsstimme:
                 Bernice Peterson)
Rum   Roy Glenn
                 (Gesangsstimme:
                 Brock Peters)
Dink   Nick Stewart
                 (Gesangsstimme:
                 Joe Crawford)
Husky Miller   Joe Adams
(»Escamillo«)   (Gesangsstimme:
                 Marvin Hayes)
Sergeant Brown   Brock Peters
T-Bone   Sandy Lewis
Sally   Mauri Lynn
Trainer   DeForest Covan
Husky's Rival   Rubin Wilson
Max   Max Roach
Solo Dancers: Carmen De Lavallade, Ar-
chie Savage, Alvin Ailey, James Truitt

Produzent: Otto Preminger
Choreographie: Herbert Ross
Regie: Otto Preminger

Songs und Musiknummern

Bühne:
Lift 'em Up and Put 'em Down; Honey
Gal o' Mine; Good Luck Mr. Flyin' Man;
Dat's Love (Habanera); You Talk Just
Like My Maw; Dere's a Café on de Cor-
ner; Beat Out Dat Rhythm on a Drum;
Stan' Up and Fight (Toreador Song);
Whizzin' Away Along de Track; Dis Flo-
wers (Flower Song); If You Would Only
Come Away; De Cards Don't Lie (Card
Song); Dat Ol' Boy; Poncho de Panther
from Brazil; My Joe; Get Yer Program for
de Big Fight; Dat's Our Man

Film:
Dat's Love (Habanera); You Talk Just
Like My Maw; Dere's a Café on de Cor-
ner; Dis Flowers (Flower Song); Beat Out
Dat Rhythm on a Drum; Stan' Up and
Fight (Toreador Song); Whizzin' Away
Along de Track; De Cards Don't Lie
(Card Song); My Joe; Duet and Finale

Schallplatten:
NY – Decca DL 9021, MCA 2054
F – RCA LM 1881, RCA ARL
      1-0046
St – (Grace Bumbry) Heliodor
      S 25046

Vorlage des Musicals:

Oper: *Carmen*
Musik: Georges Bizet
Autoren: Henri Meilhac, Ludovic Halévy,
nach der gleichnamigen Novelle von
Prosper Mérimée (erschienen: 15. Ok-
tober 1845 in der Zeitschrift »La revue
de deux mondes«, Paris)
Uraufführung: Paris, Opéra comique:
3. März 1875
Darsteller: Célestine Galli-Marié (Car-
men), Paul Lhérie (Don José), Joseph
Bouhy (Escamillo), Marguerite Chapuy
(Micaëla), Ducasse (Frasquita), Esther
Chevalier (Mercédès), M. Potel (Le Dan-
caïre), M. Barnoldt (Le Remendado),
Dufriche (Zuniga), Duvernoy (Moralès),
Nathan (Lillas Pastia), Teste (Un guide)
Deutschsprachige Erstaufführung: 23. Ok-
tober 1875, K. K. Hofoperntheater, Wien.
Autor: Julius Hopp
Lieder (Deutsche Fassung):
Diese Menge im Gedränge; Er kommt
hierher; Eilen wir herbei; Wann ich Liebe
euch schenke; Ja, die Liebe hat bunte

Flügel; Die Liebe vom Zigeuner stammt; Als Botin komm' ich; Ich seh' die Mutter; Draußen am Wall von Sevilla; Was ist Zigeuners höchste Lust; Euren Trost kann ich wohl erwidern; Wo es sich dreht um Schurkerei; Ja, dort in der Felsen wilde Klüfte; So lasset uns die Karten befragen; Ich sprach, daß ich furchtlos mich fühle; Ach, die Zöllner sind nur Sünder; Im Tal steht eine Hütte; Liebst du mich treu und innig

Hinweis:
Nach der Novelle »Carmen« von Prosper Mérimée und der gleichnamigen Oper sind in aller Welt weitere Werke und zahlreiche Verfilmungen – auch in Abwandlungen, Parodierungen und Modernisierungen – entstanden, so die nachfolgend genannten.

Bühne:
Ballett: *Carmen*
Musik: Georges Bizet, auf der Basis der gleichnamigen Oper
Libretto und Choreographie: Roland Petit
London, Princess Theatre: 21. Februar 1949
→ Hinweis / Film »Un, deux, trois, quatre!«

Ballett: *Carmen-Suite*
(Ein Akt)
Musik: Rodion Stschedrin, unter Verwendung der Kompositionen von Georges Bizet
Libretto: Alberto Alonso
Moskau, Bolschoi-Theater: 20. April 1967

Ballett: *Carmen (Bizet-Collagen)*
Musik: Wolfgang Fortner (mit Wilfried Steinbrenner), unter Verwendung der Kompositionen von Georges Bizet
Gestaltung: John Cranko
Stuttgart, Württembergisches Staatstheater: 28. Februar 1971

Film:
Vor allem in der Stummfilmzeit war »Carmen« ein beliebtes Thema. Die für diese Periode nachfolgend genannten Filme ergeben sich aus filmhistorischen Unterlagen. Gelegentlich in Veröffentlichungen angegebene weitere Verfilmungen, für die sich keine Bestätigung fand, sind teilweise am Ende erwähnt.

Carmen
»Stummfilm«/1906, Frankreich – Gaumont – Tonbild (Chronophone) (Kurz)
Lieder aus der gleichnamigen Oper.
Regie: Alice Guy
Anmerkung: »Tonbild« = Stummfilm mit Grammophonbegleitung

Carmen
Stummfilm/1908, USA – Selig (Kurz)
Buch nach der gleichnamigen Novelle von Prosper Mérimée
Darsteller: Betty Harte, Hobart Bosworth, Otis Turner
Regie: Otis Turner

Carmen
Stummfilm/1909, Spanien (Kurz)
Buch nach der gleichnamigen Novelle von Prosper Mérimée
Regie: Ricardo de Banos, Alberto Marro

Carmen
Stummfilm/1909, Italien – Film d'Arte Italiana (Kurz)
Buch nach der gleichnamigen Novelle von Prosper Mérimée
Darsteller: Vittoria Lepanto (Carmen), Alberto Nepoti, Cesare Dondini, Dante Capelli
Regie: Gerolamo Lo Savio

Carmen
Stummfilm/1910, Frankreich – Pathé (Kurz)
Buch nach der gleichnamigen Novelle von Prosper Mérimée
Hauptdarsteller: Régina Badet (Carmen), Max Dearly (Don José)
Regie: André Calmettes

Carmen
Stummfilm/1911, Großbritannien (Kurz)
Buch nach der gleichnamigen Novelle von Prosper Mérimée
Hauptdarsteller: Julie Frenkel-Meijer (Carmen), Theo Frenkel Sr. (Don José)
Regie: Theo Bouwmeester/d. i. Theo Frenkel Sr.

Carmen of the Isles
Stummfilm/1912, USA – Selig, 1000 ft/
305 m (12 Min.)
Veränderte, örtlich verlegte Handlung.
Buch nach Motiven der Novelle »Carmen« von Prosper Mérimée
Darsteller: Bessie Eyton, Thomas Santschi, Herbert Rawlinson

Carmen
Stummfilm/1913, USA – Monopol Film
(3 Rollen)
Buch nach der gleichnamigen Novelle
von Prosper Mérimée
Hauptdarsteller: Marion Leonard (Carmen), Francis McDonald

Carmen
Stummfilm/1913, USA – Thanhouser
(3 Rollen)
Drehbuch: Theodore Marston, nach der
gleichnamigen Novelle von Prosper
Mérimée und der Oper
Hauptdarsteller: Marguerite Snow (Carmen), William Garwood, William Russell
Regie: Theodore Marston

Carmen
Stummfilm/1913, Italien – Cines (Kurz)
Buch nach der gleichnamigen Novelle
von Prosper Mérimée
Hauptdarsteller: Margherita Silva/auch:
Marguerite Sylva (Carmen), André Habay, Susanna Arduini, Juan Rovira, C.
Servant
Regie: Giovanni Doria, Augusto Turchi

Carmen
Stummfilm/1915, USA – Fox Film Corp.
(6 Rollen)
Drehbuch: Raoul A. Walsh, nach der
gleichnamigen Novelle von Prosper
Mérimée und der Oper
Darsteller: Theda Bara (Carmen), Einar
Linden, Carl Harbaugh, James A, Marcus,
Elsie McLeod, Fay Tunis, Emil de Varney,
Marie de Beneditto, Lillian Hathaway, Joseph P. Green
Produzent: Raoul A. Walsh
Regie: Raoul A. Walsh

Carmen
Stummfilm/1915, USA – Jesse L. Lasky Feature Play Company/Paramount (5 Rollen)

Drehbuch: William C. de Mille, nach der
gleichnamigen Novelle von Prosper Mérimée
Darsteller: Geraldine Farrar (Carmen),
Wallace Reid (Don José), Pedro de Cordoba (Escamillo, the Toreador), Horace B.
Carpenter (Pastia, a Tavern-Keeper and
Smuggler), Billy Elmer (Morales, an Officer), Jeanie Macpherson (Gypsy Girl), Anita King (Gypsy Girl), Tex Driscoll, Milton
A. Brown
Regie: Cecil B. DeMille

*Carmen/Charlie Chaplin's Burlesque on
Carmen*
(Deutscher Titel: CARMEN)
Stummfilm/1916, USA – Essanay Film
Manufacturing Corporation, Chicago
(4 Rollen)
Deutsche Erstaufführung: 1929
Parodie, speziell auf die amerikanischen
Carmen-Verfilmungen von 1915.
Drehbuch: Charles Chaplin, frei nach Motiven der Novelle »Carmen« von Prosper
Mérimée und der Oper
Darsteller: Charlie Chaplin (Darn Hosiery),
Edna Purviance (Carmen), Ben Turpin
(Remendados), John Rand, Leo White,
Jack Henderson, May White, Wesley Ruggles, Frank J. Coleman, Bud Jamison,
Lawrence A. Bowes
Regie: Charles Chaplin
Anmerkung: Der Film wurde zwar von
Charles Chaplin gedreht, jedoch erst nach
seinem Ausscheiden aus der Firma Essanay
ohne ihn fertiggestellt. Dabei wurde durch
Nachdreh von Szenen (hauptsächlich mit
Ben Turbin) die Filmlänge von ursprünglich vorgesehenen zwei Rollen auf vier erweitert. – Spezialversion dieses Films für
Jugendliche unter dem Titel *Chip's Carmen*, hergestellt 1916 von James A. Fitz Patrick.

Carmen of the Klondike
Stummfilm/1918 USA – Selexart Pictures
(7 Rollen)
Veränderte, nach Kanada ins Yukon-Territorium und in die Zeit des Goldrauschs im
Bergbaudistrikt Klondike (1897) verlegte
Handlung.

Drehbuch: Monte M. Katterjohn, nach seiner gleichnamigen Erzählung, frei nach Motiven der Novelle »Carmen« von Prosper Mérimée
Darsteller: Clara Williams (Dorothy Harlan), Herschel Mayall (»Silk« McDonald), Edward Coxen (Cameron Stewart), Joseph J. Dowling, Jack Waltemeyer
Produzent: Thomas Harper Ince
Regie: Reginald Barker

Carmen
(Englisch-amerikanischer Titel: GYPSY BLOOD)
Stummfilm/1918, Deutschland – Projektions-AG Union, Berlin, 2133 m (78 Min.)
Drehbuch: Hanns Kräly (mit Fred Orbing/d. i. Norbert Falk), nach der gleichnamigen Novelle von Prosper Mérimée und der Oper
Darsteller: Pola Negri (Carmen), Harry Liedtke (Don José Novarro), Leopold von Ledebur (Escamillo, ein Stierfechter), Grete Diercks (Dolores), Wilhelm Diegelmann (Gefängniswärter), Heinrich Peer (Englischer Offizier), Margarete Kupfer (Wirtin), Sophie Pagay (Don Josés Mutter), Paul Conradi (Don Cairo, Schmuggler), Max Kronert (Remendado, Schmuggler), Paul Biensfeldt (Garcia, Schmuggler), Magnus Stifter, Victor Janson, Albert Venohr
Musikvorlage: Artur Vieregg unter Verwendung der Kompositionen von Georges Bizet
Regie: Ernst Lubitsch

Een Carmen von het Noorden
Stummfilm/1919, Niederlande (5 Rollen)
Veränderte, in die Niederlande verlegte Handlung.
Drehbuch: Maurits H. Binger, frei nach Motiven der Novelle »Carmen« von Prosper Mérimée
Darsteller: Annie Bos (Carmen), Adelqui Millar (Jozef), Jan van Dommelen (Dalboni), Paula de Waart (Jozefs Mutter), Jeanne van der Pers (Mareike)
Regie: Maurits H. Binger, Hans Nesna

Tense Moments from Opera (Serie) Teil 9:
Carmen
Stummfilm/1922, Großbritannien – Ma-
ster/Gaumont, 1061 ft/323 m (12 Min.)
Ausschnitte aus der Oper »Carmen«.
Drehbuch: Frank Miller, nach der Oper »Carmen«
Darsteller: Patricia Fitzgerald (Carmen), Ward McAllister (Don José), Maresco Maresini (Escamillo)
Regie: George Wynn

Carmen
(Deutscher Titel: DIE DIRNE VON SEVILLA)
Stummfilm/1926, Frankreich – Films Albatros, 3000 m (110 Min.)
Deutsche Erstaufführung: 1926
Drehbuch: Jacques Feyder, nach der gleichnamigen Novelle von Prosper Mérimée
Darsteller: Raquel Meller (Carmen), Louis Lerch (Don José), Gaston Modot (Garcia le borgne), Victor Vina (Le Doncaïre), Jean Murat (Le Lieutenant), Charles Barrois (Lillas Pastia), Gerrero de Xandoval (Lucas), Raymond Guérin-Catelain (L'officier espangnol), Georges Lampin (L'officier anglais), Roy Wood (L'officier anglais), Pedro de Hidalgo (Remendado), Luis Buñuel (Un contrebandier), Andrée Canti (La mère de Don José)
(Les guitaristes): Joaquim Peindo, Hernando Vines
Musikvorlage: Ernesto Escriche Halffter
Regie: Jacques Feyder

Loves of Carmen
(Deutscher Titel: DIE LIEBE VOM ZIGEUNER STAMMT)
Stummfilm/1927, USA – Fox Film Corp., 8538 ft/2602 m (96 Min.)
In voller Länge lavendel-getönt (schwache Violettfärbung).
Deutsche Erstaufführung: 1928
Drebuch: Gertrude Orr, nach der Novelle »Carmen« von Prosper Mérimée
Darsteller: Dolores Del Rio (Carmen), Victor McLaglen (Escamillo, a Bullfighter), Don Alvarado (Don José, Lieutenant at the Almanzar-Dragoons), Nancy Nash (Michaela), Rafael Valverda (Miguel), Mathilde Comont (Emilia), Jack Baston (Morales), Carmen Costello (Teresa), Fred Kohler (Gypsy Chief)
Produzent: William Fox
Regie: Raoul Walsh

Cameo Operas (Song Films/Serie)
Teil 6: Carmen
Stummfilm/1927, Großbritannien, 1657 ft/
505 m (19 Min.)
Ausschnitte aus der Oper »Carmen«.
Darsteller: Zeda Pascha (Carmen), Herbert
Langley (Don José)
Regie: H. B. Parkinson

Die Carmen von St. Pauli
Stummfilm/1928, Deutschland – Ufa, 2435 m
(89 Min.)
Veränderte, ins Hamburger Hafenmilieu
verlegte Handlung.
Drehbuch: Bobby E. Lüthge, Erich
Waschnek, frei nach Motiven der Novelle
»Carmen« von Prosper Mérimée
Darsteller: Jenny Jugo (Jenny, ein Mädchen
von St. Pauli), Willy Fritsch (Klaus, Boots-
maat), Fritz Rasp (Der »Doktor«), Wolf-
gang Zilzer (Der »Stift«), Tonio Genaro
(Der »sanfte Heinrich«), Otto Kronburger
(Der »Lotsenkarl«), Walter Seiler (Der
»scharfe Alfred«), Charly Berger (Der »Ka-
pitän«), Fritz Alberti (Reeder Rasmussen),
Max Maximilian (Hein, Faktotum der Ree-
derei Rasmussen), Betty Astor (Maria,
Braut von Klaus), Alfred Zeisler
Regie: Erich Waschneck

Gypsy Blood
1931, Großbritannien – British Internatio-
nal Pictures/Wardour, 79 Min.
Drehbuch: Cecil Lewis, Walter C. Mycroft,
nach der Oper »Carmen«
Darsteller: Marguerite Namara (Carmen),
Thomas Burke (Don José), Lance Fairfax
(Escamillo), Lester Matthews (Zuniga),
Mary Clare (Factory Girl), Dennis Wynd-
ham (Doncairo), D. Hay Petrie (Remenda-
do), Lewin Mannering (Innkeeper)
Musik: Georges Bizet
Regie: Cecil Lewis
Anmerkung: In Amerika unter dem Titel
CARMEN.

Andalusische Nächte
(Spanischer Titel: CARMEN LA DE TRIANA)
1938, Deutschland/Spanien – Ufa/Tonfilm-
Studio Carl Froelich & Co., Berlin-
Madrid/Hispano-Film, 94 Min.
Veränderte Handlung.

Drehbuch: Philipp Lothar Mayring, Fred
Andreas, frei nach der Novelle »Carmen«
von Prosper Mérimée (bearbeitet von Flo-
rián Rey)
Darsteller: Imperio Argentina (Carmen, ei-
ne Zigeunerin), Friedrich Benfer (Don José
Navarro, Dragoner-Brigadier), Karl Klüs-
ner (Antonio Vargas Heredia, Torero), Er-
win Biegel (Salvadore), Edwin Jürgensen
(Major), Siegfried Schürenberg (Rittmei-
ster Moraleda), Hans Adalbert Schlettow
(Sergeant Garcia), Kurt Seifert (Juan),
Hans Heßling (Triqui), Albert Venohr (Ein
Schmuggler), Ernst Legal (Wirt in Sevilla),
Margit Symo (Eine Tänzerin), Maria Kop-
penhöfer (Eine Wahrsagerin), Friedrich
Ettel (Wirt einer Herberge), Milena von
Eckart (Kellnerin)
Regie: Herbert Maisch
Lieder (José Munoz-Molleda und Juan
Mostaza-Murales/K, Herbert Witt /deut-
sche T):
Triana, Triana; Antonio Vargas Heredia
(Von Granada bis Lucena); Wenn du mich
heute nicht küßt …
Anmerkung: Spanische Version dieses Fil-
mes mit Imperio Argentina (Carmen), Ra-
fael Rivelles (Don José Navarro), Manuel
Luna (Antonio Vargas Heredia), Alberto
Romea, Anselmo Fernandez, Pedro Barre-
to, Margit Symo, José Prada, Pedro F. Cu-
enca, Julio Ross, Carmen Morando, J. Noe
Pena, Juan L. Diaz
Buch und Regie: Florián Rey

Carmen
1943, Argentinien – Sono-Film
Aktualisierte Burleske.
Buch frei nach der gleichnamigen Novelle
von Prosper Mérimée
Darsteller: Nini Marshall (Carmen), Juan
José Padilla, Manuel Perales, Adrián Cú-
neo, Olga Cortese, Carlos Tajes, Ellen Par-
di
Regie: Luis Cesar Amadori

Carmen
1945, Frankreich – Discina, 124 Min.
Drehbuch: Charles Spaak, Jacques Viot,
Henri Jeanson, Claude-André Puget, nach
der gleichnamigen Novelle von Prosper
Mérimée und der Oper

Darsteller: Viviane Romance (Carmen), Jean Marais (Don José), Lucien Coëdel (Garcia le borgne), Bernard Blier (Remendado), Julien Bertheau (Lucas le matador), Marguerite Moreno (Dorotea la bohémienne), Elli Parvo (Paméla), Jean Brochard (Lillas Pastia), Georges Tourreil (Dancaïre), Adriano Rimoldi (Le lieutenant), Gallina (L'acheteur), Polidor (Le voyageur âgé), Nicolas Maldacca (Un yoyageur), Liliane Layné, Cesare Fantoni
Musik: Georges Bizet
Regie: Christian-Jaque
Anmerkung: Dieser Film, in Italien gedreht, entstand bereits 1943.

The Loves of Carmen
(Deutscher Titel: LIEBESNÄCHTE IN SEVILLA)
1948, USA – Columbia – Technicolor, 98 Min.
Deutsche Erstaufführung: 1951
Drebuch: Helen Deutsch, nach der Novelle »Carmen« von Prosper Mérimée
Darsteller: Rita Hayworth (Carmen), Glenn Ford (Don José), Ron Randell (Andreas), Victor Jory (Garcia), Luther Adler (Dancaïre), Arnold Moss (Colonel), Joseph Buloff (Remendado), Margaret Wycherly (Old Crone), Bernard Nedell (Pablo), John Baragrey (Lucas), Philip Van Zandt (Sergeant), Anthony Dante (Groom), Veronika Pataky (Bride), Rosa Turich (Bride's Mother), Leona Roberts (Ancient Old Gypsy), Wally Cassell (Dragoon), Nenette Vallon (Woman with Broom), Kate Drain Lawson (Woman Relative), Joseph Malouf (Orderly), Claire DuBrey (Woman in Window), Francis Pierlot (Beggar), Juan Duval (Toreador), Trevor Bardette (Footman), Paul Marion (Sergeant of Dragoons), Robert Sidney (Specialty Dancer)
(Specialty Dancers/Gypsies): Fernando Ramos, Roy Fitzell, Jose Cansino
(People on Stagecoach): Joaquin Elizonda, Paul Bradley, Lala DeTolly, Marie Scheue, Barbara Hayden
(Man and Women in Crowns): Peter Cusanelli, Inez Palange, Eula Morgan
(Trinket Sellers): Alma Beltran, Florence Auer

(Soldiers): Vernon Cansino, Peter Virgo
(Chestnut Sellers): Lupe Gonzalez, Nina Campana
und George Bell, Rosita Delva, Lucille Charles, Thomas Malinari, Delores Corral, Andrew Round, Al Caruso, Roque Ybarra, Dimas Sotello, Julio Rojas, Frances Rey, Roselyn Strangis, Tessie Murray, Angella Gomez, Lulu Mae Bohrman, Virginia Vann, David Ortega, Cosmo Sardo, Alfred Paix, Jerry De Castro, Paul Fierro, John J. Verros, Celeste Savoi
Produzent: Charles Vidor
Regie: Charles Vidor

Carmen proibita
(Deutscher Titel: DIE LIEBE VOM ZIGEUNER STAMMT)
1953, Italien/Spanien – Italo-Iberica, 92 Min.
Deutsche Erstaufführung: 1954
Veränderte Handlung.
Drehbuch: Vittorio Calvino, Julian Cortes Cavanillas, Giuseppe Maria Scotese, frei nach Motiven der Novelle »Carmen« von Prosper Mérimée
Darsteller: Ana Esmeralda (Carmen), Fausto Tozzi (Don José), Marialla Lotti (Margaret), Umberto Spadaro (Kommissar), Raphael Albaicin (Guapo), Gianni Rizzo (Ramon), José Jaspe (Der Schieler), Michele Riccardini (Don Manuel), Enzo Furlai (Jean), Renato Lupi (Polizeisergeant), Juana Abdullah (Arabische Tänzerin), Mario Cabre (Juanito)
Regie: Giuseppe Maria Scotese

Carmen la de ronda
(Deutscher Titel: DAS MÄDCHEN AUS GRANADA)
(Amerikanischer Titel: THE DEVIL MADE A WOMAN/auch: A GIRL AGAINST NAPOLEON)
1959, Spanien – P. Benito Perojo – Eastmancolor, 98 Min.
Deutsche Erstaufführung: 1961
Veränderte, in das Jahr 1808 in die Zeit der napoleonischen Besetzung Spaniens verlegte Handlung.
Drehbuch: Jesús Maria Arozamena, Antonio Más Guindal, Tulio Demicheli, frei nach Motiven der Novelle »Carmen« von Prosper Mérimée

Darsteller: Sara Montiel/auch: Sarita Montiel (Carmen), Maurice Ronet (Don José), Jorge Mistral/auch: George Mistral (Antonio), Amadeo Nazzari (Colonel), Germán Cobos/auch: Gerald Cobos (Lucas, Matador), Maria de los Angeles Hortelano/auch: Maria Harte (Micaela), José Marco Davó, Felix Fernandez, Santiago Rivero
Regie: Tulio Demicheli

Carmen
1961, Italien – Vides, 91 Min.
Opern-Verfilmung.
Buch: Die Oper »Carmen«
Hauptdarsteller: Marta Rose (Carmen), Nino Carta (Don José), Antonio Annaloro (Escamillo)
Regie: Luigi Vanzi

Carmen di trastevere/Carmen 63
1963, Italien/Frankreich – Globe Films International/Produzione Gallone, Rom/Les Films Marceau-Cocinor, Paris, 105 Min.
Veränderte, modernisierte und nach Rom verlegte Handlung.
Drehbuch: Carmine Gallone, Lucia Drudi Demby, Giuseppe Mangione, frei nach Motiven der Novelle »Carmen« von Prosper Mérimée
Darsteller: Giovanna Ralli (Carmen), Jacques Charrier (Antonio), Lino Ventura (Vincenzo), Luigi Giuliani (Luca), Fiorenzo Fiorentini (Il chitarrista), Dante di Paolo (Un americano), Carlo Romano, Uti Hof, Anita Durante, Enzo Liberti
Regie: Carmine Gallone

Carmen Baby
1967, USA – Amsterdam Film Corp., New York (und Erich Mehl) – Ultrascope/Eastmancolor, 90 Min.
Deutsche Erstaufführung (Originaltitel): 1968
Veränderte, modernisierte Handlung.
Drehbuch: Jesse Vogel, frei nach Motiven der Novelle »Carmen« von Prosper Mérimée
Darsteller: Uta Levka (Carmen), Claus Ringer/auch: Claude Ringer (Karl, Policeman), Carl Möhner (Medico), Walter Wilz (Baby Lucas, Pop Singer), Barbara Valentin/auch: Valentine (Dolores), Christiane Rücker (Misty), Doris Arden (Darcy), Michael Münzer (Magistrate), Christian Fredersdorf, Artur Brass
Produzent: Radley Metzger
Regie: Radley Metzger

Carmen
1967, Schweiz – Cosmotel – Eastmancolor, 173 Min.
Filmaufnahme der Opern-Inszenierung »Carmen«, Salzburger Festspiele 1966.
Buch: Die Oper »Carmen«.
Musik: Georges Bizet
Darsteller: Grace Bumbry (Carmen), Jon Vickers (Don José), Mirella Freni (Micaëla), Justino Diaz (Escamillo), Olivera Miljakovic (Frasquita), Julia Hamari (Mercédès), Robert Kerns (Moralès), Anton Diakov (Zuniga), Kurt Equiluz (Dancaïre), Milen Paunov (Remendado), Mariemma und das Ballet de España
Der Chor der Wiener Staatsoper – Die Wiener Philharmoniker, Dirigent: Herbert von Karajan
Regie: Herbert von Karajan
Anmerkung: Gesungen in französischer Sprache.

L'uomo, l'orgoglio, la vendetta / Mit Django kam der Tod
1967, Italien/Deutschland – Regal Film u. Fono Roma, Rom/Constantin-Film – Techniscope/Technicolor, 91 Min.
Veränderte, modernisierte, nach Mexiko verlegte Handlung.
Drehbuch: Suso Cecchi D'Amico, Luigi Bazzoni, frei nach Motiven der Novelle »Carmen« von Prosper Mérimée
Darsteller: Franco Nero (José/deutsch: Django), Tina Aumont (Carmen/deutsch: Conchita), Klaus Kinski (Garcia), Alberto dell'Acqua (Remendado), Karl Schönböck (Inglese/Ein Engländer), Franco Ressel (Il tenente/Oberleutnant), Lee Burton/d. i. Guido Lollobrigida, Marcella Valeri, Maria Mizar, Mara Carisi, Anna De Padova
Produzent: Luigi Rovere
Regie: Luigi Bazzoni

Carmen
1983, Spanien – Emiliano Piedra Productions – Eastmancolor, 101 Min.

Deutsche Erstaufführung (Originaltitel):
1983
Ballett-Film. In die moderne Zeit und ins
Bühnenmilieu verlegte Handlung.
Drehbuch: Carlos Saura, Antonio Gades,
frei nach Motiven der gleichnamigen
Novelle von Prosper Mérimée und der
Oper
Darsteller: Laura del Sol (Carmen), Anto-
nio Gades (Antonio), Paco de Lucia (Paco),
Cristina Hoyos (Cristina), Juan Antonio Ji-
menez (Juan), Sebastian Moreno (Escamil-
lo), José Yepes (Pepe Giron), Pepa Flores
(Marisol)
Gesangstimmen: Regina Resnik (Carmen),
Mario del Monaco, Robert Geay, Tom
Krause, Gomez de Jerez, La Bronce, Mano-
lo Sevilla
Musik: Georges Bizet, Volksmusik (spez.
Flamenco) und »El gato montés« (von Ma-
nuel Penella), »Deja de Morat« (von Paco
Cepero)
Produzent: Emiliano Piedra
Choreographie: Carlos Saura, Antonio
Gades
Regie: Carlos Saura
Anmerkung: Carlos Saura und Antonio
Gades verwendeten ihre Film-Choreogra-
phie zur Gestaltung einer Bühnenversion,
in der Cristina Hoyos die Rolle der Carmen
darstellte.
Schallplatte: Polydor 817 247

La tragédie de Carmen (3 Verfilmungen)
(Deutscher Titel: DIE TRAGÖDIE DER CAR-
MEN)
1983, Frankreich – Alby Films/Antenne 2 –
Color
Deutsche Erstaufführung (Verfilmung 1):
1984 (TV/ARD), 80 Min.
3 Verfilmungen der gleichen Theaterinsze-
nierung.
Buch: Neufassung der Oper »Carmen« aus
Elementen der Novelle von Prosper Mé-
rimée und der Oper, Bearbeitung: Peter
Brook, Jean-Claude Carrière
Darsteller: ① Hélène Delavaut (Carmen),
Howard Hensel (Don José), Agnès Host
(Micaëla), Jake Gardner (Escamillo), Jean-
Paul Denizon (Zuniga), Alain Maratrat
(Lillas Pastia), Tapa Sudana (Garcia)

② Zehava Gal (Carmen), Laurence Dale
(Don José), Véronique Dietschy (Micaëla),
Carl Johann Falkman (Escamillo), Jean-
Paul Denizon (Zuniga), Alain Maratrat
(Lillas Pastia), Tapa Sudana (Garcia)
③ Eva Saurova (Carmen), Laurence Dale
(Don José), Véronique Dietschy (Micaëla),
John Rath (Escamillo), Jean-Paul Denizon
(Zuniga), Alain Maratrat (Lillas Pastia),
Tapa Sudana (Garcia)
Musikalische Bearbeitung: Marius Constant
Regie: Peter Brook
Anmerkung: Die von Peter Brook inspirier-
te Neufassung von Novelle und Oper »Car-
men« – eine um Nebenrollen, Chöre, Zi-
geunerfolklore und alles Aufwendige reduzierte Kammerspielversion – wurde unter
dem Titel »La tragédie de Carmen« vom
6. November 1981 bis zum 31. Dezember
1982 mit wechselnden Besetzungen im
»Théâtre des Bouffes du Nord« in Paris gespielt. Ab Januar 1983 verfilmte Peter Brook
dann im Theater die drei o.g. Versionen mit
den unterschiedlichen Besetzungen.

Carmen
1984, Frankreich/Italien – Gaumont u. Pro-
duction Marcel Dassault, Paris/Opera Film
Produzione, Rom – Panavision/Eastmanco-
lor, 152 Min.
Deutsche Erstaufführung (Originaltitel):
1984
Opern-Film
Drehbuch: Francesco Rosi, Tonio Guerra,
nach der gleichnamigen Oper
Darsteller: Julia Migenes-Johnson (Car-
men), Placido Domingo (Don José), Rug-
gero Raimondi (Escamillo), Faith Esham
(Micaëla), François Le Roux (Moralès),
Jean-Paul Bogart (Zuniga), Susan Daniel
(Mercédès), Lilian Watson (Frasquita),
Jean-Philippe Lafont (Le Dancaïre), Gérard
Garino (Le Remendado), Julien Guiomar
(Lillas Pastia), Accursio Di Leo (Le guide),
Maria Campano (La Manuelita)
(Couple de Danses): Cristina Hoyos, Juan
Antonio Jimenez
(Les amis de Carmen): Aurora Vargas, Car-
men Vargas, Concha Vargas, Esperanza
Fernandez, Lourdes Garcia, Maria Gomez,
Pilar Becerra

und Enrique El Cojo, Compagnie Antonio
Gades
Orchestre National de France, Dirigent:
Lorin Maazel
Musik: Georges Bizet
Produzent: Patrice Ledoux
Choreographie: Antonio Gades
Regie: Francesco Rosi
Schallplatte (CD): Erato ECD 88041

Carmen on Ice
1990, Deutschland/Spanien – Vegas-Film –
Color, 79 Min.
Handlungsballett auf dem Eis.
Drehbuch frei nach der Oper »Carmen«
Musik: Georges Bizet
Darsteller: Katarina Witt (Carmen), Brian
Boitano (Don José), Brian Orser (Escamil-
lo), Yvonne Gomez (Micaëla), Anett
Pötsch (Dolores), Otto Retzer (Zuniga),
Cristina Hoyos
Corps de ballet: Daniel Berger, Jean Pierre
Boyer, Robert Burk, Taylor Cabler, John
Coyne, Heidi Crowthers, Kent Grice, Lisa
Forsyth, Stephanie Lee Grosscup, Mark
Hurd, Lyne Hoode, C. E. Bruce Langille,
Valerie Lavine, Mark McVean, Shaun Mc-
Gill, Aimee McKenzie, Jim Mullen, Lisa
Nickelt, Chris Nolan, Jamie Richards,
Cheryl Richardson, Renee Rocca, Miche-
line Sally, Anne E. Schelter, Michael Shinni-
man, Janice Sinjian, Joyce Stockman, Karen
Taylor, Dough Webster, Shelley Winter,
Debbie Young, Jeanette Elsner, Inga Gau-
ter, Kathy Beck, Tobias Schröter, Ralf Le-
wandowski, Sandra Nippert, Babette Preuß-
ler, Detlef Kurzweck, Marion Hampsey
Wiener Symphoniker und das Große Rund-
funkorchester Berlin
Produzent: Thomas Bürger
Choreographie: Sandra Bezic-Ricci
Regie: Horant H. Hohlfeldt

Eine Episode »Carmen« enthält der viertei-
lige Ballett-Film
Un, deux, trois, quatre!
(Deutscher Titel: CARMEN 62)
1960, Frankreich – Les Grandes Projections
Cinématographiques/Talma/Doperfilme –
Super Technirama 70/Technicolor, 127 Min.
Deutsche Erstaufführung: 1962
Ballett-Film (siehe Anmerkung).

Teil 4 – Tanz-Episode »Carmen«:
Drehbuch: Roland Petit, Terence Young,
nach dem Ballett »Carmen« von Roland
Petit (hier Kurzfassung) nach Motiven und
mit der Musik der Oper
Hauptdarsteller: Zizi Jeanmaire/d. i. Renée
Jeanmaire (Carmen), Roland Petit (Don
José), Henning Kronstam (Toreador), Jo-
sette Clavier (Weibl. Bandit), Fredbjørn
Bjørnsson, Hans van Manen (Banditen)
Orchester Concerts Lamoureux, Dirigent:
Marius Constant
Musik: Georges Bizet
Produzent: Joseph Kaufman
Choreographie: Roland Petit
Regie: Terence Young
Anmerkung: Es handelt sich um die filmi-
sche Gestaltung einer Ballett-Schöpfung
von Roland Petit (London, Princess Thea-
tre: 21. Februar 1949) mit Renée Jeanmaire,
Roland Petit und der Compagnie des Bal-
lets de Paris.
Die weiteren Episoden des vierteiligen
Films sind: »La croqueuse de diamants –
Die Diamantenknackerin«, »Cyrano de
Bergerac« und »Deuil en 24 heures – Trau-
er in 24 Stunden«. Unter den weiteren Mit-
wirkenden: Moira Shearer, Cyd Charisse,
George Reich, Dirk Sanders.

Der »Carmen«-Stoff wurde auch in den
nachfolgend genannten Filmen behandelt:

Carmen
USA/1916 (1 Rolle)
Zeichentrickfilm-Burleske, gezeichnet von
Hugh Michael Shiels und John Colman

The Idol of Seville
USA/1932, 21 Min.
Dokumentarfilm (Educational) von Ho-
ward Higgin. Künstlerische Oberleitung:
Antoine De Vally

Carmen
Deutschland/1933, 11 Min.
Silhouetten-Trickfilm (Scherenschnitt) von
Lotte Reiniger. Ausschnitte aus der Oper
»Carmen« (Parodie). Musikarrangements:
Peter Gellhorn

Carmen
Tschechoslowakei/1966
Dokumentarfilm von Evald Schorm

Gemäß einer Annonce in der Zeitschrift »Erste Internationale Film-Zeitung«, Jahrgang 1909/Nr. 43, gab es seinerzeit ein Tonbild (Film mit Grammophonbegleitung) der Bioskop-Gesellschaft, Berlin, in der Länge von 55 m: *Carmen* – Torerolied

Vereinzelt werden aus der Stummfilmzeit noch folgende CARMEN-Produktionen genannt, für die sich jedoch in filmhistorischen Unterlagen keine Bestätigung fand:
USA/1909, Kathyln Williams (Carmen)
USA/1913, Florence LaBadie (Carmen)
Mexiko/1920, Elvira Ortiz (Carmen)/Regie: Ernesto Vollrath

Nicht näher zu definieren war der »Erotikfilm«
Carmen, the True Story/Carmen nada
(Deutscher Titel: DIE NACKTE CARMEN)
Deutsche Erstaufführung 1989 (TV/RTL plus)
1980 Großbritannien – Color, 81 Min.
Mit Pamela Prati (Carmen), Lorenzo Santamaria (Don José), Irene Daina, Pierre Rosso, Jacques Nivelle u. a.
Regie: Albert Lopez

Bei den nachfolgend genannten zwei Filmen handelt es sich nicht um Verfilmungen des »Carmen«-Stoffes nach Prosper Mérimée bzw. der Oper, doch ist im ersten Fall das Thema zweifellos nachempfunden und im zweiten Film lose angelehnt:

Der Tod von Sevilla
Deutschland/1913 – Deutsche Bioskop, 1331 m (49 Min.)
»Mimisches Drama« mit Asta Nielsen (Juanita), Robert Dinesen, Bruno Kastner, Max Landa, Martin Wolff, Paul Meffert, den Toreros Gayetano Alvarez und Manuel Espartero, Fräulein Portales, Frau Alquaretz, Herrn Bird
Buch und Regie: Urban Gad

Prénom Carmen/Vorname Carmen
Frankreich – Schweiz/1983 – Sara/Films A2/JLG Films – Color, 85 Min.
mit Maruschka Detmers (Carmen X), Jacques Bonnaffé (Joseph Bonnaffé), Myriem Roussel (Claire), Jean-Luc Godard (Onkel Jean), Hyppolite Girardot (Fred), Christophe Odent (Bandenchef), Bertrand Liebert (Carmens Leibwächter), Alain Bastien-Thiry, Pierre-Alain Chapuis, Odile Roire, Valérie Dréville, Christine Pignet, Jean-Michel Denis, Jacques Villeret
Drehbuch: Anne-Marie Miéville
Regie: Jean-Luc Godard

CARNIVAL

Musik und Songtexte: Bob Merrill
Buch: Michael Stewart, nach dem amerikanischen Film »Lili« (1953), nach der Erzählung »Love of Seven Dolls« (1954) (deutsch: »Kleine Mouche«) von Paul Gallico
Premiere in New York, Imperial Theatre: 13. April 1961

Personen und die Darsteller der Premiere:

Lili	Anna Maria Alberghetti
Marco, the Magnificent	James Mitchell
Paul Berthalet	Jerry Orbach
Jacquot	Pierre Olaf
Mr. Schlegel	Henry Lascoe
Miguelito	George Marcy
Grobert	Will Lee
Gladys Zuwicki	Mary Ann Niles
Gloria Zuwicki	Christine Bartel
Greta Schlegel	June Meschonek
Gypsy	Anita Gilette
Princess Olga	Luba Lisa
The Incomparable Rosalie	Kaye Ballard
Dr. Glass	Igors Gavon
Cyclist	Bob Murray
Dog Trainer	Paul Sydell
Wardrobe Mistress	Carvel Carter
Bear Girl	Jennifer Billingsley
Stilt-Walker	Dean Crane
Strong Man	Pat Tolson
Aerialist	Dean Crane

Jugglers: Martin Brothers
Roustabouts: George Marcy, Tony Gomez, Johnny Nola, Buff Shurr
Harem-Girls: Nicole Barth, Iva March, Beti Seay
Clowns: Bob Dixon, Harry Lee Rogers
Blue Birds: Nicole Barth, Iva March, Jennifer Billingsley, Beti Seay
Band: C. B. Bernard, Peter Lombard

Produzent: David Merrick
Choreographie: Gower Champion
Regie: Gower Champion
Ort: Südfrankreich
Zeit: In den 1950er Jahren

Handlung: Märchenähnliche Liebesge-schichte. Lili, ein fast erwachsenes Waisen-kind, sucht einen Freund ihres Vaters, der mit einem Zirkus umherzog. Sie erfährt, daß der Gesuchte ebenfalls verstorben ist. Heimatlos schließt sich Lili der Schaustel-lergruppe an. Marco, der Zauberkünstler, imponiert ihr sehr, was kein Wunder ist, denn Marco übt besondere Anziehungs-kraft auf Frauen aus. Zirkuskollegen, die Marcos Verführungskünste kennen, hin-dern ihn daran, Lilis Zuneigung auszunut-zen. Ohne es zu wollen, bringt die naive Li-li die Situation unter den Zirkusleuten aus dem Gleichgewicht. Als sie sich auch noch ungeschickt anstellt, wird sie hinausgewor-fen. Allein und verzweifelt und vor die Fra-ge gestellt, wie es für sie weitergehen soll, hört sie eine Stimme, die ihr Trost zuspricht. Es ist eine Puppe des Puppentheaters, das zum Jahrmarkt gehört. Zwischen ihr und der Puppe entwickelt sich ein Gespräch, zu dem sich auch die anderen Figuren gesellen. Die verzweifelte Lili redet sich all ihren Kummer von der Seele und findet Ver-ständnis und Anteilnahme bei den Puppen. Sie bitten Lili, sich ihnen anzuschließen, und sie wird ein Mitglied von Paul Bertha-lets Puppentheater. Doch zu jedem Auftritt von Marco eilt sie ins Zirkuszelt, um ihn zu bewundern. Marco ist gerade von seiner Dauerfreundin Rosalie verlassen worden und versucht erneut, Lili in seinen Bann zu ziehen. Dabei aber gerät er mit Paul, dem Puppenspieler, in Konflikt. Paul, der durch eine Kriegsverletzung leicht gehbehindert ist und ein mürrisches Wesen besitzt, hat sich inzwischen selbst in Lili verliebt. Er verbirgt seine Schüchternheit hinter einer rauhen Schale, ist schroff und unfreundlich zu Lili. Sie flieht vor ihm und will den Jahr-markt verlassen. Da aber reden wieder die Figuren des Puppentheaters mit ihr und bit-ten sie zu bleiben. Die Puppen sind ihre ein-zigen Freunde. Und plötzlich erkennt Lili,

daß sich hinter ihnen ein Mensch verbirgt, der sie immer liebevoll beraten und geleitet hat. Es waren ja nicht die Puppen, die mit ihr sprachen, sondern es war Paul, der Pup-penspieler. Lilis kindliche Naivität weicht der Erkenntnis, daß sie zu Paul gehört und bei ihm die Geborgenheit findet, nach der sie so sehr gesucht hat.

Auszeichnungen: 2 Antoinette Perry Awards (Tonys) 1962: Weibliche Haupt-rolle–Musical: Anna Maria Alberghetti / Bühnenbild: Will Steven Armstrong

Deutschsprachige Erstaufführung (Origi-naltitel): 29. November 1962, Stadttheater Zürich. Autor: Robert Gilbert

Anmerkung: Der Titel »Carnival« meint ein Wanderunternehmen im Schaustellerge-werbe.

Songs und Musiknummern

Bühne:
Direct from Vienna; A Very Nice Man; Fai-ryland; I've Got to Find a Reason; Mira (Can You Imagine That?); Sword, Rose and Cape; Humming; Yes, My Heart; Everybo-dy Likes You; Magic, Magic; Tanz mit mir; Carnival Ballet; Theme from »Carnival« (Love Makes the World Go 'Round); Yum Ticky-Ticky Tum Tum; The Rich; Beautiful Candy; Her Face; Grand Imperial Cirque de Paris; I Hate Him; It Was Always You; She's My Love
Bei der Londoner Aufführung (1963) hin-zugefügt: Golden Delicious Fish

Schallplatten:
NY – MGM E 3946, MGM SE 3946 OC
L – His Master's Voice CSD 1476

Vorlage des Musicals:

Lili
1952, USA – Metro-Goldwyn-Mayer – Technicolor, 81 Min.
Deutsche Erstaufführung (Originaltitel): 1954
Drehbuch: Helen Deutsch, nach der Erzäh-lung »Love of Seven Dolls« von Paul Gallico
Darsteller: Leslie Caron (Lili Daurier), Mel Ferrer (Paul Berthalet), Jean-Pierre Au-

mont (Marc), Zsa Zsa Gabor (Rosalie), Kurt Kasznar (Jacquot), Amanda Blake (Peach Lips), Alex Gerry (Proprietor), Ralph Dumke (Monsieur Corvier), Wilton Graff (Monsieur Tonit), George Baxter (Monsieur Enrique), Eda Reiss Merin (Fruit Peddler), George Davis (Workman), Reginald Simpson (Second Workman), Mitchell Lewis (Concessionaire), Fred Walton (Whistler), Richard Grayson (Flirting Vendor)
(Specialty Dancers): Dorothy Jarnac, Arthur Mendez, Dick Lerner, Frank Radcliffe, Lars Hensen
Puppen: Paul B. Walton, Michael O'Rourke
Produzent: Edwin H. Knopf
Regie: Charles Walters
Musik (Bronislau Kaper/K):
Hi-Lili, Hi-Lo (Helen Deutsch/T, auch Ballettmusik); Adoration (instr.); Lili and the Puppets (instr.)
Schallplatten:
MGM E 187, MGM 2353037 B
Auszeichnung: 1 Academy Award (Oscar) 1953: Musikgesamtwerk – Instrumentierung (Dramatisches Filmwerk): Bronislau Kaper

Hinweis/Film:
Die drei britischen Filme mit dem Titel »Carnival« von 1921, 1931 und 1946 sowie der amerikanische Film »Carnival« von 1935 haben mit dem gleichnamigen Musical nichts zu tun.
Bei den britischen Filmen von 1921 und 1931 handelt es sich um eine Art Othello-Desdemona-Drama nach dem Bühnenstück »Carnival« (1919) von Matheson Lang und H. C. M. Hardinge auf der Basis eines Stücks von Alexander S. Pordes-Milo. Ähnliche Stoffverfilmungen gab es 1937 in Großbritannien unter dem Titel »Men Are Not Gods« und 1947 in den USA unter dem Titel »A Double Life«.
Der britische Film »Carnival« von 1946 (Deutscher Titel: »Ein Herz geht verloren«) ist eine Verfilmung des Romans »Carnival« (1912) von Compton Mackenzie und behandelt die Ehetragödie einer jungen Tänzerin zur Zeit der Jahrhundertwende. Dieser Roman ist ferner verfilmt worden unter den Titeln »The Ballet Girl« (USA/1916)

und »Dance Pretty Lady« (Großbritannien/1931).
Der amerikanische Film »Carnival« von 1935 kann als eine Art Vorgänger des Films »Lili«, der Vorlage des Musicals, angesehen werden. Er spielt auch im Milieu des Jahrmarkts und handelt von einem Puppenspieler, der nach dem Tode seiner Frau um seine kleine Tochter kämpfen muß, die der Schwiegervater nicht in der zwielichtigen Welt der Schausteller aufwachsen lassen will. Produktion: Columbia, Drehbuch: Robert Riskin, Regie: Walter Lang, Hauptdarsteller: Lee Tracy (Chick Thompson, a Puppet-Master), Sally Eilers (Daisy, his Daughter), Jimmy Durante (Fingers), Dickie Walters (Poochy), Thomas Jackson (Mac), Florence Rice (Miss Holbrook), Fred Kelsey (Detective), ferner Lucille Ball (A Nurse).

CAROUSEL

Musik: Richard Rodgers
Songtexte: Oscar Hammerstein II.
Buch: Oscar Hammerstein II., nach dem ungarischen Theaterstück »Liliom« (Budapest/1909) von Ferenc Molnár (Franz Molnar) in der englischsprachigen Fassung (1921) von Benjamin F. Glazer
Premiere in New York, Majestic Theatre: 19. April 1945

Personen und die Darsteller der Premiere:

Billy Bigelow	John Raitt
Julie Jordan	Jan Clayton
Carie Pipperidge	Jean Darling
Enoch Snow	Eric Mattson
Jigger Craigin	Murvyn Vye
Nettie Fowler	Christine Johnson
Louise Bigelow	Bambi Linn
Mrs. Mullin	Jean Casto
Starkeeper	Russell Collins
David Bascombe	Franklyn Fox
Boatswain	Peter Birch
Hannah	Annabelle Lyon
Captain	Blake Ritter
June Girl	Pearl Lang
Arminy	Connie Baxter
Penny	Marilyn Merkt
Jennie	Joan Keenan

Virginia	Ginna Moise
Susan	Suzanne Tafel
Jonathan	Richard H. Gordon
Minister	Russell Collins
She	Kathlyn Comegys
Enoch Snow Jr.	Ralph Linn
Principal	Lester Freedman
Bessie	Mimi Stongin
Jessie	Jimsie Somers
Juggler	Lew Foldes
Jimmy, Carnival Boy	Robert Pagent
First Heavenly Friend/Brother Joshua	Jay Velie
Second Heavenly Friend	Tom McDuffie
Policemen	Robert Byrn Larry Evers

Produzent: The Theatre Guild
Choreographie: Agnes de Mille
Regie: Rouben Mamoulian
Ort: Eine Kleinstadt an der Küste von Maine, New England/USA
Zeit: 1873 – und 15 Jahre später

Handlung: Elegische Komödie – Molnárs »Vorstadtlegende« mit verändertem, optimistischerem Ausgang. Wegen ihrer Liebe zueinander werden der leichtlebige Karussellarbeiter Billy und die Fabrikarbeiterin Julie entlassen und arbeitslos. Um zu Geld zu kommen, weil Julie ein Kind erwartet, läßt sich Billy zu einem Raubüberfall überreden, der jedoch fehlschlägt. Als er verhaftet werden soll, verzweifelt Billy und tötet sich mit seinem eigenen Messer. – Nach 15 Jahren darf er für einen Tag vom Himmel auf die Erde zurückkehren. Er entwendet einen kleinen Stern, um ihn seiner Tochter Louise mitzunehmen. Das Mädchen aber schreckt vor dem Fremden zurück und verweigert die Annahme des Geschenks. Ärgerlich versetzt Billy ihr einen Schlag auf die Hand. Louise läuft davon; Billy läßt den Stern zurück. Voller Verwunderung darüber, daß der Schlag ihr keinen Schmerz bereitet hat, erzählt das Mädchen ihrer Mutter von der Begegnung mit dem Fremden. Julie ahnt die Zusammenhänge. Der Stern wird dem bislang freudlosen Mädchen in eine glücklichere Zukunft leuchten.

Deutschsprachige Erstaufführung:
15. Oktober 1972, Volksoper Wien. Autor: Robert Gilbert

Film:

Carousel
(Deutscher Titel: KARUSSELL)
1956, USA – 20th Century-Fox – Cinema-Scope/Color de Luxe, 128 Min.
Deutsche Erstaufführung: 1956
Musik: Richard Rodgers
Songtexte: Oscar Hammerstein II.
Drehbuch: Phoebe Ephron, Henry Ephron, nach dem gleichnamigen Musical

Personen und ihre Darsteller:

Billy Bigelow	Gordon MacRae
Julie Jordan Bigelow	Shirley Jones
Jigger Craigin	Cameron Mitchell
Carrie Pipperidge	Barbara Ruick
Nettie Fowler	Claramae Turner
Enoch Snow	Robert Rounseville
Starkeeper	Gene Lockhart
Mrs. Mullin	Audrey Christie
Louise	Susan Luckey
Heavenly Friend	William LeMassena
David Bascombe	John Dehner
Clem	Harrison Dowd
Enoch Snow Jr.	Dee Pollock
Captain Watson	Frank Tweddell
Louise's Dancing Partner	Jacques D'Amboise
Snow's Daughter	Dolores Starr
Arminy	Charlene Baker
Sailor	Marc Holland
Captain	Charles Irwin
Girl at Clambake	Drusilla Davis
Man at Clambake	William Foster
School Principal	Larry Johns

Girls at Stone Cutters: Christy Peterson, Melinda Olsen
Policemen: Richard Deacon, William Sharon, Robert Foulk
Townspeople: Sylvia Stanton, Mary Orozco, Tor Johnson, Harry »Duke« Johnson, Marion Dempsey, Ed Mundy, Angelo Rossitto
Produzent: Henry Ephron
Choreographie: Rod Alexander, Agnes de Mille
Regie: Henry King

Songs und Musiknummern

Bühne:
The Carousel Waltz (instr.); You're a Queer One, Julie Jordan!; Mister Snow (When I Marry Mister Snow); If I Loved You; June Is Bustin' Out All Over; When the Children Are Asleep; Blow High, Blow Low; Hornpipe (instr.); Soliloquy; A Real Nice Clambake; Geraniums in the Winder; Stonecutters Cut It on Stone (There's Nothin' So Bad For a Woman); What's the Use of Wond'rin?; You'll Never Walk Alone; The Highest Judge of All

Film:
The Carousel Waltz (instr.); You're a Queer One, Julie Jordan!; Mister Snow (When I Marry Mister Snow); If I Loved You; When the Children Are Asleep; June Is Bustin' Out All Over; Soliloquy; Blow High, Blow Low; A Real Nice Clambake; Stonecutters Cut It on Stone (There's Nothin' So Bad for a Woman); What's the Use of Won'drin?; You'll Never Walk Alone

Schallplatten:
NY – Decca DL 7-9020, MCA 2033, (1965) RCA Victor LOC/LSO 1114, (1967/TV) Columbia CSM 479
L – Columbia SED 5536
F – Capitol SW 694, Capitol 038 EVC 80514
St – (Robert Merrill, Patrice Munsel) RCA Victor LPM 1048, (Alfred Drake, Roberta Peters) Command RS 843 SD, (Lois Hunt, Charmaine Harma) Epic LN 3679, (Barbara Cook, Samuel Ramey, Sarah Brightman) MCA 6209

Vorlage des Musicals:

Volksstück (»Vorstadtlegende«): *Liliom*
Buch: Ferenc Molnár (Franz Molnar)
Uraufführung: Budapest, 7. Dezember 1909

Anmerkung: Eine deutsche Fassung in der Übersetzung und Bearbeitung von Alfred Polgar wurde 1912 in Wien herausgebracht. Alfred Polgar verfaßte auch eine spätere berlinische Version, die Hans Albers in der Titelrolle zum Erfolg führte (Berlin, Volksbühne/Theater am Bülowplatz: 7. Januar 1931). Für diese Fassung schrieb Theo Mackeben die Bühnenmusik mit dem Lied »Komm' auf die Schaukel, Luise« (Text: Hans Herbert/d. i. Alfred Polgar).

Englischsprachige Fassung: *Liliom*
Autor: Benjamin F. Glazer
Premiere in New York – Garrick Theatre: 20. April 1921
Hauptdarsteller: Joseph Schildkraut (Liliom), Eva Le Gallienne (Julie), Helen Westley (Mrs. Muskat), Hortense Alden (Marie), Dudley Digges (The Sparrow), Henry Travers (Wolf Berkowitz), Erskine Sanford (Captain), Evelyn Chard (Louise)
Produzent: The Theatre Guild
Regie: Frank Reicher

Hinweis/Film:
Das Bühnenstück »Liliom« von Franz Molnar, Vorlage der Musicals, ist mehrfach verfilmt worden:

Liliom
Stummfilm/1919, Ungarn
Drehbuch nach dem gleichnamigen Volksstück von Ferenc Molnár
Darsteller: Gyula Csortos, Ica Lenkeffy, Nusi Somogyi, Lajos Réthey, Jenő Virágh, Aladár Sarkadi
Regie: Michály Kertész (d. i. Michael Curtiz)

A Trip to Paradise
Stummfilm/1921, USA – Metro Pictures, 5800ft/1768 m (65 Min.)
Drehbuch: June Mathis, nach der englischen Fassung von Benjamin F. Glazer des Volksstücks »Liliom« von Ferenc Molnár
Darsteller: Bert Lytell (»Curley« Flynn), Virginia Valli (Nora O'Brien), Brinsley Shaw (Meek), Unice Vin Moore (Widow Boland), Victory Bateman (Mrs. Smiley), Eva Gordon (Mary)
Regie: Maxwell Karger

Liliom
1930, USA – Fox Film Corp., 94 Min.
Drehbuch: S. N. Behrman, nach der englischen Fassung von Benjamin F. Glazer des Volksstücks »Liliom« von Ferenc Molnár

Darsteller: Charles Farrell (Liliom), Rose Hobart (Julie), Estelle Taylor (Madame Muskat), Lee Tracy (Buzzard), James Marcus (Linzman), H. B. Warner (Chief Magistrate), Guinn Williams (Hollinger), Mildred Van Dorn (Marie), Lillian Elliott (Aunt Hulda), Walter Abel (Carpenter), Bert Roach (Wolf), Dawn O'Day/d. i. Anne Shirley (Louise), Nat Pendleton
Produzent: William Fox
Regie: Frank Borzage
Songs (Richard Fall/K, Marcella Gardner/T): Dream of Romance; Thief Song

Liliom

1934, USA (produziert in Frankreich) – Fox Europa Films, 120 Min.
Deutsche Erstaufführung (Originaltitel): 1973 (TV/ARD)
Drehbuch: Fritz Lang, Robert Liebmann, Bernard Zimmer, nach dem gleichnamigen Volksstück von Ferenc Molnár
Darsteller: Charles Boyer (Liliom), Madeleine Ozeray (Julie), Forelle (Madame Moskat), Mimi Funès (Marie), Pierre Alcover (Alfred), Alexandre Rignault (Hollinger), Roland Toutain (Le marin/Matrose), Henry Richard (Le commissaire/Kommissar), Mila Parely (La dactylo/Tippfräulein), Maximilienne (Madame Menoux), Robert Arnoux (Le tourneur/Drechsler), Raoul Marco (L'inspecteur/Inspektor), Barencey (Le policier/Polizist), Antonin Artaud (Le rémouler/Scherenschleifer), René Stern (Le caissier/Kassierer), Léon Arvel (L'employé/Arbeiter), Viviane Romance (La marchande de cigarettes/Zigarettenfräulein), Richard Darencet (Purgatoire sergent/Fegefeuer-Polizist), Josiane Lisbey, Blanche Estival, Rosa Valetti, Lily Latte
Produzent: Erich Pommer
Regie: Fritz Lang

THE CAT AND THE FIDDLE

Musik: Jerome Kern
Songtexte: Otto Harbach
Buch: Otto Harbach
Premiere in New York, Globe Theatre: 15. Oktober 1931

Personen und die Darsteller der Premiere:

Shirley Sheridan	Bettina Hall
Victor Florescu	Georges Metaxa
Odette	Odette Myrtil
Clement Daudet	José Ruben
Alexander Sheridan	Eddie Foy Jr.
Angie Sheridan	Doris Carson
Major Sir George Wilfred Chatterly	Lawrence Grossmith
Pompineau	George Meader
Maisie Gripps	Flora LeBreton
Madame Abajour	Lucette Valsy
Book Vendor	George Kirk
Constance Carrington	Margaret Adams
Chester Biddlesby	Fred Walton
Jean Colbert	Peters Chambers
Claudine	Lucette Valsy
Adrien, a Waiter	George Magis

Produzent: Max Gordon
Choreographie: Albertina Rasch
Regie: José Ruben
Ort: Brüssel/Belgien
Zeit: »Gegenwart« (1931)

Handlung: »A Musical Love Story«. Shirley Sheridan ist eine junge amerikanische Komponistin, die nach Brüssel gekommen ist, um dort Musik zu studieren. In der Stadt lernt sie einen jungen Mann kennen, der ebenfalls Komponist ist, den Rumänen Victor Florescu. Die beiden sind sich sofort sympathisch und entdecken ihre Zuneigung füreinander. Während Shirley aber den modernen Rhythmen zuneigt, geht Victor ganz in seiner Arbeit an einer Oper, »The Passionate Pilgrim«, auf. Ohne es zunächst zu wissen, wohnen beide im gleichen Appartementhaus nebeneinander. Oft wird Victor in seiner Arbeit gestört durch die moderne amerikanische Musik aus der Nachbarwohnung. Diese Musik hört auch Victors Bruder Daudet, der ihn in künstlerischen Fragen berät. Er drängt Victor, seine Oper unter Verwendung dieser Art von Musik moderner und attraktiver zu gestalten. Victor will davon nichts wissen. Diese neumodischen Rhythmen widerstreben seiner Auffassung von Musik. Zudem ist er ohnehin schlecht gelaunt, da ihm die Primadonna Odette, die die Hauptrolle seiner Oper spielen soll, sowohl privat als auch bei der künstlerischen Arbeit mit Temperamentsausbrüchen das Leben schwer macht. Als er gar noch feststellt, daß die melodischen Einfälle, die ihm sein Bruder präsentiert, Kompositionen von Shirley sind, vermutet er, sie wolle auf diesem Wege ihre Werke bei ihm untermogeln. Das führt zu einem Bruch mit Shirley. Doch weiß Shirley nichts von der Aktion, die Victors Bruder unternahm. Durch seinen Einfluß ist es ihm dennoch gelungen, daß Victor seine Kompositionen zeitgenössischer gestaltet hatte, und die Aufführung der Oper wird ein großer Erfolg. In seiner glücklichen Stimmung erkennt Victor endlich die wahren Zusammenhänge und findet wieder mit Shirley zusammen, wobei sich beide sicher sind, daß in Zukunft jeder toleranter gegenüber den musikalischen Vorstellungen des anderen sein wird.

Film:

The Cat and the Fiddle
(Deutscher Titel: LIEBE NACH NOTEN)
1934, USA – Metro-Goldwyn-Mayer – Schwarz-weiß/Finale in dreifarbigem Technicolor, 90 Min.
Deutsche Erstaufführung: 1934
Teilweise veränderte Handlung.
Musik: Jerome Kern
Songtexte: Otto Harbach
Drehbuch: Sam Spewack, Bella Spewack, nach dem gleichnamigen Musical

Personen und ihre Darsteller:

Victor	Ramon Novarro
Shirley	Jeanette MacDonald
Daudet	Frank Morgan
Charles	Charles Butterworth
Professor	Jean Hersholt
Odette	Vivienne Segal
Theater Owner	Frank Conroy
Taxi Driver	Henry Armetta
Concierge	Adrienne D'Ambricourt
Rudy	Joseph Cawthorn

Produzent: Bernard Hyman
Regie: William K. Howard

Songs und Musiknummern

Bühne:
A Quay in Brussels; The Night Was Made for Love; She Didn't Say »Yes«; La Petite Maison (instr.); The Love Parade; The Breeze Kissed Your Hair/One Moment Alone; Try to Forget; Poor Pierrot; The Passionate Pilgrim; The Crystal Candelabra (instr.); A New Love Is Old; A Phantasy (instr.); Ha! Cha! Cha!

Film:
The Night Was Made for Love; The Breeze Kissed Your Hair; One Moment Alone; Impressions in a Harlem Flat; Poor Pierrot; She Didn't Say »Yes«; Don't Tell Us Not to Sing; The Love Parade; A New Love Is Old; The Crystal Candelabra; Ha! Cha! Cha!; This Is the Day for the Masses; I Bring You a Song in the Springtime; Try to Forget

Schallplatte:
St – (Doreen Hume, Denis Quilley) Epic LN 3569

CATS

Musik: Andrew Lloyd Webber
Buch unter Verwendung der Gedichte aus »Old Possum's Book of Practical Cats« (1939) (deutsch: »Old Possums Katzenbuch«) von T. S. Eliot und unveröffentlichtem Material des Dichters, mit einigen textlichen Ergänzungen von Trevor Nunn und Richard Stilgoe
Premiere in London, New London Theatre: 11. Mai 1981
Premiere in New York, Winter Garden: 7. Oktober 1982

The Cats/Die Katzen und ihre Darsteller der Premieren London (L), New York (NY):

Mr. Mistoffolees/ Quaxo ⊕	Wayne Sleep (L) Timothy Scott (NY)
Grizabella	Elaine Paige (L) Betty Buckley (NY)
Rum Tum Tugger	Paul Nicholas (L) Terrence V. Mann (NY)
Old Deutoronomy	Brian Blessed (L) Ken Page (NY)

Alonzo	Roland Alexander (L)
	Hector Jaime Mercado (NY)
Asparagus, gen	Stephen Tate (L)
Gus	Stephen Hanan (NY)
Bombalurina	Geraldine Gardner (L)
	Donna King (NY)
Bustopher Jones	Brian Blessed (L)
	Stephen Hanan (NY)
Carbucketty	David Baxter (L)
	Steven Gelfer (NY)
Cassandra	Seeta Indrani (L)
	Rene Ceballos (NY)
Coricopat	Donald Waugh (L)
	Rene Clemente (NY)
Demeter	Sharon Lee-Hill (L)
	Wendy Edmead (NY)
Griddlebone	Susan Jane Tanner (L)
	Bonnie Simmons (NY)
Growltiger	Stephen Tate (L)
	Stephen Hanan (NY)
Jellylorum	Susan Jane Tanner (L)
	Bonnie Simmons (NY)
Jennyanydots,	Myra Sands (L)
Gumbie Cat	Anna McNeely (NY)
Macavity	John Thornton (L)
	Kenneth Ard (NY)
Mungojerry ⊕	John Thornton (L)
	Rene Clemente (NY)
Munkustrap	Jeff Shankley (L)
	Harry Groener (NY)
Rumpleteazer ⊕	Bonnie Langford (L)
	Christine Langner (NY)
Rumpus Cat	Roland Alexander (L)
	Kenneth Ard (NY)
Skimbleshanks	Kenn Wells (L)
	Reed Jones (NY)
Tantomile	Femi Taylor (L)
	Janet L. Hubert (NY)
Tumblebrutus	Roland Alexander (L)
	Robert Hoshour (NY)
Victoria	Finola Hughes (L)
	Cynthia Onrubia (NY)

ferner bei Premiere in London:

George	John Chester
Gilbert	Donald Waugh
Grumbuskin	Jeff Shankley
Jemima	Sarah Brightman
Peke Leader	Myra Sands
1st Peke	Bonnie Langford
Pollicle Leader	John Thornton
1st Pollicle	John Chester
The Tugger	Paul Nicholas

The Kittens: Peter Barry, Julie Edmett, Anita Pashley, Steven Wayne
The Cats Chorus: Jeni Evans, Nick Hamilton, Stephen Hill, Nicola Kimber

ferner bei Premiere in New York:

Etcetera	Christine Langner
Plato	Kenneth Ard
Pouncival	Herman W. Sebek
Sillabub	Whitney Kershaw

The Cats Chorus: Walter Charles, Susan Powers, Carol Richards, Joel Robertson, Marlene Danielle, Diane Fratantoni, Steven Hack, Bob Morrisey

⊕ Geänderte Schreibweisen gegenüber dem literarischen Original, dort: Mr. Mistoffolees, Mungojerrie, Rumpelteazer.

Produzenten: Cameron Mackintosh, The Really Useful Company Ltd. (L), Cameron Mackintosh, The Really Useful Company Ltd., David Geffen, The Shubert Organization (NY)
Choreographie: Gillian Lynne (L/NY)
Regie: Trevor Nunn (L/NY)
Ort: London
Zeit: Zur Zeit des »Jellicle-Vollmonds«

Handlung: Grotesk-Musical – Phantasievolle, in Kostüm und Ausstattung sehr poppige Darstellung der skurrilen Gedichte aus »Old Possum's Book of Practical Cats« von T. S. Eliot in einzelnen Gesangs- und Ballettszenen. Auf dem alljährlichen Jellicle-Ball zur Zeit des Jellicle-Vollmonds, zu dem sich die Londoner Katzen auf einem ausgedehnten Müllgelände treffen, entscheidet Old Deuteronomy, der Katzenälteste, wer ein zweites Leben im Katzenhimmel führen darf. Alle, die Anspruch darauf erheben, stellen sich vor. Da sind der Zauberkater Mr. Mistoffolees, der geheimnisvolle Macavity, Verbrecherkönig, der nie gefaßt wird, Jennyanydots, die träge Hauskatze, die den Tag verdöst, dafür aber nachts auf Mäusefang geht, der unschlüssige Rum Tum Tugger, der nicht weiß, was er will, Skimbleshanks, die Eisenbahnkatze, Mungojerry und Rumpleteazer, ausgekochte Speziali-

sten für Diebstouren, Gus, der Theaterka-
ter, Growltiger, der Kater aus dem Hafenmilieu, der ein Auge auf Lady Griddlebone
geworfen hat, Tumblebrutus, sein Spießge-
selle, Rumpus Cat, der Spektakel-Kater,
Bustopher Jones, ein Dandy-Kater, und alle die anderen mit den Eigenschaften, die
ihnen der Dichter gab. Den Sieg erringt
überraschend eine Außenseiterin: die alt
und einsam gewordene Halbweltkatze
Grizabella, einst eine Schönheit, inzwischen
aber verblüht und vom Leben enttäuscht.
Glücklich sieht sie ihrer Wiedergeburt entgegen.

Auszeichnungen: 7 Antoinette Perry
Awards (Tonys) 1983: Bestes Musical /
Weibliche Nebenrolle–Musical: Betty
Buckley / Regie–Musical: Trevor Nunn /
Buch–Musical: T. S. Eliot / Musikalisches
Werk (Komposition–Songtexte): Andrew
Lloyd Webber, T. S. Eliot / Kostüme: John
Napier / Lichtgestaltung: David Hersey

*Deutschsprachige Erstaufführung (Origi-
naltitel):* 24. September 1983 (offizielle Premiere), Vereinigte Bühnen Wien (Rona-
cher-Theater). Autor: Michael Kunze

Songs und Musiknummerm

Bühne:
*Die mit Zeichen ⊕ versehenen Texte ent-
stammen dem Gedichtband »Old Possum's
Book of Practical Cats«.*
Prologue: Jellicle Songs for Jellicle Cats
(Textergänzungen: Trevor Nunn, Richard
Stilgoe); The Naming of Cats ⊕; The Invita-
tion to the Jellicle Ball ⊕; The Old Gumbie
Cat ⊕; The Rum Tum Tugger ⊕; Bustopher
Jones (The Cat About Town) ⊕; Mungojer-
rie and Rumpleteazer ⊕; Old Deutorono-
my ⊕; The Awefull Battle of the Pekes and
the Pollicles ⊕ mit The Marching Song of
the Pollice Dogs; The Jellicle Ball – The
Song of the Jellicles ⊕; Grizabella, the Gla-
mour Cat; Memory (Textergänzungen: Tre-
vor Nunn); The Moments of Happiness;
Gus: The Theatre Cat ⊕; Growltiger's Last
Stand ⊕ mit The Ballad of Billy McCaw ⊕;
Skimbleshanks (The Railway Cat) ⊕; Macavity (The Mystery Cat) ⊕; Mr. Mistoffo-

lees ⊕; The Journey to the Heaviside Layer;
The Ad-Dressing of Cats ⊕

Schallplatten:
NY – Geffen 2 GHS 2031
L – Polydor CATX 001, Polydor
      2668025
D/B – (Hamburg) Polydor 831092, (Wien)
      Polydor 817365

CHARLIE GIRL

Musik und Songtexte: David Heneker, John
Taylor
Buch: Hugh Williams, Margaret Williams,
Ray Cooney, nach einem Konzept von Ross
Taylor
Premiere in London, Adelphi Theatre:
15. Dezember 1965

Personen und die Darsteller der Premiere:

Lady Hadwell	Anna Neagle
Charlotte Hadwell/	Christine Holmes
Charlie Girl	
Joe Studholme	Joe Brown
Kay Connor	Hy Hazell
Jack Connor	Stuart Damon
Nicholas Wainright	Derek Nimmo
Fiona Hadwell	Lyn Ashley
Penelope Hadwell	Jane Murdoch
Pete	Terry Skelton
Fred	Alan Angel
Jerry	Bill Bardley
John Sasaki	David Toguri

Suspicious Characters: Ronald Rich, David
Cannon, Fred Haggerty, Adrian Barry

Produzent: Harold Fielding
Choreographie: Alfred Rodrigues
Regie: Wallace Douglas
Ort: »Hadwell Hall«, England
Zeit: Gegenwart (1965)

Handlung: Englische Gesellschaftskomödie mit einem Hauch von Aschenputtel. Lady Hadwell lebt mit ihren drei erwachsenen
Töchtern auf dem stattlichen Familienbesitz Hadwell Hall, doch ist die Familie inzwischen so verarmt, daß sie das Anwesen
zu einer Touristenattraktion umfunktio-
niert hat, um Geld in die Kasse zu bekommen. Die Töchter Fiona und Penelope fun-
gieren als Touristenführer und halten dabei

Ausschau nach möglicherweise passenden Ehemännern. Die burschikose Charlotte hingegen – von allen Charlie Girl genannt – widmet sich lieber handfesteren Arbeiten, wie zum Beispiel der Pflege der kostbaren Automobil-Veteranen in der Garage. In Hadwell Hall angestellt ist der schlichte, aber tüchtige Joe Studholme, der, zuständig für die Vermarktung des Anwesens, sich immer wieder neue Attraktionen ausdenkt, um Touristen herbeizulocken. Joe ist heftig verliebt in Charlie Girl, hat aber nicht den Mut, ihr seine Liebe zu gestehen. Er mißachtet sogar einen großen Lotteriegewinn, der ihn zu einem reichen Mann machen würde, weil er fürchtet, seine Angebetete würde ihn dann vielleicht nur wegen seines Geldes heiraten. Für ein Fest, das Lady Hadwell ausrichtet, verschafft Joe dem Charlie Girl ein prachtvolles Kleid, von einer Filmfirma geliehen, das aber bis Mitternacht zurückgegeben sein muß. In diesem Kleid beeindruckt das sonst so ungekünstelte und handfeste Mädchen den Playboy Jack Connor, einen jungen Amerikaner, der mit seiner Mutter Kay in Hadwell Hall zu Gast ist. Charlie Girl hat sich hoffnungslos in diesen Jack verliebt, aber als er sie küßt, läuten bei ihr nicht »die Glocken«, wie sie es sich immer erhofft hatte für den Fall, daß die große Liebe da ist. Als Charlie Girl um Mitternacht das Kleid abgeben muß und nur noch im Mieder dasteht, hält das die ganze Gesellschaft für die neueste Mode, und alle jungen Damen machen es ihr nach. In dem turbulenten Festausklang haben Fiona und Penelope das Glück, Männer zu finden, die zu ihnen passen. Joe hat zwar Charlottes Mutter seine Liebe zu Charlie Girl offenbart, doch seiner Angebeteten gegenüber bleibt er weiterhin schüchtern und gehemmt. Erst ein Abschiedskuß, den Charlie Girl ihm gibt, löst sein Problem, denn plötzlich und unerwartet läuten bei ihr »die Glocken«. Nun weiß Charlie Girl, daß sie zu Joe gehört.

Songs und Musiknummern

Bühne:
The Most Ancestral Home of All; Bells Will Ring (John Taylor/K u. T); Charlie Girl;

I Love Him, I Love Him (Bells Will Ring) (John Taylor/K u. T); Scooter Scramble; What Would I Get from Being Married?; Let's Do a Deal; My Favourite Occupation (John Taylor/K u. T); What's the Magic? (John Taylor/K u. T); When I Hear Music I Dance; The Flippin' 'all; I Was Young; I Hates Money/auch: I 'ates Money (David Heneker/K u. T); The Charlie Girl Waltz (instr.); The Party of a Lifetime; Like Love (John Taylor/K u. T); That's It; Be My Guest; Fish and Chips (John Taylor/K u. T); Society Exposed; You Never Know What You Can Do
1966 hinzugefügt: Liverpool

Schallplatten:
L   – CBS BPG 62627, (1986) First Night FNC 3
St – (1966/Jessie Matthews) Music for Pleasure MFP 1082

CHESS

Musik: Benny Andersson, Bjørn Ulvaeus
Songtexte: Tim Rice
Buch: Tim Rice
Premiere in London, Prince Edward Theatre: 14. Mai 1986

Personen und die Darsteller der Premiere:

Frederick Trumper, the World Chess Champion	Murray Head
Florence Vassy, Trumper's Second	Elaine Paige
Anatoly Sergievsky, the Challenger	Tommy Korberg
Alexander Molokov, Sergievky's Second	John Turner
Svetlana Sergievsky	Siobhan McCarthy
Walter de Courcey, a Broadcasting Executive	Kevin Colson
The Arbiter	Tom Jobe
Mayor of Merano	Richard Mitchell
Principal TV Presenter	Peter Karrie
Civil Servants	Richard Lyndon, Paul Wilson

Citizens of Merano, Journalists, Delegates, Merchandisers, TV-Commentators, Reporters, Cronies, Monks: Aliki, Leon Andrew, Julie Armstrong, Yvonne Bachem, Julia Birch, Richard Courtice, Catherine Coffey, Annie Cox, Hugh Craig, Geoffrey Dallamore, Carol Duffy, Garrick Forbes, Wayne Fowkes, Philip Griffith, Donna King, Madeline Loftin, Patrick Long, Kim Lonsdale, Gail Mortley, Kerri Murphy, Mhairi Nelson, Anita Pashley, William Pool, Jane Powell, Grainne Rennihan, Richard Sampson, Jacqui Scott, Duncan Smith, Sandy Strallen, Hilary Western

Produzenten: Three Knights Ltd., The Shubert Organization, Robert Fox
Choreographie: Molly Molloy
Regie: Trevor Nunn
Ort: Meran, Südtirol/Italien und Bangkok/Thailand
Zeit: »Gegenwart« (1985/1986)

Handlung: Wechselspiel des Lebens – Internationale Schachweltmeisterschaft (»Chess« = »Schach«) zwischen einem Amerikaner und einem Russen mit Ost-West-Problematik und menschlichen Verwicklungen. Die Personen: exzentrisch, eigensüchtig, problembeladen. Der amerikanische Titelverteidiger Frederick Trumper ist ein schlechtgelaunter Typ und verhält sich aggressiv gegen seinen Gegner und die Öffentlichkeit beim Wettkampf in Meran. Er verliert sowohl die Meisterschaft als auch seine Freundin und Sekundantin Florence an seinen Gegner, den Russen Sergievsky, der, nicht zuletzt wegen Florence, im Westen bleibt, obwohl er von seinem Sekundanten Molokov politisch überwacht wird. Ein Jahr später bei einer neuen Schachweltmeisterschaft in Bangkok zwischen Sergievsky und einem Herausforderer aus der Sowjetunion spielen alle Personen erneut mit – teilweise hinter den Kulissen wie Frederick Trumper, nunmehr Fernsehreporter. Sergievskys Frau Svetlana, die eine Ausreisegenehmigung erhielt und in Bangkok eintrifft, ist der Anlaß, daß alle Beteiligten sich mit ihrer Situation im Leben auseinanderzusetzen haben. Wie im Spiel gleichen sie vom Schicksal verschobenen Schachfiguren.

Anmerkung: Die beiden Komponisten des Musicals, Benny Andersson und Björn Ulvaeus, waren – bis zur Auflösung des Teams – Initiatoren und Mitglieder der weltberühmten schwedischen Gesangsgruppe ABBA.

Songs und Musiknummern

Bühne:
Prologue (The Story of Chess) ⊕; Merano; Frederick's Suite / Press Conference ⊕; Where I Want to Be ⊕; The Arbiter's Chambers (The Opening Ceremony); A Model of Decorum and Tranquillity (Quartet) ⊕; Florence and Molokov; Nobody's Side ⊕; Chess (instr.) ⊕; Mountain Duet; Pity the Child ⊕; Embassy Lament; Heaven Help My Heart ⊕; Anthem ⊕; One Night in Bangkok ⊕; The Soviet Machine; Interview; The Deal; I Know Him so Well ⊕; Endgame ⊕; You and I / Epilogue ⊕
Die mit Zeichen ⊕ versehenen Musiknummern wurden auch bei der Premiere in New York (1988) verwendet. Hinzugefügt bzw. im Austausch verändert:
How Many Women; Merchandisers' Song; U.S. Vs. U.S.S.R.; Chess Hymn; You Want to Lose Your Only Friend?; Someone Else Story; Terrace Duet; So You Got What You Want; Arbiter's Song; Hungarian Folk Song; No Contest; A Whole New Board Game; Let's Work Together; Lullaby

Schallplatten:
Das Musical wurde 1984 zunächst als Schallplattenalbum produziert und herausgebracht: (Elaine Paige, Murray Head)
RCA PL 70500
NY – RCA Victor 7700

CHICAGO (»A Musical Vaudeville«)

Musik: John Kander
Songtexte: Fred Ebb
Buch: Fred Ebb, Bob Fosse, nach dem gleichnamigen Bühnenstück (1926) von Maurine Dallas Watkins
Premiere in New York, 46th Street Theatre: 3. Juni 1975

Personen und die Darsteller der Premiere:

Roxie Hart	Gwen Verdon
Velma Kelly	Chita Rivera

Billy Flynn	Jerry Orbach
Amos Hart	Barney Martin
Prison Matron	Mary McCarty
Fred Casely	Christopher Chadman
Sergeant Fogarthy	Richard Korthaze
Liz	Cheryl Clark
Annie	Michon Peacock
June	Candy Brown
Hunyak	Graciela Daniele
Mona	Pamela Sousa
Martin Harrison	Michael Vita
Mary Sunshine	M. O'Haughey
Go-to-Hell Kitty	Charlene Ryan
Harry	Paul Solen
Aaron	Gene Foote
Judge	Ron Schwinn
Court Clerks	Ross Miles
	Gary Gendell

Produzenten: Robert Fryer, James Cresson (mit Martin Richards, Joseph Harris, Ira Bernstein)
Choreographie: Bob Fosse
Regie: Bob Fosse
Ort: Chicago, Illinois/USA
Zeit: 1924

Handlung: Bitter-satirische und gesellschaftskritische Abhandlung eines Mordprozesses auf der Basis einer realen Begebenheit. Die leichtlebige Roxie Hart, die ihren Geliebten erschossen hat, erreicht durch das geschickte Taktieren von Billy Flynn, ihrem Rechtsanwalt, der mit Hilfe der Presse die öffentliche Meinung zugunsten seiner Mandantin zu manipulieren versteht, einen Freispruch. Zusammen mit einer anderen Mörderin, Velma Kelly, die Roxie in der Haft kennengelernt hat und die ebenfalls freigesprochen wird, geht sie daran, wiederum von Billy Flynn beraten, die gewonnene Popularität für eine Show-Karriere auszunutzen.

Anmerkung: Bühnenstück und Musical »Chicago« beziehen sich auf einen Mordprozeß gegen Beulah Annan (»Roxie Hart«), eine junge, verführerische Hausfrau aus Chicago. Die Verhandlung wurde am 25. Mai 1924 mit einem Freispruch abgeschlossen. Maurine Dallas Watkins, die Autorin des Bühnenstücks, hatte als Reporterin der »Chicago Tribune« den Prozeß verfolgt. Beulah Annan soll im Jahre 1928 unter einem falschen Namen in einem Sanatorium verstorben sein. Auch »Velma Kelly« hat ein reales Vorbild in der Person einer gewissen Belva Gaertner (Freispruch am 6. Juni 1924).

Deutschsprachige Erstaufführung (Originaltitel): 21. Mai 1977, Thalia-Theater, Hamburg. Autoren: Erika Gesell, Helmut Baumann

Songs und Musiknummern

Bühne:
All That Jazz; Funny Honey; Cell Block Tango; When You're Good to Mama; Tap Dance; All I Care About; A Little Bit of Good; We Both Reached for the Gun; Roxie; I Can't Do It Alone; Chicago After Midnight; My Own Best Friend; I Know a Girl; Me and My Baby; Mister Cellophane; When Velma Takes the Stand; Razzle Dazzle; Class; Nowadays; R.S.V.P. Keep It Hot

Schallplatten:
NY – Arista AL 9005, Arista AL 5–8076

Vorlage des Musicals:

Schauspiel: *Chicago*
Buch: Maurine Dallas Watkins
Uraufführung: New York, Music Box Theatre: 30. Dezember 1926
Darsteller: Francine Larrimore (Roxie Hart), Charles A. Bickford (Jake), Edward Ellis (Billy Flynn), Eda Heinemann (Mary Sunshine), Robert Barrat, Dorothy Stickney, Juliette Crosby, Charles Halton, Arthur R. Vinton, G. Albert Smith, Vincent York
Produzent: Sam H. Harris
Regie: George Abbott

Hinweis/Film:
Verfilmungen des Schauspiels *Chicago*, der Vorlage des Musicals.

Chicago
Stummfilm/1928, USA – De Mille Pictures, 9145 ft/2787 m (102 Min.)
Deutsche Erstaufführung (Originaltitel): 1928

Drehbuch: Lenore J. Coffee, nach dem gleichnamigen Schauspiel von Maurine Dallas Watkins
Darsteller: Phyllis Haver (Roxie Hart), Victor Varconi (Amos Hart), Eugene Pallette (Casley), Robert Edeson (Flynn), Virginia Bradford (Katie), Clarence Burton (Police Sergeant), Warner Richmond (District Attorney), T. Roy Barnes (Reporter), Sidney D'Albrook (Photographer), Otto Lederer (Amos' Partner), May Robson (Matron), Julia Faye (Velma)
Regie: Frank Urson (Künstlerische Oberleitung: Cecil B. De Mille)

Roxie Hart
1942, USA – 20th Century-Fox, 72 Min.
Deutsche Erstaufführung (Originaltitel): 1976 (TV/ARD)
Veränderte, als Komödie gestaltete Handlung.
Drehbuch: Nunnally Johnson, frei nach dem Schauspiel »Chicago« von Maurine Dallas Watkins
Darsteller: Ginger Rogers (Roxie Hart), Adolphe Menjou (Billy Flynn), George Montgomery (Homer Howard), Lynne Overman (Jake Callahan), Nigel Bruce (E. Clay Benham), Phil Silvers (Babe), Sara Allgood (Mrs. Morton), William Frawley (O'Malley), Spring Byington (Mary Sunshine), Michael »Ted« North (Stuart Chapman), Helene Reynolds (Velma Wall), George Chandler (Amos Hart), Charles D. Brown (Charles E. Murdock), Morris Ankrum (Martin S. Harrison), George Lessey (Judge), Iris Adrian (Two-Gun Gertie), Milton Parsons (Announcer), Billy Wayne (Court Clerk), Charles Williams (Photographer), Leon Belasco (Waiter), Jack Norton (Producer), Arthur Aylesworth (Mr. Wadsworth), Margaret Seddon (Mrs. Wadsworth), Frank Darien (Finnegan), Bob Perry (Prisoner's Bailiff), Jeff Corey (Orderly), Leonard Kibrick (Newsboy), Mary Treen (Secretary)
(Policemen): Lee Shumway, Jim Pierce, Phillip Morris, Pat O'Malley, Stanley Blystone
(Idlers): Frank Orth, Alec Craig, Edward Clark

(Reporters): Larry Lawson, Harry Carter
Produzent: Nunnally Johnson
Regie: William A. Wellman

Hinweis: Bereits 1938 fand in Deutschland der Titel »Chicago« Verwendung für den amerikanischen Film »In Old Chicago«. Dieser hat mit dem Schauspiel »Chicago« von Maurine Dallas Watkins und mit dem Musical nichts zu tun, sondern ist, nach der Erzählung »We, the O'Learys« von Niven Bush, eine Liebesgeschichte vor dem Hintergrund des großen Brandes in Chicago 1871.

THE CHOCOLATE SOLDIER
Englisch-amerikanische Version der österreichischen Operette DER TAPFERE SOLDAT

Musik: Oscar Straus
Songtexte: Stanislaus Stange
Buch: Stanislaus Stange, nach der Operette »Der tapfere Soldat« (1908) – Autoren: Rudolf Bernauer, Leopold Jacobson, frei nach der Komödie »Arms and the Man« (1894) (deutsch: »Helden«) von George Bernard Shaw.
Premiere in New York, Lyric Theatre: 13. September 1909
Premiere in London, Lyric Theatre: 10. September 1910

Personen und die Darsteller der Premieren New York (NY), London (L):

Bumerli, Lieutenant in the Servian Army	J. E. Gardner (NY) C. H. Workman (L)	
Nadina Popoff, Daughter of Col. Popoff	Ida Brooks Hunt (NY) Constance Drever (L)	
Aurelia Popoff, Wife of Col. Popoff	Flavia Arcaro (NY) Amy Augarde (L)	
Kasimir Popoff, Colonel in the Bulgarian Army	William Pruette (NY) Tom A. Shale (L)	
Alexius Spiridoff, Major in the Bulgarian Army	George Tallman (NY) Roland Cunnigham (L)	

Mascha, Aurelia's Cousin	Edith Bradford (NY)
	Elsie Spain (L)
Massakroff, Captain in the Bulgarian Army	Henry Norman (NY)
	Lemprière Pringle (L)
Louka/Laska, Servant to Col. Popoff	Lillian Poli (NY)
	Miss Morrison (L)
Stephen, Servant to Col. Popoff	George C. Ogle (NY)
	Murri Moncrieff (L)

ferner bei Premiere in London:

Katinka, Housemaid to Col. Popoff	Mabel Burnege

Servants to Col. Popoff:

Mershok	Isobel Lidster
Jecko	Mr. A. Harding
Marinska	May Clarke
Poski	Harold Dennie
Mernitz	Mr. W. G. Ketram

Produzent: Fred C. Whitney (NY/L)
Choreographie: A. L. Holbrook (NY/L)
Regie: Stanislaus Stange (NY/L)
Ort: Eine kleine Stadt in Bulgarien
Zeit: 1885 (Bulgarisch-serbischer Krieg), Frühjahr 1886

Handlung: Parodie auf prahlerisches Kriegsheldentum – Sieg eines Anti-Helden. Der Schweizer Bumerli gerät als Kriegsmateriallieferant der serbischen Armee zwischen die Fronten des bulgarisch-serbischen Krieges. Da er alles andere als ein Held ist und eher dazu neigt, sich das Leben zu versüßen, was sich auch in seiner Vorliebe für Pralinen und Schokolade bemerkbar macht, flüchtet er sich vor den kriegerischen Auseinandersetzungen in ein Haus, nicht wissend, daß es sich dabei um das Heim des bulgarischen Oberst Popoff handelt. Dessen Tochter Nadina, die dazu erzogen wurde, Heldentum für die höchste Tugend eines Mannes zu halten, verliebt sich in den fremden Leutnant. Mit ihrer Hilfe kann Bumerli in Zivilkleidung entkommen. Nach Beendigung des kurzen Krieges taucht er plötzlich wieder bei Nadina auf, um die geliehenen Sachen zurückzubringen. Dabei wird er als ehemaliger Gegner erkannt und gerät in Konflikte mit Nadinas Vater und ihrem Bräutigam Alexius, der sich ungerechtfertigt als Kriegsheld aufspielt. Erst durch mannhaftes Eintreten für seine Liebe gelingt es Bumerli, Nadina zu gewinnen, und auch der widerstrebende Vater gibt schließlich seinen Segen für das Glück des jungen Paares.

Anmerkung: THE CHOCOLATE SOLDIER erzielte in England und den USA wesentlich mehr Erfolg als die Operette DER TAPFERE SOLDAT in Österreich, Deutschland und der Schweiz.

Auszeichnung: Kostümbildnerin Lucinda Ballard erhielt 1947 einen Antoinette Perry Award (Tony) u. a. für »The Chocolate Soldier« (Neuinszenierung / New York, Century Theatre: 12. März 1947).

Film:

The Chocolate Soldier
Stummfilm/1914, USA – Daisy Film Company/Alliance Film Corp. (5 Rollen)
Drehbuch nach dem gleichnamigen Musical

Personen und ihre Darsteller:

Lieutenant Bumerli	Tom Richards
Nadina Popoff	Alice Yorke
Amelia Popoff	Lucille Saunders
Alexius Spiridoff	George Tallman
Colonel Popoff	William H. White
Massakroff	Francis J. Boyle

Produzent: Fred C. Whitney
Künstlerische Gesamtleitung: Stanislaus Stange
Regie: Walter Morton

Hinweis:
Der nachfolgend genannte Film basiert auf einer anderen Vorlage, benutzt aber Szenen und Lieder aus dem Musical THE CHOCOLATE SOLDIER.

The Chocolate Soldier
1941, USA – Metro-Goldwyn-Mayer, 102 Min.
Drehbuch: Keith Winter, Leonard Lee, nach der Komödie »A testőr« (1911) (deutsch: »Der Leibgardist«/englisch: »The Guardsman«) von Ferenc Molnár, auf der

Basis des Films »The Guardsman« (MGM/ 1931), unter Einbeziehung von Szenen und Liedern (Show in der Show) aus dem Musical »The Chocolate Soldier«.

Personen und ihre Darsteller:

The Actor, Karl Lang – Vasili Vasilovitch Varanofsky	Nelson Eddy
Maria Lanyi	Risë Stevens
Bernard Fischer	Nigel Bruce
Madame Helene – »Pugsy«	Florence Bates
Magda, Soubrette	Dorothy Gilmore
Liesel, the Maid	Nydia Westman
Anton, the Valet	Max Barwyn
Klementov, the Café Proprietor	Charles Judels
Emile, Voice Coach	Sig Arno/d. i. Siegfried Arno
Waiter	Leon Belasco
Captain Massakroff	Jack Lipson
Messenger Boy	Dave Willock
Child	Yvette Duguay

Gypsy Dancers: Deena Newell, Joyce Coles, Paul Godkin, Lee Brent, Jack Vlaskin, William Sabbot, Leo Galitzine, Gabriel Soluduhin, Zara Lee

Produzent: Victor Saville
Choreographie: Ernest Matray
Regie: Roy Del Ruth

Songs und Musiknummern

Bühne:
My Hero; Sympathy; Seek the Spy; Then Shout Hurrah; Thank the Lord the War Is Over; Never Was There Such a Lover; The Chocolate Soldier; The Tale of a Coat; That Would Lovely Be; Sweetheart; Falling in Love; The Letter Song

Für eine Neuproduktion des Werkes 1941, San Francisco, schrieb Oscar Straus neue Lieder (Texte: Ann Ronell):
Love Comes Easy to Me; Where Do We Go from Here?; Soldier Ballet; To Be in Love Is to Be!; A Song in My Heart

Film (1941):
My Hero (Oscar Straus/K, Stanislaus Stange/T); Sympathy (Oscar Straus/K, Stanislaus Stange/T); Thank the Lord the War Is Over (Oscar Straus/K, Stanislaus Stange/T); The Chocolate Soldier (Oscar Straus/K, Stanislaus Stange/T); The Letter Song (Oscar Straus/K, Stanislaus Stange/T); Forgive, Forgive, Forgive (Oscar Straus/K, Stanislaus Stange/T); Seek the Spy (Oskar Straus/K, Stanislaus Stange/T, Gus Kahn/ T); Ti-Ra-La-La (Oskar Straus/K, Stanislaus Stange/T, Gus Kahn/T); While My Lady Sleeps (Bronislau Kaper/K, Gus Kahn/ T); Mon Cœur S'Ouvre a Ta Voix (Camille Saint-Saëns/K, aus »Samson und Dalila«); Mephistopheles' Song of the Flea (Modest Mussorgskij/K); Mon Cœur (Georges Bizet); O, du mein holder Abendstern (Richard Wagner/K)

Schallplatte:
F – (Studio / Nelson Eddy, Risë Stevens) Columbia ML 4060

Vorlagen des Musicals:

Komödie: *Arms and the Man*
Buch: George Bernard Shaw
Uraufführung: London, Avenue Theatre: 21. April 1894
Darsteller: Yorke Stephens (Captain Bluntschli), Alma Murray (Raina Petkoff), Bernard Gould (Sergius Saranoff), James Welch (Paul Petkoff), Mrs. Charles Calvert (Catherine Petkoff), A. E. W. Mason (Major Plechanoff), Orlando Barnett (Nicola), Florence Farr (Louka)
Produzent: Florence Farr
Regie: George Bernard Shaw

Operette: *Der tapfere Soldat*
Musik: Oscar Straus
Autoren: Rudolf Bernauer, Leopold Jacobson, frei nach der Komödie »Arms and the Man« von George Bernard Shaw
Uraufführung: Wien, Theater an der Wien: 14. November 1908
Darsteller: Gustav Werner (Bumerli), Grete Holm (Nadina Popaz), Max Pallenberg (Oberst Kasimir Popaz, ihr Vater), Mizzi Schütz (Aurelia Popaz, ihre Mutter), Luise Kartousch (Mascha, eine Verwandte), Ludwig Herold (Major Alexius Spiridaz), Fritz Albin (Hauptmann Massakratz), Hans Swatusch (Stephen, ein Diener)

Produzent: Wilhelm Karczag, Karl Wallner
Regie: Karl Wallner

DER TAPFERE SOLDAT, → Verweise auf Band II

Hinweis/Bühne:
Die Komödie »Arms and the Man« von George Bernard Shaw diente auch als Vorlage für ein deutsches Musical.

Musical: Helden, Helden

Musik: Udo Jürgens
Liedtexte: Eckart Hachfeld, Walter Brandin
Buch: Hans Gmür (Entwurf: Peter Goldbaum), nach der Komödie »Arms and the Man« von George Bernard Shaw
Uraufführung: Wien, Theater an der Wien: 27. Oktober 1972
Schallplatte: Ariola 86434 IU

Hinweis/Film:
Verfilmungen der Komödie »Arms and the Man« von George Bernard Shaw, der Vorlage des Musicals.

Arms and the Man
1932, Großbritannien – British International Pictures (BIP)/Wardour-Gaumont, 85 Min.
Drehbuch: Cecil Lewis, nach der gleichnamigen Komödie von George Bernard Shaw
Darsteller: Barry Jones (Captain Bluntschli), Anne Grey (Raina Petkoff), Maurice Colbourne (Sergius Saranoff), Frederick Lloyd (Major Paul Petkoff), Angela Baddeley (Louka), Wallace Evenett (Nicola), Margaret Scudamore (Catherine Petkoff), Charles Morton (Plechanoff)
Regie: Cecil Lewis

Helden
1958, Deutschland – Bavaria – Agfacolor, 100 Min.
Drehbuch: Johanna Sibelius, Eberhard Keindorff, nach der Komödie »Arms and the Man« von George Bernard Shaw
Darsteller: O. W. Fischer (Bluntschli), Liselotte Pulver (Raina Petkoff), Jan Hendriks (Sergius Saranoff), Kurt Kasznar (Major Petkoff), Ellen Schwiers (Louka), Manfred Inger (Nicola), Ljuba Welitsch (Katharina Petkoff)

Produzenten: Henry R. Sokal, Peter Goldbaum
Regie: Franz Peter Wirth
Lied (Franz Grothe/K, Willy Dehmel/T): Reitermarsch
Auszeichnung: Deutscher Filmpreis 1959: Bester abendfüllender Spielfilm.

Vorlagen des Films »The Chocolate Soldier« von 1941 nach der Komödie »A testőr« (1911) (deutsch: »Der Leibgardist«/ auch: »Der Gardeoffizier«) von Ferenc Molnár:

Der Gardeoffizier
Stummfilm/1926, Österreich – Pan-Film, 92 Min.
Drehbuch: Louis Nerz, nach der Komödie »A testőr« von Ferenc Molnár
Darsteller: Alfred Abel (Schauspieler), Maria Corda (Schauspielerin), Anton Edthofer (Kritiker), Karl Forest (Garderobier), Alice Hetsey (Mama)
Regie: Robert Wiene

The Guardsman
1931, USA – Metro-Goldwyn-Mayer, 83 Min.
Drehbuch: Ernest Vajda, Claudine West, nach der gleichnamigen amerikanischen Fassung von Grace I. Colbron und Hans Bartsch der Komödie »A testőr« von Ferenc Molnár.
Darsteller: Alfred Lunt (The Actor), Lynn Fontanne (The Actress), Roland Young (The Critic), ZaSu Pitts (Liesl, the Maid), Maude Eburne (»Mama«), Herman Bing (A Creditor), Ann Dvorak (A Fan)
Produzent: Irving G. Thalberg, Albert Lewin
Regie: Sidney Franklin

A CHORUS LINE

Musik: Marvin Hamlisch
Songtexte: Edward Kleban
Buch: James Kirkwood, Nicholas Dante, nach einem Konzept von Michael Bennett
Uraufführung: New York, New York Shakespeare Festival Public Theatre: 15. April 1975
Offizielle Premiere (Public-Newman Theatre): 21. Mai 1975

Personen und die Darsteller der Uraufführung/Premiere:

Kristine	Renee Baughman
Sheila	Carole Bishop
Val	Pamela Blair
Mike	Wayne Cilento
Larry	Clive Clerk
Maggie	Kay Cole
Connie	Baayork Lee
Diana	Priscilla Lopez
Zach	Robert LuPone
Cassie	Donna McKechnie
Al	Don Percassi
Paul	Sammy Williams
Roy	Scott Allen
Butch	Chuck Cissel
Richie	Ronald Dennis
Tricia	Donna Drake
Tom	Brandt Edwards
Judy	Patricia Garland
Lois	Carolyn Kirsch
Don	Ron Kuhlman
Bebe	Nancy Lane
Mark	Cameron Mason
Frank	Michael Serrecchia
Greg	Michel Stuart
Bobby	Thomas J. Walsh
Vicki	Crissy Wilzak

Produzent: New York Shakespeare Festival Public Theatre, Joseph Papp
Choreographie: Michael Bennett, Bob Avian
Regie: Michael Bennett
Ort: New York
Zeit: »Gegenwart« (1975)

Handlung: Theater- und Show-Milieu – Ballettänzer-Schicksale und -Probleme. Talentprobe zur Auswahl von Tänzerinnen und Tänzern für die Chorus Line (Show-Ballettgruppe) eines Musicals. Die Bewerber müssen überdurchschnittlich tanzen, singen und agieren können. Der Choreograph Zach prüft jede und jeden unpersönlich und unerbittlich. Weil er die Motive wissen möchte, weshalb sie ins Rampenlicht treten wollen, enthüllen sie einzeln vor allen anderen Psychogramme ihrer selbst. Zu den Kandidaten gehört auch Cassie, eine frühere Freundin von Zach. Mit ihr spricht er während einer Zigarettenpause, erfährt von ihrer Enttäuschung in Hollywood und ihrer Hoffnung, in New York wieder Anschluß finden zu können. Zach meint, sie sei wegen ihres besonderen Könnens nicht geeignet für die Gruppe, doch sie kämpft verbissen um den Job, der für sie Erfüllung und Selbstbestätigung bedeutet. Alle erleben mit, wie ein Tänzer sich so sehr verletzt, daß er ins Krankenhaus gebracht werden muß; alle wissen, daß ihre Arbeit hart und gefährlich ist, denn jeder Sturz kann Verletzung bedeuten. Für die meisten, die so hoffnungsvoll zum Vortanzen kamen, endet die Probe negativ und enttäuschend. Das Finale, bei dem nun die wenigen Tänzerinnen und Tänzer in der Chorus Line mitwirken, die das Glück hatten, ausgewählt zu werden, wird zur großen, berauschenden und anscheinend schwerelosen Ballettszene, wie sie zum Showbusiness gehört und wie sie das Publikum erwartet.

Anmerkung: Dauerhaften Erfolg erzielte das Werk nach seinem Wechsel ins Shubert Theatre am Broadway: 25. Juli 1975.

Auszeichnungen: Pulitzer Prize – Drama 1976: Michael Bennett, James Kirkwood, Nicholas Dante, Marvin Hamlisch, Edward Kleban.
9 Antoinette Perry Awards (Tonys) 1976: Bestes Musical / Weibliche Hauptrolle–Musical: Donna McKechnie / Weibliche Nebenrolle–Musical: Carole Bishop / Männliche Nebenrolle–Musical: Sammy Williams / Regie–Musical: Michael Bennett / Choreographie: Michael Bennett, Bob Avian / Buch–Musical: James Kirkwood, Nicholas Dante / Musikalisches Werk (Komposition und Songtexte): Marvin Hamlisch, Edward Kleban / Lichtgestaltung: Tharon Musser
1 Antoinette Perry Award (Tony) 1984: Special Award (Sonderpreis) »A Chorus Line«

Deutschsprachige Erstaufführung (Originaltitel): 4. Oktober 1980, Theater des Westens, Berlin. Autor: Mischa Mleinek

Film:

A Chorus Line

1986, USA – Polygram Pictures/Embassy Films Associates – Technicolor, 125 Min.
Deutsche Erstaufführung (Originaltitel): 1986
Musik: Marvin Hamlisch
Songtexte: Edward Kleban
Drehbuch: Arnold Schulman, nach dem gleichnamigen Musical

Personen und ihre Darsteller:

Zach	Michael Douglas
Cassie	Alyson Reed
Larry	Terrence Mann
Kim	Sharon Brown
Mark Tabori	Michael Blevins
Diana Morales	Yamil Borges
Richie Walters	Gregg Burge
Paul San Marco	Cameron English
Al DeLuca	Tony Fields
Kristine Erlick	Nicole Fosse
Sheila Bryant	Vicki Frederick
Connie Wong	Jan Gan Boyd
Bebe Benson	Michelle Johnston
Judy Monroe	Janet Jones
Maggie Winslow	Pam Klinger
Val Clark	Audrey Landers
Mike Cass	Charles McGowan
Greg Gardner	Justin Ross
Don Kerr	Blane Savage
Bobby Mills	Matt West
Robbie	Pat McNamara
Doorman	Sammy Smith
Boy with Headband	Timothy Scott
Girl in Yellow Trunks	Bambi Jordan
Cab Driver	Mansoor Najee-Ullah
Dancer with Gum	Peter Fitzgerald
Advertising Executive	John Hammil
Posterman	Jack Lehnert
Taxi Passenger	Gloria Lynch
Misfit Boy Dancer	Gregg Huffman

Reject Dancers: Richard DeFabees, Melissa Randel, Jeffrey Cornell, Karen Prunczik, Jennifer Kent

Produzenten: Cy Feuer, Ernest H. Martin
Choreographie: Jeffrey Hornaday
Regie: Richard Attenborough

Songs und Musiknummern

Bühne:
I Hope I Get It; I Can Do That; »And ...«; At the Ballet; Sing!; Hello Twelve, Hello Thirteen, Hello Love; Nothing; Mother; Dance: Ten, Looks: Three; The Music and the Mirror; One; The Tap Combination; What I Did for Love

Film:
I Hope I Get It; Who Am I Anyway?; I Can Do That; At the Ballet; Surprise, Surprise; Nothing; Let Me Dance for You; Dance: Ten, Looks: Three; One; What I Did for Love

Schallplatten:
NY – Columbia PS 33581
F – Phonogram 826655
D/B – Polydor 835485

CITY OF ANGELS

Musik: Cy Coleman
Songtexte: David Zippel
Buch: Larry Gelbart
Premiere in New York, Virginia Theatre: 11. Dezember 1989

Personen und die Darsteller der Premiere:

Stine	Gregg Edelman
Stone	James Naughton
Buddy Fidler/Irwin S. Irving	René Auberjonois
Bobbi/Gabby	Kay McClelland
Oolie/Donna	Randy Graff
Alaura Kingsley/ Carla Haywood	Dee Hoty
Peter Kingsley/ Gerald Pierce	Doug Tompos
Luther Kingsley/ Werner Kriegler	Keith Perry
Mallory Kingsley/ Avril Raines	Rachel York
Munoz/Pancho Vargas	Shawn Elliott
Officer Pasco/Gene Mahoney/Del Dacosta	Tom Galantich James Hindman
Big Six	Herschel Sparber
Sonny	Raymond Xifo
Jimmy Powers	Scott Waara

Margaret/Stand-In   Carolee Carmello
Dr. Mandril/Barber   James Cahill
Yamato/Cinemato-   Alvin Lum
grapher
Commissioner   Evan Thompson
Gaines/Shoeshine
Margie/Anna   Eleanor Glockner
Bootsie   Jacquey Maltby
Orderlies: James Hindman, Tom Galantich
Studio Cops: Herschel Sparber, Raymond
Xifo
Angel City 4: Peter Davis, Amy Jane Lon-
don, Gary Kahn, Jackie Presti

Produzenten: Nick Vanoff, Roger Berlind,
Jujamcyn Theaters, Suntory Intl. Corp.,
The Shubert Organization
Regie: Michael Blakemore (mit Walter
Painter)
Ort: Los Angeles, spez. Hollywood
Zeit: Gegen Ende der 1940er Jahre

Handlung: Hciter-ironische Satire auf das
Big Business in der Filmmetropole Hol-
lywood/Los Angeles (span.: die Engel); in
der Handlung und im Stil der Musik plaziert in die Zeit der 1940er Jahre. – Zwei-
geteiltes, durch Lichtgestaltung in Gegen-
spiel gebrachtes Bühnengeschehen: Rea-
lität und Kino-Illusion in filmtypischen
Überblend- und Rückblend-Effekten. Der
begabte junge Schriftsteller Stine schreibt
alles, was er in sich selbst an Persönlichkeit,
Durchsetzungsvermögen und Standhaftig-
keit vermißt, in seine Romanfigur Stone
hinein, einen hartgesottenen Privatdetek-
tiv, der Philip Marlowe ähnelt und, wie dieser, in Los Angeles seinen Krimi-Job
macht. Stine, ein stiller, fleißiger Geistesar-
beiter, der sein Leben an der Schreibma-
schine verbringt, gerät in den Bann des all-
gewaltigen Filmproduzenten Buddy Fidler,
als er seinen Roman »City of Angels« zu einem Filmdrehbuch umarbeiten soll. Stine
bemüht sich zwar redlich um Niveau, doch
nervt ihn Fidler durch ständige Kritik an
seiner Arbeit. Des lukrativen Auftrags wegen gezwungen, Fidlers Einwände zu akzeptieren, sträubt er sich aber innerlich gegen die Schändung seines Ichs und
schwankt zwischen Wut und Verzweiflung.
Was ihn beschäftigt, verarbeitet er im

Drehbuch; sein Frust schlägt sich in der
Handlung nieder, die Figuren wechseln ihre Rollen zwischen dem Alltag des Schriftstellers und der reißerischen Detektivge-
schichte im Film. Die Tätigkeit Stines als
willenlose Kreatur in der gefühl- und see-
lenlosen Traumfabrik führt dazu, daß nicht
nur Schwierigkeiten in seinem Privatleben
entstehen, sondern daß er auch mit seiner
fiktiven Romanfigur Stone in Konflikt darüber gerät, daß er alle schriftstellerische
Moral über Bord geworfen und seine Würde aufgegeben hat. Schließlich erkennt
Stine sein Doppelleben und begreift, daß
er nur die Hälfte seiner selbst ist, die andere ist Stone. Jeder von beiden ist ein Nichts
ohne den anderen.

Anmerkung: Larry Gelbart, der Autor des
Musicals, besitzt eigene Erfahrung als
Drehbuchautor in Hollywood (z. B. »Toot-
sie«)

Auszeichnungen: 5 Antoinette Perry Awards
(Tonys) 1990: Bestes Musical / Männliche Hauptrolle–Musical: James Naugh-
ton / Weibliche Nebenrolle–Musical: Randy
Graff / Buch–Musical: Larry Gelbart / Musikalisches Werk (Komposition–Songtexte): Cy Coleman, David Zippel

Songs und Musiknummern

Bühne:
City of Angels; Double-Talk; What You
Don't Know About Women; Ya Gotta
Look Out for Yourself; The Buddy System;
With Every Breath I Take; The Tennis
Song; Ev'rybody's Gotta Be Somewhere;
Lost and Found; All You Have to Do Is
Wait; You're Nothing Without Me;
Stay With Me; You Can Always Count
On Me; It Needs Work; L. A. Blues; Funny

Schallplatte:
NY – Columbia CBS 46067

THE COCOANUTS

Musik und Songtexte: Irving Berlin
Buch: George S. Kaufman
Premiere in New York, Lyric Theatre:
8. Dezember 1925

Personen und die Darsteller der Premiere:

	The Marx Brothers:
Henry W. Schlemmer	Groucho Marx
Jamison	Zeppo Marx
Wilie the Wop	Chico Marx
Silent Sam	Harpo Marx
Mrs. Potter	Margaret Dumont
Polly Potter	Mabel Witbee
Harvey Yates	Henry Whittemore
Eddie	Georgie Hale
Penelope Martyn	Janet Velie
Robert Adams	Jack Barker
Hennessy	Basil Ruysdael
Frances Williams	Frances Williams
Specialty Dancers	Antonio and Nina De Marco

ferner: The Cocoanuts Grove Girls, The Primrose Dancing Girls, De Marco's String Orchestra

Produzent: Sam H. Harris
Choreographie: Sammy Lee
Regie: Oscar Eagle
Ort: Palm Beach, Florida/USA
Zeit: »Gegenwart« (1925)

Handlung: Nonsens-Posse der Marx Brothers in ihrem eigenen Stil. Henry W. Schlemmer steht mit seinem »Hotel de Cocoanut« in Palm Beach, Florida, kurz vor der Pleite. Mit allerlei krummen Tricks versucht er, aus der Klemme zu kommen. Er stellt auch der vornehmen Mrs. Potter nach, die als Gast im Hotel weilt, und hofft auf ihr Geld. Doch als der reichen Dame wertvolle Diamanten abhanden kommen, gerät das Hotel in ein turbulentes Durcheinander, in das alle Gäste verwickelt werden. Der als Dieb verdächtigte Robert Adams, Verlobter von Mrs. Potters Nichte Polly, wird durch den absurden detektivischen Spürsinn der Marx Brothers am Ende entlastet.

Film:

The Cocoanuts
(Deutscher Titel: DIE MARX BROTHERS: COCOANUTS)
Tonfilm/1929, USA – Paramount/Famous Players – Lasky Corp. 96 Min.
Deutsche Erstaufführung (mit Untertiteln): 1967 (TV/ARD)

Reduzierte Songs.
Musik und Songtexte: Irving Berlin
Drehbuch: Morrie Ryskind, nach dem gleichnamigen Musical

Personen und ihre Darsteller:

	The Marx Brothers:
Mr. Hammer	Groucho Marx
Harpo	Harpo Marx
Chico	Chico Marx
Jamison	Zeppo Marx
Polly Potter	Mary Eaton
Bob	Oscar Shaw
Penelope	Kay Francis
Mrs. Potter	Margaret Dumont
Harvey Yates	Cyril Ring
Hennessy	Basil Ruysdael
Bather	Barton MacLane
Bell Captain	Sylvan Lee

Dancing Bellhops: The Gamby-Hale Ballet Girls, The Allan K. Foster Girls

Produzenten: Monta Bell, Walter Wanger (mit James R. Cowan)
Choreographie und Regie: Robert Florey, Joseph Santley

Songs und Musiknummern

Bühne:
The Guests; The Bellhops; My Family Reputation; Lucky Boy; Why Am I a Hit With the Ladies?; A Little Bungalow; Florida by the Sea; Monkey Doodle Doo; Five o'Clock Tea; They're Blaming the Charleston; We Should Care; Minstrel Days; Tango Melody; The Tale of a Shirt (Parodie nach der »Toréador-Arie« – »Auf in den Kampf, Torero« aus der Oper »Carmen« von Georges Bizet/K); Piano Specialty (instr./Chico Marx); Harp Specialty (instr./Harpo Marx)

Film:
Florida by the Sea; Monkey Doodle Doo; The Tale of a Shirt (nach Georges Bizet/K – siehe oben); When My Dreams Come True (neu geschrieben für den Film, Irving Berlin/K u. T)

Hinweis/Bühne:
Die in den USA inzwischen legendären Marx Brothers erzielten einen ersten großen Erfolg mit der Musical-Komödie

»I'll Say She Is!« (New York, The Casino: 19. Mai 1924). Mit »The Cocoanuts« gelang ihnen der Durchbruch zu steigender Popularität. Es folgte die Musical-Komödie »Animal Crackers« (New York, Forty-Forth Street Theatre: 23. Oktober 1928) als letzte Bühnenproduktion der Marx Brothers. Mit den Verfilmungen von »The Cocoanuts« (1929) und »Animal Crackers« (1930) begann für sie eine Zeit erfolgreichen Filmschaffens.

Den Marx Brothers widmete sich 1970 ein Musical: »Minnie's Boys«. Minnie Marx war die Mutter der Akteure Leonard/Chico (1886–1961), Arthur/Harpo (1888–1964), Julius H./Groucho (1890 – 1977), Herbert – »Herbie«/Zeppo (1901 – 1979), zu denen anfänglich auch noch Milton/Gummo (1893–1977) gehörte. Die Marx Brothers begannen ihre Bühnenlaufbahn 1907 als »The Three Nightingales«, dazu gehörten Groucho, Gummo und Mabel O'Donnell. Kurz darauf kam Harpo hinzu, und sie wurden, nach Ausscheiden von Mabel O'Donnell, zusammen mit Lou Levy »The Four Nightingales«. Schließlich bildeten Groucho, Gummo, Harpo, ihre Mutter Minnie, deren Schwester Hannah Schickler und Freddie Hutchins »The Six Mascots«. Ab 1912 traten sie unter der Bezeichnung »3 Marx Brothers & Co.« auf, nach Hinzutreten von Chico als »4 Marx Brothers & Company«; zu dieser Zeit (1914/1915) veranstaltet von ihrer Mutter unter dem Namen Minnie Palmer als »Chicago's Only Lady Producer«. Vor Beginn der Broadway-Karriere verließ Gummo die Gruppe und wurde durch Zeppo ersetzt.

Das Musical »Minnie's Boys«, an dessen Buch Arthur Marx, Sohn von Groucho Marx, mitarbeitete, behandelt die frühen Bühnenjahre der Marx Brothers unter dem Regiment ihrer energievollen, unerbittlichen Mutter Minnie bis zu dem Zeitpunkt, als der Erfolg begann und sie berühmt wurden. Die skurrile Komik der Brüder, ihr verrückt-chaotisches Spiel und die hirnrissigen Dialoge von Groucho und Chico ließen sich nicht überzeugend nachvollziehen, und mit nur zehn Wochen Laufzeit blieb das Musical erfolglos.

Musical: *Minnie's Boys*
Musik: Larry Grossman
Songtexte: Hal Hackady
Buch: Arthur Marx, Robert Fisher
Premiere: New York, Imperial Theatre: 26. März 1970
Darsteller: Shelley Winters (Minnie Marx), Lewis J. Stadlen (»Julie« – Julius H. Marx/Groucho), Irwin Pearl (Leonard Marx/Chico), Daniel Fortus (Arthur Marx/Harpo), Alwin Kupperman (»Herbie«-Herbert Marx/Zeppo), Gary Raucher (Milton Marx/Gummo), Julie Kurnitz (Mrs. McNish), Jean Bruno (Mrs. Flanagan), Jacqueline Britt (Mrs. Krupnik), Arny Freeman (»Frenchie« – Sam Marx, the Father), Mervin Goldsmith (Hochmeister), Mort Marshall (Al Shean), Doug Spingler (Cop), Ronn Hansen (Sidebark), Marjory Edson (Cindy), Casper Roos (Robwell), Roland Winters (E. F. Albee), Gene Ross (Theatre Manager), Richard B. Shull (Maxie), Stephen Reinhardt (Telegraph Boy), Jean Bruno (Harpist), Jacqueline Britt (Murdock), Lynne Gannaway (Miss Taj Mahal), Marjory Edson (Miss White House), Vicki Frederick (Miss Eiffel Tower)
(Acrobats): Evelyn Taylor, David Vaughan, George Bunt

Produzenten: Arthur Whitelaw, Max J. Brown, Byron Goldman
Produktionsberater: Groucho Marx
Choreographie: Marc Breaux
Regie: Stanley Prager

Songs und Musiknummern:
Five Growing Boys; Rich Is; More Precious Far; Four Nightingales; Underneath It All; Mama, a Rainbow; You Don't Have to Do It for Me; If You Wind Me Up; Where Was I When They Passed Out Luck?; The Smell of Christmas; You Remind Me of You; Minnie's Boys; Be Happy; The Act

Schallplatte:
NY – Project 3 TS 6002

Hinweis/Film:
Die Filme der Marx Brothers (mit Zeichen ⊕ ohne Zeppo). Sämtlich USA.
The Cocoanuts, Paramount/1929
Animal Crackers, Paramount/1930

Monkey Business, Paramount/1931
Horse Feather, Paramount/1932
Duck Soap, Paramount/1933
A Night at the Opera, ⊕ MGM/1935
A Day at the Races, ⊕ MGM/1937
Room Service, ⊕ RKO/1938
At The Circus, ⊕ RKO/1938
Go West, ⊕ MGM/1940
The Big Store, ⊕ MGM/1941
A Night in Casablanca, ⊕ United Artists/1946
Love Happy, ⊕ United Artists/1949

COMPANY

Musik und Songtexte: Stephen Sondheim
Buch: George Furth
Premiere in New York, Alvin Theatre:
26. April 1970

Personen und die Darsteller der Premiere:

Robert (Bobby)	Dean Jones
Sarah	Barbara Barrie
Harry	Charles Kimbrough
Susan	Merle Louise
Peter	John Cunningham
Jenny	Teri Ralston
David	George Coe
Amy	Beth Howland
Paul	Steve Elmore
Joanne	Elaine Stritch
Larry	Charles Braswell
Marta	Pamela Myers
Katy	Donna McKechnie
April	Susan Browning

The Vocal Minority: Cathy Corkill, Carol Gelfand, Marilyn Saunders, Dona D. Vaughn

Produzent: Harold Prince (mit Ruth Mitchell)
Choreographie: Michael Bennett
Regie: Harold Prince
Ort: New York
Zeit: »Gegenwart« (1970)

Handlung: Sozialkritische Gesellschaftskomödie in Episodenform. Robert, genannt Bobby, ein attraktiver Junggeselle, begeht seinen 35. Geburtstag. Zu seinen Freunden, typischen New Yorkern aus besseren Kreisen, gehören vier Ehepaare sowie Amy und Paul, die schon lange zusammenleben. Von allen Seiten versucht man, ihm die Ehe schmackhaft zu machen und ihn zur Heirat zu bewegen. Die Beispiele aus seiner Umgebung sind jedoch nicht dazu angetan, ihn zu animieren. Seine Beobachtungen führen ihm die Probleme seiner Freunde vor Augen. Harry und Sarah streiten ständig; sie kritisiert seine Alkoholprobleme, er ihre Neigung, die Diätkur mit Süßigkeiten zu untergraben. Susan und Peter, die Robert für ein glückliches Paar hielt, gestehen ihm, daß sie sich scheiden lassen wollen. Jenny und David möchten ihre Jugend nicht verlieren und probieren Rauschgift, um fit zu bleiben. Robert gibt die Hoffnung nicht auf, eines Tages doch die richtige Frau fürs Leben zu finden. Er überdenkt seine eigenen Beziehungen. So gern er mit Marta, Amy oder Kathy zusammen ist, mal mit der einen, mal mit einer anderen – ihre Eigenarten und Allüren machen es ihm schwer, an jene Harmonie zu glauben, die ihm für eine Ehe wichtig erscheint. Das Pärchen Amy und Paul hat sich endlich entschlossen zu heiraten. Doch als die Hochzeit unmittelbar bevorsteht, bekommt Amy Angst vor der eigenen Courage. Robert, der Amy schon immer verehrte, entschließt sich spontan, ihr einen Heiratsantrag zu machen. Die flatterhafte Amy ist dadurch so verwirrt, daß sie plötzlich doch mit Paul zum Standesamt geht. Als Robert nun noch von Larry und Joanne feststellen muß, daß auf beiden Seiten ein Hang zur Untreue besteht, wächst seine Skepsis. Der nächste Geburtstag ist herangekommen, und Roberts Freunde wollen für ihn eine große Party geben. Doch er versetzt sie – und wird weiterhin ein staunender Beobachter bleiben.

Auszeichnungen: 7 Antoinette Perry Awards (Tonys) 1971: Bestes Musical / Produzent–Musical: Harold Prince / Regie–Musical: Harold Prince / Buch–Musical: George Furth / Musik: Stephen Sondheim / Songtexte: Stephen Sondheim / Bühnenbild: Boris Aronson

Deutschsprachige Erstaufführung (Originaltitel): 6. Januar 1973, Schauspielhaus Düsseldorf. Autor: Hannelore Kaub

Songs und Musiknummern

Bühne:
Company; The Little Things You Do Together; Sorry-Grateful; You Could Drive a Person Crazy/Bobby Baby; Have I Got a Girl for You; Someone Is Waiting; Another Hundred People; Getting Married Today; Side by Side by Side; What Would We Do Without You?; Poor Baby; Tick-Tock (instr.); Barcelona; Night Club (instr.); The Ladies Who Lunch; Being Alive

Schallplatten:
NY – Columbia OS 3550
L – CBS 70108

A CONNECTICUT YANKEE

Musik: Richard Rodgers
Songtexte: Lorenz Hart
Buch: Herbert Fields, nach dem Roman »A Connecticut Yankee in King Arthur's Court« (1889) (deutsch: »Ein Yankee am Hofe des Königs Artus«) von Mark Twain
Premiere in New York, Vanderbilt Theatre: 3. November 1927

Personen und die Darsteller der Premiere:

Martin/The Yankee	William Gaxton
Alice Carter/The Demoiselle Alisande la Carteloise	Constance Carpenter
Gerald Lake/Sir Galahad	Jack Thompson
Albert Kay/Sir Kay	Gordon Burby
Marvin/Merlin	William Norris
Arthur Pendragos/ King Arthur of Britain	Paul Everton
Lawrence Lake/Launcelot of the Lake	William Roselle
Fay Morgan/Queen Morgan le Fay	Nana Bryant
Evelyn Lane/Mistress Evelyn la Belle-Ans	June Cochrane
Maid Angela	Dorothy Roy
Queen Guinevere	Celeste Dueth
Sir Bors	C. Douglas Evans
Sir Sagramor	John Morton
Sir Tristan	Chester Bree
Mistress Phoebe	Regina Diamond
Sauce-de-Pommer	

Slaves, Knights, Courtladies, Factory Hands: Olive Bertram, Grace Connelly, Ednor Fulling, Enes Early, Harriet Hamill, Leoda Knapp, Mareta Mackay, Margaret Miller, Dothery Rubino, Kay Renard, Evelyn Ruh, Valma Valentine, Martin Denis, John Craighton, Don Donaldson, George Magis, Jack Morton, Ward Arnold, Don Knobloch, Vernon Downing, Frank Norton, Jack Baker, Leslie Cooley, Richardson Brown, Frank Vocchetta

Produzenten: Lew Fields, Lyle D. Andrews
Choreographie: Busby Berkeley
Regie: Alexander Leftwich
Ort: Rahmenhandlung New York/sonst: Camelot, Wales/Britannien
Zeit: Rahmenhandlung »Gegenwart« (1927)/ sonst: Im 6. Jahrhundert

Handlung: Zeitsatire. Mark Twains Geschichte vom organisationsfreudigen Amerikaner am Hofe König Arthurs im 6. Jahrhundert, versehen mit Motiven aus den zwanziger Jahren unserer Zeit. Schürzenjäger Martin ist unternehmungslustig; trotz der Anwesenheit seiner Verlobten flirtet er bei einer Party mit einer anderen Frau, was dazu führt, daß seine eifersüchtige Braut ihn mit einer Champagnerflasche niederschlägt. In seiner Bewußtlosigkeit erlebt Martin eine Rückversetzung in die mittelalterlichen Zeiten des König Arthur. Als Gefangener wird er an den Hof des Königs nach Camelot gebracht. Hier droht ihm der Scheiterhaufen. Doch erinnert sich Martin noch rechtzeitig daran, daß eine Sonnenfinsternis bevorsteht. Er behauptet, ein Magier zu sein, der die Sonne verdunkeln könne. Als das Ereignis eintritt, ist König Arthur so beeindruckt von der Zaubermacht des Yankees, daß er ihm den Titel »Sir Boss« verleiht. So geehrt, kann Martin schalten und walten, wie er will. Er macht den König und dessen Ritter der Tafelrunde mit der Zivilisation des 20. Jahrhunderts bekannt, entwickelt als tatkräftiger Yankee ein modernes Wirtschaftssystem und beglückt das mittelalterliche Britannien mit Segnungen wie Radio, Telefon und Reklametafeln. Nach seinem Wiedererwachen in der Gegenwart ist er sich im klaren darüber, daß er das moderne Ebenbild jener bezaubernden Alisande heiraten wird, in die er sich am Hofe König Arthurs verliebt hat.

Anmerkung: König Arthur (Artus), legendärer bretonischer Herrscher (um 500), residierte auf Burg Camelot. Der Sage nach Heerführer der Briten gegen die eindringenden Angelsachsen. Begründer der »Tafelrunde« (Treuebund edler Ritter).

→ CAMELOT

Songs und Musiknummern

Bühne:
A Ladies' Home Companion; My Heart Stood Still; Thou Swell; At the Round Table; On a Desert Isle With Thee; I Feel at Home With You; The Sandwich Men; Evelyn, What Do You Say?; Nothing's Wrong
In der New Yorker Produktion nicht verwendet:
Britain's Own Ambassadors; I Blush; Someone Should Tell Them
Hinzugefügt bei Neuproduktion 1943:
This Is My Night to Howl; To Keep My Love Alive; Ye Lunchtime Follies; Can't You Do a Friend a Favor?; You Always Love the Same Girl; The Camelot Samba

Schallplatte:
NY – (1943) Decca DA 367

Hinweis/Film:
Verfilmung des Romans »A Connecticut Yankee in King Arthur's Court« von Mark Twain, der Vorlage des Musicals.

A Connecticut Yankee in King Arthur's Court
Stummfilm/1921, USA – Fox Film Corp./ Mark Twain Co., 8291 ft/2527 m (93 Min.)
Drehbuch: Bernard McConville, nach dem gleichnamigen Roman von Mark Twain
Darsteller: Harry C. Myers (Martin Cavendish/The Yankee), Pauline Starke (Betty/ Alisande la Carteloise, »Sandy«), Rosemarie Theby (Lady Gordon/Queen Morgan le Fay), William V. Mong (Marvin/Merlin), George Siegmann (Sir Sagramor), Charles Clary (Arthur/King Arthur), Wilfred Mc-

Donald (Lawrence/Sir Lancelot), Adele Farrington (Mrs. Cavendish), Herbert Fortier (Mr. Cavendish), Karl Formes (Mark Twain), Louise Lovely (Queen Guinevere), Charles Gordon (The Page/Clarence)
Produzent: William Fox
Regie: Emmett J. Flynn

A Connecticut Yankee
(Deutscher Titel: DER BOSS – EIN RADIOTRAUM)
(Österreichischer Titel: EIN YANKEE ALS HOFRAT)
1931, USA – Fox Film Corp., 96 Min.
Deutsche Erstaufführung: 1932
Neuproduktion des Films von 1921.
Drehbuch: William Conselman, Owen Davis, nach dem Roman »A Connecticut Yankee in King Arthur's Court« von Mark Twain
Darsteller: Will Rogers (Hank/The Yankee – »Sir Boss«), William Farnum (Arthur/ King Arthur), Myrna Loy (Queen Morgan le Fay), Frank Albertson (Clarence), Maureen O'Sullivan (Alisande), Brandon Hurst (Merlin) ⊕, Mitchell Harris (Sir Sagramor) ⊕
⊕ nach anderen Angaben: Brandon Hurst (Sir Sagramor), Mitchell Harris (Merlin)
Regie: David Butler

A Connecticut Yankee in King Arthur's Court
(Deutscher Titel/TV: RITTER HANK, DER SCHRECKEN DER TAFELRUNDE)
1949, USA – Paramount – Technicolor, 106 Min.
Deutsche Erstaufführung: 1988 (TV/BR)
Musical-Film
Drehbuch: Edmund Beloin, nach dem gleichnamigen Roman von Mark Twain
Darsteller: Bing Crosby (Hank Martin), Rhonda Fleming (Alisande La Carteloise), William Bendix (Sir Sagramore), Sir Cedric Hardwicke (King Arthur), Murvyn Vye (Merlin), Virginia Field (Morgan Le Fay), Henry Wilcoxon (Sir Lancelot), Joseph Vitale (Sir Logris), Richard Webb (Sir Galahad), Alan Napier (High Executioner), Julia Faye (Lady Penelope), Mary Field (Peasant Woman), Ann Carter (Peasant Girl)
Produzent: Robert Fellows
Regie: Tay Garnett

Songs (James »Jimmy« Van Heusen/K, Johnny Burke/T):
Once and for Always; Busy Doing Nothing; If You Stub Your Toe on the Moon; When Is Sometime?; 'Twixt Myself and Me
Schallplatte: Decca DL 4261

The Spaceman and King Arthur
auch: **The Unidentified Flying Oddball**
(Deutscher Titel: KÖNIG ARTUS UND DER ASTRONAUT)
1979, USA – Walt Disney Productions – Technicolor, 93 Min.
Deutsche Erstaufführung: 1980
Veränderte, modernisierte Handlung.
Drehbuch: Don Tait, frei nach dem Roman »A Connecticut Yankee in King Arthur's Court« von Mark Twain
Darsteller: Dennis Dugan (Tom Trimble), Kenneth More (King Arthur), Sheila White (Alisande), Jim Dale (Sir Mordred), Ron Moody (Merlin), John Le Mesurier (Sir Gawain), Rodney Bewes (Clarence), Robert Beatty (Senator Milburn), Cyril Shaps (Dr. Zimmerman), Kevin Brennan (Winston), Ewen Solon (Watkins), Pat Roach (Oaf), Reg Lye (Prisoner)
Produzent: Ron Miller
Regie: Russ Mayberry

A Connecticut Yankee in King Arthur's Court
(TV) 1989, USA – Schaefer-Karpf Productions/Consolidated Entertainment – Color, 100 Min. (TV)
Erstsendung: 18. Dezember 1989, NBC
Modernisierte und veränderte Version/Titelrolle weiblich, übertragen auf eine Schülerin aus Connecticut.
Drehbuch: Paul Zindel, frei nach dem gleichnamigen Roman von Mark Twain
Darsteller: Keshia Knight Pulliam (A Connecticut Schoolgirl), Michael Gross (King Arthur), Emma Samms (Guinevere), Whip Hubley (Lancelot), Rene Auberjonois (Merlin), Hugo E. Blick (Mordred), Bryce Hamnet (Clarence), Jean Marsh (Morgana), Kevin McNally, Berlinda Tolbert, Marissa Lindsay
Produzent: Merrill H. Karpf
Regie: Mel Damski

CRAZY FOR YOU → GIRL CRAZY

DAMN YANKEES

Musik und Songtexte: Richard Adler, Jerry Ross
Buch: George Abbott, Douglass Wallop, nach dem Roman »The Year the Yankees Lost the Pennant« (1954) von Douglass Wallop
Premiere in New York, 46th Street Theatre: 5. Mai 1955

Personen und die Darsteller der Premiere:

Lola	Gwen Verdon
Mr. Applegate	Ray Walston
Joe Boyd	Robert Shafer
Joe Hardy	Stephen Douglass
Van Buren, Baseball Manager	Russ Brown
Meg Boyd	Shannon Bolin
Rocky, Baseball Player	Jimmy Komack
Gloria, Newspaper Reporter	Rae Allen
Smokey, Baseball Player	Nathaniel Frey
Sohovik	Eddie Phillips
Sister	Jean Stapleton
Doris	Elizabeth Howell
Henry	Al Lanti
Vernon, Baseball Player	Albert Linville
Teenager	Cherry Davis
Lynch	Del Horstmann
Welch, Baseball Player	Richard Bishop
Miss Weston	Janie Janvier
Guard	George Marcy
Commissioner	Del Horstmann
Postmaster	Albert Linville
Baseball Fans	Ronn Cummins
	Jackie Scholle

Produzenten: Frederick Brisson, Robert E. Griffith, Harold Prince (mit Albert B. Taylor)
Choreographie: Bob Fosse
Regie: George Abbott
Ort: Washington
Zeit: »Gegenwart« (1955)

Handlung: Komödie aus der Welt des Sports (Baseball) – Faust-Motiv: Bündnis mit dem Teufel. Der behäbige, etwa 50 Jahre alte Immobilienvertreter Joe Boyd ist ein passionierter Baseball-Fan. Die »Washington Senators« sind seine Mannschaft, ihre Spiele verfolgt er am Fernsehapparat. In einem kritischen Augenblick murmelt er, er gäbe seine Seele dafür, wenn die stets unterlegenen »Washington Senators« einmal die Meisterschaft gegen die verdammten »Yankees« aus New York gewinnen würden. Sofort erscheint der Teufel bei ihm in Gestalt des smarten Mr. Applegate und bietet ihm einen Pakt an: Wenn er ihm seine Seele verkauft, will er ihn in einen jungen, unschlagbaren Baseballspieler verwandeln, der die Mannschaft zum Sieg führen kann. Joe Boyd nimmt den Vorschlag an, behält sich aber eine Klausel vor, wonach er sich bis zu einem Zeitpunkt vor dem Meisterschaftsspiel entscheiden kann, in sein früheres Leben und zu seiner Frau zurückzukehren. Der Teufel stimmt zu; Joe verschwindet aus seinem Heim.

Ein großartiger junger Spieler, nun mit dem Namen Joe Hardy, schließt sich den »Washington Senators« an. Mit seiner Hilfe steigt die Mannschaft so weit auf, daß sie zur amerikanischen Meisterschaft antreten kann. Doch Applegate, selbst besessen vom Baseball, hat andere Pläne. Er steht heimlich auf der Seite der »Yankees« und beabsichtigt, die Hoffnungen der »Senators« zunächst zu wecken, ihnen dann aber im letzten Augenblick den Sieg zu entreißen. Als Joe Hardy davon Kenntnis erhält, verlangt er, seine Option auszunutzen und in sein früheres Leben an die Seite seiner geliebten Frau, die er sehr vermißt, zurückkehren zu können. Applegate versichert sich daraufhin der Dienste von Lola, einer hinreißend schönen Hexe, von der er weiß, daß sie alles bekommt, was sie haben will. Sie soll Joe durch ihre Verführungskünste an der Seite des Teufels halten, aber Joe ist in der Treue zu seiner Frau nicht zu erschüttern. Gegen ihre eigenen Prinzipien verliebt sich Lola in den sportlichen Joe. Und sie hilft ihm, seine Seele zu retten, obwohl sie weiß, daß sie sich selbst wieder in eine alte häßliche Hexe verwandeln wird. Sie trickst Applegate aus, der durch die Abmachung nicht anders kann, als Joe Hardy wieder in Joe Boyd zurückzuverwandeln und ihn zu seiner Frau heimkehren zu lassen. Außerdem muß Applegate zu seinem Ärger erleben, daß diesmal die »Washington Senators« den Sieg erringen.

Auszeichnungen: 10 Antoinette Perry Awards (Tonys) 1956: Bestes Musical / Männliche Hauptrolle–Musical: Ray Walston / Weibliche Hauptrolle–Musical: Gwen Verdon / Männliche Nebenrolle–Musical: Russ Brown / Buch–Musical: George Abbott, Douglass Wallop / Produzent–Musical: Frederick Brisson, Robert Griffith, Harold Prince (in Zusammenarbeit mit Albert B. Taylor) / Musik und Songtexte: Richard Adler, Jerry Ross / Dirigent und musikalische Leitung: Hal Hastings / Choreographie: Bob Fosse / Bühnentechnik (Elektrik und Ton): Harry Green (gleichzeitig auch für »The Middle of the Night«)

Deutschsprachige Erstaufführung (von Baseball auf Fußball verändert) unter dem Titel DAS JAHR, IN DEM ROT-WEISS OBERHAUSEN DEUTSCHER MEISTER WIRD: 19. Mai 1979, Stadttheater Oberhausen. Autor: Franklin Fanning

Film:

Damn Yankees
(Britischer Titel: WHAT LOLA WANTS) 1958, USA – Warner Bros. – Technicolor, 110 Min.
Musik und Songtexte: Richard Adler, Jerry Ross
Drehbuch: George Abbott, nach dem gleichnamigen Musical

Personen und ihre Darsteller:
Lola	Gwen Verdon
Joe Hardy	Tab Hunter
Joe Boyd	Robert Shafer
Mr. Applegate	Ray Walston
Van Buren	Russ Brown
Meg Boyd	Shannon Bolin
Rocky	Jimmy Komack
Gloria	Rae Allen
Smokey	Nathaniel Frey

Sister	Jean Stapleton	Benjamin Kidd	Eddie Buzzell
Vernon	Albert Linville	Azuri	Pearl Regay
Doris	Elizabeth Howell	General Birabeau	Edmund Elton
Welch, Baseball Player	Richard Bishop	Sid El Kar	William O'Neal
		Mindar	O. J. Vanasse
Teenager	Cherry Davis	Hassi	Earle Mitchell
Dancer	Bob Fosse	Captain Paul Fontaine	Glen Dale
Baseball Fans	Ronn Cummins		
	Jackie Scholle	Sergeant Du Bassac	Charles Davis
		Susan	Nellie Breen

Produzenten: George Abbott, Stanley Donen

Choreographie: Bob Fosse, Pat Ferrier
Regie: George Abbott, Stanley Donen

Songs und Musiknummern

Bühne:
Goodbye, Old Girl; Six Months Out of Every Year; Heart; Shoeless Joe from Hannibal, Mo.; A Man Doesn't Know; A Little Brains – a Little Talent; Whatever Lola Wants; Not Meg; Who's Got the Pain?; The American League; The Game; Near to You; Those Were the Good Old Days; Two Lost Souls

Film:
Goodbye, Old Girl; Six Months Out of Every Year; Heart; Shoeless Joe from Hannibal, Mo.; There's Something About an Empty Chair; A Little Brains – a Little Talent; Whatever Lola Wants; The Game; Who's Got the Pain?; Near to You; Those Were the Good Old Days; Two Lost Souls

Schallplatten:
NY – RCA Victor LOC/LSO 1021, RCA Victor 3948
L – RCA Victor LOC/LSO 1047

THE DESERT SONG (»Operetta«)

Musik: Sigmund Romberg
Songtexte: Otto Harbach, Oscar Hammerstein II.
Buch: Otto Harbach, Oscar Hammerstein II., Frank Mandel
Premiere in New York, Casino Theatre: 30. November 1926

Personen und die Darsteller der Premiere:

Pierre Birabeau	Robert Halliday
Margot Bonvalet	Vivienne Segal

Ethel	Elmira Lane
Ali Ben Ali	Lyle Evans
Clementina	Margaret Irving
Neri	Rachel May Clark
Hadji	Charles Morgan

Produzenten: Laurence Schwab, Frank Mandel
Choreographie: Bobby (Robert) Connolly
Regie: Arthur Hurley
Ort: Marokko
Zeit: 1925/1926 (Rifkabylen-Aufstand)

Handlung: Amerikanische Operette – Liebesromanze vor dem Hintergrund des Aufstands der Rifkabylen gegen die französische Kolonialherrschaft. Die junge Margot befindet sich in einem Gewissenskonflikt, weil sie sowohl für den Sohn des französischen Gouverneurs von Marokko als auch für den Rebellenführer Red Shadow, der sie in die Wüste entführt hat, Gefühle hegt. Sie weiß nicht, daß es sich um ein und dieselbe Person handelt, da sich der Sohn des Gouverneurs in ein gefährliches Doppelspiel eingelassen hat, um als geheimnisvoller Anführer der Rifs begangenes Unrecht gutmachen zu können. Die Tatsache, daß er nach einer verlorenen Schlacht von den Rifkabylen seiner Führerschaft enthoben und verstoßen wird, hilft ihm, unerkannt in sein altes Leben zurückkehren zu können. Margot ist überglücklich, als »Red Shadow« sich ihr offenbart und das Problem ihrer Liebe sich auf wundersame Weise von selbst löst.

Film:

The Desert Song
Tonfilm/1929, USA – Warner Bros. – Vitaphone/teilweise in Technicolor, 106 Min.
Musik: Sigmund Romberg

Songtexte: Otto Harbach, Oscar Hammerstein II.
Drehbuch: Harvey Gates, nach dem gleichnamigen Musical
Personen und ihre Darsteller:

Pierre Birabeau/	John Boles
»The Red Shadow«	
Margot Bonvalet	Carlotta King
Azuri	Myrna Loy
General Birabeau	Edward Martindel
Bennie Kidd, a	Johnny Arthur
Reporter	
Susan	Louise Fazenda
Pasha	Jack Pratt
Hasse	Otto Hoffman
Sid El Kar	Robert E. Guzman
Clementina	Marie Wells
Captain Paul	John Miljan
Fontaine	
Rebel	Del Elliott

Regie: Roy Del Ruth
Anmerkung: Die erste mit vollem Dialog-
und Gesangston verfilmte Operette.

The Desert Song
(Deutscher Titel: LIEBESLIED DER WÜSTE)
1943, USA – Warner Bros. – Technicolor,
96 Min.
Deutsche Erstaufführung: 1952
Neue Handlung, veränderte Songs.
Musik: Sigmund Romberg (und andere)
Songtexte Otto Harbach, Oscar Hammer-
stein II. (und andere)
Drehbuch: Robert Buckner, unter Verwen-
dung von Motiven aus dem gleichnamigen
Musical
Personen und ihre Darsteller:

Paul Hudson	Dennis Morgan
Margot	Irene Manning
Captain Paul	Bruce Cabot
Fontaine	
Caid Yousseff	Victor Francen
Johnny Walsh	Lynne Overman
Pere Fan-Fan	Gene Lockhart
Hajy	Faye Emerson
Tarbouch	Marcel Dalio
Heintzelman	Felix Basch
Hassan	Gerald Mohr
Abdel Rahman	Noble Johnson
François	Curt Bois
Muhammad	Albert Morin
Lieutenant Bertin	Jack La Rue
Suliman	William Edmunds
Pajot	Wallis Clark
Benoit	Nestor Paiva
Ben Sidi	Fritz Leiber
Radik	Georges Renevent
French Colonel	Egon Brecher
Captain of the	Duncan Renaldo
Guards	
French Captain	Paul Bryar
Dancer	Sylvia Opert
Tirailleur	George Sorel
Steve	Joseph Crehan
Sidi	Frank Arhold
Silversmith	Edward Drake
Joubert	Paul Sutton
Felipo	Lee Murray
French Actor	George Dobbs
2nd Officer	Roland Drew
Radio Operator	Anthony Warde
French Wireless	Louis Mercier
Man	
Sergeant Duval	Frank M. Thomas
Medicine Man	Rafael Corio
Fontaine's Adjutant	Frederick McEvoy
Henchman	Joe Marievsky
Captain	Franco Corsaro
Sergeant	Eugene Borden
Riff	Julian Rivero
French Captain	Francis McDonald
French Soldier	Jack del Rio
Gate Officer	Harry Worth
Waiter	Gino Corrado
Call Boy	Charles de Ravenne
German Officer	Henry Rowland
Berber Woman	Yvette Bentley
Arab Woman	Leah Baird
Officer at Café	Ric Vallin
Native	John George
Arabs: Liparit, Art Miles	

Produzent: Robert Buckner
Choreographie: LeRoy Prince
Regie: Robert Florey
Anmerkung: Neue Handlung des im Kriegs-
jahr 1943 hergestellten Films:
Abenteuer und Liebesepisoden in Franzö-
sisch-Marokko 1939. Amerikaner versucht
als Anführer der Rifkabylen, einen von Na-
zideutschland geförderten Bau einer Eisen-
bahnlinie zu verhindern.

The Desert Song
(Deutscher Titel: EL KHOBAR – SCHRECKEN DER WÜSTE)
1953, USA – Warner Bros. – Technicolor, 110 Min.
Deutsche Erstaufführung: 1959
Reduzierte Songs.
Musik: Sigmund Romberg
Songtexte: Otto Harbach, Oscar Hammerstein II. (und andere)
Drehbuch: Roland Kibbee, nach dem gleichnamigen Musical

Personen und ihre Darsteller:

Paul Bonnard/El Khobar	Gordon MacRae
Margot	Kathryn Grayson
Captain Paul Fontaine	Steve Cochran
Yousseff	Raymond Massey
Benji Kidd	Dick Wesson
Azuri	Allyn Ann McLerie
General Birabeau	Ray Collins
Hassan	Paul Picerni
Mindar	Frank DeKova
Lachmed	William Conrad
Neri	Trevor Bardette
Lieutenant Duvalle	Mark Dana
Sentry	Maurice Marsac
Legionaire	Robert Hunter
French Pilot	Robert Dane
Old Man Villager	Bhogwan Singh
Arab Boy	Joe Costarella
Small Boy	Louis Lettieri
Old Refugee	Peter Brocco
Scarface	Larry Chance

Riff Guards: Paul Fierro, George Sawaya
Berbers: Julian Upton, Nick Thompson
Sheiks: Ben Astar, Jack Reitzen, Harry Vejar, Sam Scar

Produzent: Rudi Fehr
Choreographie: LeRoy Prince
Regie: Bruce Humbertstone

Songs und Musiknummern

Bühne:
High on a Hill; The Riff Song / Ho! So We Sing As We Are Riding; Trumpet Solo (instr.); Margot / Oh! Pretty Maid of France; I'll Be a Buoyant Girl; Why Did We Marry Soldiers?; French Military Marching Song / Girls, Girls, Girls, Here Are Cavaliers; Romance; Then You Will Know; I Want a Kiss; It; The Desert Song; Oh! Lucky Paul, Tell Us All; My Little Castagnette; Song of the Brass Key / There Is a Key, a Key to My Heart; Spanish Dance (instr.); One Good Boy Gone Wrong; Eastern and Western Love: Let Love Go, One Flower in Your Garden, One Alone; The Sabre Song; Farewell; All Hail to the Gen'ral
In der New Yorker Premieren-Produktion nicht verwendet:
Not for Him; Love Is a Two-Edged Sword

Filme (1929/1943/1953):
The Riff Song (1929, 1943, 1953); French Military Marching Song (1929, 1943); Then You Will Know (1929); The Desert Song (1929, 1943, 1953); Song of the Brass Key (1929); Romance (1929, 1943, 1953); One Alone (1929, 1943, 1953); One Flower in Your Garden (1929, 1943, 1953); The Sabre Song (1929); My Little Castagnette (1929); Love's Dear Yearning (1929); Eastern Dance (1953); Long Live the Night (Sigmund Romberg, Jack Scholl, Mario Silva, 1943, 1953); Gay Parisienne (Serge Walter, Jack Scholl, 1943 1953); Fifi's Song (Sigmund Romberg, Jack Scholl, 1943)

Schallplatten:
F – (1953) Capitol SW 1842
St – (Nelson Eddy, Doretta Morrow) Columbia CL 831, (Kathy Barr, Giorgio Tozzi) RCA Victor LOP/LOS 1000, (Mario Lanza) RCA Victor LM/LSC 2440, (Gordon MacRae, Dorothy Kirsten) Capitol SW 1842, (Edmund Hockridge, June Bronhill) Angel S 35905

Hinweis/Film:
Die Anregung zum Musical THE DESERT SONG gaben die Ereignisse um Lawrence von Arabien (er organisierte als britischer Oberst im Ersten Weltkrieg Aufstände von Araberstämmen gegen die Türken) und die Erfolge der Rudolph-Valentino-Filme »The Sheik« (1921) und »The Son of the Sheik« (1926), die nachfolgend als Vorläufer des Musicals aufgeführt sind.

The Sheik
Stummfilm/1921, USA – Paramount/Famous Players-Lasky Corp., 73 Min.

Drehbuch: Monte M. Katterjohn, nach dem gleichnamigen Roman (1919) von Edith Maude Hull
Darsteller: Rudolph Valentino (Sheik Ahmed Ben Hassan), Agnes Ayres (Diana Mayo), Adolphe Menjou (Raoul de Saint Hubert), Walter Long (Omair), Lucien Littlefield (Gaston), George Waggner (Yousseff), Patsy Ruth Miller (Slave Girl), F. R. Butler (Sir Aubrey Mayo)
Produzent: Jesse L. Lasky
Regie: George Melford

The Son of the Sheik

(Deutscher Titel: DER SOHN DES SCHEICH)
Stummfilm/1926, USA – United Artists/ Feature Productions, 70 Min.
Deutsche Erstaufführung: 1926
Drehbuch: Frances Marion, Fred De Gresac, nach dem Roman »The Son of the Sheik«(1925) von Edith Maude Hull
Darsteller: Rudolph Valentino (Ahmed, the Son / Sheik Ahmed Ben Hassan, the Father), Vilma Banky (Yasmin), George Fawcett (André), Montague Love (Ghabah the Moor), Karl Dane (Ramadan), William Donovan (S'rir), Agnes Ayres (Diana), Bull Montana (Ali), Erwin Connelly (The Zouave), Bynanski Hyman (The Pincher), Charles Requa (Pierre)
Produzent: John W. Considine Jr.
Regie: George Fitzmaurice
Anmerkung: Rudolph Valentinos letzter Film; er starb am 23. August 1926 in New York.

DESTRY RIDES AGAIN

Musik und Songtexte: Harold Rome
Buch: Leonard Gershe, nach der gleichnamigen Erzählung (1930) von Max Brand/ d. i. Frederick Faust, sowie in Anlehnung an die gleichnamigen erfolgreichen Filme
Premiere in New York, Imperial Theatre: 23. April 1959

Personen und die Darsteller der Premiere:

Destry	Andy Griffith
Frenchy	Dolores Gray
Kent	Scott Brady
Wash	Jack Prince
Chloe	Libi Staiger
Rose Lovejoy	Elizabeth Watts
Mayor Slade	Don McHenry
Clara	Rosetta Le Noire
Sheriff Keogh	Oran Osburn
Claggett	Don Crabtree
Jack Tyndall	Nolan Van Way
Ming Li	Reiko Sato
Mrs. Claggett	May Muth
Bailey	Ray Mason
Dimples	Sharon Shore
Bartender	Ray Mason
Stage Driver	Chad Block

Bad Guys: Marc Breaux, Swen Swenson, George Reeder
Cowboys: Don Crabtree, David London, Lanier Davis, Nolan Van Way

Produzent: David Merrick (mit Max Brown)
Choreographie: Michael Kidd
Regie: Michael Kidd
Ort: Westernstädtchen »Bottleneck«/USA
Zeit: Um 1900

Handlung: Klassische Western-Filmkomödie als Bühnen-Musical. Das Westernstädtchen Bottleneck wird von dem Saloon-Besitzer Kent beherrscht, der im Falschspiel die Viehzüchter in den Ruin treibt, während seine Freundin Frenchy als Star des Saloons die männlichen Gäste betört. Als der Sheriff, der für Ordnung sorgen will, spurlos verschwindet, wählt man einen notorischen Säufer zum neuen Sheriff, um das verbrecherische Treiben ungestört fortsetzen zu können. Der aber holt zu seiner Unterstützung Destry nach Bottleneck, den Sohn eines legendären Sheriffs, der stets für Recht und Gesetz gekämpft hatte. Doch Destry Junior wird zum Gespött der Leute von Bottleneck, denn er verabscheut den Umgang mit Schießeisen und versucht, die Probleme friedlich zu lösen. Als er aber daran-geht, nach dem verschwundenen Sheriff zu forschen, wird er für Kent lästig. Frenchy jedoch imponiert dieser stille, zurückhaltende, aber dennoch zielstrebige Tom Destry, und sie schwenkt auf seine Linie ein. Nachdem Destry das Verschwinden des früheren Sheriffs als Mord entlarvt hat, entbrennt ein Kampf zwischen ihm und Kent mit seinen Banditen. Die Gerechtigkeit siegt, doch muß Frenchy ihr Leben lassen, als sie Tom Destry vor einer Kugel Kents beschützen will.

Songs und Musiknummern

Bühne:
Bottleneck; Ladies; Hoop-de-Dingle; Tomorrow Morning; Ballad of the Gun; The Social; I Know Your Kind; I Hate Him; Paradise Alley; Anyone Would Love You; Once Knew a Fella; Every Once in a While; Fair Warning; Are You Ready, Gyp Watson?; Not Guilty; Only Time Will Tell; Respectability; That Ring on the Finger; I Say Hello

Schallplatten:
NY – Decca DL 7-9075
L – (1982) That's Entertainment TER 1034

Hinweis/Film:
Verfilmungen der Erzählung »Destry Rides Again« von Max Brand, die als Vorlage des Musicals dienten, ebenso wie die Erzählung selbst.

Destry Rides Again
(Deutscher Titel: TOM RECHNET AB)
1932, USA – Universal, 64 Min.
Deutsche Erstaufführung: 1932
Drehbuch: Isadore Bernstein, Robert Keith, Richard Schayer, nach der gleichnamigen Erzählung von Max Brand
Darsteller: Tom Mix (Tom J. Destry Jr.), Claudia Dell (Cilly Dangefield/Frenchy), Stanley Fields (Sheriff Wendell), Earle Fox (Brent), Edward Peale (Warren), Francis Ford (Ogden), Frederic Howard (Clifton), George Ernest (Willie), ZaSu Pitts (Temperance Worker), Andy Devine, John Ince, Edward Le Saint, Charles K. French und Tom the Wonder Horse
Produzenten: Carl Laemmle, Stanley Bergerman
Regie: Alan James, Ben Stoloff
Anmerkung: Der erste Tom-Mix-Film

Destry Rides Again
(Deutscher Titel: DER GROSSE BLUFF)
1939, USA – Universal, 94 Min.
Deutsche Erstaufführung: 1948
Drehbuch: Felix Jackson, Gertrude Purcell,

Henry Myers, nach der gleichnamigen Erzählung von Max Brand
Darsteller: Marlene Dietrich (Frenchy), James Stuart (Tom – Thomas Jefferson Destry Jr.), Mischa Auer (Boris »Callahan« – Boris Alexandrevitch Stavrovin), Charles Winninger (»Wash« – Washington Dimsdale), Brian Donlevy (Kent), Irene Hervey (Janice Tyndall), Una Merkel (Lilybelle Stavrovin), Jack Carson (Jack Tyndall), Allen Jenkins (Bugs Watson), Warren Hymer (Gyp Watson), Samuel S. Hinds (Judge Hiram S. Slade), Lillian Yarbo (Clara), Tom Fadden (Lem Claggett), Virginia Brissac (Sophie Claggett), Dickie Jones (Eli Whitney Claggett), Billy Gilbert (Loupgarou, the Bartender), Joe King (Sheriff Keogh), Edmund MacDonald (Rockwell), Minerva Urecal (Mrs. De Witt), Ann Todd (Claggett's Girl), Carmen D'Antonio (Dancer), Harry Cording (Rowdy), Dick Alexander (Cowboy), Bob McKenzie (Doctor), Billy Bletcher (Pianist), Lloyd Ingraham (Turner, Express Agent), Bill Cody Jr. (Small Boy), Bill Steele Gettinger (Cowboy), Dick Alexander (Cowboy), Harry Tenbrook (Stage Rider), Bud McClure (Stage Driver), Alex Voloshin (Assistent Bartender), Chief John Big Tree (Indian), Loren Brown (Juggler), Harold De Garro (Juggler), Robert Keith
Produzent: Joseph Pasternak
Regie: George Marshall
Songs (Frederick Hollander, d. i. Friedrich Holländer/K., Frank Loesser/T):
Little Joe, the Wrangler; You've Got That Look That Leaves Me Weak; See What the Boy in the Back Room Will Have (The Boys in the Back Room)

Destry
(Deutscher Titel: DESTRY RÄUMT AUF)
1955, USA – Universal International – Technicolor, 95 Min.
Deutsche Erstaufführung: 1955
Drehbuch: Edmund H. North, D. D. Beauchamp, nach der Drehbuchvorlage des Films »Destry Rides Again« (1939) von Felix Jackson, nach der Erzählung von Max Brand
Darsteller: Audie Murphy (Tom Destry), Mari Blanchard (Brandy), Lyle Bettger

(Decker), Lori Nelson (Martha Phillips), Thomas Mitchell (Rags Barnaby), Edgar Buchanan (Mayor Hiram Sellers), Wallace Ford (Doc Curtis), Mary Wickes (Bessie Mae Curtis), Alan Hale Jr. (Jack Larson), Lee Aaker (Eli Skinner), Trevor Bardette (Sheriff Joe Bailey), Walter Baldwin (Henry Skinner), George Wallace (Curley), Richard Reeves (Mac), Frank Richards (Dummy), Mitchell Lawrence (Dealer), Ralph Peters (Bartender), John Doucette (Cowhand)
Produzent: Stanley Rubin
Choreographie: Kenny Williams
Regie: George Marshall
Songs (Arnold Hughes/K, Frederick Herbert/T): Empty Arms; If You Can Can-Can; Bang! Bang!

Weiterer Hinweis: Der verschiedentlich ebenfalls als Stoffverfilmung genannte Film »Frenchie« (USA/1950, deutscher Titel: »Revolverlady«) verwendet zwar ähnliche Motive im Western-Milieu, hat aber mit der Erzählung »Destry Rides Again« von Max Brand nichts zu tun.

DIVORCE ME, DARLING → THE BOY FRIEND

DREAMGIRLS

Musik: Henry Krieger
Buch und Songtexte: Tom Eyen
Premiere in New York, Imperial Theatre: 20. Dezember 1981

Personen und die Darsteller der Premiere:

C. C. White	Obba Babatunde
James Thunder Early, gen. Jimmy	Cleavant Derricks
Lorrell Robinson	Loretta Devine
Curtis Taylor Jr.	Ben Harney
Deena Jones	Sheryl Lee Ralph
Effie Melody White	Jennifer Holliday
Michelle Morris	Deborah Burrell
Marty	Vondie Curtis-Hall
Wayne	Tony Franklin
Tiny Joe Dixon	Joe Lynn
Charlene	Cheryl Alexander
Joanne	Linda Lloyd
The M. C. (Master of Ceremonies)	Larry Stewart
Edna Burke	Sheila Ellis
Frank, a Press Agent	David Thomé
Jerry, a Nightclub Owner	Joe Lynn
Mr. Morgan	Larry Stewart

The Stepp Sisters: Deborah Burrell, Vanessa Bell, Tenita Jordan, Brenda Pressley
Little Albert and the Tru-Tones: Wellington Perkins, Charles Bernard, Jamie Patterson, Charles Randolph-Wright, Weyman Thompson
The James Early Band: Charles Bernard, Jamie Patterson, Wellington Perkins, Scott Plank, Charles Randolph-Wright
Dave and the Sweethearts: Paul Binotto, Candy Darling, Stephanie Eley
The Five Tuxedos: Charles Bernard, Jamie Patterson, Charles Randolph-Wright, Larry Stewart, Weyman Thompson
Swings: Brenda Braxton, Milton Craig Nealy
Les Style: Cheryl Alexander, Tenita Jordan, Linda Lloyd, Brenda Pressley
Film Executives: Paul Binotto, Scott Plank, Linda Lloyd, Brenda Pressley

Produzenten: Michael Bennett, Bob Avian, Geffen Records, The Shubert Organization
Choreographie: Michael Bennett, Michael Peters
Regie: Michael Bennett
Orte: USA: New York, St. Louis, Miami, Cleveland, San Francisco, Las Vegas, Chicago, Los Angeles und weitere Tourneeorte
Zeit: Zwischen 1962 und 1972

Handlung: Rockmusik-Szene – Das Schicksal einer Gesangsgruppe farbiger Mädchen zwischen beruflichem Aufstieg und privaten Problemen. Effie, Deena und Lorrell vereinigen sich zu einer Gesangsgruppe. Sie nennen sich »The Dreamettes«. Effie übernimmt die Führungsstimme. Der aalglatte Curtis Taylor wird Manager der Gruppe. Effie verliebt sich in Curtis, Lorrell wendet sich dessen Freund, dem Bandleader Jimmy Early zu, nur Deena bleibt allein. Es entwickeln sich persönliche Spannungen. Die Gruppe hat es schwer, sich durchzusetzen,

ist ständig auf Tourneen unterwegs und
wird schließlich doch als »The Dreams« bekannt. Für Effie bahnen sich Probleme an,
denn Curtis wendet sich von ihr ab und lieb-
äugelt mit Deena. Er sorgt dafür, daß die
Führungsposition in der Gruppe von Effie
auf Deena übergeht. Effie opponiert und
meutert, läßt eine Aufführung platzen und
drängt sich bei einem anderen Auftritt wieder in den Vordergrund. Ihr Verhalten
führt dazu, daß sie ausgebootet und durch
eine andere Sängerin, Michelle, ersetzt
wird. Enttäuscht und gekränkt zieht Effie
sich zurück, während »The Dreams« weiterhin erfolgreich auftreten. Effie versucht
eine Solokarriere, scheitert aber, nicht zuletzt, weil Curtis skrupellos ihr bestes Lied
für »The Dreams« übernimmt. Inzwischen
sind Jahre vergangen, und weder Lorrell
und Jimmy noch Deena und Curtis sind miteinander glücklich. Die Liebe ist der Ernüchterung gewichen; der berufliche Erfolg
wird von persönlicher Resignation begleitet. Effie ist auf sich allein gestellt, meistert
aber ihr Schicksal, sich und ihr Kind aus der
Verbindung mit Curtis durchs Leben zu
bringen. Nach zehnjähriger Karriere ist nun
die Gruppe »The Dreams« entschlossen,
aufzuhören. Zum Abschiedskonzert wird
auch Effie eingeladen. Sie versöhnt sich mit
den alten Freunden und tritt ein letztes Mal
zusammen mit den »Dreams« auf. Erstaunt
stellt sie fest, daß sie offensichtlich die Glücklichste von allen ist.

Anmerkung: Die Handlung bezieht ihre
Motive in gewisser Weise aus dem Werde-
gang der Gesangsgruppe »The Supremes«
mit Diana Ross seit 1961 und erinnert in
Grundzügen an das Schicksal der Sängerin
Florence Ballard, die die Gruppe mit zum
Erfolg geführt hatte, 1967 aber ausscheiden
mußte.

Auszeichnungen: 6 Antoinette Perry
Awards (Tonys) 1982: Männliche Haupt-
rolle–Musical: Ben Harney / Weibliche
Hauptrolle–Musical: Jennifer Holliday /
Männliche Nebenrolle–Musical: Cleavant
Derricks / Buch–Musical: Tom Eyen / Cho-
reographie: Michael Bennett, Michael Pe-
ters / Lichtgestaltung: Tharon Musser

Songs und Musiknummern
Bühne:
I'm Looking for Something; Goin' Down-
town; Takin' the Long Way Home; Move
(You're Steppin' on My Heart); Fake Your
Way to the Top; Cadillac Car; Steppin' to
the Bad Side; Party, Party; I Want You Ba-
by; Family; Dreamgirls; Press Conference;
Only the Beginning; Heavy; It's All Over;
And I Am Telling You I'm Not Going; Love
Love You Baby; I Am Changing; One
More Picture Please; When I First Saw You;
Got to Be Good Times; Ain't No Party;
I Meant You No Harm; Quintette; The
Rap / Firing of Jimmy; I Miss You Old
Friend; One Night Only; I'm Somebody;
Faith in Myself; Hard to Say Goodbye, My
Love

Schallplatte:
NY – Geffen GEF 85578

DIE DREIGROSCHENOPER → THE
THREEPENNY OPERA

DAS DREIMÄDERLHAUS → BLOSSOM
TIME

DUBARRY WAS A LADY

Musik und Songtexte: Cole Porter
Buch: Herbert Fields, B. G. DeSylva (d. i.
George »Buddy« Gard DeSylva)
Premiere in New York, 46th Street Theatre:
6. Dezember 1939

Personen und die Darsteller der Premiere:

Louis Blore/ »Louis XV.«	Bert Lahr
May Daly/»Madame DuBarry«	Ethel Merman
Alice Barton	Betty Grable
Charley	Benny Baker
Alex Barton	Roland Graham
Ann Barton	Kay Sutton
Harry Norton	Charles Walters
Jones	Hugh Cameron
Florian	Harold Cromer
Vi Hennessey	Jean Moorhead
Manuel Gomez	Tito Renaldo
Cosette	Audrey Palmer
Rene	Jack Stanton

Pierre — Roy Ross
Docteur Michel — Walter Armin
Henri — Johnny Barnes
Gateman — Carl Nicholas
Starlets of the Club Petite:

Ann Todd — Geraldine Spreckles
Molly Wincor — Betty Allen
Sigana Sigan — Ann Graham
Ruth Frederic — Janice Carter
Peggy Brown — Jacqueline Frane
Mary Gray — Marguerite Benton

Four Internationals: Douglas Hawkins, Peter Holliday, Robert Herring, Carl Nicholas

Produzent: B. G. DeSylva
Choreographie: Robert Alton
Regie: Edgar MacGregor
Orte: New York und Frankreich
Zeit: »Gegenwart« (1939), Frankreich-Szenen um 1770

Handlung: Komödie mit Rückblenden in die Zeit Ludwigs XV. von Frankreich. Louis Blore, Waschraum- und Toilettenmann im Club Petite, einer New Yorker Bar, gewinnt viel Geld in einer Lotterie und glaubt, nun endlich die von ihm verehrte Barsängerin May gewinnen zu können. Er hat aber in Alex Barton einen Nebenbuhler, den er gerne aus dem Wege schaffen würde. Ein besonders harter Drink soll ihn unschädlich machen, doch versehentlich trinkt Louis selbst davon. Als Folge schwinden ihm die Sinne, und, benebelt, fühlt er sich nach Frankreich in die Zeit Ludwigs XV. versetzt. Hier sieht er sich selbst als König und seine angebetete May als die Geliebte Dubarry, gerät jedoch in allerlei abenteuerliche und gefährliche Verwicklungen. In die Gegenwart zurückgekehrt, entschließt sich Louis, die Erlebnisse seines Traums als Lektion und Warnung zu betrachten, versetzt May und Alex Barton in die Lage, heiraten zu können, bezahlt die hohen Steuern seines Lotteriegewinns und zieht sich wieder in seinen Waschraum zurück.

Anmerkung: Ludwig XV. / Louis XV. (1710–1774), König von Frankreich seit 1715. Marie Jeanne Gräfin Dubarry, geb. Bécu, (1743–1793), seit 1769 Mätresse König Ludwigs XV. (als solche war sie die Nachfolge-

rin der 1764 verstorbenen Marquise von Pompadour).

→ DIE DUBARRY, Operette

Film:

DuBarry Was a Lady
1943, USA – Metro-Goldwyn-Mayer – Technicolor, 101 Min.
Überwiegend neue Songs.
Musik und Songtexte: Cole Porter u. a.
Drehbuch: Irving Brecher, Nancy Hamilton, Wilkie Mahoney, nach dem gleichnamigen Musical

Personen und ihre Darsteller:

Louis Blore/King Louis	Red Skelton
May Daly/Madame DuBarry	Lucille Ball (Gesangsstimme: Martha Mears)
Alec Howe/Black Arrow	Gene Kelly
Ginny	Virginia O'Brien
Charlie/Dauphin	Rags Ragland
Rami, the Swami/Taliostra	Zero Mostel
Mr. Jones/Duc de Choiseul	Donald Meek
Willie/Duc de Rigor	Douglas Dumbrille
Cheezy/Count de Roquefort	George Givot
Niagara	Louise Beavers
Nick	Sig Arno/d. i. Siegfried Arno
Doctor	Chester Clute
Doorman	Charles Coleman
Old Lady	Clara Blandick
Escort	Andrew Tombes
Patron	Pierre Watkin
Delivery Man	Ernie Alexander
Footman	Hugh Beaumont
Guard Captain	William Forest
Innkeeper	Charles Judels
Lackey	Christian Frank
Gatekeeper	Emory Parnell
Renel	Mitchell Lewis
Passerby	Maurice Costello
Escort	Andrew Tombes
Woman	Mary Blake
Announcer's Voice	Don Wilson
Couple: Cecil Cunningham, Harry Hayden	

Flunkies: Michael Bisaroff, William Costel-
lo, Dell Henderson, Edward Cooper, Tho-
mas Clarke, Emmett Casey
Boys and Girls: Dick Alexander, Art Miles,
Paul Newlan, Ava Gardner, Kay Aldrigde,
Hazel Brooks, Georgia Carroll, Inez Coo-
per, Natalie Draper, Marilyn Maxwell, Eve
Withney, Kay Williams und Lana Turner
Tommy Dorsey and His Orchestra mit Dick
Haymes, Jo Stafford, the Pied Pipers

Produzent: Arthur Freed
Choreographie: Charles Walters
Regie: Roy Del Ruth

Songs und Musiknummern

Bühne:
It Ain't Etiquette; When Love Beckoned in
52nd Street; Ev'ry Day a Holiday; Come on
In; But in the Morning, No!; Do I Love
You?; Give Him the Oo-la-la; Well, Did
You Evah! (1956 verwendet im Film »High
Society«); It Was Written in the Stars; Katie
Went to Haiti; Friendship

Film:
*Die mit Zeichen ⊕ versehenen Titel entstam-
men dem Bühnenwerk.*
Do I Love You? ⊕; Katie Went to Haiti ⊕;
Friendship ⊕; DuBarry Was a Lady (Burton
Lane/K, Ralph Freed/T); Madame, I Love
Your Crepes Suzettes (Burton Lane/K,
Ralph Freed/T, Lew Brown); I Love an Es-
quire Girl (Roger Edens/K, Ralph Freed/T,
Lew Brown); No Matter How You Slice It,
It's Still Salome (Roger Edens); Ladies of
the Bath (Roger Edens); I'm Getting Senti-
mental Over You (Ned Bassman/K, Ned
Washington/T, instr.)
Nur Hintergrundmusik:
But in the Morning, No! ⊕; Well, Did You
Evah! ⊕

Hinweis/Film:
Die *Gräfin Dubarry* wird auch dargestellt in
den Filmen:
Du Barry, USA/1915, von Mrs. Leslie Car-
ter
Du Barry, USA/1918, von Theda Bara
Madame Dubarry, Deutschl./1919, von Po-
la Negri
Du Barry, Woman of Passion, USA/1930,
von Norma Talmadge

Madame Du Barry, USA/1934, von Dolo-
res Del Rio
I Give My Heart, Großbrit./1935, von Gitta
Alpar
*Les perles de la couronne/Die Perlen der
Krone*, Frankr./1937, von Simone Renant
*Remontons les Champs-Élysées/Die Stra-
ße der Liebe,* Frankr./1938 von Ariane Pathé
Marie Antoinette, USA/1938, von Gladys
George
Die Dubarry, Deutschl./1951, von Sari Ba-
rabas
Madame Du Barry/Madame Dubarry,
Frankr. – Ital./1954, von Martine Carol

Louis XV., König von Frankreich, wird
auch dargestellt in den Filmen:
Du Barry, USA/1915, von Hamilton Re-
velle
Du Barry, USA/1918, von Charles Clary
Madame Dubarry, Deutschl./1919, von
Emil Jannings
Auf Befehl der Pompadour, Deutschl.,
1924, von George Vaultier
Madame Pompadour, Großbrit./1927, von
Henry Bosc
Marquise d'Eon, Deutschl./1928, von Al-
fred Gerasch
Du Barry, Woman of Passion, USA/1930,
von William Farnum
Die Marquise von Pompadour, Deutschl./
1931, von Kurt Gerron
Un caprice de la Pompadour, franzos. Ver-
sion (1931), von René Marjolle
Voltaire, USA/1933, von Reginald Owen
Madame Du Barry, USA/1934, von Re-
ginald Owen
I Give My Heart, Großbrit./1935, von
Owen Nares
Die Pompadour, Österr./1935, von Anton
Edthofer
Liselotte von der Pfalz, Deutschl./1935, von
Petra Unkel (als Dauphin)
Das Schönheitsfleckchen, Deutschl./ 1936,
von Leopold von Ledebur
Marie Antoinette, USA/1938, von John
Barrymore
*Remontons les Champs-Élysées/ Die Stra-
ße der Liebe,* Frankr./1938, v. Sascha Guitry
Die Dubarry, Deutschl./1951, von Mathieu
Ahlersmeyer

Si Versailles m'etait conté/Versailles – Könige und Frauen, Frankr./1953, von Jean Marais
Madame Du Barry / Madame Dubarry, Frankr. – Ital./1954, von André Luguet
Casanova, Deutschl. – Ital./1987, von Jean Pierre Cassel

EVITA

Musik: Andrew Lloyd Webber
Songtexte: Tim Rice
Buch: Tim Rice
Premiere in London, Prince Edward Theatre, 21. Juni 1978
Premiere in New York, Broadway Theatre: 25. September 1979

Personen und die Darsteller der Premieren London (L), New York (NY):

Eva Perón/»Evita«	Elaine Paige (L)
	Patti LuPone (NY)
Juan Perón	Joss Ackland (L)
	Bob Gunton (NY)
Che	David Essex (L)
	Mandy Patinkin (NY)
Magaldi	Mark Ryan (L)
	Mark Syers (NY)
Perón's Mistress	Siobhan McCarthy (L)
	Jane Ohringer (NY)

Produzent: Robert Stigwood (mit David Land)
Choreographie: Larry Fuller
Regie: Harold Prince
Ort: Argentinien, spez. Buenos Aires
Zeit: Zwischen 1934 und 1952

Handlung: Pop-Oper. Erdichtete, nur annähernd reale Lebensgeschichte der Eva Duarte, Ehefrau des argentinischen Staatspräsidenten Juan Domingo Perón – in Rückblenden. Eva Perón, die First Lady, ist tot. Der Student Che erfährt davon am 26. Juli 1952 in Buenos Aires während eines Kinobesuchs, bei dem die Filmvorführung unterbrochen wird, um Eva Peróns Ableben bekanntzugeben. Eva galt bei vielen als Nationalheldin und Engel der Armen. Che sieht das anders. An der pompösen Begräbnisfeier nimmt er nicht teil. Kritisch denkt er über ihren Ruhm nach, begleitet ihren Lebensrückblick, kommentiert und analysiert ihre Motive. – Die 15jährige Eva Duarte, ein uneheliches Kind vom Dorfe, schließt sich dem Barsänger Magaldi an und geht mit ihm nach Buenos Aires. Durch wechselnde Liebschaften gelingt es ihr, aufzusteigen. Schließlich wird sie als Sängerin ein Radiostar und erhält auch kleinere Filmrollen. Sie lernt den Offizier Juan Perón kennen und stellt fest, daß er ebenso ehrgeizig ist und nach Höherem strebt wie sie. Kurzerhand verdrängt sie seine jugendliche Geliebte, tritt selbst an deren Stelle und engagiert sich in der Politik. Bald darauf wird sie Peróns Frau. Geschickt mobilisiert sie für ihn die Arbeiter Argentiniens und verhilft ihm dadurch zur Präsidentschaft. Der Peronismus zeigt faschistische Züge, erweckt deswegen Abneigung bei vielen Staaten der Welt. Eva bemüht sich als Abgesandte in Europa um Sympathie. Doch Argentinien gerät in wirtschaftliche Schwierigkeiten, die Feudalaristokratie wendet sich gegen Perón und brüskiert Eva. Die Armen des Volkes aber schenken ihr weiterhin Vertrauen und sehen in ihr eine Heilige. Eva erfährt, daß sie unheilbar krank ist. Die sich verschlechternde Situation für Perón kann sie nicht mehr beeinflussen. Sie stirbt und wird von den Massen betrauert. Che meint, daß sie nur von Macht und Ehrgeiz besessen war und zynisch kalkuliert hatte. Er entlarvt ihr Verhalten als großen Volksbetrug.

Auszeichnungen: 7 Antoinette Perry Awards (Tonys) 1980: Bestes Musical / Weibliche Hauptrolle–Musical: Patti LuPone / Männliche Nebenrolle–Musical: Mandy Patinkin / Regie–Musical: Harold Prince / Buch–Musical: Tim Rice / Musikalisches Werk (Komposition–Songtexte): Andrew Lloyd Webber, Tim Rice / Lichtgestaltung: David Hersey

Anmerkung: Eva Duarte (1919–1952), genannt Evita, argentinischer Radiostar, Sängerin und Filmschauspielerin. Heiratete 1945 den Offizier Juan Domingo Perón und setzte sich politisch für ihn ein, wodurch ihm der Weg zur Präsidentschaft geebnet wurde.

Juan Domingo Perón (1895–1974), argentinischer Offizier (General), Staatspräsident von 1946 bis 1955 und erneut 1973 bis 1974. Förderer einer politisch-sozialen, auch als faschistisch kritisierten Bewegung in Argentinien (Peronismus).

Die Figur des »Che« mit der Aufgabe des Kommentators im Musical bedeutet eine Anspielung auf »Che« Guevara. Die Einfügung dieser Person in die Handlung ist ein dramaturgischer Kniff, der mit den Realitäten nichts zu tun hat. Guevara trat zunächst 1955 als Bundesgenosse von Fidel Castro in Kuba in Erscheinung, war 1961 in dessen Regierung Industrieminister und machte dann 1966 bis zu seiner ein Jahr später erfolgten Erschießung als Guerillaführer in Bolivien von sich reden.

Deutschsprachige Erstaufführung (Originaltitel): 20. Januar 1981, Theater an der Wien, Wien. Autor: Michael Kunze

Songs und Musiknummern

Bühne:
A Cinema in Buenos Aires, July 26, 1952; Requiem for Evita; Oh What a Circus; On This Night of a Thousand Stars; Eva and Magaldi; Eva Beware of the City; Buenos Aires; Goodnight and Thank You; The Art of the Possible; Charity Concert; I'd Be Surprisingly Good for You; Another Suitcase in Another Hall; Peron's Latest Flame (Dangerous Jade); A New Argentina; On the Balcony of the Casa Rosada; Don't Cry for Me, Argentina; High Flying Adored; Rainbow High; Rainbow Tour; The Actress Hasn't Learned the Lines; And the Money Kept Rolling In (and Out); Santa Evita; Waltz for Eva and Che; She Is a Diamond; Dice Are Rolling/Eva's Sonnet; Eva's Final Broadcast; Montage; Lament; The Lady's Got Potential

Schallplatten:
Das Musical wurde 1976 zunächst als Schallplattenalbum produziert und herausgebracht: (Julie Covington, Paul Jones, Tony Christie) MCA 2-11007, MCA 300757-420
NY – MCA MCDW 453
L´ – MCA 3527

D/B – (Wien) Jupiter 625307, Jupiter 825775
St – (Jenny Mason, Brian Engel) Polydor 2384096, (1989/Florence Lacey) Polydor 839247

Hinweis/Fim:
Das Leben der Eva Perón ist auch Thema der nachfolgend genannten TV-Filmproduktion.

Evita Perón
(TV) 1981, USA – Hartwest Productions/Zephyr Productions – Color, 2 Teile à 120 Min. (TV)
Deutsche Erstaufführung (Originaltitel): 1983 (TV/ZDF in 4 Teilen)
Drehbuch: Ronald Harwood, nach den Biographien »Evita: First Lady« (deutsch: »Evita Perón«) von John Barnes und »Eva Perón« von Nicholas Fraser
Darsteller: Faye Dunaway (Evita Perón), James Farentino (Juan Perón), Pedro Armendariz Jr. (Cypriano Reyes), Michael Constantine (Jaime Yankelovitch), Signe Hasso (Fedora), Katy Jurado (Dona Juana), Jeremy Kemp (German Official), John Van Dreelen (Captain von Weber), Robert Viharo (Juan Duarte), Kai Wulff (Lieutenant Frick), Rita Moreno (Renata Riguel), José Ferrer (Augustin Magaldi), Peter Bromilow (Captain Gayado), Jon Cypher (Colonel Imbert), Severn Darden (Alfredo Suero), Ferdy Mayne (Saffici), Carmen Armendariz (Girl in Junin), Bill Baldwin (Radio Announcer), Barbara Allyne Bennet (Woman »A«), Deveren Bookwalter (Perón's Aide), Tony Brande (Tomasso), Henry Brandon (General Pedro Ramirez), Barbara Pilavin (First Actress), Joan Crosby (Second Actress), Molly Dodd (Woman at Opera), Roberto Dumond (Colonel Velasco), East Carlo (Priest in Junin), Eugene Elman (Grofseman), Jacqueline Evans (Senora Duarte), Paul Gale (Perón's Second Aide), George Gaynes (Evita's Doctor), Virginia Gregg (Radio Actress), Curt Lowens (First Fugitive), Peter Hellman (Second Fugitive), Barbara DeHubp (Isabel Ernst), Mallie Jackson (Pirana), Chip Lucia (Robert Alderson), Derrick Lynn-Thomas (Husband at Opera), Marvin Miller (Radio

Actor), Starr Roman (Anita), Johnny Silver (Stage Manager), Allison Smith (Evita as Child), Cicely Walper (Dona Luisa Alvarez), Stew Walensky (Colonel Mercanta), Mark Thomas (Man)
Produzenten: Harry Sloane, Lawrence L. Kuppin, Selma Jaffe
Regie: Marvin J. Chomsky

Hinweis:
Die Lebensgeschichte der Eva Perón diente in freier Verwendung auch als Grundlage für einen von dem amerikanischen Sexfilm-Produzenten Radley Metzger 1972 hergestellten Film. Er ist in Rückblenden gestaltet und enthält zwei kurze erotische Szenen. In deutschen Kinos war er seinerzeit nicht erschienen; erst im privaten Fernsehen fand die deutsche Erstaufführung statt.

Little Mother / auch: ***Blood Queen***
(Deutscher Titel: Sie nannten sie »Kleine Mutter«)
1972, USA/Deutschland/Jugoslawien – Peter Carsten Films/Audubon/Jardan (d. i. Radley Metzger) – Eastmancolor, 100 Min.
Deutsche Erstaufführung: 1990 (TV/Tele 5)
Drehbuch: Brian Phelan
Darsteller Christiane Krüger (Marina Pinares), Siegfried Rauch (Carlo Pinares), Ivan Desny (Colonel Umberla), Mark Damon (Riano), Anton Diffring (Cardinal), Elga Sorbas (Annette), Radley Metzger (American Surgeon)
Regie: Radley Metzger

FANNY

Musik und Songtexte: Harold Rome
Buch: S. N. Behrman, Joshua Logan, nach der sogenannten »Marseiller Trilogie« (»Marius«, »Fanny«, »César«) von Marcel Pagnol
Premiere in New York, Majestic Theatre: 4. November 1954

Personen und die Darsteller der Premiere:

César, Proprietor of Café	Ezio Pinza
Panisse, Sailmaker	Walter Slezak
Fanny, Honorine's Daughter	Florence Henderson
Marius, César's Son	William Tabbert
The Admiral	Gerald Price
Honorine, a Fish-Stall Keeper	Edna Preston
Escartifigue, Ferry-boat Captain	Alan Carney
Monsieur Brun, Customs Inspector	Don McHenry
Twin Sisters:	
Claudine	Tani Seitz
Claudette	Dran Seitz
Charles	Wally Strauss
Césario	Lloyd Reese
Arab Dancing Girl	Nejla Ates
Arab Rug Seller	Mohammed El Bakkar
Maori Vendor	Katherine Graves
Lace Vendor	Betty Carr
Sailor	Herb Banke
2nd Mate	Henry Michel
Fisherman	Steve Wiland
Sailmaker	Jack Washburn
Fish-Stall Woman	Florence Dunlap
Morrocan Drummer	Charles Blackwell
Arab	Michael Scrittorale
Nun	Ruth Schumacher
Butler	Mike Mason
Maid	Pat Finch
Garage Owner	Tom Gleason
Priest	Ray Dorian
Friends of Fanny:	
Nanette	Norma Doggett
Mimi	Carolyn Maye
Marie	Ellen Matthews
Michellette	Jane House

Acolytes: Gary Wright, Daniel Labeille
Friends of Charles: Bill Pope, Dean Crane, Roland Cecill, Michael de Marco
Customers: Toni Wheelis, Lindsay Kirkpatrick, Dolores Smith, Margaret Baxter

Produzenten: David Merrick, Joshua Logan
Choreographie: Helen Tamiris
Regie: Joshua Logan
Ort: Marseille/Südfrankreich
Zeit: Etwa um 1910 (»Nicht fern unserer Zeit«)

Handlung: Opernhaftes Volksstück um einen jungen Südfranzosen im Konflikt zwischen Liebe und Fernweh. Der Hang zur Seefahrt treibt Marius dazu, seine geliebte

Fanny zu verlassen. Außerdem enttäuscht er seinen Vater César, der gehofft hatte, daß Marius sein kleines Hafencafé übernimmt und weiterführt. Fanny stellt fest, daß sie schwanger ist. Sie weiß, daß der wohlhabende, verwitwete Segelmacher Panisse, ein schon etwas älterer Mann, sie innig liebt. Damit ihr Kind nicht unehelich geboren wird, heiratet sie ihn. Er ist glücklich darüber, daß sie einem Sohn das Leben schenkt. Da nur er, Fanny, César und der Arzt, der schweigen muß, die Hintergründe kennen und sich alle einig sind, gibt Panisse das Kind als sein eigenes aus. Zu Ehren von César nennen sie es Césario. Panisse ist nicht nur ein aufmerksamer und liebevoller Ehemann, sondern auch ein stolzer Vater. Eines Tages, als er abwesend ist, kehrt Marius zurück, sucht Fanny auf und erkennt, daß ihr kleines Kind sein Sohn ist. Fannys Liebe zu Marius ist noch nicht erloschen, und Marius versichert ihr, immer an sie gedacht zu haben. Panisse kommt unerwartet hinzu. Bekümmert erklärt er, wenn Fanny sich für Marius entscheide, würde er ihnen nicht im Wege stehen, doch auf das Kind wolle er nicht verzichten. Unterstützung erhält er von César, der seinem Sohn Marius energisch klarmacht, daß er den Frieden der Ehe und das Glück der Familie Panisse nicht stören dürfe. Verbittert begibt Marius sich wieder auf ein Schiff und fährt weiter um die Welt. Elf Jahre später arbeitet er in einer Autowerkstatt in Toulon. Der inzwischen zwölfjährige Césario, der von ihm gehört hat, aber nichts Genaues weiß, sucht ihn heimlich auf und bittet ihn um Hilfe, weil er zur See gehen möchte. Marius rät ihm ab, macht ihm begreiflich, daß er zu seinen Eltern gehört. Er bringt Césario nach Hause zurück. Panisse liegt im Sterben. Als letzten Wunsch bittet er Fanny, Marius zu heiraten, damit sie jemand hat, der für sie und den Jungen sorgt, zumal er weiß, daß sie ihr Leben lang nur Marius geliebt hat.

Auszeichnung: 1 Antoinette Perry Award (Tony) 1955: Männliche Hauptrolle–Musical: Walter Slezak

Deutschsprachige Erstaufführung (Originaltitel): 16. Dezember 1955, Staatsthea-

ter am Gärtnerplatz, München. Autoren: Günther Schwenn, Michael Freytag

Songs und Musiknummern

Bühne:
Never Too Late for Love; Cold-Cream Jar Song; Octopus Song; Restless Heart; Why Be Afraid to Dance?; Shikur, Shikur / Hakim's Cellar; Welcome Home; I Like You; I Have to Tell You; Fanny; Oysters, Cockles and Mussels; Panisse and Son; The Wedding Dance (instr.); Birthday Song (Happy Birthday); To My Wife; The Thought of You (I Have to Tell You–Reprise); Love Is a Very Light Thing; Other Hands, Other Hearts (Fanny – Reprise); Be Kind to Your Parents; Césario's Party (Cirque Français) (instr.): a) The Spanish Acrobats, b) The Pony, c) The Seals, d) Living Statues – The Fall from Paradise, e) Europe and the Bull, f) The Aerialist, g) The Finale

Schallplatte:
NY – RCA Victor LOC/LSO 1015

Film:
Das Musical FANNY ist lediglich als Spielfilm ohne Songs produziert worden; die Musik von Harold Rome fand nur als Hintergrundmusik Verwendung.

Fanny
1960, USA – Warner Bros./Mansfield Productions – Technicolor, 133 Min.
Deutsche Erstaufführung (Originaltitel): 1961 Ohne Songs.
Drehbuch: Julius J. Epstein, nach dem Buch des gleichnamigen Musicals
Darsteller: Leslie Caron (Fanny), Charles Boyer (César), Maurice Chevalier (Panisse), Horst Buchholz (Marius), Salvatore Baccaloni (Escartifique), Lionel Jeffries (Brun), Raymond Bussières (»Admiral«), Victor Francen (Louis Panisse), Georgette Anys (Honorine), Joel Flateau (Césario)
Produzent: Joshua Logan
Regie: Joshua Logan

Schallplatte: Warner Bros. 1416

Vorlagen des Musicals:

Das Musical FANNY ist inhaltlich eine Zusammenfassung der sogenannten »Marseiller Trilogie« (auch: »Marius-Trilogie«) des französischen Dichters und Filmproduzenten Marcel Pagnol. Diese besteht aus den Teilen »Marius«, »Fanny« und »César«. Die drei Stücke waren sowohl als Bühnenwerke als auch in Verfilmungen erfolgreich. Das Stück »César« entstand 1936 zunächst als Film und wurde danach erst von Marcel Pagnol zu einem Schauspiel für die Bühne umgestaltet.

Bühne:

Schauspiel: *Marius*
(Deutscher Titel: ZUM GOLDENEN ANKER)
Buch: Marcel Pagnol
Uraufführung: Paris, Théâtre de Paris: 9. März 1929

Schauspiel: *Fanny*
(Deutscher Titel: FANNY)
Buch: Marcel Pagnol
Uraufführung: Paris, Théâtre de Paris: 5. Dezember 1931

Schauspiel: *César*
(Deutscher Titel: SÜDFRÜCHTE)
Buch: Marcel Pagnol, nach dem Drehbuch seines gleichnamigen Films von 1936
Uraufführung: Paris, Théâtre des Variétés: 18. Dezember 1946

Film:

Marius
1931, Frankreich/USA – Marcel Pagnol/ Paramount Publix Corp., 125 Min.
Drehbuch: Marcel Pagnol, nach seinem gleichnamigen Schauspiel
Darsteller: Orane Demazis (Fanny/ Muschelverkäuferin), Raimu (César Olivier, patron du »Bar de la Marine«/Wirt einer Hafenkneipe, ein Witwer), Pierre Fresnay (Marius, son fils/sein Sohn), Fernand Charpin (Honoré Panisse, maître voilier/Segelmacher, ein Witwer), Alida Rouffe (Honorine, poisonnière/Fischhändlerin, Fannys Mutter), Paul Dullac (Félix Escartifigue, capitaine du ferryboat/Kapitän einer Dampfschiff-Hafenfähre), Robert Vattier (M. Brun, vérificateur des douanes/Zollinspektor), Alexandre Mihalesco (Piquoiseau, un mendiant/Bettler), Edouard Delmont (»Le

Goelec«/Obermaat), Milly Mathis (Claudine/Honorines Schwester, Fannys Tante), Quéret (Félicité), Maupi/d. i. Marcel Barberin (Innocent Mangiapan, le chauffeur), Valentine Ribe (Une cliente/Kundin), Lucien Callamand (Le chauffeur du ferry-boat/Heizer der Hafenfähre), Giovanni (L'arabe/Araber), Henry Vilbert, Gustave Huberdeau
Anmerkung: Bei der Besetzung handelt es sich – den Angaben zufolge – um die Schauspieler der Bühnenaufführung des Stücks.
Produzent: Marcel Pagnol
Regie: Alexander Korda

Deutsche Version dieses Films (1931) unter dem Titel
Zum Goldenen Anker, 109 Min.
Autor: Alfred Polgar (nach der französischen Originalfassung)
Darsteller: Ursula Grabley (Fanny), Jakob Tiedtke (César), Mathias Wieman (Marius), Karl Etlinger (Panisse), Albert Bassermann (Piquoiseau), Lucie Höflich (Honorine), Jaro Fürth (M. Brun), Ludwig Stoessel (Escartifigue), Karl Platen (Le Goelec), Rolf Müller (Heizer)
Regie: Alexander Korda

Schwedische Version dieses Films (1931) unter dem Titel
Längtan till havet
Hauptdarsteller: Inga Tidblad, Edvin Adolphson, Carl Barcklind, Rune Carlsten, Karin Swanström, George Blomstedt, Nils Limbold
Regie: John W. Brunius

Fanny
1932, Frankreich – Les Films Marcel Pagnol/Etablissements Braunberger-Richebé, 128 Min.
Drehbuch: Marcel Pagnol, nach seinem gleichnamigen Schauspiel
Darsteller: Orane Demazis (Fanny), Raimu (César Olivier, Kneipenwirt), Pierre Fresnay (Marius, sein Sohn), Fernand Charpin (Honoré Panisse, Segelmacher), Alida Rouffe (Honorine, Fannys Mutter), Robert Vattier (M. Brun, Zollinspektor), Auguste Mouriès (Félix Escartifigue), Milly Mathis (Tante Claudine Foulon), Edouard Del-

mont (Dr. Félicien Venelle), Maupi/d.i.
Marcel Barberin (Le chauffeur), Annie Toi-
non, Odette Roger, Pierre Prévert, Giovanni
Produzent: Roger Richebé
Regie: Marc Allégret

→ weitere Verfilmungen von FANNY siehe
unter Hinweis/Film

César
1936, Frankreich – La Société des Films
Marcel Pagnol, 117 Min.
Drehbuch: Marcel Pagnol
Darsteller: Orane Demazis (Fanny Panisse),
Raimu (César Olivier, Kneipenwirt), Pierre
Fresnay (Marius, sein Sohn), Fernand
Charpier (Honoré Panisse), André Fouché
(Césariot, Student, Fannys Sohn), Alida
Rouffe (Honorine, Fannys Mutter), Milly
Mathis (Tante Claudine Foulon), Robert
Vattier (M. Brun), Paul Dullac (Félix Es-
cartifigue), Edouard Delmont (Dr. Félicien
Venelle), Maupi/d.i. Marcel Barberin (Le
chauffeur), Doumel/d.i. Louis Doumet
(Fernand, garagiste/Besitzer einer Auto-
werkstatt), Thommeray (Elzéar, le curé/
Priester), Robert Bassac (Pierre Dromard),
Odette Roger (La servante de l'hôtel/
Bedienung), Rellys/d.i. Henri Bourelly
(L'employé de Panisse/Angestellter), Char-
blay/d.i. Jean Baptiste Chappe (Henri, le
patron du bistrot de Toulon/Kneipenwirt),
Jean Castan (L'enfant de chœr/Chorkna-
be), Albert Spanna, Louis Boulle
Produzent: Marcel Pagnol
Regie: Marcel Pagnol

Hinweis/Film:
Weitere Verfilmungen des Schauspiels
»Fanny« von Marcel Pagnol.

Fanny
1933, Italien – Cines
Drehbuch: Alessandro De Stefani, nach
dem gleichnamigen Schauspiel von Marcel
Pagnol
Hauptdarsteller: Dria Paola, Lamberto Pi-
casso, Alfredo De Sanctis, Mino Doro
Regie: Mario Almirante

Der Schwarze Walfisch
(In Österreich: ZUM SCHWARZEN WAL-
FISCH)
1934, Deutschland – Riton-Film, 100 Min.

In eine deutsche Hafenstadt verlegte Hand-
lung.
Drehbuch: Dr. Fritz Wendhausen, nach
dem Schauspiel »Fanny« von Marcel Pa-
gnol
Darsteller: Emil Jannings (Peter Petersen,
Wirt »Zum Schwarzen Walfisch«), Angela
Salloker (Fanny), Max Gülstorff (Pannies,
Witwer), Franz Nicklisch (Martin Petersen,
Sohn des Wirts), Margarete Kupfer (Frau
Jürgens, Fischhändlerin, Fannys Mutter),
Käthe Haack (Josefine), Albert Florath
(Der Kapitän), Hans Richter (Heizerjun-
ge), Willi Schaeffers (Bruns), Karl Platen
(Ein alter Schiffer), Reinhold Gerstenberg
(Briefträger)
Regie: Dr. Fritz Wendhausen

In einer weiteren Filmversion ist Marcel Pa-
gnols Trilogie inhaltlich zusammengefaßt:

Port of Seven Seas
1938, USA – Metro-Goldwyn-Mayer,
81 Min.
Zusammenfassung der Trilogie.
Drehbuch: Preston Sturges, nach der »Mar-
seiller Trilogie – Marius/Fanny/César« von
Marcel Pagnol
Darsteller: Maureen O'Sullivan (Madelon),
Wallace Beery (César), Frank Morgan (Pa-
nisse), John Beal (Marius), Jessie Ralph
(Honorine), Cora Witherspoon (Claudine),
Etienne Girardot (Bruneau), E. Allyn War-
ren (Captain Escartifigue), Robert Spindo-
la (Boy), Doris Lloyd (Customer), Jack
Latham (Man), Paul Panzer (Postman),
Jerry Colonna (Arab Rub Dealer), Fred
Malatesta (Bird Seller), George Humbert
(Organ Grinder), Moy Ming (Chinese
Peddler)
Produzent: Henry Henigson
Regie: James Whale

THE FANTASTICKS
(Deutscher Titel: DIE ROMANTICKS)
Musik: Harvey Schmidt
Songtexte: Tom Jones
Buch: Tom Jones, nach dem französischen
Lustspiel »Les romanesques« (1894)
(deutsch: »Die Romantischen«) von Ed-
mond Rostand

Premiere in New York, Sullivan Street Playhouse: 3. Mai 1960

Personen und die Darsteller der Premiere:

The Narrator/El Gallo	Jerry Orbach
The Girl/Luisa Bellamy	Rita Gardner
The Boy/Matt Hucklebee	Kenneth Nelson
The Boy's Father/ Hucklebee Sr.	William Larsen
The Girl's Father/ Amos Babcock Bellamy	Hugh Thomas
The Actor/Henry Albertson	Thomas Bruce (d. i. Autor Tom Jones)
The Man Who Dies/ Mortimer	George Curley
The Mute	Richard Stauffer
The Handyman	Jay Hampton
At the Piano	Julian Stein
At the Harp	Beverly Mann

Produzent: Lorenzo (»Lore«) Noto
Regie: Word Baker
Ort: »Irgendwo«
Zeit: »Irgendwann und jederzeit«

Handlung: Komödienhafte Parabel – »Romeo und Julia«-Parodie. Ein Erzähler erläutert das Geschehen und erklärt auch die Mauer, die das junge Paar Matt und Luisa voneinander trennt. Errichtet wurde sie von den Vätern der beiden und ist Teil einer List. Die Väter, obwohl miteinander befreundet, verhalten sich ihren Kindern gegenüber, als seien die Familien verfeindet. Sie meinen nämlich, daß eine deutliche Mißbilligung der Eltern der beste Weg sei, romantische Gefühle in den jungen Leuten zu wecken, und wollen dadurch erreichen, daß sie sich verlieben. Offenkundig gelingt dieser Schachzug. Zur weiteren Festigung der Verbindung bitten sie den verschlagenen El Gallo (in diese Rolle schlüpft der Erzähler), zum Schein eine Entführung von Luisa zu inszenieren, damit Matt Gelegenheit habe, in einer Rettungsaktion tapfer einzugreifen. Mit zwei Kumpanen geht El Gallo bei Mondschein ans Werk; tatsächlich kämpft Matt für die Befreiung Luisas, und

durch seinen Sieg sind die zwei leidenschaftlicher verliebt ineinander als zuvor. Doch das Glück ist von kurzer Dauer, denn bald darauf erkennen sie, daß sie nur Schachfiguren im Spiel ihrer Väter waren. Die Liebe hält der Ernüchterung nicht stand; die jungen Leute beginnen, sich zu streiten. Matt entschließt sich, auf und davon zu gehen, um die Welt kennenzulernen. Luisa wird von El Gallo umgarnt – und enttäuscht. Auch Matt erleidet Niederlagen und kehrt ernüchtert zurück. Nun, wo die künstlich erzeugte Romantik ihrer Verbindung sich verflüchtigt hat und selbstgemachter Erfahrung gewichen ist, finden Luisa und Matt wirklich zueinander.

Anmerkung: THE FANTASTICKS, in einem Kleintheater mit geringer Platzzahl aufgeführt, ist der größte Off-Broadway-Musical-Erfolg über Jahrzehnte hinweg. Das Stück war zunächst als Einakter entstanden. Es hatte seine Uraufführung am 3. August 1959 am Barnard College in New York. Produzent Lorenzo Noto veranlaßte die Erweiterung des Stückes und organisierte die Off-Broadway-Aufführung.

Auszeichnung: 1 Antoinette Perry Award (Tony) 1992: Special Award (Sonderpreis): »The Fantasticks«, als Anerkennung für die längste Laufzeit eines Off-Broadway-Musicals

Deutschsprachige Erstaufführung:
1. Dezember 1965, Neues Theater am Kärntnertor, Wien. Autoren: Dieter Roser, Michael Harnisch, Gerhard Bronner

Songs und Musiknummern

Bühne:
Try to Remember; Much More; Metaphor; Never Say No; It Depends on What You Pay; You Wonder How These Things Begin; Soon It's Gonna Rain; Rape Ballet; Happy Ending; This Plum Is Too Ripe; I Can See It; Plant a Radish; Round and Round; There Is a Curious Paradox; They Were You

Schallplatten:
NY – MGM SE 3872, That's Entertainment TER 1099

Vorlage des Musicals:

Verslustspiel: *Les Romanesques*
Buch: Edmond Rostand
Uraufführung: Paris – Comédie: 21. Mai 1894

FIDDLER ON THE ROOF
(Deutscher Titel: ANATEVKA)

Musik: Jerry Bock
Songtexte: Sheldon Harnick
Buch: Joseph Stein, nach den Erlebnissen und Erzählungen des jiddischen Dichters Scholem-Alejchem (Schalom Alechem), speziell seinen Roman-Erzählungen »Tewje, der milchiger« (1894) (deutsch: »Tewje, der Milchmann«)
Premiere in New York, Imperial Theatre: 22. September 1964

Personen und die Darsteller der Premiere:

Tevye, The Dairy-man	Zero Mostel
Golde, his Wife	Maria Karnilova
Yente, the Match-maker	Beatrice Arthur
Tevye's Daughters:	
Tzeitel	Joanna Merlin
Hodel	Julia Migenes
Chava	Tanya Everett
Shprintze	Marylin Rogers
Bielke	Linda Ross
Motel, the Tailor	Austin Pendleton
Perchik, the Student	Bert Convy
Lazar Wolf, the Butcher	Michael Granger
Mordcha, the Inn-keeper	Zvee Scooler
Rabbi	Gluck Sandor
Mendel, his Son	Leonard Frey
Avram, the Book-seller	Paul Lipson
Nachum, the Beggar	Maurice Edwards
Grandma Tzeitel	Sue Babel
Fruma-Sarah	Carol Sawyer
Constable	Joseph Sullivan
Fyedka	Joe Ponazecki
Shandel, Motel's Mother	Helen Verbit
The Fiddler	Gino Conforti

Produzent: Harold Prince
Choreographie: Jerome Robbins
Regie: Jerome Robbins
Ort: »Anatevka«, Rußland/Ukraine
Zeit: 1905

Handlung: Drama – Leben und Schicksal jüdischer Bürger im zaristischen Rußland. Die jüdischen Bürger im kleinen Dorf Anatevka leben noch in den alten Traditionen. Doch die Zeiten sind unsicher, immer wieder finden antijüdische Ausschreitungen statt. Jeder in Anatevka ist wie ein Fiedler auf dem Dach, krampfhaft bemüht, eine fröhliche Weise zu spielen, ohne herabzustürzen. Keiner ist reich, viele Wünsche sind offen, doch der Sabbat ist heilig und wird festlich begangen. So hält es auch Tevje, der Milchmann, der seinen Karren selber ziehen muß, weil sein einziges Pferd lahmt. Was würde er nicht alles tun, wenn er einmal reich wär'! Er hat genug Sorgen mit seinen fünf Töchtern, die er und seine Frau Golde unter die Haube bringen möchten. Gerade hat Yente, die Heiratsvermittlerin, eine gute Partie für Tevjes älteste Tochter Tzeitel ausgemacht: den Fleischer Lazar Wolf. Der wohlhabende Witwer ist aber fast so alt wie Tevje. Tzeitel wehrt sich gegen diese Heirat. Sie liebt den armen Schneider Motel und ist so gut wie verlobt mit ihm. Tevje versteht die Welt nicht mehr; die jungen Leute verstoßen gegen die Tradition, nach der der Vater die Entscheidung zu treffen hat. Aber er lenkt ein, denn ihm liegt das Wohl seiner Tochter am Herzen. Er hat das Problem, nicht nur Lazar Wolf klarzumachen, daß er sein Versprechen nicht einhalten kann, sondern auch seine Frau Golde umzustimmen. Dies gelingt ihm mit der Inszenierung eines haarsträubenden Alptraums, in dem Goldes Großmutter erscheint und nachhaltig für Tzeitels Entscheidung eintritt. Die Hochzeit wird in althergebrachter Weise groß gefeiert, doch durch brutale Gewalt unterbrochen. Russische Randalierer stören des Fest, stürzen Tische um, zerschlagen Inventar, denn wieder einmal ist eine vom Zaren angeordnete antijüdische Kampagne im Gange. Gegen die Willkürherrschaft des Zaren revoltiert der Student Perchik, in den sich Tevjes zweite Tochter Hodel verliebt. Er ist Tevje zwar sympathisch, weil er auch im Talmud zu lesen versteht, als Aufrührer ist er ihm aber nicht geheuer. Seine Ahnungen bewahrheiten sich, als Perchik verhaftet und nach Sibirien in die Verbannung geschickt wird. Hodel läßt es sich nicht nehmen, ihm zu folgen, um ihn zu heiraten und ihm zur Seite zu stehen. Für alle wird es eine schmerzliche Trennung. Noch mehr Kummer bereitet Tevje die Entscheidung der dritten Tochter Chava, welche den Russen Fyedka heiraten will, der nicht jüdischen Glaubens ist. Tevje ist strikt gegen diese Verbindung, denn seinen Glauben kann er nicht verleugnen. Als Chava trotz seines Verbots heiratet, betrachtet er sie als gestorben, so schwer ihm diese Entscheidung auch fällt. Da erreicht die Bewohner von Anatevka der unbarmherzige Befehl des Zaren, daß sie innerhalb von drei Tagen ihre Sachen packen müßten und den Ort zu räumen hätten. Im Zuge der Judenpogrome erfolgt ihre Ausweisung. Das Entsetzen der Menschen, denen man die Heimat nimmt, ist groß, doch sie sind wehrlos und müssen sich fügen. Chava will Lebewohl sagen, Tevje weigert sich, mit ihr zu sprechen, wünscht ihr aber doch auf dem Umweg über Tzeitel ein »Gott sei mit dir«. Der Treck der Ausgewiesenen formiert sich. Tzeitel und Motel wollen nach Krakau, Tevje und Golde gehen mit den zwei jüngsten Töchtern zu Verwandten nach Amerika. Bei aller Trostlosigkeit des Abschiednehmens bleibt die Hoffnung auf ein späteres Wiedersehen.

Anmerkung: In Scholem-Alejchems Erzählungen »Tewje, der milchinger« ist Tewje der Vater von sieben Töchtern.
Der Titel »Fiddler on the Roof« geht zurück auf den Maler Marc Chagall, bei dem der Fiedler auf dem Dach ein oft wiederkehrendes Symbol ostjüdischen Lebens ist.

Auszeichnungen: 9 Antoinette Perry Awards (Tonys) 1965: Bestes Musical / Männliche Hauptrolle–Musical: Zero Mostel / Weibliche Hauptrolle–Musical: Maria Karnilova / Buch–Musical Joseph Stein / Produzent–

Musical: Harold Prince / Komposition und Songtexte: Jerry Bock, Sheldon Harnick / Kostüme: Patricia Ziprodt / Regie–Musical: Jerome Robbins / Choreographie: Jerome Robbins
1 Antoinette Perry Award (Tony) 1972: Special Award (Sonderpreis): »Fiddler on the Roof«
1 Antoinette Perry Award (Tony) 1991: Revival (Neuinszenierung): Produzenten: Barry Weissler, Fran Weissler, Pace Theatrical Group

Deutschsprachige Erstaufführung:
1. Februar 1968, Operettenhaus Hamburg.
Autoren: Rolf Merz, Gerhard Hagen

Film:

Fiddler on the Roof
(Deutscher Titel: ANATEVKA)
1971, USA – United Artists / Mirisch Company – Panavision 70 / Technicolor, 180 Min.
Deutsche Erstaufführung: 1971
Musik: Jerry Bock
Songtexte: Sheldon Harnick
Drehbuch: Joseph Stein, nach dem gleichnamigen Musical

Personen und ihre Darsteller:

Tevye	Topol (Haym Topol)
Golde, his Wife	Norma Crane
Motel	Leonard Frey
Yente	Molly Picon
Lazar Wolf	Paul Mann
Tevye's Daughters:	
Tzeitel	Rosalind Harris
Hodel	Michele Marsh
Chava	Neva Small
Shprintze	Elaine Edwards
Bielke	Candy Bonstein
Perchik	Michael Glaser
Fyedka	Raymond Lovelook
Mordcha	Shimen Ruskin
Rabbi	Zvee Scooler
The Fiddler	Tutte Lemkow (Violine: Isaac Stern)
Constable	Louis Zorich
Russian Official	Vernon Dobtcheff
Avram	Alfie Scopp
Mendel	Barry Dennen

Nachum	Howard Goorney
Shandel	Stella Courtney
Grandma Tzeitel	Patience Collier
Fruma Sarah	Ruth Madoc
Previous Rabbi	Alfred Maron
Igor	Larry Bianco
Moishe	Arnold Diamond
Yussel	Otto Diamant
Sheftel	Aharon Ipale
Berl	Brian Coburn
Rifka	Marika Rivera
Farcel	Stanley Fleet
Gnessi	Judith Harte
Leibesh	Harry Ditson
Marcus	Joel Rudnick
Joshua	Michael Lewis
Hone	George Little
Sexton	Roger Lloyd Pack
Rebecca	Hazel Wright
Isaac	Carl Jaffe
Yankel	Jacob Kalich
Ezekial	Mark Malicz
Bess	Miki Iveria
Zelda	Hilda Kriseman
Bashe	Sarah Cohen
Nechama	Susan Sloman
Priest	Wladimir Medar

Russian Dancers: Sammy Bayes, Larry Bianco, Walter Cartier, Peter Johnston, Guy Lutman, Donald MacLennan, Rene Sartoris
Jewish Dancers: Ivan Baptie, Tanya Bayona, Ina Clair, Roy Durbin, Jody Hall, Michael Ingleton, Barry Lines, Albin Pahernik, Ken Robson, Adam Scott, Petra Siniawski, Bob Stevenson, Karen Trent, Lou Zamprogna
Musicians: A. Haverstock (Geige), M. Winter (Klarinette), Leo Wright (Trompete), H. Krein (Akkordeon), C. C. Bilham (Bass), Cyril Bass (Schlagzeug)

Produzent: Norman Jewison
Choreographie: Tom Abbott (nach der Original-Choreographie von Jerome Robbins)
Regie: Norman Jewison

Auszeichnungen: 3 Academy Awards (Oscars) 1971: Ton: Gordon K. McCallum, David Hildyard / Kamera: Oswald Morris / Musikgesamtwerk–Instrumentierung (Filmversion): John Williams

Songs und Musiknummern

Bühne:
Tradition; Matchmaker, Matchmaker (Jente, O Jente); If I Were a Rich Man (Wenn ich einmal reich wär'); Sabbath Prayer; To Life (Zum Wohl, zum Wohl, l'chaim); Miracle of Miracles; Tevye's Dream; The Taylor Motel Kamzoil; Sunrise, Sunset (Jahre kommen, Jahre gehen); Bottle Dance; Wedding Dance; Now I Have Everything; Do You Love Me? (Ist es Liebe?); I Just Heard; Far from the Home I Love; Chava/ Little Bird, Little Chavaleh; Anatevka

Film:
Prolog – Fiddler on the Roof (instr.); Tradition; Matchmaker, Matchmaker; If I Were a Rich Man; Sabbath Prayer; To Life; Miracle of Miracles; Tevye's Dream; Sunrise, Sunset; Wedding Celebration« (mit Bottle Dance); Do You Love Me?; Far from the Home I Love; Chava Ballet; Anatevka
Nicht verwendet:
Now I Have Everything; I Just Heard

Schallplatten:
NY – RCA Victor LOC/LSO 1093
L – Columbia SX 30742
F – United Artists 10900
D/B – Decca SLK 16533–P
B – (franz./Ivan Rebroff) CBS S 70065
St – (Herschel Bernardi) Columbia OL 6610/OS 3010, (1965/hebräisch) Columbia OL 6490, (1966/jiddisch – Shmuel Rodenski) Columbia OL 6650/OS 3050

Hinweis/Bühne:
Die Erzählungen des jüdischen Schriftstellers Scholem-Alejchem sind seit ihrem Entstehen vielfach dramatisiert worden. Unter anderem gehörten die Bühnenstücke zum jiddischen Repertoire des Theaterensembles Habimah (gegründet 1917 in Moskau – seit 1945 in Israel). Ein jiddisches Theaterstück, »Tevye der Milkhiker«, war bereits 1915 entstanden. Als Vorläufer des Musicals »Fiddler on the Roof« können zwei New Yorker Theaterproduktionen angesehen werden: das einaktige Stück »The World of Sholem Aleichem« (1953) sowie das nachfolgend genannte Werk.

Schauspiel: *Tevya and His Daughters*
Buch: Arnold Perl, nach Erzählungen von
Sholem Aleichem
Uraufführung: New York, Carnegie Hall
Playhouse: 16. September 1957
Darsteller: Mike Kellin (Tevya), Anna Vita
Berger (Tevya's Wife), Joan Harvey, Car-
roll Conroy, Paul E. Richards, Anne Fiel-
ding, Ruth Kaner, Ellen Holly, William My-
ers, Gilbert Green, Conrad Bromberg
Produzenten: Banner Productions (Howard
da Silva, Sanford Friedman, Arnold Perl,
Myron Weinberg)
Regie: Howard da Silva

Hinweis/Film:
Verfilmungen der Erzählungen »Tewje, der
milchiger« von Scholem-Alejchem:

Tevye/Tevya (Jiddischer Spielfilm)
(Deutscher Titel: TEWJE, DER MILCHMANN)
1939, USA – Maymon-Film, New York,
96 Min.
Deutsche Erstaufführung: 1980
Drehbuch: Maurice Schwartz, Marcy Klau-
ber, nach den Erzählungen »Tewje, der mil-
chiger« von Scholem-Alejchem
Darsteller: Maurice Schwartz (Tevje), Mi-
riam Riselle (Chave), Rebacca Weintraub
(Golde), Paula Lubelski (Zeitel), Leon
Liebgold (Fedya), Vicki Marcus (Shloime-
le), Betty Marcus (Perele), Julius Adler
(Priest), David Makarenko (Mikita), Helen
Grossman (Cholina, Mikita's Wife), Morris
Strassberg (Starosta), Al Harris (Zazulyas),
Louis Weisberg (Shtarsina), Boaz Young
(Uradnik)
Produzent: Henry Ziskin
Regie: Maurice Schwartz

Tevje und seine sieben Töchter
1967, Deutschland/Israel – CCC, Berlin/
Noah Films, Tel Aviv – CinemaScope/Co-
lor, 119 Min.
Drehbuch: Chaim Hefer, Menahem Golan,
Ladislas Fodor, nach den Erzählungen
»Tewje, der milchiger« von Scholem-Alej-
chem
Darsteller: Shmuel Rodensky (Tevje), Bet-
ty Segal (Golda, seine Frau)
Die Töchter: Ninet Dinar (Zeitl), Avital
Paz (Hodl), Judith Sole (Sprinza), Tikva

Mor (Chava), Mira Gan-Mor (Bailke),
Ayala und Rachel Katzir (Die Zwillinge) –
Illy Gorolitzky (Menahem Mendel), Wolf-
gang Kieling (Poperilli), Robert Hoffmann
(Fyodor), Peter van Eyck (Der Pope)
Regie: Menahem Golan

FINIAN'S RAINBOW

Musik: Burton Lane
Songtexte: E. Y. Harburg
Buch: E. Y. Harburg, Fred Saidy
Premiere in New York, 46th Street Theatre:
10. Januar 1947

Personen und die Darsteller der Premiere:

Sharon McLonergan	Ella Logan
Finian McLonergan	Albert Sharpe
Woody Mahoney	Donald Richards
Og, an Irish Leprechaun	David Wayne
Susan Mahoney	Anita Alvarez
Senator Billboard Rawkins	Robert Pitkin
Sunny	Sonny Terry
Buzz Collins	Eddie Bruce
Henry	Augustus Smith Jr.
Howard	William Greaves
Diane	Diane Woods
Jane	Jane Earle
John	Roland Skinner
Mr. Robust	Arthur Tell
Mr. Shears	Royal Dano
Sheriff	Tom McElhany
1st Sharecropper	Alan Gilbert
2nd Sharecropper	Robert Eric Carlson
3rd Sharecropper	Ralph Waldo Cummings
4th Sharecropper	Maude Simmons
1st Geologist	Lucas Aco
2nd Geologist	Nathaniel Dickerson
1st Pilgrim Gospeler	Jerry Laws
2nd Pilgrim Gospeler	Lorenzo Fuller
3rd Pilgrim Gospeler	Lewis Sharp

Deputies: Michael Ellis, Robert Eric Carl-
son, Harry Day
Children: Norma Jane Marlowe, Elayne
Richards

ferner: Lyn Murray Singers

Produzenten: Lee Sabinson, William R. Katzell
Choreographie: Michael Kidd
Regie: Bretaigne Windust
Ort: »Rainbow Valley« (Regenbogental) im Fantasie-Bundesstaat »Missitucky« in der Nähe von Fort Knox/USA
Zeit: »Gegenwart« (1947)

Handlung: In die Form eines Märchenspiels gekleidete Sozial- und Gesellschaftskritik über Rassenvorurteile und die Probleme schwarzer Landpächter in den Südstaaten der USA. Finian McLonergan, ein irischer Sonderling und Fantast, hat daheim in Irland dem Waldgeist Og einen Zaubertopf voller Gold gestohlen und sich nach Amerika aufgemacht, um den Topf in der Nähe von Fort Knox, dem Lagerort der Goldreserven der USA, zu vergraben in der wunderlichen Meinung, das Gold würde sich dort vermehren. Mit seiner Tochter Sharon im Regenbogental eingetroffen, gerät er mitten in die Existenzsorgen der überwiegend schwarzen Einwohner. Sharon verliebt sich in den mittellosen Geologen und Tabakforscher Woody und wird in die Wirren und Auseinandersetzungen verwickelt, für die der rücksichtslose weiße Senator Rawkins verantwortlich ist, der das verpachtete Land in seinen Besitz bringen will, weil das Gerücht umgeht, im Regenbogental sei Gold zu finden. Finian, der schrullige Alte, hat derweil seine liebe Not mit dem bestohlenen irischen Waldgeist Og, der dem Dieb seines Zaubertopfes nach Amerika gefolgt ist. Nachdem Finian den Topf vergraben hat, kommt ein seltsamer Zauber über das Regenbogental. Senator Rawkins wird plötzlich in einen Schwarzen verhext und verspürt nun am eigenen Leibe die Diskriminierung der Farbigen. Ogs Zauberkräfte versiegen. Bei ihm regen sich menschliche Gefühle, und aus Liebe zu Woodys Schwester Susan verwandelt er sich in einen Sterblichen. Ein letzter Wunsch, den er erfüllen kann, rettet Woody und Sharon, die man verhaftet hat, weil man Sharon verdächtigt, Senator Rawkins verhext zu haben, vor der Todesstrafe. Rawkins wird wieder ein Weißer; Sharon und Woody sind frei. Finian erlebt eine Enttäuschung, als er feststellen muß, daß das Gold im Topf zu wertlosem Metall geworden ist. Allen, einschließlich Finian, dämmert die Erkenntnis, daß wahrer Reichtum nicht auf Gold beruht, sondern auf gegenseitiger Achtung der Menschen untereinander.

Auszeichnungen: 2 Antoinette Perry Awards (Tonys) 1947: Männliche Nebenrolle–Musical: David Wayne / Choreographie: Michael Kidd

Deutschsprachige Erstaufführung (Originaltitel): 28. September 1975, Pfalztheater Kaiserslautern. Autor: Max Colpet

Film:

Finian's Rainbow
(Deutscher Titel: DER GOLDENE REGENBOGEN)
1968, USA – Warner Bros./Seven Arts – Panavision 70/Panavision/Technicolor, 140 Min.
Deutsche Erstaufführung: 1969
Musik: Burton Lane
Songtexte: E. Y. Harburg
Drehbuch: Fred Saidy, E. Y. Harburg, nach dem gleichnamigen Musical

Personen und ihre Darsteller:

Finian McLonergan	Fred Astaire
Sharon McLonergan	Petula Clark
Og the Leprechaun	Tommy Steele
Woody Mahoney	Don Francks
Susan the Silent	Barbara Hancock
Senator Judge Billboard Rawkins	Keenan Wynn
Howard	Al Freeman Jr.
Buzz Collins	Ronald Colby
Sheriff	Dolph Sweet
Henry	Louis Silas
District Attorney	Wright King
Sharecropper	Brenda Arnau

Passion Pilgrims Gospeleers: Avon Long, Roy Glenn, Jester Hairston
ferner: Ken Darby Singers

Produzenten: Joseph Landon, Joel Freeman
Choreographie: Hermes Pan
Regie: Francis Ford Coppola

Songs und Musiknummern

Bühne:
This Time of Year; How Are Things in Glocca Morra?; If This Isn't Love; Look to the Rainbow; Old Devil Moon; Something Sort of Grandish; Necessity; Dance of the Golden Crook; When the Idle Poor Become the Idle Rich; The Begat; When I'm Not Near the Girl I Love; That Great Come-and-Get-It Day

Film:
Look to the Rainbow; This Time of the Year; If This Isn't Love; Old Devil Moon; How Are Things in Glocca Morra?; Something Sort of Grandish; When the Idle Poor Become the Idle Rich; That Great Come-and-Get-It Day; When I'm Not Near the Girl I Love; Necessity (nur Backgroundmusik); Rain Dance Ballet; The Begat (Begin the Begat)

Schallplatten:
NY – Columbia OL 4062/OS 2080, (1960)
      RCA Victor LOC/LSO 1057
F – Warner Bros. BS 2550
St – Reprise F 2015

FLOWER DRUM SONG

Musik: Richard Rodgers
Songtexte: Oscar Hammerstein II.
Buch: Oscar Hammerstein II., Joseph Fields, nach dem gleichnamigen Roman (1957) von Chin Y. Lee
Premiere in New York, St. James Theatre: 1. Dezember 1958

Personen und die Darsteller der Premiere:

Mei Li	Miyoshi Umeki
Linda Low	Pat Suzuki
Sammy Fong	Larry Blyden
Madam Liang	Juanita Hall
Wang Ta	Ed Kenney
Wang Chi Yang	Keye Luke
Helen Chao	Arabella Hong
Frankie Wing	Jack Soo
Liu Ma	Rose Quong
Wang San	Patrick Adiarte
Mr. Lung, Tailor	Harry Shaw Lowe
Dr. Li	Conrad Yama
Professor Cheng	Peter Chan
Dr. Lu Fong	Chao Li
Mme. Fong	Eileen Nakamura
Mr. Huan, Banker	Jon Lee
Nightclub Singer	Anita Ellis
Head Waiter	George Young

Young Girls: Cely Carrillo, Baayork Lee
Children: Linda Ribuca, Yvonne Ribuca, Susan Lynn Kikuchi, Luis Robert Hernandez

Produzenten: Richard Rodgers, Oscar Hammerstein II. (mit Joseph Fields)
Choreographie: Carol Haney
Regie: Gene Kelly
Ort: San Francisco/USA
Zeit: »Gegenwart« (1958)

Handlung: Fernöstliches Milieu im modernen Amerika. Charmantes Spiel um Traditionsgegensätze unter Chinesen in den USA zwischen der älteren und der jungen, schon amerikanisierten Generation. Mei Li, ein scheues, im altchinesischen Sinn erzogenes Mädchen, trifft, aus ihrer Heimat kommend, in San Francisco ein, um einen Heiratsvertrag, den der Vater geschlossen hat, zu erfüllen. Sie soll den Nachtclubbesitzer Sammy Fong ehelichen, doch liebt dieser die verführerische Stripperin Linda Low. Auch sein Freund Wang Ta verehrt Linda und möchte sie heiraten. Durch das Erscheinen von Mei Li gerät Sammy in Probleme. Trickreich geht er daran, die Situation für sich zu bereinigen, um den Heiratsvertrag zu umgehen und gleichzeitig seinen Nebenbuhler bei Linda auszuschalten. Er konfrontiert Wang Tas Vater, der noch tief in alten chinesischen Traditionen verhaftet ist, mit Lindas pikanter Tätigkeit im Nachtclub. Der geschockte Vater sorgt dafür, daß sich das Interesse seines Sohnes auf Mei Li konzentriert. Tatsächlich wendet sich dieser der reizenden Mei Li zu. Während Sammy und Linda nun zusammenfinden, vereint sich Wang Ta mit Mei Li, zur Zufriedenheit aller, denn Mei Li hatte sich schon gleich zu Anfang in Wang Ta verliebt.

Auszeichnung: 1 Antoinette Perry Award (Tony) 1959: Dirigent und Musikalische Leitung: Salvatore Dell'Isola

Film:

Flower Drum Song
(Deutscher Titel: MANDELAUGEN UND
LOTOSBLÜTEN)
1961, USA – Universal – Panavision/East-
mancolor, 133 Min.
Deutsche Erstaufführung: 1962
Musik: Richard Rodgers
Songtexte: Oscar Hammerstein II.
Drehbuch: Joseph Fields, nach dem gleich-
namigen Musical

Personen und ihre Darsteller:

Linda Low	Nancy Kwan
Wang Ta	James Shigeta
Mei Li	Miyoshi Umeki
Madame Liang	Juanita Hall
Sammy Fong	Jack Soo
Wang Chi-Yang	Benson Fong
Wang San	Patrick Adiarte
Helen Chao	Reiko Sato
Doctor Li	Kam Tong
Frankie Wing	Victor Sen Yung
Madame Fong	Soo Yung
Doctor Fong	Arthur Song
Doctor Chon	Spencer Chan
Professor	Ching Wah Lee
Policeman	Weaver Levy
Holdup Man	Herman Rudin
Headwaiter	James Hong
San's Girl Friends	Cherylene Lee
	Virginia Lee
TV Heroine	Virginia Grey
TV Sheriff	Paul Sorensen
Great White Hunter,	Ward Ramsey
TV	
Mexican Girl, TV	Laurette Luez
Bank Manager	Robert Kino
Tailor	Beal Wong
Square Dance Caller	Jon Fong
Tradesmen	Willard Lee
	Frank Kumagai

ferner: Marilyn Horne, B. J. Baker, John
Dodson

Produzent: Ross Hunter
Choreographie: Hermes Pan
Regie: Henry Koster

Songs und Musiknummern

Bühne:
You Are Beautiful; A Hundred Million Mi-

racles; I Enjoy Being a Girl; I Am Going to
Like It Here; Like a God; Chop Suey; Don't
Marry Me; Grant Avenue; Love, Look
Away; Fan Tan Fannie; Gliding Through
My Memoree; Ta's Dream (instr./Ballett);
The Other Generation; Sunday; Wedding
Parade
Nicht verwendet:
My Best Love

Film:
I Enjoy Being a Girl; A Hundred Million
Miracles; Fan Tan Fannie; You Are Beautiful; I Am Going to Like It Here; Like a God;
Chop Suey; Don't Marry Me; Grant Avenue; Love, Look Away/Dream Ballet; Gliding Through My Memoree; The Other Generation; Sunday

Schallplatten:
NY – Columbia OL 5350/OS 2009
L – Angel 35886
F – MCA 2069, Decca DL 7-9098

FOLLIES

Musik und Songtexte: Stephen Sondheim
Buch: James Goldman
Premiere in New York, Winter Garden:
4. April 1971

Personen und die Darsteller der Premiere:

Phyllis Rogers Stone	Alexis Smith
– Young Phyllis	Virginia Sandifur
Buddy Plummer	Gene Nelson
– Young Buddy	Harvey Evans
Sally Durant	Dorothy Collins
Plummer	
– Young Sally	Marti Rolph
Benjamin Stone	John McMartin
– Young Ben	Kurt Peterson
Carlotta Campion	Yvonne De Carlo
Solange LaFitte	Fifi D'Orsay
Stella Deems	Mary McCarty
Max Deems	John J. Martin
Hattie Walker	Ethel Shutta
– Young Hattie	Mary Jane Houdina
Dimitri Weismann	Arnold Moss
Christine Crane	Ethel Barrymore
	Colt
Roscoe	Michael Bartlett
Meredith Lane	Sheila Smith

Willy Wheeler	Fred Kelly
Heidi Schiller	Justine Johnston
– Young Heidi	Victoria Mallory
Deedee West	Helon Blount
Sandra Donovan	Sonja Levkova
Emily Whitman	Marcie Stringer
Theodore Whitman	Charles Welch
Vincent	Victor Griffin
– Young Vincent	Michael Misita
Vanessa	Jayne Turner
– Young Vanessa	Graciela Daniele
Chet Richards	Peter Walker
Kevin	Ralph Nelson
Major-Domo	Dick Latessa
Chauffeur	John Grigas

Party Musicians: Taft Jordan, Aaron Bell, Charles Spies, Robert Curtis
Showgirls: Suzanne Briggs, Trudy Carson, Kathie Dalton, Ursula Maschmeyer, Linda Perkins, Margot Travers
Singers and Dancers: Rita O'Connor, Julie Pars, Suzanne Rogers, Roy Barry, Steve Boockvor, Joseph Nelson, Ken Urmstom, Donald Weissmuller

Produzent: Harold Prince (mit Ruth Mitchell)
Choreographie: Michael Bennett
Regie: Harold Prince, Michael Bennett
Ort: New York
Zeit: »Gegenwart« (1971)

Handlung: Nostalgie-Revue. Musical um ein Musical in Rückerinnerung. Die große Stadt New York wandelt ihr Gesicht. Das einst berühmte Weismann-Theater, in dem jahrelang aufwendige, erfolgreiche Revuen unter dem Titel »Follies« stattfanden, ist unrentabel geworden und schon lange verwaist. Nun steht der Abriß bevor. Theater-Impresario Dimitri Weismann war darangegangen, eine große nostalgische Abschiedsvorstellung zu arrangieren. Er hatte sich auf die Suche gemacht nach den Stars und Girls von damals und diejenigen zusammengeholt, die erreichbar waren. Noch einmal, nach 30 Jahren, sind sie Mitwirkende bei einer großen Revue im Stile der Vergangenheit. Noch einmal sind sie mit Begeisterung und Einsatzfreude dabei, die Stars von einst: Solange LaFitte, Carlotta Campion, die männerbetörende Hattie Walker.

Noch einmal gibt es Liebesbeziehungen, Eifersüchteleien und Profilneurosen – wie damals. Zwei der früher so berühmten Girls, Sally und Phyllis, hatten seinerzeit ihre glühendsten Verehrer, Buddy und Ben, geheiratet; nun treffen die Ehepaare wieder zusammen. Der Schein, sie seien glücklich verheiratet, trügt. In Sally erwacht, wie ehemals, die Liebe zu Ben, dem jetzigen Mann ihrer Partnerin. Läßt sich das Glück noch einfangen nach so vielen Jahren? Die Zeit ist hinweggegangen über die berauschenden Gefühle; es ist nicht mehr, wie es war. Nur die Revue ist wie einst! Erstaunlich, wie künstlerisch fit und temperamentvoll die alt gewordenen Stars noch sind. Aber sie sehen sich konfrontiert mit ihren Ichs von damals, die sie wie Schatten der Jugend begleiten und mit ihnen zusammen auftreten, tanzen, singen. Über allem liegt ein Hauch von Wehmut und Abschiedsschmerz: Die Vorstellung ist ein letztes Aufglühen. Man geht wieder auseinander, wie man gekommen ist. Für einen Augenblick waren die Tage der Jugendzeit zurückgekehrt. Der bevorstehende Abriß des Musentempels setzt den Schlußstrich unter eine Epoche, die schon längst vergangen war.

Anmerkung: Die Handlung spielt »Tonight«, ist also »Gegenwart« (1971), und nimmt Bezug auf Theaterereignisse »vor 30 Jahren«, gemeint ist das Ende einer Serie von Musical-Revuen unter dem Titel »Follies«. Ebenso wie dieser Titel ist auch die Person des Theater-Impresarios Dimitri Weismann dem legendären Florenz Ziegfeld angenähert. Ziegfeld verstarb 1932, die letzte seiner »Follies«-Revuen fand 1931 statt. Im Musical »Follies« werden Stilformen aus den Revuen von Ziegfeld ebenso wie Persiflagen verwendet, die den Hollywood-Musikfilmen der 1930er Jahre entlehnt sind. Gemeint ist von den Urhebern der Rückbezug auf imaginäre »Follies of 1941«.

Auszeichnungen: 7 Antoinette Perry Awards (Tonys) 1972: Weibliche Hauptrolle–Musical: Alexis Smith / Regie–Musical: Harold Prince, Michael Bennett / Choreographie: Michael Bennett / Musikalisches Werk (Komposition–Songtexte): Stephen Sondheim / Bühnenbild: Boris Aronson / Kostüme: Florence Klotz/Lichtgestaltung: Tharon Musser

Anmerkung: Für die Premiere von »Follies« in London (Shaftesbury Theatre: 21. Juli 1987) wurde das Werk von Stephen Sondheim und James Goldman grundlegend überarbeitet und überwiegend mit neuen Dialogen versehen.

Deutschsprachige Erstaufführung (Originaltitel): 19. September 1991, Theater des Westens, Berlin. Autor: Michael Kunze

Songs und Musiknummern

Bühne:
Für die Premiere in London 1987 wurden die mit Zeichen ⊕ versehenen Songs durch neue ersetzt und das Lied »Loveland« umgeschrieben.
Beautiful Girls; Don't Look At Me; Waiting for the Girls Upstairs; Rain on the Roof; Ah, Paris! (Ah! Paree); Broadway Baby; The Road You Didn't Take ⊕; Bolero d'Amour ⊕; In Buddy's Eyes; Who's That Woman?; I'm Still Here; Too Many Mornings; The Right Girl; One More Kiss; Could I Leave You? –
Loveland (The Folly of Love): The Spirit of Young Love, The Spirit of True Love, The Spirit of Pure Love, The Spirit of Romantic Love, The Spirit of Eternal Love –
The Folly of Youth: You're Gonna Love Tomorrow, Love Will See Us Through –
The God-Why-Don't-You-Love-Me-Blues (Buddy's Folly); Losing My Mind (Sally's Folly); The Story of Lucy and Jessie (Phyllis' Folly); Live, Laugh, Love (Ben's Folly) ⊕
Für die Premiere in London 1987 neu geschrieben:
Country House; Social Dancing; Make the Most of Your Music; Ah, But Underneath (Ben's Folly)

Schallplatten:
NY – Capitol SO 761, EMI 1250
L – First Night FNE 003
St – (Licia Albanese, Carol Burnett)
    RCA HBC 2-7128

Hinweis/Bühne – Film:
Stilformen der legendären »Ziegfeld Follies« – Revue-Serie des Theaterunternehmers Florenz Ziegfeld in den Jahren von 1907 bis 1931 – vermitteln auch
– die Musicals
Funny Girl, New York, 26. März 1964, →
FUNNY GIRL
The Will Rogers Follies, New York, 1. Mai 1991, R/Tommy Tune
– die Musikfilme
The Great Ziegfeld/Der große Ziegfeld, USA – MGM/1936, R/Robert Z. Leonard
Ziegfeld Girl/Mädchen im Rampenlicht, USA – MGM/1941, R/Robert Z. Leonard (Choreographie: Busby Berkeley)
Ziegfeld Follies/Broadway-Melodie 1950, USA – MGM/1946, R/Vincente Minnelli
– die TV-Produktion
Ziegfeld: The Man and His Women, USA – NBC/1978, R/Buzz Kulik

Florenz Ziegfeld selbst produzierte für Paramount einen frühen Tonfilm (mit Revue-Szenen in Technicolor) und verwendete als Titel das Motto, das er seinen Revuen gegeben hatte:
Glorifying the American Girl, USA/1930, R/Millard Webb, John Harkrider
mit Show-Auftritten von Eddie Cantor, Helen Morgan, Rudy Vallee und seinem Orchester und dem persönlichen Erscheinen von Johnny Weissmuller, Irving Berlin, Adolph Zukor und Florenz Ziegfeld als Gäste einer Premiere.

42nd STREET

Musik: Harry Warren
Songtexte: Al Dubin
Buch: Michael Stewart, Mark Bramble, nach dem gleichnamigen Film-Musical (1933), nach dem gleichnamigen Roman (1932) von Bradford Ropes
Premiere in New York, Winter Garden: 25. August 1980

Personen und die Darsteller der Premiere:

Dorothy Brock	Tammy Grimes
Julian Marsh	Jerry Orbach
Peggy Sawyer	Wanda Richert

Billy Lawlor	Lee Roy Reams
Bert Barry	Joseph Bova
Maggie Jones	Carole Cook
Andy Lee	Danny Carroll
Pat Denning	James Congdon
Abner Dillon	Don Crabtree
Annie	Karen Prunczik
Oscar	Robert Colston
Mac	Stan Page
Lorraine	Ginny King
Phyllis	Jeri Kansas
Doctor	Stan Page

Thugs: Bill Nabel, Ron Schwinn

Produzent: David Merrick
Choreographie: Gower Champion
Regie: Gower Champion
Ort: New York
Zeit: 1933

Handlung: Theatermilieu – Show in der Show. Bühnenversion des legendären Filmmusicals mit großen Revueszenen. Das Werden eines Musicals bis zur Premiere am Broadway. Broadway-Regisseur Julian Marsh braucht dringend einen neuen Erfolg, um aus persönlichen Schwierigkeiten herauszukommen. Das Musical »Pretty Lady«, das er vorbereitet, wird von Abner Dillon finanziert, dessen ganzes Interesse aber nur der Hauptdarstellerin Dorothy Brock gilt. Bei der Auswahl von Tänzern für die Chorus Line (Ballettgruppe) werden höchste Ansprüche an Gesang und Tanz gestellt. Die Prüfungen sind schon fast beendet, da erscheint noch die junge Peggy Sawyer zum Vortanzen. Sie kommt direkt aus der Provinz und traf erst mit Verspätung ein. Zwar findet sie noch Gelegenheit zu zeigen, daß sie Talent besitzt, doch hat Choreograph Andy Lee seine Grundsätze und lehnt sie ab, weil sie zu spät kam. Enttäuscht und unglücklich eilt Peggy von der Bühne und prallt mit Julian Marsh zusammen, der sie auf diese Weise kennenlernt, ohne daß sie weiß, wer er ist. Auf Billy Lawlor, den männlichen Star des Musicals, sowie auf andere Ensemblemitglieder hat Peggy großen Eindruck gemacht, und sie erreichen bei Julian, daß Peggy engagiert wird. Julian hat Schwierigkeiten mit seinem Star Dorothy Brock und ihrem Verehrer Abner Dillon,

der auf jede Liebesszene eifersüchtig reagiert. Außerdem erhält Dorothy immer noch den Besuch ihres ehemaligen Vaudeville-Partners Pat Denning, dem sie mehr zugetan ist als Abner Dillon. Es ärgert sie, daß Pat Interesse für Peggy zeigt. Julian sorgt mit nachhaltigen Drohungen dafür, daß Pat verschwindet. Bei einer Feier anläßlich einer Voraufführung in Philadelphia betrinkt sich Dorothy, weil sie Pat vermißt, und beleidigt Abner Dillon derart, daß er sein Geld aus der Show abziehen will. Nur die gemeinsame Intervention des ganzen Ensembles, dessen Mühe und Arbeit umsonst gewesen wären, stimmt ihn um. In der Hektik einer Aufführung verursacht Peggy einen unglücklichen Zusammenstoß, so daß Dorothy stürzt und sich den Knöchel bricht. Die Vorstellung muß abgebrochen werden; Peggy wird gefeuert. Wieder ist die Produktion in Gefahr, weil Dorothy nicht auftreten kann. In der Verzweiflung, die das Ensemble befällt, reift die Überzeugung, einzig Peggy Sawyer habe das Talent, kurzfristig die Hauptrolle übernehmen zu können. Man drängt Julian Marsh, sie wieder aufzunehmen. Der setzt seine letzte Hoffnung in sie. In unermüdlichen Proben drillt er sie für ihre Rolle. Peggy und er arbeiten bis zur Erschöpfung. Die große Premiere am Broadway steht bevor. Peggy ist dem Zusammenbruch nahe, aber Julian ist sicher, daß sie es schafft. Das ganze Ensemble steht zu Peggy, unterstützt sie, ermuntert sie. Vor der Premiere erscheint sogar Dorothy, noch immer gehbehindert, und wünscht ihr Glück. Julian schickt Peggy hinaus auf die Bühne mit den Worten: »Du gehst als eine Unbekannte und wirst als Star zurückkommen.« Das Musical wird ein Riesenerfolg. Mühe und Arbeit haben sich gelohnt, Zittern und Zagen sind vergessen. Und tatsächlich: Peggy ist die Sensation der Aufführung. Aus einem Aschenputtel ist ein Star geworden.

Anmerkung: Die 42. Straße ist Teil des New Yorker Theaterbezirks am Broadway und gehört zum Zentrum des Showbusiness.

Auszeichnungen: 2 Antoinette Perry Awards (Tonys) 1981: Bestes Musical / Choreographie: Gower Champion

Vorlage des Musicals:

Film:

42nd Street
(Deutscher Titel: DIE 42. STRASSE)
1933, USA – Warner Bros., 89 MIN.
Deutsche Erstaufführung: 1970 (TV/ARD – NDR)
Musik: Harry Warren
Songtexte: Al Dubin
Drehbuch: James Seymour, Rian James, nach dem gleichnamigen Roman von Bradford Ropes

Personen und ihre Darsteller:

Julian Marsh	Warner Baxter
Dorothy Brock	Bebe Daniels
Pat Denning	George Brent
Peggy Sawyer	Ruby Keeler
Billy Lawler	Dick Powell
Lorraine Fleming	Una Merkel
Ann Lowell – »Anytime Annie«	Ginger Rogers
Abner Dillon	Guy Kibbee
Andy Lee	George E. Stone
Al Jones	Robert McWade
Thomas Barry	Ned Sparks
Terry Neil	Eddie Nugent
Mac MacElroy	Allen Jenkins
Jerry	Harry Akst
Groom in »Shuffle Off to Buffalo« Number	Clarence Nordstrom
The Actor	Henry B. Walthall
Songwriters	Al Dubin
	Harry Warren
»Young and Healthy« Girl	Toby Wing
Chorus Girl	Pat Wing
Chorus Boy	Dave O'Brien
Slim Murphy	Tom Kennedy
Dr. Chadwick	Wallis Clark
A Mug	Jack La Rue
Pansy	Louise Beavers
Secretary	Patricia Ellis
House Doctor	George Irving
An Author	Charles Lane
News Spreader	Milton Kibbee
Stage Aid	Rolfe Sedan
Aid	Harry Seymour
Geoffrey Waring	Lyle Talbot
Dancer Who Catches Girl	Kermit Maynard

Chorus Girls: Gertrude Keeler, Helen Keeler, Geraine Grear/d. i. Joan Barclay, Ann Hovey, Renee Whitney, Dorothy Coonan, Barbara Rogers, June Glory, Jayne Shadduck, Adele Lacy, Loretta Andrews, Margaret La Marr, Ruth Eddings, Mary Jane Halsey, Edna Callaghan, Patsy Farnum, Maxine Cantway, Lynn Browning, Lorena Layson, Donna Mae Roberts, Alice Jans, Eve Marcy, Evelyn Joice, Agnes Ray, Grace Tobin

Produzent: Darryl F. Zanuck
Choreographie: Busby Berkeley
Regie: Lloyd Bacon

Songs und Musiknummern

Bühne (1980):
Die mit Zeichen ⊕ versehenen Songs entstammen dem gleichnamigen Film von 1933. Darüber hinaus wurden Musiknummern des Songschreiber-Teams Harry Warren/Al Dubin aus anderen Filmen verwendet. (Al Dubin verstarb 1945.)
Audition; Young and Healthy ⊕; Shadow Waltz (aus »Gold Diggers of 1933«, 1933); Go Into Your Dance (aus »Go Into Your Dance«, 1935); You're Getting to Be a Habit With Me ⊕; Getting Out of Town; Dames (aus »Dames«, 1935); I Know Now (aus »The Singing Marine«, 1937); We're in the Money/The Gold Diggers Song (aus »Gold Diggers of 1933«, 1933); Sunny Side to Every Situation; Lullaby of Broadway (aus »Gold Diggers of 1935«, 1935); About a Quarter to Nine (aus »Go Into Your Dance«, 1935); Overture; Shuffle Off to Buffalo ⊕; 42nd Street ⊕; Bows

Film (1933, Vorlage des Musicals):
It Must Be June; You're Getting to Be a Habit With Me; Shuffle Off to Buffalo; Young and Healthy; 42nd Street

Schallplatte:
NY – RCA BL 13891

THE FOUR MUSKETEERS! → THE THREE MUSKETEERS

FUNNY FACE

Musik: George Gershwin
Songtexte: Ira Gershwin
Buch: Paul Gerard Smith, Fred Thompson
Premiere in New York, Alvin Theatre:
22. November 1927

Personen und die Darsteller der Premiere:

Jimmie Reeve	Fred Astaire
Frankie Wynne	Adele Astaire
Herbert	Victor Moore
Dugsie Gibbs	William Kent
Peter Thurston	Allen Kearns
Dora Wynne	Betty Compton
June Wynne	Gertrude McDonald
Chester	Earl Hampton
Sergeant of Police	Ted MacLean
Hotel Clerk	Edwin Hodge
Porter	Walter Munroe
Bell Hop	Dorothy Jordan

ferner: The Ritz Quartette, Piano-Duo Victor Arden/Phil Ohman

Produzenten: Alex A. Aarons, Vinton Freedley
Choreographie: Bobby Connolly
Regie: Edgar MacGregor
Ort: USA/Lake Wapatog, N.Y., und Atlantic City
Zeit: »Gegenwart« (1927)

Handlung: Naive Komödie. Jimmie Reeve beaufsichtigt sehr streng sein Mündel, die eigenwillige Frankie. Er hat es mit ihr nicht leicht, denn sie wehrt sich gegen seine Aufsicht und scheut sich nicht, das Blaue vom Himmel herunterzuschwindeln, um ihn auszutricksen. Vorsorglich hält er ihren kostbaren Schmuck unter Verschluß und weigert sich hartnäckig, ihn zur Verfügung zu stellen. Frankie wendet sich deshalb heimlich an den von ihr verehrten berühmten Piloten Peter Thurston und bittet ihn um Hilfe. Ihren Vormund Jimmie Reeve schildert sie als eifersüchtigen, mißgünstigen Bewacher, dessen Launen sie wehrlos ausgeliefert sei. Peter erklärt sich ritterlich bereit, ihr behilflich zu sein. Sie fordert ihn auf, ihren Schmuck aus Jimmies Safe herbeizuschaffen. Peter ist entschlossen, sich als Safeknacker zu betätigen, doch zwei verschrobene Gauner mit philosophischen Ansichten, Dugsie und Herbert, kommen ihm zuvor. Es entspinnt sich eine allgemeine Verfolgungsjagd nach den Gaunern und dem geraubten Schmuck. Schließlich ist Peter erfolgreich; er kann den Schmuck in seinen Besitz bringen und übergibt ihn stolz der schönen Frankie. Die ist entzückt über Peters Heldentat. Nun steht dem Umstand nichts mehr im Wege, daß das Edelfräulein und ihr kühner Ritter ein Paar werden.

Hinweis/Film:
Bei dem nachfolgend genannten Film-Musical FUNNY FACE handelt es sich nicht um eine Verfilmung des gleichnamigen Bühnenwerks. Zu einer völlig anderen Handlung (siehe Anmerkung) sind allerdings Songs aus dem Bühnenmusical verwendet worden.

Funny Face

(Deutscher Titel: EIN SÜSSER FRATZ
auch: DAS ROSAROTE MANNEQUIN)
1957, USA – Paramount – VistaVision/Technicolor, 103 Min.
Deutsche Erstaufführung: 1958
Musik: George Gershwin, Roger Edens
Songtexte: Ira Gershwin, Leonard Gershe
Drehbuch: Leonard Gershe, nach seinem nicht produzierten Musical »Wedding Day«

Personen und ihre Darsteller:

Dick Avery	Fred Astaire
Jo Stockton	Audrey Hepburn
Maggie Precott	Kay Thompson
Prof. Emile Flostre	Michel Auclair
Paul Duval	Robert Flemyng
Marion	Dovima
Babs	Virginia Gibson
Laura	Sue England
Letti	Ruta Lee
Haidresser	Jean Del Val
Dovitch	Alex Gerry
Armande	Iphigenie Castiglioni
Beautician	Albert D'Arno
Assistant Hairdresser	Nina Borget
Receptionist	Marilyn White
Assistant Beautician	Emilie Stevens
Melissa	Nancy Kilgas
Assistant Dance Director	Bruce Hoy

Steve   Paul Smith
Mimi   Diane DuBois
Gigi   Karen Scott
Madame la Farge   Elizabeth Slifer
Mr. Baker   Nesdon Booth
Sidewalk Café Patrons: Baroness Van
Heemstra, Roger Edens
»Pink« Dancers: Suzy Parker, Sunny Har-
nett
Specialty Dancers: Don Powell, Carole
Eastman
Junior Editors: Louise Glenn, Heather
Hopper, Cecile Rogers

Produzent: Roger Edens
Choreographie: Eugene Loring, Fred Astaire
Regie: Stanley Donen

Anmerkung: Das nicht produzierte Musical
»Wedding Day« von Leonard Gershe und
das Film-Musical »Funny Face« handeln
von einer jungen Pariserin, die in einem
Buchladen arbeitet und davon träumt, als
Philosophin fern aller irdischen Dinge le-
ben zu können. Statt dessen gerät die junge
Dame unverhofft in die hektische Betrieb-
samkeit der Haute Couture und wird zum
Star der Modewelt.

Songs und Musiknummern

Bühne:
Birthday Party; Once; Funny Face; High
Hat; 'S Wonderful; Let's Kiss and Make Up;
In the Swim; He Loves and She Loves; Tell
the Doc; My One and Only (What Am I
Gonna Do); Sing a Little Song; Blue Hulla-
balloo; The Babbitt and the Bromide
Nicht verwendet:
We're All A-Worry, All Agog; When You're
Single; The World Is Mine; Come Along,
Let's Gamble; If You Will Take Our Tip;
The Finest of the Finest; Acrobats; Dance
Alone With You (Why Does Everybody
Have to Cut In); Dancing Hour; How Long
Has This Been Going On?; Those Eyes
*Hinzugefügt in der Londoner Produktion
(1928):* Look At the Damn Thing Now

Film:
*Die mit Zeichen ⊕ versehenen Songs ent-
stammen dem gleichnamigen Musical
(George Gershwin/K, Ira Gershwin/T)*

Think Pink! (Roger Edens/K, Leonard
Gershe/T); How Long Has This Been
Going On? (George Gershwin/K, Ira
Gershwin/T – bereits für die Bühnenpro-
duktion »Funny Face« geschrieben, dort
jedoch entfallen/verwendet im Musical
»Rosalie«, 1928); Funny Face ⊕; Bon-
jour, Paris! (Roger Edens/K, Leonard
Gershe/T); Basal Metabolisme / Cellar
Dance; Let's Kiss and Make Up ⊕; He
Loves and She Loves ⊕; On How to Be
Lovely (Roger Edens/K, Leonard Gershe/
T); Marche Funèbre (Roger Edens);
Clap Yo' Hands (George Gershwin/K, Ira
Gershwin/T – aus dem Musical »Oh, Kay!«,
1926); 'S Wonderful ⊕

Schallplatten:
L – World Records SH 144,
      Monmouth MES 7037
F – Verve MGV 15001/auch: MGM
      Stet od. DRG Stet 15001

FUNNY GIRL

Musik: Jule Styne
Songtexte: Bob Merrill
Buch: Isobel Lennart
Premiere in New York, Winter Garden:
26. März 1964

Personen und die Darsteller der Premiere:
Fanny Brice   Barbra Streisand
Nick Arnstein   Sydney Chaplin
Eddie Ryan   Danny Meehan
Mrs. Brice   Kay Medford
Mrs. Strakosh   Jean Stapleton
Florenz Ziegfeld   Roger De Koven
Vera   Lainie Kazan
John, Stage Manager   Robert Howard
Emma   Royce Wallace
Mrs. Meeker   Lydia S. Fredericks
Mrs. O'Malley   Joyce O'Neil
Tom Keeney   Joseph Macaulay
Heckie   Victor R. Helou
Snub Taylor   Buzz Miller
Trombone Smitty   Blair Hammond
Five Finger Finney   Alan E. Weeks
Bubbles   Shellie Farrell
Polly   Joan Lowe
Maude   Ellen Halpin

Stage Director	Marc Jordan
Mimsey	Sharon Vaughn
Adolph	John Lankston
Mrs. Nadler	Rose Randolf
Paul	Larry Fuller
Cathy	Joan Cory
Jenny	Diane Coupe
Ben	Buzz Miller
Mr. Renaldi	Marc Jordan
Trumpet Soloist	Dick Perry
Ziegfeld Tenor	John Lankston
Ziegfeld Lead Dancer	George Reeder

Workmen: Robert Howard, Robert Henson
Showgirls: Sharon Vaughn, Diana Lee Nielsen, Prudence Adams, Joan Cory, Diane Coupe, Lainie Kazan, Rosemarie Yellen

Produzent: Ray Stark (mit Seven Arts Productions)
Choreographie: Carol Haney
Regie: Garson Kanin (Künstlerische Oberleitung: Jerome Robbins)
Ort: New York und Baltimore/USA
Zeit: Zwischen 1909 und dem Beginn der 1920er Jahre

Handlung: Künstlerschicksal – Bühnenmilieu. Dramatisierte Lebensgeschichte der Fanny Brice, jahrzehntelang Star der Revuen von Florenz Ziegfeld. Beginn ihrer Karriere und ihr Aufstieg zu Starruhm sowie ihre Liebe zu dem Spieler Nick Arnstein. Fanny, aus einfachen Verhältnissen stammend, ist fest entschlossen, ein großer Bühnenstar zu werden. Sie weiß, daß sie komisches Talent besitzt, und sie ist wagemutig genug, den großen Show-Produzenten Florenz Ziegfeld auf sich aufmerksam zu machen. Dieser gibt ihr die große Chance; sie kann bei seinen berühmten »Follies« mitwirken. Doch Fanny spielt sich auf, ist eigenwillig und extravagant. Eine große Hochzeitsszene funktioniert sie um in eine Klamauknummer und verärgert damit Ziegfeld. Lobende Worte aber hört sie von Nick Arnstein, der sich seit ihrem allerersten Auftreten in einer kleinen Bühnenshow für sie interessiert und der auch in dieser Aufführung im Publikum saß. Der elegante Arnstein beeindruckt Fanny sehr, zu-

mal er sich als ein Mann der großen Welt zu geben weiß. Doch Arnstein ist ein Spieler, und seine Situation hängt davon ab, ob er Glück im Spiel hatte. Fanny aber liebt ihn, verläßt das Ensemble, das auf Tournee geht, zieht nach New York und heiratet Nick Arnstein. Als er Pläne hat, ein Spielcasino zu eröffnen, tritt Fanny wieder bei Ziegfeld auf, um für ihren Mann das Geld aufzubringen. Nick aber scheitert, und da er sich in dunkle Machenschaften verstrickt hat, muß er ins Gefängnis. – Jetzt steht seine Entlassung bevor, doch Fanny ist entschlossen, sich von ihm zu trennen und weiter den Weg des Bühnenstars mit der großen Karriere zu beschreiten.

Anmerkung: Fanny Brice (1891–1951), amerikanische Schauspielerin, Star der »Ziegfeld Follies« und, später, Radiostar als »Baby Snooks« (Serie mit einer naseweisen, frechen Göre). Fanny Brice war die Schwiegermutter von Ray Stark, dem Produzenten des Musicals.
Florenz Ziegfeld (1867–1932), legendärer Produzent bedeutender Broadway-Revuen (»Ziegfeld Follies«) und Musicals seit 1896.

Eine Art Vorläufer des Musicals »Funny Girl« war der Film »Rose of Washington Square« (USA/1939), der – allerdings unautorisiert und ohne Namensnennung der Künstlerin – Fakten aus dem Leben von Fanny Brice aufgriff.

Deutschsprachige Erstaufführung (Originaltitel): 31. Dezember 1972, Theater der Stadt Essen. Autoren: Liselotte Knob, Werner Schneyder

Film:

Funny Girl

1968, USA – Columbia/Rastar Productions – Panavision 70 / Panavision / Technicolor, 169 Min.
Deutsche Erstaufführung (Originaltitel): 1969
Veränderte Songs.
Musik: Jule Styne (u. a.)
Songtexte: Bob Merrill (u. a.)
Drehbuch: Isobel Lennart, nach dem gleichnamigen Musical

Personen und ihre Darsteller:

Fanny Brice	Barbra Streisand
Nick Arnstein	Omar Sharif
Florenz Ziegfeld	Walter Pidgeon
Rose Brice	Kay Medford
Georgia James	Anne Francis
Eddie Ryan	Lee Allen
Mrs. Strakosh	Mae Questel
Tom Branca	Gerald Mohr
Keeney	Frank Faylen
Emma	Mittie Lawrence
Mrs. O'Malley	Gertrude Flynn
Mrs. Meeker	Penny Santon
Company Manager John	John Harmon
Bartender	Frank Sully
Doorman at Keeney's	Hal K. Dawson
Violinist at Keeney's	Dick Winslow
Western Union Boy	Billy Benedict
Bill Fallon, Lawyer	Lloyd Gough
Prince in Ballet	Tommy Rall

Card Players: John Warburton, Paul Bradley, George De Normand
Ziegfeld Girls: Thordis Brandt, Virginia Ann Ford, Karen Lee, Inga Neilsen, Bettina Brenna, Alena Johnston, Sharon Vaughn, Mary Jane Mangler

Produzent: Ray Stark
Choreographie: Herbert Ross
Regie: William Wyler

Auszeichnung: 1 Academy Award (Oscar) 1968: Weibliche Hauptrolle: Barbra Streisand

Songs und Musiknummern

Bühne:
If a Girl Isn't Pretty; I'm the Greatest Star; Cornet Man; Nicky Arnstein; Who Taught Her Everything?; His Love Makes Me Beautiful; I Want to Be Seen With You Tonight; Henry Street; People; You Are Woman, I Am Man; Don't Rain on My Parade; Sadie, Sadie; Find Yourself a Man; Rat-Tat-Tat-Tat/Private Schwartz; Who Are You Now?; The Music That Makes Me Dance

Film:
Die mit Zeichen ⊕ versehenen Songs gehörten zum Repertoire von Fanny Brice.

If a Girl Isn't Pretty; I'm the Greatest Star; Roller Skate Rag; I'd Rather Be Blue Over You ⊕ (Fred Fisher/K, Billy Rose/T, a. d. Film »My Man«, 1929); Second Hand Rose ⊕ (James F. Hanley/K, Grant Clarke/ T, a. d. Revue »Ziegfeld Follies«, 1921); His Love Makes Me Beautiful; People; You Are Woman, I Am Man; Don't Rain on My Parade; Sadie, Sadie; The Swan-Ballet; Funny Girl; My Man ⊕ (Maurice Yvain/K, Channing Pollock/T a. d. Revue »Ziegfeld 9 o'Clock Frolic«, 1920 – das Lied urspr. französisch »Mon homme« a. d. Revue »Paris qui jazz«, 1920, gesungen von Mistinguette)

Schallplatten:
NY – Capitol STAO 2059/VAS 2059
F – Columbia OS 3220, CBS S 70044
D/B – Capitol 83793

Hinweis/Film:
Der nachfolgend angeführte Film »Rose of Washington Square« war, ohne autorisiert zu sein und ohne den Namen der Künstlerin zu nennen, so offensichtlich an das Leben von Fanny Brice angelehnt, daß diese gegen die Filmfirma eine Klage einreichte. Der Rechtsstreit wurde durch einen außergerichtlichen Vergleich beigelegt.

Rose of Washington Square
1939, USA – 20th Century-Fox, 86 Min.
Drehbuch: Nunnally Johnson, nach einer Story von John Larkin und Jerry Horwin
Darsteller: Alice Fay (Rose Sargent), Tyrone Power (Bart Clinton), Al Jolson (Ted Cotter), William Frawley (Harry Long), Joyce Compton (Peggy), Hobart Cavanaugh (Whitey Boone), Moroni Olsen (Buck Russell), Charles Wilson (Mike Cavanaugh), Ben Welden (Toby), Horace MacMahon (Irving), E. E. Cliche (Barouch Driver), Louis Prima (Band Leader), Paul Stanton (District Attorney), Hal K. Dawson (Chump), Paul Burns (Chump), Harry Hayden (Dexter), Charles Lane (Sam Kress, Booking Agent), Igor and Tanya (Specialty Performers), Chick Chandler (Master of Ceremonies), Murray Alper (Candy Butcher), Ralph Dunn (Officer), Edgar Dearing (Lieutenant), Robert Shaw (Reporter), James Flavin (Guard), Leonard Kibrick (Newsboy), Irene Wilsen (Miss

Lust), Bert Roach (Mr. Paunch), Adrian Morris (Jim), John Hamilton (Judge), Winifred Harris (Mrs. Russell), Maurice Cass (Mr. Mork, Furniture Buyer)
Produzent: Darryl F. Zanuck
Choreographie: Seymour Felix
Regie: Gregory Ratoff
Songs:
I Never Knew Heaven Could Speak (Harry Revel/K, Mack Gordon/T – neu f. diesen Film); California, Here I Come (Joseph Meyer/K, B. G. DeSylva/T); My Mammy (Walter Donaldson/K, Sam Lewis u. Joe Young/T); Pretty Baby (Egbert Van Alstyne/K, Gus Kahn u. Tony Jackson/T); Toot, Toot, Tootsie! (Ernie Erdman u. Dan Russo/K, Gus Kahn/T); Rock-a-Bye Your Baby With a Dixie Melody (Jean Schwartz/K, Sam Lewis u. Joe Young/T); My Man (Maurice Yvain/K, Channing Pollock/T); Rose of Washington Square (James F. Hanley/K, Ballard MacDonald/T); The Curse of an Aching Heart (Henry Fink, Al Piantadosi); I'm Sorry I Made You Cry (N. J. Clesi); The Vamp (Byron Gay); Ja-da (Bob Carleton/K u. T); I'm Just Wild About Harry (Eubie Blake/K, Noble Sissle/T)
Nicht verwendet:
I'll See You in My Dreams
Schallplatte: Sandy Hook SH 2074

Anmerkung: Ausgelöst durch den großen Erfolg des Films »Funny Girl« entstand eine Fortsetzung unter dem Titel »Funny Lady«. Die Handlung: Weiterführung der Lebensgeschichte des Revuestars Fanny Brice – nur annähernd der Wirklichkeit entsprechend. Von Nick Arnstein geschieden, wendet sie sich, gegen Ende der 1920er Jahre, dem Revue- und Musicalproduzenten Billy Rose (1899–1966) zu, der große Showszenen für sie ausgestaltet und ihr zweiter Ehemann wird.

Funny Lady
1975, USA – Columbia/Persky-Bright/Vista
Feature – Panavision/Eastmancolor, 138 Min.
Deutsche Erstaufführung (Originaltitel): 1975
Drehbuch: Jay Presson Allen, Arnold Schulman

Darsteller: Barbra Streisand (Fanny Brice), James Caan (Billy Rose), Omar Sharif (Nick Arnstein), Roddy McDowall (Bobby Moore), Ben Vereen (Bert Robbins), Carole Wells (Norma Butler), Larry Gates (Bernard Baruch), Heidi O'Rourke (Eleanor Holm), Samantha Huffaker (Fran Arnstein), Matt Emery (Buck Bolton), Royce Wallace (Adele), Joshua Shelley (Painter), Corey Fisher (Conductor), Garrett Lewis (Production Singer), Raymond Guth (Buffalo Handler), Gene Troobnick (Ned), Byron Webster (Crazy Quilt Director), Lilyan Chauvin (Mademoiselle), Cliff Norton (Stage Manager), Ken Sansom (Frederick Martin – »Daddy«), Colleen Camp (Billy's Girl), Alana Collins (Girl with Nick), Jackie Stoloff (Mrs. Arnstein), Bert May (Assistant Stage Manager), Bea Busch (Ned's Secretary), Maggie Malooly (Gossip Columnist), Larry Arnold (Maitre D' in Billy's Club), Shirley Kirkes (Singer in Billy's Club), Deborah Sherman (Billy's Secretary), Dirk Winslow (Fritz, Music Conductor), Louis Da Pron (Choreographer), Paul Bryar (Cleaning Man), Bill Baldwin (Radio Announcer), Raymond Guth (Buffalo Handler), Dick De Benedictis (Rehearsal Pianist), Hank Stohl (Radio Director), Diane Wyatt (Baruch's Secretary), Tom Northam (Magazine Executive), Tod Durwood (Photographer), Ben Freedman (Newspaper Vendor), Frank L. Pine (Pilot)
(Couple at Wedding): Don Torres, Jodean Russo
(Radio Singers): Maralyn Thoma, Phil Gray
(Paper Moon Tap Trio): Jerry Trent, Toni Kaye, Gary Menteer
(Aquacade Assistants): Brett Hadley, Jack Frey, Jadeen Vaughn
Produzent: Ray Stark
Choreographie: Herbert Ross, Betty Walberg
Regie: Herbert Ross
Songs:
Blind Date (John Kander/K, Fred Ebb/T); Nicky Arnstein (Jule Styne/K, Bob Merrill/T); More Than You Know (Vincent Youmans/K, Billy Rose u. Edward Eliscu/T); It's Only a Paper Moon (Harold Ar-

len/K, Billy Rose u. E. Y. Harburg/T) (verbunden mit) I Like Him/I Like Her (John Kander/K, Fred Ebb/T); Beautiful Face, Have a Heart (James V. Monaco/K, Billy Rose u. Fred Fisher/T); I Found a Million Dollar Baby In a Five and Ten Cent Store (Harry Warren/K, Billy Rose u. Mort Dixon/T); If You Want the Rainbow, You Must Have the Rain (Oscar Levant/K, Billy Rose u. Mort Dixon/T); Clap Hands, Here Comes Charley (Joseph Meyer/K, Billy Rose u. Ballard MacDonald/T); Great Day (It's Gonna Be a Great Day) (Vincent Youmans/K, Billy Rose u. Edward Eliscu/T); More Than You Know (Vincent Youmans/K, Billy Rose u. Edward Eliscu/T); How Lucky Can You Get? (John Kander/K, Fred Ebb/T); Isn't This Better? (John Kander/K, Fred Ebb/T); If I Love Again (Ben Oakland/K, Jack P. Murray/T); Let's Hear It for Me (John Kander/K, Fred Ebb/T); Me and My Shadow (Al Jolson u. Dave Dreyer/K, Billy Rose/T)

In Kurzfassung:
So Long Honey Lamb (John Kander/K, Fred Ebb/T); Am I Blue (Harry Akst/K, Grant Clarke/T); I Got a Code in My Doze (Arthur Fields/K, Billy Rose u. Fred Hall/T)
Schallplatte: Arista AL 9004/Arista C 062-96394

Fanny Brice wird ferner dargestellt in den Filmen:
(TV) *Ziegfeld, the Man and His Women,* USA/1978, von Catherine Jacoby
The Cotton Club/Cotton Club, USA/1984, von Rosalind Harris
Persönlich wirkte sie mit in den Filmen:
My Man (1928), *Be Yourself!* (1930), *Crime Without Passion* (1934), *The Great Ziegfeld* (1936), *Everybody Sing* (1938), *Ziegfeld Follies* (1946)

Florenz Ziegfeld wird ferner dargestellt in den Filmen:
Polly of the Follies, USA/1922, von Bernard Randall
An Affair of the Follies, USA/1927, von Bertram Marburgh (als Lew Kline)
The Great Ziegfeld/Der große Ziegfeld, USA /1936, von William Powell

Ziegfeld Follies/Broadway-Melodie, USA/1945, von William Powell
The Jolson Story/Der Jazzsänger, USA 1946, von Eddie Kane
I'll See You in My Dreams, USA/1952, von William Forrest
The Eddie Cantor Story, USA/1953, von William Forrest
The I Don't Care Girl, USA/1953, von Wilton Graff
Deep in My Heart/Tief in meinem Herzen, USA/1954, von Paul Henreid
The Helen Morgan Story/Leben im Rausch, USA/1957, von Walter Woolf King
W. C. Fields and Me, USA/1976, von Paul Stewart
(TV) *Ziegfeld, the Man and His Women,* USA/1978, von Paul Shenar

A FUNNY THING HAPPENED ON THE WAY TO THE FORUM
(Deutscher Titel: AUF, AUF ZUM FORUM)

Musik und Songtexte: Stephen Sondheim
Buch: Burt Shevelove, Larry Gelbart, unter Verwendung von Motiven aus Bühnenstücken des römischen Komödiendichters Titus Maccius Plautus (um 250–184 v. Chr.), speziell der Komödie »Pseudolus«
Premiere in New York, Alvin Theatre: 8. Mai 1962

Personen und die Darsteller der Premiere:

Pseudolus, Slave to Hero	Zero Mostel
Hysterium, Slave to Senex and Domina	Jack Gilford
Senex, a Citizen of Rome	David Burns
Domina, his Wife	Ruth Kobart
Hero, his Son	Brian Davis
Erronius, a Citizen of Rome	Raymond Walburn
Lycus, a Dealer in Courtesans	John Carradine
Philia	Preshy Marker
Miles Gloriosus, a Warrior	Roland Holgate
Tintinabula	Roberta Keith
Panacea	Lucienne Bridou
Vibrata	Myrna White

Gymnasia   Gloria Kristy
Prologus   Zero Mostel
The Geminae (Zwillinge): Lisa James, Judy Alexander
The Proteans: Eddie Phillips, George Reeder, David Evans

Produzent: Harold Prince
Choreographie: Jack Cole
Regie: George Abbott
Ort und Zeit: Im antiken Rom

Handlung: Turbulente Komödie im altrömischen Stil um Philia, eine einfältige, aber entzückende Sklavin, die unfreiwillig Anlaß zu Verwicklungen und Verwirrungen gibt, weil mehrere Männer gleichzeitig, zum Teil durch die merkwürdigsten Machenschaften, versuchen, sie zu erringen. Der junge, naive Hero aus dem Hause des Senex möchte Philia, die zu den Kostbarkeiten des Bordellhändlers Lycus gehört, für sich gewinnen, weil er sie anbetet. Der Sklave Pseudolus verspricht ihm seine Hilfe um den Preis, die Freiheit erlangen zu können. Hero ist einverstanden. Schwierig ist der Fall, weil Philia von Lycus bereits an den abwesenden Krieger Miles Gloriosus verkauft wurde. In aller Unschuld wartet sie auf die Ankunft ihres Herrn und Gebieters. Pseudolus greift zu einer List, um Miles abzuschrecken. Er verbreitet das Gerücht, Philia, die aus Kreta stammt, habe von dort eine ansteckende Krankheit mitgebracht. Dadurch versetzt er den Händler Lycus in Schrecken, und dieser ist froh, als Pseudolus ihm anbietet, die Kranke im Hause des Senex aufzunehmen. Philia entdeckt dort ihre Zuneigung zu Hero, doch fühlt sie sich durch den Kaufvertrag an Miles gebunden. Ihre Schönheit betört aber auch den alten Senex, Heros Vater, der sie umgarnt, dabei aber mit seinem zänkischen Eheweib Domina in Konflikt gerät. Miles kehrt heim und verlangt so stürmisch nach seiner Braut, daß Pseudolus sich gezwungen sieht, sie an der Krankheit sterben zu lassen. Er überredet seinen Kumpan Hysterium, ebenso Sklave im Hause des Senex wie er, in Frauenkleidern den Leichnam zu spielen. Miles, in Trauer um seine tote Braut, will sie verbrennen lassen. In Furcht um sein Leben rennt Hysterium davon. Allgemeine Panik bricht aus. Freunde und Gegner suchen den Flüchtigen, andere fürchten die ansteckende Krankheit. Miles glaubt, Philia gefunden zu haben, ist aber nur an die bissige Domina geraten, und Lycus hat Mühe, einen Aufruhr seiner Mädchen zu bändigen. Nur Pseudolus behält die Nerven und ist raffiniert genug, sich des Kaufvertrags für Philia zu bemächtigen. Damit hat er sein Ziel erreicht, die schöne Sklavin für Hero zu gewinnen. Sogar Miles Gloriosus muß schließlich damit einverstanden sein, denn es stellt sich heraus, daß Philia seine Schwester ist, was beide nicht wußten, da sie als kleine Kinder von Piraten geraubt worden waren.

Auszeichnungen: 6 Antoinette Perry Awards (Tonys) 1963: Bestes Musical / Männliche Hauptrolle–Musical: Zero Mostel / Männliche Nebenrolle–Musical: David Burns / Buch–Musical: Burt Shevelove, Larry Gelbart / Produzent–Musical: Harold Prince / Regie–Musical: George Abbott
2 Antoinette Perry Awards (Tonys) 1972 (Revival/Neuproduktion): Männliche Hauptrolle–Musical: Phil Silvers / Männliche Nebenrolle–Musical: Larry Blyden

Deutschsprachige Erstaufführung:
22. Februar 1972, Reichskabarett, Berlin.
Autoren: Rainer Brandt, Mark Lemann

Film:

A Funny Thing Happened on the Way to the Forum
(Deutscher Titel: TOLL TRIEBEN ES DIE ALTEN RÖMER)
1966, USA – United Artists/Quadrangle Productions – Color DeLuxe, 99 Min.
Deutsche Erstaufführung: 1967
Musik und Songtexte: Stephen Sondheim
Drehbuch: Melvin Frank, Michael Pertwee, nach dem gleichnamigen Musical

Personen und ihre Darsteller:
Pseudolus   Zero Mostel
Lycus   Phil Silvers
Erronius   Buster Keaton
Hysterium   Jack Gilford
Hero   Michael Crawford
Philia   Annette Andre

Domina	Patricia Jessel
Senex	Michael Hordern
Gymnasia	Inga Neilsen
Miles Gloriosus	Leon Greene
Vibrata	Myrna White
Panacea	Lucienne Bridou
Tintinabula	Helen Funai
The Geminae	Jennifer und Susan
(Zwillinge)	Baker
Fertilla	Janet Webb
High Priestress	Pamela Brown
Coliseum Gard	Alfie Bass
Domina's Mother	Beatrix Lehmann
Instructor	Roy Kinnear

ferner: Frank Elliot, Bill Kerr, Jack May, Frank Thornton

Produzent: Melvin Frank
Choreographie: Ethel Martin, George Martin
Regie: Richard Lester
Auszeichnung: 1 Academy Award (Oscar) 1966: Musikgesamtwerk–Instrumentierung (Filmversion): Ken Thorne

Songs und Musiknummern

Bühne:
Comedy Tonight; Love, I Hear; Free; The Home of Marcus Lycus; Lovely; Pretty Little Picture; Everybody Ought to Have a Maid; I'm Calm; Impossible; Bring Me My Bride; That Dirty Old Man; That'll Show Him

Film:
Comedy Tonight; Free; Everybody Ought to Have a Maid; Bring Me My Bride; Lovely; The Dirge

Schallplatten:
NY – Capitol SW 1717/WAO 1717
L – His Master's Voice CLP 1685/CSD 1518, First Night FNOCR 003
F – United Artists 4144/5144

A GAIETY GIRL

Musik: Sidney Jones
Songtexte: Harry Greenbank
Buch: Owen Hall
Premiere in London, Prince of Wales Theatre: 14. Oktober 1893

Personen und die Darsteller der Premiere:

Charles Goldfield, Captain in the IX. Life Guards	C. Hayden Coffin
Lady Virginia Forest	Lottie Venne

Gaiety Girls:

Alma Somerset	Maud Hobson
Cissy Verner	Blanche Massey
Haidee Walton	Ross Selwick
Ethel Hawthorne	Violet Robinson

Officers of the IX. Life Guards:

Major Barclay	Fred Kaye
Bobbie Rivers	W. Louis Bradfield
Harry Fitzwarren	Leedham Bantock
Romney Farquhar	Lawrance D'Orsay
Reverend Montague Brierly, Honorary Chaplain to the IX. Life Guards	Harry Monkhouse
Rose Brierly, his Daughter	Decima Moore

Society Ladies:

Edytha Aldwyn	Kate Cutler
Gladys Stourton	Marie Studholme
Hon. Daisy Ormsbury	Louie Pounds
Sir Alfred Grey, a Judge of the Divorce Court	Eric Lewis
Lady Grey	E. Phelps
Mina, a French Maid	Juliette Nesville
Lance	Gilbert Porteous
Auguste, a Bathing Attendant	Fritz Rimma

Produzent: George Edwardes
Regie: J. A. E. Malone
Ort: Windsor (London) und an der französischen Riviera
Zeit: »Gegenwart« (1893)

Handlung: Naive Gesellschaftskomödie. Die Offiziere der Life Guards von Windsor Castle geben eine Gartenparty, und Lady Virginia Forest bemuttert drei junge elegante Ladies der Gesellschaft. Die langweilige Party wird plötzlich durch den sehr eigenwilligen Major Barclay in Bewegung gebracht, als dieser mit vier jungen Künstlerinnen des Londoner Gaiety-Theaters erscheint. Vor allem die Ladies der feinen Gesellschaft zeigen den Showgirls die kalte Schulter, doch Lady Forest sorgt für bessere Stimmung, indem sie die Damen vom Theater überredet, eine Show-Einlage darzubieten und für die Anwesenden zu singen und zu tanzen. Captain Goldfield von den Life Guards verliebt sich sofort in Alma Somerset, eines der Gaiety Girls, erklärt ihr, daß er sie heiraten möchte, doch sie lehnt ab in der Meinung, ihre Herkunft vom Theater könne seiner Karriere und seinem Ansehen schaden. Tatsächlich muß Captain Goldfield erleben, daß man Alma plötzlich des Diebstahls beschuldigt, weil jemand heimtückisch einen gestohlenen, mit Diamanten besetzten Kamm in ihre Handtasche gesteckt hat. Er glaubt aber fest daran, daß sie unschuldig ist. Erst bei einem neuen festlichen Zusammentreffen aller Beteiligten an der französischen Riviera während des Karnevals gelingt unter Mithilfe von Major Barclay und unter dem Schutz der karnevalistischen Verkleidung die Aufklärung des Falles. Der Beweis für Almas Unschuld ist endlich erbracht, und nun wird aus Captain Goldfield und Alma, dem Gaiety Girl, ein glückliches Paar.

Anmerkung: »A Gaiety Girl« gilt als die erste Musikkomödie, mit der der Begriff »Musical« sich als Bezeichnung für ein Bühnenwerk mit dramaturgisch geformter, durchgehender Handlung und musikalischen Einlagen festigte. Im weiteren Sinne bezeichnet »Musical« jede Bühnenvorführung mit Musik, also auch Vaudeville, Show und Revue.

Das Gaiety-Theater in London bestand seit 1868 und spezialisierte sich auf Burlesken und musikalische Shows. Ab 1892 erschienen Revuen und Musicals, durch welche die Ballettgruppe ausgesucht schöner Mädchen als »Gaiety Girls« zu einem Begriff wurde.

Hauptmusiktitel/Bühne:
Sunshine Above; Beneath the Skies; It Seems to Me; When Your Pride Has a Tumble; Private Tommy Atkins (Potter-Hamilton)

Hinweis/Film:
Der amerikanische Stummfilm »The Gaiety Girl« von 1924 hat mit dem Musical »A Gaiety Girl« nichts zu tun, sondern ist – nach dem Roman »The Inheritors« (1922) von Ida Alexa Ross Wylie – die Geschichte einer verarmten jungen britischen Aristokratin, die in London als Gaiety Girl auftritt und deren Hochzeit mit einem ungeliebten reichen Mann noch rechtzeitig verhindert wird, als ihr verschollener und totgeglaubter Liebhaber plötzlich wiedererscheint.

GAY DIVORCE

Musik und Songtexte: Cole Porter
Buch: Dwight Taylor, Kenneth Webb, Samuel Hoffenstein, nach einem nicht veröffentlichten Bühnenstück: »An Adorable Adventure« von J. Hartley Manners
Premiere in New York, Ethel Barrymore Theatre: 29. November 1932

Personen und die Darsteller der Premiere:

Guy Holden	Fred Astaire
Mimi	Claire Luce
Hortense	Luella Gear
Teddy	G. P. Huntley Jr.
Barbara Wray	Betty Starbuck
Tonetti	Erik Rhodes
Waiter	Eric Blore
Pratt	Roland Bottomley
Robert	Taylor Gordon
Gladys	Jean Frontai
Vivian	Helen Allen
Doris	Mary Jo Mathews
Phyllis	Eleanor Etheridge
Joan	Joan Burgess
Joyce	Dorothy Waller
Ann	Billie Green
Porter	Martin Cravath
Sonia	Sonia B. Fitch
Pat	Pat Palmer
Diana	Mitzi Garner
Claire	Edna Abbey
Elaine	Jacquie Simmons
Edith	Ethel Hampton
Evelyn	Grace Moore
Elizabeth	Hulda Hedvig

Produzenten: Dwight Deere Wiman, Tom Weatherly
Choreographie: Carl Randall, Barbara Newberry
Regie: Howard Lindsay

Ort: Englischer Badeort
Zeit: »Gegenwart« (1932)

Handlung: »Schlafzimmer-Posse«, Verwechslungskomödie. Die Schauspielerin Mimi möchte sich von ihrem langweiligen Ehemann trennen und will deshalb eine Scheidung provozieren. Zu diesem Zweck reist sie allein in ein englisches Seebad, um dort einen Scheidungsgrund zu inszenieren. Durch eine Agentur läßt sie sich einen Schauspieler vermitteln, der die Rolle eines stürmischen Liebhabers spielen soll. Guy Holden, ein englischer Romancier, ist seit einiger Zeit in Mimi verliebt, doch hatten seine schüchternen Annäherungsversuche bisher keine Beachtung gefunden. Guy ist nun entschlossen, Mimi seine Verehrung deutlich zu zeigen. Er erfährt von dem Engagement des Schauspielers und schafft es, Kenntnis von dem Stichwort zu bekommen, mit dem der »Liebhaber« sich bei Mimi identifizieren soll. Sofort erscheint er selbst bei ihr als Verehrer und bemüht sich, ihr mit Gesang und Tanz zu imponieren. Tag und Nacht sei sie die einzige für ihn, versichert er ihr. Mimi ist erstaunt, wie großartig der gemietete Liebhaber seine Rolle spielt. Doch erscheint plötzlich der tatsächlich für das Rendezvous engagierte Galan. Guy ist nicht geneigt, sich verdrängen zu lassen. Geschickt trickst er den »Nebenbuhler« aus, und seine Hartnäckigkeit wird belohnt: Er gewinnt Mimis Zuneigung. Was als Täuschungsmanöver geplant war, hat sich zu einer ernsthaften Affäre entwickelt. Mimi ist genügend kompromittiert, um geschieden zu werden, und der Neue ist schon in ihr Leben getreten.

Film:

The Gay Divorcee
(Deutscher Titel: SCHEIDUNG AUF AMERIKANISCH)
1934, USA – RKO, 107 Min.
Deutsche Erstaufführung: 1965 (TV/ARD unter dem Titel »Tanz' mit mir«)
Veränderte Songs.
Drehbuch: George Marion Jr., Dorothy Yost, Edward Kaufman, nach dem Musical »Gay Divorce«

Personen und ihre Darsteller:

Guy Holden	Fred Astaire
Mimi Glossop	Ginger Rogers
Aunt Hortense Ditherwell	Alice Brady
Egbert Fitzgerald	Edward Everett Horton
Rodolfo Tonetti	Erik Rhodes
Waiter	Eric Blore
Dancer	Betty Grable
Guy's Valet	Charles Coleman
Cyril Glossop	William Austin
Hotel Guest	Lilian Miles
Nightclub Proprietor	Paul Porcasi
Customs Inspector	E. E. Clive
Call Boy at Dock	Charles Hall
French Waiters	George Davis
	Adolphe Martelle
ferner	Art Jarrett

Produzent: Pandro S. Berman
Choreographie: David Gould, Hermes Pan
Regie: Mark Sandrich

Anmerkung: Titeländerung durch die Filmgesellschaft mit Rücksicht auf die Macht der amerikanischen Frauenvereine: Statt GAY DIVORCE (Fröhliche Scheidung) nun THE GAY DIVORCEE (Die fröhliche Geschiedene).

Auszeichnung: 1 Academy Award (Oscar) 1934: Song »The Continental« (Con Conrad/K, Herb Magidson/T)

Songs und Musiknummern

Bühne Gay Divorce:
After You, Who?; Why Marry Them?; Salt Air; I Still Love the Red, White and Blue; Night and Day; How's Your Romance?; What Will Become of Our England?; I've Got You on My Mind; Mister and Missus Fitch; You're in Love; Never Say No; I Love You Only

Film The Gay Divorcee:
Don't Let It Bother You (Mack Gordon/K, Harry Revel/T); Looking for a Needle in a Haystake (Con Conrad/K, Herb Magidson/T); Let's K-Nock K-Nees (Mack Gordon/K, Harry Revel/T); Night and Day (Cole Porter/K u. T); The Continental (Con Conrad/K, Herb Magidson/T)

Schallplatten:
L – World Records SHB 26
F – EMI EMTC 101, Sunbeam STK
    105-1

THE GEISHA
(Deutscher Titel: DIE GEISHA)

Musik: Sidney Jones
Songtexte: Harry Greenbank
Buch: Owen Hall
Premiere in London, Daly's Theatre:
25. April 1896
Premiere in New York, Daly's Theatre:
9. September 1896

Personen und die Darsteller der Premieren
London (L), New York (NY):

O Mimosa San, Chief Geisha	Marie Tempest (L) Dorothy Morton (NY)
Reginald Fairfax, Officer of H. M. S. »The Turtle«	C. Hayden Coffin (L) Van Rensselaer Wheeler (NY)
Wun-Hi, Proprietor of Tea House	Huntley Wright (L) William Sampson (NY)
Molly Seamore	Letty Lind (L) Violet Lloyd (NY)
Marquis Imari, Governor of the Province and Chief of Police	Harry Monkhouse (L) Edwin Stevens (NY)
Juliette Diamant, a French Interpreter	Juliette Nesville (L) Helma Nelson (NY)
Lady Constance Wynne	Maud Hobson (L) Marie St. John (NY)
Dick Cunningham, Officer of H. M. S. »The Turtle«	Louis Bradfield (L) Herbert Gresham (NY)
Arthur Cuddy, Officer of H. M. S. »The Turtle«	Leedham Bantock (L) George Lesoir (NY)
Katana, Captain of the Governor's Guard	William Philp (L) Neil McCay (NY)
Nami	Kristine Yudall (L) Sarina Alexe (NY)
Takemine, Sergeant of the Governor's Guard	Frederik Rosse (L) Robert Shepherd (NY)

Geishas:

O Kiku San	Emelie Hervé (L) Mabel Thompson (NY)
O Hana San	Mary Fawcett (L) Lila Convere (NY)
O Kinkoto San	Elise Cook (L) Mabelle Gillman (NY)
Komurasaki San	Mary Collette (L) Maud Carter (NY)

Mariners of H. M. S. »The Turtle«:

George Grimston	Sydney Ellison (L) Henry Gunson (NY)
Tommy Stanley, Midshipman	Lydia Flopp (L) Alice Winston (NY)
Gerald St. Pancrass	Lawrance d'Orsay (L) Eric Scott (NY)

English Ladies:

Miss Mary Worthington	Blanche Massey (L) Pauline French (NY)
Miss Ethel Hurst	Hetty Hamer (L) Gerda Wissner (NY)
Miss Mabel Grant	Alice Davis (L) Annette Spencer (NY)

ferner bei Premiere in London:

Miss Louie Plumpton	Margaret Fraser
Miss Marchant	Kate Cannon
Miss Foster	Marie Yorke
Miss Waters	Olive Morell

ferner bei Premiere in New York:

Dorothy Sweet	Maym Kelso
A Buyer	William Hazelton
Dancer	Isadora Duncan

Produzenten: George Edwardes (L), Augustin Daly (NY)
Choreographie: Willie Warde (L/NY)
Regie: J. A. E. Malone (L), Herbert Greham (NY)
Ort: Japanische Hafenstadt (die nicht zu den vertraglich offenen Hafenstädten gehört)
Zeit: »Gegenwart« (1896)

Handlung: »A Story of a Teahouse« – »Eine japanische Teehausgeschichte«. Verwechslungskomödie zwischen Europäern und Japanern im Rahmen fernöstlicher Sitten und Gebräuche. Der englische Marineoffizier Reginald Fairfax sucht gern die reizende Geisha O Mimosa San auf, wenn sein Schiff H. M. S. »The Turtle« in jenem japanischen Hafen vor Anker geht, in dem sich das Teehaus »Zu den zehntausend Freuden« befindet. O Mimosa San liebt den jungen Katana, Kapitän der japanischen Gouverneursgarde, doch beide sind zu arm, um heiraten zu können. Ein Auge auf die schöne Geisha hat auch der mächtige Provinzgouverneur und Polizeipräfekt Marquis Imari geworfen. Er mißbilligt die Besuche des Engländers bei ihr. Ebenso mißbilligt diese Zusammenkünfte die reiche englische Lady Constance Wynne, die als Weltenbummlerin unterwegs ist und davon erfährt. Ihre Bekannte Molly Seamore ist nämlich mit Reginald Fairfax verlobt. Und dann ist da noch die abenteuerlustige Französin Juliette Diamant, die es auf den einflußreichen Marquis Imari abgesehen hat. Als Imari bei Mimosa abblitzt, läßt er das Teehaus kurzerhand schließen, so daß der Inhaber Wun-Hi gezwungen ist, seine Geishas zu versteigern. Imari hofft, auf diese Weise in den Besitz der schönen Mimosa zu kommen. Doch greift Lady Constance auf Bitten von Juliette Diamant ein, überbietet den Marquis Imari und ersteigert O Mimosa San. Um Fairfax von ihr abzulenken, hat sie dessen Verlobte Molly Seamore mit ins Land gebracht. Diese, ebenso abenteuerlustig wie Juliette, verkleidet sich als Japanerin und führt einen Geisha-Tanz vor, mit dem sie Imari hellauf begeistert. Ehe sie es sich versieht, hat er sie erworben, und sie ist gezwungen, ihm zu folgen. Er will sie heiraten, doch das paßt Juliette nicht. Sie verbündet sich mit O Mimosa San, und beiden gelingt es, Molly Seamore zu befreien, indem Juliette in ihre japanischen Gewänder und in die Rolle der Braut schlüpft. Unerkannt wird sie nun mit Imari vermählt und ist damit am Ziel ihrer Wünsche, zumal schließlich auch Imari an ihr Gefallen findet. Fairfax schließt seine befreite Molly in die Arme, und Lady Constance sorgt dafür, daß O Mimosa San und Katana heiraten können.

Deutschsprachige Erstaufführung:
1. Mai 1897, Lessing-Theater, Berlin. Autoren: Curt Max Roehr, Julius Freund

Songs und Musiknummern

Bühne:
Sofern nicht anders angegeben: Sidney Jones/K, Harry Greenbank/T.
Happy Japan; Here They Come; Jack's the Boy for Work (Lionel Monckton/K); The Dear Little Jappy-Jap-Jappy; The Amorous Goldfish; The Kissing; If You Will Come to Tea; Chorus of Lamentation; We're Going to Call On the Marquis; The Toy; O Dance My Little Geisha Gay/A Geisha's Life (O, tanz', du kleine Geisha, du); Attention, Pray!; Chivalry; Chon Kina; Though of Staying Too Long You're Accusing Us; Day Born of Love; Click, Click! I'm a Monkey on a Stick/The Toy Monkey (Lionel Monckton/K); Ching-a-Ring-a-Ree!; Geisha Are We; Star of My Soul; If That's Not Love – What Is?; Japanese March (instr.); With Splendour Auspicious; Chin Chin Chinaman; Love! Love!; Hey-Diddle-Diddle! When Man Is in Love; The Interfering Parrot; Before Our Eyes; What Will the Marquis Do?; Jolly Young Jacks Are We; The Jewel of Asia (James Philp/K); I Can't Refrain from Laughing (Napoléon Lambelet/K); The Wedding (Sidney Jones/K, Adrian Ross/T); Molly Mine (Sidney Jones/K, Adrian Ross/T)

Schallplatte:
St – (D) Decca LW 5049

Anmerkung: Aufnahmen von Liedern aus »The Geisha« gehören zu den ältesten Schallplattenproduktionen der Welt. Die Firma »E. Berliner's Gramophone« brachte 1898 folgende Aufnahmen mit Syria Lamonte heraus: The Amorous Goldfish (Nr. 3020), The Jewel of Asia (Nr. 3012), A Geisha's Life (Nr. 3000).
Ferner erschienen 1898 bei »E. Berliner's Gramophone«: Star of My Soul, mit Tom Bryce (Nr. 2187), Star of My Soul, mit Wills Page (Nr. 2199), Love, Could I Only Tell Thee', mit Harrison Brockbank (Nr. 2016), Toy Duet, mit Winifred Marwood, Montague Borwell (Nr. 4017).

1899 erschienen: Chon Kina, mit Beatrice Hart (Nr. 3079), Jack's the Boy, mit Ian Colquhoun (Nr. 2721).

Hinweis/Film:
Gemäß einer Annonce in der Zeitschrift »Erste Internationale Film-Zeitung«, Jahrgang 1909/Nr. 43, gab es seinerzeit ein Tonbild (Film mit Grammophon-Begleitung) der Bioskop-Gesellschaft, Berlin, in Länge von 60 m: DIE GEISHA – Goldfischlied.

(A) GENTLEMEN PREFER BLONDES und (B) LORELEI

(A) GENTLEMEN PREFER BLONDES
(Deutscher Titel: BLONDINEN BEVORZUGT)

Musik: Jule Styne
Songtexte: Leo Robin
Buch: Anita Loos, Joseph Fields, nach der gleichnamigen Bühnenkomödie (1926) von Anita Loos und John Emerson, nach einer Serie von Kurzgeschichten »Gentlemen Prefer Blondes – The Illuminating Diary of a Professional Lady« von Anita Loos (Erscheinung 1925 in der Zeitschrift »Harper's Bazaar« und 1926 als Roman)
Premiere in New York, Ziegfeld Theatre: 8. Dezember 1949

Personen und die Darsteller der Premiere:

Lorelei Lee	Carol Channing
Dorothy Shaw	Yvonne Adair
Gus Esmond	Jack McCauley
Henry Spofford	Eric Brotherson
Ella Spofford	Alice Pearce
Sir Francis Beekman	Rex Evans
Gloria Stark	Anita Alvarez
Josephus Gage	George S. Irving
Lady Phyllis Beekman	Reta Shaw
Robert Lemanteur	Mort Marshall
Louis Lemanteur, his Son	Howard Morris
Frank	Robert Cooper
George	Eddie Weston
Zizi	Judy Sinclair
Fifi	Hope Zee
Mr. Esmond Sr.	Irving Mitchell
Bill, a Dancer	Peter Birch
Pierre, a Steward	Bob Neukum
Leon, a Valet	Peter Holmes
An Olympic	Curt Stafford
A Flower Girl	Nicole France
Maitre d'Hotel	Crandall Diehl
A Steward	Jerry Craig
Taxi Driver	Kazimir Kocik
The Tenor	William Krach
Policeman	William Diehl
Headwaiter	Kazimir Kocik

Sun Bathers: Pat Donahue, Marjorie Winters
Deck Stewarts: Bob Burkhardt, Shelton Lewis
Deck Walkers: Fran Keegan, Junior Standish
Show Girls: Anna Rita Duffy, Annette Kohl
ferner: Honi Coles, Cholly Atkins

Produzenten: Herman Levin, Oliver Smith
Choreographie: Agnes de Mille
Regie: John C. Wilson
Ort: Luxusdampfer auf dem Atlantik, sowie Paris
Zeit: 1924

Handlung: Gesellschaftskomödie – Parodie auf Typen aus der Lebewelt der 1920er Jahre. Lorelei Lee, abenteuerlustiges Playgirl aus Little Rock/Arkansas, verabschiedet sich von ihrem Verlobten, dem Knopffabrikanten Gus Esmond, und reist mit ihrer Freundin, der Nachtclub-Sängerin Dorothy Shaw, auf dem Luxusdampfer »Ile de France« nach Europa. Die beiden verführerischen Damen sind nicht abgeneigt, reiche Herren kennenzulernen, doch die besten Freunde für Lorelei sind, wie sie klarstellt, wertvolle Diamanten. Während Dorothy dem wohlhabenden Junggesellen Henry Spofford begegnet und sich in ihn verliebt, flirtet Lorelei mit dem vertrottelten Engländer Sir Francis Beekman. Dessen Frau besitzt ein Diamantendiadem, das Lorelei in die Augen sticht. Sie überredet Sir Francis, ihr 5000 Dollar zu leihen, und erwirbt von Lady Beekman mit diesem Geld den Diamantschmuck. Die Lady aber ist empört, als sie herausbekommt, daß Lorelei das Geld zu diesem Kauf von ihrem Mann erhielt. In Paris beginnt Lorelei eine Liebschaft mit Josephus Gage, einem Fabrikanten von Reißverschlüssen. Inzwischen hat Lady Beekman Anwälte damit beauftragt, das Diadem zurückzuholen. Dadurch gerät Lorelei in Schwierigkeiten, die sich noch vergrößern, als ihr Verlobter Gus Esmond in Paris auftaucht und Kenntnis von der Existenz des Josephus Gage erhält. Dieser andere im Leben von Lorelei ärgert ihn besonders deshalb, weil Reißverschlüsse zu einer Konkurrenz für seine Knopffabrikation geworden sind. Ein Bruch seiner Beziehung zu Lorelei ist die Folge. Sie aber hat plötzlich Erfolg bei einem Debüt als Nachtclub-Sängerin. Darüber ist Gus sehr stolz, denn inzwischen ist ihm klargeworden, daß er ohne Lorelei nicht leben kann. Die beiden versöhnen sich. Lorelei erreicht, daß er das Geld an Sir Francis Beekman zurückzahlt, das sie sich geliehen hatte. Von Dorothy und Henry ist zu hören, daß sie ihre Hochzeit vorbereiten. Auch für Lorelei und Gus steht fest: sie kehren nach Amerika zurück und werden heiraten. Denn mittlerweile ist auch Esmond Sr., der Lorelei für ein blondes Dummchen hielt, zu der Überzeugung gelangt, daß sie sehr gewitzt ist, und nun erhebt er gegen die Wahl seines Sohnes keine Einwände mehr.

Anmerkung: Durchbruch zum Erfolg für die bis zu diesem Zeitpunkt unbekannte Carol Channing. Bei der Tony-Verleihung 1968 erhielt sie einen Special Award (Sonderpreis).

Deutschsprachige Erstaufführung:
31. Dezember 1988, Stadttheater Pforzheim. Autoren: Gabrielle Peter, Beate Rygiert

Film:

Gentlemen Prefer Blondes
(Deutscher Titel: BLONDINEN BEVORZUGT) 1953, USA – 20th Century Fox – Technicolor, 91 Min.
Deutsche Erstaufführung: 1954
Veränderte, in die Gegenwart (1953) verlegte Handlung. Veränderte und reduzierte Songs.
Drehbuch: Charles Lederer, nach dem gleichnamigen Musical

Personen und ihre Darsteller:

Lorelei Lee	Marilyn Monroe
Dorothy Shaw	Jane Russell
Sir Francis Beekman	Charles Coburn
Ernie Malone	Elliott Reid
Gus Esmond	Tommy Noonan
Henry Spofford III	George »Foghorn« Winslow
Magistrate	Marcel Dalio
Esmond Sr.	Taylor Holmes
Lady Beekman	Norma Varden
Watson	Howard Wendell
Hotel Manager	Steven Geray
Grotier	Henri Letondal
Pritchard	Alex Frazer
Phillipe	Leo Mostovoy
Bit	Robert Fuller
Cab Driver	George Davis
Headwaiter	Alphonse Martell
Winslow	Harry Carey Jr.
Ship's Captain	Jean Del Val
Peters	Ray Montgomery
Anderson	Alvy Moore
Evans	Robert Nichols
Ed	Charles Tannen
Stevens	Jimmy Young
Purser	Charles De Ravenne
Coach	John Close
Sims	William Cabanne
Steward	Philip Sylvestre
Pierre	Alfred Paix
Court Clerk	Max Willenz
Waiter	Rolfe Sedan
Captain of the Waiters	Harry Seymour
Proprietor	Jack Chefe
Dancer	George Chakiris

Boy Dancers: Jimmie Moultrie, Freddie Moultrie
Passport Officials: Robert Foulk, Ralph Peters
Gendarmes: Jean de Briac, Peter Camlin, George Dee
ferner: John Hedloe, Jamie Russell, Matt Mattox, Ralph Beaumont, Major Sam Harris
Produzent: Sol C. Siegel
Choreographie: Jack Cole (mit Gwen Verdon)
Regie: Howard Hawks

(B) LORELEI

1973 entstand unter dem Titel »Lorelei« eine Neufassung des Musicals »Gentlemen Prefer Blondes«, speziell als Comeback für Carol Channing, die in der Rolle der Lorelei Lee 1949 das Musical zum Erfolg geführt hatte.

(B) LORELEI

Musik: Jule Styne
Alte Songtexte: Leo Robin
Neue Songtexte: Betty Comden, Adolph Green
Neues Buch: Kenny Solms, Gail Parent, in Kombination mit dem Musical »Gentlemen Prefer Blondes«
Uraufführung: Oklahoma City, Civic Centre Music Hall: 26. Februar 1973
Premiere in New York, Palace Theatre: 27. Januar 1974

Personen und die Darsteller der Uraufführung:

Lorelei Lee Esmond	Carol Channing
J. Gustave Esmond/ »Gus«	Peter Palmer
Dorothy Shaw	Tamara Long
Henry Spofford	Lee Roy Reams
Mrs. Ella Spofford	Dody Goodman
Josephus Gage	Brandon Maggart
Lord Francis Beekman	Brooks Morton (Jack Fletcher, NY)
Lady Beekman	Jean Bruno
Robert Lemanteur	Robert Fitch
Louis Lemanteur	John Mineo (Ian Tucker, NY)
Frank	David Roman (Steve Short, NY)
George	Bob Daley
Pierre	Ray Cox
Charles	Ken Ploss (Robert Riker, NY)
Mr. Esmond Sr.	David Neuman
Lobster	Gia De Silva (Brenda Holmers, NY)
Caviar	Angela Martin (Linda McClure, NY)
Pheasant	Aniko Farrell
Salad	Donna Monroe (Marie Halton, NY)
Dessert	Carol Channing
Maitre D'	David Roman (Willard Beckham, NY)

Bridesmaids: Aniko Farrell, Gia De Silva (Marie Halton, NY), Angela Martin (Sherrill Harper, NY), Donna Monroe (Linda McClure, NY)

ferner bei Uraufführung/Oklahoma City:

Zizi	Katherine Hull Mineo
Fifi	Maureen Crockett
Tenor	Ken Ploss
Minister	Ray Cox

Tapsters: Joyce Chapman, Robert Fitch, John Mineo, Ken Ploss

ferner bei Premiere in New York:

Bartender	Ray Cox
Simone Duval	Sherrill Harper
M. C.	Robert Riker
Engineer	Bob Daley
Announcer	Ray Cox

Produzenten: Lee Gruber, Shelly Gross
Choreographie: Joe Layton (Oklahoma City), Ernest O. Flatt (NY)
Regie: Joe Layton (Oklahoma City), Robert Moore (NY)
Ort und Zeit der Rahmenhandlung: New York 1944

Handlung: In einer Rahmenhandlung blickt 1944 Lorelei nach dem Ableben ihres Gatten auf 20 Jahre einer glücklichen Ehe mit Gus Esmond zurück, die ihr die Erfüllung ihrer Träume brachte, zumal sein Reichtum ihr ermöglichte, »Cartier und Tiffany als Supermärkte zu betrachten«. Sie erinnert sich an ihr Ausflippen 1924 während der Verlobungszeit bei der Reise nach Paris mit ihrer Freunding Dorothy.
Die Reminiszenz folgt – zwischen Prolog und Epilog – der Handlung des Musicals »Gentlemen Prefer Blondes«, mit leichten Veränderungen. Einige neue Songs wurden hinzugefügt.

Songs und Musiknummern

Bühne:
Gentlemen Prefer Blondes
It's High Time ⊕; Bye, Bye, Baby ⊕; A Little Girl from Little Rock ⊕; I Love What

I'm Doing ⊕; Just a Kiss Apart ⊕; It's Delightful Down in Chile ⊕; Sunshine; I'm A'Tingle, I'm A'Glow ⊕; House on Rittenhouse Square; You Say You Care ⊕; Mamie Is Mimi ⊕; Diamonds Are a Girl's Best Friends ⊕; Gentlemen Prefer Blondes; Homesick Blues ⊕; Keeping Cool With Coolidge ⊕; Button Up With Esmond ⊕

Bei der Premiere in London (1962) hinzugefügt: You Kill Me

Lorelei
Die oben mit Zeichen ⊕ versehenen Titel sind auch in der Neufassung »Lorelei« enthalten. Die neuen Songs daraus sind (Jule Styne/K, Betty Comden/T, Adolph Green/T): Ave Maria; Looking Back; Olympic Dance; A Girl Like I; Paris; I Won't Let You Get Away; Men; Coquette; Lorelei

Film:
Gentlemen Prefer Blondes
Die mit Zeichen ⊕⊕ versehenen Titel entstammen dem Musical »Gentlemen Prefer Blondes«.
A Little Girl from Little Rock ⊕⊕; Bye, Bye, Baby ⊕⊕; Anyone Here for Love? (Hoagy Carmichael/K, Harold Adamson/T); When Love Goes Wrong (Hoagy Carmichael/K, Harold Adamson/T); Diamonds Are a Girl's Best Friends ⊕⊕

Schallplatten:
NY – Columbia OL 4290/OS 2310, Columbia S 32610
L – His Master's Voice CSD 1464, That's Entertainment TER 1059
F – MGM 3231, MGM 2353-067, DRG Stet DS 15005
LORELEI:
NY – MGM M3G-55

Vorlage des Musicals:

Komödie: *Gentlemen Prefer Blondes*
Buch: Anita Loos, John Emerson, nach Kurzgeschichten von Anita Loos in »Harper's Bazaar« und ihrem gleichnamigen Roman
Uraufführung: New York, Times Square Theatre: 28. September 1926
Hauptdarsteller: June Walker (Lorelei Lee), Edna Hibbard (Dorothy), Frank Morgan (Henry Spoffard)
Produzent: Edgar Selwyn
Regie: Edgar Selwyn

Hinweis/Film:
Verfilmung der Komödie »Gentlemen Prefer Blondes«, der Vorlage des Musicals.

Gentlemen Prefer Blondes
Stummfilm/1928, USA – Paramount/Famous Players-Lasky Corp., 6871 ft/2094 m (77 Min.)
Buch: Das gleichnamige Bühnenstück von Anita Loos und John Emerson (Zwischentitel: Anita Loos, Herman Mankiewicz)
Darsteller: Ruth Taylor (Lorelei Lee), Alice White (Dorothy Shaw), Ford Sterling (Gus Eisman), Holmes Herbert (Henry Spoffard), Mack Swain (Francis Beekman), Emily Fitzroy (Lady Beekman), Trixie Friganza (Mrs. Spoffard), Blanche Frederici (Miss Chapman), Ed Faust (Robert), Eugene Borden (Louis), Margaret Seddon (Lorelei's Mother), Luke Cosgrave (Lorelei's Grandfather), Chester Conklin (Judge), Yorke Sherwood (Mr. Jennings), Mildred Boyd (Lulu)
Regie: Mal (Malcom) St. Clair

Das amerikanische Film-Musical »Gentlemen Marry Brunettes« (Deutscher Titel: »So liebt man in Paris«) von 1955 ist offenkundig ein Versuch der United Artists, an den Erfolgsfilm »Gentlemen Prefer Blondes« von 1953 anzuknüpfen. Das Drehbuch stammt von Mary Loos und Richard Sale, Nichte und Ehemann von Anita Loos, der Autorin von »Gentlemen Prefer Blondes«. Die Handlung des Films hat mit dem Musical nichts zu tun, ist jedoch angenähert: Zwei amerikanische Verkäuferinnen (Jane Russell und Jeanne Crain) machen sich im Pariser Nachtleben an zwei »Millionäre« heran, die keine sind.

GIGI

Musik: Frederick Loewe
Songtexte: Alan Jay Lerner
Buch: Alan Jay Lerner, nach dem gleichna-

migen Roman (1945) der französischen Schriftstellerin Colette und dem gleichnamigen amerikanischen Musicalfilm (1958), Drehbuch: Alan Jay Lerner
Premiere in New York, Uris Theatre: 13. November 1973

Personen und die Darsteller der Premiere:

Gigi	Karin Wolfe
Honoré Lachaille	Alfred Drake
Gaston Lachaille	Daniel Massey
Liane d'Exelmans	Sandahl Bergman
Inez Alvarez – »Mamita«	Maria Karnilova
Aunt Alicia	Agnes Moorehead
Charles, her Butler	Gordon de Vol
Head Waiter/Receptionist/Telephone Installer/Maître d'Hôtel	Joe Ross
Liane's Dance Partner	Thomas Anthony
An Artist	Patrick Spohn
A Count	Joel Pressman
Sandomir	Randy di Grazio
Dancing Teacher	Gregory Drotar
Manuel	Truman Gaige
Maître du Fresne	George Gaynes
Maître Duclos	Howard Chitjian

Waiters und Law Clerks: Leonard John Crofoot, Thomas Stanton
Little Girls: Patricia Daly, Jill Turnbull

Produzenten: Edwin Lester, Saint-Subber (Los Angeles & San Francisco Civic Light Opera Production)
Choreographie: Onna White
Regie: Joseph Hardy
Ort: Paris und Trouville-sur-Mer (französische Atlantikküste)
Zeit: Um 1900

Handlung: Pariser Liebesgeschichte im Milieu der Jahrhundertwende. Der in die Jahre gekommene Lebemann und ewige Junggeselle Honoré Lachaille ist sich treu geblieben und schaut immer noch den jungen Mädchen nach. Das Erobern der Herzen aber hat er mittlerweile seinem Neffen Gaston überlassen. Dessen wechselnde Liebschaften beschäftigen zwar die Klatschspalten der Zeitungen, Gaston selbst aber ist in-

zwischen lustlos. Ganz im Gegensatz zu seinem Onkel Honoré, der mit stillem Vergnügen an seine Abenteuer zurückdenkt, langweilen Gaston die Eskapaden. Gerngesehener Gast ist er im Hause der Madame Alvarez, die einst Geliebte seines Onkels war. Bei ihr lebt die jugendliche Gigi, ihre Enkelin. Gigis Großmutter, zärtlich »Mamita« genannt, und die Großtante Alicia hatten mit den Herren der besseren Gesellschaft gute Erfahrungen gemacht und verdanken ihren Wohlstand geschickten Arrangements. Sie wollen Gigi mit den Finessen der Lebewelt vertraut machen, damit sie die Tradition fortsetzen kann. Die naive Gigi betrachtet alles als ein aufregendes Spiel. Auch verfolgt sie aufmerksam die Presseberichte über Gaston, der gerade zerknirscht darüber ist, daß seine jüngste Eroberung, Liane d'Exelmans, ihm den Laufpaß gegeben hat. Nachdem Gaston sich etliche Nächte herumgetrieben hat, erzählt er bei Madame Alvarez, er wolle übers Wochenende ins Seebad Trouville fahren, um auszuspannen. Gigi bekundet ihren Wunsch, das Meer kennenzulernen, und Gaston lädt sie und ihre Großmutter ein, mitzureisen. Mehr und mehr ist Gaston fasziniert von der Frische und Natürlichkeit, die von Gigi ausgehen. Für ihn, der seine Flirts bisher immer nur in der feinen Gesellschaft unternahm, sind das völlig neue Erfahrungen. Mamita und Alicia stellen fest, daß Gigi erwachsen geworden ist und daß Gaston sich für sie interessiert. Die Damen wollen mit ihm Abmachungen treffen, die Gigis Zukunft sichern sollen, doch Gigi ist nicht bereit, dabei mitzumachen. Obwohl oder gerade weil sie Gaston sehr gern hat, will sie keine von seinen Liebschaften sein. Gaston ist tief enttäuscht, ja verärgert. Aufgebracht wendet er sich an seinen Onkel, fragt ihn, was er tun solle. Der weise alte Herr rät ihm, sich ein anderes Mädchen zu suchen. Doch das kann Gaston nicht, er ist verliebt in Gigi! Als er trübsinnig mit sich zu Rate geht, wird ihm klar, daß Gigi nicht die Frau für eine Liaison ist. Entschlossen eilt er zu Mamita und hält, ganz gegen seine Prinzipien, um Gigis Hand an.

Auszeichnung: 1 Antoinette Perry Award (Tony) 1974: Musikalisches Werk (Komposition–Songtexte): Frederick Loewe, Alan Jay Lerner

Deutschsprachige Erstaufführung (Originaltitel): 24. Oktober 1974, Theater an der Wien, Wien. Autor: Robert Gilbert

Vorlage des Musicals:

Film:

Gigi
1958, USA – Metro-Goldwyn-Mayer – CinemaScope/Metrocolor, 119 Min.
Deutsche Erstaufführung (Originaltitel): 1958
Film-Musical.
Musik: Frederick Loewe
Songtexte: Alan Jay Lerner
Drehbuch: Alan Jay Lerner, nach dem gleichnamigen Roman der französischen Schriftstellerin Colette

Personen und ihre Darsteller:

Gigi	Leslie Caron (Gesangsstimme: Betty Wand)
Honoré Lachaille	Maurice Chevalier
Gaston Lachaille	Louis Jourdan
Madame Alvarez	Hermione Gingold
Liane d'Exelmans	Eva Gabor
Sandomir	Jacques Bergerac
Aunt Alicia	Isabel Jeans
Manuel	John Abbott
Butler Charles	Edwin Jerome
Simone	Lydia Stevens
Prince Berensky	Maurice Marsac
Showgirl	Monique Van Vooren
Designer	Dorothy Neumann
Mannequin	Maruja Plose
Redhead	Marilyn Sims
Blonde	Pat Sheahan
Harlequin	Richard Bean
Lifeguard	Leroy Winebrenner
Model	Marya Ploss
Coachman	Jack Trevan

Produzent: Arthur Freed
Regie: Vincente Minnelli

Auszeichnungen: 9 Academy Awards (Oscars) 1958: Bester Film / Regie: Vincente Minnelli / Drehbuch (Adaption): Alan Jay Lerner / Kamera–Farbe: Joseph Ruttenberg / Ausstattung–Szenenbild: William A. Horning u. Preston Ames, Henry Grace u. Keogh Gleason / Kostüme: Cecil Beaton / Schnitt: Adrienne Fazan / Musik–Song »Gigi«: Frederick Loewe, Alan Jay Lerner / Musikgesamtwerk–Instrumentierung (Filmversion): André Previn –
ferner bei Oscar-Verleihung 1958: Honorary Award (Ehrenpreis) für Maurice Chevalier in Würdigung seines Beitrages zur Welt der Unterhaltung über mehr als ein halbes Jahrhundert.

Songs und Musiknummern

Bühne (1973):
Die mit Zeichen ⊕ versehenen Songs wurden für die Bühnenproduktion neu geschrieben.
Thank Heaven for Little Girls; It's a Bore; I Don't Understand the Parisians; The Earth and Other Minor Things ⊕; Paris Is Paris Again ⊕; She Is Not Thinking of Me (Waltz at Maxim's); The Night They Invented Champagne; I Remember It Well; I Never Want to Go Home Again; The Telephone; Gigi; The Contract ⊕; I'm Glad I'm Not Young Anymore; In This Wide, Wide World ⊕

Film (1958):
Thank Heaven for Little Girls; It's a Bore; I Don't Understand the Parisians; Gossip; She Is Not Thinking of Me (Waltz at Maxim's); The Night They Invented Champagne; I Remember It Well; Gigi (»Oscar-Melodie«); I'm Glad I'm Not Young Anymore; Say a Prayer for Me Tonight; A Toujours (Backgroundmusik)

Schallplatten:

NY	– RCA ABL 1-0404
L	– First Night HMFN 07001
D/B	– (Johannes Heesters, Christiane Rücker) Fair Play FP 2001
F	– MGM E 3641, MGM 665005, MGM 2353037 B
St	– (Lee Carol, Ray Wolfson) Baccarola 78 297 ZE, (Gogi Grant, Tony Martin) RCA LPM/LSP 1716

Hinweis:
Nach dem Roman »Gigi« von Colette (d. i.
Sidonie Gabrielle Colette) sind bereits
1948 ein französischer Spielfilm und 1951
eine amerikanische Bühnenkomödie entstanden.

Film:

Gigi
1948, Frankreich – Codo-Cinéma, 109 Min.
Deutsche Erstaufführung (Originaltitel): 1955
Drehbuch: Pierre Laroche, nach dem gleich-
namigen Roman von Colette
Darsteller: Danièle Delorme (Gigi), Frank
Villard (Gaston), Yvonne de Bray (Mami-
ta), Gaby Morlay (Tante Alicia), Jean Tis-
sier (Honoré), Madeleine Rousset (Liane
d'Exelmans), Paul Demange (Emmanuel),
Hélène Pépée (Andrée), Michel Flamme
(Sandomir), Pierre Juvenet (M. Lachaille),
Yolande Laffon (Madame Lachaille), Co-
lette Georges (Minouche), Geneviève Cham-
bry (Colette), Alexa (Polaire), Georgette
Tissier (La bouquetière), Léo Massart
(Willy), Marcel Rouzé – Louis Siccardi –
René Marjac – Marcel Arnai (Les maîtres
d'hôtel), Mireille Carral, Muriel Taylor
Produzent: Claude Dolbert
Regie: Jacqueline Audry

Bühne:

Komödie: *Gigi*
Buch: Anita Loos, nach dem gleichnamigen
Roman von Colette
Uraufführung: New York, Fulton Theatre:
24. November 1951
Darsteller: Audrey Hepburn (Gigi), Mi-
chael Evans (Gaston Lachaille), Cathleen
Nesbitt (Aunt Alicia), Doris Patston
(Mother), Josephine Brown (Grandmo-
ther), Bertha Belmore (Sidonie), Francis
Compton (Victor)
Produzent: Gilbert Miller
Regie: Raymond Rouleau
Anmerkung: Sensationserfolg für die bis da-
hin unbekannte Audrey Hepburn. Zwei
Jahre später spielte in der Londoner Auf-
führung Leslie Caron die Titelrolle.
Audrey Hepburn erhielt bei der Tony-Ver-
leihung 1968 einen Special Award (Ehren-
preis).

**(A) GIRL CRAZY und (B) CRAZY FOR
YOU**
(A) GIRL CRAZY
Musik: George Gershwin
Songtexte: Ira Gershwin
Buch: Guy Bolton, John McGowan
Premiere in New York, Alvin Theatre:
14. Oktober 1930

Personen und die Darsteller der Premiere:

Gieber Goldfarb	Willie Howard
Danny Churchill	Allen Kearns
Molly Gray	Ginger Rogers
Slick Fothergill	William Kent
Kate Fothergill	Ethel Merman
Flora James	Eunice Healey
Jake Howell	Lew Parker
Pete	Clyde Veaux
Hank Sanders	Carlton Macy
Patsy West	Peggy O'Connor
Sam Mason	Donald Foster
Tess Parker	Olive Brady
Eagle Rock	Chief Rivers
Lariat Joe	Starr Jones
Hotel Proprietor	Jack Classon
Sergeant of Police	Norman Curtis

ferner: Antonio und Renée Demarco (Tanz-
paar)
The Foursome: Marshall Smith, Ray John-
son, Del Porter, Dwight Snyder
Al Siegel (Pianist)
Red Nichols Orchestra mit Benny Good-
man, Gene Krupa, Glenn Miller, Jimmy
Dorsey, Jack Teagarden

Produzenten: Alex A. Aarons, Vinton Freed-
ley
Choreographie: George Hale
Regie: Alexander Leftwich
Ort: Custerville, Arizona/USA und San
Luz/Mexiko
Zeit: »Gegenwart« (1930)

Handlung: Amerikanische Komödie. Um
den New Yorker Playboy Danny von seinem nichtsnutzigen Tun abzubringen, wird
er von seinem reichen Vater nach Arizona
ins Städtchen Custerville verbannt, in dem
es keine mondänen Frauen gibt und das
an Verlockungen nichts zu bieten hat. Es
dauert nicht lange, da hat Danny das öde
Nest in ein luxuriöses Amüsierzentrum

verwandelt. Er eröffnet eine Westernranch für Urlauber, ausgestattet mit hübschen Broadway-Tänzerinnen und einem Spielsalon. Den Taxifahrer Gieber Goldfarb, der ihn aus New York nach Custerville brachte, will Danny zum Sheriff des Ortes machen. Durch seine Aktivitäten gerät er in Konflikt mit Lank Sanders, der der heimliche Herr des Städtchens ist. Auseinandersetzungen mit finsteren Gangstern bis über die Grenze nach Mexiko hinweg sind die Folge. Doch Gieber Goldfarb wird Sheriff, und Danny meistert schließlich alle Irrungen und Wirrungen. Endlich erfüllt sich auch seine Liebe zu der Postmeisterin Molly. Sie wird ihn auf einen vernünftigen Lebensweg führen, wie es seinem Vater vorschwebte, als er Danny nach Custerville schickte.

Anmerkung: Broadway-Debüt von Ethel Merman. Sie erhielt bei der Tony-Verleihung 1972 einen Special Award (Sonderpreis).
Erfolg mit Gershwin-Songs für die später als Hollywood-Star weltberühmte Ginger Rogers.
Für eine Neuproduktion des Jahres 1960 veränderte Autor Guy Bolton die Handlung, machte aus der Urlaubsranch in Custerville einen typischen Saloon und gestaltete das Stück zu einer Western-Parodie.

Deutschsprachige Erstaufführung (Originaltitel): 19. Februar 1977, Pfalztheater Kaiserslautern. Autor: Max Colpet

Film:

Girl Crazy
1932, USA – RKO, 75 Min.
Musik: George Gershwin
Songtexte: Ira Gershwin
Drehbuch: Herman J. Mankiewicz, Edward Welch, Walter DeLeon, Tim Whelan, nach dem gleichnamigen Musical

Personen und ihre Darsteller:

Jimmy Deegan	Bert Wheeler
Slick Foster	Robert Woolsey
Danny Churchill	Eddie Quillan
Patsy	Dorothy Lee
Tessie Deegan	Mitzi Green
Kate Foster	Kitty Kelly
Molly Gray	Arline Judge
Lank Sanders	Stanley Fields
Mary	Lita Chevret
Pete	Chris-Pin Martin

ferner: Brooks Benedict, Monte Collins

Produzent: William LeBaron
Regie: William A. Seiter

Girl Crazy
1943, USA – Metro-Goldwyn-Mayer, 99 Min.
Teilweise veränderte Handlung.
Musik: George Gershwin
Songtexte: Ira Gershwin
Drehbuch: Fred F. Finklehoffe, nach dem gleichnamigen Musical

Personen und ihre Darsteller:

Danny Churchill Jr.	Mickey Rooney
Ginger Gray	Judy Garland
Bud Livermore	Gil Stratton
Henry Lathrop	Robert E. Strickland
»Rags«	Rags Ragland
Specialty	June Allyson
Polly Williams	Nancy Walker
Dean Phineas Armour	Guy Kibbee
Marjorie Tait	Frances Rafferty
Governor Tait	Howard Freeman
Mr. Churchill Sr.	Henry O'Neill
Ed	Sidney Miller
Governor's Secretary	Sarah Edwards
Brunette	Eve Whitney
Buckets	Jess Lee Brooks
Maître d'Hotel	Charles Coleman
Nervous Man	Harry Depp
Dignified Man	Richard Kipling
Fat Man	Henry Roquemore
Waiter	Alphonse Martel
Churchill's Secretary	Barbara Bedford
Station Master	Victor Potel
Tom	William Beaudine Jr.
Reception Clerk	Irving Bacon
Cameraman	Roger Moore
Southern Girl	Mary Elliott
Girl	Katharine Booth
Messenger	George Offerman Jr.
Roly-poly Man	Frank Jaquet
Governor's Crony	Harry C. Bradley
Indian Chief	Bill Hazlett

Indian Squaw   Rose Higgins
Fiddle Player   Spec O'Donnell
Blondes: Carole Gallagher, Kay Williams
Radio Men: William Bishop, James Warren, Fred Beckner Jr.
Committee Women: Bess Flowers, Blanche Rose, Helen Dickson, Vangie Beilby, Melissa Ten Eyck, Julia Griffith, Lillian West, Sandra Morgan, Peggy Leon
Students: Joseph Geil Jr., Ken Stewart
Checkroom Girls: Frances MacInerney, Sally Cairns
Showgirls: Georgia Carroll, Aileen Haley, Noreen Nash, Natalie Draper, Hazel Brooks, Eve Whitney, Mary Jane French, Inez Cooper, Linda Deane
Boys: Don Taylor, Jimmy Butler, Peter Lawford, Bob Lowell, John Estes
und Tommy Dorsey and His Orchestra

Produzent: Arthur Freed
Choreographie: Charles Walters (Busby Berkeley für »I Got Rhythm«)
Regie: Norman Taurog

When the Boys Meet the Girls
(Deutscher Titel: BOY MEINER TRÄUME)
1965, USA – Metro-Goldwyn-Mayer/Four Leaf Productions – Panavision/Metrocolor, 110 Min.
Deutsche Erstaufführung: 1966
Remake/Neuproduktion des Films »Girl Crazy« von 1943, veränderte Songs.
Drehbuch: Robert E. Kent, nach dem Drehbuch des Films »Girl Crazy« von 1943 und dem Musical »Girl Crazy«

Personen und ihre Darsteller:

Ginger	Connie Francis
Danny	Harve Presnell
Tess	Sue Ann Langdon
Bill	Fred Clark
Phin, the Mailman	Frank Faylen
Sam	Joby Baker
Kate	Hortense Petra
Lank	Stanley Adams
Pete	Romo Vincent
Delilah	Susan Holloway
Stokes	Russ Collins
Principal of »Cody College«	William T. Quinn
Divorcee	Patti Moore

ferner: Sam the Sham & The Pharaohs, Tony Reese & Pepper Davis, Herman's Hermits, Liberace, Louis Armstrong mit Tyree Glenn (Posaune), Buster Bailey (Klarinette), Billy Kyle (Piano), Buddy Catlett (Baß), Danny Barcelona (Drums)

Produzent: Sam Katzman
Choreographie: Earl Barton
Regie: Alvin Ganzer

(B) CRAZY FOR YOU
Neugestaltung 1991/1992 des Musicals »Girl Crazy« mit neuer Handlung als Rahmen für die weltberühmten Songs von George und Ira Gershwin (siehe Musik).

(B) CRAZY FOR YOU
Musik: George Gershwin
Songtexte: Ira Gershwin
Buch: Ken Ludwig in Zusammenarbeit mit Mike Ockrent, unter Verwendung von Motiven und Songs des Musicals »Girl Crazy«
Premiere in New York, Shubert Theatre: 19. Februar 1992

Personen und die Darsteller der Premiere:

Bobby Child	Harry Groener
Polly Baker	Jodi Benson
Bela Zangler	Bruce Adler
Tess	Beth Leavel
Irene Roth	Michele Pawk
Mother	Jane Connell
Everett Baker	Ronn Carroll
Lank Hawkins	John Hillner

ferner: The Manhattan Rhythm Kings: Brian M. Nalepka, Tripp Hanson, Hal Shane

Produzenten: Roger Horchow, Elizabeth Williams
Choreographie: Susan Stroman
Regie: Mike Ockrent
Ort: New York und Deadrock, Nevada/ USA
Zeit: In den 1930er Jahren

Handlung: Komödie. Bobby Child, reicher Sproß einer Bankiersfamilie, ist gänzlich aus der Art geschlagen und für die Fortsetzung der Familientradition völlig unbegabt. Hingegen entwickelt er einen Hang zur Bühne und möchte am liebsten selbst neben den vielen schönen Mädchen der berühmten »Zangler Follies« im Rampenlicht stehen. Wegen seiner Bühneninteressen hält seine resolute Mutter ihn für geeignet, einen Problemfall in Deadrock/Nevada zu lösen. Everett Baker, der Pächter des alten Vaudeville-Theaters, steckt in Schulden und ist zahlungsunfähig. Deshalb soll Bobby an Ort und Stelle die Kündigung vollziehen. Der aber verliebt sich Hals über Kopf in des Theaterleiters Töchterlein Polly und bringt es nicht fertig, der Familie Baker Kummer zuzufügen. Entschlossen, zur Rettung des Unternehmens etwas zu tun und der hübschen Polly zu imponieren, gibt er sich als der berühmte Broadway-Produzent Bela Zangler aus und geht daran, eine neue große Bühnenshow des bankrotten Theaters zu arrangieren. Er verpflichtet eine Gruppe Chorus Girls aus New York und engagiert eine Anzahl Provinzkünstler, wie sie ihm gerade über den Weg laufen. Die Show ist im Werden, doch erwachsen Bobby plötzlich erhebliche persönliche Schwierigkeiten, denn erstens taucht seine energische Mutter auf, um nach dem Rechten zu sehen, außerdem hat sie seine Verlobte Irene im Schlepptau, und dann erscheint sogar Bela Zangler selbst. Bobby hat Mühe, sich herauszuwinden. Am Ende ist seine Verlobung geplatzt, doch sind mehrfache Happy-Ends gesichert: Zangler unterstützt die Show, die groß herauskommt, Everett Bakers finanzielle Probleme sind beseitigt, sein Unternehmen ist gerettet, und Bobby und Polly werden ein glückliches Paar.

Auszeichnungen: 3 Antoinette Perry Awards (Tonys) 1992: Bestes Musical / Choreographie: Susan Stroman / Kostüme: William Ivey Long

Songs und Musiknummern

Bühne:
Girl Crazy
The Lonesome Cowboy; Bidin' My Time; Could You Use Me?; Broncho Busters; Barbary Coast; Embraceable You (1929 geschrieben für ein nicht produziertes Musical »Ming Toy«); Goldfarb! That's I'm; Sam and Delilah; I Got Rhythm; Land of the Gay

Caballero; But Not for Me; Treat Me Rough; Boy! What Love Has Done to Me!; When It's Cactus Time in Arizona
Für dieses Musical wurden von George und Ira Gershwin weitere Songs geschrieben, fanden jedoch keine Verwendung:
The Gambler of the West; And I Have You; Something Peculiar; You Can't Unscramble Scrambled Eggs

Crazy for You
Die mit Zeichen ⊕ versehenen Songs entstammen dem Musical »Girl Crazy«.
K-ra-zy for You (aus dem Musical »Treasure Girl«, 1928); I Can't Be Bothered Now (aus dem Film »A Damsel in Distress«, 1937); Biddin' My Time ⊕; Things Are Looking Up (aus dem Film »A Damsel in Distress«, 1937); Could You Use Me? ⊕; Shall We Dance? (aus dem Film »Shall We Dance?«, 1937); Someone to Watch Over Me (aus dem Musical »Oh, Kay!«, 1926); Slap That Bass (aus dem Film »Shall We Dance?«, 1937); Embraceable You ⊕; Tonight's the Night! (geschrieben für das Musical »Show Girl«, 1929, jedoch nicht verwendet, T: Ira Gershwin, Gus Kahn); I Got Rhythm ⊕; The Real American Folk Song Is a Rag (aus dem Musical »Ladies First«, 1918); What Causes That? (aus dem Musical »Treasure Girl«, 1928); Naughty Baby (aus dem Musical »Primrose«, 1924, T: Ira Gershwin, Desmond Carter); Stiff Upper Lip (aus dem Film »A Damsel in Distress«, 1937); They Can't Take That Away from Me (aus dem Film »Shall We Dance?«, 1937); But Not for Me ⊕; Nice Work If You Can Get It (aus dem Film »A Damsel in Distress«, 1937)

Filme:

Girl Crazy (1932/1943)
Could You Use Me? (1932/1943); But Not for Me (1932/1943); Embraceable You (1932/1943); Sam and Delilah (1932/1943); I Got Rhythm (1932/1943); Bidin' My Time (1932/1943); You've Got What Gets Me (1932, für den Film geschrieben); Treat Me Rough (1943); Fascinating Rhythm (1943, aus dem Musical »Lady, Be Good«, 1924); Barbary Coast (1943); Broncho Busters

(1943); Happy Birthday, Ginger (1943, Roger Edens/K u. T)
Nur Hintergrundmusik (1943):
When It's Cactus Time in Arizona; Boy! What Love Has Done to Me!

When the Boys Meet the Girls (1965)
But Not for Me; I Got Rhythm; Bidin' My Time; Embraceable You; Treat Me Rough; When the Boys Meet the Girls (Jack Keller, Howard Greenfield); Mail Call (Fred Karger, Ben Weisman, Sid Wayne); Monkey See, Monkey Do (Johnny Farrow); Listen People (Graham Gouldman); Throw It Out of Your Mind (Louis Armstrong, Bill Kayle); Aruba (Liberace)

Schallplatten:
F   – (1943) Curtain Calls CC 100.9-10, Decca A 362/DL 5412, (1965) MGM E-SE 4334
St – (Mary Martin, Louise Carlyle, Eddie Chappell) Columbia OL 7060/ OS 2560
CRAZY FOR YOU:
NY – Broadway Angel CDC 7546182

GODSPELL

Musik und Songtexte: Stephen Schwartz
Buch: John-Michael Tebelak, frei nach dem Matthäus-Evangelium der Bibel
Premiere in New York, Cherry Lane Theatre: 17. Mai 1971

Personen und die Darsteller der Premiere:

Stephen (Jesus)	Stephen Nathan
David/Judas	David Haskell
Herb	Herb Simon
Sonia	Sonia Manzano
Robin	Robin Lamont
Gilmer	Gilmer McCormick
Joanne	Joanne Jonas
Lamar	Lamar Alford
Peggy	Peggy Gordon
Jeffrey	Jeffrey Mylett

Produzenten: Edgar Lansbury, Stuart Duncan, Joseph Beruh
Choreographie: John-Michael Tebelak
Regie: John-Michael Tebelak
Ort: New York
Zeit: »Gegenwart« (1971)

Handlung: Rock-Musical in loser Handlungsfolge über die letzten Tage des Lebens von Jesus Christus auf der Basis des Matthäus-Evangeliums. Zeitversetzt in das moderne New York und übertragen auf eine temperamentvolle Gefolgschaft Jesu unter Blumenkindern. Die Gruppe stellt in Songs, Tanz und Pantomime Predigten, Gleichnisse, Lektionen von Jesus dar. Das Publikum ist einbezogen, Fragen werden gestellt, die Jesus beantwortet. Die Gemeinschaft der Getauften um ihn herum ist fröhlich und ausgelassen, aufmerksam, nachdenklich, lernwillig und leidet zuletzt mit dem Schicksal ihres Herrn Jesus Christus. Alle sind entschlossen, seine Lehren weiterzutragen.

Deutschsprachige Erstaufführung (Originaltitel): 10. Februar 1972, Hauptkirche St. Petri, Hamburg. Autoren: Norman Foster, Robert Gilbert

→ JESUS CHRIST SUPERSTAR

Film:

Godspell
(Deutscher Titel/ZDF: GODSPELL – FOLGT DEM HERRN!)
1973, USA – Columbia/Lansbury-Duncan-Beruh Production – Technicolor, 102 Min.
Deutsche Erstaufführung: 1973
Musik und Songtexte: Stephen Schwartz
Drehbuch: David Greene, John-Michael Tebelak, nach dem gleichnamigen Musical

Personen und ihre Darsteller:

Victor/Jesus	Victor Garber
David/John the Baptist/Judas	David Haskell
Jerry	Jerry Sroka
Lynne	Lynne Thigpen
Katie	Katie Hanley
Robin	Robin Lamont
Gilmer	Gilmer McCormick
Joanne	Joanne Jonas
Merrell	Merrell Jackson
Jeffrey	Jefffrey Mylett

ferner: Stephen Reinhardt, Richard LaBonte

Produzent: Edgar Lansbury
Choreographie: Sammy Bayes
Regie: David Greene

Songs und Musiknummern

Bühne:
Tower of Babble; Prepare Ye the Way of the Lord; Save the People; Day By Day (St. Richard of Chichester/T); Learn Your Lessons Well; Bless the Lord; All for the Best; All Good Gifts; Light of the World; Turn Back, O Man; Alas for You; By My Side (Peggy Gordon/K, Jay Hamburger/T); We Beseech Thee; On the Willows

Film:
Prepare Ye the Way of the Lord; Save the People; Day By Day (St. Richard of Chichester/T); Learn Your Lessons Well; Bless the Lord; All for the Best; All Good Gifts; Light of the World; Turn Back, O Man; Alas for You; By My Side (Peggy Gordon/K, Jay Hamburger/T); On the Willows; Beautiful City

Schallplatten:
NY – Arista 4001, Arista ALB 6-8304, Bell 1102
L – Bell SBLL 203, Bell 2308025
F – Arista 4005, Bell 1118
D/B – Reprise 44176

Hinweis/Film:
Jesus Christus im Film
→ JESUS CHRIST SUPERSTAR

GOLDEN BOY

Musik: Charles Strouse
Songtexte: Lee Adams
Buch: Clifford Odets, William Gibson, nach dem gleichnamigen Theaterstück (1937) von Clifford Odets
Premiere in New York, Majestic Theatre: 20. Oktober 1964

Personen und die Darsteller der Premiere:

Joe Wellington	Sammy Davis Jr.
Lorna Moon	Paula Wayne
Tom Moody	Kenneth Tobey
Eddie Satin	Billy Daniels
Mr. Wellington	Roy Glenn
Anna	Jeanette DuBois
Ronnie	Johnny Brown
Frank	Louis Gossett
Roxy Gottlieb	Ted Beniades
Tokio	Charles Welch
Terry	Terrin Miles
Stevie	Stephen A. Taylor
Hoodlum	Buck Heller
Benny	Benny Payne
Al	Albert Popwell
Lola	Lola Falana
Lopez	Jaime Rogers
Mabel	Mabel Robinson
Les	Lester Wilson
Drake	Don Crabtree
Theresa	Theresa Merritt
Fight Announcer	Maxwell Glanville
Reporter	Bob Drake
Driscoll	Ralph Vucci

Produzent: Hillard Elkins
Choreographie: Donald McKayle
Regie: Arthur Penn
Ort: New York
Zeit: 1937

Handlung: Drama – Aufstieg und Ende eines farbigen Boxers. Den jungen Joe Wellington bedrückt seine Herkunft aus dem Schwarzenviertel von New York. Er ist zornig über die Diskriminierung seiner Rasse und die Erniedrigungen, mit denen die Schwarzen leben müssen. Er will ausbrechen aus dieser Welt, zu Macht und Reichtum gelangen und von den Weißen anerkannt werden. Um schnell zu Ruhm und Geld zu kommen, beginnt er eine Boxerlaufbahn. Tom Moody managt ihn in kleinen Kämpfen, hält ihn aber knapp mit Geld. Tom lebt in Scheidung, weil er seine attraktive Mitarbeiterin Lorna Moon heiraten will. Doch seine Frau verlangt eine hohe Abfindung. Tom meint, er könne mit dem jungen Joe als Boxer Geld machen, doch findet er, der Junge sei nicht voll in Form. Lorna will ihn motivieren. Joe genießt es, die Sympathie der schönen weißen Frau zu spüren, denn sie kennt keine Vorurteile, da sie selbst durch ihre leichtlebige Vergangenheit oft Zielscheibe von Demütigungen geworden war. Ein anderer Manager, der skrupellose Eddie Satin, interessiert sich für den jungen Boxer, einigt sich mit Tom und schickt Joe in einen Kampf. Aber er verlangt Dynamik und Härte von ihm. Joe siegt, hat sich zwar die Hand gebrochen, steht aber am Anfang einer großen Karriere. Lorna schwankt in ihrer Zuneigung zu Tom. Joe, der sie heiß verehrt, hofft, sie für sich gewinnen zu können. In dem festen Glauben, daß Lorna ihn liebt, führt er eine Aussprache mit Tom herbei. Der hat gerade seine Scheidung erreicht, ist entschlossen, Lorna zu heiraten, und droht ihr, sich das Leben nehmen zu wollen. Das stimmt sie um.»Tom braucht mich«, erklärt sie Joe. Doch Joe braucht sie ebenfalls. Er ist verzweifelt. Für Eddie Satin muß er in einen neuen Fight, einen Meisterschaftskampf. Joes Vater, dem das Boxerleben seines Sohnes mißfällt, ist besorgt um ihn. Der Kampf ist hart, doch schließlich siegt Joe durch k.o. Seine Zukunft als Boxer ist gesichert. Erst in der Garderobe erfährt er, daß er mit all der Wucht seines Zorns und seiner Erregung den Gegner getötet hat. Geschockt läuft er davon, setzt sich ans Steuer seines Autos und rast in den Tod. Der Vater holt den Toten nach Hause,»wo er hingehört« – ins Schwarzengetto.

Anmerkung:
Neufassung 1991: *Golden Boy*
Musik: Charles Strouse
Alte Songtexte: Lee Adams
Neue Songtexte: Charles Strouse
Buch: Leslie Lee, auf der Basis der Urfassung des Musicals von 1964
Voraufführung in New Fairfield, Connecticut/USA, Candlewood Playhouse: 3. Dezember 1991

Songs und Musiknummern

Bühne (1964):
Workout; Night Song; Everything's Great; Gimme Some; Stick Around; Don't Forget 127th Street; Lorna's Here; The Road Tour; This Is the Life; Golden Boy; While the City Sleeps; Colorful; I Want to Be With You; Can't You See It?; No More; The Fight

Neufassung (1991):
Teilweise neue Songs bzw. veränderte Songtexte (Charles Strouse/K u.T sowie Textänderungen). Die mit dem Zeichen ⊕ versehenen Titel finden sich auch in der Urfassung von 1964.
Night Song ⊕; Workout ⊕; This Is the

Life ⊕; White Folks; Lorna's Song; Winners; Eddie's Song; USA Blues; Everything Is Lovely in the Morning; Me Too; Lorna's Here ⊕; Don't Forget 127th Street ⊕; Golden Boy ⊕; Gimme Some ⊕; Fit in Anywhere; I Wanna Be With You ⊕; Are There Really Any Winners?; Stick Around ⊕; What Am I Gonna Do Without You?

Schallplatte:
NY – (1964) Capitol SVAS 2124

Vorlage des Musicals:

Schauspiel: *Golden Boy*
Buch: Clifford Odets
Uraufführung: New York, Belasco Theatre: 4. November 1937
Darsteller: Luther Adler (Joe Bonaparte), Frances Farmer, Morris Carnovsky, Roman Bohnen, Jules Garfield/später: John Garfield, Lee J. Cobb, Elia Kazan, Phoebe Brand, Robert Lewis, Howard da Silva, Martin Ritt, Karl Malden
Produzent: The Group Theatre
Regie: Harold Clurman
Anmerkung: Im Gegensatz zum Musical handelt es sich bei der Hauptrolle des Schauspiels um einen Weißen, der zwischen seinen Träumen schwankt, ein Konzertgeiger zu werden oder als Boxer zu Ruhm und Reichtum zu kommen.

Hinweis/Film:
Verfilmung des Schauspiels »Golden Boy« von Clifford Odets, der Vorlage des Musicals.

Golden Boy
1939, USA – Columbia, 99 Min.
Drehbuch: Lewis Meltzer, Daniel Taradash, Sara Y. Mason, Victor Heerman, nach dem gleichnamigen Schauspiel von Clifford Odets
Darsteller: William Holden (Joe Bonaparte), Barbara Stanwyck (Lorna Moon), Adolphe Menjou (Tom Moody), Lee J. Cobb (Mr. Bonaparte), Joseph Calleia (Eddie Fuseli), Sam Levene (Siggie), Edward S. Brophy (Roxy Lewis), Beatrice Blinn (Anna), William H. Strauss (Mr. Carp), Don Beddoe (Borneo), Frank Jenks (Boxer), Charles Halton (Newspaperman), John

Wray (Manager Barker), James Green (Chocolate Drop), Thomas Garland (Fighter), Charles Lane (Drake), Harry Tyler (Mickey), Stanley Andrews (Driscoll), Robert Sterling (Elevator Boy), Clinton Rosemond (Father), Alex Melesh (Stranger), Minerva Urecal (Costumer), Eddie Fetherston (Wilson), Lee Phelps (Announcer), Sam Hayes (Broadcaster), Alfred Grant (Daniel), Bruce Mitchell (Guard), Irving Cohen (Ex-Pug), Earl Askam (Cop) (Referees): Larry McGrath, Bob Ryan, Charles Sullivan (Gamblers): John Harmon, George Lloyd (Fighters): Mickey Golden, Gordon Armitage, Joe Gray
und Onest Conley, Sid Saylor, Dora Clement, Manders Stevens, Anne Kay, Al Lang, Don Brodie, Charles Sherlock, Pat McKee, Charles Randolph
Produzent: William Perlberg
Regie: Rouben Mamoulian

GRAND HOTEL

Musik: Robert Wright, George Forrest, Maury Yeston
Songtexte: Robert Wright, George Forrest, Maury Yeston
Buch: Luther Davis, nach dem amerikanischen Musical »At the Grand« (1958/ siehe Anmerkung), nach dem amerikanischen Film »Grand Hotel« (1932), nach dem deutschen Bühnenstück »Menschen im Hotel« (1930) von Vicki Baum in der amerikanischen Fassung »Grand Hotel« (1930) von William A. Drake, nach dem Roman »Menschen im Hotel« (1929/zuerst erschienen als Fortsetzungsroman in der »Berliner Illustrirten Zeitung«) von Vicki Baum
Premiere in New York, Martin Beck Theatre: 12. November 1989

Personen und die Darsteller der Premiere:

Baron Felix von Gaigern	David Carroll
Elizaveta Grushinskaya	Liliane Montevecchi
Flaemmchen	Jane Krakowski
Otto Kringelein	Michael Jeter
General Director Preysing	Timothy Jerome
Raffaela	Karen Akers
Colonel Dr. Otternschlag	John Wylie
Madame Peepee	Kathi Moss
Rohna	Rex D. Hays
Georg Strunk	Ken Jennings
Kurt Kronenberg	Keith Crowningshield
Hanns Bittner	Gerrit de Beer
Willibald	J. J. Jepson
Erik	Bob Stillman
Hildegarde Bratts	Jennifer Lee Andrews
Wolffe Bratts	Lynette Perry
Sigfriede Holzheim	Suzanne Henderson
Zinnowitz	Hal Robinson
Sandor	Mitchell Jason
Witt	Michel Moinot
Ernst Schmidt	Henry Grossman
Franz Kohl	William Ryall
Werner Holst	David Elledge
Gunther Gustafson	Walter Willison
Trudie	Jennifer Lee Andrews
Doorman	Charles Mandracchia
Chauffeur	Ben George
Hotel Courtesan	Suzanne Henderson

The Jimmys: David Jackson, Danny Stayhorn
Countess & Gigolo: Yvonne Marceau, Pierre Dulaine

Produzenten: Martin Richards, Mary Lea Johnson, Sam Crothers, Sander Jacobs, Kenneth D. Greenblatt, Paramount Pictures, Jujamcyn Theaters (mit Patty Grubman, Marvin A. Krauss)
Choreographie: Tommy Tune (Ballroom: Pierre Dulaine, Yvonne Marceau)
Regie: Tommy Tune
Ort: Berlin
Zeit: 1928

Handlung: Die berühmte MGM-Verfilmung des Roman-Welterfolgs »Menschen im Hotel« von Vicki Baum als Bühnen-Musical in Momentbildern: Schicksale, Begegnungen, zwischenmenschliche Beziehungen unter den zufällig in einem Berliner Luxushotel zusammentreffenden Gästen innerhalb von zwei Tagen. Der kriegsversehrte Colonel Dr. Otternschlag wohnt schon lange im Hotel und ist der Meinung, daß die Menschen zwar kämen und gingen, aber nichts geschehe. Um so ereignisreicher gestaltet sich der Aufenthalt für die kurzfristig anwesenden oder gerade eintreffenden Gäste: Der Baron von Gaigern, vornehm zwar, doch aus finanzieller Not zum versierten Dieb geworden, die Primaballerina Elizaveta Grushinskaya in einer Lebenskrise, da ihr Starruhm spürbar nachläßt, ihre lesbische und der Diva treu ergebene Sekretärin Raffaela, der biedere Buchhalter Otto Kringelein, der, todkrank, seine letzten Lebenstage in der »großen Welt« verbringen will, der Generaldirektor Preysing, der durch ein Schwindelmanöver seine Firma vor dem Ruin retten möchte, und »Flämmchen«, die junge Sekretärin namens Flamm, deren Sinnen und Trachten darin besteht, auf irgendeinem Wege nach Hollywood zu gelangen, um dort ein Star zu werden. Baron von Gaigern benutzt die Abwesenheit der Primaballerina, die ihre zigste Abschiedsvorstellung gibt, dazu, in ihrem Appartement nach Schmuck zu suchen. Doch kehrt die Grushinskaya unerwartet zurück und entdeckt ihn. Rasch schwindelt er ihr vor, nur aus Liebe und Verehrung eingedrungen zu sein. Ob der unerwarteten Liebeserklärung schmilzt die Diva dahin. Die beiden finden sich in echter Zuneigung und verabreden eine gemeinsame Weiterreise nach Wien. Kringelein hat in Generaldirektor Preysing seinen früheren höchsten Boß erkannt und benutzt die Gelegenheit, ihm bittere Wahrheiten zu sagen. Flämmchen, enttäuscht vom Baron, der ihr Avancen gemacht hatte, wendet sich Generaldirektor Preysing zu, der ihr verspricht, sie als Sekretärin zu Verhandlungen nach Amerika mitzunehmen. Als für Preysing in seiner geschäftlichen Misere und in Verfolg betrügerischer Absichten alle moralischen Vorsätze zusammenbrechen, nimmt er Flämmchen mit aufs Zimmer. Doch hier gibt es ein plötzliches Zusammentreffen mit dem diebischen Baron, der sich Geld für die Reise nach Wien verschaffen will. Preysing erschießt ihn als Einbre-

cher. Aus der Traum für Flämmchen; kurz entschlossen wendet sie sich Otto Kringelein zu, um mit ihm nach Paris zu reisen. Und die auf neues Glück hoffende Grushinskaya; die das Hotel schon verlassen hat, wird am Bahnhof vergeblich auf Baron von Gaigern warten.

Anmerkung: Das Musical war bereits in einer früheren Version mit Buch von Luther Davis und Musik von Robert Wright und George Forrest unter dem Titel »At the Grand« mit Handlung in Rom entstanden und 1958 in Los Angeles und San Francisco aufgeführt worden. Da es nicht die gewünschte Resonanz fand, wurde die Produktion eingestellt. Für die Entstehung der neuen Version »Grand Hotel« sorgte Tommy Tune; Musik und Texte wurden von Maury Yeston überarbeitet sowie neue Songs von ihm, teilweise im Austausch, ein- oder hinzugefügt.

Auszeichnungen: 5 Antoinette Perry Awards (Tonys) 1990: Männliche Nebenrolle–Musical: Michael Jeter / Regie–Musical: Tommy Tune / Choreographie–Musical: Tommy Tune / Kostüme: Santo Loquasto / Lichtgestaltung: Jules Fisher

Deutschsprachige Erstaufführung (Originaltitel): 25. Januar 1991, Theater des Westens, Berlin. Autor: Michael Kunze

Songs und Musiknummern

Bühne:
Musik und Songtexte von Robert Wright und George Forrest. Die mit dem Zeichen ⊕ versehenen Songs wurden von Maury Yeston textlich überarbeitet; Maury Yeston ist Komponist und Textdichter für die mit Zeichen ⊕⊕ versehenen Songs.
The Grand Parade ⊕⊕; As It Should Be ⊕; Some Have, Some Have Not ⊕; At the Grand Hotel ⊕⊕; Table With a View ⊕; And Life Goes On; Maybe My Baby Loves My; Fire and Ice ⊕; Twenty-Two Years ⊕⊕; Villa on a Hill; I Want to Go to Hollywood ⊕⊕; Everybody's Doing It ⊕⊕; The Crooked Path ⊕; Who Couldn't Dance With You?; The Boston Merger ⊕; No Encore; Love Can't Happen ⊕⊕; What She

Needs ⊕; Bonjour Amour ⊕⊕; Happy; We'll Take a Glass Together ⊕; I Waltz Alone ⊕; Roses at the Station ⊕⊕; How Can I Tell Her? ⊕

Vorlagen des Musicals:

Schauspiel: *Menschen im Hotel*
Buch: Vicki Baum, nach ihrem gleichnamigen Roman
Uraufführung: Berlin, Theater am Nollendorfplatz (Gastspiel des Deutschen Theaters): 16. Januar 1930
Darsteller: Sybille Binder (Grusinskaja), Oskar Karlweis (Baron Gaigern), Paul Kemp (Kringelein), Margarethe Köppke (Frieda Flamm, »Flämmchen«), Tibor von Halmay (Dr. Otternschlag), Walter Steinbeck, Julius Falkenstein, Max Landa, Wilhelm Diegelmann, Arthur Mainzer, Sidonie Lorm, Karl Hannemann, Werner Hollmann, Magnus Stifter
Regie: Gustaf Gründgens

Amerikanische Version des Schauspiels »Menschen im Hotel« von Vicki Baum:

Schauspiel: *Grand Hotel*
Buch (Übersetzung): William A. Drake
Premiere: New York, National Theatre: 13. November 1930
Darsteller: Eugenie Leontovich (Grusinskaya) Henry Hull (Baron von Gaigern), Hortense Alden (Flaemmchen), Sam Jaffe (Otto Kringelein), Siegfried Rumann (Preysing), Romaine Callender (Dr. Otternschlag), Walter Vonnegut (Senf, the Porter), Rafaella Ottiano (Suzette, the Maid), Joseph Calleia
Produzent: Herman Shumlin
Regie: Herman Shumlin

Anmerkung: Das deutsche Theaterstück »Grand Hotel« von Paul Frank (31. August 1929 – Berlin, Lustspielhaus) hat mit dem Schauspiel »Menschen im Hotel« nichts zu tun, sondern ist ein Schwank, in dem ein armer Angestellter die Herzdame eines reichen Mannes für sich gewinnt.

Spielfilm: *Grand Hotel*
(Deutscher Titel: MENSCHEN IM HOTEL)
1932, USA – Metro-Goldwyn-Mayer, 115 Min.

Deutsche Erstaufführung: 1933
Drehbuch: William A. Drake, nach seiner amerikanischen Fassung des Schauspiels »Menschen im Hotel« von Vicki Baum nach ihrem gleichnamigen Roman
Darsteller: Greta Garbo (Grusinskaya), John Barrymore (Baron von Gaigern), Joan Crawford (Flaemmchen), Wallace Beery (General Director Preysing), Lionel Barrymore (Otto Kringelein), Jean Hersholt (Senf), Robert McWade (Meierheim), Purnell B. Pratt (Zinnowitz), Ferdinand Gottschalk (Pimenov), Rafaella Ottiano (Suzette), Morgan Wallace (Chauffeur), Tully Marshall (Gerstenkorn), Murray Kinnell (Schweimann), Edwin Maxwell (Dr. Waitz), Mary Carlisle (Honeymooner), John Davidson (Hotel Manager), Sam McDaniel (Bartender), Lewis Stone (Dr. Otternschlag), Frank Conroy (Rohna), Lee Phelps (Extra in Lobby), Rolfe Sedan (Clerk), Herbert Evans (Clerk), Bodil Rosing
Produzent: Irving Thalberg
Regie: Edmund Goulding
Auszeichnung: 1 Academy Award (Oscar) 1931/1932: Bester Film

Musical: *At the Grand*
Musik und Songtexte: Robert Wright, George Forrest
Buch: Luther Davis, nach dem amerikanischen Film »Grand Hotel« (1932), nach der amerikanischen Fassung »Grand Hotel« des Schauspiels »Menschen im Hotel« (1930) von Vicki Baum, nach dem Roman »Menschen im Hotel« von Vicki Baum
Personen und Handlung teilweise verändert und nach Rom verlegt.
Uraufführung: Los Angeles, Philharmonic Auditorium: 7. Juli 1958
Darsteller: Paul Muni (Kringelein), Joan Diener (Isola Parelli), Cesare Danova (Barone de Bernardi), Neile Adams (Sophia Celesta), George Givot (Signore Sicilone), David Opatoshu (Luca), Vladimir Sokoloff (Signore Manfredi), John van Dreelen (Dottore Muzi), John Banner (Direttore Inglehardt), Donald Lawton (Signore Stipo), Kirby Smith (Maître d'Hôtel), Rico Froehlich (Filippo), Belle Mitchell (Su-

zette), Joseph Stember (Brigadiere E. S. L. Kellers), Estelle Aza (The Maharanee), Robert Turk (Mr. Singh), Adriano Vitale (Capitano Realdo), Carole Reed (Mademoiselle Angele), Norman Edwards (Percy), Carolyn Curry (Percy's Wife), Jeanne Redding (Madame Vinans), Robert Lamont (Pierre), Edmund Horn (Pianist), Shevlin Rodgers (Paul/Signore Rantani/Carabiniere), Paula Anderson (Signora Sela/Masseuse), Renee Guerin (Lady Gertrude/Chambermaid), Sandra Stahl (Lady Dolly/Chambermaid), Arthur Tookoyan (Ricardo/Cicco), Truman Gaige (Raoul/ Rodolpho/London Times Reporter), Stanley Hall (Chauffeur/Chasseur), Diki Lerner (Giorgio/Felke), Gerald Cardoni (Bell Boy), Arthur Rubin (Music Festival Winner/Meyer), Earle MacVeigh (Porter), Allegra Varron (Chambermaid), Norman Edwards (Assistant Valet), Buddy Spencer (2nd Assistant Valet/Page Boy), Gene Kelton (Page Boy)
(Starlets:) Elizabeth Jonson, Marsha Reynolds, Bette Graham
(Manicurists:) Estelle Aza, Carolyn Curry
(Reporters:) David London, Shevlin Rodgers, Gerald Cardoni, Rico Froehlich, Earle MacVeigh, Arthur Tookoyan, Robert Lamont, Kirby Smith
Produzent: Edwin Lester
Choreographie: Ernest Flatt
Regie: Albert Marre
Songs:
Feeding Time; Blest?; A Table With a View; The Grand Tabgo; Isola; Sophia; At the Grand; La Saracena; We'll Take a Glass Together; What You Need; The Bare Necessities; Crescendo; Va Bene; I Waltz Alone; Press Conference

Hinweis/Film:
Weitere Verfilmung(en) des Romans »Menschen im Hotel« von Vicki Baum:

Menschen im Hotel
1959, Deutschland/Frankreich – CCC, Berlin/Films Modernes, Paris, 107 Min.
Drehbuch: Hans Jacoby, Ladislaus Fodor, nach dem gleichnamigen Roman von Vicki Baum
Darsteller: Michèle Morgan (Grusinskaja),

O. W. Fischer/d. i. Otto Wilhelm Fischer (Baron von Gaigern), Heinz Rühmann (Kringelein), Sonja Ziemann (Flämmchen), Gert Fröbe (Preysing), Dorothea Wieck (Suzanne), Wolfgang Wahl (Chauffeur Max), Friedrich Schönfelder (Empfangschef), Jean-Jacques Delbo (1. Portier), Reginald Pasch (2. Portier), Siegfried Schürenberg (Dr. Behrend)
Produzent: Arthur Brauner
Regie: Gottfried Reinhardt .

Als Verfilmung des Romans und des Schauspiels »Menschen im Hotel« von Vicki Baum wird der amerikanische Film »Weekend at the Waldorf« von 1945 angegeben. Er benutzt zwar die gleiche Grundsituation und behandelt Eigenheiten und Schicksale einiger Gäste im Luxushotel Waldorf-Astoria sowie ihre Begegnungen und das Entstehen von Freundschaften oder Konflikten während eines dreitägigen Weekends, doch hat der Film weder in den Handlungssträngen noch im literarischen Anspruch eine enge Verbindung mit Vicki Baums Welterfolg. »Weekend at the Waldorf« war unabhängig davon ein erfolgreicher Film.

Weekend at the Waldorf
1945, USA – Metro-Goldwyn-Mayer, 130 Min.
Drehbuch: Sam Spewack, Bella Spewack, unter Verwendung von Grundmotiven aus dem Roman und dem Schauspiel »Menschen im Hotel« von Vicki Baum
Darsteller: Ginger Rogers (Irene Malvern), Walter Pidgeon (Chip Collyer), Van Johnson (Captain James Hollis), Lana Turner (Bunny Smith), Robert Benchley (Randy Norton), Edward Arnold (Martin K. Edley), Leon Ames (Henry Burton), Warner Anderson (Dr. Campbell), Phyllis Thaxter (Cynthia Drew), Keenan Wynn (Oliver Webson), Porter Hall (Stevens), Samuel S. Hinds (Mr. Jessup), George Zucco (Bey of Aribajan), Lina Romay (Juanita), Bob Graham (Singer), Michael Kirby (Lieutenant John Rand), Cora Sue Collins (Jane Rand), Rosemary DeCamp (Anna), Jacqueline De Witt (Kate Douglas), Frank Puglia (Emile), Charles Wilson (Hi Johns), Irving Bacon (Sam Skelly), Miles Mander (British Secre-

tary), Nana Bryant (Mrs. H. Davenport Drew), Russell Hicks (McPherson), Ludmilla Pitoeff (Irma), John Wengraf (Alix), Naomi Childers (Night Maid), Moroni Olsen (House Detective Blake), William Halligan (Chief Jennings), Ruth Lee (The Woman), Byron Foulger (Barber), Harry Barris (Anna's Boy Friend), Dorothy Christy (Cashier), Gladden James (Assistant Manager), Carli Elinor (Orchestra Leader), Dick Crockett (Bell Captain), Wyndham Standing (Literary Type), Rex Evans (Pianist), Arno Frey (Maître d'Hôtel), Gordon Richards (Headwaiter), Dick Hirbe (Newsboy), Charles Madrin (Assistant Manager), Kenneth Cutler (Desk Clerk), Frank McClure (Florist), Estelle Ettere (Assistant Florist), Barbara Bowers (Cigarette Girl), William Hall (Cassidy, Doorman)
(Clerks): Jack Luden, Mel Shubert
(Guests): Bess Flowers, Ella Ethridge, Franklyn Farnum, Sandra Morgan, Dick Gordon, Oliver Dross
(Telephone Operators): Ruth Warren, Jean Carpenter, Hope Landin, Karen Lind, Gertrude Short
(Chinese Girls): Shirley Lew, Billie Louie
ferner: Xavier Cugat and His Orchestra
Produzent: Arthur Hornblow Jr.
Choreographie: Charles Walters
Regie: Robert Z. Leonard
Musik: Guadalajara (instr./Pepe Guizar/K); And There You Are (Sammy Fain/K, Ted Koehler/T)

GREASE

Musik, Buch und Songtexte: Jim Jacobs, Warren Casey
Premiere in New York, Eden Theatre: 14. Februar 1972

Personen und die Darsteller der Premiere:

Sandy Dumbrowski	Carole Demas
Danny Zuko	Barry Bostwick
Betty Rizzo	Adrienne Barbeau
Roger	Walter Bobbie
Doody	James Canning
Vince Fontaine	Don Billett
Sonny	Jim Borrelli
Marty	Katie Hanley
Eugene Florczyk	Tom Harris
Patty Simcox	Ilene Kristen
Miss Lynch	Dorothy Leon
Kenickle	Timothy Meyers
Cha-Cha Di Gregorio	Kathi Moss
Pink Lady	Joy Rinaldi
Frenchy	Marya Small
Jan	Garn Stephens
Teen Angel/Johnny Casino	Alan Paul
Burger Palace Boy	Daniel Deitch

Produzenten: Kenneth Waissman, Maxine Fox (mit Anthony D'Amato)
Choreographie: Patricia Birch
Regie: Tom Moore
Ort: »Rydell High School«, Chicago/USA
Zeit: Ende der 1950er Jahre

Handlung: »A 50's Rock'n'Roll-Musical«. High-School-Geschichten und -Erlebnisse als Rückerinnerung an die Rock'n'Roll-Zeit der 1950er Jahre und an die Ära der Filmidole James Dean und Sandra Dee. Sandy Dumbrowski wechselt von der klösterlichen Immaculata High School an die Rydell High School in Chicago. Hier geben die Jungs mit dem geschniegelten Haar (Greasers) den Ton an. Danny Zuko, Mitglied der musikalisch aktiven Rydell High School Gang, verliebt sich in Sandy. Auch sie entdeckt ihre Zuneigung zu ihm, wünscht sich aber ein besseres Benehmen. Danny lehnt ihre Ansichten von Wohlerzogenheit ab. Sandy versucht, sich in der für sie neuen, ungezwungenen Welt dieser Jugendlichen, die die Studienzeit mit musikalischen Feten begleiten, zurechtzufinden, und schließt sich der Gruppe der »Pink Ladies« an. Bei den ausgelassenen Treffen im Stil der 50er Jahre (Baby-Doll-Parties, Elvis-Imitationen, Tänze wie Hully Gully, Hand Jive und Stroll) kommen sich die Jungen und Mädchen näher; Pärchen finden sich, auch Danny und Sandy, wobei sie sich angleichen, indem jeder etwas von den Ansichten des anderen übernimmt.

Deutschsprachige Erstaufführung (Originaltitel/Songs in englisch): 16. Juni 1990, Arri-Studio, München (Musicalensemble »Show ab!«). Autor: Thorsten Schmidt.

Film:

Grease
(Deutscher Titel: SCHMIERE)
1978, USA – Paramount – Panavision/Metrocolor, 110 Min.
Deutsche Erstaufführung: 1978
Veränderte Songs.
Drehbuch: Bronte Woodard, Allan Carr, nach dem gleichnamigen Musical

Personen und ihre Darsteller:

Danny Zuko	John Travolta
Sandy Alston	Olivia Newton-John
Betty Rizzo	Stockard Channing
Kenickie	Jeff Conaway
T-Birds:	
Doody	Barry Pearl
Sonny	Michael Tucci
Putzi	Kelly Ward
Pink Ladies:	
Frenchi	Didi Conn
Jan	Jamie Donnelly
Marty	Dinah Manoff
Principal McGee	Eve Arden
Teen Angel	Frankie Avalon
Vi	Joan Blondell
Vince Fontaine	Edd Byrnes
Coach Calhoun	Sid Caesar
Mrs. Murdock	Alice Ghostley
Blanche	Dody Goodman
Johnny Casino and	Sha-Na-Na
the Gamblers	
Patty Simcox	Susan Buckner
Eugene	Eddie Deezen
Tom Chisum	Lorenzo Lamas
Leo	Dennis C. Stewart
Cha Cha	Annette Charles
Mr. Rudie	Dick Patterson
School Nurse	Fannie Flagg
Wilkins	
Mr. Lynch	Darrell Zwerling
Waitress	Ellen Travolta

Singers (Background): Cindy Bullens, Louis St. Louis, Frankie Valli

Produzenten: Robert Stigwood, Allan Carr
Choreographie: Patricia Birch
Regie: Randal Kleiser

Songs und Musiknummern

Bühne:
Alma Mater; Summer Nights; Those Magic Changes; Freddy, My Love; Greased Lightnin'; Mooning; Look at Me, I'm Sandra Dee; We Go Together; Shakin' at the High School Hop; It's Raining on Prom Night; Born to Hand-Jive; Beauty School Dropout; Alone at a Drive-in-Movie; Rock'n Roll Party Queen; There Are Worse Things I Could Do; All Choked Up

Film:
Die mit Zeichen ⊕ versehenen Titel entstammen der Bühnen-Fassung.
Grease (Barry Gibb); Summer Nights ⊕; Hopelessly Devoted to You (John Farrar); You're the One That I Want (John Farrar); Sandy (Louis St. Louis, Scott Simon); Beauty School Dropout ⊕; Look at Me, I'm Sandra Dee ⊕; Greased Lightnin' ⊕; It's Raining on Prom Night ⊕; Alone at a Drive-in-Movie ⊕; Blue Moon (Richard Rodgers/K, Lorenz Hart/T, © 1934); Rock'n Roll Is Here to Stay (D. White); Those Magic Changes ⊕; Hound Dog (Jerry Leiber, Mike Stoller); Born to Hand-Jive ⊕; Tears on My Pillow (Sylvester Bradford, Al Lewis); Mooning ⊕; Freddy, My Love ⊕; Rock'n Roll Party Queen ⊕; There Are Worse Things I Could Do ⊕; We Go Together ⊕; Love Is a Many Splendored Thing (instr./Sammy Fain/K, Paul Francis Webster/T aus dem Film »Love Is a Many Splendored Thing«, 1955)

Schallplatten:
NY – MGM 1SE 34, MGM MGS 2813
F – RSO 2479210-211, RSO 2658125

Hinweis/Film:
Fortsetzung des Films »Grease«.

Grease 2
1982, USA – Paramount – Panavision/Metrocolor, 114 Min.
Deutsche Erstaufführung (Originaltitel): 1982
Drehbuch: Ken Finkleman, unter Verwendung von Motiven des Films »Grease«
Darsteller: Maxwell Caulfield (Michael Carrington), Michelle Pfeiffer (Stephanie Zinone), Didi Conn (Frenchy), Eve Arden (Principal McGee), Sid Caesar (Coach Calhoun), Dody Goodman (Blanche), Tab Hunter (Mr. Stuart), Connie Stevens (Miss

Mason), Dick Patterson (Mr. Spears), Eddie Deezen (Eugene), Matt Lattanzi (Brad), Dennis C. Stewart (Balmudo) (T-Birds): Adrian Zmed (Johnny Nogerelli), Peter Frechette (Lou DiMucci), Christopher McDonald (Goose McKenzie), Leif Green (Davey Jaworski)
(Pink Ladies): Lorna Luft (Paulette Rebchuck), Pamela Segall (Dolores Rebchuck), Alison Price (Rhonda Ritter), Maureen Teefy (Sharon Cooper)
(Sorority Girls): Jean and Liz Sagal
(Preptones): Brad Jeffries, Henry Dickey, Vernon Scott
(Cycle Lords): Steve M. Davison, Richard Epper, Pat Green, Freddie Hice, Steve Holladay, Gary Hymes, Mike Runyard, Scott Wilder
(Girl Greasers): Helena Andreyko, Ivy Austin, Lucinda Dickey, Sandra Gray, Vicki Hunter, Donna King, Evelyn Tosi, Dallace Winkler
(Boy Greasers): Dennis Daniels, John Robert Garrett, Bernardo Hiller, Roy Luthringer, Charles McGowan, Aurelio Padron, Andy Tennant, Tom Villard
Produzenten: Robert Stigwood, Allan Carr (mit Bill Oakes)
Choreographie: Patricia Birch
Regie: Patricia Birch
Songs:
Back to School Again (Louis St. Louis, Howard Greenfield); Cool Rider (Dennis Linde); Score Tonight (Louis St. Louis, Dominic Bugatti, Frank Musker); Girl for All Seasons (Dominic Bugatti, Frank Musker); Do It for Our Country (Rob Hegel); Who's That Guy? (Louis St. Louis, Howard Greenfield); Prowlin' (Dominic Bugatti, Frank Musker, Christopher Cerf); Reproduction (Dennis Linde); Charades (Louis St. Louis, Michael Gibson); Love Will Turn Back the Hands of Time (Louis St. Louis, Howard Greenfield); Rock-a-Hula-Luau/ Summer Is Coming (Dominic Bugatti, Frank Musker); We'll Be Together (Bob Morrison, Johnny MacRae); Brad (Christopher Cerf); Our Day Will Come (Bob Hilliard, Mort Garson); Rebel Walk (Duane Eddy, Lee Hazelwood); Cry
Schallplatte: RSO 2394304

GUYS AND DOLLS

(Deutscher Titel: SCHWERE JUNGEN, LEICHTE MÄDCHEN)

Musik und Songtexte: Frank Loesser
Buch: Jo Swerling, Abe Burrows, nach den gleichnamigen Kurzgeschichten (1931), speziell der Novelle »The Idyll of Miss Sarah Brown«, von Damon Runyon
Premiere in New York, 46th Street Theatre: 24. November 1950

Personen und die Darsteller der Premiere:

Sky Masterson	Robert Alda
Miss Adelaide	Vivian Blaine
Nathan Detroit	Sam Levene
Miss Sarah Brown	Isabel Bigley
Arvide Abernathy	Pat Rooney Sr.
Big Jule	B. S. Pully
Nicely-Nicely Johnson	Stubby Kaye
Harry the Horse	Tom Pedi
Benny Southstreet	Johnny Silver
Lieutenant Brannigan	Paul Reed
General Matilda Cartwright	Netta Packer
Rusty Charlie	Douglas Deane
Angie the Ox	Tony Gardell
Joey Biltmore	Bern Hoffman
Mimi	Beverly Tassoni
Drunk	Eddie Phillips
Waiter	Joe Milan

Mission Band: Margery Oldroyd, Paul Migan, Christine Matsios
Dancers: Wana Allison, Geraldine Delaney, Barbara Ferguson, Lee Joyce, Marcia Maier, Beverly Tassoni, Ruth Vernon, Onna White, Forrest Bonshire, Peter Gennaro, Joe Milan, Eddie Phillips, Harry Lee Rogers, Bud Schwab, Merritt Thompson
Singers: Beverly Lawrence, Christine Matsios, Charles Drake, Tony Gardell, Bern Hoffman, Carl Nicholas, Don Russell, Hal Saunders, Earle Styres

Produzenten: Cy Feuer, Ernest H. Martin
Choreographie: Michael Kidd
Regie: George S. Kaufman
Ort: New York und Havanna/Kuba
Zeit: Um 1930

Handlung: Broadway-Fabel um die kleinen Gauner, Spieler, Schieber und die Girls aus den Tanzbars und Nightclubs der Weltstadt New York. Ohne es zu wissen, wird die junge Heilsarmeedame Sarah Brown zum Gegenstand einer Wette zwischen den beiden Spielern Sky Masterson und Nathan Detroit. Sky, der überzeugt ist, jede Frau sofort gewinnen zu können, wettet um 1000 Dollar, die Nathan gerade dringend braucht, daß es ihm gelingt, mit Sarah einen Ausflug nach Havanna zu unternehmen. Er erscheint in der Missionsstation und gibt sich als reuiger Sünder aus. Sarah hat Sorgen, denn trotz ihres unermüdlichen Einsatzes und dem ihrer Heilsarmee-Gefährten haben sie in dieser Gegend voller lichtscheuen Gesindels keinen Erfolg, und die Mission soll geschlossen werden. Weil Sky ihr verspricht, dafür zu sorgen, der Heilsarmee weitere Sünder zuzuführen, die bekehrt werden müßten, nimmt Sarah sein Angebot zu einem Abstecher nach Havanna an. Hier zeigt sich beim Tanzen, daß die herbe Heilsarmeedame Sarah auch sehr lebenslustig sein kann. Zu seiner eigenen Verwunderung verliebt sich Sky in sie. Nach New York zurückgekehrt, werden sie Zeugen, wie Nathan mit seinen Spielern wieder einmal vor der Polizei flieht; die Abwesenheit Sarahs hatte er dazu benutzt, aus der Missionsstation eine Spielhölle zu machen. Sarah vermutet, daß Sky sie hereinlegen wollte, und ist betrübt und traurig, denn auch sie hat sich verliebt. Sky bereut nun wirklich sein Verhalten. Zur Ehrenrettung Sarahs erklärt er seinen Kumpanen, die Wette verloren zu haben, und zahlt an Nathan die 1000 Dollar. Doch er setzt weitere 1000 für ein Spiel. Sollte er gewinnen, muß die ganze nichtswürdige Gesellschaft mit ihm der Station der Heilsarmee einen Besuch abstatten. Der gewiefte Spieler Sky hat Glück und siegt. Plötzlich füllt sich der Saal der Missionsstation, und plötzlich gestehen die großen und kleinen Gauner tatsächlich ihre Sünden. Sarah ist befriedigt. Inzwischen hat sie die Nightclub-Sängerin Adelaide aus dem »Hot Box Club« kennengelernt und von ihr erfahren, daß sie schon seit 14 Jahren mit Nathan Detroit verlobt sei; wegen seiner Spielleidenschaft hatte er nie Zeit zu heiraten. Nun, nachdem auch

Sky und Nathan ihre Sünden bekannt haben, übernehmen die beiden Frauen die Initiative, und eine Doppelhochzeit folgt: die von Sarah und Sky und die von Adelaide und Nathan.

Auszeichnungen: 8 Antoinette Perry Awards (Tonys) 1951: Bestes Musical / Männliche Hauptrolle–Musical: Robert Alda / Weibliche Nebenrolle–Musical: Isabel Bigley / Regie: George S. Kaufman / Produzenten–Musical: Cy Feuer, Ernest H. Martin / Buch–Musical: Jo Swerling, Abe Burrows / Komposition und Songtexte: Frank Loesser / Choreographie: Michael Kid.
4 Antoinette Perry Awards (Tonys) 1992: Beste Neuinszenierung (Revival) / Weibliche Hauptrolle–Musical: Faith Prince / Regie–Musical: Jarry Zaks / Bühnenbild: Tony Walton

Anmerkung: Damon Runyons »Grotesken vom Broadway« sind seit 1928 zunächst als Kurzgeschichten in amerikanischen Zeitschriften veröffentlicht worden. Einige Erzählungen erschienen 1931 in einem Sammelband unter dem Titel »Guys and Dolls« (deutsch: »In Mindy's Restaurant«/auch: »Schwere Jungen, leichte Mädchen« und »Stories vom Broadway«).

Deutschsprachige Erstaufführung:
26. Mai 1969, Theater der Freien Hansestadt Bremen. Autor: Janne Furch

Film:

Guys and Dolls
(Deutscher Titel: SCHWERE JUNGEN, LEICHTE MÄDCHEN)
1955, USA – Metro-Goldwyn-Mayer/Samuel Goldwyn Productions – CinemaScope/ Eastmancolor, 149 Min.
Deutsche Erstaufführung: 1956
Musik und Songtexte: Frank Loesser
Drehbuch: Joseph L. Mankiewicz, nach dem gleichnamigen Musical

Personen und ihre Darsteller:

Sky Masterson	Marlon Brando
Sarah Brown	Jean Simmons
Nathan Detroit	Frank Sinatra
Miss Adelaide	Vivian Blaine

Lieutenant Brannigan	Robert Keith
Nicely-Nicely Johnson	Stubby Kaye
Big Jule	B. S. Pully
Benny Southstreet	Johnny Silver
Harry the Horse	Sheldon Leonard
Rusty Charlie	Danny Dayton
Society Max	George E. Stone
Arvid Abernathy	Regis Toomey
General Cartwright	Kathryn Givney
Laverne	Veda Ann Borg
Cuban Singer	Renée Renor
Agatha	Mary Alan Hokanson
Angie the Ox	Joe McTurk
Calvin	Kay Kuter
Salvation Army Bandsman	Stapleton Kent
Liverlips Louie	Johnny Indrisano
Pitchman	Earle Hodgins
The Champ	Matt Murphy
Max, a Waiter	Harry Tyler
Havanna Waiter	Julian Rivero
Mug in Barber Shop	Harry Wilson

Goldwyn Girls: Larri Thomas, Jann Darlyn, June Kirby, Madelyn Daroow, Barbara Brent
und in den Shownummern: Major Sam Harris, Franklyn Farnum (Ringsiders), Frank Richards (Man with Packages)

Produzent: Samuel Goldwyn
Choreographie: Michael Kidd
Regie: Joseph L. Mankiewicz

Anmerkung: Unter dem Titel »Schwere Jungen – leichte Mädchen« erschien bereits 1927 ein deutscher Stummfilm im Berliner Zille-Milieu nach Motiven aus dem Roman »Martin Overbeck« (1927) von Felix Salten.

Songs und Musiknummern

Bühne:
Runyonland (instr.); Fugue for Tinhorns; Follow the Fold; The Oldest Established; I'll Know; A Bushel and a Peck; Adelaide's Lament; Guys and Dolls; Havanna (instr.); If I Were a Bell; My Time of Day; I've Never Been in Love Before; Take Back Your Mink; More I Cannot Wish You; The Crapshooters Dance (instr.); Luck Be a Lady; Sue Me; Sit Down, You're Rockin' the Boat; Marry the Man Today
Nicht verwendet:
Travellin' Light; Getting Dressed; Fugue Waltz

Film:
Die mit Zeichen ⊕ versehenen Songs wurden für den Film neu geschrieben.
Fugue for Tinhorns; Follow the Fold; The Oldest Established; I'll Know; Pet Me, Papa ⊕; Adelaide's Lament; Guys and Dolls; Adelaide ⊕; A Woman in Love ⊕; If I Were a Bell; My Time of Day; Take Back Your Mink; Luck Be a Lady; Sue Me; Sit Down, You're Rockin' the Boat

Schallplatten:
NY – Decca DL 7-9023, MCA 2034, (1976/All Black Cast) Motown 6876
L – (1990) Chrysalis CDL 1388
St – (Frank Sinatra) Reprise F 2016, Reprise K 54113, (Kirby Stone Four) Columbia CL 1714, CBS BPG 62040, DRG Stet DS 85001 B

Hinweis/Bühne:
Das bei der Uraufführung noch unfertige Bühnenwerk (Musical) HAPPY END von Bertolt Brecht mit der Musik von Kurt Weill ist ebenfalls Kurzgeschichten von Damon Runyon, speziell der Novelle »The Idyll of Miss Sarah Brown«, entlehnt. Brecht verschwieg die Vorlage, benutzte eine Übersetzung von Elisabeth Hauptmann, nannte die Story »Eine Magazingeschichte« und zeichnete als Autor unter dem Pseudonym Dorothy Lane. Die Handlung ist nach Chicago verlegt, die Typisierung ist gröber, die Liebenden sind das Heilsarmee-Mädchen Lilian Holiday und Bill Cracker, der durch sie zum Abtrünnigen einer Gangsterbande wird, die Bankeinbrüche begeht und deren Boß eine Frau, genannt »Die Fliege«, ist. Die Stärke des Stücks liegt in seinen Songs.

Happy End
Musik: Kurt Weill
Liedtexte: Bertolt Brecht
Buch: Dorothy Lane/d. i. Bertolt Brecht
Uraufführung: Berlin, Theater am Schiffbauerdamm: 2. September 1929

Personen und die Darsteller der Uraufführung (Schreibweise nach dem damaligen Besetzungszettel):

Lilian Holliday, genannt »Hallelujah-Lilian«	Carola Neher
Bill Cracker, genannt »Ballhaus-Bill«	Oskar Homolka
Die Dame in Grau, genannt »Die Fliege«	Helene Weigel
Sam Worlitzer, genannt »Mammy«	Kurt Gerron
Jimmy Dexter, genannt »Reverend«	Theo Lingen
Dr. Nakamura, genannt »Governor«	Peter Lorre
Johnny Dutch, genannt »Das Baby«	Albert Hoerrmann
Bob Merker, genannt »Professor«	Karlheinz Carell
Major der Heilsarmee	Paul Günther
Leutnant Hanibal Jackson	Sigismund von Radecki
Leutnant Brown	Werner Maschmeier
Jane, Heilsarmeemädchen	Erna Schoeller
Mary	Marianne Oswald
Kommissar Hawkins	Erich Harden
Polizist	Hans Brandes
Mirjam	Veronika Nitschmann

Zwei Männer aus Dakota: Ernst Rotmund, Hugo Bauer
Arme und Bedürftige: Wanner-Kirch, Richrad, Tilgner

Produzent: Ernst Josef Aufricht
Regie: Erich Engel (mit Bertolt Brecht)

Lieder:
Bilbao-Song; Der kleine Leutnant des lieben Gottes; Geht hinein in die Schlacht (Heilsarmeelied); Was die Herren Matrosen sagen/Matrosen-Song; Bruder, gib dir einen Stoß (Heilsarmeelied); Fürchte dich nicht (Heilsarmeelied); In der Jugend gold'nem Schimmer; Das Lied vom Branntweinhändler; Song von Mandelay; Das Lied vom Surabaya-Johnny; Das Lied von der harten Nuß; Ballade von der Höllen-Lilli; Hosiannah Rockefeller, Hosiannah Henry Ford

Schallplatten: Columbia Special 2032, CBS 88028.

GYPSY

Musik: Jule Styne
Songtexte: Stephen Sondheim
Buch: Arthur Laurents, nach der Autobiographie »Gypsy: A Memoir« (1957) der amerikanischen Künstlerin Gypsy Rose Lee
Premiere in New York, Broadway Theatre: 21. Mai 1959

Personen und die Darsteller der Premiere:

Rose	Ethel Merman
Her Daughters:	
Louise/»Gypsy«	Sandra Church
June	Lane Bradbury
Baby Louise	Karen Moore
Baby June	Jacqueline Mayro
Herbie	Jack Klugman
Tessie Tura	Maria Karnilova
Tulsa	Paul Wallace
Uncle Joko	Mort Marshall
Weber	Joe Silver
Miss Cratchitt	Peg Murray
George	Willy Sumner
Arnold	John Borden
Pop	Erv Harmon
Yonkers	David Winters
Angie	Ian Tucker
L. A.	Michael Parks
Kringelein	Loney Lewis
Mr. Goldstone	Mort Marshall
Pastey	Richard Porter
Mazeppa	Faith Dane
Cigar	Loney Lewis
Electra	Chotzi Foley
Phil	Joe Silver
Balloon Girl	Jody Lane
Maid	Marsha Rivers
Bougeron-Cochon	George Zima

Cow: Willy Sumner, George Zima
Newsboys: Bobby Brownell, Gene Castle, Steve Curry, Billy Harris
Farmboys: Marvin Arnold, Ricky Coll, Don Emmons, Michael Parks, Ian Tucker, Paul Wallace, David Winters

Hollywood Blondes: Marilyn Cooper, Patsy Bruder, Marilyn d'Honau, Merle Letowt, Joan Petlag, Imelda de Martin
Showgirls: Kathryn Albertson, Gloria Kristy, Denise McLaglen, Barbara London, Theda Nelson, Carroll Jo Towers, Marie Wallace

Produzenten: David Merrick, Leland Hayward
Choreographie: Jerome Robbins
Regie: Jerome Robbins
Ort: Seattle/Washington und diverse Städte der USA
Zeit: Ca. zwischen 1923 und 1935

Handlung: Bühnenmilieu – Künstlerschicksal der Gypsy Rose Lee, nach ihren Memoiren. Ihre ehrgeizige Mutter mit fanatischem Hang zum Showbusiness bringt die Töchter Louise und June schon als Kinder auf die Bühne und versucht mit allen Mitteln, die Karriere von June voranzutreiben. Diese jedoch entflieht, kaum erwachsen, dem ihr auferlegten Zwang in die Geborgenheit einer Ehe. Ihre Mutter Rose widmet sich nun mit noch mehr Besessenheit dem Vorwärtskommen ihrer älteren Tochter Louise und hetzt sie von Bühnenauftritt zu Bühnenauftritt quer durch die USA. Das zigeunerhafte Leben bringt dem jungen Mädchen den Namen Gypsy ein. Doch der ersehnte Erfolg bleibt aus. Die Zeit der Vaudeville-Programme geht zu Ende; Louises Auftritte sind hausbacken. Aber Rose ist uneinsichtig. Rastlos treibt sie weiter, obwohl die Mißerfolge sich häufen. In ihrer Verbissenheit stößt sie auch den treuen Herbie vor den Kopf, der ihr stets zur Seite stand und ihr auch weiterhin geduldig hilft, weil er sie bewundert und gern hat. In einem Burlesque-Theater macht Louise Bekanntschaft mit der aufkommenden Kunst der Entkleidungsschau. Von einer Striptease-Tänzerin lernt sie diese Art von Shownummer mit Tanz, Gesang und Entkleidung; kurz darauf hat Gypsy Gelegenheit, für die Stripperin einzuspringen. Sie hat sensationellen Erfolg und ist bald darauf ein Star. Der Wunsch ihrer Mutter wäre erfüllt, doch Rose hatte es sich anders vorgestellt.

Mutter und Tochter bekommen Streit miteinander, Herbie versucht zu schlichten. Nun entzieht sich auch Louise dem Einfluß ihrer Mutter und geht als gefeierte Gypsy Rose Lee ihren eigenen künstlerischen, erfolgreichen Weg. Die in den Hintergrund gedrängte Rose – plötzlich ohne die Lebensaufgabe, von der sie beherrscht war – zieht nun ernsthaft in Erwägung, Herbie zu heiraten. In einem letzten Aufbegehren zeigt sie in einer Shownummer, in der sie ihre Tochter parodiert, was in ihr steckt – Talent, das nie die Chance hatte, sich auf der Bühne zu erfüllen.

Auszeichnungen: 1 Antoinette Perry Award (Tony) 1975: Weibliche Hauptrolle–Musical: Angela Lansbury.
2 Antoinette Perry Awards (Tonys) 1990: Beste Neuinszenierung (Revival), Produzenten: Barry und Fran Weissler, Kathy Levin, Barry Brown / Weibliche Hauptrolle–Musical: Tyne Daly

Deutschsprachige Erstaufführung (Originaltitel): 9. März 1979, Städtische Bühnen Münster. Autoren: Renate Axt, Walter Brandlin

Anmerkung: Gypsy Rose Lee, eigentl. Rose Louise Hovick (1914–1970), amerikanische Tänzerin, Sängerin, Varieté-Künstlerin und Schauspielerin auf der Bühne und im Film, im Fernsehen und in Nightclubs. Gefeierte und inzwischen legendäre Entkleidungskünstlerin. Zunächst auf Betreiben ihrer ehrgeizigen Mutter Rose ein Vaudeville-Kinderstar. Ihr erster Bühnenauftritt erfolgte im Alter von drei Jahren 1917 in der Nummer »Just Kids« in Seattle, später erschien sie mit ihrer jüngeren Schwester June. Die bekanntesten Vaudeville-Nummern der zwei Mädchen waren »Dainty June, the Hollywood Baby, and Her Newsboys« (1919) und »Madam Rose's Dancing Daughters« (1928). In ihrer Laufbahn als Bühnen- und Varieté-Künstlerin wurde Rose Louise Hovick in den Dreißiger Jahren berühmt als »Queen of American Burlesque« (eine Form von Bühnenshows derb-komischer Art, bestehend aus bunten Programmen mit humorvollen Szenen, Sketches, Parodien, Gesangs- und Tanzdarbietungen, darunter auch Striptease). Nach ihrem ersten Auftritt in »Rose Louise and Her Hollywood Blondes« (Kansas City/1929) trat sie ab 1932 in New York bei den Ziegfeld Follies auf, dort ab 1936 als Gypsy Rose Lee. Im Oktober 1940 übernahm sie von Betty Allen die Rolle der Molly Wincor im Broadway-Musical »DuBarry Was a Lady«. Im Rahmen ihrer vielen Tourneen spielte sie u. a. auch die Titelrolle von »Auntie Mame« (Ohio/1960) und die Jenny in »The Threepenny Opera« (Toronto, Kanada/1961). Sie arbeitete als Filmschauspielerin in Hollywood (auch unter dem Namen Louise Hovick) und betätigte sich ferner als Schriftstellerin. Ihr Bühnenstück »The Naked Genius« (1943), verfilmt unter dem Titel »Doll Face« (1946), trägt bereits autobiographische Züge. Ihre 1957 veröffentlichten Lebenserinnerungen dienten als Vorlage für das Musical »Gypsy«.

June Havoc, eigentl. Ellen Evangeline Hovick (geb. 1916), Schwester von Rose Louise, amerikanische Schauspielerin mit Broadway-Erfolgen u. a. in »Pal Joey« (1940). Darüber hinaus Mitwirkung in etlichen Hollywood-Filmen und im Fernsehen. Auch sie betätigte sich als Autorin und schrieb über ihre Zeit als Kinderstar zwei Autobiographien, »Early Havoc« (1959) und »More Havoc« (1980), sowie ein Bühnenstück über eine andere Periode ihres Lebens, »Maraton '33« (New York, ANTA Theatre: 22. Dezember 1963), das sie auch inszenierte.

Film:

Gypsy
(Deutscher Titel: GYPSY – KÖNIGIN DER NACHT)
1962, USA – Warner Bros. – Technirama/Technicolor, 149 Min.
Deutsche Erstaufführung: 1963
Musik: Jule Styne
Songtexte: Stephen Sondheim
Drehbuch: Leonard Spigelgass, nach dem gleichnamigen Musical

Personen und ihre Darsteller:

Rose	Rosalind Russel (Gesangsstimme – stellenweise: Lisa Kirk)
Louise/»Gypsy«	Natalie Wood (Gesangsstimme: Marni Nixon)
Herbie Sommers	Karl Malden
Tulsa	Paul Wallace
Tessie Tura	Betty Bruce
Mr. Kringelein	Parley Baer
Grandpa	Harry Shannon
»Baby« June	Suzanne Cupito
»Dainty« June	Ann Jilliann
»Baby« Louise	Diane Pace
Mazeppa	Faith Dane
Electra	Roxanne Arlen
George	George Petrie
Mr. Beckman	James Millhollin
Mr. Willis	William Fawcett
Mervyn Goldstone	Ben Lessy
Pastey	Guy Raymond
Cigar	Louis Quinn
Yonkers	Danny Lockin
Angie	Ian Tucker
Agnes	Lois Roberts
Dolores	Dina Claire
Phil	Harvey Korman
Betty Cratchitt	Jean Willes
Farmboy	Bert Michaels
Hawaiian Girl	Trudi Ames

Farmboys: Bert Michaels, Dick Foster, Jim Hubbard, Jeff Parker, Mike Cody, Bo Wagner
Hollywood Blondes: Terry Hope, Shirley Chandler, Francie Karath, Paula Martin, Dee Ann Johnston, Renee Aubry und Jack Benny

Produzent: Mervyn LeRoy
Choreographie: Robert Tucker
Regie: Mervyn LeRoy

Songs und Musiknummern

Bühne:
May We Entertain You; Some People; Travelling; Small World; Baby June and Her Newsboys; Mr. Goldstone, I Love You; Little Lamb; Dainty June and Her Farmboys; You'll Never Get Away from Me; If Momma Was Married; All I Need

Is the Girl; Everything's Coming Up Roses; Madame Rose's Toreadorables; Together, Wherever We Go; You Gotta Have a Gimmick; Let Me Entertain You; Rose's Turn

Film:
Let Me Entertain You; Small World; Baby June and Her Newsboys; Some People; Mr. Goldstone, I Love You; Little Lamb; You'll Never Get Away from Me; Dainty June and Her Farmboys; If Momma Was Married; All I Need Is the Girl; Everything's Coming Up Roses; Madame Rose's Toreadorables; Together, Wherever We Go; You Gotta Have a Gimmick; Broadway, Broadway; Rose's Turn

Schallplatten:
NY – Columbia OL 5420/OS 2017, Columbia S 32607, CBS 31489, (1989) Elektra Nonesuch 79239
L – RCA LBLI 5004, RCA SER 5686
F – Warner Bros. SB 1480
St – (Kay Medford, Sonya Petrie) Music for Pleasure MFP 1308

Hinweis:
Ähnlich wie die Lebenserinnerungen »Gypsy« (1957) von Gypsy Rose Lee (Louise Hovick) trägt auch das von ihr verfaßte Theaterstück »The Naked Genius« (1943) autobiographische Züge. Es wurde unter dem Titel »Doll Face« (1946) verfilmt.

Bühne:

Komödie: *The Naked Genius*
Buch: Louise Hovick (Gypsy Rose Lee)
Uraufführung: New York, Plymouth Theatre: 21. Oktober 1943
Hauptdarsteller: Joan Blondell (Honey Bee Carroll), Millard Mitchell (Burlesque Manager), Phyllis Povah, Rex O'Malley, Doro Merande, Bertha Belmore, Georgia Sothern
Produzent: Michael Todd
Regie: George S. Kaufman

Film:

Doll Face
(Britischer Titel: COME BACK TO ME)

1945, USA – 20th Century-Fox, 80 Min.
Film-Musical
Drehbuch: Leonard Praskins, nach der Komödie »The Naked Genius« von Louise Hovick
Darsteller: Vivian Blane (Doll Face), Dennis O'Keefe (Mike Hannegan), Perry Como (Nicky Ricci), Carmen Miranda (Chita), Martha Stewart (Frankie Porter), Michael Dunne (Gerard), Reed Hadley (Flo Hartman), Frank Orth (Peters, Boatman), Donald McBride (Lawyer), George E. Stone (Stage Manager), Ciro Rimac (Dancing Partner), Hal K. Dawson (Hotel Clerk), Charles Williams (Drug Store Clerk), Edgar Norton (Soho), Boyd Davis (Bennett), Alvin Hammer (Harold, Soda Clerk), Alex Barker (Coast Guardsman), Philip Morris (Deputy Sheriff), Stanley Prager (Aid), Charles Tannen (Aid)
Produzent: Brian Foy
Choreographie: Kenny Williams
Regie: Lewis Seller
Songs (Jimmy McHugh/K, Harold Adamson/T):
Dig You Later (A Hubba-Hubba-Hubba); Here Comes Heaven Again; Chico Chico; Somebody's Walking in My Dreams; Red, Hot and Beautiful

Gypsy Rose Lee wirkte persönlich mit als Louise Hovick in den Filmen:
You Can't Have Everything (1937), **Ali Baba Goes to Town** (1937), **Sally, Irene and Mary** (1938), **The Battle of Broadway** (1938), **My Lucky Star** (1938);
als Gypsy Rose Lee in den Filmen:
Stage Door Canteen (1943), **Belle of the Yukon** (1944), **Babes in Bagdad** (1952), **Screaming Mimi** (1958), **Wind Across the Everglades** (1958), **The Stripper** (1963), **The Trouble With Angels** (1966).

Gypsy Rose Lee schrieb auch zwei Kriminalromane mit mysteriösen Handlungen: »The G-String Murders« (1941) (1943 in den USA verfilmt unter dem Titel »Lady of Burlesque«) und »Mother Finds a Body« (1947). Ihr Fernsehdebüt gab sie 1956 und war auch Gastgeberin einer Serie von Varieté-Shows.

Der britische Film »Gypsy« von 1937 (Warner Bros./Teddington) hat mit dem gleichnamigen Musical nichts zu tun, sondern ist nach dem Roman »Tzigane« von Eleanor Smith ein Drama um die unerfüllte Liebe einer ungarischen Zigeunerin zu einem Zirkuskünstler, einem Löwenbändiger, dem sie nach London folgt.

HAIR
(Deutscher Titel: HAARE)

Musik: Galt MacDermot
Buch und Songtexte: Gerome Ragni, James Rado
Premiere in New York, New York Shakespeare Festival Public Theatre/Florence Sutro Anspacher Theatre: 29. Oktober 1967
Premiere am Broadway, Biltmore Theatre: 29. April 1968

Personen und die Darsteller der Premieren:

Festival (F), Broadway (B):

Claude	Walker Daniels (F)
	James Rado (B)
Berger	Gerome Ragni (F/B)
Sheila	Jill O'Hara (F)
	Lynn Kellogg (B)
Woof	Steve Dean (F)
	Steve Curry (B)
Jeannie	Sally Eaton (F/B)
Dionne	Jonelle Allen (F)
	Melba Moore (B)
Crissy	Shelley Plimpton (F/B)
Hud	Arnold Wilkerson (F)
	Lamont Washington (B)
Dad	Ed Crowley (F)
	Robert I. Rubinsky (B)
Mom	Marijane Maricle (F)
	Diane Keaton (B)

ferner bei Premiere Festival:

Susan	Susan Batson
Charlie	Warren Burton
Thommie	Thommie Bush
Linda	Linda Compton
Suzannah	Suzannah Evans
Bill	William Herter
Paul	Paul Jabara
Luise	Jane Levin
Alma	Alma Robinson
Lynda	Lynda Gudde
Bob	Bob Johnson
Jim	Edward Murphy Jr.

ferner bei Premiere Broadway:

Ron	Ronald Dyson
Waitress	Diane Keaton
Young Recruit	Jonathan Kramer
General Grant	Paul Jabara
Abraham Lincoln	Lorri Davis
Sergeant	Donnie Burks
Tourist Couple	Jonathan Kramer
	Robert I. Rubinsky

und Leata Galloway, Steve Gamet, Walter Harris, Hiram Keller, Mariori LiPari, Emmaretta Marks, Natalie Mosco, Suzannah Nostrand

Produzenten: Joseph Papp (F), Michael Butler (B)
Choreographie: Gerald Freedman (F), Julie Arenal (B)
Regie: Gerald Freedman (F), Tom O'Horgan (B)
Ort: New York
Zeit: »Gegenwart« (1967)

Handlung: Rock- und Schock-Musical der Hippie-Generation – lange Haare als Protesthandlung. Bühnen-Happening in ausgelassenen und ungezügelten, doch auch hintergründigen Musikszenen mit loser Rahmenhandlung; Lebensbilder aus der New Yorker Hippie-Szene. Das Eintreffen des Einberufungsbefehls für Claude zum Militärdienst in Vietnam ist für ihn und seine Freunde Anlaß zum Aufbegehren gegen bürgerliche Ansichten und Verhaltensweisen. Sie diskutieren und reden über ihre gewollte Außenseiterrolle, ihren Wunschtraum von einem ungebundenen Leben, ihre Hinwendung zum Rauschgift. Sie sind beseelt von einer undefinierbaren Religiosität und hoffen auf ein neues, besseres Zeitalter im Sternzeichen des Wassermanns. Zur

Gruppe um Claude gehören sein Freund, der Pilz- und Hitzkopf George Berger, der gerade von der High School geflogen ist, Sheila, die zwischen den beiden steht und für die Gewerkschaft demonstriert, Woof, dessen Vorbild Mick Jagger ist und der vom Christlichen Verein Junger Männer ausgeschlossen wurde, Hud mit dem Hang zur Black-Power-Bewegung, doch in seinem Wesen humorvoll und lustig. Unter den jungen Menschen mit ihren Neigungen zu Drogen und Sex und in ihrer ablehnenden Haltung gegen das »Establishment« ist auch die in Claude verliebte Jeannie, die ein Baby erwartet, sind Crissy, Dionne und all die anderen Hippies, die sich in ihrer Außenseiterrolle gefallen. Trotz seines inneren Protestes und seiner Anti-Kriegs-Haltung folgt Claude dem Befehl und tritt seinen Wehrdienst an.

Anmerkung: »Hair« wurde in einer ersten Fassung aufgeführt von Produzent Joseph Papp beim New York Shakespeare Festival vom 29. Oktober 1967 bis zum 10. Dezember 1967. Fortgesetzt wurde das Stück in der ehemaligen Diskothek »Cheetah« vom 22. Dezember 1967 bis zum 28. Januar 1968. Für die Premiere im Biltmore Theatre am Broadway (29. April 1968) wurde das Werk völlig umgeschrieben und mit zahlreichen neuen Songs versehen. Zum Erfolg gelangte das Werk also in seiner zweiten Fassung.

Vietnam-Krieg 1946–1975. Zunächst französischer Kolonialkrieg. Ab Februar 1965 zunehmend verstärkter, letztlich aber gescheiterter Einsatz amerikanischer Militärs zur Abwehr des kommunistischen Einflusses auf Südvietnam.

Deutschsprachige Erstaufführung:
24. Oktober 1968, Theater in der Brienner Straße, München. Autoren: Ulf von Mechow, Karl-Heinz Freynik, Walter Brandin

Film:

Hair
1979, USA – United Artists – Panavision/Technicolor, 121 Min.

Deutsche Erstaufführung (Originaltitel): 1979
Veränderte Handlung.
Musik: Galt MacDermot
Drehbuch: Michael Weller, frei nach dem gleichnamigen Musical

Personen und ihre Darsteller:

Claude	John Savage
Berger	Treat Williams
Sheila	Beverly D'Angelo
Jeannie	Annie Golden
Hud	Dorsey Wright
Woof	Don Dacus
Hud's Fiancée	Cheryl Barnes
Fenton	Richard Bright
The General	Nicholas Ray
Steve	Miles Chapin
Party Guest	Charlotte Rae
Sheila's Mother	Fern Tailer
Sheila's Father	Charles Deney
Sheila's Uncle	Herman Meckler
Sheila's Aunt	Agness Breen
Berger's Mother	Antonia Rey
Berger's Father	George Manos
Vietnamese Girl	Linda Surh
Claude's Father	Joe Acord
Sheldon	Michael Jeter
Debutante 1	Jane Booke
Debutante 2	Suki Love
Prison Psychiatrist	Janet York
Lafayette Jr.	Rahsaan Curry
The Judge	Harry Gittleson
The MP	Donald Alsdurf
Barracks Officers	Steve Massicotte
	Mario Nelson
»Aquarius« Soloist	Ren Woods

Singers: Toney Watkins, Carl Hall, Howard Porter, Nell Carter, Kurt Yahjian, Leata Galloway, Cyrena Lomba, Ron Young, Laurie Beechman, Debi Dye, Ellen Foley, John Maestro, Fred Ferrara, Jim Rosica, Charlaine Woodard, Trudy Perkins, Chuck Patterson, H. Douglas Berring, Russell Costen, Kenny Brawner, Lee Wells, Melba Moore, Ronnie Dyson

Produzenten: Lester Persky, Michael Butler
Choreographie: Twyla Tharp
Regie: Milos Forman

Songs und Musiknummern

Bühne:
Aquarius ⊕ (Wassermann/Wenn der Mond im siebenten Hause steht); Donna; Hashish; Sodomy; Colored Spade; Manchester, England ⊕; I'm Black; Ain't Got No ⊕; I Believe in Love; Air ⊕; Initials (L. B. J. – Lyndon B. Johnson); I Got Life ⊕; Going Down ⊕; Hair ⊕; My Conviction; Easy to Be Hard ⊕; Hung; Don't Put It Down; Frank Mills ⊕; Hare Krishna ⊕; Where Do I Go? ⊕; Electric Blues ⊕; Black Boys/White Boys ⊕; Walking in Space ⊕; Abie Baby; Prisoners in Niggertown (3-5-0-0); What a Piece of Work Is Man; Good Morning, Starshine ⊕; The Bed; Let the Sunshine In/Flesh Failures (Laßt den Sonnenschein in euch hinein)
Die mit dem Zeichen ⊕ versehenen Songs sind auch in der ersten Fassung enthalten, außerdem:
Red, Blue and White; Dead End; Exanaplanetooch; Climax

Film:
Die mit dem Zeichen ⊕ versehenen Songs wurden neu hinzugefügt.
Aquarius; Sodomy; Donna; Hashish; Colored Spade; Manchester, England; Abie Baby; Ain't Go No; Fourscore; I'm Black; Air; Party Music ⊕; My Conviction; I Got Life; Frank Mills; Hair; Initials (L. B. J.); Electric Blues; Old Fashioned Melody; Hare Krishna; Where Do I Go?; Black Boys/White Boys; Walking in Space; Easy to Be Hard; Three-Five-Zero-Zero (Prisoners in Niggertown); Good Morning, Starshine; What a Piece of Work Is Man; Somebody to Love ⊕; Don't Put It Down; Let the Sunshine In/The Flesh Failures

Schallplatten:
NY – (1967) RCA Victor LOC/LSO 1143, (1968) RCA Victor LOC/LSO 1150
L – Polydor 184186, Polydor 2459361
F – RCA Victor CBL 2-3274, RCA International BL 03274
D/B – Polydor 249266, Polydor 2428106, Polydor 2459188

HALF A SIXPENCE

Musik und Songtexte: David Heneker
Buch: Beverley Cross, nach dem Roman »Kipps, the History of a Simple Soul« (1905) von H. G. Wells (d. i. Herbert George Wells)
Premiere in London, Cambridge Theatre: 21. März 1963
Premiere in New York, Broadway Theatre: 25. April 1965

Personen und die Darsteller der Premieren London (L), New York (NY):

Arthur Kipps	Tommy Steele (L/NY)
Ann Pornick	Marti Webb (L)
	Polly James (NY)
Harry Chitterlow	James Grout (L/NY)
Helen Walsingham	Anna Barry (L)
	Carrie Nye (NY)
Mrs. Walsingham	Jessica James (L)
	Ann Shoemaker (NY)
Pearce	Anthony Valentine (L)
	Grover Dale (NY)
Sid Pornick	John Bull (L)
	Will Mackenzie (NY)
Buggins	Colin Farrell (L)
	Norman Allen (NY)
Flo Bates	Sheila Reid (L)
	Michele Hardy (NY)
Victoria	Cheryl Kennedy (L)
	Sally Lee (NY)
Kate	Henriette Holmes (L)
	Louise Quick (NY)
Emma	Anne Brigley (L)
	Reby Howells (NY)
Mr. Shalford	Arthur Brough (L)
	Mercer McLeod (NY)
Mr. Carshot	Charles Workman (L)
	William Larsen (NY)
Mrs. Botting	Irene Byatt (L)
	Trescott Ripley (NY)

Laura	Susan Dawn (L)
	Eleonore Treiber (NY)
Gwendolin	Marie Betts (L)
	Ann Rachel (NY)
Young Walsingham	Ian White (L)
	John Cleese (NY)
Photographer	David Wheldon-Williams (L)
	Sean Allen (NY)
Lady Student	Diana Landor (L)
	Rosanna Huffman (NY)
Bearded Student	Roy Sone (L)
	Sterling Clark (NY)
Reporters	Brian Beaton (L)
	Reid Klein (NY)
	Fred Cline (NY)

ferner bei Premiere in London:

Chester Coote	Arthur Blake
Mr. Wilkins	Jeff Hall

Produzenten: Harold Fielding (L), Allen-Hodgdon, Stevens Productions mit Harold Fielding (NY)
Choreographie: Edmund Balin (L), Onna White (NY)
Regie: John Dexter (L), Gene Saks (NY)
Ort: Folkstone/England und London
Zeit: Um 1905

Handlung: Satirische Fabel von Kipps, dem reinen Toren. Der naive Arthur Kipps, Kaufmannslehrling bei Tuchhändler Shalford, ist nicht sehr glücklich mit seinem Chef und fühlt sich oft gedemütigt. Sein ganzes Privatinteresse gilt der netten Ann Pornick, der Schwester seines Freundes und Kollegen Sid. Als Zeichen der Zusammengehörigkeit übergibt er ihr die Hälfte eines zersägten Sixpence-Stücks, die andere Hälfte der Münze behält er für sich. Da tritt das Unheil in das bescheidene kleine Glück, als Kipps eine Erbschaft zufällt. Fortan ist er ein angesehener Mann und findet Aufnahme in der besseren Gesellschaft. Er genießt das feine Leben und die Aufmerksamkeit, die man ihm entgegenbringt. Die reizende Helen Walsingham aus vornehmem Hause imponiert ihm so sehr, daß er um ihre

Hand anhält. Helen ist einverstanden, doch sieht sich Kipps plötzlich mit Ann konfrontiert, die es in der feinen Gesellschaft immerhin zum Dienstmädchen gebracht hat. Wütend wirft sie ihm das halbierte Sixpence-Stück vor die Füße und erreicht damit, daß Kipps anfängt, sich Gedanken über sein vermeintliches Glück zu machen. Er kommt sich in Helens gebildeten Kreisen deplaziert vor und lebt auf, als er Sid und weitere alte Freunde wiedertrifft und mit ihnen herumalbern kann. Die Familie Walsingham macht ihm Vorwürfe über diesen nicht standesgemäßen Umgang. Kipps ist darüber dermaßen empört, daß er den feinen Leuten den Rücken kehrt und umgehend Ann heiratet. Sie machen Pläne, einen attraktiven Buchladen zu eröffnen. Da muß Kipps erfahren, daß der junge Walsingham, Helens Bruder, mit der ihm anvertrauten Erbschaft spekuliert und das Geld verloren hat. So bleibt nur ein Rest für die Einrichtung eines kleinen, bescheidenen Buchladens, doch Kipps und Ann sind glücklich in ihrer Bürgerlichkeit, und ein Baby haben sie inzwischen auch.

Deutschsprachige Erstaufführung (Originaltitel): 21. April 1964, Nationaltheater Mannheim. Autor: Peter Hirche

Film:

Half a Sixpence
1967, USA – Paramount – Panavision/Technicolor, 148 Min.
Deutsche Erstaufführung (Originaltitel): 1968
Musik und Songtexte: David Heneker
Drehbuch: Beverley Cross, Dorothy Kingsley, nach dem gleichnamigen Musical

Personen und ihre Darsteller:

Arthur Kipps	Tommy Steele
Ann	Julia Foster
Harry Chitterlow	Cyril Ritchard
Helen Walsingham	Penelope Horner
Pearce	Grover Dale
Kate	Elaine Taylor
Shalford	Hilton Edwards

Flo	Julia Sutton
Buggins	Leslie Meadows
Victoria	Sheila Falconer
Sid	Christopher Sandford
Mrs. Walsingham	Pamela Brown
Hubert Walsingham	James Villiers
Lady Botting	Jean Anderson
Wilkins	Allan Cuthbertson
Laura	Aleta Morrison
Fat Boy	Gerald Campion
Young Ann	Deborah Permenter
Young Kipps	Jeffrey Chandler
Woodrow	Barry Sinclair

Produzenten: George Sidney, Charles H. Schneer
Choreographie: Gillian Lynne
Regie: George Sidney

Songs und Musiknummern

Bühne:
Die mit Zeichen ⊕ *versehenen Titel sind in der New Yorker Aufführung nicht enthalten.*
All in the Cause of Economy; Half a Sixpence; Money to Burn; The Oak and the Ash ⊕; She's Too Far Above Me; I'm Not Talking to You; A Proper Gentleman; If the Rain's Got to Fall; The Old Military Canal; The One That's Run Away ⊕; Long Ago; Flash, Bang, Wallop!; I Know What I Am; I Don't Believe a Word of It; I'll Build a Palace ⊕; I Only Want a Little House ⊕
In der New Yorker Aufführung anstelle der beiden letzten Titel:
The Party's on the House

Film:
All in the Cause of Economy; Half a Sixpence; I'm Not Talking to You; Money to Burn; The Race Is On; I Don't Believe a Word of It; A Proper Gentleman; She's Too Far Above Me; This Is My World; If the Rain's Got to Fall; Flash, Bang, Wallop!; I Know What I Am

Schallplatten:
NY – RCA Victor LOC/LSO 1110
L – Decca SKL 4521
F – RCA SB 6735, RCA LOC/LSO 1146

Hinweis/Film:
Verfilmungen des Romans »Kipps« von H. G. Wells, der Vorlage des Musicals.

Kipps
Stummfilm/1921, Großbritannien – Stoll, 6194 ft/1888 m (69 Min.)
Drehbuch: Frank Miller, nach dem gleichnamigen Roman von H. G. Wells
Darsteller: George K. Arthur (Arthur Kipps), Edna Flugrath (Ann Pornick), Christine Rayner (Helen Walsingham), Edward Arundel (Chitterlow), Norman Thorpe (Chester Coote), Arthur Helmore (Shalford), John M. East (Old Kipps), Miss Atterbury (Mrs. Walsingham), Mr. Gerard (Young Walsingham), Mr. Barbour (Old Pornick), Judd Green (Old Gentleman), Annie Esmond
Regie: Harold Shaw

Kipps
(Amerikanischer Titel: THE REMARKABLE MR. KIPPS)

1941, Großbritannien – 20th Century Productions, 112 Min.
Drehbuch: Frank Launder, Sidney Gilliat, nach dem gleichnamigen Roman von H. G. Wells
Darsteller: Michael Redgrave (Arthur Kipps), Phyllis Calvert (Ann Pornick), Diana Wynyard (Helen Walsingham), Arthur Riscoe (Chitterlow), Max Adrian (Chester Coote), Helen Haye (Mrs. Walsingham), Michael Wilding (Ronnie Walsingham), Lloyd Pearson (Shalford), Edward Rigby (Buggins), Mackenzie Ward (Pearce), Hermione Baddeley (Miss Mergle), Betty Ann Davies (Flo Bates), Betty Jardine (Doris), Frank Pettingell (Mr. Kipps), Beatrice Varley (Mrs. Kipps), George Carney (Mr. Pornick), Irene Browne (Mrs. Bindon-Botting), Peter Graves (Sidney Revel), Phillip Frost (Young Arthur Kipps), Diana Calderwood (Young Ann Pornick), Arthur Denton (Carshot), Vis Castlerosse (Man in Bathchair), Kathleen Harrison, Felix Aylmer, Robert McCarthy, Marda Shannon, Carol Gardiner
Produzent: Edward Black
Regie: Carol Reed

HAPPY END → Guys and Dolls

HELLO, DOLLY!
(Deutscher Titel: Hallo, Dolly!)

Musik und Songtexte: Jerry Herman
Buch: Michael Stewart, nach der Komödie »The Matchmaker« (1954) (deutsch: »Die Heiratsvermittlerin«) von Thornton Wilder, nach der Komödie »The Merchant of Yonkers« (1938) (deutsch: »Der Kaufmann von Yonkers«) von Thornton Wilder, nach der Wiener Theaterposse »Einen Jux will er sich machen« (1842) von Johann Nestroy, nach dem englischen Theaterstück »A Day Well Spent« (1835/36) von John Oxenford
Premiere in New York, St. James Theatre: 16. Januar 1964

Personen und die Darsteller der Premiere:

Dolly Gallagher Levi	Carol Channing
Horace Vandergelder	David Burns
Irene Molloy	Eileen Brennan
Minnie Fay	Sondra Lee
Cornelius Hackl	Charles Nelson Reilly
Barnaby Tucker	Jerry Dodge
Judge	Gordon Connell
Ermengarde	Alice Playten
Ernestina	Mary Jo Catlett
Ambrose Kemper	Igors Gavon
Mrs. Rose	Amelia Haas
Rudolph	David Hartman
Court Clerk	Ken Ayers

Horse: Jan LaPrade, Bonnie Mathis
Townspeople, Waiters etc.: Nicole Barth, Monica Carter, Carvel Carter, Amelia Haas, Jan LaPrade, Joan Buttons Leonard, Marilyne Mason, Bonnie Mathis, Else Olufsen, Yolanda Poropat, Bonnie Schon, Barbara Sharma, Mary Ann Snow, Jamie Thomas, Pat Trott, Ken Ayers, Alvin Beam, Joel Craig, Dick Crowley, Gene Gebauer, Joe Helms, Richard Hermany, Neil Jones, Charles Karel, Paul Kastl, Jim Maher, Joe McWherter, John Mineo, Randy Phillips, Lowell Purvis, Michael Quinn, Will Roy, Paul Solen, Ronnie Young

Produzent: David Merrick
Choreographie: Gower Champion
Regie: Gower Champion
Ort: Yonkers bei New York und New York City
Zeit: Um 1890

Handlung: Gesellschaftskomödie. Der wohlhabende Kaufmann Horace Vandergelder aus Yonkers bei New York ist ein Griesgram. Um seinem Leben eine Wende zu geben, beschließt er, sich nach einer passenden Frau umzusehen. Zu diesem Zweck hat er die verwitwete Dolly Levi, die sich als Heiratsvermittlerin betätigt, um Unterstützung gebeten. Nun reist er nach New York, um sich mit einer reichen Erbin zu treffen, die Dolly vorgeschlagen hat. Seine Abwesenheit vom Geschäft ist Anlaß für seine zwei Gehilfen Cornelius und Barnaby, sich einen vergnügten Tag zu machen. Kurzerhand schließen sie den Laden und fahren ebenfalls nach New York. Wie der Zufall es will, haben sie dort Mühe, von ihrem Chef, dem sie mehrfach über den Weg laufen, nicht entdeckt zu werden. Vandergelder ahnt allerdings nicht, daß Dolly Levi bereits beschlossen hat, ihn für sich selbst zu vermitteln. Sie ergreift die Initiative und führt ihn ins berühmte Harmonia-Garden-Restaurant, in dem sie früher mit ihrem inzwischen verstorbenen Mann Stammgast war. Nach der langen Abwesenheit wird sie von der ganzen Belegschaft überschwenglich empfangen: Hello, Dolly! Auch Cornelius und Barnaby, in Begleitung zweier Frauen, die sie kennengelernt haben, geraten ins Harmonia-Garden-Restaurant, obwohl sie kein Geld haben. Ein Skandal bleibt nicht aus, zumal Vandergelder seinen Angestellten Cornelius mit seiner Nichte Ermengarde entdeckt. Wütend entläßt er sofort seine Mitarbeiter und hat einen solchen Tobsuchtsanfall, daß er den Abend im Gefängnis beenden muß. Wieder zu Hause in Yonkers und ohne Angestellte einer trostlosen Zukunft entgegensehend, erinnert er sich an die nette Dolly Levi, diese patente Frau, die sicher die

Richtige für ihn wäre. Für Dolly kommt alles wie geplant, und zur Verwunderung von Vandergelder ist sie zufällig zur Stelle, als er an sie denkt. Keine Frage, daß Dolly nicht nur die Geschicke Vandergelders und der Firma in die Hand nimmt, sondern sich auch um die von Cornelius, Ermengarde und Barnaby kümmern wird.

Auszeichnungen: 10 Antoinette Perry Awards (Tonys) 1964: Bestes Musical / Weibliche Hauptrolle–Musical: Carol Channing / Buch–Musical: Michael Stewart / Produzent–Musical: David Merrick / Regie–Musical: Gower Champion / Komposition und Songtexte: Jerry Herman / Dirigent und Musikalische Leitung: Shephard Coleman / Bühnenbild: Oliver Smith / Kostüme: Freddy Wittop / Choreographie: Gower Champion

Anmerkung: Im Verlauf der Jahre des Erfolgs von »Hello, Dolly!« wurde die Titelrolle in den USA auch gespielt von Ginger Rogers, Martha Raye, Betty Grable, Bibi Osterwald, Thelma Carpenter, Phyllis Diller, Ethel Merman, Mary Martin und Pearl Bailey, letztere 1967 mit einem All-Black-Ensemble. Pearl Bailey erhielt bei der Tony-Verleihung 1968 einen Special Award (Ehrenpreis).

Deutschsprachige Erstaufführung:
26. November 1966, Schauspielhaus Düsseldorf. Autor: Robert Gilbert

Film:

Hello, Dolly!
1969, USA – 20th Century-Fox – Todd-A-O/CinemaScope/Color DeLuxe, 129 Min.
Deutsche Erstaufführung (Originaltitel): 1969
Musik und Songtexte: Jerry Herman
Drehbuch: Ernest Lehman, nach dem gleichnamigen Musical

Personen und ihre Darsteller:

Dolly Levi	Barbra Streisand
Horace Vandergelder	Walther Matthau
Cornelius Hackl	Michael Crawford
Barnaby Tucker	Danny Lockin
Irene Molloy	Marianne McAndrew
Minnie Fay	E. J. Peaker
Ermengarde Vandergelder	Joyce Ames
Ambrose Kemper	Tommy Tune
Gussie Granger	Judy Knaiz
Rudolph Reisenweber	David Hurst
Louis, Orchestra Leader	Louis Armstrong
Fritz, German Waiter	Fritz Feld
Joe, Barber	Richard Collier
Mr. Jones, Redcap	Scatman Crothers
Mr. Cassidy	Eddie Quillan
Rhine Maiden	Lisa Todd
Workman/Onlooker	Morgan Farley
Drunk	Jimmy Cross
Woman with Groceries	Jessy Garnier
Onlooker	Ross Kimbrough
Keystone Kop	Hubie Kerns
Officer Gogarty	Patrick O'Moore
Sullivan, Ticket Seller	James Chandler
News Vendor	Billy Benedict
Patron in Harmonia Gardens	Bern Hoffman

Pushcart Men: Michael Mark, Charles Wagenheim
Policemen: J. Pat O'Malley, Ralph Roberts
Laborers, Singers: James McEachin, Sam Edwards, Ralph Montgomery, Clay Tanner, Charles Lampkin, Guy Wilkerson, Tyler McVey, Jerry James, Ken Hooker, David Ahdar

Produzent: Ernest Lehman
Choreographie: Michael Kidd
Regie: Gene Kelly

Auszeichnungen: 3 Academy Awards (Oscars) 1969: Szenenbild–Ausstattung: John DeCuir, Jack Martin Smith, Herman Blumenthal, Walter M. Scott, George Hopkins, Raphael Bretton / Ton: Jack Solomon, Murray Spivack / Musikgesamtwerk–Instrumentierung (Filmversion): Lenny Hayton, Lionel Newman

Songs und Musiknummern

Bühne:
I Put My Hand In (Ich war immer eine Frau, die gern 'was arrangiert); Yonkers March (instr.); It Takes a Woman (Man braucht ein Frauchen); Put On Your Sunday Clothes; Ribbons Down My Back (Bunte Bänder trage ich am Hut); Motherhood/I Stand for Motherhood; Dancing; Before the Parade Passes By (Jerry Herman/K, Charles Strouse/K, Lee Adams/T); Elegance; The Waiter's Gallop (instr./Ballett); Hello, Dolly!; Come and Be My Butterfly; It Only Takes a Moment; So Long, Dearie

Film:
Die mit Zeichen ⊕ versehenen Songs sind von Jerry Herman neu für den Film geschrieben worden. »Just Leave Everything to Me« ersetzte den Einführungssong »I Put My Hand In«.
Just Leave Everything to Me ⊕; It Takes a Woman; Put On Your Sunday Clothes; Ribbons Down My Back; Dancing; Before the Parade Passes By; Elegance; Love Is Only Love ⊕; Hello, Dolly!; Waiter's Gavotte; It Only Takes a Moment; So Long, Dearie

Schallplatten:
NY – RCA Victor LOCD/LSOD 1087, RCA ML 83814, (1967/All Black Version) RCA Victor LOC/LSO 1147
L – (1965) RCA Victor LOCD/LSOD 2007
F – 20th Century-Fox T 102, 20th Century-Fox DTCS 5103
D/B – (Düsseldorf) CBS S 70031, (Wien) Metronome KMLP 332
St – (D) Amiga B 45097, (D/Louise Martini, René Kollo, Roy Black) Polydor 249143

Vorlagen des Musicals:

Posse mit Gesang: *Einen Jux will er sich machen*
Buch: Johann Nestroy, nach der englischen Komödie »A Day Well Spent« (1835/36) von John Oxenford

Uraufführung: Wien, Theater an der Wien: 10. März 1842
Darsteller: Louis Grois (Zangler, Gewürzkrämer), Demoiselle Nestroy ⊕ (Marie, dessen Nichte und Mündel), Johann Nestroy (Weinberl, Handlungsdiener), Wilhelm Brabbée (Christopherl, Lehrjung), Kottaun (Kraps, Hausknecht), Madame Schmidt (Frau Gertrud, Wirtschafterin), Wenzel Scholz (Melchior, Hausknecht), Börger (August Sonders), Blum (Hupfer, Schneidermeister), Demoiselle Ammesberger (Madame Knorr, Modewarenhändlerin), Madame Waas (Frau von Fischer, eine Witwe), Franziska Fehringer (Fräulein von Blumenblatt, Zanglers Schwägerin), Lang (Brunninger, Kaufmann), Demoiselle Swoboda (Philippine, Putzmacherin), Louise Rusa (Lisette, Stubenmädchen bei Fräulein von Blumenblatt), Benda (Ein Lohnkutscher), Schmidt (Ein Hausmeister), Raffel (Ein Wächter), Rudolf Mayer (Rab, ein Gauner), Klement (Erster Kellner), Scribani (Zweiter Kellner)
⊕ Demoiselle Nestroy ist Johann Nestroys Nichte Johanna Nepomucena Julie Josefa N.
Produzent: Direktor Karl Carl
Regie: (vermutl.) Johann Nestroy
Lieder (Adolf Müller Sr./K, Johann Nestroy/T):
Da wird wohl auch was g'handelt wer'n; Das is a verruckte Idee; Und es schickt sich doch offenbar nicht

Anmerkung: Für die einaktige Farce »A Day Well Spent« von John Oxenford findet sich als erstes Aufführungsdatum der 4. April 1835 (nach anderen Angaben jedoch 1836), Lyceum Theatre, London. Produzenten: Lord Chamberlain and London Productions.
Für eine Aufführung vom Juni 1837 im Victoria Theatre, London, konnte die folgende Besetzung festgestellt werden:
G. Crisp (Cotton), Benjamin Wrench (Bolt), W. H. Oxberry (Mizzle), John Parry (Cutaway), Mr. Macdonald (Newgate), Mr. Stewart (Prig), Miss M. A. Crisp (Harriet), Mrs. Macnamara (Mrs.

Stichely), Mrs. Frank Mathews (Miss Brown), Miss Richardson (Mrs. Chargely), Miss C. Crisp (Bridget)

Komödie: *The Merchant of Yonkers*
Buch: Thornton Wilder, unter Verwendung der Posse »Einen Jux will er sich machen« von Johann Nestroy
Uraufführung: New York, Guild Theatre: 28. Dezember 1938
Darsteller: Jane Cowl (Mrs. Levi), Percy Waram (Horace Vandergelder), Tom Ewell (Cornelius Hackl), Bartlett Robinson, Nydia Westman, John Call, Philip Coolidge, Joseph Sweeney
Produzent: Herman Shumlin
Regie: Max Reinhardt

Komödie: *The Matchmaker*
(Deutscher Titel: DIE HEIRATSVERMITTLERIN)
Buch: Thornton Wilder. Neufassung seiner Komödie »The Merchant of Yonkers«
Uraufführung: Edinburgh/Großbritannien (Edinburgher Festspiele): 23. August 1954
Darsteller: Ruth Gordon (Mrs. Levi), Sam Levene (Horace Vandergelder), Eileen Herlie (Mrs. Molloy), Arthur Hill (Cornelius Hackl), Prunella Scales (Ermengarde), Alec McCowen (Barnaby Tucker), Rosamund Greenwood (Minnie Fay), Lee Montague (Ambrose Kemper), Henzie Raeburn (Gertrude), Peter Sallis (Joe Scanlon), Patrick McAlinney (Malachi Stack), Timothy Findley (Rudolph), John Milligan (August), Esme Church (Flora Van Huysen), Daphne Newton (Flora's Cook), Peter Bayliss (Cabman), Peter Sallis (Musician)
Produzent: Edinburgh Festival Society (mit Tennent Productions)
Regie: Tyrone Guthrie
Premiere in New York, Royale Theatre: 5. Dezember 1955
Darsteller: Ruth Gordon (Mrs. Levi), Loring Smith (Horace Vandergelder), Eileen Herlie (Mrs. Molloy), Arthur Hill (Cornelius Hackl), Prunella Scales (Ermengarde), Robert Morse (Barnaby Tucker), Rosamund Greenwood (Minnie

Fay), Alexander Davion (Ambrose Kemper), Patrick McAlinney (Malachi Stack), Esme Church (Flora Van Huysen), Christine Thomas (Flora's Cook), Peter Bayliss (Cabman), Philip Leeds (Barber), Charity Grace (Housekeeper), William Lanteau (Waiter), John Milligan (Waiter), Philip Leeds (Musician)
Produzenten: The Theatre Guild und David Merrick
Regie: Tyrone Guthrie
Auszeichnung: 1 Antoinette Perry Award (Tony) 1956: Regie: Tyrone Guthrie
Deutschsprachige Erstaufführung:
30. Juni 1955, Theater am Kurfürstendamm, Berlin. Autor: Hans Sahl

Hinweis/Film:
Verfilmungen der Vorlagen des Musicals.

A) Verfilmungen der Posse »Einen Jux will er sich machen« von Johann Nestroy

Einen Jux will er sich machen
Stummfilm/1916, Österreich – Robert Müller-Film, 1350 m (50 Min.)
Drehbuch: Emil Leyde, nach der gleichnamigen Posse von Johann Nestroy
Darsteller: Poldi Müller (Marie, Mündel des Krämers Zangerl), Josef Weidinger (Herr Zangerl), Gustav Müller (Weinberl, Kommis bei Zangerl), Paul Morgan (Christopherl, Lehrbub bei Zangerl), Ida Rußka (Frau Fischer), Leopold Straßmayer (Melchior), Emmi Rippa (Frau Knorr, Modistin), Viktoria Pohl-Meiser (Frau Blumenblatt), Emil Lovrice (August Sonders, ein Reisender), Ludwig Köppel (1. Hausknecht), Heinrich Picke (Schneider), Alexander Herrnfeld (Detektiv), Max Brod (Oberkellner)
Regie: Emil Leyde

Einen Jux will er sich machen
Stummfilm/1928, Deutschland – I. Rosenfeld Filmproduktion, Berlin, 968 m (36 Min.)
Drehbuch: Ladislaus Vajda, nach der gleichnamigen Posse von Johann Nestroy
Darsteller: Hilde Elsner, Walter Slezak
Regie: Dr. Johannes Brandt
Anmerkung: Beiprogramm-Film

Das Einmaleins der Liebe
1935, Deutschland – Minerva-Tonfilm, 95 Min.
Veränderte Handlung.
Drehbuch: Bobby E. Lüthge, frei nach Motiven aus der Posse »Einen Jux will er sich machen« von Johann Nestroy, bearbeitet von H. W. Becker
Darsteller: Luise Ullrich (Sophie Bruninger), Paul Hörbiger (Alois Weinberl), Lee Parry (Mme. Knorr), Theo Lingen (Melchior Feuerfuchs), Genia Nikolajewa (Carlotta de Melac), Paul Henckels (Zangerl), Gustav Waldau (Modlinger), Gertrud Wolle, Paul Heidemann, Hans Hermann Schaufuß, Rudolf Klein-Rogge, Oskar Sima, Wera Schultz, Inge Landgut, Eugen Rex, Klaus Pohl, Hadrian M. Netto, Rudolf Essek, Arthur Reppert, Josef Reithofer, Gerti Gert
Regie: Carl Hoffmann

Einmal keine Sorgen haben
(Österreichischer Titel: EINEN JUX WILL ER SICH MACHEN)
1953, Deutschland/Österreich – Carlton-Film, München/Carlton-Film, Wien, 90 Min.
Drehbuch: Hans Weigel, Georg Marischka, nach der Posse »Einen Jux will er sich machen« von Johann Nestroy
Darsteller: Walter Müller (Weinberl), Hans Moser (Melchior), Nadja Tiller (Frau von Fischer), Wera Frydtberg (Marie), Fritz Imhoff (Zangerl, Besitzer einer Gemischtwarenhandlung), Walter Koch (Christopherl), Ernst Stankovsky (Sanders), Paula Pfluger (Madame Knorr, Modesaloninhaberin), Alma Seidler (Frau Blumenblatt), Hugo Gottschlich (Rab), Hertha Dolezal (Philippine), Helmut Qualtinger (Kraps), Elvira Hofer (Lisette), Adi Berber (Wachmann Nestroy), Ena Valduga, Martin Costa, Fritz Muliar, Erich Dörner, Heinz Conrads
Regie: Georg Marischka
Lieder (Oscar Straus/K, Robert Gilbert/T):
Da sing' ich ein Lied und gleich bin ich heiter; Einen Jux will ich mir machen, daß die Leut' darüber lachen

Einen Jux will er sich machen
(Bühnendokumentation, Nestroys Posse in einer Aufführung des Wiener Burgtheaters)
1957, Österreich – Wiener Mundus-Film/Thalia-Film, 90 Min.
Darsteller: Josef Meinrad (Weinberl, Handlungsdiener bei Zangerl), Inge Konradi (Christopherl, Lehrjunge bei Zangerl), Richard Eybner (Zangerl, Gewürzkrämer), Auguste Pünkösdy (Frau Gertrud, Wirtschafterin bei Zangerl), Hans Thimig (Kraps, Hausknecht bei Zangerl), Ferdinand Maierhofer (Melchior, ein vazierender Hausknecht), Dagny Servaes (Madame Knorr, Modewarenhändlerin), Elisabeth Höbarth (Frau von Fischer, Witwe), Friedl Jary (Marie, Zangerls Nichte und Mündel), Tonio Riedl (August Sonders), Adrienne Gessner (Fräulein Blumenblatt, Zangerls Schwägerin)
Musik: Adolf Müller Sr.
Neue Texte: Alexander Steinbrecher
Bühneninszenierung: Leopold Lindtberg
Filmregie: Dr. Alfred Stöger
Anmerkung: Duett »Ja, mit di Madeln ...« (Adolf Müller Sr./K, Johann Nestroy/T) aus »Der gefühlvolle Kerkermeister« von Johann Nestroy.

B) Verfilmung der Komödie »The Matchmaker« von Thornton Wilder

The Matchmaker
(Deutscher Titel: DIE HEIRATSVERMITTLERIN)
1958, USA – Paramount – Vistavision, 101 Min.
Deutsche Erstaufführung: 1959
Drehbuch: John Michael Hayes, nach dem gleichnamigen Theaterstück von Thornton Wilder
Darsteller: Shirley Booth (Dolly Levi), Anthony Perkins (Cornelius Hackl), Shirley MacLaine (Irene Molloy), Paul Ford (Horace Vandergelder), Robert Morse (Barnaby Tucker), Perry Wilson (Minnie Fay), Wallace Ford (Malachi Stack), Russell Collins (Joe Scanlon), Rex Evans (August), Gavin Gordon (Rudolph), Torben Meyer (Maître d'Hôtel),

Joe Forte, John Lormer, Arthur Lovejoy, Sandra Giles, Loraine Crawford, Fred Somers
Produzent: Don Hartman
Regie: Joseph Anthony

HELLZAPOPPIN' (»Vaudeville«)

Konzeption und Gestaltung: Ole Olsen, Chic Johnson
Musik: Sammy Fain (und andere)
Songtexte: Charles Tobias, Irving Kahal (und andere)
Musikalische und textliche Beiträge: Annette Mills, Teddy Hall, Don George, Paul Mann, Stephen Weiss, Sam Lewis
Sketche: Ole Olsen, Chic Johnson
Premiere in New York, 46th Street Theatre: 22. September 1938

Mitwirkende bei der Premiere in New York:
Olsen & Johnson, Dewey Barto & George Mann (Exzentriker), The Radio Rogues (Gesangsimitatoren), Ray Kinney & The Aloha Maids (Hawaii-Gesangs- und Tanzgruppe), The Charioteers (farbiges Gesangsquartett), Bettymae & Beverly Crane (Tanz-Geschwisterpaar), Theo Hardeen (Zauberkünstler), Walter Nilsson (Kunstradfahrer), The Reed Sisters (Gesangsduo), Dean & Reed, Joe Wong (chinesischer Sänger), Shirley Wayne (Violin-Komikerin), Billy Adams (farbiger Tänzer), Hal Sherman (Tanz-Pantomime), Roberta & Ray, Berg & Moore, The Starlings, Whitey's Steppers

Produzenten: Olsen & Johnson (mit Messrs. Shubert)
Regie: Edward Duryea Dowling
Zeit: »Gegenwart« (1938)

Anmerkung: Mit einer Laufzeit von 1404 Vorstellungen war »Hellzapoppin'« der größte Broadway-Erfolg der 1930er Jahre. Die lose zusammengefügte Revue, die einzig das Ziel hatte, mit irrwitzigen Überraschungen und überwiegend derber Komik die Theaterbesucher zu amüsieren und Lachsalven hervorzurufen, war untrennbar verbunden mit dem ame-

rikanischen Komikerpaar Olsen & Johnson. Ole Olsen und Chic Johnson werden in einem amerikanischen Fachbuch beschrieben als »derbes, übermütiges Komiker-Team, das von 1914–1937 Vaudeville-Tourneen durchführte, bis das Duo durchschlagenden Erfolg mit dem Broadway-Hit ›Hellzapoppin‹ erzielte.« Zunächst war »Hellzapoppin'« eine einstündige derb-komische Farce im Tourneeprogramm von Olsen & Johnson, mit dem sie rund 14 Jahre lang herumgereist waren. Produzent Lee Shubert sah eine Aufführung in Philadelphia und verpflichtete die beiden Komiker nach New York an den Broadway, doch verlangte er, das Spiel auf zwei Stunden zu verlängern. Da es sich bei der rauhen Krawall-Schau um ein unternehmerisches Wagnis handelte, zogen es die Messrs. Shubert vor, als Produzenten ungenannt zu bleiben. Die Premiere wurde zu einem Publikumserfolg. Etwa zwei Monate nach dem bemerkenswerten Start wurde die Produktion ins größere Winter Garden Theater verlegt.

Die hier folgende inhaltliche Darstellung kann in diesem Falle nur dazu dienen, den Charakter des Stückes zu verdeutlichen. Im Verlauf der langen Spielzeit wurden die Beiträge teilweise verändert und den aktuellen Ereignissen angepaßt. Der Titel »Hellzapoppin'« bedeutet etwa: »Die Hölle ist am Zerplatzen« – gewissermaßen handelt es sich um eine Kombination unserer Begriffe »Höllenspektakel«, »Knalleffekt« und »Hier ist die Hölle los«.

Handlung: Klamotte mit musikalischen Einlagen. Nonsens- und Klamauk-Revue in Szenen und Songs ohne feste Handlung. Spiel zwischen Bühne und Zuschauerraum. Vorgeblich eine solide traditionelle Show, bei der aber durch unglückliche Umstände alles durcheinandergeht. (Wohlinszenierte) Improvisationen, unerwartete Blödsinnigkeiten, Narreteien, Pennälerstreiche, heillose Verwirrungen, Desorganisation, Theaterchaos. Oft auch (vorher vereinbarte) Überraschungen und Foppereien von anwesenden Promi-

nenten. Derbe Späße, die mit dem Publikum getrieben wurden, waren vorbereitet und wurden – vom lachenden, ja vor Vergnügen kreischenden Publikum unbemerkt – durch Mitglieder des Ensembles ausgeführt. So Verlosungen mit absurden Gewinnen für die Zuschauer, z. B. einer Damen-Korsage, wobei die Leute verlangten, daß sie sofort auf der Bühne anprobiert werde. Oder der groteske Gewinn von 50 Pfund Speiseeis, das dem Sieger im Parkett kurzerhand in den Schoß gelegt wurde. Wirrwarr ergab sich schon vor Beginn der Vorstellung durch Arbeiter, die sich mit langen Leitern zwischen den Besuchern ihren Weg bahnten, durch falsch zugewiesene Plätze und herumirrende Fehlgeleitete. Eine Frau hastete suchend durchs Theater, unablässig nach ihrem »Oscar« rufend. Ein falscher Gorilla drängte eine Frau von ihrem Sitz, ein verspäteter Gast ritt zu Pferde ins Theater bis auf den Balkon. Während des ganzen Abends lief ein Mann mit einer Pflanze im Arm durchs Publikum und fragte überall nach »Mrs. Jones«, der er das Gewächs ausliefern solle. Bei seiner Suche wurde die Pflanze größer und größer, so daß der Bote seine liebe Not damit hatte. Nach Ende der Show saß er in der Vorhalle zwischen riesigem Gestrüpp und fragte immer noch verzweifelt nach »Mrs. Jones«.
Die Vorstellung begann mit einer Filmsequenz, in der (1938) Hitler in den neuesten Aufnahmen erschien und, mit jüdischem Akzent sprechend, die Show anpries. Ähnliche einführende Worte verkündeten Mussolini im Neger-Slang und Roosevelt in unverständlichem Kauderwelsch. Zum Ensemble gehörten Liliputaner, Marktschreier, Akrobaten, Clowns, Komiker und Chorgirls, die mit Theatergästen Tänze im Parkett ausführten. Plötzlich erlosch das Licht, und über Lautsprecher kam die Warnung, daß der Zuschauerraum von Schlangen und Spinnen heimgesucht werde; gleichzeitig regnete Puffreis aufs Publikum nieder. Man ließ Tauben fliegen, Luftballons platzen, Kanonen donnern und Dinge unerwartet

explodieren. Unter Anführung von Olsen und Johnson rollten die überraschenden Aktionen in solcher Überfülle ab, daß die Theaterbesucher ihr Vergnügen an den Verrücktheiten und dem blödsinnigen Treiben fanden. Gemixt war die Show mit kabarettistischen oder satirischen Sketches über aktuelle Ereignisse, mit Parodien auf bekannte Künstler sowie mit Revue-Einlagen und Songs, um den Zuschauern Lachpausen zu lassen.
Der Erfolg von »Hellzapoppin'« und die Popularität von Olsen & Johnson (wozu auch der 1941 herausgebrachte Film »Hellzapoppin'« beitrug) führten zu Fortsetzungen.

Film:

Hellzapoppin'
(Deutscher Titel: IN DER HÖLLE IST DER TEUFEL LOS)
1941, USA – Universal/Mayfair, 84 Min.
Deutsche Erstaufführung: 1960
Mit einer Handlung versehen: Klamaukgeschehen und Chaos bei Filmdreharbeiten zu einer Liebesgeschichte im Rahmen einer Revue. – Neue Songs.
Musik: Gene de Paul
Songtexte: Don Raye
Drehbuch: Nat Perrin, Warren Wilson, nach einer Story von Nat Perrin, unter Verwendung von Gags und Motiven aus der gleichnamigen Musical-Show.

Personen und ihre Darsteller:

Olsen & Johnson	Ole Olsen,
	Chic Johnson
Baby Betty Johnson	Martha Raye
Quimby	Hugh Herbert
Prince Pepi	Mischa Auer
Kitty Rand	Jane Frazee
Jeff Hunter	Robert Paige
Louie	Shemp Howard
Mr. Rand	Clarence Kolb
Mrs. Rand	Nella Walker
Oscar's Wife	Katherine Johnson
Woody Tyler	Lewis Howard
Girl	Dorothy Darrell
Director	Richard Lane
Assistant Director	Elisha Cook Jr.

Blonde — Jodie Gilbert
Producer — Andrew Tombes
Butler — George Davis
Drafted Devil — Eddie Acuff
Taxi Driver — Billy Curtis
Midget — Harry Monti
Theater Manager — Don Brodie
Butler in Pool — Gil Perkins
Man Who Falls into Pool — Dale Van Sickel
Orchestra Leader — Gus Schilling
Cellist — Sig Arno/d. i. Siegfried Arno
Man in Audience — Bert Roach
Man — George Chandler
Photographers: Hal K. Dawson, Frank Darien
Specialties: Slim & Sam, Olive Hatch, Harlem Congaroo Dancers, Six Hits

Produzent: Jules Levey
Regie: H. C. Potter

Songs und Musiknummern

Bühne:
Blow a Balloon Up to the Moon; Fuddle-Dee-Duddle; It's Time to Say »Aloha«; When McGregor Sings Off Key; Strolling Through the Park; Shaganola; Boomps-a-Daisy (Annette Miller/K u. T); We Won't Let It Happen Here (Teddy Hall/K, Don George/T); When You Look in Your Looking Glass (Paul Mann/K, Stephen Weiss/K, Sam Lewis/T); Abe Lincoln (Earl Robinson, Alfred Hayes/K u. T)

Film:
What Kind of Love Is This?; Watch the Birdie; You Were There; Heaven for Two; Hellzapoppin'; Putting on the Dog; Congaroo; Conga Beso; Waiting for the Robert E. Lee (Lewis E. Muir/K, L. Wolfe Gilbert/T, aus dem Film »The Jazz Singer«, 1927)

Hinweis/Bühne:
Fortsetzungen in gleichgearteten Produktionen, entwickelt von Olsen & Johnson als Hauptakteure.

Sons o' Fun
Musik: Sammy Fain, Will Irwin
Songtexte: Jack Yellen, Irving Kahal

Buch: Ole Olsen, Chic Johnson, Hal Block
Premiere in New York, Winter Garden: 1. Dezember 1941
Mitwirkende: Olsen & Johnson, Carmen Miranda, Ella Logan, Frank Libuse, Blackburn Twins, Rosario & Antonio
Produzenten: The Messrs. Shubert
Choreographie: Robert Alton
Regie: Edward Dowling
Zeit: »Gegenwart« (1941)

Handlung: Nonsens- und Klamauk-Revue wie »Hellzapoppin'«. Erneut unerwartete Gags, Faxen, Zwischenfälle, Improvisationen im Rahmen einer Show ohne Handlung. Schon das platznehmende Publikum wurde zum besten gehalten: Ein gestrenger Feuerwehrmann mahnte, im Theater nicht zu rauchen – er selbst jedoch paffte eine hellglühende Zigarre. Wieder gab es Verwechslungen bei der Platzanweisung. Nach Aufklärung der Fehler konnten einige Gäste nur über rasch aufgestellte Leitern zu ihren Plätzen auf den Rängen oder in den Logen gelangen. Während der Vorstellung wurden Leute aus dem Publikum gebeten, auf die Bühne zu kommen, mußten aber über gerade eingestürzte Kulissen klettern. Frauen gerieten in den Luftstrom einer Windmaschine, wobei ihnen die Kleider über die Köpfe geblasen wurden. Damen des Balletts kamen ins Parkett, um in den Gängen mit anwesenden Prominenten zu tanzen. Während der Pause richtete eine Indianer-Großfamilie in echter Volkstracht ein Chaos im Foyer an. Jene Frau, die bei »Hellzapoppin'« durch die Gänge gelaufen war und laut nach ihrem »Oscar« gerufen hatte, eilte immer noch suchend herum. Ein über den Köpfen fliegender Storch legte elegant ein Baby in den Schoß einer Frau. Als Chic Johnson in Unterhosen auf der Bühne erschien, schimpfte ein Mann im Zuschauerraum lautstark los und entledigte sich zum Protest selbst der Kleider, ebenso seine Frau. Wieder lockerten musikalische Einlagen und Songs sowie Sketche die Hanswurstiade auf.

Anmerkung: Mit 742 Vorstellungen erzielte das Stück abermals ein herausragendes Ergebnis.

Songs:
Happy in Love; Why?; Cross Your Fingers; Let's Say Goodnight With a Dance; Oh, Auntie; The Joke's on Us; It's a New Kind of Thing; Thank You, South America; It's a Mighty Fine Country We Have Here

Laffing Room Only
Vaudeville von und mit Olsen & Johnson
Premiere in New York, Winter Garden: 23. Dezember 1944, mit Song »Feudin' and Fightin'« (Burton Lane/K, Al Dubin/T). Diese heitere Hillbilly-Nummer, in der Show gesungen von Pat Brewster, wurde später ein erfolgreicher Radio-Hit.

Mit nur 100 Aufführungen erfolglos blieb
Pardon Our French
Vaudeville von und mit Olsen & Johnson
Premiere in New York, Broadway Theatre: 5. Oktober 1950, mit Musik von Victor Young

Hinweis/Film:
Olsen & Johnson setzten ihre klamaukhafte Komik fort in den Filmen
Crazy House, USA – Universal/1943, R/Edward F. Cline
Ghost Catchers, USA – Universal/1944, R/Edward F. Cline
See My Lawyer, USA – Universal/1945, R/Edward F. Cline

HIT THE DECK

Musik: Vincent Youmans
Songtexte: Clifford Grey, Leo Robin
Buch: Herbert Fields, nach der Komödie »Shore Leave« (1922) von Hubert Osborne
Premiere in New York, Belasco Theatre: 25. April 1927

Personen und die Darsteller der Premiere:

Loulou Martin	Louise Groody
Bilge Smith	Charles King
Lavinia	Stella Mayhew
Charlotte Payne	Madeline Cameron
Bunny	Edward Allen
Captain Roberts	Anthony Knilling
»Donkey«	Brian Donlevy
»Dinty«	Arnold Brown
»Battling« Smith	Franker Woods
Ensign Alan Clark	John McCauley
Marine	Jack Bruns
Chick	Ben Carswell
Gus	Cliff Whitcomb
Bob	Robert Duenweg
Toddy Gail	Bobbie Perkins
Mat	Roger Gray
Mun Fang	Billy Sobel
Ah Lung	Anthony Knilling
Rita	Peggy Conway
Coolie	Ah Chong
Chia Sun	Nancy Corrigan
4 Missionaries	Locust Sisters
4 Mandarins	Lyric Quartette

Produzenten: Lew Fields, Vincent Youmans
Choreographie: Seymour Felix
Regie: Alexander Leftwich
Ort: Newport, Rhode Island/USA und andere Hafenstädte
Zeit: Anfang der 1920er Jahre

Handlung: Seemannskomödie. Loulou ist die Inhaberin eines Kaffeehauses in der Hafenstadt Newport, das hauptsächlich von Matrosen besucht wird. Sie verliebt sich in den Seemann Bilge, der einen kurzen Landurlaub genießt. Die beiden müssen sich trennen, als sein Schiff in See sticht, um fremde Häfen anzusteuern. Eine große Erbschaft versetzt Loulou in die Lage, ein altes Schiff aufzukaufen und wieder seetüchtig machen zu lassen, damit der Mann, den sie liebt, darauf Kapitän sein kann. Sie will ihn damit überraschen. Doch erst muß sie ihn ganz für sich gewinnen. Sie macht sich auf, Bilge nachzureisen, in der Hoffnung, ihn zur Heirat zu bewegen. Doch obwohl sie sich beide sehr zugeneigt sind, spürt sie, daß er sich davor scheut, eine reiche Frau zu heiraten. Loulou löst das Problem, indem sie auf die Erbschaft verzichtet – zugunsten ihres ersten Kindes.

Film:
Hit the Deck
1930, USA – RKO – Schwarzweiß mit Szenen in zweifarbigem Technicolor, 9327 ft/2843 m (104 Min.)
Veränderte Songs.
Musik: Vincent Youmans
Drehbuch: Luther Reed, nach dem gleichnamigen Musical

Personen und ihre Darsteller:

Looloo	Polly Walker
Bilge Smith	Jack Oakie
Mat	Roger Gray
Bat	Franker Woods
Bunny	Harry Sweet
Lavinia	Marguerita Padula
Toddy	June Clyde
Lieutenant Allen	Wallace MacDonald
Mrs. Payne	Ethel Clayton
Clarence	George Ovey
Dan	Nate Slott
Dinty	Andy Clark
Admiral	Del Henderson
Lieutenant Jim Smith	Charles Sullivan

Choreographie: Pearl Eaton
Regie: Luther Reed

Hit the Deck
(Deutscher Titel: IN FRISCO VOR ANKER)
1955, USA – Metro-Goldwyn-Mayer – CinemaScope/Eastmancolor, 112 Min.
Deutsche Erstaufführung: 1956
Veränderte Handlung, veränderte Songs.
Musik: Vincent Youmans
Drehbuch: Sonya Levien, William Ludwig, nach der Komödie »Shore Leave« von Hubert Osborne und dem Musical »Hit the Deck«

Personen und ihre Darsteller:

Susan Smith	Jane Powell
»Bilge« – William F. Clark, Chief Boatswain's Mate	Tony Martin
Carol Pace	Debbie Reynolds
Rear Admiral Daniel Xavier Smith	Walter Pidgeon
Rico Ferrari	Vic Damone
Wendell Craig	Gene Raymond
Ginger	Ann Miller
Danny Xavier Smith	Russ Tamblyn
Mr. Peroni	J. Carrol Naish
Mrs. Ottavio Ferrari	Kay Armen
Lieutenant Jackson	Richard Anderson
Jenny	Jane Darwell
Dancer	Frank Reynolds
Shore Patrol	Alan King
	Henry Slate

ferner: The Jubilaires

Produzent: Joe Pasternak
Choreographie: Hermes Pan
Regie: Roy Rowland

Songs und Musiknummern

Bühne:
Join the Navy; What's a Kiss Among Friends?; Harbor of My Heart; Shore Leave; Lucky Bird; Loo-Loo; Nothing Could Be Sweeter; Sometimes I'm Happy (Irving Caesar/T); Hallelujah!; If He'll Come Back to Me
In der New Yorker Produktion nicht verwendet:
Armful of You; Why, Oh Why?
Später hinzugefügt:
Fancy Me Just Meeting You; More Than You Know (Vincent Youmans/K, Billy Rose/T, Edward Eliscu/T – aus dem Musical »Great Day«, 1929)

Filme (1930/1955, alle Titel: Vincent Youmans/K):
Why, Oh Why? (1930, 1955); Hallelujah! (1930, 1955); Join the Navy (1955); Lucky Bird (1955); Loo-Loo (1955); The Lady from the Bayou (1955, Leo Robin/T); A Kiss Or Two (1955, Leo Robin/T); Sometimes I'm Happy (1930, 1955, Irving Caesar/T); More Than You Know (1930, 1955, Billy Rose/T, Edward Eliscu/T); Keepin' Myself for You (1930, 1955, Sidney Clare/T, neu geschrieben für den Film); I Know That You Know (1930, 1955, Anne Caldwell/T, aus dem Musical »Oh, Please«, 1929); Ciribiribin (1955, A. Pestalozza/K, H. Johnson/T)

Schallplatten:
L – World Records SH 176
F – (1955) MGM E 3163, MGM 2353-
090, MGM 2–SES–43
St – Epic LN 3569

Vorlage des Musicals:

Bühne:

Komödie: *Shore Leave*
Buch: Hubert Osborne
Uraufführung: New York, Lyceum Theatre: 8. August 1922
Darsteller: Frances Starr (Connie Martin), James Rennie (Bilge Smith), Nick Long (Bimby), Thomas E. Jackson (»Bat« Smith), Samuel E. Hines (Petty Officer Smith), Reginald Barlow (Captain Martin), Schuyler Ladd (Fred Gwynne), Stanley Jessup (Rear Admiral Smith), Evelyn Carter Carrington (Mrs. Schuyler-Payne), Audrey Baird (Georgie Demerest), Ellen Southbrook (Evelyn Gardner), Betty Alden (Irene), Marjorie Booth (Gladys), Teris Loring (Ruth), Devah Worrell (Edith), John F. Hamilton, H. Percy Woodley, Paul E. Wilson, Bernard Sussman, Jose Torres, Jose Yovin, Kenneth Diven, Jacques Martin
Produzent: David Belasco
Regie: David Belasco

Hinweis/Film:
Verfilmungen der Komödie »Shore Leave« von Hubert Osborne, der Vorlage des Musicals.

Shore Leave
Stummfilm/1925, USA – Inspiration Pictures/First National Pictures, 6856 ft/ 2090 m (77 Min.)
Drehbuch: Josephine Lovett, nach der gleichnamigen Komödie von Hubert Osborne
Darsteller: Richard Barthelmess (»Bilge« Smith), Dorothy Mackaill (Connie Martin), Ted McNamara (»Bat« Smith), Nick Long (Captain Bimby Martin), Marie Shotwell (Mrs. Schuyler-Payne), Arthur Metcalfe (Mr. Schuyler-Payne), Warren Cook (Admiral Smith), Samuel Hines (Chief Petty Officer)
Regie: John S. Robertson

Follow the Fleet
(Deutscher Titel: MARINE GEGEN LIEBESKUMMER, auch: DIE MATROSEN KOMMEN) 1936, USA – RKO, 110 Min.
Deutsche Erstaufführung: 1973 (TV/ ARD – BR mit Untertiteln), 1985 (TV/ ZDF, deutsche Fassung)
Film-Musical.
Musik und Songtexte: Irving Berlin
Drehbuch: Dwight Taylor, Allan Scott, nach der Komödie »Shore Leave« von Hubert Osborne
Darsteller: Fred Astaire (»Bake« Baker), Ginger Rogers (Sherry Martin), Randolph Scott (»Bilge« Smith), Harriet Hilliard (Connie Martin), Ray Mayer (Dopey), Astrid Allwyn (Iris Manning), Harry Beresford (Captain Ezra Hickey), Addison Randall (Lieutenant Williams), Russell Hicks (Jim Nolan), Brooks Benedict (Sullivan), Lucille Ball (Kitty Collins), Herbert Rawlinson (Webber), Maxine Jennings (Hostess), Jane Hamilton (Waitress), Kay Sutton (Telephone Operator), Doris Lloyd (Mrs. Courtney), Huntley Gordon (Touring Officer), James Pierce (Bouncer), Gertrude Short (Dance Joint Cashier), George Magrill (Quartermaster)
(Singing Trio): Betty Grable, Joy Hodges, Jeanne Gray
(Sailors): Tony Martin, Frank Jenks, Frank Mills, Edward Burns, Frank Moran
(Girls): Thelma Leeds, Lita Chevret
(Contest Dancers): Dorothy Fleisman, Bob Cromer
Produzent: Pandro S. Berman
Choreographie: Hermes Pan
Regie: Mark Sandrich
Songs:
We Saw the Sea; Let Yourself Go; I'd Rather Lead a Band; But Where Are You?; Get Thee Behind Me, Satan (ursprüngl. geschrieben für den Film »Top Hat«, 1935); I'm Putting All My Eggs in One Basket; Let's Face the Music and Dance
Nicht verwendet:
Moonlight Manoevers; With a Smile on My Face
Schallplatte: Soundtrack STK 118

HOW TO SUCCEED IN BUSINESS WITHOUT REALLY TRYING

(Deutscher Titel: WIE MAN WAS WIRD IM LEBEN, OHNE SICH ANZUSTRENGEN)

Musik und Songtexte: Frank Loesser
Buch: Abe Burrows, Jack Weinstock, Willie Gilbert, nach dem gleichnamigen satirischen Roman (1952) von Edward Shepherd Mead
Premiere in New York, 46th Street Theatre: 14. Oktober 1961

Personen und die Darsteller der Premiere:

J. Pierpont Finch	Robert Morse
J. B. Biggley	Rudy Vallée
Rosemary	Bonnie Scott
Bud Frump	Charles Nelson Reilly
Smitty	Claudette Sutherland
Hedy La Rue	Virginia Martin
Gatch	Ray Mason
Jenkins	Robert Kaliban
Tackaberry	David Collyer
Peterson	Casper Ross
Bratt	Paul Reed
Miss Jones	Ruth Kobart
Mr. Twimble	Sammy Smith
Toynbee	Ray Mason
Ovington	Lanier Davis
Miss Krumholtz	Mara Landi
Policeman	Bob Murdock
Womper	Sammy Smith

Scrubwomen: Mara Landi, Silver Saundors
ferner im Ensemble: Donna McKechnie

Produzenten: Cy Feuer, Ernest H. Martin (mit Frank Productions)
Choreographie: Hugh Lambert (mit Bob Fosse)
Regie: Abe Burrows
Ort: New York
Zeit: »Gegenwart« (1961)

Handlung: Gesellschaftssatire mit ironischer Sozialkritik – Parodie auf das Big Business. Der Fensterputzer J. Pierpont Finch hat sich vorgenommen, die Ratschläge eines Taschenbuchs zu befolgen, das erfolgreiche Karriere verspricht, ohne sich anstrengen zu müssen. Das Buch rät zunächst, sich einen Betrieb auszusuchen, der sich so ausgedehnt hat, daß die innere Übersichtlichkeit verlorengegangen ist. Finch hat das Glück, in der Eingangshalle des Konzerns »World Wide Wicket Company« mit dem Generaldirektor Biggley versehentlich zusammenzuprallen, wobei er die Gelegenheit benutzt, den höchsten Chef des Hauses zu fragen, wo er sich bewerben könne. Ungehalten verweist ihn Biggley an den Personalchef, was Finch die Möglichkeit gibt, diesem zu sagen, er käme auf Anraten des Generaldirektors. Zwar kann er nur einen untergeordneten Posten antreten, doch folgt er weiterhin den Ratschlägen des Taschenbuchs, indem er bei Kantinengesprächen, Kaffeepausen, Kollegenparties oder im Waschraum Augen und Ohren offenhält, um Betriebsgeheimnisse, zwischenmenschliche Beziehungen, persönliche Probleme und personelle Verflechtungen zu ergründen, deren Kenntnis ihm weiterhelfen kann. Zur Sekretärin Rosemary faßt Finch Zuneigung, was ganz auf Gegenseitigkeit beruht, doch in Bud Frump erwächst ihm ein Rivale in dem Ehrgeiz, Karriere machen zu wollen. Frump will allerdings den Weg verwandtschaftlicher Beziehungen gehen, denn er ist ein Neffe Biggleys. Finch versäumt nicht, Frump anzuschwärzen, wo er kann. Bei Biggley erreicht Finch einen höheren Posten, als er vorgibt, auf der gleichen Universität wie Biggley gewesen zu sein und dem dortigen Football-Club angehört zu haben. Dem großen Biggley ist dieser Finch plötzlich so sympathisch, daß er ihn auf der Karriereleiter weiter aufsteigen läßt und seine heimliche Geliebte, die ziemlich dumme Hedy La Rue, bei ihm als Sekretärin unterbringt. Das wiederum veranlaßt Frump, Finch in eine verfängliche Situation zu bringen, in der Absicht, ihn von Biggley in flagranti ertappen zu lassen. Doch Rosemary vereitelt diesen Plan. Nur Hedy ist wütend, und weil ihr die Arbeit nicht liegt, will sie die Firma verlassen. Finch soll eine große Werbekampagne veranstalten, für die Frump ihm eine bereits abgelehnte Idee unterschiebt. Jedermann in der Firma erwartet eine Blamage. Man hat aber die Rechnung ohne Finch gemacht, der für die Kampagne im Fernsehen Hedy La Rue als Präsentatorin vorschlägt. Schief geht es trotzdem, weil Hedy die Lösung des Quizspiels nicht für sich behalten kann. Alles, was so kunstvoll von Finch aufgebaut war, bricht zusammen. Kleinlaut gesteht er, daß er ja eigentlich nur ein Fensterputzer sei. Unerwartet verschafft ihm dies sofort die Sympathie des Aufsichtsratsvorsitzenden Womper, denn der hatte selbst einmal seine Karriere als Fensterputzer begonnen. Da Womper ohnehin abtreten will und beabsichtigt, Hedy La Rue zu heiraten, ist Biggley wieder auf seiner Position sicher, und Finch übernimmt Wompers Aufsichtsratsposten. Rosemary wird seine Ehefrau. Und Frump kauft sich das lehrreiche Taschenbuch, das Finch zum Aufstieg verhalf.

Auszeichnungen: Pulitzer Prize/Drama 1962. 7 Antoinette Perry Awards (Tonys) 1962: Bestes Musical / Männliche Hauptrolle–Musical: Robert Morse / Männliche Nebenrolle–Musical: Charles Nelson Reilly / Buch: Abe Burrows, Jack Weinstock, Willie Gilbert / Produzenten: Cy Feuer, Ernest H. Martin / Regie: Abe Burrows / Dirigent und Musikalische Leitung: Elliot Lawrence

Deutschsprachige Erstaufführung: 21. Dezember 1965, Theater an der Wien, Wien. Autoren: Robert Gilbert, Gerhard Bronner

Film:

How to Succeed in Business Without Really Trying
(Deutscher Titel: WIE MAN ERFOLG HAT, OHNE SICH BESONDERS ANZUSTRENGEN) 1967, USA – United Artists/Mirisch Corp. – Panavision/Color DeLuxe, 121 Min.
Deutsche Erstaufführung: 1967
Musik und Songtexte: Frank Loesser
Drehbuch: David Swift, nach dem gleichnamigen Musical

Personen und ihre Darsteller:

J. Pierpont Finch	Robert Morse
J. B. Biggley	Rudy Vallée
Rosemary Pilking-ton	Michele Lee
Miss Jones	Ruth Kobart
Bud Frump	Anthony Teague
Hedy LaRue	Maureen Arthur
Smitty	Kay Reynolds
Mr. Twimble/ Wally Womper	Sammy Smith
Bratt	John Myhers
Benjamin Ovington	Murray Matheson
Gatch	Jeff De Benning
Miss Krumholtz	Carol Worthington
Brenda	Janice Carroll
Tackaberry	Robert Q. Lewis
Toynbee	Paul Hartman
Johnson	Dan Tobin
Jenkins	Justin Smith
Mrs. Frump	Erin O'Brien Moore
Mrs. Biggley	Anne Seymour
Matthews	John Holland
Receptionist	Lory Patrick
TV Announcer	George Fenneman
First Media Man	Patrick O'Moore
Second Media Man	Wally Strauss
TV Board Member	Paul Bradley
Taxi Cab Driver	Joey Faye
Finch's Landlady	Ellen Verbit
Newspaper Seller	Al Nessor
Lift Operator	David Swift
The President	Ivan Volkman
Cleaning Woman	Virginia Sale
2nd Executive	Hy Averback
3rd Executive	Bob Sweeney
Junior Executive	Tucker Smith
Voice of the Book	Carl Princi

ferner: Sheila Rogers, Don Kroll

Produzent: David Swift
Choreographie: Dale Moreda (nach der Bühnen-Choreographie)
Regie: David Swift

Songs und Musiknummern

Bühne:
How to Succeed in Business Without Really Trying; Happy to Keep His Dinner Warm; Coffee Break; The Company

Way; A Secretary Is Not a Toy; Been a Long Day; Grand Old Ivy; Paris Original; Rosemary; Cinderella, Darling; Pirate Ballet (instr.); Love from a Heart of Gold; I Believe in You; The Yo Ho Ho (instr.); Brotherhood of Man
In der New Yorker Produktion nicht verwendet:
I Worry About You

Film (⊕ = neu für den Film verfaßt):
How to Succeed in Business Without Really Trying; Coffee Break; The Company Way; A Secretary Is Not a Toy; Been a Long Day; Finch's Frolic; Grand Old Ivy; Rosemary; Gotta Stop That Man ⊕; I Believe in You; Brotherhood of Man
Hintergrundmusik:
Paris Original

Schallplatten:
NY – RCA Victor LOC/LSO 1066
F – United Artists 4151/5151, United Artists SULP 1162
D/B – Ariola Eurodisc 74007

I DO! I DO!
(Deutscher Titel: Das musikalische Himmelbett)

Musik: Harvey Schmidt
Songtexte: Tom Jones
Buch: Tom Jones, nach der Bühnekomödie »The Fourposter« (1950) (deutsch: »Das Himmelbett«) von Jan de Hartog
Premiere in New York, 46th Street Theatre: 5. Dezember 1966

Personen und die Darsteller der Premiere:
She (Agnes)   Mary Martin
He (Michael)   Robert Preston
ferner: Piano-Duo Woody Kessler, Albert Mello

Produzent: David Merrick
Regie: Gower Champion
Ort: USA oder England
Zeit: Zwischen 1890 und 1925

Handlung: Zwei-Personen-Stück – Überwiegend in Songs dargestellte Szenen einer Ehe im Verlauf der Jahrzehnte des Zusammenlebens. Höhen und Tiefen, Zufriedenheit und Frust, Euphorie und Ehemüdigkeit, Turbulenzen und Langeweile. Ein Himmelbett im Mittelpunkt des Ehelebens, welches mit der Hochzeit von Michael und Agnes beginnt. Freude über die beiden Kinder, die dem Paar geboren werden, aber auch Auseinandersetzungen über ihre Erziehung. Ehestreitigkeiten bleiben nicht aus. Nach anfänglichem Familienglück erwachen Zweifel, ob man den richtigen Lebenspartner gefunden hat. Michael gerät in eine Affäre mit einer anderen Frau. Er ist plötzlich fest davon überzeugt, daß ein Mann in den Besten Jahren besonders attraktiv auf Frauen wirkt. Verärgert und betroffen, legt Agnes die Rolle des Hausmütterchens ab und takelt sich auf zu einer vermeintlich verführerischen Frau. Beide aber müssen Enttäuschungen hinnehmen; Ernüchterung führt sie wieder zusammen. Es zeigt sich, daß die alte Zuneigung sie noch immer verbindet. Man versöhnt sich wieder, setzt das Zusammenleben fort in den gewohnten Bahnen. Die Kinder haben längst das Haus verlassen, das ohne sie zu groß ist für Agnes und Michael. Das alt gewordene Paar entschließt sich, es aufzugeben. Junge Leute werden in das Haus einziehen, in dem das Himmelbett stehenbleibt. Am Ende nehmen Agnes und Michael Abschied. Sie lassen eine Champagnerflasche auf dem Bett zurück, unter einem Kissen verborgen, auf dem geschrieben steht: »Gott ist Liebe«.

Auszeichnung: 1 Antoinette Perry Award (Tony) 1967: Männliche Hauptrolle–Musical: Robert Preston

Deutschsprachige Erstaufführung:
24. August 1968, Schauspielhaus Düsseldorf. Autoren: Peter Goldbaum, Walter Brandin

Songs und Musiknummern

Bühne:
All the Dearly Beloved; Together Forever; I Do! I Do!; Good Night; I Love My Wife; Something Has Happened; My Cup

Runneth Over; Love Isn't Everything; Nobody's Perfect; It's a Well Known Fact; Flaming Agnes; The Honeymoon Is Over; Where Are the Snows?; When the Kids Get Married; The Father of the Bride; What Is a Woman?; Someone Needs Me; Roll Up the Ribbons; This House

Schallplatten:
NY – RCA Victor LOC/LSO 1128
L – RCA RD/SF 7938

Vorlage des Musicals:

Komödie: *The Fourposter*
Buch: Jan de Hartog
Uraufführung: London, Ambassador's Theatre: 12. Oktober 1950
Darsteller: Dulcie Gray (Agnes), Michael Denison (Michael)
Regie: Peter Ashmore
Anmerkung: Das Stück war bei seiner New Yorker Aufführung am Broadway (24. Oktober 1951) mit Jessica Tandy als Agnes und Hume Cronyn als Michael, Regie José Ferrer, erfolgreicher als in London.
Auszeichnungen: 2 Antoinette Perry Awards (Tonys) 1952: Bestes Bühnenstück / Regie: José Ferrer (gleichzeitig auch für seine Regie bei »The Shrike« und »Stalag 17«)

Hinweis/Film:
Verfilmungen der Komödie »The Fourposter«, der Vorlage des Musicals.

The Four-Poster
(Deutscher Titel: DAS HIMMELBETT)
1952, USA – Columbia, 103 Min.
Deutsche Erstaufführung: 1953
Drehbuch: Allan Scott, nach der gleichnamigen Bühnenkomödie von Jan de Hartog
Darsteller: Rex Harrison (John), Lilli Palmer (Abby)
Produzent: Stanley Kramer
Regie: Irving Reis

Das Riesenrad
1961, Deutschland – CCC, Berlin, 109 Min.
Drehbuch: Ladislas Fodor, frei nach der

Bühnenkomödie »The Fourposter« von Jan de Hartog
Darsteller: Maria Schell (Elisabeth Hill), O. W. Fischer (Rudolf Hill), Adrienne Gessner (Adele Hill), Rudolf Forster (Hofrat Hill), Doris Kirchner (Gusti, Gräfin Wallburg), Gregor von Rezzori (Graf Wallburg), Gusti Wolf (Gisela Hill), Alexander Trojan (Walter Hill), Anita Gutwell (Rita), Frances Martin (Hansi), Heinz Blau (Hubert Hill), Margitta Scherr (Rudolfine »Fini« Hill), Rainer Brandt (Fähnrich Lothar Höpfner), Margarete Hruby (Mathilde Riedl), Karl Hellmer (Karl Riedl), Max Wittmann (Dr. Blau), Horst Janson (Harry), Christian Doermer (Hubert Hill Jr.)
Regie: Géza Radványi

ILLYA DARLING
(Deutscher Titel: EIN MÄDCHEN AUS PIRÄUS)

Musik: Manos Hadjidakis
Songtexte: Joe Darion
Buch: Jules Dassin, nach dem griechischen Spielfilm »Pote Tin Kyriaki« (1959) (amerikanisch: »Never On Sunday«/deutsch: »Sonntags … nie!«)
Premiere in New York, Mark Hellinger Theatre: 11. April 1967

Personen und die Darsteller der Premiere:

Illya	Melina Mercouri
Homer Thrace	Orson Bean
Yorgo	Titos Vandis
Tonio	Nikos Kourkoulos
Despo	Despo
Captain	Rudy Bond
No Face	Hal Linden
Garbage	William Duell
Vassily	Joe E. Marks
Costa	Thomas Raskin
Voula	Lou Rodgers
Kiki	Sandy Ellen
Cassandra	Gloria Lambert
Waiter	Harold Gary
Workman	Dom Angelo
Musician	Joe Alfasa
Little Man	Gerrit de Beer
Forward Sailor	Joseph Corby

Timid Sailor	Robert La Tourneaux
Playgoer	Nick Athas
Drama Critic	Fred Burrell
Wife	Del Green
Girl	Ann Barry
Bodyguards	Gerrit de Beer
	Harry Kalkanis
Bouzouki Soloist	Harry Lemonopoulos

Produzent: Kermit Bloomgarden (mit United Artists)
Choreographie: Onna White
Regie: Jules Dassin
Ort: Hafenstadt Piräus/Griechenland
Zeit: 1959

Handlung: Moderne griechische Komödie. Der amerikanische Lehrer Homer Thrace, das klassische Land der Griechen mit der Seele suchend, trifft als Tourist in der Hafenstadt Piräus ein und bringt dort das »normale« Leben durcheinander. Schockiert muß er erkennen, daß die von ihm als klassische Idealgestalt bewunderte Illya eine stadtbekannte Dirne ist. Er bemerkt ferner zu seiner Verwunderung, daß sie das Leben im Hafen fest in der Hand hat und ihre Freier sehr eigenwillig auswählt. Homer Thrace gewinnt ihre Sympathie. Er sieht noch immer in ihr das griechische Ideal und bemüht sich, ihr Bildung beizubringen. Die gutmütige Illya stimmt zu, einen Kurs zum Kennenlernen abendländischer Kultur mitzumachen. Ein paar Wochen lang studiert sie unter Homers Anleitung griechische Geschichte, liest viel und hört klassische Musik. Allerdings werden diese Versuche unterstützt und bezahlt durch einen geheimnisvollen Förderer, Noface, der von den Prostituierten Abgaben kassiert. Ihm ist daran gelegen, die unabhängige und eigensinnige Illya auszuschalten. Als Illya durch ihre Freunde davon erfährt, revoltiert sie und veranlaßt ihre Kolleginnen zu einem Streik gegen Noface, der die Mieten erhöht hat. Es trifft ihn besonders hart, da gerade die amerikanische Flotte einläuft. Mit ihrem Aufstand erreicht Illya, daß Noface nachgibt. Von Homers Getue und seiner antiken Welt hat sie genug. Sie wendet sich wieder dem ausgelassenen und genußvollen Leben im Hafen und in den Bouzouki-Bars zu. Darüber hinaus entscheidet sie sich nun für Tonio, den Dockarbeiter, ihren treuen Dauerverehrer, den sie bislang immer hatte abblitzen lassen. Bevor Homer abreist, mit den Erfahrungen eines modernen Griechenland in seiner Seele, feiert man in ausgelassener Stimmung noch allgemeine Versöhnung.

Deutschsprachige Erstaufführung:
24. Mai 1969, Schauspielhaus, Düsseldorf. Autor: Robert Gilbert

Songs und Musiknummern

Bühne:
Po, Po, Po; Yorgo's Dance; Zebekiko; Piraeus, My Love; Golden Land; Love, Love, Love; I Think She Needs Me; I'll Never Lay Down Any More; After Love; Birthday Song; Medea Tango; Illya Darling; Dear Mr. Schubert; The Lesson; Never On Sunday; Heaven Help the Sailors on a Night Like This; Ya Chara

Schallplatte:
NY–United Artists UAL 8901/UAS 9901

Vorlage des Musicals:

Film:

Pote Tin Kyriaki
(Amerikanischer Titel: NEVER ON SUNDAY; deutscher Titel: SONNTAGS ... NIE!) 1959, Griechenland – Lopert Pictures/ Melinafilm, 97 Min.
Deutsche Erstaufführung: 1960
Drehbuch: Jules Dassin
Darsteller: Melina Mercuri (Ilya), Jules Dassin (Homer), Georges Foundas (Tonio), Titos Vandis (Jorgo), Mitsos Liguisos (The Captain), Despo Diamantidou (Despo), Dimos Starrenios (»Poubelle«), Dimitri Papamikail (A Sailor), Alexis Salomos (Noface)
Produzent: Jules Dassin
Regie: Jules Dassin
Song: Never On Sunday (Manos Hadjidakis/K u. T griech.)

Auszeichnung: 1 Academy Award (Oscar) 1960: Bester Song »Never On Sunday« (späterer engl. Text von Bob Towne)

I'M GETTING MY ACT TOGETHER AND TAKING IT ON THE ROAD
(Deutscher Titel: ICH STEIG' AUS UND MACH' 'NE EIGENE SHOW)

Musik: Nancy Ford
Songtexte: Gretchen Cryer
Buch: Gretchen Cryer
Premiere in New York, New York Shakespeare Festival Public Theatre/Anspacher Theatre: 14. Juni 1978

Personen und die Darsteller der Premiere:

Heather Jones	Gretchen Cryer
Joe Epstein, Manager	Joel Fabiani
Alice	Margot Rose
Cheryl	Betty Aberlin
Jake	Don Scardino
The Band:	
Piano	Scott Berry
Guitar	Lee Grayson
Drums	Bob George
Bass/Flute	Dean Swenson

Produzent: Joseph Papp
Regie: Word Baker
Ort: New York
Zeit: »Gegenwart« (1978)

Handlung: Emanzipation und Selbstverwirklichung der Frau. Manager Joe Epstein, der von einer Reise zurückkehrt, trifft seinen Star Heather Jones auf der Bühne eines Nightclubs an bei der Probe mit den Musikern und den Sängerinnen Alice und Cheryl. Heather versetzt ihn in Erstaunen, denn sie ist aktiv und ungekünstelt, singt selbstverfaßte Lieder, die sich mit den Problemen der Frauen befassen, und hat ganz und gar das abgelegt, was sonst zu ihren Bühnenauftritten gehörte. Es wird ihre neue Show sein, eröffnet sie Joe Epstein. Joe, seit längerem Heathers Freund, ist ungehalten über ihren Eigensinn, denn er ist der Meinung, daß sie die Rolle, mit der sie Erfolg beim Publikum hatte, nicht ablegen, sondern weiterspielen solle. Heather aber ist nicht mehr umzustimmen. An der Schwelle zum 40. Lebensjahr hält sie die Zeit für gekommen, sich von dem Klischee ihrer bisherigen Auftritte zu lösen. Ihre Lieder berühren Joe in unangenehmer Weise, denn sie behandeln auch das Unverständnis, das er seiner eigenen Frau entgegenbringt. Heathers Entschlossenheit zur Emanzipation führt zur Trennung; sie steigt aus und macht ihre eigene Show.

Deutschsprachige Erstaufführung:
18. Oktober 1980, Schloßpark-Theater, Berlin. Autoren: Erika Gesell, Helmut Baumann

Songs und Musiknummern

Bühne:
Natural High; Smile; In a Simple Way I Love You; Miss America; Strong Woman Number; Dear Tom; Old Friend; Put In a Package and Sold; Feel the Love; Some People Just Too Short; Lonely Lady; Happy Birthday
Später hinzugefügt:
If Only Things Was Different

Schallplatten:
NY – CBS CSP X 14885
L – (1981) That's Entertainment TER 1006

IM WEISSEN RÖSSL → THE WHITE HORSE INN

INTO THE WOODS
(Deutscher Titel: AB IN DEN WALD)

Musik und Songtexte: Stephen Sondheim
Buch: James Lapine, unter Verwendung von Figuren und Motiven aus bekannten Märchen, speziell »Jack and the Beanstalk« (»Jack und die Bohnenranke«)
Premiere in New York, Martin Beck Theater: 5. November 1987

Personen und die Darsteller der Premiere:

Narrator/Mysterious Man	Tom Aldredge
Baker	Chip Zien
Baker's Wife	Joanna Gleason

Jack	Ben Wright
Jack's Mother	Barbara Bryne
Witch	Bernadette Peters
Cinderella (Aschenputtel)	Kim Crosby
Cinderella's Step-mother	Joy Franz
Florinda	Kay McClelland
Lucinda	Lauren Mitchell
Little Red Riding-hood (Rotkäpp-chen)	Danielle Ferland
Grandmother/Cin-derella's Mother	Merle Louise
Cinderella's Father	Edmund Lyndeck
Wolf/Cinderella's Prince	Robert Westenberg
Rapunzel	Pamela Winslow
Rapunzel's Prince	Chuck Wagner
Giant	Merle Louise
Snow White (Schneewittchen)	Jean Kelly
Sleeping Beauty (Dornröschen)	Maureen Davis
Steward	Philip Hoffman

Produzenten: Heidi Landesman, Rocco Landesman, Rick Steiner, M. Anthony Fisher, Frederic H. Mayerson, Jujamcyn Theaters
Choreographie: Lar Lubovitch
Regie: James Lapine
Ort: Märchenland
Zeit: »Es war einmal …«

Handlung: Satirische Märchen-Verwirrgeschichte – Begegnungen, Verwicklungen, Verstrickungen im geheimnisvollen Märchenwald zwischen Cinderella (Aschenputtel), Rapunzel, Dornröschen, Schneewittchen, Rotkäppchen, dem Wolf und der Großmutter, zwei Prinzen, einem Bäcker und seiner Frau, einer Hexe sowie Jack, seiner Milchkuh und seinen Bohnen. Ein Bäcker und seine Frau sind durch den Fluch einer Hexe mit dem Bann der Kinderlosigkeit belegt. Um den Fluch lösen zu können, müssen sie vier Dinge aus dem Wald zusammentragen: Cinderellas Schuh, Rotkäppchens Umhang, Jacks Milchkuh und eine Strähne von Rapunzels goldenem Haar. Nur durch List, Tücke und Betrug lassen sich die vier Dinge in Besitz bringen. Jack tauscht dabei seine Kuh gegen fünf Bohnen ein, die magische Kräfte besitzen sollen. Tatsächlich wachsen daraus baumdicke Ranken, die bis in den Himmel reichen. Jack klettert daran hoch und gelangt in das wunderliche Reich eines menschenfressenden Riesen. Ihm stiehlt Jack Gold und eine Wunderharfe. Als ihn der Riese verfolgt, hackt Jack die Ranke ab, so daß der Riese zur Erde stürzt und tot liegenbleibt. Am Ende des ersten Akts hat das Bäckerpaar alle geforderten Dinge zusammengetragen, der arme Jack und seine Mutter sind reich geworden, Aschenputtel und Rapunzel heiraten ihre Prinzen, die besänftigte Hexe ist in eine verlockende Schönheit verwandelt, der Fluch von den Bäckersleuten gewichen, und die Frau erwartet ein Kind. Happy-End? Nein. Im zweiten Akt zeigt sich, daß für niemand das Glück von Dauer ist. Das Unheil naht in der Gestalt der Riesin, die den Tod ihres Mannes rächen will. Auf der Suche nach Jack wütet sie im Wald und verursacht den Tod einiger Personen. Ohnehin stimmen die Beziehungen untereinander nicht mehr; die Paare haben sich auseinandergelebt, das Glück ist zerronnen. Der Bäcker, der den Tod seiner Frau zu beklagen hat, verbündet sich mit Jack, und beide töten die schreckenverbreitende Riesin. Die Überlebenden wissen nun, daß sie aus der Katastrophe lernen und in Zukunft verantwortungsvoller denken und handeln müssen.

Auszeichnungen: 3 Antoinette Perry Awards (Tonys) 1988: Weibliche Hauptrolle–Musical: Joanna Gleason / Buch–Musical: James Lapin / Musikalisches Werk (Komposition–Songtexte): Stephen Sondheim

Deutschsprachige Erstaufführung:
31. März 1990, Stadttheater Heilbronn (Großes Haus). Autor: Michael Kunze

Songs und Musiknummern

Bühne:
Into the Woods; Cinderella at the Grave;

Hello, Little Girl; I Guess This Is Good-
bye; Maybe They're Magic; I Know
Things Now; A Very Nice Prince; First
Midnight; Giants in the Sky; Agony; It
Takes Two; Stay With Me; On the Steps
of the Palace; Ever After; So Happy;
Witch's Lament; Any Moment; Moments
in the Woods; Your Fault; Last Midnight;
No More; No One is Alone; Children Will
Listen
Später zum Werk hinzugefügt:
Our Little World

Schallplatten:
NY – RCA Victor 6796 RC
L – RCA Victor RD 60752

Hinweis:
Das mehr in Amerika als in Europa bekannte Märchen »Jack and the Beanstalk« diente als Vorlage für Bühnen- und
Filmwerke, teilweise in Abwandlungen
und Veränderungen.

Bühne:

**Musical für Kinder: *Jack and the Bean-
stalk***
Musik: A. Baldwin Sloane
Buch: R. A. Barnet
Uraufführung: New York, Casino: 2. No-
vember 1896

Film:

Jack and the Beanstalk
Stummfilm/1902, USA – Thomas Alva
Edison, 250 ft/76,2 m (ca. 2,5 Min.)
Buch nach dem gleichnamigen Märchen
Darsteller: Thomas White (Boy)
Regie: Edwin S. Porter

Jack and the Beanstalk
Stummfilm/1903, USA – Siegmund Lu-
bin (Kurz)
Buch nach dem gleichnamigen Märchen

Jack and the Beanstalk
Stummfilm/1904, USA – Edwin S. Porter
(Kurz)
Buch nach dem gleichnamigen Märchen

Jack and the Beanstalk
Stummfilm/1912, USA – Kine (Kurz)
Buch nach dem gleichnamigen Märchen
Hauptdarsteller: Thomas Carnahan Jr.

Jack and the Beanstalk
Stummfilm/1912, USA – Edison, 1000 ft/
305 m (12 Min.)
Buch nach dem gleichnamigen Märchen
Darsteller: Gladys Hulette, Miriam Nes-
bitt, Harry Eytinge, Gertrude Clarke,
Gertrude McCoy
Regie: J. Searle Dawley

Jack and the Beanstalk
Stummfilm/1913, USA – Thanhouser
(2 Rollen)
Buch nach dem gleichnamigen Märchen
Hauptdarsteller: Leland Benham

Jack and the Beanstalk
Stummfilm/1917, USA – Standard/Fox
(10 Rollen)
Drehbuch: Mary Murillo, nach dem
gleichnamigen Märchen
Darsteller: Francis Carpenter (Francis/
Jack), Virginia Lee Corbin (Virginia/
Princess Regina), Violet Radcliffe
(Prince Rudolpho), Carmen Fay DeRue
(King of Cornwall), Jim G. Traver (Blun-
derbore, the Giant), Vera Lewis (The
Giantess), Ralph Lewis (Francis' Father),
Eleanor Washington (Francis' Mother),
Ione Glennon (Virginia's Mother), Bud-
dy Messinger, Raymond Lee, Dorothy
MacKaye
Produzent: William Fox
Regie: C. M. Franklin, S. A. Franklin

Jack and the Beanstalk
Stummfilm/1924, USA – Century/Uni-
versal (2 Rollen)
Buch: Alf Goulding, nach dem gleichna-
migen Märchen
Hauptdarsteller: Baby Peggy, Albert Wil-
liams, Jack Earle
Regie: Alf Goulding

Jack and the Beanstalk
1952, USA – Exclusive/Warner Bros. –
Rahmenhandlung in Schwarzweiß, Mär-
chenlandszenen in Supercinecolor,
78 Min.
Film-Musical.
Musik: Bob Russell
Songtexte: Lester Lee

Drehbuch: Nat Curtis, Felix Adler, Pat Costello, nach dem gleichnamigen Märchen
Darsteller: Bud Abbott (Dinklepuss), Lou Costello (Jack), Buddy Baer (Sergeant Riley/Giant), Dorothy Ford (Polly), Barbara Brown (Mother), David Stollery (Donald), William Farnum (The King), Shaye Cogan (Eloise Larkin/Princess), James Alexander (Arthur Royal/Prince), Joe Kirk (Villager), Johnny Conrad and Dancers, Patrick the Harp
Produzent: Alex Gottlieb
Choreographie: Johnny Conrad
Regie: Jean Yarbrough
Songs:
I Fear Nothing; Jack and the Beanstalk; Dreamer's Cloth; He Never Looked Better in His Life; Darlene

Jack and the Beanstalk
(TV) 1956, USA – NBC – Color, 90 Min.
(TV)
Musical.
Musik: Jerry Livingston
Drehbuch: Helen Deutsch, nach dem gleichnamigen Märchen
Darsteller: Joel Grey (Jack), Celeste Holm (Mad Meggie), Cyril Ritchard (Peddler), Peggy King (Tillie), Billy Gilbert (Poopledoop), Arnold Stang (Little Giant), Ceora Dana (Jack's Mother) The Ray Charles Choir (Singers)
Regie: (?)

Jack and the Beanstalk
(Deutscher Titel: JACK UND DIE WUNDERBOHNEN)
(TV) 1967, USA – Hanna/Barbera (für NBC) – Color, 55 Min. (TV)
Deutsche Erstaufführung: 1984 (TV/ZDF)
Kombination Real- und Zeichentrickfilm, Musical.
Musik: James Van Heusen
Songtexte: Sammy Cahn
Drehbuch: Michael Morris, Larry Markes, nach dem gleichnamigen Märchen
Darsteller: Gene Kelly (Jeremy Keen, a Peddler), Bobby Riha (Jack), Marian McKnight (Jack's Mother)
Originalstimmen: Ted Cassidy (Giant),

Chris Allen (Arnold, the Mouse), Marni Nixon (Imprisoned Princess, the »Harp«), Dick Beales (Monster Cat), Cliff Norton und Leo DeLyon (Woggle Birds), Janet Waldo
Produzenten: Joseph Barbera, William Hanna, Gene Kelly
Regie: Gene Kelly

Jack and the Beanstalk
1970, USA – Cinetron–R & S – Color, 62 Min.
Drehbuch: Barry Mahon, nach dem gleichnamigen Märchen
Darsteller: Dorothy Stokes, Mitchell Poulos, Chris Brooks, Renato Boracherro, Jon Loomis, Sami Sims, George Wadsworth
Produzent: Barry Mahon
Regie: Barry Mahon

(Jack and the Beanstalk)
(Deutscher Titel: TOM, CROSBY UND DIE MÄUSEPOLIZEI)
1974, Japan – Nippon Herald/Group Tac – Color, 86 Min.
Deutsche Erstaufführung: 1978
Zeichentrickfilm.
Drehbuch: Shuji Hirami, frei nach dem gleichnamigen Märchen
Regie: Gisaburo Sugii

Das Märchen »Jack and the Beanstalk« ist mit Mickymaus auch ein Teil des zweiteiligen Films:

Fun and Fancy Free
1947, USA – Walt Disney Productions – Technicolor, 73 Min. (gesamt)
Kombination Real- und Zeichentrickfilm/Rahmenhandlung und die Geschichten BONGO THE BEAR (nach Sinclair Lewis) und MICKEY AND THE BEANSTALK (nach dem Märchen »Jack and the Beanstalk«)

(Teil 2) **Mickey and the Beanstalk**
Mitwirkende (Rahmenhandlung): Edgar Bergen, Charlie McCarthy, Mortimer Snerd, Luana Patten sowie die Zeichentrickfigur Jiminy Cricket
(Cartoon): Mickey Mouse, Donald Duck, Goofy, The Singing Harp, The Giant
Produzent: Ben Sharpsteen

Weitere Zeichentrick-Produktionen (Cartoons):
Jack and the Beanstalk
USA/1922, Walt Disney (Laugh-O-Gram-Prod.)
Jack and the Beanstalk
USA/1931, Max Fleischer

Silhouetten-Film (Silhouetten schwarzweiß, Hintergrund farbig):
Jack and the Beanstalk, Großbrit./1955, Lotte Reiniger (Primrose Production, London)

IRENE

Musik: Harry Tierney
Songtexte: Joseph McCarthy
Buch: James Montgomery
Premiere in New York, Vanderbildt Theatre: 18. November 1919

Personen und die Darsteller der Premiere:

Irene O'Dare	Edith Day
Donald Marshall	Walter Regan
»Madame Lucy«	Bobbie Watson
Mrs. O'Dare	Dorothy Walters
Lawrence Hadley	John B. Litel
Robert Harrison	Hobart Cavanaugh
J. P. Bowden	Arthur Burckly
Eleanor Worth	Bernice McCabe
Helen Cheston	Eva Puck
Mrs. Marshall	Florence Mills
Singer	Adele Rowland

Produzent: Carle Carlton
Regie: Edward Royce
Ort: New York
Zeit: »Gegenwart« (1919)

Handlung: Aschenputtel-Geschichte von der armen Irene O'Dare aus New Yorks trostloser 9. Avenue, die für einen Polsterer arbeitet und ausgeschickt wird, im feinen Long Island einige wertvolle Möbel des jungen reichen Donald Marshall aufzuarbeiten. Donald fühlt sich hingezogen zu dem natürlichen, munteren Mädchen und verschafft ihr, um sie zu fördern, einen Job als Vorführdame im Salon eines männlichen Modeschöpfers namens »Mme. Lucy«. Zu einer Party eingeladen, erweist sich Irene als Mittelpunkt der Gesellschaft; sie trägt die hinreißenden Kleider des Modehauses, ist ausgelassen, singt und tanzt und gewinnt die Zuneigung aller Anwesenden. Durch ihre Schönheit, ihren Charme und ihre Natürlichkeit bringt sie dem Modeschöpfer »Mme. Lucy« großen Erfolg. Bald als Mitglied der feinen Gesellschaft angesehen, wird sie von J. P. Bowden umworben, der sich aufgemacht hat, die soziale Leiter zu erklimmen. Aber er schreckt zurück, als er erfährt, aus welch ärmlichen Verhältnissen Irene kommt. Donald Marshall jedoch liebt sie, muß aber erst den Widerstand von Irenes Mutter gegen reiche junge Männer überwinden, bevor er Irene heiraten kann.

Anmerkung: 18 Jahre lang (bis 1937) war »Irene« der größte Musical-Erfolg des Broadways. Auch eine Neuproduktion (Revival) von 1973 hatte großen Erfolg:

Irene
Musik: Harry Tierney u. a.
Songtexte: Joseph McCarthy u. a.
Neues Buch: Hugh Wheeler, Joseph Stein, auf der Basis der Fassung von 1919 und einer Überarbeitung von Harry Rigby
Premiere in New York, Minskoff Theatre: 13. März 1973
Darsteller: Debbie Reynolds (Irene O'Dare), Patsy Kelly (Mrs. O'Dare), Monte Markham (Donald Marshall), George S. Irving (»Mme. Lucy«), Ruth Warrick (Emmeline Marshall), Janie Sell (Jane Burke), Carmen Alvarez (Helen McFudd), Bruce Lee (Jimmy O'Flaherty), Bob Freschi (Clarkson), Ted Pugh (Ozzi Babson), Kate O'Brady (Arabella Thornsworthy)
Produzenten: Harry Rigby, Albert W. Selden, Jerome Minskoff
Choreographie: Peter Gennaro
Regie: Gower Champion
Anmerkung: Broadway-Debüt der Hollywood-Schauspielerin Debbie Reynolds.
Auszeichnung: 1 Antoinette Perry Award (Tony) 1973: Männliche Nebenrolle–Musical: George S. Irving

Film:

Irene
Stummfilm/1926, USA – First National Pictures – Sequenz in Technicolor (Mode der vier Jahreszeiten) (9 Rollen)
Drehbuch: Rex Taylor, June Mathis, Mervyn LeRoy, nach dem gleichnamigen Musical

Personen und ihre Darsteller:

Irene O'Dare	Colleen Moore
Donald Marshall	Lloyd Hughes
»Madame Lucy«	George K. Arthur
Pa O'Dare	Charles Murray
Ma O'Dare	Kate Price
Mrs. Warren Marshall	Ida Darling
Eleanor Hadley	Eva Novak
Larry Hadley	Edward Earle
Bob Harrison	Laurence Wheat
Helen Cheston	Maryon Aye
Jane Gilmour	Bess Flowers
Mrs. Cheston	Lydia Yeamans Titus
Mrs. Gilmour	Cora Macey

ferner: Joseph Plunkett's »Mark Strand Frolics« mit Orville und Patti Harrold (Ballett), Tevis Huhn (Banjo) und Rita Owin

Produzent: John McCormick
Regie: Alfred E. Green

Irene
1940, USA – Imperator Pictures – Schwarzweiß mit einer Ballszene in Technicolor, 101 Min.
Musik: Harry Tierney
Songtexte: Joseph McCarthy
Drehbuch: Alice Duer Miller, nach dem gleichnamigen Musical

Personen und ihre Darsteller:

Irene O'Dare	Anna Neagle
Donald Marshall	Ray Milland
Bob Vincent	Alan Marshal
Mr. Smith	Roland Young
Granny O'Dare	May Robson
Mrs. Herman Vincent	Billie Burke
Mrs. Marshall	Nella Walker
Betherton	Arthur Treacher
Eleanor Worth	Marsha Hunt
Jane McGee	Isabel Jewell
Princess Minetti	Ethel Griffies
Lillian	Doris Nolan
Freddie	Stuart Robertson
Michael O'Dare	Tommy Kelly
Emily Newlands Grey	Juliette Compton
Helen	Roxanne Barkley
Susie Smith	Martha Tilton
Mama	Hattie Noel
Usher	Rod Bacon
Biffy Webster, the Columnist	Louis Jean Heydt
Dumont, the Couturier	Alex D'Arcy
Gardener	Syd Sailer

ferner: Johnny Long and His Orchestra, The Dandridge Sisters. Dance Extras: Cyril Ring, Tom Quinn, Rosemary La Planche. Guests: Larry Steers, Major Sam Harris

Produzent: Herbert Wilcox
Choreographie: Alda Broadbent
Regie: Herbert Wilcox

Songs und Musiknummern

Bühne:
The Family Tree ⊕; Alice Blue Gown ⊕; Irene ⊕; Castle of My Dreams (nach dem »Minutenwalzer« von Frédéric Chopin); Hobbies; The Talk of the Town; To Be Worthy of You; We're Getting Away With It ⊕; To Love You; The Last Part of Any Party ⊕; There's Something in the Air; Sky Rocket
Die mit Zeichen ⊕ versehenen Musiktitel waren auch in der Neuinszenierung von 1973 enthalten. Ferner:
The World Must Be Bigger Than an Avenue (Wally Harper/K, Jack Lloyd/T); They Go Wild Simply Wild Over Me (Fred Fisher/K, Joseph McCarthy/T); An Irish Girl (Charles Gaynor/K, Otis Clements/T); Stepping on Butterflies (Wally Harper/K); Mother, Angel, Darling (Charles Gaynor/K); The Riviera Rage (Wally Harper/K); The Great Lover Tango (Otis Clements/K, Charles Gaynor/T); You Made Me Love You (James

Monaco/K, Joseph McCarthy/T); I'm Always Chasing Rainbows (Harry Carroll/K, Joseph McCarthy/T); This Dear Lady; What Do You Want to Make Those Eyes at Me For?
Später zum Werk hinzugefügt:
I Can Dream, Can't I?; If He Only Knew; Up There on Park Avenue

Film:
Alice Blue Gown; Irene; Castle of My Dreams (nach dem »Minutenwalzer« von Frédéric Chopin); There's Something in the Air; To Be Worthy of You; Sweet Vermosa Brown
Neu hinzugefügt:
You've Got Me Out on a Limb (Harry Tierney/K, Joseph McCarthy/T)

Schallplatten:
NY – (1973) Columbia KS 32266
L – Monmouth Evergreen MES 7057, (1976) EMI EMC 3139

IRMA LA DOUCE

Musik: Marguerite Monnot
Buch und Songtexte: Alexandre Breffort
Uraufführung: Paris, Théatre Gramont: 10. November 1956

A) Französische Originalfassung
Personen und die Darsteller der Uraufführung:

Irma-la-Douce	Viviane Chantel
Nestor-le-Fripé	Michel Roux
Bob-le-Hotu	René Dupuy
Jojo-les-yeux sales	Maurice Chevit
Roberto-les-Diams	Guy Pierauld
Persil-le-Noir	Bachir Toure
Frangipane	Pierre Tornade
Polyte-le-Mou	Philippe Nyst
Le Commissaire de Police	Georges Audoubert
L'Avocat de Nestor-le-Fripé	Philippe Nyst
Bébert-la-Méthode	René Renot
Dudu-la Syntaxe	Georges Audoubert
Monsieur Bougne	Philippe Nyst
Le Président	Guy Pierauld
Le Procureur	Georges Audoubert
Mes Bottes	Georges Aubert

Cocher Fidèle	René Renot
La Douceur	Guy Pierauld
Archibald	Philippe Nyst
Macfarlane	Gilbert Patrick
Le Percepteur	René Renot
Un Passant	Gilbert Patrick
Un Agent de Police	Georges Aubert
Premier Client	Guy Pierauld
Deuxième Client	Maurice Chevit
Troisième Client	Gilbert Patrick
Quatrième Client	René Renot
Un Client attardé	Georges Audoubert
Premier Agent	Georges Aubert
Deuxième Agent	Gilbert Patrick
Un Garde Municipal	Gilbert Patrick
Le Guide	René Renot
Un Chanteur	Georges Barreau
Premier Chaouch	Maurice Chevit
Deuxième Chaouch	Georges Barreau

Indien Craintifs: Gilbert Patrick, Georges Barreau
L'Orchestre: Marius Coste, Ole Jacobsen, Francis Lussiez, Jacques Quezin
Direktion: Marie-Rose Belin, René Dupuy
Regie: René Dupuy

B) Englische Fassung
Musik: Marguerite Monnot
Buch und Songtexte: Julian More, David Heneker, Monty Norman, nach der französischen Originalfassung
Premiere in London, Lyric Theatre: 17. Juli 1958
Premiere in New York, Plymouth Theatre: 29. September 1960

Personen und die Darsteller der Premieren London (L), New York (NY):

Irma-la-Douce/ Irma La Douce	Elizabeth Seal (L/NY)
Nestor-le-Fripé	Keith Mitchell (L/NY)
Bob-le-Hotu/Proprietor of the Bardes-Inquiets	Clive Revill (L/NY)
Man with Juke Box/ Client	Howard Short (L) Eddie Gasper (NY)
Jojo-les-yeux Sales	David Evans (L) Zack Matalon (NY)
Roberto-les-Diams	Ronald Barker (L) Eric Lavie (NY)

Persil-le-Noir	Frank Olegario (L)
	Osborne Smith (NY)
Frangipane	Gary Raymond (L)
	Stuart Damon (NY)
Polyte-le-Mou	John East (L)
	Fred Gwynne (NY)
Police Inspector	Julian Orchard (L)
	George S. Irving (NY)
M. Bougne/Ballroom Owner	William Thorburn (L)
	George del Monte (NY)
Prosecutor/Prosecution Counsel	Howard Short (L)
	Rico Froehlich (NY)
Defense Counsel	Harry Goodier (L)
	Rudy Tronto (NY)
An Usher	Roy Evans (L)
	Elliott Gould (NY)
An Honest Man	Roy Desmond (L)
	Joe Rocco (NY)
A Priest	Roy Evans (L)
	Elliott Gould (NY)
A Tax Inspector	Harry Goodier (L)
	Rudy Tronto (NY)

Warders: Harry Goodier, William Thorburn, Howard Short (L), Elliott Gould, George del Monte, Rico Froehlich (NY)

Produzenten: Donmar Productions, H. M. Tennent und Two Arts mit Henry Hall (L), David Merrick, Donald Albery, H. M. Tennent Ltd. mit Henry Hall (NY)
Choreographie: Joan Heawood (L), Onna White (NY)
Regie: Peter Brook (L/NY)
Ort: Paris und Französisch-Guayana (Sträflingskolonie)
Zeit: Zu Anfang der 1930er Jahre

Handlung: Liebeskomödie im Pariser Dirnenmilieu. Das Straßenmädchen Irma verliebt sich in den mittellosen Studenten Nestor, und beide nehmen sich eine gemeinsame Wohnung. Es packt ihn aber die Eifersucht auf Irmas Freier. Um sie allein zu besitzen, gibt er sich selbst, verkleidet, als spendabler Freier aus, der sie aushalten will. Da er in seiner Doppelrolle zunehmend in Schwierigkeiten gerät,

läßt er den reichen Gönner sterben. Die Polizei vermutet jedoch einen Mord. Nestor wird verhaftet, verurteilt und in die Sträflingskolonie nach Französisch-Guayana verbannt. Als er dort erfährt, daß Irma ein Kind von ihm erwartet, bringt er es fertig, zu fliehen und nach Paris zurückzukehren. Hier klärt sich, rechtzeitig zur Geburt von Zwillingen, alles auf.

Auszeichnung: 1 Antoinette Perry Award (Tony) 1961: Weibliche Hauptrolle–Musical: Elizabeth Seal

Deutschsprachige Erstaufführung (Originaltitel): 24. Januar 1961, Theater der Stadt Baden-Baden. Autoren: Ivo Kohorte, Hanns Bernhardt

Songs und Musiknummern

Bühne:
Valse milieu; Chœur des mecs I; Sur le vieux Pont Caulaincourt; Avec les anges; Ah, dis-donc; J'suis un mec taré; Chœur des mecs II; Chœur des clients; Chanson d'Irma; Au bagne; Hardi, joli gondolier; Y a qu'Paris, Paris pour ça

Bühne (englisch):
Valse Milieu; Sons of France; The Bridge of Caulaincourt; Our Language of Love; She's Got the Lot; Dis-Donc; Le Grisbi Is le Root of le Evil in Man; Wreck of a Mec; That's a Crime; From a Prison Cell; Irma-la-Douce; There Is Only One Paris for That; The Freedom of the Seas; Arctic Ballet/Storm Ballet (instr.); But; Christmas Child

Schallplatten:
NY	– Columbia OL 5560/OS 2029
L	– Philips BBL 7274
Frankr./B	– (Colette Renard, Franck Fernandel) Decca 100-051-2
D/B	– Philips 423419 PE

Hinweis/Film:
Frei nach dem Musical IRMA LA DOUCE entstand mit veränderter Handlung eine gleichnamige amerikanische Filmkomödie ohne Songs, jedoch fanden Kompositionen von Marguerite Monnot als Hintergrundmusik Verwendung.

244 | JESUS CHRIST SUPERSTAR

Irma La Douce

(Deutscher Titel: DAS MÄDCHEN IRMA LA DOUCE)
1963, USA – United Artists/Phalanx/ Mirisch/Edward L. Alperson – Panavision/Technicolor, 146 Min.
Deutsche Erstaufführung: 1963
Drehbuch: Billy Wilder, I. A. L. Diamond, frei nach Handlungsmotiven des gleichnamigen Musicals
Darsteller: Shirley MacLaine (Irma), Jack Lemmon (Nestor Patou), Lou Jacobi (Moustache), Bruce Yarnell (Hippolyte), Herschel Bernardi (Inspector LeFevre), Hope Holiday (Lolita), Joan Shawlee (Amazon Annie), Grace Lee Whitney (Kiki the Cossack), Tura Satana (Suzette Wong), Harriette Young (Mimi the Maumau), Paul Dubov (André), Diki Lerner (Jojo), Herb Jones (Casablanche Charlie), Sheryl Deauville (Carmen), Billy Beck (Officer Dupont), Jack Sahakian (Jack), Edgar Barrier (The Retired General Lafayette), Howard McNear (Concierge), Cliff Osmond (Police Sergeant), Lou Krugman (First Customer), John Alvin (Second Customer), James Brown (Customer from Texas), Bill Bixby (Tatooed Sailor), Susan Woods (Poule with Balcony), Don Diamond (Man with Samples), Richard Peel (Englishman), Joe Palma (Prison Guard), Ruth and Jane Earl (Zebra Twins), Shorty (Coquette, a Dog)
Produzent: Billy Wilder
Regie: Billy Wilder
Auszeichnung: 1 Academy Award (Oscar) 1963: Gesamtmusikwerk–Instrumentierung (Adaption/Filmversion): André Previn
Schallplatte: United Artists 82001

JESUS CHRIST SUPERSTAR

Musik: Andrew Lloyd Webber
Songtexte: Tim Rice
Buch: Tom O'Horgan, unter Verwendung der Aussagen des Neuen Testaments der Bibel
Premiere in New York, Mark Hellinger Theatre: 12. Oktober 1971

Personen und die Darsteller der Premiere:

Jesus of Nazareth	Jeff Fenholt
Mary Magdalene	Yvonne Elliman
Judas Iscariot	Ben Vereen
Pontius Pilate	Barry Dennen
Caiaphas	Bob Bingham
Annas	Phil Jethro
King Herod	Paul Ainsley

Priests, Zealots, Merchants, Lepers, Soldiers, Apostles, Citizens of Jerusalem etc.: Alan Braunstein, Michael Meadows, Steven Bell, Dennis Buckley, Linda Rios, Tom Stovall, Peter Schlosser, Paul Sylvan, Robin Green, James Sbano, Laura Michaels, Cliff Lipson, Bonnie Schon, Pi Douglas, Celia Brin, Dennis Cooley, Anita Morris, Ted Neeley, Kay Cole, Kurt Yaghjian, Margaret Warncke, Willie Windsor, Ferne Bork, Samuel E. Wright, Denise Delaphenha, Robalee Barnes, Doug Lucas, Charlotte Crossley, Cecelia Norfleet, Janet Powell, Eddie Barton, Tony Gardner, Michael Jason

Produzent: Robert Stigwood (mit MCA Inc. und David Land)
Regie: Tom O'Horgan
Ort: Jerusalem
Zeit: Um 30 n. Chr.

Handlung: Rock-Oper. Szenen aus den letzten sieben Tagen des Lebens von Jesus Christus nach den Überlieferungen der Bibel: Jesus und seine Jünger. Die Begegnung mit Maria Magdalena. Der Beschluß der Priester, Jesus müsse sterben. Einzug in Jerusalem. Der Traum des Pilatus, der sich schuldig sieht am Tod eines ihm Unbekannten. Jesus vertreibt die Geldverleiher und Händler aus dem Tempel. Judas erklärt sich bereit, Jesus zu verraten. Das letzte Abendmahl. Der Verrat des Judas. Jesus wird im Garten Gethsemane verhaftet. Petrus leugnet, Jesus zu kennen. Jesus vor Pilatus und Herodes. Judas vermag seine Schuld nicht mehr zu tragen und begeht Selbstmord. Jesus wird gegeißelt und als »Judenkönig« verhöhnt. Das Volk verlangt von Pilatus die Kreuzigung Jesu. Jesus stirbt am Kreuz.

Anmerkung: Die Rock-Oper entwickelte sich aus Schallplattenproduktionen und Konzertfassungen. Im November 1969 erschien zunächst der Song »Superstar« auf einer Single. Danach erweiterten Komponist und Textdichter das musikalische Werk zu einem Schallplatten-Album von 87 Minuten Länge und zu einer Konzertfassung, die in Tourneeprogrammen aufgeführt wurde. Schließlich entstand daraus das Musical.

Deutschsprachige Erstaufführung:
18. Februar 1972, Halle Münsterland, Münster. Autor: Anja Hauptmann

→ GODSPELL

Film:

Jesus Christ Superstar
1973, USA – Universal – CinemaScope (auch Todd-AO 35)/Technicolor, 107 Min.
Deutsche Erstaufführung (Originaltitel):
1974
Musik: Andrew Lloyd Webber
Songtexte: Tim Rice
Drehbuch: Norman Jewison, Melvin Bragg, nach dem gleichnamigen Musical

Personen und ihre Darsteller:

Jesus Christ	Ted Neeley
Judas Iscariot	Carl Anderson
Mary Magdalene	Yvonne Elliman
Pontius Pilate	Barry Dennen
Caiaphas	Bob Bingham
Simon Zealotes	Larry T. Marshall
King Herod	Joshua Mostel
Annas	Kurt Yaghjian
Apostle Peter	Philip Toubus
Apostle Matthew	Jonathan Wynne
Apostle Bartho-lomew	Pi Douglass
Apostle Jacob	Richard Molinare
Apostle Thaddeus	Jeff Hyslop
Apostle Andrew	Devid Devir
Apostle John	Richard Orbach
Apostle Thomas	Shooki Wagner

Apostles: Robert LuPone, Thommie Walsh
Women: Darcel Wynne, Sally Neal, Vera Biloshisky, Wendy Maltby, Baayork Lee, Susan Allanson, Ellen Hoffman, Judith Daby, Adaya Pilo, Marcia McBroom, Leeyan Granger, Kathryn Wright, Denise Pence, Wyetta Turner, Tamar Zafria, Riki Oren, Lea Kestin
Temple Guards: Doron Gaash, Noam Cohen, Zvi Lehat, Moshe Uziel
Priests: Zvulun Cohen, Meir Israel, Itzhak Sidranski, David Rfjwan, Amity Razi, Avi Ben-Haim, Haim Bashi, David Duack
Roman Soldiers: Steve Boockvor, Peter Luria, David Barkan, Danny Basevitch, Cliff Michaelevski, Tom Guest, Stephen Denenberg, Didi Liekov

Produzenten: Norman Jewison, Robert Stigwood
Choreographie: Robert Iscove
Regie: Norman Jewison

Songs und Musiknummern

Bühne:
Heaven on Their Minds; What's the Buzz?; Strange Thing Mystifying; Everything's Alright; This Jesus Must Die; Hosanna; Simon Zealotes; Poor Jerusalem; Pilate's Dream; The Temple; I Don't Know How to Love Him; Damned for All Time; Blood Money; The Last Supper; I Only Want to Say/Gethsemane; The Arrest; Peter's Denial; Pilate and Christ; King Herod's Song; Could We Start Again, Please; Judas' Death; Trial Before Pilate; 39 Lashes; Superstar; The Crucifixion; John Nineteen Forty-One (1941)
Später zum Werk hinzugefügt:
Try Not to Think; The Lepers; A Poor Mandarin; The Treason

Film (⊕ = neu für den Film verfaßt):
Heaven on Their Minds; What's the Buzz?; Strange Things Mystifying; Then We Are Decided ⊕; Everything's Alright; This Jesus Must Die; Hosanna; Simon Zealotes; Poor Jerusalem; Pilate's Dream; The Temple; I Don't Know How to Love Him; Damned for All Time; Blood Money; The Last Supper; I Only Want to Say/Gethsemane; The Arrest; Peter's Denial; Pilate and Christ; King Herod's Song; Could We Start Again, Please; Judas' Death; Trial Before Pilate; Superstar; The Crucifixion; John Nineteen Forty-One (1941)

Schallplatten:
NY – Decca 71503, MCA 5000
L – MCA MDKS 8008, Somerset 751
F – MCA 11000, MCA 250430-1
D/B – (Rainer Schöne, Oliver Tobias, Paula Roy) Telefunken DD 3402
St – Karussell 2430091, EMI-MFP 50362, (1992/Paul Nicholas, Claire Moore) First Night FNE 34007, (instr.) RCA International/Camden INTS 1315, (französisch) Philips 6325007

Hinweis/Bühne:
Neben zahlreichen Oratorien entstanden auch musikdramatische Werke um Jesus Christus, so die folgenden.

Oper: *Jesus, der göttliche Erlöser*
Musik: Franz Peter Gregorius Bühler
Autor: Johann Sebastian von Rittershausen
Stadt Burgau: Juni 1816

Oper: *Christus*
Musik: Anton Rubinstein
Autor: Heinrich Alfred Bulthaupt
Bremen: 25. Mai 1895 (1. Bühnenaufführung)

Oper: *Jesus de Nazareth*
Musik: Enrique Morera
Autor: Angel Guimerá
Barcelona, Tivoli: März 1901

Hinweis/Film:
Jesus Christus wird auch dargestellt in den Filmen:
From the Manger to the Cross, USA/1912, von Robert Henderson Bland
The Last Supper, USA/1941, von Sydney Ayres
Intolerance, USA/1916, von Howard Gaye
Civilisation, USA/1916, von George Fisher
Christus, Ital./1917, von Giovanni Pasquali
I.N.R.I., Deutschl./1924, von Gregor Chmara
King of Kings, USA/1927, von H. B. Warner

Jesus of Nazareth, USA/1928, von Philip Van Loan
Golgotha, Frankr./1935, von Robert Le Vigan
I Beheld His Glory, USA/1952, von Robert Wilson
El beso de Judas/Der Verräter des Herrn – Judas Ischariot, Span./1953, von Gabriel Alcover
The Robe, USA/1953. Die Stimme Jesu (Voice of Christ): Cameron Mitchell
The Day of Triumph, USA/1954, von Robert Wilson
Power of the Resurrection, USA/1958, von Jon Shepodd
Ben-Hur, USA/1959, von Claude Heater
King of Kings/König der Könige, USA/1961, von Jeffrey Hunter
Ponzio Pilato/Ponce Pilate/Pontius Pilatus, Ital. – Frankr./1961, von John Drew Barrymore
Barabba/Barabbas, Ital./1962, von Roy Mangano
Il vangelo secondo Matteo/Das 1. Evangelium – Matthäus, Ital. – Frankr./1964, von Enrique Irazoqui
The Redeemer, USA – Span./1965, von Luis Alvarez
The Greatest Story Ever Told/Die größte Geschichte aller Zeiten, USA/1965, von Max von Sydow
La voie lactée /Die Milchstraße, Frankr. – Ital./1969, von Bernard Verley
Majstor i Margareta/Il maestro e Margherita/Der Meister und Margarita, Jugosl. – Ital./1972, von Radomir Reljic
Godspell/Folgt dem Herrn!, USA/1973, von Victor Garber
The Gospel Road, USA/1973, von Robert Elfstrom
The Passover Plot/Jesus von Nazareth, Israel – USA/1976, von Zalman King
Gesu di Nazareth/Jesus of Nazareth/Jesus von Nazareth, Ital. – Großbrit./1977, von Robert Powell
Jesus, USA/1979, von Brian Deacon
Monty Python's Life of Brian/Monty Python's – Das Leben des Brian, Großbrit./1979, von Ken Colley
In Search of Historic Jesus, USA/1980, von John Rubenstein

The Day Christ Died (TV), USA/1980, von Chris Sarandon
History of the World, Part 1/Mel Brooks verrückte Geschichte der Welt, USA/1981, von John Hurt
Secondo Ponzio Pilato/Die wundersamen Erlebnisse des Pontius Pilatus, Ital./1987, von Carlo Panchetti
The Last Temptation of Christ/Die letzte Versuchung Christi, USA/1988, von William Dafoe
Es wäre gut, daß ein Mensch würde umbracht für das Volk (Johannispassion), Deutschland/1990, von Christoph Quest

In der Frühzeit des Films entstanden etliche Produktionen um Jesus Christus, so die nachfolgend genannten:

1897/Frankr., *Passion de Notre-Seigneur Jésus-Christ,* von Georges Hatot für Lumière und Clement Maurice
1898/USA, *The Passion Play* (Jesus: Frank Russell), von Rich G. Hallaman, Albert G. Eaves, Regie: L. J. Vincent
1899/Frankr., *Le Christ marchant sur les eaux,* von George Mèlies
1905/Frankr., *Passion de Notre-Seigneur Jésus-Christ,* von Ferdinand Zecca
1906/Frankr., *La vie du Christ/La passion,* von Alice Guy, Victorien Jasset
1907/USA, *The Life of Christ*
1908/Frankr., *La vie et la passion du Jésus-Christ* (Jesus: Monsieur Normand), von Pathé
1908/Frankr., *Le baiser du Judas* (mit Albert Lambert Jr., Mounet Sully), von Armand Bour

In der »Ersten Internationalen Film-Zeitung«, Jahrgang 1909/Nr. 14, offeriert die »Internationale Kinematographen- und Licht-Effekt-Ges., Berlin« den »Tonbild-Cyklus« CHRISTUS – »Christliche Oper von Anton Rubinstein« als geschlossene Serie von »5 Kunst-Tonbildern«. Die Zeitschrift »Der deutsche Lichtbildtheater-Besitzer« veröffentlicht in der Ausgabe vom 10.3.1910 (Nr. 10) einen Bericht über den Kurzfilm (150 m) »Jesus, des Zimmermanns Sohn«, jedoch ohne Produktions- und Schauspielerangaben.

Die Darstellung einer Wiederkehr Jesu versucht Adriano Celentano in dem italienischen Film »Joan Lui: Ma un giorno nel paese arrivo io die lunedi« (deutsch: »Joan Lui«) von 1986 in einer Rockmusik-Version.

Verfilmte Passionsspiele und kirchliche oder Laien-Filmproduktionen um Jesus Christus.

Passionsspiele:
Oberammergau, Frankr./1897, R/H. Hurd
Oberammergau, Deutschl./1905, R/Ludwig Deutsch
Lawton/Oklahoma, »The Lawton Story«, USA/1949, R/William Beaudines, Harold Daniels
Oetigheim/Baden, Deutschl./1950, R/Ernst Martin
Curalha/Portugal »O acto da primavera«, Portugal/1963, R/Manoel de Oliveira

The Mysteries of the Rosary, USA/1957, Prod./Family Theatre, Pater Lawyer R/Joseph Breen
Jesus – Der Film, Deutschl./1986, Prod./Michael Brinntrup

JOHNNY JOHNSON

Musik: Kurt Weill
Songtexte: Paul Green
Buch: Paul Green
Premiere in New York, 44th Street Theatre: 19. November 1936

Personen und die Darsteller der Premiere:

Johnny Johnson, a Tombstone Cutter	Russell Collins
Minny Belle Tompkins	Phoebe Brand
Anguish Howington, Owner of the Crystal Mineral Springs	Grover Burgess
Johann Lang, a Young German Soldier	Jules Garfield
Grandpa Joe, Minny Belle's Grandfather	Roman Bohnen

Aggie Tompkins, Minny Belle's Mother	Susanna Senior
Captain Valentine, US Army Officer	Sanford Meisner
Dr. McBray, Major in Medical Corps	Lee J. Cobb
Private Jessel, a Stenographer	Curt Conway
Sergeant Jackson, Captain Valentine's Aid	Art Smith
Corporal George	Albert Van Dekker
Private Fairfax	William Challee
Private Goldberger	Will Lee
Private Harwood	Tony Kraber
Private Kearns	Elia Kazan
Private Svenson	Herbert Ratner
Private Patrick O'Day	Curt Conway
Anguish Howington Jr.	Eddie Ryan
Dr. Mahodan, Psychiatrist	Morris Carnovsky
His Secretary	Kate Allen
Dr. Frewd	Elia Kazan
His Honor, the Mayor	Bob Lewis
The Village Editor	Tony Kraber
A Photographer	Will Lee
Bicycle Messenger	Curt Conway
A Camp Doll	Eunice Stoddard
A West Point Lieutenant	Joseph Pevney
An English Sergeant	Luther Adler
A British Soldier	Judson Hall
A French Nurse	Paula Miller
An Orderly	Paul Mann
A Doctor	Art Smith
A Sister from the O.D.S.D.L.D. (d. i. Organization for the Delight of Soldiers Disabled in Line of Duty)	Ruth Nelson
Chief of the Allied High Command	Morris Carnovsky
His Majesty, a King	Orrin Jannings
Belgian Major-General	Luther Adler
French Major-General	Lee J. Cobb
British Commander-in-Chief	John Most
American Commander-in-Chief	Roman Bohnen
French Premier	Bob Lewis
Scottish Colonel	Thomas C. Kennedy
A Liaison Officer	Jack Saltzman
A Second Liaison Officer	Joseph Pevney
American Priest	Alfred Saxe
German Priest	Paul Mann
Military Policeman	Herbert Ratner
Brother Thomas	Art Smith
Brother Claude	Roman Bohnen
Brother George	Lee J. Cobb
Brother William	Curt Conway
Brother Hiram	Albert Van Dekker
Brother Jim	Robert Joseph
Brother Theodore	Tony Kraber
Brother Henry	Luther Adler
A Doctor	William Challee
Anguish Howington's Secretary	Alfred Saxe
An Attendant	Herbert Ratner
Song	Jean Burton

Soldiers: Peter Ainsley, James Blake, Judson Hall

Produzent: The Group Theatre
Regie: Lee Strasberg
Orte: Eine Kleinstadt in den USA USA / New York / In Frankreich
Zeit: 1917/1919, ca, 1927, ca. 1936

Handlung: Anti-Kriegs-Parabel. Gerade findet die Einweihung eines Denkmals für den Frieden statt, das der Steinmetz Johnny Johnson geschaffen hat, da wird gemeldet, daß die USA in den Krieg gegen Deutschland eingetreten sind. Weil seine Freundin Minny Belle der Meinung ist, daß nur ein Kriegsheld ein richtiger Mann sei, meldet sich Johnny Johnson freiwillig zum Militär. An der Front in Frankreich gelingt es ihm, einen deutschen Heckenschützen zu stellen. Der Deutsche ist ein 16jähriger, noch unerfahrener Junge. Johnny verständigt sich mit ihm, wobei die zwei Gegner feststellen, daß sie beide gegen den Krieg sind und nicht sterben wollen. Sie verabreden, daß jeder auf seiner Seite dafür sorgen will, kämpferische Auseinandersetzungen zu vermeiden. Johnny, der leicht verwundet in einem Lazarett liegt, erfährt, daß der alliierte Generalstab eine Offensive plant. Um den Kampf zu verhindern, entflieht er dem Lazarett und nimmt Lachgas-Ampullen mit. Er schleicht sich in die Sitzung der Generäle und setzt sie mit Lachgas matt. Sein Eingreifen ändert die Situation aber nur so lange, wie die Wirkung des Gases anhält. Die Offensive wird durchgeführt. Eines der Opfer ist der junge deutsche Soldat, Johnnys Kamerad von der gegnerischen Seite, den er tot auffindet. Seine Trauer um den Jungen und seine widersetzliche Haltung werden ihm als unsoldatisch zur Last gelegt, und man schickt ihn in eine Anstalt zur psychiatrischen Behandlung. Doch der Krieg ist zu Ende. Johnny wird entlassen und kann nach Hause zurückkehren. Minny Belle ist inzwischen verheiratet mit Anguish Howington, dem reichsten Mann des Ortes, der sich vor dem Kriegseinsatz gedrückt hatte. Um Geld zu verdienen, ist Johnny gezwungen, auf der Straße Spielzeug zu verkaufen. Als ein Knabe in Boy-Scout-Uniform von ihm einen Spielzeugsoldaten verlangt, wird Johnny wütend, denn er verkauft nur Tierfiguren, kein Kriegsspielzeug. Es stellt sich heraus, daß der Junge Minny Belles Sohn ist, was Johnny zu der Mahnung an alle veranlaßt, immer für Frieden und Humanität einzutreten.

Songs und Musiknummern

Bühne:
Over in Europe; Democracy's Call; The Battle of San Juan Hill; Johnny's Melody (instr.); Sing treddle, trid-treddle/Aggie's Song; Oh Heart of Love; What Are You Coming For/Captain Valentine's Song; He Calls on Me/Song of the Goddess; Nous sommes blessés/Song of the Wounded Frenchmen; The Sea Song/All Hail Britannia and Her Crown; Oh the Rio Grande/Cowboy Song; Johnny's Dream; Song of the Guns; Music of the Stricken Redeemer (instr.); Mon Ami, My Friend; The Allied High Command; The Laughing Generals; The Battle (instr.); In Times of War and Tumults; In No Man's Land (instr.); The Psychiatry Song; Asylum Chorus; A Hymn to Peace; When Man Was First Created/Johnny's Song

Anmerkung: »Johnny's Song« wurde später mit neuem Text von Edward Heyman zu einem Schlagerlied: »To Love You and to Lose You«.

Schallplatten:
St – (Burgess Meredith, Hiram Sherman) MGM E 3447, Heliodor HS 25024, Polydor 831384

JOSEPH AND THE AMAZING TECHNICOLOR DREAMCOAT

Musik: Andrew Lloyd Webber
Songtexte: Tim Rice
Buch: Tim Rice, nach der Joseph-Geschichte im Alten Testament der Bibel (1. Mose; 37, 39–41, 50)

Das Musical entwickelte sich erst allmählich aus kleinsten Anfängen zu einem vollständigen Werk:

1) Biblical Cantata. London, Colet Court School St. Paul: 1. März 1968 (Länge 15–20 Min.)

2) Biblical Cantata. London, Central Hall Westminster: 28. Januar 1969 (Länge ca. 30 Min.)
Mitwirkende: David Daltrey (Joseph), Tim Rice (Pharaoh), Malcolm Parry, Terry Saunders, Bryan Watson, John Cook, Wonderschool Boy's Choir, Ramses III Orchestra mit William Southcombe Lloyd Webber (Orgel), Martin Wilcox (Piano)

3) Musical/Kurzfassung. Edinburgh Festival (Young Vic Company): 21. August 1972 (Länge ca. 40 Min.)
(A) London, Young Vic Theatre: 16. Oktober 1972, fortgesetzt: London, Roundhouse: 8. November 1972
(siehe nachfolgende Angaben A)

Anmerkung: Aufführung zusammen mit »Genesis Mediaeval Mystery Plays« (Vier biblische Theaterszenen aus dem Mittelalter)

4) Musical/Ein Akt. (B) London, Albery Theatre: 19. Februar 1973 (Länge ca. 60 Min.)
(siehe nachfolgende Angaben B)
Anmerkung: Aufführung zusammen mit Ein-Akt-Musical von Andrew Lloyd Webber und Tim Rice »Jacob's Journey« über Josephs Vater, den Patriarchen.

5) Musical/vollständige Fassung. (C) New York, Brooklyn Academy of Music: 30. Dezember 1976
(siehe nachfolgende Angaben C)

6) Musical/überarbeitete vollständige Fassung. Washington, Ford's Theater: 1981 – Erste Aufführung
(D) New York, Entermedia Theatre: 18. November 1981, fortgesetzt: New York, Royale Theater (Broadway), 27. Januar 1982
(siehe nachfolgende Angaben D)

(A) Premiere in London, Young Vic Theatre: 16. Oktober 1972
London, Roundhouse: 8. November 1972
(B) Premiere in London, Albery Theatre: 19. Februar 1973
(C) Premiere in New York, Brooklyn Academy of Music: 30. Dezember 1976
(D) Premiere in New York, Entermedia Theatre: 18. November 1981
New York, Royale Theater: 27. Januar 1982

Personen und die Darsteller der Premieren:

Narrator	(A/B) Peter Reeves
	(C) Cleavon Little
	(D) Laurie Beechman
Jacob	(A/B) Alex McAvoy
	(C) Tony Hoty
	(D) Gordon Stanley
Sons of Jacob:	
Joseph	(A/B) Gary Bond
	(C) David-James Carroll
	(D) Bill Hutton
Reuben	(A/B) Paul Brooke
	(C) Stuart Pankin
	(D) Robert Hyman
Simeon	(A) Riggs O'Hara
	(B) Maynard Williams
	(C) Adam Grammis
	(D) Kenneth Bryan
Levi	(A/B) Mason Taylor
	(C) Paul Kreppel
	(D) Steve McNaughton
Naphtali	(A) Richard Kane
	(B) Daniel Shepherd
	(C) Don Swanson
	(D) Charlie Serrano
Issachar	(A) Gavin Reed
	(B) Frank Vincent
	(C) Ron Taylor
	(D) Peter Kapetan
Asher	(A) Gordon Waller
	(B) Sam Cox
	(C) William Parry
	(D) David Asher
Dan	(A/B) Ian Trigger
	(C) Kurt Yahjian
	(D) James Rich
Zebulun	(A/B) David Wynn
	(C) Craig Schaefer
	(D) Doug Voet
Gad	(A) Ian Charleson
	(B) Kevin Williams
	(C) David Patrick Kelly
	(D) Barry Tarallo
Judah	(A) Andrew Robert- son
	(B) Peter Blake
	(C) Robert Rhys
	(D) Stephen Hope
Benjamin	(A) Jeremy James Taylor
	(B) Roy North
	(C) Leonard John Crofoot
	(D) Philip Carrubba
Potiphar	(A) Gavin Reed
	(B) Ian Trigger
	(C) Terry Eno
	(D) David Ardao
Potiphar's Wife	(A/B) Joan Heal
	(C) Virginia Martin
	(D) Randon Lo

Pharaoh	(A/B) Gordon Waller
	(C) Jess Pearson
	(D) Tom Carder
Baker	(A) Riggs O'Hara
	(B) Roy North
	(C) Kurt Yahjian
	(D) Barry Tarallo
Butler	(A) Andrew Robertson
	(B) Kevin Williams
	(C) David Patrick Kelly
	(D) Kenneth Bryan

ferner:
(A/B)	Loah	Joan Heal
	Zilpah	Alison Groves
	Bilhah	Frances Sinclair

und Carl Johnstone, Felicity Balfour, Avril Gaynor, Louis Sheldon
(B)	Reihel	Joanna Wake
(C)	Ismaelite/ Egyptian	Richard Seer

und Mary Jane Houdina, Marybeth Kurdock, Jill Streisant
(D)	Ismaelites	Tom Carder
		David Ardao

und Lorraine Barrett, Karen Bogan, Katherine Buffaloe, Lauren Goler, Joni Masella, Kathleen Rowe Mc-Allen, Renee Warren, Rosalyn Rahn, John Ganzer

Produzenten:
(A) Robert Stigwood, Qwartyuiop Productions, Michael White, Granada (mit David Land)
(B) Robert Stigwood, Michael White, Granada
(C) The Brooklyn Academy of Music
(D) Zev Bufman, Susan R. Rose, Melvyn J. Estrin, Sidney Shlenker, Gail Bermen (mit Robert Stigwood Organization und David Land)
Choreographie:
(A/B) Christopher Bruce
(C) Grace Daniele
(D) Tony Tanner
Regie:
(A/B/C) Frank Dunlop
(D) Tony Tanner
Ort: Biblisches Kanaan und Ägypten
Zeit: Altes Testament der Bibel

Handlung: Die biblische Geschichte vom Schicksal des Joseph, der als Sklave von Kanaan nach Ägypten gelangt und dort Karriere macht – erzählt in einer Abfolge von Songs, musikalisch gemischt in modernen Stilformen wie Rock, Country, Calypso, Chanson, Vaudeville, Song-and-Dance, teilweise als Persiflage auf Personen des Showbusiness wie Gene Autry und Elvis Presley.

Joseph, der zweitjüngste von zwölf Söhnen des Jakob, Stammvater Israels, ist der Liebling seines Vaters. Von ihm erhält er einen bunten Rock, wie ihn sonst nur die Kinder von Vornehmen tragen, und auch sonst bevorzugt ihn der Vater gegenüber seinen Brüdern. Diese sind Joseph deswegen feindlich gesinnt, besonders als er ihnen von Träumen erzählt, die besagen, daß sein Vater und seine Brüder sich eines Tages demütig vor ihm neigen werden. Aus Wut und Verärgerung wollen ihn seine Brüder umbringen, entledigen sich seiner schließlich aber, indem sie ihn an vorüberziehende Handelsleute verkaufen. Seinen bunten Rock ziehen sie ihm aus, tränken ihn mit Tierblut und erzählen dem entsetzten Vater, sein geliebter Sohn sei einem wilden Tier zum Opfer gefallen. Joseph wird nach Ägypten gebracht und dort an Potiphar, des Pharaos Kämmerer und Hauptmann der Leibwache, verkauft. Das Weib des Potiphar versucht, ihn zu verführen, doch als er ihr widersteht, verleumdet sie ihn derart, daß er ins Gefängnis gesteckt wird. Hier deutet er zwei hohen Beamten des Pharao, die wegen Verfehlungen inhaftiert wurden, zwei Träume und trifft mit seinen Auslegungen die Wahrheit. Seine Kunst der Weissagung bringt ihn vor den Pharao, dem er rätselhafte Träume dahingehend deutet, daß sieben fette und sieben magere Jahre kommen werden, und ihm rät, durch Einlagern von Korn den Zeiten der Not vorzubeugen. Der Pharao macht ihn zu seinem obersten Beamten für die Vorratshaltung. Als eine Zeit der Dürre eintritt und die Hungersnot zur Katastrophe wird, schickt auch der davon betroffene Jakob seine Söhne aus Kanaan nach

Ägypten, um Korn zu kaufen. Joseph erkennt seine Brüder, doch sie sehen in ihm nur den machtvollen Beamten des Pharao. Er unterzieht sie harten Prüfungen, aber als er feststellt, daß sie schuldbewußt und reuig sind, hilft er ihnen und gibt sich schließlich zu erkennen. Beim Pharao erreicht er, daß sein Vater mit der ganzen Sippe Aufnahme in Ägypten findet und dort siedeln kann (bis etliche hundert Jahre später Moses die Israeliten wieder aus dem Lande führen wird).

Deutschsprachige Erstaufführung (Originaltitel): 10. Oktober 1987, Festhalle Gablitz/Österr. (Gablitzer Kulturkreis) Autor: Trude Haagen

Songs und Musiknummern

Bühne:
You Are What You Feel (Prolog); Jacob and Sons/Joseph's Coat; Joseph's Dreams; Poor, Poor, Joseph; One More Angel in Heaven; Potiphar; Close Every Door; Go, Go, Go, Joseph; Pharaoh Story; Poor, Poor, Pharaoh/Song of the King; Pharaoh's Dreams Explained; Stone the Crows; Those Canaan Days; The Brother's Come to Egypt/Grovel, Grovel; Who's the Thief?; Benjamin Calypso; Joseph All the Time; Jacob in Egypt; Any Dream Will Go
1991 hinzugefügt:
Joseph Megamix

Schallplatten:
L – (1972) Polydor RSO 2394-102,
     (1991) Polydor 511130
St – (1968) Decca SKL 4973,
     (1973) MCA 399, MCA MCF
     2544, Music for Pleasure MFP
     50455

Hinweis:
Die Joseph-Geschichte des Alten Testaments der Bibel ist auch Thema der nachfolgend genannten Werke.

Bühne:

Oper: *Joseph en Egypte*
Musik: Etienne Nicholas Méhul
Autor: Alexandre Duval
Paris, Opéra comique: 17. Februar 1807

Ballett: *La legende de Joseph* (JOSEPHS-LEGENDE)
Musik: Richard Strauss
Libretto: Harry Graf Keßler, Hugo von Hofmannsthal
Choreographie: Michail Fokin
Paris, Opéra: 14. Mai 1914

Film:

Joseph fils de Jacob
Stummfilm/1913, Frankreich (Kurz)
Regie: Henri Andreani

Joseph in the Land of Egypt
Stummfilm/1915, USA – Thanhouser
(4 Rollen)
Hauptdarsteller: James Cruze (Joseph), Marguerite Snow (Potiphar's Wife)
Regie: Eugene Moore

Giuseppe venduto dai fratelli
(Englisch-amerikanische Titel: THE STORY OF JOSEPH AND HIS BRETHREN / JOSEPH AND HIS BRETHREN / JOSEPH SOLD BY HIS BROTHERS)
1962, Italien – Cosmopolis Jolly/Colorama–CAP – Cinescope/Eastmancolor, 103 Min.
Gedreht in zwei Versionen: Italienisch und englisch.
Drehbuch (ital.): Guglielmo Santangelo, Oreste Biancoli, Ennio De Concini, *(engl.):* Guy Elmes, nach der italienischen Fassung
Darsteller: Geoffrey Horne (Joseph), Robert Morley (Potiphar), Belinda Lee (Henet), Vira Silenti (Asenath), Mario Girotti (Benjamin), Carlo Giustini (Reuben), Finlay Currie (Jacob), Arturo Dominici (Rekmira), Robert Rietty (Pharaoh), Julian Brooks (Chief Baker), Mimo Billi (Chief Butler), Marietto (Benjamin as a Child), Marco Guglielmi (Judah), Dante Di Paolo (Simeon), Charles Borromel (Dan), Helmut Schneider (Zebulun), Loris Bazzocchi (Issachar), Marin Marija (Asher), Antonio Segurini (Gad), Tonko Sarcevic (Levi)
Produzenten: Ermanno Donati, Luigi Carpentieri
Regie (ital.): Luciano Ricci, *(engl.):* Irving Rapper

Puppenfilme:

Joseph and His Brethren
1962, Israel – Color, 65 Min.
Produzenten/Regie: Alina Gross, Yoram Gross

Joseph the Dreamer
1967, Israel – Color
Produzent: Yoram Gross

Shalom Pharao
1983, Deutschland – Linda-Film/ZDF – Color, 80 Min.
Drehbuch: Kurt Linda, Günter Tolar
Sprecher: Helmut Lohner, Siegfried Wischnewski, Rosemarie Fendel, Charles Regnier, Klaus Höhne
Regie: Kurt Linda

1914 brachte Pathé eine französische Produktion in den USA unter dem Titel »Joseph's Trials in Egypt« heraus.
Der britische Film von 1931 »Pothiphar's Wife« (amerikanischer Titel: »Her Strange Desire«) mit Nora Swinburne und Laurence Olivier hat nichts zu tun mit der Joseph-Geschichte der Bibel, sondern ist die Filmversion der gleichnamigen Bühnenkomödie von Edgar C. Middleton um einen hochherrschaftlichen Chauffeur, den die aristokratische Lady mit falschen Anschuldigungen vor Gericht bringt aus Zorn darüber, daß er ihre Annäherungsversuche ignoriert.

JUMBO

Musik: Richard Rodgers
Songtexte: Lorenz Hart
Buch: Ben Hecht, Charles MacArthur
Premiere in New York, Hippodrome: 16. November 1935

Personen und die Darsteller der Premiere:

Claudius B. Bowers	Jimmy Durante
Mickey Considine	Gloria Grafton
Matt Mulligan Jr.	Donald Novis
»Poodles«	Poodles Hanneford
John A. Considine	Arthur Sinclair
Matthew Mulligan	W. J. McCarthy
Flanagan	Harry LaMarr
Mr. Ball	Bob Lawrence
Mr. Jellico	A. P. Kaye
Mr. Piper	Phillip Wood
Sweeney	Gene Greenlaw
McCarthy	Walter Lewis
Reilly	John Kuebler
First Artist	Tom Lomas
Second Artist	Fred Spear
First Razorback	Ray Miller
Second Razorback	Dave Adams
United States Marshal	George Watts
Auctioneer	Willard Dashiell
Little Girl	Sybil Elaine
Chief of Police	Donald Black

ferner: Paul Whiteman Orchestra mit Sänger Bob Lawrence, der Elefant »Big Rosie« sowie Artisten- und Zirkusnummern

Produzent: Billy Rose
Pferdedressur und Akrobatik-Ballett: Allan K. Foster
Regie: John Murray Anderson, George Abbott
Ort: In den USA
Zeit: Um 1910

Handlung: Zirkus-Spektakulum – Circensisch-artistische Darbietungen, eingefügt in eine verbindende Handlung aus dem Zirkusmilieu nach Art der Romeo-und-Julia-Geschichte. Die beiden Zirkusbesitzer John A. Considine und Matthew Mulligan sind erbitterte Rivalen und befehden sich gegenseitig. Als sich Matt Mulligan Jr. und Considines Tochter Mickey ineinander verlieben, steigert sich der Haß der Väter, und Considine, der dem Alkohol zugeneigt ist, läßt seinen Zirkus bis zum Ruin verkommen. Die Steuerfahndung will den Besitz und damit den Zirkus enteignen. Considines Pressemanager Claudius B. Bowers will auf ungewöhnliche Weise das Zirkusunternehmen retten: Er steckt Considines Haus in Brand, damit dieser die Versicherungssumme kassieren kann. Am Ende kommt es zwischen den verfeindeten Familien doch zu einer Versöhnung. Mit Ausblick auf eine bessere, nunmehr gemeinsame Zukunft der beiden Zirkusunternehmen steht der Hochzeit des verliebten Paares nichts mehr imWege.

Anmerkung: Mit dem Zirkus-Musical JUMBO (der Name bezieht sich auf einen Elefanten, der in der Handlung eine Rolle spielt) versuchte Produzent Billy Rose an die große Tradition der Zirkus-Revuen anzuknüpfen, die zwischen 1905 und 1922 unter dem Titel »The Hippodrome Extravaganza« im damals größten Theaterbau der Welt, dem New Yorker Hippodrome, stattfanden. Trotz großen Publikumsinteresses und guter Kritiken in der Presse konnte JUMBO mit 233 Vorstellungen die hohen Kosten nicht einspielen. – Das Hippodrome wurde 1952 abgerissen.

Film:

*Billy Rose's Jumbo/*auch: *Jumbo*
(Deutscher Titel: SPIEL MIT MIR)
1962, USA – Metro-Goldwyn-Mayer/Euterpe Inc./Arwin Productions – Panavision/Metrocolor, 124 Min.
Deutsche Erstaufführung: 1962
Veränderte Handlung, veränderte Songs.
Musik: Richard Rodgers
Songtexte: Lorenz Hart
Drehbuch: Sidney Sheldon, nach dem Hippodrome-Musical

Personen und ihre Darsteller:

Kitty Wonder	Doris Day
Sam Rawlins	Stephen Boyd
Pop Wonder	Jimmy Durante
Lulu	Martha Raye
John Noble	Dean Jagger
Harry	Joseph Waring
Tina	Lynn Wood
Ellis	Charles Watts
Parsons	James Chandler
Madison	Robert Burton
Hank	Wilson Wood
Eddie	Norman Leavitt
Driver	Grady Sutton
Marshal	John Hart
Deputy	Robert Williams
Dottie	Sue Casey
Andy	Fred Cob
Roustabout	William Hines
Michaels	Michael Kostrick
Perry	Ralph Lee
Sharpy	Paul Wexler
Hans	Otto Reichow
Joey	Billy Barty
Lennie	Chuck Haren
Dick	J. Lewis Smith

Reporters: Roy Engel, Jack Boyle
The Circus Performers: Ron Henon, The Carlisles, The Pedrolas, The Wazzans, The Hannefords, Corky Cristians, Victor Julian, Richard Berg, Joe Monahan, Miss Lani, Adolph Dubsky, Pat Anthony, Janos Prohaska, The Barbettes und Sydney, der Elefant (Jumbo).

Produzenten: Joe Pasternak, Martin Melcher
Regie: Charles Walters (mit Busby Berkeley)

Songs und Musiknummern

Bühne:
Laugh; Over and Over Again; The Circus Is on Parade; Women; The Most Beautiful Girl in the World; My Romance; Little Girl Blue; The Song of the Roustabouts; Memories of Madison Square Garden; Diavolo; The Circus Wedding

Film **Billy Rose's Jumbo:**
The Song of the Roustabouts; My Romance; The Most Beautiful Girl in the World; Little Girl Blue; Over and Over Again; The Circus Is on Parade; Why Can't I? (aus dem Musical »Spring Is Here«, 1929); This Can't Be Love (aus dem Musical »The Boys from Syracuse«, 1938); What Is a Circus?; Sawdust, Spangles and Dreams (Mitarbeit Roger Edens)

Schallplatten:
F – Columbia OL 5860/OS 2260, Columbia CSP-AOS 2260, CBS S 62118

THE KING AND I
(Deutscher Titel: DER KÖNIG UND ICH)

Musik: Richard Rodgers
Songtexte: Oscar Hammerstein II.
Buch: Oscar Hammerstein II., nach dem Roman »Anna and the King of Siam« (1944) (deutsch: »Anna und der König von Siam«) von Margaret Landon sowie

dem Film »Anna and the King of Siam« (1946), auf der Basis der Tagebuchaufzeichnungen »The English Governess at the Siamese Court« (1870) von Anna Harriette Leonowens
Premiere in New York, St. James Theatre: 29. März 1951

Personen und die Darsteller der Premiere:

Anna Leonowens	Gertrude Lawrence
The King	Yul Brynner
Tuptim	Doretta Morrow
Lady Thiang	Dorothy Sarnoff
Lun Tha	Larry Douglas
Louis Leonowens	Sandy Kennedy
Captain Orton	Charles Francis
The Interpreter	Leonard Graves
The Kralahome	John Juliano
Phra Alack	Len Mence
Prince Chulalong-korn	Johnny Stewart
Princess Ying Yaowalak	Baayork Lee
Sir Edward Ramsay	Robin Craven

Produzenten: Richard Rodgers, Oscar Hammerstein II.
Choreographie: Jerome Robbins
Regie: John Van Druten
Ort: Bangkok/Königreich Siam
Zeit: 1862–1867/68

Handlung: Die Erlebnisse der Anna Leonowens als Erzieherin der Kinder des Königs Mongkut von Siam. Die Begegnung zweier Welten in den Prinzipien der englischen Lady und den fremdländischen, despotischen Ansichten des fernöstlichen Königs, der sich bemüht, die westliche Zivilisation zu verstehen. Anna, Witwe eines Kolonialoffiziers, trifft mit ihrem Sohn in Bangkok ein, um am Königshof das Amt einer Erzieherin zu übernehmen. Mutig stellt sie sich den Gepflogenheiten der fremden Welt. Hartnäckig erinnert sie den eigenwilligen König immer wieder daran, daß sie für sich und ihren Sohn ein eigenes Haus als Domizil zugesagt bekam. Neben ihrer Aufgabe als Lehrerin für die 67 zauberhaften Kinder des Königs ist sie geduldig bestrebt, durch Rat und Erklärungen die Wißbegierde des Königs zu stillen. Sie sieht sich aber auch konfrontiert mit dem rechtlosen Dasein der Frauen des Harems und den demütigenden Riten des siamesischen Hofes. Als es gilt, Abgesandte der englischen Krone zu empfangen, hilft Anna dem König, sich als fortschrittlicher Herrscher darzustellen zu können, was bei den Briten großen Eindruck hinterläßt. Doch muß sie gleich darauf wieder die Brutalität des despotischen Regimes miterleben, als es um die Verfolgung, Ergreifung und Bestrafung eines jungen Mädchens aus dem Harem des Königs geht, das mit dem Mann, den es liebte, geflohen war. Es kommt zu einer Auseinandersetzung zwischen Anna und dem König, in der die Anschauungen aufeinanderprallen. Anna entschließt sich, Bangkok unverzüglich zu verlassen, und läßt dies dem König mitteilen. Da erreicht sie die Nachricht, daß der König im Sterben liegt. Sie eilt zu ihm. Er bittet sie, seinem Nachfolger, Prinz Chulalongkorn, zur Seite zu stehen, der ihre Erziehung genossen hat und das Reich auf neue Weise führen wird.

Anmerkung: Anna Harriette Leonowens (1834–1914). Von 1862 bis 1867 als Lehrerin und Erzieherin der Kinder des Königs Mongkut am Hof zu Siam. Schrieb Tagebucherinnerungen über ihre Erlebnisse: »The English Governess at the Siamese Court« (1870) und »The Romance of the Harem« (1872).
Maha Mongkut (auch: Phra Chomklao/Rama IV.) (1804–1868), König von Siam (seit 1851).
Chulalongkorn (auch: Rama V.), geb. 1853, König von Siam (1868–1910).

Auszeichnungen: 5 Antoinette Perry Awards (Tonys) 1952: Bestes Musical / Weibliche Hauptrolle–Musical: Gertrude Lawrence / Herausragende Charakterrolle (männl.)–Musical: Yul Brynner / Kostüme: Irene Sharaff / Bühnenbild: Jo Mielziner
1 Antoinette Perry Award (Tony) 1985: Special Award (Sonderpreis): Yul Brynner (»The King and I«)

Deutschsprachige Erstaufführung:
17. April 1966, Staatstheater am Gärtnerplatz, München. Autor: Janne Furch

Film:

The King and I
(Deutscher Titel: DER KÖNIG UND ICH)
1956, USA – 20th Century-Fox – Cinema-
Scope 55/Color DeLuxe, 133 Min.
Deutsche Erstaufführung: 1956
Musik: Richard Rodgers
Songtexte: Oscar Hammerstein II.
Drehbuch: Ernest Lehman, nach dem
gleichnamigen Musical

Personen und ihre Darsteller:

Anna Leonowens	Deborah Kerr (Gesangsstimme: Marni Nixon)
King Somdetch P'hra Paaremndr Maha Mongkut	Yul Brynner
Tuptim	Rita Moreno
Lady Thiang	Terry Saunders
Lun Tha	Carlos Rivas (Gesangsstimme: Reuben Fuentes)
Kralahome	Martin Benson
Louis Leonowens	Rex Thompson
Prince Chulalong-korn	Patrick Adiarte
Sir John Haig, British Ambassador	Alan Mowbray
Sir Edward Ramsay	Geoffrey Toone
Ship's Captain	Charles Irwin
Interpreter	Leonard Strong
High Priest	William Yip
Messenger	Eddie Luke
Princess Ying Yoowalak	Jocelyn Lew
Siamese Girl	Irene James
Guest at Palace	Josephine Smith

Whipping Guards: Fuji, Weaver Levy
Twins: Thomas Bonilla, Dennis Bonilla
ferner im Pantomimenspiel »Onkel
Tom's Hütte«:

Eliza	Yuriko
Simon Legree	Marion Jim
Keeper of the Dogs	Robert Banas
Uncle Thomas	Dusty Worrall
Angel	Michiki Iseri
Specialty Dancer	Gemze de Lappe

Produzent: Charles Brackett
Choreographie: Jerome Robbins
Regie: Walter Lang

Auszeichnungen: 5 Academy Awards
(Oscars) 1956: Männliche Hauptrolle:
Yul Brynner / Ausstattung–Szenenbild
(Farbe): Lyle R. Wheeler und John De-
Cuir, Walter M. Scott und Paul S. Fox /
Kostüme (Farbe): Irene Sharaff / Ton:
Carl Faulkner / Musikgesamtwerk–In-
strumentierung (Filmversion): Alfred
Newman, Ken Darby

Songs und Musiknummern

Bühne:
Arrival at Bangkok (instr.); I Whistle a
Happy Tune (Ich steh' wie ein Zinnsol-
dat); My Lord and Master; Hello, Young
Lovers (Die Zeit der Liebe); The March
of Siamese Children (instr.); A Puzzle-
ment; Getting to Know You; We Kiss in a
Shadow; Shall I Tell You What I Think of
You?; Something Wonderful; Western
People Funny; I Have Dreamed; The
Small House of Uncle Thomas (Ballett/
Pantomime): 1) The Journey, 2) Simon of
Legree, 3) The Chase, 4) Ice Skating
Dance, 5) Happy Reunion Dance, 6) Fi-
nale; A Woman Is a Female Who Is
Human/Song of the King; Shall We Dance?

Film:
I Whistle a Happy Tune; The March of
Siamese Children; Hello, Young Lovers;
A Puzzlement; Getting to Know You; We
Kiss in a Shadow; Something Wonderful;
The Small House of Uncle Thomas (Bal-
lett/Pantomime); Song of the King;
I Have Dreamed; Shall We Dance
Nicht verwendet:
Shall I Tell You What I Think of You?;
My Lord and Master; Western People
Funny

Schallplatten:
NY – Decca DL 7-9008, (1964) RCA
        Victor LOC/LSO 1092, (1977)
        RCA ABL 12610
L   – Philips BBL 7002
D/B – Brunswick 87030, Philips 838908
        SY
F   – Capitol SW 740, Capitol 1C 048-
        50715
St – (Barbara Cook, Theodore Bickel)
        Columbia   OL 8040/OS   2640,

(Ben Kingsley, Julie Andrews, Lea Salonga), Philips Classics 438007

Vorlage des Musicals:

Film:

Anna and the King of Siam
(Deutscher Titel: ANNA UND DER KÖNIG VON SIAM)
1946, USA – 20th Century-Fox, 128 Min.
Deutsche Erstaufführung: 1948
Drehbuch: Sally Benson, Talbot Jennings, nach dem gleichnamigen Roman von Margaret Landon
Darsteller: Irene Dunne (Anna Owens), Rex Harrison (King Mongkut of Siam), Linda Darnell (Tuptim), Gale Sondergaard (Lady Thiang), Lee J. Cobb (The Kralahome), Mikhail Rasumny (Phra Alak), Tito Renaldo (The older Crown Prince), Richard Lyon (Louis Owens), Addison Richards (Captain Orton), William Edmunds (Moonshee), Leonhard Strong (The Interpreter), John Abbott (Phya Phrom), Dennis Hoey (Sir Edward Ramsay), Mickey Roth (The younger Crown Prince), Connie Leon (Beebe), Diana Van Den Ecker (Princess Fa-Ying), Marjorie Eaton (Miss MacFarlane), Helena Grant (Mrs. Cartwright), Stanley Mann (Mr. Cartwright), Neyle Morrow (Phra Palat), Yvonne Rob (Lady Sno Kim), Si-lan Chen (Dance Director), Julian Rivero (Government Clerk), Oie Chan (Old Woman), Ted Hecht (Judge), Ben Welden (Judge), Aram Katcher (Guard), Rico DeMontes (Guard), Chet Voravan (Siamese Guard), Dorothy Chung (Amazon Guard), Jean Wong (Amazon Guard), Pedro Regas (Guide), Hazel Shon (Slave)
(Wives of King): Lorette Lucz, Sydney Logan, Chabing, Marianne Quon, Lillian Molieri, Buff Cobb
Produzent: Louis D. Lighton
Regie: John Cromwell
Auszeichnungen: 2 Academy Awards (Oscars) 1946: Kamera (schwarzweiß): Arthur Miller / Ausstattung–Szenenbild (schwarzweiß): Lyle Wheeler, William Darling, Thomas Little, Frank E. Hughes

(A) KISMET und (B) TIMBUKTU

(A) KISMET

Musik: Robert Wright, George Forrest, unter Verwendung von Werken des russischen Komponisten Alexander Borodin
Songtexte: Robert Wright, George Forrest
Buch: Charles Lederer, Luther Davis, nach dem gleichnamigen Bühnenstück (1911) von Edward Knoblock
Premiere in New York, Ziegfeld Theatre: 3. Dezember 1953

Personen und die Darsteller der Premiere:

Hajj, a Poet	Alfred Drake
Marsinah, his Daughter	Doretta Morrow
The Caliph	Richard Kiley
Lalume	Joan Diener
The Wazir of Police	Henry Calvin
Omar	Philip Coolidge
Jawan	Truman Gaige
Princess Zubbediya of Damascus	Florence Lessing
Princess Samaris of Bangalore	Beatrice Kraft
Ayah to Zubbediya	Lucy Andonian
Ayah to Samaris	Thelma Dare
Imam of the Mosque	Richard Oneto
Akbar	Jack Dodds
Assiz	Marc Wilder
Widow Yussef	Barbara Slate
Chief Policeman	Tom Charlesworth
Hassan-Ben, 2nd Policeman	Hal Hackett
Doorman	Jack Mei Ling
Merchant	Kirby Smith
Street Dancer	Florence Lessing
Bangle Man	Richard Oneto
Servant	Richard Vine
Prosecutor	Earle MacVeigh

Wazir's Guards: Stephen Ferry, Steve Reeves
Attendants: Mario Lamm, John Weidmann
Street Women: Jo Ann O'Connell, Lynne Stewart
Muezzins: Gerald Cardoni, Kirby Smith, Ralph Strane, Louis Polacek

Beggars: Earle MacVeigh, Robert Lamont, Rodolfo Silva
Princesses of Ababu: Patricia Dunn, Bonnie Evans, Reiko Sato
Slave Girls: Carol Ohmart, Joyce Palmer, Sandra Stahl, Lila Jackson
Dancers: Neila Adams, Patricia Dale, Devra Kline, Ania Romaine, Vida Ann Solomon, Roberta Stevenson

Produzent: Charles Lederer
Choreographie: Jack Cole
Regie: Albert Marre
Ort: Bagdad
Zeit: Zur Zeit von »Tausendundeine Nacht« (Harun al-Raschid, Kalif / 786–809)

Handlung: Orientalische Märchengeschichte. Der ebenso lebenslustige und spitzzüngige wie leichtlebige Poet und Märchenerzähler Hajj wird innerhalb von 24 Stunden in eine Reihe abenteuerlicher Situationen verwickelt, die er nur durch List und Glück meistern kann. Mit seiner bildschönen Tochter Marsinah gerade in Bagdad eingetroffen, ergaunert er sich einen Bettelplatz vor der Moschee, wird aber verwechselt und soll für einen Fluch büßen, der dem Räuberhauptmann Jawan seinen Sohn genommen hat. Hajj verspricht hoch und heilig, den verlorenen Sohn zu finden, was ihm sogar noch 100 Goldstücke einbringt, die der Bandit ihm als Beihilfe gibt. Inzwischen ist der junge Kalif von Bagdad Hajjs Tochter Marsinah begegnet und hat sich sofort in sie verliebt. Er nähert sich ihr, als Gärtner verkleidet, und verabredet ein Treffen. Hajj ist wegen der Goldstücke, die gestohlen waren, verhaftet worden und soll vom herrschsüchtigen und grausamen Wesir abgeurteilt werden. Da aber wird der Wesir von Jawan als sein verschollener Sohn erkannt, und beide halten Hajj für einen Zauberer. Der Wesir verspricht sich für seine Ziele größere Chancen, wenn er mit einem Zauberer im Bunde ist, und macht Hajj zu einem Emir. Doch zieht er sich Hajjs Zorn zu, als er dessen Tochter Marsinah in seinen Harem entführt. Hajj bringt es durch eine List fertig,

daß der böse Wesir in einem Brunnen ertrinkt. Nicht nur Marsinah ist dadurch frei und wird die Braut des Kalifen, sondern auch Hajj findet sein Glück mit Lalume, der schönen Witwe des Wesirs.

Anmerkung: Alexander Borodin (1833–1887), russischer Chemieprofessor und Komponist, schuf neben der Oper »Fürst Igor«, die erst nach seinem Tod fertiggestellt wurde (Petersburg/1890), Orchesterwerke und Kammermusik sowie Lieder und Romanzen.

Auszeichnungen: 6 Antoinette Perry Awards (Tonys) 1954: Bestes Musical / Männliche Hauptrolle–Musical: Alfred Drake / Produzent–Musical: Charles Lederer / Buch–Musical: Charles Lederer, Luther Davis / Komposition: Alexander Borodin / Dirigent: Louis Adrian

Deutschsprachige Erstaufführung (Originaltitel): 22. Januar 1977, Theater der Stadt Koblenz. Autor: Janne Furch

Film:

Kismet
1955, USA – Metro-Goldwyn-Mayer – CinemaScope/Eastmancolor, 113 Min.
Musik: Robert Wright, George Forrest, unter Verwendung von Werken des Komponisten Alexander Borodin
Songtexte: Robert Wright, George Forrest
Drehbuch: Charles Lederer, Luther Davis, nach dem gleichnamigen Musical

Personen und ihre Darsteller:

Haj, the Poet	Howard Keel
Marsinah	Ann Blyth
Lalume	Dolores Gray
Caliph	Vic Damone
Omar	Monty Woolley
Wazir	Sebastian Cabot
Jawan	Jay C. Flippen
Chief Policeman	Mike Mazurki
Hassan-Ben	Jack Elam
Police Subaltern	Ted de Corsia
Zubbediya	Julie Robinson
Princesses of Ababu	Reiko Sato
	Patricia Dunn
	Wonci Lui

Fevvol	Ross Bagdasarian
Muezzin	Reginald L. Singh
Muezzin's Voice	Naji
Celebrant	Jean Hartelle
Butcher	Mel Welles
Worshipper	Alan Lee
Man with Jug	Nick Thompson
Jawan Servant	George Wandell
Fig Vendor	Norman Leavitt
Shopkeeper	Ray Aghayan
Orange Merchant	Jameel Farah
Servant	Leonard George
Mad Merchant	Noel Cravat
Slave Trader	Frank Mitchell
Bangle Man	Phil Rich
Voice of Bangle Man	John Gustafson
Pearl Merchant	Bernie Hamilton
Executioner	Kimo
Wazir Guard	George Bruggerman
Herald	John Mansfield
Ayah	Hilo Hattie
Plump Ayah	Rama Bai
Dressmaker	Louise Franklin
Manservant	Jan Arvan
Physician	Leonard Mudie
Guard	Sam Hunter
Samaris	Nita Bieber

Silk Merchants: Herman Boden, Frank Radcliffe, Hamil Petroff
Beggars: David Hoffman, Aaron Spelling, John Bleiffer, Charles Wagenheim, Norbert Schiller
Policemen: George Keymans, Ethan Laidlaw, Charles Mauu
Noblemen: Ed Hashim, Richard Alameda, Guy Manford, Naji, David Bond, Arthur Tookoyah, Van Kirke, Walter Kray
Bystanders: Sam Scar, George Khoury
Young Men: Marc Wilder, Jack Dodds
Harem Show Girls: Pat Sheehan, June Kirby, Gloria Rhoads, Maria Tsien, Suzanne Ames, Luana Lee, Dulcy Jordan, Vera Francis
Wholesalers: William Bagdad, Bruno De Soto, Don Orlando, Marc Krah
Men Dancers: Jack Dodds, Marc Wilder, Hamil Petroff, Herman Boden, Buddy Bryan, Reed Maxey
Specialty Dancers: Diana Norris, Donna Norris

Produzent: Arthur Freed
Choreographie: Jack Cole
Regie: Vincente Minnelli

(B) TIMBUKTU
Das Musical »Kismet« wurde 1978 in einer Neufassung herausgebracht. All Black Ensemble (Ensemble schwarzer Künstler).

(B) TIMBUKTU

Musik: Robert Wright, George Forrest, unter Verwendung von Werken des Komponisten Alexander Borodin und afrikanischer Volksmusik
Songtexte: Robert Wright, George Forrest
Buch: Luther Davis, unter Verwendung des Musicals »Kismet«
Premiere in New York, Mark Hellinger Theatre: 1. März 1978

Personen und die Darsteller der Premiere:

Hadji	Ira Hawkins
Marsinah	Melba Moore
Sahleem-La-Lume	Eartha Kitt
Kasa, Mansa of Mali	Gilbert Price
Police Chief	Bruce A. Hubbard
Witch Doctor	Harold Pierson
M'Ballah of the River	Daniel Barton
The Wazir	George Bell
Iba	Deborah Waller
Okun	Tony Ndogo
The Chakaba Stilt-walker	Obba Babatunde
Najua	Eleanor McCoy
Munshi	Miguel Godreau
Woman in the Garden	Shezwae Powell
Zubbediya	Vanessa Shaw
Orange Merchant	Obba Babatunde

Baguezane Princesses: Sharon Cuff, Deborah K. Brown, Patricia Lumpkin
Birds of Paradise: Miguel Godreau, Eleanor McCoy
Beggars: Harold Pierson, Shezwae Powell, Lewis Tucker
Antelopes: Obba Babatunde, Luther Fontaine

Dancers: Rodney Green, Jan Hazzell The Citizens of Timbuktu: Obba Babatunde, Gregg Baker, Daniel Barton, Joella Breedlove, Deborah K. Brown, Sharon Cuff, Cheryl Cummings, Luther Fontaine, Duane Harvey, Marzetta L. Jones, Jimmy Justice, Eugene Little, Patricia Lumpkin, Joe Lynn, Tony Ndogo, Harold Pierson, Ray Pollard, Shezwae Powell, Ronald Richardson, Vanessa Shaw, Louis Tucker, Deborah Waller, Renee Warren

Produzent: Luther Davis
Choreographie: Geoffrey Holder
Regie: Geoffrey Holder
Ort: Timbuktu/Sahara
Zeit: (Märchenzeit)

Handlung: Wegen des Ensembles schwarzer Künstler wurde die Handlung, nur leicht verändert, in die afrikanische Oasenstadt Timbuktu/Sahara (Mali) verlegt.

Songs und Musiknummern

Bühne:
Sands of Time ⊕ (aus der sinfonischen Dichtung »Steppenskizze aus Mittelasien«); Rhymes Have I ⊕; Fate ⊕ (aus der Sinfonie Nr. 2 in b-Moll); Bazaar of the Caravans; Not Since Nineveh (nach Motiven der Polowetzer Tänze aus der Oper »Fürst Igor«); Baubles, Bangles and Beads ⊕ (aus Streichquartett in D-Dur); Stranger in Paradise ⊕ (aus den Polowetzer Tänzen der Oper »Fürst Igor«); He's in Love (aus den Polowetzer Tänzen der Oper »Fürst Igor«); Gesticulate ⊕; Night of My Nights ⊕ (aus dem Klavierstück »Serenade«); Was I Wazir?; Rahadlakum ⊕; And This Is My Beloved ⊕ (aus Streichquartett in D-Dur); The Olive Tree; Zubbediya; Samaris' Dance (instr.)
Neu für eine Produktion von 1990:
The Hand of Fate; Stolen Oranges; Paradise Garden; The Poets Meet
Die mit Zeichen ⊕ versehenen Titel sind auch in der Fassung TIMBUKTU enthalten, ferner:
In the Beginning, Woman; The Mansa Marries Tonight; My Magic Lamp; Golden Land, Golden Life

Film (⊕ = neu für den Film verfaßt):
Fate; Baubles, Bangles and Beads; Night of My Nights; Bored ⊕; Not Since Nineveh; Stranger in Paradise; Gesticulate; The Olive Tree; Rahadlakum; And This Is My Beloved; Sands of Time; Rhymes Have I; Dance of the Three Princesses of Ababu

Schallplatten:
NY – Columbia OL 4850/OS 2060, Columbia S 32605, (1965) RCA Victor LOC/LSO 1112
F – MGM 3281, MCA 1424, MGM 2353057, Metro 526
St – (Robert Merrill, Regina Resnik) London SP 44043, (Gordon MacRae, Dorothy Kirsten) Capitol SW 2022
»Kismet und Timbuktu«
St – (1990) That's Entertainment TER 1170

Vorlage des Musicals:

Schauspiel: *Kismet*
Buch: Edward Knoblock
Uraufführung: London, Garrick Theatre: 19. April 1911
Hauptdarsteller: Oscar Asche (Hajj), Lily Brayton (Marsinah), Ben Webster (Caliph Abdallah), Herbert Grimwood (Wazir Mansur)
Regie: Oscar Asche
Anmerkung: Das Schauspiel wurde 1915 in London in einer Neufassung unter dem Titel »Hajj« herausgebracht.

Hinweis/Film:
Verfilmungen des Schauspiels »Kismet« von Edward Knoblock, der Vorlage des Musicals.

Kismet
Stummfilm/1914, Großbritannien – Zenith Films, 4000 ft/1219 m (45 Min.)
Drehbuch nach dem gleichnamigen Schauspiel von Edward Knoblock
Darsteller: Oscar Asche (Hajj), Lily Brayton (Marsinah), Herbert Grimwood (Wazir Mansur), Frederick Worlock (Caliph Abdallah), Caleb Porter (Sheik Jawan), Suzanne Sheldon (Kut-al-Kulub),

Bessie Major (Narjis), H. R. Hignett (Wazir Abu Bakr), Arthur Grenville (Nasir), Norman Hale (Kafur), Nancy Denvers (Almah), Alexander Onslow (Captain of the Guards)
Regie: Leedham Bantock

Kismet
Stummfilm/1920, USA – Robertson-Cole (9 Rollen)
Drehbuch: Charles E. Whittaker, nach dem gleichnamigen Schauspiel von Edward Knoblock
Darsteller: Otis Skinner (Hajj), Elinor Fair (Marsinah), Leon Barry (Caliph Abdallah), Rosemary Theby (Kut-al-Kulub), Marguerite Comont (Nargis), Herschel Mayall (Jawan), Hamilton Revelle (Wazir Mansur), Cornelia Otis Skinner (Miskah), Fred Lancaster (Zayd), Nicholas Dunaew (Nasir, Guide), Sidney Smith (Jester), Sam Kaufman (Amru), Emmett C. King (Wazir Abu Bakr), Paul Weigel (Afife), Robert Evans (Beggar Kasim), James Adams (Chamberlain), Emily Seville (Kabirah), Harry Lorraine (Kafur), Fanny Ferrari (Almah), Thomas Kennedy (Kutayt), Frederic Peters, C. E. Collins
Regie: Louis Gasnier

Kismet
1931, USA/Deutschland – First National Pictures – Vitascope, 90 Min.
Drehbuch: Howard Estabrook, nach dem gleichnamigen Schauspiel von Edward Knoblock
Darsteller: Otis Skinner (Hajj), Loretta Young (Marsinah), David Manners (Caliph Abdallah), Sidney Blackmer (Wazir Mansur), Mary Duncan (Zeleekha), Montague Love (The Jailer), Ford Sterling (Amru), Theodore von Eltz (The Guide Nazir), John St. Polis (Imam Mahmud), Edmund Breese (Jawan), Blanche Frederici (Narjis), Richard Carlyle (The Muezzin), John Sheehan (Kazim), Otto Hoffman (Azaf), Noble Johnson (Kafur), Charles Clary (The Wazir), Carol Wines (Miskah), Lorris Baker (Zayd), Olin Francis (Captain of the Guards), Will Walling (The Herald), Sidney Jarvis (Chamberlain)

Produzent: Robert North
Regie: John Francis Dillon

Anmerkung: Deutsche Version dieses Films (1931), ebenfalls unter dem Titel:

Kismet
Autoren: Ulrich Steindorff, Karl Etlinger, nach der amerikanischen Originalfassung
Darsteller: Gustav Fröhlich (Der Kalif), Wladimir Sokoloff (Kasim, der Bettler), Dita Parlo (Miriam, seine Tochter), Anton Pointner (Der Vezir), Karl Etlinger (Abu)
Regie: Wilhelm Dieterle

Kismet
1944, USA – Metro-Goldwyn-Mayer – Technicolor, 100 Min.
Deutsche Erstaufführung (Originaltitel): 1951
Drehbuch: John Meehan, nach dem gleichnamigen Schauspiel von Edward Knoblock
Darsteller: Ronald Colman (Hafiz), Marlene Dietrich (Jamilla), James Craig (Caliph), Joy Ann Page (Marsinah), Edward Arnold (Grand Vizar Mansur), Hugh Herbert (Feisal), Florence Bates (Karsha), Robert Warwick (Alfife), Harry Davenport (Agha), Hobart Cavanaugh (Moolah), Victor Kilian (Jehan), Barry Macollum (Amu), Charles Middleton (Miser), Beatrice und Evelyne Kraft (Court Dancers), Nestor Paiva (Police Captain), Harry Humphrey (Gardener), Cy Kendall (Herald), Minerva Urecal (Retainer), Eve Whitney (Café Girl), Pedro de Cordoba (Meuzin), Dale Van Sickel (Assassin), Roque Ybarra (Miser's Son), Joe Yule (Attendant), Morgan Wallace (Merchant), John Maxwell (Guard), Walter De Palma (Detective), Jimmy Ames (Major Domo), Charles La Torre (Alwah), Noble Blake (Nubian Slave), Dan Seymour (Fat Turk), Gabriel Gonzales (Monkey Man), Paul Bradley (Magician), Louis Manley (Fire-eater), Paul Singh (Caliph's Valet), Zack Williams (Executioner), Frank Penny (Merchant), Peter Cusanelli (Merchant), Mitchell Lewis (Sheik), Anna Demetrio (Café Proprietress), Charles Judels (Rich

Merchant), Marek Windheim (Sapu), Eddie Abdo (Arabic Prayer), Carmen D'Antonio (Specialty Dancer) Nabout Fighters: Phiroz Nair, Asit Ghosh Policemen: Harry Cording, Joseph Granby, Sammy Stein Café Girls: Jessie Tai Sing, Zedra Conde, Barbara Glenz, Frances Ramsden Juggling Trio: John Schaller, Ramiro Rivas, William Rivas Mansur's Aides: John Merton, Eddie Abdo, Dick Botiller, Jack »Tiny« Lipson Queen's Retinue: Lynne Arlen, Leslie Anthony, Carla Boehm, Sonia Carr, Eileen Herrick, Rosalyn Lee, Shelby Payne, Yvonne De Carlo
Produzent: Everett Riskin
Regie: William Dieterle/d. i. Wilhelm Dieterle
Songs (Harold Arlen/K, E. Y. Harburg/T): Willow in the Wind; Tell Me, Tell Me, Evening Star

Bei dem deutschen Stummfilm »Kismet« von 1916 handelt es sich nicht um eine Verfilmung des Schauspiels von Edward Knoblock, sondern um eine Kriminal-Tragödie. – Der amerikanische Spielfilm »Timbuktu« von 1959 hat mit der gleichnamigen Neufassung des Musicals »Kismet« nichts zu tun, sondern ist die Geschichte eines amerikanischen Waffenschmugglers im Zweiten Weltkrieg, der aus Liebe zur Frau des Kommandanten eine französische Garnison im Sudan vor feindlich gesinnten Tuaregs errettet.

KISS ME, KATE
(Deutscher Titel: KÜSS MICH, KÄTCHEN)

Musik und Songtexte: Cole Porter
Buch: Bella Spewack, Samuel Spewack, auf der Basis der Komödie »The Taming of the Shrew« (vermutl. 1594) (deutsch: »Der Widerspenstigen Zähmung«) von William Shakespeare
Premiere in New York, New Century Theatre: 30. Dezember 1948

Personen und die Darsteller der Premiere:
Fred Graham/   Alfred Drake
  »Petruchio«

Lilli Vanessi/   Patricia Morison
  »Katharine«
Lois Lane/   Lisa Kirk
  »Bianca«
Bill Calhoun/   Harold Lang
  »Lucentio«
Harry Trevor/   Thomas Hoier
  »Baptista«
First Suitor/   Edwin Clay
  »Gremio«
Second Suitor/   Charles Wood
  »Hortensio«
Haberdasher   John Costello
Tailor   Marc Breaux
Ralph, Stage   Don Mayo
  Manager
Hattie   Annabelle Hill
Paul   Lorenzo Fuller
Stage Doorman   Bill Lilling
Harrison Howell   Denis Green
Gangster: Harry Clark, Jack Diamond
Specialty Dancers: Fred Davis, Eddie Sledge

Produzenten: Saint Subber, Lemuel Ayers
Choreographie: Hanya Holm
Regie: John C. Wilson
Ort: Baltimore/USA
Zeit: »Gegenwart« (1948)

Handlung: Die bekannte Shakespeare-Komödie »Der Widerspenstigen Zähmung« auf und hinter der Bühne. Fred Graham und Lilli Vanessi, ein geschiedenes Ehepaar, spielen in einer Aufführung die Rollen des Petruchio und der Katharina. Obwohl beide inzwischen andere Freundschaften pflegen, regt sich zwischen ihnen die alte Zuneigung. Fred hat ein Blumenpräsent für Lois Lane bestellt, die im Stück die Rolle der Bianca spielt, doch wird es versehentlich in der Garderobe von Lilli abgeliefert. Lillis Freude darüber verwandelt sich in Zorn, als sie den Irrtum bemerkt. Sie läßt ihren Ärger an Fred auf der Bühne während des Spiels aus, ist widerspenstiger, als die Rolle es verlangt, und droht, nicht mehr weiterzuspielen. Für Fred, der auch der Leiter der Theatertruppe ist, ergibt sich weiterer Ärger, als er in seine Garderobe kommt.

Bill Calhoun, ein Ensemblemitglied und derzeit Freund von Lois Lane, hat einen Scheck über hohe Spielschulden mit Fred Grahams Namen unterzeichnet. Nun wird Fred von zwei Gangstern erwartet, die im Auftrag ihres Chefs das Geld eintreiben wollen. Da sie sich nicht abwimmeln lassen, greift Fred zu einer List, um die Vorstellung zu retten. Er erklärt, daß er zur Begleichung der Schuld nur die Einnahmen des Abends zur Verfügung habe, die Vorstellung aber gefährdet sei, weil Lilli sich weigere, aufzutreten. Die zwei Gangster setzen daher Lilli unter Druck und zwingen sie auf die Bühne, wobei sie zur Bewachung in der Statisterie mitspielen. In gespannter Atmosphäre wird das Spiel fortgeführt; Fred ist, zumindest für den Augenblick, erleichtert, Lilli um so garstiger. Das Publikum merkt nichts von den Spannungen. Inzwischen haben sich hinter den Kulissen die Dinge weiterentwickelt. Die zwei Gangster erhalten die Nachricht, daß sie gerade einen neuen Boß bekommen haben, weil der alte von einem Rivalen liquidiert worden ist. Sie verschwinden daraufhin. Lilli ist entschlossen, das Ensemble sofort zu verlassen und einen Millionär zu heiraten, mit dem sie sich verlobt hatte. Fred entwirft ihr in der Garderobe das düstere Zukunftsbild eines langweiligen Lebens an der Seite des Millionärs. Sie erkennt, daß Fred sie noch immer liebt, doch sie läuft davon. Als im Stück ihr Auftritt bevorsteht, ist Fred sich auf der Bühne im klaren darüber, daß er vor dem Publikum kapitulieren muß. Doch plötzlich ist Lilli wieder da und erscheint in ihrer Rolle als Katharina. Sie hat sich besonnen; das Theater bedeutet ihr ebenso viel wie die Liebe zu ihrem Ex-Ehemann Fred. Die Widerspenstige ist gezähmt.

Auszeichnungen: 5 Antoinette Perry Awards (Tonys) 1949: Bestes Musical / Produzenten–Musical: Saint Subber, Lemuel Ayers / Buch–Musical: Bella und Samuel Spewack / Komposition und Songtexte: Cole Porter / Kostüme: Lemuel Ayers

Deutschsprachige Erstaufführung: 19. November 1955, Städtische Bühnen Frankfurt/Main. Autor: Günter Neumann

Film:

Kiss Me, Kate
(Deutscher Titel: KÜSS MICH, KÄTCHEN)
1953, USA – Metro-Goldwyn-Mayer – 3-D- und Normalfilm/Ansco Color (Print: Technicolor), 111 Min.
Deutsche Erstaufführung: 1954
Musik und Songtexte: Cole Porter
Drehbuch: Dorothy Kingsley, nach dem gleichnamigen Musical

Personen und ihre Darsteller:

Lilli Vanessi/ »Katharine«	Kathryn Grayson
Fred Graham/ »Petruchio«	Howard Keel
Lois Lane/ »Bianca«	Ann Miller
Bill Calhoun/ »Lucentio«	Tommy Rall
Lippy	Keenan Wynn
Slug	James Whitmore
»Gremio«	Bobby Van
»Hortensio«	Bob Fosse
Trevor/»Baptista«	Kurt Kasznar
Cole Porter	Ron Randell
Tex Callaway	Willard Parker
Paul	Claude Allister
Ralph	Dave O'Brian
Suzanne	Ann Codee
Nathaniel	Ted Eckelberry
Stage Doorman	Mitchell Lewis
Specialty Sailor Dance	Hermes Pan
Specialty Dancers	Carol Haney
	Jeanne Coyne

Produzent: Jack Cummings
Choreographie: Hermes Pan, Bob Fosse
Regie: George Sidney
Anmerkung: Der erste und einzige Musicalfilm, der im 3-D-Verfahren produziert worden ist.

Songs und Musiknummern

Bühne:
Another Op'nin', Another Show; Why Can't You Behave? (Wann kann ich dir

trau'n?); Wunderbar; So in Love; We Open in Venice; Tom, Dick or Harry; I've Come to Wive It Wealthily in Padua; I Hate Men (Kampf dem Mann); Were Thine That Special Face; I Sing of Love; Tarantella (instr./Ballett); Kiss Me, Kate; Too Darn Hot ('s ist viel zu heiß!); Where Is the Life That Late I Led? (Wo ist die liebestolle Zeit?); Always True to You in My Fashion (Aber treu bin ich dir nur auf meine Weise); Bianca; Brush Up Your Shakespeare (Schlag' nach bei Shakespeare); I Am Ashamed That Women Are So Simple

Nicht verwendet:
It Was Great Fun the First Time; We Shall Never Be Younger; A Woman's Career; What Does Your Servant Dream About?; I'm Afraid, Sweetheart, I Love You; If Ever Married I'm

Film:
So in Love; Too Darn Hot; Why Can't You Behave?; Wunderbar; We Open in Venice; Tom, Dick or Harry; I've Come to Wive It Wealthily in Padua; I Hate Men; Were Thine That Special Face; Where Is the Life That Late I Led?; Always True to You in My Fashion; Brush Up Your Shakespeare; From This Moment On (aus dem Musical »Out of This World«, 1950); Kiss Me, Kate

Nicht verwendet:
Another Op'nin', Another Show; I Am Ashamed That Women Are So Simple

Schallplatten:
NY – Columbia OL 4140/OS 2300, Columbia S 32609, Capitol STAO 1267
L   – World Records SHB 26, (1987) First Night FNC 10
F   – MGM E 3077, MCA 25003, Metro 525, CBS 70278, MGM 2353062
D/B– (1989) Cora 1010
St – RCA Victor LPM/LSP 1984, Reprise K 54114, (D) Ariola 74343 IE

Vorlage des Musicals:

Komödie: *The Taming of the Shrew*
(Diverse deutsche Titel, u. a.: DIE BEZÄHMTE WIDERSPENSTIGE / DER WIDER-SPENSTIGEN ZÄHMUNG / DIE ZÄHMUNG DER WIDERSPENSTIGEN)
Buch: William Shakespeare, nach älteren Vorlagen
Vermutliche Uraufführung durch die Lord Chamberlain's Company: 13. Juni 1594, London
Anmerkung: Vermutlich benutzte Shakespeare als Vorlage seines Bühnenstücks die Komödie »I Suppositi« (1509) des italienischen Autors Ludovico Ariosto (1474–1533). Diese Komödie wurde 1566 ins Englische übertragen von George Gascoigne unter dem Titel »Supposes«.

Hinweis:
Die Komödie »The Taming of the Shrew« von William Shakespeare, Teilvorlage des Musicals, gab auch die Vorlage ab für Werke des Musiktheaters, so für die nachfolgend genannten, und wurde mehrfach verfilmt.

Bühne:

Singspiel (Ein Akt): *Die bezähmte Widerbellerin*
Musik: (?)
Autor: Johann Friedrich Schink, nach der Komödie »The Taming of the Shrew« von William Shakespeare
Wien, Wiedner Theater: 8. April 1794

Komische Oper: *Der Widerspänstigen Zähmung*
Musik: Hermann Götz
Autor: Joseph Viktor Widmann, nach der Komödie »The Taming of the Shrew« von William Shakespeare
Mannheim: 11. Oktober 1874
Lieder:
Klinget, klinget, liebe Töne; Zu neuem Leben; Wahrlich, sehr zu gratulieren; Sie ist ein Weib, für solchen Mann geschaffen; Ich will mich keinem schenken; Ich möcht' ihn fassen; Ach, armer Vater, wie bist du betrogen!; Ha, ha, ha! Da sind wir; Die Kraft versagt; Und es ist vorüber; Verbanne stets des Zornes Toben ⊕; Ich muß nur staunen

⊕ *nachkomponiert für die Berliner Aufführung – Königliches Opernhaus: 11. Dezember 1876*

Oper (Ein Akt): *Petruccio*
Musik: Alick Morvaren Maclean
Autor: Joanna Maclean, nach der Komödie »The Taming of the Shrew« von William Shakespeare
London, Covent Garden Opera: 29. Juni 1895

Komische Oper: *La furia domata*
Musik: Spiro Samara
Autoren: B. A. Butti, Gustavo Macchi, nach der Komödie »The Taming of the Shrew« von William Shakespeare
Mailand, Teatro lirico: 19. November 1895

Oper: *La mégère apprivoisée*
Musik: Frédéric Le Rey
Autor: Emile Deshays, nach der Komödie »The Taming of the Shrew« von William Shakespeare
Rouen, Théâtre des arts: 8. Januar 1896

Oper: *La mégère apprivoisée*
Musik: Charles Silver
Autoren: Henry Cain, Edouard Adenis, nach der Komödie »The Taming of the Shrew« von William Shakespeare
Paris, Opéra: 30. Januar 1922

Oper: *La bisbetica domata*
Musik: Mario Persico
Autor: Arturo Rossato, nach der Komödie »The Taming of the Shrew« von William Shakespeare
Rom, Teatro reale: 12. Februar 1931

Oper: *The Taming of the Shrew*
Musik: Vittorio Giannini
Buch nach der gleichnamigen Komödie von William Shakespeare
Cincinatti/USA: 31. Januar 1953 (Konzertfassung)
NBC Opera Theatre: 13. März 1953 (Farbfernsehsendung)

Aus dem Motiv der Einleitung zur Komödie »The Taming of the Shrew« entwickelt ist die Oper SLY (d. i., aus Shakespeares Stück entnommen, der Kesselflicker Christopher Sly – deutsch: Christoph Schlau –, die Hauptperson der Oper):

Oper: *Sly*
Musik: Ermanno Wolf-Ferrari
Autor: Giovacchino Forzano, in Weiterentwicklung des Prologs zu »The Taming of the Shrew« von William Shakespeare
Mailand, Teatro alla Scala: 29. Dezember 1927

Film:
Verfilmungen der Komödie »The Taming of the Shrew« von William Shakespeare, der Teil-Vorlage des Musicals.

The Taming of the Shrew
Stummfilm/1908, USA – American Mutoscope/ Biograph Company, 1048 ft/ 319 m (12 Min.)
Drehbuch: D.W. (David Wark) Griffith, Frank Woods, nach der gleichnamigen Komödie von William Shakespeare
Darsteller: Florence Lawrence (Katharina), Arthur Johnson (Petruchio), Charles Inslee, Linda Arvidson, Wilfred Lucas, Guy Hedlund, Harry Salter, William J. Butler, Frank Gebhardt
Regie: D.W. (David Wark) Griffith

La bisbetica domata
Stummfilm/1908, Italien – Produzent: Fratelli Pineschi (Kurz)
Drehbuch nach der italienischen Fassung der Komödie »The Taming of the Shrew« von William Shakespeare
Regie: Lamberti und Azeglio Pineschi

The Taming of the Shrew
Stummfilm/1911, Großbritannien – Cooperative Cinematograph Co. 1120 ft/ 341 m (13 Min.)
Theater-Film/Shakespeare Memorial Theatre, Stratford
Hauptdarsteller: Constance Benson (Kathrine), Frank Robert Benson (Petruchio)
Regie: Frank Robert Benson

La mégère apprivoisée
Stummfilm/1911, Frankreich (Kurz)
Drehbuch nach der französischen Fassung der Komödie »The Taming of the Shrew« von William Shakespeare
Hauptdarsteller: Cécile Didier, Romuald Joubé, Denis d'Ines, Jean Hervé
Regie: Henry Desfontaines

La bisbetica domata
Stummfilm/1913, Italien – Produzent: Arturo Ambrosio (Kurz)
Drehbuch: Arrigo Frusta, nach der italienischen Fassung der Komödie »The Taming of the Shrew« von William Shakespeare
Hauptdarsteller: Gigetta Morano (Katharina), Eleuterio Rodolfi (Petruchio)
Regie: Arrigo Frusta

The Taming of the Shrew
»Stummfilm«/1915, Großbritannien – British and Colonial Kinematograph Company – Voxograph, 2000 ft/610 m (23 Min.)
Theaterszenen.
Drehbuch: Arthur Backner, nach der gleichnamigen Komödie von William Shakespeare
Darsteller: Constance Backner (Katherine), Arthur Backner (Petruchio)
Regie: Arthur Backner
Anmerkung: Stummfilmszenen mit Off-Sprechern (verdeckte Sprecher)

The Taming of the Shrew
Stummfilm/1923, Großbritannien – British and Colonial Kinematograph Company, 2016 ft/614 m (23 Min.)
Drehbuch: Eliot Stannard, nach der gleichnamigen Komödie von William Shakespeare
Darsteller: Dacia Deane (Katherine), Lauderdale Maitland (Petruchio), Cynthia Murtagh (Bianca), M. Gray Murray (Baptista), Somers Bellamy (Gremio), Roy Beard (Lucentio)
Regie: Edwin J. Collins

The Taming of the Shrew
Tonfilm/1929, USA – United Artists/Pickford Corp./Elton Corp., 6116 ft/1864 m (69 Min.)
Drehbuch: Sam Taylor, nach der gleichnamigen Komödie von William Shakespeare
Darsteller: Mary Pickford (Katherine), Douglas Fairbanks (Petruchio), Edwin Maxwell (Baptista), Dorothy Jordan (Bianca), Joseph Cawthorn (Gremio), Clyde Cook (Grumio), Geoffrey Wardwell

(Hortensio), Charles Stevens (Servant)
Regie: Samuel Taylor
Anmerkung: Einer der ersten Tonfilme!

La bisbetica domata
1942, Italien – Excelsa
Veränderte, modernisierte und nach Rom verlegte Handlung.
Drehbuch: Ferdinando Maria Poggioli, Sergio Amidei, Gherardo Gherardi, frei nach der Komödie »The Taming of the Shrew« von William Shakespeare
Darsteller: Lilia Silvi, Amedeo Nazzari, Lauro Gazzolo, Carlo Romano, Paolo Stoppa
Regie: Ferdinando Maria Poggioli

Makacs Kata
(d. i. DIE STÖRRISCHE KATHARINA)
1943, Ungarn
Drehbuch: Piri Peéry, Viktor Bánky, nach der Komödie »The Taming of the Shrew« von William Shakespeare
Darsteller: Emmi Buttykay (Kata = Katalin/Katharina), Miklós Haymássy (Petruchio), Béla Mihályfi, Tibor Halmay, Mariska Vizvári
Regie: Viktor Bánky

La mégère apprivoisée/La fierecilla domada
(Deutscher Titel: DER WIDERSPENSTIGEN ZÄHMUNG, auch: DIE WIDERSPENSTIGE KATHARINA)
1955, Frankreich/Spanien – Vascos-Interproduction, Paris/Benito Perojo, Madrid (Perojo-Produktion der J. J. Buhigas Interpeninsular Films S. A.) – Gevacolor und Agfacolor, 96 Min.
Deutsche Erstaufführung: 1958
Veränderte, nach Spanien verlegte Handlung.
Drehbuch (spanisch): Villegas López, J. M. Arazamena, Colina Román, Antonio Román, A. Paso, M. Ozores, (französisch): Jean Marsan, frei nach der Komödie »The Taming of the Shrew« von William Shakespeare
Darsteller: Carmen Sevilla (Catalin/Katharina), Alberto Closas (Beltrán/Petruchio), Claudine Dupuis (Blanca/Bianca), Raymond Cordy (Don Bautista/Bapti-

sta), Jacques Dynam (Florindo/Grumio), Manuel Gomez Bur. (Mario), Luis Sánchez Polak/»Tip« (Octavio), Joaquin Portillo/»Top« (Marcos/Marco), Carlos Mendi (Jerónimo), Gianni Glori (Lisardo), Manuel Guitián (Escribano/Magister), Raoul Billerey
Regie: Antonio Román

Ukroschtschenie Stroptiwoj
1961, Sowjetunion
Drehbuch nach der Komödie »The Taming of the Shrew« von William Shakespeare
Darsteller: Ludmilla Kassatkina (Katharina), Andrej Popow (Petruchio), Olga Krassina (Bianka), Wladimir Seldin (Lucentio), Wladimir Blagoobrasow (Baptista), Antoni Chodurskij (Gremio), Mark Perzowski (Hortensio)
Regie: Sergej Kolossow
Anmerkung: Es handelt sich um die filmische Umsetzung einer Inszenierung des Moskauer Zentraltheaters der Sowjetarmee (Regie: Alexej Popow). Szenen des Films wurden allerdings auch im Freien gedreht.

The Taming of the Shrew/La bisbetica domata
(Deutscher Titel: DER WIDERSPENSTIGEN ZÄHMUNG)
1967, USA/Italien – Columbia/Royal Films International/Films Artistici Internazionali – Panavision/Technicolor, 122 Min.
Deutsche Erstaufführung: 1967
Drehbuch: Paul Dehn, Suso Cecchi d'Amico, Franco Zeffirelli, nach der gleichnamigen Komödie von William Shakespeare
Darsteller: Elizabeth Taylor (Katharina), Richard Burton (Petruchio), Cyril Cusack (Grumio), Michael Hordern (Baptista), Alfred Lynch (Tranio), Alan Webb (Gremio), Victor Spinetti (Hortensio), Michael York (Lucentio), Natasha Pyne (Bianca), Vernon Dobtcheff (Pedant), Roy Holder (Biondello), Giancarlo Cobelli (Priest), Gianni Magni (Curtis), Alberto Bonucci (Nathaniel), Lino Capolicchio (Gregory), Roberto Antonelli (Philip), Ken Parry (Taylor), Anthony Gardner (Haberdasher), Mark Dignam (Vincentio), Bice Valori (Widow)
Produzent: Richard McWhorter
Regie: Franco Zeffirelli

Ähnlich wie im Musical »Kiss Me, Kate« verknüpft auch die Handlung des Film-Musicals »Casanova in Burlesque« (USA/1944) das Alltagsleben von Schauspielern mit ihrem Auftreten in Shakespeares Komödie »The Taming of the Shrew«.

Casanova in Burlesque
1944, USA – Republic Pictures, 74 Min. Film-Musical.
Drehbuch: Frank Gill Jr., nach einer Vorlage von John Wales
Darsteller: Joe E. Brown (Joseph M. Kelly Jr.), June Havoc (Lillian Colman), Dale Evans (Barbara Compton), Marjorie Gateson (Lucille Compton), Lucien Littlefield (John Alden Compton), Ian Keith (J. Boggs-Robinson), Roger Imhof (Joseph M. Kelly Sr.), Harry Tyler (Bucky Farrell), Patricia Knox (Beewee Dixon), Sugar Geise (Fannie), Jerome Franks Jr. (Al Gordon), Marga Dean (Guest)
Produzent: Albert J. Cohen
Choreographie: Dave Gould
Regie: Leslie Goodwins
Songs:
Who Took Me Home Last Night? (Jule Styne/K, Harold Adamson/T); Mess Me Up (Kim Gannon, Walter Kent); Casanova Joe (Kim Gannon, Walter Kent); Five-a-Day Fatima (Kim Gannon, Walter Kent); Willie the Shake (Kim Gannon, Walter Kent); Taming of the Shrew (Kim Gannon, Walter Kent)

KNICKERBOCKER HOLIDAY

Musik: Kurt Weill
Songtexte: Maxwell Anderson
Buch: Maxwell Anderson, nach Episoden aus dem Roman »Father Knickerbocker's History of New York« (1809) (deutsch: »Diedrich Knickerbockers humoristische Geschichte der Stadt New York«) von Washington Irving

Premiere in New York, Ethel Barrymore Theatre: 19. Oktober 1938

Personen und die Darsteller der Premiere:

Washington Irving	Ray Middleton
Pieter Stuyvesant	Walter Huston
Brom Broeck	Richard Kollmar
Tina Tienhoven	Jeanne Madden
Anthony Corlear Tienhoven	Harry Meehan
Roosevelt	Mark Smith
Vanderbilt	George Watts
De Peyster	Francis Pierlot
De Vries	Charles Arnt
Van Rensselaer	John E. Young
Van Cortlandt Jr.	James Phillips
Tenpin	Richard Cowdery
	Clarence Nordstrom
Schermerhorn	Howard Freeman
General Poffenburgh	Donald Black
Mistress Schermerhorn	Edith Angold

Citizens of New Amsterdam: Helen Carroll, Jane Brotherton, Carol Deis, Robert Arnold, Bruce Hamilton, Ruth Mamel, William Marel, Margaret MacLaren, Robert Rounseville, Rufus Smith, Margaret Stewart, Erika Zaranova, William Wahlert
Soldiers: Albert Allen, Matthias Ammann, Dow Fonda, Warde Peters
Fighters: The Algonquins

Produzent: The Playwrights' Company
Choreographie: Carl Randall, Edwin Denby
Regie: Joshua Logan
Ort: Nieuw Amsterdam (New York)
Zeit: Rahmenhandlung 1809, sonst 1647

Handlung: Satire mit Bezug auf faschistische Tendenzen in Amerika und in der Welt um 1938, verlagert in eine Episode der amerikanischen Geschichte, verknüpft mit einer Lovestory. In einem Epilog stellt der Autor Washington Irving seine eigene (ironische) Geschichte New Yorks vor: Pieter Stuyvesant wird im Mai 1647 Gouverneur von Nieuw Amsterdam. Die korrupten, nur für ihre Eigen-

interessen tätigen Ratsherren versuchen, ihn für sich zu gewinnen. Aber Stuyvesant richtet seine eigene Herrschaft auf und gebärdet sich diktatorisch. Die Ratsherren möchten Brom Broeck hängen sehen, einen aufsässigen, revolutionär veranlagten jungen Mann – Urbild des frei gesinnten, die Obrigkeit geringschätzenden Amerikaners. Stuyvesant hingegen begnadigt ihn, gerät aber selbst mit ihm in Konflikt wegen Tina, der Tochter des Ratsherrn Tienhoven. Sie soll, dem spekulativen Wunsch ihres Vaters gemäß, Pieter Stuyvesant heiraten, obwohl jeder weiß, daß sie den jungen Brom Broeck liebt. Der nun, in seiner rüden Art, beginnt, die Bürger gegen Stuyvesant zu mobilisieren, um ihn an den Galgen zu bringen. Stuyvesant jedoch erweist sich als geschickter Taktiker, verzichtet auf Tina zugunsten von Brom Broeck und geht, gefestigter denn je, aus der Auseinandersetzung hervor. Er verspricht sogar, demokratisch zu regieren, obwohl er das für amateurhaft hält.

Anmerkung: Der Autor Washington Irving schuf die Romangestalt Diedrich Knickerbocker, um anonym eine heitersatirische Geschichte New Yorks darstellen zu können. »Knickerbocker« wurde ein Spitzname für die Einwohner New Yorks.
Petrus Stuyvesant (1592–1672), niederländischer Kolonialpolitiker, wurde 1645 Generalgouverneur von Neuniederland in Nordamerika – Hauptstadt Nieuw Amsterdam. Die Stadt wurde 1664 (noch unter der Regentschaft von Stuyvesant) von englischen Kolonisten erobert und in New York umbenannt.

Deutschsprachige Erstaufführung (Originaltitel): 25. September 1976, Thalia-Theater (Kunsthalle), Hamburg. Autoren: Ute Canaris, Volker Canaris

Film:

Knickerbocker Holiday
1944, USA – United Artists/Producers Corporation of America, 84 Min.
Veränderte Songs.

Drehbuch: Thomas Lennon, David Boehm, Rowland Leigh, Harold Goldman, nach dem gleichnamigen Musical

Personen und ihre Darsteller:

Peter Stuyvesant	Charles Coburn
Brom Broeck	Nelson Eddy
Tina Tienhoven	Constance Dowling
Tienhoven	Ernest Cossart
Ulda Tienhoven	Shelley Winter/ auch: Winters
Ten Pin	Johnnie »Scat« Davis
Tammany	Richard Hale
Roosevelt	Otto Kruger
Poffenburgh	Fritz Feld
Renssaler	Charles Judels
De Pyster	Ferdinand Munier
Big Muscle	Glen Strange
De Vries	Percival Vivian
Jailer	Percy Kilbride
Schermerhorn	
Captain	Herbert Corthell
Sailor	Phil Green
Barmaid	Dorothy Granger
English Colonist	Gerald Oliver Smith
Swedish Colonist	Sven Hugo Borg
Irish Colonist	John Sheehan
Town Crier	Chester Conklin
Peter Van Stoon	Irving Bacon
1st Pal	Richard Baldwin
2nd Pal	Lang Page
Critical Woman	Fern Emmett
Stilt Walker	Harold De Garro
Fire Eater	Casey MacGregor
Guitarist	Sabicas

Coucilmen's Wives: Connie Conrad, Freda Stoll, Veta Lehman, May Cloy, Harriet Dean
Tumblers: Bruce Cameron, Irving Fulton, Walter Pietela, Paul Allen Spears, Tony Shaller
Jugglers: Harry Johnson, Fred Johnson, Johnny Johnson
Giggling Girls: Patti Sheldon, Ruth Tobey
Clowns: Harry Bayfield, Buster Brody, Bobbie Hale
Punch and Judy Show: Lou Manley
Gypsy Dancers: The Carmen Amaya Troupe

Produzent: Harry Joe Brown
Regie: Harry Joe Brown

Songs und Musiknummern

Bühne:
Washington Irving Song; Clickety-Clack: Behold the Bulging Council of the City; Hush, Hush; There's Nowhere to Go But Up!; It Never Was Anywhere You; How Can You Tell an American?; Will You Remember Me?; One Touch of Alchemy; The One Indispensable Man; Young People Think About Love; September Song; Dutch Dance (instr./Tanz); All Hail, the Political Honeymoon; Ballad of the Robbers; Sitting in Jail; We Are Cut in Twain; The Army of New Amsterdam (instr.); To War!; Our Ancient Liberties; May and January; The Scars; The Algonquins from Harlem (instr./Tanz); Dirge for a Soldier; No, Ve Vould'nt Gonto Do It

Film:
Die mit Zeichen ⊕ versehenen Songs entstammen dem Bühnenwerk.
September Song ⊕; There's Nowhere to Go But Up ⊕; The One Indispensable Man ⊕; Dutch March (Werner Richard Heymann); Hear Ye (Jule Styne/K, Sammy Cahn/T); Love Has Made This Such a Lovely Day (Jule Styne/K, Sammy Cahn/T); Zuyder Zee (Jule Styne/K, Sammy Cahn/T); One More Smile (Jule Styne/K, Sammy Cahn/T); Holiday (Theodore Paxton, Nelson Eddy); Let's Make Tomorrow Today (Werner Richard Heymann, Furman Brown); Jail Song (Kurt Weill, Furman Brown, Nelson Eddy); Sing Out (Franz Steininger, Furman Brown); Be Not Hasty, Maiden Fair (Theodore Paxton, Furman Brown); Spanish Dance (Volksweise/instr.)
Nur Backgroundmusik:
It Never Was Anywhere You

Schallplatte:
NY – American Entertainment AEI 1148

LADY, BE GOOD!

Musik: George Gershwin
Songtexte: Ira Gershwin
Buch: Guy Bolton, Fred Thompson
Premiere in New York, Liberty Theatre:
1. Dezember 1924

Personen und die Darsteller der Premiere:

Dick Trevor	Fred Astaire
Susie Trevor	Adele Astaire
J. Watterson Watkins	Walter Catlett
Jack Robinson	Alan Edwards
Jeff	Cliff Edwards
Bertie Bassett	Gerald Oliver Smith
Josephine Vanderwater	Jayne Auburn
Daisy Parks	Patricia Clark
Shirley Vernon	Kathlene Martyn
Manuel Estrada	Bryan Lycan
Flunkey	Edward Jephson
Rufus Parke	James Bradbury

ferner: Piano-Duo Victor Arden und Phil Ohman

Produzenten: Alex A. Aarons, Vinton Freedley
Choreographie: Sammy Lee
Regie: Felix Edwards
Ort: New England/USA
Zeit: »Gegenwart« (1924)

Handlung: Verwechslungskomödie. Die Geschwister Dick und Susie Trevor sind zwar tänzerisch begabt, aber ansonsten in finanziellen Nöten. Da Dick das persönliche Interesse der reichen Josephine Vanderwater mißachtet, sorgt sie dafür, daß die Wohnung der Geschwister gekündigt wird und die Trevors auf die Straße gesetzt werden, wo sie es sich inmitten ihrer Möbel gemütlich machen, unterstützt von einem gerade vorüberkommenden Tramp. Dick verehrt zwar die mittellose Shirley Vernon, doch wendet er sich in Hoffnung auf bessere finanzielle Verhältnisse dennoch der reichen Josephine zu. Auch seine Schwester Susie versucht, zu Geld zu kommen. Dem zwielichtigen Anwalt J. Watterson Watkins dient sie für ein Schwindelmanöver und schlüpft in die Rolle einer reichen mexikanischen Witwe des kürzlich als verstorben gemeldeten reichen Senators Jack Robinson, um dessen Erbschaft antreten zu können. Der Betrugsversuch scheitert jedoch, denn es stellt sich heraus, daß Jack Robinson nur untergetaucht ist. Als Tramp verkleidet, hat er schon längst die Sympathie von Susie Trevor gewonnen. Da auch Dick sich inzwischen klar darüber ist, daß er das wahre Glück nur mit Shirley erleben kann, wendet sich die reiche Josephine dem Anwalt J. Watterson Watkins zu, während sich Susie und Jack sowie Dick und Shirley als glückliche Paare finden.

Deutschsprachige Erstaufführung (Originaltitel): 19. September 1976, Städtische Bühnen, Dortmund. Autor: Max Colpet

Film:

Lady Be Good
Stummfilm/1928, USA – First National Pictures, 6600 ft/2012 m (74 Min.)
Drehbuch: Adelaide Heilbron, Jack Wagner, nach dem gleichnamigen Musical

Personen und ihre Darsteller:

Jack	Jack Mulhall
Mary	Dorothy Mackaill
Murray	John Miljan
Madison	Nita Martin
Texas West	Dot Farley
Trelawney West	James Finlayson
Landlady	Aggie Herring
Dancers	Jay Eaton
	Eddie Clayton
Assistant	Yola D'Avril

Produzent: Charles R. Rogers
Regie: Richard Wallace

Lady Be Good
1941, USA – Metro-Goldwyn-Mayer, 111 Min.
Neue Handlung, neue Songs.
Drehbuch: Jack McGowan, Kay Van Riper, John McClain, unter Verwendung von Motiven des gleichnamigen Musicals

Personen und ihre Darsteller:

Marilyn Marsh	Eleanor Powell
Eddie Crane	Robert Young

Dixie Donegan   Ann Sothern
Joe »Red«   Red Skelton
  Willett
Buddy »Blue«   John Carroll
  Crawford
Edna Wardley   Rose Hobart
Master of   Phil Silvers
  Ceremonies
Virginia/»Lull«   Virginia O'Brien
Judge Murdock   Lionel Barrymore
Max Milton   Reginald Owen
Mr. Blanton   Tom Conway
Bill Pattison   Dan Dailey Jr.
Policeman   Edward Gargan
Singer   Connie Russell

ferner: Berry Brothers (Warren Berry, Nyas Berry, James Berry), Jimmy Dorsey and His Orchestra

Produzent: Arthur Freed
Choreographie: Busby Berkeley
Regie: Norman Z. McLeod

Auszeichnung: 1 Academy Award (Oscar) 1941: Bester Song »The Last Time I Saw Paris«, (Jerome Kern/K, Oscar Hammerstein II./T). (Dieser Song war nicht für den Film geschrieben worden; er erschien bereits im November 1940 als Einzeltitel.)

Songs und Musiknummern

Bühne:
Hang On to Me; A Wonderful Party; The End of a String; We're Here Because; Fascinating Rhythm; So Am I; Oh, Lady, Be Good!; Weather Man ⊕; Rainy Afternoon Girls ⊕; The Half of It, Dearie, Blues; Juanita; Leave It to Love; Little Jazz Bird; Carnival Time; Swiss Miss (Ira Gershwin/T, Arthur Jackson/T);
Nicht verwendet:
The Man I Love; Seeing Dickie Home; Will You Remember Me?; Evening Star; Singin' Pete; The Bad, Bad Man
Die mit Zeichen ⊕ versehenen Songs wurden nach dem Start ersetzt durch »Linger in the Lobby«.
Für die Londoner Produktion 1926 hinzugefügt:
Buy a Little Button from Us (Desmond Carter/T); I'd Rather Charleston (Des-

mond Carter/T); Something About Love (Lou Paley/T)

Film (1941) (⊕ = aus dem Musical übernommen):
Oh, Lady, Be Good! ⊕; Hang On to Me ⊕; Fascinating Rhythm ⊕; The Last Time I Saw Paris (Jerome Kern/K, Oscar Hammerstein II./T »Oscar-Melodie«); You'll Never Know (Roger Edens); Your Words and My Music (Roger Edens/K, Arthur Freed/T)

Schallplatten:
F – Hollywood Soundstage HS 5010
St – (Fred Astaire, Adele Astaire)
     Smithsonian R-008, World Records
     SH 124, Monmouth Evergreen MES
     7036

LADY IN THE DARK
(Deutscher Titel: DAS VERLORENE LIED)

Musik: Kurt Weill
Songtexte: Ira Gershwin
Buch: Moss Hart
Premiere in New York, Alvin Theatre: 23. Januar 1941

Personen und die Darsteller der Premiere:
Liza Elliott   Gertrude
                       Lawrence
Kendall Nesbitt   Bert Lytell
Charley Johnson   Macdonald Carey
Russell Paxton   Danny Kaye
Randy Curtis   Victor Mature
Maggie Grandt   Margaret Dale
Alison Du Bois   Natalie Schafer
Miss Foster   Evelyn Wyckoff
Miss Stevens   Ann Lee
Models:
  Helen   Virginia Peine
  Ruthie   Gedda Petry
  Carol   Patricia Deering
  Marcia   Margaret
                       Westberg
Dr. Brooks   Donald Randolph
Miss Bowers   Jeanne Shelby
Liza's Father   Robert Edwards
Ben Cutler   Dan Harden
Barbara   Eleanor Eberle
Jack   Davis Cunningham

Office Boys:
Joe   Ward Tallmon
Tom   Nelson Barclift
The Albertina Rasch Group Dancers:
Dorothy Byrd, Audrey Costello, Patricia
Deering, June MacLaren, Beth Nichols,
Wana Wennerholm, Margaret Westberg,
Jerome Andrews, Nelson Barclift,
George Bockman, Andre Charise, Fred
Hearn, Yaroslav Kiroy, Parker Wilson

Produzent: Sam H. Harris
Choreographie: Albertina Rasch
Regie: Hassard Short, Moss Hart
Ort: New York
Zeit: »Gegenwart« (1941)

Handlung: Liebesprobleme in Psycho-
analyse. Liza Elliott, Herausgeberin eines
Modejournals und Karrierefrau, versucht, mit Hilfe psychotherapeutischer
Behandlung ihre Komplexe und Liebesprobleme zu lösen. Das Fragment eines
Liedes, gewissermaßen eine Lebensmelo-
die, die ihr Arzt Dr. Brooks aus dem Unterbewußtsein herauslockt, deutet auf einen Konflikt in ihrer frühen Kindheit. In
drei Träumen erlebt Liza sich und die
Männer ihrer Umgebung. Im ersten
Traum sieht sie sich als umschwärmte
Schönheit, bis sie von dem Umstand erschreckt wird, daß ein Porträt von ihr,
welches als Vorlage für eine Briefmarke
gedacht ist, zu einer Karikatur gerät. Der
zweite Traum dreht sich um neu aufge-
tauchte Probleme, denn einerseits bemüht sich der berühmte Filmstar Randy
Curtis um sie, andererseits erfährt sie von
ihrem langjährigen Freund Kendall Nesbitt, seine Frau habe endlich der Scheidung zugestimmt. Der Traum vermittelt
ihr keine Lösung. Als Lizas Unschlüssig-
keit auch beruflich zunimmt, gerät sie in
eine heftige Auseinandersetzung mit
ihrem Werbemanager Charley Johnson.
Ein Tagtraum führt sie in einen Zirkus,
wo ihr von den Männern, die hier als Zirkuskünstler erscheinen, in einer Art Gerichtsverhandlung vorgeworfen wird, sich
nicht entscheiden zu können. Vor dem
Hintergrund der rätselhaften Melodie erklärt Charley Johnson ihr unumwunden,

daß sie Angst davor habe, als Frau so zu
sein, wie sie es gerne wäre. Durch ihn erinnert sie sich an das verlorene Lied aus
ihrer Jugendzeit: »The Ship«. Dr. Brooks
deutet ihre Träume so, daß sie sich als junges Mädchen von der Schönheit ihrer
Mutter überschattet glaubte, worauf sie
ihre eigene Weiblichkeit zurückdrängte
und im Streben nach Selbstbestätigung
den Weg einer Karrierefrau suchte. Liza
verarbeitet die Erkenntnisse, die ihr der
Psychologe vermittelte. Sie wird sich klar
darüber, daß ihr Freund Kendall zu labil
und als Ehemann nicht der Richtige für
sie ist. Auch einen Heiratsantrag von
Randy Curtis lehnt sie ab, weil sie das Gefühl hat, daß er nur einen Mutterersatz
sucht. Das verlorene Lied führt sie zu
Charley Johnson, der ein selbstbewußter,
im Leben stehender Mann ist. Mit ihm
wird sie glücklich sein.

Anmerkung: Durchbruch zum Erfolg für
Danny Kaye, speziell durch den Vortrag
des Liedes »Tschaikowsky«.

Deutschsprachige Erstaufführung:
24. Mai 1951, Hessisches Staatstheater
Kassel. Autoren: Maria Teichs, R. A. (Robert Adolf) Stemmle

Film:

Lady in the Dark
1944, USA – Paramount – Technicolor,
100 Min.
Veränderte Songs.
Drehbuch: Frances Goodrich, Albert
Hackett, nach dem gleichnamigen Musical

Personen und ihre Darsteller:

Liza Elliott	Ginger Rogers
Charley Johnson	Ray Milland
Kendall Nesbitt	Warner Baxter
Randy Curtis	Jon Hall
Doctor Brooks	Barry Sullivan
Russell Paxton	Mischa Auer
Allison DuBois	Phyllis Brooks
Maggie Grant	Mary Phillips
Doctor Carlton	Edward Fielding
Adams	Don Loper
Miss Parker	Mary Parker

Miss Foster — Catherine Craig
Martha — Marietta Canty
Miss Edwards — Virginia Farmer
Miss Bowers — Fay Helm
Barbara, aged 17 — Gail Russell
Miss Stevens — Marian Hall
Liza's Mother — Kay Linaker
Liza's Father — Harvey Stephens
Miss Sullivan — Georgia Backus
Clown — Pepito Perez
Ben — Rand Brooks
Photographer — Jack Mulhall
Barbara's Boy Friend — Charles Smith
Librarian — Paul McVey
Barbara, aged 7 — Phyllis M. Brooks
Liza, aged 5 and 7 — Marjean Neville
Freckle-faced Boy — Buz Buckley
Taxicab Driver — Murray Alper
Autograph Hunter — Dorothy Granger
Senator — Herbert Corthell
David — Charles Bates
Office Girls: Audrey Young, Eleanor De Van, Jeanne Straser, Arlyne Varden, Angela Wilson, Dorothy O'Kelly, Betty Hall, Fran Shore, Lynda Grey, Christopher King, Maxine Ardell, Alice Kirby, Louise La Planche
Models: Bunny Waters, Susan Paley, Dorothy Ford, Mary MacLaren
Reporters: Grandon Rhodes, Lester Dorr, Emmett Vogan
Men: Marten Lamont, Tristram Coffin, Dennis Moore
Specialty Dancers: Paul Pierce, George Mayon, James Notaro, Jacques Karre, Byron Poindexter, Kit Carson
Clowns: Herb Holcomb (Aquatic Clown), Theodore Marc (Daniel Boone Clown), Armand Tanny (Strong-Man Clown), Stuart Barlow (Accordion Clown), Leonora Johnson (Bird's Nest Clown), Harry Bayfield (Snow Clown), Larry Rio (Farmer Clown), Johnnie Johnson, John O'Connor, Buster Brodie
Circus Members: Priscilla Lyon (Little Girl), Billy Dawson (Boy)

Produzenten: Richard Blumenthal, B. G. DeSylva
Choreographie: Billy Daniel, Don Loper
Regie: Mitchell Leisen

Lady in the Dark
(TV) 1954, USA – NCB, 90 Min. (TV)
Drehbuch: William Friedberg, Max Liebman, nach dem gleichnamigen Musical
Darsteller: Ann Sothern (Liza Elliott), James Daly (Charley Johnson), Paul McGrath (Kendall Nesbitt), Luella Gear (Maggie Grant), Sheppard Strudwick (Dr. Brooks), Carleton Carpenter (Russell Paxton), Robert Fortier (Randy Curtis), Bambi Linn (Dancer), Rod Alexander (Dancer)
Produzent: Max Liebman
Regie: Jeffrey Hayden

Songs und Musiknummern

Bühne:
Glamour Dream: Oh, Fabulous One in Your Ivory Tower; Huxley; One Life to Live; Girl of the Moment; It Looks Like Liza!
Wedding Dream: Mapleton High Choral; This Is New; The Princess of Pure Delight
Circus Dream: The Greatest Show on Earth!; Dance of the Tumblers (instr.); Liza Elliott Cannot Make Up Her Mind; I'm the Attorney for Prosecution; The Best Years of His Life; Tschaikowsky (and Other Russians); Jenny (The Saga of Jenny)
Childhood Dream: My Ship
Nicht verwendet:
Unforgettable; It's Never Too Late to Mendelssohn; No Matter Under What Star You're Born; Song of the Zodiac; Bats About You; The Boss Is Bringing Home a Bride; Party Parlando; In Our Little San Fernando Valley Home

Anmerkung: Der Song »Tschaikowsky« gilt als Kuriosität. Ira Gershwin hat im Text 49 Namen russischer Komponisten untergebracht.

Film (1944):
Die mit Zeichen ⊕ versehenen Titel entstammen dem Bühnenwerk.
One Life to Live ⊕; Girl of the Moment ⊕; The Greatest Show on Earth! ⊕; It Looks Like Liza ⊕; This Is New ⊕; My Ship ⊕ (stark gekürzt); Jenny ⊕; Artist's Waltz (Robert Emmett Dolan); Suddenly It's

L

Spring (James Van Heusen/K, Johnny Burke/T); Dream Lover (Victor Schertzinger/K, Clifford Grey/T)

TV (1954):
Oh, Fabulous One in Your Ivory Tower; One Life to Live; Girl of the Moment; It Looks Like Liza!; This Is New; The Greatest Show on Earth!; Liza Elliott Cannot Make Up Her Mind; I'm the Attorney for Prosecution; The Best Years of His Life; Tschaikowsky (and Other Russians); Jenny (The Saga of Jenny); My Ship

Schallplatten:
NY – RCA Victor LPV 503
F – (Ginger Rogers) Curtain Calls CC 100/21
TV – (1954) RCA Victor LM 1882
St – (Risë Stevens, Adolph Green) Columbia OL 5990/OS 2390, (Danny Kaye) Columbia CL 6249, Harmony HL 7012, (Radio/Gertrude Lawrence, MacDonald Carey) AEI 1146

LI'L ABNER

Musik: Gene de Paul
Songtexte: Johnny Mercer
Buch: Norman Panama, Melvin Frank, nach der gleichnamigen Comic-strip-Serie von Al Capp (Ersterscheinung: 1935 in der Zeitung »Daily Mirror«, New York) *Premiere* in New York, St. James Theatre: 15. November 1956

Personen und die Darsteller der Premiere:

Little Abner Yokum (Li'l Abner)	Peter Palmer
Daisy Mae	Edith Adams
Marryin' Sam	Stubby Kaye
Pappy Yokum	Joe E. Marks
Mammy Yokum	Charlotte Rae
Earthquake McGoon	Bern Hoffman
Stupefyin' Jones	Julie Newmar
General Bullmoose	Howard St. John
Senator Phogbound	Ted Thurston
Dr. Finsdale	Stanley Simmonds
Appassionata von Climax	Tina Louise
Evil Eye Fleagle	Al Nesor
Romeo Scragg	Marc Breaux
Clem Scragg	James Hurst
Alf Scragg	Anthony Saverino
Moonbeam McSwine	Carmen Alvarez
Lonesome Polecat	Anthony Mordente
Hairless Joe	Chad Block
Available Jones	William Lanteau
Mayor Dawgmeat	Oran Osburn
Dr. Smithborn	George Reeder
Dr. Krogmeyer	Ralph Linn
Dr. Schleifitz	Marc Breaux
Butler	James J. Jefferies
Government Man	Richard Maitland
State Department Man	Lanier Davis

Colonels: George Reeder, Lanier Davis
Cronies: Marc Breaux, Ralph Linn, Jack Matthew, Robert McClure
Radio Commentators: James Hurst, Robert McClure, Jack Matthew
Secretaries: Lanier Davis, Robert McClure, Jack Matthew
Dancers: Carmen Alvarez, Lillian D'Honau, Bonnie Evans, Maureen Hopkins, Barbara Klopfer, Christy Peterson, Sharon Shore, Rebecca Vorno, Deedee Wood/d. i. Audrey Donella Wood, Chad Block, Marc Breaux, Grover Dale, Robert Karl, Ralph Linn, Richard Maitland, Anthony Mordente, Tom Panko, George Reeder
und Pat Creighton, Hope Holliday, Jeanette Scovotti

Produzenten: Norman Panama, Melvin Frank, Michael Kidd
Choreographie: Michael Kidd
Regie: Michael Kidd
Ort: Phantasiestadt »Dogpatch«/USA
Zeit: »Gegenwart« (1956)

Handlung: Zeitsatire und Parodie auf amerikanisches Kleinstadtleben mit einer Fülle personifizierter Figuren des Zeichners Al Capp. Dogpatch, USA, ist ein Ort, in dem jeder seine kleinen oder großen Probleme hat. Der eigenwillige General Bullmoose spinnt seine Intrigen, Mammy Yokum braut ihren Zaubertrank »Yokumberry Tonic«, der stark und verliebt machen soll, und der hübsche, kräftige, doch auch recht einfältige Junggeselle Li'l (Little) Abner ist nach den Regeln eines Wettkampfes junger Mädchen dazu ausersehen, die exzentrische Appassionata von Climax zu heiraten, was die kokette Daisy Mae sehr verärgert, da sie selbst Li'l Abner für sich gewinnen will. Das Leben und Treiben in Dogpatch wird jäh gestört, als die amerikanische Regierung, auf der Suche nach einem geeigneten Ort für einen Atombombenversuch, zu der Erkenntnis kommt, Dogpatch sei die nutzloseste Stadt der USA und könne deshalb evakuiert werden. Little Abner, gestärkt durch Mammy Yokums Trank, begibt sich nach Washington, um dort Überzeugungsarbeit zu leisten, daß Dogpatch erhalten bleiben müsse, allein schon wegen des wundertätigen Baumes, der das Elixier »Yokumberry Tonic« hervorbringe. Doch er hat kein Glück mit seinen Bemühungen. Erst der gerade noch rechtzeitig entdeckte Umstand, daß Abraham Lincoln einstmals dem Ort Aufmerksamkeit geschenkt hat, rettet Dogpatch schließlich und bringt nach den aufregenden Zeiten der Gefahr den alten Zustand wieder zurück, in dem nun Little Abner sein Glück mit Daisy Mae findet, nicht zuletzt, weil der Zaubertrank dabei nachhilft.

Auszeichnungen: 2 Antoinette Perry Awards (Tonys) 1957: Herausragende Charakterrolle (weiblich)–Musical: Edith Adams / Choreographie: Michael Kidd.

Film:

Li'l Abner
1959, USA – Paramount – Vistavision/Technicolor, 115 Min.
Musik: Gene de Paul
Songtexte: Johnny Mercer
Drehbuch: Norman Panama, Melvyn Frank, nach dem gleichnamigen Musical

Personen und ihre Darsteller:

Little Abner	Peter Palmer
Daisy Mae	Leslie Parish
Marryin' Sam	Stubby Kaye
Pappy Yokum	Joe E. Marks
Mammy Yokum	Billie Hayes
Earthquake McGoon	Bern Hoffman
Stupefyin' Jones	Julie Newmar
General Bullmoose	Howard St. John
Appassionata von Climax	Stella Stevens
Evil Eye Fleagle	Al Nesor
Senator Jack S. Phogbound	Ted Thurston
Moonbeam McSwine	Carmen Alvarez
Lonesome Polecat	Diki Lerner
Hairless Joe	Joe Ploski
Available Jones	William Lanteau
Mayor Dawgmeat	Alan Carney
Romeo Scragg	Robert Strauss
Rasmussen T. Finsdale	Stanley Simmonds
Scrub Woman	Dee Dee Wood/ d. i. Audrey Donella Wood

Produzent: Norman Panama
Choreographie: Michael Kidd, Dee Dee Wood
Regie: Melvin Frank

Songs und Musiknummern

Bühne:
A Typical Day; If I Had My Druthers; Jubilation T. Cornpone; Rag Offen the Bush; Namely You; There's Room Enough For Us; Unnecessary Town; What's Good for General Bullmoose; The Country's in the Very Best of Hands; Oh, Happy Day; I'm Past My Prime; Love in a Home; Progress Is the Root of All Evil; Put 'Em Back; The Matrimonial Stomp

Film:
A Typical Day; If I Had My Druthers; Jubilation T. Cornpone; Rag Offen the Bush; There's Room Enough For Us;

Namely You; The Country's in the Very Best of Hands; Unnecessary Town; I'm Past My Prime; I Wish It Could Be Otherwise; Put 'Em Back the Way They Wuz; The Matrimonial Stomp

Schallplatten:
NY – Columbia OL 5150
F – Columbia OS 2021

Hinweis/Film:
Al Capps Comic-Figuren aus Dogpatch sind bereits in einem amerikanischen Film von 1940 personifiziert worden.

Li'l Abner
(Britischer Titel: TROUBLE CHASER)
1940, USA – RKO/Vogue Productions, 78 Min.
Drehbuch: Charles Kerr, Tyler Johnson, nach der gleichnamigen Comic-strip-Serie von Al Capp
Darsteller: Granville Owen (Li'l Abner), Martha O'Driscoll (Daisy Mae), Dick Elliot (Marryin' Sam), Johnnie Morris (Pappy Yokum), Mona Ray (Mammy Yokum), Charles A. Post (Earthquake McGoon), Buster Keaton (Lonesome Polecat), Billie Seward (Cousin Delightful), Kay Sutton (Wendy Wilecat), Maude Eburne (Granny Scraggs), Edgar Kennedy (Cornelius Cornpone), Bud Jamison (Hairless Joe), Johnny Arthur, Walter Catlett, Lucien Littlefield, Frank Wilder, Chester Conklin, Mickey Daniels, Doodles Weaver
Produzent: Herman Schlom
Regie: Albert S. Rogell
Songs: Li'l Abner (Ben Oakland/K, Milton Drake, Milton Berle)

LITTLE MARY SUNSHINE

Musik, Songtexte, Buch: Rick Besoyan
Uraufführung: New York, Orpheum Theatre: 18. November 1959

Personen und die Darsteller der Uraufführung:

Mary Potts /»Little Mary Sunshine«, Proprietress of the »Colorado Inn«	Eileen Brennan
Captain »Big Jim« Warington, Captain of the Forest Rangers	William Graham
Nancy Twinkle, Little Mary's Maid	Elmarie Wendel
Corporal »Billy« Jester, a Forest Ranger	John McMartin
General Oscar Fairfax, a Washington Diplomat	Mario Siletti
Mme. Ernestine von Liebedich, an Opera Singer	Elizabeth Parrish
Chief Brown Bear, Chief of the Kadota Indians	John Aniston
Yellow Feather, Chief Brown Bear's Son	Ray James
Fleet Foot, an Indian Guide	Robert Chambers
The Prologue	Leslie Daniel
The Young Ladies of the Eastchester Finishing School:	
Cora	Floria Mari
Maud	Jana Stuart
Gwendolyn	Elaine Labour
Henrietta	Rita Howell
Mabel	Sally Bramlette
The Young Gentlemen of the United States Forest Rangers:	
Pete	Jerry Melo
Tex	Joel Warfield
Slim	Arthur Hunt
Buster	Ed Riley
Hank	Mark Destin

Produzenten: Howard Barker, Cynthia Baer, Robert Chambers
Choreographie: Ray Harrison
Regi: Ray Harrison, Rick Besoyan
Ort: Rocky Mountains/Colorado, USA
Zeit: Zu Beginn der 1920er Jahre

Handlung: Off-Broadway-Erfolg. Parodie auf die amerikanische Operette mit

Anspielungen auf typische Situationen in »Rose-Marie«, »Rio Rita« und das Paar Jeanette MacDonald/Nelson Eddy in den Operetten-Verfilmungen Hollywoods. Die fröhliche Mary Potts, von ihren Freunden »Little Mary Sunshine« genannt, ist Besitzerin des »Colorado Inn«, eines Gasthauses und Hotels hoch in den Rocky Mountains, in dem die Waldhüter verkehren. Sie hat sich in den Ranger Jim verliebt, der bei ihr Standort bezogen hat, um Yellow Feather, einen widerspenstigen Indianer, zu fangen. Im »Colorado Inn« finden sich auch die europäische Operndiva Ernestine von Liebedich und der General Oscar Fairfax in nostalgischen (und kraftvoll gesungenen) Erinnerungen an schöne Zeiten in der Alten Welt, speziell in Holland und Wien. Als Mary eines Abends ihren Geliebten im Garten erwartet, wird sie von Yellow Feather angegriffen. Im letzten Augenblick kann Jim sie erretten und Yellow Feather festnehmen. Das Glück der Liebenden ist gesichert, als Mary das Land, auf dem ihr Gasthaus steht, von einem freundlichen Indianer zum Geschenk erhält. Auch der Fall Yellow Feather klärt sich, indem der renitente Indianer sein böses Verhalten bereut und, zum Zeichen seiner Läuterung, dem Publikum mit der amerikanischen Fahne zuwinkt.

Songs und Musiknummern

Bühne:
The Forest Rangers; Little Mary Sunshine; Look for a Sky of Blue; You're the Fairest Flower; In Izzenschnooken on the Lovely Essenzook Zee; Playing Croquet and Swinging; How Do You Do?; Tell a Handsome Stranger ... ; Once in a Blue Moon; Colorado Love Call; Every Little Nothing; What Has Happened?; Such a Merry Party; Say, »Uncle«; Me, a Big Heap Indian; Naughty, Naughty Nancy; Mata Hari; Do You Ever Dream of Vienna?; A »Shell Game«; Coo Coo

Schallplatten:
NY– Capitol SWAO 1240
L – Pye NPL 18071

Hinweis/Film:
Der amerikanische Stummfilm »Little Mary Sunshine« von 1916 hat nichts mit dem gleichnamigen Musical zu tun, sondern ist ein Drama um ein einsames, verlassenes kleines Mädchen, das durch seine Natürlichkeit einen notorischen Trinker wandelt und in ihm und seiner Braut neue Eltern findet.

A LITTLE NIGHT MUSIC
(Deutscher Titel: DAS LÄCHELN EINER SOMMERNACHT)

Musik und Songtexte: Stephen Sondheim
Buch: Hugh Wheeler, nach dem schwedischen Film »Sommarnattens leende« (1955) (deutsch: »Das Lächeln einer Sommernacht«/englisch: »Smiles of a Summer Night«) von Ingmar Bergman
Premiere in New York, Shubert Theatre: 25. Februar 1973

Personen und die Darsteller der Premiere:

Desirée Armfeldt	Glynis Johns
Fredrik Egerman	Len Cariou
Madame Armfeldt	Hermione Gingold
Anne Egerman	Victoria Mallory
Henrik Egerman	Mark Lambert
Count Carl-Magnus Malcolm	Laurence Guittard
Countess Charlotte Malcolm	Patricia Elliott
Frederika Armfeldt	Judy Kahan
Petra	D. Jamin-Bartlett
Mr. Lindquist	Benjamin Rayson
Mrs. Nordstrom	Teri Ralston
Mrs. Anderssen	Barbara Lang
Mr. Erlanson	Gene Varrone
Mrs. Segstrom	Beth Fowler
Osa	Sherry Mathis
Frid, Madame Armfeldt's Butler	George Lee Andrews
Malla, Desirée's Maid	Despo
Bertrand, a Page	Will Sharpe Marshall

Produzent: Harold Prince (mit Ruth Mitchell)

Choreographie: Patricia Birch
Regie: Harold Prince
Ort: Schweden
Zeit: Um 1900

Handlung: Liebesaffären in gehobener Gesellschaftsschicht, konfrontiert mit der Reife des Alters und der Lebenserfahrung. Der verwitwete Advokat Fredrik Egerman hat die für ihn viel zu junge 18jährige Anne geheiratet. Das unentschlossene Mädchen weigert sich hartnäckig, die Ehe zu vollziehen. In dieser Situation begegnet Fredrik nach vielen Jahren wieder der attraktiven Desirée Armfeldt, mit der ihn einst ein enges Verhältnis verband. Er erfährt, daß Desirée ein Kind von ihm zur Welt gebracht hat: Frederika, die jetzt zehn Jahre alt ist und bei Desirées Mutter auf dem Lande lebt. Während seines Besuchs bei Desirée gerät Fredrik mit ihrem derzeitigen Liebhaber, dem Grafen Malcolm, in Konflikt, der seinerseits Schwierigkeiten mit seiner eifersüchtigen Frau Charlotte hat. Privat sieht sich Fredrik ferner mit den Problemen seines schüchternen, melancholisch veranlagten Sohnes Henrik aus erster Ehe konfrontiert, dem es schwerfällt, die gleichaltrige Stiefmutter zu akzeptieren. Der unerfahrene Henrik gerät in die Fänge der unternehmungslustigen Zofe Petra, was ihn eher verwirrt als agil macht. Malcolms Frau Charlotte will sich rächen und gefällt sich darin, dem eitlen Advokaten Fredrik schöne Augen zu machen. Desirée aber will ihn wieder ganz für sich gewinnen. Sie bittet ihre Mutter um Hilfe, und die alte, lebenserfahrene Madame Armfeldt arrangiert ein Dinner in ihrem Landhaus, bei dem alle in die Komplikationen verwickelten Personen erscheinen. Die kluge Madame Armfeldt, die selbst früher die Geliebte einflußreicher Persönlichkeiten war und den Landsitz unter der Bedingung erhalten hatte, daß sie niemals ihre Memoiren schreiben dürfe, überblickt die Situation und hat sehr schnell erkannt, welche unheilsamen Verstrickungen sich ergeben haben. Ihrer geschickten Einflußnahme gelingt es, die nur zwanghaft verbundenen Paare zu trennen und die einzelnen so zu gruppieren, wie sie zusammenpassen. Weil Fredrik und Desirée sich wieder finden, ist die Ehe der Malcolms nicht mehr gefährdet, und die beiden jungen Menschen Henrik und Anne erkennen, daß sie das wirkliche Liebespaar sind. Die Zofe Petra und der Butler Frid sind ein weiteres Paar, das die Sommernacht zusammengeführt hat. Madame Armfeldt, seit Jahren an den Rollstuhl gebunden, schließt befriedigt die Augen. Von allen unbeachtet, stirbt sie.

Auszeichnungen: 5 Antoinette Perry Awards (Tonys) 1973: Bestes Musical / Weibliche Hauptrolle–Musical: Glynis Johns / Weibliche Nebenrolle–Musical: Patricia Elliott / Buch–Musical: Hugh Wheeler / Musikalisches Werk (Komposition–Songtexte): Stephen Sondheim

Deutschsprachige Erstaufführung:
14. Februar 1975, Theater an der Wien, Wien. Autor: Eckart Hachfeld

Film:

A Little Night Music
1977, USA/Österreich – New World Picture (Roger Corman) / Sascha-Film, Wien – Eastmancolor, 124 Min.
Nach Österreich verlegte Handlung.
Musik und Songtexte: Stephen Sondheim
Drehbuch: Hugh Wheeler, nach dem gleichnamigen Musical

Personen und ihre Darsteller:

Desirée Armfeldt	Elizabeth Taylor
Frederick Egerman	Len Cariou
Madame Armfeldt	Hermione Gingold
Anne Egerman	Lesley-Ann Down
Charlotte Mittelheim	Diana Rigg
Carl-Magnus Mittelheim	Laurence Guittard
Frederika Armfeldt	Chloe Franks
Erich Egerman	Christopher Guard
Kurt	Heinz Marecek

Petra	Lesley Dunlop
Franz	Hubert Tscheppe
Conductor	Jonathan Tunick
Band Conductor	Rudolf Schrympf
Mayor	Franz Schussler
Mayoress	Johanna Schussler
Box Office Lady	Jean Sincere
1st Lady	Dagmar Koller
2nd Lady	Ruth Brinkman
Concierge	Anna Veigl
Uniformed Sergeant	Stefan Paryla
1st Whore	Eva Dvorska
2nd Whore	Lisa de Cohen
Major Domo	Kurt Martynow
Cook	Gerty Barek
Footman	James De Graot

Produzent: Elliott Kastner
Choreographie: Patricia Birch
Regie: Harold Prince

Auszeichnung: 1 Academy Award (Oscar) 1977: Musikgesamtwerk–Instrumentierung (Filmversion): Jonathan Tunick

Songs und Musiknummern

Bühne:
Night Waltz; Now; Later; Soon; The Glamorous Life; Remember?; You Must Meet My Wife; Liaisons; In Praise of Women; Every Day a Little Death; A Weekend in the Country; The Sun Won't Set (identisch mit »Night Waltz«); It Would Have Been Wonderful; Perpetual Anticipation; Send In the Clowns; The Miller's Son

Film:
Love Is a Lecture; Now; Later; Soon; The Glamorous Life; You Must Meet My Wife; Every Day a Little Death; A Weekend in the Country; Love Takes Time (identisch mit »Night Waltz«/neuer Text); It Would Have Been Wonderful; Send In the Clowns

Schallplatten:
NY – Columbia KS 32265
L – RCA LRL 5090
F – Columbia JS 35333
St – (Sian Phillips, Bonaventura Bottone) That's Entertainment TER 1179

Vorlage des Musicals:

Film:

Sommernattens leende
(Deutscher Titel: DAS LÄCHELN EINER SOMMERNACHT / englisch-amerikanischer Titel: SMILES OF A SUMMER NIGHT)
1955, Schweden – AB Svensk Filmindustri, 105 Min.
Deutsche Erstaufführung: 1958
Drehbuch: Ingmar Bergman
Darsteller: Ulla Jacobsson (Anne Egerman), Eva Dahlbeck (Desirée Armfeldt), Harriet Andersson (Petra, the Maid), Margit Carlquist (Charlotte Malcolm), Gunnar Björnstrand (Fredrik Egerman, Advocate), Jarl Kulle (Count Malcolm), Ake Fridell (Frid, the Groom), Björn Bjelvenstam (Henrik Egerman), Naima Wifstrand (Mrs. Armfeldt), Julian Kindahl (Cook), Gull Natorp (Malla, Desirée's Maid), Birgitta Valberg (Actress), Bibi Andersson (Actress), Anders Wulff (Footman), Svea Holst (Dresser), Hans Straat (Almgen, the Photographer), Lisa Lundholm (Mrs. Almgren), Sigge Furst (Policeman), Gunnar Nielsen (Niklas), Gosta Pruzelius (Footman), Lena Soderblom, Mona Malm, Joseph Norrman, John Melin, Sten Gester
Produzent: Allan Ekelund
Regie: Ingmar Bergman

Hinweis/Film:
1982 drehte Woody Allen in der ihm eigenen Art eine nachempfundene Version des schwedischen Films »Sommernattens leende«, der Vorlage des Musicals »A Little Night Music«.

A Midsummer Night's Sex Comedy
(Deutscher Titel: EINE SOMMERNACHTS-SEXKOMÖDIE)
1982, USA – Orion/Traffic/Warner Bros. – Technicolor, 88 Min.
Deutsche Erstaufführung: 1982
Drehbuch: Woody Allen
Darsteller: Woody Allen (Andrew), Mia Farrow (Ariel), José Ferrer (Leopold), Julie Hagerty (Dulcy), Tony Roberts (Maxwell), Mary Steenburgen (Adrian), Adam Redfield (Student Foxx), Moishe

Rosenfeld (Mr. Hayes), Timothy Jenkins (Mr. Thompson), Michael Higgins (Reynolds), Sol Frieder (Carstairs), Boris Zoubok (Purvis), Thomas Barbour (Blint), Kate McGregor-Stewart (Mrs. Baker), J. David Copeland, Tony Farentino
Produzent: Robert Greenhut
Regie: Woody Allen

LITTLE SHOP OF HORRORS
(Deutscher Titel: DER KLEINE HORROR-LADEN)

Musik: Alan Menken
Songtexte: Howard Ashman
Buch: Howard Ashman, nach dem gleichnamigen amerikanischen Film von 1961
Premiere in New York, Orpheum Theatre: 27. Juli 1982 (nach bereits vorangegangenen Aufführungen im New Yorker WPA – Works Progress Administration–Theatre/Produzent: Kyle Renik)

Personen und die Darsteller der Premiere:

Seymour Krelbourn	Lee Wilkof
Audrey, Salesgirl	Ellen Greene
Mushnik, Owner of a Flower Shop	Hy Anzell
Orin, Dentist	Franc Luz
Derelict	Martin P. Robinson
Singers on Street:	
Chiffon	Marlene Danielle
Chrystal	Jennifer Leigh Warren
Ronnette	Sheila Kay Davis
Bernstein/Snip/ Luce/Everyone Else	Franc Luz
ferner die Pflanze Audrey II	
Manipulation	Martin P. Robinson
Voice	Ron Taylor

Produzenten: WPA Theatre, David Geffen, Cameron Mackintosh, The Shubert Organization
Choreographie: Edie Cowan
Regie: Howard Ashman
Ort: Los Angeles
Zeit: 1960

Handlung: Schwarzer Humor um eine fleischfressende Horror-Pflanze, kommentiert durch ein Trio von Straßensängerinnen. Der kleine armselige Blumenladen von Mr. Mushnik in der schäbigen Vorstadtstraße steht kurz vor der Pleite. Der unbeholfene Angestellte Seymour und die exzentrische Verkäuferin Audrey hoffen darauf, daß der Erfolg sich wieder einstellen wird. Weil nichts zu tun ist, experimentiert der botanisch interessierte Seymour mit den Pflanzen herum, während Audrey erst mit reichlicher Verspätung zur Arbeit erscheint. Das blonde Dummchen hat sich einen Macho als Freund zugelegt, den ebenso hitzigen wie sadistisch veranlagten Zahnarzt Orin. Es kann kein Zweifel daran bestehen, daß jeder zu bemitleiden ist, der auf seinen Behandlungsstuhl gerät. Auch mit Audrey springt er unsanft um. Nicht selten trägt sie blaue Flecken davon, sehr zur Empörung von Seymour, der ganz und gar in Audrey verliebt ist. Da fördert Seymour eine kleine bizarre, exotische Pflanze zutage, offensichtlich eine Art Fliegenfalle. Er tauft das ungewöhnliche Gewächs aus Verehrung für seine Kollegin auf den Namen Audrey II und stellt es ins Schaufenster. Die Pflanze erweckt das Interesse der Passanten, verschafft Mr. Mushniks Laden wieder Aufmerksamkeit und beschäftigt sogar die Fachwelt. Der verklemmte Seymour profitiert davon und genießt seine Wichtigkeit. Doch muß er feststellen, daß die Pflanze ein Geheimnis umwittert. Als er sich zufällig in den Finger schneidet, saugt die Pflanze begierig den Blutstropfen auf. »Füttere mich!« verlangt sie. Seymour ist fasziniert von seiner Entdeckung und hat bald Pflaster an allen Fingern, weil er der Pflanze sein Blut spendet. Das Gewächs gedeiht, wird größer und größer. Bald füllt es einen Teil des kleinen Ladens und entfaltet sich zu einem schauerlichen Monster. Verlangend läßt die Pflanze ihre Ranken wie Fangarme umherschweben. Sie schlägt Seymour einen Pakt vor, verspricht ihm Ansehen und Wohlstand als Gegengabe für die Ernährung mit noch mehr Blut.

Seymour möchte sein neugewonnenes Ansehen nicht aufgeben und hofft auch, Audrey imponieren zu können. Zunächst beeindruckt er nur Mr. Mushnik, der ihn kurzerhand adoptiert, weil er darauf spekuliert, daß das Genie Seymour zu Reichtum gelangt. Der sinnt inzwischen nach, wie er dem Verlangen der Pflanze nachkommen kann. Nicht ohne Seymours Zutun und zu seiner Genugtuung verschlingt das Riesenmonster den nichtswürdigen Zahnarzt Orin. Beglückt genießt Seymour, daß sich die von ihrem Macho befreite Audrey ihm zuwendet. Doch hat er seine liebe Not mit der blutdurstigen Horror-Pflanze, die neue Opfer fordert. Schließlich wird auch Mr. Mushnik von ihr vertilgt, und die Gier der Pflanze steigert sich. Zudem hat das Ungeheuer schon Ableger hervorgebracht, wächst furchterregend weiter und wird zu einer bedrohlichen Gefahr. Als Seymour endlich entschlossen ist, dem Grauen ein Ende zu bereiten und die Pflanze zu vernichten, ist es zu spät; sie frißt auch Seymour und Audrey und lechzt nach dem Publikum.

Anmerkung: Star dieser Horror-Parodie ist die mysteriöse Pflanze, eine Art Venusfliegenfalle, die sich aus einem Topfgewächs zu so überdimensionaler Größe entwickelt, daß sie mühelos die Akteure verschlingen kann. Das Bühnen-Ungeheuer (in diesem Falle von Martin P. Robinson entworfen und geführt) kann je nach den Intentionen seiner Schöpfer andere Gestalt und Bewegungseffekte haben.

Deutschsprachige Erstaufführung:
4. April 1989, Kammerspiele Berlin. Autor: Michael Kunze

Film:

Little Shop of Horrors
(Deutscher Titel: DER KLEINE HORRORLADEN)
1986, USA – Geffen Company/Warner Bros. – Technicolor, 94 Min.
Deutsche Erstaufführung: 1987
Veränderter Schluß.

Musik: Alan Menken
Songtexte: Howard Ashman
Drehbuch: Howard Ashman, nach dem gleichnamigen Musical

Personen und ihre Darsteller:

Seymour Krelborn	Rick Moranis
Audrey	Ellen Greene
Mushnik	Vincent Gardenia
Orin Scrivello, Dentist	Steve Martin
Singers on Street:	
Chrystal	Tichina Arnold
Chiffon	Tisha Campbell
Ronette	Michelle Weeks
Patrick Martin	James Belushi
Wink Wilkinson	John Candy
Arthur Denton	Bill Murray
Chinese Florist	Vincent Wong
Narrator	Stanley Jones
1st Customer	Christopher Guest
Radio Station Assistant	Adeen Fogle
Dental Nurse	Miriam Margolyes
Boy Patient	Abbie Dabner
2nd Patient	Frank Dux
Patient on Ceiling	Peter Whitman
Girl Patient	Heather Henson
Girl's Mother	Judith Morse
Agent	Bob Sherman
»Life« Magazine Lady	Doreen Hermitage
Her Assistant	Kerry Shale
TV Reporter	Michael J. Shannon
»Downtown« Old Woman	Bertice Reading

»Downtown« Bums: Ed Wiley, Alan Tilvern, John Scott Martin
Audrey and Seymour's Children: Kelly Huntley, Paul Reynolds
Customers: Mildred Shay, Melissa Wiltsie, Kevin Scott, Barbara Rosenblat
Doo Wop Street Singers: Mak Wilson, Danny Cunningham, Danny John-Jules, Gary Palmer, Paul Swaby
Network Execs: Robert Arden, Stephen Hoye, Bob Sessions
Voice of Audrey II: Levi Stubbs
»Audrey II« entworfen von Lyle Conway

Principal Plant Performers: Anthony Ashbury, Mak Wilson, Sue Dacre, Marcus Clarke, David Greenaway, Michael Bayliss, Don Austen, William Todd Jones, Ian Tregonning, Michael Quinn, Brian Henson, Robert Tygner, David Barclay, Paul Springer, Terry Lee, Toby Philpott, Michael Barclay, Chris Leith, John Alexander, James Barton, Graham Fletcher

Produzenten: David Orton, Denis Holt
Choreographie: Pat Garrett
Regie: Frank Oz

Songs und Musiknummern

Bühne:
Little Shop of Horrors/Prologue; Skid Row (Downtown); Da-Doo; Grow for Me; Don't It Go to Show Ya Never Know; Somewhere That's Green; Closed for Renovations; Dentist!; Mushnik and Son; Feed Me! (Git It!); Now It's Just the Gas; Call Back in the Morning; Suddenly, Seymour; Suppertime; The Meek Shall Inherit; Don't Feed the Plants

Film:
Little Shop of Horrors/Prologue; Skid Row (Downtown); Da-Doo; Grow for Me; Somewhere That's Green; Some Fun Now; Dentist!; Feed Me! (Git It!); Suddenly, Seymour; Suppertime; Mean Green Mother from Outer Space; The Meek Shall Inherit; Don't Feed the Plants

Schallplatten:
NY–Geffen GHSP 2020
F –Geffen 924125, WEA 924125/LC 7266
St –(D, 1989/Berlin) Polydor 513547

Vorlage des Musicals:

Film:

Little Shop of Horrors
(Deutscher Titel: KLEINER LADEN VOLLER SCHRECKEN)
1961, USA – Santa Clara/Filmgroup, 70 Min.
Deutsche Erstaufführung: 1978 (TV/NDR – WDR)
Drehbuch: Charles B. Griffith

Darsteller: Jonathan Haze (Seymour Krelboin), Jackie Joseph (Audrey), Mel Welles (Gravis Mushnik), Jack Nicholson (Wilbur Force), Dick Miller (Fouch), Myrtle Vail (Winifred Krelboin), Leola Wendorff (Mrs. Shiva), Lynn Storey, Tammy Windsor, Toby Michaels, Wally Campo, Jack Warford
Produzent: Roger Corman
Regie: Roger Corman
Anmerkung: Der Film wurde bereits früher in nichtöffentlichen Aufführungen (Filmclubs u. ä.) unter dem Titel »Der Laden am Ende der Straße« in Deutschland und Österreich gezeigt im Original mit Untertiteln.

LORELEI → GENTLEMEN PREFER BLONDES

LOST IN THE STARS
Musik: Kurt Weill
Songtexte: Maxwell Anderson
Buch: Maxwell Anderson, nach dem Roman »Cry, the Beloved Country« (1948) (deutsch: »Denn sie sollen getröstet werden«) von Alan Paton
Premiere in New York, Music Box Theatre: 30. Oktober 1949

Personen und die Darsteller der Premiere:

Stephen Kumalo	Todd Duncan
James Jarvis	Leslie Banks
Absalom Kumalo	Julian Mayfield
Irina	Inez Matthews
John Kumalo	Warren Coleman
Linda	Sheila Guyse
Matthew Kumalo	William Greaves
Leader	Frank Roane
Answerer	Joseph James
Grace Kumalo	Gertrude Jeannette
Nita	Elayne Richards
Alex	Herbert Coleman
Edward Jarvis	Judson Rees
Arthur Jarvis	John Morley
Paulus	Charles McRae
William	Roy Allen
Jared	William C. Smith
Mrs. Mkize	Georgette Harvey
Hlabeni	William Marshall

Eland	Charles Grunwell
Johannes Pafuri	Van Prince
Rose	Gloria Smith
Burton	John W. Stanley
Station Master	Mark Kramer
The Young Man	Lavern French
The Young Woman	Mabel Hart
Foreman	Jerome Shaw
Policeman	Robert Byrn
White Woman	Biruta Ramoska
White Man	Mark Kramer
The Guard	Jerome Shaw
The Judge	Guy Spaull
Villager	Robert McFerrin

Produzent: The Playwrights' Company
Regie: Rouben Mamoulian
Ort: Ndotsheni und Johannisburg/Südafrika
Zeit: »Gegenwart« (1949)

Handlung: Opernhaftes Drama. Wie die literarische Vorlage ein Appell gegen Rassendiskriminierung, für Toleranz und Nächstenliebe. Stephen Kumalo, ein Negerpriester in Ndotsheni, einem kleinen Ort bei Johannisburg, erlebt Schreckliches. Als er seinen lang vermißten Sohn Absalom endlich wiederfindet, muß er erfahren, daß dieser an einem Raub beteiligt war und dabei aus Angst einen jungen Weißen erschossen hat. Absalom ist gefaßt worden und sieht im Gefängnis der Todesstrafe entgegen. Der alte Priester ist voller Verzweiflung, doch findet er unerwartet Trost und Nächstenliebe durch die Freundschaft eines anderen alten Mannes, den Vater des von Absalom Getöteten. Über alle Schranken der Rassentrennung in Südafrika hinweg finden sich der Weiße und der Schwarze in ihrem Schmerz.

Auszeichnung: 1 Antoinette Perry Award (Tony) 1947: Special Award (Sonderpreis): Kurt Weill

Film:

Lost in the Stars
1974, USA – American Film Theatre – Technicolor, 114 Min.

Reduzierte Songs.
Musik: Kurt Weill
Songtexte: Maxwell Anderson
Drehbuch: Alfred Hayes, nach dem gleichnamigen Musical

Personen und ihre Darsteller:

Reverend Stephen Kumalo	Brock Peters
Irina	Melba Moore
John Kumalo	Raymond St. Jacques
Absalom Kumalo	Clifton Davis
James Jarvis	Paul Rogers
Grace	Paulene Myers
Rose	Paula Kelly
Alex	H. B. Barnum III.
Johannes	Jitu Cumbuka
Matthew	Alan Weeks
Judge	John Williams
Carmichael	Ivor Barry
Arthur Jarvis	Harvey Jason
Van Jarsdale	John Holland
Paulus	John Hawker
Linda	Myrna White
Edward Jarvis	Michael-James Wixted
Eland	William Glover

Produzent: Ely A. Landau
Choreographie (nur eine Szene): Paula Kelly
Regie: Daniel Mann

Songs und Musiknummern

Bühne:
The Hills of Ixopo; Thousands of Miles; Train to Johannisburg; The Search; The Little Gray House; Who'll Buy?; Trouble Man; Murder in Parkwold; Fear!; Lost in the Stars; The Wild Justice; O Tixo, Tixo, Help Me!; Stay Well; Cry, the Beloved Country; Big Mole; A Bird of Passage; Four O'Clock

Film:
Train to Johannisburg; The Little Gray House; Trouble Man; Lost in the Stars; Cry, the Beloved Country; Big Mole; A Bird of Passage

Schallplatten:
NY – Columbia KS 32265, Decca DL
   8028, MCA 2071

Hinweis/Film:
Verfilmung des Romans »Cry, the Beloved Country« von Alan Paton, der Vorlage des Musicals.

Cry, the Beloved Country
(Deutscher Titel: DENN SIE SOLLEN GE-
TRÖSTET WERDEN / Amerikanischer Titel:
AFRICAN FURY)
1951, Großbritannien – British Lion As-
sets/London Films, 105 Min.
Deutsche Erstaufführung: 1952
Drehbuch: Alan Paton, nach seinem
gleichnamigen Roman
Darsteller: Canada Lee (Stephen Kumalo, Pfarrer), Albertina Temba (Sarah, seine Frau), Lionel Ngakane (Absalom, bei-
der Sohn), Charles Carson (James Jarvis,
Farmer), Joyce Carey (Margaret, seine
Frau), Sidney Poitier (Reverend Msiman-
gu), Michael Goodliffe (Martens, Leiter
einer Besserungsanstalt), Edric Connor
(John Kumalo, Stephens Bruder), Rib-
bon Dhlamini (Gertrude Kumalo, Ste-
phens Schwester), Vivien Clinton
(Mary), Geoffrey Keen (Father Vincent),
Reginald Ngcobo (Taxi Driver/Taxifah-
rer), Bruce Anderson (Farmer Smith),
Bruce Meredith Smith (Captain Jaars-
veldt), Berdine Grunewald (Mary Jarvis),
Henry Blumenthal (Arthur Jarvis), Max
Dhlamini (Father Thomas), Shayiwa
Riba (Father Tisa), Tsepo Gugushe
(Gertrude's Child/Kind), Charles Mc-
Rae (Kumalo's Friend/Freund), Cyril
Kwaza (Matthew Kumalo), Cecil Cart-
wright (Harrison Sr.), Andrew Kay (Har-
rison Jr.), Evelyn Nayati (Mrs. Lithebe),
Emily Pooe (Mrs. Ndela), Danie Adrew-
mah (Young Man/Junger Mann), Cle-
ment McCallin (1st Reporter), Michael
Golden (2nd Reporter), Stanley Van
Beers (Judge/Richter), John Arnatt (Pri-
son Warden/Gefängnisdirektor), Scott
Harrold (Police Superintendent)
Produzenten: Zoltan Korda, Alan Paton
Regie: Zoltan Korda

LOUISIANA PURCHASE

Musik und Songtexte: Irving Berlin
Buch: Morrie Ryskind, nach einer Idee
von B. G. DeSylva
Premiere in New York, Imperial Theatre:
28. Mai 1940

Personen und die Darsteller der Premiere:

Jim Taylor	William Gaxton
Senator Oliver	Victor Moore
P. Loganberry	
Marina Van	Vera Zorina
Linden	
Madame	Irene Bordoni
Bordelaise	
Dean Manning	Ralph Riggs
Beatrice	Carol Bruce
Emmy-Lou	April Ames
Lee Davis	Nick Long Jr.
Alphonse	Charles La Torre
Sam Liebowitz	John Eilot
Abner	Nicodemus
Colonel Davis	Robert Pitkin
D. Davis Sr.	
Davis D.	Ray Mayer
Davis Jr.	
Secretary	Georgia Carroll
Police Captain	Edward H. Robins
Whitfield	
Drunk	James Phillips
Premier Danseur	Charles Laskey

The Martins: Hugh Martin, Ralph Blane,
Jo Jean Rogers, Phyllis Rogers
The Buccaneers: John Panter, John Eliot,
Don Cortez, James Phillips
Louisiana Belles: Georgia Carroll, Mari-
on Rosamond, Judy Ford, Patricia Lee,
Veva Selwood, Edith Luce

Produzent: B. G. DeSylva
Choreographie: George Balanchine
Regie: Edgar MacGregor
Ort: New Orleans, Louisiana/USA
Zeit: »Gegenwart« (1940)

Handlung: Komödie um Politik, Ver-
führung und Moral. Senator Oliver P. Loganberry wird von Staats wegen nach
New Orleans entsandt, um die undurchsichtige Louisiana Purchase Company
und ihren zwielichtigen Anwalt Jim Taylor zu untersuchen. Es bedarf keiner

großen Mühe, krumme Machenschaften und unehrliche Methoden festzustellen. Durch die Ermittlungstätigkeit Loganberrys aufgeschreckt, überredet eine Gruppe von korrupten Politikern den Anwalt Jim Taylor, er möge den unbequemen Senator in Verruf bringen und ihn erpressen, um ihn auszuschalten. Jim Taylor sichert sich die Unterstützung der verführerischen Tänzerin Marina Van Linden und der kokett flirtenden Madame Bordelaise. Marina schafft es, den moralisch untadeligen Senator Loganberry zu veranlassen, berauschende Drinks zu sich zu nehmen. Als sie sich auf seinen Schoß fallen läßt, wird die kompromittierende Szene sofort fotografiert. Darüber hinaus gelingt es Jim Taylor, den Senator mit weiteren Drinks mattzusetzen, so daß Madame Bordelaise attraktiv in seinem Bett aufgefunden werden kann. Doch der clevere Loganberry zieht sich geschickt aus der Affäre, sehr zum Ärger seiner Gegner. Er heiratet die reizende Madame Bordelaise und sichert sich die Freundschaft von Marina, die dem Beispiel folgen will und entschlossen ist, Jim Taylor zur Heirat zu bewegen.

Film:

Louisiana Purchase
1941, USA – Paramount – Technicolor, 98 Min.
Reduzierte Songs.
Musik und Songtexte: Irving Berlin
Drehbuch: Jerome Chodorov, Joseph Fields, nach dem gleichnamigen Musical

Personen und ihre Darsteller:

Jim Taylor	Bob Hope
Senator Oliver P. Loganberry	Victor Moore
Marina Van Linden	Vera Zorina
Madame Bordelaise	Irene Bordoni
Beatrice	Dona Drake
Colonel Davis Sr.	Raymond Walburn
Thug,»The Shadow«	Maxie Rosenbloom
Davis Jr.	Frank Albertson
Emmy-Lou	Phyllis Ruth
Police Captain Whitfield	Donald MacBride
Dean Manning	Andrew Tombes
Alphonse	Charles La Torre
Speaker of the House	Robert Warwick
Lawyer	Emory Parnell
Lawyer's Secretary	Iris Meredith
Sam	Sam McDaniel
House Detective	Edgar Dearing
Ambulance Driver	William Wright
Taxi Driver	Tom Patricola
Doorman at Club	Floyd Shakelford
Jester	Jack Norton
Danseur	Charles Laskey
Lady-in-Waiting	Alleen Haley
Bellhop	Dave Willock
Radio Commentator	John Hiestand
Man on Stilts	Harold De Garro
Mardi Gras Man	Joseph Siegel
Special Lady	Lillian West
Fuschia Man	Douglas Lean
Club Member	Richard Kipling

Salesladies: Catherine Craig, Frances Gifford
Ladies in Green: Arlyne Varden, Jean Phillips
Drum Majorettes: Jetsy Parker, Maxine Ardell
Sailorettes: Patricia Carey, Ruth Swanson
Jesters: Donald Kerr, Joy Barlowe, Patsy Mace
French Chefs: Jack Chefe, Albert Pollet, Andre Cheron, Albert Godderis, George Nardelli, Constant Franke
Louisiana Belles: Kay Aldridge, Katharine Booth, Alaine Brandes, Barbara Britton, Brooks Evans, Blanche Grady, Lynda Grey, Margaret Mayes, Louise La Planche, Barbara Slater, Eleanor Stewart, Jean Wallace

Produzent: Harold Wilson, B. G. DeSylva
Regie: Irving Cummings

Songs und Musiknummern

Bühne:
Apologia; Sex Marches On; You Can't Brush Me Off; Louisiana Purchase; It's a Lovely Day Tomorrow; Outside of That I Love You; You're Lonely and I'm Lonely; Tonight at the Mardi Gras; Latins Know How; What Chance Have I?; Fools Fall in Love; Old Man's Darling – Young Man's Slave; The Lord Done Fixed Up My Soul
Nicht in der New Yorker Produktion:
It'll Come to You; I'd Like to Be Shot from a Cannon

Film:
Prologue: Take a Letter to Paramount Pictures/Before the Picture Starts; You're Lonely and I'm Lonely; Louisiana Purchase; Dance With Me at the Mardi Gras; It's a Lovely Day Tomorrow (*nur Hintergrundmusik für Titel*)

MAME

Musik und Songtexte: Jerry Herman
Buch: Robert E. Lee, Jerome Lawrence, unter Verwendung ihres Bühnenstücks »Auntie Mame« (1956), nach dem Roman »Auntie Mame; an irreverent escapade« (1954) von Patrick Dennis
Premiere in New York, Winter Garden: 24. Mai 1966

Personen und die Darsteller der Premiere:

Mame Dennis Burnside	Angela Lansbury
Vera Charles	Beatrice Arthur
Agnes Gooch	Jane Connell
Dwight Babcock	Willard Waterman
Patrick Dennis (10)	Frankie Michaels
Patrick Dennis (19–29)	Jerry Lanning
Beauregard Jackson Pickett Burnside	Charles Braswell
Sally Cato	Margaret Hall
M. Lindsay Woolsey	George Coe
Madame Branislowski	Charlotte Jones
Ito	Sab Shimono
Mr. Upson	John C. Becher
Mrs. Upson	Johanna Douglas
Gloria Upson	Diana Walker
Pegeen Ryan	Diane Coupe
Peter Dennis	Michael Maitland
Junior Babcock	Randy Kirby
Mother Burnside	Charlotte Jones
Ralph Devine	Ron Young
Gregor	John Taliaferro
Uncle Jeff	Clifford Fearl
Bishop	Jack Davison
Doorman	Art Matthews
Elevator Boy	Stan Page
Art Model	Jo Tract
Dance Teacher	Johanna Douglas
Leading Man	Jack Davison
Stage Manager	Art Matthews
Cousin	Ruth Ramsey
Messenger	Bill Stanton

Mame's Friends: Diana Baffa, Jack Blackton, David Chaney, Pat Cummings, Jack Davison, Hilda Harris, Tommy Karaty, Nicole Karol, Gene Kelton, Nancy Lynch, Art Matthews, Ross Miles, Stan Page, Ruth Ramsey, Betty Rosebrock, Scotty Salmon, Bella Shalom, Bill Stanton, John Taliaferro, Jo Tract, Jodi Williams, Kathy Wilson

Produzenten: Robert Fryer, Lawrence Carr, Sylvia Harris, Joseph Harris
Choreographie: Onna White
Regie: Gene Saks
Ort: New York und andere Orte in den USA
Zeit: Zwischen 1928 und 1946

Handlung: Gesellschaftskomödie nach eigenen Erlebnissen des Patrick Dennis, Autor des Romans »Auntie Mame«. Die reiche, exzentrische und lebenslustige Mame gefällt sich als Gastgeberin verrückter Partys. Daran ändert sich auch nichts, als sie plötzlich zur Pflegemutter für ihren kleinen Neffen Patrick Dennis wird, der Waise geworden ist. Mit Patrick erscheint sein schüchternes Kindermädchen Agnes Gooch bei Mame und wird in ihrem Haushalt aufgenommen. Mehr und mehr lebt sich Mame in die ungewohnte Mutterrolle ein, doch läßt sie Patrick eine völlig unkonventionelle Erziehung zu-

M

kommen, so wie es ihrer Lebensauffassung entspricht. Oft eckt sie damit an, doch Patrick gefällt's, und auch Agnes lebt auf in der übermütigen Atmosphäre, die Mame um sich verbreitet. Das Börsendesaster von 1929 macht Mame zu einer armen Frau, aber sie läßt sich nicht unterkriegen. Sie versucht, sich, Patrick und ihren kleinen Haushalt durchzubringen, indem sie mit Unterstützung ihrer Freundin Vera in einer Revue auftritt. Doch sie ist ungeschickt und scheitert. In ihrer ungezwungenen Art aber erweckt sie die Liebe des reichen Südstaatlers Beauregard Burnside. Dessen vornehme Familie hat Einwände gegen eine Heirat mit einer Frau, die ihr nicht genehm ist. Mame jedoch gelingt es, Beauregards Mutter für sich zu gewinnen. Mit ihrem Mann verlebt sie glückliche Jahre, bis er durch einen Unfall ums Leben kommt. Wieder muß Mame ihr Schicksal und das von Patrick selbst in die Hand nehmen. Patrick ist inzwischen 19 Jahre alt geworden. Er verehrt Gloria Upson, eine Tochter aus spießiger, neureicher Familie. Mame ist sicher, daß Gloria nicht die Richtige für Patrick ist. Sie beschließt, die bereits geplante Hochzeit zu vereiteln. Als Agnes, unverehelicht, doch mit anderen Umständen gesegnet, wieder bei Mame herzliche Aufnahme findet, sind Glorias Eltern pikiert. Listig nutzt Mame die Situation aus. Sie arrangiert eine ihrer verrückten Partys und sichert sich dazu die Unterstützung der jungen avantgardistischen Innenarchitektin Pegeen, die ihrer Wohnung ein aberwitziges Aussehen verpaßt. Darüber hinaus schockt sie die als Gäste erschienenen Upsons mit der Ankündigung, in der unmittelbaren Nachbarschaft ein Heim für gefallene Mädchen einrichten zu wollen. Entsetzt flüchten die Upsons samt ihrer Tochter Gloria. Patrick aber entdeckt in Pegeen eine Frau, die besser zu ihm paßt. – Neun Jahre später – Patrick und Pegeen sind längst verheiratet – ist Mame dabei, ihren kleinen Enkel Patrick mit auf eine Weltreise zu nehmen, um ihm zu zeigen, wie toll die Welt ist.

Auszeichnungen: 3 Antoinette Perry Awards (Tonys) 1966: Weibliche Hauptrolle–Musical: Angela Lansbury / Männliche Nebenrolle–Musical: Frankie Michaels / Weibliche Nebenrolle–Musical: Beatrice Arthur

Deutschsprachige Erstaufführung (Originaltitel): 1. Oktober 1970, Städtische Bühnen Nürnberg. Autor: Robert Gilbert

Film:

Mame
1974, USA – Warner Bros./American Broadcasting Companies – Panavision/Technicolor, 132 Min.
Deutsche Erstaufführung (Originaltitel): 1976 (TV/ZDF)
Musik und Songtexte: Jerry Herman
Drehbuch: Paul Zindel, nach dem gleichnamigen Musical

Personen und ihre Darsteller:

Mame	Lucille Ball
Beauregard Burnside	Robert Preston
Vera Charles	Beatrice Arthur
Agnes Gooch	Jane Connell
Patrick Dennis (10)	Kirby Furlong
Patrick Dennis	Bruce Davison
Mr. Babcock	John McGiver
Sally Cato	Joyce Van Patten
Gloria Upson	Doria Cook
Mr. Upson	Don Porter
Mrs. Upson	Audrey Christie
Ito	George Chiang
Pegeen	Bobbi Jordan
Peter	Patrick Laborteaux
Mother Burnside	Lucille Benson
Cousin Fan	Ruth McDevitt
Uncle Jeff	Burt Mustin
Ralph Divine, Teacher	Roger Price
Judge Bregoff	John Wheeler
Fred Kates	Ned Wertimer
Bunny	Jerry Ayres
Midge	Michele Nichols
Boyd	Eric Gordon
Emily	Barbara Bosson
Stage Manager	Leonard Stone

Floorwalker	James Brodhead
Fat Lady	Alice Nunn

Produzenten: Robert Fryer, James Cresson

Choreographie: Onna White, Martin Allen

Regie: Gene Saks

Songs und Musiknummern

Bühne:
St. Bridget; It's Today; Open a New Window; The Man in the Moon Is a Lady; My Best Girl; We Need a Little Christmas Now; The Fox Hunt; Mame; The Letter (identisch mit »Mame«); Bosom Buddies; What Do I Do Now?/Gooch's Song; That's How Young I Feel; If He Walked Into My Life

Film:
St. Bridget; It's Today; Open a New Window; The Man in the Moon Is a Lady; My Best Girl; We Need a Little Christmas Now; Mame; The Letter (identisch mit »Mame«); Bosom Buddies; What Do I Do Now?/Gooch's Song; If He Walked Into My Life

Schallplatten:
NY – Columbia KOL 6600/KOS 3000, CBS S 70032
F – Warner Bros. K 56035, Warner Bros. W 2773
St – (D/Heidi Brühl, Klaus Löwitsch) Philips 843974 PY (B)

Vorlage des Musicals:

Bühne:

Theaterstück: *Auntie Mame*
Buch: Jerome Lawrence, Robert E. Lee, nach dem gleichnamigen Roman (1955) von Patrick Dennis
Uraufführung: New York, Broadhurst Theatre: 31. Oktober 1956.
Darsteller: Rosalind Russell (Auntie Mame), Polly Rowles (Vera Charles), Peggy Cass (Agnes Gooch), Marian Winters (Sally Cato MacDougal), Robert Smith (Beauregard Burnside), Robert Higgins (Patrick as Young Man), Jan

Handzlik (Patrick as a Boy), Chris Alexander (Raymond), James Monks (Brian O'Bannion), Beulah Garrick (Norah Muldoon), Yuki Shimoda (Ito), Grant Sullivan (Ralph Devine), John O'Hare (Lindsay Woolsey), William Martel (Bishop Eleftharosees), Robert Allen (Mr. Babcock), Walter Reimer (Lord Dudley), Barry Blake (Emory MacDougal), Joyce Lear (Gloria Upson), Dorothy Blackburn (Doris Upson), Walter Klavun (Claude Upson), Patricia Jenkins (Pegeen Ryan), Ethel Cody (Mother Burnside), Jan Handzlik (Michael Dennis), William Martel (Cousin Jeff), Nan McFarland (Cousin Fan), Frank Roberts (Cousin Moultrie), Geoffrey Bryant (Paper Hanger), Wally Mohr (Stage Manager), William Martel (Theatre Manager), Duane Camp (Assistant Stage Manager), Kip McArdle (Maid), Paul Lilly (Butler), James Field (Leading Man), Kip McArdle (Customer), Barry Towsen (Customer's Son), Cris Alexander (Floorwalker), Paul Lilly (Groom), James Field (Groom), Geoffrey Bryant (Veterinarian), Cris Alexander (Huntsman)
Regie: Morton Da Costa
Auszeichnungen: 1 Antoinette Perry Award (Tony) 1957: Weibliche Nebenrolle–Drama: Peggy Cass, ferner 1 Award (Tony) für den Bühnenbildner Oliver Smith, u. a. für »Auntie Mame«

Anmerkung: Im Verlauf der Erfolgsserie Bühnenstück – Spielfilm – Musical – Film-Musical (einschließlich zahlreicher Bühneninszenierungen) haben bedeutende amerikanische Schauspielerinnen die Titelrolle verkörpert: Rosalind Russell, Angela Lansbury, Dolores Gray, Ginger Rogers, Beatrice Lillie, Constance Bennett, Eve Arden, Greer Garson, Sylvia Sidney, Juliet Prowse, Janis Page, Jane Morgan, Ann Miller, Susan Hayward, Janet Blair, Celeste Holm, Lucille Ball.

Hinweis/Film:
Verfilmung des Theaterstücks AUNTIE MAME, der Vorlage des Musicals.

Auntie Mame
(Deutscher Titel: DIE TOLLE TANTE)
1958, USA – Warner Bros. – Technirama/
Technicolor, 144 Min.
Deutsche Erstaufführung: 1960
Drehbuch: Betty Comden, Adolph
Green, nach dem gleichnamigen Bühnenstück von Jerome Lawrence und Robert
E. Lee, auf der Basis des Romans von Patrick Dennis
Darsteller: Rosalind Russell (Auntie
Mame Dennis), Forrest Tucker (Beauregard Burnside), Coral Browne (Vera
Charles), Fred Clark (Mr. Babcock), Roger Smith (Patrick Dennis), Patric
Knowles (Lindsay Woolsay), Peggy Cass
(Agnes Gooch), Jan Handzlik (Patrick as
a Boy), Joanna Barnes (Gloria Upson),
Pippa Scott (Pegeen Ryan), Lee Patrick
(Mrs. Upson), Willard Waterman (Mr.
Upson), Robin Hughes (Brian O'Bannion), Connie Gilchrist (Norah Muldoon),
Yuki Shimoda (Ito), Brook Byron (Sally
Cato), Carol Veazie (Mrs. Burnside),
Henry Brandon (Acacius Page), Butch
Hengen (Emory), Doye O'Dell (Cousin
Jeff), Terry Kelman (Michael), Morton
Da Costa (Edwin Dennis), Gregory Gay
(Vladimir Klinkoff), Gladys Roach (Mrs.
Klinkoff), Booth Colman (Perry), Charles
Heard (Dr. Feuchtwanger), Robert Gates
(Lord Dudley), Mark Dana (Reginald),
Dick Reeves (Mr. Krantz), Barbara Pepper (Mrs. Krantz), Chris Alexander (Mr.
Loomis), Ruth Warren (Mrs. Jennings),
Rand Harper (Pianist), Dub Taylor (Veterinarian), Evelyn Ceder (Woman in
White), Paul Davis (Stage Manager),
Olive Blakeney (Dowager-Type Lady),
Margaret Dumont (Noblewoman), Owen
McGiveney (Man with Monocle)
Produzent: Morton Da Costa
Regie: Morton Da Costa

MAN OF LA MANCHA
(Deutscher Titel: DER MANN VON LA
MANCHA)

Musik: Mitch Leigh
Songtexte: Joe Darion
Buch: Dale Wasserman, nach seinem

Fernsehspiel »I, Don Quixote« (1959),
unter Verwendung von Motiven und Episoden aus den »Don Quixote«-Romanen
(1605 und 1615) von Miguel de Cervantes
Saavedra
Premiere in New York, ANTA Washington Square Theatre: 22. November 1965

Personen und die Darsteller der Premiere:

Don Quixote/	Richard Kiley
Cervantes	
Aldonza	Joan Diener
Sancho Panza	Irving Jacobson
The Innkeeper	Ray Middleton
The Padre	Robert Rounseville
Dr. Carrasco	Jon Cypher
Antonia	Mimi Turque
The Barber	Gino Conforti
Pedro, Head	Shev Rodgers
Muleteer	
Muleteers:	
Anselmo	Harry Theyard
Jose	Eddie Roll
Juan	John Aristides
Paco	Anthony De Vecchi
Tenorio	Fernando Grahal
The Housekeeper	Eleanore Knapp
Maria, the Inn-	Marceline Decker
keeper's Wife	
Fermina, a Slavey	Gerrianne Raphael
Captain of the	Renato Cibelli
Inquisition	
Guitarist	David Serva

Guards and Men of the Inquisition: Ray
Dash, Jason Reed, Dwight Frye, Roger
Morden, Jonathan Fox
Produzenten: Albert W. Selden, Hal
James
Choreographie: Jack Cole
Regie: Albert Marre
Ort: Ein Kerker in Sevilla und Orte in der
Mancha, Spanien
Zeit: Um 1610

Handlung: Wie die Vorlage: eine Parodie
auf vergangenes Rittertum. Der Dichter
Cervantes, von der Inquisition angeklagt
und mit seinem Diener und seinen wenigen Habseligkeiten in einen Kerker verbannt, verteidigt sein Manuskript »Don
Quixote« gegen Verhöhnung und drohende Vernichtung durch die engstirni-

gen, primitiven, törichten Mitgefangenen. In aufwühlender, mitreißender Schilderung läßt er die Leidensgenossen an seinen Phantasiegeschichten teilhaben. Sich selbst versetzt er in die Hauptperson seiner Erzählung, den verarmten Landjunker Alonso Quijano, dessen verwirrter Geist ihn als Don Quixote die Abenteuer des Ritters von der traurigen Gestalt erleben läßt.

Alonso Quijano legt eine alte Ritterrüstung an, gibt sich den stolzen Namen Don Quixote, gewinnt den einfältigen, aber pfiffigen Bauern Sancho Pansa als treuen Begleiter und zieht auf seinem alten Klepper Rosinante in die Welt, um als edler Ritter gegen das Böse zu streiten. Er kämpft mit den Flügeln einer Windmühle, in der er einen gefährlichen Zauberer vermutet, sieht in einem verkommenen Landgasthof ein würdevolles Schloß und in der liederlichen Magd Aldonza ein Edelfräulein, das in seinen Vorstellungen zur Dame seines Herzens wird und dem er den Namen Dulcinea gibt. In einer Bartschüssel, dem Utensil eines vorüberziehenden Barbiers, glaubt Don Quixote den berühmten Goldenen Helm von Mambrino entdeckt zu haben und eignet sich den Gegenstand als Trophäe an. Die Magd Aldonza hat Mühe, sich einer Horde rüder Maultiertreiber zu erwehren; Don Quixote schlägt sich heldenhaft für sie und fügt den Gegnern erhebliche Wunden zu. Der ungehobelte Schenkenwirt, den Don Quixote für einen Schloßherrn hält, läßt sich überreden, dem närrischen Junker den Ritterschlag zu geben, was Don Quixote mit höchster Befriedigung erfüllt. Doch als er erneut für seine »Dulcinea« eintreten muß, weil die Maultiertreiber über Aldonza herfallen, erleidet er eine Niederlage und wird verprügelt. Schwach, aber unternehmungslustig, zieht er mit Sancho Pansa weiter, gerät aber in die Hände einer Räuberbande und wird erneut geschunden. In den Gasthof zurückgekehrt, konfrontiert ihn das Schicksal mit dem Arzt Sanson Carrasco, der von den Angehörigen Quijanos ausgeschickt wurde,

um den Verwirrten zurückzuholen. Als »Spiegelritter« auftretend, besiegt Carrasco den »Ritter« Don Quixote und führt ihn heim. Alonso Quijano ist am Ende seiner Tage angekommen. Die Verwirrtheit weicht von ihm, er kann wieder klar denken. Da erscheint Aldonza bei ihm, dem edlen Ritter, am Sterbebett. Ihre Anwesenheit weckt in ihm die Erinnerung an seine Heldentaten. Erneut will er als Don Quixote fortziehen, doch er stirbt. – Als Cervantes mit seinem Diener zur Gerichtsverhandlung vor der Inquisition aus dem Kerker geholt wird, hat er die Mitgefangenen vom Wert seines beschriebenen Papiers überzeugt, und sie gestatten ihm, es zu behalten.

Anmerkung: Miguel de Cervantes Saavedra (1547–1616), spanischer Schriftsteller mit abenteuerlichem und teilweise leidvollem Leben. Das Musical basiert auf seinen Romanen »El ingenioso hidalgo don Quixote de la Mancha« (1. Teil 1605, 2. Teil 1615) (deutsch unter diversen Titeln, u. a. »Der geistvolle Ritter Don Quixote von der Mancha«). Es verwendet Motive und Episoden in vereinfachter, teilweise abgewandelter und neu zusammengestellter Form und umgibt die Abenteuer des Don Quixote (auch: Don Quijote oder Don Quichotte) mit einer Rahmenhandlung, in der der Dichter selbst einer Gruppe unkultivierten Gesindels sein Werk interpretiert. Die Rahmenhandlung bezieht das Motiv aus der Lebensgeschichte des Dichters Cervantes, der im Laufe seines bewegten, oft harten Daseins auch mit der Inquisition in Konflikt kam. Sein zweiteiliger Roman über Don Quixote zählt zu den unvergänglichen Werken der Weltliteratur.

Auszeichnungen: 5 Antoinette Perry Awards (Tonys) 1966: Bestes Musical / Männliche Hauptrolle–Musical: Richard Kiley / Regie–Musical: Albert Marre / Komposition und Songtexte: Mitch Leigh, Joe Darion / Bühnenbild: Howard Bay

Deutschsprachige Erstaufführung: 4. Januar 1968, Theater an der Wien, Wien. Autor: Robert Gilbert

Film:

Man of La Mancha
(Deutscher Titel: DER MANN VON LA MANCHA)
1972, USA/Italien – United Artists/PEA (Produzioni Europee Associate) – Color DeLuxe, 135 Min.
Deutsche Erstaufführung: 1974 (TV/ZDF)
Musik: Mitch Leigh
Songtexte: Joe Darion
Drehbuch: Dale Wasserman, nach dem gleichnamigen Musical

Personen und ihre Darsteller:

Miguel de Cervantes/Don Quixote de la Mancha/Alonso Quijano	Peter O'Toole (Gesangsstimme: Simon Gilbert)
Aldonza/Dulcinea	Sophia Loren
Cervantes' Manservant/Sancho Panza	James Coco
The Governor/Innkeeper	Harry Andrews
Sanson Carrasco/Duke/Black Knight/Knight of the Mirrors	John Castle
Pedro	Brian Blessed
Padre	Ian Richardson
Antonia/ The Lady in White	Julie Gregg
Housekeeper	Rosalie Crutchley
Barber	Gino Conforti
Captain of the Guard	Marne Maitland
Fermina	Miriam Acevede
Maria/Innkeeper's Wife	Dorothy Sinclair

The Muleteers: Dominic Barto, Poldo Bendandi, Peppi Borza, Mario Donen, Fred Evans, Francesco Ferrini, Paolo Gozlino, Teddy Green, Peter Johnston, Roy Jones, Connel Miles, Steffen Zacharias, Lou Zamprogna, Calogero Caruana, Rolando de Santis

Produzenten: Arthur Hiller, Alberto Grimaldi
Choreographie: Gillian Lynne
Regie: Arthur Hiller

Songs und Musiknummern

Bühne:
Man of La Mancha (I, Don Quixote); It's All the Same; Dulcinea; I'm Only Thinking of Him; I Really Like Him; What Does He Want of Me?; Little Bird, Little Bird; Oh, I Am a Little Barber/Barber's Song; Golden Helmet of Mambrino; To Each His Dulcinea; The Impossible Dream/The Quest (Er träumt den unmöglichen Traum); The Combat; Knight of the Woeful Countenance/The Dubbing; The Abduction; Moorish Dance (instr.); Aldonza; The Knight of the Mirrors (instr.); A Little Gossip; The Psalm

Film:
Man of La Mancha; It's All the Same; Dulcinea; I'm Only Thinking of Him; I Really Like Him; Little Bird, Little Bird; Barber's Song; Golden Helmet of Mambrino; The Impossible Dream; The Dubbing; Life As It Really Is; Aldonza; A Little Gossip; The Psalm

Schallplatten:
NY – Kapp S 4505, MCA 2018
L – (1968) MCA 10010
F – United Artists UAS 9906, United Artists UAS 29422
D/B – (1968) Polydor 249219

Vorlage des Musicals:

Fernsehspiel: *I, Don Quixote*
Buch: Dale Wasserman, nach den Erzählungen »El ingenioso hidalgo don Quixote de la Mancha« von Miguel de Cervantes Saavedra
Erstsendung: 13. Januar 1952, CBS/DuPont Show of the Month
Darsteller: Lee J. Cobb (Don Miguel de Cervantes / Don Quixote de La Mancha), Eli Wallach (Sancho Panza), Colleen Dewhurst (Aldonza), Hurd Hatfield (Sanson Carrasco), Joanne Linville (Antonia), Mark Lenard (Pedro), Jeremiah Morris (Tenorio), Boris Tumarin (Padre), James Patterson (Anselmo), Eva Reis-Merrin (Maria), Louis Zorich (Innkeeper), Al Mancini (Nicholas), Leonardo Cimino (Monlpodio), Peter Donat

(Duke), Gerald Price (Lobillo), Jack Bittner (Jailer), Renato Cibelli (Doctor), Louis Guss (El Scorpio), Joseph Elic (Centipede), James Ambandoes (Barber), Sam Taskyn (Judas Macabeo)
Produzent: David Susskind
Regie: Karl Jenus

Hinweis/Bühne:
Die Erzählungen des spanischen Dichters Miguel de Cervantes Saavedra von Don Quixote, dem »Ritter von der traurigen Gestalt«, und seinem treuen Knappen Sancho Pansa sind über Jahrhunderte hinweg immer wieder in heiterer oder tragikomischer Form dramatisiert worden, u. a. auch vielfältig für das Musiktheater, so in den nachfolgend genannten Werken.

Oper: *Don Chisciotte della Mancia*
Musik: Carlo Sajon
Autor: Marco Morosini
Venedig, Teatro di Canal Regio: 1680

Tragikomische Oper: *Don Chisciotte in Sierra Morena*
Musik: Francesco Bartolomeo Conti (Ballettmusik: Nicola Matteis)
Autoren: Apostolo Zeno, Pietro Pariati
Wien, Kleines Theater in der Burg: 11. Februar 1719

Tragikomische Oper: *Don Chisciotte in corte della Duchessa*
Musik: Antonio Caldara (Ballettmusik: Nicola Matteis)
Autor: Giovanni Claudio Pasquini
Wien, Kleines Theater in der Burg: 6. Februar 1727

Komische Oper: *Sancio Pansa, governatore dell'isola Barataria*
Musik: Antonio Caldara (Ballettmusik: Nicola Matteis)
Autor: Giovanni Claudio Pasquini
Wien, Kleines Theater in der Burg: 27. Januar 1733

Ballettoper: *Don Quichotte chez la duchesse*
Musik: Joseph Bodin de Boismortier
Autor: Charles Simon Favart

Paris, Academy royale de musique: 12. Februar 1743

Komische Oper (Ein Akt): *Sancho Pança dans son isle*
Musik: François André (Danican) Philidor
Autor: Antoine Alexandre Henri Poinsinet
Paris, Comédie Italienne: 8. Februar 1762

Komische Oper: *Don Chisciotte della Mancia*
Musik: Giovanni Paisiello
Autor: Giovanni Battista Lorenzi
Neapel, Teatro Fiorentini: Sommer 1769

Oper: *Don Chisciotte alla nozze di gamazzo*
Musik: Antonio Salieri (mit Arien von Giovanni Paisiello)
Autor: Gaston Boccherini
Wien, Burgtheater: 1770

Oper: *Don Chisciotte della Mancia*
Musik: Niccolò Piccinni
Neapel, Teatro Fiorentini: Sommer 1773

Ballett: *Dom Quichotte*
Musik: Josef Starzer
Choreographie: Jean-Georges Noverre
Wien: 1786

Komische Oper: *Don Quixote und Sancho Pansa*
Musik: Franz Gerl
Autor: Karl Ludwig Giesecke
Wien, Wiedner-Theater: 17. April 1790

Oper: *Don Chisciotte – il cavaliere errante*
Musik: Angelo Tarchi
Paris, Théâtre de Monsieur: 2. August 1790

Singspiel: *Don Quixote – der irrende Ritter von der traurigen Gestalt*
Musik: Franz Dunkel
Autor: Herrmann
Dresden: 18. Juli 1799

Komische Oper: *Don Chisciotte*
Musik: Pietro Generali
Autor: Gaetano Rossi
Mailand, Scala: April 1805

Komische Oper: *Don Chisciotte*
Musik: Alberto Mazzucato
Autor: Jacopo Crescini
Mailand, Teatro Canobbiana: 26. April 1836

Oper: *An Adventure of Don Quixote*
Musik: George Alexander Macfarren Jr.
Autor: George Macfarren Sr.
London, Drury Lane Theatre: 3. Februar 1846

Operette: *Don Quichotte et Sancho*
Musik: Antoine Louis Clapisson
Paris, Opéra comique: 11. Februar 1847

Komische Oper: *Don Chisciotte della Mancia*
Musik: Carlo Rispo
Autor: Angelo Tiby
Neapel, Teatro nuovo: 12. Februar 1859

Komische Oper: *Don Quichotte*
Musik: Ernest Henry Alex. Boulanger
Autoren: Michel Carré, Jules Paul Barbier
Paris, Théâtre lyrique: 12. Mai 1869

Ballett: *Don Kichot*
Musik: Ludwig Minkus
Libretto/Choreographie: Marius Petipa
Moskau, Bolschoi-Theater: 14. Dezember 1869

Posse mit Musik: *Don Quixote*
Musik: Gustav Seydel
Autor: August Finke
Berlin, Woltersdorf-Theater: 9. Oktober 1870

Operette (Ein Akt): *Don Quichotte*
Musik: Emile Pessard
Autor: Jules Deschamps
Paris, Salle Erard: 13. Februar 1874

Komische Oper: *Don Quixote*
Musik: Frederick Clay
Autor: W. S. (William Schwenk) Gilbert
London, Strand Theatre: 25. September 1876

Operette: *Don Quixote*
Musik: Louis Roth, Max von Weinzierl
Autor: Karl Gründorf
Wien, Ringtheater: 15. Februar 1879

Heroisch-komische Oper: *Don Chisciotte*
Musik: Luigi Ricci Jr.
Autor: E. Fiorentino, A. Gallo
Venedig, Teatro Malibran: 4. Februar 1881

Musical (Amerikanische Operette): *Don Quixote*
Musik: Reginald De Koven
Autor: Harry B. Smith
Boston: 18. November 1889

Oper: *A Modern Don Quixote*
Musik: John Crook
Autor: George Dance
London, Strand Theatre: 25. September 1893

Komische Oper: *Sancho Pança*
Musik: Emile Jacques-Dalcroze
Autor: Robert Yve-Plessis
Genf: 13. Dezember 1897

Musikalische Tragikomödie: *Don Quixote*
Musik: Wilhelm Kienzl
Autor: Wilhelm Kienzl
Berlin, Königliche Oper: 8. November 1898

Musikalische Komödie: *Don Quichotte, le chevalier de la longue figure*
Musik: Emile Vuillermoz
Autor: J. Lorrain
Paris, Théâtre Trianon: 2. April 1904

Musikalische Tragikomödie: *Don Quijote*
Musik: Anton Beer-Walbrunn
Autor: Georg Fuchs
München, Hoftheater: 1. Januar 1908

Komische Oper: *Don Chisciotte*
Musik: Simone Besi
Autor: Lorenzo Coleschi
San Sepolcro, Teatro Dante: 18. April 1908

Oper: *Don Quichotte*
Musik: Jules Émile Frédéric Massenet
Autor: Henri Cain, nach der Komödie »Don Quichotte – Le chevalier de la longue figure« (1904) von Jacques le Lorrain
Monte Carlo, Théâtre du Casino: 19. Februar 1910

Oper: *Don Chisciotte*
Musik: Francesco Pasini
Autor: Rinaldo di Cagliostro
Florenz, Teatro Verdi: 9. April 1910

Operette (Ein Akt): *Don Quixotte*
Musik: Richard Heuberger
Autoren: Fritz Grünbaum, Heinz Reichert
Wien, Vergnügungsetablissement »Hölle«: 1. Dezember 1910

Komische Oper: *Don Chisciotte*
Musik: Guido Dall'Orso
Autor: Ceccardi Celeardo Roccatagliata
Genua, Teatro Carlo Felice: 4. März 1916

Marionetten-Oper (Ein Akt): *El retablo de maese Pedro/Meister Pedros Puppenspiel*
Musik: Manuel de Falla
Autor: Manuel de Falla, nach einer Episode (Teil II, Kap. 25/26) aus »Don Quixote« von Cervantes
Paris, Palais Princesse de Polignac: 25. Juni 1923
(Zuvor konzertante Aufführung: Sevilla, Teatro S. Fernando: 23. März 1923)

Oper: *Don Quijote*
Musik: Gerhard Maasz
Autor: Dirks Paulun
Hamburg: 24. Oktober 1947

Ballett: *Le portrait de Don Quichote*
Musik: Goffredo Petrassi
Libretto und Choreographie: Aurel M. Milloss
Paris, Théâtre des Champs-Elysées: 21. November 1947

Ballett: *Don Quixote*
Musik: Leo Spiehs
Libretto und Choreographie: Tatjana Gsovsky
Berlin, Deutsche Staatsoper: 11. November 1949

Oper: *Don Quichote*
Musik: Cristobal Halffter
Buch nach »Don Quixote« von Cervantes
Düsseldorf: 1970

Hinweis/Film:
Nach den Erzählungen »El ingenioso hidalgo don Quixote de la Mancha« von Miguel de Cervantes Saavedra (hier »›Don Quixote‹ von Cervantes« genannt) entstanden Verfilmungen der unterschiedlichsten Art, so die folgenden.

Don Quichotte
Stummfilm/1903, Frankreich (Kurz)
Buch nach »Don Quixote« von Cervantes
Regie: Ferdinand Zecca, Lucien Nonguet

Don Quixote
Stummfilm/1908, Spanien (Kurz)
Buch nach »Don Quixote« von Cervantes
Regie: Narciso Cuyás

*La toile d'araignée merveilleuse/*auch: *Aventures de Don Quichotte*
Stummfilm/1908, Frankreich (Kurz)
Buch frei nach »Don Quixote« von Cervantes
Regie: Georges Méliès

Don Quixote's Dream
Stummfilm/1908, Großbritannien – Hepworth, 250 ft/76,2 m (ca. 2,5 Min.)
Buch frei nach »Don Quixote« von Cervantes
Regie: Lewin Fitzhamon

Don Quichotte
Stummfilm/1913, Frankreich (Kurz)
Buch nach »Don Quixote« von Cervantes
Hauptdarsteller: Claude Garry
Regie: Camille de Morlhon

Don Quichotte
Stummfilm/1915, Italien
Drehbuch nach »Don Quixote« von Cervantes
Hauptdarsteller: Gina Montes, Daisy Ford, Arduina la Pucci
Regie: Amleto Palermi

Don Quixote
Stummfilm/1916, USA – Triangle/Fine Arts Pictures (5 Rollen)
Drehbuch: Chester Withey, nach »Don Quixote« von Cervantes
Darsteller: De Wolf Hopper (Don Quixote), Fay Tincher (Dulcinea), Max Davidson (Sancho Panza), Rhea Mitchell (Lu-

cinda), Chester Withey (Don Fernando), Julia Faye (Dorothea), George Walsh (Cardino), Carl Stockdale (The Alcalde), Edward Dillon (The Muleteer), William Brown (Innkeeper), Monte Blue (Bandit), John Hamilton
Regie: Edward Dillon

Don Quixote
Stummfilm/1923, Großbritannien – Stoll Pictures, 4200 ft/1280 m (47 Min.)
Drehbuch: Sinclair Hill, nach »Don Quixote« von Cervantes
Darsteller: Jerrold Robertshaw (Don Quixote), George Robey (Sancho Panza), Minna Leslie (Dulcinea), Bertram Burleigh (Carrasco), Sydney Fairbrother (Terezo), Edward O'Neill (The Duke), Marie Blanche (The Duchess), Frank Arlton (Father Perez), Adeline Hayden Coffin (Housekeeper)
Regie: Maurice Elvey

Don Quixote
(Deutscher Titel: DON QUICHOTTE VON LA MANCHA – DER RITTER VON DER TRAURIGEN GESTALT)
Stummfilm/1926, Dänemark – Palladium, 3280 ft/1000 m (37 Min.)
Deutsche Erstaufführung: 1926
Drehbuch: Lau Lauritzen, nach »Don Quixote« von Cervantes
Darsteller: Carl Schenstrøm / Pat (Don Quixote), Harald Madsen / Patachon (Sancho Panza), Carmen Villa (Lucinda), Lise Bauditz (Dorothea), Svend Melsing (Cardenio), Carl Hillebrandt (Fernando), Vera Hansen (Don Quixotes søsterbarn/Nichte), Agis Winding (Husholdersken/Haushälterin), Christian Schrøder (Præsten/Priester), Regnar Bjelke (Barberen/Barbier), Torben Meyer (Sancho Carrasco), Philip Bech (Lucindas fader/Vater), Vera Lindstrøm (Lucindas moder/Mutter)
Regie: Lau Lauritzen

Don Quichotte
1932, Frankreich/Großbritannien – Nelson-Vandor-Film/United Artists, 120 Min.
Deutsche Erstaufführung (Originaltitel): 1968 (ARD)

Drehbuch: Paul Morand, Alexandre Arnoux, nach »Don Quixote« von Cervantes
Darsteller: Fedor Chaliapine (Don Quichotte), Dorville (Sancho Pança), Renée Vallier (Dulcinée), Mady Berry (La femme de Sancho), Mireille Balin (La nièce de Don Quichotte), Jean de Limur (Le duc), Arlette Marchal (La duchesse), René Donnio (Carrasco), Charles Martinelli (Le chef de la police), Genica Athanasiou (La servante), Léon Larive und Pierre Labry (Les aubergistes), Wladimir Sokoloff, Charles Léger, Mafer, Pierre-Louis
Regie: G. W. (Georg Wilhelm) Pabst
Lied: Sierra Nevada (Alexander S. Dargomyshski/K)

Anmerkung: Englische Version dieses Films (1933, 80 Min.) unter dem Titel

Don Quixote
Autor: John Farrow, nach der französischen Originalfassung
Darsteller: Feodor Chaliapin (Don Quixote), George Robey (Sancho Panza), Renée Valliers (Dulcinea), Emily Fitzroy (Sancho's Wife), Sidney Fox (Quixote's Niece), Miles Mander (Duke), Lydia Sherwood (Duchess), Oscar Asche (Police Captain), René Donnio (Carrasco), Genica Anet (Servant), Frank Stanmore (Priest), Wally Patch (Gypsy King)
Regie: G. W. (Georg Wilhelm) Pabst

Anmerkung: Der berühmte Bassist Fedor Schaljapin (Fyodor Chaljapin/Shalyapin) hatte bereits bei der Uraufführung der Oper »Don Quichotte« (Musik: Jules Massenet / Monte Carlo, 19. Februar 1910) die Titelrolle verkörpert.

Don Quijote de la Mancha
1948, Spanien – Cifesa-Producción
Drehbuch: Rafael Gil, nach »Don Quixote« von Cervantes (Bearbeitung: Antonio Abad Ojuel)
Darsteller: Rafael Rivelles (Don Quijote), Juan Calvo (Sancho Panza), Fernando Rey (Bachiller Sansón Carrasco), Manolo Moran (Maese Nicolás, el barbero), Sara Montiel (Antonia, la sobrina), Juan

Espantaleon (Pero Pérez, el cura), Guillermo Marin (El duque), Guillermina Grin (La duquesa), Nani Fernandez (Dorotea), Jose Maria Seoane (Cardenio), Carmen de Lucio (Tolosa), Julia Lajos (Ventera), Milagros Leal (Molinera), Manuel Requena (Ventero 1.°), Felix Fernandez (Ventero 2.°), Eduardo Fajardo (Don Fernando), Julia Caba Alba (El ama), Maruja Asquerino (Luscinda), Arturo Marin (Mayordomo – Dueña Dolorida), Casimiro Hurtado (Barbero 2.°), Matilde Conesa (Hija de los venteros), Fernando Aguirre (Tomé Cecial), Emilio Santiango (Labriego Pedro Alonso), Mari Cruz Fuentes (Maritornes), Manuel Guitian (Arriero Gaytanejo), Jose Cuenca (Mercader), Alfredo Fraile (Fraile 1.°), Angel Alvarez (Fraile 2.°), Julia Pachelo (Señora), Jose Prada (Vizcaíno), Manuel San Roman (Guardián 1.°), Jose Jaspe (Ginés de Pasamonte), Angel de Andres (Caballero 1.°), Conrado San Martin (Caballero 2.°), Matilde Artero (Doña Rodríguez), Agustin Laguilhoat (Sabio Alquife), Antonio Almoros (Merlín), Rafael Romero-Marchent (Lacayo –Dulcinea), Santiago Rivero (Insulano 1.°), Mariano Alcon (Insulano 2.°), Francisco Bernal (Labrador), Juan Vazquez (Sastre), Antonio Riquelme (Porquero), Candida Losada (Mujer), Enrique Herreros (Doctor Pedro Recio), Rafael Duran (Voz en el paso de tiempo), Jose Santoncha und Luis Rivera (Galeotes)
Regie: Rafael Gil

Don Kichot
(Deutscher Titel: DON QUICHOTTE)
1957, Sowjetunion – Lenfilm – Sovscope/ Sovcolor, 110 Min.
Deutsche Erstaufführung: 1958
Drehbuch: E. Schwarz, nach »Don Quixote« von Cervantes
Darsteller: Nikolai Tscherkassow (Don Quichotte von La Mancha), Juri Tolubejew (Sancho Pansa), L. Kasjanowa (Aldonsa), Serafina Birman (Haushälterin), S. Grigorjewa (Nichte), W. Maximow (Pfarrer), W. Kolpakow (Barbier), T. Agamirowa (Altisidora), G. Wizin (Car-

rasco), B. Frejndlich (Herzog), L. Wertinskaja (Herzogin), G. Woltschek (Maritornes), O. Wikland (Bäuerin), A. Benjaminow (Hirte), S. Zomajew (Andres), Wladimir Wassiljew, N. Anissimova, C. Batolowa, I. Belakij, W. Kowel, M. Korolew, L. Lezkij, G. Malyschew, G. Ossipenko, W. Ossipow, A. Rosanow
Regie: Grigori Kosinzew

Don Chisciotte e Sancho Panza
1968, Italien – Gino Mordini für Claudia Cinematografica – Breitwand/ Eastmancolor
Drehbuch: Giovanni Grimaldi, nach »Don Quixote« von Cervantes
Darsteller: Franco Franchi, Ciccio Ingrassia, Fulvia Fraco, Umberto D'Orsi, Franco Giacobini, Paolo Carlini
Regie: Giovanni Grimaldi

Don Quijote
1972, Mexiko/Spanien
Drehbuch nach »Don Quixote« von Cervantes
Darsteller: Fernando Fernan Gómez (Don Quijote), Mario Moreno Cantinflas (Sancho Panza), Maria Fernanda d'Ocon (Dulcinea)
Regie: Roberto Gavaldón

Don Quixote
1973, Großbritannien/Australien – Continental Films – Eastmancolor, 107 Min.
Deutsche Erstaufführung (Originaltitel): 1977
Ballettfilm.
Buch: Ballett von Marius Petipa, nach »Don Quixote« von Cervantes
Musik: Ludwig Minkus (Erstaufführung: 1869 Moskau, Bolschoi-Theater)
Darsteller: Robert Helpmann (Don Quixote), Ray Powell (Sancho Panza), Rudolf Nureyev (Basilio), Francis Croese (Lorenzo), Lucette Aldous (Kitri), Colin Peasley (Gamache), Kelvin Coe (Espada), Gailene Stock und Carolyn Rappel (Kitri's Friends), Marilyn Rowe (Street Dancer/Queen of the Dryads), Susan Dains (Gypsy Queen), Ronald Bekker (Gypsy King), Alan Alder, Paul Saliba

(Gypsy Dancers), Julie da Costa, Leigh Rowles (Gypsy Girls), Lucette Aldous (Dulcinea), Patricia Cox (Cupid), Janet Vernon, Gary Norman (Fandango Couple)
(Matadors): Ronald Bekker, John Meehan, Tex McNeill, Rodney Smith, Joseph Janusaitis, Frederic Wener
Produzent: John Hargreaves
Choreographie: Rudolf Nureyev (nach Marius Petipa)
Regie: Rudolf Nureyev, Robert Helpmann

Dünki-Schott
1986, Schweiz – Bernard Lang/Maran-Film/Süddeutscher Rundfunk – Color, 88 Min.
Veränderte, in die moderne Schweiz verlegte, kabarettistische Handlung.
Drehbuch: Franz Hohler, Tobias Wyss, frei nach Motiven aus »Don Quixote« von Cervantes
Darsteller: Franz Hohler (Dünki-Schott), René Quellet (Santschi), Dodo Hug (Döltschi Bea), Elisabeth Müller-Hirsch (Frau Rüegg), Christel Foertsch (Pia), Jodok Seidel (Dr. Indermühle), Herbert Leiser (Leutnant Witschi), Walter Hess, Heinz Bühlmann, Hans Rudolf Twerenbold, Heinz Müller, Hans Heinrich Rüegg
Produzenten: Bernard Lang, Alfred Richterich, Walter Schech
Regie: Tobias Wyss, Hans Liechti

Nach Motiven aus »Don Quixote« entstanden auch *Zeichentrickfilme,* so die nachfolgend genannten.

Don Quichotte
1909, Frankreich, von Émile Cohl
Don Quixote
1934, USA – Celebrity Production – Color, von Ub Iwerks (1 Rolle)
Don Quijote
1960, Jugoslawien – Color, von Vlado Kristl (ca. 10 Min.)

Ein mexikanisches Filmprojekt »Don Quixote« von Orson Welles blieb unvollendet:

Don Quixote
(1955) Mexiko (unvollendet)
Drehbuch: Orson Welles
Darsteller: Francisco Reiguera (Don Quixote), Akim Tamiroff (Sancho Panza), Patty McCormick (Dulcinea), Orson Welles (Narrator)
Produzenten: Oscar Dancigers, Orson Welles
Regie: Orson Welles

Frei nach Motiven aus »Don Quixote« von Cervantes ist der Film »Dulcinea« von 1962 gestaltet. (Don Quixote erscheint in diesem Film nur auf dem Sterbebett, von hinten gefilmt):

Dulcinea
1962, Spanien/Italien/Deutschland – Aspa Producciones Cinematograficas/Nini-films /Eichberg Films, 102 Min.
Drehbuch: Vicente Escrivá, nach dem französischen Schauspiel »Dulcinée« (1938) von Gaston Baty auf der Basis einer Episode aus »Don Quixote« von Cervantes
Darsteller: Millie Perkins (Aldonza/Dulcinea), Folco Lulli (Sancho), Cameron Mitchell (Priester), Walter Santesso (Diego), Vittoria Prada, Hans Söhnker, José Rubio, Antonio Garisa, Ana Maria Koe, Andrés Mejuto
Regie: Vicente Escrivá

Episoden aus der Jugendzeit des Dichters Miguel de Cervantes Saavedra vermittelt der Film:

Le avventure e gli amori di Miguel Cervantes/Les aventures extraordinaires de Cervantes/Cervantes
(Deutscher Titel: CERVANTES – DER ABENTEURER DES KÖNIGS)
1967, Italien/Frankreich/Spanien – Proctor, Rom/Procinex, Paris/Prisma S. A., Madrid – Supertotalvision/Eastmancolor, 94 Min.
Deutsche Erstaufführung: 1968
Drehbuch: Enrique Llovet, Enrico Bomba, David Karp, nach dem Roman »Cervantes« (1934) des deutschen Schriftstellers Bruno Frank

Darsteller: Horst Buchholz (Miguel de Cervantes), Gina Lollobrigida (Giulia), José Ferrer (Hassan Bey), Louis Jourdan (Cardinal Acquaviva), Francisco Rabal (Rodrigo), Fernando Ray (Philipp II.), Soledad Miranda (Nessa), Maurice de Canonge, Antonio Casas, Angel de Pozo, José Jaspe, Ricardo Palacios, Claudine Dalmas, Jose Nieto, Enzo Curcio, Gaudenzio de Pietro, Tizzieno Cartini
Produzenten: Alexander Salkind, Pier Luigi Torri
Regie: Vincent Sherman
Anmerkung: Im amerikanischen Fernsehen auch unter dem Titel YOUNG REBEL.

Eine Tanzszene aus dem Ballett »Don Kichot« (Musik: Ludwig Minkus) ist enthalten in dem russischen Farbfilm »Bolschoi Ballett 67« (1966), getanzt von Maya Samokhvalowa.

MAYTIME

Musik: Sigmund Romberg
Songtexte: Rida Johnson Young (und Cyrus Wood)
Buch: Rida Johnson Young, auf der Basis der Handlung der deutschen Operette »Wie einst im Mai« (1913) – Autoren: Rudolf Bernauer, Rudolph Schanzer (Neue Musik!)
Premiere in New York, Shubert Theatre: 16. August 1917

Personen und die Darsteller der Premiere:
– Act I / 1840 –

John Wayne	Richard Morgan
Colonel Van Zandt	Carl Stall
Ottillie, his Daughter	Peggy Wood
Richard Wayne, an Apprentice	Charles Purcell
Matilda Van Zandt	Edith Wright
Alice Tremaine	Laura Arnold
Matthew Van Zandt	William Norris
Claude Van Zandt	Douglas J. Wood
Maria	Grace Daniels
Rudolfo	Arthur Albro

ferner: Apprentices, Young Ladies, Gypsies

– Act II / 1855 –

Madame Delphine	Rose Winter
Hannaford	Gene Aubrey
Stuyvesant	C. H. Miller
Claude Van Zandt	Douglas J. Wood
Matthew Van Zandt	William Norris
Angelica, his Second Wife	Pearl Barimore
P. T. Barnum	Edward F. Nannary
Estrella Amorita	Minna Valieri
Signor Vivalla	Arthur Albro
Ottillie Van Zandt	Peggy Wood
Alice Tremaine	Laura Arnold
Richard Wayne	Charles Purcell
Doorman	Frank Sidney

ferner: Guests, Servants

– Act III / In the 80's –

Madame Delphine	Rose Winter
Matthew Van Zandt	William Norris
Lizzie, his Third Wife	Maude Odell
Richard Wayne	Charles Purcell
Little Dick Wayne (Age 5)	Warner Anderson
Ottillie	Peggy Wood
John Rutherford	Ralph J. Herbert
Mr. Hicks, Auctioneer	Teddy Webb
Algernon	R. Melbourn

ferner: Bidders at Auction

– Act IV / 20th Century –

Ottillie; known as Mlle. Brown	Peggy Wood
Dicky Wayne	Charles Purcell
Matthew Van Zandt	William Norris
Ermintrude D'Albert	Gertrude Vanderbilt
Winifred St. Albans	Florence Bruce
Hortense, a Model	Eleanor B. Fox
Letty	Rose Timble
Estelle, Forewoman	Janet Kenny

ferner: Models, Dressmakers

Produzenten: The Messrs. Shubert
Choreographie: Allan K. Foster
Regie: Edward P. Temple
Ort: New York
Zeit: Zwischen 1840 und 1905

Handlung: Amerikanische Operette. Der in der Mitte des 19. Jahrhunderts gescheiterte Liebestraum zweier junger Menschen erfüllt sich in der dritten Generation. Der junge Richard Wayne ist mit einer Gruppe von Lehrlingen im Hause des Colonels Van Zandt am Washington Square in New York tätig. Er verliebt sich in Ottillie, die Tochter des Hauses, und weiß, daß seine Zuneigung erwidert wird. Richard Wayne lebt in ärmlichen Verhältnissen, während Colonel Van Zandt vermögend ist. Unbekannt aber ist Richard, daß das Haus am Washington Square einst seinem Vater gehörte, der es wegen Schuldverpflichtungen an den Colonel übereignen mußte. Das Dokument der Hausüberschreibung flattert, vom Wind aus dem Arbeitszimmer des Colonel entführt, vor die Füße von Ottilie und Richard, die im Garten ein Stelldichein haben. Sie halten es für ein unbedeutendes Stück Papier. Richard schreibt ein Liebesgedicht darauf, sie tun es zusammen mit zwei Ringen als Zeichen ihrer Liebe in ein Kästchen und vergraben es im Garten zur ewigen Erinnerung an diesen Tag im Mai. Doch der Colonel billigt nicht die Verbindung seiner Tochter mit dem Sproß der verarmten Familie Wayne und sorgt dafür, daß Ottillie ihren Cousin Claude, dem sie bereits versprochen ist, heiratet. Der allerdings ist ein Spieler und ständig in Gefahr, Schulden zu machen. Nach 15 Jahren begegnen sich Ottilie und Richard noch einmal in einem New Yorker Nightclub. Sie stellen fest, daß sie sich noch immer lieben, doch ist Richard inzwischen ebenfalls verheiratet, und zwar mit Alice Tremaine. Ein Vierteljahrhundert später stirbt Claude und läßt Ottillie mittellos zurück. Ihr Haus muß verkauft werden. Richard, inzwischen wohlhabend geworden, ersteigert heimlich das Haus und übereignet es Ottillie,

ohne daß sie erfährt, wer der Wohltäter ist. Wieder vergehen viele Jahre. Nach Ottillies Tod hat sich ihre Enkeltochter – sie heißt ebenfalls Ottillie – einen Modesalon im ererbten Haus eingerichtet. Es ist Richards Großenkel Dicky Wayne, der sich in dieses Mädchen verliebt. Nun hindern keine Konventionen mehr die Verbindung, und so können die beiden Liebenden jenes Glück finden, das Großmutter und Großvater versagt geblieben war. Und das alte Haus am Washington Square verbindet beide Familien miteinander.

Anmerkung: MAYTIME war zu seiner Zeit der größte Broadway-Erfolg.
→ WIE EINST IM MAI / Operette

Film:

Maytime
Stummfilm/1923, USA – B. P. Schulberg Productions, 7500 ft/2286 m (84 Min.)
In Details veränderte Handlung.
Drehbuch: Olga Printzlau, nach dem gleichnamigen Musical

Personen und ihre Darsteller:

Ottilie Van Zandt/Ottilie, the Granddaughter	Ethel Shannon
Richard Wayne/ Richard, the Grandson	Harrison Ford
Matthew	William Norris
Alice Tremaine	Clara Bow
Claude Van Zandt	Wallace MacDonald
Colonel Van Zandt	Josef Swickard
Mathilda	Martha Mattox
Ermintrude	Betty Francisco
Monte Mitchell	Robert McKim

Regie: Louis Gasnier

Songs und Musiknummern

Bühne:
All Working, No Shirking; In Our Little Home, Sweet Home; It's a Windy Day on the Battery; So Come, My Own, Alone With Me/Gypsy Song; Will You Remember? (Sweetheart, Sweetheart, Sweetheart, Will You Love Me Ever?);

Mazurka (instr.); Jump, Jim Crow!; The Road to Paradise; Old Things; Good Afternoon, My Lady/Selling Gowns (Cyrus Wood/T); Dancing Will Keep You Young (Cyrus Wood/T); Go Away, Girls, Go Away! There's Only One Girl for Me!

Vorlage des Musicals:

Operette: *Wie einst im Mai*
Musik: Walter Kollo, Willy Bredschneider
Autoren: Rudolf Bernauer, Rudolph Schanzer
Hauptdarsteller: Lisa Weise (Ottilie), Oscar Sabo (Fritz Jüterbog), Josefine Dora
Uraufführung: Berlin, Berliner Theater: 4. Oktober 1913

Hinweis/Film:
Der amerikanische Musikfilm »Maytime« von 1937 mit dem Paar Jeanette MacDonald und Nelson Eddy hat mit dem gleichnamigen Musical und der Operette »Wie einst im Mai« sowohl handlungsmäßig als auch musikalisch nichts zu tun. Lediglich der Song »Will You Remember? (Sweetheart)« wurde als Lied und Musikmotiv verwendet.

Maytime
(Deutscher Titel: MAIENZEIT)
1937, USA – Metro-Goldwyn-Mayer – Schwarzweiß mit Teilen in Sepia, 132 Min.
Deutsche Erstaufführung: 1937
Handlung: Lebensrückblick einer berühmten Opernsängerin, die einem jungen verliebten Mädchen erzählt, wie durch ihre Ehe mit einem älteren Mann die große Liebe ihres Lebens zu einem Sänger unerfüllt bleiben mußte und durch einen Mord aus Eifersucht tragisch endete (ähnlich wie »Bitter-Sweet«).
Drehbuch: Noel Langley
Darsteller: Jeanette MacDonald (Marcia Mornay/Marcia Morrison), Nelson Eddy (Paul Allison), John Barrymore (Nicolai Nazaroff), Herman Bing (August Archipenko), Tom Brown (Kip Stuart), Lynne Carver (Barbara Roberts), Rafaela Ottiano (Ellen), Charles Judels (Cabby), Paul Porcasi (Composer Trentini), Walter Kingsford (Rudyard), Sig Rumann (Fanchon), Edgar Norton (Secretary), Guy Bates Post (Emperor Louis Napoleon), Iphigenie Castiglioni (Empress Eugenie), Anna Demetrio (Madame Fanchon), Frank Puglia (Orchestra Conductor), Frank Sheridan (O'Brien, a Director), Harlan Briggs (Bearded Director), Adia Kuznetzoff (Dubrovsky, Czaritza's Minister / Student in Café), Billy Gilbert (Drunk in Café) Joan Le Sueur (Maypole Dancer), Leonid Kinskey (Student in Bar), Ivan Lebedeff (Empress' Dinner Companion), Alexander Schoenberg (French Proprietor), Russell Hicks (Bulliet, the Voice Coach), Mariska Aldrich (Opera Singer), Henry Roquemore (Publicity Man), Maurice Cass (Opera House Manager), Clarence Wilson (Waiter), Douglas Wood (Massilon, Hotel Manager), Bernard Suss (Assistant Manager), Paul Weigel (Prompter), Christian Frank (Gendarme), George Davis (Usher), Pat Somerset (Gossiper), Ian Wolfe (Court Official), Gus Leonard (Concierge), Brandon Hurst (Master of Ceremonies), Claude King (Noble), Barlowe Borland (Stage Doorman), Charles Requa (Stage Manager), Jacques Lory (Drunk), Belle Mitchell (Maid), Hans Joby (Doctor), Christian Rub (Sleeper Outside Café), Genaro Spagnoli (Chef), Paul Cremonesi (Opera Critic), Oscar Rudolph (Peasant), Herta Lind (Peasant), Jolly Lee Harvey (Fat Woman), Francisco Maran (Gendarme), Armand »Curley« Wright (Bow-and-Arrow Stand Man), Ed Goddard (Juggling Clown), Joan Breslaw (Queen of the May)
(Opera Directors): Howard Hickman, Harry Hayden, Harry Davenport, Robert C. Fischer
(Students): Ben Welden, Jose Rubio, Jack Murphy, Blair Davis, Agostino Borgato, Alberto Morin
(Roues): Arthur Stuart Hull, Harold Entwhistle
(Cabbies): Albert Pollet, Sidney Jarvis
»The Huguenots« Chorus: Nan Merriman, George London

M

Chorus for »Le Regiment de Sambre et Meuse«: The Don Cossack Chorus *ferner* Delmar Watson, Buster Slavens, Grace Hayle, Luke Cosgrave, Diana Dean, Allen Cavan, Sarah Edwards *Produzent:* Hunt Stromberg *Choreographie:* Val Raset *Regie:* Robert Z. Leonard (Opernszenen: William von Wymetal) *Songs und Musiknummern: (Die Songschreiber Robert Wright und George Forrest erscheinen hier als Bob Wright und Chet Forrest)* Will You Remember? (Sweetheart) und Maytime Finale (Sigmund Romberg/K, Rida Johnson Young/T – aus dem Musical »Maytime«); Now Is the Month of Maying (Traditional, Thomas Morley/T); Le Regiment de Sambre et Meuse (Robert Planquette); Vive l'opera (Traditional, Bob Wright/T, Chet Forrest/T); Street Singer (Herbert Stothart/K, Bob Wright/T, Chet Forrest/T); Carry Me Back to Old Virginny (James A. Bland/K u. T); Santa Lucia (Teodoro Cottrau); Love's Old Sweet Song (J. L. Molloy, G. Clifton Bingham); Czaritza (Operneinlage, nach Themen der 5. Sinfonie von Peter Tschaikowsky – Libretto: Bob Wright, Chet Forrest); Student Drinking Song (Herbert Stothart/K u. T); Ham and Eggs / auch: Virginia Ham and Eggs (Bearbeitung Herbert Stothart, nach div. Opernarien, Bob Wright/T, Chet Forrest/T); Reverie (nach musikalischen Motiven von Sigmund Romberg); Jump Jim Crow (Sigmund Romberg/K, Rida Johnson Young/T, Cyrus Wood/T); Road to Paradise (Sigmund Romberg/K, Rida Johnson Young/T, Cyrus Wood/T); Dancing Will Keep You Young (Sigmund Romberg/K, Rida Johnson Young/T, Cyrus Wood/T); Maypole (instr./Ed Ward/K) *ferner:* Diverse Volkslieder und Opernarien *Nicht verwendet:* Farewell to Dreams (Sigmund Romberg/K, Gus Kahn/T) *Schallplatte:* Pelican LP 116 (Radio-Aufnahme mit Jeanette McDonald).

ME AND MY GIRL

Musik: Noel Gay
Songtexte: : L. Arthur Rose, Douglas Furber
Buch: L. Arthur Rose, Douglas Furber
Premiere in London, Victoria Palace Theatre: 16. Dezember 1937

Hauptrollen und ihre Darsteller bei der Premiere:

Bill Snibson	Lupino Lane
Sally Smith	Teddie St. Denis
Parchester	Wallace Lupino
Sir John Tremayne	George Graves
Duchess	Doris Rogers
Jacqueline Carston	Betty Frankiss

Produzent: Lupino Lane
Choreographie: Fred Leslie
Regie: Lupino Lane

Rekonstruktion dieses erfolgreichsten Londoner Musicals der 1930er Jahre:
Premiere in London, Adelphi Theatre: 12. Februar 1985
Premiere in New York, Marquis Theater: 10. August 1986
Rekonstruktion: Richard Armitage (unter Mitarbeit von Mike Ockrent)
Neue Buchfassung: Stephen Frey

Personen und die Darsteller der Premieren London (L), New York (NY):

Bill Snibson	Robert Lindsay (L/NY)
Sally Smith	Emma Thompson (L)
	Maryann Plunkett (NY)
Sir John Tremayne	Frank Thornton (L)
	George S. Irving (NY)
Maria, Duchess of Dene	Ursula Smith (L)
	Jane Connell (NY)
Lady Jacqueline Carstone	Susannah Fellows (L)
	Jane Summerhays (NY)
Herbert Parchester	Roy MacReady (L)
	Timothy Jerome (NY)

Hon. Gerald Bolingbroke	Robert Longden (L)
	Nick Ullett (NY)
Sir Jasper Tring	Geoffrey Andrews (L)
	Leo Leyden (NY)
Charles Heathersett, the Butler	Richard Caldicot (L)
	Thomas Toner (NY)
Lord Battersby	Bruce Graham (L)
	Eric Hutson (NY)
Lady Battersby	Denise Hirst (L)
	Justine Johnston (NY)
Mrs. Brown	Myra Sands (L)
	Elizabeth Larner (NY)
Bob Barking	Paul Grunert (L)
	Kenneth H. Waller (NY)
Mrs. Worthington-Worthington	Chris Melville (L)
	Gloria Hodes (NY)
Lady Brighton	Cynthia Morey (L)
	Susan Cella (NY)
Telegraph Boy	Peter Martindale (L)
	Bill Brassea (NY)

ferner bei Premiere in London:

Alf	Peter Sugden
Jim Matthews	Robert Cotton
Tom Crane	Michael Kirk
Lord Wilmot	Kevin A. J. Ranson
Lady Stainsley-Asherton	Anita Pashley

ferner bei Premiere in New York:

Lady Diss	Elizabeth Larner
Pub Pianist	John Spalla
Constable	Eric Johnson

Produzenten: Richard Armitage für Farworlds Ltd. (L), Richard Armitage, Terry Allen Kramer, James M. Nederlander, Stage Promotions Ltd. & Co. (NY)
Choreographie: Gillian Gregory (L/NY)
Regie: Mike Ockrent (L/NY)
Ort: Großbritannien/London (Lambeth), Mayfair, Hareford Hall/Hampshire
Zeit: 1937

Handlung: »The Lambeth-Walk-Musical«. Heiter-ironische Gesellschafts-komödie: Junger Mann aus dem Volke wird unversehens zum Mitglied der feinen Gesellschaft. Bill Snibson war bislang mit sich und der Welt zufrieden. Er ist ein Cockney reinsten Themse-Wassers, hatte seinen Freundeskreis und sein couragiertes Lambeth-Girl, und man redete miteinander, wie einem der Schnabel gewachsen war: im Cockney-Englisch, das unter vornehmen Leuten als unfein gilt. Nun bringt das Schicksal Gefahren, die geeignet sein könnten, Bill Snibson aus der Bahn zu bringen. Er ist als außerehelicher Sproß eines verstorbenen Adligen entdeckt worden und dazu ausersehen, dessen Vermögen zu erben sowie der 17. Baron und 8. Viscount von Hareford Hall zu werden. Unerschrocken, ja zutiefst neugierig, stellt sich Bill der Herausforderung; da er ohnehin zum Müßiggang neigt, sieht er Chancen, ein angenehmes Leben führen zu können. Sein Einzug in die vornehme Gesellschaft bringt Probleme – für ihn und die anderen. Die sind teilweise schockiert über die befremdlichen Manieren und die ungewöhnliche Ausdrucksweise des Neulings in ihren Reihen, teilweise finden sie seine Art erfrischend. Bill ist durchaus lernwillig und bemüht sich um Anpassung, doch bleibt ihm vieles von den hochherrschaftlichen Gepflogenheiten unverständlich. Seine schlichte Herkunft und seine ganz naive Einstellung zu den meisten Dingen bringen ihn immer wieder in Konflikt mit den Konventionen der vornehmen Leute. Es bleibt nicht aus, daß er von jungen Mädchen der Gesellschaft umschwärmt wird; er ist schließlich ein gutaussehender junger Mann, reich dazu und ein Sonnyboy. Sally, sein Lambeth-Girl, will seinem Glück in den besseren Kreisen nicht im Wege stehen, leistet schmerzlich Verzicht und zieht sich entschlossen von ihm zurück. Bill genießt sein neues Leben, doch fehlen ihm die alten Freunde. Als einflußreiche Familienmitglieder Pläne schmieden, ihn standesgemäß zu verheiraten, erwacht in ihm der Trotz. Es ist der weise Sir John, der ahnt, wer die Richtige für Bill ist: das Mädchen aus

Lambeth. Er nimmt die Angelegenheit in die Hand, sorgt dafür, daß aus Sally eine feine Dame wird, hilft, Mißverständnisse zu klären, und fädelt ein, daß Bill und Sally wieder zusammenkommen – ein unkompliziertes Paar, das der vornehmen Gesellschaft neue, unverfälschte Impulse geben wird. Ihren Tanz, den Lambeth-Walk, hat Bill den feinen Leuten schon beigebracht.

Anmerkungen: »Cockney« ist die Bezeichnung für den urwüchsigen Londoner mit der arteigenen, nicht durch Schulbildung, sondern durch Umgang angenommenen Sprech- und Ausdrucksweise. Ein echter Cockney stammt von Geburt aus jenen Straßen und Gassen Londons zwischen Lambeth und Mile End, »wo die Glocken von St. Mary-le-Bow zu hören sind«.

Die Wiederaufnahme dieses Musicalerfolgs der 1930er Jahre in London erfolgte auf Initiative von Richard Armitage, dem Sohn des Komponisten Noel Gay. Das Stück war zuletzt in London, Winter Garden Theatre, vom 12. Dezember 1949 bis zum 11. Februar 1950 gespielt worden; eine Fernsehfassung sendete die BBC am 21. Juni 1956. Für die Neuerscheinung im Jahre 1984 (Leicester, Haymarket Theatre: 23. November 1984) mußte das Stück durch umfangreiche Recherchen rekonstruiert werden, wobei u. a. Wachsplatten einer Radiosendung der BBC aus dem EMI-Archiv sowie eine vereinfachte Bühnenfassung für Laienspielgruppen und die Erinnerungen der noch lebenden Hauptdarstellerin des Jahres 1937, Teddie St. Denis, von wesentlicher Bedeutung waren.

Auszeichnungen: 3 Antoinette Perry Awards (Tonys) 1987: Männliche Hauptrolle–Musical: Robert Lindsay / Weibliche Hauptrolle–Musical: Maryann Plunkett / Choreographie: Gillian Gregory

Deutschsprachige Erstaufführung (Originaltitel): 29. Februar 1992, Landestheater Coburg. Autoren: Mary Millane, Hartmut H. Forche

Film:

The Lambeth Walk
1939, Großbritannien – CAPAD/Pinebrook, 84 Min.
Musik: Noel Gay
Songtexte: L. Arthur Rose, Douglas Furber
Drehbuch: Clifford Grey, Robert Edmunds, John Paddy Carstairs, nach dem Musical »Me and My Girl«

Personen und ihre Darsteller:

Bill Snibson	Lupino Lane
Sally	Sally Gray
Sir John	Seymour Hicks
The Duchess	Norah Howard
Jacqueline	Enid Stamp-Taylor
Parchester	Wallace Lupino
Lord Battersby	Wilfrid Hyde-White
Lady Battersby	May Hallatt
Sir Roger	Mark Lester
Oswald	Charles Heslop

Produzent: Anthony Havelock-Allan
Regie: Albert de Courville

Songs und Musiknummern

Bühne:
Den Einzelangaben zufolge ist allein Douglas Furber der Textautor aller Musiknummern von 1937 (L. Arthur Rose ist nicht genannt).
A Weekend at Hareford (1937, 1985); Thinking of No One But Me (1937, 1985); The Family Solicitor (1937, 1985); Me and My Girl (1937, 1985); An English Gentleman (1937, 1985); You Would If You Could (1937, 1985); Once You Lose Your Heart (1937, 1985); The Lambeth Walk (1937, 1985); Take It on the Chin (1937, 1985); A Bright Little Girl Like Me (1937); The Girl I Left Behind Me (1937); Don't Be Silly, Sally (1937)
ferner in der Rekonstruktion/Neufassung von 1985:
Leaning on a Lamp Post (Noel Gay/K u. T – © 1937); Love Makes the World Go Round (Noel Gay/K u. T – © 1938); Song of Hareford (Noel Gay/K u. T – © 1953); If Only You Had Cared for Me (Noel Gay/K u. T – © 1953); The Sun Has Got

His Hat On (Noel Gay/K, Ralph Butler/T
– © 1932)
In New York 1986 hinzugefügt:
Hold My Hand

Film The Lambeth Walk:
The Lambeth Walk
Anmerkung: Weitere Titel waren nicht
feststellbar. Da jedoch, den Unterlagen
nach, die Verfilmung eng an die Bühnenfassung angelehnt war, ist anzunehmen,
daß die gleichen Musiknummern Verwendung fanden.
Aus den Anmerkungen von Robert
Armitage zur Rekonstruktion des Musicals geht hervor, daß die letzte noch
vorhanden gewesene Kopie des Films
zu Anfang der 1980er Jahre in Holland
durch Zersetzung zerstört worden ist.

Schallplatten:
NY – (1986) MCA Classics 6196,
    That's Entertainment TER 1145
L – (1985) Columbia EJ 240301,
    Manhattan Records PV 53030

**THE MIKADO – OR – THE TOWN
OF TITIPU** (»Comic Opera«)
(Deutscher Titel: DER MIKADO – ODER –
EIN TAG IN TITIPU)

Musik: Arthur Sullivan
Songtexte: W. S. (William Schwenk) Gil-
bert
Buch: W. S. (William Schwenk) Gilbert
Uraufführung: London, Savoy Theatre:
14. März 1885
Hauptpremiere in New York, 5th Avenue
Theatre: 19. August 1885 (siehe Anmer-
kung)

*Personen und die Darsteller dieser Auf-
führungen London (L), New York (NY):*

The Mikado of Japan	Richard Temple (L)
	F. Federici (NY)
Nanki-Poo, His Son, Disguised as a Wandering Minstrel and in Love with Yum-Yum	Durward Lely (L)
	Courtice Pounds (NY)
Ko-Ko, Lord High Executioner of Titipu	George Grossmith (L)
	George Thorne (NY)
Pooh-Bah, Lord High Everything Else	Rutland Barrington (L)
	Fred Billington (NY)
Pish-Tush, a Noble Lord	Frederick Bovill (L)
	Charles Richards (NY)
Go-To, a Noble Lord	Rudolph Lewis (L)
	R. H. Edgar (NY)
Three Sisters/ Wards of Ko-Ko:	
Yum-Yum	Leonora Braham (L)
	Geraldine Ulmar (NY)
Pitti-Sing	Jessie Bond (L)
	Kate Forster (NY)
Peep-Bo	Sybil Grey (L)
	Geraldine St. Maur (NY)
Katisha, an Elderly Lady in Love with Nanki-Poo	Rosina Brandram (L)
	Elsie Cameron (NY)

Produzent: Richard D'Oyly Carte (L/ NY)
Choreographie: John D'Auban (L)
Regie: W. S. (William Schwenk) Gilbert
(L)
Ort: »Titipu« im Kaiserreich Japan
Zeit: Im 15. Jahrhundert

Handlung: Fernost-Exotik mit englischem
schwarzen Humor. Prinz Nanki-Poo, der
Sohn des Mikado, ist aus dem Kaiserhof
geflohen, da er die ältliche, kratzbürstige
Hofdame Katisha heiraten soll. Er liebt die
reizende Yum-Yum, die in Titipu bei
ihrem Vormund Ko-Ko lebt. Dieser war
einst in Ungnade gefallen, wurde aber rehabilitiert und vom Mikado, dem Kaiser
von Japan, zum Oberhofhenker ernannt.
Dergestalt in Amt und Würden, will er
selbst Yum-Yum, eines seiner drei Mündel, heiraten. Doch trifft ihn unerwartet
der Zorn des Mikado, da er schon lange
nicht mehr seines Amtes waltete und dem
Kaiserhof keine Hinrichtung gemeldet

hat. Ko-Ko ist in Not; er muß schnell einen Delinquenten finden. Inzwischen haben sich Nanki-Poo und Yum-Yum ihre Liebe gestanden, doch halten sie es in ihrer Situation für aussichtslos, jemals zusammenleben zu können. So bietet sich der Prinz, der sich Ko-Ko gegenüber als fahrender Sänger ausgibt, an, sterben zu wollen und sich hinrichten zu lassen, wenn er nur vier Wochen lang mit Yum-Yum verheiratet zusammenleben kann. Ko-Ko sieht darin einen Ausweg aus seiner Notlage, stimmt zu und läßt die Hochzeit ausrichten. Katisha aber hat inzwischen ausfindig gemacht, wo sich der verschwundene Prinz befindet. Plötzlich trifft der Mikado in Titipu ein, um sich von einer Hinrichtung zu überzeugen. Ko-Ko beschließt mit Hilfe von Freunden, die Hinrichtung als schon vollzogen auszugeben, und legt eine Bescheinigung vor. Das versetzt Katisha in Entsetzen, da sie meint, daß der Prinz getötet worden sei. Der Mikado verurteilt Ko-Ko deshalb zum Tode, wobei sich dieser eine von zwei gleichermaßen gräßlichen Todesarten aussuchen kann. Voller Verzweiflung wendet sich Ko-Ko an Nanki-Poo und fleht ihn an, sich als noch immer lebender Prinz zu zeigen. Der aber ist nur dazu bereit, wenn Ko-Ko auf Yum-Yum verzichtet und er weiterhin mit ihr zusammenbleiben kann; ein anderer müsse Katisha heiraten. Um sein Leben zu retten, fügt sich Ko-Ko und hält um Katishas Hand an. Die heiratslustige Hofdame, die den Prinzen für tot hält, stimmt gern zu und dringt auf sofortige Heirat. Nun kann Nanki-Poo seine Anonymität aufgeben und tritt mit Yum-Yum vor seinen Vater. Dieser ist froh, daß sein Sohn lebt. Nanki-Poo und Yum-Yum dürfen vereint bleiben, und Ko-Ko ist für ein Dasein mit Katisha begnadigt.

Anmerkung: Vor der Hauptpremiere am 19. August 1885 im 5th Avenue Theatre in New York wurde das Werk bereits zur Sicherung der Urheberrechte in den USA mit anderer Besetzung in zwei einzelnen Aufführungen herausgebracht (Chicago, Museum: 6. Juli 1885 / New York, Union Square Theatre: 20. Juli 1885) und anschließend einige Wochen in New York gespielt, zunächst ab 10. August 1885 im Henry Miner's People's Theatre und dann vom 17. bis 29. August 1885 im Union Square Theatre.

Das Werk wurde ein Welterfolg und zum Repertoirestück fast aller bedeutenden Musiktheater bis in die Gegenwart. Es ist verschiedentlich abgewandelt und modernisiert worden.

Deutschsprachige Erstaufführung: 2. März 1888, Theater an der Wien, Wien. Autoren: F. Zell / d. i. Camillo Walzel, Richard Genée

Film:

The Mikado

1939, Großbritannien/USA – Gilbert and Sullivan Films/Universal – Technicolor, 93 Min.
Musik: Arthur Sullivan
Songtexte: W. S. (William Schwenk) Gilbert
Drehbuch: Geoffrey Toye, nach der gleichnamigen Operette

Personen und ihre Darsteller:

The Mikado	John Barclay
Nanki-Poo	Kenny Baker
Ko-Ko	Martyn Green
Yum-Yum	Jean Colin
Katisha	Constance Willis
Pooh-Bah	Sydney Granville
Pish-Tush	Gregory Stroud
Pitti-Sing	Elizabeth Paynter
Peep-Bo	Kathleen Naylor

London Symphony Orchestra, Chorus of the D'Oyly Carte Opera Company

Produzenten: Geoffrey Toye, Josef Somio
Regie: Victor Schertzinger
Anmerkung: Der erste vollfarbige Film der Universal.

The Mikado

1967, Großbritannien – British Home Entertainment – Technicolor, 125 Min. Verfilmung einer Bühnenproduktion der D'Oyly Carte Opera Company.
Musik: Arthur Sullivan

Songtexte: W. S. (William Schwenk) Gilbert

Buch: W. S. (William Schwenk) Gilbert

Personen und ihre Darsteller:

The Mikado	Donald Adams
Nanki-Poo	Philip Potter
Ko-Ko	John Reed
Yum-Yum	Valerie Masterson
Katisha	Christene Palmer
Pooh-Bah	Kenneth Sandford
Pitti-Sing	Peggy Ann Jones
Pish-Tush	Thomas Lawler
Peep-Bo	Pauline Wales
Go-To	George Cook

Chorus of the D'Oyly Carte Opera Company

Produzenten: Anthony Havelock-Allan, John Brabourne

Regie: Stuart Burge

The Mikado – or – The Town of Titipu
(TV) 1984, Großbritannien – Brent Walker Ltd./George Walker – Color
Originalgetreue Werkverfilmung.
Musik: Arthur Sullivan
Songtexte: W. S. (William Schwenk) Gilbert
Buch: W. S. (William Schwenk) Gilbert

Personen und ihre Darsteller:

The Mikado	William Conrad
Nanki-Poo	John Stewart
Ko-Ko	Clive Revill
Yum-Yum	Kate Flowers
Katisha	Anne Collins
Pooh-Bah	Stafford Dean
Pish-Tush	Gordon Sandison
Pitti-Sing	Cynthia Buchan
Peep-Bo	Fiona Dobie

Produzent: Judith de Paul
Choreographie: Terry Gilbert
Regie: Michael Geliot (Kameraführung: Rodney Greenberg)

Songs und Musiknummern

Bühne:
If You Want to Know Who We Are; A Wandering Minstrel I; Our Great Mikado, Virtuous Man; And the Brass Will Crash; The Lord High Executioner; I've Got a Little List/They Never Would Be Missed; Three Little Maids from School; But Youth, of Course, Must Have Its Fling/So Please You, Sir; I Would Kiss You Fondly Thus/Were You Not to Ko-Ko Plighted; My Brain It Teems/Trio; 'Tis Nanki-Poo!; The Threatened Cloud Has Passed Away; Long Life to Nanki-Poo!; Oh Fool, That Fleest My Hallowed Joys!; The Hour of Gladness Is Dead and Gone; A Pretty Bride; The Sun, Whose Rays; Brightly Dawns Our Wedding Day/The Madrigal; Here's a How-de-do!; Miya Sama (March of the Mikado Troops); The Daugther-in-Law Elect; My Object All Sublime/A More Human Mikado; The Criminal Cried; See How the Fates Their Gifts Allot; The Flowers That Bloom in the Spring; Hearts Do Not Break; On a Tree By a River/Titwillow; There Is Beauty in the Bellow of the Blast; For He's Gone and Married Yum-Yum

Filme (1939, 1967, TV 1984):
Aufgelistet sind die Songs gemäß den Filmangaben. Bei der Filmproduktion von 1967 und bei der TV-Produktion von 1984 handelt es sich um Aufnahmen des Original-Bühnenwerks. Es ist daher anzunehmen, daß alle unter »Bühne« genannten Songs enthalten sind.
If You Want to Know Who We Are (1984); A Wandering Minstrel I (1939, 1967, 1984); The Great Mikado (1967, 1984); And the Brass Will Crash (1984); The Lord High Executioner (1939, 1967, 1984); I've Got a Little List (1939, 1967, 1984); Three Little Maids from School (1939, 1967, 1984); I Would Kiss You Fondly Thus (1967, 1984); The Threatened Cloud Has Passed Away (1984); A Pretty Bride (1984); Here's a Hody-Doo (Here's a How-de-do) (1967, 1984); The Mighty Troops of Titipu (1967, 1984); The Emperor of Japan and His Daugther-in-Law Elect (1967, 1984); Let Punishment Fit the Crime/His Object All Sublime (1967); The Flowers That Bloom in the Spring (1939, 1967, 1984); Titwillow (1939, 1967, 1984); He's Going to Marry Yum-Yum (1939, 1967); A Short Chop-Chop on a Big Black Block (1967)

Schallplatten:
L – (1962) His Master's Voice CSD 1458-9
TV – (USA/1960) Columbia OS 2022
St – (1926/Derek Oldham, Elsie Griffin, Darrell Fancourt) Pearl GEM 137-8, (1956) EMI SXDW 3019, (1956) His Master's Voice ALP 1485-6, (1958) Decca LK 4251-2, (1963) RCA Reader's Digest RDS 460, (1972) BASF BUK 17.51071, (1973) Decca SKL 5158-9, (1990) That's Entertainment TER 34. 1178

Hinweis/Bühne:
»The Mikado – or – The Town of Titipu« von Gilbert und Sullivan wurde mehrfach abgewandelt und modernisiert, so in den nachfolgend genannten Versionen.

The Swing Mikado
Jazz-Version/All Black Ensemble
Musikalische Bearbeitung: Gentry Warden
Buchadaption: Harry Minturn
Premiere in New York, New York Theatre: 1. März 1939
Produzent: Chicago Federal Theatre
Choreographie: Sammy Dyer
Regie: Harry Minturn

The Hot Mikado
Jazz-Version/All Black Ensemble
Musikalische Bearbeitung: Charles L. Cooke
Aktualisierte Songtexte und Buchadaption: Dave Gregory, William Tracy
Premiere in New York, Broadhurst Theatre: 23. März 1939
Produzent: Michael Todd
Choreographie: Truly McGee
Regie: Hassard Short
Schallplatte: NY, Radioaufnahme der Bühnenproduktion (Auszug in »Stars on Broadway«) Star-Tone 214

The Black Mikado
Musikalische Bearbeitung: George Larnyoh, Eddie Quansah, Janos Bajala
Premiere in London, Cambridge Theatre: 24. April 1975

Produzent: James Verner
Choreographie: Amadeo
Regie: Braham Murray
Schallplatte: L Transatlantic TRA 300

Hinweis/Film:
Stummfilm- und modernisierte Versionen auf der Basis der Operette »The Mikado – or – The Town of Titipu«.

Chronophone Films
(Stummfilme mit synchronisierter Grammophonbegleitung/Tonbilder)
1906, Großbritannien – Gaumont (Kurz)
The Lord High Executioner
Tit Willow
Three Little Maids from School
Here's a How-D'ye-Do
Wert Thou Not to Ko-Ko Plighted
The Flowers That Bloom in the Spring
Darsteller: George Russell, Marie Grey, James Rouse, Albert Gater
Regie: Arthur Gilbert

Cinematophone Singing Pictures
(Stummfilme mit synchronisierter Grammophonbegleitung/Tonbilder):
1907, Großbritannien – Walturdaw (Kurz)
The Lord High Executioner
If You Want to Know Who We Are
Were You Not to Ko-Ko Plighted
Our Great Mikado
A Wandering Minstrel
Miya Sama
A More Human Mikado
Three Little Maids
The Flowers That Bloom in the Spring
The Criminal Cried
Here's a Fine How D'ye Do
Tit Willow
Hauptdarsteller: George Thorne (Ko-Ko)
Regie: John Morland

Fan Fan
Stummfilm/1918, USA – Fox (5 Rollen)
Drehbuch: Bernard McConville, nach der Operette »The Mikado – or – The Town of Titipu«
Darsteller: Virginia Lee Corbin, Francis Carpenter, Carmen De Rue, Violet Radcliffe, Bud Messinger, Joe Singleton
Regie: Chester M. Franklin, Sidney A. Franklin

Anmerkung: Der Arbeitstitel des Films war »The Mikado«.

The Cool Mikado
1963, Großbritannien – Film Productions of Gilbert and Sullivan Operas – Eastmancolor, 81 Min.
Modernisierte, in die Zeit nach 1945 ins amerikanische Soldatenmilieu nach Japan und Tokio verlegte und mit einer Gangsterstory verbundene Handlung.
Drehbuch: Michael Winner, Maurice Browning, Lew Schwartz, frei nach der Operette »The Mikado – or – The Town of Titipu«
Darsteller: Frankie Howerd (Ko-Ko), Stubby Kaye (Judge Mikado/Charlie), Tommy Cooper (Detective), Dennis Price (Ronald Fortescue), Mike & Bernie Winters (Mike & Bernie), Lionel Blair (Nanki), Kevin Scott (Hank Mikado), Glenn Mason (Harry), Pete Murray (Man in Boudoir), Jacqueline Jones (Katie Shaw), Dermot Walsh (Elmer), Jill Mai Meredith (Yum-Yum), Yvonne Shima (Peep-Bo), Tsai Chin (Pitti-Sing), The John Barry Seven
Produzent: Harold Baim
Regie: Michael Winner
Anmerkung: Diese Produktion ist als »Musikfilm« angegeben, doch sind weder Komponist noch musikalischer Bearbeiter, noch Songtitel genannt.
Schallplatte: Parlophone PMC 1194

Ein Beitrag aus der Operette »The Mikado – or – The Town of Titipu« ist auch enthalten in der Filmbiographie
The Story of Gilbert and Sullivan
1953, Großbritannien – British Lion Production Assets – Technicolor, 109 Min.
Darsteller des Beitrages »The Mikado«: Sylvia Clarke (Peep-Bo), Thomas Round (Nanki-Poo)
Regie: Sidney Gilliat

MILK AND HONEY

Musik und Songtexte: Jerry Herman
Buch: Don Appell
Premiere in New York, Martin Beck Theatre: 10. Oktober 1961

Personen und die Darsteller der Premiere:

Phil	Robert Weede
Ruth Stein	Mimi Benzell
Barbara, Phil's Daughter	Lanna Saunders
David, Barbara's Husband	Tommy Rall
Adi	Juki Arkin
Clara Weiss	Molly Picon
Mr. Horowitz	Reuben Singer
Mrs. Strauss	Dorothy Richardson
Mrs. Breslin	Rose Lischner
Mrs. Segal	Diane Goldberg
Mrs. Kessler	Ceil Delli
Mrs. Perlman	Thelma Pelish
Mrs. Weinstein	Addi Negri
Zipporah	Ellen Madison
Man of the Moshav	Art Tookoyan
Cafe Arab	Renato Cibelli
Porter	Burt Bier
Shepherd Boy	Johnny Borden
Policeman	Ronald Holgate
Guide	Ellen Berse
Maid of Honor	Matt Turney

Cantors: Lou Polacek, David London
Wedding Couples: Jose Gutierrez, Linda Howe, Michael Nestor, Jane Zachary

Produzent: Gerard Oestreicher
Choreographie: Donald Saddler
Regie: Albert Marre
Ort: Israel/Jerusalem, Kibbuz in der Wüste Negev, Tel Aviv
Zeit: »Gegenwart« (1961)

Handlung: Liebesgeschichte mit Israel-Folklore. Phil, ein amerikanischer Geschäftsmann in mittleren Lebensjahren, ist zwar verheiratet, lebt aber getrennt von seiner Frau. Er reist nach Israel, um seine Tochter Barbara und deren Mann David zu besuchen, die sich in einem Kibbuz angesiedelt haben. Phil lernt Ruth, eine attraktive Amerikanerin, kennen, die mit einer Touristengruppe Israel bereist. Phil und Ruth spüren Zuneigung zueinander, und er versucht, sie zu überreden, mit ihm in Israel ein neues Leben zu beginnen. Doch Ruth plagen Gewissensbisse, weil Phil noch verheiratet ist. Schließlich trennt sie sich von ihm, um von Tel

Aviv aus den Heimflug anzutreten. Phil erreicht sie gerade noch rechtzeitig, um sich mit ihr auszusprechen. Er versichert ihr, daß er energisch darangehen werde, seine Scheidung zu erreichen. Ruth will in Amerika warten, bis es soweit ist. Beide trennen sich in der Hoffnung auf ein baldiges dauerhaftes Zusammensein und ein neues, unbeschwertes, alternatives Leben in Israel. Gleichzeitig wird Phil aber klar, daß der Traum problematisch ist, denn seine Tochter Barbara drängt aus Heimweh darauf, wieder nach Amerika zurückzukehren.

Songs und Musiknummern

Bühne:
Shepherd's Song; Shalom; Independence Day Hora; Milk and Honey; There's No Reason in the World; Chin Up, Ladies!; That Was Yesterday; Let's Not Waste a Moment; The Wedding; Like a Young Man; I Will Follow You; Hymn to Hymie; As Simple as That

Schallplatte:
NY – RCA Victor LOC/LSO 1065

MINNIE'S BOYS → THE COCOANUTS

LES MISÉRABLES
(Französisches Musical, erfolgreich in der englischen Fassung)

Französische Fassung:
Musik: Claude-Michel Schönberg
Liedtexte: Alain Boublil, Jean-Marc Natel
Buch: Alain Boublil, Claude-Michel Schönberg, nach dem gleichnamigen Roman (1862) (deutsch:»Die Elenden«) von Victor Hugo
Uraufführung: Paris, Palais des sports: 22. September 1980

Hauptrollen und ihre Darsteller bei der Uraufführung:

Jean Valjean	Maurice Barrier
Javert	Jean Vallee
Fantine	Rose Laurens
Thénardier	Yvan Dautin
Madame Thénardier	Marie-France Roussel
Eponine	Marianne Mille
Marius	Gilles Buhlmann

Produzenten: Europe 1, Spectacles ALAP-Lumbroso, Palais de sports
Choreographie: Arthur Plasschaert
Regie: Robert Hossein

Englische Fassung:
Musik: Claude-Michel Schönberg
Songtexte: Herbert Kretzmer
Buch: Alain Boublil, Claude-Michel Schönberg, James Fenton, unter Verwendung des französischen Originals
Premiere in London, Barbican Theatre: 8. Oktober 1985
Premiere in New York, Broadway Theatre: 12. März 1987

Personen und die Darsteller der Premieren London (L), New York (NY):

Jean Valjean	Colm Wilkinson (L/NY)
Javert	Roger Allam (L) Terrence Mann (NY)
Fantine	Patti LuPone (L) Randy Graff (NY)
Thénardier	Alun Armstrong (L) Leo Burmester (NY)
Madame Thénardier	Sue Jane Tanner (L) Jennifer Butt (NY)
Bishop of Digne	Ken Caswell (L) Norman Large (NY)
Marius	Michael Ball (L) David Bryant (NY)
Cosette	Rebecca Caine (L) Judy Kuhn (NY)
Young Cosette	Zoe Hart (L) Donna Vivino (NY)
Gavroche	Ian Tucker (L) Braden Danner (NY)
Eponine	Frances Ruffelle (L/NY)
Thénardier's Gang: Montparnasse	Keeth Burns (L) Alex Santoriello (NY)

Babet	Ian Calvin (L)	
	Marcus Lovett (NY)	
Brujon	Dave Willetts (L)	
	Kevin Marcum (NY)	
Calquesous	Colin Marsh (L)	
	Steve Shockert (NY)	
Enjolras	David Burt (L)	
	Michael McGuire (NY)	
Combeferre	Paul Leonard (L)	
	Paul Harman (NY)	
Feuilly	Gary Huddlestone (L)	
	Joseph Kolinski (NY)	
Courfeyrac	Craig Pinder (L)	
	Jesse Corti (NY)	
Grantaire	Clive Carter (L)	
	Anthony Crivello (NY)	
Joly	Christopher Beck (L)	
	John Dewar (NY)	
Jean Prouvaire	Peter Polycarpou (L)	
	John Norman (NY)	

ferner bei Premiere in London:

Bamatabois	Clive Carter
Fauchelevent	Ian Calvin
Lesgles	Ken Caswell
Farmer	Craig Pinder
Labourer	Keith Burns
Innkeeper	Peter Polycarpou
Innkeeper's Wife	Jill Martin
Foreman	Paul Leonard
Factory Girl	Jackie Marks
Old Woman	Sally Mates
Crone	Beverley Klein
Drunk	Peter Polycarpou
Old Beggar Woman	Jill Martin
Young Prostitute	Jackie Marks
Unemployed Man	Ken Caswell
Blind Beggar	Caroline Quentin
Woman with Baby	Beverley Klein
Young Man	Gary Huddlestone

Young Girls: Jackie Marks, Siân Reeves
Pimps: Colin Marsh, Peter Polycarpou
Constables: Ian Calvin, Colin Marsh
Young Couple: Keith Burns, Liza Hayden
Old Couple: Beverley Klein, Christopher Beck
Travellers: Paul Leonard, Ian Calvin
Students: Paul Leonard, Gary Huddlestone
Chain Gang: Dave Willetts, Paul Leonard, Clive Carter, Christopher Beck, Gary Huddlestone, Alun Armstrong, Michael Ball, Keith Burns, David Burt
Workers: Craig Pinder, Christopher Beck
Woman Workers: Sally Mates, Beverley Klein, Caroline Quentin, Aline Mowat
Sailors: Gary Huddlestone, Dave Willetts, Christopher Beck
Whores: Jill Martin, Aline Mowat, Caroline Quentin, Liza Hayden, Jackie Marks, Frances Ruffelle, Rebecca Caine, Siân Reeves
Drinkers: Craig Pinder, Colin Marsh, Clive Carter, Dave Willetts, Aline Mowat, Jill Martin

Produzenten: Royal Shakespeare Co., Cameron Mackintosh
Choreographie: Kate Flatt
Regie: Trevor Nunn, John Caird
Ort und Zeit: Frankreich: Digne (1815), Montreuil-sur-Mer (1823), Montfermeil (1823), Paris (1832)

Handlung: Victor Hugos Roman-Welterfolg als opernartiges Musical: Schicksale eines entlassenen Sträflings mit seinen Problemen der Resozialisierung in einer Zeit allgemeinen Elends der niederen Bevölkerungsschichten Frankreichs. Jean Valjean hat eine 19jährige Haft als Kettensträfling hinter sich gebracht und wird entlassen mit Auflagen, die ihm das Gefühl vermitteln, weiterhin ein Ausgestoßener zu sein. Der freundliche Bischof von Digne nimmt sich des ehemaligen Sträflings an, doch Valjean, zerrissen mit der Welt, stiehlt dem Bischof Silbergegenstände. Als er von der Polizei gefaßt wird, errettet ihn der Bischof mit einer Notlüge vor erneuter Bestrafung und schenkt ihm sogar zwei silberne Leuchter. Von dieser Güte überwältigt, beschließt Valjean, ein neues, ehrsameres Leben zu beginnen. Er legt sich allerdings einen anderen Namen zu und hat es als Monsieur Madeleine acht Jahre später dazu gebracht, nicht nur eine Fabrik zu besitzen, sondern auch Bürgermeister eines kleinen Ortes zu sein. Er nimmt sich der Fabrikarbeiterin Fantine an, die sich aus Not den Dirnen angeschlossen hat, um für ihre kranke Tochter Cosette sorgen zu können. Bei Konflikten um Fantine muß sich Valjean mit Polizeiinspektor Javert auseinandersetzen, und um einen Unschuldigen zu schützen, gibt er sein Geheimnis preis, ein ehemaliger Sträfling zu sein. Er entkommt Javert, als dieser ihn verhaften will, weil er den Auflagen der Entlassung nicht nachgekommen ist. Der sterbenden Fantine verspricht Valjean, sich um ihre Tochter Cosette zu kümmern. Er erlöst das kleine Mädchen von einem bedrückenden Dasein bei seinen Pflegeeltern, den zwielichtigen Wirtsleuten Thénardier. Mit Cosette flüchtet er nach Paris, doch Javert verfolgt seine Spur. Neun Jahre später geraten Valjean, Cosette, Javert und die Thénardiers in die Wirren einer Straßenrevolution in Paris. Cosette hat sich in den Studenten Marius verliebt. Im Barrikadenkampf findet Thénardiers Tochter Eponine den Tod, Marius wird verwundet. Valjean rettet den Bewußtlosen. Sein ständiger Feind Javert gerät gefangen in Valjeans Hände, doch er gibt ihn frei. Umgekehrt verzichtet Javert darauf, Valjean dingfest zu machen, als sich Gelegenheit dazu ergibt. Doch Javert – letztlich verzweifelt und gebrochen an seinen Grundsätzen – gibt sich selbst den Tod. Marius, der nicht weiß, wer ihn errettet hatte, wendet sich von Valjean ab, als er von dessen Sträflingsvergangenheit erfährt. Doch eine mißlungene Hinterlist Thénardiers öffnet ihm die Augen, und er eilt mit Cosette zu ihrem Pflegevater, der im Sterben liegt, bittet um Verzeihung und dankt ihm. Valjean kann nun beruhigt und in dem Bewußtsein, daß Cosette eine gute Zukunft hat, aus der Welt scheiden.

Auszeichnungen: 8 Antoinette Perry Awards (Tonys) 1987: Bestes Musical / Buch:

Alain Boublil, Claude-Michel Schönberg / Musikalisches Werk (Komposition–Songtexte): Claude-Michel Schönberg, Herbert Kretzmer und Alain Boublil / Männliche Nebenrolle–Musical: Michael Maguire / Weibliche Nebenrolle–Musical: Frances Ruffelle / Regie: Trevor Nunn, John Caird / Bühnenbild: John Napier / Lichtgestaltung: David Hersey

Deutschsprachige Erstaufführung (Originaltitel): 15. September 1988, Vereinigte Bühnen Wien (Raimundtheater). Autor: Heinz Rudolf Kunze

Songs und Musiknummern

Bühne:
Die mit Zeichen ⊕ versehenen Songs entstammen der französischen Originalfassung von 1980.
At the End of the Day ⊕; I Dreamed a Dream ⊕; Lovely Ladies ⊕; Who Am I? ⊕; Come to Me ⊕; Castle on a Cloud ⊕; Master of the House ⊕; Thénardier Waltz; Stars; Look Down ⊕; Red and Black ⊕; Do You Hear the People Sing? ⊕; I Saw Him Once ⊕; In My Life ⊕; A Heart Full of Love ⊕; One Day More ⊕; On My Own; A Little Fall of Rain ⊕; Drink With Me to Days Gone By; Bring Him Home; Dog Eats Dog; Soliloquy (Javert's Suicide) ⊕; Turning; Empty Chairs at Empty Tables; Wedding Chorale ⊕; Beggars at the Feast

Schallplatten:
NY　– Geffen GHS 24151
L　　– First Night Encore FNE 1
Paris – First Night Encore FNE 6
D/B　– Polydor 837770
St　　– First Night FNM 001-4/3

Hinweis/Film:
Verfilmungen des Romans »Les Misérables« von Victor Hugo.

Les Misérables (Serie in drei Teilen)
Stummfilm/1909, USA – Edison (Kurz)
Drehbuch nach dem gleichnamigen Roman von Victor Hugo
Regie: Edwin S. Porter
Die Teile: 1) THE PRICE OF A SOUL, 2) THE ORDEAL, 3) A NEW LIFE

Les Misérables (Serie in vier Teilen)
Stummfilm/1909, USA – Vitagraph
Drehbuch: Eugene Mullin, nach dem gleichnamigen Roman von Victor Hugo
Regie: Van Dyke Brooke
Künstlerische Oberleitung: James Stuart Blackton
Die Teile: 1) THE GALLEY SLAVE, 885 ft/270 m (10 Min.). *Darsteller:* Maurice Costello, William Humphrey, Charles Kent, James Young, Edith Storey, Elita Otis, Helene Costello, 2) FANTINE. *Darsteller* (u. a.): Mary Maurice, 3) COSETTE, 4) JEAN VALJEAN

Les Misérables (Serie in vier Episoden/neun Teile)
Stummfilm/1912, Frankreich – Pathé/S. C. A. G. L., Gesamtlänge: 4780 m (175 Min.)
Deutsche Erstaufführung (Originaltitel): 1912
Drehbuch: Albert Capellani, nach dem gleichnamigen Roman von Victor Hugo
Darsteller: Henry Krauss (Jean Valjean), Henri Etiévant (Javert), Marie Ventura (Fantine), Gabriel de Gravone (Marius), Mistinguette/d. i. Jeanne Bourgeois (Eponine Thénardier), Jean Kemm, Paul Capellani
Regie: Albert Capellani

Les Misérables
Stummfilm/1918, USA – William Fox (8 Rollen)
Drehbuch: Frank Lloyd, Marc Robbins, nach dem gleichnamigen Roman von Victor Hugo
Darsteller: William Farnum (Jean Valjean), George Moss (Monseigneur Myriel, the Bishop), Jewel Carmen (Cosette), Hardee Kirkland (Javert), Sonia Markova (Fantine), Harry Spingler (Marius), Edward Elkas (Thénardier), Mina Rose (Madame Thénardier), Kittens Reichert (Cosette, at the age of 8), Dorothy Bernard (Eponine), Anthony Phillips (Gavroche), Gus Alexander, May De Lacy, Greta Hartman, Charles Clary, Herschel Mayall
Regie: Frank Lloyd

Tense Moments With Great Authors (Serie)
Episode 2: *Les Misérables*
Stummfilm/1922, Großbritannien – Master Films, 1195 ft/364 m (14 Min.)
Drehbuch: W. C. Rowden, nach Teilen des Romans»Les Misérables« von Victor Hugo
Darsteller: Lyn Harding (Jean Valjean)
Produzent: H. B. Parkinson

Les Misérables (Serie in vier Episoden)
(Deutscher Titel: MENSCH UNTER MENSCHEN/Teil I und Teil II)
Stummfilm/1925, Frankreich – Films de France (Sté des Cinéromans)
Deutsche Erstauffführung: 1927
Drehbuch: Henri Fescourt, nach dem gleichnamigen Roman von Victor Hugo
Darsteller: Gabriel Gabrio (Jean Valjean), Jean Toulout (Javert), Sandra Milowanoff (Fantine/Cosette), Georges Saillard (Thénardier), Renée Carl (Madame Thénardier), François Rozet (Marius), Charles Badiole (Gavroche), Paul Jorge (Monseigneur Myriel), Suzanne Nivette (Eponine), Paul Guidé (Enjolras), Maillard (Gillenormand), Jeanne Méa (Madame Gillenormand), Jeanne Marie-Laurent (Madame Magloire), Clara Darcey-Roche (Mademoiselle Baptistine), Victor Dujeu (Fauchelevent), Luc Dartagnan (Pontmercy), Sylviane de Castillo (Sœur Simplice), Marcelle Barry (Madame Victorine), Emilien Richaud (Bamatabois), Darcy (Azelma), Gilbert Dacheux (Le domestique), Andrée Rolane (Cosette enfant/als Kind), Joaquin Carrasco, Jean Demerçay
Produzent: Louis Nalpas
Regie: Henri Fescourt
Die Episoden: 1) PROLOGUE ET FANTINE, 2) COSETTE, 3) MARIUS, 4) L'EPOPÉE RUE SAINT-DENIS
Anmerkung: Das Filmwerk hatte im Original eine Gesamtlänge von 32 Rollen. Es lief in Deutschland und in den USA in gekürzter Fassung.

The Bishop's Candlesticks
1929, USA – Paramount/Famous Lasky Corp. (2 Rollen)

Buch: Episode aus dem Roman »Les Misérables« von Victor Hugo
Hauptdarsteller: Walter Huston
Regie: Norman McKinnell

Les Misérables (Serie in drei Teilen)
(Deutscher Titel: DIE VERDAMMTEN)
1933, Frankreich – Pathé-Natan (siehe Anmerkung)
Deutsche Erstaufführung: 1949
Drehbuch: André Lang, Raymond Bernard, nach dem gleichnamigen Roman von Victor Hugo
Darsteller: Harry Baur (Jean Valjean/M. Madeleine/Champmathieu/M. Fauchelevent), Charles Vanel (Javert), Henry Krauss (Monseigneur Myriel), Charles Dullin (Thénardier), Marguerite Moreno (Madame Thénardier), Florelle/d. i. Odette Rousseau (Fantine), Josseline Gaël (Cosette), Gaby Triquet (Cosette enfant/als Kind), Orane Demanzis (Eponine), Gilberte Savary (Eponine enfant/als Kind), Jean Servais (Marius), Robert Vidalin (Enjolras), Emile Genevois (Gavroche), Raphaël Cailloux (Le père Mabeuf), Max Dearly (Gillenormand), Marthe Mellot (Mademoiselle Baptistine), Denise Mellot (Azelma), Jacqueline Fernez (Azelma enfant/als Kind), Lucien Nat (Montparnasse), Pierre Piérade (Bamatabois), Montignac (Courfeyrax), Paul Azaïs (Grantaire), Georges Mauloy (Le président des Assises), Jean Marié de l'Isle (L'avocat général), Anthony Gildès (Le président du jury), Ginette d'Yd (Sœur Simplice), Yvonne Méa (La supérieure), Edmond Castel, Pierre Ferval, Irma Perrot, Josette France, Andrée Forine, Roland Armontel, Maurice Schutz, Charlotte Barbier-Krauss, Jane Lory, Pierre Delbel, Delaunay, Belleville, Pierre Berlioz
Regie: Raymond Bernard
Die Teile: 1) UNE TEMPÊTE SOUS UN CRÂNE (120 Min.), 2) LES THÉNARDIER (90 Min.), 3) LIBERTÉ, LIBERTÉ CHÉRIE (95 Min.)
Anmerkung: Raymond Bernard kürzte später sein Filmwerk auf zwei Teile. Diese Teile liefen 1949 in Deutschland.

1) JEAN VALJEAN (109 Min.)
(Deutscher Titel: EWIGE FESSELN)
(88 Min.)
2) COSETTE (100 Min.)
(Deutscher Titel: HEIMATLOS) (87 Min.)

Les Misérables
(Deutscher Titel: DIE ELENDEN)
1935, USA – United Artists/Twentieth Century, 109 Min.
Deutsche Erstaufführung: 1976 (TV/ ZDF)
Drehbuch: W. P. Lipscomb, nach dem gleichnamigen Roman von Victor Hugo
Darsteller: Fredric March (Jean Valjean), Charles Laughton (Inspector Javert), Cedric Hardwicke (Bishop Bienvenu), Florence Eldridge (Fantine), Rochelle Hudson (Cosette as Young Woman), Marilynne Knowlden (Little Cosette), John Beal (Marius), Frances Drake (Eponine), Jessie Ralph (Madame Magloire), Ferdinand Gottschalk (Thénardier), Jane Kerr (Madame Thénardier), Eiley Malyon (Mother Superior), Vernon Downing (Brissac), Lyons Wickland (Lamarque), John Carradine (Enjolras), Charles Haefeli (Brevet), Leonid Kinskey/auch: Kinsky (Genflou), John Bleifer (Chenildieu), Harry Semels (Cochepaille), Mary Forbes (Madame Baptiseme), Florence Roberts (Toussaint), Lorin Raker (Valsin), Perry Ivins (Devereux), Thomas Mills (L'Estrange), Lowell Drew (Duval), Davidson Clark (Marcin), Ian McClaren (Head Gardener)
Produzent: Darryl F. Zanuck
Regie: Richard Boleslawski

Los Miserables
1944, Mexiko – Azteca Studios, 110 Min.
Drehbuch: Roberto Tasker, Fernando A. Rivero, nach Teilen des Romans »Les Misérables« von Victor Hugo
Darsteller: Domingo Soler (Jean Valjean), Manolita Saval (Cosette), Andres Soler (Thénardier), Emma Roldan (Madame Thénardier), Antonio Bravo (Javert), David Silva (Baron Marius), Margarita Cortes (Eponina)
Produzent: José L. Calderón
Regie: Fernando A. Rivero

El Bouassa'
1944, Ägypten
Drehbuch nach dem Roman »Les Misérables« von Victor Hugo
Regie: Kamal Salim

I Miserabili
1. Episode: *La caccia all'uomo*
2. Episode: *Tempesta su Parigi*
1948, Italien – Lux Produzione, 93 Min.
Drehbuch: Riccardo Freda, Mario Monicelli, Steno/d. i. Stefano Vanzina, Vittorio Nino Novarese, nach dem Roman »Les Misérables« von Victor Hugo
Darsteller: Gino Cervi (Jean Valjean), Valentina Cortese (Fantina/Cosetta), Giovanni Hinrich/auch: John Hinrich (Ispettore Javert), Aldo Nicodemi (Mario), Ada »Duccia« Giraldi (Cosetta, bambina/als Kind), Luigi Pavese (Thénardier), Gabriele Ferzetti (Tholomyés, l'amante di Fantina), Andreina Pagnani (Suor Semplicità), Marcello Mastroianni (Un rivoluzionario), Ugo Sasso, Joop Van Hulsen, Lucia Giraldi, Jone Romano, Alba Settacioli, Gino Cavalieri, Delia Orman, Massimo Pianfortini, Rinaldo Smordoni, Luigi A. Garrone, Nino Marchetti, Dino Maronetto, Franco Balducci, A. Beretta, Giuseppe Pierozzi
Produzent: Carlo Ponti
Regie: Riccardo Freda

Ezai Padum Padu
1950, Indien (Tamil) – Pakshiraja Studios, Coimbatore, 199 Min.
Drehbuch: Suddhanand Bharatiyar, Elamkovan, nach dem Roman »Les Misérables« von Victor Hugo
Darsteller: T. S. Baliah (Jean Valjean), Subbaraman, Dorairaj, Lalitha, N. Seetaraman, V. Gopalakrishan, Kali M. Ratnam, V. Nagiah, Padmini, Kumari N. Rajam, S. R. Janaki
Regie: K. Ramnoth

(Les Misérables)
1950, Japan
Drehbuch nach dem Roman »Les Misérables« von Victor Hugo
Hauptdarsteller: Sessue Hayakawa (Jean Valjean)

Regie: Daisuke Ito, Masahiro Makino, Sessue Hayakawa

Les Misérables
(Deutscher Titel: DIE LEGION DER VERDAMMTEN)
1952, USA – 20th Century-Fox, 106 Min.
Deutsche Erstaufführung: 1953
Drehbuch: Richard Murphy, nach dem gleichnamigen Roman von Victor Hugo
Darsteller: Michael Rennie (Jean Valjean), Debra Paget (Cosette), Robert Newton (Javert), Edmund Gwenn (The Bishop), Sylvia Sidney (Fantine), Cameron Mitchell (Marius), Elsa Lanchester (Madame Magloire), James Robertson Justice (Robert), Joseph Wiseman (Genflou), Rhys Williams (Brevet), Norma Varden (Madame Courbet), Florence Bates (Madame Bonnet), Bobby Hyatt (Gavroche), John Rogers (Bonnet), Merry Anders (Cicely), John Dierkes (Bosun), John Costello (Cochepaille), William Cottrell (Dupuy), Charles Keane (Corporal), Sanders Clark (Lieutenant), Lester Matthews (Mentou Sr.), Jimmie Moss (Mentou's Grandson), Queenie Leonard (Valjean's Maid), Patsy Weil (Cosette, 7 years)
Produzent: Fred Colmar
Regie: Lewis Milestone

Kundan
1955, Indien (Hindi) – Minerva Movietone, Bombay, 162 Min.
Drehbuch: Pt. Sudarshan, nach dem Roman »Les Misérables« von Victor Hugo
Darsteller: Sohrab Modi (Jean Valjean), Nimmi, Ulhas, Om Prakash, Baby Naaz, Manorama, Sunil Dutt, Pran, Murad
Produzent: Sohrab Modi
Regie: Sohrab Modi

Les Misérables / I Miserabili / Die Elenden
(Westdeutscher Titel: DIE MISERABLEN)
1958 Frankreich/Italien/Deutschland – Société Nouvelle Pathé Cinema, Paris/Serena-Film, Rom/Defa – Technirama/Technicolor
Defa-Erstaufführung: 1959 / *Westdeutsche Erstaufführung:* 1960

Drehbuch: René Barjavel, Michel Audiard, Jean-Paul Le Chanois, nach dem gleichnamigen Roman von Victor Hugo
Darsteller: Jean Gabin (Jean Valjean), Bernard Blier (Javert), Bourvil/d. i. André Raimbourg (Thénardier), Danièle Delorme (Fantine), Béatrice Altariba (Cosette), Fernand Ledoux (Monseigneur Myriel), Giani Esposito (Marius), Sylvia Montfort (Eponine, la fille de Thénardier), Jimmy Urbain (Gavroche), Serge Reggiani (Enjolras), Jean Murat (Colonel Pontmercy), Elfriede Florin, Lucien Barroux, Jean d'Yd
Regie: Jean-Paul Le Chanois
Anmerkung: Die Originallänge des Films beträgt 3 Stunden und 35 Minuten. – Defa-Fassung in zwei Teilen, westdeutsche Fassung 159 Minuten (Ein Teil).

Les Misérables

(TV) 1978, USA – Norman Rosemont Productions/ITC Productions – Color, 180 Min. (TV)
Erstsendung: 27. Dezember 1978 (CBS)
Drehbuch: John Gay, nach dem gleichnamigen Roman von Victor Hugo
Darsteller: Richard Jordan (Jean Valjean), Anthony Perkins (Inspector Javert), Cyril Cusack (Fauchelevant), Claude Dauphin (Bishop Myriel), John Gielgud (Gillenormand), Ian Holm (Thenardier), Celia Johnson (Sister Simplice), Joyce Redman (Magliorie), Flora Robson (The Prioress), Christopher Guard (Marius), Caroline Langrishe (Cosette), Angela Pleasence (Fantine), David Swift (Toussaint), Timothy Morand (Enjolras), William Squire (Magistrate), Geoffrey Russell (Court President), Caroline Blakiston (Madame Thenardier), Robin Scobey (Grave Digger), Michael Sheard (Commissary), Dexter Fletcher (Gavroche), Joanna Price (Cosette as a Child), Dave Hill (Chenildieu), John Moreno (Cochopaille), Roy Evans (Brevet), Brian McDermott (Lebec), Eileen Way (Lodger), Struan Rodger (Javert's Aide), Delena Kidd (Valjean's Sister), Kenneth Colley (Police Prefect), Christopher Burgess (Police Inspector), Christian Rodska (Antoine), Donald Sumpter (Agent), Donald Bissett (Gillenormand's Servant), Michael Barrell (Spectator), Robert Frazer, Anthony Way (Gendarmes)
Produzent: Norman Rosemont
Regie: Glenn Jordan

Les Misérables

(Deutscher Titel: DIE LEGION DER VERDAMMTEN)
1982, Frankreich/Italien – G. E. F./S. F. P. C./ TF 1 Films Productions/Clesi Cinematografica/Italian International/Del Duca Films – Eastmancolor, 183 Min.
Deutsche Erstaufführung: 1983
Drehbuch: Alain Decaux, Robert Hossein, nach dem gleichnamigen Roman von Victor Hugo in einer Theaterfassung
Darsteller: Lino Ventura (Jean Valjean/ M. Madeleine/Champmathieu), Michel Bouquet (Inspector Javert), Jean Carmet (Thénardier), Françoise Seigner (Madame Thénardier), Evelyne Bouix (Fantine), Christiane Jean (Cosette), Candice Patou (Eponine), Corinne Dacla (Azelma), Franck David (Marius), Paul Préboist (Fauchelevent), Louis Seigner (Monseigneur Myriel), Fernand Ledoux (Gillenormand), Emmanuel Curtil (Gavroche), Hervé Furic (Enjolras), Roger Hanin (L'aubergiste), Jean-Marie Proslier (Le sénateur), Jean-Roger Caussimon (Le conventionnel), Armand Mestral (L'avocat général), Valentine Bordelet (Cosette enfant), Dominique Davrey (La Magnon), Robin Renucci (Courfeyrac), Christian Benedetti (Combeferre), Christophe Odent (Bahorel), Alexandre Tamar (Grantaire), Tony Joudrier, Georges Lycan, Denis Lavant, Nicolas Hossein, Marcel Champel, Robert Dalban, Henri Attal, Dominique Zardi, Yvette Etiévant, Héléna Manson, Max Montavon, Bernard Dumaine, Hubert Noël
Produzent: Dominique Harispuru
Regie: Robert Hossein

Eine Episode aus dem Roman »Les Misérables«, jedoch ohne die Hauptperson Jean Valjean, behandelt der russische Film

Gavroche
1937, Sowjetunion – Mosfilm, 76 Min.
Österreichische Erstaufführung (Originaltitel): 1948
Drehbuch: G. Schachowskij, nach einer Episode aus dem Roman »Les Misérables« von Victor Hugo
Darsteller: Kolja Smortschkow (Gavroche Velorodier), D. Popow (Touché), U. Nowoselzew (Anjolras), Nina Sotskaja (Madeleine)
Regie: Tatjana Lukaschewitch

MISS SAIGON

Musik: Claude-Michel Schönberg
Songtexte: Richard Maltby Jr., Alain Boublil (nach Originaltexten in französisch von Alain Boublil)
Buch: Alain Boublil, Claude-Michel Schönberg (mit Beiträgen von Richard Maltby Jr.), auf der Basis des Handlungsgeschehens der Oper »Madame Butterfly« (1904)
Premiere in London, Drury Lane Theatre: 20. September 1989
Premiere in New York, Broadway Theatre: 11. April 1991

Personen und die Darsteller der Premieren London (L), New York (NY):

»The Engineer«	Jonathan Pryce (L/NY)
Kim	Lea Salonga (L/NY)
Chris	Simon Bowman (L)
	Willy Falk (NY)
Thuy	Keith Burns (L)
	Barry K. Bernal (NY)
Ellen	Claire Moore (L)
	Liz Callaway (NY)
John	Peter Polycarpou (L)
	Hinton Battle (NY)

ferner bei Premiere in London:

Mimi	Monique Wilson
Gigi	Isay Alvarez
Yvonne	Dominique Nobles
Yvette	Jenine Desiderio
Mama San	Andy Lanai
Tam	David Platt
	Wasseem Hamdan
	Allen Evangelista

North Vietnamese Soldiers:

Phan	Junix Inocian
Huynh	Miguel Diaz
Assistant Commissar	Victor Laurel
Dragon Acrobat	James Francis-Johnston
Owner of the Moulin Rouge	Nick Holder.
Shultz	Mark Bond
Harrison	Greg Ellis
Travis	Ray Shell
Weber	Michael Starssen
Estevez	Andrew Golder
Allott	Tash O'Connor

Bar Girls: Pinky Amador, Ruthie Henshall, Suchitra Sen Sawrattan, Shukubi Yo, Antoinette Lo, Claudia Cadette
Marines: Johnny Amobi, Gerard Casey, Mark Carroll, Richard Calkin, Greg Ellis, Andrew Golder, Nick Holder, Jimmy Johnston, Glyn Kerslake, Ray Shell, Michael Strassen, Louie Spence
Reporters: Tash O'Connor, Mark Bond
Barmen: Robert Sena, Jon Jon Briones
Officers of the South Vietnamese Army: Chooi Kheng Beh, Junix Inocian
Vietnamese Customers: Miguel Diaz, Jay Ibot, Victor Laurel, Bobby Martino, William Michaels, Lyon Roque
North Vietnamese Soldiers: Bobby Martino, Jay Ibott, Andy Lanai, Jon Jon Briones, Chooi Kheng Beh, Robert Sena, Lyon Roque
Hustlers: Junix Inocian, Victor Laurel, Lyon Roque, Miguel Diaz
Go-Go Dancers: Suchitra Sen Sawrattan, Monique Wilson, Jenine Desiderio
ferner bei Premiere in New York:
Bar Girls, Marines, Reporters, Saigon Citizens, Refugees usw.: Zar Acayan, Alan Ariano, Tony C. Avanti, Brian R. Baldomero, Jane Bodle, Raquel C. Brown, Annette Calud, Eric Chan, Marina Chapa, Mirla Criste, Francis J. Cruz, Imelda De Los Reyes, Paul Dobie, Sylvia Dohi, Michael Gruber, JoAnn M. Hunter, Sala Iwamatsu, Leonard Joseph , Philip Lyle Kong, Darren Lee, Jason Ma, Paul Matsumoto, Sean McDermott, Henry Menendez, Thomas James O'Leary, Marc

Oka, Gordon Owens, Christopher Peca-
ro, Matthew Pedersen, Kris Phillips, W.
Ellis Porter, Ray Santos, Jade Kaiwalani
Stice, Melanie Mariko Tojio, Alton F.
White, Nephi Jay Wimmer, Bruce Winant,
Todd Zamarripa

Produzent: Cameron Mackintosh
Choreographie: Bob Avian
Regie: Nicholas Hytner
Ort und Zeit: Saigon/Vietnam, April 1975 /
Ho Chi Minh City (früher Saigon), April
1978 / Atlanta/USA, September 1978 /
Bangkok/Thailand, Oktober 1978

Handlung: Modernisierte »Madame Butterfly«-Geschichte – Opernhaft gestalte-
tes Schicksalsdrama einer Vietnamesin
im Zusammenhang mit dem Vietnam-
Krieg. Der amerikanische Marinesoldat
Chris lernt die bezaubernde Kim kennen,
die zu einer Gruppe von vietnamesischen
Tanzmädchen gehört, die der zwielichtige
»Engineer« für einen Nightclub in Saigon
angeworben hat. Sie ist ein Flüchtlings-
mädchen aus einem Dorf, das im Krieg
zerstört wurde, wobei die Eltern starben.
Kim und Chris sind verliebt ineinander
und fühlen sich so verbunden, daß sie
nach vietnamesischem Brauch heiraten.
Kims Freundinnen arrangieren die Zeremonie. Diese wird durch das Erscheinen
des Vietnamesen Thuy gestört, der energisch seinen Anspruch auf Kim geltend
macht, denn sie sei ihm von ihren Eltern
versprochen worden. Die beiden Männer
bedrohen sich mit Schußwaffen, doch
Thuy flüchtet. Kim und Chris sind glücklich, obwohl Unheil droht, denn die Vietcong sind dabei, Saigon zu erobern.
Drei Jahre später ist Saigon nun Ho Chi
Minh City. Von den Vietcong verschlepp-
te Südvietnamesen kehren zurück, nachdem sie eine Zeit qualvoller Umerzie-
hung in Lagern über sich ergehen lassen
mußten. Kim lebt noch in der Stadt, ebenso wie der »Engineer«. Chris hingegen
lebt in Amerika und ist mit Ellen, einer
Amerikanerin, verheiratet. Kim wird von
Thuy aufgesucht, der erneut fordert, daß
sie seine Frau wird. Als er erfährt, daß sie
von Chris einen Sohn hat, will er wutent-

brannt den »amerikanischen Bastard« töten. Kim rettet ihren Sohn, indem sie
Thuy mit einem Revolver erschießt, den
Chris bei ihr gelassen hatte. Sie flüchtet
mit ihrem Sohn Tam zum »Engineer«, der
den Amerikanern und den besseren Zeiten nachtrauert und entschlossen ist, mit
einer Gruppe »Boat-People« aufs Meer
zu fliehen. Kim schließt sich an. Es gelingt
ihnen, nach Bangkok zu kommen. Kim
versucht, über die amerikanische Botschaft Kontakt zu Chris zu finden. Der erfährt von seinem Freund John, daß Kim
ihn sucht und einen Sohn hat. Seine Frau
Ellen weiß nichts von seiner vietnamesischen Liebesaffäre. John überredet ihn,
mit Ellen nach Bangkok zu reisen und
dort die Situation zu klären. In Bangkok
erfährt Kim von der Anwesenheit ihres
Chris. Sie erinnert sich daran, wie sie in
Saigon getrennt wurden, als die Vietcong
in die Stadt eindrangen. Chris versuchte
noch, sie mit sich zu nehmen, doch in der
Panik des Zusammenbruchs blieb ihm
nur die Flucht mit dem letzten Hub-
schrauber aus der umstellten amerikanischen Botschaft. Nun ist Kim glücklich,
Chris wiedersehen zu können. Sie versucht, ihn im Hotel zu erreichen, trifft
dort aber nur auf seine Frau Ellen. Nun
weiß sie, wie die Dinge stehen und daß sie
ihre große Liebe zu Grabe tragen muß.
Aber ihr Sohn soll ein Amerikaner werden. Chris und Ellen beschließen, Kim
und das Kind für das Leben in Bangkok
ausreichend unterstützen zu wollen.
Doch Kim hat sich entschieden. Jeder
Vietnamese träumt den »amerikanischen
Traum«, wie auch der »Engineer«. Für
ihren Sohn soll der amerikanische Traum
sich erfüllen. Damit Chris und Ellen ihn
mit nach Amerika nehmen müssen, geht
sie in den Tod.

Anmerkung: Vietnam-Krieg (1946–1975):
Zunächst militärische Auseinandersetzung der französischen Kolonialmacht in
Indochina mit militanten Kommunisten
um Ho Chi Minh. Nach der Niederlage
der Franzosen Eingreifen der USA in die
Streitigkeiten zwischen Nord- und Süd-

vietnam zugunsten Südvietnams. Eskalation zu einem erbittert geführten Krieg, aus dem sich die USA schließlich zurückzogen. Die von den Amerikanern weiterhin unterstützte südvietnamesische Armee unterlag den Streitkräften Nordvietnams. Die Eroberung der südvietnamesischen Hauptstadt Saigon am 30. April 1975 brachte den Vietcong den Sieg, wodurch ganz Vietnam unter kommunistische Gewaltherrschaft geriet.

Auszeichnungen: 3 Antoinette Perry Awards (Tonys) 1991: Männliche Hauptrolle–Musical: Jonathan Pryce / Weibliche Hauptrolle–Musical: Lea Salonga / Männliche Nebenrolle–Musical: Hinton Battle

Songs und Musiknummern

Bühne:
The Heat is On in Saigon; The Movie in My Mind; The Transaction; Why God Why?; Sun and Moon; The Telephone; The Deal; The Ceremony (Dju vui vai); What's This I Find?; The Last Night of the World; The Morning of the Dragon; I Still Believe; Back in Town/This Is the Hour; You Will Not Touch Him; If You Want to Die in Bed (inkl. Let Me See His Western Nose); I'd Give My Life for You; Bui-Doi; What a Waste; Please; The Fall of Saigon; The Truth Inside Your Head; Room 317; Now That I've Seen Her/Her or Me; The Confrontation; The American Dream; The Sacred Bird/Little God of My Heart

Schallplatten:
L   – Geffen WX 329, First Night FNE 2

Vorlage des Musicals:

Schauspiel: *Madame Butterfly*
Buch: David Belasco, nach der gleichnamigen Kurzgeschichte (1898 veröffentlicht in der amerikanischen Zeitschrift »Century Magazine«) von John Luther Long, unter Verwendung von Motiven aus dem Roman »Madame Chrysanthème« (1887) von Pierre Loti
Uraufführung: New York, Herald Square Theatre: 5. März 1900

Hauptdarsteller: Blanche Bates (Cho-Cho-San/Madame Butterfly), Frank Worthing (Lieutenant Pinkerton)
Produzent: David Belasco
Regie: David Belasco

Oper: *Madama Butterfly*
(Deutscher und englischer Titel: MADAME BUTTERFLY)
Musik: Giacomo Puccini
Autoren: Giuseppe Giacosa, Luigi Illica, nach dem Schauspiel »Madame Butterfly« von David Belasco
Uraufführung: Mailand, Teatro alla Scala: 17. Februar 1904
Hauptdarsteller: Rosina Storchio (Cho-Cho-San/Madame Butterfly), Giovanni Zenatello (Lieutenant F. B. Pinkerton), Giuseppe De Luca (Sharpless), Giuseppina Giaconia (Suzuki), Gaetano Pini-Corsi (Goro Nakodo)
Produzent: Giulio Gatti-Casazza
Regie: Tito Ricordi
Lieder (Deutsche Texte: Alfred Brüggemann/1907):
Mag sein, mag sein; O, Liebe, dir nur folg' ich; Ja, nun seid ihr für mich der Himmel; Leuchtet, glitzert; Eines Tages; Deine Mutter; Sollst es nie erfahren

Anmerkungen: Zum Erfolg gelangte die Oper »Madama Butterfly« erst in einer überarbeiteten Fassung, die am 28. Mai 1904 im Teatro Grande in Brescia/Italien aufgeführt wurde (Titelrolle: Salomea Krusceniski).

Hinweis/Bühne:
Nach dem o. g. Roman »Madame Chrysanthème« von Pierre Loti, der thematisch eine damals mögliche Ehe auf Zeit zwischen einer japanischen Geisha und einem französischen Schiffsoffizier behandelt, entstand eine gleichnamige »Lyrische Erzählung«. Musik: André Messager. Libretto: Georges Hartmann, André Alexandre. Uraufführung: 30. Januar 1893, Paris, Théâtre lyrique de la renaissance.

Hinweis/Film:
Verfilmungen von Novelle, Schauspiel und Oper »Madame Butterfly«, dèn Vorlagen des Musicals »Miss Saigon«.

Madame Butterfly
Stummfilm/1915, USA – Famous Players-Lasky (5 Rollen)
Drehbuch nach der gleichnamigen Kurzgeschichte von John Luther Long
Darsteller: Mary Pickford (Choo-Choo-San/Madame Butterfly), Marshall Neilan (Lieutenant Pinkerton), Olive West (Suzuki), Jane Hall (Adelaide), Lawrence Wood (Choo-Choo-San's Father), Caroline Harris (Her Mother), M. W. Rale (The Mikado), W. T. Carleton (American Consul), David Burton (The Prince), Frank Bekum (Naval Officer), Cesare Gravina (The Soothsayer)
Regie: Sidney Olcott

Madame Butterfly
(Deutscher Titel: MADAME BUTTERFLY – EIN FALTER FLOG ZUM LICHT)
1932, USA – Paramount, 86 Min.
Deutsche Erstaufführung: 1933
Drehbuch: Marion Gering, nach dem Libretto der gleichnamigen Oper
Darsteller: Sylvia Sidney (Cho-Cho-San/Madame Butterfly), Cary Grant (Lieutenant Pinkerton), Charles Ruggles (Lieutenant Barton), Sandor Kallay (Goro), Irving Pichel (Yomadori), Helen Jerome Eddy (Cho-Cho's Mother), Edmund Breese (Cho-Cho's Grandfather), Judith Vosselli (Madame Goro), Louise Carter (Suzuki), Dorothy Libaire (Peach Blossom), Sheila Terry (Mrs. Pinkerton), Wallis Clark (Commodore Anderson), Berton Churchill (American Consul), Philip Horomato (Trouble)
Produzent: B. P. Schulberg
Regie: B. P. Schulberg

Madame Butterfly
(Japanischer Titel: CHOCHO FUJIN)
1955, Italien/Japan – Toho/Rizzoli/Gallone – Technicolor, 114 Min.
Deutsche Erstaufführung (Original mit Untertiteln): 1956
Filmoper.
Musik: Giacomo Puccini
Drehbuch: Carmine Gallone, Adaption der gleichnamigen Oper
Darsteller: Karuo Yachigusa [Gesangsstimme: Orietta Moscucci] (Cio-Cio-San/Madame Butterfly), Nicola Filacuridi [Gesangsstimme: Giuseppe Campora] (Pinkerton), Michiko Tanaka [Gesangsstimme: Anna Maria Canali] (Suzuki), Ferdinando Lidonni (Sharpless), Satoshi Nakamura [Gesangsstimme: Adelio Zagonara] (Yamadori), Kiyoshi Takagi [Gesangsstimme: Paolo Caroli] (Goro), Yoshio Kosugi [Gesangsstimme: Plinio Clabassi] (Priest), Josephine Corry (Kate Pinkerton), Takarazuka Kabuki Ballet of Tokyo (Geishas), Teatro Real Del Opera Di Roma
Produzent: Ivao Mori
Choreographie: Yoshio Aoyama
Regie: Carmine Gallone

Die »Madame Butterfly«-Geschichte liegt in abgewandelter, modernisierter und ins Künstlermilieu nach Europa verlegter Handlung auch dem italienisch-deutschen Spielfilm »Premiere der Butterfly« zugrunde:

Premiere der Butterfly / Il sogno di Butterfly
1939, Italien/Deutschland – Grandi-Film-Storici S. A., 96 Min.
Handlung: Junge Sängerin verschweigt ihrem Verlobten, daß sie ein Kind von ihm erwartet, als er die Chance erhält, eine Dirigentenkarriere in Amerika antreten zu können. Bei der Wiederbegegnung ist er verheiratet; er dirigiert die Oper »Madame Butterfly«, deren Titelrolle sie singt. (Gedreht in zwei Versionen: italienisch und deutsch.)
Drehbuch: Ernst Marischka, nach Motiven von Schauspiel und Oper »Madame Butterfly«
Darsteller: Maria Cebotari (Rosa Belloni), Fosco Giachetti (Harry Peters), Lucie Englisch (Anni Eigner/ital.: Anna Ranieri), Luise Stranzinger/ital.: Germanin Paolieri (Mary Peterson), Paul Kemp/ital.: Luigi Almirante (Richard Hell/ital.: Riccardo Belli), Joachim Pfaff/ital.: Gioacchino (»Klein-Harry«)
ferner in der deutschen Version:
Siegfried Schürenberg (Paul Fieri), Alfred Neugebauer (Camillo Chiosone), Heinrich Fuchs (Luigi Volengo), Angelo

Ferrari (Inspizient), Roma Bahn, Egon
Brosig, Else Ehser, Willi Schur, Gertrud
de Lalsky, Alfred Muzarelli, Paul Schnei-
der-Duncker, Walter Schramm-Duncker,
Inge Schuhmann, Eva Vaitl, Max Wilm-
sen
Regie: Carmine Gallone (Deutsche Dialogregie: Alfred Neugebauer)

Geplänkel, List und Irreführung zwischen einem Künstlerehepaar bei der
Produktion eines Films»Madame Butterfly« ist Thema der amerikanischen Film-
komödie:

My Geisha
(Deutscher Titel: MEINE GEISHA)
1962, USA – Paramount – Technirama/
Technicolor, 120 Min.
Deutsche Erstaufführung: 1962
Drehbuch: Norman Krasna
Darsteller: Shirley MacLaine (Lucy
Dell/Yoko Mori), Yves Montand (Paul
Robaix), Edward G. Robinson (Sam
Lewis), Bob Cummings (Bob Moore),
Yoko Tani (Karumi Ito)
Produzent: Steve Parker
Regie: Jack Cardiff

THE MOST HAPPY FELLA
(Deutscher Titel: DER GLÜCKLICHSTE
MANN DER WELT)

Musik und Songtexte: Frank Loesser
Buch: Frank Loesser, nach dem Bühnenstück »They Knew What They Wanted«
(1924) von Sidney Howard
Premiere in New York, Imperial Theatre:
3. Mai 1956

Personen und die Darsteller der Premiere:
Tony –Antonyo   Robert Weede
  Esposito
Rosabella   Jo Sullivan
Joe   Art Lund
Marie   Mona Paulee
Herman   Shorty Long
Cleo   Susan Johnson
Tessie   Zina Bethune
The Postman   Lee Cass
Max, Photographer Louis Polacek
Gladys   Betsy Bridge

Clem   Alan Gilbert
Jake   John Henson
Al   Roy Lazarus
Giuseppe   Artur Rubin
Pasquale   Rico Froehlich
Ciccio   John Henson
The Doctor   Keith Kaldenberg
The Priest   Russell Goodwin
Gussie   Christopher Snell
Cashier   Lee Cass
Country Girl   Meri Miller
City Boy   John Sharpe
Brakeman   Norris Greer
Bus Driver   Ralph Farnsworth
Waitresses: Marlyn Greer, Martha Ma-
thes, Myrna Aaron, Meri Miller, Beverly
Gaines
Neighbors: Helon Blount, Myrna Aaron,
Beverly Gaines, Henry Director, Hunter
Ross, Bob Daley, Lillian Shelby, Lois van
Pelt, Marjorie Smith

Produzenten: Kermit Bloomgarden,
Lynn Loesser
Choreographie: Dania Krupska
Regie: Joseph Anthony
Ort: San Francisco und Napa Valley (Ka-
lifornien)/USA
Zeit: Um 1925

Handlung: Melodramatisches, opernhaftes Volksstück: Liebesgeschichte zwischen einem älteren Mann und einer jungen Frau. Antonyo Esposito, genannt
Tony, ist italienischer Abstammung und
besitzt ein Weingut in Kalifornien. Er ist
nicht mehr der Jüngste, doch gut situiert,
und um restlos glücklich zu sein, fehlt ihm
eine Frau. Jetzt hat er sich in die junge
Rosabella, ein Serviermädchen aus San
Francisco, verliebt, ihr einen Liebesbrief
geschrieben und um ihre Hand angehalten. Rosabella, die ihn nicht kennt, ant-
wortet und bittet um ein Foto von Tony.
Der hat Angst, daß sie ihn zu alt finden
könnte, und greift zu einer List. Da Joe,
sein junger Vorarbeiter, entschlossen ist,
das Weingut zu verlassen und weiterzuziehen, bittet ihn Tony um ein Foto als
Andenken. Dieses Foto von Joe schickt
er an Rosabella und gibt es als sein eigenes aus. Er erhält Rosabellas Einver-

ständnis, und die Hochzeit wird vorbereitet. Als Rosabella Wochen später auf dem Weingut eintrifft, ist Tony nicht anwesend. Er wollte sie vom Busbahnhof abholen, ist aber auf dem Wege dorthin verunglückt. Joe, der sich noch auf dem Weingut befindet, ist erstaunt, daß Rosabella ihn für den Bräutigam hält. Der Irrtum klärt sich auf, Rosabella ist empört und will sofort abreisen. Da bringt man auf einer Bahre den schwerverletzten Tony. Als er Rosabella erblickt, vergißt er seine Schmerzen und seine Behinderung. So überwältigend ist seine Freude, daß Rosabella es nicht übers Herz bringt, ihn zu enttäuschen. Sie bleibt. In der freundlichen Atmosphäre, die Tony um sich verbreitet, wächst ihre Zuneigung zu ihm. Der kranke Mann tut ihr leid, sie spürt seine Liebe zu ihr, und schließlich stimmt sie der Hochzeit zu. Tony ist überglücklich. Doch kurz nach der Trauung fühlt sich Rosabella von tiefer Enttäuschung und Niedergeschlagenheit ergriffen und läuft aus dem Haus. Joe tröstet sie und bemüht sich, sie zu beruhigen. Im plötzlichen Überschwang der Gefühle, und den Mann vor Augen, den sie glaubte, heiraten zu können, finden sich die beiden jungen Menschen in inniger Umarmung. – Tony fürchtet, das Leben auf dem Gut könne für Rosabella zu langweilig sein. Deshalb veranlaßt er, daß ihre Freundin Cleo nach Napa Valley kommt. Auch für mehr Abwechslung sorgt er, indem er ein Fest veranstalten läßt. Doch inzwischen weiß Rosabella, daß sie ein Kind von Joe erwartet. Sie ist entschlossen, wieder nach San Francisco zurückzukehren. Der inzwischen genesene Tony ist darüber bestürzt, bis sie ihm den Grund gesteht. Jetzt ist Tony außer sich vor Wut, und Rosabella geht von ihm fort, zusammen mit Cleo. Auch Joe ist verschwunden. Tony vermutet, daß er sich mit Rosabella davonstehlen will, und eilt zum Busbahnhof. Dort aber trifft er nur auf Cleo und eine verzweifelte Rosabella; Joe ist bereits fort. Als noch Tonys Schwester Marie, die von Anfang an gegen Rosabella eingestellt war, und weitere Familienmitglieder sowie Angehörige des Gutspersonals hinzukommen, entsteht ein allgemeiner Streit. Tony erkennt, daß er noch immer sein Glück mit Rosabella finden kann, ist bereit, das Kind als sein eigenes anzuerkennen, und eilt mit Rosabella zurück, um endlich die glückliche Ehe führen zu können, die er sich erträumt hatte.

Auszeichnung: 1 Antoinette Perry Award (Tony) 1992: Männliche Hauptrolle–Musical: Scott Waara

Deutschsprachige Erstaufführung: 3. November 1972, Städtische Bühnen Freiburg. Autor: Janne Furch

Songs und Musiknummern

Bühne:
Ooh, My Feet; I Know How It Is; Seven Million Crumbs; I Don't Know Nothing About You; Somebody, Somewhere; The Most Happy Fella; A Long Time Ago; Standing on the Corner; Joey, Joey, Joey; Soon You Gonna Leave Me, Joe; Rosabella; Abbondanza; Plenty Bambini; Sposalizio; Special Delivery!; Benvenuta; Aren't You Glad?; Don't Cry; Prelude (instr.); Fresno Beauties; Cold and Dead; Love and Kindness; Happy to Make Your Acquaintance; I Don't Like This Dame; Big »D«; How Beautiful the Days; Young People; Warm All Over; Old People Gotta; I Like Ev'rybody; I Love Him; Like a Woman Loves a Man; My Heart Is So Full of You; Mamma, Mamma; Goodbye, Darlin'; Song of a Summer Night; Please Let Me Tell You; Tell Tony and Rosabella Good-bye for Me; She Gonna Come Home Wit' Me; Nobody's Ever Gonna Love You/Trio at the Station; I Made a Fist

Schallplatten:
NY – Columbia 03L 240, Columbia OL 5118/OS 2330
L – Angel S 35887

Vorlage des Musicals:
Schauspiel: *They Knew What They Wanted*
Buch: Sidney Howard

Uraufführung: New York, Garrick Theatre: 24. November 1924
Darsteller: Richard Bennett (Tony), Pauline Lord (Amy), Glenn Anders (Joe), Charles Kennedy (Father McKee), Allen Atwell (Ah Gee), Robert Cook (The R. F. D.), Hardwick Nevin (Angelo), Jacob Zollinger (Giorgio), Charles Tazewell (The Doctor), Frances Hyde (First Italian Mother), Antoinette Bizzoco (Her Daughter), Peggy Conway (Second Italian Mother), Edward Rosenfeld (Her Son)
Produzent: The Theatre Guild
Regie: Philip Moeller
Auszeichnung: Pulitzer Prize / Drama 1925

Hinweis/Film:
Verfilmungen des Schauspiels »They Knew What They Wanted« von Sidney Howard, der Vorlage des Musicals.

The Secret Hour
Stummfilm/1928, USA – Paramount/ Famous Lasky Corp., 7194 ft / 2193 m (81 Min.)
Drehbuch: Rowland V. Lee, nach dem Schauspiel »They Knew What They Wanted« von Sidney Howard
Darsteller: Jean Hersholt (Tony), Pola Negri (Amy), Kenneth Thompson (Joe), George Kuwa (Ah Gee), George Periolat (The Doctor), Christian J. Frank (Sam)
Produzenten: Adolph Zukor, Jesse L. Lasky
Regie: Rowland V. Lee

A Lady to Love
1930, USA – Metro-Goldwyn-Mayer, 92 Min.
Drehbuch: Sidney Howard, nach seinem Schauspiel »They Knew What They Wanted«
Darsteller: Edward G. Robinson (Tony), Vilma Banky (Lena Schultz), Robert Ames (Buck), Richard Carle (Postman), Lloyd Ingraham (Father McKee), Anderson Lawler (The Doctor), Gum Chin (Ah Gee), Henry Armetta (Angelo), George Davis (Giorgio)
Regie: Victor Seastrom (d. i. Victor Sjöström)

Deutsche Version dieses Films (1930) unter dem Titel:
Die Sehnsucht jeder Frau
Autor: Hans Kraly (d. i. Hanns Kräly), nach der amerikanischen Originalfassung
Darsteller: Edward G. Robinson (Tony), Vilma Banky (Mizzi), Joseph Schildkraut (Buck), William Bechtel (Der Pfarrer), Frank Reicher (Der Doktor), Conrad Seidemann (Der Landbriefträger), Henry Armetta (Angelo), George Davis (Georgio), Gum Chin (Ah Gee)
Regie: Victor Seastrom (d. i. Victor Sjöström)

They Knew What They Wanted
1940, USA – RKO, 96 Min.
Drehbuch: Robert Ardrey, nach dem gleichnamigen Schauspiel von Sidney Howard
Darsteller: Charles Laughton (Tony Patucci), Carole Lombard (Amy Peters), William Gargan (Joe), Frank Fay (Father McKee), Harry Carey (The Doctor), Lee Tung-Foo (Ah Gee), Joe Bernard (The R. F. D.), Janet Fox (Mildred), Karl Malden (Red), Victor Kilian (Photographer), Effie Anderson (Nurse), Ricca Allen (Mrs. Thing), Antonio Filauri (Customer), Joe Sully (Father of Family), Paul Panzer (Cafe Boss), Paul Lepere (Hired Hand), Tom Ewell (New Hired Hand)
(Waitresses): Marie Blake, Millicent Green, Grace Lenard, Patricia Oakley
(Pals at Table): Bobby Barber, Nestor Paiva
(Townsmen): Dario Piazza, Steve Cavaliera, John Impolito, Edward Colebrook und The Pina Troupe
Produzent: Erich Pommer
Regie: Garson Kanin

THE MUSIC MAN

Musik und Songtexte: Meredith Willson
Buch: Meredith Willson, nach einer Erzählung von Meredith Willson und Franklin Lacey
Premiere in New York, Majestic Theatre: 19. Dezember 1957

Personen und die Darsteller der Premiere:

Harold Hill	Robert Preston
Marian Paroo	Barbara Cook
Mayor Shinn	David Burns
Mrs. Paroo	Pert Kelton
Marcellus Washburn	Iggie Wolfington
Eulalie Mackecknie Shinn	Helen Raymond
Winthrop Paroo	Eddie Hodges
Charlie Cowell	Paul Reed
Conductor	Carl Nicholas
Townspeople:	The Buffalo Bills:
Ewart Dunlop	Al Shea
Oliver Hix	Wayne Ward
Jacey Squires	Vern Reed
Olin Britt	Bill Spangenberg
Tommy Djilas	Danny Carroll
Amaryllis	Marilyn Siegel
Zaneeta Shinn	Dusty Worrall
Gracie Shinn	Barbara Travis
Alma Hix	Adnia Rice
Maud Dunlop	Elaine Swann
Ethel Toffelmier	Peggy Mondo
Mrs. Squires	Martha Flynn
Constable Locke	Carl Nicholas

Travelling Salesmen: Russell Goodwin, Hal Norman, Robert Howard, James Gannon, Robert Lenn, Vernon Lusby, Robert Evans
River City Townspeople and Kids: Pamela Abbott, Babs Delmore, Janet Hayes, Barbara Williams, Marie Santella, Marlys Watters, James Gannon, Russell Goodwin, Robert Howard, Peter Leeds, Robert Lenn, Hal Norman, Joan Bowman, Alice Clift, Nancy Davis, Penny Ann Green, Lynda Lynch, Jacqueline Maria, Marilyn Poudrier, Pat Mariano, Elizabeth Buda, Babs Warden, Tom Panko, Ronn Cummins, Robert Evans, Vernon Lusby, Gary Menteer, John Sharpe, Roy Wilson, Gerald Teijelo, Bob Mariano, Vernon Wendorf, Arthur Rubin

Produzent: Kermit Bloomgarden (mit Herbert Green und Frank Productions)
Choreographie: Onna White
Regie: Morton Da Costa
Ort: River City, Iowa/USA
Zeit: 1912

Handlung: Komödie um Kleinstädter. Harold Hill ist ein Schwindler eigener Art. Er bereist die kleinen Städte in Iowa, gibt sich als »Musikprofessor« aus und überzeugt mit beredten Worten die Bürger, wie wichtig und nützlich es sei, ein Kinder- und Jugendorchester zu gründen. Nach seiner Methode könnten die Schülerinnen und Schüler sehr bald musizieren. Durch seine Überzeugungskraft weckt er Begeisterung und bewirkt eine umfangreiche Bestellung von Instrumenten und Uniformen für die Kapelle. Zu seinem Schwindelmanöver gehört, daß er verschwindet, sobald mit der Wells-Fargo-Post die bestellten Waren eingetroffen sind, für die er das Geld kassiert hat. Auch in River City scheint ihm sein Coup zu gelingen. Das Städtchen ist begeistert von seinen Plänen, zumal er auch noch die Damen bewegen hat, zum Zwecke der Körpergymnastik ein Ballett zu bilden. Nur die junge Bibliothekarin Marian Paroo, die auch Musikunterricht erteilt, weiß, daß Harold Hill verspricht, was er nicht halten kann. Er ist aber ein sympathischer Mann, und die einsame Marian verliebt sich in ihn. Ihre anfänglichen Warnungen vor einer Irreführung wandeln sich in Unterstützung für Harold Hill. Die Ankunft der Instrumente und der Uniformen ruft allgemeinen Jubel in River City hervor. Doch es erscheint auch Charlie Cowell, der Harold Hill kennt und von seinen Betrügereien weiß. Er warnt die Leute von River City. Deren Begeisterung schlägt in Zorn um, Harold Hill wird festgesetzt, und man droht ihm schwerste Bestrafung an. Da aber tritt Marian Paroo für ihn ein und macht in einer zündenden Rede ihren Mitbürgern klar, daß das verschlafene Städtchen erst durch Harold Hill aus seinem tristen Dasein erweckt und zu fröhlichem Treiben gebracht worden ist. Sie erreicht mit ihrem Einsatz nicht nur einen Stimmungswandel zugunsten des liebenswürdigen Schwindlers, sondern auch seine Freiheit, die die beiden Verliebten zusammenführt. Und siehe, plötzlich spielt auch die Kinderkapelle auf, und es gelingt den Musikanten, wenn auch noch mit vielen falschen Tönen, so etwas wie ein Hochzeitsständchen aufzuführen.

Auszeichnungen: 8 Antoinette Perry Awards (Tonys) 1958: Bestes Musical / Männliche Hauptrolle–Musical: Robert Preston / Herausragende Charakterrolle (männlich)–Musical: David Burns / Herausragende Charakterrolle (weiblich)–Musical: Barbara Cook / Buch–Musical: Meredith Willson, Franklin Lacey / Produzent–Musical: Kermit Bloomgarden, Herbert Green, Frank Productions / Komposition und Songtexte: Meredith Willson / Dirigent und Musikalische Leitung: Herbert Green
1 Antoinette Perry Award (Tony) 1959: Bühnentechnik: Sam Knapp

Deutschsprachige Erstaufführung (Originaltitel): 16. März 1963, Theater der Freien Hansestadt Bremen. Autoren: Hanns Bernhardt, Hans Peter Doll, Peter Zadek

Film:

The Music Man
1962, USA – Warner Bros. – Technirama/Technicolor, 151 Min.
Deutsche Erstaufführung (Originaltitel): 1976 (TV/ZDF)
Musik und Songtexte: Meredith Willson
Drehbuch: Marion Hargrove, nach dem gleichnamigen Musical

Personen und ihre Darsteller:

Harold Hill	Robert Preston
Marian Paroo	Shirley Jones
Marcellus Washburn	Buddy Hackett
Eulalie Mackecknie Shinn	Hermione Gingold
Mayor Shinn	Paul Ford
Mrs. Paroo	Pert Kelton
Winthrop Paroo	Ronny Howard
Amaryllis	Monique Vermont
Norbert Smith	Ronnie Dapo
Tommy Djilas	Timmy Everett
Zaneeta Shinn	Susan Luckey
Charlie Cowell	Harry Hickox
Mrs. Squires	Mary Wickes
Constable Locke	Charles Lane
Avis Grubb	Jesslyn Fax
Gracie Shinn	Patty Lee Hilka
Dewey	Garry Potter
Harley MacCauley	J. Delos Jewkes
Harry Joseph	Ray Kellogg
Lester Lonnergan	William Fawcett
Oscar Jackson	Rance Howard
Gilbert Hawthorne	Roy Dean
Chet Glanville	David Swain
Herbert Malthouse	Arthur Mills
Duncan Shyball	Rand Barker
Jessie Shyball	Jeannine Burnier

Townspeople: Ewart Dunlop, Oliver Hix, Jacey Squires, Olin Britt, Amy Dakin, Truthful Smith, Dolly Higgins, Lila O'Brink, Feril Hawkes, Stella Jackson, Ada Nutting, Undertaker, Farmer, Farmer's Wife, Conductor

The Buffalo Bills: Al Shea, Wayne Ward, Vern Reed, Bill Spangenberg, Shirley Claire, Natalie Core, Therese Lyon, Penelope Martin, Barbara Pepper, Anne Loos, Peggy Wynne, Hank Worden, Milton Parsons, Natalie Masters, Percy Helton

Townswomen: Peggy Mondo, Sarah Seegar, Adnia Rice
Salesmen: Casey Adams, Charles Percheskly

Produzent: Morton Da Costa
Choreographie: Onna White, Tom Panko
Regie: Morton Da Costa

Auszeichnung: 1 Academy Award (Oscar) 1962: Musikgesamtwerk–Instrumentierung (Filmversion): Ray Heindorf

Songs und Musiknummern

Bühne:
Rock Island; Iowa Stubborn; Ya Got Trouble; Piano Lesson; If You Don't Mind My Saying So; Goodnight, My Someone; Seventy-Six Trombones; Sincere; The Sadder-But-Wiser-Girl for Me;

Pick-a-Little, Talk-a-Little; Goodnight Ladies (Egbert Van Alstyne, Harry H. Williams); Columbia, the Gem of the Ocean; Marian the Librarian; My White Knight; Wells Fargo Wagon; Eulalie's Ballet (instr.); It's You; Shipoopi; Lida Rose; Will I Ever Tell You?; Gary, Indiana; Till There Was You; Ice Cream Sociable (instr.)

Film:
Rock Island; Iowa Stubborn; Ya Got Trouble; Piano Lesson; If You Don't Mind My Saying So; Goodnight, My Someone; Seventy-Six Trombones; Sincere; The Sadder-But-Wiser-Girl for Me; Pick-a-Little, Talk-a-Little; Goodnight Ladies (Egbert Van Alstyne, Harry H. Williams); Marian the Librarian; Being in Love ⊕; Wells Fargo Wagon; It's You; Shipoopi; Lida Rose; Will I Ever Tell You?; Gary, Indiana; Till There Was You ⊕ neu für den Film
Nicht verwendet:
My White Knight

Schallplatten:
NY – Kapp S 4505, Capitol WAO/
       SWAO/SW 990
L   – Stanyan SR 10039, World Rec. 732
F   – Warner Bros. BS 1459
St – (Gordon Goodman, Jeanne Steel)
       Capitol ST 989, (Meredith Willson,
       Rini Willson) Capitol ST 1320

MY FAIR LADY

Musik: Frederick Loewe
Songtexte: Alan Jay Lerner
Buch: Alan Jay Lerner, auf der Basis der Komödie »Pygmalion« (1913) von George Bernard Shaw
Premiere in New York, Mark Hellinger Theatre: 15. März 1956

Personen und die Darsteller der Premiere:

Henry Higgins	Rex Harrison
Eliza Doolittle	Julie Andrews
Colonel Pickering	Robert Coote
Alfred P. Doolittle	Stanley Holloway
Mrs. Higgins	Cathleen Nesbitt
Mrs. Pearce	Philippa Bevans
Freddy Eynsford-Hill	John Michael King
Mrs. Eynsford-Hill	Viola Roache
Mrs. Hopkins	Olive Reeves-Smith
Lord Boxington	Gordon Dilworth
Lady Boxington	Olive Reeves-Smith
Zoltan Karpathy	Christopher Hewett
Queen of Transylvania	Maribel Hammer
Ambassador	Rod McLennan
Harry	Gordon Dilworth
Jamie	Rod McLennan
Butler	Reid Shelton
Chauffeur/ Constable	Barton Mumaw
Flower Girl	Cathy Conklin
Selsey Man	Gordon Dilworth
Hoxton Man	David Thomas
Flunkey	Paul Brown
Mrs. Higgins' Maid	Judith Williams

Footmen: Gordon Ewing, William Krach
Bystanders: Christopher Hewitt, Rod McLennan
Bartenders: David Thomas, Paul Brown
Buskers: Imelda de Martin, Carl Jeffrey, Joe Rocco
Cockneys: Reid Shelton, Glenn Kezer, James Morris, Herb Surface
Servants: Rosemary Gaines, Colleen O'Connor; Muriel Shaw, Gloria Van Dorpe, Glenn Kezer

Produzent: Herman Levin
Choreographie: Hanya Holm
Regie: Moss Hart
Ort: London und Umgebung (Ascot)
Zeit: 1912

Handlung: Gesellschaftskomödie mit Ironie und Hintersinn wie die Vorlage von George Bernard Shaw. Sprachprofessor Higgins, ein besessener Gelehrter und eingefleischter Junggeselle, ist zu einem Experiment entschlossen. Durch Zufall auf das Blumenmädchen Eliza aufmerksam geworden, das für ihn ein Gossenkind mit ordinärer Ausdrucksweise ist, will er einem Bekannten, Oberst Pickering, beweisen, daß gute Sprache und Manieren anerzogen werden können. Er nimmt Eliza, die nie die vornehme Welt und

Wohlstand kennengelernt hat, als Schülerin in sein Haus auf. Ein hartes Training beginnt, bei dem sowohl Higgins als auch Eliza oft am Rand der Verzweiflung sind, ebenso wie das Personal. Eines Tages taucht Müllwerker Alfred P. Doolittle, Elizas Vater, bei Higgins und Pickering auf, weniger aus Sorge um eine möglicherweise gefährdete Moral seiner Tochter, als vielmehr, um für sich selbst ein Honorar herauszuschlagen. Higgins ist von dem gewitzten Mann aus dem Proletariat angetan und verhilft ihm zu einer Zuwendung, die Doolittle ermöglicht, etwas zu tun, was er schon lange vorhatte: ein zweites Mal zu heiraten. Die mühevolle, intensive Ausbildung durch Professor Higgins zeitigt Erfolg: Eliza wird zu einer vornehmen jungen Dame mit gepflegter Sprache. Stolz führt Higgins seine Schülerin in Ascot beim Galopprennen vor. Aber in der Rage der Begeisterung beim Endspurt des Rennens fällt Eliza in ihre alte ordinäre Ausdrucksweise zurück, sehr zur Betroffenheit von Higgins. Doch hat Eliza die Sympathie von Higgins Mutter gewonnen, und ein junger Mann der vornehmen Gesellschaft, Freddy Eynsford-Hill, ist von ihr so begeistert, daß er ihr gesteht, sie zu verehren. Higgins startet mit Unterstützung von Pickering einen zweiten, diesmal erfolgreichen Versuch mit Eliza beim Ball der Botschaft. Die zwei Männer sind begeistert vom Gelingen des Experiments, Eliza stellt enttäuscht fest, daß sie nur als seelenloses Objekt benutzt worden ist. Verärgert nimmt sie ihren Koffer und verläßt das Haus von Higgins. Der rätselt mit Pickering, was wohl in das Mädchen gefahren sei. Eliza begegnet Freddy Eynsford-Hill, doch stellt sie fest, daß sie ihn nicht mag. Higgins sucht Rat bei seiner Mutter. An diese lebenskluge Frau hat sich gerade auch Eliza gewendet. Das Zusammentreffen gerät zu einer Auseinandersetzung zwischen Eliza und Higgins. Als der Junggeselle wieder allein in seinem Haus ist, hat er erkannt, daß Eliza mehr für ihn war als ein Experiment. Er hat sich in das Geschöpf, das er aus wis-senschaftlichem Interesse formte, verliebt, und Eliza fehlt ihm. Auch sie weiß, daß sie zu ihm gehört – und plötzlich steht sie wieder in der Tür, dort, wo sie zu Hause ist.

Auszeichnungen: 9 Antoinette Perry Awards (Tonys) 1957: Bestes Musical / Männliche Hauptrolle–Musical: Rex Harrison / Regie: Moss Hart / Produzent–Musical: Herman Levin / Autor–Musical: Alan Jay Lerner / Komponist: Frederick Loewe / Dirigent und Musikalische Leitung: Franz Allers / Bühnenbild: Oliver Smith / Kostüme: Cecil Beaton
1 Antoinette Perry Award (Tony) 1976: Männliche Hauptrolle–Musical: George Rose (Reproduction–Neuinszenierung)

Deutschsprachige Erstaufführung (Originaltitel): 25. Oktober 1961, Theater des Westens, Berlin. Autor: Robert Gilbert

Anmerkung: Kurioserweise gab es den Titel »My Fair Lady« schon einmal für ein Musical. Es war der ursprüngliche Titel des 1925 am Broadway unter dem endgültigen Titel »Tell Me More!« herausgebrachten Musicals mit der Musik von George Gershwin. Der Titel »My Fair Lady« wurde als kommerziell nicht genügend wirksam angesehen und deshalb geändert.

Film:

My Fair Lady
1964, USA – Warner Bros. – Super Panavision 70/Technicolor, 175 Min.
Deutsche Erstaufführung (Originaltitel): 1964
Musik: Frederick Loewe
Songtexte: Alan Jay Lerner
Drehbuch: Alan Jay Lerner, nach dem gleichnamigen Musical

Personen und ihre Darsteller:

Eliza Doolittle	Audrey Hepburn (Gesangsstimme: Marni Nixon)
Professor Henry Higgins	Rex Harrison
Alfred P. Doolittle	Stanley Holloway

Colonel Hugh Pickering	Wilfrid Hyde-White
Mrs. Higgins	Gladys Cooper
Freddy Eynsford-Hill	Jeremy Brett (Gesangsstimme: Bill Shirley)
Mrs. Pearce	Mona Washbourne
Zoltan Karpathy	Theodore Bikel
Mrs. Eynsford-Hill	Isobel Elsom
Butler	John Holland
Jamie	John Alderson
Harry	John McLiam
George	Jack Greening
Lady Boxington	Moyna MacGill
King	Charles Fredericks
Lady Ambassador	Lily Kemble-Cooper
Prince Gregor of Transylvania	Henry Daniell
Queen of Transylvania	Baroness Bina Rothschild
Greek Ambassador	Oscar Beregi
Prince	Buddy Bryan
Mrs. Hopkins	Olive Reeves-Smith
Algernon/ Bartender	Ron Whelan
Man at Coffee Stand	Owen McGiveney
Cockney with Pipe	Marjorie Bennett
First Maid	Dinah Anne Rogers
Second Maid	Lois Battle
Parlor Maid	Jacqueline Squire
Cook	Gwen Watts
Footman at Ball	Ben Wright
Ad Lib at Ball	Betty Blythe
Dancer	Nick Navarro
Ambassador	Alan Napier
Mrs. Higgins' Maid	Jennifer Crier
Landlady	Miriam Schiller
Fat Woman at Pub	Ayllene Gibbons
Doolittle's Dance Partner	Barbara Pepper
Ascot Extra/ Guest at Ball	Grady Sutton
Guest at Ball	Major Sam Harris
Daughter of Elegant Bystander	Britannia Beatey
Main Bystander	Walter Burke
Bystander	Hilda Plowright
Hoxton Man	Laurie Main
Selsey Man	Maurice Dallimore
Man	Pat O'Moore
Male Member	Jack Raine
Grand Lady	Beatrice Greenough
Ascot Gavotte	Colin Campbell
Taxi Driver	Geoffrey Steale
Jugglers	Eugene Hoffman Kai Farrelli
Policeman	Victor Rogers
Bartender	Michael St. Clair
Leaning Man	Brendon Dillon

Elegant Bystanders: Kendrick Huxham, Frank Baker

Flower Girls: Iris Briston, Alma Lawton

Costermongers: Ben Wrigley, Clive Halliday, Richard Peel, Eric Heath, James O'Hara

Cockneys: Raymond Foster, Joe Evans, Marie Busch, Mary Alexander, William Linkie, Henry Sweetman, Andrew Brown, Samuel Holmes, Thomas Dick, William Taylor, James Wood, Goldie Kleban, Elizabeth Aimers, Joy Tiemey, Leonore Miller, Donna Day, Corinne Ross, Phyllis Kennedy, Davie Robel

Toffs: Gigi Michel, Sandy Steffens, Sandy Edmundson, Marlene Marrow, Carol Merrill, Sue Bronson, Lea Genovese

Ascot Types: Grady Sutton, Orville Sherman, Harvey Dunn, Barbara Morrison, Natalie Core, Helen Albrecht, Diana Bourbon, Marjory Hawtrey, Paulle Clark, Allison Daniell

Footmen: Roy Dean, Tom Cound, William Beckley

Ad Libs at Church: Elzada Wilson, Jeanne Carson, Buddy Shea, Jack Goldie, Sid Marion, Stanley Fraser, George Pelling, Colin Kenny, Phyllis Kennedy, LaWanna Backer, Monika Henried, Anne Dore, Pauline Drake, Shirley Melline, Wendy Russell, Meg Brown, Clyde Howdy, Nicholas Wolcuff, Martin Eric, John Mitchum

Produzent: Jack L. Warner
Choreographie: Hermes Pan
Regie: George Cukor

Auszeichnungen: 8 Academy Awards (Oscars) 1964: Bester Film / Männliche Hauptrolle: Rex Harrison / Regie: George Cukor / Kamera–Farbe: Harry Stradling / Ausstattung–Szenenbild–Farbe: Gene Allen und Cecil Beaton, George James Hopkins / Kostüme–Farbe: Cecil Beaton / Ton: George R. Groves / Musikgesamtwerk–Instrumentierung (Filmversion): Andre Previn

Songs und Musiknummern

Bühne:
Why Can't the English Teach Their Children How to Speak?; Wouldn't It Be Loverly? (Wäre det nich wunderscheen?); With a Little Bit of Luck (Mit 'nem kleenen Stückchen Glück); I'm an Ordinary Man (Bin ein Mann wie jedermann); Just You Wait, 'enry 'iggins, Just You Wait! (Wart's nur ab, Henry Higgins); Poor Professor Higgins; The Rain in Spain (Es grünt so grün); I Could Have Danced All Night (Ich hätt' getanzt heut' nacht); Ascot Gavotte; On the Street Where You Live (In der Straße, wo du lebst); Embassy Waltz (instr.); You Did It; Show Me; The Flower Market; Get Me to the Church on Time (Bringt mich pünktlich zum Altar); A Hymn to Him (Kann eine Frau nicht sein wie ein Mann?); Whitout You; I've Grown Accustomed to Her Face (Ich bin gewöhnt an ihr Gesicht)

Film:
Why Can't the English Teach Their Children How to Speak?; Wouldn't It Be Loverly?; I'm an Ordinary Man; With a Little Bit of Luck; Just You Wait, 'enry 'iggins, Just You Wait!; Poor Professor Higgins; The Rain in Spain; I Could Have Danced All Night; Ascot Gavotte; On the Street Where You Live; Embassy Waltz; You Did It; Show Me; The Flower Market; Get Me to the Church on Time; A Hymn to Him; Whitout You; I've Grown Accustomed to Her Face

Schallplatten:
NY – Columbia OL 5090, (1976) Columbia PS 34197

L – Columbia OS 2015, CBS 70005
F – Columbia KOL 8000/KOS 2600, CBS 70000
D/B – (Berlin) Philips 840411 SY, Philips 822651, (München) Fontana 200124, (Wien) Preiser SPR 3210
D/F – CBS S 70002
St – (Jane Powell, Robert Merrill) RCA Victor LPM/LSP 2274, (Kiri Te Kanawa, John Mauceri) Decca 421200, (D/Peter Alexander, Cissy Kraner) Polydor 237153

Vorlage des Musicals:

Komödie: *Pygmalion*

Buch: George Bernard Shaw (Deutsche Fassung: Siegfried Trebitsch), in freier Abwandlung der altgriechischen Sage von Pygmalion, König von Kypros (Zypern) und Bildhauer, überliefert durch Ovid in seinen »Metamorphosen« (entstanden um 2–8 n. Chr.)
Uraufführung: Wien, Burgtheater: 16. Oktober 1913
Darsteller: Max Paulsen (Henry Higgins), Lilli Marberg (Eliza Doolittle), Oskar Gimnig (Colonel Pickering), Charles Kaiser (Freddy Eynsford-Hill), Albert Heine (Alfred Doolittle), Auguste Wilbrandt-Baudius (Mrs. Higgins), Tini Senders (Mrs. Pearce), Else Häberle (Mrs. Eynsford-Hill), Gisela Wilke (Miss Eynsford-Hill), Antonie Schulz, Eugen Muratori, Hermann Wawra
Produzent: Direktor Hugo Thimig
Englische Erstaufführung: 11. April 1914, His Majesty's Theatre, London

Hinweis/Bühne:
Die von Ovid überlieferte altgriechische Sage von Pygmalion, einem König von Kypros (Zypern), der auch ein Bildhauer war und dessen Statue einer Traumfrau (in späteren Bearbeitungen »Galateia/ Galathée« genannt) lebendig wurde, ist über Jahrtausende hinweg immer wieder Thema literarischer und dramatischer Werke in ernster oder heiterer Form gewesen, auch in Werken des Musiktheaters.

→ ADONIS / Musical
→ ONE TOUCH OF VENUS / Musical
→ DIE SCHÖNE GALATHEE / Operette

Hinweis/Film:
Verfilmungen der Komödie »Pygmalion«
von George Bernard Shaw, der Teil-Vorlage des Musicals.

Pygmalion
1935, Deutschland – Klagemann-Film der
Tobis-Rota, 94 Min.
Drehbuch: Heinrich Oberländer, Walter
Wassermann, nach der gleichnamigen
Komödie von George Bernard Shaw
Darsteller: Jenny Jugo (Eliza Doolittle),
Gustaf Gründgens (Professor Higgins),
Anton Edthofer (Oberst Pickering), Eu-
gen Klöpfer (Alfred Doolittle), Hedwig
Bleibtreu (Frau Higgins), Käthe Haack
(Frau Pearce), Olga Limburg (Frau Hill),
Karin Evans (Klara Hill), Vivigenz Eick-
stedt (Freddy Hill), Erika Gläßner (Bet-
sy), Hans Richter (Jonny), Erna Morena,
Werner Pledath, Josef Dahmen, Ernst
Behmer, Erich Dunskus, Oskar Höcker,
Wera Schultz
Produzent: Eberhard Klagemann
Regie: Erich Engel

Pygmalion
1936, Niederlande – Filmex
Drehbuch: Ludwig Berger, nach der
gleichnamigen Komödie von George
Bernard Shaw
Darsteller: Johan de Meester (Professor
Higgens), Lily Bouwmeester (Liesje
Doeluttel), Eduard Verkade (Colonel
Pickering), Emma Morel (Mevrouw Hig-
gens), Matthieu van Eysden (Alfred
Doeluttel), Nel Oosthout (Mevrouw
Pearce), Sara Heyblon (Mevrouw Eyns-
ford-Hill), William Kan (Freddy Eyns-
ford-Hill), Taus Sigma (Clara Hill), Etty
van Stekelenburg (Gravin/Gräfin)
Produzent: Rudolf Deyer
Regie: Ludwig Berger

Pygmalion
(Deutscher Titel: PYGMALION, ROMAN
EINES BLUMENMÄDCHENS)
1938, Großbritannien – Gabriel Pascal

Productions/General Film Distributers/
Metro-Goldwyn-Mayer, 96 Min.
Deutsche Erstaufführung: 1949
Buch: George Bernard Shaw (gleichna-
mige Komödie), für den Film bearbeitet
von W. P. Lipscombe, Cecil Lewis, Ian
Dalrymple
Darsteller: Leslie Howard (Prof. Henry
Higgins), Wendy Hiller (Eliza Doolittle),
Wilfrid Lawson (Alfred P. Doolittle),
Scott Sunderland (Colonel Pickering),
Marie Lohr (Mrs. Higgins), Jean Cadell
(Mrs. Pearce), David Tree (Freddy Eyns-
ford-Hill), Everley Gregg (Mrs. Eyns-
ford-Hill), Leueen MacGrath (Clara
Eynsford-Hill), Esmé Percy (Count Ari-
stid Karpathy), Violet Vanbrugh (Am-
bassadress), Iris Hoey (Ysabel), Viola
Tree (Perfide), O. B. Clarence (Vicar),
Irene Browne (Duchess), Kate Cutler
(Grand Old Lady), Leo Genn (Prince of
Transylvania), Anthony Quayle (French
Hairdresser), Eileen Beldon (Parlor
Maid), Frank Atkinson (Cabbie), Steven
Murray (Police Constable)
(Bystanders): Wally Patch, Ivor Barnard,
H. F. Maltby, George Mozart
(Guest at Embassy Ball): Cathleen Nes-
bitt, Cecil Trouncer, Frank Atkinson, Leo
Genn
Produzent: Gabriel Pascal
Regie: Anthony Asquith, Leslie Howard
Auszeichnungen: 2 Academy Awards (Os-
cars) 1938: Drehbuch: George Bernard
Shaw / Buch-Adaption: Ian Dalrymple,
Cecil Lewis, W. P. Lipscombe

MY ONE AND ONLY

Musik: George Gershwin (posthum zu-
sammengestellt)
Songtexte: Ira Gershwin
Buch: Peter Stone, Timothy S. Mayer
Premiere in New York, St. James Theatre:
1. Mai 1983

Personen und die Darsteller der Premiere:
Captain Billy   Tommy Tune
  Buck Chandler
Edith Herbert   Twiggy/d. i. Lesley
                       Hornby

Prince Nicolai   Bruce McGill
Erraclyovitch
Tchatchavadze,
gen. Nikki
Mickey   Denny Dillon
Rt. Rev. J. D.   Roscoe Lee Browne
Montgomery
Mr. Magix   Charles »Honi« Coles
Flounder   Nana Visitor
Sturgeon   Susan Hartley
Minnow   Stephanie Eley
Prawn   Jill Cook
Kipper   Niki Harris
Anchovie   Karen Tamburelli
Mrs. O'Malley   Ken Leigh Rogers
Achmed   Bruce McGill
Reporter   Jill Cook
Conductor   Adrian Bailey
Policeman/   Paul David Richards
Stage Doorman
New Rhythm Boys: David Jackson, Ken
Leigh Rogers, Ronald Dennis
Ritz Quartette: Casper Roos, Paul David
Richards, Carl Nicholas, Will Blanken-
ship
Dancing Gentlemen: Adrian Bailey, Bar
Dell Conner, Ronald Dennis, David
Jackson, Alde Lewis Jr., Bernard Man-
ners, Ken Leigh Rogers

Produzenten: Paramount Theatre Produc-
tions, Francine LeFrak, Kenneth-Mark
Productions
Choreographie: Thommie Walsh, Tom-
my Tune
Regie: Thommie Walsh, Tommy Tune
Ort: New York und Marokko
Zeit: 1927

Handlung: Bewußt simplifizierte Liebesgeschichte im Stil und in der Zeit der
1920er Jahre als Rahmen für bekannte
Gershwin-Musiknummern. Der ebenso
provinzielle wie unternehmungslustige
Pilot Captain Billy Buck Chandler aus
Texas hat sich vorgenommen, der erste zu
sein, der allein im Nonstop-Flug den Atlantik von Amerika nach Paris überfliegt.
Sein Vorhaben aber ist ihm nicht mehr so
wichtig, als er die Wasserballett-Künstle-
rin Edith Herbert kennenlernt, die auch
englische Schwimmeisterin in der Ka-

nalüberquerung ist. Nun gilt sein ganzes
Interesse der großen Liebe. Edith steht
unter dem Einfluß ihres erpresserischen
Managers und Exgeliebten. Der gibt sich
als Einwanderer aus, tarnt sich mit dem
georgischen Namen Prinz Nicolai Erraclyovitch Tchatchavadze, ist in Wirklichkeit
aber ein Sowjetagent. Der unbeholfene
Billy kann erst durch Unterstützung seiner ihm ergebenen Mechanikerin Mickey
und mit Hilfe der Zauberkunst des Mr.
Magix seine Angebetete aus der Macht
ihres bösen Managers befreien und für
sich gewinnen.

Auszeichnungen: 3 Antoinette Perry Awards
(Tonys) 1983: Männliche Hauptrolle–
Musical: Tommy Tune / Männliche Ne-
benrolle–Musical: Charles »Honi« Coles /
Choreographie: Thommie Walsh, Tom-
my Tune

Songs und Musiknummern

Bühne:
I Can't Be Bothered Now (aus dem Film
»A Damsel in Distress«, 1937); Blah,
Blah, Blah (aus dem Film »Delicious«,
1931); Boy Wanted (aus dem Musical
»Primrose«, 1924 – T: Ira Gershwin, Des-
mond Carter); Soon (aus dem Musical
»Strike Up the Band«, 2. Version 1930);
High Hat (aus dem Musical »Funny Face«,
1927); Sweet and Low-Down (aus dem
Musical »Tip-Toes«, 1925); Just Another
Rhumba (nicht verwendet im Film
»Goldwyn Follies«, 1938); He Loves and
She Loves (aus dem Musical »Funny
Face«, 1927); 'S Wonderful (aus dem Musi-
cal »Funny Face«, 1927); Strike Up the
Band (aus dem Musical »Strike Up the
Band«, 1927); In the Swim (aus dem Mu-
sical »Funny Face«, 1927); What Are We
Here For? (aus dem Musical »Treasure
Girl«, 1928); Nice Work If You Can Get
It (aus dem Film »A Damsel in Distress«,
1937); My One and Only (aus dem Musi-
cal »Funny Face«, 1927); Little Jazz Bird
(aus dem Musical »Lady, Be Good!«,
1924); Funny Face (aus dem Musical
»Funny Face«, 1927); Kickin' the Clouds
Away (aus dem Musical »Tell Me More!«,

1925 – T: Ira Gershwin, B. G. De Sylva);
How Long Has This Been Going On?
(aus dem Musical »Rosalie«, 1928 – urspr.
geschrieben für das Musical »Funny Face«,
1927)

Schallplatte:
NY – Atlantic 80110

Hinweis/Film:
Der amerikanische Film »The One and
Only« (Paramount/1978) hat mit dem
Musical »My One and Only« nichts zu
tun, sondern handelt von einem theater-
besessenen Egozentriker, der sein Ehe-
glück dem Erfolg opfert.

NAUGHTY MARIETTA

Musik: Victor Herbert
Songtexte: Rida Johnson Young
Buch: Rida Johnson Young
Uraufführung: London, Ladbroke Hall:
24. Oktober 1910
Premiere in New York, New York Thea-
tre: 7. November 1910

*Personen und die Darsteller der Premie-
ren London (L), New York (NY):*

Marietta D'Al-tena	Blanca Stewart (L)
	Emma Trentini (NY)
Captain Richard Warrington	Charles Combe (L)
	Orville Harrold (NY)
Lieutenant Governor Grandet	Bert Smith (L)
	William Frederick (NY)
Étienne Grandet	Frank Kingsley (L)
	Edward Martindel (NY)
Sir Harry Blake	George Wyley (L)
	Raymond J. Bloomer (NY)
Rudolfo	Mr. Dancers (L)
	James S. Murray (NY)
Simon O'Hara	Leonard Calvert (L)
	Harry Cooper (NY)
Florenze	Charlie Brown (L)
	Howard Morgan (NY)
Manuelo	Vincent Smith (L)
	William Mack (NY)
Lizette	Florence Darrell (L)
	Kate Elonore (NY)
Adah	Miss Murch (L)
	Maria Duchene (NY)
Nanette	Nancy Young (L)
	Louise Aichel (NY)
Felice	Dora Grey (L)
	Blanche Lipton (NY)
Fanchon	Ruth Whitney (L)
	Vera De Rosa (NY)
Graziella	Marie Forsyth (L)
	Sylvia Loti (NY)
Franchesca	Louise Downe (L)
	Myrtle Randall (NY)

ferner bei Uraufführung in London:
Vodoo Queen   Naomi Neilson
ferner bei Premiere in New York:

Leon D'Arc	Eugene Roder
Indian	Thomas Reynolds
East Indian	Bert Leslie
Knife Grinder	Philip Hahn
Night Watchman	Eugene Roder
Quadroon Belle	Peggy Wood

Produzent: Oscar Hammerstein (NY)
Choreographie: Pauline Verhoeven (NY)
Regie: Jacques Coini (NY)
Ort: New Orleans, Louisiane
Zeit: 1780

Handlung: Amerikanische Operette – Liebesgeschichte. Kapitän Richard Warrington ist nach New Orleans gekommen, um
mit seinen Leuten Bras-Pique, einen
berüchtigten Piraten, zu fangen. Er begegnet der lebenslustigen Marietta D'Al-
tena, freundet sich mit ihr an, kommt aber
zu der Ansicht, daß sein Interesse an ihr
nur platonisch sei. Marietta stammt aus
Neapel, das sie verlassen hat, um einer
ungewünschten Heirat zu entgehen. Mit
einer Gruppe junger Französinnen, die
der König von Frankreich in die Kolonie
Louisiane schickte, um dort französische
Siedler zu heiraten, war sie in die Neue
Welt gekommen. In New Orleans lernt
sie den eleganten Étienne Grandet kennen. Er ist der Sohn des Vizegouverneurs
und besitzt in dem bezaubernden Misch-
lingsmädchen Adah eine Sklavin, die er
liebt. Auch Adah glaubt an die große Liebe, doch wird sie von Étienne enttäuscht,
der sich auf einem Ball so sehr zu Marietta hingezogen fühlt, daß er sie heiraten

möchte. Um Adah loszuwerden, läßt er sie auf einer Auktion versteigern. Richard Warrington bietet den höchsten Preis für Adah, lediglich in der Absicht, ihr die Freiheit zu schenken. Marietta mißversteht seine Motive, und wenn sie bislang noch unschlüssig war, so reagiert sie nun verärgert und entscheidet sich, der Heirat mit Étienne zuzustimmen. Inzwischen ist sich Richard Warrington bewußt geworden, daß es nicht nur Freundschaft, sondern Liebe ist, was ihn zu Marietta hinzieht. So ist er entschlossen, die Hochzeit von Étienne und Marietta zu verhindern. Dabei hilft ihm Adah, denn sie vermittelt ihm die Erkenntnis, daß Étienne der gesuchte Pirat Bras-Pique ist. Weil der Vizegouverneur zögert, seinen eigenen Sohn festzunehmen, gelingt Étienne die Flucht. Richard Warrington gesteht Marietta seine Liebe. Doch noch immer zögert sie, denn eigentlich war sie entschlossen, nur den Mann zu heiraten, der ihr eine Melodie ergänzen kann, die sie in ihren Träumen verfolgt und von der sie nur einen Teil in Erinnerung hat. Wunderbarerweise ist Richard Warrington dazu in der Lage, wodurch sie nun ganz sicher weiß, daß er der Richtige ist.

Anmerkungen: »Naughty Marietta«, zur damaligen Zeit der bedeutendste Musical-Erfolg in New York, war eine Produktion des Opern-Impresarios Oscar Hammerstein, Großvater von Oscar Hammerstein II.. Stars seiner Manhattan Opera waren Mlle. Emma Trentini und Orville Harrold.
New Orleans war von 1722 bis 1762 Hauptstadt der französischen Kolonie Louisiane in Nordamerika, dann ging das Gebiet in spanischen Besitz über. Obwohl historisch nicht einwandfrei, ist die Handlung im französischen New Orleans angesiedelt.

Film:

Naughty Marietta
(Deutscher Titel: TOLLE MARIETTA)
1935, USA – Metro-Goldwyn-Mayer, 106 Min.

Deutsche Erstaufführung: 1935
Veränderte Handlung, veränderte Songs.
Musik: Victor Herbert
Drehbuch: John Lee Mahin, Frances Goodrich, Albert Hackett, nach dem gleichnamigen Musical

Personen und ihre Darsteller:

Princess Marie de Namours de la Bonfain/ »Marietta Franini«	Jeanette MacDonald
Captain Richard Warrington	Nelson Eddy
Governor Gaspard d'Annard	Frank Morgan
Madame d'Annard	Elsa Lanchester
Herr Schumann	Joseph Cawthorn
Julie	Cecilia Parker
Don Carlos de Braganza	Walter Kingsford
Prince de Namours de la Bonfain	Douglas Dumbrille
Frau Schumann	Greta Mayer
Rudolpho, Puppet Master	Akim Tamiroff
Madame Renavent	Olive Carey
Abraham – »Abe«	Harold Huber
Ezekiel Cramer – »Zeke«	Edward Brophy
Felice	Cora Sue Collins
Marietta Franini	Helen Shipman
Bouget, Petshop Keeper	William Burress
Prunella, Marie's Maid	Catherine Griffith
Pirate Leader	Walter Long
Landlord	Edouard Lippe
Havre Gendarme Chief	William Desmond
Ship's Captain	Guy Usher
Duelist	Louis Mercier
Duenna	Mary Foy
Herald	Henry Roquemore
Barber	James C. Morton
Drunk, Marietta's »Brother«	Billy Dooley
Sergeant	Roger Gray

Priest on Dock   Delos Jewkes
Nobleman   Jack Mower
Town Crier   Robert McKenzie
Mama's Boy   Ben Hall
Prospective   Harry Tenbrook
  Groom
Major Bonnell   Edward Keane
Herald at Ball   Wilfred Lucas
Messenger   Richard Powell
Jacques, Suitor   William Moore
Voice of Suzette   Zarubi Elmassian
Marie's Suitors: Edward Norris, Ralph
Brooks
Casquette Girls: Mary Doran, Jean Chatburn, Pat Farley, Jane Barnes, Kay English, Linda Parker, Jane Mercer, Marjorie Main
Mercenary Scouts: Arthur Belasco, Tex Driscoll, Ed Brady, Edward Hearn, Edmund Cobb, Charles Dunbar
Pirates: Harry Cording, Frank Hagney, Constantine Romanoff

Produzent: Hunt Stromberg
Regie: W. S. Van Dyke

Auszeichnungen: 1 Academy Award (Oscar) 1935: Ton: Douglas Shearer. Ferner im Rahmen der Oscar-Verleihung 1935: Technische Auszeichnung in Class II (Citation): Douglas Shearer und M-G-M Studio Sound Dept.–Metro-Goldwyn-Mayer Studio

Anmerkung: Die erste Produktion mit dem berühmtesten Sängerpaar des Films: Jeanette MacDonald/Nelson Eddy.

Songs und Musiknummern

Bühne:
Tramp! Tramp! Tramp!; Taisez Vous; Naughty Marietta; It Never, Never Can Be Love; If I Were Anybody Else But Me; 'Neath the Southern Moon; Italian Street Song; The Marionette Song/Dance of the Marionettes; New Orleans Jeunesse Doree; Opening the Ball; By and By; Live for Today; I'm Falling in Love With Someone; It's Pretty Soft for Simon; Ah! Sweet Mystery of Life/Dream Melody

Film:
Neue Texte von Gus Kahn, bis auf die mit

Zeichen ⊕ versehenen Titel aus der Bühnenfassung.
Naughty Marietta ⊕; Chansonette (unter Verwendung des Klavierstücks »Punchinello« von Victor Herbert); Antoinette and Anatole (unter Verwendung des o.g. »Dance of the Marionettes«); Prayer/Song of Goodbye (unter Verwendung des Klavierstücks »Yesterthoughts« von Victor Herbert); The Owl and the Bobcat (unter Verwendung des o.g. »If I Were Anybody Else But Me«); Live for Today; Tramp, Tramp, Tramp Along the Highway; 'Neath the Southern Moon; Ship Ahoy; Mon Ami Pierrot (Französische Volksweise); Italian Street Song ⊕; I'm Falling in Love With Someone ⊕; Ah! Sweet Mystery of Life ⊕

Schallplatten:
F – Hollywood Soundstage HS 413
St – (Ausschnitte/Jeanette MacDonald, Nelson Eddy) RCA Victor LPV 526, (Gordon MacRae, Marguerite Piazza) Capitol T 551

THE NEW MOON

Musik: Sigmund Romberg
Songtexte: Oscar Hammerstein II.
Buch: Oscar Hammerstein II., Frank Mandel, Laurence Schwab
Premiere in New York, Imperial Theatre: 19. September 1928

Personen und die Darsteller der Premiere:
Marianne Beaunoir   Evelyn Herbert
Robert Misson   Robert Halliday
Alexander   Gus Shy
Phillippe   William O'Neal
Julie   Marie Callahan
Monsieur Beaunoir   Pacie Ripple
Captain Paul Duval   Edward Nell Jr.
Vicomte Ribaud   Max Figman
Besac   Lyle Evans
Jacques   Earle Mitchell
Clotilde Lombaste   Esther Howard
Tavern Proprietor   Daniel Barnes
Flower Girl   Olga Albani
A Spaniard   Herman Belmonte

A Dancer	Edith Sheldon
Fouchette	Thomas Dale
Captain Dejean	Lester Dorr
The Dancers	Rosita and Ramon
The Musicians	Hernandez Trio

Produzenten: Laurence Schwab, Frank Mandel
Choreographie: Bobby Connolly
Regie: Oscar Hammerstein II., Frank Mandel, Laurence Schwab
Ort: New Orleans/Nordamerika und Isle of Pines im Golf von Mexiko
Zeit: 1792

Handlung: Amerikanische Operette – Liebesgeschichte im Umfeld der Französischen Revolution. Zu einer Gruppe von abhängigen Arbeitern des reichen Reeders Beaunoir in New Orleans gehört der Franzose Robert Misson. Mit dem Schiff »The New Moon« treffen Kapitän Paul Duval und Vicomte Ribaud ein. Sie sind vom französischen König beauftragt, einen geflüchteten Edelmann zu suchen, der sich in Frankreich mit den Revolutionären verbündet hatte: Chevalier Robert Misson. Der Gesuchte wird unter den Arbeitern von Beaunoir vermutet, doch gelingt es Robert Misson, dem angeordneten Appell zu entgehen und sich zu verstecken. Heimlich aber schleicht er sich ins Haus von Beaunoir, um im Schutz der Betriebsamkeit eines Balles mit Marianne Beaunoir, der Tochter des Reeders, zusammenzutreffen, die er liebt. Unglücklicherweise wird er entdeckt und festgenommen. Als er von Marianne getrennt wird, schwören sich die beiden ewige Treue. Doch fühlt sich inzwischen Kapitän Duval zu Marianne hingezogen und bedrängt sie mit seiner Liebe. Der boshafte Ribaud berichtet Marianne, daß Marianne ihn betrüge. Der Gefangene soll mit dem Schiff »The New Moon« nach Frankreich zurückgebracht werden. Unter dem Vorwand, an Kapitän Duval interessiert zu sein, geht Marianne mit aufs Schiff. Zu ihrer Enttäuschung ignoriert sie Robert. Der ist intensiv dabei, eine Meuterei zu entfesseln, was ihm schließlich auch gelingt. Mit Unterstützung einer Gruppe

französischer Leibeigener, die durch die Meuterei befreit worden sind, steuert man eine Insel vor der Küste Floridas an (Isle of Pines), um dort eine eigene freie Republik zu errichten. Da trifft die Nachricht ein, daß die Monarchie in Frankreich ein Ende gefunden hat; Robert Misson ist nicht länger ein Flüchtling. Gleichzeitig erfährt er, daß er über Mariannes Verhalten getäuscht worden ist und daß sie nur aus Liebe zu ihm die Schiffsreise mitgemacht hat. Nun wird er, mit Marianne an seiner Seite, bestrebt sein, als Gouverneur der Insel seine Ideale zu verwirklichen.

Anmerkung: Historisch nicht einwandfrei, da New Orleans und Isle of Pines im Jahre 1792 in spanischem Besitz.

Film:

New Moon
1930, USA – Metro-Goldwyn-Mayer, 78 Min.
Veränderte, nach Rußland verlegte Handlung.
Musik: Sigmund Romberg
Songtexte: Oscar Hammerstein II.
Drehbuch: Sylvia Thalberg, Frank Butler (mit Cyril Hume), auf der Basis des Musicals »The New Moon«

Personen und ihre Darsteller:

Lieutenant Michael Petroff	Lawrence Tibbett
Princess Tanya Strogoff	Grace Moore
Governor Boris Brusiloff	Adolphe Menjou
Count Strogoff Potkin	Roland Young
Countess Anastasia Strogoff	Gus Shy Emily Fitzroy

Regie: Jack Conway
Anmerkung: Im amerikanischen Fernsehen auch unter dem Titel PARISIAN BELLE.

New Moon
1940, USA – Metro-Goldwyn-Mayer, 105 Min.
Veränderte, ins Jahr 1788 verlegte Handlung.

Musik: Sigmund Romberg
Songtexte: Oscar Hammerstein II.
Drehbuch: Jacques Deval, Robert Arthur, frei nach dem Musical »The New Moon«
Personen und ihre Darsteller:

Marianne de Beaumanoir	Jeanette MacDonald
Charles Mission, Duc de Villiers	Nelson Eddy
Valerie de Rossac	Mary Boland
Vicomte Ribaud	George Zucco
Father Michel	H. B. Warner
Governor of New Orleans	Grant Mitchell
Tambour	Stanley Fields
Alexander	Richard Purcell
Pierre Brugnon, Overseer	John Miljan
Guizot	Ivan Simpson
Pierre	William Tannen
Julie, the Maid	Bunty Cutler
Monsieur DuBois	Claude King
Governor's Wife	Cecil Cunningham
Maurice	Joe Yule
Ship's Captain	George Irving
Monsieur de Piron	Rafael Storm
Captain de Jean	Edwin Maxwell
Lady	Winifred Harris
Commissar	Robert Warwick
Guard on Ship	Paul E. Burns
Coco	Raymond Walker
Foulette	Trevor Bardette
Grant	LeRoy Mason
»LuLu«, Prisoner	Buster Keaton
Marquise della Rosa	Sarah Edwards
Madeline	June Gittelson
Quartermaster	George Lloyd
Guard	George Magrill
Lookout	Ed O'Neil
Citizen	Alden Chase
Drunken Girl	Claire Rochelle
Fat Bridesmaid	Dorothy Granger
Troubadour	David Alison
Commandant	Forbes Murray
Wounded Bondsman	Joe Dominguez

Mates: Gayne Whitman, Warren Rock
Man: Frank Remsden
Women: Jean Fenwick, Jewell Jordan

Officers: Max Marx, Jack Perrin
Bondsmen: Christian J. Frank, Arthur Belasco, Edward Hearn, Nick Copeland, Gino Corrado, Fred Graham, Ralph Dunn, Harry Strang, Ray Teal, Ted Oliver
Guests: Florence Shirley, Frank Elliott, Kenneth Gibson, Victor Kendall, Gerald Fielding, Bea Nigro, Hillary Brooke

Produzent: Robert Z. Leonard
Choreographie: Val Raset
Regie: Robert Z. Leonard

Songs und Musiknummern

Bühne:
Dainty Wisp of Thistledown; Marianne; The Girl on the Prow; Gorgeous Alexander, Give Me All Your Love!; When I Am Here With You Alone/Interrupted Love Song; Emile's Dance (instr.); Red Wine in Your Glasses/Tavern Song; Softly as in a Morning Sunrise; Stout-Hearted Men/Liberty-Song; Fair Maria, When I See Her Dancing/Tango; One Kiss; Too Long This World Has Been Obsessed/The Trial; Gentle Airs, Courtly Manners; Wanting You; Yo, Heave Ho! Round the Capstan Go; Funny Little Sailormen; Lover, Come Back to Me (The Sky Was Blue); Love Is Quite a Simple Thing; Just One Year Ago We Were Mated; Try Her Out at Dances; Never for You

Filme (1930, 1940):
Softly as in a Morning Sunrise (1930, 1940); Stout-Hearted Men (1930, 1940); One Kiss (1930, 1940); Wanting You (1930, 1940); Lover, Come Back to Me (1930, 1940); Marianne (1930, 1940); Funny Little Sailormen (1930); What Is Your Price, Madame? (1930); Dance Your Cares Away (1940); The Way They Do It in Paris (1940); Shoes (1940); Stranger in Paris (1940); Bayou Trouble Tree (Herbert Stothart/K, D. Jones/T) (1940); Troubles of the World (Traditional) (1940); No More Weeping (Traditional) (1940); Wailing (Traditional) (1940); Ombra Mai Fui/Vespers (nach »Largo« von Georg Friedrich Händel) (1940); La Marseillaise (Claude J. Rouget de Lisle/K) (1940)

Schallplatten:
F – (1930) Raviola 69 (»Parisian
Belle«), Pelican 103
St – (Gordon MacRae) Capitol T 219,
Capitol SW 1966

Hinweis/Film:
Der amerikanische Stummfilm »The New
Moon« von 1919 hat mit dem gleichnamigen Musical nichts zu tun, sondern behandelt nach einer Story von H. H. Van
Loan die Flucht einer russischen Prinzessin und ihres Bräutigams, einem Prinzen,
während der bolschewistischen Revolution.

NINE

Musik und Songtexte: Maury Yeston
Buch: Arthur Kopit, auf der Basis eines
Filmdrehbuchs, aus dem Italienischen
übertragen von Mario Fratti
Premiere in New York, 46th Street Thea-
tre: 9. Mai 1982

Personen und die Darsteller der Premiere:

Guido Contini	Raul Julia
Guido at an early Age	Cameron Johann
Luisa Contini	Karen Akers
Guido's Mother	Taina Elg
Claudia Nardi	Shelly Burch
Liliane La Fleur	Liliane Montevecchi
Carla	Anita Morris
Our Lady of the Spa	Kate Dezina
Saraghina	Kathi Moss
Mama Maddelena, Chief of Chambermaids	Camille Saviola
Stephanie Necrophorus	Stephanie Cotsirilos
Lina Darling	Laura Kenyon
The Germans:	
Heidi von Sturm	Linda Kerns
Olga von Sturm	Dee Etta Rowe
Ilsa von Hesse	Alaina Warren Zachary
Gretchen von Krupf	Lulu Downs

The Italians:

Maria	Jeanie Bowers
Diana	Cynthia Meryl
Renata	Rita Rehn
Giulietta	Louise Edeiken
Annabelle	Nancy McCall
Francesca	Kim Criswell
Venetian Gondolier	Coleen Dodson
Solo Dancer	Tina Paul

Young Guido's Schoolmates (Students):
Evans Allen, Jadrien Steele, Patrick Wilcox

Produzenten: Michel Stuart, Harvey J.
Klaris, Roger S. Berlind, James M. Ne-
derlander, Francine LeFrak, Kenneth D.
Greenblatt (mit Shulamith N. Appell,
Jerry Wexler, Michel Kleinmann Produc-
tions)
Choreographie: Tommy Walsh
Regie: Tommy Tune
Ort: Kurort bei Venedig und in einem
Filmatelier
Zeit: »Gegenwart« (1982)

Handlung: Männliche Midlife-Crisis mit
Psychoszenen. Der einst erfolgreiche
Filmautor und -regisseur Guido Contini
mußte einige Niederlagen einstecken:
Neben persönlichen Problemen mit Frau-
en waren seine drei letzten Filme Mißerfolge. Während einer Kur in einem vene-
tianischen Bad versucht er, sich über seine Situation klarzuwerden. Im Geiste dirigiert er ein Orchester der 21 Frauen seines Lebens – von seiner Mutter bis zur
Geliebten. In dem Bemühen, seiner Krise
Herr zu werden, entschließt er sich, den
Versuch zu machen, die angeschlagene
Ehe mit seiner Frau Luisa zu kitten. Doch
Carla, seine Geliebte, raubt ihm selbst
während der Kur die Ruhe. Guido fühlt
sich außerdem zu der jungen Schauspielerin Claudia Nardi hingezogen, deren Karriere er sehr gefördert hat. Er ist sich klar
darüber, daß jetzt die Zeit gekommen ist,
sich zwischen den Frauen Luisa, Carla
und Claudia zu entscheiden. Zu allem
Überfluß drängt ihn seine Pariser Produ-
zentin Liliane La Fleur, einen Film für sie
zu erarbeiten, doch fällt Guido in seiner
augenblicklichen Situation dazu nichts

ein. Derart in der Klemme, sinniert er über seine Kindheit und erinnert sich an Momente seines Lebens, als er ein Knabe von neun Jahren war, der von seiner Mutter und den Tanten umsorgt und verwöhnt wurde. Ins Bewußtsein kommt ihm auch seine erste schüchterne Bekanntschaft mit der Sexualität, die ihm durch die Prostituierte Saraghina zuteil wurde; sein Drang, sie am Strand aufzusuchen, brachte ihm eine strenge Bestrafung durch die Klosterschule ein. Sein Versuch, mit sich ins reine zu kommen, wird gestört, als nun auch noch Claudia Nardi bei ihm im Kurort erscheint, doch inspiriert sie ihn unversehens zu der Filmidee, nach der er gesucht hatte. Die Proben für diesen Film,»Contini's Casanova«, beginnen unverzüglich, doch während der Arbeit verscherzt sich Guido das Vertrauen seiner Frau Luisa und entfremdet sich auch den anderen Frauen seines Lebens. Nunmehr sitzengelassen von Luisa, Carla und Claudia und in der Erkenntnis, daß sein neuer Film ebenfalls ein Mißerfolg werden wird, gerät Guido in geistige Verwirrung und phantasiert sich in einen Selbstmord hinein. Er wird errettet durch die Erscheinung seines neun Jahre alten Ebenbildes, des kleinen Guido, der ihn zu Reife und Einsicht führt, so daß sich Guido Contini schließlich vom Orchester seiner Frauen löst und sich auf die Suche begibt nach seiner einzigen wahren Liebe – nach Luisa.

Anmerkung: Um welches Drehbuch es sich bei der Vorlage handelt, wird von den Urhebern nicht angegeben. Das Musical benutzt aber inhaltlich und szenisch das Thema des italienischen Spielfilms »8½« (1963) von Federico Fellini. Der fertige Film stimmt in vielen Punkten nicht mit dem Drehbuch überein, da Fellini während der Dreharbeiten Änderungen vorgenommen hatte.

Auszeichnungen: 5 Antoinette Perry Awards (Tonys) 1982: Bestes Musical / Weibliche Nebenrolle–Musical: Liliane Montevecchi / Musikalisches Werk (Komposition–

Songtexte): Maury Yeston / Regie–Musical: Tommy Tune / Kostüme: William Ivey Long

Songs und Musiknummern

Bühne:
Overture Delle Donne – Spa Music / Not Since Chaplin; Guido's Song / Coda di Guido; The Germans at the Spa; My Husband Makes Movies; A Call from the Vatican; Only With You; Folies Bergères; Nine; Ti Voglio Bene (Be Italian); The Bells of St. Sebastian; A Man Like You / Unusual Way / Duet; The Grand Canal: Contini Submits / The Grand Canal / Tarantella / Every Girl in Venice / Marcia Di Ragazzi / Recitativo / Amor / Only You / Finale; Simple; Be on Your Own; I Can't Make This Movie; Waltz from NINE (Waltz di Guido); Getting Tall; Reprises – Long Ago / Nine

Schallplatten:
NY – Columbia JS 38325
St – (Australien/1987) Polydor 835217, That's Entertainment TER 341190 (London/1992, Concert) That's Entertainment TER 341193

Vorlage des Musicals:
Inhaltlich, sowohl in der Grundidee als auch im Handlungsablauf und in den Motiven, basiert das Musical NINE auf dem nachfolgend genannten Film von Federico Fellini.

8½ (Otto e mezzo / Huit et demi)
1963, Italien/Frankreich – Cineriz, Rom/ Francinex, Paris – Totalscope (schwarzweiß), 138 Min.
Deutsche Erstaufführung (Originaltitel): 1963
Drehbuch: Federico Fellini, Tullio Pinelli, Ennio Flaiano, Brunello Rondi, nach einer Idee von Federico Fellini und Ennio Flaiano
Darsteller: Marcello Mastroianni (Guido Anselmi, Filmregisseur), Claudia Cardinale (Claudia), Anouk Aimee (Luisa Anselmi, Guidos Frau), Sandra Milo (Carla, Guidos Geliebte)

Im Kurort: Madeleine Lebeau (Französische Schauspielerin), Mario Pisu (Mezzabotta, Guidos Freund), Barbara Steele (Gloria Morin, Mezzabottas Verlobte), Neil Robinson (Star-Manager), Mino Doro (Claudias Manager), Mario Tarchetti (Claudias Presseagent), Eugene Walter (Amerikanischer Journalist), Gilda Dahlberg (Seine Frau), Caterina Boratto (Elegante Frau), Annie Gorassini (Freundin des Produzenten), Ian Dallas (Maurice, Gedankenleser), Mary Indovino (Seine Partnerin), Roberto Nicolesi (Arzt)
Die Filmproduktion: Guido Alberti (Der Produzent), Mario Conocchia (Der Produktionsleiter), Cesarino Miceli Picardi (Der Aufnahmeleiter), Jean Rougeul (Der Autor), Bruno Agostini (Der Sekretär), John Stacy (Der Geschäftsführer), Alberto Conocchia (Studio-Manager), Jacqueline Bonbon (Ältliche Tänzerin), Hazel Rogers (Negertänzer), Olimpia Cavalli (Miss Olympia), Maria Antonietta Beluzzi (Filmtest-Kandidatin für »La Saraghina«), Polidor (Clown), Eva Giogia, Dina de Santis (Zwei junge Mädchen im Bett)
Luisas Freundeskreis: Rosella Falk (Rossella, eine Spiritistin), Mark Herron (Ein schüchterner Verehrer von Luisa), Elisabetta Catalano (Luisas Schwester), Rosella Como (Freundin), Matilda Calnam (Journalistin)
Die Geistlichen: Tito Masini (Der Kardinal), Alfredo Lafeld (Sekretär), Sebastiano Leandro (Sekretär), Frazier Rippy (Laiensekretär), Maria Tedeschi (Vorsteherin des Kollegs), Francesco Rigamonti (Enrico)
Die Frauen in Guidos Traum: Edra Gale (La Saraghina), Georgia Simmons (Großmutter), Yvonne Casadei (Die Tänzerin), Nadine Sanders (Airline-Hostess), Hedy Vessel (Das Modell), Marisa Colomber (Tante), Maria Raimondi (Tante)
Die Eltern: Annibale Ninchi (Vater), Giuditta Rissone (Mutter)
Riccardo Guglielmi (Guido als Kind im Elternhaus), Marco Gemini (Guido als Schulkind im Kolleg), Palma Mangini

(Ältere Verwandte vom Lande), Roberta Valli (Lästige kleine Nichte), Elisabetta Cini, Luciana Sanseverino, Giulio Paradisi, Edward Fleming Moller, Valentina Lang, Annarosa Lattuada, Agnes Bonfanti, Flaminia Torlonia, Anna Caramini, Maria Wertmuller
Produzent: Angelo Rizzoli
Regie: Federico Fellini
Auszeichnung: 1 Academy Award (Oscar) 1963: Bester fremdsprachiger Film

NO, NO, NANETTE

Musik: Vincent Youmans
Songtexte: Irving Caesar, Otto Harbach
Buch: Otto Harbach, Frank Mandel, nach der Komödie »My Lady Friends« (1919) von Frank Mandel und Emil Nyitray, nach dem Roman »Oh, James!« (1914) von May Edginton
Uraufführung: Detroit, Garrick Theatre: 21. April 1924

Anmerkung: Das Musical startete in den USA als Tourneeprogramm (Try Out), wurde völlig umgearbeitet und neu besetzt, erzielte in einer Londoner Fassung den Durchbruch zum Erfolg und gelangte danach erst an den Broadway.
Premiere in London, Palace Theatre: 11. März 1925
Premiere in New York, Globe Theatre: 16. September 1925

Personen und die Darsteller der Premieren London (L), New York (NY):

Nanette	Binnie Hale (L)
	Louise Groody (NY)
Jimmy Smith	Joseph Coyne (L)
	Charles Winninger (NY)
Billy Early, a Lawyer	George Grossmith (L)
	Wellington Cross (NY)
Lucille Early, Billy's Wife	Irene Browne (L)
	Josephine Whittell (NY)
Tom Trainor, Lucille's Nephew	Seymour Beard (L)
	Jack Barker (NY)

Sue Smith, Jimmy's Wife	Marie Hemingway (L)
	Eleanor Dawn (NY)
Pauline, Cook of the Smith's	Gracie Leigh (L)
	Georgia O'Ramey (NY)
Flora Latham	Vera Pearce (L)
	Edna Whistler (NY)
Betty Brown	Joan Barry (L)
	Beatrice Lee (NY)
Winnie Winsloe	Florence Bayfield (L)
	Mary Lawlor (NY)

ferner bei Premiere in New York:
Nanette's Friends:

Helen	Helen Keyes
Ethel	Ethel Gibson
Beatrice	Beatrice Wilson
Eva	Eva Vincent
Beth	Beth Milton
Marjorie	Marjorie Bailey
Hazel	Hazel Pando
Ruth	Ruth Kent
Bonnie	Bonnie Bland
Lucille	Lucille Moore
Mrs. Holmes-Gore	Lillian MacKenzie
Mrs. Smythe-Smith	Veeda Burgett
Mrs. Townley-Morgan	Winefride Verina
Mrs. Brown-Maddox	Adele Ormiston
Mrs. Ormesby-Willard	Aline Martin
Mrs. Webster-Wylie	Ellen O'Brien
Mrs. Parker-Lyne	Peggy Johnstone
Mrs. Goodman-Russell	Eleanor Rowe
Mrs. Whitney-Cabot	May Sullivan
Mrs. Lane-Gardner	Jane Hurd

The Bachelors: Edward Nell Jr., Jerome Kirkland, Alfred Milano, William Bailey, Ray Moore, Stanley Lipton, Douglas Keaton, Frank Parker, Edouard Le Febvre, Robert Spencer

Produzenten: Herbert Clayton, Jack Waller (L), H. H. Frazee (NY)
Choreographie: Patrick Leonard (L), Sammy Lee (NY)

Regie: William Mollison (L), H. H. Frazee (NY)

Neufassung (1971) durch Burt Shevelove
Premiere in New York, 46th Street Theatre: 19. Januar 1971

Personen und die Darsteller:

Sue Smith	Ruby Keeler
Jimmy Smith	Jack Gilford
Lucille Early	Helen Gallagher
Billy Early	Bobby Van
Pauline	Patsy Kelly
Nanette	Susan Watson
Tom Trainor	Roger Rathburn
Flora Latham	K. C. Townsend
Betty Brown	Loni Zoe Ackerman
Winnie Winsloe	Pat Lysinger

Nanette's Friends: Bob Becker, John Beecher, Joretta Bohannon, Roger Braun, Marcia Brushingham, Kenneth Carr, Jennie Chandler, Kathy Conry, Christine Cox, Kevin Daly, Ed Dixon, Ellen Elias, Mercedes Ellington, Jon Engstrom, Marian Haraldson, Gregg Harlan, Jamie Haskins, Gwen Hillier, Sayra Hummel, Scott Hunter, Dottie Lester, Cheryl Locke, Joanne Lotsko, Mary Ann Niles, Kate O'Brady, Sue Ohman, Jill Owens, Ken Ploss, John Roach, Linda Rose, Rom Schwinn, Sonja Stuart, Monica Tiller, Pat Trott, Phyllis Wallach
Piano-Duo Colston and Clements

Produzent: Pyxidium Ltd.
Choreographie: Donald Saddler
Regie: Burt Shevelove
Künstlerische Gesamtleitung: Busby Berkeley
Ort (Englische Fassung): London und an der Riviera (*Amerikanische Fassung):* New York und Atlantic City, New Jersey/USA
Zeit: Mitte der 1920er Jahre

Handlung: Zeitgenössische Gesellschaftsparodie – Komödie um gefährdete Sittsamkeit. Jimmy Smith ist mit der Herausgabe und dem Vertrieb von Bibeln zu Wohlstand gelangt. Mit seiner Frau, der häuslichen Sue, mit Nanette, beider Adoptivtochter, und Pauline, der Haushälterin und Köchin, lebt er in New York. Doch er betätigt sich als heimlicher Wohltäter, wobei er jungen hübschen Mädchen den Vorzug gibt, die er zufällig kennengelernt hat. So unterstützt er Ausbildung und Werdegang von Betty aus Boston, Flora aus San Francisco und Winnie aus Washington. Auch dem Wohlergehen von Nanette gilt seine besondere Aufmerksamkeit. Die lebhafte und noch sehr flatterhafte Nanette wird von Tom Trainor, einem jungen Mann aus dem Bekanntenkreis, sehr verehrt. Doch weiß Tom, daß Nanette noch lange nicht ans Heiraten denkt. Dem freigebigen Jimmy Smith wird es nun doch lästig, wie sehr ihm die jungen Damen auf der Tasche liegen. Er bittet seinen Freund, den Anwalt Billy Early, um Unterstützung, sein Engagement für die Damen mit einer einmaligen Abfindung zu beenden. Man verabredet sich in Jimmys Ferienhaus in Atlantic City zur Klärung der Angelegenheit, während Jimmy seiner Frau Sue sagt, er müsse sich auf eine Geschäftsreise begeben. Nanette aber und die Haushälterin Pauline wissen Bescheid und dürfen, auf ihr stürmisches Drängen hin, sogar ebenfalls nach Atlantic City reisen, sehr zur Freude von Nanette, die sonst von ihrer Pflegemutter Sue stets nur ein ablehnendes »No, no, Nanette« zu hören bekommt. In Atlantic City trifft auch Tom Trainor ein, den sein Onkel Billy Early um Mithilfe gebeten hat. Die Situation, bei der er Jimmy und Billy im Kreise junger hübscher Mädchen vorfindet, zu denen auch die von ihm verehrte Nanette gehört, überrascht und befremdet ihn. Zu allem Überfluß beschließt auch noch die allein gelassene Sue Smith, mit ihrer Freundin Lucille, der Ehefrau von Billy Early, ins Haus nach Atlantic City zu fahren. Das Zusammentreffen der beiden mit ihren Männern und den reizenden Mädchen verursacht erhebliche Aufregungen und Mißverständnisse. Jimmy und Billy haben große Mühe, den Verdächtigungen zu widersprechen und die Situation aufzuklären. Schließlich sehen Sue und Lucille, ebenso wie Tom, ein, daß die Zusammen-

kunft harmlos war, obwohl man einen anderen Eindruck hätte haben können. Tom gewinnt bei dieser Gelegenheit das Herz von Nanette, und Jimmys sittenstrenge Ehefrau Sue erkennt, daß ihr Mann ein Wohltäter, aber keineswegs ein Schwerenöter ist. Allerdings droht sie ihm an, künftig mit Extravaganzen seine Gebefreudigkeit sehr intensiv selbst in Anspruch zu nehmen.

Anmerkung: In der Neufassung von 1971 ist für ein Comeback von Ruby Keeler, Hollywood-Star der dreißiger Jahre, die Rolle der sittenstrengen Ehefrau Sue Smith in den Vordergrund gerückt worden.

Auszeichnungen: 4 Antoinette Perry Awards (Tonys) 1971: Weibliche Hauptrolle–Musical: Helen Gallagher / Weibliche Nebenrolle–Musical: Patsy Kelly / Kostüme: Raol Pène Du Bois / Choreographie: Donald Saddler

Deutschsprachige Erstaufführungen (Originaltitel):
1) 7. November 1925, Metropol-Theater, Berlin. Autoren: Hans H. Zerlett, Arthur Rebner
2) 6. September 1973, Deutsches Theater, München. Autoren: Rainer Wallraf, Fritz Fischer

Film:

No, No, Nanette
1930, USA – First National Pictures – Schwarzweiß mit zwei Szenen in Technicolor, 102 Min.
Veränderte Songs.
Drehbuch: Beatrice Van, Howard Emmett Rogers, nach dem gleichnamigen Musical

Personen und ihre Darsteller:

Nanette	Bernice Claire
Tom Trainor	Alexander Gray
Sue Smith	Louise Fazenda
Jim Smith	Lucien Littlefield
Lucille Early	Lilyan Tashman
Bill Early	Bert Roach
Pauline, Servant	ZaSu Pitts
Betty	Mildred Harris

Flora   Jocelyn Lee
Brady   Henry Stockbridge

Produzent: Ned Marin
Choreographie: Larry Ceballos
Regie: Clarence Badger

Anmerkung: Von den zwei Szenen in Technicolor ist die erste 8 Minuten lang, die zweite 33 Minuten.

No, No, Nanette
1940, USA – RKO/Suffolk, 96 Min.
Veränderte Handlung.
Musik: Vincent Youmans
Songtexte: Otto Harbach, Irving Caesar, Zelda Sears
Drehbuch: Ken Englund, nach Motiven des gleichnamigen Musicals

Personen und ihre Darsteller:
Nanette   Anna Neagle
Tom Trainor   Richard Carlson
Sue Smith   Helen Broderick
Jimmy Smith   Roland Young
William   Victor Mature
Pauline   ZaSu Pitts
Winnie   Eve Arden
Sonya   Tamara
Betty   Dorothea Kent
Remington   Aubrey Mather
Gertrude   Mary Gordon
Hutch   Russell Hicks
Max   Benny Rubin
Styles   Billy Gilbert
Stillwater Jr./   Stuart Robertson
  Stillwater Sr.
Furtlemertle   Torben Meyer
Dowager   Margaret
                       Armstrong
Travel Agent   Lester Dorr
Messenger Boy   George Nelson
Houseboy   Victor Wong
Taxi Driver   Bud Geary
Hansom Driver   Chris Franke
Maid   Sally Payne
Oriental   Keye Luke
Man   Ronnie Rondell
Woman in Airport   Minerva Urecal
Ship Passenger   Julius Tannen
Stewardess   Rosella Towne
Desk Clerks: John Dilson, Cyril Ring,
Joey Ray

Show Girls: Muriel Barr, Georgianna Young, Marion Graham
Art Critics: Frank Puglia, Paul Irving, Maurice Cass
Women at Smith Home: Mary Currier, Jean Fenwick, Joan Blair, Dora Clement
Produzent: Herbert Wilcox
Regie: Herbert Wilcox

Tea for Two
(Deutscher Titel: BEZAUBERNDE FRAU)
1950, USA – Warner Bros. – Technicolor, 98 Min.
Deutsche Erstaufführung: 1951
Veränderte, ins Theatermilieu verlegte Handlung, veränderte Songs.
Drehbuch: Harry Clork, in freier Anlehnung an das Musical »No, No, Nanette«

Personen und ihre Darsteller:
Nanette Carter   Doris Day
Jimmy Smith   Gordon MacRae
Tommy Trainor   Gene Nelson
Pauline Hastings   Eve Arden
Larry Blair   Billy De Wolfe
J. Maxwell   S. Z. Sakall/d. i.
  Bloomhaus   Szöke Szakall
William Early   Bill Goodwin
Beatrice Darcy   Patrice Wymore
Mabel Wiley   Virginia Gibson
Stevens   Crauford Kent
Lynne   Mary Eleanor
                       Donahue
Richard   Johnny McGovern
Secretary   Elizabeth Flourney
Theater Manager   Herschel
                       Dougherty
Piano Mover   Buddy Shaw
Truck Driver   Jack Daley
Taxi Driver   Abe Dinovitch
Radio Announcer   Art Gilmore
Backer   George Baxter
Crochety Man   Harry Harvey
Chorus Boy   John Hedloe
Girls   Carol Coombe
                     Daria Massay
Boys   Michael Miller
                     Norman Ollestad
Produzent: William Jacobs
Choreographie: LeRoy Prince, Eddie Prince
Regie: David Butler

Songs und Musiknummern

Bühne:
Die mit Zeichen ⊕ versehenen Titel sind
auch in der Neufassung von 1971 enthalten.
How Do You Do? (Flappers Are We);
The Call of the Sea ⊕ (Irving Caesar/T);
Too Many Rings Around Rosie ⊕ (Irving
Caesar/T); I Want to Be Happy ⊕ (Irving
Caesar/T); No, No, Nanette ⊕ (Otto Har-
bach/T); The Deep Blue Sea (Peach on
the Beach) (Otto Harbach/T); Fight Over
Me (Otto Harbach/T); Tea for Two ⊕ (Ir-
ving Caesar/T); You Can Dance With
Any Girl at All ⊕ (Irving Caesar/T); She
Spent the Night in Brighton; Hello, Hello,
Telephone Girlie ⊕ (Otto Harbach/T)
Nur in der Londoner Fassung 1925 und in
der Neufassung von 1971:
I've Confessed to the Breeze ⊕ (Otto
Harbach/T); Take a Little One-Step ⊕
(Zelda Sears/T)
Zusätzliche Songs:
I'm Waiting for You ⊕ (Irving Caesar/T);
»Where-Has-My-Hubby-Gone«-Blues ⊕
(Irving Caesar/T); My Doctor; Who's the
Who?; Pay Day Pauline (Otto Har-
bach/T)
Ferner in der Neufassung von 1971:
Only a Moment Ago

Filme No, No, Nanette (1930, 1940), *Tea*
for Two (1950):
Die mit Zeichen ⊕ versehenen Titel ent-
stammen dem Musical »No, No, Nanette«.
No, No, Nanette ⊕ (1930, 1940, 1950); Tea
for Two ⊕ (1930, 1940, 1950); I Want to
Be Happy ⊕ (1930, 1940, 1950); »Where-
Has-My-Hubby-Gone«-Blues ⊕ (1940);
Take a Little One-Step ⊕ (1940); The Call
of the Sea ⊕ (1950); As Long As I'm With
You (1930, Harry Akst/K, Grant Clar-
ke/T); King of the Air (1930, Ed Ward, Al
Bryan); Dancing to Heaven (1930, Ed
Ward, Al Bryan); Dance of the Wooden
Shoes (1930, Michael Cleary/K, Herb
Magidson/T, Ned Washington/T); Char-
leston (1950, Jimmy Johnson, Cecil Mack,
aus dem Musical »Runnin' Wild«, 1923);
I Know That You Know (1950, Vincent
Youmans/K, Anne Caldwell/T, aus dem

Musical »Oh, Please«, 1926); Crazy Rhythm
(1950, Roger Wolfe Kahn/K, Joseph
Meyer/K, Irving Caesar/T, aus dem Musi-
cal »Here's Howe«, 1928); I Only Have
Eyes for You (1950, Harry Warren/K, Al
Durbin/T, aus dem Film »Dames«, 1934);
Do Do Do (1950, George Gershwin/K, Ira
Gershwin/T, aus dem Musical »Oh, Kay!«,
1926); Oh Me, Oh My! (1950, Vincent
Youmans/K, Arthur Francis – d. i. Ira
Gershwin/T, aus dem Musical »Two
Little Girls in Blue«, 1921); Here in My
Arms (1950, Richard Rodgers/K, Lorenz
Hart/T, aus dem Musical »Dearest
Enemy«, 1925)

Schallplatten:
NY – (1971) Columbia S 30563, CBS
       70094
L – World Records SH 176, Stanyan
       SR 10035, (1973) CBS 70126
F – (Tea for Two) Columbia CL 6149,
       Columbia CSP P 17660
St – RCA Victor LSP 4540, (Doreen
       Hume, Bruce Trent) Epic LN 3512,
       (Margaret Burton, Mary Preston,
       John Parker) Saga ERO 8111,
       (1969/Vivienne Martin, Ann Beach,
       Tony Adams) EMI TWO 278

Vorlage des Musicals:

Komödie: *My Lady Friends*
Buch: Frank Mandel, Emil Nyitray, nach
dem Roman »Oh, James!« von Mary
Edginton
Uraufführung: New York, Comedy Thea-
tre: 3. Dezember 1919
Darsteller: Clifton Crawford (James
Smith), Mona Kingsley (Catherine
Smith), Frank Morgan (Edward Early),
Therese Maxwell Conover (Lucille Ear-
ly), June Walker (Eva Johns), Robert
Fiske (Tom Trainor), Rae Bodwin
(Hilda), Edith King (Norah), Jane War-
rington (Gwendolyn), Jessie Nagle (Ju-
lia)
Produzent: H. H. Frazee
Regie: H. H. Frazee
Anmerkung: In England unter dem Titel
»His Lady Friends« (London, St. James
Theatre: 2. August 1920)

Hinweis/Film:
Verfilmung der Komödie »My Lady Friends« von Frank Mandel und Emil Nyitray, der Vorlage des Musicals.

My Lady Friends
Stummfilm/1921, USA – Carter De Haven Productions/First National Pictures, 5650 ft/1722 m (63 Min.)
Drehbuch: Rex Taylor, nach der gleichnamigen Komödie von Frank Mandel und Emil Nyitray
Darsteller: Carter De Haven (James Smith), Mrs. Carter De Haven (Catherine Smith), Thomas G. Lingham (Edward Early), Helen Raymond (Lucille Early), Helen Lynch (Eva Johns), Lincoln Stedman (Tom Trainor), May Wallace (Hilda), Hazel Howell (Norah), Clara Morris (Gwen), Ruth Ashby (Julia)
Produzent: Carter De Haven
Regie: Lloyd Ingraham

NO STRINGS

Musik und Songtexte: Richard Rodgers
Buch: Samuel Taylor
Premiere in New York, 54th Street Theatre: 15. März 1962

Personen und die Darsteller der Premiere:

Barbara Woodruff	Diahann Carroll
David Jordan	Richard Kiley
Jeanette Valmy	Noelle Adam
Comfort O'Connell	Bernice Massi
Mike Robinson	Don Chastain
Luc Delbert	Alvin Epstein
Louis de Pourtal	Mitchell Gregg
Mollie Plummer	Polly Rowles
Gabrielle Bertin	Ann Hodges
Marcello Agnolotti	Paul Cambeilh
Principal Dancer	Alan Johnson

Dancers: Susanne Cansino, Julie Drake, Jean Eliot, Ginny Gan, Ellen Graff, Kay Hudson, Ann Hodges, Diana Hrubetz, Sandy Leeds, Anna Marie Moylan, Patti Pappathatos, Janet Paxton, Dellas Rennie, Bea Salten, Carol Sherman, Mary Zahn, Gene Gebauer, Scott Hunter, Larry Merritt, Michael Maurer, David Neuman, Wakefield Poole, Calvin von Reinhold

Produzent: Richard Rodgers (mit Samuel Taylor)
Choreographie; Joe Layton
Regie: Joe Layton
Ort: Paris und Monte Carlo sowie Honfleur, Deauville, St. Tropez/Frankreich
Zeit: »Gegenwart« (1962)

Handlung: Schwarz-weiße Liebesgeschichte. Seit David Jordan, ein amerikanischer Autor, den Pulitzer-Preis gewann, hat er sich nicht mehr schriftstellerisch betätigt. Er verbringt seine Zeit mit einem Europa-Trip und bevorzugt dabei Paris. Hier begegnet er im Fotoatelier von Luc Delbert der bezaubernden schwarzen Amerikanerin Barbara Woodruff, die ein bekanntes Star-Mannequin ist. Für beide wird das Zusammentreffen zur Liebe auf den ersten Blick. Barbara verläßt ihren Freund Louis de Pourtal, einen älteren wohlhabenden Franzosen, schließt sich David an, und beide verbringen einen harmonischen Badeurlaub an der Atlantikküste. Barbara drängt David, seine schriftstellerische Arbeit fortzusetzen. Doch er frönt weiter seiner Reiselust, bis ihm plötzlich während einer ausgelassenen Party die Torheit seines ziellosen Dahintreibens zum Bewußtsein kommt. Barbaras Mahnung wirkt nach, und er beginnt, über neue Pläne nachzudenken. Dabei wird ihm klar, daß er zum Schreiben die Umgebung seiner Heimat Maine in den USA benötigt und daß sein unstetes Herumreisen ein Ende haben muß. Er bittet Barbara, die aus Harlem stammt, mit ihm nach Amerika zurückzugehen, doch sie lehnt ab, da sie sich als Schwarze in Paris freier fühlt als in den USA. Letztlich sind beide entschlossen, getrennt ihre angestammten Wege weiterzugehen: David wird die Rolle des geehrten Schriftstellers wiederaufnehmen, Barbara wird in Paris das begehrte Fotomodell bleiben und sich wohl auch wieder ihrem wohlhabenden Freund zuwenden. Die kurze glückliche Zeit des Paares hat ein Ende; sie versprechen sich gegenseitig, so bald wie möglich wieder zusammenzutreffen.

Auszeichnungen: 2 Antoinette Perry Awards (Tonys) 1962: Weibliche Hauptrolle–Musical: Diahann Carroll / Komponist: Richard Rodgers

Songs und Musiknummern

Bühne:
The Sweetest Sounds; How Sad; Loads of Love; The Man Who Has Everything; Be My Host; La La La; You Don't Tell Me; Love Makes the World Go Square; Nobody Told Me; Look No Further, Dear; Maine; Casino-Ballet (instr.); An Orthodox Fool; Eager Beaver; No Strings

Schallplatten:
NY – Capitol SWAO/SO 1695
L – Decca SKL 4576,
      Stet DS-15013
St – (Bobby Short, Lavern Baker)
      Atlantic 1383

NUNSENSE
(Deutscher Titel: NON[N]SENSE)

Musik, Songtexte, Buch: Dan Goggin
Premiere in New York, Cherry Lane Theater: 12. Dezember 1985

Anmerkung: Das Stück war zuvor bereits im Baldwin Theatre (Off-Off-Broadway) gespielt worden und hatte sich aus einem Kabarettprogramm des Duplex Nightclubs in Greenwich Village 1984 entwickelt (Buchautor: Steve Hayes). Im Cherry Lane Theater wurde es ab 3. Dezember 1985 in der inzwischen erweiterten Fassung gespielt; die offizielle Premiere fand erst am 12. Dezember 1985 statt.

Personen und ihre Darsteller:

Sister Mary Cardelia, Mother Superior	Marilyn Farina
Sister Mary Hubert	Vicki Belmonte
Sister Robert Anne	Christine Anderson
Sister Mary Amnesia	Semina De Laurentis
Sister Mary Leo	Suzi Winson

Produzenten: The Nunsense Theatrical Company mit Joseph Hoesl, Bill Crowder

Choreographie: Felton Smith
Regie: Dan Goggin
Ort: Hoboken, New Jersey (USA)
Zeit: »Gegenwart« (1984/85)

Handlung: Parodie auf Klosterleben und Benefiz-Veranstaltungen. Die Handlung hat eine Vorgeschichte. Von den 57 Nonnen eines Missionsordens in Hoboken/New Jersey bei New York sind 52 unglücklicherweise an einer Lebensmittelvergiftung gestorben. Fünf überlebten, weil sie auswärts zum Bingospielen waren und das verdorbene Klosteressen nicht zu sich genommen hatten. Ihnen obliegt nun die Bestattung der Schwestern. Bei dieser großen Anzahl bedarf es dazu erheblicher finanzieller Mittel, die irgendwie aufgebracht werden müssen. Der Verkauf selbstgefertigter Grußkarten bringt viel Geld ein. Die Bestattung von 48 toten Schwestern, die im Kellergewölbe des Klosters tiefgefroren des Augenblicks harren, an dem sie zur letzten Ruhe gebettet werden können, ist gesichert. Für die restlichen vier aber fehlt noch das Geld. Da beschließen die fünf Nonnen, eine Benefiz-Veranstaltung mit eigenem Programm auf die Beine zu stellen, um mit den Eintrittspreisen Einnahmen zu erhalten. So wird der Zuschauer zum Teilnehmer an der Show der Nonnen. – Er erfährt von dem tragischen Ereignis, das das Kloster betroffen hat, und den Problemen der fünf Überlebenden. Ihm wird geschildert, wie der Alltag der Nonnen verläuft und was es mit dem Katholizismus auf sich hat. Wie aber macht man eine Show? Die fünf haben Mühe, sich in dem ungewohnten Metier zu betätigen, doch erwachen in ihnen ungeahnte Talente. Jede der Nonnen hat schließlich ihren persönlichen Auftritt, der nicht immer ohne Diskussion mit der Oberin zustande kommt. Schwester Robert Anne protestiert, daß sie nur als Ersatz einspringen soll. Sie möchte ein Solo haben, und als sie es endlich bringen kann, wobei sie in bewegender Weise den Zuschauern erklärt, daß sie gern ein Star sein möchte, zeigt sich ihre große Begabung. Schwester Mary Amnesia präsentiert die von ihr gebastelte Bauchrednerpuppe – ebenfalls in Art einer Klosterschwester –, erntet aber von der Oberin einen Tadel wegen deren schlechten Benehmens. Schwester Mary Leo, das Nesthäkchen der Gruppe, entpuppt sich als Musiktalent, das singen und tanzen kann und eine Ballettparodie vorführt, die begeistert. Besonders begabt erweist sich Schwester Mary Paul als Country-Sängerin, und plötzlich erkennt die Oberin in ihr eine einst gefeierte Preisträgerin des Country-Songs, die das Gedächtnis verloren hatte und aus der Öffentlichkeit verschwunden war. Mehr Freude noch als das Bühnenspiel bereitet den Nonnen der Umstand, daß die erzielten Einnahmen nun ausreichen, alle verstorbenen Klosterschwestern zu beerdigen. Gerade noch rechtzeitig, denn die Oberin hat soeben eine Vorladung der Gesundheitsbehörde erhalten wegen der tiefgekühlten Leichen im Keller.

Deutschsprachige Erstaufführungen:
1) 1. Oktober 1989, Graumann Off Broadway Theater, Wien. Autoren: Michael-Alexander Mohapp, Rupert Henning
2) 8. Dezember 1989, Kammerspiele Düsseldorf. Autor: Thomas Woitkewitsch

Songs und Musiknummern

Bühne:
Nunsense Is Habit-Forming; A Difficult Transition; Benedicite; The Biggest Ain't the Best; Playing Second Fiddle; So You Want to Be a Nun; Turn Up the Spotlight; Lilacs Bring Back Memories; Tackle That Temptation With a Time-Step; Growing Up Catholic; We've Got to Clean Out the Freezer; Just a Coupl'a Sisters; Soup's On/The Dying Nun Ballet; I Just Want to Be a Star; The Drive-In; A Home Movie; I Could've Gone to Nashville; Gloria in Excelsis Deo; Holier Than Thou

Schallplatten:
NY – DRG Records SBL 12589
L   – That's Entertainment TER 1132
D/B – (1990/Zürich) EMU 90188

OF THEE I SING

Musik: George Gershwin
Songtexte: Ira Gershwin
Buch: George S. Kaufman, Morrie Ryskind
Premiere in New York, Music Box Theatre: 26. Dezember 1931

Personen und die Darsteller der Premiere:

John P. Wintergreen	William Gaxton
Mary Turner	Lois Moran
Alexander Throttlebottom	Victor Moore
Sam Jenkins	George Murphy
Diana Devereaux	Grace Brinkley
French Ambassador	Florenz Ames
Emily Benson	June O'Dea
Matthew Arnold Fulton	Dudley Clements
Senator Carver Jones	Edward H. Robins
Chief Justice	Ralph Riggs
Louis Lippman	Sam Mann
Francis X. Gilhooley	Harold Moffet
Senator Robert E. Lyons	George E. Mack
Vladimir Vidovitch	Tom Draak
Yussef Yussevitch	Sulo Hevonpaa
Senate Clerk	Martin Leroy
Maid	Vivian Barry
Scrubwoman	Leslie Bingham
Guide	Ralph Riggs

Produzent: Sam H. Harris
Choreographie: George Hale
Regie: George S. Kaufman
Ort: USA/Atlantic City, New York, Washington
Zeit: »Gegenwart« (1931)

Handlung: Satire auf Zeiterscheinungen in den USA, speziell auf Praktiken der Präsidentschaftswahlen; ironisch-kritische Verquickung von Politik, gesellschaftlichem Umgang und Moral. John P. Wintergreen bewirbt sich mit Unterstützung von Alexander Throttlebottom, welcher als Vizepräsident vorgesehen ist, um die Präsidentschaft. Da Wintergreen noch unverheiratet ist, meinen seine

O

Wahlkampfstrategen, um seine Popularität zu fördern, sei es angebracht, bei der Kampagne auf »Liebe« zu setzen. Es wird propagiert, Wintergreen beabsichtige, die Siegerin einer »Miss America«-Wahl zu ehelichen, wodurch die junge Dame zugleich »Miss White House« und First Lady des Landes werde. Die Wahl der Jury fällt auf Diana Devereaux, eine aparte Schönheit aus den Südstaaten. Doch Wintergreen, inzwischen erfolgreich zum Präsidenten gewählt, hat sich in die biedere, aber hauswirtschaftlich begabte Sekretärin Mary Turner verliebt. Als er Mary heiratet, klagt ihn die Schönheitskönigin Diana empört an, das Wahlversprechen gebrochen zu haben. Zusammen mit ihrem Anspruch drohen außenpolitische Verwicklungen mit Frankreich, denn die Franzosen erhoffen sich, über Diana Einfluß auf die amerikanische Politik nehmen zu können, weil sich herausgestellt hat, daß Diana auf illegitimen Wegen von Napoleon abstammt. Nur die Tatsache, daß Wintergreens Frau Zwillingen das Leben schenkt, rettet den Präsidenten und macht ihn in den Augen der Amerikaner honorig. Der Fall wird schließlich doch noch mit politischem Geschick beigelegt, indem man sich darauf besinnt, daß der Vizepräsident Aufgaben wahrzunehmen hat, für die der Präsident nicht zur Verfügung steht. So kann Throttlebottom in treuer Pflichterfüllung für das Vaterland nicht umhin, die von Napoleon abstammende Diana zu heiraten.

Auszeichnung: Pulitzer Prize / Drama 1932

Songs und Musiknummern

Bühne:
Wintergreen for President; Who Is the Lucky Girl to Be?; The Dimple on My Knee; Because, Because; How Beautiful; Never Was There a Girl So Fair; Some Girls Can Bake a Pie; Love Is Sweeping the Country; Of Thee I Sing, Baby; Entrance for Supreme Court Judges; Here's a Kiss for Cinderella; I Was the Most Beautiful Blossom; Hello, Good Mor-

ning; Who Cares?; Garçon, s'il vous plait; Entrance of the French Ambassador; The Illegitimate Daughter; The Senatorial Roll Call; Jilted; I'm About to Be a Mother (Who Could Ask for Anything More?); Prosperity Is Just Around the Corner; Trumpeter, Blow Your Golden Horn!
Musikalische Motive verwendet aus:
Stars and Stripes Forever (John Philip Sousa); Hot Time in the Old Town Tonight (Theodore Metz); Rainbow (Percy Wenrich); Hail, Hail, the Gangs' All Here (Arthur Sullivan/K); Tammany (Gus Edwards); Sidewalks of New York (Charles B. Lawler)

Schallplatten:
NY – (1952) Capitol S 350, Capitol T 11651
TV – (1972/Carroll O'Connor, Cloria Leachman, Jack Gilford) Columbia S 31763
St – (Konzertaufn./Maureen McGovern, Larry Kert, Jack Gilford) CBS S2M 42522

OH, CALCUTTA!

Konzeption: Jacques Levy, Hillard Elkins, nach einer Idee von Kenneth Tynan
Beiträge: Samuel Beckett*, Jules Feiffer, Dan Greenburg, John Lennon, Jacques Levy, Leonard Melfi, David Newman, Robert Benton, Sam Shephard, Clovis Trouille, Kenneth Tynan, Sherman Yellen
(Während der Laufzeit teilweise veränderte Beiträge.)
Musik und Songtexte: The Open Window (Robert Dennis, Peter Schickele, Stanley Walden)
Uraufführung: New York, Eden Theatre: 17. Juni 1969

Mitwirkende der Uraufführung:
Raina Barrett, Mark Dempsey, Katie Drew-Wilkinson, Boni Enten, Bill Macy, Alan Rachins, Leon Russom, Margo Sappington, Nancy Tribush, George Welbes, The Open Window

Produzent: Hillard Elkins (mit Michael White, Gordon Crowe)
Choreographie: Margo Sappington
Regie: Jacques Levy

Handlung: Nackt- und Schock-Cabaret, Voyeurstück – Trivialniveau. Lose Aneinanderreihung von Spielszenen zum Thema befreiter Sexualität sowie pantomimische und tänzerische Nacktdarbietungen mit parodistischen Grundzügen. Sensationserfolg.
*Von Samuel Beckett stammt die Kurzszene (35 Sekunden) »Breath« (deutsch: »Atem«).

Deutschsprachige Erstaufführung (»Oh! Calcutta!«): 9. März 1971, Operettenhaus (Kurt Collien-Theater), Hamburg

Film:

Oh! Calcutta!
1972, USA – Hillard Elkins/Cinemation – Technicolor, 108 Min.
Deutsche Erstaufführung (Originaltitel): 1973
Verfilmung der Bühnenaufführung mit Beiträgen von Jules Feiffer, John Lennon, Leonard Melfi, Robert Benton, Sherman Yellen, Dan Greenburg, Jacques Levy, David Newman, Sam Shephard
Musik und Songtexte: The Open Window (Robert Dennis, Peter Schickele, Stanley Walden)

Personen und ihre Darsteller:

Jack	George Welbes
Jill	Patricia Hawkins
Dick	Mitchell McGuire
Jane	Nancy Tribush
Sue Ellen	Nancy Tribush
Cherie	Margo Sappington
Dale	Gary Rethmeier
Monte	Bill Macy
Helen	Samantha Harper
Alfred	Mark Dempsey
Pearloyster	Gary Rethmeier
Test Girl	Raina Barrett
Dr. Jaspers	Mark Dempsey
Dr. Bronson	Nancy Tribush
Nurse	Samantha Harper
Physician	Bill Macy

Produzenten: Hillard Elkins, Patrick Pleven
Choreographie: Margo Sappington
Regie: Jacques Levy, Gillaume Martin Aucion

Inhalt und Songs

Bühne (während der Laufzeit teilweise veränderte Beiträge):
Taking Off the Robe; Dick and Jane; Suite for Five Letters; Will Answer All Sincere Replies; Paintings of Clovis Trouille; Jack and Jill; Delicious Indignities; Was It Good for You, Too?; Much Too Soon; One on One; Rock Garden; Who: Whom; Four in Hand; Coming Together, Going Together

Film:
Taking Off the Robe (Vorstellung mit Ausziehen); Jack and Jill; Dick and Jane; Will Answer All Sincere Replies (Alle ernstgemeinten Zuschriften werden beantwortet); Much Too Soon (Allzu bald ...); Delicious Indignities (Köstliche Demütigungen/Die Entjungferung von Helen Axtminster); Rock Garden (Steingarten); Four in Hand (Vier aus der Hand); Was It Good for You, Too? (Hat es Ihnen gutgetan?); Country Blues, Pas de Deux; Coming Together, Going Together (Zum Abschluß/Ich will es)

Schallplatten:
St – Aidart Records AID 9903, (1970) Polydor 2371103 (A)

OH, KAY!

Musik: George Gershwin
Songtexte: Ira Gershwin (teilweise mit Howard Dietz) – siehe Songs
Buch: Guy Bolton, P. G. Wodehouse
Premiere in New York, Imperial Theatre: 8. November 1926

Personen und die Darsteller der Premiere:

Kay	Gertrude Lawrence
Jimmy Winter	Oscar Shaw
»Shorty« McGee	Victor Moore
Larry Potter	Harland Dixon
Phil Ruxton	Marion Fairbanks

Dolly Ruxton   Madeleine Fair-
                 banks
The Duke   Gerald Oliver
                 Smith
Constance Apple-   Sascha Beaumont
ton
Revenue Officer   Harry T. Shannon
Jansen
Molly Morse   Betty Compton
Mae   Constance Carpen-
                 ter
Peggy   Janette Gilmore
Daisy   Paulette Winston
Judge Appleton   Frank Gardiner
ferner: Victor Arden und Phil Ohman
(Piano-Duo)

Produzenten: Alex A. Aarons, Vinton
Freedley
Choreographie: Sammy Lee
Regie: John Harwood
Ort: Beachampton, Long Island/USA
Zeit: »Gegenwart« (1926)

Handlung: Schmuggel- und Liebesgeschichte aus der Zeit der Prohibition (Al-
koholverbot in den USA, 1920–1933).
Ein verarmter englischer Herzog beteiligt
sich zur Auffrischung seiner Finanzen mit
seiner Yacht am Alkoholschmuggel. Mit
ihm kommt Kay, seine Schwester, von
England nach Long Island in die USA.
Die Schmuggler betreiben ihr verbotenes
Geschäft auf dem Besitzgut des oft abwesenden reichen Playboys Jimmy Winter,
wo der geschmuggelte Alkohol heimlich
im Keller versteckt wird. Jimmy Winter
darf davon nichts ahnen, weshalb die
Schmuggler einen ihrer Leute, Shorty
McGee, als Helfershelfer und Beobachter bei ihm als Butler untergebracht haben. Die Begegnung von Kay und Jimmy
wird zur Liebe auf den ersten Blick,
bringt Jimmy jedoch in eine Situation, die
seine derzeitigen Probleme zusätzlich
vergrößert. Obwohl noch nicht geschieden, hatte er bereits seine Hochzeit mit
Constance Appleton, der Tochter eines
Juristen, vorbereitet. Nun hat er in Kay
das Mädchen erkannt, das ihn vor einiger
Zeit vor dem Ertrinken gerettet hatte.
Die Konflikte verschärfen sich sowohl

durch Constances Vater, der wegen Jimmys noch ausstehender Scheidung nach
dem Rechten sehen will, als auch durch
Zollinspektor Jansen, der den Alkohol-
schmugglern auf der Spur ist. Während
Jimmy über merkwürdige Vorgänge in
seinem Hause rätselt, müssen Kay und
Shorty McGee viel List aufwenden, um
Jansen in die Irre zu führen. Kay gibt sich
als Jimmy verheiratet aus, was ihn
nicht stört, aber Constance und ihren Vater so aus der Fassung bringt, daß sie
empört abreisen. Schließlich gelingt es
den Schmugglern, Jansen zu übertölpeln.
Jimmy Winters Villa ist vom Schmuggel-
gut geräumt, und Kay kann nicht mehr als
illegale Einwanderin festgenommen werden, denn Jimmy hat sie sofort nach Er-
halt der Bestätigung seiner Scheidung geheiratet, und sie ist damit amerikanische
Staatsbürgerin geworden. Alles okay!

*Deutschsprachige Erstaufführung (Ori-
ginaltitel):* 31. Mai 1978, Städtische Bühnen Dortmund (Kleines Haus). Autor:
Max Colpet

Film:

Oh, Kay!
Stummfilm/1928, USA – First National,
63 Min.
Leicht veränderte Handlung.
Drehbuch: Elise Janis, Carey Wilson,
nach dem gleichnamigen Musical
Darsteller: Colleen Moore (Lady Kay Rut-
field), Lawrence Gray (Jimmy Winter),
Alan Hale (Jansen), Ford Sterling (Shor-
ty McGee), Claude Gillingwater (Judge
Appleton), Julanne Johnston (Constance
Appleton), Claude King (The Earl of
Rutfield), Edgar Norton (Lord Braggot),
Percy Williams (The Butler), Fred
O'Beck (Captain Hornsby)
Regie: Mervyn LeRoy

Songs und Musiknummern

Bühne:
The Woman's Touch; Don't Ask!; Dear
Little Girl, I Hope You've Missed Me;
Maybe; Clap Yo' Hands; Bride and
Groom; Do, Do, Do; Someone to Watch

O

Over Me; Fidgety Feet; Heaven on Earth (T: Ira Gershwin, Howard Dietz); Oh, Kay! (T: Ira Gershwin, Howard Dietz) *Nicht verwendet:* Show Me the Town; What's the Use?; The Moon Is on the Sea; The Sun Is on the Sea; Stepping With Baby; Guess Who; Ain't It Romantic; Bring On the Ding Dong Dell; When Our Ship Comes Sailing In

Schallplatten:
NY – (1960) 20th Century-Fox 4003
L – Monmouth Evergreen MES 7043
St – (Jack Cassidy, Barbara Ruick) Columbia CL 1050/OL 7050/OS 2550

OKLAHOMA!

Musik: Richard Rodgers
Songtexte: Oscar Hammerstein II.
Buch: Oscar Hammerstein II., nach dem Schauspiel »Green Grow the Lilacs« (1931) von Lynn Riggs
Premiere in New York, St. James Theatre: 31. März 1943

Personen und die Darsteller der Premiere:
Eller Murphy	Betty Garde
Curly McLain	Alfred Drake
Laurey Williams	Joan Roberts
Jud Fry	Howard Da Silva
Ali Hakim	Joseph Buloff
Ado Annie Carnes	Celeste Holm
Will Parker	Lee Dixon
Andrew Carnes	Ralph Riggs
Jess	George Church
Ellen	Katharine Sergava
Sylvie	Joan McCracken
Aggie	Bambi Linn
Joe	George S. Irving
Chalmers	Marc Platt
Ike Skidmore	Barry Kelley
Fred	Edwin Clay
Slim	Herbert Rissman
Gertie Cummings	Jane Lawrence
Kate	Ellen Love
Armina	Kate Friedlich
Cord Elam	Owen Martin
Mike	Paul Shiers
Sam	Hayes Gordon

Produzent: Theatre Guild
Choreographie: Agnes de Mille
Regie: Rouben Mamoulian
Ort: Indian Territory/Nordamerika (später Oklahoma/USA)
Zeit: 1906/1907

Handlung: Farmer-Musical, Dreiecksgeschichte im amerikanischen Folklorestil. Der fröhliche Cowboy Curly und der mürrische Landarbeiter Jud begehren die junge Farmersfrau Laurey, und obwohl sich diese längst entschieden hat, weckt sie Eifersüchteleien zwischen den beiden Männern. An und für sich lebt man noch beschaulich im nordamerikanischen Indian Territory; die große Welt ist weit entfernt, so daß auch Tante Eller interessiert zuhört, wenn Will Parker von seinem Besuch im aufregenden Kansas City berichtet. Hier im Städtchen ist nur eines aufregend: das bevorstehende große Wohltätigkeitsfest, für das der ganze Ort Vorbereitungen trifft. Sowohl Jud als auch Curly wollen Laurey zum Fest führen. Sie entscheidet sich für Jud, weil die Leute ohnehin schon über sie und Curly reden. In einer Traumszene (Ballett) sieht sie Unheil heraufziehen. Wie gewöhnlich versuchen die Farmer und die Viehzüchter sich beim Fest gegenseitig zu übertreffen, weil jede Gruppe sich für etwas Besseres hält. Und natürlich kommt es zur üblichen Prügelei, die Tante Eller nur durch tatkräftiges Eingreifen mit dem Schießeisen beenden kann. Nun steht der Versteigerung der Picknickkörbe, die die jungen Mädchen spenden, nichts mehr im Wege, wobei die jungen Männer versuchen, durch ihre Spendenbereitschaft ihren Mädchen zu imponieren. Curly kann das Gebot, das Jud für Laureys Picknickkorb abgibt, nur dadurch überbieten, indem er Colt, Pferd und Sattel verpfändet. Endlich begreift Laurey, daß sie Jud zu sehr ermuntert hat, und entscheidet sich zur Verlobung mit Curly. Als Jud sich dennoch aufdringlich benimmt, wird ihm seine Tätigkeit auf der Farm gekündigt. Doch drei Wochen später, am Tag der Hochzeit, erscheint er plötzlich, stört das

Fest und versucht, die Braut zu küssen. Hierbei gerät er in eine handfeste Auseinandersetzung mit Curly. Jud zieht ein Messer, stürzt aber, fällt in sein Messer und stirbt. Für die Beobachter der Szene erhebt sich die Frage, ob Jud von Curly getötet wurde. Um dem Recht Genüge zu tun, wird eine Gerichtsverhandlung einberufen, die den Sachverhalt untersucht und feststellt, daß Jud durch Leichtfertigkeit und unglückliche Umstände seinen Tod selbst verschuldet hat. Curly wird freigesprochen, kann nun mit Laurey die Flitterwochen beginnen, und die Farmer und Viehzüchter haben Veranlassung fröhlich weiterzufeiern, denn gerade haben sich ihre Zukunftsaussichten verbessert, weil das Indian Territory als »Oklahoma« in den Bund der Vereinigten Staaten von Nordamerika aufgenommen wurde.

Auszeichnungen: Pulitzer Prize 1944 – Special Citation (Besondere Erwähnung) / Musical: Richard Rodgers, Oscar Hammerstein II.

Deutschsprachige Erstaufführung (Originaltitel): 24. August 1973, Halle Münsterland, Münster. Autor: Robert Gilbert

Film:

Oklahoma!
1955, USA – Magna Productions/Rodgers and Hammerstein Pictures – Todd-A-O und CinemaScope/Technicolor, 143 Min.
Deutschsprachige Erstaufführung (Originaltitel): 1957
Musik: Richard Rodgers
Songtexte: Oscar Hammerstein II.
Drehbuch: Sonya Levien, William Ludwig, nach dem gleichnamigen Musical

Personen und ihre Darsteller:

Curly McLain	Gordon MacRae (Tänzer: James Mitchell)
Laurey Williams	Shirley Jones (Tänzerin: Bambi Linn)
Ado Annie Carnes	Gloria Grahame
Eller Murphy (Aunt Eller)	Charlotte Greenwood
Ali Hakim	Eddie Albert
Will Parker	Gene Nelson
Andrew Carnes (Paw Carnes)	James Whitmore
Jud Fry	Rod Steiger
Ike Skidmore	Jay C. Flippen
Gertie Cummings	Barbara Lawrence
Marshall	Roy Barcroft
Cowboy at Train Depot	Ben Johnson

Dancers: Jennie Workman, Kelly Brown, Marc Platt, Lizanne Truex, Virginia Bosler, Evelyn Taylor, Jane Fischer

Produzent: Arthur Hornblow Jr.
Choreographie: Agnes de Mille
Regie: Fred Zinnemann

Auszeichnungen: 2 Academy Awards (Oscars) 1955: Ton: Fred Hynes / Musikgesamtwerk–Instrumentierung (Filmversion): Robert Russell Bennett, Jay Blackton, Aldoph Deutsch

Songs und Musiknummern

Bühne:
Oh, What a Beautiful Mornin' (Was für ein herrlicher Morgen); The Surrey With the Fringe on the Top (Die Kutsche mit den Fransen); Kansas City; I Cain't Say No (Nein sagen, ach, das kann ich nicht); Many a New Day; It's a Scandal! It's a Outrage!; People Will Say We're in Love (Sonst sagt man, wir sind verliebt); Pore Jud Is Daid; Lonely Room; Out of My Dreams (Aus meinen Träumen); Dream Ballet (instr.); The Farmer and the Cowman; All er Nothing'; Oklahoma
Nicht verwendet:
Boys and Girls Like You and Me
Anmerkung: Das Lied »Oklahoma« ist seit 1953 Nationalhymne des US-Bundesstaates Oklahoma.

Film:
Oh, What a Beautiful Mornin'; The Surrey With the Fringe on the Top; Kansas City; I Cain't Say No; Many a New Day; People Will Say We're in Love; Pore Jud Is Daid; Out of My Dreams; Dream Balett (instr.); The Farmer and the Cowman; All er Nothin'; Oklahoma

Nicht verwendet:
It's a Scandal! It's a Outrage!; Lonely Room

Schallplatten:
NY – Decca DL 7-9017, Decca A 383, Brunswick 87029, MCA 2030
L – His Master's Voice 7 EP-7023
F – Capitol SWAO 595, Capitol 1 C 048-50706
St – (Nelson Eddy) Harmony 7364/ 11164, Columbia CL 828, (John Raitt, Florence Henderson, Phyllis Newman) Columbia OL 8010/ OS 2610, (D/Benno Kusche, Christine Görner) Ariola S 70627, Ariola 33052 G, Baccarola 80103 ZU

Vorlage des Musicals:

Schauspiel: *Green Grow the Lilacs*
Buch: Lynn Riggs
Uraufführung: New York, Guild Theatre: 26. Januar 1931
Darsteller: Franchot Tone (Curly), June Walker (Laurey), Helen Westley (Aunt Eller), Richard Hale (Jud), Lee Strasberg (Peddler), Ruth Chorpenning (Ado Annie)
Produzent: The Theatre Guild
Regie: Herbert J. Biberman
Anmerkung: Bereits das Schauspiel hatte Musicalcharakter durch Einfügung von Balladensongs und Volksliedern.

OLIVER!

Musik und Songtexte: Lionel Bart
Buch: Lionel Bart, nach dem Roman »Oliver Twist« (1837/1838) von Charles Dickens
Premiere in London, New Theatre: 30. Juni 1960
Premiere in New York, Imperial Theatre: 6. Januar 1963

Personen und die Darsteller der Premieren London (L), New York (NY):

Oliver Twist	Keith Hamshere (L)
	Bruce Prochnik (NY)
Fagin	Ron Moody (L)
	Clive Revill (NY)
Nancy	Georgia Brown (L/NY)
Bill Sikes	Danny Sewell (L/NY)
The Artful Dodger	Tony Robinson (L)
	David Jones (NY)
Mr. Bumble	Paul Whitsun-Jones (L)
	Willoughby Goddard (NY)
Mrs. Corney	Hope Jackman (L/NY)
Mr. Brownlow	George Bishop (L)
	Geoffrey Lumb (NY)
Mr. Sowerberry	Barry Humphries (L/NY)
Mrs. Sowerberry	Sonia Fraser (L)
	Helena Carroll (NY)
Bet	Diane Gray (L)
	Alice Playten (NY)
Old Sally	Betty Turner (L)
	Ruth Maynard (NY)
Charlotte	Apple Brook (L)
	Cherry Davis (NY)
Noah Claypole	Trevor Ray (L)
	Terry Lomax (NY)
Dr. Grimwig	Claude Jones (L)
	John Call (NY)
Mrs. Bedwin	Madeleine Newbury (L)
	Dortha Duckworth (NY)

ferner bei Premiere in London:
Workhouse Boys und Fagin's Gang: Charles Brown, Christopher Cooke, Jonathan Collins, Peter Eveleigh, Patrick Furlong, Michael Goodman, Clive Green, Brian Lewis, Dennis Mallard, Stephen Marriott, Barry Newnham, Nicholas Norman, Alan Shortland, Royston Thomas
Londoners: Sally Bitton, Anna Leroy, Jean Ann Page, Janet Pate, Elizabeth Perry, David Beaumont, Jonathan Bromley, Eric Holmes, Rob Inglis, Larry Oaks, Stanley Price, Brian Scott, Jim Sparrow
ferner bei Premiere in New York:
Workhouse Boys und Fagin's Gang:

Johnny Borden, Eugene Endon, Bryant Fraser, Randy Gaynes, Bobby Gold, Sal Lombardo, Christopher Month, Patrick O'Shaughnessy, Alan Paul, Barry Pearl, George Priolo, Robbie Reed, Christopher Votos
Londoners: Jed Allan, Barbara Bossert, Jack Davison, James Glenn, Lesley Hunt, John M. Kimbro, Michael Lamont, Allan Lokos, Dodie Marshall, Richard Miller, Moose Peting, Ruth Ramsey, Nita Reiter, Ray Tudor, Maura Wedge

Produzenten: Donald Albery für Donmar Productions (L), David Merrick, Donald Albery (NY)
Regie: Peter Coe (L/NY)
Ort: London und Umgebung
Zeit: Um 1835

Handlung: Sozialkritische Satire nach Charles Dickens, seinen Typen und seinen Figuren. Das Waisenkind Oliver Twist wächst in Zucht und Willkür eines Armenhauses auf. Dort ist man froh, daß der zuweilen unbequeme Oliver an den Leichenbestatter Sowerberry als Lehrjunge verkauft werden kann. Doch auch hier findet er keine gute Behandlung, und als er ins Armenhaus zurückgebracht werden soll, flüchtet er und treibt sich hungrig in London herum. Er begegnet Artful Dodger, einem etwas älteren Jungen in sonderlicher Aufmachung – unter anderem trägt er einen zerbeulten Zylinderhut. Sein neuer Freund führt ihn zu Fagin, dem König der Taschendiebe. Dieser hat eine Gruppe von Kindern um sich versammelt, die er zum Diebstahl anhält. Oliver wird aufgenommen, doch bei seinem ersten Versuch zu stehlen wird er ertappt. Er hat aber das Glück, in Mr. Brownlow, den er berauben wollte, einen Mann zu finden, der dem gestrauchelten Jungen helfen und ihm ein Zuhause geben will. Oliver erinnert ihn zudem an seine verschollene Nichte. Das Unheil naht aber in Gestalt des skrupellosen und brutalen Bill Sykes, der auch über Fagin herrscht. Er will den Jungen ins Ganovenmilieu zurückholen und bringt ihn durch eine Hinterlist in seine Gewalt.

Aber Nancy, seine Geliebte, hat Mitleid mit Oliver und will ihn heimlich wieder Mr. Brownlow zuführen. Bill entdeckt dieses Vorhaben, und im Jähzorn erschlägt er Nancy. Bei der Verfolgung durch die Polizei kommt er um. Erst jetzt kann Oliver in der Geborgenheit der Familie Brownlow heimisch werden, wobei sich inzwischen herausgestellt hat, daß Mr. Brownlow sein Großonkel ist.

Anmerkung: »Oliver Twist« von Charles Dickens erschien zuerst als Fortsetzungsroman von Februar 1837 bis März 1838 in der Londoner Zeitschrift »Bentley's Miscellany«. Das Buch des Musicals verändert und vereinfacht in Details die Handlung der Vorlage sowie die verwandtschaftlichen Beziehungen der Personen.

Auszeichnungen: 3 Antoinette Perry Awards (Tonys) 1963: Komposition und Songtexte: Lionel Bart / Dirigent und Musikalische Leitung: Donald Pippin / Bühnenbild: Sean Kenny

Deutschsprachige Erstaufführung (Originaltitel): 18. September 1985, Landestheater Salzburg. Autor: Wilfried Steiner

Film:

Oliver!
1968, USA – Columbia – Panavision 70/ Panavision/Technicolor, 146 Min. (mit Ouvertüre: 153 Min.)
Deutschsprachige Erstaufführung (Originaltitel): 1968
Musik und Songtexte: Lionel Bart
Drehbuch: Vernon Harris, nach dem gleichnamigen Musical

Personen und ihre Darsteller:

Fagin	Ron Moody
Bill Sikes	Oliver Reed
Mr. Bumble	Harry Secombe
Nancy	Shani Wallis
Oliver Twist	Mark Lester
The Artful Dodger	Jack Wild
Widow Corney	Peggy Mount
Mr. Brownlow	Joseph O'Connor
Bet	Sheila White
Jessop	James Hayter
The Magistrate	Hugh Griffith

Mr. Sowerberry — Leonard Rossiter
Mrs. Sowerberry — Hylda Baker
Mrs. Bedwin — Megs Jenkins
Noah Claypole — Kenneth Cranham
Dr. Grimwig — Wensley Pithey
Charlie Bates — Clive Moss
Charlotte — Elizabeth Knight
Rose, the Maid — Jane Peach
Oliver's Mother — Veronice Page
Doctor — Henry Kay
Magistrate's Court — Keith Roberts
Policeman
Court Clerk — Peter Hoar
Arresting Police- — Norman Mitchell
man
Workhouse Gov- — Fred Emney
ernor's Chairman
Workhouse Paupers: Edwin Finn, Foy
Evans
Workhouse Governors: John Baskcomb,
Norman Pitt, Arnold Locke, Frank Cra-
shaw
Fagin's Boys: Robert Bartlett, Graham
Buttrose, Jeffrey Chandler, Kirk Clugeston,
Dempsey Cook, Christopher Duff, Nigel
Grice, Ronnie Johnson, Nigel Kingsley,
Robert Langley, Brian Lloyd, Peter Lock,
Ian Ramsey, Peter Renn, Billy Smith,
Kim Smith, Freddie Stead, Raymond
Ward, John Watters

Produzent: John Woolf
Choreographie: Onna White (mit Tom
Panko)
Regie: Carol Reed

Auszeichnungen: 6 Academy Awards (Oscars):
1968: Bester Film / Regie: Carol Reed /
Szenenbild–Ausstattung: John Box und
Terence Marsh, Vernon Dixon und Ken
Muggleston / Ton: Shepperton Studios
Sound Dept. / Musikgesamtwerk–Instru-
mentierung (Filmversion): John Green /
Choreographie (Honorary Award – Eh-
renpreis): Onna White

Songs und Musiknummern

Bühne:
Food, Glorious Food; Oliver!; I Shall
Scream; Boy for Sale; That's Your Fune-
ral; Where Is Love?; Consider Yourself;
You've Got to Pick a Pocket or Two; It's

a Fine Life; I'd Do Anything; Be Back
Soon; Oom-Pah-Pah; My Name; As Long
As He Needs Me; Who Will Buy?; Re-
viewing the Situation

Film:
Food, Glorious Food; Oliver!; Boy for
Sale; Where Is Love?; You've Got to Pick
a Pocket or Two; Consider Yourself; I'd
Do Anything; Be Back Soon; As Long As
He Needs Me; Who Will Buy?; It's a Fine
Life; Reviewing the Situation; Oom-Pah-
Pah

Nicht verwendet:
I Shall Scream; That's Your Funeral; My
Name

Schallplatten:
NY – RCA Victor LOCD/LSOD 2004
L   – Decca SPA 30, Decca SKL 4105,
      That's Entertainment TER 1042
F   – RCA Victor SB 6777, RCA COSD
      5501
St – (Stanley Holloway, Alma Cogan)
      Capitol ST 1784

Hinweis Film:
Der Roman »Oliver Twist« von Charles
Dickens ist vielfach dramatisiert worden
und diente auch als Vorlage für zahlreiche Filme. (Obwohl »Nancy« im Roman
von Charles Dickens die Geliebte von Bill
Sikes ist, wird sie in mehreren Verfilmungen als Ehefrau »Nancy Sikes« dargestellt.)

Oliver Twist
Stummfilm/1909, USA – Vitagraph Com-
pany, 995 ft/303 m (12 Min.)
Drehbuch: Eugene Mullin, nach dem
gleichnamigen Roman von Charles
Dickens
Hauptdarsteller: Elita Proctor Otis (Nan-
cy), William Humphreys
Produzent: J. Stuart Blackton
Regie: J. Stuart Blackton

Oliver Twist
Stummfilm/1910, Dänemark (Kurz)
Buch nach dem gleichnamigen Roman
von Charles Dickens
Hauptdarstellerin: Agnes Nörlund (Oli-
ver)
Regie: August Blom

Oliver Twist
Stummfilm/1910, Frankreich – Pathé
(Kurz)
Buch nach dem gleichnamigen Roman
von Charles Dickens
Hauptdarsteller: Jean Périer
Regie: Camille de Morlhon

Oliver Twist
Stummfilm/1912, USA – Crystal Studios/
Falcon, General Films (5 Rollen)
Drehbuch: J. Comyns Carr, nach dem gleich-
namigen Roman von Charles Dickens
Darsteller: Vinnie Burns (Oliver Twist),
Nat C. Goodwin (Fagin), Mortimer Mar-
tine (Bill Sykes), Charles Rogers (The
Artful Dodger), Beatrice Moreland
(Nancy), Edwin McKim (Monks), Daniel
Read (Bates), Hudson Liston (Mr. Brown-
low), Frank Kendrick (Mr. Grimwig),
Stuart Holmes (Bumble, the Beadle), Lil-
lian DeLesque (Rose), Mrs. Liston (Mrs.
Maylie), Will Scherer (Giles), Frank Staf-
ford (Brittles), Louise White (Agnes Fle-
ming), Jack Hopkins (Charles Leeford),
Agnes Stone (Nurse)
Produzent: H. A. Spanuth
Regie: H. A. Spanuth

Oliver Twist
Stummfilm/1912, Großbritannien – Hep-
worth Pictures, 3700 ft/1128 m (42 Min.)
Drehbuch: Thomas Bentley, nach dem
gleichnamigen Roman von Charles
Dickens
Darsteller: Ivy Millais (Oliver Twist),
John McMahon (Fagin), Harry Royston
(Bill Sikes), Alma Taylor (Nancy), Flora
Morris (Rose Maylie), E. Rivary (Mr.
Brownlow), Willie West (The Artful
Dodger)
Produzent: Cecil Hepworth
Regie: Thomas Bentley

Oliver Twist
Stummfilm/1916, USA – Jesse L. Lasky
Feature Play Company/Paramount (5 Rol-
len)
Drehbuch: James Young, nach dem
gleichnamigen Roman von Charles
Dickens
Darsteller: Marie Doro (Oliver Twist),
Tully Marshall (Fagin), Hobart Bosworth
(Bill Sikes), Raymond Hatton (The Art-
ful Dodger), James Neill (Mr. Brown-
low), Elsie Jane Wilson (Nancy Sikes),
Harry Rattenbury (Mr. Bumble), Carl
Stockdale (Monks), Edythe Chapman (Mrs.
Brownlow), W. S. Van Dyke (Charles
Dickens), Jack Sacker, Robert McKenzie
Produzent: Jesse L. Lasky
Regie: James Young
Anmerkung: Marie Doro spielte die Rol-
le des Oliver Twist bereits 1912 in New
York (New Amsterdam Theatre) in einer
Theaterfassung von J. Cromyns Carr des
Romans von Charles Dickens.

Twist Olivér
Stummfilm/1919, Ungarn
Drehbuch: László Vajda, nach dem Ro-
man »Oliver Twist« von Charles Dickens
Hauptdarsteller: Tibor Lubinszky (ver-
mutl. Oliver), Jenö Tőrzs, László Z.
Molnár, Gyuly Szőreghy, Sári Almási
Regie: Márton Garas

*Die Geheimnisse von London – Die
Tragödie eines Kindes*
Stummfilm/1920, Deutschland – Richard
Oswald-Film, Berlin, 2137 m (78 Min.)
Drehbuch: Richard Oswald, »nach älte-
ren Motiven« (d. i. Roman »Oliver Twist«
von Charles Dickens – jedoch veränderte
Handlung)
Darsteller: Manci Lubinszky (Percy),
Max Devrient (Brown), Julius Strobl
(Smith, sein Freund), Hans Homma
(Doktor White), Maria West (Mary, sei-
ne Tochter), Curt von Lessen (Ein Frem-
der), Ferdinand Bonn (Bumble, Auf-
seher), Alice Hetsey (Frau Winkle)
(Vagabunden): Adolf Weisse (Fagin),
Louis Ralph (Jim), Joseph König (Dick),
Arthur Guttmann (Bill), Fritz Strassny
(Bob), Rudolf Merstallinger (Tom), Lo-
na Schmidt (Betsy)
Produzent: Richard Oswald
Regie: Richard Oswald
Anmerkung: Richard Oswalds Hauptdar-
steller in der Rolle des Percy, das »acht-
jährige Wunderkind« M. Lubinszky, war
nach einem Zeitungsbericht des »Vorwärts« vom 24.12.1920 ungarischer Her-

kunft und eine Entdeckung Oswalds aus Wien. (Auch die anderen Mitwirkenden sind als »Wiener Schauspieler« bezeichnet.) M. Lubinszky ist vermutlich der jüngere Bruder von Tibor Lubinszky, der die Hauptrolle des vorgenannten ungarischen Films »Twist Olivér« spielte. Tibor und Manci Lubinszky sind seinerzeit, zum Teil gemeinsam, mit Kinderrollen in österreichischen Filmproduktionen hervorgetreten.

Oliver Twist, Jr.
Stummfilm/1921, USA – Fox Film Corporation (5 Rollen)
Veränderte, modernisierte, nach New York verlegte Handlung.
Drebuch: F. McGrew Willis, auf der Basis des Romans »Oliver Twist« von Charles ·Dickens
Darsteller: Harold Goodwin (Oliver Twist Jr.), Lillian Hall (Ruth Norris), Wilson Hummell (Fagin), Scott McKee (The Artful Dodger), George Nichols (The Schoolmaster), Harold Esboldt (Dick), G. Raymond Nye (Bill Sikes), Pearl Lowe (Mrs. Morris), George Clair (James Harrison), Fred Kirby (Judson), Irene Hunt (Nancy Sikes), Hayward Mack (Monks)
Produzent: William Fox
Regie: Millard Webb

Tense Moments With Great Authors
Serie – Teil 4: NANCY, 1578 ft/481 m (18 Min.)
Teil 5: FAGIN, 1260 ft/384 m (14 Min.)
Stummfilm/1922, Großbritannien – Master Films
Episoden aus dem Roman »Oliver Twist« von Charles Dickens
Darsteller: Sybil Thorndike (Nancy), Ivan Berlyn (Fagin)
Produzent: H. B. Parkinson
Regie: H. B. Parkinson

Oliver Twist
Stummfilm/1922, USA – Jackie Coogan Productions/First National, 7600 ft/2316 m (85 Min.)
Deutsche Erstaufführung (Originaltitel): 1924

Drehbuch: Harry Weil, Frank Lloyd, nach dem gleichnamigen Roman von Charles Dickens
Darsteller: Jackie Coogan (Oliver Twist), Lon Chaney (Fagin), Gladys Brockwell (Nancy Sikes), George Siegmann (Bill Sikes), Edouard Trebaol (Jack Dawkins, »The Artful Dodger«), Lionel Belmore (Mr. Brownlow), Carl Stockdale (Monks), Eddie Boland (Toby Crackit), Taylor Graves (Charlie Bates), Lewis Sargent (Noah Claypool), James Marcus (Mr. Bumble, the Beadle), Aggie Herring (Mrs. Corney, the Widow), Joan Standing (Charlotte), Esther Ralston (Rose Maylie), Florence Hale (Mrs. Bedwin), Nelson McDowell (Mr. Sowerberry), Joseph H. Hazleton (Mr. Grimwig), Gertrude Clair (Mrs. Maylie)
Produzent: Jack Coogan Sr., Sol Lesser
Regie: Frank Lloyd

Oliver Twist
1933, USA – Monogramm Pictures/Herbert Brenon, 74 Min.
Drehbuch: Elizabeth Meehan, nach dem gleichnamigen Roman von Charles Dickens
Darsteller: Dickie Moore (Oliver Twist), Irving Pichel (Fagin), William S. Boyd (Bill Sikes), Doris Lloyd (Nancy Sikes), Barbara Kent (Rose Maylie), Alec B. Francis (Mr. Brownlow), George K. Arthur (Toby Crackitt), Sonny Ray (The Artful Dodger), Clyde Cook (Chitling), George Nash (Charlie Bates), Lionel Belmore (Mr. Bumble), Tempe Pigott (Mrs. Corney), Nelson McDowall (Mr. Sowerberry), Virginia Sale (Mrs. Sowerberry), Bobby Nelson (Noah Claypool), Harry Holman (Mr. Grimwig)
Produzent: J. E. Chadwick
Regie: William J. Cowen

Oliver Twist
1948, Großbritannien – Cineguild/A. J. Arthur Rank Productions, 116 Min.
Deutsche Erstaufführung (Originaltitel): 1949
Drehbuch: Stanley Haynes, David Lean, nach dem gleichnamigen Roman von Charles Dickens

Darsteller: John Howard Davies (Oliver Twist), Alec Guinness (Fagin), Robert Newton (Bill Sikes), Kay Walsh (Nancy Sikes), Anthony Newley (The Artful Dodger), Henry Stephenson (Mr. Brownlow), Francis L. Sullivan (Mr. Bumble), Gibb McLaughlin (Mr. Sowerberry), Kathleen Harrison (Mrs. Sowerberry), Ralph Truman (Monks), Mary Clare (Mrs. Corney), Josephine Stuart (Oliver's Mother), Amy Veness (Mrs. Bedwin), Diana Dors (Charlotte), Frederick Lloyd (Mr. Grimwig), Maurice Denham (Chief of the Police), Deidre Doyle (Mrs. Thingummy), Edie Martin (Annie), Fay Middleton (Martha), Michael Dear (Noah Claypoole), John Potter (Charlie Bates), W. G. Fay (Bookseller), Henry Edwards (Police Official), Kenneth Downey (Workhouse Master), Ivor Barnard (Chairbain of the Board), Peter Bull (Landlord of »Three Cripples«), Maurice Jones (Workhouse Doctor), Graveley Edwards (Mr. Fang), Hattie Jacques (Singer), Betty Paul (Singer)
Produzenten: Anthony Havelock-Allan, Ronald Neame
Regie: David Lean

Oliver and the Artful Dogger
(Deutscher Titel: OLIVERS GROSSER TRAUM)
1980, USA – Hanna-Barbera Productions – Color, 95 Min.
Deutsche Erstaufführung: 1984 (TV/ZDF) Zeichentrickfilm.
Drehbuch: Blanche Hanalis, frei nach dem Roman »Oliver Twist« von Charles Dickens
Regie: William Hanna, Joseph Barbera

Oliver Twist
1982, Großbritannien – Claridge Group/ Grafton – Color, 102 Min.
Drehbuch: James Goldman, nach dem gleichnamigen Roman von Charles Dickens
Darsteller: Richard Charles (Oliver Twist), George C. Scott (Fagin), Tim Curry (Bill Sikes), Michael Hordern (Mr. Brownlow), Timothy West (Mr. Bumble), Eileen Atkins (Mrs. Mann), Cherie Lunghi

(Nancy), Oliver Cotton (Monks), Martin Tempest (The Artful Dodger), Matthew Duke (Charlie Bates), Eleanor David (Rose Marks), Philip Locke (Mr. Sowerberry), Spencer Rheault (Bob), Nicholas Davies (Dick), Ann Tirard (Mrs. Corney), Ann Beach (Mrs. Sowerberry), Brenda Cowling (Mrs. Bedwin), John Barrard (Dr. Losborne), Bill Dean (Jailer), Declan Mulholland (Publican), Lysette Anthony (Oliver's Mother), Artro Morris (Mr. Giles), Philip Davis (Noah Claypole), Michael Logan (Chairman of the Board), John Savident (Mr. Fang), Debbie Arnold (Charlotte), Robert Russell (Constable), Roy Evans (Dull-Eyed Man), Astra Sheridan (Street Singer) (Fagin's Gang): Dax Jackson, Dominic Martelli, Paul Davies Prowles
Produzenten: William Storke, Ted Childs, Norton Romsey
Regie: Clive Donner

ON AN CLEAR DAY YOU CAN SEE FOREVER

Musik: Burton Lane
Songtexte: Alan Jay Lerner
Buch: Alan Jay Lerner
Premiere in New York, Mark Hellinger Theatre: 17. Oktober 1965

Personen und die Darsteller der Premiere:

Daisy Gamble/ Melinda	Barbara Harris
Dr. Mark Bruckner	John Cullum
Themistocles Kriakos	Titos Vandis
Warren Smith	William Daniels
Edward Moncrief	Clifford David
Mrs. Hatch	Rae Allen
Dr. Conrad Bruckner	Michael Lewis
Dr. Paul Bruckner	Gerry Mathews
Sir Hubert Insdale	Byron Webster
Muriel Bunson	Barbara Monte
James Preston	William Reilly
Samuel Welles	Gordon Dilworth
Mrs. Welles	Blanche Collins
Dolly Wainwhistle	Hanne Marie Reiner

Blackamoor	Bernard Johnson
Millard Cross	Paul Reid Roman
Prudence Cumming	Barbara Remington
Flora	Carol Flemming
Evans Bolagard	Hamilton Camp
Bob Brody	Dan Resin
Jimmy Dern	Ken Richards
Student	Gerald M. Teijelo Jr.
T. A. A. Official	David Thomas

Produzent: Alan Jay Lerner (mit Rogo Productions)
Choreographie: Herbert Ross
Regie: Robert Lewis
Ort: New York / In Rückblenden: England
Zeit: »Gegenwart« (1965)/In Rückblenden: 18. Jahrhundert

Handlung: Psycho-Komödie. Daisy Gamble möchte sich mit Hilfe des Psychiaters Dr. Mark Bruckner das Rauchen abgewöhnen. Beim Gespräch mit dem Arzt stellt sich heraus, daß sie zu übersinnlichen Wahrnehmungen fähig ist. Sie verblüfft damit, daß sie weiß, wo vermißte Gegenstände liegen, und kann Blumen aufblühen lassen, indem sie zu ihnen spricht. Als Dr. Bruckner sie in Hypnose versetzt, befindet sie sich plötzlich, zum Erstaunen des Arztes, in einem früheren Leben. Seine Patientin zeigt sich als eine in allerlei Verwicklungen verstrickte Hofdame im England des 18. Jahrhunderts namens Melinda Wells, verehelicht mit Sir Edward Moncrief. Dr. Bruckner spürt großes Interesse an dieser Frau aus der vergangenen Zeit. Auch bei einer zweiten Hypnosebehandlung taucht das Phänomen auf, daß Daisy zur Hofdame Melinda wird. Bruckner erfährt durch einen Wissenschaftler, daß es tatsächlich früher einen Maler mit dem Namen Sir Edward Moncrief gab, dessen Frau Melinda hieß. Nun ist er überzeugt davon, daß seine Patientin Daisy bereits ein früheres Leben hinter sich hat. Und in dieses Wesen aus der Zeit vor 200 Jahren ist er verliebt! Daisy bemerkt schließlich, daß er sie weniger der Behandlung wegen in Hypnose versetzt als vielmehr in der Absicht, Melinda wiederzuerwecken. Entschlossen,

ein normales Leben zu führen, verzichtet Daisy auf die weitere Behandlung und wendet sich mit größter Entschiedenheit ihrem Freund Warren zu. Dr. Bruckner bemüht sich, sie zurückzugewinnen, und versucht, übersinnliche Methoden anzuwenden. Es gelingt ihm. Daisy erkennt, daß Bruckner der Mann ihres Lebens ist, und Bruckner wird sich klar darüber, daß er Daisy liebt, wie sie ist, und nicht irgendein unwirkliches Wesen aus dem 18. Jahrhundert.

Film:

On a Clear Day You Can See Forever (Österreichischer Titel: AN EINEM SONNTAG OHNE WOLKEN/Deutscher Titel/TV – BR: EINST KOMMT DER TAG …) 1970, USA – Paramount – Panavision/ Technicolor, 129 Min.
Österreichische Erstaufführung: 1971
Deutsche Erstaufführung: 1980 (TV/BR)
Teilweise veränderte Handlung, zeitveränderte Rückblenden: 19. Jahrhundert
Musik: Burton Lane
Songtexte: Alan Jay Lerner
Drehbuch: Alan Jay Lerner

Personen und ihre Darsteller:

Daisy Gamble/Melinda Wainwhisle, Melinda Moorepark, Melinda Tentrees	Barbra Streisand
Dr. Marc Chabot	Yves Montand
Dr. Conrad Fuller	Simon Oakland
Tad Pringle	Jack Nicholson
Lord Percy Moorepark	Laurie Main
Dr. Mason Hume	Bob Newhart
Robert Tentrees	John Richardson
Mrs. Hatch	Mabel Albertson
Warren Pratt	Larry Blyden
Mrs. Fitzherbert	Pamela Brown
Winnie Wainwhisle	Irene Handl
Prince Regent	Roy Kinnear
Divorce Attorney	Peter Crowcroft
Prosecuting Attorney Hoyt III.	Byron Webster
Muriel	Kermit Murdock
Pelham	Elaine Giftos
Diana Smallwood	John Le Mesurier
	Angela Pringle

Clews	Leon Ames
Millard	Paul Camen
Wytelipt	Georg Neise
Preston	Tony Colti

Produzenten: Howard W. Koch, Alan Jay Lerner
Choreographie: Howard Jeffrey, Betty Walberg
Regie: Vincente Minnelli

Songs und Musiknummern

Bühne:
Hurry! It's Lovely Up Here; Ring Out the Bells; Tosy and Cosh; On a Clear Day You Can See Forever; On the S. S. Bernard Cohn; At the Hellrakers'; Don't Tamper With My Sister; She Wasn't You; Melinda; When I'm Being Born Again; What Did I Have That I Don't Have?; Wait 'Til We're Sixty-Five; Come Back to Me

Film:
Hurry! It's Lovely Up Here; On a Clear Day You Can See Forever; Love With All the Trimmings; Melinda; Go to Sleep; He Isn't You; What Did I Have That I Don't Have?; Come Back to Me
Nicht verwendet:
Who Is There Among Us Who Knows?; Wait 'Til You're Sixty-Five

Schallplatten:
NY – RCA Victor LOCD/LSOD 2006
F – Columbia CSP-AS 30086

ONCE UPON A MATTRESS

Musik: Mary Rodgers
Songtexte: Marshall Barer
Buch: Jay Thompson, Marshall Barer, Dean Fuller, nach dem Märchen »Die Prinzessin auf der Erbse« von Hans-Christian Andersen
Premiere in New York, Phoenix Theatre: 11. Mai 1959

Personen und die Darsteller der Premiere:

Princess Winnifred	Carol Burnett
Prince Dauntless	Joe Bova
King Sextimus	Jack Gilford
Sir Harry	Allen Case
Lady Larken	Anne Jones
Jester	Matt Mattox
Minstrel	Harry Snow
Wizard	Robert Weil
Queen Agravain	Jane White
Prince	Jim Maher
Princess	Chris Karner
Queen	Gloria Stevens
Princess No. 12	Mary Stanton
Lady Rowena	Dorothy Aull
Lady Merrill	Patsi King
Lady Lucille	Luce Ennis
Sir Studley	Jerry Newby
Sir Harold	David Neuman
Sir Luce	Tom Mixon
Lady Mabelle	Chris Karner
Lady Beatrice	Gloria Stevens
Nightingale Samarkand	Ginny Perlowin
Lady Dorothy	Dorothy D'Honau
Sir Christopher	Christopher Edwards
Lord Howard	Howard Parker
Lady Dora	Dorothy Frank
Sir Daniel	Jim Stevenson
Lord Patrick	Julian Patrick

Produzenten: T. Edward Hambleton, Norris Houghton, William Eckart, Jean Eckart
Choreographie: Joe Layton
Regie: George Abbott
Ort und Zeit: Ein (englisches) Märchen-Königreich im frühen 15. Jahrhundert

Handlung: Märchenkomödie für Erwachsene. Was der berühmte Märchenerzähler in seiner kurzen Geschichte »Die Prinzessin auf der Erbse« berichtete, war eigentlich ganz anders. Es handelte sich um das Reich von König Sextimus, den der Fluch einer bösen Hexe getrofffen hatte, daß er schweigen müsse, bis eine Maus einen Falken besiegt habe. So ist König Sextimus stumm geworden, dafür redet seine Frau, Königin Agravain, um so mehr und hat die Herrschaft übernommen. Sie herrscht auch über ihren Sohn, Prinz Dauntless. Er soll zwar heiraten, aber seine Mutter stellt Bedingungen, die keine passende junge Dame erfüllen kann. Zudem hat die Königin befohlen, daß niemand im Lande heiraten dürfe, bevor der Prinz nicht getraut sei. So ist das ganze Volk daran interessiert, daß Prinz Dauntless eine Frau findet. Aber eine richtige Prinzessin muß es sein, und was »richtig« ist, darüber hat die Königin ihre eigenen Vorstellungen. Zwölf Prinzessinnen sind schon geprüft und nicht für »richtig« befunden worden. Da macht Sir Harry aus lauter Verzweiflung, denn die Geburt eines Kindes steht bevor und er ist noch nicht mit Lady Larken verheiratet, eine Prinzessin ausfindig aus einem fernen, sumpfigen und offensichtlich unkultivierten Land. Die Holde trifft ein, aber wie! Sie ist pitschnaß, denn sie hat kurzerhand den Burggraben durchschwommen. Lady Larken hält sie sogar für das neue Zimmermädchen und trägt ihr auf, den Boden zu säubern. Bald jedoch stellt sich heraus, wer sie ist, und der Prinz fühlt sich zu ihr hingezogen. Die handfeste Prinzessin Winnifred aus den unwirtlichen Gefilden bringt bei einem Ball den ganzen Hofstaat in Bewegung, indem sie den adligen Herrschaften einen neuen Tanz, »The Spanish Panic«, eintrainiert. Die Königin aber besteht auf ihrem Test und hat sich heimlich etwas Besonderes ausgedacht. Als Bett für Winnifred läßt sie 20 Matratzen auftürmen und darunter eine Erbse plaziert, denn sie meint, eine richtige Prinzessin müsse so empfindlich darauf reagieren, daß sie um den Schlaf gebracht werde. Tatsächlich findet Winnifred keine Ruhe; sie zählt Schafe bis zum Morgen. Niemand ahnt, daß ein paar Verschwörer unter Anleitung von Lady Larken die Absichten der Königin ergründet und zu der Erbse noch allerlei andere harte Gegenstände unter den Matratzen versteckt hatten. Die »richtige« Prinzessin ist gefunden, doch die Königin will sie dennoch loswerden. Da aber wird Prinz Dauntless energisch und bezieht Stellung gegen seine Mutter, die zum erstenmal sprachlos ist. Siehe: Die Maus hat den Falken besiegt, der Fluch der Hexe ist gebrochen, und der König, nicht länger stumm, übernimmt wieder das Regiment

im Staate. Die Hochzeit wird stattfinden. Auch Winnifred ist darüber glücklich, doch zunächst zieht sie es vor, nachzuholen, was sie versäumt hat, und fällt in einen tiefen Schlaf.

Deutschsprachige Erstaufführung unter dem Titel WINNIFRED: 30. Dezember 1990, Stadttheater Hildesheim. Autoren: Sonya Martin-Lehrer (mit Frank Buecheler)

Songs und Musiknummern

Bühne:
Many Moons Ago; An Opening for a Princess; In a Little While; Shy; The Minstrel, the Jester and I; Sensitivity; The Swamps of Home; Normandy; Spanish Panic; Song of Love; Quiet; Happily Ever After; Man to Man Talk; Very Soft Shoes; Yesterday I Loved You; Lullaby

Schallplatten:
NY – Kapp KDL 7004, MCA 2079
L   – His Master's Voice CLP 1410, Stet DS 15026

Hinweis/Bühne:
Auf dem gleichen Märchen basiert auch ein deutsches Musical für Kinder:
DIE PRINZESSIN AUF DER ERBSE
Musik: Joachim-Dietrich Link
Autor: Friedrich Schmidt-Behrens nach dem gleichnamigen Märchen von Hans-Christian Andersen
Greiz (Aufführung des Stadttheaters Gera): 30. Juni 1974

110 IN THE SHADE
(Deutscher Titel: 40 GRAD IM SCHATTEN)

Musik: Harvey Schmidt
Songtexte: Tom Jones
Buch: N. Richard Nash, nach seinem Werk »The Rainmaker« – Fernsehspiel (1953), Bühnenkomödie (1954) (deutsch: »Der Regenmacher«) und Film (1956)
Premiere in New York, Broadhurst Theatre: 24. Oktober 1963

Personen und die Darsteller der Premiere:
Lizzie Curry   Inga Swenson
Bill Starbuck   Robert Horton
Sheriff File   Stephen Douglas

H. C. Curry,	Will Geer
Lizzie's Father	
Lizzie's Brothers:	
Noah Curry	Steve Roland
Jimmie Curry	Scooter Teague
Toby	George Church
Snookie	Lesley Warren
Mrs. Jensen	Diane Deering
Phil Mackey	Seth Riggs
Tommy	Christopher Votos
Belinda	Renee Dudley
Geshy Toops	Don Crabtree
Gil Demby	Jerry Dodge
Olive Barrow	Leslie Franzos
Wally Skacks, 3rd	Loren Hightower
Maurine Toops	Evelyn Taylor
Bo Dollivon	Vernon Lusby
Mr. Curtis	Robert Shepard
Wally Skacks	Carl Nicholas

Townspeople: Lynne Broadbent, Lucia Lambert, Paula Lloyd, Esther Villavicencio, Florence Willson, Don Atkinson, Frank Derbas, Ben Gillespie, Arthur Whitfield, Barbara Bossert, Gretchen Cryer, Dori Davis, Carolyn Kemp, Urylee Leonardos, Donna Sanders, Clifford Fearl, David London, Carl Nicholas, Stan Page

Produzent: David Merrick
Choreographie: Agnes de Mille
Regie: Joseph Anthony
Ort: Kansas/USA
Zeit: 1913 (»Während eines Sommertages«)

Handlung: Volksstück – Die Komödie »Der Regenmacher« als Musical. Farmer Curry hat erhebliche Sorgen. Neben der großen Dürre, die die Felder vertrocknen läßt und das Vieh bedroht, belastet ihn auch noch ein familiäres Problem. Mit seinen zwei erwachsenen Söhnen bangt er darum, daß seine Tochter Lizzie einen passenden Mann finden möge, denn sie ist in Gefahr, ein »spätes Mädchen« zu werden. Da sie verschlossen und sehr zurückhaltend ist, erweckt sie kein Interesse bei den Männern. Gerade kehrt sie von einem Besuch bei Bekannten zurück, wo sie jedoch auch keinen Verehrer gefunden hat. Ihr Vater hält nach wie vor

Sheriff File für einen möglichen Heiratskandidaten, doch der ist selber problembeladen, weil ihm vor längerem seine Frau davongelaufen ist, was er nicht zugeben will, obwohl jeder davon weiß. Da erscheint ein Fremder auf der Farm mit einem wunderlich aufgeputzten Wagen. Es ist Bill Starbuck, ein freundlicher und gutgelaunter Bursche, der prahlerisch verkündet, über Wunderkräfte zu verfügen und gegen Vorauszahlung von 100 Dollar in der Lage zu sein, jenen Regen herbeizaubern zu können, den sich alle ersehnen. Curry und seine Söhne sind in ihrer Verzweiflung geneigt, den Versprechungen zu glauben. Lizzie aber mißtraut dem Fremden und seinen Zauberriten, mit denen er die Männer beschäftigt. Sie sagt ihm, daß sie ihn für einen Betrüger halte. Starbuck kontert, indem er ihr vorwirft, sie sei unfähig zu träumen. Er spürt, wie verklemmt sie ist, heitert sie auf und macht ihr klar, daß sie sich ihrer Weiblichkeit durchaus bewußt sein könne. Liebevoll stärkt er ihr Selbstbewußtsein und übt einen erfrischenden Einfluß auf sie aus. Der Vater bemerkt mit Freude Lizzies Wandlung und verhindert, daß das Paar gestört wird. Doch es taucht Sheriff File auf, weil er in dem Fremden einen gesuchten Betrüger vermutet, und nimmt Starbuck fest. Lizzie und ihr Vater reden auf den Sheriff ein, und schließlich muß File zugeben, daß er keine Beweise habe. So läßt er Starbuck wieder frei. Auch File spürt die Wandlung, die mit Lizzie vorgegangen ist. Plötzlich weiß er, daß sie ihm nie gleichgültig war. Nun bemühen sich zwei Männer um Lizzie: Starbuck und File. Wie soll sie sich entscheiden? Der unbekümmerte Fremde, von dem sie nichts weiß, will sie mitnehmen auf eine ungewisse Wanderschaft. Mit Starbuck zu träumen ist schön, doch an der Seite von Sheriff File bliebe sie in der Heimat bei ihrem Vater. Sie entscheidet sich für File. Starbuck ist Lebenskünstler genug, um einzusehen, daß es besser ist weiterzuziehen. Er gibt anstandshalber die 100 Dollar zurück und macht sich auf den Weg. Doch plötzlich – welch ein Wunder! –

bricht ein Gewitter los, und der sehnlichst erwartete Regen strömt hernieder. Unversehens ist Starbuck wieder da, läßt sich erneut das Geld auszahlen und zieht erfreut von dannen, in den erquickenden Regen hinaus, der für ihn zu einem »warmen Regen« wurde.

Deutschsprachige Erstaufführung:
27. Februar 1971, Hessisches Staatstheater, Kassel. Autor: Max Colpet

Songs und Musiknummern

Bühne:
Gonna Be Another Hot Day; Lizzie's Coming Home; Love, Don't Turn Away; Poker Polka; Hungry Men; The Rain Song; You're Not Foolin' Me; Raunchy; A Man and a Woman; Old Maid; Everything Beautiful Happens at Night; Melisande; Simple Little Things; Little Red Hat; Is It Really Me?; Wonderful Music
Bei der New Yorker Premiere nicht verwendet:
Come On Along; I Live By Myself and I Like It; Too Many People Alone

Schallplatte:
NY – RCA Victor LOC/LSO 1085

Vorlagen des Musicals:

Fernsehen:

Fernsehspiel/USA: *The Rainmaker*
Buch: N. Richard Nash
Erstsendung: 16. August 1953, NBC/Philco Playhouse
Darsteller: Joan Potter (Lizzie), Darren McGavin (Starbuck), Paul Tripp (File), Cameron Prud'homme (H. C. Curry), Peter Hobbes (Noah Curry)
Produzent: Gordon Huff

Bühne:

Komödie: *The Rainmaker*
Buch: N. Richard Nash, nach seinem gleichnamigen Fernsehspiel
Uraufführung: New York, Cort Theatre: 28. Oktober 1954
Darsteller: Geraldine Page (Lizzie Curry), Darren McGavin (Bill Starbuck), Richard Coogan (File), Cameron Prud'-

homme (H. C. Curry), Joseph Sullivan (Noah Curry), Albert Salmi (Jim Curry), Tom Flatley Reynolds (Sheriff)
Produzent: Ethel Linder Reiner (mit Hope Abelson)
Regie: Joseph Anthony
Deutsche Erstaufführung (»Der Regenmacher«): 29. Oktober 1955, Württembergisches Staatstheater Stuttgart. Autor: Willy H. Thiem

Film:

The Rainmaker
(Deutscher Titel: DER REGENMACHER)
1956, USA – Paramount – Vistavision/Technicolor, 121 Min.
Deutsche Erstaufführung: 1957
Drehbuch: N. Richard Nash, nach seinem gleichnamigen Fernsehspiel und seiner gleichnamigen Bühnenkomödie
Darsteller: Katharine Hepburn (Lizzie Curry), Burt Lancaster (Bill Starbuck), Wendell Corey (Deputy Sheriff File), Cameron Prud'homme (H. C. Curry), Lloyd Bridges (Noah Curry), Earl Holliman (Jim Curry), Wallace Ford (Sheriff Thomas), Yvonne Lime (Snookie Maguire), Dan White (Deputy), Dottie Bee Baker (Belinda), Ken Becker (Phil Mackey), Michael Bachus (Sheriff) (Townsmen): Stan Jones, John Benson, James Stone, Tony Merrill, Joe Brown
Produzent: Hal B. Wallis
Regie: Joseph Anthony

Anmerkung: Der gleichnamige amerikanische Stummfilm von 1926 und der amerikanische Film »The Rainmakers« von 1935 haben mit dem Werk von N. Richard Nash nichts zu tun.

ONE TOUCH OF VENUS

Musik: Kurt Weill
Songtexte: Ogden Nash
Buch: S. J. Perelman, Ogden Nash, nach der Erzählung »The Tinted Venus« (1885) von F. Anstey (d. i. Thomas Anstey Guthrie), unter Verwendung von Motiven aus der altgriechischen Sage von Pygmalion

Premiere in New York, Imperial Theatre:
7. Oktober 1943

Personen und die Darsteller der Premiere:

Venus	Mary Martin
Whitelaw Savory	John Boles
Rodney Hatch	Kenny Baker
Molly Grant	Paula Laurence
Taxi Black	Teddy Hart
Stanley	Harry Clark
Mrs. Moats	Florence Dunlap
Bus Starter	Lou Wills Jr.
Sam	Zachary A. Charles
Mrs. Kramer	Helen Raymond
Gloria Kramer	Ruth Bond
Rose	Jane Hoffman
Police Lieutenant	Bert Freed
Zuvetli	Harold J. Stone
Dr. Rock	Johnny Stearns
Store Manager	Sam Bonnell
The Aviator	Kevin Smith
His Girl	Patricia Schaeffer
Premiere Danseuse	Sono Osato

Anatolians: Sam Bonnell, Matthew Farrar
Shy Girls: Diana Adams, Allyn Ann McLerie
Gods: Robert Pageant, Peter Birch

Produzenten: Cheryl Crawford, John Wildberg
Choreographie: Agnes de Mille
Regie: Elia Kazan
Ort: New York
Zeit: »Gegenwart« (1943)

Handlung: Liebeskomödie. Rodney Hatch, ein junger Friseur, der seine geliebte Gloria über alles verehrt, gerät in Konflikte, als er bei einem Besuch im Privatmuseum von Whitelaw Savory, der Laune eines Augenblicks folgend, den für Gloria vorgesehenen Verlobungsring einer Statue der Venus an den Finger steckt. Venus wird nämlich lebendig, verliebt sich Knall und Fall in Rodney und verfolgt ihn mit ihrer Leidenschaft. Rodney bemüht sich, ihr zu erklären, daß nur Gloria die Frau seines Herzens sei. Doch Venus versteht nicht, warum er ihrem Charme nicht erliegt. Sollte Liebe unmodern geworden sein in der langen Zeit, in

der sie eine Statue war? Jedenfalls verschafft sie sich moderne Kleidung und übt weiter ihre Verführungskünste aus. Gloria wird mißtrauisch, als Rodney ihr sagt, der Verlobungsring sei von einer Statue gestohlen worden. Sie und ihre Mutter vermuten hinter Rodneys merkwürdigem Verhalten eine andere Frau. Nachdem Venus erkannt hat, wer ihre Rivalin ist, benutzt sie ihre magischen Zauberkräfte, um Gloria an den Nordpol zu verbannen. Nun jedoch beschäftigt sich die Polizei mit Rodney und der lebendigen Venus, denn erstens wird im Museum eine Statue vermißt, die vermutlich von Rodney gestohlen wurde, und zweitens ist Rodneys Verlobte Gloria so spurlos verschwunden, daß man an einen Mord glaubt. Rodney und Venus landen im Gefängnis, und nur die magischen Fähigkeiten der Göttin ermöglichen es ihnen freizukommen. Venus läßt Gloria wiedererscheinen, um Rodney vom Mordverdacht zu befreien, aber dieser ist inzwischen ganz der Venus verfallen. Sie jedoch, plötzlich enttäuscht von der Aussicht, künftig nur die Ehefrau eines einfachen Friseurs zu sein, zieht es vor, wieder als Statue ins Museum zurückzukehren. Gloria kündigt ihre Verlobung mit Rodney auf. Den zieht es voller Liebeskummer zur Statue ins Museum, und dort trifft er auf eine junge Besucherin von verblüffender Ähnlichkeit mit der marmornen Venus. Die beiden finden Interesse aneinander und verlassen gemeinsam das Museum.

Anmerkung: »Venus« war die erste Starrolle der später berühmten Musical-Künstlerin Mary Martin. Ein Entwurf der Autorin Bella Spewack für dieses Musical sah für diese Rolle Marlene Dietrich vor, die jedoch ablehnte.

→ ADONIS / Musical
→ DIE SCHÖNE GALATHEE / Operette

Film:

One Touch of Venus
(Deutscher Titel: VENUS MACHT SEITENSPRÜNGE)
1948, USA – Universal, 82 Min.

Deutsche Erstaufführung: 1950
Veränderte Songs
Musik: Kurt Weill
Drehbuch: Harry Kurnitz, Frank Tashlin, nach dem gleichnamigen Musical

Personen und ihre Darsteller:

Venus, Goddess of Love/ Venus Jones	Ava Gardner (Gesangsstimme: Eileen Wilson)
Eddie Hatch	Robert Walker
Joe Grant	Dick Haymes
Molly Stewart	Eve Arden
Gloria Kramer	Olga San Juan
Whitfield Savory	Tom Conway
Corrigan	James Flavin
Mrs. Gogarty, Landlady	Sara Allgood
Mercury	Hugh Herbert
Dowager	Josephine Whittel
Counter Man	Phil Garris
Mr. Crust	George Meeker
Stammers	John Valentine
Taxi Driver	Ralph Peters
Newsboy	Pat Shade
Customer	Jack Davison

Detectives: George Lewis, Eddie Parker
Guests: Dick Gordon, Frances Mack
Reporters: Arthur O'Connell, Kenneth Patterson, Anne Nagel, Russ Conway, Jerry Marlowe, Ralph Brooks, Mary Benoit, Joan Miller
Girls and Citizens: Martha Montgomery, Yvette Reynard, Pat Parrish, Helen Francell, Harriet Bennett, Joel Friend, Bob McCord

Produzent: Lester Cowan
Choreographie: Billy Daniels
Regie: William A. Seiter

Songs und Musiknummern

Bühne:
New Art Is True Art; One Touch of Venus; How Much I Love You; I'm a Stranger Here Myself; Forty Minutes for Lunch; West Wind; Way Out West in Jersey; Foolish Heart; The Trouble With Women; Speak Low; Doctor Crippen; Very, Very, Very; Catch Hatch; That's Him; Wooden Wedding; Venus in Ozone Heights

Film:
Speak Low; The Trouble With Women; That's Him (Ogden Nash/T, Ann Ronell/T); My Week (Melodie entspricht »West Wind« aus der Bühnenversion/ Ann Ronell/T); Don't Look Now But My Heart Is Showing (Melodie entspricht »Foolish Heart« aus der Bühnenversion/Ann Ronell/T)

Schallplatten:
NY – Decca A 361, Decca DL 7–9122
F   – Kurt Weill in Hollywood KWH 10

Hinweis/Film:
Verfilmung der Erzählung »The Tinted Venus« (1885) von F. Anstey, der Vorlage des Musicals.

The Tinted Venus
Stummfilm 1921, Großbritannien – Hepworth, 5200 ft/1585 m (58 Min.)
Drehbuch: Blanche McIntosh, nach der gleichnamigen Erzählung von F. Anstey
Darsteller: Alma Taylor (Matilda Collum), George Dewhurst (Leander Tweddle), Maud Cressall (Venus), Eileen Dennes (Bella Parkinson), Hugh Clifton (Jauncey), Gwynne Herbert (Mrs. Collum), Mary Brough (Landlady)
Regie: Cecil M. Hepworth

ON THE TOWN
(Deutscher Titel: NEW YORK, NEW YORK)

Musik: Leonard Bernstein
Songtexte: Betty Comden, Adolph Green
Buch: Betty Comden, Adolph Green, nach einer Konzeption von Jerome Robbins in Anlehnung an sein Ballettwerk »Fancy Free« (1944)
Premiere in New York, Adelphi Theatre: 28. Dezember 1944

Personen und die Darsteller der Premiere:

Ivy Smith	Sono Osato
Hildy – Brunhilde Esterhazy	Nancy Walker
Claire de Loon	Betty Comden
Ozzi	Adolph Green
Gabey	John Battles

Chip Offenbloch	Cris Alexander	
Judge Pitkin	Robert Chisholm	
W. Bridgework		
The Great Lover	Ray Harrison	
Lucy Schmeeler	Alice Pearce	
Andy	Frank Westbrook	
Tom	Richard D'Arcy	
Flossie	Florence MacMichael	
Flossie's Friend	Marion Kohler	
Bill Poster	Larry Bolton	
Figment	Remo Bufano	
Maude P. Dilly	Susan Steell	
Bimmy	Robert Lorenz	
Workman	Marten Sameth	
2nd Workman	Frank Milton	
3rd Workman	Herbert Greene	
Sailor	Lyle Clark	
Little Old Lady	Maxine Arnold	
Policeman	Lonny Jackson	
2nd Policeman	Roger Treat	
S. Uperman	Milton Taubman	
Highschool Girl	Nellie Fisher	
Sailor in Blue	Richard D'Arcy	
Master of Ceremonies	Frank Milton	
Singer	Frances Cassard	
Waiter	Herbert Greene	
Spanish Singer	Jeanne Gordon	
Conductor	Herbert Greene	

Produzenten: Oliver Smith, Paul Feigay
Choreographie: Jerome Robbins
Regie: George Abbott
Ort: New York
Zeit: »Gegenwart« (1944)

Handlung: Seemannskomödie. Die drei Matrosen Gabey, Ozzi und Chip haben für 24 Stunden Landurlaub, wollen dabei New York kennenlernen und möglichst viel erleben. Schon bei der ersten U-Bahn-Fahrt verliebt sich Gabey in das Plakatbild von Ivy Smith, die zur »Miß U-Bahn des Monats« gewählt worden war. Die drei Matrosen machen sich auf, Ivy zu suchen. Jeder von ihnen verfolgt eine andere Spur. Chip lernt dabei in der Taxifahrerin Hildy eine Frau kennen, die gerade eine Aufmunterung braucht, weil ihr Chef, Mr. S. Uperman, sie entlassen hat. Ozzi trifft im Naturkunde-Museum

auf die Anthropologiestudentin Claire, die von ihm fasziniert ist, weil er auffallende Ähnlichkeit mit einem prähistorischen Menschen besitzt. Durch Unachtsamkeit bringen sie das riesige Skelett eines Dinosauriers zum Einsturz. In dem entstehenden Chaos gelingt es ihnen zu fliehen. Gabey hat mit der Suche nach seinem »Plakatmädchen« schließlich Erfolg; er findet Ivy, die als musikalisch begabt geschildert wurde, in einem Studienzimmer der Carnegie Hall beim Gesangsunterricht. Es gelingt ihm gerade noch, sich mit ihr für den Abend zu verabreden, da drängt die resolute Pädagogin Madame Dilly auf Fortsetzung der Lehrstunde und weist den Matrosen hinaus. Sie verhindert auch das vereinbarte Treffen, indem sie Ivy klarmacht, daß diese einen vertraglich festgelegten Auftritt bei einer Show auf Coney Island wegen des Honorars nicht absagen kann. Gabey wartet vergeblich auf sie am Times Square, doch stoßen seine beiden Kameraden mit den Mädchen Hildy und Claire zu ihm. Man beginnt gemeinsam einen Bummel durch Bars und Nightclubs, wobei Gabey plötzlich die ziemlich betrunkene Madame Dilly bemerkt. Es gelingt ihm, von ihr zu erfahren, wo Ivy steckt. Sofort macht er sich auf den Weg nach Coney Island zu einem Rummelplatz, wo er tatsächlich das Glück hat, Ivy im Ensemble einer Show zu entdecken. Die anderen folgen ihm, man trifft wieder zusammen, doch der kurze Landurlaub ist fast schon zu Ende. Nach 24 Stunden prallen Erlebens in der Weltstadt müssen die Matrosen wieder aufs Schiff zurück, herzlich verabschiedet von den Mädchen. Als die Seemänner an Bord gehen, verlassen gerade drei andere Matrosen das Schiff zu einem eintägigen Landgang, voller Spannung und freudiger Erwartung.

Deutschsprachige Erstaufführung:
9. September 1977, Theater im Pfalzbau, Ludwigshafen (Pfalztheater Kaiserslautern). Autoren: Rolf Merz, Gerhard Hagen

Film:
On the Town
(Deutscher Titel: HEUT' GEHN WIR BUM-
MELN)
1949, USA – Metro-Goldwyn-Mayer –
Technicolor, 98 Min.
Deutsche Erstaufführung: 1952
Veränderte Songs
Musik: Leonard Bernstein, Roger Edens
Songtexte: Betty Comden, Adolph Green
Drehbuch: Betty Comden, Adolph Green,
nach dem gleichnamigen Musical

Personen und ihre Darsteller:

Gabey	Gene Kelly
Chip	Frank Sinatra
Hildy – Brunhilde	Betty Garrett
Esterhazy	
Claire Huddesen	Ann Miller
Ozzie	Jules Munshin
Ivy Smith	Vera-Ellen
Madame Dilyovska	Florence Bates
Lucy Schmeeler	Alice Pearce
Professor	George Meader
Dock Worker	Bern Hoffman
Subway Passenger	Lester Dorr
François, Head-	Hans Conried
waiter	
Working Girl	Bea Benaderet
Sign Poster	Walter Baldwin
Photo Layout Man	Don Brodie
Spud	Sid Melton
Officer Tracy,	Tom Dugan
Car 44	
Officer, Car 44	Robert B. Williams
Cab Company	Murray Alper
Owner	
Redhead	Claire Carleton
Sailor Simpkins	Dick Wessel
Sailor	William »Bill«
	Phillips
Cop	Frank Hagney
Waiter	Eugene Borden
Dancer in Green	Carol Haney
(»A Day in New	
York«)	
Voice of a Sailor's	Judy Holiday
Date	

Produzent: Arthur Freed
Choreographie und Regie: Gene Kelly,
Stanley Donen

Auszeichnung: 1 Academy Award (Oscar) 1949: Musikgesamtwerk-Instrumentierung (Filmversion): Roger Edens, Lennie Hayton

Songs und Musiknummern

Bühne:
I Feel Like I'm Not Out of Bed Yet; New
York, New York; Miss Turnstiles; Come
Up to My Place; Carried Away; Lonely
Town; Do-Do-Re-Do/Carnegie Hall Pa-
vane; I Can Cook Too (Textmitarbeit:
Leonard Bernstein); Lucky to Be Me;
Times Squares (instr.); Night Club Se-
quence: So long, Baby / I Wish I Was
Dead; Ya Got Me; I Understand; Ima-
ginary Coney Island (instr.); Some Other
Time; The Real Coney Island (instr.)

Film:
*Die mit Zeichen ⊕ versehenen Titel ent-
stammen dem Bühnenwerk.*
I Feel Like I'm Not Out of Bed Yet ⊕;
New York, New York ⊕; Miss Turnstiles
(Ballett) ⊕; Come Up to My Place ⊕; Pre-
historic Man (Roger Edens/K); When
You Walk Down Mainstreet With Me
(Roger Edens/K); You're Awful (Roger
Edens/K); On the Town (Roger Edens/K);
Count On Me (Roger Edens/K); Pearl of
the Persian Sea (Roger Edens/K); That's
All There Is, Folks (Roger Edens/K);
A Day in New York (Ballett, Leonard
Bernstein/K)

Schallplatten:
L – CBS SAPG 60005
F – Show Biz 5603
St – (Mary Martin) Decca DL 8030,
(Dirigent: Leonard Bernstein) Co-
lumbia OL 5540/OS 2028, Columbia
CSP S 31005

Vorlage des Musicals:

Ballett: *Fancy Free* (Ein Akt)
Musik: Leonard Bernstein
Buch und Choreographie: Jerome Rob-
bins
Uraufführung: New York, American
Ballet Theatre/Metropolitan Opera:
18. April 1944

Solisten der Uraufführung: John Kriza, Harold Lang, Jerome Robbins, Muriel Bentley, Janet Reed, Shirley Eckl
Dirigent: Leonard Bernstein
Schallplatte: St – Varese VC 81055–A

Die Tanzschöpfung »Fancy Free« von Jerome Robbins über die Erlebnisse dreier Matrosen bei einem Tagesurlaub an Land geht zurück auf das

Ballett: *Les Matelots* (Ein Akt)
Musik: Georges Auric
Buch: Boris Kochno
Choreographie: Leonide Massine
Uraufführung: Paris, Théâtre de la Gaîté-Lyrique: 17. Juni 1925
Ausführende: Ballets Russe, in den Hauptrollen mit Wera Nemtschinowa, Lydia Sokolowa, Léon Woizikowskij

Hinweis: Bereits 1918 gab es in New York ein Musical mit dem Titel »Fancy Free«, das aber nichts mit dem gleichnamigen Ballett von Jerome Robbins zu tun hat.

ON YOUR TOES

Musik: Richard Rodgers
Songtexte: Lorenz Hart
Buch: Richard Rodgers, Lorenz Hart, George Abbott
Premiere in New York, Imperial Theatre: 11. April 1936

Personen und die Darsteller der Premiere:

Phil Dolan III.	Ray Bolger
Vera Barnova	Tamara Geva
Peggy Porterfield	Luella Gear
Sergei Alexandrovitch	Monty Woolley
Frankie Frayne	Doris Carson
Sidney Cohen	David Morris
Vassilli	Robert Sidney
Konstantine Morrosine	Demetrios Vilan
The Three Dolans, Vaudeville Dancers:	
Phil Dolan II.	Dave Jones
Lil Dolan	Ethel Hampton
Phil Dolan III. (Child)	Tyrone Kearney
Lola	Betty Jane Smith
Anushka	Mae Noble
Snoopy	William Wadsworth
Mishka	Valery Streshnev
Dimitri	Basil Galahoff
Leon	Harold Haskin
Singer	Earl MacVeigh
Waiter	William Baker
Stage Manager	Harry Peterson
Policeman	George Young

Thugs: Nick Dennis, Louise Walsh
Call Boys: Beau Tilden, Bob Long
Piano Duo: Edgar Fairchild, Adam Carroll

Produzent: Dwight Deere Wiman
Choreographie: George Balanchine
Regie: Worthington Miner, George Abbott
Ort und Zeit: Anfangs Kokomo, Indiana/USA – 1920, dann New York – »Gegenwart« (1936)

Handlung: Ballett-Krimi. Phil Dolan III., genannt Junior Dolan, hat schon als Kind das Tanzen gelernt, als er mit seinen Eltern in Vaudeville-Shows auftrat, so im Jahre 1920, wie anfangs vorgestellt wird. Inzwischen ist aus ihm ein Musiklehrer an der Knickerbocker Universität in New York geworden. Er ist befreundet mit der Studentin Frankie Frayne, die sich als Songschreiberin betätigt, doch seine große Liebe gilt noch immer dem Tanz. Als das berühmte Ensemble des Russen Sergei Alexandrovitch mit der klassischen Darbietung »La Princesse Zenobia« einen Reinfall erleidet, kann er die Gruppe für seine Idee gewinnen, ein modernes Jazz-Ballett des jungen Studenten Sidney Cohen, »Slaughter in Tenth Avenue«, herauszubringen. Während Phil Dolan noch dem Traum nachhängt, mit Frankie ein kleines Hotel zu eröffnen, fühlt er sich plötzlich zur Primaballerina Vera Barnova hingezogen. Als deren Partner und Liebhaber Konstantine Morrosine seine Rolle ablehnt, weil er die modernen Jazz-Rhythmen nicht tanzen kann, springt Phil für ihn ein, glücklich darüber, daß er die verführerische Vera dadurch in seine Arme nehmen kann. Sie

O

ON YOUR TOES | 367

benutzt ihn, um Morrosine eifersüchtig zu machen. Phil erkennt im Verlauf der Zusammenarbeit bei den Proben mit der Primaballerina, daß Frankie Frayne ihm mehr bedeutet. Von ihr, die durch Zufall von drohender Gefahr erfahren hat, erhält er kurz vor dem Auftritt die Warnung, der eifersüchtige Morrosine habe Killer angeheuert, die ihn auf offener Bühne erschießen sollen, voraussichtlich dann, wenn im Finale alle Orchesterinstrumente das Fortissimo anstimmen. Im Ballett »Slaughter on Tenth Avenue« (»Blutbad in der 10. Avenue«) hat Phil Dolan die Rolle eines Barbesuchers darzustellen, der sich die Stripperin des Etablissements zu einem privaten Tanz erwählt, sehr zum Ärger des Ganoven Big Boss. In der entstehenden Auseinandersetzung erschießt dieser seine Freundin, die Stripperin. Dem Tänzer gelingt es, dem Mörder die Pistole zu entreißen, und er tötet ihn damit. Nun ist er der Rache der Ganovenbande ausgesetzt. Für Phil verquicken sich während seines Auftritts Spiel und Wirklichkeit. Verzweifelt tanzt er, um den im Theater lauernden Killern keine Zielscheibe zu bieten. Dreimal veranlaßt er den Dirigenten, ein Musikteil zu wiederholen, damit er das Finale vermeiden kann. Fast am Ende seiner Kräfte, wird er endlich errettet, als Polizisten ins Theater eindringen und die Gangster festnehmen. Nun steigt das Bühnenfinale, an dessem Schluß Phil erschöpft zusammenbricht.

Anmerkung: Die Choreographie von George Balanchine, einem Meister des klassischen Balletts russischer Schule, setzte hier einen Markstein in der Geschichte des Musicals. Seitdem wird das Ballett bevorzugt in die Handlung integriert.

Auszeichnungen: 2 Antoinette Perry Awards (Tonys) 1983: Beste Produktion einer Wiederaufführung (Premiere: New York, 6. März 1983), Produzenten: Alfred De Liagre Jr., Roger L. Stevens, John Mauceri, Donald R. Seawell, André Pastoria / Weibliche Hauptrolle–Musical: Natalia Makarova

Deutsche Erstaufführung (in englischer Sprache): 16. September 1990, Theater im Forum, Ludwigsburg (Stuttgarter Ballett). Choreographie: Larry Fuller

Film:

On Your Toes
1939, USA – Warner Bros., 94 Min.
Veränderte Handlung/Ohne Songs, nur Ballettnummern
Musik: Richard Rodgers
Songtexte: Lorenz Hart
Drehbuch: Jerry Wald, Richard Macaulay, Sig Herzig, Lawrence Riley, nach dem gleichnamigen Musical

Personen und ihre Darsteller:

Vera	Vera Zorina
Phil Dolan Jr.	Eddie Albert
Sergei Alexandro-vitch	Alan Hale
Paddy Reilly	Frank McHugh
Phil Dolan Sr.	James Gleason
Ivan Boultonoff	Leonid Kinskey
Peggy Porterfield	Gloria Dickson
Mrs. Dolan	Queenie Smith
Konstantin Morrisine	Erik Rhodes
Donald Henderson	Berton Churchill
Phil as a Boy	Donald O'Connor
Vera as a Girl	Sarita Wooten
Bartender	Paul Hurst
Paviov	Alex Melesh

Produzenten: Robert Lord
Choreographie: George Balanchine
Regie: Ray Enright

Songs und Musiknummern

Bühne:
Two-a-Day for Keith; The Three B's; It's Got to Be Love; Too Good for the Average Man; There's a Small Hotel; The Heart Is Quicker Than the Eye; La Princesse Zenobia (instr./Ballett); Quiet Night; Glad to Be Unhappy; On Your Toes; Slaughter on Tenth Avenue (instr./Ballett)
In einer Neufassung 1954 hinzugefügt:
You Took Advantage of Me (Richard Rodgers/K, Lorenz Hart/T aus dem Musical »Present Arms« 1928)

Film:
La Princesse Zenobia (instr./Ballett);
Slaughter on Tenth Avenue (instr./Ballett)
Nur als Backgroundmusik verwendet:
There's a Small Hotel; Quiet Night; On Your Toes

Schallplatten:
NY   – (1954) Decca 9015, DRG Stet DS 15024, (1983) That's Entertainment TER 1063
St   – (Jack Cassidy, Portia Nelson) Columbia OL 7090/OS 2590
Video – (1992/Stuttgarter Ballett/Dokumentation, 30 Min.

Hinweis/Film:
Unter dem Titel »On Your Toes« erschien bereits 1927 ein amerikanischer Stummfilm, der mit dem späteren gleichnamigen Musical nichts zu tun hat.

PACIFIC OUVERTURES

Musik und Songtexte: Stephen Sondheim
Buch: John Weidman (mit Beiträgen von Hugh Wheeler)
Premiere in New York, Winter Garden: 11. Januar 1976

Personen und die Darsteller der Premiere:

Reciter/Shogun/ Jonathan Goble	Mako
Kayama	Isao Sato
Kayama's Wife/Samurai/Storyteller/ Swordsman	Soon-Teck Oh
Abe, First Councillor	Yuki Shimoda
Manjiro	Sab Shimono
Commodore Perry/ Servant	Haruki Fujimoto
Shogun's Mother/ Merchant/Observer/British Admiral	Alvin Ing
Second Councillor/ Old Man/French Admiral	James Dybas
Thief/Soothsayer/ Warrior/Russian Admiral/British Sailor/Samurai	Mark Hsu Syers
Shogun's Companion/Prostitute/ Dutch Admiral/ British Sailor	Patrick Kinser-Lau
Fisherman/Sumo Wrestler/Lord of the South	Jae Woo Lee
Kayama's Son/Prostitute/Noble/Priest/ British Sailor	Timm Fujii
Priest/Prostitute/Boy	Gedde Watanabe
Prostitute	Leslie Watanabe
Physician/Madam/ British Admiral	Ernest Harada
Shogun's Wife	Freda Foh Shen
Third Councillor/ Samurai's Daughter	Freddy Mao
Grandmother/Sumo Wrestler/Japanese Merchant	Conrad Yama
Adams/Noble/ Samurai	Ernest Abuba
Williams/Lord of the South	Larry Hama
Imperial Priest	Tom Matsusaka
Observer	Ricardo Tobia

ferner: Susan Kikuchi, Diane Lam, Kim Miyori, Kenneth S. Eiland, Joey Ginza, Tony Marinyo, Kevin Maung, Dingo Secretario, Fusako Yoshio, Genji Ito

Produzent: Harold Prince (mit Ruth Mitchell)
Choreographie: Patricia Birch
Regie: Harold Prince
Ort und Zeit: Japan 1853–1854: Am Hofe des regierenden Shogun / Hafenstadt Kanagawa / Am Hofe des Kaisers in Kyoto / Japanische Hafenstadt.
Japan 1976 (»Gegenwart«)

Handlung: Geschichtsbild: Die USA erzwingen die Aufgabe der Selbstisolation Japans. Japan verharrt in althergebrachten Traditionen, sein geheiligter Boden darf von Fremden nicht betreten werden. Sogar der schiffbrüchige Japaner Manjiro, der vor Jahren von einem amerikanischen Schiff gerettet worden war, seitdem »an einem Ort, genannt Massachusetts« lebte und nun in westlicher Kleidung zurückkehrt, ist unerwünscht und wird

verhaftet. Er berichtet aber, die Amerikaner seien entschlossen, nach Japan zu kommen. Seine Warnung ruft Bestürzung hervor. Tatsächlich nähern sich vier amerikanische Kriegsschiffe dem Hafen Kanagawa. Eiligst wird am Hofe des regierenden Shogun beraten, wie die Fremden ferngehalten werden können. Ein hoher Beamter, Kayama, soll mit dem amerikanischen Geschwader Kontakt aufnehmen; auch der Matrose Manjiro, der sich mit den Amerikanern verständigen kann, wird eingesetzt. Sie erfahren, daß Commodore Perry den Auftrag hat, Japans Öffnung zu erreichen, was mit dem Abschluß eines Handelsvertrages besiegelt werden soll. Perry habe Geschenke dabei, müsse aber notfalls von seinen Kanonen Gebrauch machen. In den japanischen Regierungskreisen ist man sich klar darüber, daß man verhandeln muß. Commodore Perry hat sechs Tage Zeit eingeräumt, dann will er mit einer Delegation an Land kommen. Die Japaner wenden eine List an, damit die Fremden nicht japanischen Boden betreten. Sie erbauen ein Tagungshaus und belegen von der Landungsstelle aus den Weg mit Reismatten. Die Verhandlungen finden statt, Commodore Perry ist mit dem Ergebnis zufrieden. Als die amerikanische Delegation wieder an Bord gegangen ist, verbrennen die Japaner das Tagungsgebäude und die Matten; die Erde ihrer Landes blieb unberührt. Sie frohlocken über ihr Geschick, das Land reingehalten zu haben, mit einem ihrer typischen Löwentänze, in dem Commodore Perry als Teufel dargestellt wird. Doch die Isolation ist gebrochen. Nun drängen die fremden Einflüsse ins Land. Nicht nur Amerikaner, auch Engländer, Franzosen, Holländer, Russen kommen.
Zehn Jahre sind vergangen. Aus dem Japaner Kayama ist ein Verehrer der westlichen Kultur geworden, Manjiro hingegen hat sich den alten Traditionen verpflichtet, fühlt sich als Samurai und verflucht das böse Fremde. Die Machthaber des Südens, verbündet mit vielen Samurais, erheben sich zur Rettung Japans.

Manjiro tötet Kayama als einen Verräter an den alten Sitten. Doch nun greift der Kaiser ein, der bisher nur eine Symbolfigur war. Er befiehlt, den Widerstand gegen das Fremde aufzugeben. Die Feudalherrschaft endet, das Inselreich geht seinen Weg in die moderne Welt. In der großen Schlußszene stellt sich das Japan der Gegenwart (1976) dar in einer Mischung aus alten Traditionen, moderner Industriegesellschaft und westlichem Lebensstil.

Anmerkung: »Pacific Ouvertures« behandelt die politische Unternehmung des amerikanischen Marine-Kommodore Matthew Calbright Perry 1853 in Japan. Sein Tagebuch zeichnet die historischen Vorgänge nach, als die amerikanische Seemacht die Japaner dazu zwang, Handelsbeziehungen zu akzeptieren und die 250 Jahre andauernde totale Isolation des Kaiserreichs zu beenden. Die bedrohliche Anwesenheit vier amerikanischer Kanonenboote vor dem Hafen Kanagawa brachte Japan den ersten Anstoß zum großen Wandlungsprozeß, der das Inselreich ungewöhnlich schnell ins 20. Jahrhundert überführte. Diese Umwälzung und der damit einhergehende Kulturschock sind Faktoren des Grundthemas von »Pacific Ouvertures«: der Preis des Fortschritts.
Es war die Absicht der Urheber und Produzenten, die Geschichte aus japanischer Sicht wiederzugeben unter Verwendung verschiedener Techniken und Bräuche aus der reichen Tradition des japanischen Theaters. Gerade weil das Geschehen mit dem Zusammenprall verschiedener Lebensweisen verbunden ist, präsentiert »Pacific Ouvertures« in Musik und Darstellung eine Zusammenfassung zweier Kulturen. Es ist ein Musical, von Amerikanern verfaßt, in Würdigung der Gefühle des traditionellen Japan. Die Rollen sind für Asiaten oder Künstler asiatischer Abstammung geschrieben. Unter Berücksichtigung der Tradition des Kabuki-Theaters werden weibliche Rollen von männlichen Schauspielern dargestellt,

mit Ausnahme des in der Gegenwart spielenden Finales. Ferner fungiert ein Erzähler als Berichterstatter, Erklärer und Moderator.

Auszeichnungen: 2 Antoinette Perry Awards (Tonys) 1976: Bühnenbild: Boris Aronson / Kostüme: Florence Klotz

Songs und Musiknummern

Bühne:
The Advantages of Floating in the Middle of the Sea; There Is No Other Way; Four Black Dragons; Chrysanthemum Tea; Poems; Welcome to Kanagawa; March to the Treaty House; Someone in a Tree; Lion Dance (instr./Ballett); Please Hello; A Bowler Hat; Pretty Lady; Next

Schallplatten:
NY – RCA ARL 1–1367
L – That's Entertainment TER 1151-2

PAINT YOUR WAGON

Musik: Frederick Loewe
Songtexte: Alan Jay Lerner
Buch: Alan Jay Lerner
Premiere in New York, Shubert Theatre: 12. November 1951

Personen und die Darsteller der Premiere:

Ben Rumson	James Barton
Jennifer Rumson	Olga San Juan
Julio Valveras	Tony Bavaar
Yvonne Sorel	Gemze de Lappe
Pete Billings	James Mitchell
Cherry	Kay Medford
Elizabeth Woodling	Marijane Maricle
Walt	Bert Matthews
Salem Trumbull	Ralph Bunker
Jasper	Ted Thurston
Steve Bullnack	Rufus Smith
Jake Whippany	Robert Penn
Mike Mooney	John Randolph
Doctor Newcomb	David Thomas
Sing Yuy	Tom Al
Lee Zen	Chun-Tao Cheng
Edgar Crocker	Richard Aherne
Sandy Twist	Jared Reed
Reuben Sloane	Gordon Dilworth
Jacob Woodling	Josh Wheeler
Sarah Woodling	Jan Sherwood
Dutchie	Bert Matthews
Carmellita	Lorraine Havercroft
Suzanne Duval	Mary Burr
Elsie	Gisella Svetlik
Raymond Janney	Gordon Dilworth
Rocky	James Tarbutton
Bill	Norman Weise
Jack	Delbert Anderson
Ed	Edgar Thompson
Johansen	John Anderson
Sam	Feodore Tedick

Miners, Fandangos: Gino Baldi, Edward Becker, Tamara Chapman, Jack Dabdoub, Joan Djerup, John Faulkner, Robert Flavelle, Katia Geleznova, Dorothy Hill, Stuart Hodes, Jean Holeese, Carmelita Lanza, Robert Morrow, Ilona Murai, Paul Olsen, Dick Price, Charlotte Ray, Mavis Ray, Frederick Schaeffen, John Schickling, John Schmidt, John Smolke, John Spach, Newton Sullivan

Produzent: Cheryl Crawford
Choreographie: Agnes de Mille
Regie: Daniel Mann
Ort: Goldsucherstadt »Rumson Town« im nördlichen Kalifornien/Nordamerika
Zeit: 1853

Handlung: Westernkomödie, Parodie auf den Goldrausch; Leben, Liebe, Schicksale in einer Westernstadt, Menschen im Goldfieber. Ben Rumson ist ein Sonderling, der es sich in den Kopf gesetzt hat, nach Gold zu suchen. Im noch unwirtlichen Kalifornien lebt er einsam mit seiner Tochter Jennifer. Sie ist es, die das Glück hat, beim Wasserholen im Fluß ein Stück Gold zu finden. Sehr schnell verbreitet sich die Nachricht von dem wertvollen Fund und lockt viele Goldsucher und Abenteurer herbei. Im Nu entsteht eine Western-Budenstadt, vom Goldrausch besessen. Ben Rumson fungiert als Bürgermeister, Sheriff, Anwalt und Richter in einer Person, ebenso, wie er ein Weiser mit der Whisky-Flasche ist. In dieser Stadt voller Männer, zu denen viele zweifelhafte Typen gehören, sieht Ben Rumson Gefahren für seine Tochter. Um sie vor dem rauhen Umgang zu bewahren, schickt er sie auf eine Schule im Osten. Jennifer geht, doch hat sie sich bereits in Julio Valveras, einen jungen Mexikaner von guter Herkunft, verliebt. Die Lage der einsamen Männer bessert sich durch die Ankunft einer Anzahl abenteuerlustiger Frauen und Tänzerinnen für den Saloon. Auch Ben Rumson findet eine Frau für sich, die er einem Mormonen bei einer Versteigerung abkauft. Während Jennifer im Osten ihre Ausbildung absolviert, verringern sich die Goldfunde in Rumson Town, und der Ort verliert an Bedeutung. Jennifer kehrt zurück, als ihr Vater im Sterben liegt. Mit ihm stirbt auch die Westernstadt. Was bleibt, ist Land für Ackerbau und Viehzucht. Jennifer, die auch die Sehnsucht nach Julio zurückgeführt hat, will sich zusammen mit ihm dieser Aufgabe widmen, zur Ehre ihres Vaters, der Rumson Town den Namen gegeben hatte.

Film:

Paint Your Wagon
(Deutscher Titel: WESTWÄRTS ZIEHT DER WIND)
1969, USA – Paramount – Panavision 70/Panavision/Technicolor, 166 Min.
Deutsche Erstaufführung: 1970
Teilweise veränderte Handlung, teilweise neue Songs.
Musik: Frederick Loewe, Andre Previn
Songtexte: Alan Jay Lerner
Drehbuch: Paddy Chayefsky, Alan Jay Lerner, nach dem gleichnamigen Musical

Personen und ihre Darsteller:

Ben Rumson	Lee Marvin
Elizabeth	Jean Seberg (Gesangsstimme: Anita Gordon)
Pardner	Clint Eastwood
Mad Jack Duncan	Ray Walston
Rotten Lucky Willie	Harve Presnell
The Parson	Alan Dreeben Dexter
Horton Fenty	Tom Ligon
Horace Tabor	William O'Connell
Haywood Holbrook	Ben Baker
Mary Fenty	Paula Trueman
Steve Bull	H. B. Haggerty
Ernest Clendennon Atwell	Patrick Hawley
	Robert Easton
Harry Foster	Geoffrey Norman
Joe Mooney	Terry Jenkins
Schermerhorn	Karl Bruck
John Fenty	Alan Baxter
Sarah Woodling	Sue Casey
Jacob Woodling	John Mitchum
Indian	Eddie Little Sky
Higgins	Harvey Parry
Wong	H. W. Gim
Hennessy	Roy Jenson
Clendennon	Pat Hawley
Frock-Coated Man	William Mims

ferner: The Nitty Gritty Dirt Band

Produzent: Alan Jay Lerner
Choreographie: Jack Baker
Regie: Joshua Logan

Songs und Musiknummern

Bühne:
I'm on My Way; Rumson Town; What's Going On Here?; I Talk to the Trees; Lonely Men Ballet (instr.); They Call the Wind Maria; I Still See Elisa; How Can I Wait?; Night Is Stealing Over/Trio; In Between; Whoop-Ti-Ay!; Carino Mio; There's a Coach Comin' In; Fandangos' Dance (instr.); Hand Me Down That Can o'Beans; Rope Dance (instr.); Can-Can (instr.); Another Autumn; Movin'; All for Him!; Wand'rin' Star; The Strike

Film:
Die mit Zeichen ⊕ versehenen Titel sind für den Film neu geschrieben worden (Andre Previn/K, Alan Jay Lerner/T).
I'm on My Way; I Talk to the Trees; They Call the Wind Maria; I Still See Elisa; Whoop-Ti-Ay!; Hand Me Down That Can o'Beans; There's a Coach Comin' In; Wand'rin' Star; Gold Fever ⊕; The First Thing You Know ⊕; A Million Miles Away Behind the Door ⊕; The Gospel of No Name City ⊕; The Best Things in Life Are Dirty ⊕

Schallplatten:
NY – RCA Victor LOC/LSO 1006, His
     Master's Voice CLP 1005
L – Columbia DB 3288/3289, That's
     Entertainment TER 1061
F – Paramount PMS 1001, MCA
     37099
St – (Jane Powell, Robert Merrill, Jan
     Peerce) RCA Victor LPM/LSP
     2274

THE PAJAMA GAME

Musik und Songtexte: Richard Adler,
Jerry Ross
Buch: George Abbott, Richard Bissell,
nach dem Roman »7½ Cents« (1953) von
Richard Bissell
Premiere in New York, St. James Theatre:
13. Mai 1954

Personen und die Darsteller der Premiere:
Sid Sorokin   John Raitt
Babe Williams   Janis Paige
Hines   Eddie Foy Jr.
Gladys   Carol Haney
Mabel   Reta Shaw
Prez   Stanley Prager
Joe   Ralph Farnsworth
Hasler   Ralph Dunn
Charlie   Ralph Chambers
Mae   Thelma Pelish
Brenda   Marion Colby
Poopsie   Rae Allen
Eddie   Jim Hutchison
Pop   William David
Salesman   Jack Waldron
Worker   Peter Gennaro
Helpers: Jack Drummond, Buzz Miller
Dancers: Carmen Alvarez, Marilyn Gennaro, Lida Koehring, Shirley MacLaine,
Marsha Reynolds, Ann Wallace, Robert
Evans, Eric Kristen, Jim Hutchinson,
Dale Moreda, Augustin Rodriguez, Ben
Vargas

Produzenten: Frederick Brisson, Robert
E. Griffith, Harold S. Prince
Choreographie: Bob Fosse
Regie: George Abbott, Jerome Robbins
Ort: »Cedar Rapids«, Iowa/USA
Zeit: »Gegenwart« (1954)

Handlung: Liebeskomödie vor dem Hintergrund gewerkschaftlicher Auseinandersetzungen in einer Fabrik. Sid Sorokin, neuer Betriebsleiter in einer Pyjamafabrik, ist vom Firmenchef Hasler beauftragt, Rationalisierungsmaßnahmen durchzusetzen. Er hat sich auch mit einem drohenden Streik und Kontroversen zu befassen, die daraus resultieren, daß den Arbeitern ein gewerkschaftlich geforderter Zuschlag von 7½ Cents nicht gewährt wird. Obwohl Sid bemüht ist zu vermitteln, gerät er in seiner Eigenschaft als Mitglied der Betriebsleitung in Konflikt mit Babe Williams, der Vorsitzenden der gewerkschaftlichen Kommission. Trotz ihrer gegensätzlichen Positionen verlieben sich beide ineinander. Das alljährliche Betriebsfest verläuft zwar in der üblichen guten Stimmung, doch schwelt der Konflikt weiter. Die oppositionelle Haltung der Arbeiterschaft führt Situationen herbei, die Sid als Sabotage werten muß. Erzürnt spricht er Entlassungen aus, wovon auch Babe betroffen ist. Sie kämpft weiter auf gewerkschaftlicher Seite. Sid leidet unter dem Zerwürfnis und ergreift die Initiative, um diesem Zustand abzuhelfen. Er folgt einem Verdacht und verschafft sich heimlich Einblick in die Geschäftsunterlagen des starrsinnigen Hasler. Seine Entdeckungen helfen ihm, sowohl den Streit in der Fabrik als auch den Zwist mit Babe beizulegen, indem er, nun auf Babes Seite, den Chef attackiert, weil er festgestellt hat, daß die verweigerte Lohnerhöhung längst in den Verkaufspreisen einkalkuliert worden ist.

Auszeichnungen: 6 Antoinette Perry Awards (Tonys) 1955: Bestes Musical / Herausragende Charakterrolle (weiblich)–Musical: Carol Haney / Produzenten–Musical: Frederick Brisson, Robert E. Griffith, Harold S. Prince / Buch–Musical: George Abbott, Richard Bissell / Komposition und Songtexte: Richard Adler, Jerry Ross / Choreographie: Bob Fosse

Deutschsprachige Erstaufführung unter dem Titel HERZ IM PYJAMA: 3. Dezember

1956, Hessisches Staatstheater, Wiesbaden. Autoren: Klaus-Günter Neumann, Helmut Zander

Anmerkung: Mit PAJAMA GAME gelang vielen Künstlern und Musicalschöpfern der Durchbruch zu späteren großen Erfolgen. Aus dem überwiegend jugendlichen Ensemble und dem Produktionsteam profilierten sich:
Richard Adler und Jerry Ross mit ihrem ersten dramatisch geformten Werk.
Robert E. Griffith und Harold S. Prince als neue Produzenten.
Bob Fosse als Choreograph.
Carol Haney als Star. Die Tänzerin und Tanzlehrerin war sieben Jahre lang bei M-G-M Assistentin von Gene Kelly gewesen und hatte als Tänzerin in verschiedenen Filmen mitgewirkt. Bob Fosse holte sie zum Broadway. Später war sie auch erfolgreich als Choreographin.
Shirley MacLaine. Die damals 20jährige Tänzerin aus dem Ballett wurde bei einer Vorstellung von Bob Fosse für die erkrankte Carol Haney eingesetzt. Der im Zuschauerraum anwesende Filmproduzent Hal Wallis war von ihrer Leistung so beeindruckt, daß er mit ihr einen Vertrag abschloß, der sie nach Hollywood und in den Starruhm führte.

→ *im folgenden Hinweis/Bühne:* SAY, DARLING/Musical

Film:

The Pajama Game
(Deutscher Titel: PICKNICK IM PYJAMA)
1957, USA – Warner Bros. – Warnerscope/Warnercolor, 101 Min.
Deutsche Erstaufführung: 1958
Musik und Songtexte: Richard Adler, Jerry Ross
Drehbuch: George Abbott, Richard Bissell, nach dem gleichnamigen Musical

Personen und ihre Darsteller:

Babe Williams – Katie	Doris Day
Sid Sorokin	John Raitt
Gladys Hotchkiss	Carol Haney
Vernon Hines	Eddie Foy Jr.
Mabel	Reta Shaw
Poopsie	Barbara Nichols
Mae	Thelma Pelish
Prez	Jack Straw
Hasler	Ralph Dunn
Charlie	Ralph Chambers
Salesman	Jack Waldron
First Helper	Jackie Kelk
Second Helper	Ralph Volkie
Brenda	Mary Stanton
Pop Williams	Franklyn Fox
Joe	William A. Forester
Holly	Kathy Marlowe
Otis	Otis Griffith
Tony, Headwaiter	Fred Villani
Waiter	Elmore Henderson
Max	Owen Martin

Workers: Buzz Miller, Kenneth LeRoy, Peter Gennaro

Produzenten: George Abbott, Stanley Donen
Choreographie: Bob Fosse
Regie: George Abbott, Stanley Donen

Songs und Musiknummern

Bühne:
The Pajama Game; Racing With the Clock; A New Town Is a Blue Town; I'm Not at All in Love; I'll Never Be Jealous Again; Hey There; Her Is; Sleep Tite; Once-a-Year Day; Small Talk; There Once Was a Man; Steam Heat; The World Around Us; Think of the Time I Save; Hernando's Hideaway; $7^{1}/_{2}$ Cents

Film:
The Pajama Game; Racing With the Clock; I'm Not at All in Love; I'll Never Be Jealous Again; Hey There; Once-a-Year Day; Small Talk; There Once Was a Man; Steam Heat; Hernando's Hideaway; $7^{1}/_{2}$ Cents
Nicht verwendet:
A New Town Is a Blue Town; Her Is; Think of the Time I Save

Schallplatten:
NY – Columbia OL 4840, Columbia S 32606
L – His Master's Voice CLP 1062
F – Columbia OL 5210
St – (Stephen Douglass, Dorothy Evans) Cadence 2055

Hinweis/Bühne:
Über seine Erlebnisse bei der Bühnenproduktion des Musicals THE PAJAMA GAME schrieb Autor Richard Bissell einen Roman (1957), betitelt »Say, Darling«. Mit Unterstützung seiner Frau Marian sowie dem Regisseur und Autor Abe Burrows gestaltete er daraus unter dem gleichen Titel ein Bühnenstück mit Musik (»Comedy about a musical – Komödie über ein Musical«). Die Darsteller imitierten die Schöpfer des Musicals THE PAJAMA GAME, so David Wayne – den Autor Richard Bissell, Johnny Desmond – eine Kombination des Songschreiberpaares Richard Adler und Jerry Ross, Robert Morse – den jungen Produzenten Harold Prince, Jerome Cowan – den Regisseur George Abbott, Viviane Blaine – einen Musical-Star.

Das Musical SAY, DARLING war mit 332 Aufführungen im ANTA Playhouse, New York, recht erfolgreich. (ANTA/d. i. American National Theater and Academy).

Say, Darling
Musik: Jule Styne
Songtexte: Betty Comden, Adolph Green
Buch: Richard Bissell, Marian Bissell, Abe Burrows, nach dem gleichnamigen Roman (1957) von Richard Bissell
Premiere in New York, ANTA Playhouse: 3. April 1958

Personen und die Darsteller der Premiere:

Jack Jordan	David Wayne
Irene Lovell	Vivian Blaine
Rudy Lorraine	Johnny Desmond
Richard Hackett	Jerome Cowan
Frankie Jordan	Constance Ford
Ted Snow	Robert Morse
Schatzie Harris	Horace McMahon
Boris Reshevsky	Matt Mattox
Rex Dexter	Mitchell Gregg
Earl Jorgeson	Elliott Gould
Charyl Merrill	Virginia Martin
Sammy Miles	Steve Condos
Mr. Schneider	Gordon B. Clarke
Ariane McKee	Wana Allison
Jennifer Stevenson	Jean Mattox
Morty Krebs	Walter Klavun
Joyce	Kelly Leigh
Tatiana	Jean Mattox
Photographer	Jack Naughton
Airline Pilot	Jack Manning
Secretary	Eileen Letchworth
Stage Manager	Robert Downing
Pianist	Colin Romoff
Accompanist	Peter Howard
Waiter	Jack Naughton

ferner: Marcella Dodge, Barbara Holt, Julie Marlowe, Carolyn Morris, Charles Morrell, Richard Tone, Calvin von Reinhold

Produzenten: Jule Styne, Lester Osterman
Choreographie: Matt Mattox
Regie: Abe Burrows
Ort: New Haven, Connecticut/USA
Zeit: »Gegenwart« (1958)

Handlung: Komödie im Theatermilieu. Bislang nur gewohnt im stillen und für sich zu arbeiten, gerät Autor Jack Jordan in die Hektik und die Turbulenzen einer Broadway-Produktion, als er einen von ihm verfaßten Roman zu einem Musical umgestalten soll. Vom Produzenten über Komponist und Regisseur bis zum exaltierten Star melden alle bei ihm Extrawünsche an, während die Show entsteht. Eifrig bemüht, es jedem recht zu machen, ist des Autors häusliche Ruhe dahin, und aus dem Umgang mit den verführerischen Schönen des Theaters erwachsen ihm Eheprobleme; seine Frau Frankie opponiert und ist auch der ganzen Rastlosigkeit überdrüssig. Nur mit nervenaufreibender Anstrengung gelingt es ihm, seine Arbeit abzuschließen und daneben auch seine Ehe zu retten.

Songs und Musiknummern:

Try to Love Me; It's Doom; The Husking Bee; It's the Second Time You Meet That Matters; Let the Lower Lights Be Burning; Chief of Love; Say, Darling; The Carnival Song; Dance Only With Me; Something's Always Happening On the River

Schallplatte:
NY – RCA Victor LOC/LSO 1045

PAL JOEY
(Deutscher Titel: DARLING JOE)

Musik: Richard Rodgers
Songtexte: Lorenz Hart
Buch: John O'Hara, nach seinen Kurzgeschichten in Briefform »Your Pal Joey«, erschienen 1938 in »The New Yorker«, als Buchveröffentlichung 1940
Premiere in New York, Ethel Barrymore Theatre: 25. Dezember 1940

Personen und die Darsteller der Premiere:
Vera Simpson   Vivienne Segal
Joey Evans   Gene Kelly
Gladys Bumps   June Havoc
Linda English   Leila Ernst
Ludlow Lowell   Jack Durant
Melba Snyder   Jean Casto
Victor   Van Johnson
Albert Doane   Stanley Donen
The Kid   Sondra Barrett
Stagehand   Jerome Whyte
Mike Spears   Robert J. Mulligan
Agnes   Diane Sinclair
Valerie   Amarilla Morris
Escort   Edison Rice
Terry   Jane Fraser
Ernest   John Clarke
Max   Averell Harris
Commissioner   James Lane
  O'Brien
The Tenor   Nelson Rae
Waiter   Dummy Spevlin
Assistant Hotel   Cliff Dunstan
  Manager
Special Dancer   Shirley Paige
Dancers: Claire Anderson, Alice Craig, Louise de Forest, Enez Early, Tilda Getze, Charlene Harkins, Janet Davis, Mildred Law, Olive Nicolson, Mildred Patterson, Dorothy Poplar, Mildred Solly, Jeanne Trybom, Marie Vanneman, Adrian Anthony, Milton Chisholm, Randolph Hughes, Richard Irving, Henning Irgens, Michael Moore, Albert Ruiz

Produzent: George Abbott
Choreographie: Robert Alton
Regie: George Abbott
Ort: Chicago
Zeit: Um 1938

Handlung: Charakterbild eines Egoisten – Seltener Fall eines negativen Helden im Musical. Joey Evans, Tänzer und Entertainer in einem zweitklassigen Nightclub, ist einerseits stets in Geldnöten, andererseits immer geneigt, Frauenbekanntschaften zu machen. Er entwickelt Charme und versteht es, seine angeblich bessere Herkunft so überzeugend darzustellen, daß er es schafft, damit zu imponieren. Als es ihm gelingt, nach anfänglicher Ablehnung doch die Zuneigung der nicht mehr jugendlichen, aber reich verheirateten Vera Simpson zu gewinnen, gibt er der jungen Linda English, deren Herz er gerade erobert hatte, den Laufpaß. Vera unterstützt ihn tatkräftig, richtet ihm ein Appartement ein und verspricht ihm auch einen eigenen Nightclub. Als sie merkt, daß er erneut mit Linda Kontakt aufnimmt, versucht sie telefonisch, durch ein paar Lügen die junge Nebenbuhlerin von ihm abzubringen. Linda aber bleibt unschlüssig. Der Nightclub »Chez Joey« wird eröffnet und verschafft Joey eine gewisse Popularität. Die Nightclub-Sängerin Gladys Bumps und der undurchsichtige Ludlow Lowell, der sich als Manager anbiedert, beschließen, die verheiratete Vera Simpson zu erpressen, indem sie ihr drohen wollen, ihren Ehemann von ihrer Liaison mit Pal Joey zu informieren. Zufällig belauscht Linda das Erpresserpaar. Sie wendet sich sofort an Vera Simpson, um sie zu warnen. Die beiden Frauen sprechen sich aus und werden sich klar über den unredlichen Charakter des Pal Joey. Der Erpressungsversuch wird vereitelt, doch findet auch Veras Zuneigung zu Pal Joey ein Ende. Ihm selbst ist nicht mehr danach zumute, sich wieder Linda zuzuwenden, da sie ihm bei seinen vorwiegend finanziellen Problemen nicht dienlich sein kann. Doch diesmal belügt er sich selbst und glaubt, eine große Karriere als Musical-Star in New York vor sich zu haben.

Anmerkung: Die Rolle des Joey Evans war die erste Hauptrolle für Gene Kelly. Eine *Neuinszenierung (Revival)* des Mu-

sicals im Jahre 1952 war erfolgreicher als die Produktion von 1940:
Premiere in New York, Broadhurst Theatre: 3. Januar 1952
Hauptrollen: Harold Lang (Joey Evans), Vivienne Segal (Vera Simpson), Helen Gallagher (Gladys Bumps), Patricia Northrop (Linda English), Lionel Stander (Ludlow Lowell), Elaine Stritch (Melba Synder), Robert Fortier (Victor), Helen Wood (The Kid)
Choreographie: Robert Alton
Regie: David Alexander, Robert Alton

Auszeichnungen: 3 Antoinette Perry Awards (Tonys) 1952: Weibliche Nebenrolle–Musical: Helen Gallagher / Choreographie: Robert Alton / Dirigent und Musikalische Leitung: Max Meth

Deutschsprachige Erstaufführung:
21. Oktober 1980, Theater der Stadt Essen (Opernhaus). Autor: Horst Königstein

Film:

Pal Joey
1957, USA – Columbia/Essex – George Sidney-Productions – Technicolor, 111 Min.
Deutsche Erstaufführung (Originaltitel): 1958
Nach San Francisco verlegte, leicht veränderte Handlung (Titelrolle nunmehr ein Sänger statt eines Tänzers), veränderte Songs.
Musik: Richard Rodgers
Songtexte: Lorenz Hart
Drehbuch: Dorothy Kingsley, nach dem gleichnamigen Musical

Personen und ihre Darsteller:

Vera Simpson	Rita Hayworth (Gesangsstimme: Jo Ann Greer)
Joey Evans	Frank Sinatra
Linda English	Kim Novak (Gesangsstimme: Trudy Erwin)
Gladys	Barbara Nichols
Ned Galvin	Bobby Sherwood
Mike Miggins	Hank Henry
Mrs. Casey	Elizabeth Patterson
Bartender	Robin Morse
Colonel Langley	Frank Wilcox
Mr. Forsythe	Pierre Watkin
Anderson	Barry Bernard
Carol	Ellie Kent
Sabrina	Mara McAfee
Patsy	Betty Utey
Lola	Bek Nelson
Detective	Tol Avery
Stanley	John Hubbard
Livingstone	James Seay
Policeman	Robert Anderson
Shorty	Henry McCann
Chef Tony	Ernesto Molinari
Girl	Genie Stone
Vera's Maid	Giselle D'Arc
Choreographer	Hermes Pan
Specialty Dance Double	Jean Corbett
Boy Friend	Robert Rietz
Red-Faced Man	Jules Davies
Hat Check Girl	Judy Dan
Heavy-Set Woman	Gail Bonney
Girl Friend	Cheryl Kubert
Army Captain	Raymond McWalters
Sailor	Bob Glenn
Secretary	Sue Boomer
Traveller's Aid	Helen Eliot
Bald Club Owner	Hermie Rose
Hot Dog Vendor	Jack Railey
Sidewalk Artist	Frank Wilimarth
Sidewalk Photographer	Howard Sigrist
Chinese Club Owner	Andrew Wong
Chinese Pianist	George Chan
Chinese Drummer	Allen Gin
Flower Lady	Jane Chung
Printer Salesman	Leon Alton
Waiter	Roberto Piperio

Pet Store Owners: Paul Cesari, Everett Glass
Tailors: Maurice Argent, Michael Ferris
Electricians: George Ford, Steve Benton
Headwaiters: Ramon Martinez, George Nardelli
Strippers: Bobbie Lee, Connie Graham, Bobbie Jean Henson, Edith Powell, Jo Ann Smith, Ilsa Ostroffsky, Rita Barrett
Barkers: Eddie Bartell, Albert Nalbandi-

an, Joseph Miksak, Sydney Chatton,
Frank Sully
Chinese Dancers: Barbara Yung, Pat
Lynn, Jean Nakaba, Elizabeth Fenton,
Lessie Lynne Wong, Nellie Gee Ching
Bits: Oliver Cross, Bess Flowers, Frank-
lyn Farnum

Produzent: Fred Kohlmar
Choreographie: Hermes Pan
Regie: George Sidney

Songs und Musiknummern

Bühne:
You Mustn't Kick It Around; I Could
Write a Book; Chicago (A Great Big
Town); That Terrific Rainbow; Love Is
My Friend (später textlich verändert:
What Is a Man?); Happy Hunting Horn;
Bewitched, Bothered and Bewildered;
Pal Joey; The Flower Garden of My
Heart; Zip; Plant You Now, Dig You La-
ter; In Our Little Den of Iniquiti; Do It
the Hard Way; Take Him; Tango Special-
ty (instr.)

Film:
Die mit Zeichen ⊕ versehenen Titel ent-
stammen dem Bühnenwerk.
That Terrific Rainbow ⊕; I Didn't Know
What Time It Was (aus dem Musical
»Too Many Girls« 1939); Do It the Hard
Way ⊕ (instr.); Great Big Town – San
Francisco ⊕; (verändert, die Handlung
des Films wurde nach San Francisco ver-
legt); There's a Small Hotel (aus dem Mu-
sical »On Your Toes« 1936); Zip ⊕;
I Could Write a Book ⊕; Bewitched,
Bothered and Bewildered ⊕; The Lady Is
a Tramp (aus dem Musical »Babes in
Arms« 1937); Plant You Now, Dig You
Later ⊕ (instr.); My Funny Valentine
(aus dem Musical »Babes in Arms« 1937);
You Mustn't Kick It Around ⊕ (instr.);
What Do I Care for a Dame? (neu hinzu-
gefügt) What Is a Man? ⊕

Schallplatten:
L   – (1980) That's Entertainment
      TER 1005
F   – Capitol W/SM 912, Capitol
      K 83127, Capitol 038 EVC 81447

St   – (NY/1952, zwei Versionen:)
       (Vivienne Segal, Harold Lang)
       Columbia ML/OL 4364, (Helen
       Gallagher, Patricia Northrop,
       Elaine Stritch) Capitol S 310

PANAMA HATTIE

Musik und Songtexte: Cole Porter
Buch: Herbert Fields, B. G. De Sylva
Premiere in New York, 46th Street Thea-
tre: 30. Oktober 1940

Personen und die Darsteller der Premiere:

Hattie Maloney	Ethel Merman
Nick Bullett	James Dunn
Florrie	Betty Hutton
Geraldine Bullett	Joan Carroll
Vivian Budd	Arthur Treacher
Leila Tree	Phyllis Brooks
Woozy Hogan	Rags Ragland
Skat Briggs	Pat Harrington
Windy Deegan	Frank Hyers
Chiquita	Nadine Gae
Mike	Jack Donahue
Mrs. Gonzalez	Chonchita
Bartender Mac	Eppy Pearson
Tim	Roger Gerry
Tom	Raymond Baine
Ted	Ted Daniels
Ty	Lipman Duckat
Mildred Hunter	Elaine Shepard
Kitty Belle	Ann Graham
Randolph	
Whitney Randolph	James Kelso
Fruit Peddler	Linda Griffith
First Stranger	Al Downing
Second Stranger	Frank De Ross

Singers: Janis Carter, Ann Graham, Mar-
guerite Benton, Vera Dean
Dancers: June Allyson, Irene Austin, Jane
Ball, Mimi Berry, Betsy Blair, Lucille
Bremer, Nancy Chaplin, Kathlyn Coul-
ter, Ronnie Cunningham, Marrianne
Crude, Doris Dowling, Vera-Ellen, Mi-
riam Franklyn, Marguerite James, Pat
Likely, Mary McDonald, Renee Russell,
Audrey Westphal, Jack Baker, Cliff
Ferre, Fred Nay, Harry Rogue, Jack Ri-
ley, Bill Skipper, Art Stanley, Carl Trees,
Don Weismuller

Produzent: B. G. De Sylva
Choreographie: Robert Alton
Regie: Edgar MacGregor
Ort: Panamakanalzone
Zeit: »Gegenwart« (1940)

Handlung: Liebesgeschichte um ein ungleiches Paar. Hattie Maloney, genannt »Panama Hattie«, betreibt die Tropical Shore Bar in der Panamakanalzone. Der stete Umgang mit rauhen Gesellen hat sie zu einer hartgesottenen, ruppigen Barbesitzerin werden lassen, die es liebt, sich grell und auffällig herauszuputzen. Sie bemüht sich jedoch um feinere Manieren, als sie Nick Bullett kennenlernt, Sohn einer besseren Familie aus Philadelphia, der als Schleuseninspektor in die Kanalzone entsandt worden ist. Nick Bullett ist geschieden und hat das Sorgerecht für seine achtjährige Tochter Geraldine, die noch in Philadelphia lebt. Nick und Hattie finden zueinander und wollen heiraten, aber Hattie fordert, daß Geraldine mit ihr als Stiefmutter einverstanden sein soll. Doch das Mädchen, nach Panama geholt, ist nicht angetan von Hatties derber Art und ihrer aufgeputzten Kleidung. Dennoch schließt sie Freundschaft mit Hattie, besonders als die verführerische Leila Tree ihrem Vater Nick heftig nachstellt. Endgültig entscheidet sich das Schicksal des Paares, als Hattie in der Bar zwei Spione belauscht, die ein Bombenattentat auf den Kanal beabsichtigen. Mit Hilfe der drei Seeleute Woozy, Skat und Windy gelingt es ihr, den Anschlag zu verhindern. Nick ist für die Rettung dankbar, und Geraldine hat inzwischen ihre Zuneigung zu Hattie entdeckt, so daß der Heirat nichts mehr im Wege steht.

Anmerkung: PANAMA HATTIE bot die erste große Starrolle für Ethel Merman. Das Musical wurde so sehr von ihrer Persönlichkeit und Darstellungskunst geprägt, daß der große Erfolg des Stückes ihr zuzuschreiben ist. Als Zweitbesetzung für Betty Hutton wußte June Allyson in einer einzigen Vorstellung die Aufmerksamkeit des Produzenten erringen, was ihr eine Rolle in »Best Foot Forward«

einbrachte und ihr den Weg zu späterem Starruhm öffnete.

Film:

Panama Hattie
1942, USA – Metro-Goldwyn-Mayer, 79 Min.
Veränderte Handlung, veränderte Songs.
Drehbuch: Jack McGowan, Wilkie Mahoney, nach dem gleichnamigen Musical

Personen und ihre Darsteller:

Hattie Maloney	Ann Sothern
»Red«	Red Skelton
»Rags«	Rags Ragland
»Rowdy«	Ben Blue
Dick Bullett	Dan Dailey Jr.
Geraldine Bullett	Jackie Horner
Leila Tree	Marsha Hunt
Jay Jerkins	Alan Mowbray
Florrie	Virginia O'Brien
Lucas Kefler	Carl Esmond
Admiral Tree	Pierre Watkin
Colonel John Briggs	Stanley Andrews
Bartender Mac	George Watts
Hans	Lucien Prival
Bruno	Duke York
Waiter	Joe Yule
Spy	Roger Moore
Guard	Max Wagner
Navel Policeman	Fred Graham
Shore Patrol	Grant Withers

ferner: Lena Horne, The Berry Brothers (James, Warren, Nyas), Carmen Amaya Dancers

Produzent: Arthur Freed
Choreographie: Danny Dare
Regie: Norman Z. McLeod

Songs und Musiknummern

Bühne:
Join It Right Again; Visit Panama; My Mother Would Love You; I've Still Got My Health; Fresh As a Daisy; Welcome to Jerry; Let's Be Buddies; I'm Throwing a Ball Tonight; I Detest a Fiesta; Who Would Have Dreamed?; Make It Another Old Fashioned, Please; All I've Got to Get Now Is My Man; You Said It; God Bless the Woman

Film:
Die mit Zeichen ⊕ versehenen Titel ent-
stammen dem Bühnenwerk.
Let's Be Buddies ⊕; Fresh As a Daisy ⊕;
I've Still Got My Health ⊕; Make It An-
other Old Fashioned, Please ⊕; Just One
of Those Things (Cole Porter/K u. T aus
dem Musical »Jubilee« 1935); Hattie from
Panama (Roger Edens); Good Neigh-
bours (Roger Edens); Did I Get Stinkin'
at the Club Savoy (Walter Donaldson/K,
E. Y. Harburg/T); The Son of a Gun Who
Picks On Uncle Sam (Burton Lane/K,
E. Y. Harburg/T); Berry Me Not (Phil
Moore); La Bumba Rhumba (Alex Hyde);
The Sping (Phil Moore, J. Le Gon); Hail,
Hail, the Gang's (Arthur Sullivan/K,
Theodore F. Morse / neuer Text von
»Come Friends Who Plough the Sea« aus
der Operette »The Pirates of Penzance«
1879); I'll Do Anything for You (Roger
Edens)
Nicht verwendet:
Stop Off in Panama (Roger Edens); Salo-
me (Roger Edens); Cookin' With Gas
(Roger Edens, Lenny Hayton)

Schallplatte:
St   – (TV 1954/Ethel Merman, Ray
   Middleton) Sandy Hook SH 2043

PETER PAN (I)

Musik und Songtexte: Leonard Bernstein
Buch: Das Märchenspiel »Peter Pan -or-
The Boy Who Wouldn't Grow Up«
(1904) von James Matthew Barrie
Premiere in New York, Imperial Theatre:
24. April 1950

Personen und die Darsteller der Premiere:

Peter Pan	Jean Arthur
Captain Hook/	Boris Karloff
Mr. Darling	
Mrs. Darling	Peg Hillias
Wendy	Marcia Henderson
John	Jack Dimond
Michael	Charles Taylor
Nana	Norman Shelly
Liza	Gloria Patrice
Tootles	Lee Barnett
Slightly	Richard Knox
Smee	Joe E. Marks
Tiger Lily	Gloria Patrice
Curly	Philip Hepburn
Nibs	Buzzy Martin
Starkey	David Kurlan
Jukes	Will Scholz
Cecco	Nehemiah Persoff
Mullins	Harry Allen
Noodler	John Dennis
Cookson	William Marshall
Whibbles	Vincent Beck
The Crocodile	Norman Shelly
Big Chief Panther	Ronnie Aul

Twins: Charles Brill, Edward Benjamin
Indians: Kenneth Davis, Norman De-
Joie, Loren Hightower, Jay Riley, Wil-
liam Sumner
Mermaids: Eleanor Winter, Stephanie
Augustine
Pirates: Kenneth Davis, William Sumner,
Jay Riley

Produzenten: Peter Lawrence, R. L. Ste-
vens
Flugeffekte: Kirby's Flying Ballet
Choreographie: Wendy Toye
Regie: John Burrell
Ort: London, sowie das märchenhafte
»Never-Never-Land« (»Niemalsland«)
Zeit: Um 1900

Handlung: Märchenspiel. Peter Pan, halb
Elfengestalt, halb Märchenwesen, ist ein
Junge, der fliegen kann. Oft hat er am
Fenster des Kinderzimmers der Familie
Darling gelauscht, wenn Gute-Nacht-Ge-
schichten erzählt wurden oder ein Wie-
genlied erklang. Eines Abends hatte Mrs.
Darling das Fenster so schnell geschlossen, daß Peter Pan beim fortfliegen seinen Schatten zurücklassen mußte. Um
ihn wiederzuerlangen, fliegt er vorsichtig
herbei und dringt ins Zimmer der schla-
fenden Kinder ein. Die kleine Glitzerfee
Tinker Bell begleitet ihn und hilft ihm suchen. Dabei erwachen die Kinder: Wendy, die älteste, und ihre Brüder John und
Michael. Sie staunen über die ungewöhnlichen Besucher, und Wendy gibt den
Schatten zurück, der in einer Schublade
aufbewahrt war. Nur Nana, die Neufund-

länder-Hündin, die als Kindermädchen fungiert, ist mißtrauisch. Peter Pan erzählt den Kindern, daß er aus dem »Niemalsland« kommt und der Anführer der »Verlorenen Jungen« ist, jener Unglücklichen, die unachtsamen Ammen aus dem Kinderwagen gefallen seien und nicht wiedergefunden wurden. Mädchen wären nicht dabei, berichtet Peter Pan, denn die seien klüger und würden nicht aus den Wagen fallen. Die Verlorenen Jungen aber sehnten sich nach einer Mutter, die ihnen Geschichten erzähle, wie es im Hause Darling üblich sei. So bittet er Wendy, mit ihm zu kommen und diese Stelle zu übernehmen. Wendy und ihre Brüder sind von der Aussicht begeistert, durch die Lüfte fliegen zu können wie Peter Pan. Ein bißchen Feenstaub von Tinker Bell ermöglicht es ihnen, sich in die Luft zu erheben, und sie schweben über London davon bis ins »Niemalsland«, einer exotischen Insel im Meer. Hier leben Indianer, mit denen Peter Pan und die Verlorenen Jungen sich auseinandersetzen müssen; das Meer beherrscht der grimmige Piratenkapitän Hook, der mit Peter Pan in ständiger Fehde liegt. Einmal schon hat ihm Peter Pan im Fechtkampf einen Arm abgeschlagen, den ein Krokodil zu fressen bekam. Seitdem trägt Hook eine Prothese mit einem gefährlichen Haken. Gerade hat Hook Tigerlilly, die Häuptlingstochter der Indianer, gefangengenommen, doch Peter Pan gelingt es, sie zu befreien, wodurch er die Freundschaft der Indianer gewinnt. Hook ist wütend und macht sich mit seiner Piratenbande auf, Peter Pan und seine Jungen zu vernichten. Tatsächlich gelingt es ihm, die Verlorenen Jungen und auch Wendy und ihre Brüder durch List in seine Gewalt zu bringen. Nur Peter Pan ist ihm entkommen. Der geht mit Entschlossenheit gegen Hook vor. Während die Piraten den Befehl ihres Kapitäns ausführen wollen, Wendy und die Kinder ins Meer zu stürzen, fliegt Peter Pan herbei, narrt die Piratenbande mit Gespensterspuk und kämpft schließlich mit Hook. Der wird besiegt, geht über Bord und fällt direkt in den Rachen des Krokodils, das bereits seinen Arm verschlungen hatte und seitdem auf den Rest wartete. Wendy und ihre Brüder haben Heimweh. Peter Pan führt sie zurück, und die Verlorenen Jungen begleiten sie. Mr. Darling wird sich ihrer annehmen. Nur Peter Pan möchte sein abenteuerliches Jungenleben nicht aufgeben. Traurig trennt sich Wendy von ihm, der kein Interesse daran hat, erwachsen zu werden.

Anmerkung: Das seit 1904 immer wieder erfolgreich gespielte Märchenstück »Peter Pan« wurde vom Autor im Verlauf der Jahre teilweise geringfügig abgeändert mit Motiven und Passagen aus seiner Romanfassung »Peter und Wendy« (1911), so z. B., daß Peter Pan zurückkehrt, als Wendy erwachsen und verheiratet ist, und nun ihre Tochter mitnimmt ins »Niemalsland«.

Songs und Musiknummern

Bühne:
Who Am I?; My House/auch: Build My House; Peter, Peter; The Pirate Song; The Plank; Never Land

Schallplatte:
NY – Columbia ML/OL 4312 (mit Dialog)

PETER PAN (II)

Musik: Mark Charlap, Jule Styne
Songtexte: Carolyn Leigh, Betty Comden, Adolph Green
Buch: Das Märchenspiel »Peter Pan« -or-The Boy Who Wouldn't Grow Up« (1904) von James Matthew Barrie
Premiere in New York, Winter Garden: 20. Oktober 1954
(TV-Sendung live: 7. März 1955 – NBC/Producer's Showcase)

Personen und die Darsteller der Premiere:

Peter Pan	Mary Martin
Captain Hook/	Cyril Ritchard
Mr. Darling	
Mrs. Darling	Margalo Gillmore
Wendy	Kathy Nolan

John	Robert Harrington
Michael	Joseph Stafford
Nana	Norman Shelly
Liza	Heller Halliday
Slightly	David Bean
Smee	Joe E. Marks
Tiger Lily	Sondra Lee
Crocodile	Norman Shelly
Starkey	Robert Vanselow
Tootles	Ian Tucker
Curly	Stanley Stenner
Nibs	Paris Theodore
Lion	Richard Wyatt
Kangaroo	Don Lurio
	(Carle Erbele/TV)
Ostrich	Joan Tewkesbury
Noodler	Frank Lindsay
Mullins	James White
Cecco	Robert Tucker
	(Richard Winter/TV)
Wendy, grown-up	Sallie Brophy
(erwachsen)	(Ann Connolly/TV)
Jane	Kathy Nolan
Jukes	William Burke
	(Frank Bouley/TV)

Twins: Alan Sutherland, (Jackie Scholle/TV), Darryl Duran
Pirates: Robert Tucker, Frank Lindsay, James White, William Burke, Frank Marasco, Chester Fisher, John Newton, Paul Taylor, Arthur Tookoyan, Robert Vanselow, Richard Winter
Indians: Robert Banas, Don Lurio, Robert Piper, William Sumner, Richard Wyatt, Linda Dangcil, Lisa Lang, Susanne Luckey, Joan Tewkesbury

Produzenten: Richard Halliday, Edwin Lester
Flugeffekte: Joseph Kirby, Peter Foy
Regie: Jerome Robbins
Ort: London sowie das märchenhafte »Never-Never-Land«
Zeit: Vor 1900

Handlung – siehe PETER PAN (I)

Auszeichnungen: 3 Antoinette Perry Awards (Tonys) 1955: Weibliche Hauptrolle: Mary Martin / Männliche Hauptrolle: Cyril Ritchard / Bühnentechnik: Richard Rodda

Anmerkung: Die TV-Sendung vom 7. März 1955 gehört zu Amerikas legendären Fernsehereignissen. Mehr als 65 Millionen Zuschauer wurden geschätzt. Die Produktion ist ein Jahr später aufgezeichnet worden.

Deutschsprachige Erstaufführung (Originaltitel): 21. Dezember 1984, Theater des Westens, Berlin. Autoren: Erika Gesell, Christian Severin

Songs und Musiknummern

Bühne:
Komponisten und Songtexter gemäß nachfolgenden Zeichen:
⊕ *Musik: Mark Charlap/Songtexte: Carolyn Leigh*
⊕⊕ *Musik: Jule Styne/Songtexte: Betty Comden, Adolph Green*
Tender Shepherd ⊕; I've Gotta Crow ⊕; Never Never Land (Neverland Waltz) ⊕⊕; I'm Flying ⊕; Pirate Song ⊕; A Princely Scheme (Hook's Tango) ⊕; Indians! ⊕; Wendy ⊕⊕; I Won't Grow Up ⊕; Mysterious Lady ⊕⊕; Ugg-a-Wugg ⊕⊕; The Pw-Wow-Polka ⊕⊕; Distant Melody ⊕⊕; To the Ship (Tarantella) ⊕; Captain Hook's Waltz ⊕⊕; The Battle ⊕

Schallplatten:
NY – RCA Victor LOC/LSO 1019,
RCA Victor 3762-2-RG (Voice of Tinker Bell: Jaye Rubanoff)

Vorlage der Musicals PETER PAN *(I/II):*

Märchenspiel: *Peter Pan -or- The Boy Who Wouldn't Grow Up*
Buch: James Matthew Barrie
Uraufführung: London, Duke of York's Theatre: 27. Dezember 1904
Darsteller: Nina Boucicault (Peter Pan), Gerald du Maurier (Captain Hook/Mr. Darling), Hilda Trevelyan (Wendy), George Hersee (John), Winifred Geoghegan (Michael), Arthur Lupino (Nana), Dorothea Baird (Mrs. Darling), Joan Burnett (Tootles), Christine Silver (Nibs), A. W. Baskcomb (Slithly), Alice Dubarry (Curly), Pauline Chase and Phyllis Beadon (Twins), George Shelton (Smee), Sydney Harcourt (Starkey), Charles Trevor

(Cookson), Hubert Willis (Mullins), Frederick Annerley (Cecco), James English (Jukes), John Kelt (Noodler), Gerald Malvern (First Pirate), J. Grahame (Second Pirate), S. Spencer (Black Pirate), Philip Darwin (Panther), Miriam Nesbitt (Tiger Lily), Ela Q. May (Liza), Gladys Henson (Ostrich), Ganker and Lawton (Crocodile)
Bühnenmusik: John Crook
Produzent: Charles Frohman
Regie: Dion Boucicault
Deutschsprachige Erstaufführung unter dem Titel PETER PAN: 21. April 1952, Theater am Brunnenhof, München. Autor: Erich Kästner

Anmerkung: Die literarische Gestalt des »Peter Pan« erschien zuerst in einer Geschichte des Märchenspiels »The Little White Bird« (London, 1902) von James Matthew Barrie. Nach dem Erfolg seines Märchenspiels »Peter Pan« (1904) schrieb er die Erzählung »Peter Pan in Kensington Garden« (1906) (deutsch: »Peter Pan im Waldpark«) und ein einaktiges Märchenspiel »When Wendy Grew Up – An Afterthought« (London, 1908). 1911 erschien in einer überarbeiteten und erweiterten Version die «Peter Pan«-Geschichte als Märchenerzählung unter dem Titel »Peter and Wendy« (deutsch: »Peter und Wendy«).

Hinweis/Film:
Verfilmungen des Märchenspiels »Peter Pan«, von James M. Barrie, der Vorlage des Musicals.

Peter Pan
Stummfilm/1924, USA – Paramount/Famous Players-Lasky, 9593 ft/2924 m (107 Min.)
Deutsche Erstaufführung (Originaltitel): 1925
Drehbuch: Willis Goldbeck, nach dem gleichnamigen Märchenspiel von James M. Barrie
Darsteller: Betty Bronson (Peter Pan), Ernest Torrence (Captain Hook), Jack Murphy (John), Mary Brian (Wendy), Philippe De Lacey (Michael), George Ali

(Nana, the Dog), Cyril Chadwick (Mr. Darling), Esther Ralston (Mrs. Darling), Anna May Wong (Tiger Lily), Virginia Brown Faire (Tinker Bell)
Produzenten: Adolph Zukor, Jesse L. Lasky
Regie: Herbert Brenon

Peter Pan
1953, USA – RKO Pictures/Walt Disney Productions – Technicolor, 76 Min.
Deutsche Erstaufführung (Originaltitel): 1953
Zeichentrickfilm
Drehbuch: Ted Sears, Bill Peet, Joe Rinaldi, Erdman Penner, Winston Hibler, Milt Banta, Ralph Wright, nach dem gleichnamigen Märchenspiel von James M. Barrie
Stimmen der Figuren: Bobby Driscoll (Peter Pan), Kathryn Beaumont (Wendy Darling), Hans Conried (Captain Hook/Mr. Darling), Bill Thompson (Mr. Smee), Heather Angel (Mrs. Darling), Paul Collins (Michael Darling), Tommy Luske (John Darling), Candy Candido (Indian Chief), Tom Conway (Narrator), Don Barclay, Roland Dupree
Leitende Trickzeichner: Milt Kahl, Franklin Thomas, Wolfgang Reitherman, Ward Kimball, Eric Larson, Oliver Johnston Jr., Marc Davis, John Lounsberg, Les Clark, Norman Ferguson
Produzent: Walt Disney
Regie: Hamilton Luske, Clyde Geronimi, Wilfred Jackson
Songs:
You Can Fly (Sammy Fain/K, Sammy Cahn/T); A Pirate's Life (Oliver Wallace/K, Erdman Penner/T); Tee-Dum, Tee-Dee (Following the Leader) (Oliver Wallace/K, Winston Hibler/T, Ted Sears/T); What Made the Red Man Red? (Sammy Fain/K, Sammy Cahn/T); Your Mother and Mine (Sammy Fain/K, Sammy Cahn/T); The Elegant Captain Hook (Sammy Fain/K, Sammy Cahn/T); Never Smile at a Crocodile (Frank Churchill/K, Jack Lawrence/T)
Schallplatten: Disneyland 1206, Disneyland ST 3910, (D) Disneyland 0056.513

Hook
1991, USA – Tri-Star/Amblin Entertainment – Panavision/Color DeLuxe, 144 Min.
Deutsche Erstaufführung (Originaltitel): 1992
Handlung: Neue Abenteuer des »Peter Pan«: Als Erwachsener verwandelt er sich noch einmal zurück in den fliegenden Jungen, um seine Kinder in Neverland aus den Fängen des ewig rachsüchtigen Piratenkapitäns Hook zu befreien.
Drehbuch: Jim V. Hart, Malia Scotch Marmo, nach einer Story von Jim V. Hart und Nick Castle, unter Verwendung von Figuren und Motiven aus dem Märchenspiel »Peter Pan« und anderen Werken von James M. Barrie
Darsteller: Dustin Hoffman (Captain Hook), Robin Williams (Peter Banning/Peter Pan), Julia Roberts (Tinkerbell), Bob Hoskins (Smee), Maggie Smith (Granny Wendy), Caroline Goodall (Moira), Charlie Korsmo (Jack), Amber Scott (Maggie), Laurel Cronin (Liza), Phil Collins (Inspector Good), Arthur Malet (Tootles), Isaiah Robinson (Pockets), Jasen Fisher (Ace), Dante Basco (Rufio), Raushan Hammond (Thud Butt), James Madio (Don't Ask), Thomas Tulak (Too Small), Alex Zuckerman (Latchboy), Ahmad Stoner (No Nap), Scott Williamson (Coach), Geoff Lower (Brad), Don S. Davis (Dr. Fields), Cameron Thor (Ron), Brad Blumenthal (Jim), Stuart White (Chauffeur), Don McLeod (Actor/Shadow), David Crosby (Tickles), Nick Tate (Noodler), Tony Burton (Bill Jukes), Glenn Close (Gutless), Nick Ullett (Pirate Jailer), Ray Tveden (Man in Shop), Kelly Rowan (Peter's Mother), Matthew Van Ginkel (Baby Peter), Maxwell Hoffman (Peter, 5 Years Old), Ryan Francis (Young Peter), Jewel Newlander Hubbard (Peter Pan in School Performance), Rebecca Hoffman (Jane in School Performance), Jeannine Renshaw (Teacher), Gwyneth Paltrow (Young Wendy), Jeannine Wagner (Piano Player)
(Lost Boys): Bogdan Georghe, Adam McNatt, Rene Gonzalez Jr., Brian Willis, Brett Willis
(Lost Boys in School Performance): Francesca Serrano, Andre Bollinger, Bryce Armstrong, Alyson Healing, Kevin Gasca, Lauren Friedler-Gow, Margie Takeda, Zoe Koehler
(Mermaids): Stephanie Furst, Shannon Marie Kies, Regina Russell
(Baseball Players): Wayne Aten, Michael Hirshenson, Jacob Hoffman
(Whores): Kim O'Kelley, Randi Pareira, Beverly Polcyn, Mary Bond Davis
(Secretaries): Brenda Isaacs, Jan Cobler, Ruth De Sosa
(Pirates): Kim Robillard, Mike Runyard, Gary Epper
(Puppeteers): Rick Lazzarini, Mark Bryan Wilson
Produzenten: Kathleen Kennedy, Frank Marshall, Gerald R. Molen
Choreographie: Vince Paterson
Regie: Stephen Spielberg

Hinweis/Fernsehen:
Das Märchenspiel »Peter Pan« wurde in einer bemerkenswerten Fernsehproduktion erneut zu einem Musical gestaltet:

Peter Pan
(TV) 1975, Großbritannien – ATV Network Production – Color, 100 Min. (TV)
Erstsendung: 20. Februar 1975
Deutsche Erstaufführung: 26. Dezember 1976 (TV/ZDF)
Musik und Songtexte: Leslie Bricusse, Anthony Newley
Buch: Jack Burns, Andrew Birkin, nach dem Märchenspiel von James M. Barrie
Darsteller: Mia Farrow (Peter Pan), Danny Kaye (Captain James Hook/Mr. George Darling), Virginia McKenna (Mrs. Mary Darling), Paula Kelly (Tiger Lily), Briony McRoberts (Wendy), Ian Sharrock (John), Adam Stafford (Michael), Joe Melia (Starkey), Peter O'Farrell (Nana), Tony Sympson (Smee), Nicky Lindhurst (Tootles), Jerome Watts (Slightly), Adam Richens (Nibs), Michael Deeks (Curly), Simon and Andrew Mooney (Twins), Jill Gascoine (Older Wendy), Linsey Baxter (Jane)

(Pirates): Oscar James, George Harris, Michael Crane, Max Latimer, Fred Evans, Peppi Borza
Narrator: Sir John Gielgud
Einleitungslied gesungen von Julie Andrews
Produzent: Gary Smith
Flugeffekte: Kirby's
Regie: Dwight Hemion
Songs:
Once Upon a Bedtime; I'm Better With You; They Don't Make 'em Like Me Any More; I'll Teach You to Fly; Never Never Land; Love Is a House; If I Could Build a World of My Own; Pretending; Mothers; Growing Up; By Hook or By Crook; The Rotter's Hall of Fame; Friedly Light, Burning Bright; Peter Pan

Anmerkung: Seit der erfolgreichen Uraufführung des Märchenspiels »Peter Pan« 1904 haben im englisch-amerikanischen Theater bedeutende Schauspielerinnen die Titelrolle verkörpert: Nina Boucicault, Mary Mayfren, Cecilia Loftus, Beatrice Terry, Maude Adams, Pauline Chase, Madge Titheradge, Unity More, Fay Compton, Faith Celli, Georgette Cohan, Edna Best, Joan MacLean, Gladys Cooper, Marilyn Miller, Dorothy Dickson, Jean Forbes-Robertson, Eva Le Gallienne, Marion Clayton, Nova Pilbeam, Elsa Lanchester, Anna Neagle, Barbara Mullen, Ann Todd, Glynis Johns, Frances Day, Celia Lipton, Mary Morris, Phyllis Calvert, Joan Hopkins, Margaret Lockwood, Jean Arthur, Veronica Lake, Brenda Bruce, Pat Kirkwood, Mary Martin, Barbara Kelly, Janette Scott, Julia Lockwood, Dawn Addams, Sylvia Syms, Betsy Palmer, Millicent Martin, Wendy Craig, Hayley Mills, Dorothy Tutin, Susan Hampshire, Sandy Duncan. In Deutschland: Gertrud Kückelmann (1952), Ute Lemper (1984)

THE PHANTOM OF THE OPERA
(Deutscher Titel: DAS PHANTOM DER OPER)

Musik: Andrew Lloyd Webber

Songtexte: Charles Hart, Richard Stilgoe
Buch: Richard Stilgoe, Andrew Lloyd Webber, nach dem Roman »Le fantôme de l'opéra« (1910) (deutsch: »Das Phantom der Oper«) von Gaston Leroux
Premiere in London, Her Majesty's Theatre: 9. Oktober 1986
Premiere in New York, Majestic Theatre: 26. Januar 1988

Personen und die Darsteller der Premieren London (L), New York (NY):

The Phantom of the Opera	Michael Crawford (L/NY)
Christine Daaé	Sarah Brightman (L/NY)
Raoul, Vicomte de Chagny	Steve Barton (L/NY)
Monsieur Firmin	John Savident (L) Nicholas Wyman (NY)
Monsieur André	David Firth (L) Cris Groenendaal (NY)
Carlotta Giudicelli	Rosemary Ashe (L) Judy Kaye (NY)
Madame Giry	Mary Millar (L) Leila Martin (NY)
Ubaldo Piangi	John Aron (L) David Romano (NY)
Monsieur Reyer	Paul Arden Griffith (L) Peter Kevoian (NY)
Auctioneer	Barry Clark (L) Richard Warren Pugh (NY)
Porter/Marksman	David De Van (L) Jeff Keller (NY)
Meg Giry	Janet Devenish (L) Elisa Heinsohn (NY)
Monsieur Lefèvre	David Jackson (L) Kenneth Waller (NY)
Don Attilio (»Il Muto«)/Passarino	James Patterson (L) George Lee Andrews (NY)
Madame Firmin	Patricia Richards (L) Beth McVey (NY)

Joseph Buquet — Janos Kurucz (L) / Phillip Steele (NY)

Flunky/Stagehand — Justin Church (L) / Barry McNabb (NY)

Policeman — Mostyn Evans (L) / Charles Rule (NY)

Porter/Fireman — Andrew Golder (L) / William Scott Brown (NY)

Pages (in »Don Juan Triumphant«) — Sue Flannery, Janet Howd (L) / Olga Talyn, Candace Rogers-Adler (NY)

Innkeeper's Wife (in »Don Juan Triumphant«) — Jill Washington (L) / Jan Horvath (NY)

Slave Master (in »Hannibal«) — Peter Bishop (L) / Luis Perez (NY)

Princess (in »Hannibal«) — Maria Kesselman (L) / Rebecca Luker (NY)

Wardrobe Mistress/Confidante (in »Il Muto«) — Peggy Ann Jones (L) / Mary Leigh Stahl (NY)

The Ballet Chorus of the Opera Populaire: *(London)* Sally Ashfield, Lynn Jezzard, Nicola Keen, Patricia Merrin, Naomi Tate, Alison Townsend, Dinah Jones (Ballet Swing); *(New York)* Irne Cho, Nicole Fosse, Lisa Lockwood, Lori MacPherson, Dodie Pettit, Catherine Ulissey, Denny Berry (Ballet Swing) und Frank Mastrone, Alba Quezada

Produzenten: Cameron Mackintosh, The Really Useful Theatre Company Ltd. (L/NY)
Choreographie: Gillian Lynne (L/NY)
Regie: Harold Prince (L/NY)
Ort: Paris
Zeit: 1861

Handlung: Kriminal- und Gruselgeschichte; Musical-Version des erfolgreichen Romans, der auch durch Verfilmungen bekannt ist. In den weitläufigen, mehrere Stockwerke umfassenden unterirdischen Gewölben und Verliesen der Pariser Oper treibt ein Phantom sein Unwesen, das vor Erpressungen und Untaten nicht zurückschreckt, um der jungen begabten Sängerin Christine Daaé den Durchbruch zum Opernstar zu ermöglichen – es läßt sogar den großen, schweren Kronleuchter von der Decke stürzen. Sowohl der Graf Raoul de Chagny, der Christine liebt, als auch die Pariser Polizei versuchen, das Phantom zu stellen und Licht in das Dunkel seiner Machenschaften zu bringen. Nur Christine macht, gezwungenermaßen, Bekanntschaft mit dem maskierten Unbekannten, als er sie in die Katakomben der Oper entführt und ihr seine Liebe gesteht. Christine gelingt es, dem Phantom die Maske herunterzureißen, und sie erblickt fassungslos ein abscheulich entstelltes Gesicht – die Folgen einer Verletzung. Obwohl sie die Untaten des Verbrechers, in dessen Gewalt sie sich befindet, verabscheut, regt sich Mitleid in ihr. Auf der beharrlichen Jagd nach dem Phantom, dessen Identität sich allmählich entschleiert, und in der Entschlossenheit, Christine zu befreien, gelangen die Verfolger ins geheimsvolle Labyrinth der Oper und zu einem unterirdischen See. Unversehens geraten sie in raffiniert angelegte Fallen des Phantoms, denen sie nur mit knapper Not entrinnen können. Eine beabsichtigte Sprengung des ganzen Operngebäudes durch das Phantom kann Christine gerade noch verhindern, bevor ihre Befreiung gelingt und der Unhold von seinen Verfolgern in die Enge getrieben wird. Mit einem letzten Trick entschwindet das Phantom und entzieht sich so der irdischen Gerechtigkeit.

Auszeichnungen: 7 Antoinette Perry Awards (Tonys) 1988: Bestes Musical / Männliche Hauptrolle–Musical: Michael Crawford / Weibliche Nebenrolle–Musical: Judy Kaye / Regie–Musical: Harold Prince / Bühnenbild: Maria Björnson / Kostüme: Maria Björnson / Lichtgestaltung: Andrew Bridge

Deutschsprachige Erstaufführung:
20. Dezember 1988, Theater an der Wien, Wien. Autor: Michael Kunze

Songs und Musiknummern

Bühne:
Think of Me; Angel of Music; Little Lotte/The Mirror; The Phantom of the Opera; The Music of the Night; I Remember/Stranger Than You Dreamt It; Magical Lasso; Notes / Prima Donna; Poor Fool, He Makes Me Laugh; Why Have You Brought Me Here/Raoul, I've Been There; All I Ask of You; Masquerade/ Why So Silent; Notes/Twisted Every Way; Wishing You Were Somehow Here Again; Wandering Child/Bravo, Bravo; The Point of No Return; Down Once More/Track Down This Murderer

Schallplatten:
L   – Polydor 831273–831275, Polydor 831563
D/B – (Wien) Polydor 839206, (Hamburg) Polydor 847514

Hinweis/Bühne:
Der Roman »Le fantôme de l'opéra« von Gaston Leroux diente auch anderen Urhebern als Vorlage für Musicals.

Musical: *The Phantom of the Opera*
Musik: (diverse/siehe Songs)
Songtexte: Ken Hill
Buch: Ken Hill, nach dem Roman »Le fantôme de l'opéra« von Gaston Leroux
Premiere in London-Stratford, Royal Theatre: 7. Mai 1984
(Neufassung einer früheren Produktion von Ken Hill – Lancaster/England: 6. Juli 1976)
Songs (neue Texte zu Liedern aus Opern und Operetten):
Welcome, Sir, I'm So Delighted (»Jamais, foi de Cicerone« aus »La vie Parisienne« von Jacques Offenbach); Accursed Be All Ye Thoughts (»Maudites soyez-vous« aus »Faust/Margarete« von Charles Gounod); How Dare She! (»O inferno! Amelia qui!« aus »Simon Boccanegra« von Giuseppe Verdi); Late Last Night I'm in the Cellars (»Son lo spirito che nega sempre« aus »Mefistofele« von Arrigo Boito); Love Has Gone, Never Returning (»Elle e fui, la Tourterelle« aus »Les contes d'Hoffmann« von Jacques Offen-

bach); Floating High (»Je crois entrendre encore« aus »Le pécheurs de perles« von Georges Bizet); She Says She's Got the Nodules (»A Paris nous arrivons en masse« aus »La vie Parisienne« von Jacques Offenbach); What Do I See? (»Que vois-je là?« aus »Faust/Margarete« von Charles Gounod); To Pain My Heart Selfishly Dooms Me (»Hélàs, mon coeur« aus »Les contes d'Hoffmann« von Jacques Offenbach); Ah, Do I Hear Thee Once Again? (»Ah! C'est la voix« aus »Faust/Margarete« von Charles Gounod); No Sign, I See No Sign (»Du weißt, daß meine Frist schier abgelaufen ist« aus »Der Freischütz« von Carl Maria von Weber und »Re dell'abisso afrettati« aus »Un ballo in maschera« von Giuseppe Verdi); Somewhere Above the Sun Shines Bright (»Non so le tetre immagini« aus »Il corsaro« von Giuseppe Verdi); Born With a Monstrous Countenance (»Mentre gonfiarsi l'anima« aus »Attila« von Giuseppe Verdi); What an Awful Way to Perish (»Chi mi frena in tal momento« aus »Lucia di Lammermoor« von Gaetano Donizetti); Ne'er Forsake Me, Here Remain (»Avant de quitter ces lieux« aus »Faust/Margarete« von Charles Gounod); He Will Not Go Without a Friend (»Alla vita è sempre ugual« aus »Don Giovanni« von Wolfgang Amadeus Mozart)

Musical: *The Phantom of the Opera* -or- *The Passage of Christine*
Musik: David Bishop
Songtexte: Kathleen Masterson
Buch: Kathleen Masterson, nach dem Roman »Le fantôme de l'opéra« von Gaston Leroux
Capital Repertory Company / Regie: Peter Clough
Uraufführung: Albany/New York State – USA, Market Theatre: 19. April 1986

Musical: *Phantom*
Musik und Songtexte: Maury Yeston
Buch: Arthur Kopit, nach dem Roman »Le fantôme de l'opéra« von Gaston Leroux
Uraufführung: Houston/Texas – USA, Theatre Under the Stars: 25. Januar 1991

Deutschsprachige Erstaufführung (Originaltitel/Songs in englisch): 1. Oktober 1992, Stadttheater Rüsselsheim. Autoren (Dialoge): Annette Lehmann, Knut Lehmann

Hinweis/Film:
Verfilmungen des Romans »Le fantôme de l'opéra« von Gaston Leroux.

The Phantom of the Opera
(Deutscher Titel: DAS PHANTOM DER OPER)
Stummfilm 1925, USA – Universal – Teile in zweifarbigem Technicolor, 94 Min.
Deutsche Erstaufführung: 1925 Filmklassiker
Drehbuch: Raymond Schrock, Elliott J. Clawson, nach dem Roman »Le fantôme de l'opéra« von Gaston Leroux
Darsteller: Lon Chaney (Erik, the Phantom), Mary Philbin (Christine Daaé), Norman Kerry (Raoul de Chagny), Arthur Edmund Carew/auch: Carewe (Ledoux), Gibson Gowland (Simon Buquet), John Sainpolis (Philippe de Chagny), Snitz Edwards (Florine Papillon), Virginia Pearson (Carlotta), Edith Yorke (Mama Valerius), Anton Vaverka (Prompter), Bernard Siegel (Joseph Buquet), Olive Ann Alcorn (La Sorelli), Cesare Gravina (Manager), George B. Williams (Ricard), Bruce Covington (Moncharmin), Edwar Cecil (Faust), Alexander Bevani (Mephistopheles), John Miljan (Valentin), Grace Marvin (Martha), Ward Crane (Count Ruboff), Chester Conklin (Orderly), William Tryoler (Director of Opera Orchestra)
Produzent: Carl Laemmle
Regie: Rupert Julian (mit Edward Sedgwick)
Anmerkung: In zweifarbigem Technicolor gedreht sind die Maskenball-Szene, in der Lon Chaney (Phantom) als »Roter Tod« erscheint, und die Opernszenen aus Gounods »Faust« mit Mary Philbin (Sängerin Christine Daaé)
1929 wurde von diesem Film eine *Tonfassung* hergestellt und herausgebracht. Dazu wurden Musik und Geräusche unterlegt, neue Dialogteile mit Mary Philbin (Christine Daaé) und Norman Kerry (Raoul de Chagny) produziert und die Szenen der Oper »Faust« gesanglich ergänzt – jedoch nicht mit der Stimme von Mary Philbin. Die Szenen mit John Miljan (Valentin) wurden herausgeschnitten, ebenso wie die mit John Sainpolis, die durch Neuaufnahmen mit Edward Martindel (Philippe de Chagny) ersetzt wurden. Dialoge der Tonfassung: Frank McCormack/Regie: Ernst Laemmle.
Der Film »The Phantom of the Opera« gilt als Klassiker des Horror-Films und machte den Schauspieler Lon Chaney (Sr.), der 1923 in einem amerikanischen Film bereits den »Glöckner von Notre Dame« verkörpert hatte, als »Mann der tausend Gesichter« weltbekannt. Hollywood ehrte den Künstler mit der Verfilmung seiner Lebensgeschichte: »Man of A Thousand Faces« (Universal-International 1957). Titelrolle: James Cagney/Regie: Joseph Pevney.

The Phantom of the Opera
(Deutscher Titel: DAS PHANTOM DER OPER)
1943, USA – Universal – Technicolor, 92 Min.
Deutsche Erstaufführung: 1950 Veränderte Handlung
Drehbuch: Eric Taylor, Samuel Hoffenstein, auf der Basis des Romans »Le fantôme de l'opéra« von Gaston Leroux, in der Übersetzung von John Jacoby
Darsteller: Einige Rollenbezeichnungen werden unterschiedlich angegeben, hier mit »bzw.« genannt.
Claude Rains (Enrique Claudin, the Phantom), Susanna Foster (Christine Dubois/bzw. DuBois), Nelson Eddy (Anatole Garron/bzw. Carron), Edgar Barrier (Raoul de Chagny/bzw. Raoul Dabert), Leo Carrillo (Signor Ferretti, Singing Teacher), Jane Farrar (Biancarolli), J. Edward Bromberg (Amiot/bzw. Amoit), Fritz Feld (Lecours/bzw. Lacours), Frank Puglia (Villeneuve), Steven Geray (Vercheres), Barbara Everest (Aunt), Hume Cronyn (Gérad), Fritz Leiber (Franz Liszt), Nicki Andre/d.i. Nicole Andre

(Lorenzi/bzw. Russian Princess), Gladys Blake (Jennie/bzw. Jeanne), Hans Herbert (Marcel), Kate Lawson (Marie/bzw. Landlady), Walter Stahl (Dr. Lefours), Miles Mander (Pleyel), Paul Marion (Desjardines/bzw. Desjardins), Elvira Curci (Biancarolli's Maid), Rosina Galli (Christine's Maid), Belle Mitchell (Ferretti's Maid), Renee Carson (Georgette, Pleyel's Girl Friend/bzw. Pleyel's Secretary), Beatrice Roberts (Nurse), Marek Windheim (Renfrit), Ernest Golm (Office Manager), John Walsh (Office Boy), Cyril Delevanti (Bookkeeper), Alphonse Martell (Policeman), Edward Clark (Usher) (»Martha« Singers): Tudor Williams, Anthony Marlow
(Reporters): Muni Seroff, Dick Bartell, Jim Mitchell, Wheaton Chambers
(Stagehands): William Desmond, Hank Mann
Produzent: George Waggner
Regie: Arthur Lupin
Opernszenen: (Film-Libretti: George Waggner/Regie: William Von Wymetal, Lester Horton):
»Laßt mich euch fragen«/»Mag der Himmel euch vergeben« aus »Martha« von Friedrich von Flotow; »L'amour et gloire«, nach Musik von Frédéric Chopin; »Le prince masque de la Caucasie«, nach Themen der Sinfonie Nr. 4 f-Moll von Peter Tschaikowski; »Grand Polonaise«/»Nocturne in E-Flat«/»Waltz in G-Minor« von Frédéric Chopin (Französische Texte: William Von Wymetal); »Lullaby of the Bells« (Edward Ward/K, George Waggner/T)
Auszeichnungen: 2 Academy Awards (Oscars) 1943: Kamera-Farbe: Hal Mohr, W. Howard Greene / Ausstattung-Szenenbild-Farbe: Alexander Golitzen und John B. Goodman, Russell A. Gausman und Ira S. Webb

El Fantasma de la Opereta

1961, Mexiko – Produciones Brooks/ Peliculas Nacionales, 90 Min.
Film-Komödie in Musical-Art, veränderte, ins Groteske übersteigerte Handlung
Drehbuch: Alfredo Ruanova, frei nach

Motiven des Romans »Le fantôme de l'opéra« von Gaston Leroux
Darsteller: Tin-Tan, Ana Luisa Peluffo, Marcello Chavez, Vitola, Antonio Brillas, Julian de Meriche, Armando Saenz, Eduardo Alcaraz, Luis Aldas
Regie: Fernando Cortes

Phantom of the Opera

(Deutscher Titel: DAS RÄTSEL DER UNHEIMLICHEN MASKE)
1962, Großbritannien – Hammer Film Productions/Universal – Technicolor, 90 Min.
Deutsche Erstaufführung: 1962
Veränderte und ins Londoner Opernhaus verlegte Handlung
Drehbuch: John Elder, frei nach Motiven des Romans »Le fantôme de l'opéra« von Gaston Leroux
Darsteller: Herbert Lom (Professor Petrie/The Phantom), Heather Sears/Gesangsstimme: Patricia Clark (Christine Charles), Edward De Souza (Harry Hunter), Michael Gough (Lord Ambrose D'Arcy), Thorley Walters (Lattimer), Martin Miller (Rossi), Ian Wilson (Dwarf), John Harvey (Vickers), Harold Goodwin (Bill), Liane Aukin (Maria), Renee Houston (Mrs. Tucker), Miles Malleson (Philosophical Cabby), Michael Ripper (Longfaced Cabby), Miriam Karlin (Charwoman), Marne Maitland (Xavier), Sonya Cordeau (Yvonne), Patrick Troughton (Rat Catcher), Leila Forde (Teresa), Geoffrey L'Oise (Frenchman), Liam Redmond
Produzent: Anthony Hinds
Regie: Terence Fisher

Phantom of the Paradise

(Deutscher Titel: DAS PHANTOM IM PARADIES)
1974, USA – 20th Century-Fox/Harbor Productions – Movielab Color, 91 Min.
Deutsche Erstaufführung: 1975
Parodistisch veränderte, mit dem Faust-Motiv verknüpfte und in einen Musikpalast »Paradise« verlegte Handlung. Moderne Rockpop-Version.
Musik und Songtexte: Paul Williams, George Aliceson Tipton

Drehbuch: Brian De Palma, frei nach Motiven des Romans »Le fantôme de l'opéra« von Gaston Leroux
Darsteller: William Finley (Winslow Leach, a Young Composer/The Phantom), Paul Williams (Swan, Rock Impresario), Jessica Harper (Phoenix, a Young Singer), Gerrit Graham (Beef, Rock Star), George Memmoli (Philbin), Gene Gross (Warden), Henry Calvert (Nightwatchman), Keith Allison (Country and Western Singer), Bobby Birkenfeld (Guy), Sherri Adeline (Girl in Ticket Line), Carol O'Leary (Betty Lou), William Shephard (Rock Freak)
(Singing Group »The Juicy Fruits«, »The Beach Bums«, »The Undeads«): Jeffrey Comanor, Archie Hahn, Harold Oblong
(Stagehands): Ken Carpenter, Sam Forney
(Surfgirls): Leslie Brewer, Celia Derr, Linda Larimer, Roseanne Romine
(Dancers): Nydia Amagas, Sara Ballantine, Kristi Bird, Cathy Buttner, Linda Cox, Jane Deford, Bibi Hansen, Robin Jeep, Deen Summers, Judy Washington, Susan Weiser
(Singing Twins): Janet and Jean Savarino
(Reporters): William Donovan, Scott Lane, Dennis Olivieri, Adam Wade
(Black Singers): Sandy Cotton and Friends
(Back-up Singers): Nancy Moses, Diana Walden
(Mini-Boppers): Marty Bongfeld, Coleen Crudden, Bridgett Dunn
(Winslow's Doubles): Andrew Epper, Jim Lovelett
(Swan's Doubles): Steven Richmond, James Gambino
Produzent: Edward R. Pressman
Choreographie: Harold Oblong, William Shephard
Regie: Brian De Palma
Songs:
Goodbye, Eddie, Goodbye; Faust; Upholstery; Special to Me; Old Souls; Somebody Super Like You; Life at Last; The Hell of It; The Phantom's Theme (Beauty and the Beast)
Schallplatte: A & M 88910

Phantom of the Opera
(TV) 1983, USA – CBS/Robert Halmi Productions – Color, 120 Min. (TV)
Erstsendung: 29. Januar 1983
Drehbuch: Sherman Yellen, nach dem Roman »Le fantôme de l'opéra« von Gaston Leroux
Darsteller: Maximilian Schell (Sandor Korvin/The Phantom), Jane Seymour (Elena Korvin/Maria Gianelli), Michael York (Michael Hartnell), Jeremy Kemp (Baron Hunyadi), Diana Quick (Brigida Bianchi), Philip Stone (Oscar Kraus), Paul Brooke (Police Inspector), Andras Miko (Balas), Gellert Raksanyi (Lajos), Laszlo Nemeth (Tony), Jeno Kiss (Fodor), Laszlo Sos (Willi), Denes Ujlaky (Footman of Hunyadi), Terez Bod (1st Cleaning Lady), Agnes David (2nd Cleaning Lady), Sandor Halmagyi (Clerk), Lajos Mezey (Stage Manager), Sandor Deki Lakatos (Gypsy Violinist), Pal Kovacs (Faust), Ferenc Begalyi (Mephisto), Nora Nemeth (Ilona)
Produzent: Robert Halmy Sr.
Regie: Robert Markowitz

Phantom of the Opera
(Deutscher Titel: PHANTOM DER OPER)
1989, USA – Menahem Golan/21st Film – Color, 95 Min.
Deutsche Erstaufführung: 1990
Veränderte, ins moderne New Yorker Musicalgeschehen am Broadway verlegte Handlung.
Drehbuch: Duke Sandefur, nach einer Vorlage von Gerry O'Hara, frei nach Motiven des Romans »Le fantôme de l'opéra« von Gaston Leroux
Darsteller: Robert Englund (Phantom), Jill Schoelen (Christine), Alex Hyde-White (Richard), Bill Nighy (Barton), Stephanie Lawrence (Carlotta), Nathan Lewis (Davis), Terence Harvey (Hawking), Molly Shannon (Meg, New York), Emma Rawson (Meg, London)
Produzent: Harry Alan Towers
Regie: Dwight H. Little

Das Phantom der Oper
(TV) 1990, Internationale Co-Produktion: Deutschland/Großbritannien/Frank-

reich/Italien/Österreich – Hexatel/Saban-Scherick/Starcom/TF 1/Reteitalia/Beta-Film/ORF/BR – Color, 180 Min. (TV) *Deutsche Erstaufführung:* 1991 (TV/ARD-BR, in zwei Teilen) *Drehbuch:* Arthur Kopit, nach dem Roman »Le fantôme de l'opéra« von Gaston Leroux *Darsteller:* Charles Dance (Erik, das Phantom), Teri Polo (Christine Daaé), Burt Lancaster (Gérard Carrière, Operndirektor), Adam Storke (Graf de Chagny), Jan Richardson (Cholet), Andrea Ferréol (Carlotta), Jean-Pierre Cassel (Ledoux), Jean Rougerie (Jean-Claude), Andre Chauneau (Buquet), Marie-Therese Orain (Madame Giry), Marie-Christine Robert (Flora), Marie Lenoir (Florence), Anne Roumanoff (Fleure), Michele Lagrance, Gerard Garino, Helia T'Hezan, Anne-Julia Goddet, Frankie Pain, Frederic Darie Opernsänger: Jean Dupouy (Faust/Alfredo), Jaques Mars (Mephisto/Oroyeso) Das Orchester der ungarischen Staatsoper *Regie:* Tony Richardson *Anmerkung:* Enthalten sind Ausschnitte aus »Faust«, Musik: Charles Gounod, »Norma«, Musik: Vincenzo Bellini, »La Traviata«, Musik: Giuseppe Verdi

PINS AND NEEDLES

Musik und Songtexte: Harold Rome *Buch (Sketsche):* Charles Friedman, Arthur Arent, Marc Blitzstein u. a. *Premiere* in New York, Labor Stage: 27. November 1937

Darsteller: Laien-Spielgruppe, Mitglieder der »International Ladies' Garment Workers' Union (ILGWU)« *Bei der Premiere:* Millie Weitz, Ruth Rubinstein, Al Levy, Lynne Jaffee, Nettie Harary, Al Eben, Hy Goldstein, Murray Modick, Paul Seymour. Musikalische Begleitung an zwei Pianos: Baldwin Bergersen, Harold Rome

Produzent: Labor Stage Inc. (ILGWU)

Choreographie: Benjamin Zemach, Gluck Sandor *Regie:* Charles Friedman

Handlung: Gewerkschaftliche Kabarett-Revue mit satirisch-ironischen Songs und Szenen über Innen- und Weltpolitik sowie über Alltagsleben, Liebe und Probleme der Werktätigen, speziell der Schneiderinnen in der Bekleidungsindustrie. (Inhaltliche Angaben siehe Anmerkung und Musik).

Anmerkung: »Pins and Needles« entstand auf Initiative des ILGWU-Gewerkschaftsführers Louis Schaffer, der auch Harold Rome für dessen erste Broadway-Arbeit verpflichtete. Das kabarettistische Programm war zunächst nur für eine befristete Spieldauer an einigen Wochenenden vorgesehen, wurde im ehemaligen »Princess Theatre«, das nun den Namen »Labor Stage« trug, herausgebracht und von Angehörigen der Gewerkschaft (Schneiderinnen, Weber, Maschinisten) für die Mitglieder gestaltet. Bald jedoch fand die satirische Revue in der Öffentlichkeit so große Resonanz, daß sie fortgeführt wurde und schließlich einen außergewöhnlichen Theatererfolg erzielte. Trotz seiner gewerkschaftlichen Grundtendenz war es in seinen Aussagen allgemeingültig und zielte humorvoll, neben einigen Themen aus der Gewerkschaftsbewegung selbst, auf Reaktionäre, Fanatiker, Scheinheilige, Kriegstreiber, Nazis, Faschisten, Kommunisten und Rassisten. Während der Laufzeit über mehrere Jahre hinweg wurde die Kabarett-Revue oftmals verändert und aktuellen Ereignissen angepaßt. Im April 1939 änderte sich der Titel in »Pins and Needles 1939«; es folgten »Pins and Needles 1940« und schließlich »New Pins and Needles«. Im Juni 1939 wechselte die Show von der Labor Stage ins Windsor Theatre. Es zeichneten ab Mai 1938 als Regisseur Robert Gordon und als Choreographin Adele Jerome, ab April 1939 als Choreographin Felicia Josel; ab November 1939 waren die Sketche von Joseph Schrank. Mitwirkende 1939: Ruth

Elbaum, Ella Gerber, Dorothy Harrison, Harry Clark, Al Eben, Berni Gould, Al Levy. Die 1962 zum 25. Jahrestag der Premiere erschienene Langspielplatte (Columbia OL 5810/OS 2210), die unter der persönlichen Leitung des Komponisten Harold Rome entstand, beinhaltet diverse Songs aus der Laufzeit des Musicals. Die Mitwirkenden der Schallplatte sind: Rose Marie Junn, Barbra Streisand, Jack Carroll, Harold Rome, Alan Sokoloff.

Songs

Bühne:
Sunday in the Park – Arbeiters bescheidenes Sonntagsvergnügen im (für ihn) grünen Paradies des New Yorker Central-Parks (geschrieben als spöttisches Gegenstück zu Irving Berlins eleganter »Easter Parade«).
Sing Me a Song With Social Significance – Ironischer Unheile-Welt-Song.
Doing the Reactionary – Spottlied auf den Kapitalismus.
Nobody Makes a Pass at Me – Klagelied eines Mädchens, das alle in der Radio-Werbung angepriesenen männerbetörenden Kosmetika ausprobiert hat – ohne Erfolg.
Four Little Angels of Peace – Eine (damals noch relativ harmlose) Parodie auf imperialistische Eroberungsgelüste: Hitler (Österreich), Mussolino (Abessinien), Hirohito (China), der britische Außenminister Eden bzw. Premierminister Chamberlain (Südafrika/Irland/Indien) – später im Austausch eingefügt: Stalin.
Chain Store Daisy – Klagelied eines studierten Mädchens, das nur als einfache Verkäuferin Arbeit gefunden hat.
One Big Union for Two – Liebeslied in der Sprache gewerkschaftlicher Verbundenheit.
Not Cricket to Picket – Spottlied auf die besseren Leute der Park Avenue und gesellschaftliche Verhaltensweisen.
What Good Is Love? – Klage eines jungen Mädchens, welches feststellen mußte, daß nichts von dem sich verwirklicht, was romantische Liebeslieder versprechen.

Aus späteren Inszenierungen:
I've Got the Nerve to Be in Love – Lied eines Pärchens, das verliebt ist, auch ohne sich die Extravaganzen der besseren Gesellschaft New Yorks leisten zu können.
When I Grow Up (G Man) – Lied eines Mannes, der seit seiner Kindheit dem Wunschtraum nachhängt, ein schießfreudiger G-Man (Agent der amerikanischen Bundeskriminalpolizei) zu sein.
Sitting on Your Status Quo – Lehrstunde über das Verharren in überkommenen Vorstellungen, selbst in weltpolitisch bewegten Zeiten.
Back to Work – Der Streik ist vorbei, nun geht es wieder an die Arbeit.
Mene, Mene, Tekel – (Juli 1939) Die biblische Geschichte von der Mahnung an der Wand, modern interpretiert.
It's Better With a Union Man – (November 1939) Parodistisches Lied, welches überzeugen soll, daß nur ein Gewerkschaftler der richtige Lebenspartner ist.
Three Little DAR's Are We – (1939) Attacke auf scheinheiliges Verhalten der patriotischen Bewegung »Daughters of the American Revolution«.
Britannia Waives the Rules – (1939 bis zum Beginn des Krieges) Verspottung Chamberlains (nach dem Münchner Abkommen). (Berenice Kazounoff/K, Arnold B. Horwitt/T, John Latouche/T)
The Red Mikado – (Mai 1939) Verspottung Stalins.
We Sing America – (1940) Patriotisches Lied auf den »American Way of Life«.
Weitere Songs aus der Laufzeit der Kabarett-Revue (⊕ Komponist: Harold Rome):
Public Enemy No. 1; Economics; Men Awake; Papa Lewis, Mama Green; Oh, Give Me the Old Days; Stay Out, Sammy; First Impression ⊕ (Charles Friedman/T); We've Just Begun ⊕ (Charles Friedman/T); We'd Rather Be Right ⊕ (Arthur Kramer/T); What This Party Needs ⊕ (Arthur Kramer/T); Lorelei on the Rocks (Berenice Kazounoff/K, John Latouche/T)

Schallplatte:
St – (1962) Columbia OL 5810/OS 2210

PIPPIN

Musik und Songtexte: Stephen Schwartz
Buch: Roger O. Hirson
Premiere in New York, Imperial Theatre:
23. Oktober 1972

Personen und die Darsteller der Premiere:

Leading Player	Ben Vereen
Pippin – Pepin	John Rubinstein
Charles – Charle-	Eric Berry
magne (Karl der	
Große)	
Catherine	Jill Clayburgh
Fastrada	Leland Palmer
Berthe	Irene Ryan
Lewis	Christopher
	Chadman
Theo	Shane Nickerson
Musician	John Mineo
Head	Roger Hamilton
Beggar	Richard Korthaze
Peasant	Paul Solen
Nobel	Gene Foote
Field Marshal	Roger Hamilton

ferner: Candy Brown, Kathryn Doby, Jennifer Nairn-Smith, Ann Reinking, Pamela Sousa

Produzent: Stuart Ostrow
Choreographie: Bob Fosse
Regie: Bob Fosse
Ort: Fränkisches und römisches Reich Karls des Großen
Zeit: Um 800 n. Chr.

Handlung: Parabel/Gleichnis. Pippin, Sohn Karls des Großen und König von Italien, als Symbolgestalt für die Suche eines Menschen nach dem Sinn seines Lebens (historisches Motiv nur verwendet, nicht real) – dargeboten in einzelnen Schaubildern von einer Gruppe wandernder Komödianten im Stilgemisch von Commedia del arte, Bänkelspiel und Formen der modernen Rock-Oper. Pippin tritt nach Beendigung seines Studiums mit jugendlichem Elan und hohem Anspruch auf, bleibt jedoch im Schatten seines großen Vaters, des Herrschers. Obwohl er der Thronfolger ist, vernachlässigt ihn sein Vater, und seine Stiefmutter Fastrada zieht ihren eigenen Sohn, seinen

Halbbruder Ludwig (Lewis), vor. Pippin ist auf der Suche nach einem Ziel und nach Selbstbestätigung. Er stört sich an der Willkür, mit der sein Vater regiert. Da Pippin danach drängt, sich im Krieg bewähren zu können, darf er gegen die Westgoten ziehen. Er siegt zwar, doch widert ihn das Töten und Plündern an. Krieg ist nicht sein Metier. Er versucht sich in der Lebewelt des Hofes, ohne Freude daran zu finden. Nun verschreibt er sich der Aufgabe, soziale Reformen einzuleiten. Als ihm sein Vater dabei im Wege steht, ersticht er ihn. Jetzt ist er Herrscher und übt sich in Wohltätigkeit und Gerechtigkeit. Doch was er den einen gibt, muß er den anderen nehmen. Weil die Junker keine Steuern mehr zahlen, wird das Heer geschwächt. Das Reich wird von Feinden bedroht. Es ist besser, wenn der despotische Vater wieder das Zepter führt – und Karl wird wieder lebendig. Pippin ist gescheitert, als Kriegsheld, Lebemann, Revolutionär und Politiker. Unfähig, der Herrscher zu sein, der er eigentlich sein sollte, findet er sein Selbstwertgefühl nun an der Seite von Katharina (Catherine), einer Frau aus dem Volke, die ein Kind hat, in einem bürgerliche Leben.

Anmerkung: Karl der Große (Carolus Magnus) (742–814), König der Franken (seit 768), Römischer Kaiser (seit 800). Pippin (773–810), Sohn Karls des Großen, König von Italien (seit 781). Kämpfte u. a. 791 und 796 gegen die Awaren.

Auszeichnungen: 5 Antoinette Perry Awards (Tonys) 1973: Männliche Hauptrolle–Musical: Ben Vereen / Regie–Musical: Bob Fosse / Choreographie: Bob Fosse / Bühnenbild: Tony Walton / Lichtgestaltung: Jules Fisher

Deutschsprachige Erstaufführung (Originaltitel): 10. Februar 1974, Theater an der Wien, Wien. Autor: Robert Gilbert

Songs und Musiknummern

Bühne:
We Got Magic to Do; Corner of the Sky;

Welcome Home; War Is a Science; Glory; Simple Joys; No Time at All; With You; Spread a Little Sunshine; Morning Glow; On the Right Track; Kind of Woman; Extraordinary; Love Song; I Guess I'll Miss the Man; Think About Your Life, Pippin

Schallplatte:
NY – Motown M 760 L

THE PIRATES OF PENZANCE –OR– THE SLAVE OF DUTY
(Deutsche Titel: 1. DIE PIRATEN – DER SKLAVE SEINER PFLICHT, 2. PIRATEN)

Musik: Arthur Sullivan
Songtexte: W. S. (William Schwenk) Gilbert
Buch: W. S. (William Schwenk) Gilbert
1) *Premiere* in New York, 5th Avenue Theatre: 31. Dezember 1879
2) *Premiere* in New York, Uris Theatre: 8. Januar 1981

Personen und die Hauptdarsteller der Premiere 1:

Frederic, a Pirate Apprentice	Hugh Talbot
Major-General Stanley, of the British Army	J. H. Ryley
Mabel, General Stanley's Youngest Daughter	Blanche Roosevelt
Richard, a Pirate Chief	J. Clark Brocolini
Samuel, his Lieutenant	J. Furneaux Cook
Ruth, a Piratical »Maid-of-all-work«	Alice Barnett
Edward, a Sergeant of Police	Fred Clifton
General Stanley's Daughters:	
Edith	Jessie Bond
Kate	Rosina Brandram
Isabel	Billie Barlow

Personen und die Darsteller der Premiere 2:

Frederic	Rex Smith
Major-General Stanley	George Rose
Mabel	Linda Ronstadt
Pirate King	Kevin Kline
Samuel, his Lieutenant	Stephen Hanan
Ruth	Estelle Parsons
Police Sergeant	Tony Azito
Major-General Stanley's Daughters:	
Edith	Alexandra Korey
Kate	Marcie Shaw
Isabel	Wendy Wolfe

sowie: Robin Boudreau, Maria Guida, Nancy Heikin, Bonnie Simmons
Pirates and Police: Dean Badolato, Mark Beudert, Brian Bullard, Scott Burkholder, Walter Caldwell, Tim Flavin, Ray Gill, George Kmeck, Daniel Marcus, G. Eugene Moose, Joseph Neal, Walter Niehenke, Joe Pichette, Ellis Skeeter Williams, Michael Edwin Willson

Produzenten: 1) D'Oyly Carte's London Opera Co., 2) Joseph Papp (New York Shakespeare Festival)
Choreographie: 2) Graciela Daniele
Regie: 1) »The Opera is produced under the personal direction of the author and the composer«, 2) Wilford Leach
Ort: Küste bei Penzance/Cornwall, England
Zeit: 1879 (1/»Gegenwart«)

Handlung: Englische Operette. Parodie auf die noble englische Art, die sogar Piraten zu eigen ist! Frederic ist als Waisenkind zu den Piraten von Penzance gekommen – als Folge eines Irrtums. Seine sterbenden Eltern hatten seiner Amme Ruth auferlegt, ihn »pilot« (Lotse) werden zu lassen; die Amme hingegen hatte »pirat« verstanden und sich mit ihrem Pflegekind den Piraten angeschlossen, wo sie selbst als »Mädchen-für-alles« verblieb. Nun ist Frederic 21 Jahre alt geworden, hat als Piratenlehrling ausgelernt und kann seine eigenen Wege gehen. Er will die Piraten verlassen und in die Welt hinausziehen. Ruth war bisher die einzige Frau in seinem Leben. Sie macht sich Hoffnungen auf den jungen Mann und hatte sich immer bemüht, ihm einzureden, daß sie eine schöne Frau sei. Das erste aber, was Frederic in der ihm neuen Welt entdeckt, sind die reizenden Töchter des Major-Generals Stanley. Sofort verliebt er sich in Mabel und findet Gegenliebe. Auch seine Piratenkameraden interessieren sich für die Töchter des Generals. Dieser gerät zwischen sie. Er weigert sich, seine Töchter heiraten zu lassen. Er sei ein einsames Waisenkind, behauptet er verlogen, und hätte dann niemanden mehr um sich. Mit dieser List erreicht der General, daß die Piraten ihn ziehen lassen, denn sie haben geschworen, niemals ein Waisenkind anzutasten, da sie selber alle Waisenkinder sind. Doch die Liebe zu den Töchtern des Generals besteht weiter. Die eifersüchtige Ruth veranlaßt den Piratenkönig, Frederic zurückzurufen, denn da er am 29. Februar eines Schaltjahres geboren sei, wäre er in Wirklichkeit erst 5 Jahre alt. Betrübt, aber gehorsam, denn er ist der Sklave seiner Pflicht, nimmt Frederic Abschied von Mabel und vertröstet sie auf seine Volljährigkeit im Jahre 1940. Damit ist Mabel aber überhaupt nicht einverstanden. Der General bietet Polizisten auf, um gegen die Freibeuter zu ziehen. Seine Streitmacht gibt sich heroischer, als sie ist. Die Piraten, die erfahren haben, daß der General gar kein Waisenkind ist, wollen ihn zur Rechenschaft ziehen. Sie stöbern ihn auf, als er sich gerade allein mit seinen Töchtern in den Klippen aufhält. In diesem Augenblick erscheinen auch die Polizisten. Die Piraten möchten kämpfen, fordern aber ihre Gegner auf zu erklären, daß sie keine Waisen seien, was sie ohnehin nicht glauben würden. Nein, sagen die Polizisten, aber sie ständen in der Pflicht der Königin Victoria. Prompt sind die Piraten mattgesetzt, denn jeder Engländer hat die Autorität der Königin zu achten. Nun ist es aber Ruth, die die Situation rettet. Sie erklärt dem Major-General, daß alle Piraten zwar Waisen, doch adligen Geblüts seien und deshalb zur Elite der Nation gehörten. Das ändert für Major-General Stanley die Lage. Nicht nur, daß er die Piraten, die offenbar dem House of Lords verbunden sind, freigibt, er ist auch stolz darauf, daß die Freibeuter seine Töchter heiraten werden, allen voran Frederic seine Mabel.

Anmerkung: Nachdem Operetten des englischen Teams Gilbert und Sullivan in den siebziger Jahren des vorigen Jahrhunderts große Erfolge in den USA erzielt hatten, das Urheberrecht jedoch nicht gewahrt worden war, veranstalteten die Urheber und der Produzent Richard D'Oyly Carte die Uraufführung des neuen Werks »The Pirates of Penzance« in New York, zur Sicherung der Rechte für die USA. Um ähnlichen Problemen in Großbritannien vorzubeugen, fand gleichzeitig – genauer gesagt, einen Tag vorher – eine Aufführung in England statt. Es handelte sich um eine kurzfristig arrangierte Aktion. Sie wurde von einer Theatergruppe des gleichen Unternehmers durchgeführt, die mit einer anderen Operette des Teams Gilbert und Sullivan, »H.M.S. Pinafore«, auf Tournee war. Die Truppe brachte das neue Werk »The Pirates of Penzance« in einer Matinee-Vorstellung am 30. Dezember 1879 im Royal Bijou Theatre, Paignton (nahe Plymouth) in der Grafschaft Devonshire, zur Aufführung. Die improvisierte Vorstellung zur Wahrung des Copyrights fand nach einer einzigen Probe vor 45 Zuschauern statt und war eigentlich nur eine Lesung mit verteilten Rollen, sowie der Versuch, musikalisch exakt zu sein. Die Darstellung erfolgte in den Kostümen von »H.M.S. Pinafore«, lediglich trugen die Freibeuter schwarze Kopftücher zur Verdeutlichung ihrer Piratenrolle. Die Besetzung dieser ungewöhnlichen Vor-Uraufführung:
Richard Mansfield (Major General Stanley), Llewellyn Cadwaladr (Frederic), F. Federici (Pirate King), Emilie Petrelli (Mabel), Fanny Harrison (Ruth), G. J. Lackner (Samuel), John Le Hay (James), Fred Billington (Sergeant of Police), Marian May (Edith), Lena Monmouth (Kate), Kate Neville (Isabel).
Die Londoner Premiere erfolgte am 3. April 1880 in der Opera Comique. Darsteller: George Grossmith (Major General Stanley), George Power (Frederic), Richard Temple (Pirate King), Marion Hood (Mabel), Emily Cross (Ruth), George Temple (Samuel), Rutland Barrington (Sergeant of Police), Julia Gwynne

(Edith), Lillian La Rue (Kate), Neva Bond (Isabel). – Das Werk blieb im englischsprachigen Raum bis in die Gegenwart Repertoire-Stück der D'Oyly Carte Opera Company. 100¹/₂ Jahre nach der Uraufführung ließ Joseph Papp das Werk für sein alljährlich im Sommer stattfindendes New York Shakespeare Festival aufbereiten. Es wurde als Nostalgie-Stück präsentiert, mit bekannten Künstlern der Rockpop-Szene besetzt und im Rahmen des Festivals herausgebracht. Ab 15. Juli 1980 – dies ist also der eigentliche Premierentag der Neuinszenierung – lief es bis zum 31. August 1980 im Delacorte Theater im Central Park, mit so viel Erfolg, daß es vom Uris Theatre am Broadway ab 8. Januar 1981 übernommen wurde. (Die Rolle der Ruth spielte während des Sommer-Festivals Patricia Routledge.) Die eindrucksvolle und gelungene Neuinszenierung sicherte dem Werk weltweit neue Aufmerksamkeit.

Auszeichnungen: 3 Antoinette Perry Awards (Tonys) 1981: Männliche Hauptrolle–Musical: Kevin Kline / Regie–Musical: Wilford Leach / Reproduktion eines Bühnenwerks (Produzent): Joseph Papp

Deutschsprachige Erstaufführungen:
1) 1. März 1889, Theater an der Wien, Wien. Autoren: F. Zell/d. i. Camillo Walzel, Richard Genée
2) 17. Oktober 1984, Stadttheater Lüneburg. Autor: Klaus Straube

Film:

The Pirate Movie
(Deutscher Titel: PIRATE MOVIE)
1982, Australien – Joseph Hamilton International Productions/20th Century-Fox – Color, 105 Min.
Deutsche Erstaufführung: 1983
Als Traumerlebnis eines Mädchens von heute auf eine Karibik-Insel verlegte, veränderte Handlung – veränderte Songs.
Musik und Songtexte: (Diverse Urheber – siehe Musik)
Drehbuch: Trevor Farrant, frei nach dem Musical »The Pirates of Penzance«

Personen und ihre Darsteller:

Mabel Stanley	Kristy McNichol
Frederic	Christopher Atkins
The Pirate King	Ted Hamilton
Major-General Stanley	Bill Kerr
Ruth	Maggie Kirkpatrick
Sergeant/Inspector	Garry McDonald
Samuel	Chuck McKinney
Dwarf Pirate	Marc Colombani
Aphrodite	Linda Nagle
Edith	Kate Ferguson
Kate	Rhonda Burchmore
Isabel	Cathrine Lynch
Chinese Captain	John Allansu
Butler	Clive Hearne
Servant Boy	Ben Joseph

Sisters: Pamela Jones, Margot Knight, Anna Logan, Gai O'Meley, Kerryn Henderson, Marie T. Ploski, Aleeta Northey, Cheryl Hazelwood
The Pirates: Paul Graham, Nic Gazzana, Chris Hession, Kjell Nilsson, Tony Deary, Roy Dudley, Gene Del'Mace, George Novak, Kurt Schneider, Bernard Ledger, Richard Boue, Stephen Fyfield, Peter Pantellic, Harry Morris, Roger Ward, Ian Mortimer, George Zakaria, Edward Brodsky-Schuster, Zev Eletheriou
The Policemen: Stephen Leeder, Iain Murton, Bruno Annetta, Peter Braendler, Bill Handley, Michael »Wally« Lake, Paul Fyfield, Tim Hughes, Des McKenna, Kevin Summers, Andris Toppe, John O'Connell, Clayton Mitchell, Clin Setches, William Binks, Phil Brock, Peter Hosking, Stephen Clark, Frank Howson, William Kerr, John Mesarov, Glenn Ruehland, David Swann, Chris Peters
Indian Servants: Miles Peters, Gary Felsinger, Ransley Mascurine, Sami Kfouri
Singers (Background): Mike Brady, Ian Mason, The Peter Cupples Band, Kool & The Gang

Produzent: David Joseph
Choreographie: David Atkins
Regie: Ken Annakin

The Pirates of Penzance
1983, USA – Universal – Panavision/Technicolor, 112 Min.

Verfilmung der Bühnenversion des New York Shakespeare Festivals von 1980
Musik: Arthur Sullivan
Songtexte: W. S. (William Schwenk) Gilbert
Drehbuch: Wilford Leach, nach dem gleichnamigen Musical in der Neufassung von 1980

Personen und ihre Darsteller:

Pirate King	Kevin Kline
Ruth	Angela Lansbury
Mabel Stanley	Linda Ronstadt
Major-General Stanley	George Rose
Frederic	Rex Smith
Sergeant	Tony Azito
Samuel	David Hatton (Gesangsstimme: Stephen Hanan)
Edith	Louis Gold (Gesangsstimme: Alexandra Korey)
Kate	Teresa Codling (Gesangsstimme: Marcia Shaw)

Major-General's Other Daughters: Leni Harper, Clare McIntyre, Louise Papillon, Tilly Vosburgh, Nancy Wood
Pirates: Anthony Arundell, John Asquith, Mohamed Aazzi, Tim Bentinck, Ross Davidson, Mike Grady, Simon Howe, Tony Millan, G. B. Zoot Money, Andrew Paul, Ken Leigh Rogers, Mohamed Serhani, Mike Walling
Policemen: Peppi Borza, Nicholas Chagrin, Frankie Cull, David Hampshire, Phillip Harrison, Maurice Lane, Neil McCaul, Jerry Manley, Rhys Nelson, Garry Noakes, Chris Power, Kenny Warwick
»Pinafore« Company: John Bett, Lennie Byrne, Jo Cameron-Brown, Zulema Dene, Marta Eitler, Carole Forbes, Jack Honeyborne, Carol Macready, Brian Markham, Valerie Minifie, Linda Spurrier, Ursula Stedman –
Romolo Bruni (Captain), Preston Lockwood (Orchestra Conductor)

Produzent: Joseph Papp
Choreographie: Graciela Daniele
Regie: Wilford Leach

The Pirates of Penzance
(TV) 1984, Großbritannien – Brent Walker Ltd./George Walker – Color
Originalgetreue Werk-Verfilmung
Musik: Arthur Sullivan
Songtexte: W. S. (William Schwenk) Gilbert
Buch: W. S. (William Schwenk) Gilbert

Personen und ihre Darsteller:

The Pirate King	Peter Allen
Major-General Stanley	Keith Michell
Frederic	Alexander Oliver
Mabel	Janis Kelly
Ruth	Gillian Knight
Sergeant of Police	Paul Hudson
Edith	Kate Flowers
Kate	Jenny Wren
Samuel	Brian Dolan

Produzent: Judith de Paul
Choreographie: Terry Gilbert
Regie: Michael Geliot (Kameraführung: Rodney Greenberg)

Songs und Musiknummern

Bühne:
Pour, Oh, Pour the Pirate Sherry; When Frederic Was a Little Lad; I Am a Pirate King; Faithless Woman to Deceive Me; Climbing Over Rocky Mountain (bereits 1879 übernommen aus »Thespis«/1871 von Gilbert und Sullivan); Oh, Is There Not One Maiden Breast; Poor Wandering One!; How Beautifully Blue the Sky; Here's First-rate Opportunity; I Am the Very Model of a Modern Major-General; I'm Telling a Terrible Story (The Orphan Boy); Oh, Dry the Glistening Tears; Go, Ye Heroes, Go to Glory (When the Foeman Bares His Steel, Tarantara); A Paradox (A Little Boy of Five); So It Really Doesn't Matter (1980 übernommen aus »Ruddigore«/1887 von Gilbert und Sullivan); Away, Away! My Heart's On Fire; Stay, Frederic, Stay!; Sorry Her Lot Who Loves Too Well (1980 übernommen aus »H. M. S. Pinafore«/1878 von Gilbert und Sullivan); The Policeman's Lot Is Not a Happy One; With Cat-like Tread (Come,

Friends, Who Plough the Sea); Tormented With the Anguish Dread; I Pray You Pardon Me, Ex-Pirate King

Filme:

The Pirate Movie *(1982)*
Die mit Zeichen ⊕ versehenen Titel entstammen dem Bühnenwerk. Andere Urheber in Klammern.
Victory (Terry Britten); First Love (Kit Hain); How Can I Live Without Her (Terry Britten, Sue Shifrin); Hold On (Terry Britten, Sue Shifrin); We Are the Pirates (Kit Hain); Pumpin' and Blowin' (Terry Britten, Sue Shifrin, Brian A. Robertson); Stand Up and Sing (Ronald Bell, James Taylor, Kool & The Gang); I Am a Pirate King ⊕ (Gilbert/Sullivan und Trevor Farrant, Peter Sullivan); Happy Ending (Terry Britten, Sue Shifrin, Brian A. Robertson); The Modern Major General's Song ⊕ (Gilbert/Sullivan und Trevor Farrant, Peter Sullivan); Tarantara ⊕ (Gilbert/Sullivan und Trevor Farrant, Peter Sullivan); The Sister's Song ⊕ (Gilbert/Sullivan und Trevor Farrant, Peter Sullivan); Come, Friends, Who Plough the Sea ⊕ (Gilbert/Sullivan und Trevor Farrant, Peter Sullivan)

The Pirates of Penzance *(1983, TV 1984)*
Die Musiktitel des Films von 1983 und der TV-Produktion von 1984 sind im einzelnen nicht angegeben. Da es sich in beiden Fällen aber um Aufnahmen des Original-Bühnenwerks handelt, ist zu vermuten, daß alle unter »Bühne« genannten Songs enthalten sind (im Film von 1983 mit den 1980 hinzugefügten).

Schallplatten:
NY – (1981) Elektra VE 601
F – (The Pirate Movie) Polydor 2475769
St – (L – 1929/Elsie Griffin, Derek Oldham, George Baker, Dorothy Gill) Pearl GEMM 171–2, (1958) Decca LK 4249–50, Decca SKL 4038–9, (1961) His Master's Voice DW/ SXDW 3041, (USA – 1963) RCA Victor S 6007, (Marilyn Hill Smith, Malcolm Rivers, Eric Roberts) That's Entertainment TER 2–1177

PORGY AND BESS
(Deutscher Titel: PORGY UND BESS)

Musik: George Gershwin
Songtexte: DuBose Heyward, Ira Gershwin
Buch: DuBose Heyward, nach dem Schauspiel »Porgy« (1927) von DuBose und Dorothy Heyward, nach dem Roman »Porgy« (1925) (deutsch: »Porgy«/auch: »Porgy und Bess«) von DuBose Heyward
Premiere in New York, Alvin Theatre: 10. Oktober 1935

Personen und die Darsteller der Premiere:

Porgy (Baß-Bariton)	Todd Duncan
Bess (Sopran)	Anne Brown
Crown (Bariton)	Warren Coleman
Sportin' Life (Tenor)	John W. Bubbles
Clara (Sopran)	Abbie Mitchell
Jake (Bariton)	Edward Matthews
Mingo (Tenor)	Ford L. Buck
Maria (Alt)	Georgette Harvey
Serena (Sopran)	Ruby Elzy
Frazier (Bariton)	J. Rosamond Johnson
Annie (Mezzo-Sopran)	Olive Ball
Lily (Mezzo-Sopran)	Helen Dowdy
Robbins (Tenor)	Henry Davis
Jim (Bariton)	Jack Carr
Peter (Tenor)	Gus Simons
Strawberry Woman (Mezzo-Sopran)	Helen Dowdy
Nelson (Bariton)	Ray Yeates
Undertaker (Bariton)	John Garth
Mr. Archdale Detective	George Lessey Alexander Campbell
Coroner	George Carleton

Policemen: Harold Woolf, Burton McEvilly
Charleston Orphan's Band: Sam Anderson, Eric Bell, Le Verria Bilton, Benjamin Browne, Claude Christian, Shedrack Dobson, David Ellis, Clarence Smith, John Strachan, George Tait, Allen Tinney, William Tinney, Charles Williams, Herbert Young

Eva Jessye Choir: Catherine Jackson Ayres, Lillian Cowan, Sara Daigenu, Darlean Duval, Kate Hall, Altonell Hines, Louisa Howard, Harriet Jackson, Rosalie King, Assotta Marshall, Wilnette Mayers, Sadie McGill, Massie Patterson, Annabelle Ross, Louise Twyman, Helen R. White, Musa Williams, Reginald Beane, Caesar Bennett, G. Harry Bolden, Edward Broadnax, Carroll Clark, Joseph Crawford, John Dicon, Leonard Franklin, John Garth, Joseph James, Clarence Jacobs, Allen Lewis, Jimmie Lightfoot, Lycurgus Lochman, Henry May, Junius McDaniel, Arthur McLean, William O'Neil, Robert Raines, Andrew Taylor, Leon Threadgill, Jimmie Waters, Robert Williams, Ray Yates
Children: Naida King, Regina Williams, Enid Wilkins, Allen Tinney, William Tinney, Herbert Young

Produzent: The Theatre Guild
Regie: Rouben Mamoulian
Ort: Charleston (»Catfish Row«) und Kittiwah Island/South Carolina, USA
Zeit: Um 1900

Handlung: »American Folk Opera«, opernhaftes Neger-Musical mit tragischem Grundton. Die Bewohner des Farbigenviertels Catfish Row an der Atlantikküste leben in ärmlichen Verhältnissen. Der Fischfang bringt nicht viel ein, und das wenige, was verdient wird, verspielen die Männer in ihrer freien Zeit. Das Würfelspiel ist ihre Leidenschaft und wird oft von Streitigkeiten und Prügeleien begleitet. Zu den Einwohnern gehört der verkrüppelte Porgy, der sich nur mit Hilfe eines primitiven Wägelchens fortbewegen kann. Er liebt die flatterhafte Bess, doch die ist mit dem brutalen Crown befreundet. Als dieser im Streit einen Mord begeht und flieht, nimmt sich Porgy der verlassenen Bess an. Sie leben zusammen, und Porgy redet ihr zu, sich zu vergnügen und am bevorstehenden Fest auf der Insel Kittiwah teilzunehmen. Beim großen Picknick, das die Frauen von Catfish Row ausgerichtet haben, gibt der smarte Sportin' Life den Ton an und sorgt für Unterhaltung. Er handelt mit Rauschgift und versucht, auch Bess damit zu betören. Die fällt in die Hände von Crown, der sich auf der Insel versteckt hat. Er zwingt sie, bei ihm zu bleiben. Erst nach Tagen gelingt es Bess zu entkommen. Verstört kehrt sie zu Porgy zurück, der schwört, sich an Crown zu rächen. Crown muß wegen eines Unwetters sein Versteck verlassen und dringt bei Porgy und Bess ein. Es kommt zu einem Handgemenge, bei dem Crown ein Messer zückt, jedoch stürzt, in sein Messer fällt und sich dadurch selbst tötet. Man verdächtigt Porgy, ihn getötet zu haben. Er wird inhaftiert. Bess kann die Einsamkeit nicht ertragen. Willig folgt sie den Einflüsterungen des Verführers Sportin' Life, ihn in das große New York zu begleiten, wo das Leben viel mehr zu bieten hat als in Catfish Row. Porgys Unschuld wird bald darauf festgestellt. Aus der Haft entlassen, vermißt er Bess. Er erfährt, daß Bess mit Sportin' Life nach New York gegangen sei. Verzweifelt macht sich der Krüppel auf, sie in der fremden großen Stadt wiederzufinden.

Anmerkung: Eine *Neuinszenierung (Revival) von* PORGY AND BESS, bei der durch Streichung der Rezitative der Operncharakter des Werkes aufgehoben wurde, war erfolgreicher als die Premiere von 1935 und verhalf dem Musical zum Durchbruch:
New York, Majestic Theatre: 22. Januar 1942
In den Hauptrollen: Todd Duncan (Porgy), Anne Brown (Bess), Warren Coleman (Crown), Avon Long (Sportin' Life), Harriet Jackson (Clara), Edward Matthews (Jake), Jimmy Waters (Mingo), Georgette Harvey (Maria), Helen Dowdy (Lily), Ruby Elzy (Serena), J. Rosamond Johnson (Frazier)
Regie: Robert Ross

Auszeichnung: 1 Antoinette Perry Award (Tony) 1977: Beste Neuproduktion einer Wiederaufführung (Revival, New York 1976)

Deutschsprachige Erstaufführung:
16. September 1950, Opernhaus Zürich.
Autor: Ralph Benatzky

Film:

Porgy and Bess
(Deutscher Titel: PORGY UND BESS)
1959, USA – Samuel Goldwyn/Columbia –
Todd-A-O und CinemaScope/Technicolor, 138 Min. (3 Min. Ouvertüre ohne Bild)
Deutsche Erstaufführung: 1960
Musik: George Gershwin
Songtexte: DuBose Heyward, Ira Gershwin
Drehbuch: N. Richard Nash, nach dem
gleichnamigen Musical

Personen und ihre Darsteller:

Porgy	Sidney Poitier
	(Gesangsstimme:
	Robert McFerrin)
Bess	Dorothy Dandridge
	(Gesangsstimme:
	Adele Addison)
Sportin' Life	Sammy Davis Jr.
Maria	Pearl Bailey
Crown	Brock Peters
Clara	Diahann Carroll
	(Gesangsstimme:
	Loulie Jean Norman)
Serena	Ruth Attaway
	(Gesangsstimme:
	Inez Matthews)
Jake	Leslie Scott
Peter	Clarence Muse
Robbins	Joel Fluellen
Annie	Everdinne Wilson
Mingo	Earl Jackson
Nelson	Moses LaMarr
Lily	Margaret Hairston
Jim	Ivan Dixon
Scipio	Antoine Durousseau
Frazier	Roy Glenn
Strawberry Woman	Helen Thigpen
Crab Man	Merritt Smith
Elderly Man	Vince Townsend Jr.
Undertaker	William Walker
Coroner	Maurice Manson
Detective	Claude Akins

Produzent: Samuel Goldwyn
Choreographie: Hermes Pan
Regie: Otto Preminger

Auszeichnung: 1 Academy Award (Oscar)

1959: Musikgesamtwerk-Instrumentierung (Filmversion): Andre Previn, Ken Darby

Songs und Musiknummern

Bühne:
Songtexter gemäß nachfolgenden Zeichen:
⊕ *DuBose Heyward,* ⊕⊕ *Ira Gershwin*
Summertime ⊕; A Woman Is a Sometime Thing ⊕; They Pass By Singing ⊕; Crap Game Fugue ⊕; Gone, Gone, Gone! ⊕; Overflow ⊕; My Man's Gone Now ⊕; Leavin' fo' de Promis Lan' ⊕; It Take a Long Pull to Get There ⊕; I Got Plenty o' Nuthin' ⊕/⊕⊕; Woman to Lady ⊕; Bess, You Is My Woman Now ⊕/⊕⊕; Oh, I Can't Sit Down ⊕⊕; It Ain't Necessarily So ⊕⊕; What You Want With Bess? ⊕; Time and Time Again ⊕; Street Cries – Strawberry Woman / Crab Man ⊕; I Loves You, Porgy ⊕/⊕⊕; Oh, de Lawd Shake de Heaven ⊕; A Red-Headed Woman ⊕⊕; Oh, Doctor Jesus ⊕/⊕⊕; Clara, Don't You Be Downhearted ⊕; There's a Boat Dat's Leavin' Soon for New York ⊕⊕; Oh Bess, Oh Where's My Bess? ⊕⊕; I'm on My Way ⊕

Film:
Summertime; The Crap Game; A Woman Is a Sometime Thing; Honey Man's Call; They Pass By Singing; Yo' Mammy's Gone; Oh, Little Stars; Gone, Gone, Gone!; Porgy's Prayer; My Man's Gone Now; The Train Is at the Station; I Got Plenty o' Nuthin'; Bess, You Are My Woman Now; Oh, I Can't Sit Down; I Ain't Got No Shame; It Ain't Necessarily So; What You Want With Bess?; It Takes a Long Pull to Get There; De Police Put Me In; Time and Time Again; Street Cries – Strawberry Woman's Call / Crab Man's Call; I Loves You, Porgy; Oh, de Lawd Shake de Heaven; Dere's Somebody Knockin' at de Do'; A Red-Headed Woman; Clara, Don't You Be Downhearted; There's a Boat Dat's Leavin' Soon for New York; Good Mornin', Sistuh!; Oh Bess, Oh, Where's My Bess?; I'm On My Way

Schallplatten:
NY – (1942) Decca DL 8042/DL 7–9024,   MCA 1254, MCA 2035

F – (Cab Calloway als »Sportin' Life« anstelle von Sammy Davis Jr.) Columbia OL 5410/OS 2016, CBS APG 60002

St – (Helen Jepson, Lawrence Tibbett) Victor C 25, RCA Camden CAL 500, (Lawrence Winters, Camilla Williams) Columbia SL/OSL 162, Odyssey 32360018, (Leontyne Price, William Warfield) RCA Victor LM/ LSP 2679, (Brock Peters, Margaret Tynes, Theresa Merritte) Musical Masterpiece Society M 2035–OP 22, (Lawrence Winters, Isabelle Lucas) Heliodor H/HS 25052, (Mel Tormé, Frances Faye) Bethlehem EXPL 1, (Lena Horne, Harry Belafonte) RCA Victor LOP/LSO 1507, (Ella Fitzgerald, Louis Armstrong) Verve 4068, Verve VE 2–2507, (Carmen McRae, Sammy Davis Jr.) Decca DL 7–8854, Brunswick 267008, (D / Lawrence Winters, Annabelle Bernard) Philips 838903 SY

Vorlage des Musicals:

Schauspiel: *Porgy*
Buch: Dorothy und DuBose Heyward, nach dem Roman »Porgy« (1925) von Du-Bose Heyward
Uraufführung: New York, Guild Theatre: 10. Oktober 1927
Darsteller: Frank Wilson (Porgy), Evelyn Ellis (Bess), Jack Carter (Crown), Percy Verwayne (Sportin' Life), Rose MacLendon, Georgette Harvey, Richard Huey, Leigh Whipper
Produzent: The Theatre Guild
Regie: Rouben Mamoulian

Hinweis:
Unter Verwendung der Musik des Musicals schuf George Gershwin eine
Suite from Porgy and Bess
mit den Teilen: Catfish Row / Porgy Sings / Fugue / Hurricane / Good Morning, Brother
Uraufführung: 21. Januar 1936, Philadelphia, Academy of Music – The Philadelphia Orchestra/Dirigent: Alexander Smallens

PROMISES, PROMISES
(Deutscher Titel: DAS APPARTEMENT)

Musik: Burt Bacharach
Songtexte: Hal David
Buch: Neil Simon, nach dem amerikanischen Film »The Apartment« (1960)
Premiere in New York, Shubert Theatre: 1. Dezember 1968

Personen und die Darsteller der Premiere:

Chuck Baxter	Jerry Orbach
Fran Kubelik	Jill O'Hara
J. D. Sheldrake	Edward Winter
Dr. Dreyfuss	A. Larry Haines
Marge MacDougall	Marian Mercer
Mr. Dobitch	Paul Reed
Jesse Vanderhof	Dick O'Neill
Mr. Kirkeby	Norman Shelly
Mr. Eichelberger	Vince O'Brien
Peggy Olson	Millie Slavin
Sylvia Gilhooley	Adrienne Angel
Vivien Della Hoya	Donna McKechnie
Karl Kubelik	Ken Howard
Miss Polansky	Margo Sappington
Miss Wong	Baayork Lee
Helen Sheldrake	Kay Oslin
Bartender Eddie	Ken Howard
Bartender Fugene	Michael Vita
Dentist's Nurse	Rita O'Connor
Company Nurse	Carole Bishop
Company Doctor	Gerry O'Hara
Lum Ding Hostess	Baayork Lee
Waiter	Scott Pearson
Madison Square Garden Attendant	Michael Vita
Dinning Room Hostess	Betsy Haug
New Young Executive	Rod Barry

Clancy's Lounge Patrons: Carole Bishop, Rita O'Connor, Julane Stites, Rod Barry, Gene Cooper, Bob Fitch, Neil Jones, Scott Pearson, Michael Shawn
Clancy's Employees: Graciela Daniele, Betsy Haug, Margo Sappington
Interns and Dates: Barbara Alston, Graciela Daniele, Gerry O'Hara, Michael Shawn
Orchestra Voices: Kelly Britt, Margot Hanson, Bettye McCormick, Ilona Simon
Produzent: David Merrick

Choreographie: Michael Bennett
Regie: Robert Moore
Ort: New York
Zeit: »Gegenwart« (1968)

Handlung: Gesellschaftskomödie. Chuck Baxter, biederer Angestellter in einem Versicherungskonzern, gerät in einen Teufelskreis von Verwicklungen, weil er geglaubt hatte, seinem Chef die Bitte nicht abschlagen zu können, ihm für ein Liebesabenteuer sein Junggesellen-Apartment zur Verfügung zu stellen. Seine Bereitwilligkeit spricht sich herum, so daß er immer häufiger den Schlüssel ausleihen muß. Bald ist er gezwungen, die meisten Abende der Woche außerhalb zu verbringen und durch den Besuch von Kinos, Museen, Sportveranstaltungen seine Zeit totzuschlagen. Nur sein Wohnungsnachbar, Dr. Dreyfuss, bewundert ihn als tollen Casanova. Obwohl Chuck Baxter schließlich, gefördert von seinen Vorgesetzten, eine bescheidene Karriere macht, paßt ihm die ganze Situation nicht. Er erschrickt, als er feststellen muß, daß auch die von ihm schüchtern verehrte Fran Kubelik falschen Liebesschwüren des Personalchefs Sheldrake vertraut hat und zu den verführten Mädchen gehört. Als Chuck Baxter gerade in einer Bar Marge MacDougall kennengelernt hat, eine Frau, die ebenso unglücklich ist wie er, und beide in seiner Wohnung einen Drink nehmen wollen, findet er die bewußtlose Fran vor, die sich aus enttäuschter Liebe mit Schlaftabletten das Leben nehmen wollte. Mit Marge und der Hilfe des Nachbarn Dr. Dreyfuss gelingt es, Fran wiederzubeleben. Nun wird der sonst so zurückhaltende Chuck energisch. Er gesteht Fran seine Liebe und verkündet seinen Vorgesetzten, daß der ganze Spuk ein Ende habe. Obwohl Sheldrake inzwischen entschlossen ist, sich wegen Fran scheiden zu lassen, wendet sie sich Chuck zu, überzeugt davon, nur mit ihm ihr Glück finden zu können.

Auszeichnungen: 2 Antoinette Perry Awards (Tonys) 1969: Männliche Hauptrolle–Musical: Jerry Orbach / Weibliche Nebenrolle–Musical: Marian Mercer

Deutschsprachige Erstaufführung: 16. April 1970, Theater des Westens, Berlin. Autoren: Werner Wollenberger, Charly Niessen

Songs und Musiknummern

Bühne:
Half as Big as Life; Upstairs; You'll Think of Someone; Our Little Secret; She Likes Basketball; Knowing When to Leave; Where Can You Take a Girl?; Wanting Things; Christmas Party; Turkey Lurkey Time; A Fact Can Be a Beautiful Thing; Whoever You Are; Christmas Day; A Young Pretty Girl Like You; I'll Never Fall in Love Again; Promises, Promises

Schallplatten:
NY – United Artists UAS 9902
L – United Artists UAS 29075
St – (Aimi MacDonald, Ronnie Carroll) Fontana SFL 13192

Vorlage des Musicals:

Film:

The Apartment
(Deutscher Titel: DAS APPARTEMENT)
1960, USA – United Artists/Mirish Production – Panavision, 125 Min.
Deutsche Erstaufführung: 1960
Drehbuch: Billy Wilder, I. A. L. Diamond

Darsteller: Jack Lemmon (C. C. »Bud« Baxter), Shirley MacLaine (Fran Kubelik), Fred MacMurray (Jeff D. Sheldrake), Ray Walston (Joe Dobisch), David Lewis (Al Kirkeby), Jack Kruschen (Dr. Dreyfuss), Joan Shawlee (Sylvia), Edie Adams (Miss Olsen), Hope Holiday (Margie MacDougall), Johnny Seven (Karl Matuschka), Naomi Stevens (Mrs. Dreyfuss), Frances Weintraub Lax (Mrs. Lieberman), Joyce Jameson (The Blonde), Willard Waterman (Mr. Vanderhof), David White (Mr. Eichelberger), Benny Burt (Bartender), Hal Smith (Santa Claus), Dorothy Abbott (Office Worker)

Produzent: Billy Wilder
Regie: Billy Wilder

Songs:
Lonely Room/Thema »The Apartment«

(Adolph Deutsch/K); Jealous Lover (Charles Williams/K)

Auszeichnungen: 5 Academy Awards (Oscars) 1960: Bester Film / Regie: Billy Wilder / Buch: Billy Wilder, I.A.L. Diamond / Ausstattung-Szenenbild/schwarz-weiß: Alexander Trauner, Edward G. Boyle / Schnitt: Daniel Mandell

Hinweis/Film:
Der amerikanische Film »Promises, Promises« von 1963 hat mit dem gleichnamigen Musical nichts zu tun, sondern ist nach dem Theaterstück »The Plant« von Edna Sheklow eine Komödie (mit Jayne Mansfield, Regie: King Donovan) um amouröse Verwicklungen zwischen zwei Ehepaaren während einer Reise auf einem Ozeandampfer.

RAISIN

Musik: Judd Woldin
Songtexte: Robert Brittan
Buch: Robert Nemiroff, Charlotte Zaltzberg, nach dem Schauspiel »A Raisin in the Sun« (1959) von Lorraine Hansberry
Premiere in New York, 46th Street Theatre: 18. Oktober 1973

Personen und die Darsteller der Premiere:

Lena Younger (Mama)	Virginia Capers
Walter Lee Younger	Joe Morton
Ruth Younger	Ernestine Jackson
Travis Younger	Ralph Carter
Beneatha Younger	Deborah Allen
Mrs. Johnson	Helen Martin
Bobo Jones	Ted Ross
Willie Harris	Walter P. Brown
Joseph Asagai	Robert Jackson
Karl Lindner	Richard Sanders
Victim	Loretta Abbott
Bar Girl	Elaine Beener
Pastor	Herb Downer
Pastor's Wife	Marenda Perry
Pusher	Al Perryman
African Drummer	Chief Bey

People of the Southside: Chuck Thorpes, Eugene Little, Karen Burke, Zelda Pulilam, Elaine Beener, Renee Rose, Paul Carrington, Marenda Perry, Gloria Turner, Don Jay, Glenn Brooks, Marilyn Hamilton

Produzent: Robert Nemiroff
Choreographie: Donald McKayle
Regie: Donald McKayle
Ort: Chicago
Zeit: Um 1955

Handlung: Probleme der schwarzen Familie Younger, die den Wunschtraum verwirklichen will, aus beengten Wohnverhältnissen im Farbigenviertel von Chicago in ein besseres, von Weißen bewohntes Gebiet umzuziehen. Lena Younger will die 10000 Dollar, die sie von der Versicherung ihres verstorbenen Mannes erhalten hat, dazu verwenden, für sich und ihre erwachsenen Kinder, für Schwiegertochter Ruth und das Enkelkind Travis ein kleines Haus in einer besseren Gegend zu erwerben. Doch ihr Sohn Walter Lee, der nicht mehr in abhängiger Stellung als Chauffeur bei einem Weißen arbeiten will, bringt einen großen Teil des Geldes durch, als er versucht, in ein zwielichtiges Alkoholgeschäft einzusteigen. Da auch für die Ausbildung der Tochter Beneatha Geld aufgewendet werden muß, bleiben Lena Younger zur Erfüllung des großen Wunsches auf ein neues, größeres, würdigeres Heim nur eine Anzahlung und die Hoffnung, die entstehenden Probleme meistern zu können. Der Entschluß der Familie Younger, den Schritt ins bessere Dasein zu wagen, ist nun auch nicht mehr durch den Versuch von Weißen rückgängig zu machen, mit Geldangeboten und Tricks die schwarze Familie von der »weißen Wohngegend« abzuhalten.

Auszeichnungen: 2 Antoinette Perry Awards (Tonys) 1974: Bestes Musical / Weibliche Hauptrolle–Musical: Virginia Capers

Songs und Musiknummern

Bühne:
Prologue; Man Say; Whose Little Angry Man; Runnin' to Meet the Man; A Whole Lotta Sunlight; Booze; Alaiyo; African Dance; Sweet Time; You Done Right; He

Come Down This Morning; It's a Deal;
Sidewalk Tree; Not Anymore; Walter Lee
Younger and Son; Measure the Valleys

Schallplatten:
NY – Columbia KS 32754
St – (1979/Stadttheater St. Gallen, in
 englisch) EV 30-865

Vorlage des Musicals:

Schauspiel: *A Raisin in the Sun*
Buch: Lorraine Hansberry
Uraufführung: New York Ethel Barry-
more Theatre: 11. März 1959
Darsteller: Claudia McNeil (Lena Youn-
ger), Sidney Poitier (Walter Lee Younger),
Ruby Dee (Ruth Younger), Glynn Tur-
man (Travis Younger), Diana Sands (Be-
neatha Younger), Ivan Dixon (Joseph
Asagai), Lonne Elder III (Bobo), Louis
Gossett (George Murchison), John Fiedler
(Karl Lindner), Ed Hall und Douglas Tur-
ner (Moving Men)
Produzenten: Philip Rose, David J. Cogan
Regie: Lloyd Richards

Hinweis/Film:
Verfilmung des Schauspiels »A Raisin in
the Sun«, der Vorlage des Musicals.

A Raisin in the Sun
(Deutscher Titel: Ein Fleck in der
Sonne)
1961, USA – Paman-Doris Productions/
Columbia, 128 Min.
Deutsche Erstaufführung: 1961
Drehbuch: Lorraine Hansberry, nach
ihrem gleichnamigen Schauspiel
Darsteller: Sidney Poitier (Walter Lee
Younger), Claudia McNeil (Lena Youn-
ger), Ruby Dee (Ruth Younger), Diana
Sands (Beneatha Younger), Stephen Perry
(Travis Younger), Ivan Dixon (Asagai),
John Fiedler (Mark Lindner), Louis Gos-
sett (George Murchison), Joel Fluellen
(Bobo), Roy Glenn (Willie Harris), Louis
Terkel (Herman), Ray Stubbs (Barten-
der), George DeNormand (Employer),
Thomas D. Jones (Chauffeur), Rudolph
Monroe (Taxi Driver)
Produzenten: David Susskind, Philip Rose
Regie: Daniel Petrie

THE RED MILL

Musik: Victor Herbert
Songtexte: Henry Martyn Blossom
Buch: Henry Martyn Blossom
Premiere in New York, Knickerbocker
Theatre: 24. Septemper 1906

Personen und die Darsteller der Premiere:

Con Kidder	Fred A. Stone
Kid Conner	David Montgomery
Gretchen	Augusta Greenleaf
Captain Doris Van Damm	Joseph M. Ratliff
Tina	Ethel Johnson
Bertha	Allene Crater
Burgomaster Jan Van Borkem	Edward Begley
Govenor of Zeeland	Neal McCay
Franz	Charles Dox
Willem, Innkeeper	David L. Don
Countess de la Tere	Juliette Dika
Joshua Pennefeather	Claude Cooper
Flora	Constance Eastman
Dora	Kitty Howland
Lena	Paula Desmond
Anna	Cleo Sweninger
Phyllis	Estelle Baldwin
Madge	Sadie Probst

Produzent: Charles B. Dillingham
Regie: Fred G. Latham
Ort: Katwijk aan Zee/Niederlande
Zeit: »Gegenwart« (1906)

Handlung: Komikerstück im Holland-
Look. Heitere und groteske Abenteuer der
beiden Amerikaner Kid Conner und Con
Kidder, die in einer holländischen Hafenstadt mit allen möglichen Tricks versuchen,
Geld für die Heimreise zusammenzuraf-
fen. Sie geraten in Konflikt mit dem bor-
nierten Bürgermeister Jan Van Borkem.
Der hat Probleme mit seiner Tochter Gretchen, die partout nicht dem Wunsch ihres
Vaters nachkommen will, den Gouverneur
von Zeeland zu heiraten. Sie ist verliebt in
den Kapitän Doris Van Damm, mit dem sie
fliehen will. Die heimliche Verabredung
wird belauscht von Willem, dem Gastwirt,
der den Bürgermeister verständigt. Dieser

sperrt Gretchen kurzerhand in der Roten Mühle (Red Mill) ein, um sie von ihren romantischen Träumen zu heilen. Er hat aber nicht mit Kid Conner und Con Kidder gerechnet, die darangehen, Gretchen zu befreien. In spektalulärer Aktion helfen sie Gretchen, aus einem Fenster zu klettern und sich an einem Flügel der Windmühle zur Erde herabzulassen. Inzwischen hat der Bürgermeister für seine Tochter die Hochzeit mit dem Gouverneur vorbereitet. Doch zum Entsetzen aller ist die Braut nicht zu finden. Kid und Con bringen die ganze Hochzeitsgesellschaft durcheinander, indem sie in immer neuen Verkleidungen erscheinen, unter anderem als Sherlock Holmes und Dr. Watson. Die Nachricht, daß Kapitän Doris Van Damm plötzlich eine reiche Erbschaft gemacht hat, stimmt auch den Bürgermeister um, so daß er seiner Tochter Gretchen und dem Kapitän seinen Segen gibt. Happy End auch für Kid und Con, die nun die finanziellen Mittel erhalten, um nach Amerika zurückkehren zu können.

Anmerkung: THE RED MILL, das erfolgreichste Musical des Komponisten Victor Herbert, erzielte 1945 erneut Erfolg durch eine bemerkenswerte *Neuinzenierung:* New York, Ziegfeld Theatre: 16. Oktober 1945
In den Hauptrollen: Eddie Foy Jr. (Kid Conner), Michael O'Shea (Con Kidder), Dorothy Stone (Tina), Odette Myrtil (Madame La Fleur), Charles Collins (Gaston), Edward Dew (Governor), Lorna Byron (Juliana), Ann Andre (Gretchen), Robert Hughes (Captain Van Damm), Frank Jaquet (Burgomaster), George Meader (Franz)
Regie: Billy Gilbert

Die »Rote Mühle« war 1906 die erste elektrisch betriebene Theater-Illumination am Broadway.

Film:

The Red Mill
Stummfilm 1927, USA – Metro-Goldwyn-Mayer/Cosmopolitan Productions, 6337 ft/ 1932 m (71 Min.)

Drehbuch: Frances Marion, nach dem gleichnamigen Musical

Personen und ihre Darsteller:
Tina — Marion Davis
Dennis — Owen Moore
Gretchen — Louise Fazenda
Captain Jacob Edam — Karl Dane
Burgomaster — J. Russell Powell
Willem — George Siegmann
Caesar — Snitz Edwards
Governor — William Orlamond
Innkeeper — Fred Gambold
ferner: Sunshine Hart, Ignatz the Mouse

Regie: William B. Goodrich (d. i. »Fatty« Roscoe Arbuckle)

Songs und Musiknummern

Bühne:
Mignonette; Whistle It; Isle of Our Dreams; In Old New York; When You're Pretty and the World Is Fair; Moonbeams; Why the Silence?; Legend of the Mill; Every Day Is Ladies' Day With Me; I Want You to Marry Me; Al Fresco; Because You're You; Romanza?; Wedding Bells

Schallplatten:
St – Decca DL 8458, Capitol T 551

THE RINK
(Deutscher Titel: DIE ROLLSCHUHBAHN/ auch: DER ROLLSCHUH-PALAST)

Musik: John Kander
Songtexte: Fred Ebb
Buch: Terence McNally
Premiere in New York, Martin Beck Theatre: 9. Februar 1984

Personen und die Darsteller der Premiere:
Angel — Liza Minnelli
Anna Antonelli, her Mother — Chita Rivera
Dino, Angel's Father/Guy, a Wrecker/ Father Rocco/Debbie Duberman — Scott Holmes
Lenny/Lino, a Wrecker/Punk/ Uncle Fausto — Jason Alexander

Dino's Father/Ben, a Wrecker/Mrs. Silverman/Sister Philomena	Ronn Carroll
Lucky, a Wrecker/ Sugar/Punk/Arnie/ Suitor/Bobby Peril- lo/Danny	Scott Ellis
Buddy, a Wrecker/ Hiram/Mrs. Jack- son/Charlie/Suitor/ Junior Miller	Mel Johnson Jr.
Tony, a Wrecker/ Tom/Punk/Suitor/ Peter Reilly	Frank Mastrocola
Anna, Angel's Daughter (a Child)	Kim Hauser
Singers	Rob Marshall Jim Tushar

Produzenten: Jules Fisher, Roger Berlind, Joan Cullman, Milbro Productions, Kenneth-John Productions (mit Jonathan Farkas)
Choreographie: Graciela Daniele
Regie: A. J. Antoon
Ort: An der US-amerikanischen Ostküste
Zeit: »Gegenwart« (1984)

Handlung: Problembeladene Mutter-Tochter-Beziehung in wehmütigen Erinnerungsbildern. Der alte Rollschuh-Palast in einem heruntergekommenen Vergnügungspark hat ausgedient und soll abgerissen werden. Anna Antonelli hatte das Unternehmen fortgeführt, nachdem sie von ihrem Mann verlassen worden war. Nun ist die Bahn unrentabel geworden. Die Männer des Abbruchunternehmens sind schon eingetroffen, da erscheint plötzlich Annas Tochter Angel. Vor 15 Jahren war sie davongelaufen nach einem Zerwürfnis mit ihrer Mutter und hatte in Hippie-Kreisen in Kalifornien gelebt. Nun zieht es sie zurück an die Stätten ihrer Jugend. Sie ist entsetzt, daß die Rollschuhbahn abgerissen werden soll, denn für sie hängen damit Kindheitserinnerungen zusammen. Sie will den Abbruch verhindern, die Bahn erneuern, sie wieder attraktiv gestalten; immerhin ist sie Mitbesitzerin. Die Arbeiten werden aufgehalten. Wieder streiten Mutter und Tochter. Doch sie erinnern sich auch zurück. Die Arbeiter werden zu Gestalten von damals. Da ist Angels Vater Dino, der der Ehe entfloh und freiwillig in den Koreakrieg zog. Da ist der gute Lenny, der nie aufhörte, seine Schulfreundin Anna zu lieben, trotzdem sie Dino geheiratet hatte, und der auch jetzt bereit steht, um mit ihr fortzugehen und in Italien ein neues Leben zu beginnen. Da erscheinen der Großvater Dino, der Onkel Fausto und andere Gestalten aus der Vergangenheit. Und es lebt in der Erinnerung auf, daß Angel von ihrer Mutter gesagt bekam, ihr geliebter Vater sei tot. Und wie Angel dann von dem betrunkenen und unbeherrschten Onkel Fausto erfahren mußte, daß dies eine Lüge sei. Daraufhin war sie weggelaufen. Bis sie jetzt wiederkam aus Sehnsucht nach den guten alten Zeiten. Anna macht ihrer Tochter klar, daß diese vorbei sind, daß der Vergnügungspark ein Tummelplatz krimineller Elemente sei, und daß sie selbst schon Opfer einer Vergewaltigung geworden ist. Angel ist enttäuscht, nichts mehr vorzufinden, wie es einmal war. Sie hat eine kleine Tochter mitgebracht; mit ihr wollte sie wieder dort beginnen, wo sie aufgehört hatte. Anna und ihre Tochter versöhnen sich. Die Zukunft wird neues bringen. Ihre Vergangenheit endet mit dem Abbruch der Rollschuhbahn.

Auszeichnung: 1 Antoinette Perry Award (Tony) 1984: Weibliche Hauptrolle–Musical: Chita Rivera

Deutschsprachige Erstaufführung (Originaltitel): 8. März 1986, Bühnen der Stadt Bielefeld. Autor: Markus Weber

Songs und Musiknummern

Bühne:
Colored Lights; Chief Cook and Bottle Washer; Don't Ah Ma Me; Blue Chrystal; Under the Roller Coaster; Not Enough Magic; Here's to the Rink; We Can Make It; After All These Years; Angel's Rink and Social Center; What Happened to the Old Days; The Apple Doesn't Fall; Marry Me; Mrs. A.; The Rink; Wallflower; All the Children in a Row

Schallplatten:
NY – Polydor 823125, That's Entertainment TER 1091
L – That's Entertainment TER 1155

RIO RITA

Musik: Harry Tierney
Songtexte: Joseph McCarthy
Buch: Guy Bolton, Fred Thompson
Premiere in New York, Ziegfeld Theatre:
2. Februar 1927

Personen und die Darsteller der Premiere:

Rita Ferguson/Rio Rita	Ethelind Terry
Captain James Stewart/Jim	J. Harold Murray
Chick Bean	Bert Wheeler
Ed Lovett	Robert Woolsey
Dolly	Ada-May
Roberto Ferguson	Walter Petrie
Carmen	Helene C. Clive
General Enrique Joselito Esteban	Vincent Serrano
Katie Bean	Noel Francis
Davalos	Alf P. James
Padrone	Juan Viilasana
Reporter	Al Clair
Raquel	Gladys Glad
Conchita	Marion Benda
Juanita	Dorothy Wegman
Lolita	Peggy Blake
Margarita	Marie Conway
Santiago	Kay English
Sergeant Wilkins	Harry Ratcliffe
Escamillo	Pedro Rubin
Captain Gonzalis	Albert Carrillo
Herminia	Collette
Montezuma's Daughter	Katherine Burke

Aztec Goddesses: Marian Benda, Amy West, Helen Gardner, Yvonne Hughes, Agatha DeBussy, Gladys Glad, Myrna Darby, Dorothy Wegman
Gringitas/Cabaret Girls: Naomi Johnson, Peggy Cornell, Elsie Behrens, Nondas Wayne, Mabel Baade, Virginia Biddle, Kay English, Marion Strasmick, Ivanelle Ladd
Albertina Rasch Dancers: Mollie Peck, Florence Miller, Portia Grafton, Rita Pischel, Naomi de Musie, Josephine Hayes, Helen Derby, Betty McHugh, Franciska Mueller, Vivian Morgan, Jennie Dolova, Margaret Goldsworthy, Gladys Murphy, Elma Mayer, Janet Flynn, Harriet McHugh
Pianists: Constance Mering, Muriel Pollock

Produzent: Florenz Ziegfeld
Choreographie: Albertina Rasch, Sammy Lee
Regie: John Harwood
Ort: Santa Luca/Mexiko
Zeit: Anfang der 1920er Jahre

Handlung: Amerikanische Operette mit mexikanischem Kolorit. Captain James Stewart, genannt Jim, ist mit seinen Texas-Rangers auf der Suche nach einem berüchtigten mexikanischen Banditen, der als »The Kinkajou« bekannt ist. Er verfolgt ihn den Rio Grande entlang und über die Grenze bis in die Stadt Santa Luca. Hier begegnet er der temperamentvollen Rita Ferguson und verliebt sich in sie. Er hat aber in General Enrique Esteban einen eifersüchtigen Nebenbuhler. Jim ist beunruhigt, als der Verdacht auftaucht, der gesuchte Bandit sei Ritas Bruder Roberto. Hinterhältig weckt General Esteban bei Rita Zweifel an Jims wahrer Zuneigung. Er redet ihr ein, Jim benutze die Verbindung zu ihr nur, um ihren Bruder überführen zu können. Jim ist unglücklich darüber, daß Rita sich von ihm abwendet. Doch es gelingt ihm, den richtigen Banditen zu fangen, wodurch Roberto entlastet ist. Nun erkennt auch Rita das falsche Spiel Estebans, denn er ist es, den Jim festgenommen hat. Ihrer wahren Liebe zu Jim steht nichts mehr im Wege.

Anmerkung: Mit diesem Musical eröffnete Florenz Ziegfeld das »Ziegfeld Theatre« in New York, seinen neuen von Joseph Urban meisterhaft in Art déco gestalteten Theaterpalast in der 6. Avenue.
Erstes erfolgreiches Auftreten des später sehr beliebten Komikerpaares Bert Wheeler/Robert Woolsey.

Film:

Rio Rita
Tonfilm 1929, USA – RKO Radio Pictures – Schwarz-weiß mit einem Teil in zweifarbigem Technicolor (»River Barge Finale«), 135 Min.
Musik: Harry Tierney
Songtexte: Joseph McCarthy
Drehbuch: Russell Mack, Luther Reed, nach dem gleichnamigen Musical

Personen und ihre Darsteller:

Rita Ferguson	Bebe Daniels
Captain Jim Stewart	John Boles
Chick Bean	Bert Wheeler
Ed Lovett	Robert Woolsey
Dolly Bean	Dorothy Lee
Roberto Ferguson	Don Alvarado
General Ravenoff	Georges Renavent
Carmen	Eva Rosita
Katie Bean	Helen Kaiser
Sergeant McGinn	Sam Nelson
Corporal Wilkins	Fred Burns
Davalos	Tiny Sandford
Café Proprietor	Sam Blum
Padrone	Nick De Ruiz

Rangers: Benny Corbett, Fred Scott

Produzent: William LeBaron
Choreographie: Pearl Eaton
Regie: Luther Reed

Anmerkung: Filmdebüt des erfolgreichen Komikerpaares Bert Wheeler/Robert Woolsey, die ihre Bühnenrollen spielten.

Rio Rita
1942, USA – Metro-Goldwyn-Mayer, 91 Min.
Veränderte, anläßlich des Zweiten Weltkriegs ins Spionagemilieu verlegte Handlung – veränderte Songs.
Drehbuch: Gladys Lehman, Richard Connell, nach dem gleichnamigen Musical

Personen und ihre Darsteller:

Rita Winsloe	Kathryn Grayson
»Doc«	Bud Abbott
»Wishy«	Lou Costello
Ricardo Montera	John Carroll
Lucette Brunswick	Patricia Dane
Maurice Craindall	Tom Conway
Jake	Peter Whitney
Harry Gantley	Barry Nelson
Trask	Arthur Space
Gus	Dick Rich
Marianna	Eva Puig
Dotty	Joan Valerie
Julio	Mitchell Lewis
Pulque	Inez Cooper
Control Man	Douglass Newland
Mexican	Julian Rivero
Little Mexikan	Lee Murray
Dancer	Eros Volusia
Chef	Frank Penny
Golfer	David Oliver

Club Women: Jenny Mac, Vangie Beilby, Ruth Cherrington

Produzent: Pandro S. Berman
Regie: S. Sylvan Simon

Anmerkung: Die Handlung des Films wurde speziell auf das Komikerpaar Abbott und Costello zugeschnitten.

Songs und Musiknummern

Bühne:
Siesta Time; The Best Little Lover in Town; Sweethearts; River Song; Are You There?; Rio Rita; March of the Rangers; The Kinkajou; If You're in Love You'll Waltz; Out on the Loose; Following the Sun Around; I Can Speak Espagnol; The Jumping Bean; Moonshine; I'd Rather Have a Memory of You; You're Always in My Arms

Filme (1929, 1942):
Jumping Bean (1929); The Kinkajou (1929); Sweethearts (1929); River Song (1929); Rio Rita (1929, 1942); Siesta Time (1929); Espaniola (1929); Are You There? (1929); The Rangers' Song (1929, 1942); You're Always in My Arms (1929); The Spanish Shawl (1929); If You're in Love You'll Waltz (1929); Out on the Loose (1929); Poor Fool (1929); Following the Sun Around (1929); The Best Little Lover in Town (1929); Over the Boundary Line (1929); Sweetheart, We Need Each Other (1929); Long Before You Came Along (1929, 1942, Harold Arlen/K, E. Y. Harburg/T); Brazilian Dance (1942, Nino Barnet); Ora O Conga (1942, Lacerdo); Most Unusual Weather (1942)

ROBERTA

Musik: Jerome Kern
Songtexte: Otto Harbach
Buch: Otto Harbach, nach dem Roman
»Gowns by Roberta« (1933) von Alice Duer
Miller

Anmerkung: Das Musical wurde unter dem Titel »Gowns by Roberta« uraufgeführt am 21. Oktober 1933 in Philadelphia, Forrest Theatre, Regie: Jerome Kern, Otto Harbach. Wegen des offensichtlichen Mißerfolgs wurde das Stück umgearbeitet und von Hassard Short neu inszeniert. Unter dem Titel ROBERTA konnte es sich dann am Broadway durchsetzen.
Premiere in New York, New Amsterdam Theatre: 18. November 1933

Personen und die Darsteller der Premiere:

Huckleberry Haines	Bob Hope
Stephanie	Tamara/d. i. Tamara Drasin
John Kent	Raymond Middleton
Aunt Minnie/ Roberta	Fay Templeton
Billy Boyden	George Murphy
Madame Nunez/ Clementina Scharwenka	Lyda Roberti
Lord Henry Delves	Sidney Greenstreet
Sophie Teale	Helen Gray
Mrs. Teale	Jane Evans
Angele	Bobette Christine
Ladislaw	William Hain
Madame Grandet	Marion Ross
Luella Laverne	Nayan Pearce
Marie	Mavis Walsh
Monsieur Leroux	Ed Jerome
Sidonie	Berenice Alaire
The Buyer	Gretchen Sherman
The Flower Girl	Virginia Whitmore
The Bartender	William Torpey
Singer at Café Russe	George Djimos
Proprietor of Café Russe	Stanislaw Sarmatoff

Mannequins at Roberta's: Arden Kendrick, Florence Chumbecos, Lillian Monte, Phyllis Cameron, Catherine Laughlin, Barbara Child, Tania Sanina, Rose Gale, Barbara Adams, Virginia Whitmore, Ruth Hamilton, Josephine Roberts, Sally Bynum, Clara Waring, Sandra Walter, Peggy Fish
Alpha Beta Pi Members: Bert Doughty, Vernon Hammer, Buddy Hertelle, Jack Douglas, John Muccio, Michael Alvarez, Bob Gray, John Peters, Jimmy Ryan, Leon Alton, Bob Barrett
Debutantes: Carrol Renwick, Dorothy Lane, Norma Butler, Ruth Shaw, Rosalie Trego, Barbara Williams, Evelyn Monte, Bunny Hallow
Music Band »The California Collegians«: Fred MacMurray, Lou Wood, Herb Monteir, Ray Adams, Alan Jones, Neil Wood, Rene Du Plessis

Produzent: Max Gordon
Choreographie: José Limon, John Lonergan
Regie: Hassard Short
Ort: Vorspiel USA, dann Paris
Zeit: »Gegenwart« (1933)

Handlung: Komödie im Reich der Haute Couture mit Modenschau-Effekt. Der amerikanische Football-Star John Kent ist von Sophie Teale, seiner großen Liebe, verlassen worden. Um seinen Kummer zu betäuben, entschließt er sich, mit seinem Freund, dem Sänger Huckleberry Haines, nach Paris zu gehen. Dort sucht er seine Tante Minnie auf, die unter dem Namen »Roberta« einen bedeutenden Modesalon führt. Bei ihr lernt John die junge Modeschöpferin Stephanie kennen, eine Emigrantin aus Rußland. Er übernimmt, zusammen mit der künstlerisch begabten Stephanie, die Geschäftsführung des Unternehmens. Zwischen den beiden entspinnt sich ein herzliches Verhältnis, das allerdings von Sophie gestört wird, die versucht, wieder mit John in Kontakt zu kommen. Nachdem eine Modenschau mit neuen Kreationen großen Erfolg für Stephanie und John gebracht hat, wissen beide, daß sie zusammengehören. Zu allem Überfluß stellt sich heraus, daß Stephanie eine echte russische Prinzessin ist.

Anmerkung: In diesem Musical die erste größere Rolle für Bob Hope.

Film:

Roberta
1935, USA – RKO, 105 Min.
Veränderte Handlung, veränderte Songs
Musik: Jerome Kern
Drehbuch: Jane Murfin, Sam Mintz, Allan Scott, Glenn Tryon, nach dem gleichnamigen Musical

Personen und ihre Darsteller:

Stephanie	Irene Dunne
Huckleberry Haines – »Huck«	Fred Astaire
Lizzi Gatz/Countess Tanka Scharwenka	Ginger Rogers
John Kent	Randolph Scott
Aunt Minnie – Roberta	Helen Westley
Ladislaw	Victor Varconi
Sophie Teale	Claire Dodd
Alexander Petrovich Moscovich Voyda	Luis Alberni
Lord Henry Delves	Ferninand Munier
Albert	Torben Meyer
Professor	Adrian Rosley
Fernando	Bodil Rosing
Mrs. Teale	Mary Forbes
Purser	William B. Davidson
Reporter	Grace Hayle
Dance Extra	Dale Van Sickel

Restaurant Cossacks: Mike Tellegen, Sam Savitsky
Mannequins: Lucille Ball, Kay Sutton, Virginia Reid, Lorna Low, Jane Hamilton, Margaret McChrystal, Maxine Jennings, Lorraine DeSart, Wanda Perry, Donna Roberts, Betty Dumbries, Diane Cook, Virginia Carroll
Women: Zena Savine, Judith Vosselli, Rita Gould
»The Wabash Indianians« (Orchestra): Johnny »Candy« Candido, Muzzy Marcellino, Gene Sheldon, Howard Lally, William Carey, Paul McLarind, Hal Bown, Charles Sharpe, Ivan Dow, Phil Cuthbert, Delmon Davis, William Dunn

Produzent: Pandro S. Berman
Choreographie: Fred Astaire, Hermes Pan
Regie: William A. Seiter

Lovely to Look At
(Deutscher Titel: MÄNNER MACHEN MODE)
1952, USA – Metro-Goldwyn-Mayer – Technicolor, 102 Min.
Deutsche Erstaufführung: 1953
Veränderte Handlung, veränderte Songs.
Musik: Jerome Kern
Drehbuch: George Wells, Harry Ruby, Andrew Solt, nach dem Musical »Roberta«

Personen und ihre Darsteller:

Stephanie	Kathryn Grayson
Al Marsh	Red Skelton
Tony Naylor	Howard Keel
Clarisse	Marge Champion
Jerry Ralby	Gower Champion
Bubbles Cassidy	Ann Miller
Zsa Zsa	Zsa Zsa Gabor
Max Fogelsby	Kurt Kasznar
Pierre	Marcel Dalio
Diane	Diane Cassidy

Produzent: Jack Cummings
Choreographie: Hermes Pan
Regie: Mervyn LeRoy

Songs und Musiknummern

Bühne:
Let's Begin; Alpha, Beta, Pi / Madrigal; You're Devastating; Yesterdays; Something Had to Happen; The Touch of Your Hand; Fashion Show (instr.); I'll Be Hard to Handle (Bernard Dougall/T); Hot Spot; Smoke Gets In Your Eyes; Don't Ask Me Not to Sing
Nur bei der Uraufführung in Philadelphia:
An Armful of Trouble; Clementina; You Inspire a Mad Desire

Filme **Roberta** *(1935) / Lovely to Look At (1952):*
Sofern nicht anders angegeben: Jerome Kern/K. Die mit Zeichen ⊕ versehenen Titel entstammen dem Bühnenwerk.
Let's Begin (1935) ⊕; I'll Be Hard to Handle (1935) ⊕ (Bernard Dougall/neuer Text) (1952, Dorothy Fields/neuer Text); Yesterdays (1935, 1952) ⊕; Smoke Gets in Your Eyes (1935, 1952) ⊕; Lovely to Look At (1935, 1952, Dorothy Fields/T und Jimmy McHugh/T); I Won't Dance (1935, 1952,

Dorothy Fields und Jimmy McHugh/neuer Text, urspr. Oscar Hammerstein II/T aus dem Musical »Three Sisters«, London 1934); You're Devastating (1935) ⊕ (nur Backgroundmusik), (1952, Dorothy Fields/ neuer Text); The Touch of Your Hand (1935) ⊕ (nur Backgroundmusik) (1952) ⊕; Fashion Show (1935) ⊕ (Dorothy Fields/T); Don't Ask Me Not to Sing (1935) ⊕ (nur Backgroundmusik); Lafayette, We Are Here (urspr.: Clementina) (1952) ⊕ (Dorothy Fields/neuer Text); The Most Exciting Night (urspr.: An Armful of Trouble) (1952) ⊕ (Dorothy Fields/neuer Text); Opening Night (1952, Dorothy Fields/T und Jimmy McHugh/T – Komposition nicht von Jerome Kern!)

ferner eingefügt:
Back Home Again in Indiana (1935, James Hanley/K, Ballard MacDonald/T); Russian Song (1935, Traditional)

Schallplatten:
F – (»Roberta«) Classic International Filmmusicals CIF 3011, Sandy Hook SH 2061, (»Lovely to Look At«) MGM 105, MGM E 3230
St – (Joan Roberts, Jack Cassidy) Columbia OL 7030/OS 2530, (Kitty Carlisle, Alfred Drake) Decca DL 8007, (Lucille Norman, Gordon MacRae) Capitol T 384

THE ROCKY HORROR SHOW

(Deutscher Titel: DIE ROCKY HORROR SHOW)

Musik, Buch und Songtexte: Richard O'Brien
Premiere in London, Theatre Upstairs at the Royal Court Theatre: 19. Juni 1973
Premiere in New York, David Belasco Theatre: 10. März 1975

Personen und die Darsteller der Premieren London (L), New York (NY):

Narrator	Jonathan Adams (L) William Newman (NY)
Frank'n'furter	Tim Curry (L/NY)
Janet Weiss	Julie Covington (L) Abigail Haness (NY)
Brad Majors	Christopher Malcolm (L) Bill Miller (NY)
Riff-Raff	Richard O'Brien (L/NY)
Magenta/Usherette/ Belasco Popcorn Girl	Patricia Quinn (L) Jamie Donnelly (NY)
Columbia	Little Nell/d. i. Nell Campbell (L) Boni Enten (NY)
Rocky	Rayner Bourton (L) Kim Milford (NY)
Eddie	Paddy O'Hagan (L) Meat Loaf (NY)
Dr. Everett Scott	Paddy O'Hagan (L) Meat Loaf (NY)

Produzenten: Michael White (L), Lou Adler, Michael White (NY)
Regie: Jim Sharman (L/NY)
Ort: »Frankenstein Place« bei der englischen Kleinstadt Denton
Zeit: Anfang der 1950er Jahre

Handlung: Rock-, Schock-, Sex- und Voyeurismus-Musical – Schwülstige Mischmasch-Parodie auf Transvestismus, Frankenstein, Science-fiction, Horror- und Monster-Filme mit Anspielungen auf Rock-Idole der 1950er Jahre. Brad und Janet sind ein junges Paar, das infolge einer Autopanne in ein einsam gelegenes, rätselhaftes Schloß gerät. Die beiden werden vom Schloßherrn Frank'n'furter aufgenommen. Er ist ein sexbessener Transvestit aus einem galaktischen Transsylvanien, der sich merkwürdig gekleidet hat mit Korsagen, Strapsen, Netzstrümpfen und Stöckelschuhen. Ebenso absonderlich sind seine Hausgenossen, der bleiche, bucklige Diener Riff-Raff, das mysteriöse Dienstmädchen Magenta und Columbia, eine verführerische Schöne. Frank'n'furter nötigt seine unfreiwilligen Gäste an einem Experiment teilzunehmen; er erschafft in seinem Laboratorium die Super-Sex-Kreatur Rocky, hauptsächlich zur Befriedigung seiner selbst. Die feierliche Zeremonie wird jäh gestört durch einen wilden Ausbruch von Eddie, einem Botenjungen, den Frank'n'furter für ein weiteres Experiment in einer Tiefkühltruhe aufbewahrt hatte. Eddie wird von Frank'n'furter erschlagen. Die folgende Nacht ist voller sexueller Aktivitäten, in der Frank'n'furter durch hinterlistige Tricks sowohl Janet als auch Brad verführt. Verstört fällt Janet in die starken Arme von Rocky, der vor dem sadistischen Riff-Raff geflohen ist. Frank'n'furter ist voller Eifersucht. Zornig will er Rocky und Riff-Raff bestrafen. Da verunsichert ihn das Erscheinen von Dr. Scott, einem Wissenschaftler, der sich nur im Rollstuhl bewegen kann. Dr. Scott ist auf der Suche nach seinem Neffen Eddie, dessen Spur sich bei Frank'n'furter verlor. Dieser befürchtet ein Komplott seiner Gäste gegen sich. Kurzerhand bedient er sich seiner Zauberkünste, verhext alle seine Gäste sowie auch Rocky und Columbia und veranstaltet mit ihnen, bizarr gekleidet und geschminkt wie er selbst, ein groteskes Bühnenspektakel, bei dem er selbst die Hauptrolle spielt. Riff-Raff bricht plötzlich herein und beendet, unterstützt von Magenta, das makabre Spiel. Er erklärt, daß er wegen Frank'n'furters außergewöhnlicher Dekadenz die Führerschaft der Transsylvaner übernehme und erledigt seinen bisherigen Herrn mit einer Laserkanone. Auch Columbia und Rocky werden nicht verschont. Dann versetzt Riff-Raff das ganze Schloß wieder ins galaktische Transsylvanien. Zurück bleiben Brad, Janet und Dr. Scott, betäubt und geschockt. Das unheimliche Schloß ist vom Winde verweht.

Anmerkung: »The Rocky Horror Show« entwickelte sich aus kleinsten Anfängen in einem schlichten Londoner Theaterraum mit 60 Plätzen zu einem weltweiten, noch immer anhaltenden Erfolg bei einer eingeschworenen Fan-Gemeinde. Die naive, unkonventionelle, halbseidene, sex-schwülstige Parodie findet beim meist jugendlichen Publikum heitere Aufnahme, besonders weil das Spiel die Zuschauer mit einbezieht. Bei heutigen Veranstaltungen des Musicals auf der Bühne oder des Films »The Rocky Horror Picture Show« pflegen die Zuschauer bizarr geschminkt und kostümiert zu erscheinen und die Vorstellungen zu einem karnevalähnlichen Happening zu machen.

Deutschsprachige Erstaufführung:
20. Januar 1980, Theater der Stadt Essen.
Autor: Horst Königstein

Film:

The Rocky Horror Picture Show
1975, Großbritannien – 20th Century-Fox – Eastmancolor, 101 Min.
Deutsche Erstaufführung (Originaltitel):
1977
Leicht veränderte Handlung.
Musik und Songtexte: Richard O'Brien
Drehbuch: Jim Sharman, Richard O'Brien, nach dem Musical »The Rocky Horror Show«

Personen und ihre Darsteller:

Frank N. Furter	Tim Curry
Janet Weiss	Susan Sarandon
Brad Majors	Barry Bostwick
Riff-Raff	Richard O'Brien
Dr. Everett Scott	Jonathan Adams
Columbia	Little Nell/d. i. Nell Campbell
Rocky	Peter Hinwood
Eddie	Meat Loaf
Magenta	Patricia Quinn
Narrator/Criminologist	Charles Gray
Betty Munroe	Hilary Labow
Wedding Dad	Frank Lester
Wedding Guest	Mark Johnson
Father	John Marquand

Bridesmaids: Koo Stark, Petra Leah, Gina Barrie
Transsylvanians: Annabelle Leventon, Tony Then, Hugh Cecil, Stephen Calcutt, Henry Woolf, Fran Fullenwider, Imogen Claire, Sadie Corre, Christopher Biggins, Perry Bedden, Peggy Ledger, Lindsay Ingram, Gaye Brown, Pam Obermeyer, Anthony Milner, Kimi Wong, Ishaq Bux, Tony Cowan

Produzenten: Michael White, John Goldstone
Choreographie: David Toguri
Regie: Jim Sharman

Songs und Musiknummern

Bühne:
Science Fiction/Double Feature; Damn It, Janet (Wedding Song); Over at the Frankenstein Place; Sweet Transvestite; Time Warp; The Sword of Damocles; Charles Atlas Song (I Can Make You a Man); What Ever Happened to Saturday Night?; Once in a While; Touch-a, Touch-a, Touch-a, Touch Me; Eddie's Teddy; Planet Shmanet Janet; Rose Tint My World (It Was Great When It All Began); I'm Going Home; Super Heroes

Film The Rocky Horror Picture Show:
Science Fiction/Double Feature; Wedding Song; Over at the Frankenstein Place; The Time Warp; Sweet Transvestite; The Sword of Damocles; Charles Atlas Song; What Ever Happened to Saturday Night?; Touch-a, Touch-a, Touch-a, Touch Me; Eddie's Teddy; Planet Shmanet Janet; It Was Great When It All Began; I'm Going Home; Super Heroes

Schallplatten:
NY – ODE SP 77026
L – DOJO LP 54, First Night FNS 17, (1990) Chrysalis CCD 1811
F – ODE OSV 21653
D/B – Ariola 202146–315

Hinweis/Film:
Mit dem nachfolgend genannten, als Satire auf TV-Kandidatenspiele gedachten Film versuchte das Team Richard O'Brien, John Goldstone und Jim Sharman an den o. g. Filmerfolg anzuknüpfen.

Shock Treatment
1981, Großbritannien – 20th Century-Fox/Michael White Ltd. – Technicolor, 94 Min.
Deutsche Erstaufführung (Originaltitel): 1981
Film-Musical
Drehbuch: Jim Sharman, Richard O'Brien, Brian Thomson
Darsteller: Jessica Harper (Janet Majors), Cliff De Young (Brad Majors/Farley Flavors), Richard O'Brien (Cosmo McKinley), Patricia Quinn (Nation McKinley),

Charles Gray (Judge Oliver Wright); Nell Campbell (Nurse Ansalong), Ruby Wax (Betty Hapschatt), Barry Humphries (Bert Schnick), Rik Mayall (»Rest Home« Ricky), Darlene Johnson (Emily Weiss), Manning Redwood (Harry Weiss), Wendy Raebeck (Macy Struthers), Jeremy Newson (Ralph Hapschatt), Betsy Brantley (Neely), Chris Malcolm (Vance Parker), Ray Charleson (Floor Manager), Eugene Lipski (Kirk), Barry Dennen (Irwin Lapsey), Gary Shail (Oscar Drill), Imogen Claire (Wardrobe Mistress), Donald Waugh, Claire Toeman, Sinitta Renet, David John, Gary Martin
ferner: (Neely's Crew) Perry Bedden, Rufus Collins
Produzent: John Goldstone
Choreographie: Gillian Gregory
Regie: Jim Sharman
Songs (Urheber: Richard Hartley, Richard O'Brien):
Denton, USA; Bitchin' in the Kitchen; In My Own Way; Thank God I'm a Man; Farley's Song; Lullaby; Little Black Dress; Me of Me; Shock Treatment; Carte Blanche; Looking for Trade; Look What I Did to My Id; Breaking Out; Duel Duet; Anyhow, Anyhow
Schallplatten: ODE WB LLA 3615, Warner Bros. WAR 56957

Anmerkung: Unter dem Titel »Shock Treatment« existiert ein weiterer Film (USA 1963 – Deutscher Titel: »Mörder mit der Gartenschere«); ferner ist »Shock Treatment« der englische Titel des französisch-italienischen Films von 1972 »Traitement de choc«/»L'uomo che uccideva a sangue Freddo« (Deutscher Titel: »Der Schocker«). Beide Produktionen haben mit dem oben genannten Film »Shock Treatment« nichts zu tun.

ROSE - MARIE

Musik: Rudolf Friml, Herbert Stothart
Buch und Songtexte: Oscar Hammerstein II., Otto Harbach
Uraufführung: New York, Imperial Theatre: 2. September 1924

Personen und die Darsteller der Uraufführung:

Rose-Marie La Flamme	Mary Ellis
Jim Kenyon	Dennis King
Hard-Boiled Herman	William Kent
Lady Jane	Dorothy Mackaye
Sergeant Malone	Arthur Deagon
Edward Hawley	Frank Greene
Wanda	Pearl Regay
Emile La Flamme	Eduardo Ciannelli
Black Eagle	Neil Moore
Ethel Brander	Lela Bliss

Produzent: Arthur Hammerstein
Choreographie: David Bennett
Regie: Paul Dickey
Ort: Kanada / Distrikt Saskatchewan, Rocky Mountains, Quebec
Zeit: Gegen Ende des vergangenen Jahrhunderts

Handlung: Amerikanische Operette – Krimi- und Liebesgeschichte in den kanadischen Rocky Mountains. Die schöne Sängerin Rose-Marie La Flamme wendet sich von ihrem Liebhaber, dem reichen Geschäftsmann Ed Hawley, ab und dem jungen Pelzjäger Jim Kenyon zu. Jim gerät in Schwierigkeiten, als der eifersüchtige Ed den Verdacht auf ihn lenkt, den Indianer Black Eagle ermordet zu haben. Nur Rose-Marie glaubt an Jims Schuldlosigkeit. Die berühmten Canadian Mounties, geführt von Sergeant Malone, machen sich auf, den Mörder zu suchen – und finden ihn schließlich. Es ist nicht Jim, sondern eine junge Indianerin, die Geliebte von Ed Hawley, wodurch dieser mitbelastet wird. Jim ist rehabilitiert und kann nun mit Rose-Marie einer unbeschwerten Zukunft entgegensehen.

Deutschsprachige Erstaufführung (Originaltitel):
1) 28. Januar 1933, Stadttheater Brüx-Saaz / C.S.R.. Autor: Rideamus / d. i. Fritz Oliven
2) 3. August 1963, Zürich-Wollishofen (Freilichtaufführung/Landi-Areal). Autor: Ferry Olsen

Filme:

Rose-Marie
Stummfilm 1928, USA – Metro-Goldwyn-Mayer, 7745 ft/2361 m (87 Min.)
Veränderte Handlung.
Drehbuch: Lucien Hubbard, nach dem gleichnamigen Musical

Personen und ihre Darsteller:

Rose-Marie	Joan Crawford
Jim Kenyon	James Murray
Sgt. Terence Malone	House Peters
Étienne Duray	Creighton Hale
Black Bastien	Gibson Gowland
Fuzzy	George Cooper
Henri Duray	Lionel Belmore
Émile La Flamme	William Orlamond
Lady Jane	Polly Moran
Trooper Gray	Harry Gribbon
Wanda	Gertrude Astor
Jean	Ralph Yearsley
Hudson	Sven Hugo Borg

Regie: Lucien Hubbard

Rose-Marie
1936, USA – Metro-Goldwyn-Mayer, 113 Min.
Deutsche Erstauffführung (Originaltitel): 1939
Veränderte Handlung, veränderte Songs.
Drehbuch: Frances Goodrich, Albert Hackett, Alice Duer Miller, frei nach dem gleichnamigen Musical

Personen und ihre Darsteller:

Marie de Flor	Jeanette MacDonald
Sergeant Bruce	Nelson Eddy
John Flower	James Stewart
Meyerson	Reginald Owen
»Romeo«-Opera Singer/Mario Cavaradossi	Allan Jones
Premier	Alan Mowbray
Teddy	David Niven
Bella	Gilda Gray
Boniface	George Regas
Anna	Una O'Connor
Mr. Daniels	Herman Bing
Mr. Gordon	Halliwell Hobbes
Susan	Aileen Carlyle
Emil	Paul Porcasi

Joe, Piano Player	James Conlin	Inspector Appleby	Ray Collins
Edith	Dorothy Gray	Black Eagle	Chief Yowlachie
Café Manager	Robert Greig	Johnny Lang	Pepi Lanzi
Storekeeper	Lucien Littlefield	Clerk	James Logan
Corn Queen	Mary Anita Loos	Indian Medicine Man	Thurl Ravenscroft
Mounted Policeman	Edgar Dearing	Indian Warrior	Abel Fernandez
Travelling Salesman	Pat West	Mess Waiter	Billy Dix
Stage Manager	Milton Owen	Mountie	Marshall Reed
Doorman	David Clyde	Corporal	Sheb Wooley
Commandant	Russell Hicks	Committeeman	Dabbs Greer
Louis	Leonard Carey	Hostess	Sally Yarnell
Pop, Trapper	Bert Lindley	Attorney	Gordon Richards
Trapper	James Mason	Judge	Lumsden Hare
Brawler	Jack Pennick	Trapper	Mickey Simpson
Newsboy	Matty Roubert		
Guest	Major Sam Harris		
Elevator Operator	Ernie Alexander		
Corporal	Fred Graham		
Butcher at Hotel	Delos Jewkes		

Woodsmen: Al Ferguson, Frank Ragney
Orderlies: John Pickard, John Damler

Produzent: Mervyn LeRoy
Choreographie: Busby Berkeley
Regie: Mervyn LeRoy (Tanzszenen: George Stoll)

Songs und Musiknummern

Bühne:
Komponisten gemäß nachfolgenden Zeichen: ⊕ Herbert Strothart/⊕⊕ Rudolf Friml
Vive la Canadienne ⊕; Sing Foldirol ⊕; Hard-Boiled Herman ⊕; Rose-Marie ⊕⊕; The Mouties ⊕/⊕⊕; Lak Jeem ⊕⊕; Indian Love Call ⊕⊕; Pretty Things ⊕⊕; Ballet Eccentric ⊕ (instr.); Why Shouldn't We? ⊕; Totem Tom-Tom ⊕/⊕⊕; Only a Kiss ⊕; Empire March and Gavotte ⊕ (instr.); The Minuet of the Minute ⊕; Wanda Waltz ⊕ (instr.); Door of My Dreams/Bridal Procession ⊕⊕

Admirers in Hall: Rolfe Sedan, Louis Mercier
Dancers: David Robel, Rinaldo Alacorn
Barflies: John George, Lee Phelps
Opera Fans: Agostino Borgato, Adrian Rosley

Produzent: Hunt Stromberg
Choreographie: Chester Hale
Regie: W. S. Van Dyke (Opernszenen: William Von Wymetal)

Anmerkung: Dieser Film im amerikanischen Fernsehen auch unter dem Titel INDIAN LOVE CALL.

Rose-Marie
1954, USA – Metro-Goldwyn-Mayer – CinemaScope/Technicolor, 115 Min.
Deutsche Erstaufführung (Originaltitel): 1955
Veränderte Handlung, veränderte Songs.
Drehbuch: Ronald Millar, Geore Froeschel, nach dem gleichnamigen Musical

Personen und ihre Darsteller:

Rose Marie Lemaitre	Ann Blyth
Mike Malone	Howard Keel
James (Jim) Severn Duval	Fernando Lamas
Barney McCorkle	Bert Lahr
Lady Jane Dunstock	Marjorie Main
Wanda	Joan Taylor

Filme (1936, 1954)
Die mit Zeichen ⊕ versehenen Titel entstammen dem Bühnenwerk.
Rose-Marie (1936, 1954)⊕; Indian Love Call (1936, 1954)⊕; The Mounties (1936, 1954)⊕; Totem-Tom-Tom (1936, 1954)⊕; Lak Jeem (1936)⊕; Just for You (entnommen dem Finaletto des Bühnenwerks, 1936, Rudolf Friml/K u. Herbert Stothart/K, Gus Kahn/T); Pardon Me, Madame (1936, Herbert Stothart/K, Gus Kahn/T); Dinah (1936, Harry Akst/K, Sam Lewis/T, Joe Young/T); Some of These Days (1936, Shelton Brooks/K u. T); Juliette's Waltz (aus »Romeo und Julia«),

(1936, Charles François Gounod/K, Jules Barbier/T, Michel Carré/T); Arie (aus »Tosca«) (1936, Giacomo Puccini/K); Tes Yeux (1936, Rene Alphonse Rabey); St. Louis Blues (1936, W. C. Handy); Three Blind Mice (1936, Traditional); The Door of My Dreams (1954)⊕
ferner neugeschrieben für den Film 1954:
The Right Place for a Girl (Rudolf Friml/K, Paul Francis Webster/T); Free to Be Free (Rudolf Friml/K, Paul Francis Webster/T); Love and Kisses (Rudolf Friml/K, Paul Francis Webster/T); I Have the Love (Rudolf Friml/K, Paul Francis Webster/T); I'm a Mountie Who Never Got His Man (George Stoll/K, Herbert Baker/T)
Anmerkung:
Der Song »Indian Love Call« ist in Deutschland bekannt als Schlagerlied mit dem Titel »Über die Prärie«.

Schallplatten:
L – World Records SHB 37
F – (1936) Hollywood Soundstage HS 414, (1954) MGM E 229, MGM 3769, MGM SES 41, MGM 09004 (A), Metro MS 616
St – (Ausschnitte/Jeanette MacDonald, Nelson Eddy) RCA LP 526, (Julie Andrews, Giorgio Tozzi) RCA Victor LOP/LSO 1001, (französisch) Pathé 30146, CBS S 62346

THE ROTHSCHILDS

Musik: Jerry Bock
Songtexte: Sheldon Harnick
Buch: Sherman Yellen, nach dem Buch »The Rothschilds, a family portrait« (1962) von Frederic Morton
Premiere in New York, Lunt-Fontanne Theatre: 19. Oktober 1970

Personen und die Darsteller der Premiere:

Mayer Rothschild	Hal Linden
Gutele (Mama) Rothschild	Leila Martin
Nathan Rothschild	Paul Hecht
Hannah Cohen	Jill Clayburgh
Prince William of Hesse	Keene Curtis
Jacob Rothschild	Chris Sarandon
Amshel Rothschild	Timothy Jerome
Solomon Rothschild	David Garfield
Kalman Rothschild	Allan Gruet
Young Amshel Rothschild	Lee Franklin
Young Solomon Rothschild	Robby Benson
Young Nathan Rothschild	Michael Maitland
Young Jacob Rothschild	Mitchell Spera
Budurus	Leo Leyden
Blum	Howard Honig
Mrs. Kaufman	Nina Dova
Mrs. Segal	Peggy Cooper
Joseph Fouche	Keene Curtis
Herries	Keene Curtis
Prince Metternich	Keene Curtis
Guard	Roger Hamilton
First Urchin	Michael Maitland
Second Urchin	Kim Michels
Third Urchin	Robby Benson
First Vendor	Thomas Trelfa
Second Vendor	Kenneth Bridges
Third Vendor	Jon Peck
General	Paul Tracey
First Banker	Elliot Savage
Second Banker	Carl Nicholas
Peasant	Christopher Chadman
Sceptic	Paul Tracey

ferner: Rick Atwell, Steve Boockvor, Henry Brunjes, Patrick Cummings, Vicki Frederick, Penny Guerard, Ann Hodges, Del Lewis, John Mineo, Ted Pejovich, Denise Pence, Jean Richards, Wilfred Schuman, Lani Sundsten

Produzenten: Lester Osterman, Hillard Elkins
Choreographie: Michael Kidd
Regie: Michael Kidd
Orte: Kassel / Frankfurt am Main / London / Aachen
Zeit: Zwischen 1772 und 1822

Handlung: Biografie eines deutschen Ghetto-Juden – Leben und Streben des Mayer Amschel Rothschild aus Frankfurt am Main, der mit seinen fünf Söhnen das einflußreiche Bankhaus Rothschild aufbaut (teilweise nicht den Tatsachen ent-sprechend). Von einer kurzen Banklehre in Hannover 1772 nach Frankfurt am Main zurückgekehrt, ist es der größte Wunsch des jungen Mayer Rothschild, seine Gutele heiraten und eine Familie mit möglichst vielen Söhnen gründen zu können. Doch die Juden in Frankfurt unterliegen Beschränkungen, die ihm eine baldige Heirat unmöglich machen. Durch den Handel mit seltenen Münzen zu einem kleinen Kapital gekommen, gelingt es ihm, mit Budurus, dem Sekretär des Prinzen von Hessen-Kassel, in Kontakt zu kommen, Finanzberater des Hofes zu werden, und zur Heirat eine Sondergenehmigung zu erhalten. Die Restriktionen, denen die Juden in Frankfurt und anderen Zentren Europas ausgesetzt sind, sowie der Zwang, in Ghettos hinter Mauern leben zu müssen, ärgern Rothschild. Er weiß, daß es nur eine Macht gibt, die Verhältnisse zu verbessern: Den Einfluß des Geldes. Er wird Vater von fünf Söhnen, die sich unter seiner Anleitung zu Bankexperten entwickeln. Mehrfach muß die Familie Pogrome im Frankfurter Ghetto über sich ergehen lassen, doch sie schützen sich und ihren Besitz durch Kellerverstecke. Es gelingt Rothschild, Kontakte zu europäischen Fürstenhöfen zu knüpfen. Durch Kreditvergabe unterstützt er ihren Widerstand gegen den Eroberer Napoleon. Sein dritter Sohn, Nathan, faßt Fuß in England, heiratet dort Hannah Cohen, bleibt aber dem Familiensitz im Frankfurter Ghetto verbunden. Der Vater ermahnt seine Söhne, nur nach gründlichen Recherchen zu handeln. Ein eigener Informationsdienst der Familie wird eingerichtet. Nathan gewährt dem Fürsten Metternich einen Kredit auf das Versprechen hin, den Juden nach einem Sieg über Napoleon mehr Rechte einzuräumen. Der alte Rothschild ist skeptisch. Mit seinen Söhnen reist er 1818 zum Kongreß nach Aachen, um von Metternich die Einlösung des Versprechens zu erreichen. Doch dieser zeigt sich nicht bereit, Reformen für die Juden einzuleiten. Mayer Rothschild verpflichtet auf dem Sterbebett seine Söhne, stets zu handeln, wie sie es von ihm gelernt haben.

Durch finanztaktische Maßnahmen bringen die Rothschilds den Fürsten Metternich an den Rand eines Staatsbankrotts. Nun wird er endlich nachgeben. Die Ghetto-Mauern werden fallen und die Juden frei sein. Das Ziel, das Mayer Rothschild sich gesetzt hatte, wird erreicht werden, und das von ihm mit seinen Söhnen gegründete Bankhaus – inzwischen in mehreren Zentren Europas angesiedelt – wird seinen Einfluß auf die Politik noch vergrößern.

Anmerkung: Meyer Amschel Rothschild (1744–1812), geboren in Frankfurt am Main. Zunächst Münz- und Warenhändler. Begründer des Stammhauses der Banker-Dynastie (bis 1901 Familienbesitz in Frankfurt). Seine Söhne (»Die fünf Frankfurter«) erweiterten das Bankgeschäft und dehnten ihren Einfluß auf Europa aus: Amschel Meyer Rothschild (1773–1855) in Frankfurt/Main, Salomon Meyer Rothschild (1774–1855) in Wien, Nathan Meyer Rothschild (1777–1836) in London, Carl Meyer Rothschild (1788–1855) in Neapel, Jacob (James) Meyer Rothschild (1792–1868) in Paris. Meyer Amschel Rothschild und seine Frau Gudula (Gutel) hatten auch noch fünf Töchter.
Wilhelm von Hessen-Kassel (1743–1821), Erbprinz. Ab 1764 Regent der Grafschaft Hessen-Hanau-Münzenberg, 1785–1803 als Wilhelm IX. Landgraf, 1803–1807 und ab 1813 (im vergrößerten Kurhessen) als Wilhelm I. Kurfürst.
Klemens Wenzel Graf Metternich (1773–1859), österreichischer Staatsmann, Fürst (ab 1813), Herzog von Portella (ab 1818).

Das Musical verfälscht – vermutlich dramaturgischer Effekte wegen – die Biografie des Meyer Amschel Rothschild und teilweise auch die seiner Söhne. Entgegen den Jahresangaben des Musicals kehrte Meyer Amschel Rothschild (Schreibweise nach seiner eigenen Unterschrift!) bereits im Frühjahr 1764 (nicht 1772) von einer kurzen Banktätigkeit in Hannover nach Frankfurt am Main zurück und kam bald darauf in Kontakt mit dem Hof des Erbprinzen Wilhelm von Hessen-Kassel,

Regent der Grafschaft Hessen-Hanau-Münzenberg. Durch Erlaß des Fürsten vom 21. September 1769 durfte er sich »Fürstlich Hessen-Hanauischer Hoffaktor« nennen, und am 29. August 1770 heiratete er die siebzehnjährige Gudula (Gutel) Schnapper. Mit dem Schatzmeister (nicht Sekretär) Carl Friedrich Buderus (nicht Budurus) des inzwischen (1785) zum Landgraf Wilhelm IX. avancierten Erbprinzen konnte Meyer Amschel Rothschild erst 1787 in Verbindung kommen. Der dritte Sohn, Nathan Meyer Rothschild, war seit 1798 in England und residierte nach seiner Heirat mit Hanna Cohen im Oktober 1806 als Chef des englischen Hauses in London. Meyer Amschel Rothschild verstarb am 19. September 1812 in Frankfurt. Der Autor des Musicals aber läßt ihn, alt und gebrechlich, noch sechs Jahre später nach Ende der Napoleonischen Kriege auf dem Kongreß der Monarchen in Aachen (29. September – 21. November 1818) erscheinen und in einen großen Ball mit Metternich à la Wiener Kongreß geraten. Metternich zeigt sich dabei im Musical unnahbar und unnachgiebig gegenüber der Familie Rothschild. Hingegen war vier Söhnen Rothschild auf seine Veranlassung hin bereits im März 1817 der Adelstitel »von« verliehen worden. Den Titel »Baron« erhielten alle fünf Brüder im Jahre 1822.

Auszeichnungen: 2 Antoinette Perry Awards (Tonys) 1971: Männliche Hauptrolle–Musical: Hal Linden / Männliche Nebenrolle–Musical: Keene Curtis

Songs und Musiknummern

Bühne:
Pleasure and Privilege; One Room; He Tossed a Coin; Sons; Everything; Rothschild and Sons; Allons; Give England Strength; This Amazing London Town; They Say; I'm in Love! I'm in Love!; In My Own Lifetime; Have You Ever Seen a Prettier Little Congress?; Stability; Bonds; The Will

Schallplatte:
NY – Columbia S 30337

Hinweis/Film:
Leben und Handeln von Meyer Amschel Rothschild und seinen fünf Söhnen ist auch Thema der nachfolgend genannten Filme.

The House of Rothschild
1934, USA – United Artists/20th Century – Schwarz-weiß mit einer Finale-Szene in dreifarbigem Technicolor, 94 Min.
Drehbuch: Nunnally Johnson, nach einem nicht produzierten Theaterstück von George Hembert Westley
Darsteller: George Arliss (Mayer Rothschild/Nathan Rothschild), Boris Karloff (Count Ledrantz), Loretta Young (Julie Rothschild), Robert Young (Captain Fitzroy), C. Aubrey Smith (Duke of Wellington), Arthur Byron (Baring), Helen Westley (Gudula Rothschild), Reginald Owen (Herries), Florence Arliss (Hannah Rothschild), Alan Mowbray (Metternich), Holmes Herbert (Rowerth), Ivan Simpson (Amschel Rothschild), Paul Harvey (Solomon Rothschild), Noel Madison (Carl Rothschild), Murray Kinnell (James Rothschild), Georges Renavent (Talleyrand), Oscar Apfel (Prussian Officer), Lumsden Hare (Prince Regent), Leo McCabe (Amschel's Secretary), Gilbert Emery (Prime Minister), Charles Evans (Nesserolde), Lee Kohlmar (Doctor), William Strauss (Messenger), Mathew Betz (Prussian Guard), Walter Long (Prussian Soldier), Leonard Mudie (Tax Collector in Prussia), Wilfred Lucas (Page)
(Stock Traders): Reginald Sheffield, Brandon Hurst, Harold Minjir, Horace Claude Cooper, Craufurd Kent
(Guests at Hall of Reception): Desmond Roberts, Ethel Griffies
(Rothschild Children): Gerald Pierce, Milton Kahn, George Offerman Jr., Cullen Johnson, Bobbie La Manche
Produzent: Darryl F. Zanuck
Regie: Alfred Werker (mit Maude T. Howell)

Die Rothschilds
1940, Deutschland – Ufa, 97 Min.
Antisemitischer, nationalsozialistischer Propagandafilm (siehe Anmerkung)

Drehbuch: C. M. Köhn, Gerhard T. Buchholz, nach einer Idee von Mirko Jelusich
Darsteller: Carl Kuhlmann (Nathan Rothschild), Hilde Weißner (Sylvia Turner), Gisela Uhlen (Phyllis Bearing), Erich Ponto (Mayer Anselm Rothschild), Albert Lippert (James Rothschild), Walter Linkmann (Leib Hersch, Mayer Amschels Kurier), Rudolf Carl (Rubiner), Michael Bohnen (Kurfürst Wilhelm IX., Landgraf von Hessen), Herbert Wilk (George Crayton), Waldemar Leitgeb (Lord Wellington), Ursula Deinert (Harriet, seine Geliebte), Walter Frank (Herris, Oberkommissar des englischen Schatzamtes), Bernard Minetti (Fouché, Herzog von Otranto, Napoleons Polizeiminister), Hans Leibelt (König Ludwig XVIII. von Frankreich), Hubert von Meyerinck (Baron Vitrolles, sein Hofmarschall) (Nathans Agenten): Hans Stiebner (Bronstein), Bruno Hübner (Ruthworth) (Bankiers): Herbert Hübner (Turner), Albert Florath (Bearing), Herbert Gernot (Clifford), Theo Shall (Selfridge) und Roma Bahn, Erwin Biegel, Erwin Brosig, Rudolf Essek, Kunibert Gensichen, Fred Goebel, Carl Hannemann, Hannsgeorg Laubenthal, Walter Lieck, Hadrian Maria Netto, Werner Pledath, Klaus Pohl, Eugen Rex, Ernst Rothmund, Hans Hermann Schaufuß, Hans Adalbert von Schlettow, Dr. Ernst Stimmel, Otz Tollen, Herbert Weißbach, Eduard Wenck, Ewald Wenck, Ruth-Ines Eckermann, Günther Ballier, Conrad Curd Cappi, Georg Heinrich Schnell, Walter Schramm-Duncker, Paul Westermeier
Regie: Erich Waschneck
Anmerkung: Der Film entstand nach Beginn des Zweiten Weltkriegs und diente zur Stimmungsmache, sowohl gegen England als auch gegen die Juden. Er sollte im Sinne der nationalsozialistischen Judenverfolgung wirken. Tatsachen wurden verfälscht oder so zurechtgebogen, daß sie ins Konzept der beabsichtigten Propaganda paßten. Nach dem Krieg ist die Vorführung dieses Films von den alliierten Behörden verboten worden. Diesem Verbot hat sich später die Freiwillige Selbstkontrolle der Deutschen Filmwirtschaft angeschlossen.

Weiterer Hinweis:
Der französische Film »Rothchild« von 1933 (englische Version: »The Guv'nor«/amerikanischer Titel: »Rothschild«) hat mit der Familie Rothschild nichts zu tun, sondern ist, nach einem Roman von Paul Lafitte, die Geschichte eines Clochards, der durch seinen Namen Rothchild zu Ehren kommt.

SAY, DARLING! → THE PAJAMA GAME

THE SECRET GARDEN
Musik: Lucy Simon
Songtexte: Marsha Norman
Buch: Marsha Norman, nach dem gleichnamigen Roman (1911) (deutsch: »Der geheime Garten«) von Frances Hodgson Burnett
Premiere in New York, St. James Theatre: 25. April 1991

Personen und die Darsteller der Premiere:

Mary Lennox	Daisy Eagan
Archibald Craven	Mandy Patinkin
Mrs. Medlock	Barbara Rosenblatt
Martha	Alison Fraser
Dickon	John Cameron Mitchell
Ben	Tom Toner
Colin	John Babcock
Dr. Neville Craven	Robert Westenberg
Lily	Rebecca Luker

East Indian Attendants to Mary: Peter Marinos, Patricia Phillips
ferner: Michael De Vries, Paul Jackel, Nancy Johnston, Rebecca Judd, Peter Samuel, Drew Taylor, Kay Walbye, Teresa De Zarn, Frank Di Pasquale, Betsy Friday, Alec Timmerman

Produzenten: Heidi Landesman, Rick Steiner, Frederic H. Mayerson, Elizabeth Williams, Jujamcyn Theaters/TV Asahi, Dodger Productions
Choreographie: Michael Lichtefeld
Regie: Susan H. Schulman
Ort: »Herrenhaus Misselthwaite im Yorkshire-Moor«/England

Zeit: Gegen Ende des vergangenen Jahrhunderts

Handlung: Märchengeschichte um ein Waisenkind. Die kleine Mary Lennox, Tochter eines hohen britischen Kolonialbeamten in Indien, ist Waise geworden. Ihre Eltern sind der Cholera zum Opfer gefallen, weil ihre Mutter alle Warnungen vor der Epidemie in den Wind schlug und einen großen Ball mit vielen Menschen veranstaltete. Mary wird in die Obhut eines Onkels im alten England gegeben. Dieser Archibald Craven ist ein Sonderling und Einsiedler. Glücklich war er nur in der Zeit seiner Ehe mit der schönen, heiteren Lily. Doch sie starb kurz nach der Geburt des Sohnes Colin. Das ist zwar schon zehn Jahre her, aber Archibald Craven trauert immer noch um sie. Mehr noch, er ist zu einem freudlosen Menschen geworden. Das riesige Herrenhaus steht fast leer, beherbergt kaum noch Personal, und der von Mauern umgebene Lieblingsgarten der Verstorbenen ist verschlossen und darf nicht betreten werden. Den zehnjährigen Sohn Colin hält der Vater fast wie einen Gefangenen, denn er ist der festen Meinung, daß der Junge wegen seiner Schwächlichkeit und der Lähmung seiner Beine bald sterben werde. Mit Marys Erscheinen aber ändert sich vieles. Sich selbst überlassen, begibt sie sich auf Entdeckungstour. Sie findet den Schlüssel zum geheimen Garten und macht sich diesen zum heimlichen Versteck. Angeleitet vom Nachbarsjungen Dickon, pflegt sie die vernachlässigten Blumen und Pflanzen. Eines Tages entdeckt sie im einsamen Haus zufällig die Existenz von Colin, ihrem Cousin. Sie wundert sich über dessen Kränklichkeit, die sie für eingebildet hält. Heimlich schafft sie mit Dickons Unterstützung den schwächlichen Colin tagtäglich in den geheimen Garten. Nicht nur der Garten blüht auf, sondern auch Colin. Die frische Luft tut ihm ebenso gut wie die liebevolle Pflege. Bald ist er fähig, die ersten Schritte zu machen. Mit der Zeit bessert sich sein Zustand, er wird kräftiger, vermag schließlich herumzuspringen und begreift, daß er gesund ist wie die anderen

Kinder auch. Der Zauber des Gartens, in dem der gute Geist seiner Mutter noch anwesend ist, wirkt sich durch seine Gesundung auch auf seinen Vater aus, dessen Schwermut weicht, und der sich nun einer guten Zukunft der Kinder Mary und Colin widmen will.

Songs und Musiknummern

Bühne:
Opening Dream; There's a Girl; The House Upon the Hill; I Heard Someone Crying; A Fine White Horse; A Girl in the Valley; It's a Maze; Winter's on the Wing; Show Me the Key; A Bit of Earth; Storm I; Lily's Eyes; Storm II; Round-Shouldered Man; Final Storm; The Girl I Mean to Be; Quartet; Race You to the Top of the Morning; Wick; Come to My Garden; Come Spirit, Come Charm; Disappear; Hold On; Letter Song; Where in the World; How Could I Ever Know

Schallplatte:
NY – Columbia 48817

Hinweis/Bühne:
Der Roman »The Secret Garden« von Frances Hodgson Burnett diente bereits 1982 anderen Urhebern als Vorlage für ein britisches Musical.

Musical: *The Secret Garden*
Musik: Sharon Burgett
Songtexte: Diana Matterson, Sue Beckwith-Smith, nach dem gleichnamigen Roman von Frances Hodgson Burnett
Uraufführung: Watford/England, Palace Theatre: 13. März 1982
Premiere in Salisbury/England, Playhouse: 28. April 1983
Schallplatte:
St   – (1986/Barbara Cook, Judy Kaye, George Rose, John Cullum) CBS Special 19920

Hinweis/Film:
Verfilmungen des Romans »The Secret Garden«, der Vorlage des Musicals.

The Secret Garden
1949, USA – Metro-Goldwyn-Mayer –

Schwarz-weiß mit Teilen in Technicolor (Garten-Szenen), 92 Min.
Drehbuch: Robert Ardrey, nach dem gleichnamigen Roman von Frances Hodgson Burnett
Darsteller: Margaret O'Brien (Mary Lennox), Herbert Marshall (Archibald Craven), Dean Stockwell (Colin Craven), Gladys Cooper (Mrs. Medlock), Elsa Lanchester (Martha), Brian Roper (Dickon), Reginald Owen (Ben Weatherstaff), Aubrey Mather (Dr. Griddlestone), George Zucco (Dr. Fortescue), Lowell Gilmore (British Officer), Billy Bevan (Barney), Dennis Hoey (Mr. Pitcher), Matthew Boulton (Mr. Bromley), Isobel Elsom (Governess), Norma Varden (Nurse)
Produzent: Clarence Brown
Regie: Fred M. Wilcox

The Secret Garden
(TV) 1987, USA Viacom – Color, 100 Min.
Drehbuch: Blanche Hanalis, nach dem gleichnamigen Roman von Frances Hodgson Burnett
Darsteller: Gennie James (Mary Lennox), Barret Oliver (Dickon Sowerby), Jadrien Steele (Colin Craven), Michael Hordern (Ben), Billie Whitelaw (Mrs. Medlock), Derek Jacobi (Archibald Craven), Lucy Gutteridge
Produzent: Norman Rosemont
Regie: Alan Grint

SEVEN BRIDES FOR SEVEN BROTHERS

Musik: Gene de Paul
Songtexte: Johnny Mercer, Al Kasha, Joel Hirschhorn
Buch: Lawrence Kasha, David Landay, nach dem gleichnamigen amerikanischen Musical-Film (1954), nach der Kurzgeschichte »The Sobbin' Women« (Ersterscheinung im Magazin »Country Gentlemen«, Mai 1928) (deutsch: »Die Sabinerinnen«) von Stephen Vincent Benét
Premiere in New York, Alvin Theatre: 8. Juli 1982
Premiere in London, Prince of Wales Theatre: 8. Mai 1986

Personen und die Darsteller der Premieren New York (NY), London (L):

Milly	Debby Boone (NY)
	Roni Page (L)
Adam Pontipee	David-James Carroll (NY)
	Steve Devereaux (L)
The Brothers:	
Gideon	Craig Peralta (NY)
	Geoff Steer (L)
Benjamin	D. Scot Davidge (NY)
	Andrew Grainger (L)
Caleb	Lara Teeter (NY)
	Simon Howe (L)
Daniel	Jeff Calhoun (NY)
	Mark Davis (L)
Ephraim	Jeffrey Reynolds (NY)
	Martyn Knight (L)
Frank	Michael Ragan (NY)
	Peter Bishop (L)
The Brides:	
Alice	Nancy Fox (NY)
	Julie E. Horner (L)
Dorcas	Manette LaChance (NY)
	Debra Robinson (L)
Ruth	Sha Newman (NY)
	Victoria Lynson (L)
Liza	Jan Mussetter (NY)
	Michaela Strachan (L)
Martha	Laurel van der Linde (NY)
	Jacey Collins (L)
Sarah	Linda Hoxit (NY)
	Jackie Crawford (L)
The Suitors:	
Jeb	Russell Giesenschlag (NY)
	Peter King (L)
Carl	Don Steffy (NY)
	Adam Carmichael (L)
Luke	James Horvath (NY)
	Philip Foster (L)
Matt	Gary Moss (NY)
	Peter Holbrook (L)
Joel	Clark Sterling (NY)
	Stephen Russell (L)
Zeke	Kevin McCready (NY)
	Tom Barritt (L)

Townspeople:

The Preacher	Jack Ritschel (NY)
	Derek Wright (L)
Mr. Bixby	Fred Curt (NY)
	Brian Walton (L)
Mrs. Bixby	Jeanne Bates (NY)
	Muriel Barker (L)
Mr. Perkins	Gino Gaudio (NY)
	Louis Haslar (L)
Mrs. Perkins	Marykatherine Somers (NY)
	Rosemary Faith (L)
Townsboy	David Pavlovsky (NY)
	Colin Orr (L)

ferner in New York:

Indian	Conley Schnaterbeck
Dorcas's Sister	Marylou Hume

Lumbermen: James Horvath, Russell Giesenschlag, Don Steffy, Gary Moss, Clark Sterling, Kevin McCready

ferner in London:

Townsgirl	Anna Rees
Squaw	Lorna Goddard
Acrobatic Dancer	Colin Orr

Lumbermen: Philip Foster, Tom Barritt, Ian Parkin

Produzenten: Kaslan Productions (NY), Barry O'Brian, John Newman, (für Newpalm Productions und Mark Furness Ltd.), Dina Racolin, Alexander E. Racolin, Robert Mackintosh, Martin Birrane (für Sherwood Productions Ltd.) (L)
Choreographie: Jerry Jackson (NY), Stephanie Carter (L)
Regie: Lawrence Kasha (NY), Michael Winter (L)
Ort: Oregon/USA
Zeit: 1850

Handlung: Hinterwäldler-Komödie, der »Raub der Sabinerinnen« als Western. Adam Pontipee lebt mit sechs Brüdern auf der einsam gelegenen Farm seiner verstorbenen Eltern im Bergland von Oregon. Er macht sich auf in die nächste Stadt, um nach einer Ehefrau Ausschau zu halten. Er entdeckt Millie, die in einem Restaurant arbeitet, und da der handfeste Naturbursche auf sie großen Eindruck macht, findet er mit seinem Heiratsantrag Gehör. Die Glücksgefühle der jungvermählten Frau

aber werden getrübt, als sie mit Adam auf der Farm eintrifft, denn zu ihrem Schrecken muß sie feststellen, daß sie auch für Adams sechs ungehobelte Brüder sorgen soll und sich mit ihnen herumschlagen muß. Millie beschließt, die rauhen Burschen ebenfalls unter die Haube zu bringen. Zunächst bemüht sie sich, ihnen anständige Manieren beizubringen und sie anzuleiten, wie man Mädchen den Hof macht. Die jungen Männer finden Gefallen daran und haben auch bald anläßlich eines Festes in der Stadt Gelegenheit, das Gelernte auszuprobieren. In der Tat imponieren die kernigen Burschen von der Pontipee-Farm den jungen Mädchen, und es bilden sich Pärchen, was allerdings den Unwillen der jungen Männer aus der Stadt hervorruft. Eine handfeste Schlägerei ist die Folge, die für die siegreichen Brüder mit einer Strafaktion endet, denn sie werden aus der Stadt verbannt. In der Einsamkeit ihrer Farm träumen die jungen Burschen von den Mädchen, die sie kennengelernt haben, und leiden darunter, daß sie sie nicht wiedersehen können. In Adam reift der Entschluß, es so zu machen, wie er es vom Raub der Sabinerinnen in einem Buch gelesen hat, das Millie mit in die Ehe brachte. Allerdings soll ein Priester mit entführt werden, der die Trauung besorgen kann. Der Plan wird ausgeführt; der Raub der Mädchen gelingt, da auch sie sich nach ihren Verehrern gesehnt hatten, doch werden sie entdeckt und müssen so eilig fliehen, daß es nicht mehr dazu kommt, den Priester mitzunehmen. Den Entführern ist das Glück hold, denn bei ihrer hastigen Kutschfahrt durch die engen Täler lösen sie eine Schneelawine aus, die hinter ihnen zu Tal geht und sich für ihre Verfolger als unüberwindliches Hindernis erweist. Die Brüder erreichen glücklich ihre Farm, doch ziehen sie sich den Zorn von Millie zu, die kurzerhand alle Männer aus dem Haus verbannt und die Mädchen in ihre Obhut nimmt. Über ihr energisches Verhalten ist Adam so verärgert, daß auch er das Haus verläßt und sich als Einsiedler in eine abgelegene Trapperhütte zurückzieht. Bevor der Frühling kommt und der

Schnee taut, besteht keine Möglichkeit, daß die Mädchen in die Stadt zurückkehren können. Den ganzen Winter über müssen sich die jungen Burschen in primitiven Unterkünften selbst behelfen, doch wächst ihr Verlangen nach den Mädchen ebenso, wie diese sich nach den Männern sehnen. Gerade kündigt sich der Frühling an, und das Tauwetter setzt ein, da bringt Millie ein Baby zur Welt. Gideon eilt zu seinem Bruder Adam in die Hütte und bewegt ihn dazu, seine Hartnäckigkeit aufzugeben. Adam kehrt zu seiner Frau zurück und ist glücklich darüber, Vater geworden zu sein. In der Abgeschiedenheit ist er zu der Einsicht gelangt, mit dem Raub der Mädchen falsch gehandelt zu haben. Er entscheidet, daß sie zurückgebracht werden müssen. Doch die Mädchen sind verliebt, wollen sich nicht trennen lassen und vereiteln den Plan, indem sie davonlaufen und sich verstecken. In die Suchaktion der Brüder platzt eine schwerbewaffnete Gruppe der Städter, die endlich ihre Verfolgung wieder aufnehmen konnten. Millies schreiendes Baby versetzt sie in Bestürzung. Sie fragen, wem das Baby gehört. Alle Brüder erklären, es sei ihres. In der entstehenden Aufregung bietet sich nur eine Lösung an. Unter Waffengewalt werden die sechs Brüder sofort mit den Mädchen getraut, denn der Priester hatte sich den Verfolgern angeschlossen, um schlichten zu können. Somit sind alle Probleme aus der Welt geschafft, und das Baby hat nicht nur Adam und Millie wieder zusammengeführt, sondern auch noch für ein sechsfaches Happy-End gesorgt.

Anmerkung: Das Musical »Seven Brides for Seven Brothers« war bereits seit 1978 erfolgreich auf Tournee in den USA und Kanada, bevor es am 8. Juli 1982 in New York zur Premiere kam. Hier fiel es durch und mußte schon nach wenigen Tagen abgesetzt werden. In England erschien es im April 1984 im Theatre Royal, York, und brauchte weitere zwei Jahre, bis es am 8. Mai 1986 in London aufgeführt wurde, wo es weit mehr Beachtung fand als in

New York. Weiterhin ist das Werk ein zugkräftiges Tourneeprogramm.

Die Vorlage des Musicals, die Kurzgeschichte »The Sobbin' Women« von Stephen Vincent Benét, erschien als Buchveröffentlichung 1937 in »Twenty-Five Short Stories«; deutsche Ausgabe 1948/1949 unter dem Titel »Daniel Webster und die Seeschlange« – darin enthalten die Kurzgeschichte »Die Sabinerinnen«.

Vorlage des Musicals:

Film:

Seven Brides for Seven Brothers
(Deutscher Titel: EINE BRAUT FÜR SIEBEN BRÜDER)
1954, USA – Metro-Goldwyn-Mayer – CinemaScope/Anscocolor, 103 Min.
Deutsche Erstaufführung: 1955
Film-Musical
Musik: Gene de Paul
Songtexte: Johnny Mercer
Drehbuch: Albert Hackett, Frances Goodrich, Dorothy Kingsley, nach der Kurzgeschichte »The Sobbin' Women« von Stephen Vincent Benét

Personen und ihre Darsteller:

Milly	Jane Powell
Adam Pontipee	Howard Keel
The Pontipee Brothers:	
Benjamin	Jeff Richards
Gideon	Russ Tamblyn
Caleb	Matt Mattox
Daniel	Marc Platt
Ephraim	Jacques d'Amboise
Frank	Tommy Hall
The Brides:	
Dorcas	Julie Newmeyer
Alice	Nancy Kilgas
Sarah	Betty Carr
Liza	Virginia Gibson
Ruth	Ruta Kilmonis
Martha	Norma Doggett
Reverend Elcott	Ian Wolfe
Mr. Bixby	Russell Simpson
Mrs. Bixby	Marjorie Wood
Dorcas' Father	Dick Rich
Ruth's Uncle	Matt Moore
Pete Perkins	Howard Petrie
Harry	Earl Barton

Matt	Dante DiPaolo
Carl	Kelly Brown
Mrs. Elcott	Anna Q. Nilsson
Dorcas' Sister	Sheila James
Lem	Walter Beaver
Lem's Girl Friend	Jarma Lewis
Drunk	Larry Blake
Prospector	Phil Rich
Girl	Lois Hall

Fathers: Stan Jolley, Tim Graham
Swains: Russ Saunders, Terry Wilson, George Robotham

Produzent: Jack Cummings
Choreographie: Michael Kidd
Regie: Stanley Donen

Auszeichnung: 1 Academy Award (Oscar) 1954: Musikgesamtwerk-Instrumentierung (Musical-Film): Adolph Deutsch, Saul Chaplin

Songs und Musiknummern

Bühne:
Die mit Zeichen ⊕ versehenen Musiknummern entstammen der Vorlage, dem Film von 1954. Alle übrigen Titel: Al Kasha, Joel Hirschhorn/K u. T.
Bless Your Beautiful Hide ⊕; Wonderful, Wonderful Day ⊕; One Man; Goin' Courtin' ⊕; Social Dance; Love Never Goes Away; Sobbin' Women ⊕; The Townsfolk's Lament; A Woman Ought to Know Her Place; We Gotta Make It Through the Winter – verbunden mit Lonesome Polecat ⊕; Spring, Spring, Spring (Spring Dance) ⊕; Glad That You Were Born; Wedding Dance ⊕

Film (1954):
Bless Your Beautiful Hide; Wonderful, Wonderful Day; Goin' Courtin'; BarnRaising Ballet; When Your in Love; Sobbin' Women; The Lonesome Polecat Lament (Tanz); June Bride; Spring, Spring, Spring

Schallplatten:
L – First Night Cast 2
F – MGM E 244, MGM E 3235, MGM 2–SES–41, MCA 25021
St – (Tony Adams, Mary Millar) Music for Pleasure MFP 1122, Music for Pleasure MFP 1316

1776

Musik und Songtexte: Sherman Edwards
Buch: Peter Stone, nach einem Konzept von Sherman Edwards
Premiere in New York, 46th Street Theatre: 16. März 1969

Personen und die Darsteller der Premiere:
Members of Continental Congress (Mitglieder des Kontinentalkongresses):

John Hancock, President	David Ford
Dr. Josiah Bartlett, N. H. (New Hampshire)	Paul-David Richards
John Adams, Mass. (Massachusetts)	William Daniels
Stephen Hopkins, R. I. (Rhode Island)	Roy Poole
Roger Sherman, Conn. (Connecticut)	David Vosburgh
Lewis Morris, N. Y. (New York)	Ronald Kross
Robert Livingston, N. Y. (New York)	Henry Le Clair
Reverend Jonathan Witherspoon, N. Y. (New York)	Edmund Lyndeck
Benjamin Franklin, Pa. (Pennsylvania)	Howard Da Silva
John Dickinson, Pa. (Pennsylvania)	Paul Hecht
James Wilson, Pa. (Pennsylvania)	Emory Bass
Caesar Rodney, Del. (Delaware)	Robert Gaus
Colonel Thomas McKean, Del. (Delaware)	Bruce Mackay
George Read, Del. (Delaware)	Duane Bodin
Samuel Chase, Md. (Maryland)	Philip Polito
Richard Henry Lee, Va. (Virginia)	Ronald Holgate
Thomas Jefferson, Va. (Virginia)	Ken Howard
Joseph Hewes, N. C. (North Carolina)	Charles Rule
Edward Rutledge, S. C. (South Carolina)	Clifford Davis

Dr. Lyman Hall,   Jonathan Moore
Ga. (Georgia)
ferner:
Abigail Adams   Virginia Vestoff
Martha Jefferson   Betty Buckley
Charles Thomson,   Ralston Hill
Congress Secre-
tary
Andrew McNair,   William Duell
Custodian
Man in Leather   B. J. Slater
Apron
Courier   Scott Jarvis

Produzent: Stuart Ostrow
Choreographie: Onna White
Regie: Peter Hunt
Ort: Philadelphia/Pennsylvania, Nord-
amerika
Zeit: 1776

Handlung: Patriotisches US-amerikani-
sches Geschichtsepos – Rekonstruktion
der Vorgänge, Debatten und Verhandlungen über die Unabhängigkeitserklärung
beim Zweiten Kontinentalkongreß 1776 in
Philadelphia; die historischen Personen,
vor allem John Adams, Benjamin Franklin
und Thomas Jefferson, werden nicht als legendäre Helden gezeichnet, sondern in
ihrem Engagement als Vorkämpfer für die
Freiheit, als Vertreter von Interessengrup-
pen und als Menschen mit ihren Stärken
und Schwächen dargestellt. Die kleine
Gruppe der Delegierten aus den 13 britischen Kolonien in Nordamerika debattiert
monatelang über die Unabhängigkeitserklärung. Hartnäckig kämpft John Adams
gegen Einwände und Vorbehalte verschiedener Kongreßteilnehmer. Gemeinsam
mit dem Wissenschaftler, Schriftsteller und
Forscher Benjamin Franklin, Thomas Jefferson und anderen Persönlichkeiten und
im Vertrauen auf die Zuverlässigkeit des
gewählten Oberbefehlshabers der Streit-
kräfte, George Washington, beginnt er einen strategischen Feldzug, um alle Delegierten auf die notwendige Einstimmig-
keit einzuschwören. Unterstützung findet
Adams auch in seinem Privatleben bei seiner Frau Abigail, und Thomas Jefferson,
Verfasser der »Declaration of Indepen-

dence«, zeigt sich nicht nur als Idealist,
sondern auch als ein lebenslustiger Mann,
der sich eher zu seiner jungen Frau hingezogen fühlt als zur Teilnahme an den lang-
atmigen Sitzungen des Kongresses. Fast ist
es erreicht, daß alle Kolonien zur Unter-
zeichnung bereit sind, nur in der Delegation von Pennsylvanien sind zwei der drei
Teilnehmer gegen die Vereinbarung.
Adams gelingt es, einen der beiden auf die
Linie von Benjamin Franklin zu bringen,
so daß sich gegen den widerstrebenden
John Dickinson, der dafür eintritt, bei der
britischen Krone zu verbleiben, eine Mehr-
heit ergibt. Parallel verläuft der Streit um
die Aufnahme einer Aussage zur Verurtei-
lung der Sklaverei. Der Abgeordnete Edward Rutledge aus South Carolina lehnt
diese Festlegung ab und beschuldigt seinerseits die Reeder New-Englands, am Im-
port von Sklaven schuldig zu sein. Adams
taktiert geschickt und bewirkt schließlich,
daß die Unabhängigkeitserklärung unterzeichnet wird. Das Ziel ist erreicht, doch
hat Adams auch deutlich gemacht, daß dieses Dokument, das den Wunsch der Kolonien nach Freiheit zum Ausdruck bringt,
ein hart erkämpfter Kompromiß ist, längst
nicht mehr so demokratisch, wie es der
Originalentwurf war.

Anmerkung: Die »Declaration of Independence« (4. Juli 1776) während des nordamerikanischen Unabhängigkeitskrieges
der 13 britischen Kolonien gegen das englische Mutterland (1775–1783) führte zur
Gründung der Vereinigten Staaten von
Amerika (USA).
John Adams (1735–1826) war von 1797 bis
1801 nach George Washington der zweite
Präsident der USA, Thomas Jefferson
(1743–1826) von 1801 bis 1809 der dritte
Präsident. Benjamin Franklin (1706–1790)
war von 1776 bis 1785 Gesandter in Frankreich und wurde 1785 nach seiner Rückkehr in die USA Gouverneur von Pennsyl-
vania.

Auszeichnungen: 3 Antoinette Perry
Awards (Tonys) 1969: Bestes Musical /
Männliche Nebenrolle–Musical: Ronald
Holgate / Regie–Musical: Peter Hunt

Film:

1776
1972, USA – Columbia – Panavision/East-
mancolor, 141 Min.
Musik und Songtexte: Sherman Edwards
Drehbuch: Peter Stone, nach dem gleichnamigen Musical

Personen und ihre Darsteller:
John Adams — William Daniels
Benjamin Franklin — Howard Da Silva
Thomas Jefferson — Ken Howard
John Dickinson — Donald Madden
Edward Rutledge — John Cullum
Richard Henry Lee — Ronald Holgate
John Hancock — David Ford
Colonel Thomas McKean — Ray Middleton
James Wilson — Emory Bass
Roger Sherman — Rex Robbins
Oliver Wolcott — Peter Forster
Samuel Huntington — Frederic Downs
Lewis Morris — Howard Caine
Robert Livingston — John Myhers
Francis Lewis — Richard McMurray
Caesar Rodney — William Hansen
Thomas Lynch Jr. — Gordon De Vol
Thomas Heyward Jr. — William H. Bassett
Lyman Hall — Jonathan Moore
Button Gwinnett — William Engle
George Walton — Barry O'Hara
George Read — Leo Leyden
Samuel Chase — Patrick Hines
Charles Carroll — Heber Jentzsch
William Paca — Andy Albin
Joseph Hewes — Charles Rule
John Penn — Jack De Mave
William Hooper — Jordan Rhodes
Stephen Hopkins — Roy Poole
John Witherspoon — James Noble
Francis Hopkinson — Richard O'Shea
Richard Stockton — Fred Slyter
Josiah Bartlett — Daniel Keyes
William Whipple — John Holland
Abigail Adams — Virginia Vestoff
Martha Jefferson — Blythe Danner
Secretary Charles Thomson — Ralston Hill
Custodian Andrew McNair — William Duell
Courier — Stephen Nathan
Leather Apron — Mark Montgomery

Produzent: Jack L. Warner
Choreographie (wenige Sequenzen): On-
na White
Regie: Peter Hunt

Songs und Musiknummern

Bühne:
Sit Down, John; Piddle, Twiddle and Re-
solve; Till Then; The Lees of Old Virginia;
But, Mr. Adams; Yours, Yours, Yours; He
Plays the Violin; Cool, Cool, Considerate
Men; Momma, Look Sharp; The Egg; Mo-
lasses to Rum; Is Anybody There?

Film:
Sit Down, John; Piddle, Twiddle and Re-
solve; Till Then; The Lees of Old Virginia;
But, Mr. Adams; Yours, Yours, Yours; He
Plays the Violin; Momma, Look Sharp;
The Egg; Molasses to Rum; Is Anybody
There?

Schallplatten:
NY – Columbia BOS 3310
L – Columbia SCX 6424
F – Columbia S 31741

Hinweis/Film:
Im Musical »1776« erscheinende Persönlichkeiten aus der Geschichte der USA
werden auch dargestellt in den Filmen:

America
USA 1924, R/ D. W. (David Wark) Griffith
Thomas Jefferson: Frank Walsh
Richard Henry Lee: P. R. Scammon
John Hancock: John Dunton

Janice Meredith
USA 1924, R/ E. Mason Hopper
Thomas Jefferson: Lionel Adams
Benjamin Franklin: Lee Beggs

Alexander Hamilton
USA 1931, R/ John G. Adolfi
Thomas Jefferson: Montague Love/
auch: Montagu L.

Marie Antoinette
USA 1938, R/ W. S. Van Dyke, Julien Du-
vivier
Benjamin Franklin: Walter Walker

Si Versailles m'était conté/Versailles –
Könige und Frauen
Frankr. 1953, R/ Sascha Guitry
Benjamin Franklin: Orson Welles

John Paul Jones/Beherrscher der Meere
USA 1959, R/ John Farrow
Benjamin Franklin: Charles Coburn

Lafayette
USA 1963, R/ Jean Dréville
Benjamin Franklin: Orson Welles

SHANGRI - LA

Musik: Harry Warren
Songtexte: Jerome Lawrence, Robert E. Lee, James Hilton
Buch: Jerome Lawrence, Robert E. Lee, James Hilton, nach dem Roman »Lost Horizon« (1933) (deutsch: »Irgendwo in Tibet«/auch: »Der verlorene Horizont«) von James Hilton und dem amerikanischen Spielfilm »Lost Horizon« (1937)
Premiere in New York, Winter Garden: 13. Juni 1956

Personen und die Darsteller der Premiere:

Hugh Conway	Dennis King
Arana	Carol Lawrence
Lo-Tsen	Shirley Yamaguchi
Charles Mallinson	Jack Cassidy
Robert Henderson	Harold Lang
Chang	Martyn Green
Miss Brinklow	Alice Ghostley
Rita Henderson	Joan Holloway
High Lama	Berry Kroeger
Rimshi	Ed Kenney
The Little One	Leland Mayforth
Ti	Edwin Kim Ying
The Dancer	Robert Cohan
Perrault	
The Doctor	G. Wood
Chao-Li	Kaie Deei

Produzenten: Robert Fryer, Lawrence Carr
Choreographie: Donald Saddler
Regie: Albert Marre
Ort: Legendenort »Shangri-La«, irgendwo im Himalaja-Gebirge/Tibet
Zeit: »Gegenwart« (1956)

Handlung: Mystische Abenteuerlegende. Eine bunt zusammengewürfelte Gruppe von westlichen Ausländern konnte sich auf der Flucht vor einer Revolution in China mit einem kleinen Flugzeug retten. Der asiatische Pilot aber entführt sie über Schnee und Eis in ein abgelegenes Tal irgendwo im Himalaja-Gebirge. In der unbekannten Gegend gelangen sie in das große Lama-Kloster Shangri-La und finden dort den gewohnten Komfort. Bald stellen sie fest, daß sie an einen verwunschenen Ort geraten sind. Es ist ein Ort der Glückseligkeit; hier kennt man weder Habsucht noch Krieg, Haß oder Verbrechen. Das Oberhaupt Shangri-Las ist ein tibetischer Hohepriester, und sein Berater ist Chang, ein weiser Chinese. Hugh Conway, der Sprecher der unfreiwilligen Gäste, wird vom Hohepriester darüber aufgeklärt, daß er ihn zu seinem Nachfolger vorgesehen habe. Conway erfährt, daß der Zauber des geheimnisvollen Ortes die Bewohner langsamer altern lasse, als das in der übrigen Welt der Fall sei. Verwundert nimmt er zur Kenntnis, daß der Lama niemand anderer ist als Pater Perrault, ein Missionar aus Frankreich, der 1713 dieses Kloster gegründet habe. Nun sei der Priester inzwischen über 250 Jahre alt, und seine Zeit sei abgelaufen. Während Hugh Conway sich in ein schönes Mädchen verliebt und an diesem Ort des Friedens bleiben will, drängen andere darauf, in die vertraute Zivilisation zurückzukehren. Sie machen sich auf die beschwerliche Suche nach einem Weg in die gewohnte Welt, verlassen Shangri-La und ziehen in die Berge. Doch die Begleitung aus dem Tal verfällt plötzlich dem normalen Alterungsprozeß; ein junges Mädchen, das sich der Gruppe angeschlossen hatte, wird zur alten, runzeligen Greisin und stirbt. Der in Shangri-La zurückgebliebene Hugh Conway aber ist fasziniert von dem magischen Bann des Wunderortes. Er erkennt, daß er in dieser mysteriösen Welt sein Glück finden kann. Shangri-La mit seinem abgeschiedenen, friedvollen Leben wird zur Erfüllung von Träumen, die nur im Unterbewußtsein geträumt worden waren.

Anmerkung: Das geheimsvolle Shangri-La, Ort der Glückseligkeit, ist in Amerika durch o. g. Roman »Lost Horizon« von James Hilton zum Inbegriff eines modernen Elysium geworden.

Im Gegensatz zum Film »Lost Horizon« von 1937, der Vorlage des Musicals, war dem Bühnenwerk »Shangri-La« kein Erfolg beschieden.

Das Musical »Shangri-La« ist nicht verfilmt worden. Eine Neufassung des Spielfilms »Lost Horizon«, der Vorlage des Musicals, entstand 1972 als Film-Musical.

Der amerikanische Film »Shangri-La« von 1961 hat mit dem gleichnamigen Musical nichts zu tun, sondern handelt von den Urlaubserlebnissen eines Tierpflegers, speziell in einem Nudisten-Camp namens »Shangri-La«.

Songs und Musiknummern

Bühne:
Om Mani Padme Hum; Lost Horizon; Dance of Welcome/Pole Boys – Lotus Girl – Tigers – Tiger Tamer; The Man I Never Met; Every Time You Danced With Me; Dance of Moderate Chastity; The World Outside; Requiem; I'm Just a Little Bit Confused; The Beetle Race; Somewhere; The Story of Shangri-La; What Every Old Girl Should Know; Second Time in Love; Talkin' With Your Feet; Walk Sweet; Love Is What I Never Knew; We've Decided to Stay; Dance of Time; Shangri-La
Nicht verwendet:
No Night to Fear

Vorlage des Musicals:

Film:

Lost Horizon
(Deutscher Titel: IN FESSELN VON SHANGRI-LA)
1937, USA – Columbia, 118 Min.
Deutsche Erstaufführung: 1950
Drehbuch: Robert Riskin, nach dem gleichnamigen Roman von James Hilton
Darsteller: Ronald Colman (Robert Conway), Jane Wyatt (Sondra), Edward Everett Horton (Alexander P. Lovett), Margo

(Maria), John Howard (George Conway), Thomas Mitchell (Henry Barnard), Isabel Jewell (Gloria Stone), H. B. Warner (Chang), Sam Jaffe (High Lama), Hugh Buckler (Lord Gainsford), John Miltern (Carstairs), Lawrence Grant (First Man), John Burton (Wynant), John T. Murray (Meeker), Max Rabinowitz (Seiveking), Milton Owen (Fenner), David Torrence (Prime Minister), Willie Fung (Bandit Leader), John Tettener (Montaigne), Neil Fitzgerald (Radio Operator), David Clyde (Steward), Boyd Irwin (Assistant Foreign Secretary), Leonard Mudie (Senior Foreign Secretary), Darby Clark (Radio Operator), Val Durand (Talu), Noble Johnson (Leader of Porters), Richard Loo (Shanghai Airport Official), George Chan (Chinese Priest), Victor Wong (Bandit Leader), Eric Wilton (Englishman), Dennis D'Auburn (Aviator), Chief Big Tree (Porter), Matthew Carlton (Pottery Maker), Joe Herrera (Candle Maker)
(Missionaries): Wyrley Birch, Carl Stockdale, Ruth Robinson, Margaret McWade
(Passengers): Beatrice Curtis, Mary Lou Dix, Beatrice Blinn, Arthur Rankin
(Servants): Richard Masters, Alex Shoulder, G. Kalili
und The Hall Johnson Choir
Produzent: Frank Capra
Regie: Frank Capra
Auszeichnungen: 2 Academy Awards (Oscars) 1937: Ausstattung: Stephen Goosson / Schnitt: Gene Milford, Gene Havlick

Hinweis/Film:
Neufassung des Spielfilms »Lost Horizon« als Film-Musical.

Lost Horizon
(Deutscher Titel: DER VERLORENE HORIZONT)
1972, USA – Columbia – Panavision/Metrocolor, 143 Min.
Deutsche Erstaufführung: 1973
Film-Musical
Musik: Burt Bacharach
Songtexte: Hal David
Drehbuch: Larry Kramer, nach dem gleichnamigen Roman von James Hilton und dem gleichnamigen Spielfilm (1937)

Darsteller: Peter Finch/Gesangsstimme: Jerry Whitman (Richard Conway), Liv Ullmann/Gesangsstimme: Diana Lee (Catherine), Michael York (George Conway), Olivia Hussey/Gesangsstimme: Andra Willis (Maria), Bobby Van (Harry Lovett), Charles Boyer (High Lama), John Gielgud (Chang), Sally Kellerman (Sally Hughes), George Kennedy (Sam Cornelius), James Shigeta (Brother To Lenn), Larry Duran (Oriental Pilot), Kent Smith, John Van Dreelan, Miiko Taka, Tybee Brascia, Neil Jon, Hedley Mattingly, Virginia Ann Lee, Paul De Lucca
ferner: Shawn Phillips (Sängerin der Introduction/Off-Stimme)
Produzent: Ross Hunter
Choreographie: Hermes Pan
Regie: Charles Jarrott
Anmerkung: Ein ursprünglich im Film enthaltener »Fruchtbarkeitstanz« wurde vor der Uraufführung herausgeschnitten, da er in einer internen Vorführung Gelächter hervorrief. Durch den Schnitt verkürzte sich die Filmlänge von 150 auf 143 Minuten.
Songs:
Lost Horizon (Introduction); Share the Joy; The World Is a Circle; The Dance of the Fathers; Living Together, Growing Together; I Might Frighten Her Away; The Things I Will Not Miss; If I Could Go Back; Where Knowledge Ends Faith Begins; Question Me an Answer; I Come To You; Reflections
Schallplatten: Bell 1300, Bell Sybel 8000

SHENANDOAH

Musik: Gary Geld
Songtexte: Peter Udell
Buch: James Lee Barrett, Peter Udell, Philip Rose, nach dem gleichnamigen amerikanischen Spielfilm (1965)
Premiere in New York, Alvin Theatre: 7. Januar 1975

Personen und die Darsteller der Premiere:

Charlie Anderson	John Cullum
Jacob	Ted Agress
James	Joel Higgins
Nathan	Jordan Suffin
John	David Russell
Jenny	Penelope Milford
Henry	Robert Rosen
Robert, the Boy	Joseph Shapiro
Anne	Donna Theodore
Gabriel	Chip Ford
Reverend Byrd	Charles Welch
Sam	Gordon Halliday
Sergeant Johnson	Edward Penn
Lieutenant	Marshall Thomas
Tinkham	Charles Welch
Carol	Casper Roos
Corporal	Gary Harger
Marauder	Gene Masoner
Engineer	Ed Preble
Confederate Snipper	Craig Lucas

ferner: Tedd Carrere, Stephen Dubov, Gary Harger, Brian James, Robert Johanson, Sherry Lambert, Gene Masoner, Paul Myrvold, Dan Ormond, J. Kevin Scannell, Jack Starkey, E. Allan Stevens, Matt Gavin

Produzenten: Philip Rose, Gloria Sher, Louis K. Sher
Choreographie: Robert Tucker
Regie: Philip Rose
Ort: Im Shenandoah-Tal, Virginia/USA
Zeit: Während des Bürgerkriegs in den USA/1861–1865

Handlung: Familientragödie im amerikanischen Bürgerkrieg. Der verwitwete Farmer Charlie Anderson, der mit seinen sechs Söhnen und einer Tochter auf seinem Besitz in Shenandoah lebt, ist fest entschlossen, sich und seine Familie aus den Wirren des Krieges herauszuhalten. Doch das Schicksal läßt ihm keine Chance. Die Entführung seines jüngsten Sohnes Robert durch Soldaten der Union konfrontieren ihn persönlich mit dem Kriegsgeschehen. Um Robert zu befreien, beginnt er mit Unterstützung seiner älteren Söhne einen Privatkrieg. Nur Sohn James, der gerade geheiratet hat und dessen Frau Anne ein Baby erwartet, bleibt, um die Farm zu hüten. Anderson rebelliert gegen beide Kriegsparteien, verübt auch Anschläge aus Rache und Haß, doch seinen

Sohn findet er nicht. Entmutigt kehrt er zur Farm zurück. Hier findet er die Leichen von James und Anne vor; Plünderer hatten sie ermordet. Außerdem wird sein Sohn Jacob aus dem Hinterhalt erschossen. Als er mit den verbliebenen drei Söhnen und seiner Tochter Jenny in der Kirche die Getöteten betrauert, taucht plötzlich der vermißte jüngste Sohn Robert wieder auf, gezeichnet von seiner Gefangenschaft, doch voller Zuversicht für die Zukunft.

Auszeichnungen: 2 Antoinette Perry Awards (Tonys) 1975: Männliche Hauptrolle–Musical: John Collum / Buch–Musical: James Lee Barrett

Songs und Musiknummern

Bühne:
Raise the Flag of Dixie; I've Heard It All Before; Pass the Cross to Me; Why Am I Me?; Next to Lovin'(I Like Fightin'); Over the Hill; The Pickers Are Comin'; Meditation; We Make a Beautiful Pair; Violets and Silverbells; It's a Boy; Freedom; Papa's Gonna Make It Alright; The Only Home I Know

Schallplatte:
NY – RCA Victor 3763

Vorlage des Musicals:

Film:

Shenandoah
(Deutscher Titel: DER MANN VOM GROSSEN FLUSS)
1965, USA – Universal – Technirama/Technicolor, 105 Min.
Deutsche Erstaufführung: 1965
Drehbuch: James Lee Barrett
Darsteller: James Stewart (Charlie Anderson), Doug McClure (Sam), Glenn Corbett (Jacob Anderson), Patrick Wayne (James Anderson), Rosemary Forsyth (Jannie Anderson), Philip Alford (Boy Anderson), Katharine Ross (Ann Anderson), Charles Robinson (Nathan Anderson), James McMullan (John Anderson), Tim McIntire (Henry Anderson), Paul Fix (Dr. Tom Witherspoon), Denver Pyle (Pastor Bjoerling), James Best (Carter), George Kennedy (Colonel Fairchild), Warren Oates (Billy Packer), Strother Martin (Engineer), Dabbs Greer (Abernathy), Harry Carey Jr. (Jenkins), Kevin Hagen (Mule), Tom Simcox (Lieutenant Johnson), Berkeley Harris (Captain Richards), Edward Faulkner (Union Sergeant), Peter Wayne (Confederate Corporal), Gregg Palmer (Union Guard), Bob Steele (Union Guard with Beard), James Heneghan Jr. (First Picket), Eugene Jackson Jr. (Gabriel), Pae Miller (Negro Woman), Rayford Barnes (Horace, a Marauder), Dave Cass (Ray), Hoke Howell (Crying Prisoner), Kelly Thordsen (Carroll), Lane Bradford (Tinkham), Shug Fisher (Confederate Soldier), John Daheim (Osborne), Joe Yrigoyen (Marshal) (Riders): Henry Wills, Buzz Henry, James Carter, Leroy Johnson
Produzent: Robert Arthur
Regie: Andrew V. McLaglen

SHOW BOAT

Musik: Jerome Kern
Songtexte: Oscar Hammerstein II.
Buch: Oscar Hammerstein II., nach dem gleichnamigen Roman (1926) (deutsch: »Das Komödiantenschiff«) von Edna Ferber (Veränderte Handlung)
Premiere in New York, Ziegfeld Theatre: 27. Dezember 1927

Personen und die Darsteller der Premiere:

Magnolia Hawks Ravenal	Norma Terris
Gaylord Ravenal	Howard Marsh
Captain Andy Hawks	Charles Winninger
Julie LaVerne	Helen Morgan
Joe	Jules Bledsoe
Parthy Ann Hawks	Edna May Oliver
Queenie	Tess Gardella (»Aunt Jemima«)
Ellie May Chipley	Eva Puck
Frank Schultz	Sammy White
Steve Baker	Charles Ellis
Windy	Allan Campbell
Pete	Bert Chapman

Rubber Face Smith	Francis X. Mahoney
Sheriff Ike Vallon	Thomas Gunn
Jeb	Jack Wynn
Ethel	Estelle Floyd
Jake, Piano Player	Robert Faricy
Charlie, Doorman at Trocadero	J. Lewis Johnson
Lottie	Tana Kamp
Dolly	Dagmar Oakland
Hazel	Maurine Holmes
Kim (Child)	Eleanor Shaw
Kim (Young Woman)	Norma Terris
Faro Dealer	Jack Wynn
Gambler	Phil Sheridan
Backwoodsman	Jack Daley
La Belle Fatima	Dorothy Denese
Old Sport	Bert Chapman
Irish Landlady	Annie Hart
Jim	Jack Daley
Sister	Annette Harding
Mother Superior	Mildred Schwenke
Man with Guitar	Ted Daniels
Old Lady on Levee	Laura Clairon

ferner: The Jubilee Singers

Produzent: Florenz Ziegfeld
Choreographie: Sammy Lee
Regie: Zeke Colvan (mit Oscar Hammerstein II.)
Ort und Zeit: Natchez/Mississippi – Um 1890, Chicago – 1893 und 1904, Natchez/Mississippi – 1927

Handlung: Dramatisches Werk um Rassendiskriminierung und Probleme des Zusammenlebens. Kapitän und Show-Direktor Andy Hawks befährt mit seinem Theaterschiff »Cotton Blossom« den Mississippi und bemüht sich in jedem Hafen, Zuschauer für seine Bühnenshow zu gewinnen, speziell auch unter der schwarzen Bevölkerung. In Natchez ereilt ihn das Mißgeschick, daß seine Hauptdarstellerin Julie La Verne und ihr Mann, der Schauspieler Steve, durch Sheriff Vallon vom Schiff geholt werden. Nach einer Auseinandersetzung mit dem Schiffsingenieur Pete, der Julie nachstellte, hatte dieser sie beim Sheriff denunziert und angegeben, daß Julie Halbblut sei und mit Steve in einer – in den Südstaaten verbotenen – Mischehe lebe.

Kapitän Hawks weiß seine Bühnenshow zu retten, indem er seine eigene Tochter Magnolia für Julie einsetzt und dazu einen Fremden, Gaylord Ravenal, den Magnolia gerade kennengelernt und in den sie sich sofort verliebt hat. Gaylord aber ist ein Spieler, dem das Geld ausgegangen war und der eine billige Mitfahrgelegenheit suchte. Die Liebe des nun auch im Bühnenspiel verbundenen Paares führt dazu, daß Magnolia und Gaylord gegen den Willen von Magnolias Mutter Parthy heiraten. Die Ehe geht gut, solange Gaylord Glück im Spiel hat. Doch als er nach einer Pechsträhne mittellos ist, verläßt er seine Frau und die kleine Tochter Kim. Viele Jahre später trifft Magnolia, die sich mit Kim allein durchs Leben schlägt, auf Ellie und Frank, einem Tanzpaar aus den guten alten Zeiten des Showboats. Sie verschaffen Magnolia ein Engagement als Sängerin im »Trocadero« in Chicago. Der erfreulichen Wiederbegegnung folgt eine traurige mit Julie La Verne, die ihren Kummer über das ihr angetane Unrecht nicht verwinden kann und sich dem Alkohol ergeben hat. Im »Trocadero« gibt es am Silvesterabend 1904 für Magnolia ein zufälliges glückliches Wiedersehen mit ihrem Vater. Viele Jahre später – 1927 – ist der alte Kapitän Andy Hawks wieder Besitzer eines Showboats »Cottom Blossom«. Enkelin Kim macht Karriere als Musical-Star, Magnolia singt im Radio. Andy hat auf seinem Schiff einen Besucher: Gaylord Ravenal, nun ein gesetzter älterer Herr. Beide erwarten Magnolia, die der Vater telegraphisch zu sich gerufen hat. Als Magnolia unerwartet auf ihren Mann Gaylord trifft, finden sich beide erneut in ihrer Liebe zu einem späten Glück.

Anmerkung: »Show Boat« ist Markstein und Beginn einer neuen Epoche in der Geschichte des Musicals. Mit diesem Werk vollzog sich die Loslösung von Formen der Operette, der Revue und des Nummernprogramms. Es entwickelte sich das dramatisierte Werk (Book-Musical) mit integrierter Musik und den Lauf der Handlung weitertragenden Liedern und Tänzen.

Eine Neufassung von 1946 (5. Januar 1946, New York, Ziegfeld Theatre) straffte die Handlung; drei Songs entfielen, einer wurde neu hinzugefügt.

Deutschsprachige Erstaufführung (Originaltitel): 31. Oktober 1970, Städtische Bühnen Freiburg im Breisgau. Autor: Janne Furch

Film:

Show Boat
(Deutscher Titel: SHOWBOAT – DAS KOMÖDIANTENSCHIFF)
1929 (Teilweise Tonfilm), USA – Universal, 10290 ft/3136 m (115 Min.)
Deutsche Erstaufführung: 1930
Handlung auf der Grundlage des Romans, veränderte Songs.
Drehbuch: Charles Kenyon (Zwischentitel: Tom Reed), nach dem gleichnamigen Roman von Edna Ferber und in Anlehnung an das gleichnamige Musical

Personen und ihre Darsteller:

Magnolia	Laura La Plante
	(Gesangsstimme:
	Eva Olivotti)
Gaylord Ravenal	Joseph Schildkraut
Parthenia Ann Hawks	Emily Fitzroy
Captain Andy Hawks	Otis Harlan
Julie	Alma Rubens
Windy	Jack McDonald
Schultzy	Neely Edwards
Elly	Elise Bartlett
Joe	Stepin Fetchit
Queenie	Gertrude Howard
Frank	Theodore Lorch
Steve	George Chesebro
Means	Harry Holden
Mrs. Means	Blanche Craig
Kim (Child)	Jane La Verne
Magnolia (as Child)	Jane La Verne
Utility Woman	Grace Cunard
Utility Man	Max Asher
Butcher	Scott Mattraw
Old Tragedian	Joe Mills
Negro Boss	Richard Coleman
Drum Major	James V. Ayres
The Killer	Ralph Yearsley
Stagehand	Jim Coleman
Wheelsman	Carl Herlinger
Policeman	Tom McGuire

Produzent: Carl Laemmle
Regie: Harry A. Pollard

Anmerkung: Der Film wurde zunächst stumm gedreht und später mit Tonpassagen ergänzt (Songs und Dialoge). Zur akustischen Untermalung der Mississippi-Atmosphäre wurden Spirituals und Lieder des amerikanischen Südens unterlegt – Gesang: Billbrew Chorus, Silvertone Quartet, Claude Collins, Four Emperors of Harmony, Jules Bledsoe.
Der Aufführung des Films vorangestellt wurde ein 18 Minuten langer Tonfilm mit Ausschnitten aus der Original-Broadway-Produktion des Musicals. In diesem filmischen »Musical Prologue of SHOW BOAT« präsentierten Carl Laemmle und Florenz Ziegfeld persönlich Künstler der Bühnenversion: Otis Harlan (Master of Ceremonies), Helen Morgan, Jules Bledsoe, »Aunt Jemima«/d. i. Tess Gardella, The Jubilee Singers, The Plantation Singers sowie das Original-Ziegfeld-Orchester unter der Leitung von Victor Baravalle.
Das Programm: C'mon, Folks (Tess Gardella, Jubilee Singers); Can't Help Lovin' Dat Man (Helen Morgan, Jubilee Singers); Hay, Feller (Tess Gardella, Jubilee Singers); Bill (Helen Morgan); Ol' Man River (Jules Bledsoe, Jubilee Singers)
Produzenten: Carl Laemmle, Florenz Ziegfeld
Regie: Arch Heath

Show Boat
1936, USA – Universal, 110 Min.
Österreichische Erstaufführung (Originaltitel): 1936
Musik: Jerome Kern
Songtexte: Oscar Hammerstein II.
Drehbuch: Oscar Hammerstein II., nach dem gleichnamigen Musical

Personen und ihre Darsteller:

Magnolia Hawks Ravenal	Irene Dunne
Gaylord Ravenal	Allan Jones

Captain Andy Hawks	Charles Winninger
Parthy Ann Hawks	Helen Westley
Joe	Paul Robeson
Julie LaVerne	Helen Morgan
Steve	Donald Cook
Frank Schultz	Sammy White
Ellie May Schultz	Queenie Smith
Windy	J. Farrell Mac-Donald
Pete	Arthur Hohl
Sheriff Vallon	Charles Middleton
Queenie, Joe's Wife	Hattie McDaniel
Rubberface	Francis X. Mahoney
Jim Greene	Charles Wilson
Kim (as a Baby)	Patricia Barry
(as a Child)	Marilyn Knowlden
(elder)	Sunnie O'Dea
Jake	Harry Barris
Sam, the Janitor	Clarence Muse
Backwoodsman	Stanley Fields
Zebe	Stanley J. »Tiny« Sandford
Landlady	May Beatty
Lost Child	Bobby Watson
Mrs. Ewing	Jane Keckley
Englishman	E. E. Clive
Reporter	Helen Jerome Eddy
Press Agent	Donald Briggs
Dance Director	LeRoy Prinz
Young Negro	Eddie »Rochester« Anderson
Old Negro	George H. Reed
Banjo Player	Patti Patterson
Simon Legree	Theodore Lorch
Deaf Woman	Flora Finch
Mrs. Brencenbridge	Helen Hayward
Drunk	Arthur Housman
Mother Superior	Elspeth Dudgeon
Old Man	Monte Montague
Small Girl	Lois Verner
Mother	Grace Cunard
Little Girl	Marilyn Harris
Young Man	Jimmy Jackson
Theater Manager	Forrest Stanley
Juvenile	Jack Latham
School Teacher	Georgia O'Dell
Hotel Clerk	Selmer Jackson
YMCA Worker	George Hackathorne
Fat Woman	Maude Allen

Fat Girls: Artye Folz, Barbara Bletcher
Race Fans: Ernest Hilliard, Jack Mulhall, Brooks Benedict
Chorus Girls: Dorothy Granger, Barbara Pepper, Renee Whitney
Gamblers: Lloyd Whitlock, Eddy Chandler, Lee Phelps, Frank Mayo, Ed Peil Sr., Edmund Cobb, Al Ferguson

Produzent: Carl Laemmle Jr.
Choreographie: LeRoy Prinz
Regie: James Whale

Show Boat
(Deutscher Titel: MISSISSIPPI-MELODIE)
1951, USA – Metro Goldwyn-Mayer – Technicolor, 108 Min.
Deutsche Erstaufführung: 1952
Musik: Jerome Kern
Songtexte: Oscar Hammerstein II.
Drehbuch: John Lee Mahin, George Wells, Jack McGowan, nach dem gleichnamigen Musical

Personen und ihre Darsteller:

Magnolia Hawks Ravenal	Kathryn Grayson
Gaylord Ravenal	Howard Keel
Julie LaVerne	Ava Gardner (Gesangsstimme: Annette Warren)
Captain Andy Hawks	Joe E. Brown
Ellie May Shipley	Marge Champion
Frank Schultz	Gower Champion
Stephen Baker	Robert Sterling
Parthy Ann Hawks	Agnes Moorehead
Cameo McQueen	Adele Jergens
Joe	William Warfield
Pete	Leif Erickson
Windy McClain	Owen McGiveney
Queenie	Frances Williams
Sheriff Ike Vallon	Regis Toomey
Mark Hallson	Frank Wilcox
Herman	Chick Chandler
Jake Green	Emory Parnell
Kim	Sheila Clark
Drunk Sport	Ian MacDonald
Trocadero Piano Player	Fuzzy Knight
George, Calliope Player	Norman Leavitt

Dabney	Louis Mercier
Renee	Lisa Ferraday
Hotel Manager	Edward Keane
Bellboy	Tom Irish
Doorman	Jim Pierce
Landlady	Marjorie Wood
Man with Julie	William Tannen
Seamstress	Anna Q. Nilsson
Drunk	Bert Roach
Doctor	Frank Dae
Piano Player	Harry Seymour
Bouncer	William Hall
Bartender	Earle Hodgins
Little Old Lady	Ida Moore
Headwaiter	Alphonse Martell
Dealer	George Lynn
Pickaninny	Melford Jones
Croupier	Peter Camlin
Player	Gil Perkins
Trainer	George Sherwood

Showboat Cast Girls: Anne Marie Dore, Christian Lind, Lyn Wilde, Marietta Elliott, Joyce Jameson, Bette Arlen, Helen Kimbell, Tac Porchon, Mitzie Uehlein, Judy Landon, Nova Dale, Mary Jane French, Marilyn Kinsley, Alice Markham
Showboat Cast Boys: Michael Dugan, Robert Fortier, George Ford, Cass Jaeger, Boyd Ackerman, Roy Damron, Joseph Roach

Produzent: Arthur Freed
Choreographie: Robert Alton
Regie: George Sidney

Anmerkung: Ava Gardners Gesang wurde erst nach Beendigung der Produktion durch Annette Warren nachsynchronisiert. Auf der Schallplatte des Films (Original Sound Track) befindet sich Ava Gardners eigene Stimme.

Auszeichnung: Oscar-Verleihung 1951: Irving G. Thalberg Memorial Award (Ehrenpreis) für Produzent Arthur Freed

Songs und Musiknummern

Bühne:
Die mit Zeichen ⊕ versehenen Songs entfielen in der Neufassung von 1946.
Cotton Blossom/Cap'n Andy's Ballyhoo; Where's the Mate for Me?; Make Believe;

Ol' Man River; Can't Help Lovin' Dat Man; Life on the Wicked Stage; Till Good Luck Comes My Way ⊕; I Might Fall Back on You ⊕; C'mon, Folks; You Are Love; Happy the Day; At the Chicago World's Fair/Dandies on Parade; Why Do I Love You?; In Dahomey; Bill (Jerome Kern/K, P. G. Wodehouse/T – urspr. verfaßt für das Musical »Oh Lady! Lady!« 1918, jedoch nicht verwendet – siehe Anmerkung); Trocadero Ballet; Apache Dance; Good-bye, Ma Lady Love (Joe Howard/K u. T); After the Ball (Charles K. Harris/K u. T – urspr. verwendet im Musical »A Trip to Chinatown« 1892); Hey, Feller/auch: Hay, Feller ⊕; Eccentric Dance; Tap Dance
Anmerkung: Oscar Hammerstein II. änderte am Original-Text »Bill« von P. G. Wodehouse einige Refrainzeilen und zeichnete ab 1927 als Mitautor.
Bei der Premiere in New York 1927 nicht verwendet:
Mis'ry's Comin' Aroun'; I Would Like to Play a Lover's Part; Cheer Up; Coal Black Lady; It's Getting Hotter in the North; My Girl
Nur in der Londoner Erstaufführung 1928:
Dance Away the Night (Kim's Imitation of Her Mother); How'd You Like to Spoon With Me?
Neu geschrieben und hinzugefügt – New York 1946:
Nobody Else But Me / mit: Dance 1927; (ferner in der Produktion der Tanz »No Shoes«)

Filme:
Die mit Zeichen ⊕ versehenen Titel entstammen dem Bühnenwerk.
Show Boat (*1929, veränderte Songs*)
Ol' Man River ⊕; Can't Help Lovin' Dat Man ⊕; Look Down That Lonesome Road (Nathaniel Shilkret/K, Gene Austin/T); Here Comes That Show Boat (Maceo Pinkard, Billy Rose); Love Sings a Song in My Heart (Joseph Cherniavsky/K, Clarence J. Marks/T); Coon Coon Coon (Leo Friedmann, Gene Jefferson); Down South (William H. Myddleton/K, Sigmund Spaeth/T); I've Got Shoes (Traditional); Deep River (Traditional)

Show Boat (1936, 1951)
Cotton Blossom/Cap' Andy's Ballyhoo ⊕ (1936, 1951); Where's the Mate for Me? ⊕ (1936, 1951); Make Believe ⊕ (1936, 1951);Can't Help Lovin' Dat Man ⊕ (1936, 1951); Ol' Man River ⊕ (1936, 1951); Mis'ry's Comin' Aroun' ⊕ (1936 u. 1951 – nur Backgroundmusik); Why Do I Love You? ⊕ (1936 – nur Backgroundmusik, 1951); After the Ball ⊕ (1936, 1951 – siehe Bühne); Good-bye, Ma Lady Love ⊕ (1936, Joe Howard/K u. T); At a Georgia Camp Meeting (1936, Kerry Mills/K); Washington Post March (1936, John Philip Sousa/K); Buck and Wing Dance (= Finale 1. Akt) ⊕ (1951); I Might Fall Back on You ⊕ (1951); Life on the Wicked Stage ⊕ (1951); C'mon, Folks ⊕ (1951); Auld Lang Syne (1951)
Neu geschrieben für den Film 1936 (Jerome Kern/K, Oscar Hammerstein II./T):
I Have the Room Above; Gallivantin' Around; Ah Still Suits Me
Nicht verwendet:
Got My Eye on You; Negro Peanut Vender's Street Cry

Schallplatten:
NY – (1932/Helen Morgan, Frank Munn, Paul Robeson) Columbia AC 55, (1946) Columbia ML/OL 4058, (1966) RCA Victor LOC/LSO 1126, RCA Victor SF 7850
L – World Records SH 240, Monmouth Evergreen MES 7058, (1959) First Night FNOCR 001, Stanyan SR 10036, (1971) Columbia SCX 6480, Stanyan 10048, That's Entertainment TER 1057
F – (1936) Columbia CSP AC 55, (1951) MGM E 559/E 3767, MGM SES 42, MGM 2353045 A
St – (Helen Morgan, Robert Merrill, Patrice Munsel) RCA AVM 1 – 1741, (Dorothy Kirsten, Robert Merrill) RCA Victor LM 9002, (Gogi Grant, Howard Keel, Anne Jeffreys) RCA Victor LOP/LSO 1505, (Barbara Cook, John Raitt, William Warfield) Columbia OL 5820/OS 2220, CBS BPG 62036, (Patrice Munsel,

Robert Merrill, Risë Stevens) RCA Victor LM 2008, (Doreen Hume, Bruce Trent) Epic LN 3512, (Carol Bruce, Helena Bliss) RCA Victor LPM 3151, (Richard Torigi) Diplomat DS 2515, (Irene Dunne, Allan Jones, Charles Winninger) RCA Sunbeam P 501, (Version 1927 – neu/John McGlinn, Teresa Stratas), EMI 7 – 49108, (D) Philips 843 974 PY

Hinweis/Film:
Szenen aus »Show Boat« enthält auch der Film »Till the Clouds Roll By«, eine Biografie des Komponisten Jerome Kern.

Till the Clouds Roll By
(Deutscher Titel: BIS DIE WOLKEN VORÜBERZIEH'N)
1946, USA – Metro-Goldwyn-Mayer – Technicolor, 137 Min.
Deutsche Erstaufführung: 1975
Musik: Jerome Kern
Drehbuch: Myles Connolly, Jean Holloway, nach einer Story von Guy Bolton, bearbeitet von George Wells
Show Boat-Teil (ca. 15 Min):
Darsteller: William Halligan (Captain Andy), Tony Martin (Gaylord Ravenal), Kathryn Grayson (Magnolia), Virginia O'Brien (Ellie), Lena Horne (Julie), Caleb Peterson (Joe), Bruce Cowling (Steve)
Weitere Darsteller des Films:
Robert Walker (Jerome Kern), Judy Garland (Marilyn Miller), Lucille Bremer (Sally), Joan Wells (Sally as a Girl), Van Heflin (James I. Hessler), Paul Langton (Oscar Hammerstein II.), Dorothy Patrick (Mrs. Jerome Kern), Mary Nash (Mrs. Muller), Harry Hayden (Charles Frohman), Paul Maxey (Victor Herbert), Rex Evans (Cecil Keller), William Phillips (Hennessey), Dinah Shore (Julia Sanderson), Van Johnson (Band Leader), Ray Teal (Orchestra Conductor), Byron Foulger (Frohman's Secretary), Ann Codee (Miss Laroche), Russell Hicks (Producer), William Forrest (Director), Wilde Twins (Specialty), Sally Forrest (Dancer) (Guest Stars): June Allyson, Angela Lansbury, Ray McDonald

(Dance Specialties): Maurice Kelly, Cyd Charisse, Gower Champion
(Singers in Finale): Johnny Johnston, Frank Sinatra
Produzent: Arthur Freed
Choreographie: Robert Alton
Regie: Richard Whorf (Für Musical-Nummern: Robert Alton / für Judy Garland: Vincente Minnelli)
Songs:
Show Boat-Teil (in Klammern Sänger): Cottom Blossom (Chorus); Make Believe (Kathryn Grayson, Tony Martin); Can't Help Lovin' Dat Man (Lena Horne); Ol' Man River (Caleb Peterson/Finale: Frank Sinatra); Life on the Wicked Stage (Virginia O'Brien); Where's the Mate for Me (Tony Martin)
Weitere Songs des Films:
Till the Clouds Roll By; How'd You Like to Spoon With Me?; They Didn't Believe Me; The Last Time I Saw Paris; I Won't Dance; Why Was I Born; Smoke Gets in Your Eyes; Who?; Look for the Silver Lining; Sunny; Cleopatterer; Leave It to Jane; Go Little Boat; One More Dance; Yesterdays; Long Ago and Far Away; A Fine Romance; All the Things You Are; She Didn't Say Yes, She Didn't Say No; Polka (from »Mark Twain Suite«)
Schallplatte: MGM E 3770

SILK STOCKINGS
(Deutscher Titel: SEIDENSTRÜMPFE)

Musik und Songtexte: Cole Porter
Buch: George S. Kaufman, Leueen MacGrath, Abe Burrows, nach dem amerikanischen Film »Ninotchka« (1939) (veränderte Handlung), nach einer Story von Melchior Lengyel
Premiere in New York, Imperial Theatre: 24. Februar 1955

Personen und die Darsteller der Premiere:

Ninotchka/Nina Yaschenko	Hildegarde Neff/ d. i. Hildegard Knef
Steve Canfield	Don Ameche
Janice Dayton	Gretchen Wyler
Peter Ilyitch Boroff	Philip Sterling
Ivanov	Henry Lascoe
Brankov	Leon Belasco
Bibinski	David Opatoshu
Commissar Markovitch	George Tobias
Vera	Julie Newmar
Pierre Bouchard	Marcel Hillaire
M. Fabour	Paul Best
Sonia	Devra Kline
Grisha	Forrest Green
Anna	Alexandra Moss
Hotel Doorman	Walter Kelvin
Hotel Manager	Stanley Simmonds
Flower Girl	Geraldine Delaney
First Commissar	Edward Becker
Chief Commissar	Forrest Green
Minister	Tony Gardell
Politburo President	Walter Kelvin
Saleslady	Ludie Claire
Choreographer	Kenneth Chertok
Bookstall Man	Louis Polacek
Movie Director	Paul Best
Assistant Director	Lee Barry

Guards: Edward Becker, Lee Barry, Dick Humphrey
Reporters: Edward Becker, Tony Cardell, Arthur Rubin
Musicians: Maurice Kogan, Leo Merham, Marvin Gold
French Comrades: Win Mayo, Lin Arthur Ulisse

Produzenten: Cy Feuer, Ernest H. Martin
Choreographie: Eugene Loring
Regie: Cy Feuer
Ort: Paris und Moskau
Zeit: Um 1937

Handlung: Politisch geprägte amerikanische Komödie um den Ost-West-Konflikt zwischen der kommunistischen und der kapitalistischen Lebensweise. Die junge, von den Idealen des Kommunismus erfüllte russische Kommissarin Nina Yaschenko, genannt Ninotchka, wird von Moskau nach Paris geschickt, um drei dort anwesenden sowjetischen Spitzeln und dem berühmten Komponisten Peter Boroff die sofortige Heimkehr zu befehlen. Boroff hatte die Erlaubnis, in Paris die Musik für eine Verfilmung von Tolstois »Krieg und Frieden« zu schreiben, doch versucht der amerikanische Theateragent Steve Canfield, seine Rückreise zu verhindern, um ihn für weitere Aufgaben zur Verfügung zu haben. Ninotchka stellt fest, daß die drei Sowjetagenten Ivanov, Brankov und Bibinski nicht ungern die Verzögerung in Kauf nehmen, weil sie sich in Paris wohlfühlen und keine Sehnsucht nach Moskau haben. Sie lernt Canfield kennen. Beide empfinden sofort Zuneigung zueinander, doch wehrt sich Ninotchka gegen ihre Gefühle, denn Liebe ist nach ihrer Vorstellung nur eine chemische Reaktion. Canfield, eigentlich für sie der Inbegriff des dekadenten kapitalistischen Klassenfeinds, macht sie mit der bezaubernden Stadt Paris und den Annehmlichkeiten des westlichen Lebens bekannt. Boroff ist inzwischen ins Blickfeld von Hollywood-Star Janice Dayton geraten. Die exzentrische Filmschauspielerin, die bisher als Schwimm-Star immer nur in Wasserfilmen eingesetzt war (eine Parodie auf Esther Williams), ist zu den Dreharbeiten in Paris eingetroffen, beglückt darüber, endlich keine feuchte Rolle spielen zu müssen. Doch sie sieht das Filmprojekt »Krieg und Frieden« als große Show und sich selbst als Napoleons Josephine. Entschlossen versucht sie, Boroff auf ihre Art davon zu überzeugen, seine Musik für sie umzuschreiben. Sie lotst ihn in einen vornehmen Modesalon und läßt ihn Bekanntschaft machen mit Dessous und Corsagen, durch die eine Frau so verführerisch wird. Boroff ist von ihr begeistert. Ninotchka, die Boroff heimlich verfolgt hat, gerät unversehens mit in den Modesalon, wo sie sich von der erotischen Wirkung der französischen Reizwäsche selbst überzeugen kann. Besonders angetan ist sie von den feinen, zarten Seidenstrümpfen, und sie beginnt zu begreifen, daß eine Frau auch anders als proletarisch sein kann. Canfield tut ein übriges, ihr Umdenken zu fördern. Inzwischen hat Janice den zögernden Boroff überspielt und selbst dafür gesorgt, daß dessen Musik mit Jazz-Elementen modernisiert wurde. Aus seiner heroischen »Ode an einen Traktor«, die ihm in der Sowjetunion Ruhm eingetragen hatte, ist ihr sinnliches Liebeslied an Napoleon geworden.

Als Boroff mit dieser Version seiner Musik konfrontiert wird, gerät der sonst so passive Künstler in Zorn. Ebenso verärgert reagieren Ninotchka und die drei Agenten über die Verhöhnung hehrer russischer Kunst. Nun sind sie doch alle entschlossen, nach Moskau zurückzukehren, und sie reisen sofort ab. Canfield, der für Ninotchka gerade 365 Paar Seidenstrümpfe für jeden Tag des Jahres besorgt hatte, stellt entsetzt fest, daß sie verschwunden ist. In Moskau ist Ninotchka Leiterin eines Artistenkollektivs geworden. Sorgsam hütet sie zur Erinnerung ein Paar Seidenstrümpfe. In der Trostlosigkeit des sowjetischen Alltags und in den beengten Wohnverhältnissen träumt sie mit Bibinski, Ivanov und Brankov noch immer von Paris. Auch Boroff, der seine Liebe zu modernen Rhythmen endeckt hat, gehört zu der kleinen verschworenen Gemeinschaft und hat für ihre privaten Treffen sogar heimlich einen »Red Blues« komponiert. Plötzlich ist Canfield da und nimmt Ninotchka in die Arme. In zähem Kampf hatte er sich ein Visum beschafft, das ihm die Reise nach Moskau ermöglichte. Doch nun setzt man ihn fest und führt ihn dem Kulturkommissar vor. Canfields agiler Überredungskunst gelingt es, seine Freunde und die ganze Artistentruppe mit ihrer Leiterin gegen Devisen für Amerika zu engagieren, und man stellt ihm sogar ein Transportflugzeug zur Verfügung, mit dem er Ninotchka endgültig in die kapitalistische Welt entführen kann.

Deutschsprachige Erstaufführung:
5. Oktober 1974, Landestheater Linz.
Autor: Wilfried Steiner

Film:

Silk Stockings
(Deutscher Titel: SEIDENSTRÜMPFE)
1957, USA – Metro-Goldwyn-Mayer –
CinemaScope/Metrocolor, 116 Min.
Deutsche Erstaufführung: 1958
Musik und Songtexte: Cole Porter
Drehbuch: Leonard Gershe, Leonard Spigelgass, Harry Kurnitz, nach dem gleichnamigen Musical

Personen und ihre Darsteller:

Ninotchka (Nina Yoshenka)	Cyd Charisse (Gesangsstimme: Carole Richards)
Steve Canfield	Fred Astaire
Peggy Dainton	Janis Paige
Commissar Vassili Markovitch	George Tobias
Brankov	Peter Lorre
Bibinski	Jules Munshin
Ivanov	Joseph Buloff
Peter Ilyitch Boroff	Wim Sonneveld
Fifi	Barrie Chase
Suzette	Betty Uitti
Gabrielle	Tybee Afra
Ballerina Vera	Belita
Russian Embassy Official	Ivan Triesault

Produzent: Arthur Freed
Choreographie: Hermes Pan, Eugene Loring
Regie: Rouben Mamoulian

Songs und Musiknummern

Bühne:
Too Bad (We Can't Go Back to Moscow); Paris Loves Lovers; Stereophonic Sound; It's a Chemical Reaction, That's All; All of You; Satin and Silk; Without Love; Hail, Bibinski; As On Through the Seasons We Sail; Josephine; Siberia; Silk Stockings; The Red Blues

Film:
Too Bad (We Can't Go Back to Moscow); Paris Loves Lovers; Stereophonic Sound; It's a Chemical Reaction, That's All; All of You; Satin and Silk; Silk Stockings; Without Love; Fated to Be Mated (für den Film hinzugefügt); Josephine; Siberia; The Red Blues; The Ritz Roll and Rock (für den Film hinzugefügt)
Backgroundmusik: I've Got You Under My Skin; Close; Easy to Love; Love of My Live; You Can Do No Wrong

Schallplatten:
NY – RCA Victor LOC 1016, RCA Victor LOC/LSO 1102, RCA CBM 1-2208
F   – MGM E 3542, MGM SES 51

Vorlage des Musicals:

Film:

Ninotchka
(Deutscher Titel: NINOTSCHKA)
1939, USA – Metro-Goldwyn-Mayer, 110 Min.
Deutsche Erstaufführung: 1949
Drehbuch: Charles Brackett, Billy Wilder, Walter Reisch, nach einer Story von Melchior Lengyel
Darsteller: Greta Garbo (Ninotchka/Lena Yakushova), Melvyn Douglas (Count Leon Dolga), Ina Claire (Grand Duchess Swana), Sig Rumann (Michael Iranoff), Felix Bressart (Buljanoff), Alexander Granach (Kopalski), Bela Lugosi (Commissar Razinin), Gregory Gaye (Count Alexis Rakonin), Richard Carle (Gaston), Edwin Maxwell (Mercier), Rolfe Sedan (Hotel Manager), George Tobias (Russian Visa Official), Dorothy Adams (Jacqueline, Swana's Maid), Lawrence Grant (General Savitsky), Charles Judels (Pere Mathieu, Café Owner), Frank Reicher (Lawyer), Edwin Stanley (Lawyer), Mary Forbes (Lady Lavenham), Peggy Moran (French Maid), Marek Windheim (Manager), Alexander Schonberg (Bearded Man), George Davis (Porter), Armand Kaliz (Louis, Headwaiter), Tamara Shayne (Anna), William Irving (Bartender), Wolfgang Zilzer (Taxi Driver), Paul Weigel (Vladimir), Florence Shirley (Marianne), Harry Semels (Neighbor-Spy), Jody Gilbert (Streetcar Conductress), Hans Joby (Railroad Station Man), Jacques Vanaire (Hotel Clerk), Winifred Harris (Englishwoman), Major Frederick Farrell (Attendant), Lucille Pinson (German Woman), Elizabeth Williams (Indignant Woman)
(Gossips): Bess Flowers, Ellinor Vandeveer, Sandra Morgan, Elinor Cabanne, Symona Boniface, Monya Andre
(Cigarette Girls): Kay Stewart, Jenifer Gray
(Guests): Wilda Bennett, George Sorel, Nino Bellini
Produzent: Billy Wilder
Regie: Billy Wilder

Hinweis/Bühne:
Melchior Lengyel verfaßte nach seiner Story, die dem Film »Ninotchka« (1939) zur Vorlage diente, ein Theaterstück, das 1950, also noch vor Entstehen des Musicals »Silk Stockings«, in Paris aufgeführt wurde.

Komödie: *Ninotchka*
Buch: Melchior Lengyel, nach seiner Story für den gleichnamigen Film
Uraufführung: Paris, Theatre du Gymnase: 4. April 1950
Darsteller: Sophie Desmarets (Ninotchka), Henri Guisal (Leon), Stephen Weber (Ivanov), Frederic O'Brady (Bebuski), Jacques d'Herville (Gaston), Mala Poncety (Copella), Camille Fournier (Princess Stephanie), Jean Hebey (Krasnov)
Produzenten: Madame Paule Rolle, Arthur Lesser
Regie: Marc-Gilbert Sauvajon

Hinweis/Film:
Weitere Verfilmung von »Ninotchka«, der Vorlage des Musicals »Silk Stockings«.

Ninotchka
(TV) 1960, USA – ABC, 90 Min. (TV)
Erstsendung: 20. April 1960
Drehbuch: Roger Hirson, nach einer Story von Melchior Lengyel und dem gleichnamigen Spielfilm
Darsteller: Maria Schell (Lena Yakushova/ Ninotchka), Gig Young (Leon Dolga), Zsa Zsa Gabor (Grand Duchess Swana), Mischa Auer (Buljanoff), Henry Lascoe (Kopalski), Leon Belasco (Michael Iranoff), Frederick Ledebur (Count Alexis Rakonin), Boris Tumarin (Commissar Razinin), William Hansen (Gaston), Anne Meara (Anna), Gerald Hiken (Consular Official), David Hurst (Lawyer), Joe E. Marks (Pere Mathieu), Edward Rutzisky (Porter), Marcel Hillaire (Mercier)
Produzent: David Susskind
Regie: Tom Donovan

Weitere Hinweise:
Der amerikanische Stummfilm »Silk Stockings« von 1921 hat mit dem gleichnamigen Musical nichts zu tun, sondern handelt, nach einer Story von Frank M. Dazey,

von einer romantisch veranlagten jungen Dame, die als Mannequin in einem New Yorker Modesalon arbeitet und davon träumt, daß ein fremder Prinz sie verehrt.

Unter dem Titel »Silk Stockings« erschien ferner 1927 ein amerikanischer Stummfilm (Universal) nach einem Roman »A Pair of Silk Stockings« (1916) von Cyril Harcourt, dessen Handlung mit dem späteren gleichnamigen Musical nichts zu tun hat.

Ein ähnliches Thema wie Billy Wilders Film »Ninotchka« (offensichtlich der Versuch einer Imitation nach Erfolg des Musicals) behandelt der in Qualität und Ausführung nicht vergleichbare britische Film »The Iron Petticoat« (deutsch: »Der eiserne Unterrock«) (1956 / in Vistavision und Technicolor) mit Katharine Hepburn, Bob Hope, James Robertson Justice, Robert Helpmann, David Kossoff, Alan Gifford, Paul Carpenter, Noelle Middleton. Drehbuch: Ben Hecht, Regie: Ralph Thomas.

Das Grundmotiv der »Ninotchka«-Handlung (Amerikaner gewinnt die Liebe einer politisch engagierten Russin und macht sie mit der westlichen Lebensweise bekannt) benutzt auch der amerikanische Spionage-Film »Jet Pilot« (deutsch: »Düsenjäger«) (1957 / in Technicolor) mit John Wayne, Janet Leigh, Jay C. Flippen, Paul Fix, Richard Rober, Roland Winters, Ivan Triesault, Hans Conried. Drehbuch: Jules Furthman, Regie: Josef von Sternberg (und andere).

SINGIN' IN THE RAIN

Musik: Nacio Herb Brown
Songtexte: Arthur Freed u. a.
Buch: Theaterfassung des Filmdrehbuchs von Betty Comden und Adolph Green des gleichnamigen amerikanischen Musical-Films (MGM/1952)
Premiere in London, Palladium Theatre: 30. Juni 1983

Personen und die Darsteller der Premiere:
Don Lockwood   Tommy Steele
Lina Lamont   Sarah Payne

Cosmo Brown	Roy Castle
Kathy Selden	Danielle Carson
Miss Ginsmore	Joyce Carpenter
Gozark	Colin Fay
R. F. Simpson	Kalman Glass
Olga Nerg	Suzanne Oram
Dora Bailey	Jeanette Ranger
Roscoe Dexter	Matt Zimmerman
Zelda Saddler	Nola Haynes
Hiram Upchat	Peter Stamford
Miss Detroit	Lisa Henson
Bertram B. Bertram, Cowboy Hero	Mason Taylor
Baron	Roger Sutton
Chauffeur	Trevor Willis
Man on Screen	Frank Williams
Indian Brave	John Small
Indian Chief	Lloyd Williams
Steve	Paul Pentley
Tea Lady	Gaynor Miles
Ziegfeld Dancer	Adam Richens
Makeup Girl	Rosemary Lyford
Reporter	Josie Ashcroft
Sound Man	Christopher Connah
Clapper Boy	John A. Sullivan

Valentine Girls: Fiona Hawkens, Nola Haynes, Mandy Hearnden, Debbie Lee London, Lorraine Maloney und Denise Kelly, Alison Temple Savage, Gabor Vernon, Derek Knight, Norman Warren, Lindsey Betts, Tracey Dee-Clark, Shealagh Dennis, Gynna Oladjins, Cherith Towler

Produzenten: Harold Fielding (mit Maurice und Lois F. Rosenfield, Bernard Delfont und Richard Mills)
Choreographie: Peter Gennaro, unter Verwendung von Motiven der Film-Vorlage
Regie: Tommy Steele
Ort: Hollywood, Los Angeles/USA
Zeit: 1927/1928

Handlung: Kintopp-Komödie, Hollywood in den Tagen des aufkommenden Tonfilms. Die Traumfabrik steht kopf – nichts ist mehr, wie es war. Die neue Technik erfordert neue Produktionsmethoden; das große Umdenken beginnt, überraschende Erfahrungen werden gemacht. Für Lina Lamont, den umjubelten Stummfilmstar, ist das Ende der Karriere gekommen – aber sie weiß es noch nicht. Mit ihrer piepsigen Fistelstimme entspricht sie nicht mehr den Anforderungen der neuen Kunst des Tonfilms. Nur ihr Partner Don Lockwood – die beiden sind das große Liebespaar des Films – schafft den Sprung in die veränderte Kino-Zukunft, und zwar zusammen mit der unbekannten jungen Anfängerin Kathy Selden, die ihm, dem großen, selbstbewußten Star, kräftig die künstlerischen Leviten gelesen hatte. Don Lockwood und Kathy Selden werden das neue Liebespaar – und nicht nur in der beginnenden Ära des Tonfilms.

Vorlage des Musicals:

Film:

Singin' in the Rain
(Deutscher Titel: DU SOLLST MEIN GLÜCKSSTERN SEIN)
1952, USA – Metro-Goldwyn-Mayer – Technicolor, 102 Min.
Deutsche Erstaufführung: 1952
Film-Musical
Musik: Nacio Herb Brown u. a.
Songtexte: Arthur Freed u. a.
Drehbuch: Betty Comden, Adolph Green

Personen und ihre Darsteller:

Don Lockwood	Gene Kelly
Kathy Selden	Debbie Reynolds (siehe Anmerkung)
Cosmo Brown	Donald O'Connor
Lina Lamont	Jean Hagen
R. F. Simpson, Film Studio Head	Millard Mitchell
Special Dancer	Cyd Charisse
Roscoe Dexter, Director	Douglas Fowley
Zelda Zanders	Rita Moreno
Dora Bailey, Radio Gossip Columnist	Madge Blake
Rod	King Donovan
Phoebe Dinsmore, Diction Coach	Kathleen Freeman
Diction Coach	Bobby Watson
Sid Phillips, Assistant Director	Tommy Farrell

Singer in »Beautiful Jimmie Thompson
Girl« Number
Assistant Director Dan Foster
Wardrobe Woman Margaret Bert
Hairdresser Mae Clark
Olga Mara Judy Landon
Baron De La May John Dodsworth
De La Toulon
J. C. Spendrill III. Stuart Holmes
Don as a Boy Dennis Ross
Bert, Villian in Bill Lewin
Western
Phil, Cowboy Hero Richard Emory
Man on Screen Julius Tannen
Villain, »Duelling Carl Milletaire
Cavalier« und
»Broadway
Rhythm«
Orchestra Leader Jac George
Singer, Rudy Vallée Wilson Wood
Impersonator
(Imitator)
Kid David Kasday
Ladies in Waiting: Dawn Addams, Elaine
Stewart
Audience: Dorothy Patrick, William Lester, Charles Evans, Joi Lansing
Fencers: Dave Sharpe, Russ Saunders
Girl Dancers: Patricia Denise, Jeanne
Coyne
Male Dancing Quartet: Bill Chatman, Ernest Flatt, Don Hulbert, Robert Dayo

Produzent: Arthur Freed
Choreographie: Gene Kelly, Stanley Donen
Regie: Gene Kelly, Stanley Donen

Anmerkung: In seinem Fachbuch »Encyclopaedia of the Musical Film« (1981) berichtet Stanley Green folgende Kuriosität über jene Filmszene, in der Debbie Reynolds (als Kathy Selden) hinter einem Bühnenvorhang die Fistelstimme der von Jean Hagen gespielten Stummfilmschauspielerin Lina Lamont synchronisiert: Die Aussprache von Debbie Reynolds wurde seitens der Produktion als »zu texanisch« empfunden, so daß nun Jean Hagen mit ihrer natürlichen, kultivierten Stimme in dieser Filmszene Debbie Reynolds synchronisierte, die angeblich Jean Hagens Stim-

me sprach. – Ein Treppenwitz des Films im Film!
Gemäß der gleichen Quelle erhielt Debbie Reynolds für den Song »Would You?« die Gesangsstimme von Betty Noyes.

Songs und Musiknummern

Bühne (1983):
Story und Handlung des Bühnenmusicals entsprechen der gleichnamigen Filmvorlage, die Songs sind jedoch teilweise verändert. Die mit Zeichen ⊕ versehenen Songs sind auch in der Filmvorlage enthalten.
Fit As a Fiddle and Ready for Love ⊕; Temptation (Nacio Herb Brown/K, Arthur Freed/T, aus dem Film »Going Hollywood« 1933); I Can't Give You Anything But Love (Jimmy McHugh/K, Dorothy Fields/T, aus den Musicals »Harry Delmar's Revels« 1927 und »Blackbirds of 1928« 1928); Be a Clown (Cole Porter/K u. T, aus dem Film »The Pirate« 1948 – siehe Anmerkung); Too Marvellous for Words (Richard A. Whiting/K, Johnny Mercer/T, aus dem Film »Ready, Willing and Able« 1937); You Are My Lucky Star ⊕; Moses Supposes ⊕; Good Morning ⊕; Singin' in the Rain ⊕; Would You? ⊕; Fascinating Rhythm (George/K u. Ira/T Gershwin, aus dem Musical »Lady, Be Good!« 1924)

Film (1952):
Bis auf drei für diesen Film verfaßte Songs, die mit Zeichen ⊕ ⊕ versehen sind, stammen die Musiknummern aus anderen MGM-Filmen (wie angegeben) und sind von Nacio Herb Brown/K und Arthur Freed/T.
Fit As a Fiddle and Ready for Love ⊕⊕ (Al Hoffman/K, Al Goodhart/K, Arthur Freed/T); Moses Supposes ⊕⊕ (Roger Edens/K, Betty Comden/T, Adolph Green/T); Make 'Em Laugh ⊕⊕ (Nacio Herb Brown/K, Arthur Freed/T – siehe Anmerkung); All I Do Is Dream of You (aus dem Film »Sadie McKee« 1934); Should I? (aus dem Film »Lord Byron of Broadway« 1930); Singin' in the Rain (aus dem Film »Hollywood Revue of 1929« 1929); I've Got a Feelin' You're Foolin' (aus dem Film »Broadway Melody of

S SONG OF NORWAY | 441

1936« 1935); You Are My Lucky Star (aus dem Film »Broadway Melody of 1936« 1935); Broadway Rhythm (aus dem Film »Broadway Melody of 1936« 1935); The Wedding of the Painted Doll (aus dem Film »The Broadway Melody« 1929); You Were Meant for Me (aus dem Film »The Broadway Melody« 1929); Broadway Melody (aus dem Film »The Broadway Melody« 1929); Would You? (aus dem Film »San Francisco« 1936); Good Morning (aus dem Film »Babes in Arms« 1939); Beautiful Girl (aus dem Film »Going Hollywood« 1933)

Anmerkung: Der Song »Make 'Em Laugh« aus diesem Film (Nacio Herb Brown/K) ist kompositorisch nahezu identisch mit »Be a Clown« aus dem Film »The Pirate« (1948 – Cole Porter/K). In seinem Fachbuch »Encyclopaedia of the Musical Film« bemerkt Stanley Green zu dem Song »Make 'Em Laugh«: »The idea of the song was pirated from ›The Pirate's‹ ›Be a Clown‹« (»to pirate« = deutsch: »unrechtmäßig aneignen«).

Schallplatten:
L – Safari Rain 1, First Night FNR 001
F – MGM E 3236, MGM E 3770, MGM SES 40, MGM 2353036, MGM 2355051, MGM 09005 (B)

SNOOPY !!! → YOU'RE A GOOD MAN, CHARLIE BROWN

SOME LIKE IT HOT → SUGAR

SONG OF NORWAY

Musik nach Kompositionen von Edvard Grieg: Robert Wright, George Forrest
Songtexte: Robert Wright, George Forrest
Buch: Milton Lazarus, nach einer Story von Homer Curran
Premiere in New York, Imperial Theatre: 21. August 1944

Personen und die Darsteller der Premiere:
Edvard Grieg — Lawrence Brooks
Louisa Giovanni — Irra Petina
Nina Hagerup — Helena Bliss
Rikard Nordraak — Robert Shafer
Count Peppi Le Loup — Sig Arno/d. i. Siegfried Arno
Mrs. Grieg, Mother of Edvard — Ivy Scott
Mr. Grieg, Father of Edvard — Walter Kingsford
Mr. Nordraak, Father of Rikard — Philip White
Sigrid — Janet Hamer
Einar — Kent Edwards
Eric — Robert Antoine
Gunnar — William Carroll
Helga — Jackie Lee
Grima — Patti Brady
Freddy — Frederic Franklin
Frau Professor Norden — Doreen Wilson
Henrik Ibsen — Dudley Clements
Elvera — Sharon Randall
Hedwig — Karen Lund
Greta — Gwen Jones
Marghareta — Ann Andre
Hilda — Elizabeth Bockoven
Miss Anders — Sonia Orlova
Tito — Frederic Franklin
Maestro Pisoni — Robert Bernard
Adelina — Alexandra Danilova
Signora Eleanora — Barbara Boudwin
Inn Keeper — Lewis Bolyard
Butler — Cameron Grant
Maid — Nora White
Faculty: Ewing Mitchell, Audrey Guard, Paul de Poyster
Children: Sylvia Allen, Grace Carroll, Pat O'Rourke, Shannon Randolph
Ballet Russe de Monte Carlo mit den Solisten: Alexandra Danilova (Adelina), Frederic Franklin (Freddy), Nathalie Krassovska, Leon Daniellan, Maria Tallchief, Ruthana Boris, Mary Ellen Moylan, Nicholas Magallances

Produzent: Edwin Lester
Choreographie: George Balanchine
Regie: Edwin Lester, Charles K. Freeman
Ort: Troldhaugen bei Bergen/Norwegen – Kopenhagen/Dänemark – Rom/Italien
Zeit: Zwischen 1860 und 1870

Handlung: Erdichtete, operettenhaft gestaltete Episoden aus der Jugendzeit des norwegischen Komponisten Edvard Grieg, lose angelehnt an tatsächliche Begebenheiten, teils frei erfunden. Grieg ist kompositorisch begabt. Sein Freund, der Komponist Rikard Nordraak, drängt ihn, Werke zu schreiben, in denen die Musik Norwegens erklingt. Grieg aber verliebt sich in die Operetten-Primadonna Louise Giovanni, verläßt (frei erfunden) seine Jugendliebe Nina Hagerup und folgt der Sängerin nach Rom. In der Fremde hat er Sehnsucht nach seiner Heimat und nach Nina. Als Rikard unerwartet stirbt, entschließt sich Grieg, nach Norwegen zurückzukehren. Er heiratet Nina und entwickelt sich, dem Vermächtnis des Freundes folgend, zum bedeutendsten Schöpfer der Musik Norwegens.

Anmerkung: Das Musical startete als eine Produktion der »Edwin Lester's Los Angeles and San Francisco Civic Light Opera Co.« in Los Angeles, Philharmonic Auditorium: 12. Juni 1944.
Darsteller: Irra Patina, Walter Cassel, Helena Bliss, Robert Shafer, Sig Arno, Ivy Scott, Walter Kingsford, Charles Judels, Roy Gordon, Egon Brecher, Alexandra Danilova, Frederic Franklin
Choreographie: George Balanchine
Regie: Charles K. Freeman

Edvard Grieg (1843–1907), berühmtester Komponist Norwegens. Heiratete seine Kusine, die Sängerin Nina Hagerup, am 11. Juni 1867 in Kopenhagen. Grieg unternahm 1865 und 1870 Italienreisen.
Rikard Nordraak (1842–1866), norwegischer Komponist. Vertonte Gedichte seines Vetters Bjørnstjerne Bjørnson (1832–1910). War Mitbegründer einer nationalen Musikbewegung in Norwegen und Komponist der Nationalhymne. Freund von Edvard Grieg.
Henrik Ibsen (1828–1906), norwegischer Dramatiker, Wegbereiter des sogenannten »Naturalismus«. Für sein 1867 verfaßtes und 1876 uraufgeführtes Werk »Peer Gynt« (›Dramatisches Gedicht in fünf Akten‹) schrieb Edvard Grieg Bühnenmusik (2 Orchestersuiten 1888/1891).

Film:

Song of Norway
1970, USA – ABC Pictures – Super Panavision 70/Color DeLuxe, 141 Min.
Neue Handlung (siehe Anmerkung)
Musik (nach Kompositionen von Edvard Grieg) *und Songtexte:* Robert Wright, George Forrest
Drehbuch: Andrew L. Stone, frei nach dem gleichnamigen Musical

Personen und ihre Darsteller:

Edvard Grieg	Toralv Maurstad
Nina Grieg	Florence Henderson
Therese Berg	Christina Schollin
Rikard Nordraak	Frank Porretta
Bjørnstjerne Bjørnson	Harry Secombe
Berg	Robert Morley
Krogstad	Edward G. Robinson
Mrs. Bjørnson	Elizabeth Larner
Engstrand	Oscar Homolka
Henrik Ibsen	Frederick Jaeger
Franz Liszt	Henry Gilbert
Hans Christian Andersen	Richard Wordsworth
George Nordraak	Bernard Archard
Aunt Aline	Susan Richards Chitty
Hagerup	John Barrie
Mrs. Hagerup	Wenke Foss
Gade	Ronald Adam
Mrs. Thoresen	Aline Towne
Berg's Butler	James Hayter
Helsted	Erik Chitty
Captain Hansen	Carl Rigg
Freddie	Avind Harum
Mrs. Schmidt	Tordis Maurstad
Irate Woman	Nan Munro
Doctor	Rolf Berntzen
Chevalier	Charles Lloyd Pack
Winding	Robert Rietty
Receptionist	Tracey Crisp
Rome Butler	Cyril Renison
Violinist	Manoug Parikian
Bjørnson's Secretary	Eli Lindtner
Girl's Mother	Ilse Tromm
Councilmen:	Richard Vernon, Ernest Clark

Liszt's Friends: Rosalind Speight, Ros Drinkwater
Dancers: Jeffrey Taylor, Peter Salmon, Roy Jones, Gordon Coster, Paddy McIntyre, Barrie Wilkinson, Rupert Lupone, Stephen Reinhardt, Jane Darling, Barbara von der Heyde, Hermione Farthingale, Jennie Walton, Michele Hardy, Susan Claire, Denise O'Brien, Jane Kells

Produzenten: Virginia Stone, Andrew L. Stone
Choreographie: Lee Theodore
Regie: Andrew L. Stone

Anmerkung: Die Handlung des Films ist realitätsbezogener als die des Musicals, spielt in Norwegen (Bergen und Christiania/heute Oslo) und in Rom und bringt Edvard Grieg, entsprechend den tatsächlichen Begebenheiten, in Verbindung mit Persönlichkeiten seiner Zeit, so neben Henrik Ibsen auch mit Hans Christian Andersen, Bjørnstjerne Bjørnson und Franz Liszt.

Songs und Musiknummern

Bühne:
Prelude and Legend/Song of Norway (Klavierkonzert in a-moll); Hill of Dreams (Klavierkonzert in a-moll); Freddie and His Fiddle (Norwegischer Tanz Nr. 2); Now (Walzer op. 12 und Violin-Sonate in G); Strange Music (»Nocturne« und »Wedding Day in Troldhaugen«); Midsummer's Eve (»Twas on a Lovely Eve in June« und Scherzo in e-moll); March of the Trollgers (»Mountaineer's Song«/ »Halling in g-minor/March of the Dwarfs«); Hymn of Betrothal (»To Spring«); Bon Vivant (»Water Lily«); Three Loves (»Albumblatt« und »Poème Erotique«); Nordraak's Farewell (»Springtide«); I Love You (»Ich liebe dich«/»Du mein Gedanke«); At Christmas Time (»Woodland Wanderings«)

Film:
Piano Concerto in A Minor; Life of a Wife of a Sailor; John Heggerstrom; Freddie and His Fiddle; Strange Music; Song of Norway; A Rhyme and a Reason; When We Wed; The Little House; Hill of Dreams; I Love You; Hymn of Betrothal; Be a Boy Again; In the Hall of the Mountain King; Midsummer's Eve; Three There Were; The Solitary Wanderer; Hand in Hand; At Christmas Time; A Welcome Toast; Ribbons and Wrappings; Wrong to Dreams; Solvejg's Song; Norwegian National Anthem (Nationalhymne/Rikard Nordraak/K, Bjørnstjerne Bjørnson/T)

Schallplatten:
NY – (Kitty Carlisle als Louisa Giovanni) Decca 7-9019, MCA 1524, (1958) Columbia CL 1328/CS 8135
F – Probe SPB 1017, ABC OC 14
St – That's Entertainment TER 34.1173

SONS O' FUN → Hellzapoppin'

THE SOUND OF MUSIC

Musik: Richard Rodgers
Songtexte: Oscar Hammerstein II.
Buch: Howard Lindsay, Russel Crouse, nach dem deutschen Spielfilm »Die Trapp-Familie« (1956), nach den Lebenserinnerungen »The Story of the Trapp Family Singers« (1949) (deutsch: »Die Trapp-Familie«) von Maria Augusta Trapp
Premiere in New York, Lunt-Fontanne Theatre: 16. November 1959

Personen und die Darsteller der Premiere:

Maria Rainer von Trapp	Mary Martin
Capt. Georg von Trapp	Theodore Bikel
Elsa Schraeder	Marion Marlowe
Max Detweiler	Kurt Kasznar
Mother Abbess	Patricia Neway
Rolf Gruber	Brian Davies
Von Trapp Children:	
Liesl	Lauri Peters
Friedrich	William Snowden
Louisa	Kathy Dunn
Kurt	Joseph Stewart
Brigitta	Marilyn Rogers
Marta	Mary Susan Locke
Gretl	Evanna Lien

Sister Margaretta	Muriel O'Malley
Sister Berthe	Elizabeth Howell
Sister Sophia	Karen Shepard
Franz	John Randolph
Frau Schmidt	Nan McFarland
Ursula	Luce Ennis
Herr Zeller	Stefan Gierasch
Baron Elberfeld	Kirby Smith
Postulant	Sue Yaeger
Admiral von	Michael Gorrin
Schreiber	
Singer	Joey Heatherton

Produzenten: Leland Hayward, Richard Halliday, Richard Rodgers, Oscar Hammerstein II.
Choreographie: Joe Layton
Regie: Vincent J. Donehue
Ort: Salzburg
Zeit: 1938

Handlung: Familienschicksal (nach realen Begebenheiten) vor dem Hintergrund des von Hitler inszenierten Anschlusses Österreichs an das Deutsche Reich. Maria, die junge Novizin eines Klosters, wird von der Oberin beauftragt, die Betreuung und Erziehung der sieben Kinder des verwitweten Barons von Trapp zu übernehmen. Sie gewinnt die Sympathie der Kinder und erlöst sie durch ihre ungezwungene Art aus der strengen militärischen Disziplin, in der sie der Vater, ein ehemaliger U-Boot-Kommandant, hält. Mit Musik und gemeinsamem Gesang bringt Maria so viel Leben ins Haus, daß auch Baron von Trapp davon mitgerissen wird. Sein Freund Max Detweiler will Maria und die singenden Trapp-Kinder für Festspiele engagieren. Österreich geht einer ungewissen Zukunft entgegen, denn Hitler und seine Nationalsozialisten bedrohen die Freiheit des Landes. Der Baron ist tief besorgt, was Elsa Schraeder, die Frau aus reichem Hause, die er zu heiraten gedenkt, nicht verstehen kann. Auch Max Detweiler sieht im Nationalsozialismus keine Gefahr. Maria aber imponiert die demokratische Gesinnung des Barons. Sie spürt, daß in ihr Gefühle für ihn erwachen. Ängstlich flüchtet sie zurück ins Kloster. Im Hause Trapp vermissen sie die Kinder und der

Hausherr. Die Oberin ermahnt Maria, sich ihrer Verantwortung nicht zu entziehen. Als sie zu den Kindern zurückkehrt, hat auch von Trapp erkannt, daß er Maria braucht. Die Verlobung mit Elsa Schraeder geht in die Brüche; von Trapp heiratet Maria. Inzwischen ist die Okkupation Österreichs erfolgt. Baron von Trapp wird von der deutschen Marine angetragen, wieder eine hohe Position in der U-Boot-Flotte zu übernehmen. Doch der patriotisch gesinnte Österreicher weigert sich, was ihn in Konflikt mit den neuen Machthabern bringt. Ihm droht Verhaftung. Max Detweiler holt ihn und die Familie zu einem Festival und läßt sie als singende Trapp-Familie auftreten. Der große Erfolg tarnt ihre Flucht. Sie retten sich zunächst in Marias Kloster und fliehen dann über die Berge in die Schweiz. Nur in vagen Gedanken hoffen sie auf eine neue Heimat in den USA.

Auszeichnungen: 8 Antoinette Perry Awards (Tonys) 1960: Bestes Musical / Weibliche Hauptrolle–Musical: Mary Martin / Weibliche Nebenrolle–Musical: Patricia Neway / Buch–Musical: Howard Lindsay, Russel Crouse / Produktion–Musical: Leland Hayward, Richard Halliday / Musik: Richard Rodgers / Dirigent und Musikalische Leitung: Frederick Dvonch / Bühnenbild: Oliver Smith

Anmerkung: Bühnenmusical und die nachfolgend genannten Filme verdichten aus dramaturgischen Gründen die wahren Begebenheiten und ändern sie teilweise ab. Auch die Namen der Kinder sind im Musical verändert.
Freiherr (Baron) Georg von Trapp (1880–1947), österreichischer Korvettenkapitän, im Ersten Weltkrieg U-Boot-Kommandant. Wird einige Jahre nach Ende des Krieges Witwer mit sieben Kindern. Maria Augusta Kutschera (1905–1987), geboren in Wien. Anwärterin auf das Noviziat des Benediktinerklosters Nonnberg bei Salzburg. Wird im Oktober 1926, vom Kloster beauftragt, Lehrerin und Erzieherin der Kinder des Barons von Trapp. Gewinnt die Liebe der Kinder und schließlich

auch die des Hausherrn. Heirat am 26. November 1927. Die junge Frau organisiert und pflegt in der Familie gemeinsames Singen und Musizieren. Monsignore Dr. Franz Wasner, ein junger Priester, findet sich als musikalischer Leiter und Berater. Ab Ostern 1935 Kirchengesang der Familie als »Salzburger Kammerchor Trapp«. Erster Preis bei einem Wettbewerb für Chorgesänge in Salzburg, August 1936. Es folgen ein erster Rundfunkauftritt, die Mitwirkung bei einem Staatsempfang des österreichischen Bundeskanzlers, öffentliche Konzerte (u. a. bei den Salzburger Festspielen) und ab Dezember 1937 für einige Wochen eine Konzerttournee durch Europa, die gekrönt wird durch eine Audienz bei Papst Pius XI.

Am 11. März 1938 Einmarsch deutscher Truppen in Österreich und nachfolgend der Anschluß der »Ostmark« an Hitlers Deutsches Reich. Baron von Trapp – patriotisch gesinnter Österreicher und gläubiger Katholik – lehnt das menschenverachtende, unchristliche System des Nationalsozialismus ab und gerät dadurch sehr bald in Schwierigkeiten mit den neuen Machthabern. Er verweigert die ihm angetragene Aufgabe, wieder U-Boot-Kommandant zu werden, weil er Kriegsvorbereitungen vermutet. Als die singende Familie auserwählt wird, zu Hitlers Geburtstag vor dem »Führer« aufzutreten, entschließen sich die Trapps, die Heimat zu verlassen. Ohne Habe, und nur mit dem, was sie am Leibe tragen, gelingt ihnen im Juli 1938, gemeinsam mit Monsignore Wasner, die Flucht ins italienische Südtirol. Über London reisen sie per Schiff nach New York weiter. Erst nach mühevollen Jahren der Entbehrungen können sie, noch immer musikalisch betreut von Monsignore Wasner, mit Kirchenliedern und heimatlicher Alpenmusik als »Trapp Family Singers« in den USA Aufmerksamkeit und Erfolge erringen.

Die wirklichen Namen der Kinder des Barons von Trapp aus erster Ehe sind: Rupert, Agathe, Maria, Werner, Hedwig, Johanna und Martina – aus zweiter Ehe: Rosemarie Edeltraudis, gen. »Illi«, Eleonore, gen. »Lorli« und Johannes (in Amerika geboren).

Die Autoren des Musicals verwendeten für die Hauptperson Maria teilweise den Stammnamen der Mutter: Augusta Rainer. (Die Tochter Maria Augusta Kutschera war ab 1911 Waisenkind.) Als Autorin veröffentlichte Maria Augusta Trapp: »The Story of the Trapp Family Singers« (1949), »Yesterday, Today and Forever« (1952), »Around the Year with the Trapp Family« (1955), »A Family on Wheels« (1959/mit Ruth T. Murdoch), »Maria« (1972).

Deutschsprachige Erstaufführung unter dem Titel Dıᴇ Tʀᴀᴘᴘ-Fᴀᴍıʟıᴇ: 9. März 1982, Stadttheater Hildesheim. Autor: Ute Horstmann (unter Verwendung von früher verfaßten Liedtexten von Eberhard Storch).

Film:

The Sound of Music
(Deutscher Titel: Mᴇıɴᴇ Lıᴇᴅᴇʀ – Mᴇıɴᴇ Tʀäᴜᴍᴇ)
1965, USA – 20th Century-Fox/Argyle Enterprises – Todd-AO und Normalfilm/Color DeLuxe, 174 Min.
Deutsche Erstaufführung: 1966
Musik: Richard Rodgers
Songtexte: Oscar Hammerstein II.
Drehbuch: Ernest Lehman, nach dem gleichnamigen Musical

Personen und ihre Darsteller:

Maria Rainer von Trapp	Julie Andrews
Capt. Georg von Trapp	Christopher Plummer (Gesangsstimme: Bill Lee)
Baroness Elsa Schraeder	Eleanor Parker
Max Detweiler	Richard Haydn
Mother Abbess	Peggy Wood (Gesangsstimme: Margery McKay)
Liesl von Trapp	Charmian Carr
Louisa von Trapp	Heather Menzies
Friedrich von Trapp	Nicolas Hammond
Kurt von Trapp	Duane Chase
Brigitta von Trapp	Angela Cartwright

Marta von Trapp
Gretl von Trapp
Sister Margaretta
Sister Berthe
Sister Bernice
Sister Sophia
Rolf
Herr Zeller
Frau Schmidt
Franz
Baroness Ebberfeld
ferner: Bil Baird Marionettes

Debbie Turner
Kym Karath
Anna Lee
Portia Nelson
Evadne Baker
Marni Nixon
Daniel Truhitte
Ben Wright
Norma Varden
Gilchrist Stuart
Doris Lloyd

Produzent: Robert Wise
Choreographie: Marc Breaux, Deedee Wood
Regie: Robert Wise

Auszeichnungen: 5 Academy Awards (Oscars) 1965: Bester Film / Regie: Robert Wise / Ton: James P. Corcoran, Fred Hynes / Filmschnitt: William Reynolds / Musikgesamtwerk–Instrumentierung (Filmversion): Irving Kostal

Songs und Musiknummern

Bühne:
Preludium – Dixit Dominus; The Sound of Music; Morning Hymn; Maria; My Favorite Things; Do-Re-Mi; Sixteen Going on Seventeen (You Are Sixteen); The Lonely Goatherd; How Can Love Survive?; The Party: Grand Waltz / Ländler / Fox Trot (instr.); So Long, Farewell; Climb Ev'ry Mountain; No Way to Stop It; An Ordinary Couple; Processional (instr.); Edelweiss

Film:
Die mit Zeichen ⊕ versehenen Titel sind für den Film neu hinzugekommen (Richard Rodgers/K u. T).
The Sound of Music; Preludium – Dixit Dominus; Morning Hymn (Alleluia); Maria; I Have Confidence in Me ⊕; Sixteen Going on Seventeen; My Favorite Things; Climb Ev'ry Mountain; The Lonely Goatherd; Do-Re-Mi; Something Good ⊕; Processional (instr.); Edelweiss; So Long, Farewell
Nicht verwendet:
How Can Love Survive?; No Way to Stop It; An Ordinary Couple

Schallplatten:
NY – Columbia KOL 5450/KOS 2020, CBS S 60001
L – Stanyan SR 10044, His Master's Voice CLP 1453/CSD 1365, (1981) Epic EPC 32670, Epic EPC 70212
F – RCA Victor LOCD/LSOD 2005
D/F – RCA Victor LSP 10056
St – (Mitglieder der Trapp-Familie) Warner Bros. WS 1377, RCA LPM/LSP 2277, (Anne Rogers, Patricia Routledge, Gordon Traynor) Music for Pleasure MFP 1255/ MFP 50358, (Adele Leigh, Ian Wallace, Peter Gilmore) World Records ST 89, (Orchester Percy Faith) Columbia CL 1418/CS 8215

Vorlage des Musicals:

Film:

Die Trapp-Familie (Vom Kloster zum Welterfolg)
1956, Deutschland – Divina/Gloria – Eastmancolor, 105 Min.
Drehbuch: Georg Hurdalek, nach den Lebenserinnerungen »The Story of the Trapp Family Singers« von Maria Augusta Trapp
Darsteller: Ruth Leuwerik (Baronin Maria Trapp), Hans Holt (Baron Trapp), Maria Holst (Gräfin), Josef Meinrad (Dr. Wasner), Friedrich Domin (Bankier Gruber), Hilde von Stolz (Baroneß Mathilde), Agnes Windeck (Äbtissin), Liesl Karlstadt (Raphaela), Alfred Balthoff (Samish), Hans Schumm (Petroff), Gretl Theimer (Köchin), Karl Ehmann (Diener), Franz Muxeneder (Vogler) und die Kinder: Michael Ande, Knut Mahlke, Ursula Wolff, Angelika Werth, Monika Wolf, Ursula Ettrich, Monika Ettrich
Produzent: Wolfgang Reinhardt
Regie: Wolfgang Liebeneiner
Auszeichnungen: Prädikat der deutschen Filmbewertungsstelle: »Wertvoll«.

Hinweis/Film: Der Erfolgsfilm DIE TRAPP-FAMILIE hatte eine Fortsetzung, die allerdings nicht mehr dem Musical THE SOUND OF MUSIC zur Vorlage diente.

Die Trapp-Familie in Amerika

1958, Deutschland – Divina/Gloria – Eastmancolor, 106 Min.

Drehbuch: Herbert Reinecker, nach den Lebenserinnerungen »The Story of the Trapp Family Singers« von Maria Augusta Trapp
Darsteller: Ruth Leuwerik (Maria, Baronin Trapp), Hans Holt (Baron Trapp), Josef Meinrad (Dr. Wasner), Wolfgang Wahl (Patrick), Adrienne Gessner (Mrs. Hammerfield), Peter Esser (Mr. Hammerfield), Holger Hagen (Mr. Harris), Betty Jackson (Sekretärin bei Mr. Harris), Emiljosef Hunek (Lette), Till Klockow (Bronx-Lilly), Benton C. Lombard (Matrose), Phyl Senter (Verkäuferin), Mildred Clinton (Fotografin), Frank Holms (Fotograf), Gerald Metcalfe (Schornsteinfeger), Emory Richardson (Neger), Augustine Rios (Negerboy), Michael Ande und die Kinder: Knut Mahlke, Ursula Wolff, Angelika Werth, Monika Wolf, Ursula Ettrich, Monika Ettrich, A. D. Edel
Produzent: Utz Utermann
Regie: Wolfgang Liebeneiner
Lieder:
Old Black Joe (Volksweise); Kein schöner Land in dieser Zeit (Volksweise); Wenn alle Brünnlein fließen (Volksweise); Geschichten aus dem Wienerwald (Johann Strauß/K, Willy Dehmel/T); Wir bauen uns ein Haus (Franz Grothe/K, Willy Dehmel/T); Ich wollt', ich hätt' eine Fiedel (Franz Grothe/K, Willy Dehmel/T)
Auszeichnung: Prädikat der deutschen Filmbewertungsstelle: »Wertvoll«.

SOUTH PACIFIC

Musik: Richard Rodgers
Songtexte: Oscar Hammerstein II.
Buch: Oscar Hammerstein II., nach den Geschichten »Our Heroine« und »Fo' Dolla« aus dem Buch »Tales of the South Pacific« (1947) (deutsch: »Im Korallenmeer«/auch: »Die Südsee«) – ausgezeichnet mit dem Pulitzer Prize 1948 – von James A. Michener
Premiere in New York, Majestic Theatre: 7. April 1949

Personen und die Darsteller der Premiere:

Ensign Nellie Forbush	Mary Martin
Emile de Becque	Ezio Pinza
Luther Billis	Myron McCormick
Lieutenant Joe Cable	William Tabbert
Bloody Mary	Juanita Hall
Liat	Betta St. John
Captain George Brackett	Martin Wolfson
Commodore William Harbison	Harvey Stephens
Seabee Richard West	Dickinson Eastham
Bob McCaffrey, Radio Operator	Biff McGuire
Ensign Janet MacGregor	Sandra Deel
Ngana	Barbara Luna
Jerome	Michael de Leon/ Noel de Leon
Henry	Richard Silvera
Abner	Archie Savage
Stewpot	Henry Slate
Professor	Fred Sadoff
Yeoman Herbert Quale	Alan Gilbert
Sergeant Kenneth Johnson	Thomas Gleason
Seabee Morton Wise	Henry Michel
Seaman Tom O'Brian	Bill Dwyer
Captain Hamilton Steeves	Jim Hawthorne
Staff Sergeant Thomas Hassinger	Jack Fontan
Seaman James Hayes	Beau Tilden
Lieutenant Genevieve Marshall	Jacqueline Fisher
Marcel	Richard Loo
Lieutenant Buzz Adams	Don Fellows
Assistant of Bloody Mary	Musa Williams
Ensign Dinah Murphy	Roslyn Lowe
Ensign Cora McRae	Bernice Saunders
Ensign Sue Yaeger	Pat Northrop

Ensign Lisa Minelli   Gloria Meli
Ensign Connie   Mardi Bayne
   Walewska
Ensign Pamela   Evelyn Colby
   Whitmore
Ensign Bessi   Helena Schurgot
   Noonan
Islanders, Sailors, Marines, Officers: Mary
Ann Reeve, Chin Yu, Alex Nicol, Eugene
Smith, Richard Loo, William Ferguson
Produzenten: Richard Rodgers, Oscar
Hammerstein II. (mit Leland Hayward,
Joshua Logan)
Regie: Joshua Logan
Ort: Inselgruppe im Südpazifik
Zeit: 1943 (während des Zweiten Welt-
kriegs)

Handlung: Liebesgeschichte vor dem Hintergrund des Seekriegs im Pazifik während
des Zweiten Weltkriegs und Probleme des
Zusammenlebens durch tief eingewurzel-
te Rassenvorurteile. Nellie Forbush, eine
junge amerikanische Krankenschwester,
lernt während des Kriegseinsatzes auf einer Insel im Südpazifik den verwitweten
französischen Plantagenbesitzer Emile de
Becque kennen und lieben, schreckt jedoch vor einer Verbindung mit ihm
zurück, weil er aus seiner Ehe mit einer
Eingeborenen zwei Mischlingskinder besitzt. Der Krieg greift in das Leben aller
ein. Heftig tobt der Kampf um jede Insel.
In den wenigen Atempausen, die der
Krieg duldet, lernen die Amerikaner den
Zauber der Südsee kennen – die liebenswürdigen Menschen, die geheimnisvollen
Riten, speziell bei einem Fest der Eingeborenen auf der Insel Bali Ha'i. Dabei verliebt sich der junge Marine-Leutnant Joe
Cable in das bezaubernde Eingeborenen-
mädchen Liat. Doch für romantische Liebe läßt der Krieg keine Zeit. Gemeinsam
begeben sich Joe Cable und Emile de
Becque auf ein Spähtruppunternehmen
gegen die Japaner – der junge amerikanische Leutnant aus Einsatzfreude, der
Franzose, um seinen Kummer über Nellies
abweisende Haltung zu betäuben. Beim
Angriff des Feindes wird der junge Amerikaner getötet, und nur der Franzose kehrt

zurück. Durch die dramatischen Ereignisse aufgewühlt, besinnt sich Nellie und wendet sich dem geliebten Mann zu, wobei sie
nun auch dessen Kinder akzeptiert.

Auszeichnungen: Pulitzer Prize 1950:
Richard Rodgers, Oscar Hammerstein II.,
Joshua Logan.
9 Antoinette Perry Awards (Tonys) 1950:
Bestes Musical / Männliche Hauptrolle–
Musical: Ezio Pinza / Weibliche Hauptrol-
le–Musical: Mary Martin / Männliche Ne-
benrolle–Musical: Myron McCormick /
Weibliche Nebenrolle–Musical: Juanita
Hall / Regie: Joshua Logan / Produktion–
Musical: Richard Rodgers, Oscar Ham-
merstein II., Leland Hayward, Joshua Lo-
gan / Buch–Musical: Oscar Hammerstein
II., Joshua Logan / Musik: Richard Rod-
gers.–Der Bühnenbildner Jo Mielziner er-
hielt bei der Tony-Verleihung 1949 eine
Auszeichnung unter anderem auch für
»South Pacific«.

Film:

South Pacific
1958, USA – Magna Theatre Corp./20th
Century-Fox – Todd-AO/Technicolor,
170 Min.
Deutsche Erstaufführung (Originaltitel):
1958
Musik: Richard Rodgers
Songtexte: Oscar Hammerstein II.
Drehbuch: Paul Osborn, nach dem gleich-
namigen Musical

Personen und ihre Darsteller:
Emile de Becque   Rossano Brazzi
                     (Gesangsstimme:
                     Giorgio Tozzi)
Nellie Forbush   Mitzi Gaynor
Lieutenant Joe   John Kerr
   Cable   (Gesangsstimme:
                     Bill Lee)
Luther Billis   Ray Walston
Bloody Mary   Juanita Hall
                     (Gesangsstimme:
                     Muriel Smith)
Liat   France Nuyen
Captain George   Russ Brown
   Brackett (»Iron
   Belly«)

Stewpot	Ken Clark (Gesangsstimme: Thurl Ravenscroft)
The Professor	Jack Mullaney
Commodore William Harbison	Floyd Simmons
Ngana, Emile's Daughter	Candace Lee (Gesangsstimme: Marie Greene)
Jerome, Emile's Son	Warren Hsieh (Gesangsstimme: Betty Wand)
Lieutenant Buzz Adams	Tom Laughlin
Dancer	Beverly Aadland
Sub Chief	Galvan De Leon
Copilot	Ron Ely
Communications Man	Robert Jacobs
Native Chief	Archie Savage
Admiral Kester	Richard Cutting
US Commander	Joe Bailey
Radio Man	John Gabriel

Nurses: Darleen Engle, Evelyn Ford
Pilots: Doug McClure, Stephen Ferry
ferner: Joan Fontaine, The Ken Darby Singers

Produzent: Buddy Adler
Choreographie: LeRoy Prinz
Regie: Joshua Logan

Anmerkung: Absonderlicher Regie-Einfall: Kitschig farbverfälschte Songs!

Auszeichnung: 1 Academy Award (Oscar) 1958: Ton: Fred Hynes

Songs und Musiknummern

Bühne:
Dites-Moi; A Cockeyed Optimist; Twin Soliloquies; Some Enchanted Evening; Bloody Mary; There Is Nothin' Like a Dame; Bali Ha'i; Company Street(instr.); I'm Gonna Wash That Man Right Outa My Hair; I'm in Love With a Wonderful Guy; Younger Than Springtime; This Is How It Feels; G. I. Show (instr.); Happy Talk; Honey Bun; You've Got to Be Carefully Taught; This Nearly Was Mine
Nicht verwendet:
My Girl Back Home

Film:
Dites-Moi; A Cockeyed Optimist; Twin Soliloquies; Some Enchanted Evening; Bloody Mary; My Girl Back Home; There Is Nothin' Like a Dame; Bali Ha'i; I'm Gonna Wash That Man Right Outa My Hair; I'm in Love With a Wonderful Guy; Younger Than Springtime; Happy Talk; Honey Bun; You've Got to Be Carefully Taught; This Nearly Was Mine

Schallplatten:
NY – Columbia OL 4180/OS 2040, (1967) Columbia OL 6700/OS 3100
F – RCA Victor LOC/LSO 1032, RCA Victor SB 2011, First Night FNC 011
St – (Frank Sinatra, Joe Stafford) Reprise F/FS 2018, (Bing Crosby, Ella Fitzgerald, Danny Kaye) Decca 5207, (Peggy Lee, Gordon MacRae) Capitol H 163, (José Carreras, Kiri Te Kanawa, Sarah Vaughn) CBS SM 42205

STARLIGHT EXPRESS

Musik: Andrew Lloyd Webber
Songtexte: Richard Stilgoe
Story: Andrew Lloyd Webber, Richard Stilgoe, angeregt durch die »Railway Series« (Eisenbahngeschichten) von Wilbert Awdry
Uraufführung: London, Apollo Victoria Theatre: 27. März 1984
Premiere in New York, Gershwin Theatre: 15. März 1987

Rollen und die Darsteller der Uraufführung in London:

Rusty (Dampflok)	Ray Shell
Greaseball (Diesellok)	Jeff Shankley
Electra (Elektro-Computer-Lok)	Jeffrey Daniel
Pearl (neuer Expreßwagen)	Stephanie Lawrence
C. B. (Bremswagen)	Michael Staniforth
Dustin (Schwergutwagen)	Gary Love
Poppa (alte Dampflok)	Lon Satton

Belle (alter Schlafwagen)	P. P. Arnold
Ashley (Raucherwagen)	Chrissy Wickham
Buffy (Buffetwagen)	Nancy Wood
Dinah (Speisewagen)	Frances Ruffelle
Rocky I (Güterwagen)	Danny John Jules
Rocky II (Güterwagen)	Attlee Baptiste
Rocky III (Güterwagen)	Richard Bodkin
Tank (Kesselwagen)	Mark Davis
Flat-Top (Plattformwagen)	Paul Reeves
2nd Class Sleeper (Schlafwagen)	Debbie Wake
3rd Class Sleeper (Schlafwagen)	Voyd
Bobo (französische Lok)	Tom Jobe
Expresso (italienische Lok)	Ruel George Campbell
Weltschaft (deutsche Lok)	Mark Davis
Turnov (russische Lok)	Bobby Collins
Hashamoto (japanische Lok)	Drue Williams
City of Milton Keynes	Raymond Hatfield
Gook	Paul Reeves
Lube	Tom Jobe
Joule	Debbie Wake
Volta	Voyd
Krupp	Eddie Kemp
Wrench	Uduak Ephraim
Purse	Kofi Missah
Starlight Express	Lon Satton

ferner: Carole Amphlett, Charlotte Avery, Sebastian Craig, Samantha Foxx, Abraham Osuagwu, Michael Seraphim

Produzent: The Really Useful Company (Andrew Lloyd Webber, Brian Brolly)
Choreographie: Arlene Phillips
Regie: Trevor Nunn
Ort: Eisenbahn-Phantasieland (siehe Anmerkung)
Zeit: »Gegenwart« (1984)

Handlung: Rollschuhkunst-Spektakel. Eisenbahn-Thematik mit Nostalgie- und Sex-Effekt in einer Synthese von Tempo und Musik; opernartige Aneinanderreihung der Songs. Die Akteure sind sämtlich Rollschuhläufer, die neben Wettrennen auch Ballettszenen darbieten. In poppigen Kostümen stellen die männlichen Mitwirkenden Lokomotiven und Güterwagen der unterschiedlichsten Art dar, während die weiblichen Ensemblemitglieder Waggons von Personenzügen symbolisieren. Das Spiel handelt von einem Wettbewerb in mehreren Ausscheidungsläufen bei einem Kräftemessen verschiedener Generationen von Lokomotiven aus aller Welt. Hauptsächlich treten hervor: die rostige Dampflok Rusty, die prahlerische Diesellok Greaseball und die aufgestylte moderne Computer-Lok Electra. Durch sich verändernde Kombinationen zwischen den Loks und den Anhängern ergeben sich persönliche Verbindungen, begleitet von Eifersüchteleien. Die Dampflok Rusty verehrt die hübsche Pearl und möchte sie für sich als Anhänger gewinnen. Aber Pearl fühlt sich zur modischen Electra-Lok hingezogen. Das erste Rennen gewinnt Greaseball, doch ist dabei Betrug im Spiel. Rusty muß ausscheiden, kommt aber als Ersatz für die alte Dampflok Poppa, die einen Schaden erlitten hat, ins Final-Rennen. Sein Anhänger, der Spezialwagen C. B., ist bestochen worden und setzt seine Fähigkeit als Bremser ein, wodurch Rusty hoffnungslos zurückbleibt. Der Lauf muß wiederholt werden, da Greaseball und Electra sich ein Unentschieden lieferten. Nun sichert Rusty sich die Unterstützung des schweren Anhängers Dustin, weil die Strecke bergab verläuft. Greaseball und Electra sind so mit ihrem Zweikampf beschäftigt, daß es Rusty gelingt, vor ihnen das Ziel zu erreichen. Nachgeholfen hat dabei der »Starlight Express«, so etwas wie die Allmacht im Lokomotiven-Himmel. Pearl entdeckt nun endlich ihre Zuneigung für Rusty. Die gute, bewährte Dampflok ist glücklich und freut sich auch, daß sie vom »Starlight Express« zum Sieger erklärt wird, denn »Diesel ist für Ungläubige, Elektrizität ist nicht das Richtige, nur Dampf ist die Kraft, die uns weiterbringen wird«.

Die Szenerie (gestaltet von John Napier) wird von einer großen, im Bühnenraum schwebenden Eisenbahnbrücke beherrscht, die dramaturgische Funktion hat und Rollschuhrennen auf Rundbahnen durch den Zuschauerraum und über die Bühne möglich macht.

Anmerkung: Der englische Reverend Wilbert Awdry verfaßte zwischen 1945 und 1987 für Kinder sogenannte »Railway Stories« (Eisenbahn-Geschichten) mit personifizierten Loks und Waggons. Als sein Eisenbahn-Phantasieland erdachte er sich die Insel Sodor (»Island of Sodor«), in der Irischen See gelegen zwischen dem Küstenort Barrow-in-Furness/Grafschaft Lancashire und der Insel Man (»Isle of Man«).
Auch der Titel von Lloyd Webbers Produktions- und Verwertungsgesellschaft »The Really Useful Company« ist den Geschichten von Wilbert Awdry entlehnt.

Auszeichnung: 1 Antoinette Perry Award (Tony) 1987: Kostüme: John Napier

Deutschsprachige Erstaufführung (Originaltitel): 12. Juni 1988, Starlighthalle Bochum. Autor: Sabine Grohmann

Songs

Bühne:
Rolling Stock; Call Me Rusty; A Lotta Locomotion; Pumping Iron; Freight; AC/DC; Hitching and Switching; He Whistled at Me; Race – Heat One; There's Me; Poppa's Blues; Belle the Sleeping Car; Race – Heat Two; Race – Heat Three; Starlight Express; The Rap; U.N.C.O.U.P.L.E.D.; C.B.; Race – Uphill Final; Right Place, Right Time; Be a Pump; I Am the Starlight; Race – Downhill Final; No Comeback; One Rock'n'Roll Too Many; Only He; Only You; Light at the End of the Tunnel
In der New Yorker Produktion 1987 hinzugefügt:
Engine of Love; Make Up My Heart

Schallplatten:
L   – Polydor LNER 821597
D/B– Stella SE 0101/89, Polydor 511154
St   – (NY) MCA 5972, (D) CBS 462585

STOP THE WORLD – I WANT TO GET OFF

Musik, Songtexte, Buch: Leslie Bricusse, Anthony Newley
Uraufführung: London, Queen's Theatre: 20. Juli 1961
Premiere in New York, Shubert Theatre: 3. Oktober 1962

Personen und die Darsteller der Premieren in London und New York:

Littlechap	Anthony Newley
Evie Littlechap/	Anna Quayle
Anya/Ilse/Ginny	
Jane Littlechap	Jennifer Baker
Susan Littlechap	Susan Baker

ferner in London:
Amanda Bayley, Barbara Halliwell, Gloria Johnson, Carole Keith, Virginia Mason, Vivienne St. George, Marti Webb, Robert O'Leary
ferner in New York:
Rawley Bates, Bonnie Brody, Diana Corto, Jo-Anne Leeds, Karen L. Reed, Sylvia Tysick, Stephanie Winters, Mark Hunter

Produzenten: Bernard Delfont mit H. M. Tennent Ltd. und Marigold Music Ltd. (L), David Merrick mit Bernard Delfont (NY)
Choreographie: John Broome (L), Virginia Mason (NY, nach der Original-Choreographie/London)
Regie Anthony Newley (L/NY)
Ort: London
Zeit: »Gegenwart« (1961)

Handlung: Lebensbilder eines Ehrgeizigen, mit sparsamen Mitteln in einer Zirkusmanege aufgeführt, in Clownsszenen gleichnishaft dargestellt und von einem Griechischen Chor kommentiert. Der Kleinbürger Littlechap gerät in Situationen, in denen er immer wieder mal die Welt anhalten möchte, um auszusteigen. Er betritt den Zirkus des Lebens als junger Mann und kleiner Angestellter in einer Fabrik. Zwar hat er Erfolg bei den Mädchen, doch reizt ihn die kühle Evie, die nichts von ihm wissen will. Beharrlich bemüht er sich um sie – und ist mit ihr verheiratet, ehe er es sich versieht. Sie erwartet ein Kind. Littlechap hat das Glück, daß sie, was er zunächst nicht wußte, die Tochter des Fabrikbesitzers ist. Als Schwiegersohn macht er Karriere und erweist sich als geschickter Manager. Bei Geschäftskontakten in Rußland lernt er die hübsche Anya kennen. Es bleibt nur eine flüchtige Verbindung. Zurück in England gilt sein Interesse dem deutschen Hausmädchen Ilse. Von ihr wird er abgewiesen. Mehr Glück erhofft er sich bei der Nightclub-Sängerin Ginnie in New York. Doch bevor es zu einem Rendezvous kommt, wird er wegen familiärer Probleme eilig nach London zurückgerufen. Seine Tochter Jane ist schwanger, seine Tochter Susan heiratet. Littlechap fügt sich in den Lauf der Dinge. Das Familienleben steckt in Schwierigkeiten. Littlechap versucht sich in der Politik, steigt auf, wird Minister und erleidet einen Herzanfall. Er will ein ruhigeres Leben führen mit seiner Frau Evie im ländlich gelegenen Sunvale. Doch sein Ehrgeiz treibt ihn weiter. Er wird zum Lord of Sludgepool. Evie stirbt; die Hochzeit seiner Tochter Jane findet ohne ihn statt. Am Ende zieht er Bilanz und kommt zu der Erkenntnis, daß der einzige Mensch, den er in seinem Leben geliebt hat, er selbst gewesen ist.

Auszeichnung: 1 Antoinette Perry Award (Tony) 1963: Herausragende Charakterrolle (weiblich)–Musical: Anna Quayle

Deutschsprachige Erstaufführung unter dem Titel HALT DIE WELT AN – ICH WILL AUSSTEIGEN (später betitelt: STOPPT DIE WELT – ICH MÖCHTE AUSSTEIGEN bzw. STOPPT DIE WELT – ICH WILL AUSSTEIGEN): 1. Juli 1965, Komödie, Berlin. Autor: Mischa Mleinek

Film:

Stop the World – I Want to Get Off
1966, Großbritannien – Warner Bros. – Mitchell Camera System 35/Technicolor, 98 Min.

Aufzeichnung der Bühnenversion.
Musik, Songtexte, Buch: Leslie Bricusse, Anthony Newley

Personen und ihre Darsteller:

Littlechap	Tony Tanner
Evie/Anya/Ara/ Ginnie	Millicent Martin
Susan	Leila Croft
Jane	Valerie Croft
Little Littlechap	Neil Hawley
Father-in-Law	Graham Lyons

ferner: Georgina Allen, Natasha Ashton, Sandra Burville, Carlotta Barrow, Vivyan Dunbar, Katerina Holden, Margaret Frost, Ann Holloway, Liz Gold, Derina House, Marion Horton, Carolyn Irving, Pamela Hart, Pam Jones, Sarah Hardenburg, Kay Korda, Rosemary Philips, Judith McGilligan, Jo Anna Short, Julie Pitcher, Liz White, Heather Simms, Christy Carroll

Produzent: Bill Sargent
Pantomimische Einstudierung: Tutte Lemkow
Bühneninszenierung: Michael Lindsay-Hogg
Filmregie: Philip Saville

Auszeichnung: Das bei dieser Filmproduktion zum ersten Mal angewendete Mitchell Camera System 35 erhielt einen Technical Award/Class II bei der Oscar-Verleihung 1966.

Sammy Stops the World
1978, USA – Special Events Entertainment – Color DeLuxe, 105 Min.
Produktion einer überarbeiteten Bühnenfassung von »Stop the World – I Want to Get Off« (New York, New York State Theatre: 3. August 1978)
Musik, Songtexte, Buch: Leslie Bricusse, Anthony Newley

Personen und ihre Darsteller:

Littlechap	Sammy Davis Jr.
Evie	Marian Mercer
Baton Twirler	Dennis Daniels
Schoolgirl	Donna Lowe

ferner: Debora Masterson, Joyce Nolan, Wendy Edmead, Patrick Kinser-Lau,

Shelly Burch, Charles Willis Jr., Edwetta Little, Marcus B. F. Brown, Karen Gionbetti, Linda Griffin, Billy Newton-Davis, Robert Yori-Tanna

Produzent: Ed Rood Sr. (mit Mark Travis, Del Jack)
Choreographie: Billy Wilson
Regie: Mel Shapiro

Songs und Musiknummern

Bühne und Film:
Die mit Zeichen ⊕ versehenen Songs sind auch in der Fassung von 1978 mit Sammy Davis Jr. enthalten.
The A.B.C. Song ⊕; I Wanna Be Rich ⊕; Typically English ⊕; A Special Announcement; Lumbered ⊕; Welcome to Sludgepool; Gonna Build a Mountain ⊕; Glorious Russian ⊕; Meilinki Meilchik ⊕; Family Fugue; Typische Deutsche ⊕ (siehe Anmerkung); Nag! Nag! Nag! (1978 geändert: Life Is a Woman); All-American ⊕; Once in a Lifetime ⊕; Mumbo Jumbo ⊕; Welcome to Sunvale; Someone Nice Like You ⊕; What Kind of Fool Am I? ⊕

Anmerkung: Im Film leicht veränderte (entschärfte) Texte. Statt des deutschen Hausmädchens Ilse die Japanerin Ara: Typically Japanese.
Zur Bühnenfassung später hinzugefügt:
The New York Scene; I Believe It All

Schallplatten:
NY – London 58001, London AMS 88001, (1978) Warner Bros. HS 3214
L – Decca LK 4408, That's Entertainment TER 1082
F – (1966) Warner Bros. WS 1643
D/B– (1965/Violetta Ferrari, Harald Juhnke) Philips 838907 SY

STREET SCENE
(Deutscher Titel: EINE STRASSE IN NEW YORK)

Musik: Kurt Weill
Songtexte: Langston Hughes, Elmer Rice
Buch: Elmer Rice, nach seinem gleichnamigen Schauspiel (1929)

Premiere in New York, Adelphi Theatre: 9. Januar 1947

Personen und die Darsteller der Premiere:

Frank Maurrant	Norman Cordon
Rose Maurrant	Anne Jeffreys
Anna Maurrant	Polyna Stoska
Sam Kaplan	Brian Sullivan
Emma Jones	Hope Emerson
Abraham Kaplan	Irving Kaufman
Harry Easter	Don Saxon
Mae Jones	Sheila Bond
Dick McGann	Danny Daniels
Greta Fiorentino	Helen Arden
Carl Olsen	Wilson Smith
Olga Olsen	Ellen Repp
Shirley Kaplan	Norma Chambers
Henry Davis	Creighton Thompson
Willie Maurrant	Peter Griffith
Daniel Buchanan	Remo Lota
George Jones	David E. Thomas
Steve Sankey	Lauren Gilbert
Lippo Fiorentino	Sydney Rayner
Jennie Hildebrand	Beverly Janis
Mary Hildebrand	Juliana Gallagher
Charlie Hildebrand	Bennett Burrill
Laura Hildebrand	Elen Lane
Grace Davis	Helen Ferguson
Vincent Jones	Robert Pierson
Dr. John Wilson	Edwin G. O'Connor
Officer Harry Murphy	Norman Thomson
City Marshal James Henry	Randolph Symonette
Fred Cullen	Paul Lilly
Second Graduate	Zosia Gruchala
Third Graduate	Marion Covey
First Policeman	Ernest Taylor
A Milkman	Russell George
A Music Pupil	Joyce Carrol
An Old Clothes Man	Edward Reichert
An Interne	Roy Munsell
An Ambulance Driver	John Sweet
First Nursemaid	Peggy Turnley
Second Nursemaid	Ellen Carleen
A Married Couple	Bette Van Joseph E. Scandur

Produzenten: Dwight Deere Wiman, The Playwrights' Company

Choreographie: Anna Sokolow
Regie: Charles Friedman
Ort: New York
Zeit: »Gegenwart« (1947)

Handlung: Drama. Menschen und Schicksale in einem New Yorker Mietshaus im Verlauf von 24 Stunden. Das Haus wird von einer bunt zusammengewürfelten Schar von Mietern bewohnt, von denen jeder sein Schicksal und seine Probleme hat. An diesem drückend heißen Sommertag liegt Unheil in der Luft. Ein paar Frauen klatschen über das Verhalten von Anna Maurrant, die eine freudlose Ehe führt und sich in eine Affäre mit dem Milchmann Sankey verstrickt hat. Auch das Baby, das Mrs. Buchanan erwartet und das bald eintreffen muß, ist ihr Thema. Rose, die Tochter von Anna Maurrant, kehrt von der Arbeit heim, wird begleitet von ihrem Chef Harry Easter, der ihr Versprechungen macht und sie mit Anträgen bedrängt. Aufregung entsteht durch Mr. Buchanan, der nach einem Arzt ruft, weil bei seiner Frau die Wehen eingesetzt haben. Rose sorgt für Hilfe und wird vom Sohn ihrer Nachbarn, dem Studenten Sam Kaplan, unterstützt. Er gesteht ihr, daß er sie liebt. Rose bremst ihn in seiner Leidenschaft; es fällt ihr schwer, Ordnung in ihre Gefühle zu bringen. Roses Vater, der mürrische Maurrant, ist ungehalten über den Umgang seiner Tochter mit dem verheirateten Harry Easter. Außerdem ist er ärgerlich über seine Frau und fühlt sich vernachlässigt, weil sich diese um die Geburt des Kindes von Mrs. Buchanan kümmert. Es kommt zum Streit mit Rose, und wütend verläßt der Vater das Haus. Als er Stunden später in angetrunkenem Zustand unerwartet zurückkehrt, überrascht er seine Frau Anna mit dem Milchmann in seiner Wohnung. Voller Jähzorn schießt er auf beide, tötet Sankey und verletzt seine Frau so schwer, daß sie bald darauf stirbt. Maurrant flüchtet, wird aber gefaßt. Rose sieht ihren Vater zum letzten Mal, als er abgeführt wird. Sam versucht, sie zu trösten, ist bereit, sein Studium aufzugeben, um sie sofort zu heiraten. Doch das schreckliche Erlebnis läßt Rose vor dem Gedanken an eine Heirat zurückschrecken. Sie nimmt ihren kleinen Bruder und zieht mit ihm davon, um irgendwo ein neues Leben zu beginnen.

Deutschsprachige Erstaufführung:
26. November 1955, Opernhaus Düsseldorf. Autor: Lys Bert Symonette

Songs und Musiknummern

Bühne:
Bei den mit Zeichen ⊕ versehenen Songs ist Elmer Rice Mitautor neben Langston Hughes.
Ain't It Awful, the Heat? ⊕; I Got a Marble and a Star; Get a Load of That (Gossip) ⊕; When a Woman Has a Baby ⊕; Somehow I Never Could Believe; Ice Cream ⊕; Let Things Be Like They Always Was; Wrapped in a Ribbon and Tied in a Bow ⊕; Lonely House; Wouldn't You Like to Be on Broadway? ⊕; What Good Would the Moon Be?; Moon-Faced, Starry-Eyed; Remember That I Care; Catch Me If You Can (Children's Game) ⊕; There'll Be Trouble ⊕; A Boy Like You; We'll Go Away Together; The Woman Who Lived Up There; Lullaby (Elmer Rice/T); I Loved Her Too ⊕; Don't Forget the Lilac Bush ⊕

Schallplatten:
NY– Columbia ML/OL 4139
L – (1989) That's Entertainment TER 1185-2
St – (Samuel Ramey, Josephine Barstow) Decca 433371

Vorlage des Musicals:

Schauspiel: *Street Scene*
Buch: Elmer Rice
Uraufführung: New York, Playhouse: 10. Januar 1929
Darsteller: Mary Servoss (Anna Moran), Robert Kelly (Frank Moran), Erin O'Brien-Moore (Rose Moran), Horace Braham (Samuel Kaplan), Glenn Coulter (Harry Easter), Leo Bulgakov (Abraham Kaplan), Beulah Bondi (Emma Jones), Eleanor Wesselhoeft (Greta Fiorentino), Hilda Bruce (Olga Olsen), Russell Griffin

(Willie Moran), Conway Washburne (Daniel Buchanan), T. H. Manning (George Jones), Joseph Baird (Steve Sankey), Jane Corcoran (Agnes Cushing), John M. Qualen (Carl Olsen), Anna Kostant (Shirley Kaplan), George Humbert (Filippo Fiorentino), Emily Hamill (Alice Simpson), Frederica Going (Laura Hildebrand), Eileen Smith (Mary Hildebrand), Alexander Lewis (Charlie Hildebrand), Millicent Green (Mae Jones), Joseph Lee (Dick McGann), Matthew McHugh (Vincent Jones), John Crump (Dr. John Wilson), Edward Downes (Officer Harry Murphy)
Produzent: William A. Brady, Ltd.
Regie: Elmer Rice
Auszeichnung: Pulitzer Prize/Drama 1929
Deutschsprachige Erstaufführung unter dem Titel DIE STRASSE: 24. Januar 1930, Berliner Theater, Berlin.

Hinweis/Film:
Verfilmung des Schauspiels »Street Scene« von Elmer Rice, der Vorlage des Musicals.

Street Scene
1931, USA – United Artist, 80 Min.
Drehbuch: Elmer Rice, nach seinem gleichnamigen Schauspiel
Darsteller: Sylvia Sidney (Rose Maurrant), William Collier Jr. (Samuel Kaplan), Estelle Taylor (Anna Maurrant), Beulah Bondi (Emma Jones), Max Montor (Abraham Kaplan), David Landau (Frank Maurrant), Russell Hopton (Steve Sankey), Louis Natheaux (Harry Easter), Matthew McHugh (Vincent Jones), Greta Granstedt (Mae Jones), Tom H. Manning (George Jones), Adele Watson (Olga Olsen), John M. Qualen (Karl Olsen), Anna Kostant (Shirley Kaplan), George Humbert (Filippo Fiorentino), Eleanor Wesselhoeft (Greta Fiorentino), Allan Fox (Dick McGann), Nora Cecil (Alice Simpson), Lambert Rogers (Willie Maurrant), Virginia Davis (Mary Hildebrand), Helen Lovett (Laura Hildebrand), Kenneth Selling (Charlie Hildebrand), Conway Washburne (Daniel Buchanan), Howard Russell (Dr. John Wilson), Richard Powell (Officer Harry Murphy), Walter James (Marshal James Henry), Harry Wallace (Fred Cullen), Monti Carter, Jane Mercer, Margaret Robertson, Walter Miller
Produzent: Samuel Goldwyn
Regie: King Vidor

STRIKE UP THE BAND

Musik: George Gershwin
Songtexte: Ira Gershwin
Buch: Morrie Ryskind (Zweite Version), nach dem Buch der ersten Fassung von George S. Kaufman (siehe Anmerkung)
Premiere (Zweite Version) in New York, Times Square Theatre: 14. Januar 1930

Personen und die Darsteller der Premiere:

Colonel Holmes	Bobby Clark
Gideon	Paul McCullough
Grace Draper	Blanche Ring
Jim Townsend	Jerry Goff
Anne Draper	Doris Carson
Horace J. Fletcher	Dudley Clements
Timothy Harper	Gordon Smith
Joan Fletcher	Margaret Schilling
Richard K. Sloane	Robert Bentley
Myra Meade	Ethel Kenyon
Doris Dunne	Marion Miller
Suzette	Ethel Britton
Soizette	Virginia Barnes
Sergeant Doax	Walter Fairmont
Doctor	Maurice Papue
Danseuse	Joyce Coles

ferner: Red Nichols Band mit Benny Goodman, Gene Krupa, Glenn Miller, Jimmy Dorsey, Jack Teagarden

Produzent: Edgar Selwyn
Choreographie: George Hale
Regie: Alexander Leftwich
Ort: USA und Traumland »Schweiz«
Zeit: »Gegenwart« (1930)

Handlung: Ironische Zeitsatire mit Gesellschaftskritik. Der amerikanische Schokoladenfabrikant Horace J. Fletcher hatte sich bemüht, die Regierung in Washington zu bewegen, den Zoll für die Einfuhr von Schweizer Schokolade drastisch zu erhöhen. Als er eine Ablehnung erhält, ärgert er sich maßlos darüber. Auch auf Jim, den Verehrer seiner Tochter Joan, ist er zornig, weil dieser in ihm einen engstirnigen Kapitalisten sieht, der nur seine Eigeninteressen im Kopf hat. Ein Beruhigungsmittel, das der Arzt ihm verabreicht, versetzt Fletcher in Schlaf, doch beschäftigt ihn die ganze Angelegenheit noch im Traum. Bald sieht er sich selbst als Anführer einer Armee, die in den Krieg zieht gegen die Schweiz. Fletcher ist der General. Das Glück ist ihm hold. Zufällig wird das Geheimsignal des Gegners entdeckt: ein Jodler. Nun ist das amerikanische Heer in der Lage, die Schweizer zu verwirren und in die Flucht zu schlagen. Fletcher, als Sieger gefeiert, wird Nationalheld der USA. Aber nicht für lange. Die Presse deckt plötzlich auf, daß seine Schokolade aus minderwertiger Milch hergestellt wird. Die Nation ist geschockt, ein Skandal die Folge. Fletcher schreckt aus seinem Traum und ist geheilt von seinem zügellosen Monopolstreben.

Anmerkung: Eine erste Version des Musicals unter dem gleichen Titel blieb erfolglos und wurde schon während der Vortournee abgesetzt. Das Buch von George S. Kaufman wurde umgeschrieben, und auch die Musiknummern wurden für die zweite Version überarbeitet.

Erste Version: *Strike Up the Band*
Musik: George Gershwin
Songtexte: Ira Gershwin
Buch: George S. Kaufman
Tryout-Premiere: Long Branch/New Jersey, Broadway Theatre: 29. August 1927
Darsteller: Lew Hearn (Colonel Holmes), Vivian Hart (Joan Fletcher), Herbert Corthell (Horace J. Fletcher), Roger Pryor (Jim Townsend), Edna May Oliver (Mrs. Draper), Dorothea Jame (Anne Draper), Max Hoffman Jr. (Timothy Harper), Robert Bentley (G. Edgar Sloane), Jimmie Savo (George Spelvin), Ruth Wilcox (Miss Meade), Beth Meakins (Mary), Clementine Rigeau (Edythe), John Uppman (Marine Guard), Richard Brandlon (Sergeant), Morton Downey (Soldier)
Produzent: Edgar Selwyn
Choreographie: John Boyle
Regie: R. H. Burnside

Songs und Musiknummern

Bühne (Zweite Version):
Fletcher's American Chocolate Choral Society (Singing Ev'ry Morning); I Mean to Say; A Typical Self-Made American; Soon; A Man of High Degree; The Unofficial Spokesman; Patriotic Rally: a) Three Cheers for the Union!, b) This Could Go On for Years; If I Became the President; Hangin' Around With You; He Knows Milk; Strike Up the Band!; In the Rattle of the Battle; Military Dancing Drill; Mademoiselle in New Rochelle; I've Got a Crush on You (aus dem Musical »Treasure Girl«/1928); How About a Boy Like Me?; I Want to Be a War Bride (später gestrichen); Soldier's March (instr.); Official Resume (Stop! We Want a Little Attention); Ring a Ding a Ding Dong Dell
Für das Musical geschrieben, aber nicht verwendet:
There Was Never Such a Charming War
Nicht verwendete Songs der ersten Version:
Seventeen and Twenty-One; Meadow Serenade; The Man I Love; Yankee Doodle Rhythm; Oh, This Is Such a Lovely War; Hoping That Some Day You'd Care; Homeward Bound; The Girl I Love; The War That Ended War

Schallplatte:
St – (George Gershwin, Piano) 20th Century-Fox 3013

Hinweis/Film:
Das Film-Musical »Strike Up the Band« steht in keinem Zusammenhang mit dem gleichnamigen Bühnen-Musical. Lediglich George Gershwins erfolgreiche Titelmelodie fand Verwendung.

Strike Up the Band
1940, USA – Metro-Goldwyn-Mayer, 120 Min.
Film-Musical mit völlig neuer Handlung: Highschool-Studentenband verzichtet auf Teilnahme an einem Wettbewerb, hilft stattdessen mit dem ersparten Geld einem kranken Kameraden, wird dadurch in der Öffentlichkeit bekannt und kann endlich

in einer Radio-Show auftreten, sogar zusammen mit dem berühmten Paul Whiteman-Orchester.
Drehbuch: John Monks Jr., Fred Finklehoffe, Herbert Fields, Kay Van Riper
Darsteller: Mickey Rooney (Jimmy Connors), Judy Garland (Mary Holden), Paul Whiteman and Orchestra, June Preisser (Barbara Frances Morgan), William Tracy (Philip Turner), Larry Nunn (Willie Brewster), Margaret Early (Annie), Ann Shoemaker (Mrs. Connors), Francis Pierlot (Mr. Judd), Virginia Brissac (Mrs. May Holden), George Lessey (Mr. Morgan), Enid Bennett (Mrs. Morgan) Howard Hickman (Doctor), Sarah Edwards (Miss Hodges), Milton Kibbee (Mr. Holden), Helen Jerome Eddy (Mrs. Brewster), Harry McCrillis (Booper Barton), Elliot Carpenter (Henry), Virginia Sale (Music Teacher), Phil Silvers (Pitch Man), Billy Wayne (Clown), Joe Devlin (Attendant), Don Castle (Charlie), Harlan Briggs (Doctor), Dick Allen (Policeman), Earle Hodgins (Hammer Concessionaire), Harry Harvey (Shooting Gallery Concessionaire), Harry Lash, Jack Kenny (Hot Dog Concessionaires), Roland Got (House Boy), Lowden Adams (Butler), Leonard Sues (Trumpet Player)
(Old Ladies): Margaret Seddon, Margaret McWade
(Boys): Mickey Martin, Charles Smith
(Girls): Sherrie Overton, Margaret Marquis, Maxine Cook
(Men): Jack Mulhall, Henry Roquemore
(Bakers): Jimmie Lucas, Jack Albertson
(Students): Louise LaPlanche, Lois James, Helen Seamon, Mary Jo Ellis, Naida Reynolds, Linda Johnson, Wallace Musselwhite, Myron Speth, Douglas Wilson, Sidney Miller, Vendell Darr
Produzent: Arthur Freed
Choreographie: Busby Berkeley
Regie: Busby Berkeley
Songs und Musiknummern:
Drummer Boy (Roger Edens/K u. T); Do the Conga (Roger Edens/K u. T); Nell of New Rochelle (Roger Edens/K u. T); Nobody (Roger Edens/K u. T); Our Love Affair (Roger Edens/K, Arthur Freed/T); Sing, Sing Sing (Louis Prima); I Just Cant't Make My Eyes Behave (Will Cobb, Gus Edwards); Heaven Will Protect the Working Girl (Edgar Smith, A. Baldwin Sloane); The Curse of an Aching Heart (Henry Fink, Al Piantadosi); The Sidewalks of New York (James W. Blake, Charles B. Lawlor); Light Cavalry Ouverture (Franz von Suppé); Over the Waves (Juventino Rosas); Strike Up the Band (George Gershwin/K, Ira Gershwin/T)
Auszeichnung: 1 Academy Award (Oscar) 1940: Ton: Douglas Shearer
Schallplatte: Curtain Calls CC 100/9-10

THE STUDENT PRINCE IN HEIDELBERG
(Deutscher Titel: DER STUDENTENPRINZ)

Musik: Sigmund Romberg
Songtexte: Dorothy Donelly
Buch: Dorothy Donelly, nach dem deutschen Schauspiel »Alt-Heidelberg« (1901) von Wilhelm Meyer-Förster, basierend auf der Erzählung »Karl Heinrich« (1899) von Wilhelm Meyer-Förster
Premiere in New York, Al Jolson Theatre: 2. Dezember 1924

Personen und die Darsteller der Premiere:

Prince Karl Franz	Howard Marsh
Kathie	Ilse Marvenga
Dr. Engel, the Prince's Teacher	Greek Evans
Lutz, the Prince's Valet	George Hassell
Princess Margaret	Roberta Beatty
Captain Tarnitz	John Coast
Count Detlef	Raymond Marlowe
von Mark, the Prime Minister	Fuller Mellish
Ruder, Innkeeper	W. H. White
Gretchen, a Maid	Violet Carlson
Toni, a Butler for the King	Adolph Link
Lucas	Frederic Wolff
von Asterberg	Paul Kleeman
Nicholas	Fred Wilson
Hubert, a Servant to Lutz	Charles Williams

Grand Duchess Anastasia	Florence Morrison
Countess Leyden	Dagmar Oakland
Baron Arnheim	Robert Calley
Rudolph Winter	Lucius Metz
Premier Dancer	Martha Mason
Captain of the Guard	C. Sparin
Freshman	Elmer Pichler
1st Lackey	Frank Kneeland
2nd Lackey	William Nettum
3rd Lackey	Lawrence Wells
4th Lackey	Harry Anderson

Produzenten: Messrs. Shubert
Choreographie: Max Scheck
Regie: J. C. Huffman
Ort: Phantasie-Königreich »Karlsberg« und Universitätsstadt Heidelberg
Zeit: 1860

Handlung: Sentimentale Operette – Rührstück wie die deutsche Vorlage. Im Königreich Karlsberg führt Prinz Karl Franz ein langweiliges Leben. Er hegt Sehnsucht nach der deutschen Stadt Heidelberg, die er nicht kennt, von der ihm aber sein Privatlehrer Dr. Engel viel vorgeschwärmt hat. Dr. Engel erinnert sich an glückliche Zeiten während seines Studiums in dieser romantischen Studentenstadt. Beide reisen inkognito nach Heidelberg zu einer Zeit, in der es dort am lieblichsten ist: im Frühling. Karl Franz schließt sich den Studenten an und fühlt sich bald recht wohl in ihren Kreisen. Oft trifft man zu fröhlichen Gelagen zusammen und widmet sich dem Gesang. Der bevorzugte Treffpunkt ist das Gasthaus »Goldener Apfel«, wo man die Bierseidel hebt und auf das romantische Leben trinkt. Die Kellnerin Kathie singt für den neuen Gast ein Lied von Heidelberg, und die Studenten stimmen ihr »Gaudeamus igitur« an. Zwischen Kathie und Franz entspinnt sich eine Romanze. Doch das von Innigkeit getragene Verhältnis wird jäh gestört, als die Nachricht eintrifft, daß der König von Karlsberg gestorben ist. Prinz Karl Franz muß sofort zurückkehren, um den Thron zu besteigen. Außerdem verlangt die Staatsräson von ihm, die

Prinzessin Margaret zu heiraten. Traurig verläßt er den Kreis der heiteren Studenten, und schwer ist der Abschied von Kathie. In seinem eigenen Land, als König und als Gatte von Margaret, kann er nicht aufhören, an Kathie zu denken. Es drängt ihn, einen weiteren Besuch in der deutschen Stadt zu machen, in der er so glücklich war. Die Wiederbegegnung von Karl Franz und Kathie ist überaus herzlich, doch beiden ist klar, daß ihr Glück nur vorübergehend sein kann. Sie werden sich sehr bald wieder trennen – und dann für immer. Schließlich gehen sie auseinander mit dem Versprechen, die Erinnerung an ihre Romanze lebendig zu halten.

Anmerkung: Von Wilhelm Meyer-Försters »Alt-Heidelberg«, dem deutschen Erfolgsstück, sind mehrere englisch-amerikanische Versionen entstanden. Das Musical »The Student Prince in Heidelberg« basiert auf der Fassung »Old Heidelberg« von Rudolf Bleichman (New York 1903 / Hauptdarsteller: Richard Mansfield).
»The Student Prince in Heidelberg« konnte in New York die längste Laufzeit aller Musicals der 1920er Jahre für sich verbuchen.

Deutschsprachige Erstaufführung:
22. Oktober 1932, Großes Schauspielhaus, Berlin. Autoren: Rudolph Schanzer, Ernst Welisch / mit musikalischen Einlagen von Michael Krauß

Film:

The Student Prince in Old Heidelberg (Deutscher Titel: ALT-HEIDELBERG) Stummfilm/1927, USA – Metro-Goldwyn-Mayer/Loew's Incorporated, 135 Min.
Deutsche Erstaufführung: 1928
Drehbuch: Hans Kraly (d. i. Hanns Kräly), nach dem Schauspiel »Alt-Heidelberg« und dem Musical »The Student Prince in Heidelberg«
Darsteller: Ramon Novarro (Karl-Heinrich, Erbprinz von Sachsen-Karlsburg), Norma Shearer (Käthie), Jean Hersholt (Dr. phil. Jüttner), Gustav von Seyffertitz

(King Karl VII. /Karl VII., Fürst von Sachsen-Karlsburg), Philippe De Lacy (Heir Apparent /Der junge siebenjährige Erbprinz), Edgar Norton (Lutz), Bobby Mack (Kellermann), Edward Connelly (Hofmarschall Freiherr von Passarge), Otis Harlan (Old Ruder/Alter Grobian), John S. Peters (Student), George K. Arthur (Student), Edythe Chapman, Lionel Belmore, Lincoln Steadman
Musikvorlage: David Mendoza, William Axt
Produzent: Irving G. Thalberg
Regie: Ernst Lubitsch

The Student Prince
(Deutscher Titel: ALT HEIDELBERG)
1954, USA – Metro-Goldwyn-Mayer – CinemaScope/Anscocolor, 108 Min.
Deutsche Erstaufführung: 1955
Leicht veränderte und in das Jahr 1894 verlegte Handlung, veränderte Songs.
Drehbuch: William Ludwig, Sonya Levien, nach der Erzählung »Karl Heinrich« von Wilhelm Meyer-Förster und dem Musical »The Student Prince in Heidelberg«

Personen und ihre Darsteller:

Kathie	Ann Blyth
Prince Karl	Edmund Purdom (Gesangsstimme: Mario Lanza)
Count of Asterburg	John Ericson
King of Karlsburg	Louis Calhern
Professor Juttner	Edmund Gwenn
Joseph Ruder	S. Z. Sakall/ d. i. Szöke Szakall
Princess Johanna	Betta St. John
Lutz	John Williams
Queen	Evelyn Varden
Prime Minister	John Hoyt
Lucas	Richard Anderson
von Fichtenstein	Roger Allan
Feuerwald	Steve Rowland
Richter	Chris Warfield
von Buhler	Gilbert Legay
Hubert	Charles Davis
Willie Klauber	John Qualen
Head Corps Servant	Archer MacDonald

Produzent: Joe Pasternak
Choreographie: Hermes Pan
Regie: Richard Thorpe

Songs und Musiknummern

Bühne:
By Our Bearing So Sedate; Golden Days; Tralala in Springtime; To the Inn We're Marching / Student Marching Song; Drink! Drink! Drink!/Drinking Song; Youth Is King of Springtime; Come, Boys, Let's All Be Gay, Boys; Heidelberg, Beloved Vision; Gaudeamus Igitur (Traditional); Deep in My Heart, Dear; Saxon Corps; His Highness, Karl Franz, Our Prince!; Serenade / Overhead the Moon Is Beaming; Farmer Jacob Lay A-Snoring; Student Life Is Gay; Thoughts Will Come Back to Me; We're Off to Paris; Just We Two; Gavotte (instr.); Let Us Sing a Song

*Film **The Student Prince:***
Die mit Zeichen ⊕ versehenen Titel entstammen dem Bühnenwerk.
Golden Days ⊕; To the Inn We're Marching/ Student Marching Song ⊕; Drink! Drink! Drink!/Drinking Song ⊕; Deep in My Heart, Dear ⊕; Serenade ⊕; Come, Boys, Let's All Be Gay, Boys ⊕; Gaudeamus Igitur ⊕ (Traditional); Beloved (Nicholas Brodszky/K, Paul Francis Webster/T); Summertime in Heidelberg (Nicholas Brodszky/K, Paul Francis Webster/T); I'll Walk With God (Nicholas Brodszky/K, Paul Francis Webster/T)

Schallplatten:
L – (1926) World Records SH 279 (A)
F – (1954) RCA Victor LM 1837, RCA Victor LM/LSC 2339, RCA 1188
St – (Dorothy Kirsten, Robert Rounseville) Columbia CL 826, (Dorothy Kirsten, Gordon MacRae) Capitol SW 1841, (Mimi Benzell, Alfred Drake) Decca DL 8362, (Lauritz Melchior) Decca DL 4060, (Risë Stevens, Nelson Eddy) Columbia ML 4060, (Roberta Peters, Giorgio Tozzi, Jan Peerce) Columbia OL 5980/OS 2380, (John Hanson, Jane Ffyfe) PYE NPL 18046 (B)

Vorlage des Musicals:

Bühne:

Schauspiel: *Alt-Heidelberg*
Buch: Wilhelm Meyer-Förster, nach seiner Novelle »Karl Heinrich« (1899)
Uraufführung: Berlin, Berliner Theater: 22. November 1901
Darsteller: Harry Walden (Karl Heinrich, Erbprinz von Sachsen-Karlsburg), Leoni Taliansky (Käthie), Arthur Wehrlin (Staatsminister von Haugk), Leo Connard (Hofmarschall Freiherr von Passarge), Richard Tauber (Kammerherr Baron von Metzing), Jacques Burg (Kammerherr Baron von Breitenbach), Willy Rohland (Dr. phil. Jüttner), Conrad d'Allemand (Lutz, Kammerdiener), Ernst Pittschau (Detlev Graf von Asterberg), Hans Siebert (Karl Bilz), Fritz Koch (Kurt Engelbrecht), Albert Schindler (von Wedell, Saxo-Borusse), Franz Schlaeger (Rüder, Gastwirt), Käthe Hoppe (Frau Rüder), Clara Wenck (Frau Dörffel, deren Tante), Hugo Haßkerl (Kellermann), Emil Chony (Schölermann), Gustav Prahl (Glanz), Franz Lüdicke (Reuter)
Regie: Alfred Halm

Hinweis/Film:
Verfilmungen des Schauspiels »Alt-Heidelberg«, der Vorlage des Musicals.

Old Heidelberg
Stummfilm/1915, USA – Fine Arts/Triangle Film Corp. (5 Rollen)
Drehbuch: John Emerson, nach der gleichnamigen amerikanischen Fassung von Rudolf Bleichman des deutschen Schauspiels »Alt-Heidelberg« von Wilhelm Meyer-Förster
Darsteller: Wallace Reid (Prince Karl of Rutania), Dorothy Gish (Kathie), Karl Formes Jr. (Dr. Juttner), Eric von Stroheim/d. i. Erich von Stroheim (Lutz), Raymond Wells (Karl Bilz), J. W. McDermott (Von Wendell), James Gibson (Kellerman), Franklin Arbuckle (Ruder), Madge Hunt (Fran Ruder), Erik von Ritzau (Prince Rudolf), Kate Toncray (Kathie's Mother), William Collier, Harold Goodwin, Francis Carpenter

Regie: John Emerson (Künstlerische Oberleitung: D. W. Griffith)

Alt-Heidelberg
Stummfilm/1923, Deutschland – Cserépy-Film, Berlin, 2321 m (85 Min.)
Drehbuch: Hans Behrendt, nach dem gleichnamigen Schauspiel von Wilhelm Meyer-Förster
Darsteller: Paul Hartmann (Karl-Heinrich, Erbprinz von Sachsen-Karlsburg), Eva May (Käti), Werner Krauß (Regierungsrat Dr. Jüttner), Arnold Korff (Heinrich XVII., Herzog von Sachsen-Karlsburg), Karl Wagner (Staatsminister von Haugk), Heinrich Peer (Hofmarschall von Falkenberg), Eugen Burg (Lutz, Kammerdiener des Herzogs), Dr. Fritz Wendhausen (Detleff, Graf von Asterberg), Walter Neumann (Karl Biltz), Victor Colani (Kurt Engelbrecht), Eugen Rex (Kellermann, Korpsdiener), Franz Groß (Gastwirt Joseph Rüder, Kätis Onkel), Paula Eberty (Frau Rüder), Adele Sandrock (Frau Dörffel)
Regie: Hans Behrendt

Alt Heidelberg
1959, Deutschland – CCC/Kurt Ulrich-Film – Agfacolor, 105 Min.
Drehbuch: Ernst Marischka, nach dem gleichnamigen Schauspiel von Wilhelm Meyer-Förster
Darsteller: Sabine Sinjen (Käthi), Christian Wolff (Karl-Heinrich, Erbprinz von Sachsen-Karlsburg), Gert Fröbe (Dr. Jüttner), Ernst Stahl-Nachbaur (Fürst von Sachsen-Karlsburg), Heinrich Gretler (Gastwirt Rüder), Annaliese Würtz (Frau Rüder), Rudolf Vogel (Kammerdiener Lutz), Walter Bluhm (Diener Schölermann), Heinz Spitzner (Lakai Glanz), Siegfried Schürenberg (Staatsminister Haugk), Walter Janssen (Hofmarschall), Tilo von Berlepsch (Kammerherr von Metzing), Gerhard Frickhöffer (Kammerherr von Breitenberg), Wolfgang Eichberger (Kammerherr von Feldbach), Harry Meyen (Student Graf Detlev von Asterberg), Artur Schilsky (Student Engelbrecht), Karlheinz Walter (Student Bilz), S. de Calvy (Student von

Wedell), Ludwig Linkmann (Keller-
mann)
(Serviermädchen im Gasthaus Rüder):
Gerti Brugg (Auguste), Hannelore Els-
ner (Helene), Karin Faber (Anna)
Regie: Ernst Marischka

SUGAR (jetzt: SOME LIKE IT HOT)

Musik: Jule Styne
Songtexte: Bob Merrill
Buch: Peter Stone, nach dem amerikani-
schen Film »Some Like It Hot« (1959)
Premiere in New York, Majestic Theatre:
9. April 1972

Personen und die Darsteller der Premiere:

Sugar Kane	Elaine Joyce
Joe	Tony Roberts
Jerry	Robert Morse
Osgood Fiel- ding Jr.	Cyril Ritchard
Sweet Sue	Sheila Smith
Spats Palazzo	Steve Condos
Bienstock	Alan Kass
Dude	Gerard Brentte
Knuckles Norton	Dick Bonelle
Olga	Eileen Casey
Poker Player	Igors Gavon
Cabdriver	Ken Ayers
Train Conductor	George Blackwell
Bellboy	Andrew Bew

Girl Band: Harriet Conrad (Piano), Lin-
da Gandell (Drums), Nicole Barth
(Bass), Leslie Latham (Trumpet), Mary-
lou Sirinek (Trumpet), Terry Cullen
(Trombone), Kathleen Witmer (Trom-
bone) sowie Pam Blair, Eileen Casey,
Debra Lyman, Sally Neal, Mary Zahn
(Saxophones)
Spats's Gang: Andy Bew, Roger Bigelow,
Gene Cooper, Arthur Faria, Gene Ge-
bauer, John Mineo, Don Percassi
Knuckles' Gang: Richard Maxon, Dale
Muchmore, Alexander Orfaly
Sunbathers: Nicole Barth, Pam Blair, Ei-
leen Casey, Robin Hoctor, Debra Lyman,
Sally Neal, Pamela Sousa
»Chicago« Singers: Ken Ayers, George
Blackwell, Dick Bonelle, Igors Gavon,
Hal Norman

Produzent: David Merrick
Choreographie: Gower Champion
Regie: Gower Champion
Ort: Chicago und Miami (Florida/USA)
Zeit: 1931

Handlung: Verwechslungs- und Ver-
wandlungskomödie mit Krimi-Einlage.
Die beiden arbeitslosen Musiker Joe und
Jerry sind in Chicago unfreiwillig mit einer Gangsterbande in Konflikt geraten
und fürchten um ihr Leben. Es ist höchste
Zeit für sie unterzutauchen. In ihrer Not
verkleiden sie sich als Frauen und werden
als »Josephine« und »Daphne« Mitglieder einer Damen-Jazzband. Jetzt aber leben sie in doppelter Furcht, denn sie wollen weder von den Gangstern ausfindig
gemacht noch von den Kolleginnen entlarvt werden. Die Band begibt sich auf eine Reise in ein Engagement nach Florida.
Im Zug muß man enger zusammen-
rücken, was den beiden Männern Mühe
macht, nicht aus ihrer Rolle zu fallen. Zuneigung finden die beiden »Kolleginnen«
besonders bei Sugar Kane, der hübschen
Sängerin der Band. Joe verliebt sich in sie,
erfährt aber aus Sugars Schwärmereien,
daß sie eisern das Ziel verfolgt, sich einen
Millionär zu angeln. Der findet sich auch
in Miami. Doch verliebt sich der vertrot-
telte Osgood Fielding in Joes Kumpel
»Daphne«. Joe macht sich daran, Sugar
zu umwerben, und benutzt jede Gelegenheit, die Frauenkleider abzulegen, um vor
ihr als reicher Millionär aufzutreten. Es
gelingt ihm, sie zu täuschen – er ist der
Mann ihrer Träume. Joe beauftragt Jerry,
Osgood abzulenken, und borgt sich heimlich dessen Jacht aus, um Sugar damit zu
imponieren. Jerry/»Daphne« hat Mühe,
Osgood hinzuhalten. Aber Unheil kommt
über Joe und Jerry, weil die Gangster einen Kongreß in Miami abhalten. Plötzlich
werden die beiden erkannt. Nur halsbre-
cherische Flucht rettet sie und der Umstand, daß ihr Widersacher auf Befehl des
Gangsterbosses wegen Unfähigkeit ge-
killt wird. Doch Sugar weiß jetzt, daß »Josephine« Joe und durchaus kein Millionär
ist. Da sie ihn liebt, macht ihr das nichts

aus. Osgood hingegen bleibt nichts weiter übrig, als die Enttäuschung wegzustecken, daß seine »Daphne« ein Mann ist.

Deutschsprachige Erstaufführung (Originaltitel): 23. März 1989, Metropol-Theater, Berlin. Autor: Peter Ensikat

Neufassung unter dem Titel
Some Like It Hot
durch die Autoren Peter Stone (*Buch*) und Bob Merrill (*Songtexte*)
Uraufführung: Bromley/Großbritannien, Churchill Theatre: 17. Juni 1991
Premiere in London, Prince Edward Theatre: 19. März 1992
Darsteller der Premiere in London:
Mandy Perriment (Sugar), Tommy Steele (Joe), Billy Boyle (Jerry), Veronica Clifford (Sweet Sue), Steven Osborne (Spats Palazzo), Royce Mills (Osgood Bikertalk), Mason Taylor (Knuckles), Douglas Anderson (Lieutenant O'Malley), Graham Hoadly (Abe Greenbaum), Edward Phillips (Bienstock), Victoria Lynson (Nellie), Kim Harwood (Olga), Sharon White (Dolores), Victoria Lynson (Marylou), Cathryn Fort-Reynolds (Rosella), Susan Freebury (Emily)
Produzent: Mark Furness (mit Stagevision)
Choreographie: Norman Maen
Regie: Tommy Steele

Songs und Musiknummern

Bühne **Sugar / Some Like It Hot:**
Windy City Marmalade; Penniless Bums ⊕; Tear the Town Apart; The Beauty That Drives Men Mad ⊕; We Could Be Close; Sun on My Face ⊕; November Song; Sugar; Hey, Why Not!; Beautiful Through and Through ⊕; What Do You Give to a Man Who's Had Everything ⊕; Magic Nights ⊕; It's Always Love ⊕; When You Meet a Man in Chicago ⊕
Die mit Zeichen ⊕ versehenen Titel sind auch in der Fassung »Some Like It Hot« enthalten. Ferner:
Maple Leaf Rag; Dirty Old Men; Doin' It for Sugar; Let's Turn Back the Clock; I'm Naive; Sugar Shell; Some Like It Hot

Schallplatten:
NY – United Artists 9905
L – (1992/»Some Like It Hot«) First Night FNSR 340332 / FNC 34028

Vorlage des Musicals:

Film:

Some Like It Hot
(Deutscher Titel: MANCHE MÖGEN'S HEISS)
1959, USA – United Artists/Ashton/Mirisch Company, 120 Min.
Deutsche Erstaufführung: 1959
Drehbuch: Billy Wilder, I. A. L. Diamond, nach einer unveröffentlichten Vorlage von Robert Thoeren und M. Logan
Darsteller: Marilyn Monroe (Sugar Kane Kumulchek), Tony Curtis (Joe/Josephine), Jack Lemmon (Jerry/Daphne), George Raft (Spats Columbo), Pat O'Brien (Mulligan), Joe E. Brown (Osgood Fielding III.), Nehemiah Persoff (Little Bonaparte), Joan Shawlee (Sweet Sue), Billy Gray (Sig Poliakoff), George E. Stone (Toothpick Charlie), Dave Barry (Beinstock), Beverly Wills (Dolores), Barbara Drew (Nellie), Edward G. Robinson Jr. (Johnny Paradise), Tom Kennedy (Bouncer), John Indrisano (Waiter) ferner (Spat's Henchmen) Mike Mazurki, Harry Wilson
Produzent: Billy Wilder
Regie: Billy Wilder
Songs:
I Wanna Be Loved By You (Harry Ruby/K, Herbert Stothart/K, Bert Kalmar/T – aus dem Musical »Good Boy« / New York 1928); I'm Through With Love (Matty Malneck/K, Gus Kahn/T); Running Wild (A. Harrington Gibbs/K, Joe Grey/T, Leo Wood/T)
(Der Song »Some Like It Hot« stammt nicht aus diesem Film – siehe Hinweis/Film)
Auszeichnung: 1 Academy Award (Oscar) 1959: Kostüme: Orry-Kelly
Schallplatten:
United Artists UAS 4030, United Artists UA LA 272

Hinweis/Film:
Das Musical »Sugar« und seine Vorlage, der Billy-Wilder-Film »Some Like It Hot«, haben nichts zu tun mit einem anderen Film »Some Like It Hot« aus dem Jahre 1939. Dieser (mit Bob Hope in der Hauptrolle) handelt von einem karrierelosen Schauspieler, der, um seine Jahrmarkt-Show vor dem Niedergang zu retten, mit List und Raffinesse seine eigene Freundin und den berühmten Gene Krupa für sich einzuspannen versteht. Der Film enthält die Songs »Some Like It Hot« (Frank Loesser, Burton Lane), »The Lady's in Love With You« (Frank Loesser, Gene Krupa, Remo Biondi) und »Heart and Soul« (Frank Loesser, Hoagy Carmichael). »Some Like It Hot« von 1939 war bereits früher unter dem Titel »Shoot the Works« (1934) verfilmt worden; die Story basiert auf dem Lustspiel »The Great Magoo« (New York, 1932) von Ben Hecht und Gene Fowler.

SUNDAY IN THE PARK WITH GEORGE

(Deutscher Titel: SONNTAGS IM PARK MIT GEORGE)

Musik und Songtexte: Stephen Sondheim
Buch: James Lapine
Premiere in New York, Booth Theatre: 2. Mai 1984

Personen und die Darsteller der Premiere:
1. Akt – 1884

George, an Artist	Mandy Patinkin
Dot, his Mistress	Bernadette Peters
Old Lady	Barbara Bryne
Her Nurse	Judith Moore
Franz, a Servant	Brent Spiner
A Boy bathing in the river	Danielle Ferland
A Young Man sitting on the bank	Nancy Opel
A Man lying on the bank	Cris Groenendaal
Jules, another Artist	Charles Kimbrough
Yvonne, his Wife	Dana Ivey
A Boatman	William Parry
Celeste #1	Melanie Vaughan
Celeste #2	Mary D'Arcy
Louise, the Daughter of Jules and Yvonne	Danielle Ferland
Frieda, a Cook	Nancy Opel
Louis, a Baker	Cris Groenendaal
A Soldier	Robert Westenberg
A Man with bicycle	John Jellison
A Little Girl	Michele Rigan
A Woman with baby carriage	Sue Anne Gershenson
Mr.	Kurt Knudson
Mrs.	Judith Moore

2. Akt – 1984

George, an Artist	Mandy Patinkin
Marie, his Grandmother	Bernadette Peters
Dennis, a Technician	Brent Spiner
Bob Greenberg, a Museum Director	Charles Kimbrough
Naomi Eisen, a Composer	Dana Ivey
Harriet Pawling, a Patron of the Arts	Judith Moore
Billy Webster, her Friend	Cris Groenendaal
A Photographer	Sue Anne Gershenson
A Museum Assistant	John Jellison
Charles Redmond, a Visiting Curator	William Parry
Alex, an Artist	Robert Westenberg
Betty, an Artist	Nancy Opel
Lee Randolph, the Museum's Publicist	Kurt Knudson
Blair Daniels, an Art Critic	Barbara Bryne
A Waitress	Melanie Vaughan
Elaine	Mary D'Arcy

Produzenten: The Shubert Organisation, Emanuel Azenberg (mit Playrights Horizons)

Regie: James Lapine
Ort: Paris und Umgebung (Île de la Grande Jatte) und in Amerika
Zeit: 1884 und 1984

Handlung: Kunst- und Künstler-Thematik – eine Art Lebendes Bild in der Szenerie des berühmten Gemäldes »Ein Sommernachmittag auf der Insel Grande Jatte« von Georges Seurat (siehe Anmerkung). Der Maler George (ein fiktiver Georges Seurat) verliert durch besessene Arbeit an seinem Meisterwerk seine Geliebte, die lebenslustige Dot; sie heiratet Louis, einen Bäcker. Während George noch immer im Park sitzt und malt, stellt Dot ihm ihr Baby vor, ihre Tochter Marie, und sagt ihm, daß es sich um sein Kind handele. Georg erwidert, daß nun Louis der Vater sei. Dot und Louis wandern mit der Tochter nach Amerika aus. – Hundert Jahre später: Marie, die in Amerika aufgewachsene Tochter von Dot und George, ist inzwischen 98 Jahre alt. Ihr Enkelsohn, der ebenfalls George heißt wie sein Urgroßvater, hat ein neues Multimedia-Gerät konstruiert, mit dem er als Künstler arbeiten will. Doch es plagen ihn Zweifel an seiner Befähigung und der künstlerischen Zielrichtung. Weil er von einem amerikanischen Museum gebeten wurde, anläßlich des 100. Geburtstags von Seurats berühmtem Gemälde eine Lichtkunstschau über Leben und Werk des Malers vorzuführen, hat er seine alte, gelähmte, im Rollstuhl sitzende Großmutter Marie mitgebracht. Die snobistische Gesellschaft nimmt nicht viel Notiz von den Kunstwerken. Umso eindringlicher lenkt die alte Dame das Interesse ihres Enkels auf seinen Ahnen, doch George will nicht glauben, daß er ein Nachkomme des Malers sei. Eine Einladung nach Frankreich zur Präsentation seines neuen Geräts gibt George die Möglichkeit, den Spuren Seurats nachzugehen. Er besucht die Stelle auf der Insel Grande Jatte, an der Seurats Gemälde entstand. Von dem Park aber ist kaum noch etwas wiederzuerkennen. Da erscheint vor seinem geistigen Auge die Ur-

großmutter Dot. Ihre Erklärungen verwandeln das Umfeld. Durch die Seelenverwandtschaft erlebt George die Szene, wie sie vor 100 Jahren im Bilde seines Urahns festgehalten worden war.

Anmerkung: Georges Seurat (1859 – 1891), französischer Maler, Begründer des Neoimpressionismus, schuf mit seiner Maltechnik, den Gesamteindruck des Bildes durch winzige Farbpunkte zu erzielen, den sogenannten »Pointillismus«, auch »Divisionismus« genannt. Sein Gemälde »Un dimanche après-midi à l'île de la Grande Jatte« – »Ein Sonntagnachmittag auf der Insel Grande Jatte« (entstanden 1884–1886) befindet sich im Art Institute, Chicago.

Auszeichnungen: Pulitzer Prize / Drama 1985
2 Antoinette Perry Awards (Tonys) 1984: Bühnenbild: Tony Straiges / Lichtgestaltung: Richard Nelson

Deutschsprachige Erstaufführung:
30. September 1989, Pfalztheater Kaiserslautern. Autor: Jürgen Fischer

Songs und Musiknummern

Bühne:
Sunday in the Park With George; No Life; Color and Light; Gossip; The Day Off; Everybody Loves Louis; Finishing the Hat; We Do Not Belong Together; Beautiful; Sunday; It's Hot Up Here; Chromolume #7 / Putting It Together; Children and Art; Lesson #8; Move On

Schallplatte:
NY – RCA HBC 1–5042

SWEENEY TODD – THE DEMON BARBER OF FLEET STREET
(Deutscher Titel: SWEENEY TODD – DER DÄMONISCHE BARBIER VON FLEET STREET)

Musik und Songtexte: Stephen Sondheim
Buch: Hugh Wheeler, nach einer englischen Groschenroman-Serie (1846) und dem Schauerdrama »A String of Pearls – or – The Fiend of Fleet Street« (1847)

von Thomas Peckett Prest und George Dibdin Pitt, in einer Neufassung von Christopher Bond (1970)
Premiere in New York, Uris Theatre: 1. März 1979

Personen und die Darsteller der Premiere:
Sweeney Todd   Len Cariou
Mrs. Lovett   Angela Lansbury
Anthony Hope   Victor Garber
Judge Turpin   Edmund Lyndeck
Johanna   Sarah Rice
Beggar Woman   Merle Louise
The Beadle   Jack Eric Williams
Tobias Ragg   Ken Jennings
Pirelli   Joaquin Roma-
                    guera
Jonas Fogg   Robert Ousley
ferner: Duane Bodin, Walter Charles, Carole Doscher, Nancy Eaton, Mary-Pat Green, Cris Groenendaal, Skip Harris, Robert Hendersen, Marthe Ihde, Betsy Joslyn, Nancy Killmer, Frank Kopyc, Spain Logue, Craig Lucas, Pamela McLernon, Duane Morris, Richard Warren Pugh, Maggie Task, Heather B. Withers

Produzenten: Richard Barr, Charles Woodward, Robert Fryer, Mary Lea Johnson, Martin Richards (mit Dean Manos, Judy Manos)
Choreographie: Larry Fuller
Regie: Harold Prince
Ort: London
Zeit: Um 1840

Handlung: »A Musical Thriller«, eine Schauerlegende. Mordlust mit Schwarzem Humor; Herstellung von Leichen und ihre Verarbeitung. Nach vielen Jahren taucht der Barbier Benjamin Barker wieder in London auf. In der langen Zeit seiner Abwesenheit hat er sich völlig verändert und nennt sich nun Sweeney Todd. Er will sich an Richter Turpin rächen, der ihm das Leben verpfuscht hat, weil er Todds schöne Frau begehrte und dem Barbier ein Verbrechen anhängte. Sweeney Todds Rachegelüste treiben ihn zur Mordlust. Er lockt jeden, der ihm beim Erreichen seines Ziels im Wege steht, auf

seinen Barbierstuhl und tötet mit seinem Rasiermesser darauflos. In Mrs. Lovett, der Bäckerin von Fleischpasteten, die unter seiner Barbierstube ihren Laden hat, findet er eine Verbündete. Sie ist in ihn verliebt und hilft, die Leichen zu beseitigen, wobei sie selber davon profitiert, indem sie sie für ihre Fleischpasteten verarbeitet. Die sinnreiche Konstruktion einer Falltür unter dem Barbierstuhl sorgt für eine reibungslose Beförderung der Leichen in Mrs. Lovetts Arbeitsraum. Sweeneys Kumpel, der junge Matrose Anthony, der mit ihm zusammen per Schiff nach London kam, verliebt sich in Johanna, ein schönes Mädchen, das Richter Turpin als Mündel zu sich genommen hat. Der lüsterne Richter begehrt sie selbst und versteckt sie vor Anthony, indem er sie kurzerhand in eine Irrenanstalt einweist. Anthony macht sich auf, sie zu befreien. Sweeney Todd weiß nicht, daß Johanna seine Tochter ist, ebensowenig, wie er in einer aufdringlichen, verkommenen Bettlerin seine Frau Lucy erkennt. Da sie anfängt, in ihm den ehemaligen Benjamin Barker zu vermuten, wird auch sie beseitigt, sehr zur Zufriedenheit von Mrs. Lovett, die sehr wohl um ihre Identität wußte. Nach etlichen Leichen und dem Aufblühen des Geschäfts von Mrs. Lovett, gerät endlich Richter Turpin unters Rasiermesser von Sweeney Todd. Er erledigt ihn, doch erwacht in ihm Zorn über Mrs. Lovett, da er erfahren hat, daß sie über die alte Bettlerin Bescheid wußte. Postwendend befördert er seine Spießgesellin in ihren Backofen. Ihr Schreien alarmiert Anthony, der sich mit der befreiten Johanna in der Wohnung versteckt hatte. Nun ist es an ihm, die Ermordeten zu rächen, indem er Sweeney Todd unters Messer nimmt, wie dieser es mit seinen Opfern getan hat.

Auszeichnungen: 8 Antoinette Perry Awards (Tonys) 1979: Bestes Musical / Männliche Hauptrolle–Musical: Len Cariou / Weibliche Hauptrolle–Musical: Angela Lansbury / Regie–Musical: Harold Prince / Musikalisches Werk (Komposition–Songtexte): Stephen Sondheim / Buch–Musical: Hugh Wheeler / Bühnenbild: Eugene Lee / Kostüme: Franne Lee

Deutschsprachige Erstaufführung:
11. April 1985, Städtische Bühnen Freiburg im Breisgau. Autor: Markus Weber

Songs und Musiknummern

Bühne:
The Ballad of Sweeney Todd; No Place Like London; The Barber and His Wife; The Worst Pies in London; Poor Thing; My Friends; Green Finch and Linnet Bird; Ah, Miss; Johanna; Pirelli's Miracle Elixir; The Contest; Wait; Kiss Me; Ladies in Their Sensitivities; Quartet; Pretty Women; Epiphany; A Little Priest; God, That's Good; By the Sea; Not While I'm Around; Parlor Songs; City on Fire; Final Sequence

Schallplatte:
NY – RCA CBL 2–3379

Vorlage des Musicals:
Die Schauerlegende »Sweeney Todd« hat weitverzweigte Ursprünge; es wird vermutet, daß sie sich aus mehreren realen Begebenheiten zusammensetzt, die teilweise bis ins Mittelalter zurückreichen. Als Bühnenwerk fußt die Horrorshow auf der Tradition des Pariser »Théâtre du Grand Guignol«, einer kleinen Bühne im Montmartre-Bezirk, aus der zweiten Hälfte des 19. Jahrhunderts. Dieses »Blutbadtheater« mit seinen makabren Darstellungen von Mord, Gewalttaten und Geistererscheinungen fand auch in England Liebhaber und wurde in Form des Schwarzen Humors besonders seit 1920 zur Spezialität des »Little Theatre« in London.
Der britische Journalist Peter Haining hat sich mit der Entstehungsgeschichte der Legende vom mordlüsternen Sweeney Todd beschäftigt und darüber ein Buch verfaßt: »The Mystery and Horrible Murders of Sweeney Todd, the Demon Barber of Fleet Street« (Verlag Frederick Muller Ltd., London 1979). Nach seinen Erkenntnissen fand die vorher schon la-

tent vorhandene Schauergeschichte ihren ersten nachhaltigen Niederschlag in einer Groschenroman-Serie »The String of Pearls« im britischen Wochenblatt »The People's Periodical and Family Library«. Ab November 1846 ist die Erzählung in 18 Ausgaben und insgesamt 37 Kapiteln herausgebracht worden.
Im März 1847 erschien eine dramatisierte Fassung mit eingearbeiteten Bänkelsongs »The String of Pearls – or – The Fiend of Fleet Street« im Londoner Britannia Theatre. Als Autoren zeichneten Thomas Peckett Prest und George Dibdin Pitt; wahrscheinlich waren diese beiden auch die Autoren der Groschenroman-Serie.
Seit diesem ersten Erscheinen auf der Bühne wurde die Mordgeschichte »Sweeney Todd« zu einem Repertoirestück in unterschiedlichen Bearbeitungen. Eine neue Fassung schrieb der britische Theater-Regisseur und -Autor Christopher G. Bond. Er brachte seine Version »Sweeney Todd« 1970 im Victoria Theatre, Stoke-on-Trent, Staffordshire, heraus; am 2. Mai 1973 wurde diese Fassung in London (East End), Theatre Royal, Stratford, aufgeführt mit Brian Murphy in der Titelrolle. Bond hatte Sweeney Todd von einem Raubmörder, der es auf Perlenketten und anderen Schmuck seiner Opfer abgesehen hatte, in einen Besessenen umgewandelt, der für erlittenes Unrecht blutige Rache nimmt. Diese modernere und Gesellschaftskritik enthaltende Form der Geschichte vom Barbier aus der Fleet Street lernte Stephen Sondheim in London kennen und entschloß sich, daraus ein Musical zu machen.

Folgende dramatisierte Fassungen waren feststellbar:

Sweeney Todd, the Barber of Fleet Street – or – The String of Pearls
Autor: Frederick Hazleton
London, Bower Saloon: 1862

The String of Pearls
(Ohne Urheberangabe)
London, Grecian Theatre: Dezember 1867

Darsteller: Frederick Marchant (Sweeney Todd), George Gillett (Captain Thornhill), William James (Willis), Henry Grant (Big Ben), J. Jackson (Oakley), Samuel Perfitt (Stranger), John Manning (Ragg), Lizzie Mandelbert (Johanna), Mary A. Victor (Arabella), Mrs. Atkinson (Mrs. Lovett)

The String of Pearls
Autoren: C. A. Clarke, H. R. Silva (»New Version of ›Sweeney Todd‹«) Birkenhead/England, Theatre Royal: 26. November 1892

Hinweis/Bühne:
Die Schauergeschichte »Sweeney Todd« diente bereits 1959 anderen Urhebern als Vorlage für ein britisches Musical:

The Demon Barber
Musik: Brian Burke
Songtexte: Donald Cotton
Buch: Donald Cotton, nach dem Melodrama »Sweeney Todd, the Demon Barber of Fleet Street«
Premiere: London/Hammersmith, Lyric Theatre: 10. Dezember 1959

Hinweis/Film:
Verfilmungen der Legende von Sweeney Todd auf der Basis des Schauspiels von 1847. (In den Filmangaben ist der zweite Autor Thomas Peckett Prest nicht genannt.)

Sweeney Todd
Stummfilm/1926, Großbritannien – New Era, 1000 ft/305 m (12 Min.)
Drehbuch: P. L. Mannock, »based on the play by George Dibdin Pitt«
Darsteller: G. A. Baughan (Sweeney Todd), P. L. Mannock (Producer), Lionel Collier (Title Writer)
Regie: George Dewhurst
Anmerkung: »Burlesque made for Kinematograph Garden Party«

Sweeney Todd
Stummfilm/1928, Großbritannien – QTS Productions/Ideal, 6500 ft/1982 m (73 Min.)
Drehbuch »based on the play by George Dibdin Pitt, C. Hazleton«

Darsteller: Moore Marriott (Sweeney Todd), Zoe Palmer (Johanna), Charles Ashton (Mark Ingestre), Iris Darbyshire (Amelia Lovett), Judd Green (Simon Podge), Philip Hewland (Ben Wagstaffe), Brian Glenny (Tobias Wragge), Harry Lorraine (Mick Todd)
Produzent: Harry Rowson
Regie: Walter West

Sweeney Todd, the Demon Barber of Fleet Street
(Amerikanischer Titel: THE DEMON BARBER OF FLEET STREET)
1936, Großbritannien – Metro-Goldwyn-Mayer, 68 Min.
Drehbuch: Frederick Hayward, H. F. Maltby, »based on the play by George Dibdin Pitt«
Darsteller: Tod Slaughter (Sweeney Todd), Bruce Seton (Mark Ingestre), Eve Lister (Johanna Oakley), Stella Rho (Mrs. Lovett), Ben Soutten (Beadle), D. J. Williams (Stephen Oakley), Jerry Verno (Pearly), John Singer (Tobias Wragg), Aubrey Mallalieu (Trader Patterson), Billy Holland (Parsons), Ben Williams (Captain Stevenson), Norman Pierce
Produzent: George King
Regie: George King

SWEET CHARITY

Musik: Cy Coleman
Songtexte: Dorothy Fields
Buch: Neil Simon, auf der Basis des italienisch-französischen Films »Le Notti di Cabiria« (1957) (deutsch: »Die Nächte der Cabiria«)
Premiere in New York, Palace Theatre: 29. Januar 1966

Personen und die Darsteller der Premiere:

Charity Hope Valentine	Gwen Verdon
Oscar Lindquist	John McMartin
Nickie	Helen Gallagher
Helene	Thelma Oliver
Vittorio Vidal	James Luisi
Daddy Johann Sebastian Brubeck	Arnold Soboloff

Good Fairy	Ruth Buzzi
Rosie	Barbara Sharma
Carmen	Carmen Morales
Herman	John Wheeler
Ursala	Sharon Ritchie
Manfred	Bud Vest
Brother Harold	Harold Pierson
Brother Eddie	Eddie Gasper
Barney	David Gold
Mike	Michael Davis
Dark Glasses	Michael Davis
Bystander	John Stratton
Woman with Hat	Ruth Buzzi
Ice Cream Vendor	Gene Foote
Football Player	John Sharpe
Career Carl	Barbara Sharma
Young Spanish Man	Lee Roy Reams
Doorman	I. W. Klein
Waiter	John Stratton
Receptionist	Ruth Buzzi
Old Maid	Elaine Cancilla
Policeman	Harold Pierson

Cops: John Wheeler, David Gold
Married Couple: Bud West, Elaine Cancilla
Ballplayers: Harold Pierson, Eddie Gasper

Produzenten: Robert Fryer, Lawrence Carr, Sylvia Harris, Joseph Harris
Choreographie: Bob Fosse
Regie: Bob Fosse
Ort: New York
Zeit: »Gegenwart« (1966)

Handlung: Szenen vom Leben, von Sehnsüchten, Hoffnungen und Enttäuschungen eines New Yorker Animiermädchens. Charity Hope Valentine, genannt »Sweet Charity«, verdient sich ihr Geld als Taxigirl im Ballhaus »Fandango«. Sie ist gutmütig, naiv und leichtgläubig und träumt vom großen Liebesglück. Mit ihrem Freund, einem Ganoven, aber hat sie Pech. Er stiehlt ihre Handtasche voller Geld und stößt sie ins Wasser. Passanten ziehen sie heraus. Ihren Kolleginnen im Ballhaus tischt Charity ein Märchen auf, bei dem ihr getürmter Freund noch in gutem Licht erscheint. Unglücklich für sie verläuft auch eine überraschende Bekanntschaft mit

dem Filmstar Vittorio Vidal, der Charity aus Ärger über seine Freundin mit in seine Wohnung nimmt. Charity himmelt ihn an. Doch als die Freundin plötzlich erscheint, muß sie sich im Schrank verstecken, wo sie die Versöhnung der beiden miterlebt. Sie überspielt auch diese Enttäuschung. Weil sie sich weiterbilden will, um die Tätigkeit als Taxigirl aufgeben zu können, nimmt sie an Ausbildungslehrgängen teil. Hier lernt sie den Buchhalter Oscar kennen. Beide freunden sich an, und Charity hofft, mit ihm ein glückliches, bürgerliches Leben führen zu können. Doch Oscar ist neurotisch veranlagt. Sie will ihm gestehen, welche Tätigkeit sie ausübt, verpaßt aber die Gelegenheit. Oscar, der sie als schlichtes, unschuldiges Mädchen sah, erfährt zufällig von ihrem Job als Taxigirl. Dennoch bleibt er entschlossen, Charity zu heiraten. Sie ist glücklich; die Hochzeit wird vorbereitet. Da aber wird Oscar von plötzlicher Eifersucht auf alle früheren Verehrer Charitys gepackt. Wütend stößt er sie ins Wasser. Charity rettet sich ans Ufer, sieht es als positiv an, daß sie diesmal ihre Handtasche behalten hat. Ihr Lebensbereich bleibt das Ballhaus mit den Kolleginnen. Sie hofft weiter, eines Tages dem Mann zu begegnen, mit dem sie glücklich werden kann.

Auszeichnungen: 1 Antoinette Perry Award (Tony) 1965: Choreographie: Bob Fosse
4 Antoinette Perry Awards (Tonys) 1986: Reproduction (Neuinszenierung) / Männliche Nebenrolle–Musical: Michael Rupert / Weibliche Nebenrolle–Musical: Bebe Neuwirth / Kostüme: Patricia Zipprodt

Deutschsprachige Erstaufführung (Originaltitel): 7. Februar 1970, Hessisches Staatstheater (Großes Haus) Wiesbaden. Autoren: Marianne Schubart, Karl Vibach/Liedtexte: Victor Bach

Film:

Sweet Charity
1969, USA – Universal – Panavision 70 und Normalfilm/Technicolor, 157 Min.

Deutsche Erstaufführung (Originaltitel):
1969
Musik: Cy Coleman
Songtexte: Dorothy Fields
Drehbuch: Peter Stone, nach dem gleichnamigen Musical

Personen und ihre Darsteller:

Charity Hope Valentine	Shirley MacLaine
Oscar Lindquist	John McMartin
Vittorio Vitale	Ricardo Montalban
Big Daddy	Sammy Davis Jr.
Nickie	Chita Rivera
Helene	Paula Kelly
Herman	Stubby Kaye
Ursula	Barbara Bouchet
Nicholsby	Alan Hewitt
Charlie	Dante D'Paulo
Manfred	Nolan Leary
»Rhythm of Live« Dancer	John Wheeler
Man in Fandango Ballroom	John Craig
Woman on Tandem	Dee Carroll
Man on Tandem	Tom Hatten
Young Woman on Bridge	Sharon Harvey
Young Man on Bridge	Charles Brewer
Maitre D'	Richard Angarola
Married Woman	Ceil Cabot
Waiter at Chile Hacienda	Alfred Dennis
Panhandler	David Gold
Applicance Salesman	Buddy Lewis
Man with Dog on Bridge	Diki Lerner
Man on Bridge	Joseph Mell
Lady on Bridge	Geraldine O'Brien
Lady with Hat on Bridge	Alma Platt
Nurse on Bridge	Maudie Prickett
Waiter	Chet Stratton
Doorman	Robert Terry
Greeter at Pompeii Club	Roger Til
Lead Frug Dancer	Suzanne Charny
Drummer Boy	Bick Goss
Cop	Henry Beckman
Policeman	Jeff Burton

Baseball Players: Buddy Hart, Bill Harrison

Frug Dancers: Chelsea Brown, Ray Chabeau, Bryan Da Silva, Lynn Fields, Roy Fitzell, Ellen Halpin, Dick Korthaze, April Nevins, Maris O'Neill, Lee Roy Reams, Sandy Roveta, Charleen Ryan, Juleste Salve, Patrick Spohn, Jerry Trent, Ben Vereen, Bud Vest, Lorene Yarnell

Patrons at Dance Hall: John Frayer, Dom Salinaro, Paul Shipton, Walter Stratton

Waiter-Dancers: Larry Billman, Herman Boden, Dick Colacino, Lynn McMurrey, Ted Monson, Ed Robinson

Models: Leon Bing, Sue Linden, Jackie Mitchell, Carroll Roebke

Dancers in »Big Spender« Number: Kathryn Doby, Al Lanti, Gloria Mills, Louise Quick, Victoria Scruton, Tiffni Twitchell, Renata Vaselle, Adele Yoshioka

Singers: Chuck Harrod, Charles Lunard, Jerry Mann, Frank Radcliff

Dancers in »Rhythm of Life« Number: Marie Bahruth, Toni Basil, Carol Birner, Donald Bradburn, Lonnie Burr, Cheryl Christiansen, Marguerite De Lain, Jimmy Fields, Ben Gooding, Carlton Johnson, Kirk Kirksey, Lance Le Gault, Trish Mahoney, Walter Painter, Bob Thompson Jr., Bonnie G. West, Kay York

Conversions: Leon Alton, Norman Stevans

Produzent: Robert Arthur
Choreographie: Bob Fosse
Regie: Bob Fosse

Songs und Musiknummern

Bühne:
You Should See Yourself; The Rescue; Big Spender; Charity's Soliloquy; Rich Man's Frug; If My Friends Could See Me Now; Too Many Tomorrows; There's Gotta Be Something Better Than This; I'm the Bravest Individual; Rhythm of Life; Baby, Dream Your Dream; Sweet Charity; Where Am I Going?; I'm a Brass Band; I Love to Cry at Weddings

Film:
Die mit Zeichen ⊕ versehenen Songs wurden für den Film neu geschrieben.
Big Spender; Rich Man's Frug – The Pompeii Club (instr.); If My Friends Could See Me Now; The Hustle; My Personal Property ⊕; There's Gotta Be Something Better Than This; It's a Nice Face ⊕; Rhythm of Life; Sweet Charity; Where Am I Going?; I'm a Brass Band; I Love to Cry at Weddings

Schallplatten:
NY – Columbia KOL 6500/KOS 2900, (1986) EMI America SV 17196
L   – CBS BRG/SBRG 70035
F   – Decca DL 71502, MCA MUCS 133
D/B – Decca SLK 16643 P
St   – (Orchester) Vocalion VL 73867

Vorlage des Musicals:

Film:

Le Notti di Cabiria
(Deutscher Titel: DIE NÄCHTE DER CABIRIA)
(Englisch-amerikanischer Titel: THE NIGHTS OF CABIRIA/auch: CABIRIA)
1957, Italien/Frankreich – Dino de Laurentiis/Les Films Marceau, 111 Min.
Deutsche Erstaufführung: 1957
Drehbuch: Federico Fellini, Ennio Flaiano, Tullio Pinelli
Darsteller: Giulietta Masina (Cabiria), François Périer (Oscar D'Onofrio, Contabile/Buchhalter), Franca Marzi (Wanda, Amica di Cabiria/Cabirias Freundin), Amedeo Nazzari (Alberto Lazzari, Attore/Schauspieler), Dorian Gray (Jessy, Amica di Lazzari/ Lazzaris Freundin), Aldo Silvani (Ipnotizzatore/Hypnotiseur), Mario Passante (Storpio/Krüppel), Pina Gualandri (Matilda, Prostituta/ Prostituierte), Polidor (Monako/Mönch), Ennio Girolami, Christian Tassou, Jean Molier, Ricardo Fellini, Maria Luisa Rolando, Amedeo Girard, Loretta Capitoli, Mimmo Poli, Giovanna Gattinoni
Produzent: Dino de Laurentiis
Regie: Federico Fellini

Auszeichnung: 1 Academy Award (Oscar) 1957: Bester fremdsprachiger Film

SWEETHEARTS (»Comic Opera«)

Musik: Victor Herbert
Songtexte: Robert B. Smith
Buch: Harry B. Smith, Fred (Frederique) De Gresac
Premiere in New York, New Amsterdam Theatre: 8. September 1913

Personen und die Darsteller der Premiere:

Sylvia, Princess of Zilania	Christie MacDonald
Prince Franz	Thomas Conkey
Dame Paula, Proprietress of the Laundry of the White Geese	Ethel Du Fre Houston
Lieutenant Karl	Edwin Wilson
Liane, a Milliner	Hazel Kirke
Mikel Mikeloviz, a Diplomat of Zilania	Tom McNaughton
Petrus Van Tromp	Frank Belcher
Percival Slingsby	Lionel Walsh
Aristide Caniche	Robert O'Connor

Weitere Rollen:
Daughters of Dame Paula: Jeanette, Clairette, Babette, Lisette, Toinette, Nanette

Produzenten: Louis Werba, Mark Luescher
Choreographie: Charles S. Morgan Jr.
Regie: Fred Latham
Ort: Brügge/Belgien und Phantasie-Königreich »Zilania«
Zeit: »Gegenwart« (1913)

Handlung: Amerikanische Operette. (Gemäß einer Vorbemerkung der Verfasser beruht die Story auf den Erlebnissen der Prinzessin Jeanne, einer Tochter des Königs René von Neapel, der im 15. Jahrhundert regierte; die Handlung wurde jedoch in die Gegenwart und nach Brügge verlegt.) Eine Prinzessin des kleinen Königreichs Zilania ist als Kleinkind in Kriegszeiten aus Sicherheitsgründen von dem Diplomaten Mikel Mikeloviz heimlich nach Brügge gebracht worden. Dame Paula, die Besitzerin der Wäscherei zur Weißen Gans, hatte das kleine Mädchen eines Tages in ihrem Garten gefunden und sie unter dem Namen Sylvia zusammen mit ihren sechs eigenen Töchtern großgezogen. Mikel Mikeloviz war damals, als Mönch verkleidet, davongegangen, als er das Kind in guter Obhut wußte. Nun, nach vielen Jahren und dem Heranwachsen von Sylvia, plant Mikel, in dem Wissen, daß die junge Frau die Kronprinzessin von Zilania ist, sie wieder auf den Thron zu bringen. Die Frage der Regentschaft soll gerade geklärt werden; der vermutliche Erbe ist Prinz Franz. Dieser ist auf Reisen, begegnet in Brügge der bezaubernden Sylvia und verliebt sich in sie. Doch er hat in Leutnant Karl einen Nebenbuhler. Der forsche Offizier aber ist ein notorischer Schürzenjäger, der eine Verlobung mit Sylvia nicht sehr ernst nimmt, was sie jedoch nicht bemerkt. Die Pläne des Mikel Mikeloviz werden durch das Komplott einiger Verschwörer gefährdet, doch die größte Schwierigkeit bereitet er sich selbst, als er Liane, eine Putzmacherin, die zeitweilig in der Wäscherei von Dame Paula arbeitet, mit Sylvia verwechselt und für die verlorene Prinzessin hält. Sylvia weiß inzwischen, daß ihr fremder Verehrer Franz eine hochgestellte Persönlichkeit ist, hält sich selbst nicht für standesgemäß und weist ihn zurück. Da aber stellt sich heraus, daß sie die echte Thronanwärterin Zilanias ist. Nun gibt sie ihrer Herzensneigung nach und entscheidet sich für Franz. Gemeinsam werden sie die Regentschaft in Zilania übernehmen.

Film:

Sweethearts
1938, USA – Metro-Goldwyn-Mayer – Technicolor (3 Color Process), 120 Min. Film-Musical / Völlig andere, im modernen Theater- und Filmmilieu spielende Handlung, jedoch unter Verwendung von Musik und Bühnenszenen aus der gleichnamigen Operette. Veränderte Songs.

Musik: Victor Herbert u. a.
Songtexte: (div.)
Drehbuch: Dorothy Parker, Alan Campbell, unter Verwendung von Motiven und Szenen aus der gleichnamigen Operette

Personen und ihre Darsteller:

Gwen Marlowe	Jeanette McDonald
Ernest Lane	Nelson Eddy
Felix Lehman, Broadway Producer	Frank Morgan
Fred/ auch: Hans Kay Jordan	Ray Bolger
	Florence Rice
Leo Kronk, Writer	Mischa Auer
Hannah, the Dresser	Fay Holden
Gwen's Brother (»Junior«)	Terry Kilburn
Una Wilson	Betty Jaynes
Harvey Horton	Douglas McPhail
Norman Trumpett, Theater Agent	Reginald Gardiner
Oscar Engel, Composer	Herman Bing
Dink Rogers	Allyn Joslyn
Orlando Lane	Raymond Walburn
Mrs. Merrill/auch: Mrs. Marlowe	Lucile Watson
Samuel Silver	Philip Loeb
Benjamin Silver	George Barbier
Aunt Amelia	Kathleen Lockhart
Augustus	Gene Lockhart
Sheridan Lane	Berton Churchill
Appleby, the Box Office Man	Olin Howland
Harry	Gerald Hamer
Boy in Lobby	Marvin Jones
His Girl Friend	Dorothy Gray
Fire Inspector	Emory Parnell
Dowager	Maude Turner Gordon
Violinist	Jac George
Usher	Roger Converse
Radio Announcer	Reid Kilpatrick
Valet to Ernest	Wilson Benge
1st Call Boy	George Ernest
2nd Call Boy	Billy McCullough
Doorman at St. Regis	Lee Phelps

Morty, Stage Manager — Hal K. Dawson

Tailor's Assistant — Forrester Harvey

Commentator — Gayne Whitman

Madame — Margaret Irving

Assistant Director — Irving Bacon

Tommy the Fighter — Charles Sullivan

Property Man — Jimmy Conlin

1st Stage Hand — Dick Rich

2nd Stage Hand — Ralph Sanford

Theater Doorman — James Flavin

Music Vendor — Fred Santley

Taxi Driver from Bridgeport — Don Barclay

Policeman — Arthur »Pop« Byron

Carriage Starter — James Farley

Stage Hand — Bruce Mitchell

Dance Director — Lester Dorr

Saleswoman — Anne Wigton

Concert Pianist — Dalies Frantz

Conductor of Marine Band — Paul Marquardt

Orchestra Conductor — Paul Kerby

New York Taxi Driver — Joe A. Devlin

Waiter — Cyril Ring

Extras in Radio Audience: Ralph Brooks, Brooks Benedict

Reporters: Pat Gleason, Ralph Malone, David Kerman, Jack Gardner

Lawyer Twins: Ralph W. Berry, Rollin B. Berry, Chester L. Berolund, Leo Berolund

Telephone Operators: Mira McKinney, Grace Hayle, Barbara Pepper, Marjorie Kane, Toby Wing

Men in Lobby: Richard Tucker, Edwin Stanley, Edward Earle, Brent Sargent

Women in Lobby: Betty Ross Clarke, Dorothy Christy, Suzanne Kaaren, Lulu May Bohrman

Mr. Silver's Secretaries: Hal Cooke, Jenifer Gray

Electricians: George Cooper, Frank Mills

Chorus Girls: Mary Howard, Joan Barclay, Sharon Lewis, Vivian Reid, Lucille Brown, Valerie Day, Ethelreda Leopold

Produzent: Hunt Stromberg
Choreographie: Albertina Rasch
Regie: W. S. Van Dyke

Songs und Musiknummern

Bühne:
Iron! Iron! Iron!; On Parade; There Is Magic in a Smile; Sweethearts; Every Lover Must Meet His Fate; Mother Goose; Wooden Shoes (Jeanette and Her Little Wooden Shoes); The Angelus; The Game of Love; Waiting for the Bride; Pretty As a Picture; What She Wanted – and What She Got; Welcoming the Bride; In the Convent They Never Taught Me That; Talk About This – Talk About That; I Don't Know How I Do It, But I Do; The Cricket on the Hearth; Pilgrims of Love; The Ivy and the Oak

Film:
Die mit Zeichen ⊕ versehenen Songs entstammen dem Bühnenwerk; mit einer Ausnahme jedoch neue Texte.
In the Convent They Never Taught Me That ⊕; Wooden Shoes (Jeanette and Her Little Wooden Shoes) ⊕ (neuer Text: Bob Wright, Chet Forrest); Every Lover Must Meet His Fate ⊕ (neuer Text: Bob Wright, Chet Forrest); Sweetharts ⊕ (neuer Text: Bob Wright, Chet Forrest); Pretty As a Picture ⊕ (neuer Text: Bob Wright, Chet Forrest); On Parade ⊕ (neuer Text: Bob Wright, Chet Forrest); The Game of Love ⊕ (neuer Text: Bob Wright, Chet Forrest); The Message to the Violet (aus »The Prince of Pilsen« 1903 – Gustav Luders/K, Frank Pixley/T); Keep It Dark (aus »The Prince of Pilsen« 1903 – Gustav Luders/K, Frank Pixley/T); Little Gray Home in the West (Hermann Lohr/K, D. Eardley-Wilmot/T); Happy Day (Herbert Stothart/K, Chet Forrest/T); Summer Serenade (Victor Herbert/K, Bob Wright u. Chet Forrest/T – unter Verwendung der Komposition »Badinage«, 1895)
Anmerkung: Das Lied »Sweethearts« wird oft verwechselt mit dem Lied »Will You Remember?«, das mit der Zeile »Sweetheart, Sweetheart, Sweetheart«

beginnt (aus dem Musical »Maytime«/ 1917 – Sigmund Romberg/K, Rida Johnson Young/T).

Schallplatte:
St   – RCA Camden CAL 369

Hinweis/Bühne – Film:
Operette und Film haben nichts zu tun mit dem gleichnamigen Theaterstück »Sweethearts« (1874) des Engländers W. S. (William Schwenk) Gilbert, welches 1919 in Großbritannien unter dem Titel »Hope« verfilmt wurde. (Der Film erhielt später den Titel »Sweethearts«.) Das Theaterstück handelt vom Schicksal einer Frau, die 50 Jahre auf die Rückkehr ihres Geliebten aus Indien wartet, um dann enttäuscht zu werden.

DER TAPFERE SOLDAT
→ The Chocolate Soldier

THEY'RE PLAYING OUR SONG
(Deutscher Titel: Sie spielen unser Lied)

Musik: Marvin Hamlisch
Songtexte: Carole Bayer Sager
Buch: Neil Simon
Premiere in New York, Imperial Theatre: 11. Februar 1979

Personen und die Darsteller der Premiere:
Vernon Gersch   Robert Klein
Sonia Walsk   Lucie Arnaz
Voices of Vernon Gersch: Wayne Mattson, Andy Roth, Greg Zadikov
Voices of Sonia Walsk: Helen Castillo, Celia Celnik Matthau, Debbie Shapiro
Voice of Phil the Engineer: Philip Cusack

Produzent: Emanuel Azenberg
Choreographie: Patricia Birch
Regie: Robert Moore
Ort: New York
Zeit: »Gegenwart« (1979)

Handlung: Aufsprießende Zweierbeziehung – kommentiert durch Stimmen, die Gedanken äußern. Der Komponist Vernon Gersch und die Textdichterin Sonia Walsk werden durch ihre Agenten zusammengebracht, um ein Songschreiber-Team zu bilden. Die gemeinsame schöpferische Arbeit bei der Erschaffung romantischer Liebeslieder erweist sich als fruchtbar. Doch beide haben sie mit ihren persönlichen Problemen zu tun, was die Zusammenarbeit belastet. Zudem hat es der pedantisch veranlagte Vernon schwer, mit der exzentrischen, fahrigen und unpünktlichen Sonia zurechtzukommen. Eine sich anbahnende engere Beziehung wird durch Sonias Exfreund beeinträchtigt. Leon stört immer – telefonisch –, auch als Vernon und Sonia ein romantisches Wochenende in einem Strandhaus verbringen wollen. Sonia ist ständig in Sorge, daß Leon sich ihretwegen etwas antun könne, und beschäftigt sich dauernd mit dem Gedanken, daß sie dem armen Jungen helfen müsse. Nie kommt es zu einer endgültigen Trennung, obwohl Sonia ihn bereits verlassen hat. Erst ein Autounfall, der Vernon zu einem Krankenhausaufenthalt zwingt, bringt Sonia zu der Erkenntnis, daß Vernon ihr inzwischen mehr ans Herz gewachsen ist, als Leon es jemals war. Obwohl in der gemeinsamen Arbeit eine Unterbrechung eingetreten ist und eigentlich jeder neue Wege gehen wollte, finden sie wieder zusammen in dem Gefühl, künftig auch privat so miteinander zu harmonieren, wie sie es in ihren erfolgreichen Liebesliedern stets zum Ausdruck gebracht haben.

Deutschsprachige Erstaufführung:
4. Oktober 1980, Theater am Kurfürstendamm, Berlin. Autoren: Jürgen Wölffer (Buch), Christoph Busse (Liedtexte)

Songs und Musiknummern

Bühne:
Fallin'; Workin' It Out; If He Really Knew Me; They're Playing Our Song; Right; Just for Tonight; When You're in My Arms; I Still Believe in Love; Fill in the Words

Schallplatten:
NY – Casablanca NBLP 7141
L   – That's Entertainment TER 1035
D/B – (1981/Bonn) Contra Kreis Theater A 81–3, (Österreich) Casablanca LB 27–133–509

THE THREE MUSKETEERS

Musik: Rudolf Friml
Songtexte: Clifford Grey, P. G. Wodehouse
Buch: William Anthony McGuire, nach dem Roman »Les trois mousquetaires« (1844) (deutsch: »Die drei Musketiere«) von Alexandre Dumas d. Ä.
Premiere in New York, Lyric Theatre: 13. März 1928

Personen und die Darsteller der Premiere:

D'Artagnan	Dennis King
Constance Bonacieux	Vivienne Segal
Cardinal Richelieu	Reginald Owen
Louis XIII.	Clarence Derwent
Lady de Winter	Vivienne Osborn
Athos	Douglas Dumbrille
Porthos	Detmar Poppen
Aramis	Joseph Macaulay
Planchet	Lester Allen
Anne, Queen of France	Yvonne D'Arle
Comte de la Rochefort	Louis Hector
Duke of Buckingham	John Clarke
Monsieur de Treville	John Kline
Brother Joseph	William Kershaw
Zoe	Naomi Johnson
Premiere Danseuse of the Court	Harriet Hoctor
Innkeeper	Andy Jochim
Aubergiste	Audrey Davis
The Bo'sun	Jon Muccio
Patrick, Valet of Buckingham	Norman Ives
Cardinal's Guard	Edwin Rogers
King's Attendant	Gerald Moore
Sergeant Jussac	Robert D. Burns

Ladies in Waiting: Lee Russell, Evelyn Groves, Gertrude Williams, Mary McDonald, Pirkko Ahlquist, Marion Dodge, Edna Bunte, Carol Kingsbury
Albertina Rasch Ballet Girls: Virginia Beardsley, Dona Desne Curry, Rose Gale, Eva Hellesnes, Marguerite Eisele, Nora Puntin, Louise Raymond, Yvonne Beaupre, Sunny Van, Nora Otero, Lucille O'Connor, Wilma Kaye, Helen Derby, Jeanette Bradley, Mildred Turner, Lydia Krushinsky

Produzent: Florenz Ziegfeld
Choreographie: Albertina Rasch
Regie: William Anthony McGuire
Ort: Frankreich (spez. Paris) und England
Zeit: 1626

Handlung: Abenteuergeschichte nach der literarischen Vorlage von Alexandre Dumas d. Ä. Der südfranzösische Abenteurer d'Artagnan schließt sich in Paris den königlichen Musketieren an und gewinnt durch seinen Mut und seine Fechtkünste die Freundschaft dreier gleichgearteter Gesellen, der Musketiere Athos, Porthos und Aramis. Durch seine Liebe zu Constance Bonacieux, einer Vertrauten der Königin Anne, erfährt d'Artagnan, daß von Kardinal Richelieu eine Intrige gegen die Königin gesponnen wird, weil dieser erfahren hat, daß sie dem englischen Herzog von Buckingham in Zuneigung Juwelen übereignete, die sie von ihrem Ehemann, Ludwig XIII. von Frankreich, erhalten hatte. Richelieu beabsichtigt, dem König damit einen Beweis für angebliche Untreue seiner Gemahlin zu liefern, und setzt als seine Spionin die attraktive Milady de Winter ein. D'Artagnan und seine Freunde entschließen sich, der Königin aus ihrer Notlage zu helfen. Als ärgste Gegnerin der Musketiere erweist sich die geheimnisvolle Milady de Winter. Doch es gelingt ihnen, sie auszuschalten, und während seine Kameraden die Männer des Kardinals in Schach halten, holt d'Artagnan die Juwelen zurück und übergibt sie der Königin. Richelieus Intrigenspiel ist dadurch vereitelt.

Anmerkung: Der Roman »Les trois mousquetaires« von Alexandre Dumas d. Ä. wurde zuerst veröffentlicht in der französischen Zeitschrift »Le Siècle« vom 14. März bis zum 14. Juli 1844. Alexandre Dumas d. Ä. verfaßte seinen Roman in

Zusammenarbeit mit Auguste Jules Maquet, der den Entwurf lieferte und dazu die 1701/1702 entstandenen »Mémoires d'Artagnan« von Courtilz de Sandras verwendete.
Ludwig XIII., geb. 1601, König von Frankreich 1610–1643, verheiratet mit Anna von Österreich (1601–1666), der ältesten Tochter des Königs Philipp III. von Spanien.
Armand Jean du Plessis, Herzog von Richelieu (1585–1642), Kardinal seit 1622, leitender Minister des Königs Ludwig XIII. von Frankreich seit 1624.
George Villiers, 1. Herzog von Buckingham (1592–1628), englischer Politiker. Ihm wurde eine Liebesbeziehung zur französischen Königin Anna während der Zeit seiner Anwesenheit in Paris als Gesandter Englands nachgesagt.
Bei dem Gascogner d'Artagnan handelt es sich vermutlich auch um eine historische Person. Ein Offizier der königlichen Musketiere namens d'Artagnan soll am 5. September 1661 im Auftrag von König Ludwig XIV. die Verhaftung des Oberfinanzverwalters Nicolas Fouquet vorgenommen haben, der 1680 aus ungeklärten Gründen in der Haft verstarb.

Songs und Musiknummern

Bühne:
Come, It's Summer Time; We Are All for One; He for Me; Gascony; Heart of Mine; Vesper Bell; My Dreams; We Are the Musketeers/March of the Musketeers (P. G. Wodehouse/T); Ballet (instr.); Love Is the Sun; Your Eyes (P. G. Wodehouse/T); Welcome to Her Majesty the Queen; Fill Up Everybody, Drink! / Drinking Song; Spanish Dance (instr.); Ma Belle!; One Kiss; My Sword and I; Page's Dance (instr.); Queen of My Heart; Ev'ry Little While
Für eine Neuproduktion des Werkes 1947 (San Francisco Civic Light Opera) komponierte Rudolf Friml folgende Songs (Texte: Forman Brown):
The Day of the Fair; You Walked By; Queen's Aria; Ahoy for a Sailor; Low Moon

Hinweis:
Die drei Musketiere sind genaugenommen vier, denn zu dem Gascogner d'Artagnan gesellen sich seine drei Kameraden Athos, Porthos und Aramis. Alexandre Dumas d. Ä. verfaßte über ihre Abenteuer drei Romanbände: »Les trois mousquetaires« (1844) (deutsch: »Die drei Musketiere«), »Vingt ans après« (1845) (deutsch: »Zwanzig Jahre nachher«/auch: »Zwanzig Jahre später«) und »Le vicomte de Bragelonne – ou – Dix ans plus tard« (1847) (deutsch: »Der Graf von Bragelonne – oder – Zehn Jahre danach«/auch: » ... nachher« bzw. » ... später«).

Die Roman-Trilogie wurde vielfach dramatisiert, auch sind von anderen Autoren später neue Abenteuer hinzuerfunden oder Motive aus Legenden eingefügt worden. Auf der gleichen Basis wie das Musical »The Three Musketeers« entstanden die nachfolgend aufgeführten Werke des Musiktheaters.

Bühne:

Komische Oper: *Les mousquetaires de la reine*
(Deutscher Titel: DIE MUSKETIERE DER KÖNIGIN)
Musik: Jacques Fromenthal Halevy
Autor: Jules Henry Vernoy de Saint George, nach dem Roman »Les trois mousquetaires« von Alexandre Dumas d. Ä.
Paris, Opéra comique: 3. Februar 1846

Oper: *Les trois mousquetaires*
Musik: Isidore de Lara
Autoren: Henri Cain, Louis Payen, nach dem gleichnamigen Roman von Alexandre Dumas d. Ä.
Cannes, Casino: 3. März 1921

Spiel mit Musik: *Die drei Musketiere*
Musik: Ralph Benatzky
Autoren: Rudolph Schanzer, Ernst Welisch, frei nach Motiven des Romans »Les trois mousquetaires« von Alexandre Dumas d. Ä.
Berlin, Großes Schauspielhaus: 31. August 1929

Musical: *The Four Musketeers!*
Musik: Laurie Johnson
Songtexte: Herbert Kretzmer
Buch: Michael Pertwee, nach dem Roman »Les trois mousquetaires« von Alexandre Dumas d. Ä.
Premiere in London, Theatre Royal, Drury Lane: 5. Dezember 1967 (offiziell: 12. Dezember 1967)
Darsteller: Harry Secombe (d'Artagnan), Jeremy Lloyd (Porthos), Glyn Owen (Athos), John Junkin (Aramis), Stephanie Voss (Constance), Elizabeth Larner (Milady), Kenneth Connor (King Louis XIII.), Sheena Marshe (Queen Anne of France), Aubrey Woods (Cardinal Richelieu), Richard Manuel (Duke of Buckingham), John Moore (Captain de Treville), John Banks (Lord Chamberlain), Roger Ostime (Prince von Gastein), George Reibitt (Captain de la Garde), Barry Kennington (Director of Hotel), Tearlach Bruce (Officer Musketeer/Tavern Host), Stephen Taylor (King's Valet/Aristocratic Man), Dugald Currie (Coachman/Cafe Landlord/Bath Instructor), Glennis Beresford (First Woman), Vivienne Ross (Second Woman)
Produzent: Bernard Delfont
Choreographie: Donald MacKayle
Regie: Peter Coe
Songs:
The Regiment of Musketeers; A Little Bit of Glory; Think Big; What Love Can Do; How About That?; D'Artagnan's Two Step; There's a New Face in the Old Town; If You Are Looking for a Man; Nobody's Changing Places With Me; If You Are Looking for a Girl; Masquerade; Give Me a Man's Life; Baden-Baden; Strike While the Iron Is Hot; I Was Only Doing It for You; Cherchez la Femme; There Comes a Time
Schallplatte: Philips SAL 3655

Hinweis/Film:
Die Romanserie mit den abenteuerlustigen vier Musketieren gab die Vorlage ab für zahlreiche Verfilmungen, auch in Abwandlungen, Parodien oder in freier Verwendung von Motiven.

THE THREEPENNY OPERA (1)
(Englisch-amerikanische Version des deutschen Musicals DIE DREIGROSCHENOPER)

Musik: Kurt Weill
Buch und Songtexte: Gifford Cochran, Jerrold Krimsky, nach dem deutschen Musical »Die Dreigroschenoper« (1928), Buch: Bertolt Brecht, auf der Basis von »The Beggar's Opera« (1728) von John Gay
Premiere in New York, Empire Theatre: 13. April 1933

Personen und die Darsteller der Premiere:

Macheath	Robert Chisholm
Polly	Steffi Duna
Peachum	Rex Weber
Mrs. Peachum	Evelyn Beresford
Lucy	Josephine Huston
Brown	Rex Evans
Crookfinger Jake	Burgess Meredith

ferner: Herbert Rudley, George Heller, Harry Bellaver, Marjorie Dille

Produzenten: John Krimsky, Gifford Cochran
Regie: Francesco von Mendelssohn
Ort: London
Zeit: Willkürlich im 19. Jahrhundert

Handlung: Gesellschaftssatire in Form einer Balladenoper. Macheath, bekannt als »Mack the Knife« (Mackie Messer), ein Einzelgänger unter den Gangstern Londons zu viktorianischer Zeit, ist ein Liebling der Frauen. Als er aber heimlich Polly, die Tochter des Königs der Unterwelt von Soho, heiratet, zieht er sich den Zorn seiner Schwiegereltern zu. Sie verraten ihn an die Polizei und sorgen dafür, daß er ins Gefängnis kommt. Aus der Haft befreit ihn zwar eine andere Verehrerin, Lucy, die Tochter des Polizeichefs, aber er fällt, erneut durch Verrat, bald wieder der Polizei in die Hände. Zum Tode verurteilt, erreicht ihn in letzter Minute eine Begnadigung der Königin Victoria, die ihn zugleich – zum Zwecke eines komisch-heroischen Happy-Ends – in den Adelsstand erhebt, mit einer Pension bedenkt und ihm eine Burg vermacht.

Anmerkung: Dieser Produktion war kein Erfolg beschieden; die Spielzeit endete nach zwölf Vorstellungen. Zu großem Erfolg gelangte hingegen die nachstehend genannte Neufassung von Marc Blitzstein 1954.

THE THREEPENNY OPERA (2)
(Englisch-amerikanische Version des deutschen Musicals DIE DREIGROSCHEN-OPER)

Neufassung von Marc Blitzstein, zunächst als Konzertfassung (Juni 1952, Dirigent: Leonard Bernstein), dann erfolgreiche Bühnenfassung

Musik: Kurt Weill
Songtexte: Marc Blitzstein
Buch: Marc Blitzstein, nach dem deutschen Musical »Die Dreigroschenoper« (1928), Buch: Bertolt Brecht, auf der Basis von »The Beggar's Opera« (1728) von John Gay
Premiere in New York, Theatre de Lys: 10. März 1954

Personen und die Darsteller der Premiere:

Jenny	Lotte Lenya/d. i. Lotte Lenja
Macheath/»Mack the Knife«	Scott Merrill
J. J. Peachum	Leon Lisher
Polly Peachum	Jo Sullivan
Mrs. Peachum	Charlotte Rae
Streetsinger	Gerald Price
Lucy Brown	Beatrice Arthur
Readymoney Matt	John Astin
Crookfinger Jake	Joseph Beruh
Betty	Marcella Markham
Tiger Brown	George Tyne
Filch	William Duell
Bob the Saw	Bernard Bogin
Walt Dreary	Paul Dooley
Reverend Kimball	Donald Elson
Molly	Marion Selee
Dolly	Gerrianne Raphael
Mrs. Coaxer	Gloria Sokol
Smith	Chuck Smith
1st Constable	Stan Schneider
2nd Constable	Miles Dickson
Messenger	William Duell

Produzenten: Carmen Capalbo, Stanley Chase
Regie: Carmen Capalbo
Ort, Zeit sowie Inhalt wie (1).
Auszeichnungen: 2 Antoinette Perry Awards (Tonys) 1956: Weibliche Charakterrolle–Musical: Lotte Lenya / Special Award (Sonderauszeichnung): The Threepenny Opera

Film:

Mack the Knife
1989, USA – 21th Century Film Corp./Menachem Golan/Yoram Globus – Magyar Color, 120 Min.
Deutsche Erstaufführung (Originaltitel): 1991 (Video)
Musik: Kurt Weill
Songtexte: Bertolt Brecht, in der Übersetzung von Marc Blitzstein, Menachem Golan, Dov Seltzer
Drehbuch: Menachem Golan, nach der englischen Fassung »The Threepenny Opera« des deutschen Musicals »Die Dreigroschenoper«

Personen und ihre Darsteller:

Mack Heath (Mack the Knife)	Raul Julia
Mr. Peachum	Richard Harris
Jenny	Julia Migenes
Street Singer	Roger Daltrey
Mrs. Peachum	Julie Walters
Polly Peachum	Rachel Robertson
Money Matthew	Clive Revill
Tiger Brown	Bill Nighy
Lucy	Erin Donovan
Coaxer	Julie T. Wallace

Produzent: Stanley Chase
Choreographie: David Toguri
Regie: Menachem Golan

Songs und Musiknummern

Bühne (1933):
(Texte: Gifford Cochran, Jerrold Krimsky)
Legend of Mackie Messer; Wedding Song; Pirate Jenny; Soldier Song; Love Duet; Lucy's Song; Ballad of the Easy Life; Jealousy Duet; Song of the Aimlessness of Life

Bühne (1954):
(Texte: Marc Blitzstein)
The Ballad of Mack the Knife; Wedding Song; Pirate Jenny; Army Song; Love Song; Ballad of the Easy Life; Barbara Song; Jealousy Duet; Useless Song; Solomon Song

Film **Mack the Knife:**
Keine Angaben von Produktionsfirma und Verleih über die im Film enthaltenen Songs und Musiknummern.

Schallplatten:
NY – (1954) MGM E/S 3121, That's Entertainment TER 1101
St   – (Fassung Marc Blitzstein) Polydor 820260

Vorlagen des Musicals:

The Beggar's Opera
Musikalische Einrichtung: John Christopher Pepusch, unter Verwendung gängiger Melodien des zeitgenössischen Musiktheaters und volkstümlicher Balladen
Buch: John Gay
Uraufführung: London, Theatre in Lincoln's Inn Fields: 29. Januar 1728
Erstaufführung in New York, New Theatre: 3. Dezember 1750
Anmerkung: Unter den 69 Songs befinden sich Melodien aus Opern von Georg Friedrich Händel sowie Bühnenmusik aus dem Stück »Wit and Mirth – or – Pills to Purge Melancholy« des englischen Theaterdichters Thomas D'Urfey/auch: Tom Durfey. »The Beggar's Opera« ist Repertoirestück der Bühnen im englischsprachigen Raum.

Die Dreigroschenoper (»Ein Stück mit Musik«)
Musik: Kurt Weill
Liedtexte: Bertolt Brecht
Buch: Bertolt Brecht, unter Verwendung von »The Beggar's Opera« (1728) (deutsch: »Die Bettleroper«) von John Gay, Übersetzung: Elisabeth Hauptmann
Uraufführung: Berlin, Theater am Schiffbauerdamm: 31. August 1928
Darsteller: Erich Ponto (Jonathan Peachum), Rosa Valetti (Celia Peachum),

Roma Bahn (Polly Peachum), Harald Paulsen (Macheath, genannt Mackie Messer), Kurt Gerron (Tiger-Brown), Kate Kühl (Lucy), Lotte Lenja (Spelunken-Jenny), Ernst Rotmund (Trauerweidenwalter), Karl Hannemann (Münzmatthias), Manfred Fürst (Hakenfingerjakob), Josef Bunzel (Sägerobert), Werner Maschmeyer (Jimmie), Albert Venohr (Ede), Naphtali Lehrmann (Filch), Ernst Busch (Smith, Konstabler)
Produzent: Ernst Josef Aufricht
Regie: Erich Engel

Schallplatten:
D   – (1928) Telefunken 66053, (1930) TW 30074
St/D – (1931/Lotte Lenja, Kurt Gerron, Erika Helmke, Erich Ponto, Willy Trenk-Trebitsch) Telefunken 6.41911 AJ, Capitol P 8117
        (1958/Lotte Lenya u. Berliner Künstler) CBS 78279 (A–C) Columbia 02L 257/02S 201, CBS 62264-5, CBS MK 42637

Hinweis/Bühne:
Zahlreiche Wiederaufführungen und Neufassungen von »The Beggar's Opera« in den angelsächsischen Ländern bis in die Gegenwart, u. a. *Neufassung* von Frederic Austin: London/Hammersmith, Lyric Theatre: 5. Juni 1920, und *Neufassung* von Benjamin Britten: Cambridge/ England, Arts Theatre: 24. Mai 1948

Modernisierte Musical-Version:

Beggar's Holiday
Musik: Duke Ellington
Songtexte: John Latouche
Buch: John Latouche, nach »The Beggar's Opera« von John Gay
Premiere in New York, Broadway Theatre: 26. Dezember 1946
Darsteller: Alfred Drake (Macheath), Zero Mostel (Hamilton Peachum), Jet MacDonald (Polly Peachum), Mildred Smith (Lucy Lockit), Bernice Parks (Jenny), Dorothy Johnson (Mrs. Peachum), Rollin Smith (Chief Lockit), Lavina Nielsen (Dolly Trull), Leonne Hall (Betty Doxy),

Tommie Moore (Tawdry Audrey), Doris Goodwin (Mrs. Trapes), Royce Wallace (Annie Coaxer), Claire Hale (Baby Mildred), Nina Korda (Minute Lou), Malka Farber (Trixy Turner), Elmira Jones-Bey (Bessie Buns), Enid Williams (Flora, the Harpy), Bill Dillard (The Horn), Jack Bittner (Highbinder), Gordon Nelson (O'Heister), Lewis Charles (The Foot), Archie Savage (Gunsel), Stanley Carlson (Fingersmith), Lucas Hoving (Strip), Perry Bruskin (Mooch), Pan Theodore (The Eye), Tommy Gomez (The Other Eye), Albert Popwell (Slam), Douglas Henderson (The Caser), Avon Long (Careless Love), Pan Theodore (Blenkinsop), Tommy Gomes (The Pursued), Archie Savage (Cop), Albert Popwell (Plainclothesman), Marjorie Belle (The Girl), Paul Godkin (The Boy), Marie Bryant (The Cocoa Girl), Lewis Charles (A Drunk), Herbert Ross (Bartender), Gordon Nelson (Black Marketeer)
(Policemen): Herbert Ross, Lucas Hoving
(Customers): Gordon Nelson, Hy Anzel
(Mac's Gang): Stanley Carlson, Lewis Charles, Gordon Nelson, Bill Dillard, Jack Bittner, Perry Bruskin
Produzenten: Perry Watkins, John R. Sheppard Jr.
Choreographie: Valerie Bettis
Regie: Nicholas Ray

Handlung: In dieser modernisierten Version von »The Beggar's Opera« ist Macheath ein leichtfertiger junger amerikanischer Gangster, der sich durch seine Frauengeschichten in Probleme bringt und überdies durch die Gegnerschaft der Gangsterbosse Peachum und Lockit in zahlreiche Schwierigkeiten gerät. Er wird verraten, verhaftet und zum Tod auf dem Elektrischen Stuhl verurteilt, jedoch im letzten Augenblick begnadigt.

Songs und Musiknummern:
Inbetween / When You Go Down by Miss Jenny's; I've Got Me; TNT; Take Love Easy; I Wanna Be Bad; When I Walk With You; The Scrimmage of Life; Ore from a Gold Mine; Tooth and Claw; May-be I Should Change My Ways; On the Wrong Side of the Railroad Tracks; Tomorrow Mountain; Girls Want a Hero; Lullaby for Junior; Quarrel for Three; Brown Penny (Text entspricht einem Gedicht von W. B. Yeats); Women, Women, Women; The Hunted
Schallplatte: NY–Blue Pear BP 1013

Die Schöpfer von »The Beggar's Opera« verfaßten eine Fortsetzung:

Polly
Musikalische Einrichtung: John Christopher Pepusch
Buch: John Gay
Entstanden 1729, zunächst von der Zensur verboten.
Uraufführung: London, Lincoln's Inn Fields: 1732

Polly in neuer Version, textlich verändert von G. Colman, musikalisch bearbeitet von Samuel Arnold
London, Little Hay Market Theatre: 19. Juni 1777
Auch von »Polly« zahlreiche Wiederaufführungen und Neufassungen in den angelsächsischen Ländern bis in die Gegenwart, u. a. *Neufassung* von Frederic Austin: London, Kingsway Theatre: 30. Dezember 1922

Film:
Verfilmungen von »The Beggar's Opera« und »Die Dreigroschenoper«.

The Beggar's Opera
(Deutscher Titel: DIE BETTLEROPER)
1953, Großbritannien – Imperadio Pictures/British Lion Films – Technicolor, 94 Min.
Deutsche Erstaufführung: 1954 (mit Untertiteln)
Musik: Sir Arthur Bliss
Songtexte: John Gay, Christopher Fry
Drehbuch: Dennis Cannan, Christopher Fry, nach dem gleichnamigen Werk von John Gay
Darsteller: Laurence Olivier (Captain MacHeath), Stanley Holloway (Lockit), Dorothy Tutin / Gesangsstimme: Adele Leigh (Polly Peachum), George Devine/

Gesangsstimme: John Cameron (Mr. Peachum), Mary Clare/Gesangsstimme: Edith Coates (Mrs. Peachum), Daphne Anderson/Gesangsstimme: Jennifer Vyvyan (Lucy Lockit), Hugh Griffith (The Beggar), Margot Grahame/Gesangsstimme: Joan Cross (The Actress), Yvonne Furneaux (Jenny Diver), Sandra Dorne (Sukey Tawdrey), Athene Seyler/Gesangsstimme: Edith Coates (Mrs. Trapes), George Rose (1st Turnkey), Kenneth Williams (Jack, the Pot Boy), Dennis Cannan (The Footman), Edith Coates (Mrs. Coaxer), Edward Pryor (Filch), Eric Pohlmann (Innkeeper), Laurence Naismith (Matt of the Mint), Stuart Burge (1st Prisoner), Cyril Conway (2nd Prisoner), Gerald Lawson (3rd Prisoner), Eileen Harvey (Young Female Traveller), Max Brent (A Dunkard), Mercy Haystead (Dolly Trall), Patricia Raine (Mrs. Slammekin), Jocelyn James (Molly Brazen), Isabel George (Mrs. Vixen), Helen Christie (Betty Doxey), John Kidd (2nd Turnkey), H. C. Walton (3rd Turnkey), Eugene Leahy (4th Turnkey), Edgar Norfolk (5th Turnkey), Oliver Hunter (1st Chairman), John Baker (2nd Chairman), Madge Brindley (Gin Seller), Felix Felton (The Governor), Tamba Alleney (Negro Page), Terence Greenidge (Chaplain), Billy Wells (Hangman)
Produzenten: Herbert Wilcox, Laurence Olivier
Regie: Peter Brook
Songs:
My Heart Was so Free; How Shall I Change a Dull Day?; Can Love Be Controlled by Advice?; In the Days of My Youth; O Lucy, What Made You Sink so Low?; O Ponder Well; And We Shall See Spinning Together; Pretty Polly Say; Were I Laid on When I Was Down Greenland Coast; O What Pain It Is to Part; Fill Every Glass; To Arms; If the Heart of a Man; Youth's the Season Made for Joy; At the Gallows I'll Serve Her With Pleasure; Paddington Green; And the Beef We Have Roasted and Ate; Man May Escape from Rope and Gun; How Happy Would I Be With Either; What Now, Madame Flirt?; No Power on Earth; Rest You, Sleep You; I'm Like a Skiff on the Ocean Toss'd; Come, Sweet Lass; Feed the Dear Heart; O Cruel Cruel Cruel Case; Since Laws Were Made for Ev'ry Degree; Would I Might Be Hang'd; Reprive!

Die Dreigroschenoper
1931, Deutschland/USA – Tobis, Berlin/Warner Bros., 113 Min.
Musik: Kurt Weill
Songtexte: Bertolt Brecht
Drehbuch: Leo Lania, Ladislaus Vajda, Béla Balázs, nach dem gleichnamigen Musical
Darsteller: Rudolf Forster (Macheath, genannt Mackie Messer), Carola Neher (Polly Peachum), Reinhold Schünzel (Tiger-Brown), Fritz Rasp (Peachum), Valeska Gert (Frau Peachum), Lotte Lenja (Jenny), Hermann Thimig (Pastor Kimball), Ernst Busch (Straßensänger), Wladimir Sokoloff (Smith), Hermann Grünbaum (Filch), Sylvia Torf (Bordellbesitzerin)
ferner (Mackie Messers Platte/Bande): Paul Kemp, Gustav Püttjer, Oskar Höcker, Kraft Raschig
Regie: G. W. (Georg Wilhelm) Pabst

Französische Version dieses Films unter dem Titel
L'Opéra de quat' sous
Autoren: André Mauprey, Solange Bussi, Ninon Steinhoff, nach der deutschen Fassung
Songtexte: André Mauprey
Darsteller: André Préjean (Mackie), Florelle/d. i. Odette Rousseau (Polly Peachum), Jacques Henley (Tiger-Brown), Gaston Modot (Peachum), Lucy de Matha (Mrs. Peachum), Margo Lion (Jenny), Antonin Artaud (Un mendiant/Bettler), Préjeane (Filch), Marie-Antoinette Buzet (Une jeune fille de Turnbridge/Junges Mädchen), Bill-Bocketts (Chanteur des rues/Straßensänger), Wladimir Sokoloff (Smith), Hermann Thimig (Pasteur Kimball/Pastor)
ferner (Mackie Messers troupe/Bande): Arthuro Duarte, Marcel Merminod, Pierre Lécaud, Albert Broquin

Regie: G. W. Pabst (Dialogregie: Solange Bussi)

Schallplatte: (Franz. Version) Telefunken 641911 AJ

Die Dreigroschenoper

(Französischer Titel: L'OPÉRA DE QUAT' SOUS)
(Englisch-amerikanischer Titel: THE THREEPENNY OPERA)
1963, Deutschland/Frankreich – Kurt Ulrich-Film, Berlin/C.E.C., Paris, Franscope/Eastmancolor, 124 Min.
Musik: Kurt Weill
Songtexte: Bertolt Brecht
Drehbuch: Wolfgang Staudte, Günther Weisenborn, nach dem gleichnamigen Musical
Darsteller: Curd Jürgens (Macheath, genannt Mackie Messer), Hildegard Knef (Spelunken-Jenny), Gert Fröbe (J. J. Peachum, »Bettlerkönig«), Hilde Hildebrand (Celia Peachum, seine Frau), June Ritchie (Polly Peachum, beider Tochter), Lino Ventura (Brown, genannt »Tiger-Brown«, Polizeichef von London), Marlene Warrlich (Lucy, seine Tochter), Walter Giller (Bettler Filch), Hans W. Hamacher (Konstabler Smith), Henning Schlüter (Pastor Kimball), Hans Reiser (Fremdenführer), Siegfried Wischnewski (Münz-Matthias), Walter Feuchtenberg (Hakenfinger-Jakob), Stanislav Ledinek (Säge-Robert), Martin Berliner (Trauerweiden-Walter), Max Strassberg (Ede), Stefan Wigger (Jimmy), Robert Manuel (1. Henker), Jürgen Feindt (2. Henker), Adeline Wagner (Suky Tawdry), Erna Haffner (1. Hure), Clessia Wade (2. Hure), Jacqueline Pierreux (3. Hure) und Sammy Davis Jr. (Moritatensänger)
Produzent: Kurt Ulrich
Choreographie: Dick Price
Regie: Wolfgang Staudte

Englische Version dieses Films unter dem Titel
The Threepenny Opera
Dialoge und Songtexte: Marc Blitzstein, Eric Bentley
(Hildegard Knef = Hildegarde Neff)

Schallplatten:
St – (D/Maria Körber für June Ritchie, Kurt Mühlhardt für Sammy Davis Jr., Konrad Wagner für Lino Ventura) Decca BLK 16242, London 76004, (Englische Version/George S. Irving für Curd Jürgens, Martha Schlamme für Hildegard Knef, Jo Wilder für June Ritchie – Moritatensänger und Erzähler: Sammy Davis Jr.) RCA LSO 1086

TIMBUKTU → KISMET

TOVARICH
(Deutscher Titel: TOWARISCH)

Musik: Lee Pockriss
Songtexte: Anne Croswell
Buch: David Shaw, nach dem französischen Lustspiel »Tovaritch« (1933) (deutsch: »Towàrisch«) von Jacques Deval in der englischen Fassung (1935) von Robert E. Sherwood
Premiere in New York, Broadway Theatre: 18. März 1963

Personen und die Darsteller der Premiere:

Tatiana/Grand Duchess Tatiana Petrovna	Vivien Leigh
Mikail/Prince Mikail Alexandrovitch Ouratieff	Jean Pierre Aumont
Grace Davis	Louise Kirtland
Charles Davis	George S. Irving
Helen Davis	Margery Gray
George Davis	Byron Mitchell
Natalia Mayovskaya	Louise Troy
Gorotchenko	Alexander Scourby
Vassily	Paul Michael
Admiral Boris Soukhomine	Michael Kermoyan
Count Ivan Shamforoff	Gene Varrone
Baroness Roumel	Katia Geleznova
Marina	Rita Metzger
M. Chauffourier-Dubieff	Don McHenry

Louise	Maggie Task
Ballet Master	Tom Abbott
Nadia	Barbara Monte
Mme. Van Hemert	Pat Kelly
Mme. Van Steuben	Eleonore Treiber
Footman at Davis Home	Harald Horn
Night Club Singer	Dale Malone
Kukla Katusha	Bettye Jenkins
Ivan	William Reilly
Sergei	Larry Roquemore
Footman at the Grand Ball	Elliot Savage
Baron General Rasumov	Harald Horn
Baroness Rasumov	Michele Franchi
Prince Dobrynin	Anthony De Vecchi
Princess Dobrynin	Marion Fels
General Boruvsky	Dale Malone
Mme. Boruvsky	Eleonore Treiber
Count Yuriev Neglinsky	Tom Abbott
Lady Soukhomine	Joan Trona
Maria Soukhomine	Bettye Jenkins
Count Rostoff	Will Parkins
Mme. Muratova	Carol Flemming
Essaul of Cossacks Volinin	Lorenzo Bianco
Katrina Volinin	Barbara Monte
Elena Volinin	Charlene Mehl
Princess Mondovska	Pat Kelly
Igor Mondovska of the Imperial Corps of Cadets	William Glassman
Prince Ossipovsky	Larry Roquemore
Colonel Yarov	William Reilly

Kukla's Friends: Lorenzo Bianco, Anthony De Vecchi, William Glassman

*Produz*enten: Abel Farbman, Sylvia Harris, Joseph Harris
Choreographie: Herbert Ross
Regie: Peter Glenville
Ort: Paris
Zeit: Anfang der 1920er Jahre

Handlung: Emigranten-Komödie. Der russische Prinz Mikail Alexandrovitch Ouratieff und seine Frau, die Großherzogin Tatiana – aus der Heimat geflüchtet nach der bolschewistischen Revolution – leben in Paris in sehr ärmlichen Verhältnissen, obwohl das Paar über ein großes Vermögen des Zaren verfügen könnte, das auf einer Bank hinterlegt ist. Die beiden Emigranten betrachten es als ihre Ehrenpflicht, das Geld treuhänderisch zu verwalten, und sind entschlossen, weder für sich selbst etwas davon zu verwenden noch es für Transaktionen herzugeben. Es fehlt nicht an Versuchen, ihnen das Geld abzujagen. Sogar der Präsident der Bank von Frankreich bemüht sich darum, es für eine Staatsanleihe erhalten zu können. Von Moskau aus schicken die Bolschewisten Agenten nach Paris, um das Fürstenpaar aufzuspüren und von Prinz Mikail die Auslieferung des Geldes – notfalls mit Gewalt – zu erpressen. In den Kreisen der russischen Emigranten ist das Fürstenpaar sehr geschätzt; man hilft sich gegenseitig, soweit es die eigenen geringen Möglichkeiten zulassen, denn russische Großfürsten und andere Adlige arbeiten mitunter als Taxifahrer oder Hotelportiers. Gut funktioniert ihr Warnsystem vor sowjetischen Spitzeln. Um Nachstellungen zu entgehen, aber auch um ihren Lebensunterhalt bestreiten zu können, verdingen sich Tatiana und Mikail als Dienerpaar bei der Familie des in Paris lebenden amerikanischen Bankiers Charles Davis. Die an europäische Konventionen nicht gewöhnten Amerikaner, besonders das Töchterlein Helen und der gerade erwachsen werdende Sohn George, staunen über das perfekte Benehmen des Dienerehepaares, zeigen sich lernbegierig und profitieren davon. Bankier Davis will in ein russisches Ölgeschäft einsteigen. Unglücklicherweise kommt Sowjet-Kommissar Gorotchenko als Gast ins Haus und erkennt das Fürstenpaar. Massiv fordert er die Herausgabe des Geldes für das Ölgeschäft der Sowjetunion. Da Prinz Mikail inzwischen erkannt hat, daß mit einer Wiedererrichtung der Monarchie in Rußland nicht mehr zu rechnen ist, übergibt er Gorotchenko das Vermögen des Zaren, allerdings mit der Auflage, das Geld für die Lebensmit-

telversorgung der Bevölkerung zu verwenden. Die fürstlichen Emigranten bleiben, zufrieden mit ihrer Arbeit, wirt-
schaftlich versorgt und nunmehr von der
Verantwortung für das Geld entlastet, als
Dienerpaar im Hause der amerikanischen Bankiersfamilie.

Auszeichnung: 1 Antoinette Perry Award
(Tony) 1963: Weibliche Hauptrolle–Musical: Vivien Leigh

Deutschsprachige Erstaufführungen:
1) 7. April 1966 (TV/ZDF). Fernsehbe-
   arbeitung: Mischa Mleinek
2) 23. Februar 1981, Stadttheater Aachen.
   Autor: Bernd Behr

Songs und Musiknummern

Bühne:
Nitchevo; I Go to Bed; You'll Make an
Elegant Butler, I'll Make an Elegant
Maid (K u. T: Joan Javits, Philip Sprin-
ger); Stuck With Each Other; Say You'll
Stay; You Love Me; Introduction Tango;
That Face; Wilkes-Barre, Pa.; No! No!
No!; A Small Cartel; It Used to Be; Kukla
Katusha; Make a Friend; The Only One;
Uh-Oh; Managed; I Know the Feeling;
All for You; Grande Polonaise

Schallplatten:
NY – Capitol S-TAO 1940, Capitol
    STAO 11653

Vorlage des Musicals:

Bühne:

Lustspiel: *Tovaritch*
Buch: Jacques Deval
Uraufführung: Paris, Théâtre de Paris:
13. Oktober 1933

Das französische Lustspiel war auch in
anderen Ländern erfolgreich.

Deutsche Fassung: *Towàrisch*
Buch: Curt Goetz
Premiere: Berlin, Komödienhaus:
4. Januar 1935
Darsteller: Curt Goetz (Mikail Alexan-
drowitsch Ouratief), Valerie von Martens
(Tatjana Petrowna Romanow, Großfür-
stin), Hans Junkermann (Bankier Arbe-

ziat), Annemarie Steinsieck (Madame
Arbeziat), Else von Möllendorff (Made-
moiselle Arbeziat), Eduard Wesener
(George Arbeziat), Ernst Stahl-Nachbaur
(Dimitri Gorotschenko), Roma Bahn
(Lady Karrigan), Bernhard Goetzke
(Russischer Graf), Wilhelm Völcker (At-
tentäter), Max Kaufmann (Gouverneur
der »Banc de la France«), Fritz Gelingk
(Nachbar)
Regie: Curt Goetz, Ernst Stahl-Nachbaur

Englische Fassung: *Tovarich*
Buch: Robert E. Sherwood
Premiere: London, Lyric Theatre:
24. April 1935
Hauptdarsteller: Eugenie Leontovich
(Archduchess Tatiana), Cedric Hard-
wicke (Prince Mikail Ouratieff)
Premiere: New York, Plymouth Theatre:
15. Oktober 1936
Darsteller: Marta Abba (Grand Duchess
Tatiana), John Halliday (Prince Mikail
Alexandrovitch), Margaret Dale (Fer-
nande Dupont), Jay Fassett (Charles Du-
pont), Cecil Humphreys (Commissar Go-
rotchenko), Ernest Lawford (Chauffou-
rier-Dubieff), Frederic Worlock (Count
Feodor Brekenski), Irina Feodorova (Ol-
ga), Aristides de Leon (Martelleau), Bar-
bara Gott (Louise), James E. Truex
(Georges Dupont), Amanda Duff
(Helene Dupont), Adora Andrews (Madame Chauffourier-Dubieff), Leni Sten-
gel (Madame Van Hemert), J. Colville
Dunn (Concierge)
Produzent: Gilbert Miller
Regie: Gilbert Miller

Hinweis/Film:
Verfilmungen des Lustspiels »Tovaritch«
von Jacques Deval, der Vorlage des Musicals.

Tovaritch
1935, Frankreich – Productions Cinégra-
phiques Jacques Deval, 100 Min.
Drehbuch: Jacques Deval, nach seinem
gleichnamigen Lustspiel
Darsteller: Irène de Zilahy (Tatiana),
André Lefaur (Prince Michel Ouratieff),
Pierre Renoir (Gorotchenko), Margue-

rite Deval (Madame Arbeziah), André Alerme (Monsieur Arbeziah), Georges Mauloy (Chauffourier-Dubief), Winna Winfried (Lady Carrigan), Jean Forest (Georges), Olga Muriel (Hélène), Pierre Palau (L'hôtelier), Junie Astor (La bonne), Germaine Michael (La cuisinière), Fabienne Orfiz, Gabrielle Calvi, Camille Bert, Laman
Regie: Jacques Deval, Jean Tarride, Germain Fried, Victor Trivas

Tovarich
(Österreichischer Titel: DIESE NACHT IST UNSERE NACHT)
1937, USA – Warner Bros., 98 Min.
Österreichische Erstaufführung: 1938
Drehbuch: Casey Robinson, nach dem Lustspiel »Tovaritch« von Jacques Deval in der englischen Fassung von Robert E. Sherwood
Darsteller: Claudette Colbert (Grand Duchess Tatiana Petrovna), Charles Boyer (Prince Mikail Alexandrovitch Ouratieff), Basil Rathbone (Gorotchenko), Anita Louise (Helene Dupont), Melville Cooper (Charles Dupont), Isabel Jeans (Fernande Dupont), Maurice Murphy (Georges Dupont), Morris Carnovsky (Chauffourier-Dubieff), Gregory Gaye (Count Brekenski), Montague Love (Monsieur Courtois), Renie Riano (Madame Courtois), Fritz Feld (Martelleau), Heather Thatcher (Lady Kartegann), Victor Kilian (Gendarme), May Boley (Louise, Cook), Doris Lloyd (Madame Chauffourier-Dubieff), Curt Bois (Alfonso), Ferdinand Munier (Monsieur Van Hemert), Grace Hayle (Madame Van Hemert), Clifford Soubier (Grocer), Christian Rub (Trombone Player), Torben Meyer (Servant), Alphonse Martell (Hairdresser), Leo White (Assistant Hairdresser)
(Urchins): Tommy Bupp, Jerry Tucker, Delmer Watson
Produzent: Robert Lord
Regie: Anatole Litvak
Songs:
Raposchal; Shto Mnie Joie; The Volga Boatman

A TRIP TO CHINATOWN

Musik: Percy Gaunt
Songtexte: Charles H. Hoyt
Buch: Charles H. Hoyt
Premiere in New York, Madison Square Theatre: 9. November 1891

Personen und die Darsteller der Premiere:

Ben Gay	George A. Beane Jr.
Tony Gay	Lillian Barr
Rashleigh Gay	Lloyd Wilson
Mrs. Guyer	Anna Boyd
Welland Strong	Harry Conor
Willie Grow	Blanche Arkwright
Norman Blood	Arthur Pacie
Noah Heap	Harry Gilfoil
Hoffman Price	Frank E. Morse
Slavin Payne, Servant	Harry Gilfoil
Isabelle Dame	Geraldine McCann
Cora Fay	Marguerite Daly
May Wing	Lucy Daly
Flirt	Ottilie Archmere

ferner (ab 29. Februar 1892):
Specialty Dancer   Loie Fuller
Produzent: Charles H. Hoyt
Regie: Charles H. Hoyt, Julian Mitchell
Ort: San Francisco/USA
Zeit: »Gegenwart« (1891)

Handlung: Gesellschaftskomödie als Rahmen für Verwechslungskomik mit lose eingefügten, teilweise im Zusammenhang mit der Handlung stehenden Songs. Im Hause des reichen Junggesellen Ben Gay leben sein Neffe Rashleigh und seine Nichte Tony. Die beiden jungen Leute wollen zusammen mit Freunden an einem Maskenball im vornehmen Riche Restaurant teilnehmen, was der Onkel nicht gestatten würde. Als Ausrede bringen sie vor, einen Trip in San Franciscos Chinatown unternehmen zu wollen, doch der Onkel lehnt ihren Wunsch ab. Rashleigh hatte pflichtbewußt die lebenserfahrene Witwe Mrs. Guyer gebeten, als Anstandsdame mit zum Ball zu gehen. Nun sendet Mrs. Guyer eine Nachricht ins Haus Gay mit der Einladung zu einem Dinner vor dem Ball. Der Brief wird versehentlich Onkel Ben zugestellt. Der ist der Meinung, daß die Einladung ihm gelte und fühlt sich geschmeichelt bei dem Gedanken, auf die attraktive Witwe Eindruck gemacht zu haben. Um sich unbemerkt zum Rendezvous aus dem Haus begeben zu können, gestattet er nun doch der Nichte und dem Neffen den Trip nach Chinatown. Alle Beteiligten erscheinen im Riche Restaurant, doch wartet der Onkel allein in einem Dinnerraum, während die jungen Leute mit Mrs. Guyer den Nebenraum innehaben. Hier geht die Stimmung hoch her, während Ben Gay in seiner Einsamkeit immer verdrießlicher wird. Einen weiteren Raum hat Welland Strong für sich in Anspruch genommen. Er kommt mit den anderen Gästen ins Gespräch und entpuppt sich als eingebildeter Kranker. Überzeugt davon, daß alles, was er liebt, ihn töten wird, notiert er in einem Buch, wie weit jedes frugale Mahl oder jede Zigarre seine Lebenserwartung verringert. Eine Serie von Verwechslungen findet statt. Mißverständnisse der Kellner stiften Verwirrung, Bestellungen werden in den falschen Raum gebracht. Rashleigh und Tony bemerken plötzlich ihren Onkel und versuchen, sich zu verbergen. Der Onkel seinerseits glaubt, seine Zöglinge entdeckt zu haben, und wird mißtrauisch. Doch schwankt er bei der Überlegung, der Sache auf den Grund zu gehen oder weiter auf sein Rendezvous mit der Witwe zu warten. Das Durcheinander zerrt an seinen Nerven. Als Gipfel der Irrtümer erhält Onkel Ben die Rechnung für beide Räume und muß zu seinem Schrecken feststellen, daß er in dem Bestreben, schnell zu seinem Abenteuer zu kommen, die Brieftasche vergessen hat. Glücklicherweise kann sein Freund, Mr. Strong, ihm aushelfen. In der Klemme steckt er aber, als er nun mit seinen Zöglingen und der Witwe Guyer zusammentrifft. In dem Bewußtsein, sich gehörig blamiert zu haben, ist er versöhnlich gestimmt, und so gibt es für alle Beteiligten ein harmonisches Ende.

Anmerkung: Vor der Premiere am Broadway wurde das Werk schon circa ein Jahr lang erfolgreich als Tourneeprogramm in den USA vorgeführt. Folgende Daten sind im Raum New York feststellbar: Dezember 1890, Harlem Opera House und Lee Avenue Academy, Januar 1891, Park Theatre, Brooklyn. Verwechslungskomik, hervorgerufen durch abgeteilte Räume in Etablissements, ist im Possenspiel ein beliebtes, oft variiertes Thema. Es erscheint auch im Musical »Hello, Dolly!« (1964) und ist schon in dessen Vorlagen von Thornton Wilder und Johann Nestroy enthalten. In »A Trip to Chinatown« wird die Grundsituation für Gags und Situationskomik besonders genutzt. Die geteilten Räume und die hin und her wechselnde Handlung machen Mißverständnisse, Irrtümer und Nebenbei-Bemerkungen möglich, die zur Heiterkeit des Publikums beitragen. Im vorliegenden Werk erwächst der Spaß aus dem Mißverhältnis der Ebene der heiter gestimmten jungen Leute mit der des auf ein Abenteuer wartenden und frustrierten Onkels, der sich selbst zum Narren macht. Während der Laufzeit des Musicals – der längsten seiner Zeit – wurden inhaltliche, den aktuellen Ereignissen angepaßte Veränderungen vorgenommen.

Hauptmusiknummern

Bühne:
The Pretty Widow; Push Dem Clouds Away (Percy Gaunt/T); Reuben and Cynthia/auch: Reuben, Reuben; The Bowery; The Chaperone; Out for a Racket
Später hinzugefügt:
After the Ball (Charles K. Harris/K u. T)

Anmerkung: Einige der Songs wurden damals zu beliebten Schlagern, so »Reuben, Reuben«, »The Bowery« und »After the Ball«.
Es heißt, daß »After the Ball« schon vor der Broadway-Premiere im Stück enthalten gewesen sei, jedoch wegen Erfolglosigkeit gestrichen worden war. Der Komponist und Autor des Songs, Charles K. Harris, soll dann, quasi durch Bestechung, den Sänger J. Aldrich Libby ver-

anlaßt haben, das Lied während einer Tournee-Aufführung des Stücks 1892 in Milwaukee vorzutragen. Nach zunächst atemloser Stille im Zuschauerraum wur-' de das Lied dann mit donnerndem Applaus gefeiert. Von da an war es aus »A Trip to Chinatown« nicht mehr wegzudenken. Harris, der seinen Song selbst als Verleger herausbrachte, soll letztendlich davon fünf Millionen Notenexemplare verkauft haben. – 1927 wurde der Song in das Musical »Show Boat« aufgenommen. Der geschäftstüchtige Charles K. Harris nutzte die Popularität des Liedes, das die schmerzliche Geschichte einer zerbrochenen Liebe erzählt, und verarbeitete das Thema auch zu einem Stummfilm, bei dem das Lied als Klavierbegleitung gespielt wurde: »After the Ball« (USA/ 1924), Regie: Dallas M. Fitzgerald.

TWO GENTLEMEN OF VERONA

Musik: Galt MacDermot
Songtexte: John Guare
Buch: John Guare, Mel Shapiro, nach der Komödie »Two Gentlemen of Verona« (entstanden etwa 1594) (deutsch: »Die beiden Veroneser«) von William Shakespeare, vermutlich nach dem Schäferroman »Diana Enamorada« (um 1559) des portugiesischen Autors Jorge de Montemayor
Premiere in New York, St. James Theatre: 1. Dezember 1971 (siehe Anmerkung)

Personen und die Darsteller der Premiere:

Silvia	Jonelle Allen
Julia	Diana Davila
Valentine	Clifton Davis
Proteus	Rául Julia
Lucetta	Alix Elias
Launce	John Bottoms
Thurio	Frank O'Brien
Duke of Milan	Norman Matlock
Eglamour	Alvin Lum
Speed	Jose Perez
Antonio	Frederic Warriner
Tavern Host	Frederic Warriner

ferner: Loretta Abbott, Christopher Alden, Roger Briant, Douglas Brickhouse, Stockard Channing, Paul DeJohn, Nancy Denning, Richard De Russo, Arthur Erickson, Georgyn Geetlein, Sheila Gibbs, Jeff Goldblum, Edward Henkel, Albert Insinnia, Jane Jaffe, Signa Joy, Kenneth Lowry, Sakinah Mahammud, Otis Salid, Madeleine Swift

Produzent: New York Shakespeare Festival /Joseph Papp
Choreographie: Jean Erdman
Regie: Mel Shapiro
Ort: San Juan/Puerto Rico und New York/USA
Zeit: Verquickung von Gegenwart und Mittelalter (Zeit Shakespeares)

Handlung: Shakespeares Komödie um Konflikt zwischen Freundschaft und Liebe, jedoch in Amerika statt in Italien spielend (San Juan anstelle von Verona, New York anstelle von Mailand), mit der modernen Umgangssprache verquickt, mit Rockmusik und vielen Songs versehen, als Theaterspaß inszeniert und von einem gemischtrassigen Ensemble dargeboten. Der noble Valentine und der wankelmütige Proteus sind gute Freunde. Während aber für Valentine die Freundschaft über alles geht, ist Proteus weniger charakterfest. So stellt er der schönen Silvia, der Geliebten seines Freundes Valentine, nach, obwohl er selbst Julia die Treue geschworen hat. Ja, er spinnt sogar häßliche Intrigen gegen den Freund, die zur Folge haben, daß Valentine in Schwierigkeiten gerät und erst einmal ausgeschaltet ist. Doch die Liebe von Silvia kann Proteus nicht erringen. Sie muß sich auch mit ihrem Vater auseinandersetzen, der sie mit dem dünkelhaften Thurio verheiraten will. Julia traut ihrem Proteus nicht und heftet sich unerkannt an seine Fersen. Proteus kann Silvia einen Dienst erweisen; er meint, dadurch ihre Liebe zu gewinnen. Da trifft er mit Valentine zusammen, der den Verrat seines Freundes entdeckt hat. Proteus zeigt so aufrichtige Reue, daß Valentine bereit ist, ihm zu verzeihen. Die augenblickliche Situation zwischen Proteus und Silvia mißverstehend, ist er aus Gründen der

Freundschaft sogar bereit, dem Freunde bei Silvia den Vorrang zu lassen. Dies allerdings paßt weder Silvia noch Julia. Das enttäuschte Verhalten und die ablehnende Haltung der Frauen öffnen den Männern die Augen. Proteus ist schließlich froh, Julias Liebe nicht zu verlieren, und Valentine und Silvia können endlich ein Paar werden, da nun auch Silvias Vater begriffen hat, daß Thurio ein Feigling und nicht der richtige Mann für seine Tochter ist.

Auszeichnungen: 2 Antoinette Perry Awards (Tonys) 1972: Bestes Musical / Buch–Musical: John Guare, Mel Shapiro

Anmerkung: Das Werk entstand als Produktion des New York Shakespeare Festivals von Joseph Papp und wurde zuerst zwischen 27. Juli und Anfang September 1971 auf der New Yorker Sommerbühne Delacorte Theatre im Central Park aufgeführt. Die Rolle der »Julia« spielte hierbei Carla Pinza, »Launce« war Jerry Stiller. Bei der Übernahme des Werkes ins St. James Theatre gab es sonst keine Änderungen in den Hauptrollen.

Songs und Musiknummern

Bühne:
Love in Bloom (Ralph Rainger/K, Leo Robin/T); Summer, Summer; I Love My Father; That's a Very Interesting Question; I'd Like to Be a Rose; Thou, Julia, Thou Hast Metamorphosed Me; Symphony; I Am Not Interested in Love; Love, Is That You?; Thou, Proteus, Thou Hast Metamorphosed Me; What Does a Lover Pack?; Pearls; Two Gentlemen of Verona; Follow the Rainbow; Where's North?; Bring All the Boys Back Home; Love's Revenge; To Whom It May Concern Me; Night Letter; Calla Lily Lady; Land of Betrayal; Thurio's Samba; Hot Lover; What a Nice Idea; Who Is Silvia? (William Shakespeare/T); Love Me; Eglamore; Kidnapped; Mansion; What's a Nice Girl Like Her; Dragon Fight (instr.); Don't Have the Baby; Milkmaid; Love Has Driven Me Sane

Später hinzugefügt:
Howl

Schallplatten:
NY – ABC BCSY 1001
L – RSO 2394-110
St – (Sheila Gibbs, Ken Lowry) Kilmarnock 72004

THE UNSINKABLE MOLLY BROWN

Musik und Songtexte: Meredith Willson
Buch: Richard Morris, nach den Erlebnissen der Margaret Tobin aus Hannibal/ Missouri, USA
Premiere in New York, Winter Garden: 3. November 1960

Personen und die Darsteller der Premiere:

Molly Tobin Brown	Tammy Grimes
Johnny »Leadville« Brown	Harve Presnell
Prince DeLong	Mitchell Gregg
Mrs. McGlone	Edith Meiser
Shamus Tobin	Cameron Prud'Homme
Michael Tobin	Sterling Clark
Aloysius Tobin	Bill Starr
Patrick Tobin	Bob Daley
Father Flynn	Norman Fredericks
Christmas Morgan	Joseph Sirola
Monsignor Ryan	Jack Harrold
Princess DeLong	Mony Dalmes
Professor Gardella	Dale Malone
Roberts	Christopher Hewett
Germaine	June Card
Charlie	Woody Hurst
Burt	Tom Larson
Banjo	Billy Faier
Gitter	Joe Pronto
Sheriff	Terry Violino
Countess Ethanotous	Wanda Saxon
Jenab-ashros	Marvin Goodis
Grand Duchess Marie Nicholaiovna	Patricia Kelly

Count Feranti	Michael Davis
Duchess of Burlingame	Barbara Newman
Duke of Burlingame	Ted Adkins
The Baron of Auld	Bob Daley
Malcolm Broderick	Barney Johnston
Mrs. Wadlington	Lynne Osborne
Mr. Wadlington	Norman Fredericks
A Boy	Paul Floyd
Young Waiter	Michael Davis
Maitre D'	Dale Malone
Page	Bobby Brownell
Male Passenger	Marvin Goodis
Mother	Nada Rowand
Wounded Sailor	Bill Starr

Brawling Miners: Alex Stevens, Joe Pronto
Prostitutes: Rae McLean, Anna Maria Moylan, Lynn Gay Lorino

Produzenten: The Theatre Guild, Dore Schary
Choreographie: Peter Gennaro
Regie: Dore Schary
Orte: USA (Hannibal/Missouri, Leadville, Denver/Colorado), Europa (Paris, Monte Carlo) und auf dem Atlantik
Zeit: Zwischen 1900 und 1912

Handlung: Gesellschaftskomödie um amerikanische Hinterwäldler – nach wahren Begebenheiten. Die ebenso temperamentvolle wie übermütige Molly Tobin aus Hannibal in Missouri ist fest entschlossen, ihrem langweiligen naturverbundenen Dasein zu entfliehen, um reich und angesehen zu werden. Aber statt dessen verliebt sie sich in den jungen Minenarbeiter Johnny Brown, der genauso arm, aber auch genauso zielstrebig ist wie sie. Die zwei lernen sich in einer Western-Bar kennen, in der Molly als Kellnerin tätig ist. Sie heiraten und werden reich, denn Johnny hat ein unvergleichliches Geschick, Silberminen zu entdecken. Unglücklicherweise müssen die beiden den Verlust von 300 000 Dollar aus dem Verkauf einer Mine verschmerzen. Molly hatte die Geldscheine im Kanonenofen versteckt, und der ahnungslose Johnny heizte den Ofen an, um sich zu wärmen. So

ging das ganze Geld in Rauch auf. Mollys Verzweiflung darüber weiß Johnny zu dämpfen, denn er kennt noch eine andere Silbermine. Der Versuch der beiden, in Denver Anschluß an die besseren Gesellschaftskreise zu finden, ist zum Scheitern verurteilt; für die feinen Leute von Denver sind die Browns nur Neureiche und Emporkömmlinge. Gekränkt reisen Molly und Johnny nach Europa, wo sie im Kreise des Adels zwar freundlich aufgenommen, doch eher wie ein Naturwunder aus der Neuen Welt betrachtet werden. Nach einigen Jahren in Paris hat Molly den Wunsch, sich an den blasierten Leuten von Denver zu rächen. Sie lädt viele vornehme Freunde aus Europa ein, sie bei der Rückkehr nach Amerika zu begleiten. Die Aristokraten aus der Alten Welt beeindrucken in der Tat die feinen Kreise von Denver, doch erscheinen plötzlich auch alte Freunde von Molly und Johnny aus dem rauhen Hinterland – Holzfäller, Minenarbeiter, Farmer, Trapper –, so daß es bei Mollys Fest bald zugeht wie in einem Western-Saloon. Wieder ein Fiasko in Denver! Verbittert entscheidet sie sich, erneut nach Europa zu gehen. Während Johnny, des Herumreisens müde, in seiner Heimat Leadville bleibt, läßt Molly sich von Prinz DeLong den Hof machen. Doch als er sie bittet, sich scheiden zu lassen und ihn zu heiraten, besinnt sie sich darauf, daß sie Johnny vermißt. Sie entschließt sich zur Rückreise auf der »Titanic« bei der Jungfernfahrt des neuen, hochmodernen Ozeanriesen. Echte Naturkinder können nicht untergehen, und so erweist sich, daß Molly Brown unsinkbarer ist als die »Titanic«. Sie findet Aufnahme in einem Rettungsboot, wo sie das Kommando übernimmt und durch ihre entschiedene Art dafür sorgt, daß keine Panik ausbricht. Bei der Ankunft in New York wird sie als Heldin gefeiert. Nun findet sie auch Anerkennung in Denver, doch ist ihr das inzwischen gleichgültig geworden. Wieder vereint mit dem Mann, den sie immer liebte, hat Molly die Erkenntnis gewonnen: Was immer geschehen mag, sie ist unsinkbar.

Anmerkung: Der britische Luxusdampfer »Titanic«, das seinerzeit größte Schiff der Welt, rammte auf seiner Jungfernfahrt nach New York in der Nähe von Neufundland einen Eisberg und versank am 14. April 1912 innerhalb von knapp drei Stunden. Nur verhältnismäßig wenige Passagiere und Besatzungsmitglieder überlebten die Katastrophe.

Margaret Brown, geb. Tobin (1867–1932), genannt »Molly«, geboren in Hannibal/Missouri, wurde als Überlebende und wegen ihres heroischen Verhaltens beim Untergang der »Titanic« zu einer Art Nationalheldin in den USA. Sie hatte es vom einfachen Mädchen aus irischer Abstammung an der Seite ihres Mannes, des Minenbesitzers James Brown, während der Zeit des Silber- und Gold-Booms in Colorado zu großem Reichtum gebracht. Den Rat, ins Goldland Colorado zu gehen, soll ihr 1882, als sie mit 15 Jahren Kellnerin im Parkhotel von Hannibal war, der ebenfalls in Hannibal gebürtige Mark Twain anläßlich eines Besuchs in seinem Heimatort gegeben haben.

Molly Brown ist ein Kapitel gewidmet in Gene Fowlers amerikanischem Bestseller über das Verlegerpaar Frederick Gilmer Bonfils und Harry H. Tammen »Timber Line – A Story of Bonfils and Tammen« (1943). Einer Buchveröffentlichung über den Untergang der »Titanic« ist zu entnehmen, daß die Stelle ihrer Geburt in Hannibal/Missouri und ihr Wohnhaus in Denver/Colorado zu Gedenkstätten gemacht worden sind.

Auszeichnungen: 1 Antoinette Perry Award (Tony) 1961: Herausragende Charakterrolle (weiblich)–Musical: Tammy Grimes / Weitere Auszeichnung im Rahmen der Verleihung des Antoinette Perry Awards 1961: Special Award (Sonderpreis): The Theatre Guild

Film:

The Unsinkable Molly Brown
(Deutscher Titel: GOLDGRÄBER-MOLLY) 1964, USA – Metro-Goldwyn-Mayer – Panavison/Metrocolor, 128 Min.
Deutsche Erstaufführung: 1964

Musik und Songtexte: Meredith Willson
Drehbuch: Helen Deutsch, nach dem gleichnamigen Musical

Personen und ihre Darsteller:

Molly Brown	Debbie Reynolds
Johnny Brown	Harve Presnell
Shamus Tobin	Ed Begley
Mrs. McGraw	Audrey Christie
Christmas Morgan	Jack Kruschen
Mrs. Grogan	Hermione Baddeley
Grand Duchess Elise Lupovinova	Martita Hunt
Prince Louis de Laniere	Vassili Lambrinos
Baron Karl Ludwig von Ettenburg	Fred Essler
Poluk	Harvey Lembeck
Jam	Grover Dale
Daphne	Maria Karnilova
Lady Primdale	Moyna Macgill
Mr. Fitzgerald	Lauren Gilbert
Mrs. Wadlington	Kathryn Card
Broderick	Hayden Rorke
Mr. Wadlington	Harry Holcombe
Mrs. Fitzgerald	Amy Douglass
Monsignor Ryan	George Mitchell
Mr. Cartwright	Vaughn Taylor
Mrs. Cartwright	Eleanor Audley
Roberts	Antony Eustrel
Murphy	Brendan Dillon
Joe	Gus Trikonis
Passenger	Anna Lee
Hotchkiss	George Nicholson
Count Feranti	Pat Benedetto
Countess Feranti	Mary Andre
Lord Simon Primdale	C. Ramsey Hill
Vicar	Pat Moran
Dancehall Girl	Mary Ann Niles
Spieler	Herbert Vigran
Young Molly	Jolie Stevens

Produzent: Lawrence Weingarten
Choreographie: Peter Gennaro
Regie: Charles Walters

Songs und Musiknummern

Bühne:
I Ain't Down Yet; Belly Up to the Bar,

Boys; I've A'ready Started In; I'll Never Say No; My Own Brass Bed; The Denver Police; Beautiful People of Denver; Are You Sure?; Happy Birthday, Mrs. J. J. Brown; Bon Jour (The Language Song); If I Knew; Chick-a-pen; Keep-a-Hoppin'; Leadville Johnny Brown (Soliloquy); Up Where the People Are; Dolce Far Niente; Colorado, My Home

Film:
I Ain't Down Yet; I'll Never Say No; Belly Up to the Bar, Boys; Dolce Far Niente (instr., nur Background-Musik); Colorado, My Home; Up Where the People Are; He's My Friend (neu hinzugefügt); Leadville Johnny Brown (Soliloquy); Beautiful People of Denver; I've A'ready Started In; I May Never Fall in Love With You

Schallplatten:
NY – Capitol WAO/SWAO 1509,
        Capitol SW 2152
F   – MGM SE 4232, MCA 25011

Vorlage des Musicals »The Unsinkable Molly Brown« ist eine gleichnamige TV-Semidokumentation.

The Unsinkable Molly Brown
(TV) 1957 USA – CBS Telephone Time, 30 Min.
Erstsendung: 24. Februar 1957
Narrator: John Nesbitt
Darsteller: Cloris Leachman (Mrs. Brown), Barry Atwater (Jim Brown), Theodor von Eltz (Mark Twain), Peter Adams (Mr. Astor), Diana Douglas (Madelaine Astor)

Hinweis/Film:
Molly Brown wird auch dargestellt in den Filmen:
A Night to Remember / Die letzte Nacht der Titanic, Großbrit./1958, von Tucker McGuire
S.O.S. Titanic, USA/1979 (TV-ABC), von Cloris Leachman

THE VAGABOND KING

Musik: Rudolf Friml
Songtexte: Brian Hooker

Buch: Brian Hooker, William H. Post, nach dem Schauspiel »If I Were King« (1901) von Justin Huntly McCarthy, nach einem Roman von R. H. Russell
Premiere in New York, Casino Theatre: 21. September 1925

Personen und die Darsteller der Premiere:

François Villon	Dennis King
Katherine de Vaucelles	Carolyn Thomson
Guy Tabarie	Herbert Corthell
Louis XI., King of France	Max Figman
Huguette du Hamel	Jane Carroll
Lady Mary	Olga Treskoff
René de Montigny	Robert Craik
Casin Cholet	Leon Cunningham
Margot	Katherine Hayes
Blanche	Merle Stevens
Isabeau	Vivian Kelly
Jehan le Loup	Marius Rogati
Trois Echelles	Joseph Miller
Jeanneton	Mimi Hayes
Tristan l'Hermite	H. H. McCullum
Thibault d'Aussigny	Bryan Lycan
Noel le Jolys	Herbert Delmore
Oliver le Dain	Julian Winter
Toison d'Or, Burgundian Herald	Earl Waldo
An Astrologer	Leon Cunningham
Captain of Scotch Archers	Charles Carver
First Court Lady	Marion Alta
The Queen	Tamm Cortez
The Dancer	Helen Grennelle
The Hangman	William Johnson
First Courtier	Walter Cross
Second Courtier	John Mealey

ferner: »A chorus of 60 as tavern girls, Scotch archers, tavern men, court ladies, pages, courtiers and dancers.«

Produzent: Russell Janney
Choreographie: Julian Alfred
Regie: Max Figman
Ort: Paris
Zeit: ca. 1462

Handlung: Amerikanische Operette – Gesellschaftskomödie vor historischem Hintergrund, jedoch frei erfunden. Der verrufene Vagabunden-Poet François Villon erhält die Chance, einer Bestrafung zu entgehen, indem er auf Wunsch des französischen Königs Ludwig XI. für einen Tag an dessen Stelle tritt, aus der Laune heraus, eine arrogante Hofdame, Katherine de Vaucelles, zu demütigen. Villon soll an diesem Tage ihr Herz erobern, sonst würde er seinen Kopf verlieren. Obwohl Villon mit dem Bauernmädchen Huguette verbunden ist, widmet er sich voller Eifer der gestellten Aufgabe und gewinnt tatsächlich die Liebe der Hofdame. Ein Zwischenfall aber stört die romantische Episode, da der Herzog von Burgund Truppen nach Paris sendet, um den König zu stürzen. Villon mobilisiert den Mob seiner Freunde, kämpft und siegt für den König, wobei Huguette ihr Leben opfert, um den Geliebten zu retten. Dankbar erlaubt der König dem geschmähten Vagabunden-Dichter, die Hofdame Katherine zu ehelichen.

Anmerkung: François Villon, französischer Dichter und Vagabund (ca. 1431 – ca. 1463).
Ludwig XI., der Grausame (1423–1483), König von Frankreich seit 1461.
Die richtige Schreibweise der weiblichen Hauptrolle wäre vermutlich (gemäß François Villons »Le grant testament«): Catherine de Vausselles.

Film:

The Vagabond King
(Deutscher Titel: KÖNIG DER VAGABUNDEN)
1930, USA – Paramount/Famous Lasky Corporation – Zweifarbiges Technicolor, 104 Min.
Deutsche Erstaufführung: 1931
Zusätzliche Songs.
Drehbuch: Herman J. Mankiewicz, nach dem gleichnamigen Musical

Personen und ihre Darsteller:

François Villon	Dennis King
Katherine de Vaucelles	Jeanette Mac-Donald
Louis XI.	O. P. Heggie
Huguette	Lillian Roth
Thibault, Grand Marshal	Warner Oland
Tristan, the Major Domo	Lawford Davidson
Olivier, the Barber	Arthur Stone
The Astrologer	Thomas Ricketts
Tristan	Lawford Davidson
Executioner	Christian J. Frank
Girl	Elda Voelkel

Pages: Gloria Faith, Theresa Allen, Sue Patterson
Blondes: Jean Douglas, Eugenia Woodbury, Rae Murray, Blanche Saunders, Francis Waverly
Brunettes: Dorothy Davis, Thora Waverly, Cecile Cameron

Produzent: Adolph Zukor
Regie: Ludwig Berger

The Vagabond King
(Deutscher Titel: KÖNIG DER VAGABUNDEN)
1956, USA – Paramount – Vistavision/Technicolor, 88 Min.
Deutsche Erstaufführung: 1957
Zusätzliche Songs.
Musik: Rudolf Friml
Songtexte: Brian Hooker, Johnny Burke
Drehbuch: Ken Englund, Noel Langley, nach dem gleichnamigen Musical

Personen und ihre Darsteller:

François Villon	Oreste (Oreste Kirkop)
Catherine de Vaucelles	Kathryn Grayson
Louis XI.	Walter Hampden
Huguette du Hamel	Rita Moreno
Tristan Chevalier, the Counsellor	Sir Cedric Hardwicke
Thibault d'Aussigny	Leslie Nielsen
René de Montigny	William Prince
Ferrebouc	Jack Lord
Colin de Cayeux	Harry McNaughton
Laughing Margot	Florence Sundstrom
General Antoine de Chabannes	Gregory Morton
Majordomo	Gavin Gordon

Jacques — Billy Vine
Margaret — Lucie Lancaster
The Scar — Raymond Bramley
Quicksilver — Richard Tone
Bishop of Paris — Ralph Sumpter
and Turin
Burgundy — G. Thomas Duggan
Sergeant — Richard Shannon
First Soldier — Larry Pennell
Duke of — Joel Ashley
Normandy
Duke of Anjou — Ralph Clanton
Duke of Bourbon — Gordon Mills
One Eye — Sam Schwartz
Lulu — Phyllis Newman
Blanche — Nancy Bajer
Belle — Rita Maria Tanno
Jeannie — Albie Gaye
Jehan »The Hook« — David Nillo
Jehan »The Wolf« — Slim Gaut
Narrator — Vincent Price
Specialty Dancers: David Nillo, Dolores Starr
Ladies in Waiting: Frances Lansing, Jeanette Miller, Laura Raynair

Produzent: Pat Duggan
Choreographie: Hanya Holm
Regie: Michael Curtis

Songs und Musiknummern

Bühne:
Love for Sale; Drinking Song/A Flagon of Wine; Song of the Vagabonds; Some Day; Only a Rose; Hunting; Scotch Archer's Song; Tomorrow; Nocturne; Serenade; Huguette Waltz; Love Me Tonight

Filme (1930, 1956):
Song of the Vagabonds (1930, 1956); Some Day (1930, 1956); Only a Rose (1930, 1956); Huguette Waltz (1930, 1956); Love Me Tonight (1930, 1956); Love for Sale (1930, 1956); Vive La You (1956); Scotch Archer's Song (1956); Drinking Song (1956); If I Were King (1930, Newell Chase/K, Sam Coslow, Leo Robin/T); King Louie (1930, Newell Chase/K, Sam Coslow, Leo Robin/T); Mary, Queen of Heaven (1930, Newell Chase/K, Sam Coslow, Leo Robin/T);

What France Needs (1930, Newell Chase/K, Leo Robin/T); Death March (1930, instr./Newell Chase/K); Watch Out for the Devil (1956, Rudolf Friml/K, Johnny Burke/T); Bon Jour (1956, Rudolf Friml/K, Johnny Burke/T); This Same Heart (1956, Rudolf Friml/K, Johnny Burke/T); Comparisons (1956, Rudolf Friml/K, Johnny Burke/T); Lord, I'm Glad I Know Thee (1956, V. Giovane/K, K. C. Rogan/T)

Schallplatten:
L – World Records SHB 37
F – (1956/Jean Fenn als Catherine de Vaucelles) RCA Victor LM 2004
St – (Gordon MacRae) Capitol T 219, (Alfred Drake, Mimi Benzell) Decca DL 8362, (Mario Lanza, Judith Raskin) RCA Victor LM/LSC 2509, (John Hanson, Jane Ffyfe) PYE NPL 18046 (A)

Vorlage des Musicals:

Schauspiel: *If I Were King*
Buch: Justin Huntly McCarthy, nach einem Roman von R. H. Russell
Uraufführung: New York, Garden Theatre: 14. Oktober 1901
Hauptdarsteller: Cecilia Loftus, E. H. Sothern
Anmerkung: Dieses Schauspiel hat nichts zu tun mit der Oper »Si j'étais roi / Wenn ich König wär'« (Musik: Adolphe Charles Adam / Autoren: Adolphe Philippe Dennery und Jules Henry Brésil / Paris, Théâtre lyrique: 4. September 1852).

Hinweis:
Leben und Werk des Dichters François Villon dienten auch als Vorlage für die nachfolgend genannten Werke des Musiktheaters und des Films.

Bühne:

Oper: *François Villon* (Ein Akt)
Musik: Edmond Membrée
Autor: François Jul. Edmont Got
Paris, Opéra: 20. April 1857

Oper: *François Villon* (Ein Akt)
Musik: A. Albert Noelte

Autor: A. Albert Noelte
Karlsruhe, Landestheater: 28. Mai 1920

Oper: *François Villon* (Ein Akt)
Musik: Sem Dresden
Autor: Sem Dresden
Amsterdam, Stadtschouwburg: 15. Juni 1958

Hinweis/Film:
A) Lebensbild des Dichters François Villon.

François Villon
1945, Frankreich – André Tranché, 95 Min.
Drehbuch: Pierre Mac Orlan, André Zwobada
Darsteller: Serge Reggiani (François Villon), Renée Faure (Catherine de Vauselles), Denise Noël (Margot), Michel Vitold (Noël le borgne), Marcel Pérès (Le Goliard), Gustave Gallet (Guillaume de Villon), Micheline Francey (Guillemette), Henri Crémieux (Maître Piedoux), Gabrielle Fontan (La Villonne), Hélène Sauvaneix (Ambroise de Loré), Albert Rémy (Perrot), Jacques-Henry Duval (Tuvache), Guy Decomble (Denisot), Léon Larive (Turgis), Jean Morel (Alain), Albert Montigny (Ratier), Frédéric Mariotti (Arnoulet), Pierre Dargout (Thibault), Claudine Dupuis (Huguette du Hainaut), Julienne Paroli (La mère), Albert-Michel (Le paysan), Jean-Roger Caussimon (Le grand écolier), Alfred Argus, Maurice Salabert, Jacques Torrens, Raphaël Patorni, Jean Valcourt, Albert Broquin, Eugène Stuber, Francis Salles, Gaston Garchery, Jean Carmet, Robert Fretel, Le Sénéchal
Produzent: Edouard Lepage
Regie: André Zwobada

B) Verfilmungen des Schauspiels »If I Were King« von Justin Huntly McCarthy, der Vorlage des Musicals.

If I Were King
Stummfilm/1911, USA – Selig Productions (1 Rolle)
Buch nach dem gleichnamigen Schauspiel von Justin Huntly McCarthy

If I Were King
Stummfilm/1920, USA – Fox (8 Rollen)
Drehbuch: E. Lloyd Sheldon, nach dem gleichnamigen Schauspiel von Justin Huntly McCarthy
Darsteller: William Farnum (François Villon), Betty Ross Clark (Katherine de Vaucelles), Fritz Leiber (Louis XI.), Walter Law (Thibault), Renita Johnston (Huguette), Henry Carvill (Triestan, the King's Crony), Claude Payton (Montigney), V. V. Clogg (Toison D'Or), Harold Clairmont (Noel), Paul Cazeneuve
Produzent: William Fox
Regie: J. Gordon Edwards

If I Were King
(Deutscher Titel: KÖNIG DER VAGABUNDEN)
1938, USA – Paramount, 101 Min.
Deutsche Erstaufführung: 1939
Drehbuch: Preston Sturges, nach dem gleichnamigen Schauspiel von Justin Huntly McCarthy
Darsteller: Ronald Colman (François Villon), Basil Rathbone (Louis XI.), Frances Dee (Catherine de Vaucelles), Ellen Drew (Huguette), C. V. France (Father Villon), Henry Wilcoxon (Captain of the Watch), Heather Thatcher (The Queen), Stanley Ridges (Rene de Montigny), Bruce Lester (Noel le Jolys), Walter Kingsford (Tristan l'Hermite), Alma Lloyd (Colette), Sidney Toler (Robin Turgis), Colin Tapley (Jehan le Loup), Ralph Forbes (Oliver le Dain), John Miljan (Thibault d'Aussigny), William Haade (Guy Tabarie), Adrian Morris (Colin de Cayeux), Montague Love (General Dudon), Lester Matthews (General Saliere), William Farnum (General Barbezier), Paul Harvey (Burgundian Herald), Barry Macollum (Watchman), May Beatty (Anna), Winter Hull (Major Domo), Francis McDonald (Casin Cholet), Russ Powell (Ruffian), Harry Wilson (Beggar), John George (Dwarf Beggar), Stanley King (Captain of Archers), Henry Brandon (Soldier), Ethel Clayton (Old Woman)
(Girls): Judith King, Cheryl Walker

(Ladies in Waiting): Ann Evers, Jean Fenwick
Produzent: Frank Lloyd
Regie: Frank Lloyd

Der gleiche Stoff wurde in ähnlicher Weise frei gestaltet in dem Film:

The Beloved Rogue
(Deutscher Titel: DER BETTELPOET)
Stummfilm/1927, USA – United Artists/ Feature Productions, 9264 ft/2816 m (103 Min.)
Deutsche Erstaufführung: 1927
Drehbuch: Paul Bern
Darsteller: John Barrymore (François Villon), Conrad Veidt (Louis XI.), Marceline Day (Charlotte de Vauxcelles), Henry Victor (Thibault d'Aussigny), Lawson Butt (John, Duke of Burgundy), Mack Swain (Nicholas), Slim Summerville (Jehan), Otto Mattiesen (Oliver, the King's Barber), Rose Dione (Margot), Bertram Grassby (Duke of Orleans), Lucy Beaumont (Villon's Mother), Angelo Rossitto (Beppo, a Dwarf), Jane Winton (The Abbess), Martha Franklin (Maid), Nigel de Brulier (Astrologer), Dick Sutherland (Tristan l'Hermite)
Regie: Alan Crosland

WEST SIDE STORY

Musik: Leonard Bernstein
Songtexte: Stephen Sondheim
Buch: Arthur Laurents, nach einer Konzeption von Jerome Robbins, in gegenwartsbezogener Neugestaltung des »Romeo und Julia«-Stoffes
Premiere in New York, Winter Garden: 26. September 1957

Personen und die Darsteller der Premiere:

Maria (von der Gruppe der »Sharks«)	Carol Lawrence
Tony (von der Gruppe der »Jets«)	Larry Kert

The Jets:

Riff, the Leader	Mickey Calin
Action	Eddie Roll
A-Rab	Tony Mordente
Baby John	David Winters
Snowboy	Grover Dale
Big Deal	Martin Charnin
Diesel	Hank Brunjes
Gee-Tar	Tommy Abbott
Mouth Piece	Frank Green
Tiger	Lowell Harris
– Their Girls:	
Graziella	Wilma Curley
Velma	Carole d'Andrea
Minnie	Nanette Rosen
Clarice	Marilyn d'Honau
Pauline	Julie Oser
Anybodys	Lee Becker

The Sharks:

Bernardo, the Leader, Maria's Brother	Ken LeRoy
Anita, his Girl	Chita Rivera
Chino	Jamie Sanchez
Pepe	George Marcy
Indio	Noel Schwartz
Luis	Al De Sio
Anxious	Gene Gavin
Nibbles	Ronnie Lee
Juano	Jay Norman
Toro	Erne Castaldo
Moose	Jack Murray
– Their Girls:	
Rosalia	Marilyn Cooper
Consuelo	Reri Grist
Teresita	Carmen Guiterrez
Francisca	Elizabeth Taylor
Estella	Lynn Ross
Margarita	Liane Plane

The Adults:

Doc	Art Smith
Schrank	Arch Johnson
Krupke	William Bramley
Gladhand	John Harkins

Produzenten: Robert E. Griffith, Harold S. Prince (mit Roger L. Stevens)
Choreographie: Jerome Robbins
Regie: Jerome Robbins
Ort: New York
Zeit: »Gegenwart« (1957)

Handlung: Tragische Liebesgeschichte – »Romeo und Julia«-Motiv, verlagert ins moderne New York. Im Kampf um »Lebensraum« befehden sich zwei jugendliche Gangs im westlichen Teil der Welt-

stadt (daher »West Side«): die einheimi-
schen Jets und die Sharks, die sich aus
eingewanderten Puertorikanern gebildet haben. Immer wieder gibt es heftige
Streitigkeiten zwischen den verfeindeten Gruppen. Bernardo ist der Anführer
der Sharks; Riff leitet die Gruppe der
Jets, die früher von Tony angeführt wurde, der aber inzwischen Abstand zu seinen früheren Freunden gefunden hat. Bei
einer Tanzveranstaltung lebt der Streit
zwischen den Gruppen erneut auf. Doch
verliebt sich Tony in Bernardos Schwester Maria, die gerade aus Puerto Rico gekommen ist, weil Bernardo möchte, daß
sie seinen Freund Chino heiratet. Bei Maria und Tony ist es Liebe auf den ersten
Blick. Die Auseinandersetzung der feind-
lichen Gruppen artet zu einem gnadenlo-
sen Duell aus. Dabei wird Riff von Bernardo mit einem Messer erstochen. Tony,
der den Kampf verhindern wollte, rächt
im Überschwang seiner Gefühle seinen
Freund Riff und tötet Bernardo. Als Maria erfährt, daß Tony ihren Bruder ge-
mordet hat, ist sie entsetzt, doch sie steht
weiterhin zu Tony, den sie liebt. Tony
wird von der Polizei und von den Sharks
gesucht. Marias Freundin Anita will vermitteln, bemüht sich um Kontakt mit
Tony, wird aber von seinen Freunden,
den Jets, daran gehindert und derart gedemütigt, daß sie wütend behauptet, Maria sei von Chino erschossen worden. Als
Tony diese Nachricht erfährt, verläßt er
verzweifelt sein Versteck, sucht die vermeintlich tote Maria und will sie rächen.
Da entdeckt er sie lebend, doch als die
beiden Liebenden glücklich aufeinander
zulaufen, ist Chino zur Stelle und schießt
auf Tony. Der stirbt in Marias Armen.
Erst durch den Schock der Sinnlosigkeit
des Blutvergießens und durch die Mah-
nungen der verzweifelten Maria, die Bruder und Geliebten verloren hat, endet die
Zwietracht.

Auszeichnungen: 2 Antoinette Perry
Awards (Tonys) 1958: Bühnenbild: Oliver Smith / Choreographie: Jerome Robbins

*Deutschsprachige Erstaufführung (Origi-
naltitel):* 25. Februar 1968, Volksoper
Wien. Autor: Marcel Prawy

Film:

West Side Story
1961, USA – United Artists/Mirisch
Pictures/Seven Arts/Beta – Panavison 70
und Normalfilm/Technicolor, 155 Min.
Deutsche Erstaufführung (Originaltitel):
1962
Musik: Leonard Bernstein
Songtexte: Stephen Sondheim
Drehbuch: Ernest Lehman, nach dem
gleichnamigen Musical

Personen und ihre Darsteller:

Maria	Natalie Wood
	(Gesangsstimme:
	Marni Nixon)
Tony	Richard Beymer
	(Gesangsstimme:
	Jim Bryant)
Riff	Russ Tamblyn
Anita	Rita Moreno
	(Gesangsstimme:
	Betty Wand)
Bernardo	George Chakiris
The Jets:	
Ice	Tucker Smith
Action	Tony Mordente
Baby John	Eliot Feld
A-Rab	David Winters
Snowboy	Burt Michaels
Joyboy	Robert Banas
Big Deal	Anthony (Scooter)
	Teague
Gee-Tar	Tommy Abbott
Mouthpiece	Harvey Hohnecker
Tiger	David Bean
Anybodys	Sue Oakes
Graziella	Gina Trikonis
Velma	Carole D'Andrea
The Sharks:	
Chino	Joe De Vega
Pepe	Jay Norman
Indio	Gus Trikonis
Luis	Robert Thompson
Rocco	Larry Roquemore
Loco	Jaime Rogers
Juano	Eddie Verso

Chile	Andre Tayir
Toro	Nick Covacevich
Del Campo	Rudy Del Campo
Rosalia	Suzie Kaye
Consuelo	Yvonne Othon
Francisca	Joanne Miya
Lieutenant Schrank	Simon Oakland
Officer Krupke	William Bramley
Doc	Ned Glass
Glad Hand a Social Worker	John Astin
Madame Lucia	Penny Santon

Produzent: Robert Wise
Choreographie: Jerome Robbins
Regie: Robert Wise (mit Jerome Robbins)
Anmerkung: Jerome Robbins führte Regie bei den Tanzszenen »Prologue«, »America«, »Cool« und »I Feel Pretty«.

Auszeichnungen: 10 Academy Awards (Oscars) 1961: Bester Film / Männliche Nebenrolle: George Chakiris / Weibliche Nebenrolle: Rita Moreno / Regie: Robert Wise, Jerome Robbins / Kamera–Farbfilm: Daniel L. Fapp / Ton: Fred Hynes, Gordon E. Sawyer / Filmschnitt: Thomas Stanford / Ausstattung–Bühnenbild / Farbfilm: Boris Leven, Victor A. Gangelin / Kostüme–Farbfilm: Irene Sharaff / Musikgesamtwerk-Instrumentierung (Filmversion): Saul Chaplin. Johnny Green, Sid Ramin, Irwin Kostal
ferner: Honorary Award (Ehrenpreis) für Jerome Robbins in Würdigung seiner brillanten Leistungen in der Kunst der Film-Choreographie.

Songs und Musiknummern

Bühne:
Jet Song (When You're a Jet); Something's Coming; The Dance at the Gym: Blues / Promenade / Mambo / Cha-Cha / Jump (instr.); Maria; Tonight, Tonight; America (I Like to Be in America!); Cool; One Hand, One Heart; The Rumble (instr.); I Feel Pretty; Scherzo (instr./Ballett); Somewhere; Gee, Officer Krupke!; A Boy Like That; I Have a Love; Taunting (instr.)

Film:
Jet Song; Something's Coming; The Dance at the Gym; Maria; America; Tonight, Tonight; Gee, Officer Krupke!; I Feel Pretty; One Hand, One Heart; Quintet (teilweise: Tonight); The Rumble; Cool; A Boy Like That; I Have a Love; Somewhere

Schallplatten:
NY – Columbia OL 5230/OS 2001,Columbia S 32603, CBS BPG 62060, CBS 31491
L – Rondolette 856
F – Columbia OL 5670/OS 2070, CBS BPL 62058, CBS S 70006
St – (L/George Chakiris, Bruce Trent, Lucille Graham) Saga XIL 6001/ EROS 8106, (José Carreras, Kiri Te Kanawa) Deutsche Grammophon 415253, Deutsche Grammophon 415963, (D/Ingeborg Hallstein, Heinz Hoppe) Polydor 249157, Polydor 2428107, (D/Monika Dahlberg, Peter Beil) Philips 620204 SL, Philips 838903 SY

Vorlage:
Das »Romeo und Julia«-Motiv – die tragisch endende Liebe eines jungen Paares aus verfeindeten Lagern – ist seit dem Mittelalter immer wieder neu in literarischer und dramatischer Form gestaltet worden. Die Namen Romeo und Julia tauchen zum ersten Mal 1524 in der Novelle »Historia novellamente ritrovata di due nobili amanti« des Italieners Luigi da Porto auf. Die nachhaltigste und berühmteste Dramatisierung des Stoffes schuf William Shakespeare. Seine Tragödie »Romeo and Juliet« entstand vermutlich 1595 (Originaltitel: »An Excellent Conceited Tragedie of Romeo and Juliet«).

Hinweis:
Der »Romeo und Julia«-Stoff ist, besonders unter Verwendung der Tragödie von William Shakespeare als Vorlage, vielfach für das Musiktheater und den Film gestaltet worden, so in den nachfolgend genannten Werken.

Bühne:

Oper: *Romeo und Julie*
Musik: Georg Benda
Autor: Friedrich Wilhelm Gotter, nach
der Tragödie »Romeo and Juliet« von
William Shakespeare
Gotha: 25. September 1776

Oper: *Romeo e Giulietta*
Musik: Johann Gottfried Schwanenber-
ger (auch: Schwanberg)
Autor: Carlo Sanseverino, nach der Tra-
gödie »Romeo and Juliet« von William
Shakespeare
Braunschweig, Herzogliches Theater:
März 1778

Oper: *Tout pour l'amour – Juliette et
Romeo*
Musik: Nicolas Dalayrac
Autor: Monvel (d. i. Jacques Marie Bou-
tet), nach der Tragödie »Romeo and Ju-
liet« von William Shakespeare
Paris, Comédie Italienne: 6. Juli 1792

Oper: *Roméo et Juliette*
Musik: Daniel Steibelt
Autor: Jos. Alexandre Vicomte de Ségur,
nach der Tragödie »Romeo and Juliet«
von William Shakespeare
Paris, Théâtre Feydeau: 10. September
1793

Oper: *Giulietta e Romeo*
Musik: Niccolò Antonio Zingarelli
Autor: Giuseppe M. Foppa, nach Moti-
ven aus dem zehnten Kapitel des zweiten
Bandes der »Storie di Verona« (1594) von
Girolamo Della Corte
Mailand, Teatro alla Scala: 30. Januar
1796

Oper: *Romeo e Giuletta*
Musik: Pietro Carlo Guglielmi
Buch nach der Tragödie »Romeo and Ju-
liet« von William Shakespeare
London, King's Theatre in the Hay Mar-
ket: 20. Februar 1810

Oper: *Giulietta e Romeo*
Musik: Nicola Vaccai
Autor: Felice Romani, nach der Tragödie

»Romeo and Juliet« von William Shakespeare
Mailand, Teatro Canobiana: 31. Oktober
1825

Oper: *I Capuleti ed i Montecchi*
Musik: Vincenco Bellini, d. J.
Autor: Felice Romani (Libretto der Oper
»Giulietta e Romeo« von 1825)
Venedig, Teatro la Fenice: 11. März 1830

Oper: *Romeo y Julieta*
Musik: Melesio Morales
Buch nach der Tragödie »Romeo and Ju-
liet« von William Shakespeare
Mexico City: 27. Januar 1863

Oper: *Romeo e Giulietta*
Musik: Filippo Marchetti
Autor: Marco Marcelliano Marcello,
nach der Tragödie »Romeo and Juliet«
von William Shakespeare
Triest, Teatro grande: 24. Oktober 1865

Oper: *Roméo et Juliette*
Musik: Charles Gounod
Autoren: Jules Barbier, Michel Carré,
nach der Tragödie »Romeo and Juliet«
von William Shakespeare
Paris, Théâtre lyrique: 27. April 1867

Oper: *Les amants de Vérone (Roméo
et Juliette)*
Musik: Richard Yrvid (d. i. Paul Xavier
Desiré Marquis d'Ivry)
Autor: Richard Yrvid, nach der Tragödie
»Romeo and Juliet« von William Shake-
speare
Paris, Salle Duprez: 12. Mai 1867 (Privat-
veranstaltung)
Paris, Théâtre Ventadour: 12. Oktober
1878 (öffentl. Aufführung)

Oper: *Romeo und Julia auf dem Dorfe /
A Village Romeo and Juliet*
Musik: Frederick Delius
Autor: Frederick Delius, nach der Novel-
le »Romeo und Julia auf dem Dorfe«
(1856) aus dem Zyklus »Die Leute von
Seldwyla« von Gottfried Keller
Berlin, Komische Oper: 21. Februar
1907

London, Covent Garden Opera: 22. Februar 1910
→ Film (1941) »Romeo und Julia auf dem Dorfe« unter Hinweis/Film

Oper: *Romeo and Juliet*
Musik: John Barkworth
Autor: John Barkworth, nach der gleichnamigen Tragödie von William Shakespeare
Middlesbrough/Großbritannien: 7. Januar 1916

Oper: *Romeo y Julieta – Los amantes de Verona*
Musik: Conrado del Campo y Zabaleta
Buch nach der Tragödie »Romeo and Juliet« von William Shakespeare
Madrid: 1916

Oper: *Giuletta e Romeo*
Musik: Riccardo Zandonai
Autor: Arturo Rossata, nach der Tragödie »Romeo and Juliet« von William Shakespeare und älteren Erzählungen von Luigi Da Porto (1524) und Matteo Bandello (1554)
Rom, Teatro Costanzi: 14. Februar 1922

Ballett: *Romeo and Juliet (»Probe ohne Bühnenbild«)*
Musik: Constant Lambert
Libretto: Serge Diaghilew, Boris Kochno, frei nach der gleichnamigen Tragödie von William Shakespeare
Monte Carlo, Opéra: 4. Mai 1926

Ballett: *Romeo i Dschulietta*
Musik: Sergej Prokofjew
Libretto: Sergej Radlow, Pjotrkowski, Leonid Lawrowski, Sergej Prokofjew, nach der Tragödie »Romeo and Juliet« von William Shakespeare
Brünn, Státni divadlo: 30. Dezember 1938

Oper: *Romeo und Julia*
Musik: Heinrich Sutermeister
Autor: Heinrich Sutermeister, nach der Tragödie »Romeo and Juliet« von William Shakespeare (in der Übersetzung von August Wilhelm Schlegel und Ludwig Tieck)
Dresden, Staatsoper: 13. April 1940

Ballett: *Die Liebenden von Verona*
Musik: Leo Spiehs
Libretto: Tatjana Gsovsky, nach der Tragödie »Romeo and Juliet« von William Shakespeare
Leipzig, Opernhaus: 8. November 1942

Ballett: *Roméo et Julietta*
Musik auf der Basis der Sinfonischen Dichtung »Romeo und Julia« (1869/1880) von Peter Tschaikowsky
Libretto: Serge Lifar, nach der Tragödie »Romeo and Juliet« von William Shakespeare
Paris, Théâtre nationale de l'Opéra: 13. April 1949

Oper: *Romeo und Julia*
Musik: Boris Blacher
Autor: Boris Blacher, nach der Tragödie »Romeo and Juliet« von William Shakespeare
Salzburg, Landestheater (Salzburger Festspiele): 9. August 1950
Anmerkung: Das Werk war zunächst als Konzert entstanden, Berlin 1947.

Ballett: *Roméo et Julietta*
Musik auf der Basis der gleichnamigen Dramatischen Sinfonie (1838) von Hector Berlioz
Libretto: Maurice Béjart, nach der Tragödie »Romeo and Juliet« von William Shakespeare
Brüssel, Cirque Royal: 17. November 1966

Ballett: *Romeo, Julia und die Finsternis*
Musik: Jean Kurt Forest
Libretto: Grita Krätke (Bearbeitung: Enno Markwart), in freier Abwandlung des »Romeo und Julia«-Stoffes, nach der Novelle »Romeo, Julie a tma« (1958) des tschechischen Schriftstellers Jan Otčenášek
Zittau, Gerhart-Hauptmann-Theater: 5. April 1969
Anmerkung: Das Ballett war zunächst 1963 als Fernsehproduktion entstanden.
→ Film (1960) »Romeo, Julie a tma« unter Hinweis/Film

Musical: *Montague und Capulet*
Musik: Osmar Siegler

Autor: Karl-Heinz Bischoff, auf der Basis der Tragödie »Romeo and Juliet« von William Shakespeare
Stralsund: 13. April 1969

Musical: *Es war die Nachtigall*
Musik: Dov Seltzer
Liedtexte: Yvette Kolb
Buch: Ephraim Kishon, nach seiner Komödie »Es war die Lerche« (deutsch v. Friedrich Torberg/Zürich, Schauspielhaus: 31. Dezember 1974)
Castrop-Rauxel: Stadthalle (Westfälisches Landestheater): 19. April 1991
Anmerkung: Das Werk ist eine Parodie auf »Romeo und Julia« unter dem Aspekt, daß das Paar 18 Jahre lang verheiratet sei und sich im Stadium eines Ehekriegs befindet.

Hinweis/Film:
Verfilmungen des »Romeo und Julia«-Stoffes, auch in Abwandlungen und Lustspielversionen.

Romeo et Juliette
Stummfilm/1900, Frankreich – Clément Maurice (1 Rolle)
Buch: Szenen aus der Tragödie »Romeo and Juliet« von William Shakespeare
Hauptdarsteller: Emilio Cossira (Romeo)
Regie: Clément Maurice

Romeo e Giulietta
Stummfilm/1908, Italien – Cines (1 Rolle)
Buch nach der Tragödie »Romeo and Juliet« von William Shakespeare
Hauptdarsteller: Francesca Bertini (Giulietta), Mario Gasperini
Regie: Mario Caserini

Romeo and Juliet
Stummfilm/1908, USA – Vitagraph, 915 ft/279 m (11 Min.)
Drehbuch: Liebler, nach der gleichnamigen Tragödie »Romeo and Juliet« von William Shakespeare
Darsteller: Paul Panzer (Romeo), Florence Lawrence (Juliet), John G. Adolfi (Tybalt), William V. Ranous (The Apothecary), Charles Kent (Capulet), Charles Chapman (Montague)
Regie: J. Stuart Blackton

Romeo and Juliet
Stummfilm/1908, Großbritannien – Léon Gaumont, 1240 ft/378 m (14 Min.)
Theater-Film (Lyceum Theatre)
Buch: Die gleichnamige Tragödie von William Shakespeare
Darsteller: Godfrey Tearle (Romeo), Mary Malone (Juliet), Gordon Bailey (Mercutio), James Annand (Tybalt)

Romeo and Juliet in Our Town
Stummfilm/1910, USA – Selig, 1000 ft/305 m (12 Min.)
Burleske
Drehbuch frei nach der Tragödie »Romeo and Juliet« von William Shakespeare

Giulietta e Romeo
Stummfilm/1911, Italien – Film d'Arte (2 Rollen)
Drehbuch nach der Tragödie »Romeo and Juliet« von William Shakespeare
Hauptdarsteller: Gustavo Serena (Romeo), Francesca Bertini (Giulietta), Ferrucio Garavaglia
Regie: Gerolamo Lo Savia

Romeo and Juliet
Stummfilm/1911, USA – Thanhouser (2 Rollen)
Drehbuch: Theodore Marston, nach der gleichnamigen Tragödie von William Shakespeare
Darsteller: George A. Lessey (Romeo), Julia M. Taylor (Juliet), William Garwood, Mrs. Walton
Regie: Barry O'Neil

Romeo and Juliet
Stummfilm/1914, USA – AB, 508 ft/155 m (6 Min.)
Burleske
Drehbuch frei nach der gleichnamigen Tragödie von William Shakespeare
Regie: Travers Vale

Romeo and Juliet
Stummfilm/1915, Großbritannien – Cricks, 970 ft/296 m (11 Min.)
Komödie (Theaterensemble)
Buch: Reuben Gillmer, frei nach der gleichnamigen Tragödie von William Shakespeare

Darsteller: »Mudford Amateur Dramatic Society« und Willy Clarkson
Regie: W. P. Kellino

Romeo and Juliet
Stummfilm/1916, USA – Quality/Metro Pictures (8 Rollen)
Drehbuch: John Arthur, Rudolph De Cordova, John W. Noble, nach der gleichnamigen Tragödie von William Shakespeare
Darsteller: Francis X. Bushman (Romeo), Beverly Bayne (Juliet), Robert Cummings (Friar Laurence), Adella Barker (Juliet's Nurse), Joseph Dailey (Peter), W. Lawson Butt (Tybalt), Edmund Elton (Lord Capulet), Helen Dunbar (Lady Capulet), Eric Hudson (Lord Montague), Genevieve Reynolds (Lady Montague), Horace Vinton (Escalus, the Prince), Olaf Skavlan (Benvolio), Fritz Leiber (Mercutio), William H. Burton (The Bishop of Verona), Harry Sothern (Abram), Ethel Mantell (Rosaline), Leonard Grover Sr. (Member of Capulet Family), Leonard Grover Jr. (Uncle to Capulet), Barry Macollum (A Servant), Norman Macdonald (A Servant), Marie Booth (A Court Lady), Alexandre J. Herbert (Friar John), Violet Hall-Caine (Member of Capulet Family), Venie Atherton (A Court Lady), Barry Maxwell (Apothecary), John Davidson (Paris), John Burke, Lewis Sealy, Edwyn Eaton, E. P. Sullivan, Morgan Thorpe, Alexander Loftus, Robert Vivian, Edwin Boring, Ben Higgins, Charles A. Smily, A. P. Kaye, Joseph Robison, Jack Blake, Lionel Belmore, Emma Kemble, Blanche Davenport, John B. Hollis, Dorothy Kingdon, John D. Murphy, Richard Barthelmess
Regie: John W. Noble (Künstlerische Oberleitung: Maxwell Karger)

Romeo and Juliet
Stummfilm/1916, USA – Fox Film Corporation (7 Rollen)
Drehbuch: Adrian Johnson, nach der gleichnamigen Tragödie von William Shakespeare
Darsteller: Harry Hilliard (Romeo), Theda Bara (Juliet), John Webb Dillon (Ty-

balt), Edwin Holt (Lord Capulet), Helen Tracy (Lady Capulet), Elwin Eaton (Lord Montague), Victory Bateman (Lady Montague), Glen White (Mercutio), Walter Law (Friar Laurence), Alice Gale (The Nurse), Einar Linden, Jane Lee, Katherine Lee, May De Lacy
Produzent: William Fox
Regie: J. Gordon Edwards

Romeo and Juliet
Stummfilm/1920, USA – Star/Universal (1 Rolle)
Burleske
Drehbuch: Maynard Laswell, frei nach der gleichnamigen Tragödie von William Shakespeare
Darsteller: Walter Hiers (Romeo), Dorothea Wolbert (Juliet)
Regie: Vin Moore

Romeo und Julia im Schnee
Stummfilm/1920, Deutschland – Maxim-Film Ebner & Co, Berlin, 947 m (35 Min.)
Burleske in einem winterlichen Alpendorf
Drehbuch: Hanns Kräly, Ernst Lubitsch, frei nach Motiven der Tragödie »Romeo and Juliet« von William Shakespeare
Darsteller: Jakob Tiedtke (Capulethofer), Marga Köhler (Seine Frau), Lotte Neumann (Julia, beider Tochter), Ernst Rückert (Montekugerl), Josefine Dora (Seine Frau), Gustav von Wangenheim (Romeo, beider Sohn), Julius Falkenstein (Paris), Paul Biensfeldt (Dorfrichter), Hermann Picha (Schreiber), Paul Passarge (Neffe Tübalder)
Regie: Ernst Lubitsch

Doubling for Romeo
Stummfilm/1921, USA – Goldwyn Pictures, 5304 ft/1617 m (60 Min.)
Cowboy-Burleske
Drehbuch: Bernard McConville, nach einer Story von Elmer Rice, frei nach Motiven der Tragödie »Romeo and Juliet« von William Shakespeare
Darsteller: Will Rogers (Sam/Romeo), Sylvia Breamer (Lulu/Juliet), Raymond Hatton (Steve Woods/Paris), Sydney Ainsworth (Pendleton/Mercutio), Al Hart

(Big Alec/Tybalt), John Cossar (Foster/ Capulet), C. E. Thurston (Duffy Saunders/Benvolio), Cordelia Callahan (Maggie/Maid), Roland Rushton (Minister/ Friar), Jimmy Rogers (Jimmie Jones), William Orlamond (Movie Director)
Regie: Clarence Badger

Romeo and Juliet
Stummfilm/1924, USA – Mack Sennett (Kurz)
Burleske, Parodie
Buch frei nach der gleichnamigen Tragödie von William Shakespeare
Darsteller: Ben Turpin (Romeo), Alice Day (Juliet)
Regie: Harry Sweet

Romeo and Juliet
1936, USA – Metro-Goldwyn-Mayer, 127 Min.
Drehbuch: Talbot Jennings, frei nach der gleichnamigen Tragödie von William Shakespeare
Darsteller: Leslie Howard (Romeo), Norma Shearer (Juliet), John Barrymore (Mercutio), Edna May Oliver (Juliet's Nurse), Basil Rathbone (Tybalt), C. Aubrey Smith (Lord Capulet), Andy Devine (Peter), Ralph Forbes (Count Paris), Henry Kolker (Friar Laurence), Reginald Denny (Benvolio), Violet Kemble-Cooper (Lady Capulet), Maurice Murphy (Balthasar), Conway Tearle (Escalus, Prince of Verona), Robert Warwick (Lord Montague), Virginia Hammond (Lady Montague), Vernon Downing (Samson Capulet), Ian Wolfe (Apothecary), Carlyle Blackwell Jr. (Tybalt's Page), Anthony March (Mercutio's Page), Anthony Kemble-Cooper (Gregory Capulet), Howard Wilson (Abraham Montague), John Bryan (Friar John), Katherine De Mille (Rosalind), Wallis Clark (Town Watch), Howard Entwistle (Nobelman), Charles Bancroft (Nobleman), José Rubio (Nobleman), Dean Richmond Bentor, Lita Chevret, Jeanne Hart, Dorothy Granger
Produzent: Irving G. Thalberg
Choreographie: Agnes de Mille
Regie: George Cukor

Villa Discordia
1938, Argentinien
Drehbuch: Nicolas Viola
Hauptdarsteller: Olinda Bozán, Paquito Bustos, Santiago Gómez
Regie: Arturo S. Mom

Julieta y Romeo
1940, Spanien
Drehbuch: José Mari Castellvi
Hauptdarsteller: Marta Flores, Enrique Guitart, Candelaria Medina, Francisco Hernández
Regie: José Mari Castellvi

Espoirs (auch: Le champ maudit)
1941, Frankreich – Sport Films, 92 Min.
Drehbuch: Willy Rozier, Logan, nach der Erzählung »Romeo und Julia auf dem Dorfe« (1856) aus dem Novellen-Zyklus »Die Leute von Seldwyla« von Gottfried Keller
Darsteller: Robert Lynen (Pierre Martin), Jacqueline Roman (Isabelle Aubert), Constant Rémy (Aubert), Pierre Larquey (Martin), Gaston Jacquet (Grigou), Marfa Dhervilly, Cécile Didier, Victor Vina, Jean Sinoel, Laurence Richard, Monique, Jean Brochard, Anthony Gildés, Julien Maffre, Coco
Regie: Willy Rozier

Romeo und Julia auf dem Dorfe
1941, Schweiz – Pro-Film, 90 Min.
Drehbuch: Hans Trommer, nach der gleichnamigen Erzählung (1856) aus dem Novellen-Zyklus »Die Leute von Seldwyla« von Gottfried Keller
Darsteller: Erwin Kohlund (Salomon Manz, gen. Sali), Margrit Winter (Vreneli Marti), Johannes Steiner (Bauer Manz, Salis Vater), Emil Gyr (Bauer Marti, Vrenelis Vater), Emil Gerber (Der schwarze Geiger), Walpurga Gmür (Frau Manz), Anni Dürig (Frau Marti), Ella Kottusch (Elise), Dorli Zäch und Richard Schumacher (Kinder), Ursula von Wiese, Fred Lucca, Louis Mattlé, Hans Fehrmann
Regie: Valérien Schmidely (Künstlerische Oberleitung: Hans Trommer)

Romeo y Julieta
1943, Mexiko – Posa Films, 109 Min.
Parodie
Drehbuch: Jaime Salvador, frei nach der
Tragödie »Romeo and Juliet« von William Shakespeare
Darsteller: Cantinflas/d. i. Mario Moreno
(Romeo), Maria Elena Marqués (Julieta), Andrés Soler (Capulet), Emma
Roldán (Señora Capulet), Angel Garasa
(Fraile Lorenzo), Tito Junco (Theobold),
Ortiz de Zarate (Duque de Verona)
Regie: Miguel M. Delgado

Shuhaddaa El Gharam
1944, Ägypten
Abgewandelt als orientalische Version
Drehbuch nach der Tragödie »Romeo
and Juliet« von William Shakespeare
Hauptdarsteller: Ibrahim Hamada (»Romeo«), Leila Mourad (»Juliet«)
Regie: Kamal Salim

Jugendliebe
(später – 1952: ÜBER'S JAHR, WENN DIE
KORNBLUMEN BLÜHEN)
(Österreichischer Titel: DIE VRONI VOM
BERGBAUERNHOF)
1947, Deutschland (gedreht 1944) – Tobis
Filmkunst, 79 Min.
Drehbuch: Eduard von Borsody, nach
Motiven der Erzählung »Romeo und
Julia auf dem Dorfe« (1856) aus dem
Novellen-Zyklus »Die Leute von Seldwyla« von Gottfried Keller
Darsteller: Rose Marten (Vroni), John
Pauls-Harding (Friedel), Willy Rösner
(Burger, Vronis Vater), Käte Merk (Mena, seine Frau), Leopold Kerscher (Manz,
Friedels Vater), Fritz Kampers (Paust,
Gastwirt), Friedrich Ulmer (Bürgermeister), Julius E. Eckhoff (Gemeindediener), Luise Stranzinger (Kellnerin Sepha), Maria Hofen (Kellnerin Kathi),
Karl Kalwoda (Der alte Lechner), Mirzl
Mayerhofer (Die Lechnerin), Louis
Ralph (Ein alter Bauer), Otto Kustermann (Knecht Hias), Hans Hanauer
(Bauer), Hermann Schiffermüller (Bauer), Hans Oettel (Bauer), Emil Heß,
Hans Adalbert Schlettow
Regie: Eduard von Borsody

Anjuman
1948, Indien (Hindi) – Nargis Art Concern, 139 Min.
Drehbuch: Jaddanbal, nach der Tragödie
»Romeo and Juliet« von William Shakespeare
Hauptdarsteller: Jairaj, Nargis, Durga
Khote, Raj Rani, Neelum, R. A. Khan,
Amanullah, Supra, Anwar
Produzent: Akhtar Hussain
Regie: Akhtar Hussain

Les amants de Vérone
(Deutscher Titel: DIE LIEBENDEN VON
VERONA)
1949, Frankreich – C.I.C.C., 110 Min.
Deutsche Erstaufführung: 1953
Abgewandelte, gegenwartsbezogene Version (1948)
Drehbuch: Jacques Prévert, André Cayatte, frei nach der Tragödie »Romeo
and Juliet« von William Shakespeare
Darsteller: Serge Reggiani (Angelo),
Anouk Aimée (Georgia), Pierre Brasseur
(Rafaële), Martine Carol (Bettina Vardi), Louis Salou (Maglia), Marianne Oswald (Laetitia), Solange Sicard (Madame
Maglia), Marcel Dalio (Amedeo Maglia),
Claudie Carter (Cléo), Roland Armontel
(Bianchini), Philippe Lemaire (Benedetti), Charles Dechamps (Sandrini), Yves
Deniaud (Ricardo), René Génin (Le gardien du tombeau), Palmyre Levasseur
(L'habilleuse), Max Dalban (Le premier
tueur), Frédéric O'Brady (Le deuxième
tueur), Charles Blavette (Le patron de la
verrerie), Claude Nicot (Leo), Guy Favières (Le grand-père), Marcel Pérès
(Domini), Robert Rollis (La doublure),
Frank Maurice
Produzent: Raymond Borderie
Regie: André Cayatte

Romeo and Juliet / Giulietta e Romeo
(Deutscher Titel: ROMEO UND JULIA)
1954, Großbritannien/Italien – J. Arthur
Rank/Universalcine-Verona – Technicolor, 140 Min.
Deutsche Erstaufführung: 1955
Drehbuch: Renato Castellani, nach der
gleichnamigen Tragödie von William
Shakespeare

Darsteller: Laurence Harvey (Romeo), Susan Shentall (Juliet), Flora Robson (The Nurse), Mervyn Johns (Friar Laurence), Bill Travers (Benvolio), Enzo Fiermonte (Tybalt), Aldo Zollo (Mercutio), Giovanni Rota (Prince of Verona), Sebastian Cabot (Capulet), Lydia Sherwood (Lady Capulet), Norman Wooland (Paris), Guilio Garbinetti (Montague), Nietta Zocchi (Lady Montague), Dagmar Josipovich (Rosaline), Luciano Bodi (Abraham), Thomas Nicolls (Friar John), John Gielgud (The Chorus)
Produzenten: Sandro Ghenzi, Joseph Janni
Regie: Renato Castellani

Romeo i Djuletta
(Deutscher Titel: ROMEO UND JULIA)
1955, Sowjetunion – Mosfilm – Sovcolor, 92 Min.
Deutsche Erstaufführung: 1955
Ballettfilm
Drehbuch: Leo Arnstam, Leonid Lawrowski, frei nach der Tragödie »Romeo and Juliet« von William Shakespeare
Darsteller: Galina Ulanowa (Djuletta/Julia), Juri Shdanow (Romeo), Alexej Jermolajew (Tybalt), Sergej Korenj (Mercutio), A. Lapauri (Graf Paris), A. Radunski (Graf Capulet), J. Iljustschenko (Gräfin Capulet), I. Olenina (Die Amme), S. Uwarow (Graf Montague), W. Kudrjaschow (Benvolio), L. Lostschilin (Pater Lorenzo)
ferner: Das Ballett und das Orchester des Großen Akademischen Theaters der UdSSR, Leitung: G. Rashdestwenski
Musik: Sergej Prokofjew
Choreographie: Leonid Lawrowski
Regie: Leo Arnstam, Leonid Lawrowski
Anmerkung: Es handelt sich um die Filmversion einer erfolgreichen Bühneninszenierung (Ballettdrama), Leningrad, Kirow-Theater: 11. Januar 1940, in der Galina Ulanowa bereits die Julia darstellte, sowie Dezember 1946 im Moskauer Bolschoi-Theater. (Die Uraufführung des Balletts fand statt in Brünn, Státni divadlo: 30. Dezember 1938. Choreographie: Ivo Váňa-Psota)

Romeo, Julie a tma
(Deutscher Titel: ROMEO, JULIA UND DIE FINSTERNIS)
(Englischer Titel: SWEET LIGHT IN A DARK ROOM)
1960, Tschechoslowakei – Fimové studio Barrandov, 96 Min.
Deutsche Erstaufführung: 1966
Abgewandelte und in die Tschechoslowakei zur Zeit der deutschen Besetzung ins Jahr 1942 verlegte Handlung.
Drehbuch: Jiří Weiss, Jan Otčenášek, nach der gleichnamigen Novelle (1958) von Jan Otčenášek
Darsteller: Ivan Mistrik (Pavel), Dana Smutná (Hanka), Jiřina Šejbalová (Pavels Mutter), Frantisek Smolik (Pavels Großvater), Blanka Bohdanová (Kubisová), Eva Mrázová (Alena), Karla Chadimová (Josefka), Miroslav Svoboda (Wurm), Karlička Svobodová (Martička Wurmova), Vladimir Ráž (Klassenlehrer), Milos Nedbal (Schuldirektor), Anna Melišková (Kubrychtová), Václav Lohniský (Eisenbahner), Josef Kozák (Pförtner), Ladislav Kazda (Melichar), Jiří Kodet (Vojta), Jindřich Narenta (Bubi), Véra Tichánková (Bauersfrau), Alexandra Myšková (Wurmová), Véra Váchová (Irena), Zuzana Fišarková (Melicharová), Stanislav Langer (Doktor), Ladislav Mrkvička (Bubenik), Ladislav Gzela (Nachbar), Jan Pelikán (Alter Mann), Ruda Princ (Abfallsammler), Jan Skopeček (Geheimagent), Václav Sloup (Student)
ferner: Marie Marešová, Ela Poznerová (Nachbarinnen), Josef Vorel, Ivo Gübel, Pavel Bártl (Gestapoagenten)
Regie: Jiří Weiss

Romanoff and Juliet
(Deutscher Titel: ROMANOFF UND JULIA)
1961, USA – Pavor S. A./Universal International – Technicolor, 103 Min.
Deutsche Erstaufführung: 1961
»Romeo und Julia« als Komödie, in den Ost-West-Konflikt der Nachkriegszeit übertragen
Drehbuch: Peter Ustinov, nach seiner gleichnamigen Bühnenkomödie (New

York, Plymouth Theatre: 10. Oktober 1957)
Darsteller: Peter Ustinov (The General), Sandra Dee (Juliet Moulsworth), John Gavin (Igor Romanoff), Akim Tamiroff (Vadim Romanoff), Alix Talton (Beulah Moulsworth), Rik van Nutter (Freddie van der Stuyt), John Phillips (Hooper Moulsworth), Peter Jones (Otto), Tamara Shayne (Evdokia Romanoff), Suzanne Cloutier (Marfa Zlotochienko), Edward Atienza (Patriarch), John Alderson (Randle Wix), Thomas Chalmers (Chief Executive), Carl Don (Spy), Tonio Selwart (President at United Nations), Renato Chiantoni (Joseph, the Pilot), Booth Colman (Customs Officer), Moura Budberg (Cook), Gianpaolo Maffei, Strelsa Brown
Produzent: Peter Ustinov
Regie: Peter Ustinov

Giulietta e Romeo / Los amantes de Verona
1964, Italien/Spanien – Imprecine, Rom/Hispamer Films, Madrid – Cromoscope/Eastmancolor, 95 Min.
Drehbuch: Riccardo Freda, nach der Tragödie»Romeo and Juliet« von William Shakespeare
Darsteller: Gerónimo Meynier/auch: Gerald Meynier (Romeo), Rosemarie Dexter (Giulietta), Carlos Estrada (Mercuzio), Umberto Raho (Frate Lorenzo), Tony Soler (Nutrice), Andrea Bosic (Capuleti), Antonella della Porta (Signora Capuleti), José Marco Davó (Conte Paride), German Grech (Tebaldo Capuleti), Mario de Simone (Pietro), Bruno Scipioni (Baldassare), Franco Balducci (Benvolio), Antonio Gradoli (Montecchi), Elsa Vazzolar (Signora Montecchi)
Regie: Riccardo Freda

Romeo and Juliet
(Deutscher Titel: ROMEO UND JULIA)
1966, Großbritannien – Poetic Films/Eastmancolor, 126 Min.
Deutsche Erstaufführung: 1968
Ballettfilm (Atelierproduktion einer Bühneninszenierung mit dem Royal Ballet, London)

Libretto frei nach der gleichnamigen Tragödie von William Shakespeare
Darsteller: Margot Fonteyn (Juliet), Rudolf Nureyev (Romeo), David Blair (Mercutio), Desmond Doyle (Tybalt), Anthony Dowell (Benvolio), Derek Rencher (Paris), Michael Somes (Lord Capulet), Julia Farron (Lady Capulet), Leslie Edwards (Escalus, Prince of Verona), Georgina Parkinson (Rosaline), Gerd Larsen (Nurse), Ronald Hynd (Friar Laurence), Christopher Newton (Lord Montague), Betty Kavanagh (Lady Montague)
(Juliet's Friends): Ann Jenner, Ann Howard, Carol Hill, Diane Horsham, Margaret Lyons, Jennifer Penney
(Harlots): Deanne Bergsma, Monica Mason, Carole Needham
(Mandolin Dancers): Keith Rosson, Robert Mead, Lambert Cos, Ian Hamilton, Kenneth Mason, Laurence Ruffell
(Ballroom Guests, Townspeople): The Royal Ballet
Produzent: Paul Czinner
Musik: Sergej Prokofiew
Choreographie: Kenneth MacMillan
Regie: Paul Czinner
Anmerkung: Es handelt sich um die Filmaufnahme einer erfolgreichen Bühneninszenierung (London, Royal Opera House: 9. Februar 1965).

Romeo and Juliet / Romeo e Giulietta
(Deutscher Titel: ROMEO UND JULIA)
1968, Großbritannien/Italien – British Home Entertainments/Verona Produzione S.r.I./Dino de Laurentiis Cinematografica S.p.A./Paramount Pictures – Technicolor, 152 Min. (138 Min. intern.)
Deutsche Erstaufführung: 1970
Drehbuch: Franco Brusati, Franco Zeffirelli, Masolino D'Amico, nach der Tragödie»Romeo and Juliet« von William Shakespeare
Darsteller: Leonard Whiting (Romeo Montague), Olivia Hussey (Juliet Capulet), Milo O'Shea (Friar Laurence), Michael York (Tybalt), John McEnery (Mercutio), Pat Heywood (Juliet's Nurse), Natasha Parry (Lady Capulet),

Paul Hardwick (Lord Capulet), Robert Stephens (Prince of Verona), Keith Skinner (Balthazar), Roberto Bisacco (Count Paris), Bruce Robinson (Benvolio), Esmeralda Ruspoli (Lady Montague), Antonio Pierfederici (Lord Montague), Richard Warwick (Gregory), Dyson Lovell (Sampson), Ugo Barbone (Abraham), Roy Holder (Peter), Aldo Miranda (Friar John), Dario Tanzini (Page to Tybalt), Paola Tedesco (Rosaline), Murray Head (The Chorus), Maria Fracci, Roberto Antonelli, Carlo Palmucci
Sprecher (Prolog und Epilog): Laurence Olivier
Produzenten: Anthony Havelock-Allan, John Brabourne, Richard Goodwin
Regie: Franco Zeffirelli
Song (Nino Rota/K, Eugene Walter/T): What Is Youth (gesungen von Bruno Filippini)
Auszeichnungen: 2 Academy Awards (Oscars) 1968: Kamera: Pasqualino de Santis / Kostüme: Danilo Donati
Anmerkung: Franco Zeffirelli benutzte das »Romeo und Julia«-Motiv mit veränderter Handlung auch in seinem Film »Endless Love« (USA/1981) nach einem Roman von Scott Spencer.

The Secret Sex Life of Romeo and Juliet
(Deutscher Titel: DAS GEHEIME SEXUAL-LEBEN VON ROMEO UND JULIA)
1970, USA – Global Pictures – Eastmancolor, 96 Min.
Deutsche Erstaufführung: 1970
Sexfilm
Drehbuch: Jim Schumacher, sehr frei nach der Tragödie »Romeo and Juliet« von William Shakespeare
Darsteller: Forman Shane (Romeo), Dicora Carse (Juliet), Mickey Jines (Lady Capulet), Stuart Lancaster (Capulet), Adam Lawrence (Montague), Jay Edwards (Balthasar), Wendel Swink (Friar Laurence), Vincene Wallace (Nurse), Shannon Carse (The Prince), Don Jones (Gregory), Marvin Sweetbody (Paris), Sydney Carlysle (Derek), Karen Thomas (Maid no 1), Pat Davis (Maid no 2), Tiffany Lane (Maid no 3), Elenor Rigby (Maid no 4), Antoinette Maynard (Maid no 5), Dorthea Cristie (Maid no 6), Kelly (Stage Hand), James Brand (Narrator)
Produzent: Arthur P. Stootsberry
Regie: Arthur P. Stootsberry

Resma our Shera
(Deutscher Titel: RESHMA UND SHERRA)
1971, Indien – Ayanta Arst, Bombay, 124 Min.
Deutsche Erstaufführung (mit Untertiteln): 1974
Abgewandelt als indische Version
Drehbuch: Ali Raza, nach der Tragödie »Romeo and Juliet« von William Shakespeare
Darsteller: Waheeda Rehman (Reshma), Sunil Dutt (Shera), Raakhee, Jayant, Sulochna, K. N. Singh, Amrish Puri, Dulari, Sudhir, B. B. Bhalla, Baby Guddi, Vinod Khana
Regie: Sunil Dutt

Szenen aus »Romeo and Juliet« von William Shakespeare sind auch in den nachfolgend genannten Filmen enthalten.

Triumph
USA/1924, R/Cecil B. De Mille
Balkonszene
Rod La Rocque (Romeo/King Garnett), Leatrice Joy (Juliet)

Bluebeard's Seven Wifes
USA/1926, R/Alfred Santell
Ben Lyon (Romeo/John Hart/Don Juan Hartez), Blanche Sweet (Juliet)

Hollywood Revue of 1929
USA/1929, Tonfilm, R (Ausschnitt)/ Lionel Barrymore
Balkonszene (in Technicolor)
John Gilbert (Romeo), Norma Shearer (Juliet)

Prince of Players / König der Schauspieler
USA/1955, R/Philip Dunne
Richard Burton (Romeo/Edwin Booth), Maggie McNamara (Juliet/Mary Delvin)

Hinweis: In dem Episodenfilm »Heldentum nach Ladenschluß« (Deutschland/

1955) ist ein Teil mit dem Titel »Romeo und Julia« enthalten. Es handelt sich dabei um die Fluchtgeschichte zweier deutscher Soldaten nach der Kapitulation 1945, wobei die beiden sich als Liebespaar tarnen, indem der eine sich als Mädchen verkleidet.

WHERE'S CHARLEY?

Musik und Songtexte: Frank Loesser
Buch: George Abbott, nach der Komödie »Charley's Aunt« (1892) (deutsch: »Charleys Tante«) von Brandon Thomas
Premiere in New York, St. James Theatre: 11. Oktober 1948

Personen und die Darsteller der Premiere:

Charley Wykeham	Ray Bolger
Amy Spettigue	Allyn Ann McLerie
Kitty Verdun	Doretta Morrow
Donna Lucia D'Alvadorez	Jane Lawrence
Jack Chesney	Byron Palmer
Sir Francis Chesney	Paul England
Mr. Spettigue	Horace Cooper
Brassett	John Lynds
Wilkinson	Edgar Kent
Professor	Jack Friend
Photographer	James Lane
Patricia	Marie Foster
Reggie	Douglas Deane

Dancers: Mary Alice Bingham, Vicki Barrett, Geraldine Delaney, Marge Ellis, Marie Foster, Marcia Maier, Nina Starkey, Susan Stewart, Toni Stewart, George Enke, John Friend, Bobby Harrell, Dusty McCaffrey, Walter Rinner, Bill Weber, Gordon West, Ken Whelan, Douglas Deane

Produzenten: Cy Feuer, Ernest H. Martin
Choreographie: George Balanchine
Regie: George Abbott
Ort. Oxford/England
Zeit: 1892

Handlung: Turbulente Verwechslungskomödie – der bekannte Bühnenerfolg »Charleys Tante«, leicht verändert. Charley und Jack, zwei Oxford-Studenten, planen eine Zusammenkunft mit Amy und Kitty, Mädchen, die sie heiraten wollen. Amys Vater aber läßt das Treffen nur zu, wenn eine Anstandsdame dabei ist. Kurz entschlossen übernimmt Charley selbst diese Rolle, indem er in Frauenkleider schlüpft und sich als seine Tante Donna Lucia aus Brasilien ausgibt, die angeblich zu Besuch sei. Jacks Vater, gerade in Schulden geraten, beginnt, sich sehr für die reiche Witwe aus Brasilien zu interessieren. Doch auch Amys Vater begeistert sich für diese Tante, was sowohl Charley als auch die ganze Gesellschaft in Schwierigkeiten bringt. Die Verwicklungen nehmen zu und erreichen ihren Höhepunkt, als die echte Donna Lucia plötzlich erscheint, um tatsächlich ihren Neffen zu besuchen. Sie erkennt sehr schnell die Situation, stellt sich mit anderem Namen vor und klärt die Sachlage. Durch ihren Einfluß veranlaßt sie die beiden Väter, den Heiratsplänen der jungen Leute zuzustimmen. Sie selbst entscheidet sich für Jacks Vater, der um ihre Hand angehalten hat, da er auch noch nach der veränderten Situation der Ansicht ist, daß Charleys Tante eine bezaubernde und überdies reiche Frau sei.

Auszeichnung: 1 Antoinette Perry Award (Tony) 1949: Männliche Hauptrolle–Musical: Ray Bolger

Film:

Where's Charley?
1952, Großbritannien – Warner Bros. – Technicolor, 97 Min.
Musik und Songtexte: Frank Loesser
Drehbuch: John Monks Jr., nach dem gleichnamigen Musical

Personen und ihre Darsteller:

Charley Wykeham	Ray Bolger
Amy Spettigue	Allyn McLerie
Kitty Verdun	Mary Germaine
Donna Lucia D'Alvadorez	Margaretta Scott
Jack Chesney	Robert Shackleton
Stephen Spettigue	Horace Cooper
Sir Francis Chesney	Howard Marion Crawford
Brassett	Henry Hewitt

Wilkinson   H. G. Stoker
Photographer   Martin Miller

Produzenten: Ernest Martin, Cy Feuer
Choreographie: Michael Kidd
Regie: David Butler

Songs und Musiknummern

Bühne:
The Years Before Us; Better Get Out of
Here; The New Ashmolean Marching So-
ciety and Students' Conservatory Band;
My Darling, My Darling; Make a Miracle;
Serenade With Asides (Lucia, Lucia);
Lovelier Than Ever; The Woman in His
Room; Pernambuco; Where's Charley?;
Once in Love With Amy; The Gossips; At
the Red Rose Cotillion

Film:
Make a Miracle; The New Ashmolean
Marching Society and Students' Conser-
vatory Band; My Darling, My Darling;
Once in Love With Amy; At the Red
Rose Cotillion; Better Get Out of Here;
Lucia; Where's Charley?

Schallplatte:
L - (1958) Columbia 33 SX 1085

Vorlage des Musicals:

Bühne:

Komödie: *Charley's Aunt*
Buch: Brandon Thomas
Uraufführung: Bury St. Edmunds/Eng-
land, The Royal Theatre: Februar 1892
Premiere in London, Royalty Theatre:
21. Dezember 1892
Darsteller der Premiere in London:
W. S. Penley (Lord Fancourt Babber-
ley/»Charley's Aunt«), Brandon Thomas
(Colonel Sir Francis Chesney), Henry
Farmer (Charley Wykeham), Ernest
Hendrie (Stephen Spettigue), Percy Lyn-
dal (Jack Chesney), Kate Gordon (Amy
Spettigue), Ada Branson (Donna Lucia
d'Alvadorez), Nina Boucicault (Kitty
Verdun), Emily Cudmore (Ela Delahay),
Cecil H. Thornbury (Brassett), G. Graves
(The New Footman)
Produzent: Brandon Thomas
Regie: Brandon Thomas

Anmerkung: Sensationserfolg nach der
Premiere in London. Weiterführung des
Stücks im Globe Theatre, London.
Während einer Laufzeit von vier Jahren
1469 Aufführungen. Repertoirestück der
Bühnen in aller Welt.
Deutschsprachige Erstaufführung (»Char-
ley's Tante«): 17. September 1893,
Adolph-Ernst-Theater, Berlin

Hinweis/Bühne:
Nach dem Schwank »Charley's Aunt«
von Brandon Thomas entstanden auch
andere Musical-Versionen, so die folgenden.

Musical: *Charley's neue Tante (Char-
ley's Tante mit Musik)*
Musik: Lotar Olias
Autor: Gustav Kampendonk (Liedtexte:
Kurt Schwabach)
Uraufführung: Hamburg, Die kleine Ko-
mödie: 6. Januar 1966

Musical: *Charley's Tante*
Musik: Ralph Maria Siegel
Autoren: Robert Gilbert, Max Colpet
Uraufführung: München, Deutsches
Theater: 9. März 1967

Nach der Vorlage »Charley's Aunt« von
Brandon Thomas entstand ferner 1979
ein Musical in der Sowjetunion (Uraufführung in Moskau) – Musik: Oskar Bo-
rissowitsch Felzman / Autor: Wladimir
Poljakow (Liedtexte: Robert Roshdest-
wenski). Deutschsprachige Erstaufführung unter dem Titel »Die Tante aus Brasilien«: Berlin, Metropol-Theater 21. September 1984 (Autor: Hans-Joachim Martens).

Hinweis/Film:
Verfilmungen der Komödie »Charley's
Aunt« von Brandon Thomas, der Vorla-
ge des Musicals.

Charley's Aunt
Stummfilm/1925, USA – Christie Film
Company/Producers Distributing Corp.,
7243 ft/2208 m (81 Min.)
Drehbuch: F. McGrew Willis, nach der
gleichnamigen Komödie von Brandon
Thomas

Darsteller: Sydney Chaplin (Lord Fancourt Babberley/»Charley's Aunt«), Mary Akin (Amy Spettigue), Eulalie Jensen (Donna Lucia D'Alvadorez), Priscilla Bonner (Kitty Verdun), David James (Jack Chesney), Phillips Smalley (Sir Francis Chesney), James E. Page (Mr. Spettigue), Lucien Littlefield (Brassett, the Scout), Jimmy Harrison (Charley Wykeham), Alec B. Francis (Mr. Delahay), Ethel Shannon (Ela Delahay)
Produzenten: Al Christie, Charles Christie
Regie: Scott Sidney

Charley's Aunt
1930, USA – Christie Film Company/Columbia, 7890 ft/2405 m (88 Min.)
Drehbuch: F. McGrew Willis, nach der gleichnamigen Komödie von Brandon Thomas
Darsteller: Charles Ruggles (Lord Fancourt Babberley/»Charley's Aunt«), June Collyer (Amy Spettigue), Doris Lloyd (Donna Lucia D'Alvadorez), Flora Sheffield (Kitty Verdun), Rodney McLennon (Jack Chesney), Halliwell Hobbes (Stephen Spettigue), Wilson Benge (Brassett), Hugh Williams (Charley Wykeham), Flora Le Breton (Ela Delahay), Phillips Smalley (Sir Francis Chesney)
Produzenten: Al Christie, Charles Christie
Regie: Al Christie (Dialogregie: A. Leslie Pearce)

Charleys Tante
1934, Deutschland – Minerva Tonfilm GmbH, 92 Min.
Drehbuch: Robert A. Stemmle, nach der Komödie »Charley's Aunt« von Brandon Thomas
Darsteller: Paul Kemp (Fancourt Babberley, gen. »Babbs«/»Charleys Tante«), Fritz Rasp (Lord Babberley, sein Vater), Max Gülstorff (Colonel Sir Francis Chesney, Baronet), Albert Lieven (Jack, sein Sohn, Student in Oxford), Erik Ode (Charley Wykeham, Student in Oxford), Paul Henckels (Stephan Spettik, Advokat), Jessie Vihrog (Amy, Spettiks Nichte), Carola Höhn (Kitty, Spettiks Nichte), Ida Wüst (Donna Lucia d'Alvadorez), Vilma

Bekendorf (Ela Delahay, ihre Sekretärin), Fita Benkhoff (Mary Fin, Haushälterin bei Spettik), Fritz Odemar (Bressett, Diener bei Jack und Charley), Ernst Legal (Nelson, Gastwirt), Ernst Nessler (Aristophan, Diener bei Lord Babberley), Charlotte Berlow (Miss Bedford, Gesangslehrerin), Henry Pauly (Der Lehrling Smith), Rudolf Platte (Shipmaker, Inhaber eines Hafenbasars)
Regie: Robert A. Stemmle
Lieder (Harald Böhmelt/K, Robert A. Stemmle/T):
Wir spielen, wir singen, wir tanzen euch 'was vor; Ich hab' dir zu tief in die Augen gesehen

La marraine de Charley
1935, Frankreich – F.E.F., 85 Min.
Drehbuch: René Pujol, Arnold Lipp, nach der französischen Fassung (Autor: Maurice Ordonneau) der Komödie »Charley's Aunt« von Brandon Thomas
Darsteller: Lucien Baroux (William/»Charleys Tante«), Olly Flint (Olly Parker), Monique Rolland (Kitty Spettik), Claude Lehmann (Charley), Julien Carette (Spettik), Léna Dartès (Betty), Marguerite Moreno (Lucie d'Alvadorez), Georges Mauloy (Le Colonel), Robert Goupil (Pitt), Jean Dax (L'Huissier), Max Lerel (Rédacteur), Hubert (Rédacteur), Guy Derlan (Le Secrétaire), Georges Rigaud (Jack)
Regie: Pierre Colombier

Charley's (Big Hearted) Aunt
1940, Großbritannien – Gainsborough Films, 76 Min.
Drehbuch: Marriott Edgar, Val Guest, nach der Komödie »Charley's Aunt« von Brandon Thomas
Darsteller: Arthur Askey (Arthur Linden-Jones), Richard Murdoch (Stinker Burton), Moore Marriott (Jerry), Graham Moffatt (Albert Brown), Phyllis Calvert (Betty Forsythe), Jeanne de Casalis (Aunt Lucy), J. H. Roberts (Dean of Bargate), Felix Aylmer (Proctor), Wally Patch (Butler)
Produzent: Edward Black
Regie: Walter Forde

Charley's Aunt
1941, USA – 20th Century-Fox, 81 Min.
Drehbuch: George Seaton, nach der gleichnamigen Komödie von Brandon Thomas
Darsteller: Jack Benny (Lord Fancourt »Babbs« Babberley/»Charley's Aunt«), Anne Baxter (Amy Spettigue), Kay Francis (Donna Lucia D'Alvadorez), Arleen Whelan (Kitty Verdun), James Ellison (Jack Chesney), Edmund Gwenn (Stephen Spettigue), Richard Haydn (Charles Wykeham), Ernest Cossart (Brassett), Morton Lowry (Harley Stafford), Lionel Pape (Babberley), Brandon Hurst (Umpire), Maurice Cass (Octogenarian), Laird Cregar (Sir Francis Chesney), Reginald Owen (Redcliffe), Claude Allister (Spectator), William Austin (Spectator), C. Montague Shaw (Elderly Man), William Stanton (Messenger) (Teammates): Russell Burroughs, Gilchrist Stuart, John Meredith (Students): Bon Conway, Bob Cornell, Basil Walker, Herbert Gunn
Produzent: William Perlberg
Regie: Archie Mayo

Charley's Tante
1956, Deutschland – Berolina – Eastmancolor, 90 Min.
Leicht veränderte, modernisierte Handlung
Drehbuch: Gustav Kampendonk, nach der Komödie »Charley's Aunt« von Brandon Thomas
Darsteller: Heinz Rühmann (Dr. Otto Dernburg/»Charley's Tante«), Hertha Feiler (Carlotta Ramirez), Claus Biederstaedt (Ralf Dernburg), Walter Giller (Charley Sallmann), Hans Olden (Herr Wolke), Ruth Stephan (Mona), Bum Krüger (Peter), Elisa Loti (Ulla Bergström), Ina Peters (Britta Nielsen), Hans Leibelt (Niels Bergström), Paul Hörbiger (August Sallmann), Helmut Rudolph (Generalkonsul), Hilde von Stolz (Frau Generalkonsul), Ewald Wenck (Hotelportier), Wolfgang Condrus (Page), Wulf Rittscher (Barbesitzer), Oskar Sabo Jr. (Verkehrspolizist), Wolfgang Völz (Poli-

zist), Wolfgang Neusch (Empfangschef)
Produzent: Kurt Ulrich
Regie: Hans Quest
Lieder: Geh'n Sie bis zum vierten Stock! (Friedrich Schröder/K, Hans Bradtke/T); Es kann heute sein ... (Friedrich Schröder/K, Hans Fritz Beckmann/T); Amazonas-Mambo (Friedrich Schröder/K, Hans Fritz Beckmann/T)

La marraine de Charley
1959, Frankreich – Plazza Films Productions/Fides, 83 Min.
Veränderte und modernisierte, ins französische Studentenmilieu verlegte Handlung
Drehbuch: Jean Girault, Pierre Chevalier, frei nach der Komödie »Charley's Aunt« von Brandon Thomas
Darsteller: Fernand Raynaud (Charley/»Charleys Tante«), Anne Auberson (Rosie), Pierre Bertin (de Saint-Sevran), Jean-Pierre Cassel (Claude), Sacha Briquet (Jacques), Claude Vega (Lue), Jean Juillard (Raymond), Renée Caron (Annick), Monique Vita (Minou), Albert Michel (Gaston LeMol), Germaine Delbat (Madame LeMol), Lucien Barjon (Barjon), Paul Preboist (Raoul Carivel), Florence Blot (Vendeuse lingerie), Hubert Deschamps (Vendeur automobile), Michel Salina (General en retraite), Rene Berthier (Passant), Henri Coutet (Controleur invitations), Bernard Musson (Maitre d'Hotel), Maggy Horiot, Georges Valdy, Madeleine Ganne
Regie: Pierre Chevalier

Charley's Tante
1963, Österreich – Sascha-Film, Wien – Eastmancolor, 91 Min.
Leicht veränderte, modernisierte Handlung
Drehbuch: Gustav Kampendonk, unter Verwendung seines Drehbuchs für den gleichnamigen Film von 1956, nach der Komödie »Charley's Aunt« von Brandon Thomas
Darsteller: Peter Alexander (Dr. Otto Wilder/»Charleys Tante«), Maria Sebaldt (Charlotta Ramirez), Helli Servi (Mona), Alfred Böhm (Ralf Wilder), Peter Vogel

(Charley Sallmann), Rudolf Vogel (Niels Bergström), Eike Pulwer (Ulla Bergström), Marlene Rahn (Britta Nielsen), Johann Sklenka (Heinrich, Chauffeur), Rudolf Carl (Wolke), Fritz Eckhardt (August Sallmann), Hans Unterkirchner (Generalkonsul), Elisabeth Stiepel (Frau Generalkonsul), Ljuba Welitsch (Die Baronin), Hans Habietinek (Josef, Kellner), Ernst Hagen (Tagesportier), Josef Menschik (Nachtportier), Gustav Elger (Direktor Kottmann), Leopold Hainisch (Aristide Raby, Schriftsteller)
Produzent: Dr. Herbert Gruber
Regie: Geza von Cziffra

Weiterer Hinweis:
Der Schweizer Film »Charley's Tante – nackt« von 1969 hat mit der Komödie »Charley's Aunt« von Brandon Thomas nichts zu tun, sondern ist ein auf Sexfilm getrimmtes Verwechslungsspiel in einem Schweizer Mädcheninternat.

THE WHITE HORSE INN

Englisch-amerikanische Version des deutschen Singspiels Im Weissen Rössl

Englische Fassung

Musik: Ralph Benatzky, Robert Stolz
Buch: Harry Graham, nach dem deutschen Singspiel »Im Weißen Rößl« (1930)
Premiere in London, Coliseum: 8. April 1931

Hauptdarsteller der Premiere:

Josepha Voglhuber	Lea Seidl
Leopold	Clifford Mollison
Emperor Franz Joseph	Frederick Leister

ferner: George Gee, Bruce Carfax

Choreographie: Max Rivers
Regie: Erik Charell

Amerikanische Fassung

Musik: Ralph Benatzky und andere
Songtexte: Irving Caesar und andere
Buch: David Freedman, nach dem deutschen Singspiel »Im Weißen Rößl« (1930)

Premiere in New York, Rockefeller Center Theatre: 1. Oktober 1936

Personen und die Darsteller der Premiere:

Katarina	Kitty Carlisle
Leopold	William Gaxton
Donald Hutton	Robert Halliday
William McGonigle	Billy House
Natalie	Carol Stone
Sylvester	Buster West
Professor Hinzelman	Frederick Graham
Gretel	Melissa Mason
Head Forester	Oscar Ragland
Emperor Francis Joseph	Arnold Korff
Pepi	Reverelly
Piccolo	Tommy Gavin
Hanni	Marie Marion
Zenzi	Eleanor Bauman
Franz	Floyd Cornaboy
Cook's Guide	Albert Mahler
Captain of Steamboat	Grover White
Hotel Porter	Milton Gill
Farmer Thomas	Maurice Carr
Farmer Waldman	John Barry
Butcher Smith	Martin LeRoy
Baker Kaufman	John Albert
Miss Katzenjammer	Almira Sessions
Farmer Christensen	Ed Smith
Honeymooners	Mary Sutherland Hal Voeth

ferner: The Native Tyroleans

Produzent: Laurence Rivers Inc. (Rowland Stebbins)
Choreographie: Max Rivers
Regie: Erik Charell
Ort: St. Wolfgang/Österreich
Zeit: »Gegenwart« (1931/1936)

Handlung: Liebeskomödie im Alpenmilieu. Katarina, die junge resolute Wirtin des Hotels und Gasthauses »White Horse Inn« ist allgemein beliebt. Stammgast in ihrem Hotel ist der Rechtsanwalt Donald Hutton. Der attraktive Amerikaner ist ihr sehr sympathisch und wird von ihr bevorzugt behandelt, was ihren Oberkellner Leopold sehr verstimmt, denn er ist leidenschaftlich in seine Chefin verliebt.

Leopold ist die Seele des Unternehmens. Ständig zur Stelle und einsatzbereit, bemüht er sich, die Gäste und besonders die eiligen Tagestouristen zufriedenzustellen. Besondere Mühe hat er mit dem sehr eigenwilligen amerikanischen Badetrikotagen-Fabrikanten William McGonigle, der mit seiner Tochter Natalie erscheint und es sich in den Kopf gesetzt hat, gerade hier, unangemeldet, alpenländischen Urlaub zu machen. Weil er gewohnten Umgang vermißt, hat er ständig etwas auszusetzen. Außerdem ist ihm die Stimmung verleidet durch die Anwesenheit von Donald Hutton, der der Rechtsanwalt seines ärgsten Konkurrenten ist, mit dem er heftig prozessiert. Um so zufriedener ist seine Tochter Natalie, da sie spürt, daß Donald Hutton sich für sie interessiert. Auch Leopold bemerkt die Zuneigung der beiden und fördert geschickt ihre Annäherung. Da aber seine so heiß verehrte Katarina nach wie vor für Donald schwärmt, kündigt Leopold wegen gebrochenen Herzens. Sein Ausscheiden hat zur Folge, daß im »White Horse Inn« alles drunter und drüber geht. Zum Überfluß wird auch noch der Kaiser als Gast angekündigt. Voller Verzweiflung bittet Katarina ihren ehemaligen Oberkellner, sein verantwortungsvolles Amt wieder aufzunehmen. Das tut Leopold mit großer Genugtuung, und der Besuch des Kaisers wird ein voller Erfolg. Nebenbei auch deshalb, weil der weise alte Monarch der Wirtin in ihrer Herzensangelegenheit einen Rat gibt, der sie veranlaßt, sich für Leopold zu entscheiden. McGonigles Stimmung hat sich inzwischen gebessert, da Sylvester, der Sohn seines befehdeten Konkurrenten, aufgetaucht ist, mit der Absicht, eine Verständigung herbeizuführen. Der Plan des alten Nörglers, ihn mit seiner Tochter Natalie zu verheiraten, ist allerdings zum Scheitern verurteilt, denn sie und Donald haben sich längst gefunden, und Sylvester hat seine Liebe zu Gretel, der Tochter des Professors Hinzelmann, entdeckt. So gibt es neben Katarina und Leopold noch zwei weitere glückliche Paare im »White Horse Inn«.

Songs und Musiknummern

Bühne (Amerikanische Fassung):
Arrival of Tourists; Leave It to Katarina (Jara Benes/K, Irving Caesar/T); I Cannot Live Without Your Love (Ralph Benatzky/K, Irving Caesar/T); White Horse Inn (Ralph Benatzky/K, Irving Caesar/T); Blue Eyes (Robert Stolz/K, Irving Caesar/T); Market Day in the Village; White Sails (Vivian Ellis/K, Irving Caesar/T); Good Bye, Au Revoir, Auf Wiedersehn (Ralph Benatzky/K, Irving Caesar/T); High Up on the Hills; I Would Love to Have You Love Me (Gerald Marks/K, Sam Lerner/T, Irving Caesar/T); In a Little Swiss Chalet (Will Irwin/K, Norman Zeno/T); Serenade to the Emperor; We Prize Most the Things We Miss; The Waltz of Love (Richard Fall/K)

Schallplatte:
St – (Andy Cole, Mary Thomas) Angel S 35815

Vorlagen des Musicals:

Singspiel: *Im Weißen Rößl*
Musik: Ralph Benatzky, mit Einlagen von Bruno Granichstaedten, Robert Gilbert, Robert Stolz
Autoren: Hans Müller, Erik Charell, Robert Gilbert, nach dem gleichnamigen Lustspiel (1897) von Oscar Blumenthal und Gustav Kadelburg
Uraufführung: Berlin, Großes Schauspielhaus: 8. November 1930
Darsteller: Camilla Spira (Josepha Voglhuber, Rößlwirtin), Max Hansen (Leopold Brandmayer, Oberkellner), Walter Jankuhn (Dr. Otto Siedler, Rechtsanwalt), Otto Wallburg (Wilhelm Giesecke, Fabrikant), Trude Lieske (Ottilie, seine Tochter), Siegfried Arno (Sigismund Sülzheimer), Willi Schaeffers (Dr. Hinzelmann, Privatgelehrter), Käte Lenz (Klärchen, seine Tochter), Gustl Stark-Gstettenbaur (Piccolo), Paul Hörbiger (Der alte Kaiser), Mirzl Dreher (Kathi, Postbotin) (Solotänzerinnen): Marianne Winkelstern, Tamara Desni
Produzent: Erik Charell

Choreographie: Max Rivers
Regie: Erik Charell

Lustspiel: *Im Weißen Rößl*
Buch: Oscar Blumenthal, Gustav Kadelburg
Uraufführung: Berlin, Lessing-Theater: 30. Dezember 1897
Hauptdarsteller: Jenny Groß (Rößlwirtin), Carl Waldow (Oberkellner), Robert Guthery (Giesecke), Franz Schönfeld (Dr. Siedler), Marie Elsinger (Ottilie), Herr Vallentin (Sigismund), Fräulein Jäger, Herr Haid

Hinweis/Bühne – Film:
Das Musical »The White Horse Inn« ist weder in der englischen noch in der amerikanischen Fassung verfilmt worden. Vom deutschen Original, dem Singspiel »In Weißen Rößl«, bestehen aber drei deutsche und eine dänische Filmfassung:

In Weißen Rößl
Deutschland/Österreich/1935, R/Carl Lamac

Im Weißen Rößl
Deutschland/1952, R/Willi Forst

Im Weißen Rößl
Österreich/1960, R/Werner Jacobs

Sommer i Tyrol
Dänemark/1964, R/Erik Balling

Die Autoren des Lustspiels »Im Weißen Rößl« – der Vorlage des gleichnamigen deutschen Singspiels – verfaßten des großen Erfolges wegen eine Fortsetzung:

Lustspiel: *Als ich wiederkam*
Buch: Oscar Blumenthal, Gustav Kadelburg
Uraufführung: Berlin, Lessing-Theater: 30. Oktober 1899

Sowohl das Lustspiel »Im Weißen Rößl« als auch die Fortsetzung »Als ich wiederkam« sind 1926 in Deutschland von Richard Oswald verfilmt worden.

WIE EINST IM MAI → MAYTIME

(A) THE WIZARD OF OZ
und (B) THE WIZ

(A) THE WIZARD OF OZ

Musik: Paul Tietjens, A. Baldwyn Sloane
Songtexte: L. (Lyman) Frank Baum
Buch: L. (Lyman) Frank Baum, nach seinem Märchenroman »The Wonderful Wizard of Oz« (1900) (deutsch: »Der Zauberer von Oz«)
Premiere in New York, Majestic Theatre: 21. Januar 1903

Personen und die Darsteller der Premiere:

Tin Woodman	David C. Montgomery
Scarecrow	Fred A. Stone
Dorothy Gale	Anna Laughlin
Cowardly Lion	Arthur Hill
Sir Dashemoff Daily	Bessie Wynn
Tryxie Tryfle	Paula Edwards (Nach anderen Angaben: Grace Kimball)
Tom Piper	Ida Doerge
Imogene the Cow	Edwin J. Stone (Nach anderen Angaben: Joseph Schrode)
King Pastoria II.	Gilbert Clayton (Nach anderen Angaben: Owen Westford)
Wizard	Bobby Gaylor
General Riskitt	Harold Morley

Produzent: Fred R. Hamlin
Regie: Julian Mitchell
Ort: Kansas/USA und Märchenland Oz
Zeit: Um 1900 (Rahmenhandlung)

Handlung: Märchenmusical. König Pastoria II. war aus dem Zauberland Oz auf die Erde verbannt worden. Ein gewaltiger Wirbelsturm trägt ihn zurück. Der gleiche Zyklon erfaßt auch die kleine Dorothy, die auf einer Farm in Kansas lebt und nur ein eintöniges Landleben kennt. Zusammen mit ihrer Lieblingskuh Imogene wird sie in das seltsame verwunschene Land Oz geweht, in dem es Zwer-

ge, gute und böse Geister und merkwürdige Geschöpfe gibt. Sie findet die Unterstützung einer guten Hexe, die sie an den
Zauberer von Oz verweist, der allein in
der Lage ist, ihr zur Rückkehr auf die Erde zu verhelfen. Dorothy macht sich auf
den beschwerlichen Weg zum Wohnsitz
des Zauberers. Unterwegs lernt sie drei
seltsame Gestalten kennen: eine Vogel-
scheuche aus Stroh, die gerne Verstand
besitzen möchte, einen Mann aus Blech,
der sich nach einem fühlenden Herzen
sehnt, und einen Löwen, der sich schämt,
weil er so ängstlich ist. Dorothy macht ihnen Mut, daß der Zauberer auch ihnen
helfen und ihre Wünsche erfüllen kann.
So ziehen sie zu viert ihren Weg und haben mit merkwürdigen Schwierigkeiten
zu kämpfen. Wundersame Pflanzen um-
fangen sie und halten sie auf. Doch die
gute Hexe bricht den Bann. Inzwischen
hat König Pastoria II. mit Unterstützung
seines alten Bundesgenossen General
Riskitt wieder die Herrschaft in Oz übernommen und den Zauberer festgesetzt.
Abermals muß die gute Hexe eingreifen,
um Dorothy und ihre Freunde zu unterstützen, denn König Pastoria II. zeigt sich
hartherzig. Er ist auch nicht gewillt, ir-
gendeinen Erdenbewohner zurückkehren zu lassen. Nur die Drohung der Hexe,
einen unheilvollen Sturm über Oz zu-
sammenzubrauen, bricht seinen Widerstand. Nun kann der Zauberer zaubern,
und er ermöglicht die Heimkehr von
Dorothy und ihrer Kuh Imogene.

Deutschsprachige Erstaufführung unter
dem Titel DER ZAUBERER VON OSS:
28. Mai 1971, Elbe-Elster-Theater, Wit-
tenberg. Autor: Klaus Eidam (auf der Basis der Filmversion von 1939 / → Film)

Film:

The Wizard of Oz *und Fortsetzung:*
Dorothy and Scarecrow in Oz
Stummfilme/1910, USA – Selig Com-
pany, beide Teile je 1000 ft/305 m (12
Min.)
Drehbücher: Otis Turner, nach dem Mär-
chenroman »The Wonderful Wizard of

Oz« und dem Märchenmusical »The
Wizard of Oz« von L. Frank Baum
Darsteller: Hobart Bosworth, Eugenie
Besserer, Robert Leonard, Bebe Daniels,
Winnifred Greenwood, Lillian Leighton,
Olive Cox
Produzent: William N. Selig
Regie: Otis Turner

The Wizard of Oz
Stummfilm/1925, USA – Chadwick Pic-
tures, 6300 ft/1920 m (71 Min.)
Drehbuch: Larry Semon, L. Frank Baum
Jr., Leon Lee, nach dem Märchenroman
»The Wonderful Wizard of Oz« und dem
Märchenmusical »The Wizard of Oz« von
L. Frank Baum

Personen und ihre Darsteller:
Dorothy   Dorothy Dwan
Scarecrow   Larry Semon
The Tin Woodman   Oliver Hardy
Prince Kynde   Bryant Washburn
The Wizard   Charles Murray
Countess Vishuss   Virginia Pearson
The Prime   Josef Swickard
  Minister
Dorothy's Mother   Marry Carr
Rastus   G. Howe Black
ferner: Otto Lederer, Frank Alexander

Regie: Larry Semon

The Wizard of Oz
(Deutscher Titel: DAS ZAUBERHAFTE
LAND)
1939, USA – Metro-Goldwyn-Mayer –
Rahmenhandlung in Schwarzweiß, Mär-
chenlandszenen in Technicolor, 102 Min.
Deutsche Erstaufführung: 1950
Geänderte, verdichtete Handlung unter
Verzicht auf King Pastoria II. und seine
Verbündeten, mit stärkerer Betonung
der phantastischen Märchenwelt und des
Zauberers von Oz. Anstelle von Doro-
thys Lieblingskuh Imogene nun ihr
Schoßhündchen Toto. Neue Musik, neue
Songs
Musik: Harold Arlen
Songtexte: E. Y. Harburg
Drehbuch: Noel Langley, Florence Ryer-
son, Edgar Allan Woolf, nach dem Mär-

chenroman »The Wonderful Wizard of
Oz« von L. Frank Baum

Personen und ihre Darsteller:
Dorothy Gale   Judy Garland
Professor Marvel/   Frank Morgan
Guard/Coachman/
The Wizard
Hunk/The   Ray Bolger
Scarecrow
Zeke/The   Bert Lahr
Cowardly Lion
Hickory/The Tin   Jack Haley
Woodman
Glinda   Billie Burke
                            (Gesangsstimme:
                            Lorraine Bridges)
Elmira Gulch/   Margaret Hamilton
The Wicked
Witch
Uncle Henry   Charley Grapewin
Auntie Em   Clara Blandick
Nikko   Pat Walshe
Monkey Officer   Mitchell Lewis
A Munchkin   Jerry Marenghi/
                            auch: Jerry Maren
Munchkins   The Singer Midgets
Dog Toto   Terry the Dog

Produzent: Mervyn LeRoy
Choreographie: Bobby Connolly
Regie: Victor Fleming (teilweise: King
Vidor)

Auszeichnungen: 2 Academy Awards (Oscars) 1939: Gesamtmusikwerk–Instrumentierung (Original-Filmmusik): Herbert Stothart / Bester Song »Over the
Rainbow«: Harold Arlen/K, E.Y. Har-
burg/T–*ferner:* Honorary Award (Ehrenpreis) für Judy Garland, in Würdigung ihrer hervorragenden schauspielerischen
Leistung als jugendliche Filmkünstlerin
während des vergangenen Jahres

Songs und Musiknummern

Bühne:
In Michigan (A. Baldwin Sloane/K, Glen
MacDonough/T); Niccolo's Piccolo (A.
Baldwin Sloane/K, Glen MacDonough/
T); The Medley of Nations (A. Baldwin
Sloane/K); Alas for a Man Without Brain

(Paul Tietjens/K, L. Frank Baum/T);
When You Love Love Love (Paul Tiet-
jens/K, L. Frank Baum/T)
Später hinzugefügt:
Sammy (Edward Hutchinson, James
O'Dea); Hurrah for Baffins Day (Theo-
dore Morse, Vincent Bryan)

Film (1939, Harold Arlen/K, E. Y. Har-
burg/T):
Over the Rainbow; Come Out Come Out
Wherever You Are; It Really Was No Mi-
racle; Ding-Dong! The Witch Is Dead;
We Welcome You to Munchkinland; Fol-
low the Yellow Brick Road; We're Off to
See the Wizard; If I Only Had a Brain – If
I Only Had a Heart – If I Only Had the
Nerve; Optimistic Voices (Mitarbeit:
Herbert Stothart/K); Lions and Tigers
and Bears; You're Out of the Woods; The
Merry Old Land of Oz; If I Were King of
the Forest; Gates of Emerald City (Her-
bert Stothart/K)
Nicht verwendet:
The Jitterbug

Schallplatten:
L – (1988/auf der Basis des Films von
        1939) That's Entertainment TER
        1165, London 838350
F – MGM E 3464, MGM SE 3996
St – (Judy Garland) Decca DL 5152,
        Decca DL 8387

(B) THE WIZ

Modernisierte Neufassung des Musicals
»The Wizard of Oz«.
Musik und Songtexte: Charlie Smalls
Buch: William F. Brown, nach dem Mär-
chenroman »The Wonderful Wizard of
Oz« (1900) (deutsch: »Der Zauberer von
Oz«) von L. Frank Baum
Premiere in New York, Majestic Theatre:
5. Januar 1975

Personen und die Darsteller der Premiere
(All Black Ensemble – Ensemble schwar-
zer Künstler):
Dorothy   Stephanie Mills
Scarecrow   Hinton Battle
Tinman   Tiger Haynes

Lion	Ted Ross
The Wiz	André de Shields
Glinda, Good Witch of the South	Dee Dee Bridgewater
Uncle Henry	Ralph Wilcox
Aunt Em	Tasha Thomas
Tornado	Evelyn Thomas
Addaperle, Good Witch of the North	Clarice Taylor
Evillene, Wicked Witch of the West	Mabel King
Lord High Underling	Ralph Wilcox
Gatekeeper	Danny Beard
Soldier Messenger	Carl Weaver
Winged Monkey	Andy Torres

Munchkins: Phylicia Ayers-Allen, Pi Douglass, Joni Palmer, Andy Torres, Carl Weaver
Yellow Brick Road: Ronald Dunham, Eugene Little, John Parks, Kenneth Scott
Crows: Wendy Edmead, Frances Morgan, Ralph Wilcox
Kalidahs: Phillip Bond, Pi Douglass, Rodney Green, Andy Torres, Evelyn Thomas
Poppies: Lettie Battle, Leslie Butler, Eleanor McCoy, Frances Morgan, Joni Palmer
Field Mice: Phylicia Ayers-Allen, Pi Douglass, Carl Weaver, Ralph Wilcox
Emerald City Citizens: Lettie Battle, Leslie Butler, Wendy Edmead, Eleanor McCoy, Frances Morgan, Joni Palmer, Evelyn Thomas, Philip Bond, Ronald Dunham, Rodney Green, Eugene Little, John Parks, Kenneth Scott, Andy Torres
und die Pit Singers: Frank Floyd, Sam Harkness, Jozella Reed, Tasha Thomas

Produzent: Ken Harper
Choreographie: George Faison
Regie: Geoffrey Holder
Ort: Kansas/USA und Märchenland Oz mit Emerald City
Zeit: »Gegenwart« (1975)

Handlung: Rockpop-Märchen-Musical. Eine ins Phantastische abgewandelte Version der Geschichte von Dorothys unfreiwilligem Ausflug ins Zauberland Oz und ihren Abenteuern (→ THE WIZARD OF Oz) mit Rockmusik, poppiger Ausstat-

tung, grotesken Kostümen und trickreichem (Bühnen-)Zauberspuk.

Auszeichnungen: 7 Antoinette Perry Awards (Tonys) 1975: Bestes Musical / Männliche Nebenrolle–Musical: Ted Ross / Weibliche Nebenrolle–Musical: Dee Dee Bridgewater / Regie–Musical: Geoffrey Holder / Musikalisches Werk (Komposition–Songtexte): Charlie Smalls / Kostüme: Geoffrey Holder / Choreographie: George Faison

Film:

The Wiz
1978, USA – Universal – Panavision/ Technicolor, 134 Min.
Veränderte, ins moderne New York verlegte Handlung, neue Songs
Musik: Charlie Smalls, Quincy Jones
Drehbuch: Joel Schumacher, frei nach dem gleichnamigen Musical

Personen und ihre Darsteller
(All Black Version – Ensemble schwarzer Künstler):

Dorothy	Diana Ross
Scarecrow	Michael Jackson
Tinman	Nipsey Russell
Lion	Ted Ross
Evillene	Mabel King
Aunt Em	Theresa Merritt
Uncle Henry	Stanley Green
Miss One	Thelma Carpenter
Glinda the Good	Lena Horne
The Wiz	Richard Pryor
Subway Peddler	Clyde J. Barrett
Head Winkie	Carlton Johnson
Cheetah	Harry Madsen
Rolls Royce Lady	Glory Van Scott
Green Lady	Vicki Baltimore

The Four Crows: Derrick Bell, Roderick Spencer Sibert, Kashka Banjoko, Ronald »Smokey« Stevens
Gold Footmen: Tony Brealond, Joe Lynn
Green Footmen: Clinton Jackson, Charles Rodriguez
Munchkins: Ted Williams, Mabel Robinson, Damon Pearce, Donna Patrice Ingram
Aunt Em's Party: Carlos Cleveland, Mariann Aalda, Aaron Boddie, Gay Faulk-

ner, Ted Butler, T. B. Skinner, Jamie
Perry, Daphne McWilliams, Douglas
Berring, James Shaw, Johnny Brown,
Gyle Waddy, Dorothy Fox, Frances Salis-
bury, Beatrice Dunmore, Traci Core, Do-
nald King, Claude Brooks, Billie Allen,
Willie Carpenter, Denise DeJon, Kevin
Stockton, Alvin Alexis
Dancers from the Louis Johnson Dance
Theatre

Produzent: Rob Cohen (mit Ken Harper)
Choreographie: Louis Johnson
Regie: Sidney Lumet

Songs und Musiknummern

Bühne:
The Feeling We Once Had; Tornado
(instr./Ballett, Timothy Graphenreed/K);
He's the Wizard; Soon as I Get Home; I
Was Born on the Day Before Yesterday;
Ease on Down the Road; Slide Some Oil
to Me; I'm a Mean Ole Lion; Kalidah
Battle; Be a Lion; Lion's Dream; Emerald
City (Pssst) (instr./Ballett, George Fai-
son/K, Timothy Graphenreed/K); So You
Wanted to See the Wizard; What Would I
Do If I Could Feel; Don't Nobody Bring
Me No Bad News; Funky Monkeys;
Everybody Rejoice (Luther Vandross/K
u. T); Who, Who Do You Think You
Are?; Believe in Yourself (If You Be-
lieve); Y'all Got It!; A Rested Body Is a
Rested Mind; Home
Nicht verwendet:
You Can't Win

Film:
*Die mit Zeichen ⊕ versehenen Musiknum-
mern entstammen dem Bühnenwerk.*
The Feeling That We Have ⊕; Can I Go
On? (Quincy Jones, Nick Ashford, Vale-
rie Simpson); Glinda's Theme (Quincy
Jones); He's the Wizard ⊕; Soon as I
Get Home ⊕; You Can't Win (Charlie
Smalls/K u. T); Ease on Down the
Road ⊕; What Would I Do If I Could
Feel ⊕; Slide Some Oil to Me ⊕; I'm a
Mean Ole Lion ⊕; Poppy Girls (Quincy
Jones, Anthony Jackson); Be a Lion ⊕;
End of the Yellow Brick Road (instr./
Quincy Jones, Nick Ashford, Valerie

Simpson); Emerald City Sequence/
Green, Red, Gold (Quincy Jones/K,
Charlie Smalls/T); So You Wanted to
See the Wizard ⊕; A Sorry Phoney
(Quincy Jones); Is This What Feeling
Gets? / Dorothy's Theme (Quincy Jones,
Nick Ashford, Valerie Simpson); Don't
Nobody Bring Me No Bad News ⊕; A
Brand New Day / Everybody Rejoice ⊕;
Liberation Ballet (Quincy Jones); Be-
lieve in Yourself ⊕; The Good Witch
Glinda (Quincy Jones); Home ⊕; March
of the Munchkins (Quincy Jones); Now
Watch Me Dance (Quincy Jones)

Schallplatten:
NY – Atlantic SD 18137
F – MCA 0082.064, MCA 2–14000

Hinweis:
Autor L. Frank Baum (1856–1919)
schrieb nach dem Erfolg seines Märchen-
romans »The Wonderful Wizard of Oz«
und dem daraus entstandenen Musical
13 Roman-Fortsetzungen. Ein 15. Buch
erschien 1921 nach seinem Tode noch unter seinem Namen, war aber von Ruth
Plumly Thompson verfaßt. Diese Autorin
schrieb noch weitere 18 Bücher über das
Zauberland Oz.

Film:
L. Frank Baum gründete 1913 in Los Angeles die Oz Film Company (zu ihren
Darstellern gehörte u. a. Harold Lloyd).
Neben unterschiedlichsten Produktionen
– in der Regel Kurzfilme – entstanden
auch drei Stummfilme nach den Buchvorlagen des Autors über das Zauberland
Oz: »The Patchwork Girl of Oz« (gleich-
namiges Buch: 1913), »The Magic Cloak
of Oz« und »His Majesty, the Scarecrow
of Oz« (Buch: »The Scarecrow of Oz«,
1915). Der zuletzt genannte Film wurde
umbenannt in »The New Wizard of Oz«.
Alle drei Filme waren nicht sehr erfolgreich und wurden teilweise zum Zwecke
eines besseren Kinoeinsatzes von ursprünglich fünf Filmrollen verkürzt.
Nachfolgend weitere Verfilmungen von
Buchvorlagen über das Zauberland Oz
von L. Frank Baum:

The Wonderful Land of Oz
1969, USA – Cinetron Corp. – Color,
72 Min.
Drehbuch: Barry Mahon, nach dem Mär-
chenroman »The Marvelous Land of Oz«
(1904) von L. Frank Baum
Hauptdarsteller: Joy Webb, Channy Ma-
hon
Produzent: Barry Mahon
Regie: Barry Mahon
Songs:
Did You Come to See the Wizard?; How
Do I Brew This Stew?; I Lost My Heart;
The Wonderful Land of Oz; Open Your
Eyes; I Would Like to Have a Brain; I'm
a Scaredy Cat; Wail of the Witch
Anmerkung: Die Pressemitteilung zum
Film nennt als Urheber der Songs George
Linsenmann und Ralph Falco, während
das Copyright die Namen Loonis McGlo-
hon und Alec Wilder verzeichnet.

Journey Back to Oz
(Deutscher Titel: RÜCKKEHR NACH OZ)
1971, USA – Warner-Columbia/Filma-
tion Associates – Eastmancolor, 90 Min.
Deutsche Erstaufführung: 1990 (TV/
PRO 7)
Zeichentrickfilm/Film-Musical
Musik: Jimmy Van Heusen
Songtexte: Sammy Cahn
Drehbuch: Fred Ladd, Norman Prescott,
unter Verwendung der Gestalten und
Verarbeitung von Motiven der Roman-
Serie um das Zauberland Oz von L. Frank
Baum
Stimmen der Figuren: Liza Minnelli
(Dorothy), Mickey Rooney (The Scare-
crow), Danny Thomas (The Tin Wood-
man), Milton Berle (The Cowardly Lion),
Herschel Bernardi (Woodenhead/The
Horse), Ethel Merman (Mombi, the Bad
Witch), Risë Stevens (Glinda, the Good
Fairy), Paul Ford (Uncle Henry), Marga-
ret Hamilton (Aunt Em), Jack E. Leo-
nard (The Signpost), Paul Lynde (Pump-
kinhead), Mel Blanc (The Crow), Dallas
McKennon, Larry Storch
Produzenten: Norman Prescott, Lou
Scheimer
Regie: Hal Sutherland

Songs:
There's a Faraway Land: Pity the Horse
(Who Must Dwell on the Carousel); Be
a Witch!; B-R-A-N-E / H-E-A-R-T /
N-E-R-V-E; Keep the Happy Thought /
Keep a Gloomy Thought; An Elephant
Never Forgets; I Don't Know Where I
Am; You Only Have You; Return to the
Land of Oz!; There's a Sad Little Feeling
You Feel
Anmerkung: Der Film wurde bereits
1962 (nach anderen Angaben 1964)
hergestellt. Auf der Schallplatte des
Films (RFO – 101 / Motion Picture
Sound Track) mit dem Titel »The Re-
turn to Oz« wird die Rolle »The Scare-
crow« von Peter Lawford gesprochen,
der später durch Mickey Rooney ersetzt
wurde.

Oz
1976, Australien – Count Features Inc./
Australian Film Commission/BEF Film
Distributers – Eastmancolor, 100 Min.
Rockmusikfilm. Veränderte, modernisier-
te Handlung
Drehbuch: Chris Lofven, nach Motiven
der Roman-Serie um das Zauberland Oz
von L. Frank Baum
Darsteller: Joy Dunstan (Dorothy), Gra-
ham Matters (The Wizard), Bruce Spence
(Surfie/d. i. The Scarecrow), Michael Car-
men (Mechanic/d. i. The Tinman), Gary
Waddell (Bikie/d. i. The Cowardly Lion),
Robin Ramsay (The Good Fairy), Paula
Maxwell (Jane), Ned Kelly (Truckie)
Produzenten: Chris Lofven, Lyne Helms
Musik: Ross Wilson
Regie: Chris Lofven

Return to Oz
(Deutscher Titel: OZ – EINE FANTASTI-
SCHE WELT)
1985, USA – Walt Disney Productions –
Technicolor, 109 Min.
Deutsche Erstaufführung: 1985
Drehbuch: Walter Murch, Gill Dennis,
nach den Märchenromanen »The Mar-
vellous Land of Oz« (1904) und »Ozma of
Oz« (1907) von L. Frank Baum
Darsteller: Nicol Williamson (Dr. Wor-

ley/Nome King), Jean Marsh (Nurse Wilson/Princess Mombi), Fairuza Balk (Dorothy Gale), Piper Laurie (Aunt Em), Matt Clark (Uncle Henry), Justin Case (Scarecrow), John Alexander (Cowardly Lion), Deep Roy (Tin Man), Emma Ridley (Ozma), Sophie Ward (Mombi II), Fiona Victory (Mombi III), Pons Maar (Lead Wheeler/Nome Messenger), Bruce Boa (Policeman)
(Tik Tok): Michael Sundin und Tim Rose (Stimme: Sean Barrett)
(Billina): Mak Wilson (Stimme: Denise Bryer)
(Jack Pumpkinhead): Brian Henson und Stewart Larange (Stimme: Brian Henson)
(Gump): Lyle Conway und Steve Norrington (Stimme: Lyle Conway)
(Wheelers): Rachel Ashton, Robbie Barnett, Alisa Berk, Peter Elliott, Roger Ennals, Michele Hine, Mark Hopkins, Colin Skeaping, Ken Stevens, Philip Tan, Robert Thirtle, John Alexander
(Supporting Puppeteers): Susan Dacre, Geoff Felix, David Greenaway, Swee Lim
(Toto): Tansy the Dog
(Dorothy's Doubles): Nichola Roche, Cheryl Brown, Alison Lynn, Sarah White
Produzent: Paul Maslansky
Regie: Walter Murch

WOMAN OF THE YEAR

Musik: John Kander
Songtexte: Fred Ebb
Buch: Peter Stone, nach dem gleichnamigen amerikanischen Spielfilm (1942)
Premiere in New York, Palace Theatre: 29. März 1981

Personen und die Darsteller der Premiere:

Tess Harding	Lauren Bacall
Sam Craig	Harry Guardino
Alexi Petrikov	Eivind Harum
Helga, House-keeper	Grace Keagy
Chip Salisbury	Daren Kelly
Gerald, Tess Harding's Secretary	Roderick Cook

Cartoonists:

Phil Witaker	Tom Avera
Ellis McMaster	Rex Hays
Abbott Canfield	Lawrence Raiken
»Pinky« Peter	Gerry Vichi
Jan Donovan	Marilyn Cooper
Larry Donovan	Jamie Ross
Maury	Rex Everhart
Chairperson	Helen Blount
Floor Manager	Michael O'Gorman
Cleaning Women	Helen Blount
	Marian Haraldson

Produzenten: Lawrence Kasha, David S. Landay, James M. Nederlander, Warner Theatre Productions Inc./Claire Nichtern, Carole J. Shorenstein, Stewart F. Lane
Choreographie: Tony Charmoli
Regie: Robert Moore
Ort: New York
Zeit: »Gegenwart« (1981)

Handlung: Gesellschaftskomödie, Satire um die veränderte Rollenverteilung zwischen Mann und Frau in der modernen Welt. Tess Harding, bekannt als engagierte Fernsehmoderatorin, ist eine vielbeachtete, eigenwillige Frau, profiliert in der Öffentlichkeit. Gerade hat man sie in Würdigung ihrer Persönlichkeit zur »Frau des Jahres« gewählt, wodurch sie sich bestätigt fühlt. Energisch und zielbewußt verficht sie ihre Meinungen und tritt zuweilen mit bissigen Kommentaren hervor. So geraten auch die beliebten Comicstrips der Zeitungen in ihr Visier, und sie kritisiert energisch diese primitiven »Funnies«. Der Cartoonist Sam Craig übt Vergeltung, indem er Tess Harding unmißverständlich in seine Zeichenserie aufnimmt und ihr den Namen »Tessie Cat« verleiht. Tess fühlt sich getroffen und gekränkt; mit dem ihr eigenen Hochmut ist sie der Ansicht, wo sie recht hat, habe sie recht, was Gerald, der ihr ergebene Sekretär, beflissen bestätigt. Es bleibt nicht aus, daß die beiden Gegner Tess und Sam zusammentreffen. Zwar kracht es zwischen ihnen, doch finden sie auch Zuneigung zueinander. Und sie heiraten sogar. Tess geht nach wie vor in ihrer Arbeit auf, gibt sich voller Übereifer und mit Hektik als Exzentrikerin. Er, viel nüchterner und besonnener als sie, ist weit weniger verbissen in seine Arbeit und übt sie gern im geselligen Kreis seiner Kollegen aus. In seiner Gutmütigkeit übernimmt er sogar die Führung des Haushalts. Tess, weiter in der Öffentlichkeit bewundert, unterschätzt gründlich die beruflichen Fähigkeiten und die Qualifikationen ihres Mannes. Jedoch an seiner Liebe und Beharrlichkeit scheiternd, leitet sie schließlich für sich selbst die Zähmung der Widerspenstigen ein.

Auszeichnungen: 4 Antoinette Perry Awards (Tonys) 1981: Weibliche Hauptrolle–Musical: Lauren Bacall / Weibliche Nebenrolle–Musical: Marilyn Cooper / Buch: Peter Stone / Komposition und Songtexte: John Kander, Fred Ebb

Songs und Musiknummern

Bühne:
Woman of the Year; The Poker Game; See You in the Funny Papers; When You're Right, You're Right; Shut Up, Gerald; So What Else Is New?; One of the Boys; Table Talk; The Two of Us; It Isn't Working; I Told You So; I Wrote the Book; Happy in the Morning; Sometimes a Day Goes By; The Grass Is Always Greener; We're Gonna Work It Out

Schallplatte:
NY – Arista AL 8303

Vorlage des Musicals:

Film:

Woman of the Year
(Deutscher Titel: DIE FRAU, VON DER MAN SPRICHT)
1942, USA – Metro-Goldwyn-Mayer, 114 Min.
Deutsche Erstaufführung: 1948
Drehbuch: Ring Lardner Jr., Michael Kanin
Darsteller: Spencer Tracy (Sam Craig), Katharine Hepburn (Tess Harding), Fay Bainter (Ellen Whitcomb), Reginald Owen (Clayton), Minor Watson (William Harding), William Bendix (»Pinky« Pe-

ters), Ludwig Stossel/d. i. Ludwig Stoessel (Dr. Martin Lubbeck), Gladys Blake (Flo Peters), Dan Tobin (Gerald), Roscoe Karns (Phil Whittaker), William Tannen (Ellis), Sara Haden (Matron at Refugee Home), Edith Evanson (Alma), George Kezas (Chris), Jimmy Conlin (Reporter), Gerald Mohr (Voice of Radio M.C.), Henry Roquemore (Justice of the Peace), Cyril Ring (Harding's Chauffeur), Ben Lessy (Punchy), Johnny Berkes (Pal), Ray Teal (Reporter), Duke York (Football Player), Edward McWade (Adolph), Michael Visaroff (Guest), William Holmes (Man at Banquet), Winifred Harris (Chairlady), Joe Yule (Building Superintendent), Connie Gilchrist, Grant Withers
Produzent: Joseph L. Mankiewicz
Regie: George Stevens
Auszeichnung: 1 Academy Award (Oscar) 1942: Original-Drehbuch: Ring Lardner Jr., Michael Kanin
Anmerkung: Im Gegensatz zum Musical spielt die Handlung im Journalistenmilieu. Sam Craig und Tess Harding arbeiten beide für eine New Yorker Zeitung; er ist Sportreporter, sie Redakteurin für das Ressort »Internationale Politik«. (Der erste Film des Paares Katharine Hepburn/Spencer Tracy.)

Hinweis/Film:
Weitere Verfilmung von »The Woman of the Year« als Fernsehproduktion.

Woman of the Year
(TV) 1976, USA – MGM Television – Color, 120 Min. (TV)
Erstsendung: 28. Juli 1976 – CBS
Drehbuch: Joseph Bologna, Renee Taylor, Bernard M. Kahn, nach dem gleichnamigen Film von 1942
Darsteller: Renee Taylor (Tess Harding), Joseph Bologna (Sam Rodino), Dick O'Neill (Phil Whitaker), Anthony Holland (Gerald Howe), Dick Bakalyan (Pinkey Barbiki), Chuck Bergansky (Pizzo), Hugh Downs (Hugh Downs), George Gaynes (Mr. Harding), Leon Belasco (Dimitri Subakov), John Fiedler (Justice of the

Peace), Virginia Christine (Alma), Regis
J. Cordic (Editor Clayton), Burt Young
(Ralph Rodino)
Produzent: Jud Taylor
Regie: Jud Taylor

WONDERFUL TOWN

Musik: Leonard Bernstein
Songtexte: Betty Comden, Adolph Green
Buch: Joseph Fields, Jerome Chodorov,
nach ihrer Komödie »My Sister Eileen«
(1940) sowie dem Film »My Sister Ei-
leen« (1942) – Drehbuch: Joseph Fields,
Jerome Chodorov, nach den annähernd
autobiographischen Kurzgeschichten »My
Sister Eileen« (1938, zuvor erschienen in
»The New Yorker«) von Ruth McKenney
Premiere in New York, Winter Garden:
25. Februar 1953

Personen und die Darsteller der Premiere:

Ruth Sherwood	Rosalind Russell
Eileen Sherwood	Edith Adams
Appopolous	Henry Lascoe
The Wreck	Jordan Bentley
Helen	Michele Burke
Frank Lippencott	Cris Alexander
Robert Baker	George Gaynes
Violet	Dodie Goodman
Lonigan	Walter Kelvin
Speedy Valenti	Ted Beniades
Mrs. Wade	Isabella Hoopes
Chic Clark	Dort Clark
Chef	Nathaniel Frey
Shore Patrolman	Lee Papell
A Strange Man	Nat Frey
First Cadet	Ray Dorian
Second Cadet	David Lober
Ruth's Escort	Chris Robinson
Guide	Warren Galjour
Waiter	Delbert Anderson
Delivery Boy	Alvin Bean

Associate Editors: Albert Linville, War-
ren Galjour
Drunks: Delbert Anderson, Albert Lin-
ville
Policemen: Leo Papell, Nat Frey, Albert
Linville, Delbert Anderson, Warren Gal-
jour, Robert Kole
Greenwich Villagers: Jean Eliot, Carol

Cole, Marta Becket, Maxine Berke, Hele-
na Seroy, Geraldine Delaney, Margaret
Caddy, Dodie Goodman, Ed Balin, Alvin
Beam, Ray Dorian, Edward Heim, Joe
Layton, David Lober, Victor Moreno,
William Weslow, Pat Johnson, Evelyn
Page, Libi Staiger, Patty Wilkes, Helen
Rice, Delbert Anderson, Warren Gal-
jour, Robert Kole, Lee Papell, Chris Ro-
binson

Produzent: Robert Fryer
Choreographie: Donald Saddler
Regie: George Abbott
Ort: New York (spez. Greenwich Village)
Zeit: 1935

Handlung: Komödie um zwei Mädchen
aus der Provinz. Die Geschwister Ruth
und Eileen sind aus Columbus/Ohio nach
New York gekommen in der festen Absicht, hier an den Segnungen der großen
Welt teilzunehmen und Karriere zu machen. Ruth will Journalistin werden, und
Eileen möchte zur Bühne. Es ist aber alles viel schwieriger, als sie es sich gedacht
haben. In Greenwich Village, dem Künstlerviertel, wo sie ein bescheidenes Quar-
tier finden, und während ihrer Stellungs-
suche lernen sie auf merkwürdigste Weise die merkwürdigsten Männer kennen.
Da ist Wreck, ein ehemaliger Football-
Star, der immer nur von seinen großen
Zeiten erzählt, da sind Speedy Valenti,
der Besitzer eines Nightclubs, Franz
Lippencourt, der Manager eines Drug-
stores, und der heuchlerische Hausbesit-
zer Appopolous. Ruth findet zwar in dem
Redakteur Robert Baker eine sympathische Kontaktperson bei einer großen Zeitung und einen Mann, der sich für sie interessiert, doch führt diese Bekanntschaft
noch nicht zu einer Beschäftigung. Erstaunt stellt sie fest, daß ihre Schwester
Eileen mit der ihr eigenen Naivität und
Ungezwungenheit auf Männer eine besonders anziehende Wirkung ausübt.
Heftig wird Eileen von dem windigen
Zeitungsreporter Chick Clark umgarnt.
Um Eileen näherkommen zu können,
lockt er Ruth durch einen fingierten Tele-
fonanruf aus der Wohnung mit dem Auf-

trag, im Hafen ein Interview mit einer Gruppe gerade eingetroffener brasilianischer Marinemitglieder zu machen. Ruth folgt der Aufforderung und trifft auf unternehmungslustige Seekadetten, die New York kennenlernen wollen. Vergnügt und congatanzend begleiten sie Ruth nach Greenwich Village, wo sie eine fröhliche Fete inszenieren und wegen der liebreizenden Eileen ein Durcheinander anrichten, bei dem die Polizei eingreifen muß. Die widerspenstige Eileen wird verhaftet und zum Revier gebracht, betört dort jedoch alle Polizisten mit ihrem Charme. Die brasilianische Ausgelassenheit in New Yorks Straßen erweckt breiteste Aufmerksamkeit. Wegen ihrer Popularität engagiert Speedy Valenti Eileen für seinen Nightclub. Und Ruth hat das Glück, daß ihre Reportage über die Brasilianer von der Zeitung angenommen wird. Darüber hinaus erhält sie eine feste Anstellung, was sie enger mit Robert Baker zusammenführt. So zeigt sich New York für die Mädchen aus Ohio doch noch als »Wonderful Town«.

Auszeichnungen: 8 Antoinette Perry Awards (Tonys) 1953: Bestes Musical / Weibliche Hauptrolle–Musical: Rosalind Russell / Produzent–Musical: Robert Fryer / Buch–Musical: Joseph Fields, Jerome Chodorov / Komposition: Leonard Bernstein / Bühnenbild: Raoul Pene du Bois / Choreographie: Donald Saddler / Dirigent und Musikalische Leitung: Lehman Engel

Deutschsprachige Erstaufführung (Originaltitel): 9. November 1956, Volksoper Wien. Autor: Marcel Prawy

Hinweis: Das Musical »Wonderful Town« ist nicht verfilmt worden. Nach seinen Vorlagen aber – Komödie und Film »My Sister Eileen« – entstand 1955 ein Film-Musical. (→ Hinweis/Film)

Songs und Musiknummern

Bühne:
Christopher Street; Ohio; Conquering New York; One Hundred Easy Ways to Lose a Man; What a Waste; A Little Bit in Love; Pass the Football; Conversation Piece; A Quiet Girl; Conga!; My Darlin' Eileen; Swing!; It's Love; Ballet at the Village Vortex (instr.); Wrong Note Rag

Schallplatten:
NY – Decca DL 7–9010, MCA 2050
L – Columbia SEG 7569, (1986) First Night FNC 6
TV – (1958) Columbia OL 5360/OS 2008

Vorlage des Musicals:

Bühne:

Komödie: *My Sister Eileen*
Buch: Joseph A. Fields, Jerome Chodorov, nach den Erzählungen (Kurzgeschichten) von Ruth McKenney
Uraufführung: New York, Biltmore Theatre: 26. Dezember 1940
Darsteller: Shirley Booth (Ruth Sherwood), Jo Ann Sayers (Eileen Sherwood), Morris Carnovsky (Mr. Appopolous), Gordon Jones (The Wreck), Joan Tompkins (Helen Wade), Richard Quine (Frank Lippincott), William Post Jr. (Robert Baker), Bruce MacFarlane (Chic Clark), George Cotton (Jensen), Tom P. Dillon (Lonigan), Charles G. Martin (Captain Fletcher), Effie Afton (Violet Shelton), Helen Ray (Mrs. Wade), Donald Foster (Walter Sherwood), David Macomber (Cossack), Joseph Kallini (The Consul), Eda Heinemann (A Prospective Tenant)
(Street Arabs): Eric Roberts, Robert White
(Drunks): Arthur Tell, Alva Milligan (Six Future Admirals): Michael Ames, Alan Brixey, Peter Knego, Paul Marion, Mel Roberts, Paul Seymour
Produzent: Max Gordon
Regie: George S. Kaufman
Anmerkung: Eileen McKenney, die Titelperson Eileen der Komödie, kam wenige Tage vor der Broadway-Premiere des Stückes bei einem Autounfall ums Leben.
Deutschsprachige Erstaufführung unter dem Titel ZWEI MÄDCHEN SUCHEN EINEN JOB: 3. Juni 1953, Theater am Domhof, Osnabrück. Autor: Walter Firner

Film:

My Sister Eileen
(Deutscher Titel: MEINE SCHWESTER
ELLEN)
1942, USA – Columbia, 96 Min.
Deutsche Erstaufführung: 1945
Drehbuch: Joseph Fields, Jerome Chodorov, nach ihrer gleichnamigen Komödie
Darsteller: Rosalind Russell (Ruth Sherwood), Janet Blair (Eileen Sherwood), Brian Aherne (Robert Baker), George Tobias (Appopolous), Allyn Joslyn (Chic Clark), June Havoc (Effie Shelton), Gordon Jones (The Wreck), Jeff Donnell (Helen Loomis), Elizabeth Patterson (Grandma Sherwood), Grant Mitchell (Walter Sherwood), Richard Quine (Frank Lippincott), Minna Phillips (Mrs. Wade), Donald McBride (Officer Lonigan), Frank Sully (Jensen, Janitor), Clyde Fillmore (Ralph Craven), Arnold Stang (Jimmy), Charles La Torre (Captain Anadato), Danny Mummert (Boy), Almira Sessions (Prospective Tenant), Ann Doran (Receptionist), Forrest Tucker (Sand Hog), The Three Stooges (Bus Passengers), Bob Kellard (Bus Driver)
(Cadets): Kirk Alyn, George Adrian, Tom Lincir
(Policemen): Walter Sande, Pat Lane, Ralph Dunn
Produzent: Max Gordon
Regie: Alexander Hall

Hinweis/Film:
Nach der Komödie »My Sister Eileen« von Joseph A. Fields und Jerome Chodorov und dem gleichnamigen Spielfilm dieser beiden Autoren auf der Basis der Erzählungen (Kurzgeschichten) von Ruth McKenney entstand 1955 ein Film-Musical.

My Sister Eileen
(Deutscher Titel: MEINE SCHWESTER ELLEN)
1955, USA – Columbia – CinemaScope/
Technicolor, 108 Min.
Deutsche Erstaufführung: 1955
Film-Musical
Musik: Jule Styne

Songtexte: Leo Robin
Drehbuch: Blake Edwards, Richard Quine, nach der gleichnamigen Komödie von Joseph A. Fields und Jerome Chodorov und ihrem gleichnamigen Spielfilm von 1942
Darsteller: Betty Garrett (Ruth Sherwood), Janet Leigh (Eileen Sherwood), Jack Lemmon (Bob Barker), Kurt Kasznar (Appopolous), Richard Fosse/d. i. Bob Fosse (Frank Lippencott), Richard York (The Wreck), Lucy Marlow (Helen), Tommy Rall (Chic Clark), Barbara Brown (Mrs. Wade, Helen's Mother), Horace McMahon (Lonigan), Queenie Smith (Alice), Richard Deacon (George), Alberto Morin (Brazilian Consul), Henry Slate (Drunk), Hal March (Drunk), Ken Christy (Police Sergeant)
Produzent: Fred Kohlmar
Choreographie: Bob Fosse
Regie: Richard Quine
Songs und Musiknummern:
Atmosphere; As Soon as They See Eileen; I'm Great!; No Room for Mr. Gloom; There's Nothing Like Love; Competition Dance; Give Me a Band and My Baby; It's Bigger Than You and Me; This Is Greenwich Village; What Happened to the Conga?

YOU'RE A GOOD MAN, CHARLIE BROWN
(Deutscher Titel: DU BIST IN ORDNUNG, CHARLIE BROWN!)

Musik und Songtexte: Clark Gesner
Buch: John Gordon (d. i. Clark Gesner), nach der Comic-strip-Serie »Peanuts« (seit 1950) von Charles M. (Monroe) Schulz
Premiere in New York, Theatre 80 St. Marks: 7. März 1967

Personen und die Darsteller der Premiere:

Charlie Brown	Gary Burghoff
Lucy	Reva Rose
Snoopy	Bill Hinnant
Linus	Bob Balaban
Schroeder	Skip Hinnant
Patty	Karen Johnson

Produzenten: Arthur Whitelaw, Gene Persson
Inszenierung der Musiknummern: Patricia Birch
Regie: Joseph Hardy

Handlung: »Ein gewöhnlicher Tag im Leben von Charlie Brown.« Das Typische der beliebten Comic-strips, episodenweise in Szenen und Songs. Die bekannten Zeichenfiguren der »Peanuts«-Serie von Charles M. Schulz als handelnde Personen: der wankelmütige Charlie Brown mit seinen Alltagsproblemen in der Schule, beim Baseballspiel, beim Fliegenlassen eines Drachens, der musikliebende und klavierspielende Schroeder, die boshafte, eitle, aber auch empfindliche Lucy, die davon träumt, eine Königin zu sein und herrschen zu können, der sympathische Linus, der berichtet, wie sehr er seine Schmusedecke nötig hat, die süße, naive Patty und schließlich auch Snoopy, der Beagle-Hund, der sich weigert, Kaninchen zu jagen, weil er nicht weiß, wie Kaninchen aussehen, der aber immer darauf versessen ist, als kühner Flieger den berühmten »Roten Baron« im Kampf zu stellen. Anfangs stimmen die Freunde einen Lobgesang auf Charlie Brown an, am Ende sinniert jeder einzelne über die Frage, was das wahre Glück sei. Charlie Brown trifft die abschließende Feststellung: »Glück ist alles, was man liebt.«

Anmerkung: Ursprünglich nur als Schallplatten-Album produziert, wurde das Projekt dann als Bühnenmusical gestaltet und entwickelte sich zu einem der größten Off-Broadway-Erfolge.

Deutschsprachige Erstaufführung:
6. März 1991, Neues Theater Hamburg. Autoren: Lauren Eager, Andreas Zimmermann

Songs und Musiknummern

Bühne:
You're a Good Man, Charlie Brown; Faithful Friends Always Near Me; My Blanket and Me; Queen Lucy; The Kite Song; The Doctor Is In (Dr. Lucy); Book

Report »Peter Rabbitt«; The Red Baron; T. E. A. M. (The Baseball Game); Home on the Range; Little Known Facts; Suppertime; Happiness

Schallplatten:
NY – MGM ISE 9
TV – (1973) Atlantic 7252
St – Leo the Lion 900

Hinweis/Bühne:
Ein weiteres Musical auf der Basis der Comic-strip-Serie »Peanuts« von Charles M. Schulz erschien 1975.

Snoopy!!!
Musik: Larry Grossman
Songtexte: Hal Hackady
Buch: Warren Lockhart, Arthur Whitelaw, Michael L. Grace, nach der Comic-strip-Serie »Peanuts« von Charles M. Schulz
Premiere in San Francisco, Little Fox Theatre: 8. Dezember 1975

Personen und die Darsteller der Premiere:

Snoopy	Don Potter
Charlie Brown	James Gleason
Peppermint Patty	Pamela Myers
Sally	Randi Kallan
Lucy	Janell Pulis
Linus	Jimmy Dodge
Woodstock	Cathy Cahn

Produzenten: Arthur Whitelaw, Michael L. Grace, Susan Bloom, Warren Lockhart (mit Charles M. Schulz Creative Associates)
Choreographie: Marc Breaux
Regie: Arthur Whitelaw

Handlung: Quasi-Fortsetzung des Musicals »You're a Good Man, Charlie Brown«: In Szenen und Songs umgesetzte Cartoons, erneut als Geschehen eines Tages dargeboten. Weltbetrachtung aus dem Blickwinkel von Snoopy und den anderen »Peanuts«, diesmal mit Charlies Schwester Sally und Snoopys treuem Freund, dem merkwürdigen Vogel Woodstock. Die kindlichen Gemüter sind mit ihren Alltagsproblemen und Phantastereien beschäftigt, tragen ihre altklugen Ansichten vor und philosophieren mit naiv-verquerer Logik, mit Witz und weisen Sprüchen, doch immer auch mit einem Schuß Sarkasmus.

Deutschsprachige Erstaufführung (Originaltitel): 20. November 1985, K & K Theater am Naschmarkt, Wien. Autor: Peter Orthofer

Songs:
The World According to Snoopy; Edgar Allan Poe; Woodstock's Theme; I Know Now; The Vigil; Clouds; Where Did That Little Dog Go?; Daisy Hill; Friend; The Great Writer (It Was a Dark and Stormy Night); Poor Sweet Baby; Don't Be Anything Less; The Big Bow-Wow; Just One Person
In der Londoner Produktion hinzugefügt: Snoopy's Song; Hurry Up Face; Mother's Day; Dime a Dozen; When Do the Good Things Start

Schallplatten:
San Francisco – (1976) DRG 6103
L – That's Entertainment TER 1073

Hinweis/Film:
Auf der Basis der Comic-strip-Serie »Peanuts« von Charles M. Schulz entstanden auch abendfüllende Zeichentrickfilme.

A Boy Named Charlie Brown
(Deutscher Titel: CHARLIE BROWN UND SEINE FREUNDE)
1969, USA – National General Pictures/ Cinema Center Films – Technicolor, 86 Min.
Deutsche Erstaufführung: 1970
Zeichentrickfilm
Drehbuch: Charles M. Schulz, nach seiner Comic-strip-Serie »Peanuts«
Sprecher und Sänger: Peter Robbins (Charlie Brown), Pamelyn Ferdin (Lucy Van Pelt), Glenn Gilger (Linus Van Pelt), Andy Pforsich (Schroeder), Bill Melendez (Snoopy), Sally Dryer (Patty), Anne Altieri (Violet), Erin Sullivan (Sally), Linda Mendelson (Frieda), Christopher De Faria (Pig Pen), David Carey (2nd Boy), Guy Pforsich (3d Boy)
Produzenten: Lee Mendelson, Bill Melendez

Choreographie der Zeichentrickszene »Snoopy's skating«: Skippy Baxter
Regie: Bill Melendez
Songs und Musiknummern:
Als Urheber zeichnen Rod McKuen *(Songs) und Vince Guaraldi (Score/Gesamtmusikwerk). Für die mit Zeichen ⊕ versehenen Titel fehlen die Angaben.*
A Boy Named Charlie Brown (Titel) (Rod McKuen); Cloud Dreams ⊕; Charlie Brown and His All-Stars ⊕; We Lost Again (Rod McKuen); Blue Charlie Brown ⊕; Time to Go to School ⊕; I Only Dread One Day At a Time ⊕; Failure Face (Rod McKuen); By Golly I'll Show 'Em ⊕; Class Champion (Rod McKuen); I Before E (John Scott Trotter, Bill Melendez, Al Shean); School Spelling Bee ⊕; Champion Charlie Brown (Rod McKuen); Start Boning Up on Your Spelling, Charlie Brown ⊕; You'll Either Be a Hero ... Or a Goat (Rod McKuen); Bus Station (Rod McKuen); Do Piano Players Make a Lot of Money? ⊕; I've Got to Get My Blanket Back ⊕; Big City (Rod McKuen, Vince Guaraldi); Found Blanket ⊕; National Spelling Bee (Rod McKuen); B-E-A-G-L-E (Rod McKuen); Homecoming (Rod McKuen, Vince Guaraldi); I'm Never Going to School Again (Rod McKuen); Welcome Home, Charlie Brown ⊕
ferner: Ausschnitt aus Klaviersonate Nr. 8, op. 13, c-moll »Pathétique« (Ludwig van Beethoven) (gespielt von Ingolf Dahl)

Snoopy, Come Home
(Deutscher Titel: SNOOPY)
1972, USA – National General Pictures/ Cinema Center Films – Technicolor, 81 Min.
Deutsche Erstaufführung: 1972
Zeichentrickfilm
Musik und Songtexte: Richard M. Sherman, Robert B. Sherman
Drehbuch: Charles M. Schulz, nach seiner Comic-strip-Serie »Peanuts«
Sprecher und Sänger: Chad Webber (Charlie Brown), Robin Kohn (Lucy Van Pelt), Stephen Shea (Linus Van Pelt),

David Carey (Schroeder), Johanna Baer (Lila), Hillary Momberger (Sally), Chris De Faria (Peppermint Patty), Linda Ercoli (Clara), Linda Mendelson (Frieda), Bill Melendez (Snoopy), ferner zeichnerisch der »komische Vogel« Woodstock (ohne Sprechstimme)
Produzenten: Lee Mendelson, Bill Melendez
Regie: Bill Melendez
Songs:
Do You Remember Me? (Lila's Theme); At the Beach; No Dogs Allowed; Best of Buddies; Fundamental-Friend-Dependability; Woodstock's Samba (instr.); Charlie Brown's Caliope (instr.); Gettin' It Together; Snoopy, Come Home; It Changes
Schallplatte: (Linda Ercoli, Shelby Flint, Guy Pohlman, Ray Pohlman, Don Ralke, Thurl Ravenscroft) Columbia S 31541

Race for Your Life, Charlie Brown
(Deutscher Titel: LAUF UM DEIN LEBEN, CHARLIE BROWN)
1977, USA – Paramount/Charles M. Schulz Creative Associates/United Features Syndicate – Metrocolor, 76 Min.
Deutsche Erstaufführung: 1977
Zeichentrickfilm
Drehbuch: Charles M. Schulz, nach seiner Comic-strip-Serie »Peanuts«
Die Figuren: Charlie Brown, Lucy Van Pelt, Linus Van Pelt, Peppermint Patty, Sally Brown, Schroeder, Franklin, Woodstock, Snoopy
Sprecher und Sänger: Duncan Watson, Greg Felton, Stuart Brotman, Gail Davis, Liam Martin, Bill Melendez, Kirkland Jue, Jordan Warren, Jimmy Ahrens, Melanie Kohn, Tom Muller
ferner: Fred van Amburg (Voice of Radio Announcer)
Produzenten: Lee Mendelson, Bill Melendez
Regie: Bill Melendez
Songs:
Race for Your Life, Charlie Brown (Ed Bogas); The Greatest Leader (Ed Bogas, Lee Mendelson); Charmine (Erno Rapee, Lew Pollack); She'll Be Comin' Round the Mountain (Traditional)

Bon Voyage, Charlie Brown – And Don't Come Back
(Deutscher Titel: GUTE REISE, CHARLIE BROWN)
1980, USA/Paramount – Movielab Color, 75 Min.
Deutsche Erstaufführung: 1989
Zeichentrickfilm
Drehbuch: Charles M. Schulz, nach seiner Comic-strip-Serie »Peanuts«
Sprecher und Sänger: Daniel Anderson, Scott Beach, Casey Carlson, Debbie Fuller, Patricia Patts, Laura Planting, Arrin Skelley, Bill Melendez, Annalisa Bortolin, Roseline Rubens, Pascale De Bartlet
Produzenten: Lee Mendelson, Bill Melendez
Regie: Bill Melendez (mit Phil Roman)

YOUR OWN THING
(Deutscher Titel: TUT WAS IHR WOLLT)

Musik und Songtexte: Hal Hester, Danny Apolinar
Buch: Donald Driver, frei nach der Komödie »Twelfth Night – or – What You Will« (ca. 1600/1602) (deutsch: »Was ihr wollt«) von William Shakespeare
Premiere in New York, Orpheum Theatre: 13. Januar 1968

Personen und die Darsteller der Premiere:

Viola	Leland Palmer
Sebastian	Rusty Thacker
Orson	Tom Ligon
Olivia	Marian Mercer (Marcia Rodd/ siehe Hinweis/ Bühne)
Apocalypse Singing Group:	
Danny	Danny Apolinar
John	John Kuhner
Michael	Michael Valenti
Nurse	Imogene Bliss
Purser/Stage Manager	Igors Gavon

Produzenten: Zev Bufman, Dorothy Love
Choreographie: Charles Schneider
Regie: Donald Driver

Ort: »Manhattan Island, Illyria« (New York)
Zeit: »Gegenwart« (1968)

Handlung: Shakespeares Verwechslungskomödie, in die moderne Zeit (60er Jahre) übertragen und nach New York verlegt, musikalisch im Rock 'n' Roll-Stil, zeitbezogen und satirisch kommentiert durch Sprechblasen auf Diawänden und durch Filmprojektion von Gestalten aus unterschiedlichen Zeitepochen, z. B. Shakespeare, Elisabeth I. von England, Papst Paul, Michelangelos Gottvater, Buddha, Humphrey Bogart, Shirley Temple, John Wayne und andere.
Sebastian und Viola sind ein Zwillingsgeschwisterpaar, das als Rockmusik-Duo auftritt. Sie geraten in einen Schiffsuntergang. Einzeln werden sie gerettet, doch glaubt jeder, daß der andere das Unglück nicht überlebt hat. Viola kommt nach »Manhattan Island, Illyria«, in die große Stadt, die scheinbar nur aus Glas und Stahl besteht. Sie bemüht sich um einen Job als Sängerin, erfährt aber, daß der Agent Orson für seine von ihm vertretene Band »Apocalypse« ein männliches Ensemblemitglied sucht. Kurz entschlossen verkleidet sie sich, stellt sich als »Charlie« vor und wird engagiert. Orson ist verliebt in Olivia, die Inhaberin einer Diskothek, in der die Band »Apocalypse« auftreten soll. Er benutzt »Charlie« als Postillon für die Überbringung von Liebesbriefen. Olivia erwidert zwar nicht Orsons Zuneigung, ist aber sehr angetan von dem reizenden Postboten »Charlie«. Inzwischen ist Sebastian, der nach dem Unglück in ein Krankenhaus gebracht worden war, genesen. Auch er begibt sich auf Arbeitssuche in Manhattan. Da er ausgerechnet beim Agenten Orson erscheint, vergrößert er das Durcheinander und die Irrtümer. Denn Orson verwechselt Sebastian mit »Charlie« und läßt durch ihn erneut einen Liebesbrief an Olivia überbringen. Diese Kontakte und die Mißverständnisse setzen sich eine Weile fort. Nicht nur Viola/»Charlie« und Sebastian laufen immer aneinander vorbei, sie werden auch von Orson, Olivia und den Kameraden der Band ständig verwechselt. Orson verliebt sich in »Charlie«, was ihn sehr verwirrt, da er glaubt, plötzlich homosexuelle Anwandlungen zu haben. Olivia wundert sich, daß Charlie sich manchmal voller Leidenschaft zeigt (wenn es sich um Sebastian handelt), manchmal aber sehr abweisend ist (wenn es sich bei »Charlie« um Viola handelt). Mit vielen Kommentaren aus dem Hintergrund durch die auf die Leinwände projizierten Gestalten, mit turbulentem Durcheinander und närrischem Jux im Kreise der handelnden Personen und der Rockband »Apocalypse« klärt sich am Ende auf, daß es sich bei »Charlie« um ein verkleidetes Mädchen und obendrein um die Zwillingsschwester von Sebastian handelt. So haben sich nicht nur diese beiden wiedergefunden, auch die Situation der Liebespaare ist geklärt: Orson und Viola, Sebastian und Olivia.

Deutschsprachige Erstaufführung:
5. April 1969, Theater der Freien Hansestadt Bremen. Autor: Mischa Mleinek

Songs

Bühne:
No One's Perfect, Dear; The Flowers; I'm Me! (I'm Not Afraid); Baby! Baby!; Come Away, Death (William Shakespeare/T); I'm On My Way to the Top; She Never Told Her Love (William Shakespeare/T); Be Gentle; What Do I Know?; The Now Generation; The Middle Years; When You're Young and in Love; Hunca Munca; Don't Leave Me; Do Your Own Thing

Schallplatte:
NY – RCA LOC/LSO 1148

Vorlage des Musicals:
Das Musical »Your Own Thing« verwendet Personen und Handlungsstrukturen der Komödie »Twelfth Night – or – What You Will« von William Shakespeare. Dieses Werk entstand in Shakespeares Schaffensperiode zwischen 1598 und 1600. Ein erster Hinweis auf eine Auf-

führung dieser Komödie bezieht sich auf den Tag »Maria Lichtmeß« (2. Februar) 1601 oder 1602 in London. Diese Datierung muß nicht mit der Uraufführung des Stückes identisch sein. Der früheste erhaltene Text stammt aus dem Jahre 1623. Das Stück beinhaltet mehrere Lieder, u. a. »Come Away, Come Away, Death«. »Twelfth Night« bezieht sich auf die letzte Nacht der »Zwölfnächte« (auch: »Unternächte«, »Rauch-« bzw. »Rauhnächte«). Es ist die zwölfte Nacht nach der Heiligen Nacht, die Nacht zum Epiphania-Tag (6. Januar), auch Dreikönigstag genannt. Vielfach galt in früheren Zeiten dieser Tag als Abschluß des alten und eigentlicher Beginn des neuen Jahres. Da die »Zwölfnächte« mit allerlei Aberglauben, Spuk und Geisterbeschwörungen verbunden waren, wurde stellenweise die letzte, die zwölfte Nacht in silvester- oder karnevalsähnlicher Stimmung begangen, verknüpft mit Losentscheidungen und Vorausdeutungen für die Zukunft, u. a. mit Liebesorakeln. Um in heutiger Zeit verständlich zu machen, was Shakespeare damals zu seinem possenhaften Spiel »Twelfth Night« veranlaßte, soll aus einer Leipziger Schrift von 1670 zitiert werden, die den Charakter des Weihnachtsfestes so beschreibt: »Der Heilige Abend wird zum heidnischen Lauf- und Saufabend. Die Gassen sind voll törichter Irrwische, voll Büberei und Mutwillen, voll Gaukelei und Phantasie.« Ähnlich faschingshaft mag es im England der damaligen Zeit im Zusammenhang mit Weihnachten zugegangen sein. Auch das Musical »Your Own Thing« benutzt die Elemente des karnevalistischen Spotts und der Narretei.
Shakespeares Stück beruht ebenfalls auf Vorlagen. Die Literaturwissenschaft nennt dazu unterschiedliche Werke: 1) »Eine Novelle« des italienischen Schriftstellers Matteo Bandello (ca. 1485–1562). (25 seiner Novellen erschienen in englischer Übersetzung 1566/1577 in William Painters Sammlung »Palace of Pleasure«.) 2) Ein 1537 in Siena/Toskana veröffentlichtes Drama »Gl' Ingannati«.

3) »Ein Stoff« aus der Novellensammlung »Gli Hecatommithi« (nach anderen Angaben: »Ecatommiti«) von 1565 des italienischen Dramatikers und Novellisten Giovanni Battista (auch: Giambattista) Giraldi, genannt Cinthio (1504–1573). 4) Die »Historie of Apolonius and Silla« aus der Erzählsammlung »Farewell to Militarie Profession« (1581) von Barnabe Riche.

Hinweis/Bühne:
Wenige Tage vor der Premiere des Musicals »Your Own Thing« in New York brachte ein anderes Off-Broadway-Theater ein Musical heraus, das ebenfalls auf Shakespeares Komödie »Twelfth Night – or – What You Will« basierte:

Love and Let Love
Musik: Stanley Jay Gelber
Songtexte: John Lollos, John Christopher
Buch: John Lollos
Premiere in New York, Sheridan Square House: 3. Januar 1968
Diese Produktion blieb erfolglos. Die Darstellerin der Olivia, Marcia Rodd, wechselte über ins Ensemble von »Your Own Thing« und übernahm dort diese Rolle.

Ebenso erfolglos blieb eine weitere Musical-Adaption der Shakespeare-Komödie:

Music Is
Musik: Richard Adler
Songtexte: Will Holt
Buch: George Abbott
Premiere in New York, St. James Theatre: 20. Dezember 1976

Eine deutsche Musical-Version der Shakespeare-Komödie entstand 1963:

Was ihr wollt – oder – Die Schiffbrüchigen von Illyrien
Musik: Klaus Fehmel
Liedtexte: Günther Deike
Buch: Günther Deike
Uraufführung: Berlin (Ost), Theater der Freundschaft: 4. Oktober 1963
Anmerkung: Diese Musical-Version wurde verfilmt unter dem Titel »Nichts als Sünde« (→ Hinweis/Film).

William Shakespeares Komödie »Twelfth Night –or– What You Will« diente auch als Vorlage für andere Werke des Musiktheaters.

Komische Oper: *Cesario*
Musik: Emil Steinkühler
Autor: Karl A. Gollmick
Düsseldorf: März 1848

Komische Oper: *Cesario*
Musik: Wilhelm Taubert
Autor: Emil Taubert
Berlin, Königliche Oper: 13. November 1874

Komische Oper: *Viola*
Musik: Karel Weis
Autoren: B. Adler, R. Šubert, V. Novohradský
Prag, Czech. Theater: 17. Januar 1892
Deutsche Version: DIE ZWILLINGE
Frankfurt/Main, Stadttheater: 16. Februar 1902

Komische Oper: *Viola*
Musik: Adolf Arensen
Autor: Richard Genée
Hamburg, Stadttheater: 16. März 1893

Komische Oper: *Viola*
Musik: Hermann Kirchner
Autor: Hermann Kirchner
Hermannstadt/Siebenbürgen, Stadttheater: 5. Februar 1904

Oper: *Was ihr wollt*
Musik: Hans Holenia
Autor: Oskar Widowitz
Graz, Opernhaus: 17. November 1934

Hinweis/Film:
Verfilmungen der Komödie »Twelfth Night –or– What You Will« von William Shakespeare, auch in Abwandlungen.

Twelfth Night
Stummfilm/1910, USA – Vitagraph, 970 ft/ 296 m (11 Min.)
Drehbuch: Eugene Mullin, nach der Komödie »Twelfth Night – or – What You Will« von William Shakespeare
Darsteller: Florence Turner (Viola), Charles Kent (Malvolio), Julia Swayne Gordon (Olivia), Tefft Johnson (Orsino),

Edith Storey (Sebastian), Marin Sais
Regie: J. Stuart Blackton

Dwenadzataja Notsch
(Deutscher Titel: WAS IHR WOLLT)
1955, Sowjetunion – Lenfilm– Magicolor, 90 Min.
Deutsche Erstaufführung: 1956
Drehbuch: Jan Frid, nach der Komödie »Twelfth Night –or– What You Will« von William Shakespeare
Darsteller: Katja Lutschko (Viola/Sebastian), Alla Larionowa (Olivia), Vadim Medwedjew (Herzog Orsino), Wassili Merkurjew (Malvolio), Sergej Lukjanow (Antonio), A. Lisjanskaja (Maria), Mikail Janschin (Toby Belch/d. i. Tobias von Rülp), Georgio Wizin (Andrew Aguecheek/d. i. Junker Christoph von Bleichenwang), Sergej Filippow (Fabian), Alexej Antonow (Seekapitän), Bruno Freundlich (Clown), S. Karnowitsch-Walua, P. Lukin, L. Stepanow, A. Sacharow, A. Wostokow, N. Urgant, N. Russanowa, I. Protopopowa
Regie: Jan Frid

Nichts als Sünde
1965, Deutschland – Defa – Totalvision/ Orwo-Color, 105 Min.
Musical-Verfilmung
Drehbuch: Hanuš Burger, Maurycy Janowski, Helmut Grewald, Alfred Hirschmeier, Ingrid Reschke, nach dem Musical »Was ihr wollt – oder – Die Schiffbrüchigen von Illyrien«, nach der Komödie »Twelfth Night –or– What You Will« von William Shakespeare
Darsteller (GS = Gesangsstimme): Helga Čočková/Deutsche Stimme und GS Jutta Hoffmann (Viola), Annekathrin Bürger (Olivia), Brigitte Krause (Maria), Arno Wyzniewski/GS Fred Frohberg (Herzog Orsino), Herwart Grosse/GS Gerry Wolff (Malvolio), Hans Lucke/GS Manfred Krug (Narr), Hans-Joachim Hegewald (Junker Tobias), Rolf Römer (Junker Andreas), Herbert Graedtke/GS Manfred Raasch (Sebastian), Jochen Thomas (Antonio), Peter Kiwitt (Majordomo), Günter Rüger (Barbier), Rolf Herricht (Fernsehreporter), Paul Lewitt (Schnei-

4

dermeister), Hans-Jürgen Plust (Kapitän), Hannes Vohrer (Langer Matrose), Elke Rieckhoff (Blinker-Mädchen), Georg Irmer (Sbirre), Hans-Eberhard Gäbel (Adjutant von Antonio), Alfred Lux (Pirat), Fredy Barten (Dicker Bürger), Karin Bischof (Jungfrau), Günter Schwarzlose (Shakespeare), Emil Schomburg (Garkoch), Thea Beyer (Fischfrau), Rudi Bernburg (Page)
(Die vier Beatles): Joachim Siebenschuh, Dieter Schaarschmidt, Werner Möhring, Joachim Fuchs
(Bürgersfrauen): Sabine Thalbach, Agnes Kraus
(Junge Mädchen): Vera Byl, Angelika Gründel, Edeltraut Bleinagel, Christa Müller, Inge Merten
(Gärtnerinnen, Gärtner): Brigitte Riemann, Monika Reeh, Karin Bischof, Roland Kuchenbuch, Walter Nickel, Bernd Bartoszewski, Armin Mechsner, Wolfgang Winkler, Stefan Jerzy Zweig
(Clowns): Carlos Rom, Rainer Elvers
(Fechter): Kurt Zabel, Hermann Tornow, Heinz-Peter Sehmisch, Karl-Heinz Saar, Willi Wenghöfer
sowie Sportler des ASK Vorwärts Potsdam, Chorsänger des Staatlichen Rundfunkkomitees, das Ballett der Deutschen Staatsoper Berlin, das Defa-Sinfonieorchester, Leitung: Lothar Seyfahrt, das Tanzorchester des Berliner Rundfunks, Leitung: Günter Gollasch
Produzent: Künstlerische Arbeitsgruppe Johannisthal
Choreographie: Hannes Vohrer
Regie: Hanuš Burger

Viola und Sebastian
1972, Deutschland – Guertler & Runze Filmproduktion, Berlin – Color, 93 Min.
Modernisierte, nach Deutschland in die holsteinische Marsch verlagerte Handlung
Drehbuch: Ottokar Runze, frei nach der Komödie »Twelfth Night –or– What You Will« von William Shakespeare
Darsteller: Karin Hübner (Viola), Frank Glaubrecht (Sebastian), Inken Sommer (Olivia), Michael J. Boyle (Orsino), Uwe

Dallmeier (Tobias Rülp), Heinz Theo Branding (Malvolio), Herbert Stass (Kellner), Horst Pönichen (Fabio), Renate Schubert (Maria), Dieter Schönemann (Antonio), Cecilia Reible (Cecilia), Gottfried Kramer (Andreas Bleichenwang)
Produzenten: Wilmar R. Guertler, Ottokar Runze
Regie: Ottokar Runze

ZORBÁ
(Deutscher Titel: SORBAS)

Musik: John Kander
Songtexte: Fred Ebb
Buch: Joseph Stein, nach dem griechischen Roman »Vios ke politia tu Alexi Zorba« (1946) (deutsch: »Alexis Zorbas«) von Nikos (Nikolas) Kazantzakis und dem britisch-amerikanisch-griechischen Film »Zorba the Greek« (1964)
Premiere in New York, Imperial Theatre: 17. November 1968

Personen und die Darsteller der Premiere:
Zorbá (d. i. Alexis Sorbas)	Herschel Bernardi
Hortense	Maria Karnilova
Nikos	John Cunnigham
Surmelina, a Young Widow	Carmen Alvarez
Pavli	Richard Dmitri
Leader (Narrator)	Lorraine Serabian
Mavrodani	Paul Michael
Manolako	James Luisi
Alexis	Alex Petrides
Panavotis	Nat Horne
Mimkio	Al de Sio
Kostandi	Joseph Alfasa
Sofia	Marsha Tamaroff
Kyriakos	Jerry Sappir
Kanakis	Ali Hafid
Kostantinos	Angelo Saridis
Constable	David Wilder
Marina	Alicia Helen Markarian
Fivos	Gerrit de Beer
Efterpi	Lee Hooper
Loukas	Loukas Skipitaris
Meropi	Juliette Durand
Aristos	Charles Kalan

Georgi	Johnny La Motta
Antonis	Anthony Marciona
Tasso	Susan Marciona
Thanos	Lewis Gundunass
Father Zacharia	Gerard Rusak
Aliki	Miriam Welch
Chyristo	Louis Garcis
Zacharias	Edward Nolfi
Belly Dancer	Jemela Omar
Old Man	Robert Bernard
Katapolis	Richard Nieves
Despo	Nina Dova
Irini	Connie Burnett
Athena	Peggy Cooper
Grigoris	Wayne Boyd
Vasilis	Martin Mevers

Produzent: Harold Prince (mit Ruth Mitchell)
Choreographie: Ronald Field
Regie: Harold Prince
Ort: Piräus und Kreta/Griechenland
Zeit: 1924

Handlung: Drama. Der junge Nikos ist der Erbe einer Kohlenmine auf Kreta, die aber seit längerem stilliegt. In einer Taverne in Piräus schließt er Bekanntschaft mit dem lebenserfahrenen Griechen Zorbá, dem er erzählt, daß er die Mine wieder in Betrieb nehmen will. Zorbá bietet beflissen seine Unterstützung an. Beide reisen nach Kreta, wo sie Unterkunft bei Hortense, einer ehemaligen französischen Chansonette, finden. Zorbá umwirbt sie gekonnt und erweckt sehr schnell Hortenses Zuneigung. Im Ort ist man glücklich, daß die Mine wieder Arbeit bringen soll. Zorbá, der nie die Freuden des Lebens aus den Augen läßt, macht Nikos auf die junge Witwe Surmelina aufmerksam. Während Zorbá in Piräus weilt, um mit dem Geld von Nikos Gerätschaften einzukaufen, trifft sich Nikos mit Surmelina. Pavli, ein junger Grieche, der in sie verliebt ist, fühlt sich dadurch so verletzt, daß er Selbstmord begeht. Das Unglück führt zu einer gespannten Atmosphäre im Ort. Gerade kehrt Zorbá zurück. Das meiste Geld hat er in Piräus mit einer Bauchtänzerin verjubelt. Nikos ist ärgerlich, doch bewundert er im stillen Zorbás Lebenslust. Er macht dem Leichtfertigen aber klar, daß Hortense erwartet, von ihm geheiratet zu werden. Zorbá, der verheiratet ist, seine Familie aber verlassen hat, versteht es, Hortense hinzuhalten und sie trotzdem glücklich zu machen. Niemand ahnt, daß sie todkrank ist. Pavlis Familie macht Front gegen die junge Witwe. Der Haß eskaliert derart, daß ein Familienmitglied Surmelina niedersticht und tötet. Kurz darauf stirbt auch Hortense. Zu allem Unglück wird auch die Wiedereröffnung der Mine zu einer Katastrophe, da Zorbás Fähigkeiten nicht annähernd fachmännisch waren: Der Schacht und die neuerrichtete Förderanlage stürzen ein. Am Ende hat Nikos nichts gewonnen außer der Erkenntnis, daß Zorbás Lebensphilosophie, jeweils den Augenblick zu genießen und alles andere nicht für wichtig zu erachten, eine beherzigenswerte Weisheit ist.

Auszeichnungen: 1 Antoinette Perry Award (Tony) 1969: Bühnenbild: Boris Aronson – 1 Antoinette Perry Award (Tony) 1984: Herausragende Charakterrolle–Musical: Lila Kedrova

Deutschsprachige Erstaufführung: 28. Januar 1971, Theater an der Wien, Wien. Autoren: Robert Gilbert, Gerhard Bronner

Songs und Musiknummern

Bühne:
Life Is / Zorba Theme; The First Time; The Top of the Hill; No Boom Boom; Vive la Difference; The Butterfly; Goodbye, Canavaro; Belly Dance; Grandpapa/ Zorba's Dance; Only Love; The Bend of the Road; Bells; Entr'acte; Y'assou; Why Can't I Speak?; Mine Celebration; The Crow; Happy Birthday to Me; I Am Free
Hinzugefügt bei einer Neuinszenierung/ New York 1983:
Mine Song; Woman

Schallplatten:
NY –Capitol SO 118, (1983) RCA ABL 1–4732
D/B –(Wien) Preiser Records SPR 3221

Vorlage des Musicals:
Zorba the Greek
(Deutscher Titel: ALEXIS SORBAS)
1964, Großbritannien/USA/Griechenland – 20th Century-Fox/Michael Cacoyannis-Rochley Productions/International Classics, 142 Min.
Deutsche Erstaufführung: 1965
Drehbuch: Michael Cacoyannis, nach dem Roman »Vios ke politia tu Alexi Zorba« von Nikos Kazantzakis
Darsteller: Anthony Quinn (Alexis Zorba), Alan Bates (Basil), Irene Papas (Widow), Lila Kedrova (Madame Hortense), George Foundas (Mavrandoni),

Eleni Anousaki (Lola), Sotiris Moustakas (Mimithos), Takis Emmanuel (Manolakas), George Voyadjis / auch: Yorgo Voyagis (Pavlo), Anna Kyriakou (Soul)
Produzent: Michael Cacoyannis
Regie: Michael Cacoyannis
Musik (Mikis Theodorakis/K): Zorba's Dance/Sirtaki
Auszeichnungen: 3 Academy Awards (Oscars) 1964: Weibliche Nebenrolle: Lila Kedrova / Kamera/schwarzweiß: Walter Lassally / Ausstattung–Szenenbild: Vassilis Fotopoulos
Schallplatte: 20th Century-Fox
INLP 60001

Anhang

Deutschsprachige Erstaufführungen

(OT = Originaltitel)

AB IN DEN WALD (1990)   → INTO THE WOODS

ALEXIS SORBAS (→ SORBAS)

ALLES OKAY! (1981)   → ANYTHING GOES

ANATEVKA (1968)   → FIDDLER ON THE ROOF

ANNIE – NENN' MICH DADDY   → ANNIE
  (1980)

ANNIE, SCHIESS' LOS   → ANNIE GET YOUR GUN
  (1957/1963)

DAS APPARTEMENT (1970)   → PROMISES, PROMISES

APPLAUS (1975)   → APPLAUSE

AUF, AUF ZUM FORUM (1972)   → A FUNNY THING HAPPENED ON
    THE WAY TO THE FORUM

BARNUM (OT/1983)

BLONDINEN BEVORZUGT (1988)   → GENTLEMEN PREFER BLONDES

THE BOY FRIEND (OT/1960)

DIE BOYS VON SYRAKUS (1971)   → THE BOYS FROM SYRACUSE

BRIGADOON (OT/1980)

CABARET (OT/1970)

LA CAGE AUX FOLLES (OT/1985)

CAMELOT (OT/1981)

CANCAN (1959)   → CAN-CAN

CANDIDE (OT/1976)

CANTERBURY TALES (OT/1970)

CARNIVAL (OT/1962)

CATS (OT/1983)

CHICAGO (OT/1977)

A CHORUS LINE (OT/1980)

COMPANY (OT/1973)

DARLING JOE (1980)   → PAL JOEY

DIE SPINNEN, DIE RÖMER!
  (→ AUF, AUF ZUM FORUM)

DIE DREIGROSCHENOPER (1928)   → THE THREEPENNY OPERA

DAS DREIMÄDERLHAUS (1916)   → BLOSSOM TIME

DU BIST IN ORDNUNG, CHARLIE   → YOU'RE A GOOD MAN, CHARLIE
  BROWN! (1991)   BROWN

EVITA (OT/1981)

EIN ENGEL IN DER LEITUNG (1959)   → BELLS ARE RINGING

FANNY (OT/1955)

DER FIEDLER AUF DEM DACH
  (→ ANATEVKA)

FINIAN'S RAINBOW (OT/1975)

FOLLIES (OT/1991)

FUNNY GIRL (OT/1972)

DIE GEISHA (1897)   → THE GEISHA

GIGI (OT/1974)
GIRL CRAZY (OT/1977)
DER GLÜCKLICHSTE MANN DER WELT   → THE MOST HAPPY FELLA
  (1972)
GRAND HOTEL (OT/1991)
GREASE (OT/1990)
GYPSY (OT/1979)
HAARE (1968)   → HAIR
HALF A SIXPENCE (OT/1964)
HALLO, DOLLY! (1966)   → HELLO, DOLLY!
HALT DIE WELT AN – ICH WILL   → STOP THE WORLD – I WANT TO
  AUSSTEIGEN (1965)   GET OFF
HERZ IM PYJAMA (1956)   → THE PAJAMA GAME
ICH STEIG' AUS UND MACH' 'NE   → I'M GETTING MY ACT TOGETHER
  EIGENE SHOW (1980)   AND TAKING IT ON THE ROAD
IM WEISSEN RÖSSL (1930)   → THE WHITE HORSE INN
IRMA LA DOUCE (OT/1961)
DAS JAHR, IN DEM ROT-WEISS   → DAMN YANKEES
  OBERHAUSEN DEUTSCHER
  MEISTER WIRD (1979)
JESUS CHRIST SUPERSTAR (OT/1972)
JOSEPH AND THE AMAZING
  TECHNICOLOR DREAMCOAT (OT/1987)
EIN KÄFIG VOLLER NARREN
  (→ LA CAGE AUX FOLLES)
KARUSSELL (1972)   → CAROUSEL
KISMET (OT/1977)
DER KLEINE HORRORLADEN (1989) → LITTLE SHOP OF HORRORS
KNICKERBOCKER HOLIDAY (OT/1976)
DER KÖNIG UND ICH (1966)   → THE KING AND I
KÜSS MICH, KÄTCHEN (1955)   → KISS ME, KATE
DAS LÄCHELN EINER SOMMER-   → A LITTLE NIGHT MUSIC
  NACHT (1975)
LADY, BE GOOD! (OT/1976)
EIN MÄDCHEN AUS PIRÄUS (1969) → ILLYA DARLING
MAME (OT/1970)
MANCHE MÖGEN'S HEISS (→ SUGAR)
DER MANN VON LA MANCHA (1968) → MAN OF LA MANCHA
ME AND MY GIRL (OT/1992)
DER MIKADO – ODER – EIN TAG   → THE MIKADO – OR – THE TOWN
  IN TITIPU (1888)   OF TITIPU
LES MISÉRABLES (OT/1988)
DAS MUSIKALISCHE HIMMEL-   → I DO! I DO!
  BETT (1968)
THE MUSIC MAN (OT/1963)
MY FAIR LADY (OT/1961)
NEW YORK, NEW YORK (1977)   → ON THE TOWN
NO, NO, NANETTE (OT/1925/1973)
NON(N)SENSE (1989)   → NUNSENSE
OH! CALCUTTA! (1971)   → OH, CALCUTTA!
OH, KAY! (OT/1978)

OKLAHOMA! (OT/1973)
OLIVER! (OT/1985)
ON YOUR TOES (OT/1990)
PETER PAN (II) (OT/1984)
PHANTOM (→ THE PHANTOM OF THE
  OPERA)
DAS PHANTOM DER OPER (1988)   →   THE PHANTOM OF THE OPERA
PIPPIN (OT/1974)
DIE PIRATEN – DER SKLAVE   →   THE PIRATES OF PENZANCE
  SEINER PFLICHT (1889)/PIRATEN   – OR – THE SLAVE OF DUTY
  (1984)
PISTOLEN-JENNY (1968)   →   CALAMITY JANE
PORGY UND BESS (1950)   →   PORGY AND BESS
DIE ROCKY HORROR SHOW (1980)   →   THE ROCKY HORROR SHOW
DIE ROLLSCHUHBAHN/   →   THE RINK
  DER ROLLSCHUHPALAST (1986)
DIE ROMANTICKS (1965)   →   THE FANTASTICKS
ROSE-MARIE (OT/1933/1963)
DIE SCHÖNE VON NEW YORK (1900)   →   THE BELLE OF NEW YORK
SCHWERE JUNGEN, LEICHTE   →   GUYS AND DOLLS
  MÄDCHEN (1969)
SEIDENSTRÜMPFE (1974)   →   SILK STOCKINGS
SHOW BOAT (OT/1970)
SIE SPIELEN UNSER LIED (1980)   →   THEY'RE PLAYING OUR SONG
SONNTAGS IM PARK MIT GEORGE (1989)   →   SUNDAY IN THE PARK WITH
      GEORGE
SORBAS (1971)   →   ZORBÁ
STARLIGHT EXPRESS (OT/1988)
STOPPT DIE WELT – ICH MÖCHTE   →   STOP THE WORLD – I WANT TO
  (WILL) AUSSTEIGEN (1965)   GET OFF
EINE STRASSE IN NEW YORK (1955)   →   STREET SCENE
DER STUDENTENPRINZ (1932)   →   THE STUDENT PRINCE IN
      HEIDELBERG
SUGAR (OT/1989)
SWEENEY TODD – DER DÄMO-   →   SWEENEY TODD – THE DEMON
  NISCHE BARBIER VON FLEET   BARBER OF FLEET STREET
  STREET (1985)
SWEET CHARITY (OT/1970)
DER TAPFERE SOLDAT (1908)   →   THE CHOCOLATE SOLDIER
TOWARISCH (1966/1981)   →   TOVARICH
DIE TRAPP-FAMILIE (1982)   →   THE SOUND OF MUSIC
TUT WAS IHR WOLLT (1969)   →   YOUR OWN THING
DAS VERLORENE LIED (1951)   →   LADY IN THE DARK
40 GRAD IM SCHATTEN (1971)   →   110 IN THE SHADE
WEST SIDE STORY (OT/1968)
WIE EINST IM MAI (1913)   →   MAYTIME
WIE MAN WAS WIRD IM LEBEN,   →   HOW TO SUCCEED IN BUSINESS
  OHNE SICH ANZUSTRENGEN (1965)   WITHOUT REALLY TRYING
WINNIFRED (1990)   →   ONCE UPON A MATTRESS
WONDERFUL TOWN (OT/1956)
DER ZAUBERER VON OSS (1971)   →   THE WIZARD OF OZ

Premieren (Zeittafel)

Die Daten nennen die offiziellen Premieren in New York oder (wenn extra angegeben) in anderen Städten. Sofern für ein Werk noch andere Aufführungsdaten von Bedeutung sind, die in den einzelnen Fällen unter »Anmerkung« erläutert werden, ist ein A) hinzugefügt.

1879	31.12.	A)		The Pirates of Penzance
1884	4. 9.			Adonis
1885	14. 3.		London	The Mikado –or– The Town of Titipu
1891	9.11.			A Trip to Chinatown
1893	14.10.		London	A Gaiety Girl
1896	25. 4.		London	The Geisha
1897	28. 9.			The Belle of New York
1903	21. 1.			The Wizard of Oz
	13.10.			Babes in Toyland
1906	24. 9.			The Red Mill
1908	14.11.		Wien	Der tapfere Soldat
1909	13. 9.			The Chocolate Soldier
1910	24.10.		London	Naughty Marietta
1913	8. 9.			Sweethearts
	4.10.		Berlin	Wie einst im Mai
1916	15. 1.		Wien	Das Dreimäderlhaus
1917	16. 8.			Maytime
1919	18.11.			Irene
1921	29. 9.			Blossom Time
1924	2. 9.			Rose-Marie
	1.12.			Lady, Be Good!
	2.12.			The Student Prince in Heidelberg
1925	11. 3.	A)		No, No, Nanette
	21. 9.			The Vagabond King
	8.12.			The Cocoanuts
1926	8.11.			Oh, Kay!
	30.11.			The Desert Song
1927	2. 2.			Rio Rita
	25. 4.			Hit the Deck
	3.11.			A Connecticut Yankee
	22.11.			Funny Face
	27.12.			Show Boat
1928	13. 3.			The Three Musketeers
	31. 8.		Berlin	Die Dreigroschenoper
	19. 9.			The New Moon
	23.10.			Animal Crackers
1929	12. 7.	A)	London	Bitter-Sweet
	2. 9.		Berlin	Happy End
1930	14. 1.	A)		Strike Up the Band
	14.10.			Girl Crazy
	8.11.		Berlin	Im Weißen Rößl

1931	8. 4.	London	The White Horse Inn
	3. 6.		The Band Wagon
	15.10.		The Cat and the Fiddle
	26.12.		Of Thee I Sing
1932	29.11.		Gay Divorce
1933	13. 4.	A)	The Threepenny Opera
	18.11.		Roberta
1934	21.11.		Anything Goes
1935	10.10.		Porgy and Bess
	16.11.		Jumbo
1936	11. 4.		On Your Toes
	19.11.		Johnny Johnson
1937	14. 4.		Babes in Arms
	27.11.		Pins and Needles
	16.12.	London	Me and My Girl
1938	22. 9.		Hellzapoppin'
	19.10.		Knickerbocker Holiday
	23.11.		The Boys from Syracuse
1939	6.12.		Du Barry Was a Lady
1940	28. 5.		Louisiana Purchase
	25.10.		Cabin in the Sky
	30.10.		Panama Hattie
	25.12.		Pal Joey
1941	23. 1.		Lady in the Dark
	1.10.		Best Foot Forward
	1.12.		Sons O'Fun
1943	31. 3.		Oklahoma!
	7.10.		One Touch of Venus
	2.12.		Carmen Jones
1944	21. 8.		Song of Norway
	28.12.		On the Town
1945	19. 4.		Carousel
1946	16. 5.		Annie Get Your Gun
	26.12.		Beggar's Holiday
1947	9. 1.		Street Scene
	10. 1.		Finian's Rainbow
	13. 3.		Brigadoon
	10.10.		Allegro
1948	11.10.		Where's Charley?
	30.12.		Kiss Me, Kate
1949	7. 4.		South Pacific
	30.10.		Lost in the Stars
	8.12.		Gentlemen Prefer Blondes
1950	24. 4.		Peter Pan (I)
	12.10.		Call Me Madam
	24.11.		Guys and Dolls
1951	29. 3.		The King and I
	12.11.		Paint Your Wagon
1953	25. 2.		Wonderful Town
	7. 5.		Can-Can
	3.12.		Kismet

1954	14. 1.		London	The Boy Friend
	13. 5.			The Pajama Game
	20.10.			Peter Pan (II)
	4.11.			Fanny
1955	24. 2.			Silk Stockings
	5. 5.			Damn Yankees
1956	15. 3.			My Fair Lady
	3. 5.			The Most Happy Fella
	13. 6.			Shangri-La
	10.11.		Paris	Irma la Douce
	15.11.			Li'l Abner
	29.11.			Bells Are Ringing
	1.12.			Candide
1957	26. 9.			West Side Story
	19.12.			The Music Man
1958	3. 4.			Say, Darling
	7. 7.	A)	Los Angeles	At the Grand
	1.12.			Flower Drum Song
1959	23. 4.			Destry Rides Again
	11. 5.			Once Upon a Mattress
	21. 5.			Gypsy
	16.11.			The Sound of Music
	18.11.			Little Mary Sunshine
1960	14. 4.			Bye Bye Birdie
	3. 5.			The Fantasticks
	30. 6.		London	Oliver!
	3.11.			The Unsinkable Molly Brown
	3.12.			Camelot
1961	13. 4.			Carnival
	28. 5.		Forth Worth, Texas	Calamity Jane
	20. 7.		London	Stop the World – I Want to Get Off
	10.10.			Milk and Honey
	14.10.			How to Succeed in Business Without Really Trying
1962	15. 3.			No Strings
	8. 5.			A Funny Thing Happened On the Way to the Forum
1963	18. 3.			Tovarich
	21. 3.		London	Half a Sixpence
	24.10.			110 in the Shade
1964	16. 1.			Hello, Dolly!
	26. 3.			Funny Girl
	22. 9.			Fiddler On the Roof
	20.10.			Golden Boy
1965	1. 2.	A)	London	Divorce Me, Darling!
	17.10.			On a Clear Day You Can See Forever
	22.11.			Man of La Mancha
	15.12.		London	Charlie Girl
1966	29. 1.			Sweet Charity
	24. 5.			Mame

	20.11.			Cabaret
	5.12.			I Do! I Do!
1967	7. 3.			You're a Good Man, Charlie Brown
	11. 4.			Illya Darling
	29.10.	A)		Hair
	5.12.	A)	London	The Four Musketeers!
1968	13. 1.			Your Own Thing
	21. 3.		London	Canterbury Tales
	17.11.			Zorbá
	1.12.			Promises, Promises
1969	16. 3.			1776
	17. 6.			Oh, Calcutta!
1970	26. 3.			Minnie's Boys
	30. 3.			Applause
	26. 4.			Company
	19.10.			The Rothschilds
1971	4. 4.			Follies
	17. 5.			Godspell
	12.10.			Jesus Christ Superstar
	1.12.	A)		Two Gentlemen of Verona
1972	14. 2.			Grease
	9. 4.			Sugar
	23.10.			Pippin
1973	25. 2.			A Little Night Music
	19. 6.		London	The Rocky Horror Show
	18.10.			Raisin
	13.11.			Gigi
1974	27. 1.	A)		Lorelei
1975	5. 1.			The Wiz
	7. 1.			Shenandoah
	21. 5.	A)		A Chorus Line
	3. 6.			Chicago
	8.12.		San Francisco	Snoopy!!!
1976	11. 1.			Pacific Ouvertures
1977	21. 4.			Annie
1978	1. 3.			Timbuktu
	17. 4.	A)		The Best Little Whorehouse in Texas
	14. 6.			I'm Getting My Act Together and Taking It on the Road
	21. 6.		London	Evita
1979	11. 2.			They're Playing Our Song
	1. 3.			Sweeney Todd
1980	30. 4.			Barnum
	25. 8.			42nd Street
	22. 9.		Paris	Les Misérables
1981	29. 3.			Woman of the Year
	11. 5.		London	Cats
	18.11.	A)		Joseph and the Amazing Technicolor Dreamcoat
	20.12.			Dreamgirls
1982	9. 5.			Nine

	8. 7.	A)	Seven Brides for Seven Brothers
	27. 7.		Little Shop of Horrors
1983	1. 5.		My One and Only
	30. 6.	London	Singin' in the Rain
	21. 8.		La Cage aux Folles
1984	9. 2.		The Rink
	27. 3.	London	Starlight Express
	2. 5.		Sunday in the Park With George
1985	25. 4.		Big River
	12.12.		Nunsense
1986	14. 5.	London	Chess
	9.10.	London	The Phantom of the Opera
1987	5.11.		Into the Woods
1989	17. 4.	London	Aspects of Love
	20. 9.	London	Miss Saigon
	12.11.	A)	Grand Hotel
	11.12.		City of Angels
1991	25. 1.	Houston/Texas	Phantom
	25. 4.		The Secret Garden
1992	19. 2.		Crazy for You

Komponisten und ihre im Lexikon erfaßten Werke

Richard Adler / Jerry Ross	Damn Yankees (1955)
	The Pajama Game (1954)
Benny Andersson / Bjørn Ulvaeus	Chess (1986)
Dan Apolinar / Hal Hester	
(siehe Hal Hester)	
Burt Bacharach	Promises, Promises (1968)
Lionel Bart	Oliver! (1960)
Ralph Benatzky / Robert Stolz	The White Horse Inn (1931)
Ralph Benatzky (und andere)	Im Weißen Rößl (1930)
Irving Berlin	Annie Get Your Gun (1946)
	Call Me Madam (1950)
	The Cocoanuts (1925)
	Louisiana Purchase (1940)
Leonard Bernstein	Candide (1956)
	On the Town (1944)
	Peter Pan (I) (1950)
	West Side Story (1957)
	Wonderful Town (1953)
Rick Besoyan	Little Mary Sunshine (1959)
George Bizet (Bearbeitung Robert	Carmen Jones (1943)
Russell Bennett)	
Ralph Blane / Hugh Martin	Best Foot Forward (1941)
Jerry Bock	Fiddler On the Roof (1964)
	The Rothschilds (1970)
Alexander Borodin (Bearbeitung:	Kismet (1953)
Robert Wright/George Forrest)	Timbuktu (1978)

Leslie Bricusse / Anthony Newley

Stop the World – I Want to Get
   Off (1961)

Nacio Herb Brown

Singin' in the Rain (1983)

Warren Casey / Jim Jacobs
  (siehe Jim Jacobs)

Mark Charlap / Jule Styne
  (siehe Jule Styne)

Cy Coleman

Barnum (1980)
City of Angels (1989)
Sweet Charity (1966)

Noël Coward

Bitter-Sweet (1929)

Vernon Duke

Cabin in the Sky (1940)

Sherman Edwards

1776 (1969)

Duke Ellington

Beggar's Holiday (1946)

Sammy Fain

Calamity Jane (1961)

Sammy Fain (und andere)

Hellzapoppin' (1938)

Sammy Fain / Will Irvin

Sons O' Fun (1941)

Nancy Ford

I'm Getting My Act Together
  and Taking It On the Road (1978)

George Forrest / Robert Wright
  (siehe Alexander Borodin)
  (siehe Edvard Grieg)

George Forrest / Robert Wright /
  Maury Yeston (siehe Maury Yeston)

Rudolf Friml

The Three Musketeers (1928)
The Vagabond King (1925)

Rudolf Friml / Herbert Stothart

Rose-Marie (1924)

Percy Gaunt

A Trip to Chinatown (1891)

Noel Gay

Me and My Girl (1937)

Gary Geld

Shenandoah (1975)

George Gershwin

Crazy for You (1992)
Funny Face (1927)
Girl Crazy (1930)
Lady, Be Good (1924)
My One and Only (1983)
Of Thee I Sing (1931)
Oh, Kay! (1926)
Porgy and Bess (1935)
Strike Up the Band (1930)

Clark Gesner

You're a Good Man, Charlie
  Brown (1967)

Dan Goggin

Nunsense (1985)

Edvard Grieg
  (Bearbeitung: Robert Wright /
  George Forrest)

Song of Norway (1944)

Larry Grossman

Minnie's Boys (1970)
Snoopy !!! (1975)

Manos Hadjidakis

Illya Darling (1967)

Carol Hall

The Best Little Whorehouse in
  Texas (1977)

Marvin Hamlisch

A Chorus Line (1975)

John Hawkins / Richard Hill
David Heneker
David Heneker / John Taylor
Victor Herbert

Jerry Herman

Hal Hester / Dan Apolinar
Richard Hill / John Hawkins
  (siehe John Hawkins)
Joel Hirschhorn / Al Kasha /
  Gene de Paul (siehe Gene de Paul)
Will Irwin / Sammy Fain
  (siehe Sammy Fain)
Jim Jacobs / Warren Casey
Laurie Johnson
Sidney Jones

Bert Kalmar / Harry Ruby
John Kander

Al Kasha / Joel Hirschhorn /
  Gene de Paul (siehe Gene de Paul)
Gustave Kerker
Jerome Kern

Henry Krieger
Burton Lane

Mitch Leigh
Andrew Lloyd Webber

Frank Loesser

They're Playing Our Song (1979)
Canterbury Tales (1968)
Half a Sixpence (1963)
Charlie Girl (1965)
Babes in Toyland (1903)
Naughty Marietta (1910)
The Red Mill (1906)
Sweethearts (1913)
La Cage aux Folles (1983)
Hello, Dolly! (1964)
Mame (1966)
Milk and Honey (1961)
Your Own Thing (1968)

Grease (1972)
The Four Musketeers! (1967)
A Gaiety Girl (1893)
The Geisha (1896)
Animal Crackers (1928)
Cabaret (1966)
Chicago (1975)
The Rink (1984)
Woman of the Year (1981)
Zorbá (1968)

The Belle of New York (1897)
The Cat and the Fiddle (1931)
Roberta (1933)
Show Boat (1927)
Dreamgirls (1981)
Finian's Rainbow (1947)
On a Clear Day You Can See
  Forever (1965)
Man of La Mancha (1965)
Aspects of Love (1989)
Cats (1981)
Evita (1978)
Jesus Christ Superstar (1971)
Joseph and the Amazing Techni-
  color Dreamcoat (1973)
The Phantom of the Opera (1986)
Starlight Express (1984)
Guys and Dolls (1950)
How to Succeed in Business
  Without Really Trying (1961)

	The Most Happy Fella (1956)
	Where's Charley? (1948)
Frederick Loewe	Brigadoon (1947)
	Camelot (1960)
	Gigi (1973)
	My Fair Lady (1956)
	Paint Your Wagon (1951)
Galt MacDermot	Hair (1967)
	Two Gentlemen of Verona (1971)
Hugh Martin / Ralph Blane	
(siehe Ralph Blane)	
Alan Menken	Little Shop of Horrors (1982)
Bob Merrill	Carnival (1961)
Roger Miller	Big River (1985)
Marguerite Monnot	Irma la Douce (1956)
Anthony Newley / Leslie Bricusse	
(siehe Leslie Bricusse)	
Richard O'Brien	The Rocky Horror Show (1973)
The Open Window	Oh! Calcutta! (1969)
Gene de Paul	Li'l Abner (1956)
Gene de Paul / Al Kasha / Joel	Seven Brides for Seven Brothers (1982)
Hirschhorn	
Lee Pockriss	Tovarich (1963)
Cole Porter	Anything Goes (1934)
	Can-Can (1953)
	Du Barry Was a Lady (1939)
	Gay Divorce (1932)
	Kiss Me, Kate (1948)
	Panama Hattie (1940)
	Silk Stockings (1955)
Edward E. Rice	Adonis (1884)
Mary Rodgers	Once Upon a Mattress (1959)
Richard Rodgers	Allegro (1947)
	Babes in Arms (1937)
	The Boys from Syracuse (1938)
	Carousel (1945)
	A Connecticut Yankee (1927)
	Flower Drum Song (1958)
	Jumbo (1935)
	The King and I (1951)
	No Strings (1962)
	Oklahoma! (1943)
	On Your Toes (1936)
	Pal Joey (1940)
	The Sound of Music (1959)
	South Pacific (1949)
Sigmund Romberg	The Desert Song (1926)
	Maytime (1917)
	The New Moon (1928)
	The Student Prince in Heidel-
	berg (1924)

Sigmund Romberg / Franz Schubert
(siehe Franz Schubert)
Harold Rome

Destry Rides Again (1959)
Fanny (1954)
Pins and Needles (1937)

Jerry Ross / Richard Adler
(siehe Richard Adler)
Harry Ruby / Bert Kalmar
(siehe Bert Kalmar)
Harvey Schmidt

The Fantasticks (1960)
I Do! I Do! (1966)
110 in the Shade (1963)

Claude-Michel Schönberg

Les Misérables (1980)
Miss Saigon (1989)

Franz Schubert
(Bearbeitung: Sigmund Romberg)
Arthur Schwartz
Stephen Schwartz

Das Dreimäderlhaus (1916)
Blossom Time (1921)
The Band Wagon (1931)
Godspell (1971)
Pippin (1972)

Lucy Simon
A. Baldwyn Sloane / Paul Tietjens
(siehe Paul Tietjens)
Charlie Smalls
Stephen Sondheim

The Secret Garden (1991)

The Wiz (1975)
Company (1970)
Follies (1971)
A Funny Thing Happened On
    the Way to the Forum (1962)
Into the Woods (1987)
A Little Night Music (1973)
Pacific Ouvertures (1976)
Sunday in the Park With George
    (1984)
Sweeney Todd (1979)

Robert Stolz / Ralph Benatzky
(siehe Ralph Benatzky)
Herbert Stothart / Rudolf Friml
(siehe Rudolf Friml)
Oscar Straus

The Chocolate Soldier (1909)
Der tapfere Soldat (1908)

Charles Strouse

Annie (1977)
Applause (1970)
Bye Bye Birdie (1960)
Golden Boy (1964)

Jule Styne

Bells Are Ringing (1956)
Funny Girl (1964)
Gentlemen Prefer Blondes (1949)
Gypsy (1959)
Lorelei (1973)
Say, Darling (1958)
Sugar (1972)

Jule Styne / Mark Charlap

Peter Pan (II) (1954)

Arthur Sullivan	The Mikado –or– The Town of Titipu (1885)
	The Pirates of Penzance (1879)
John Taylor / David Heneker (siehe David Heneker)	
Harry Tierney	Irene (1919)
	Rio Rita (1927)
Paul Tietjens / A. Baldwyn Sloane	The Wizard of Oz (1903)
Bjørn Ulvaeus / Benny Andersson (siehe Benny Andersson)	
Harry Warren	42nd Street (1980)
	Shangri-La (1956)
Kurt Weill	Die Dreigroschenoper (1928)
	Happy End (1929)
	Johnny Johnson (1936)
	Knickerbocker Holiday (1938)
	Lady in the Dark (1941)
	Lost in the Stars (1949)
	One Touch of Venus (1943)
	Street Scene (1947)
	The Threepenny Opera (1933)
Meredith Willson	The Music Man (1957)
	The Unsinkable Molly Brown (1960)
Sandy Wilson	The Boy Friend (1954)
	Divorce Me, Darling! (1965)
Judd Woldin	Raisin (1973)
Robert Wright / George Forrest (siehe auch Alexander Borodin und Edvard Grieg)	At the Grand (1958)
Robert Wright / George Forrest / Maury Yeston (siehe Maury Yeston)	
Maury Yeston	Nine (1982)
	Phantom (1991)
Maury Yeston / Robert Wright / George Forrest	Grand Hotel (1989)
Vincent Youmans	Hit the Deck (1927)
	No, No, Nanette (1925)

Filmliste

Die Filmliste enthält sämtliche im Lexikon ausführlich behandelten Filme und ordnet sie dem jeweiligen Musical zu, so daß als Findehilfe auch erkennbar wird, an welcher Stelle ein Film vermerkt ist.

In der Spalte F (= Film) handelt es sich um die *Verfilmung* eines Musicals. Mit nur wenigen Ausnahmen haben diese Verfilmungen den gleichen Titel wie das Bühnen-Musical. Ist ein Musical als *Fernsehproduktion* aufgezeichnet oder verfilmt worden, lautet das Zeichen in der Filmliste TV (= Produktion des Fernsehens /der Television).

Diente ein *Film* als *Vorlage* für ein Bühnen-Musical (z. B. »Gigi« oder »42nd Street«), so wird das mit dem Zeichen V/F (Vorlage/Film) oder, sofern die Vorlage eine Fernsehproduktion ist (z. B. »Man of La Mancha«), mit V/TV (Vorlage/Television) angegeben.

Bei allen übrigen Filmen handelt es sich um *Parallelwerke* gleichen oder ähnlichen Themas zu den einzelnen Musicals. Da diese Filme jeweils unter *Hinweis/Film* im Lexikon erscheinen, findet sich in der Filmliste das Zeichen H/F bzw. H/TV, sofern sich der Hinweis auf eine Fernsehproduktion bezieht. Angegeben ist ferner unter H/F, wenn Filme die gleiche Vorlage haben wie das Musical (z. B. Romane, Theaterstücke) oder wenn sie sich auf die gleichen historischen *Personen* beziehen.

VC (= Videocassette) und LD (= Laserdisc) merken an, daß der Film im internationalen Handel als *Videokassette* bzw. *Laser-Bildplatte* im Angebot ist.

Abkürzungen

F	= Verfilmung	H/TV	= Hinweis/Fernsehen
TV	= Fernseh-Verfilmung	VC	= Videokassette im inter-
V/F	= Vorlage/Film		nationalen Angebot
V/TV	= Vorlage/Fernsehen	LD	= Laser-Bildplatte (Laserdisc)
H/F	= Hinweis/Film		im internationalen Angebot

Nationalität

		Ind.	= Indien
		Isr.	= Israel
Arg.	= Argentinien	Jap.	= Japan
Aus.	= Australien	Jug.	= Jugoslawien
Bras.	= Brasilien	Mex.	= Mexiko
Can.	= Canada	NL	= Niederlande
CH	= Schweiz	Ö	= Österreich
D	= Deutschland	S	= Schweden
Dän.	= Dänemark	SP	= Spanien
Egy.	= Ägypten	SU	= Sowjetunion
F	= Frankreich	Tsch.	= Tschechoslowakei
GB	= Großbritannien	Ung.	= Ungarn
GR	= Griechenland	USA	= Vereinigte Staaten von
I	= Italien		Amerika

Die Jahreszahlen beziehen sich nicht auf das jeweilige Produktionsjahr, sondern auf das Jahr der Erstaufführung.

ANIMAL CRACKERS

F	ANIMAL CRACKERS VC / LD	USA	1930

ANNIE

F	ANNIE VC / LD	USA	1981
H/F	zur Vorlage – Comic-strip-Serie »Little Orphan Annie«		
	LITTLE ORPHAN ANNIE VC	USA	1932
	LITTLE ORPHAN ANNIE	USA	1938

ANNIE GET YOUR GUN

F	ANNIE GET YOUR GUN	USA	1950
H/F	zur Person – Annie Oakley		
	ANNIE OAKLEY VC	USA	1935

ANYTHING GOES

F	ANYTHING GOES	USA	1936
F	ANYTHING GOES	USA	1956

APPLAUSE

(TV)	APPLAUSE	USA	1973
V/F	ALL ABOUT EVE VC / LD	USA	1950
H/F	APPLAUSE VC	USA	1929

BABES IN ARMS

F	BABES IN ARMS VC / LD	USA	1939

BABES IN TOYLAND

F	BABES IN TOYLAND VC / LD / auch: Computercolor	USA	1934
F	BABES IN TOYLAND VC	USA	1961
TV	BABES IN TOYLAND VC / LD	USA	1986

THE BAND WAGON

F	DANCING IN THE DARK	USA	1949
F	THE BAND WAGON VC / LD	USA	1953

BARNUM

H/F	zur Person – Phineas Taylor Barnum		
	THE MIGHTY BARNUM	USA	1934
	(TV) BARNUM / auch: THE LIFE OF BARNUM VC	USA	1986

THE BELLE OF NEW YORK

F	THE BELLE OF NEW YORK VC	USA	1952

BELLS ARE RINGING

F	BELLS ARE RINGING VC / LD	USA	1960

BEST FOOT FORWARD

F	BEST FOOT FORWARD VC	USA	1943

THE BEST LITTLE WHOREHOUSE IN TEXAS

F	THE BEST LITTLE WHOREHOUSE IN TEXAS VC / LD	USA	1982

BIG RIVER

H/F	zur Vorlage – Roman »The Adventures of Huckleberry Finn«	

	HUCKLEBERRY FINN	USA	1920
	HUCKLEBERRY FINN	USA	1931
	THE ADVENTURES OF HUCKLEBERRY FINN VC	USA	1939
	THE ADVENTURES OF HUCKLEBERRY FINN VC	USA	1960
	SOWSJOM PROPASCHTSCHIJ	SU	1973
	HUCKLEBERRY FINN	USA	1974
	(TV) HUCKLEBERRY FINN VC	USA	1975
	(TV) THE ADVENTURES OF HUCKLEBERRY		
	FINN VC	USA	1981
	(TV) THE ADVENTURES OF HUCKLEBERRY FINN VC	USA	1985

BITTER-SWEET

F	BITTER-SWEET VC	GB	1933
F	BITTER-SWEET VC	USA	1940

BLOSSOM TIME

H/F	BLOSSOM TIME	GB	1934

THE BOY FRIEND

F	THE BOY FRIEND VC / LD	USA	1971

THE BOYS FROM SYRACUSE

F	THE BOYS FROM SYRACUSE	USA	1940

BRIGADOON

F	BRIGADOON VC / LD	USA	1954

BYE BYE BIRDIE

F	BYE BYE BIRDIE VC / LD	USA	1963

CABARET

F	CABARET VC / LD	USA	1972
H/F	zur Vorlage – Schauspiel »I Am a Camera«		
	I AM A CAMERA VC	USA	1955

CABIN IN THE SKY

F	CABIN IN THE SKY VC / LD	USA	1943

LA CAGE AUX FOLLES

V/F	LA CAGE AUX FOLLES VC	F/I	1978
H/F	LA CAGE AUX FOLLES II VC	F/I	1980
	LA CAGE AUX FOLLES III – »ELLES«		
	SE MARIENT VC	F/I	1985

CALAMITY JANE

V/F	CALAMITY JANE VC / LD	USA	1953

H/F	zur Person – Calamity Jane		
	WILD BILL HICKOK	USA	1923
	THE PLAINSMAN VC / LD	USA	1937
	YOUNG BILL HICKOK	USA	1940
	BADLANDS OF DAKOTA	USA	1941
	THE PALEFACE VC / LD	USA	1948
	CALAMITY JANE AND SAM BASS	USA	1949
	THE TEXAN MEETS CALAMITY JANE	USA	1950
	THE RAIDERS	USA	1964
	THE PLAINSMAN	USA	1966
	(TV) CALAMITY JANE VC	USA	1984

CALL ME MADAM

F	CALL ME MADAM	USA	1953

CAMELOT

F	CAMELOT VC / LD	USA	1967
H/F	zum Thema – King Arthur		
	KNIGHTS OF THE ROUND TABLE VC / LD	GB	1953
	LANCELOT AND GUINEVERE	GB	1963
	LANCELOT DU LAC	F/I	1974
	EXCALIBUR VC / LD	USA	1981
	(TV) ARTHUR THE KING (MERLIN AND THE SWORD VC)	USA	1985

siehe auch A CONNECTICUT YANKEE

CAN-CAN

F	CAN-CAN VC / LD	USA	1960

CANDIDE

F	CANDIDE (Konzertante Fassung) VC / LD	GB	1989
H/F	zur Vorlage – Roman »Candide – ou – L'optimisme«		
	CANDIDE – OU – L'OPTIMISME	F	1960

CANTERBURY TALES

H/F	zur Vorlage – Erzählungen »The Canterbury Tales«		
	I RACCONTI DI CANTERBURY / LES CONTES DE CANTERBURY VC / LD	I/F	1971

CARMEN JONES

F	CARMEN JONES VC / LD	USA	1954
H/F	zu den Vorlagen – Novelle und Oper »Carmen«		
	CARMEN	F	1906
	CARMEN	USA	1908
	CARMEN	SP	1909
	CARMEN	I	1909

CARMEN	F	1910
CARMEN	GB	1911
CARMEN OF THE ISLES	USA	1912
CARMEN (Monopol)	USA	1913
CARMEN (Thanhouser)	USA	1913
CARMEN	I	1913
CARMEN (Fox)	USA	1915
CARMEN (Lasky)	USA	1915
CARMEN / CHARLIE CHAPLIN'S BURLESQUE ON CARMEN	USA	1916
CARMEN OF THE KLONDIKE	USA	1918
CARMEN (Gypsy Blood VC)	D	1918
EEN CARMEN VAN HET NOORDEN	NL	1919
TENSE MOMENTS FROM OPERA (CARMEN)	GB	1922
CARMEN	F	1926
LOVES OF CARMEN	USA	1927
CAMEO OPERAS (CARMEN)	GB	1927
DIE CARMEN VON ST. PAULI	D	1928
GIPSY BLOOD	GB	1931
ANDALUSISCHE NÄCHTE	D/SP	1938
CARMEN	Arg.	1943
CARMEN	F	1945
THE LOVES OF CARMEN VC	USA	1948
CARMEN PROIBITA	I/SP	1953
CARMEN LA DE RONDE	SP	1959
CARMEN	I	1961
CARMEN DI TRASTEVERE / CARMEN 63	I/F	1963
CARMEN BABY	USA	1967
CARMEN	CH	1967
L'UOMI, L'ORGOGLIO, LA VENDETTA	I/D	1967
CARMEN VC	SP	1983
LA TRAGÉDIE DE CARMEN	F	1983
CARMEN VC / LD	F/I	1984
CARMEN ON ICE VC	D/SP	1990
DER TOD VON SEVILLA	D	1913
UN, DEUX, TROIS, QUATRE! (Episode)	F	1960
CARMEN, THE TRUE STORY / CARMEN NADA	GB/?	1980
PRÉNOM CARMEN / VORNAME CARMEN	F/CH	1983

CARNIVAL

V/F	LILI VC	USA	1952

CAROUSEL

F	CAROUSEL VC / LD	USA	1956
H/F	zur Vorlage – Schauspiel »Liliom«		
	LILIOM	Ung.	1919
	A TRIP TO PARADISE	USA	1921
	LILIOM	USA	1930
	LILIOM	USA	1934

THE CAT AND THE FIDDLE

F	THE CAT AND THE FIDDLE VC	USA	1934

CHICAGO

H/F zur Vorlage – Schauspiel »Chicago«

CHICAGO	USA	1928
ROXIE HART	USA	1942

THE CHOCOLATE SOLDIER

F	THE CHOCOLATE SOLDIER	USA	1914
F	THE CHOCOLATE SOLDIER VC	USA	1941
H/F	zur Vorlage – Komödie »Arms and the Man«		
	ARMS AND THE MAN	GB	1921
	HELDEN	D	1958

H/F zur Vorlage des Films »The Chocolate
    Soldier« von 1941 – Komödie »A testőr«

DER GARDEOFFIZIER	Ö	1926
THE GUARDSMAN	USA	1931

A CHORUS LINE

F	A CHORUS LINE VC / LD	USA	1986

THE COCOANUTS

F	THE COCOANUTS VC / LD	USA	1929

A CONNECTICUT YANKEE

H/F zur Vorlage – Roman »A Connecticut Yankee
    in King Arthur's Court«

A CONNECTICUT YANKEE IN KING ARTHUR'S COURT	USA	1921
A CONNECTICUT YANKEE VC	USA	1931
A CONNECTICUT YANKEE IN KING ARTHUR'S COURT VC / LD	USA	1949
THE SPACEMAN AND KING ARTHUR / THE UNIDENTIFIED FLYING ODDBALL VC	USA	1979
(TV) A CONNECTICUT YANKEE IN KING ARTHUR'S COURT	USA	1989

siehe auch CAMELOT

DAMN YANKEES

F	DAMN YANKEES VC / LD	USA	1958

THE DESERT SONG

F	THE DESERT SONG	USA	1929
F	THE DESERT SONG	USA	1943
F	THE DESERT SONG	USA	1953

H/F zum Thema
THE SHEIK   VC   USA   1921
THE SON OF THE SHEIK   VC / LD   USA   1926

DESTRY RIDES AGAIN

H/F zur Vorlage – Erzählung »Destry Rides Again«
DESTRY RIDES AGAIN   USA   1932
DESTRY RIDES AGAIN   VC / LD   USA   1939
DESTRY   USA   1955

DU BARRY WAS A LADY

F   DU BARRY WAS A LADY   VC   USA   1943

EVITA

H/F zur Person – Evita Perón
LITTLE MOTHER / auch: BLOOD QUEEN   USA/D/
                                                            Jug.   1972
(TV) EVITA PERÓN   USA   1981

FANNY

F   FANNY   VC   USA   1960
V/F (»Marseiller Trilogie: Marius/Fanny/César«)
MARIUS   VC   F/USA   1931
(Deutsche Version) ZUM GOLDENEN ANKER   D   1931
FANNY   VC / LD   F   1932
CÉSAR   VC / LD   F   1936
H/F zu den o. g. Vorlagen
FANNY   I   1933
DER SCHWARZE WALFISCH   D   1934
PORT OF SEVEN SEAS   USA   1938

FIDDLER ON THE ROOF

F   FIDDLER ON THE ROOF   VC / LD   USA   1971
H/F zur Vorlage – Erzählungen »Tewje, der
     milchinger«
TEVJE (TEVYA)   VC   USA   1939
TEVJE UND SEINE SIEBEN TÖCHTER   D/Isr.   1967

FINIAN'S RAINBOW

F   FINIAN'S RAINBOW   VC / LD   USA   1968

FLOWER DRUM SONG

F   FLOWER DRUM SONG   VC / LD   USA   1961

42nd STREET

V/F 42nd STREET   VC / LD / auch: Computercolor   USA   1933

FUNNY FACE

H/F	FUNNY FACE VC / LD	USA	1951

FUNNY GIRL

F	FUNNY GIRL VC / LD	USA	1968
H/F	zur Person – Fanny Brice		
	ROSE OF WASHINGTON SQUARE	USA	1939
	FUNNY LADY VC / LD	USA	1975

A FUNNY THING HAPPENED ON THE WAY TO THE FORUM

F	A FUNNY THING HAPPENED ON THE WAY		
	TO THE FORUM VC / LD	USA	1966

GAY DIVORCE

F	THE GAY DIVORCEE VC / LD	USA	1934

GENTLEMEN PREFER BLONDES

F	GENTLEMEN PREFER BLONDES VC / LD	USA	1953
H/F	zur Vorlage – Komödie »Gentlemen Prefer		
	Blondes«		
	GENTLEMEN PREFER BLONDES	USA	1928

GIGI

V/F	GIGI VC / LD	USA	1958
H/F	zur Vorlage – Roman »Gigi«		
	GIGI	F	1948

GIRL CRAZY

F	GIRL CRAZY	USA	1932
F	GIRL CRAZY VC / LD	USA	1943
F	WHEN THE BOYS MEET THE GIRLS	USA	1965

GODSPELL

F	GODSPELL	USA	1973

GOLDEN BOY

H/F	zur Vorlage – Schauspiel »Golden Boy«		
	GOLDEN BOY VC / LD	USA	1939

GRAND HOTEL

V/F	GRAND HOTEL VC / LD	USA	1932
H/F	zur Vorlage – Roman und Schauspiel		
	»Menschen im Hotel«		
	MENSCHEN IM HOTEL	D/F	1959
	WEEKEND AT THE WALDORF VC	USA	1945

GREASE

| F | GREASE VC / LD | USA | 1978 |
| H/F | GREASE II VC / LD | USA | 1982 |

GUYS AND DOLLS

| F | GUYS AND DOLLS VC / LD | USA | 1955 |

GYPSY

F	GYPSY VC / LD	USA	1962
H/F	zur Person – Gypsy Rose Lee		
	DOLL FACE VC	USA	1945

HAIR

| F | HAIR VC / LD | USA | 1979 |

HALF A SIXPENCE

F	HALF A SIXPENCE VC	USA	1967
H/F	zur Vorlage – Roman »Kipps«		
	KIPPS	GB	1921
	KIPPS / THE REMARKABLE MR. KIPPS VC	GB	1941

HELLO, DOLLY!

F	HELLO, DOLLY! VC / LD	USA	1969
H/F	zur Vorlage (A) – Posse »Einen Jux will er sich machen«		
	EINEN JUX WILL ER SICH MACHEN	Ö	1916
	EINEN JUX WILL ER SICH MACHEN	D	1928
	DAS EINMALEINS DER LIEBE	D	1935
	EINMAL KEINE SORGEN HABEN	D/Ö	1953
	EINEN JUX WILL ER SICH MACHEN	Ö	1957
H/F	zur Vorlage (B) – Komödie »The Matchmaker«		
	THE MATCHMAKER VC / LD	USA	1958

HELLZAPOPPIN'

| F | HELLZAPOPPIN' | USA | 1941 |

HIT THE DECK

F	HIT THE DECK	USA	1930
F	HIT THE DECK VC / LD	USA	1955
H/F	zur Vorlage – Komödie »Shore Leave«		
	SHORE LEAVE VC	USA	1925
	FOLLOW THE FLEET VC	USA	1936

HOW TO SUCCEED IN BUSINESS WITHOUT REALLY TRYING

| F | HOW TO SUCCEED IN BUSINESS WITHOUT REALLY TRYING VC / LD | USA | 1967 |

I DO! I DO!

H/F	zur Vorlage – Komödie »The Fourposter«		
	THE FOUR-POSTER	USA	1952
	DAS RIESENRAD	D	1961

ILLYA DARLING

V/F	POTE TIN KYRIAKI (NEVER ON SUNDAY VC)	GR	1959

INTO THE WOODS

H/F	zur Vorlage – Märchen »Jack and the Beanstalk«		
	JACK AND THE BEANSTALK	USA	1902
	JACK AND THE BEANSTALK	USA	1903
	JACK AND THE BEANSTALK	USA	1904
	JACK AND THE BEANSTALK (Kine)	USA	1912
	JACK AND THE BEANSTALK (Edison)	USA	1912
	JACK AND THE BEANSTALK	USA	1913
	JACK AND THE BEANSTALK	USA	1917
	JACK AND THE BEANSTALK	USA	1924
	JACK AND THE BEANSTALK VC	USA	1952
	(TV) JACK AND THE BEANSTALK	USA	1956
	(TV) JACK AND THE BEANSTALK	USA	1967
	JACK AND THE BEANSTALK	USA	1970
	JACK AND THE BEANSTALK	Jap.	1974
	FUN AND FANCY FREE (Episode)	USA	1947

IRENE

F	IRENE	USA	1926
F	IRENE VC	USA	1940

IRMA LA DOUCE

H/F	IRMA LA DOUCE VC / LD	USA	1963

JESUS CHRIST SUPERSTAR

F	JESUS CHRIST SUPERSTAR VC / LD	USA	1973

JOSEPH AND THE AMAZING TECHNICOLOR DREAMCOAT

H/F	zur Vorlage – Joseph-Geschichte des Alten Testaments der Bibel		
	JOSEPH FILS DE JACOB	F	1913
	JOSEPH IN THE LAND OF EGYPT	USA	1915
	GIUSEPPE VENDUTO DAI FRATELLI (JOSEPH AND HIS BRETHREN VC)	I	1962
	JOSEPH AND HIS BRETHREN	Isr.	1962
	JOSEPH THE DREAMER	Isr.	1967
	SHALOM PHARAO	D	1983

JUMBO

| F | BILLY ROSE'S JUMBO / JUMBO   VC / LD | USA | 1962 |

THE KING AND I

| F | THE KING AND I   VC / LD | USA | 1956 |
| V/F | ANNA AND THE KING OF SIAM   VC | USA | 1946 |

KISMET

F	KISMET VC / LD	USA	1955
H/F	zur Vorlage – Schauspiel »Kismet«		
	KISMET	GB	1914
	KISMET	USA	1920
	KISMET	USA/D	1931
	KISMET VC	USA	1944

KISS ME, KATE

F	KISS ME, KATE VC / LD	USA	1953
H/F	zur Vorlage – Komödie »The Taming of the Shrew«		
	THE TAMING OF THE SHREW	USA	1908
	LA BISBETICA DOMATA	I	1908
	THE TAMING OF THE SHREW	GB	1911
	LA MÉGÈRE APPRIVOISÉE	F	1911
	LA BISBETICA DOMATA	I	1913
	THE TAMING OF THE SHREW	GB	1915
	THE TAMING OF THE SHREW	GB	1923
	THE TAMING OF THE SHREW VC / LD	USA	1929
	LA BISBETICA DOMATA	I	1942
	MAKACS KATA	U	1943
	LA MÉGÈRE APPRIVOISÉE/ LA FIERECILLA DOMADA	F/SP	1955
	UKROSCHTSCHENIE STROPTIWOJ	SU	1961
	THE TAMING OF THE SHREW/ LA BISBETICA DOMATA VC / LD	USA/I	1967
	CASANOVA IN BURLESQUE	USA	1944

KNICKERBOCKER HOLIDAY

| F | KNICKERBOCKER HOLIDAY   VC | USA | 1944 |

LADY, BE GOOD!

| F | LADY, BE GOOD | USA | 1928 |
| F | LADY, BE GOOD   VC | USA | 1941 |

LADY IN THE DARK

| F | LADY IN THE DARK | USA | 1944 |
| TV | LADY IN THE DARK | USA | 1954 |

LI'L ABNER

F	LI'L ABNER VC	USA	1959
H/F	zur Vorlage – Comic-strip-Serie »Li'l Abner«		
	LI'L ABNER VC	USA	1940

A LITTLE NIGHT MUSIC

F	A LITTLE NIGHT MUSIC VC	USA/Ö	1977
V/F	SOMMARNATTENS LEENDE	S	1955
	(SMILES OF A SUMMER NIGHT VC / LD)		
H/F	A MIDSUMMER NIGHT'S SEX COMEDY VC	USA	1982

LITTLE SHOP OF HORRORS

F	LITTLE SHOP OF HORRORS VC / LD	USA	1986
V/F	LITTLE SHOP OF HORRORS VC / auch: Computercolor	USA	1961

LOST IN THE STARS

F	LOST IN THE STARS	USA	1974
H/F	zur Vorlage – Roman »Cry, the Beloved Country«		
	CRY, THE BELOVED COUNTRY VC	GB	1951

LOUISIANA PURCHASE

F	LOUISIANA PURCHASE	USA	1941

MAME

F	MAME VC / LD	USA	1974
H/F	zur Vorlage – Roman und Bühnenstück		
	»Auntie Mame«		
	AUNTIE MAME VC / LD	USA	1958

MAN OF LA MANCHA

F	MAN OF LA MANCHA VC / LD	USA	1972
V/TV	I, DON QUIXOTE	USA	1952
H/F	zur Vorlage – Erzählungen »Don Quixote«		
	DON QUICHOTTE	F	1903
	DON QUIXOTE	SP	1908
	LA TOILE D'ARAIGNÉE MERVEILLEUSE	F	1908
	DON QUIXOTE'S DREAM	GB	1908
	DON QUICHOTTE	F	1913
	DON QUICHOTTE	I	1915
	DON QUIXOTE	USA	1916
	DON QUIXOTE	GB	1923
	DON QUIXOTE	Dän.	1926
	DON QUICHOTTE (DON QUIXOTE VC)	F/GB	1932
	DON QUIJOTE DE LA MANCHA	SP	1948
	DON KICHOT	SU	1957
	DON CHISCIOTTE E SANCHO PANZA	I	1968
	DON QUIJOTE	Mex./	
		Span.	1972

(TV) The Adventures of Don Quixote		USA/GB	1973
Don Quixote VC		GB/Aus.	1973
Dünki-Schott		CH	1986
Dulcinea		SP/I/D	1962
Le avventure e gli amori di Miguel Cervantes / Cervantes (Young Rebel)		I/F/SP	1967

MAYTIME

F	Maytime	USA	1923
H/F	Maytime VC	USA	1937

ME AND MY GIRL

F	The Lambeth Walk	GB	1939

THE MIKADO – OR – THE TOWN OF TITIPU

F	The Mikado	GB/USA	1939
F	The Mikado	GB	1967
TV	The Mikado – Or – The Town of Titipu	GB	1984
H/F	Chronophone Films (Tonbilder)	GB	1906
	Cinematophone Singing Pictures (Tonbilder)	GB	1907
	Fan-Fan	USA	1908
	The Cool Mikado	GB	1963
	The Story of Gilbert and Sullivan	GB	1953

LES MISÉRABLES

H/F	zur Vorlage – Roman »Les Misérables«		
	Les Misérables (Filmserie/Edison)	USA	1909
	Les Misérables (Filmserie/Vitagraph)	USA	1909
	Les Misérables (Filmserie/Pathé)	F	1912
	Les Misérables	USA	1918
	Tense Moments With Great Authors – Les Misérables –	GB	1922
	Les Misérables (Filmserie)	F	1925
	The Bishop's Candlesticks	USA	1929
	Les Misérables (Filmserie)	F	1933
	Les misérables VC	USA	1935
	Los Miserables	Mex.	1944
	I Miserabili (Les Misérables VC)	I	1948
	Ezai Padum Padu	Ind.	1950
	(Les Misérables)	Jap.	1950
	Les Misérables VC	USA	1952
	Kundan	Ind.	1955
	Les Misérables / I Miserabili / Die Elenden VC	F/I/D	1958
	(TV) Les Misérables VC	USA	1978
	Les Misérables	F/I	1982
	Gavroche	SU	1937

MISS SAIGON

H/F	zur Vorlage – Kurzgeschichte, Schauspiel, Oper »Madame Butterfly«		
	MADAME BUTTERFLY	USA	1915
	MADAME BUTTERFLY	USA	1932
	MADAME BUTTERFLY	I/Jap.	1955
	PREMIERE DER BUTTERFLY	I/D	1939
	MY GEISHA VC	USA	1962

THE MOST HAPPY FELLA

H/F	zur Vorlage – Schauspiel »They Knew What They Wanted«		
	THE SECRET HOUR	USA	1928
	A LADY TO LOVE	USA	1930
	(Deutsche Version) DIE SEHNSUCHT JEDER FRAU	D	1930
	THEY KNEW WHAT THEY WANTED VC	USA	1940

THE MUSIC MAN

F	THE MUSIC MAN VC / LD	USA	1962

MY FAIR LADY

F	MY FAIR LADY VC / LD	USA	1964
H/F	zur Vorlage – Komödie »Pygmalion«		
	PYGMALION	D	1935
	PYGMALION	NL	1936
	PYGMALION VC / LD	GB	1938

NAUGHTY MARIETTA

F	NAUGHTY MARIETTA VC / LD	USA	1935

THE NEW MOON

F	NEW MOON	USA	1930
F	NEW MOON VC	USA	1940

NINE

V/F	8½ (OTTO E MEZZO) VC / LD	I/F	1963

NO, NO, NANETTE

F	NO, NO, NANETTE	USA	1930
F	NO, NO, NANETTE	USA	1940
F	TEA FOR TWO VC / LD	USA	1950
H/F	zur Vorlage – Komödie »My Lady Friends«		
	MY LADY FRIENDS	USA	1921

OH, CALCUTTA!

F	OH! CALCUTTA! VC	USA	1972

OH, KAY!

| F | OH, KAY! | USA | 1928 |

OKLAHOMA!

| F | OKLAHOMA! VC / LD | USA | 1955 |

OLIVER!

F	OLIVER! VC / LD	USA	1968
H/F	zur Vorlage – Roman »Oliver Twist«		
	OLIVER TWIST	USA	1909
	OLIVER TWIST	Dän.	1910
	OLIVER TWIST	F	1910
	OLIVER TWIST	USA	1912
	OLIVER TWIST	GB	1912
	OLIVER TWIST	USA	1916
	TWIST OLIVÉR	Ung.	1919
	DIE GEHEIMNISSE VON LONDON	D	1920
	OLIVER TWIST, JR.	USA	1921
	TENSE MOMENTS WITH GREAT AUTHORS		
	– NANCY / FAGIN –	GB	1922
	OLIVER TWIST VC	USA	1922
	OLIVER TWIST VC	USA	1933
	OLIVER TWIST VC / LD	GB	1948
	OLIVER TWIST VC	GB	1982

ON A CLEAR DAY YOU CAN SEE FOREVER

| F | ON A CLEAR DAY YOU CAN SEE FOREVER VC / LD | USA | 1970 |

110 IN THE SHADE

| V/TV | THE RAINMAKER | USA | 1953 |
| V/F | THE RAINMAKER VC / LD | USA | 1956 |

ONE TOUCH OF VENUS

F	ONE TOUCH OF VENUS VC / LD	USA	1948
H/F	zur Vorlage – Erzählung »The Tinted Venus«		
	THE TINTED VENUS	GB	1921

ON THE TOWN

| F | ON THE TOWN VC / LD | USA | 1949 |

ON YOUR TOES

| F | ON YOUR TOES | USA | 1939 |

PAINT YOUR WAGON

| F | PAINT YOUR WAGON VC / LD | USA | 1969 |

THE PAJAMA GAME

F	THE PAJAMA GAME VC / LD	USA	1957

PAL JOEY

F	PAL JOEY VC / LD	USA	1957

PANAMA HATTIE

F	PANAMA HATTIE VC	USA	1942

PETER PAN

TV	PETER PAN VC	USA	1956 od. 1960
H/F	zur Vorlage – Märchenspiel »Peter Pan«		
	PETER PAN	USA	1924
	PETER PAN VC / LD	USA	1953
	(TV) PETER PAN	GB	1975
	HOOK VC / LD	USA	1991

THE PHANTOM OF THE OPERA

H/F	zur Vorlage – Roman »Le fantôme de l'opéra«		
	THE PHANTOM OF THE OPERA VC / LD	USA	1925
	THE PHANTOM OF THE OPERA VC / LD	USA	1943
	EL FANTASMA DE LA OPERETA	Mex.	1961
	PHANTOM OF THE OPERA	GB	1962
	PHANTOM OF THE PARADISE VC / LD	USA	1974
	(TV) PHANTOM OF THE OPERA	USA	1983
	PHANTOM OF THE OPERA VC / LD	USA	1989
	(TV) DAS PHANTOM DER OPER	Internat.	1990

THE PIRATES OF PENZANCE – OR – THE SLAVE OF DUTY

F	THE PIRATE MOVIE VC	Aus.	1982
F	THE PIRATES OF PENZANCE VC / LD	USA	1983
TV	THE PIRATES OF PENZANCE	GB	1984

PORGY AND BESS

F	PORGY AND BESS	USA	1959

PROMISES, PROMISES

V/F	THE APARTMENT VC / LD	USA	1960

RAISIN

H/F	zur Vorlage – Schauspiel »A Raisin in the Sun«		
	A RAISIN IN THE SUN VC / LD	USA	1961
	(TV) A RAISIN IN THE SUN VC	USA	1988

THE RED MILL

F	THE RED MILL	USA	1927

RIO RITA

F	Rio Rita	USA	1929
F	Rio Rita VC	USA	1942

ROBERTA

F	Roberta VC / LD	USA	1935
F	Lovely to Look at VC / LD	USA	1952

THE ROCKY HORROR SHOW

F	The Rocky Horror Picture Show VC	GB	1975
H/F	Shock Treatment VC	GB	1981

ROSE-MARIE

F	Rose-Marie	USA	1928
F	Rose Marie VC / LD	USA	1936
F	Rose Marie LD	USA	1954

THE ROTHSCHILDS

H/F	zur Familie Rothschild		
	The House of Rothschild	USA	1934
	Die Rothschilds	D	1940

THE SECRET GARDEN

H/F	zur Vorlage – Roman »The Secret Garden«		
	The Secret Garden VC	USA	1949
	(TV) The Secret Garden VC	GB	1984
	(TV) The Secret Garden	USA	1987

SEVEN BRIDES FOR SEVEN BROTHERS

V/F	Seven Brides for Seven brothers VC / LD	USA	1954

1776

F	1776 VC / LD	USA	1972

SHANGRI-LA

V/F	Lost Horizon VC / LD	USA	1937
H/F	Lost Horizon LD	USA	1972

SHENANDOAH

V/F	Shenandoah VC / LD	USA	1965

SHOW BOAT

F	Show Boat	USA	1929
F	Show Boat VC / LD	USA	1936
F	Show Boat VC / LD	USA	1951
H/F	Till the Clouds Roll By VC / LD	USA	1946

SILK STOCKINGS

F	SILK STOCKINGS VC / LD	USA	1957
V/F	NINOTCHKA VC / LD	USA	1939
H/F	zur Vorlage – Story und Komödie »Ninotchka«		
	(TV) NINOTCHKA	USA	1960

SINGING IN THE RAIN

V/F	SINGING IN THE RAIN VC / LD	USA	1952

SONG OF NORWAY

F	SONG OF NORWAY VC	USA	1970

THE SOUND OF MUSIC

F	THE SOUND OF MUSIC VC / LD	USA	1965
V/F	DIE TRAPP-FAMILIE VC	D	1956
H/F	DIE TRAPP-FAMILIE IN AMERIKA	D	1958

SOUTH PACIFIC

F	SOUTH PACIFIC VC / LD	USA	1958

STOP THE WORLD – I WANT TO GET OFF

F	STOP THE WORLD – I WANT TO GET OFF	GB	1966
F	SAMMY STOPS THE WORLD	USA	1978

STREET SCENE

H/F	zur Vorlage – Schauspiel »Street Scene«		
	STREET SCENE VC	USA	1931

STRIKE UP THE BAND

H/F	STRIKE UP THE BAND VC / LD	USA	1940

THE STUDENT PRINCE IN HEIDELBERG

F	THE STUDENT PRINCE IN OLD HEIDELBERG VC	USA	1927
F	THE STUDENT PRINCE VC	USA	1954
H/F	zur Vorlage – Schauspiel »Alt-Heidelberg«		
	OLD HEIDELBERG	USA	1915
	ALT-HEIDELBERG	D	1923
	ALT HEIDELBERG	D	1959

SUGAR / SOME LIKE IT HOT

V/F	SOME LIKE IT HOT VC / LD	USA	1959

SWEENEY TODD – THE DEMON BARBER OF FLEET STREET

Video	SWEENEY TODD		
	(Aufzeichnung einer Broadway-Aufführung) VC	USA	1982

H/F	zur Vorlage – Schauspiel »Sweeney Todd«		
	SWEENEY TODD	GB	1926
	SWEENEY TODD	GB	1928
	SWEENEY TODD, THE DEMON BARBER OF FLEET STREET VC	GB	1936

SWEET CHARITY

F	SWEET CHARITY VC / LD	USA	1969
V/F	LE NOTTI DI CABIRIA (NIGHTS OF CABIRIA VC)	I/F	1957

SWEETHEARTS

F	SWEETHEARTS VC	USA	1938

THE THREE MUSKETEERS

H/F zur Vorlage – Roman »Les trois mousquetaires«
siehe DIE DREI MUSKETIERE in Band II »Operette/
Musikalische Komödie/Deutsches Musical«

THE THREEPENNY OPERA

F	MACK THE KNIFE VC / LD	USA	1989
H/F	zur Vorlage – »The Beggar's Opera«/ »Die Dreigroschenoper«		
	DIE DREIGROSCHENOPER (Amerikanische Version:)	D	1931
	THE THREEPENNY OPERA VC (Französische Version:)	USA	1931
	L'OPÉRA DE QUAT' SOUS)	F	1931
	THE BEGGAR'S OPERA	GB	1953
	DIE DREIGROSCHENOPER (Amerikanische Version:)	D/F	1963
	THE THREEPENNY OPERA VC / LD	USA	1963

TOVARICH

H/F	zur Vorlage – Lustspiel »Tovaritch«		
	TOVARITCH	F	1935
	TOVARICH	USA	1937

THE UNSINKABLE MOLLY BROWN

F	THE UNSINKABLE MOLLY BROWN VC / LD	USA	1964
V/TV	THE UNSINKABLE MOLLY BROWN	USA	1957

THE VAGABOND KING

F	THE VAGABOND KING	USA	1930
F	THE VAGABOND KING	USA	1956
H/F	zur Person – François Villon		
	FRANÇOIS VILLON	F	1945
	zur Vorlage – Schauspiel »If I Were King«		
	IF I WERE KING	USA	1911
	IF I WERE KING	USA	1920

	IF I WERE KING	USA	1938
	THE BELOVED ROGUE VC / LD	USA	1927

WEST SIDE STORY

F	WEST SIDE STORY VC / LD	USA	1961
H/F	zur Vorlage – »Romeo und Julia«		
	ROMEO ET JULIETTA	F	1900
	ROMEO E GIULIETTA	I	1908
	ROMEO AND JULIET	USA	1908
	ROMEO AND JULIET	GB	1908
	ROMEO AND JULIET IN OUR TOWN	USA	1910
	GIULIETTA E ROMEO	I	1911
	ROMEO AND JULIET	USA	1911
	ROMEO AND JULIET	USA	1914
	ROMEO AND JULIET	GB	1915
	ROMEO AND JULIET (Metro)	USA	1916
	ROMEO AND JULIET (Fox)	USA	1916
	ROMEO AND JULIET	USA	1920
	ROMEO UND JULIA IM SCHNEE	D	1920
	DOUBLING FOR ROMEO	USA	1921
	ROMEO AND JULIET	USA	1924
	ROMEO AND JULIET VC	USA	1936
	VILLA DISCORDIA	Arg.	1938
	JULIETA Y ROMEO	SP	1940
	ESPOIRS / auch: LE CHAMP MAUDIT	F	1941
	ROMEO UND JULIA AUF DEM DORFE	CH	1941
	ROMEO Y JULIETA	Mex.	1943
	SHUHADDAA EL GHARAM	Egy.	1944
	JUGENDLIEBE	D	1947
	ANJUMAN	Ind.	1948
	LES AMANTS DE VÉRONE	F	1949
	ROMEO AND JULIET / GIULIETTA E ROMEO VC	GB/I	1954
	ROMEO I DJULETTA	SU	1955
	ROMEO, JULIE A TMA	Tsch.	1960
	ROMANOFF AND JULIET	USA	1961
	GIULIETTA E ROMEO / LOS AMANTES DE VERONA	I/SP	1964
	ROMEO AND JULIET VC	GB	1966
	ROMEO AND JULIET / ROMEO E GIULIETTA VC / LD	GB/I	1968
	THE SECRET SEX LIFE OF ROMEO AND JULIET	USA	1970
	RESMA OUR SHERA	Ind.	1971

WHERE'S CHARLEY?

F	WHERE'S CHARLEY?	GB	1952
H/F	zur Vorlage – Komödie »Charley's Aunt«		
	CHARLEY'S AUNT	USA	1925
	CHARLEY'S AUNT	USA	1930
	CHARLEY'S TANTE	D	1934
	LA MARRAINE DE CHARLEY	F	1935
	CHARLEY'S (BIG HEARTED) AUNT	GB	1940
	CHARLEY'S AUNT	USA	1941

CHARLEY'S TANTE VC	D	1956
LA MARRAINE DE CHARLEY	F	1959
CHARLEY'S TANTE	Ö	1963

THE WHITE HORSE INN

siehe IM WEISSEN RÖSSL in Band II »Operette/
Musikalische Komödie/Deutsches Musical«

THE WIZARD OF OZ / THE WIZ

F	THE WIZARD OF OZ	USA	1910
F	DOROTHY AND THE SCARECROW IN OZ	USA	1910
F	THE WIZARD OF OZ	USA	1925
F	THE WIZARD OF OZ VC / LD	USA	1939
F	THE WIZ VC / LD	USA	1978
H/F	zu den Fortsetzungsromanen von »The Wizard of Oz«		
	THE WONDERFUL LAND OF OZ	USA	1969
	JOURNEY BACK TO OZ VC	USA	1971
	OZ	Aus.	1976
	RETURN TO OZ VC / LD	USA	1985

WOMAN OF THE YEAR

V/F	WOMAN OF THE YEAR VC / LD / auch: Computercolor	USA	1942
H/F	(TV) WOMAN OF THE YEAR	USA	1976

WONDERFUL TOWN

V/F	MY SISTER EILEEN LD	USA	1942
H/F	zur Vorlage – Komödie »My Sister Eileen«		
	MY SISTER EILEEN LD	USA	1955

YOU'RE A GOOD MAN, CHARLIE BROWN

H/F	zur Vorlage – Comic-strip-Serie »Peanuts«		
	A BOY NAMED CHARLIE BROWN VC / LD	USA	1969
	SNOOPY, COME HOME VC / LD	USA	1972
	RACE FOR YOUR LIFE, CHARLIE BROWN VC / LD	USA	1977
	BON VOYAGE, CHARLIE BROWN – AND DON'T COME BACK VC / LD	USA	1980

YOUR OWN THING

H/F	zur Vorlage – Komödie »Twelfth Night – or – What You Will«		
	TWELFTH NIGHT	USA	1910
	DWENADZATAJA NOTSCH	SU	1955
	NICHTS ALS SÜNDE	D	1965
	VIOLA UND SEBASTIAN	D	1972

ZORBÁ

V/F	ZORBA, THE GREEK VC	GB/USA/	
		GR	1964

Danksagung

Die Ausarbeitung dieses Lexikons wäre mir nicht möglich gewesen ohne die freundliche Unterstützung und Mithilfe guter Freunde, Kollegen und mir wohlgesinnter Menschen. In erster Linie waren es drei gute Bekannte, die mir über all die Jahre der Quellenforschung immer wieder behilflich waren und mich stets ermunterten; es sind dies der Film- und Musicalfachmann Bruno Joas aus München, Anneliese Pechstein aus Berlin und mit seinem fachkundigen Rat der Musikexperte Peter Freymann aus Mainz.

Große Unterstützung fand ich bei den folgenden Firmen und Institutionen:

Amerikahaus, Berlin
Amerikahaus, Frankfurt/Main
Beta-/Taurus-Film, München
British Council, Berlin
Deutsches Institut für Filmkunde, Frankfurt/Main
Deutsche Kinemathek, Berlin
Stadt- und Universitätsbibliothek Frankfurt/Main
Zweites Deutsches Fernsehen, Mainz

Für Beratung und tatkräftige Mithilfe bei der Unterlagenbeschaffung danke ich sehr herzlich Brigitte Capitain, Ulrike Storch-Keil, Reinhard Kämpf, Eberhard Spiess vom Deutschen Institut für Filmkunde, Dr. Leo Kirch, Dr. Philipp Riccabona, Eugen Steinmeyer von Beta-/Taurus-Film, Rosemarie Bittner vom Amerikahaus Berlin, Oskar von Törne von der Deutschen Kinemathek.

Für mich unverzichtbar und wichtig war stets der Rat von Fachleuten. In dieser Hinsicht habe ich besonderen Dank abzustatten bei Jutta Frommeyer, Magdalena Grafe, Ursula Herrmann, Ingrid Rössler-Köhler, Brigitte Stauber, Ursula Wroblewski-Hart, Oswald Heger, Daniel Steffen.

Darüber hinaus erhielt ich in vielen Einzelfällen Unterlagen von Instituten, aus privaten Sammlungen oder durch Mitwirkung und persönliche Initiative hilfsbereiter Menschen. In meinen Dank schließe ich deshalb ein Karin Gündisch, Dr. Gertrud Leißner, Gisela Robinson, Brigitte Theile, Karlheinz Bieber, Helmut Gattinger (verstorben), Peter Gerlach, Gerhard Hagen, Max M. Kimenthal, Henno Lohmeyer, Rolf Merz (verstorben), Hans Muth, Dr. Fried Poestges, Wolfgang Säwert, Rudi Schauer, Uwe Schendel, Alwin Seifert, Johann Ziegler (von der Wiener Stadt- und Landesbibliothek). Nicht zuletzt danke ich Frau Roswitha Heyne für ihre Unterstützung meines Konzepts.

Günter Bartosch

Bibliographie

1. Zeitschriften / Theater-, Filminformationen

Cahiers du Cinéma, Paris
Cinema, Hamburg
Cine Español
Filmkunst, Wien
Film Monthly, London
Films in Review, New York
Graumann TZ, Wien
Illustrierte Filmbühne
Illustrierter Film-Kurier, Berlin u. Wien
Illustriertes Film-Programm, Wien
Licht – Bild – Bühne (LBB)
Kinoprogramm, Berlin
Metropol-Theater, Berlin
Movie, London
Das Musical / Musicals, München
Musiktheater im Revier, Gelsenkirchen
Neuer Filmkurier, Wien
Neues Film-Programm, Wien
New York Times
Playbill, New York
Das Programm von heute
Progreß-Filmprogramm, Berlin
La Revue du Cinéma, Paris
Staatstheater am Gärtnerplatz, München
Theater an der Wien, Wien
Theater des Westens, Berlin
Theater heute, Zürich
Variety, New York u. London
Volksoper, Wien

2. Jahrbücher / Periodika

Academy Awards / Oscar Annual, La Habra/California
Azteca Films, Los Angeles
The Best Plays, New York u. Toronto
Contemporary Authors, Detroit/Michigan
Deutsches Bühnenjahrbuch, Hamburg
Filmbibliografischer Jahresbericht (DDR), Berlin
Fischer Film Almanach, Frankfurt a. Main
Heyne Film-Jahrbuch, München
John Willis' Theatre World, New York
The London Stage, London
Magyar Filmografica «Játékfilmek», Budapest
Monthly Film Bulletin, London
La Produzione Italiana, Rom
Sovexportfilm, Moskau

3. Lexika / Enzyklopädien / Führer

American Film Index (Einar Lauritzen, Gunnar Lundquist), Stockholm
The American Film Institute Catalog, Berkeley u. Los Angeles u. London
Annals of Opera 1597–1940 (Alfred Loewenberg), London
Baker's Biographical Dictionary of Musicians, Oxford
Les Ballets du répertoire courant, Paris
Ballett A–Z (Eberhard Rebling), Berlin
Ballett – Eine illustrierte Darstellung des Tanztheaters, Wiesbaden
Bertelsmann Handlexikon, Gütersloh
The British Film Catalogue (Dennis Gifford), London
The British Musical Theatre (Kurt Gänzl), London
Broadway Musicals – Show by Show (Stanley Green), Milwaukee/Wisconsin
Brockhaus – Der Große Brockhaus, Wiesbaden u. Mannheim
Catalog of Copyright Entries »Motion Pictures«, Washington
Catalogue des films français (Raymond Chirat) Brüssel u. Luxemburg
The Complete Book of Light Opera (Mark Lubbock, David Ewen), London
Contemporary Authors (Barbara Harte, Carolyn Riley), Detroit/Michigan
Contemporary Theatre, Film and Television (Monica M. O'Donnell), Detroit/Michigan
Crowell's Handbook of World Opera (Frank Ledlie Moore), New York
The Decca Book of Opera, London
Deutscher Spielfilm-Almanach (Dr. Alfred Bauer), München
Deutsche Stummfilme (Gerhard Lamprecht), Berlin
Dictionnaire des opéras (J. Clement, P. Larousse), Paris
Dictionnaire des Films (Bernard Rapp, Jean-Claude Ramy), Paris
Dictionnaire du cinéma (Jean Loup Passek), Paris
Dictionnaire du Cinema et de la Télévision (Maurice Bessy, Jean-Louis Chardans), Paris

Dramenlexikon (Friedrich Ernst Schulz, Wilhelm Allgayer), Köln u. Berlin
Enciclopedia dello spettacolo, Rom
Encyclopaedia of the Musical (Stanley Green), London
Encyclopaedia of the Musical Film (Stanley Green), New York u. Oxford
The Encyclopedia of the American Theatre (Edwin J. Bronner), London
The Encyclopedia of World Theatre (Karl Gröning, Werner Klies), Hannover u. London
The Entertainers (Clive Unger-Hamilton), London
Everyman's Dictionary of Music (Eric Blom), London u. New York
The Film Encyclopedia (Ephraim Katz), New York
Friedrichs Ballettlexikon (Horst Koegler), Velber b. Hannover
Führer durch die Oper (Leo Melitz), Berlin
Führer durch die Operetten (Leo Melitz, Rudolf Kastner), Berlin
Geliebter Kintopp (Karlheinz Wendtland), Berlin
Der große Schauspielführer (Otto Schumann), Wilhelmshaven
Grand Dictionnaire Encyclopédique Larousse, Paris
Grove – The New Grove Dictionary of American Music (H. Wiley Hitchcock, Stanley Sadie), New York u. London
Grove – The New Grove Dictionary of Music and Musicians (Stanley Sadie), London u. Washington
Halliwell's Filmgoer's Companion (Leslie Halliwell), London
Halliwell's Film Guide (Leslie Halliwell), New York u. London
Heyne – Das große Heyne Ballett-Lexikon (Eberhard Rebling), München
Heyne – Das große Heyne Opern-Lexikon (Kurt Pahlen), München
Heyne – Der große Heyne Schauspiel-Führer (Joseph Gregor, Margret Dietrich), München
Histoire du Cinéma Français (Maurice Bessy, Raymond Chirat), Paris
Illustrierter Film-Kurier (Herbert Holba), Ulm
International Dictionary of Films and Filmmakers (Nicholas Thomas), Chicago u. London

Kindler – Hauptwerke der amerikanischen Literatur (Gertrud Baruch), München
Kindler – Hauptwerke der deutschen Literatur (Manfred Kluge, Rudolf Radler), München
Kindler – Hauptwerke der englischen Literatur (Manfred Pfister), München
Kindler – Hauptwerke der französischen Literatur (Irene Schwendemann), München
Kleines Evergreen-Lexikon (Fried Poestges), Oldershausen
Knaurs Ballett Lexikon (Alexander J. Balcar), München u. Zürich
Knaurs Lexikon der Weltliteratur (Diether Krywalski), München
Knaurs Musiklexikon (Reiner E. Moritz), München u. Zürich
Knaurs Schauspielführer (Verner Arpe), München u. Zürich
Kröner – Deutsches Dichterlexikon (Gero von Wilpert), Stuttgart
Kröner – Lexikon der englischen Literatur (Horst W. Drescher), Stuttgart
Kröner – Lexikon der französischen Literatur (Winfried Engler), Stuttgart
Kröner – Lexikon literarischer Gestalten (Annemarie u. Wolfgang van Rinsum), Stuttgart
Kröner – Motive der Weltliteratur (Elisabeth Frenzel), Stuttgart
Kröner – Stoffe der Weltliteratur (Elisabeth Frenzel), Stuttgart
Kulturfahrplan (Werner Stein), München
Lexikon der musischen Künste (Friedrich Leipoldt), Wilhelmshaven
Lexikon des Internationalen Films (Klaus Brüne, Herbert Janssen, Reinhold Jacobi), Reinbek b. Hamburg
Lexikon fremdsprachiger Schriftsteller (Gerhard Steiner, Herbert Greiner-Mai, Wolfgang Lehmann), Leipzig
Lexikon historischer Ereignisse und Personen (Erwin Heinzel), Wien
The Macmillan Dictionary of Films and Filmmakers (Christopher Lyon), London
Magill's American Film Guide (Frank N. Magill), Englewood Cliffs/New Jersey
Maltin's Movie and Video Guide (Leonard Maltin), New York u. London
Meyers Großes Lexikon, Mannheim u. Wien u. Zürich

Meyers Großes Personen-Lexikon, Mannheim u. Wien u. Zürich

The Motion Pictures Guide (Jay Robert Nash, Stanley Ralph Ross), Chicago

Movie Musicals on Record (Richard Chigley Lynch), New York u. London

Musical (Helmut Bez, Jürgen Degenhardt, H. P. Hofmann), Berlin

Das Musical (Siegfried Schmidt-Joos), München

Musical (Joachim Sonderhoff, Peter Weck), Braunschweig

Musical-Führer (Stephan Pflicht), München

Musicals! Musicals! (Hubert Wildbihler), Passau

Musiklexikon (Horst Seeger), Leipzig

Der neue Opernführer (Hans Koeltzsch), Stuttgart

Neuer Romanführer (Dieter Gruber), Gütersloh

The New Encyclopaedia Britannica, Chicago u. London

On Broadway (William and Jane Stoot), New York

Oper – Eine illustrierte Darstellung, Wiesbaden

Die Oper (Dieter Zöchling), Braunschweig

Oper / Operette / Ballett (Dr. Herta Bauer), Frankfurt a. Main u. Wien

Oper / Operette / Konzert (Dr. Hans Schnoor), Gütersloh

L'opérette (José Bruyr), Paris

Operette A–Z (Otto Schneidereit), Berlin

Das Operettenbuch (Stan Czech), Stuttgart

Opernbuch (Peter Czerny), Berlin

Das Opernbuch (Dr. Karl Storck), Stuttgart

Opernführer (Ferdinand von Strantz), Berlin

Der Opernführer (W. Lackowitz), Berlin

Opernlexikon (Horst Seeger), Wilhelmshaven

Opernlexikon (Franz Stieger), Tutzing

Opern und Operetten in Wien (Anton Bauer), Graz u. Köln

Die österreichischen Spielfilme (Walter Fritz), Wien

The Oxford Companion – to Film, – to the Theatre (Phyllis Hartnoll), London

The Oxford Dictionary – of English Literature, – of Music (Percy Scholes, Michael Kennedy), London

Piper's Enzyklopädie des Musiktheaters, München u. Zürich

Reclams Filmführer (Dieter Krusche, Jürgen Labenski), Ditzingen b. Stuttgart

Reclams Musicalführer (Charles B. Axton, Otto Zehnder), Ditzingen b. Stuttgart

Reclams Operettenführer (Anton Würz), Ditzingen b. Stuttgart

Reclams Opernführer (Wilhelm Zentner), Ditzingen b. Stuttgart

Reclams Romanführer (Johannes Beer, Wilhelm Schuster), Ditzingen b. Stuttgart

Reclams Schauspielführer (Otto C. A. Zur Nedden, Karl H. Ruppel), Ditzingen b. Stuttgart

Renners Führer durch Oper, Operette, Musical (Hans Renner), München

Ring Bells! Sing Songs! – Broadway Musicals of the 1930s (Stanley Green), New Rochelle/New York)

Der Romanführer (Wilhelm Olbrich), Stuttgart

Schauspielführer (Dr. Felix Emmel), Gütersloh

Der Schauspielführer (Joseph Gregor, Margret Dietrich), Stuttgart

Der Schauspielführer (Leo Melitz), Berlin

Screen Series Germany (Felix Bucher), London u. New York

Songs of the American Theater (Richard Lewine, Alfred Simon), New York

Tanz Lexikon (Otto Schneider), Mainz

Theatre: Stage to Screen to Television (William Torbert Leonard), New York u. London

20th Century Theatre (Glenn Loney), New York

Video Movie Guide (Mick Martin, Marsha Porter), New York u. Toronto

Webster's New Collegiate Dictionary, Springfield/Massachusetts

Who's Who – in Literature, – of the American Theatre (Walter Rigdon), New York u. London

Who Was Who on Screen (Evelyn Mack Truitt), New York u. London

The World Encyclopedia of the Film (John M. Smith, Tim Cawkwell), London

4. Dokumentationen / Sachbücher

Gerd Albrecht: *Die großen Film-Erfolge,* Ebersberg 1985

Stanley Appelbaum, James Camner: *Stars of the American Musical Theater,* New York 1981

Roy Armes: *French Cinema,* New York 1976
Thomas G. Aylesworth: *Broadway to Hollywood,* London 1985
Günter Bartosch: *Die ganze Welt des Musicals,* Wiesbaden 1981
Heinz Baumert, Hermann Herlinghaus: *20 Jahre DEFA-Spielfilm,* Berlin 1968
John Baxter: *Sixty Years of Hollywood,* London 1973
Ronald Bergan: *The United Artists Story,* London 1986
The Best, Worst and Most Unusual Hollywood Musicals, USA 1983
Claude Beylie: *Marcel Pagnol,* Paris
Daniel Blum: *A Pictorial History of the American Theatre,* New York 1981
Daniel Blum: *A Pictorial History of the Silent Screen,* London 1966
Daniel Blum: *A Pictorial History of the Talkies,* London 1958
Robert Bookbinder: *The Films of Bing Crosby,* Secaucus/New Jersey 1977
Robert Bookbinder: *The Films of the Seventies,* Secaucus/New Jersey 1982
Gerald Bordman: *American Musical Theatre,* New York 1970
Ilona Brennicke, Joe Hembus: *Klassiker des deutschen Stummfilms,* München 1983
Ilona Brennicke, Joe Hembus: *Klassiker des deutschen Tonfilms,* München 1980
Douglas Brode: *The Films of the Sixties,* Secaucus/New Jersey 1980
Ivan Butler: *Cinema in Britain,* London u. Cranbury/New Jersey 1973
Richard H. Campbell, Michael R. Pitts: *The Bible on Film,* London 1981
Randolph Carter: *The World of Flo Ziegfeld,* New York u. Washington 1974
Joseph Andrew Casper: *Vincente Minnelli and the Musical Film,* South Brunswick u. New York u. London 1977
Philip Castanza: *The Films of Jeanette MacDonald and Nelson Eddy,* Secaucus/New Jersey 1981
Daniel Cohen: *Musicals,* New York 1984
Jim Connor: *Ann Miller – Tops in Taps,* New York u. London 1981
Warren Craig: *The Great Songwriters of Hollywood,* London 1980
Arlene Croce: *The Fred Astaire and Ginger Rogers Book,* New York 1977
Robin Cross: *The Bible According to Hollywood,* London 1984

Joseph Csida, June Bundy Csida: *American Entertainment,* New York 1978
Michael B. Druxman: *Make It Again, Sam,* South Brunswick u. New York u. London 1975
Michael B. Druxman: *The Musical – From Broadway to Hollywood,* South Brunswick u. New York u. London 1980
John Douglas Eames: *The MGM Story,* London 1976
John Douglas Eames: *The Paramount Story,* London 1985
Carol A. Emmens: *Famous People on Film,* Metuchen/New York 1977
Lehman Engel: *Their Words Are Music,* New York 1975
William K. Everson: *Love in the Film,* Secaucus/New Jersey 1979
David Ewen: *American Musical Theatre,* New York 1970
Joel W. Finler: *All Time Movie Favorites,* London 1977
Robert Fischer, Joe Hembus: *Der neue deutsche Film,* München 1981
Michael G. Fitzgerald: *Universal Pictures,* New Rochelle/New York 1977
Heinrich Fraenkel: *Unsterblicher Film,* München 1956
Joe Franklin: *Classics of the Silent Screen,* Secaucus/New Jersey 1959
Michael Freedland: *Fred Astaire,* New York 1976
Peter Gammond: *Music Hall Songbook,* Newton Abbot/Devon 1971
Darlene Geis: *The Great Gilbert and Sullivan Operas,* New York 1983
Martin Gottfried: *Broadway Musicals,* New York 1984
Benny Green: *Fred Astaire,* London u. New York 1976
Stanley Green: *The Rodgers and Hammerstein Story,* New York 1963
Stanley Green: *The World of Musical Comedy,* South Brunswick u. New York u. London 1968
Ulrich Gregor, Friedrich Hitzer: *Der sowjetische Film,* Bad Ems 1966
Bernard Grun: *Die leichte Muse,* München 1961
Alfons Hackl: *Fred Astaire and his Work,* Wien 1976
Franz Hadamowsky, Heinz Otte: *Die Wiener Operette,* Wien 1947

Leslie Halliwell: *Mountain of Dreams*, London 1976

Michael Hanisch: *Vom Singen im Regen*, Berlin 1980

Ronald Haver: *David O. Selznick's Hollywood*, München 1981

Michael Patrick Hearn: *The Art of the Broadway Poster*, New York 1980

Clive Hirschhorn: *The Columbia Story*, London 1989

Clive Hirschhorn: *The Hollywood Musical*, New York 1983

Clive Hirschhorn: *The Universal Story*, London 1983

Clive Hirschhorn: *The Warner Bros. Story*, London 1979

Arthur Jackson: *The Best Musicals*, New York 1977

Richard B. Jewell, Vernon Harbin: *The RKO Story*, London 1982

Otto Keller: *Die Operette*, Leipzig u. Wien u. New York 1926

Arleen Keylin, Suri Fleischer: *Hollywood Album*, New York 1977/1979

Robert Kimball, Alfred Simon: *The Gershwins*, New York 1973

Miles Kreuger: *Show Boat*, New York 1977

Miles Kreuger: *Souvenir Programs*, New York 1977

Abe Laufe: *Broadway's Greatest Musicals*, New York 1977

Friedrich Leipolt: *Von wem und was ist das?* Hildesheim 1953

Alan Jay Lerner: *The Musical Theatre*, New York 1987

Ann Lloyd: *Great Classics of the Silver Screen*, London 1982

Ann Lloyd, David Robinson: *Movies – of the Silent Years, – of the Thirties, – of the Forties, – of the Fifties, – of the Sixties*, London 1982/1984

Jack Lodge: *Hollywood 1930s*, New York 1985

Leonard Maltin: *The Disney Films*, New York 1973

Raymond Mander, Joe Mitchenson: *Musical Comedy – A Story in Pictures*, London 1969

Raymond Mander, Joe Mitchenson: *The Turbulent Thirties*, London 1960

Alberto Manguel, Gianni Guadalupi: *Von Atlantis bis Utopia*, München 1981

Alvin H. Marill: *Movies Made for Television*, New York 1987

Groucho Marx, Richard J. Anobile: *The Marx Brothers Scrapbook*, New York 1973

Henry Marx: *Die Broadway Story*, Düsseldorf u. Wien 1986

Harry Medved, Michael Medved: *The Golden Turkey Award*, New York 1980

Paul Michael: *The Great American Movie Book*, Englewood Cliffs/New Jersey 1980

Paul Michael: *Movies Greats*, New York 1969

Ethan Morden: *The Hollywood Musical*, New Abbot/Devon 1982

Margaret Morley: *The Films of Laurence Olivier*, Secaucus/New Jersey 1977

The New York Stage, New York

Emil T. Noah Jr.: *Movie Gallery*, Fort Lauderdale/Florida 1980

Frederick Nolan: *The Story of Rodgers and Hammerstein*, London 1979

Robert Osborne: *Golden Years of Oscar*, La Habra/California 1979

James Reid Paris: *The Great French Films*, Secaucus/New Jersey 1983

James Robert Parish: *Hollywood's Great Love Teams*, Carlstadt/New Jersey 1974

James Robert Parish: *The RKO Girls*, New Rochelle/New York 1974

James Robert Parish, Gregor Mank: *The Best of MGM*, Westport/Connecticut 1981

James Robert Parish, Don E. Stanke: *The Glamour Girls*, New Rochelle/New York 1975

Gerald Peary, Roger Shatzkin: *The Modern American Novel and the Movies*, New York 1983

Roy Pickard: *Who Played Who on the Screen?*, London 1988

Roy Pickard: *Who Played Who on the Movies?*, New York 1981

Hans Helmut Prinzler, Enno Patalas: *Lubitsch*, München u. Luzern 1984

Lawrence J. Quirk: *The Great Romantic Films*, Secaucus/New Jersey 1974

Gene Ringgold, De Witt Bodeen: *The Complete Films of Cecil B. DeMille*, Secaucus/New Jersey 1969

Richard Rodgers: *Musical Stages*, New York 1978

Georges Sadoul: *Le Cinéma Français*, Paris 1962

Steve Schapiro, David Chierichetti: *The Movie Poster Book*, New York 1979

Jürgen Schebera: *Kurt Weill*, Leipzig 1980

Otto Schneidereit: *Operettenbuch*, Berlin 1955

Ted Sennett: *Hollywood Musicals*, New York 1981

Arthur Shulman, Roger Youman: *How Sweet It Was*, New York 1966

Anthony Slide: *Fifty Classic British Films*, New York 1985

Anthony Slide: *Selected Film Criticism*, London 1983

Anthony Slide, Edward Wagenknecht: *Fifty Great American Silent Films*, New York 1980

Paul C. Spehr: *The Movies Begin*, Newark/New Jersey 1977

John Springer: *All Taking! All Singing! All Dancing!*, Secaucus/New Jersey 1966

Jürgen Struck: *Rock Around the Cinema*, München 1979

Werner Sudendorf: *Marlene Dietrich*, München 1978

John Russel Taylor, Arthur Jackson: *The Hollywood Musical*, London 1971

Jerzy Toeplitz: *Geschichte des Films*, Berlin 1979

Lawrence B. Thomas: *The MGM Years*, New York 1971

Tony Thomas: *The Films of Gene Kelly*, Secaucus/New Jersey 1974

Tony Thomas, Aubrey Solomon: *The Films of 20th Century-Fox*, Secaucus/New Jersey 1979

Tony Thomas, Jim Terry: *The Busby Berkeley Book*, USA 1973

Parker Tyler: *Classics of Foreign Films*, London 1962

Tom Vallance: *The American Musical*, New York 1970

Jerry Vermilye: *The Films of the Thirties*, Secaucus/New Jersey 1982

Jerry Vermilye: *The Films of the Twenties*, Secaucus/New Jersey 1985

Jerry Vermilye: *The Great British Films*, Secaucus/New Jersey 1978

Alan Warner: *Who Sang What on the Screen*, London 1984

Ken Weiss: *The Movie Collector's Catalog*, New Rochelle/New York 1977

Allen L. Woll: *Songs From Hollywood Musical Comedies*, New York u. London 1976

Titelregister

D

I

J

K

L

Namenregister

A

A'Beckett, Gilbert Arthur 113
Aarons, Alex A. 195, 270, 348
Abba, Martha 483
Abbott, Bud 239, 407
Abbott, George 59, 77, 98, 148 ff., 183, 253, 358, 364, 366, 372 f., 375, 506, 520, 527
Abbott, Tom 168
Abelson, Hope 361
Aberlin, Betty 236
Ackland, Joss 159
Ackland, Rodney 72
Adair, Yvonne 189
Adam, Noelle 343
Ada-May 406
Adams, Donald 306
Adams, Edith 274, 520
Adams, India 52
Adams, Jonathan 410 f.
Adams, Lee 42, 81, 83, 200 f.
Adams, Lionel 425
Adams, Neile 204
Adams, Peter 490
Adamson, Edwart 38
Adamson, Harold 214
Addison, Adele 399
Adenis, Edouard 265
Adler, Bruce 197
Adler, Buddy 449, 528
Adler, Felix 239
Adler, Lou 410
Adler, Luther 201
Adler, Richard 148 f., 372 f., 527
Adolfi, John G. 425
Adrian, Iris 95
Adrian, Max 107
Agress, Ted 428
Aherne, Brian 104 f., 522
Aimée, Anouk 337, 502
Ainsworth, Sydney 500
Akers, Karen 336
Akin, Mary 508
Albee, Josh 67
Alberghetti, Anna Maria 124
Albers, Hans 128
Albert, Eddie 77, 367
Albery, Donald 243, 352
Alda, Robert 208
Alden, Hortense 204
Aldredge, Theoni V. 90
Aldredge, Tom 236
Alerme, André 484
Alexander, Cris 520
Alexander, David 376
Alexander, Jane 97
Alexander, Jason 404

Alexander, Peter 509
Alexander, Rod 127
Alfaro, Italo 113
Alford, Philip 429
Alfred, Julian 490
Allam, Roger 309
Allégret, Marc 164
Allen, Deborah 402
Allen, Jay Presson 85, 181
Allen, Jonelle 486
Allen, Louis 33
Allen, Martin 288
Allen, Peter 396
Allen, Woody 279 f.
Allmon, Clint 61
Allyson, June 60, 378
Almirante, Mario 164
Alonso, Alberto 116
Altman, Ruth 73
Alton, Robert 37, 40, 57, 99, 157, 227, 375 f., 378, 433 f.
Alvarado, Don 118, 407
Alvarez, Carmen 529
Amadeo 307
Amadori, Luis Cesar 119
Ameche, Don 435
Ames, Robert 322
Amico, Suso Cecchi d' 267
Amidei, Sergio 266
Anders, Glenn 322
Andersen, Hans Christian 358 f., 442 f.
Anderson, Carl 245
Anderson, Christine 344
Anderson, Daniel 525
Anderson, Daphne 480
Anderson, Eddie »Rochester« 88
Anderson, John Murray 253
Anderson, June 109, 267
Anderson, Maxwell 65, 282 f.
Andersson, Benny 133 f.
Andersson, Harriet 279
André, Françoise 292
Andreani, Henri 252
Andreas, Fred 119
Andrews, Harry 291
Andrews, Julie 17, 73 f., 100, 325, 445
Andrews, Lyle D. 146
Angelus, Muriel 77
Ankers, Evelyn 96
Annakin, Ken 395
Annaloro, Antonio 121
Ann-Margret 83
Anousaki, Eleni 531
Anstey, F. (Guthrie, Thomas Ansteg) 361
Anthony, Joseph 225, 320, 360 f.
Antolek-Oresek, Vladimir 104
Antoon, A. J 405
Anzell, Hy 280
Aoyama, Yoshio 319
Apolinar, Danny 525

Barer, Marshall 358
Barjavel, René 315
Barker, Adella 500
Barker, Howard 276
Barker, Reginald 118
Barkworth, John 498
Barnet, R. A. 238
Barnum, Phineas Taylor 14, 53 ff.
Baroux, Lucien 508
Barr, Lillian 484
Barrault, Marie Christine 105
Barret, James Lee 428 f.
Barrett, Raina 346
Barrett, Zoe 70
Barrie, Barbara 145
Barrie, James Matthew 379 ff.
Barrier, Edgar 387
Barrier, Maurice 309
Barrison, Mabel 48
Barry, Gene 89
Barry, Leon 261
Barrymore, Drew 50
Barrymore, John 204, 300, 494, 501
Barrymore, Lionel 204, 505
Bart, Lionel 351 f.
Barthelmess. Richard 230
Barton, Earl 197
Barton, James 370
Barton, Steve 384
Bartsch, Rudolf Hans 71
Baryton, Lily 260
Bates, Alan 531
Bates, Blanche 318
Bates, Florence 138
Battle, Hinton 514
Battles, John 30, 363
Baudisch, Paul 107
Bauer, Klaus-Peter 43
Baughan, G. A. 467
Baughman, Renee 140
Baum, L. Frank 512 ff., 516 f.
Baum Jr., L. Frank 513
Baum, Vicki 202, 204 f.
Baumann, Helmut 135, 236
Baur, Harry 313
Bavaar, Tony 370
Baxter, Anne 44, 509
Baxter, Jane 72
Baxter, Skippy 524
Baxter, Trevor 111
Baxter, Warner 176, 272
Bayes, Sammy 111, 199
Bayne, Beverly 500
Bazzoni, Luigi 121
Béjart, Maurice 498
Beach, Scott 525
Bean, Orson 234
Beane Jr., George A. 484
Beatty, Roberta 457
Beaumont, Kathryn 382

Bechtel, William 322
Beckwith-Smith, Sue 419
Beecher, Janet 54
Beechman, Laurie 250
Beer-Walbrunn, Anton 293
Beery, Wallace 54, 164, 204
Beggs, Lee 425
Begley, Ed 489
Behr, Bernd 483
Behrendt, Hans 460
Behrman, S. N. 128, 161
Belafonte, Harry 115
Belasco, David 230, 318
Belasco, Leon 435, 438
Belin, Marie-Rose 242
Bell, Marion 79
Bell, Monta 44, 143
Bellaver, Harry 35
Bellini d. J., Vincenco 497
Belmonte, Vicki 344
Beloin, Edmund 147
Benatzky, Ralph 398, 475, 510 f.
Benchley, Robert 205
Benda, Georg 497
Benét, Stephen Vincent 420, 422
Benfer, Friedrich 119
Benham, Leland 238
Bennet, David 413
Bennet, Joan Sterndale 73
Bennet, Richard 322
Bennett, Michael 139 f., 145, 155, 173 f., 401
Bennett, Robert Russell 113
Benny, Jack 509
Benson, Constance 265
Benson, Jodi 197
Benson, Sally 257
Bentley, Eric 481
Bentley, Jordan 520
Bentley, Paul 45
Bentley, Thomas 354
Benzell, Mimi 308
Berenson, Marisa 85
Beresford, Evelyn 476
Bergen, Candice 104
Bergen, Edgar 239
Berger, Anna Vita 169
Berger, Ludwig 329, 491
Bergerman, Stanley 154
Bergersen, Baldwin 390
Bergman, Ingmar 277, 279
Bergman, Sandahl 193
Berkeley, Busby 47, 146, 176, 271, 339, 414, 457
Berle, Milton 276, 517
Berlin, Irving 35, 37, 98, 142 f., 174, 230, 284 f.
Berlind, Roger 142, 336, 405
Berlioz, Hector 498
Berman, Pandro S. 186, 230, 407, 409
Bermen, Gail 251
Bern, Paul 494

T

Unentbehrliche Nachschlagewerke für jeden Filmfan

Roland Flamini
Vom Winde verweht
32/40

Erich Kocian
Die James Bond-Filme
32/44

Ulrich Hoppe
Casablanca
32/62

Lothar R. Just
Film-Jahrbuch 1988
32/115

Lothar R. Just
Film-Jahrbuch 1989
32/130

Lothar R. Just
Film-Jahrbuch 1991
32/153

Alain Charlot
Die 100 besten Kriminal-Filme
32/155

Jean-Marc Bouineau/
Alain Charlot/
Jean-Pierre Frimbois
Die 100 besten Western-Filme
32/159

Lothar R. Just
Film-Jahrbuch 1992
32/167

Armand Dupont
Die 100 besten erotischen Filme
32/173

Lothar R. Just
Film Jahrbuch 1993
32/181

Wilhelm Heyne Verlag
München